JN422789

오랫동안 복음서 연구는 소위 복음서가 각색해낸 "신앙의 그리스도"와 그 배후에 숨은 "역사적 예수"라는 이분법에 지배되었다. 하지만 많은 이들의 지적처럼, 객관적 역사에 대한 실증주의적 집착은 불가능하고도 무의미한 환상이다. 역사에 등을 돌린 가현설적 신앙 역시 주관적인 만큼 맹목적이다. 대신에 보컴은 양식비평적 연구가 추방했던 "목격자들"의 결정적 역할을 되살리면서, 이들로부터 시작되는 "증언"이 연구의 출발점이어야 한다고 제안한다. 보컴은 사복음서가 "목격자들"의 "증언"에 토대를 둔 "의미 있는 역사"라고 말한다. 거기서 우리는 역사적 사실 그 자체로 환원할 수도 없고, 맹목적 신앙으로 가공할 수도 없는 한 분 곧 "증언의 예수"를 만난다. 저자의 결론에 동의하든 아니든, 『예수와 그 목격자들』은 복음서 읽기와 관련된 근본적 물음들을 재고하게 만든다. 이런 점에서 이 책은 복음서의 역사적 가치를 묻는 이나 신앙의 역사적 토대를 확인하고 싶은 이 모두에게 큰 도전으로 다가온다. 또한 역사적 현실을 도외시한 채 맹목적이고 자폐적인 신앙에 기우는 많은 그리스도인에게도 적지 않은 회개의 제목을 던져줄 것이다. 가볍게 읽히지는 않겠지만 부디 많은 이들이 이 책을 탐독했으면 좋겠다.

권연경 | 숭실대학교 기독교학과 신약학 교수

리처드 보컴은 신약학과 교부학을 넘나들 수 있는 우리 시대 몇 안 되는 신학자다. 그는 두 분야의 지식을 활용하여 사복음서가 개별 공동체에서 형성된 신앙 자료의 모음집이 아니라, 예수 사건에 대한 신뢰할 만한 증언의 모음이요 나아가 직접 목격자의 저술이라고 주장한다. 고대 세계의 구전에 대한 전문적인 자료를 제시하면서 정교한 논리를 펼치는 보컴의 주장은 매우 설득력이 있다. 이 책을 복음서 연구 학자와 학생들의 필독서로 추천한다.

김동수 | 평택대학교 신학과 신약학 교수

이 책은 "증언" 개념을 새롭게 다듬고 심화시키면서 복음서를 "예수에 대한 증언"이라고 주장한다. 이를 통해 복음서의 역사성과 신뢰성을 높이려 한다. 이는 복음서 기자에게 도달한 전승 과정에 의구심을 가지는 양식비평의 유산에 대한 도전이며, 역사적 예수 연구 전반을 반성하려는 노력이다. 역사적 예수 연구의 파괴적인 경험, 곧 역사실증주의/역사객관주의 또는 철저한 "양식비평"의 폐해를 겪지 않은 한국의 그리스도인들은 서구 신학과 교회에 속한 이들과는 다른 차원에서 이 책의 의의를 찾아야 한다. 그 의의는 복음서가 현장 참여자의 증언으로서, 증언을 수용하는 우리를 증언의 사건으로 부른다는 데 있다. 이 책은 복음서를 읽는 행위의 의미에 대해 심도 있는 질문을 던진다.

김학철 | 연세대학교 학부대학 신약학 교수

역사의 한복판에 사셨던 예수를 직접 목격한 자들에 대해 이만큼 상세히 다룬 책이 또 있을까 싶을 정도로 방대한 연구다. 이 책은 파피아스와 사복음서를 필두로 하여 각종 초기 교회 문헌과 역사서 그리고 금석문에 이르기까지 예수에 대한 다양한 목격자 진술 전승을 탐구한다.

저자는 예수의 목격자들이 전하는 전승이 문자 그대로 역사적 예수의 실체를 보여준다는 확신을 가지고, 신약학 분야에서 대체로 통용되는 양식비평의 한계를 단호하게 비판하면서 구전 모델을 적용하여 다양한 목격자 진술 전승을 치밀하게 분석한다.

이 책이 역사 속에 실제로 살아 활동하신 예수 그리스도에 대한 믿음을 갖지 못한 분들에게 큰 도움이 될 것이라 확신하며 기쁜 마음으로 추천한다.

소기천 | 장로회신학대학교 신약성서신학과 신약배경사 교수

『예수와 그 목격자들』은 “처음부터 말씀의 목격자 되고 일군 된 자들이 전하여준 그대로”(눅 1:2) 기록한 복음서 저자들의 정확성을 통쾌하게 변증하여 복음서 이해의 새로운 장을 열어젖힌 역작인 동시에, 관례적으로 수용된 비평적 입장의 토대를 송두리째 허물어버리는 거대한 도발이다. 또한 역사실증주의의 한없이 가벼운 전제를 뒤흔들어 역사적이고 과학적인 비평학에 치우친 편파성을 단번에 함락시킨다. 한마디로 “복음서 읽기의 코페르니쿠스적 전환”을 가져와 우리를 흥분의 도가니에 빠뜨리는 책이다. 이제 이 책을 세밀하게 정독하는 작업이야말로 목회자와 신학자는 물론 평신도들의 긴급한 과제가 되었다.

윤철원 | 서울신학대학교 신학전문대학원 신약학 교수

이 책은 예수 전승을 기록한 저자들과 열두 제자가 예수의 일차적이고 주요한 목격자라는 점을 강조함으로써, 사복음서가 목격자들의 신뢰할 만한 증언이라고 주장한다. 또한 예수 전승으로부터 복음서 전승으로의 구전 전달이 신뢰할 만하지 않다는 양식비평가들의 주장을 비판하면서, 그것이 역사 서술의 관점에서 암송 기법을 활용했기에 믿을 만하다는 스칸디나비아 학파의 주장을 다양한 자료를 통해 뒷받침하고 있다. 세계 신약학계의 대표자 중 한 사람인 리처드 보컴은 늘 그랬듯이 이번에도 역사적 예수와 복음서 전승 연구에 관한 기존의 패러다임을 바꿀 만한 기념비적인 책을 썼다. 현재 활발히 연구 중인 구전 전승에 대한 신약학계의 논의가 이 중요한 책을 통해 한국에 소개된 것을 참으로 기쁘게 생각한다.

이상일 | 총신대학교 신학과 신약학 교수

복음서에서 역사성을 부인하면 아무것도 남지 않는다. 이런 이유로 많은 학자들은 복음서가 역사적 사실임을 드러내기 위해 다양한 노력을 기울였다. 하지만 보컴의 시도는 복음서가 목격자들의 증언이라는 사실을 치밀하게 밝힘으로써 그 역사성을 확실히 증명해내고 있다는 점에서 뿌리부터 다르다. 이 책을 읽은 독자는 더 이상 복음서의 역사성을 의심하지 않을 것이다.

조병수 | 합동신학대학원대학교 총장

리처드 보컴은 복음서, 묵시 문헌, 기독교 기원 분야의 일급 학자이며, 『예수와 그 목격자들』은 복음서 형성과 기원에 대한 보컴의 최신 연구 성과다. 이 책을 추천할 이유는 많다. 복음서 연구의 1차 자료인 사복음서와 파피아스 증언 등 관련된 교부 문헌을 면밀하게 읽어낸다는 점(그 결과 수많은 난해 구절들에 대한 상세한 주해가 이루어진다), 이전 연구의 흐름을 상세하고도 공정하게 조망함으로써 복음서 형성 연구에 관한 일종의 지도를 제공한다는 점, 그리고 엄밀한 학문적 방법론을 자유자재로 구사하여 목격자 증언의 결정적 역할을 전 방위적으로 논증한다는 점 등이다. 게다가 명쾌하고 깔끔한 우리말 번역은 이 책의 가치를 더 크게 만들고 있다.

조재천 | 횃불트리니티신학대학원대학교 신약학 조교수

보컴은 이 영리한 책에서, 스스로 이성적인 비판 기준에 합당하다고 자처했던 역사비평학이 얼마나 허구적일 수 있는지를 치밀한 논증과 증거를 들어 폭로한다. 정말 복음서는 고고학적으로 실체를 증명할 수 없는 배후 공동체들 안에서 오랜 세월 익명으로 돌아다니다가 그들의 필요에 의해 각색되고 편집된 구전인가? 그렇지 않다. 보컴은 제자들을 포함해 예수를 직접 만났던 수많은 개인의 증언과 그들의 현존이 복음서 기록의 직접적인 배경임을 설득력 있게 논증한다. 결국 역사비평학이 전제하는 "역사실증주의"의 "역사" 이해는, 근본적으로 "예수"라는 초역사적인 동시에 역사적인 사건을 "증언"의 형태로 기록했던 복음서 "증인들"의 역사적·신학적 이해와는 다른, 이질적인 무엇이라는 사실이 드러나게 된다. 역사비평학적 전제를 뒤집는 보컴의 또 다른 저술인 *The Gospels for All Christians: Rethinking the Gospel Audiences*와 더불어, 이 책은 계시 및 역사 기록으로서의 복음서를 그 순교적 증언에 합당한 경의와 믿음을 가지고 접근하고 있다. 주의 교회가 크게 환영할 만한 역작이다.

채영삼 | 백석대학교 신학대학원 신약학 교수

Jesus and the Eyewitnesses

The Gospels as Eyewitness Testimony

Richard Bauckham

Copyright ⓒ 2006 by Richard Bauckham
Originally published in English under the title
Jesus and the Eyewitnesses by Richard Bauckham
Published by Wm. B. Eerdmans Publishing Co.
2140 Oak Industrial Drive NE, Grand Rapids, Michigan 49505, U.S.A.
All rights reserved.

This Korean edition is translated and used
by permission of Wm. B. Eerdmans Publishing Co.
through arrangement of rMaeng2, Seoul, Republic of Korea.

This Korean edition Copyright ⓒ 2015
by Holy Wave Plus, Seoul, Republic of Korea.

이 한국어판의 저작권은 알맹2 에이전시를 통해 어드만 출판사와 독점 계약한 새물결플러스에 있습니다. 신 저작권법에 의해 한국 내에서 보호받는 저작물이므로 무단 전재와 무단 복제를 금합니다.

이 도서는 조영균·김재신·조하은·조예은 님의 번역료 후원으로 출판되었습니다.
출판 사역을 위한 기도와 후원에 감사드립니다.

예수와 그 목격자들

목격자들의 증언인 복음서

리처드 보컴 지음 | 박규태 옮김

Holy WavePlus

과거와 현재에

세인트앤드루스 대학교,

세인트메리 칼리지에서

나와 함께한 모든 동료들에게

이 책을 바칩니다.

차례

표 12

서문 15

한국어판 서문 13

약어 16

제1장 역사적 예수에서 증언이 들려주는 예수로 20

제2장 목격자들에 대한 파피아스의 보고 38

제3장 복음 전승에 나타난 이름 82

제4장 팔레스타인 유대인의 이름 122

제5장 열두 제자 162

제6장 "처음부터" 지켜본 목격자들 194

제7장 마가복음에서 베드로의 시각 258

제8장 마가복음의 수난 내러티브에 나타난 익명인 304

제9장 마가복음과 마태복음에 대한 파피아스의 보고 334

제10장 구전 모델 394

제11장 예수 전승의 전달 430

제12장 익명 전승인가, 목격자 증언인가? 468

제13장 목격자 기억 510

제14장 목격자 증언인 요한복음 568

제15장 예수가 사랑하신 그 제자의 증언 610

제16장 요한복음에 대한 파피아스의 보고 656

제17장 요한복음에 대한 폴리크라테스와 이레나이우스의 보고 698

제18장 증언이 들려주는 예수 750

고대인 색인 807

현대 저자 색인 816

지명 색인 828

성경 색인 831

고대 문헌 색인 843

저자가 인용한 인물 소개 852

역자의 말 869

표

1. 마가복음에서 이름이 밝혀지지 않은 사람과 밝혀진 사람 109
2. 누가복음에서 이름이 밝혀지지 않은 사람과 밝혀진 사람 111
3. 마태복음에서 이름이 밝혀지지 않은 사람과 밝혀진 사람 114
4. 요한복음에서 이름이 밝혀지지 않은 사람과 밝혀진 사람 116
5. 네 복음서에 밝혀진 이름 118
6. 기원전 330-기원후 200년 동안 팔레스타인 유대인이 가장 빈번히 사용한 남성 이름 99개 151
7. 기원전 330-기원후 200년 동안 팔레스타인 유대인이 가장 빈번히 사용한 여성 이름 31개 156
8. 복음서와 사도행전에 나온 팔레스타인 유대인 남성 이름 목록 158
9. 복음서와 사도행전에 나온 팔레스타인 유대인 여성 이름 목록 160
10. 열두 제자의 이름 191
11. 마가복음에서 이름이 밝혀진 사람 247
12. 루키아누스의 「알렉산드로스」에서 이름이 밝혀진 사람 249
13. 포르피리우스의 「플로티누스의 생애」에서 이름이 밝혀진 사람 251
14. 공관복음에서 복수-단수 내러티브 장치 299
15. 마가복음에서 복수-단수로 내러티브 장치와 베드로에 대한 언급 300
16. 이레나이우스의 저술에 이름이 밝혀져 있는 사도 746
17. 이레나이우스가 주의 제자 요한을 알게 된 자료 748

한국어판 서문

한국 독자들이 『예수와 그 목격자들』을 한국어로 읽을 수 있게 되어 기쁘기 그지없습니다. 이미 포르투갈어, 이탈리아어, 일본어, 러시아어로 출판된 이 책이 드디어 한국어로도 번역·출간되는군요. 이 책을 한국어로 번역한 박규태 목사님께 깊이 감사드립니다. 번역은 대단히 숙련된 솜씨가 필요하고 힘이 많이 드는 일입니다. 이 책처럼 분량이 많고 복잡한 책을 번역할 때는 더 그렇습니다. 그런데도 번역서를 읽는 우리는 십중팔구 우리가 번역자들에게 얼마나 큰 신세를 지고 있는지 제대로 인식하지 못하지요.

제가 쓴 책 중 아마도 이 책이 가장 유명하고 가장 큰 충격을 안겨주지 않았나 싶습니다. 이 책은 지금도 활발한 논쟁을 불러일으키고 있습니다. 놀라운 일은 아닙니다. 그동안 신약학자들 사이에서는 복음서와 관련해서 몇 가지 큰 가설이 널리 퍼져 있었는데, 이 책은 그런 가설에 맞서 도전장을 던지기 때문입니다. 이 책을 읽으시는 분들은 제 논증이 설득력이 있는지 스스로 판단을 내리셔야 합니다. 저는 이 책을 쓴 뒤에, 이 책에서 밝힌 생각과 같은 궤도를 따라 복음서를 고찰하고 연구하는 작업을 계속해왔습니다. 이 책이 불러일으킨 학계의 논쟁도 제가 그런 연구 작업을 계속하도록 자극한 원인이 되었습니다. 이 책의 논지와 관련해서 제 생각을 바꿔야 할 어떤 이유도 저는 아직 발견하지 못했습니다. 오히려 저는 더 깊이 있는 논증을 발전시켜왔기 때문에, 머지않아 『예수와 그 목격자들』 속편을 내놓기를 간절히 바라고 있습니다.

성경과 기독교 신학을 진지하게 다룬 책을 음미할 줄 아는 독자들이 한국에 많이 계심을 잘 알고 있습니다. 이 책에서 여러분이 큰 즐거움과 유익을 얻으시길 간절히 바랍니다.

2015. 3. 19.
리처드 보컴

서문

이 책의 일부는 내가 2003년 앨라배마 주 버밍엄의 샘포드 대학교 비슨(Beeson) 신학대학원에서 개최한 14차 연례 성경신학 강좌, 같은 해 캘리포니아 주 패서디나의 풀러 신학대학원에서 개최한 페이턴 강좌(Payton Lectures), 그리고 2004년 캘리포니아 주 밀 밸리의 골든게이트 침례교 신학대학원에서 개최한 더워드 디어(Derward W. Deere) 강좌에 초청받아 강연했던 내용이다. 나를 초청해준 학교들과, 강좌 때 귀중한 논평을 하고 그 방문이 큰 즐거움이 될 수 있도록 도와준 많은 분들과 스태프와 학생들에게 감사한다.

이 책의 내용은 대부분 내가 오랜 병고에서 점차 회복하던 동안에 쓴 것이다. 그 기간 동안 나를 도왔던 많은 분들의 기도가 없었다면, 아니 바울의 말(고후 12:9)을 빌리자면, 약함 가운데 능력으로 역사하신 하나님의 은혜가 없었으면 나는 이 책을 쓰지 못했으리라 믿는다.

약어

AB	Anchor Bible
ABD	*Anchor Bible Dictionary*
Adv. Haer.	*Adversus Haereses* (이레나이우스, 「이단 반박」)
AnBib	Analecta Biblica
Ant.	*Antiquities* (요세푸스, 「유대 고대사」)
ASNU	Acta Seminarii Neotestamentici Upsaliensis
b.	Babylonian Talmud
BeO	*Bibbia e oriente*
BETL	Bibliotheca ephemeridum theologicarum lovaniensium
Bib	*Biblica*
BIS	Biblical Interpretation Series
BJRL	*Bulletin of the John Rylands Library*
BNTC	Black's (Harper's) New Testament Commentaries
BZ	*Biblische Zeitschrift*
BZNW	Beihefte zur Zeitschrift für die neutestamentliche Wissenschaft
C. Ap.	*Contra Apionem* (요세푸스, 「아피온 반박」)
C. Cels.	*Contra Celsum* (오리게네스, 「켈수스 반박」)
CB[NT]	Coniectanea biblica: New Testament Series, Coniectanea neotestamentica
CBQ	*Catholic Biblical Quarterly*
CCSA	Corpus Christianorum Series Apocryphorum
CG	Corpus Gnosticum (Nag Hammadi Library)
CGTC	Cambridge Greek Testament Commentary

CSCO	Corpus Scriptorum Christianorum Orientalium
De vir. ill.	*De viris illustribus* (히에로니무스, 「명사전」)
DJD	Discoveries in the Judean Desert
Ep.	*Epistulae* (플리니우스, 「서한집」; 세네카, 「서한집」)
ETL	*Ephemerides theologicae lovanienses*
ExpT	*Expository Times*
FRLANT	Forschungen zur Religion und Literatur des Alten und Neuen Testaments
HDR	Harvard Dissertations in Religion
Hist. Conscr.	*Quomodo historia conscribenda sit* (사모사타의 루키아누스, 「역사 기록 방법론」)
Hist. Eccl.	*Historia ecclesiastica* (유세비우스, 「교회사」)
HTKNT	Herders theologischer Kommentar zum Neuen Testament
HTR	*Harvard Theological Review*
ICC	International Critical Commentary
IEJ	*Israel Exploration Journal*
Inst.	*Institutio oratoria* (퀸틸리아누스, 「수사학」)
Int	*Interpretation*
JBL	*Journal of Biblical Literature*
JECS	*Journal of Early Christian Studies*
JEH	*Journal of Ecclesiastical History*
JHS	*Journal of Hellenic Studies*
JJS	*Journal of Jewish Studies*
JR	*Journal of Religion*
JSHJ	*Journal for the Study of the Historical Jesus*
JSJ	*Journal for the Study of Judaism in the Persian, Hellenistic, and Roman Periods*
JSNT	*Journal for the Study of the New Testament*
JSNTSup	Journal for the Study of the New Testament Supplement Series
JSOTSup	Journal for the Study of the Old Testament Supplement Series

JSS	*Journal of Semitic Studies*
JTS	*Journal of Theological Studies*
m.	Mishnah
NICNT	New International Commentary on the New Testament
NIGTC	New International Greek Testament Commentary
NovT	*Novum Testamentum*
NovTSup	Novum Testamentum Supplements
NRSV	New Revised Standard Version
NTS	*New Testament Studies*
Pap. Oxy.	Oxyrhynchus Papyri/us
PEQ	*Palestine Exploration Quarterly*
RB	*Revue biblique*
SBLDS	Society of Biblical Literature Dissertation Series
SC	Sources chrétiennes
SNTSMS	Society for New Testament Studies Monograph Series
SPAW	Sitzungsberichte der Preußischen Akademie der Wissenschaften
ST	*Studia Theologica*
STAR	Studies in Theology and Religion
TSAJ	Texte und Studien zum antiken Judentum
TU	Texte und Untersuchungen
TynB	*Tyndale Bulletin*
WBC	Word Biblical Commentary
WTJ	*Westminster Theological Journal*
WUNT	Wissenschaftliche Untersuchungen zum Neuen Testament
y.	Jerusalem Talmud
ZAC	*Zeitschrift für Antikes Christentum*
ZNW	*Zeitschrift für die neutestamentliche Wissenschaft*

역자의 일러두기

1. 성경 본문은 대한성서공회에서 발행한 개역개정(4판)을 따르되, 개역개정과 차이가 있을 때에는 저자가 제시한 본문을 번역했다. 또한 저자가 제시한 성경 인물과 지명은 개역개정(4판)을 따라 옮겼다. 저자가 본문에서 약어로 인용한 고대 저술가들의 저서는 역자가 약어에서 제시한 한글 번역으로 옮겨 제시했다(예: 원서에서 Eusebius, *Hist. Eccl.* 3.39.9로 출처를 밝힌 것을 유세비우스, 「교회사」 3.39.9로 표시했음).
2. 간략한 역자 주는 본문 속에 "-역주"로 표시하고, 긴 역자 주는 각 장 끝에 미주로 달았다.
3. 저자가 인용한 고대와 현대의 주요 저술가(학자)는 역주로 설명하지 않고 책 뒤쪽에 간략한 설명과 함께 한데 모아 정리했다. 현대 저술가는 그 이름이 속한 나라의 언어 발음대로 표시하려고 노력했다. 예를 들어 스웨덴 학자인 Birger Gerhardsson과 Samuel Byrskog는 스웨덴어 발음법을 따라 "비르예르 에르핫손"과 "사무엘 뷔쉬코그"로 옮겼다.
4. historical Jesus는 보통 "역사적 예수"로 번역하나, 이 책에서는 역사 속에 실제로 존재하셨던 예수를 가리키는 경우 "역사 속 예수"로, 19세기 이래 신학자들이 학문적으로 재구성한 역사적 인물인 예수를 가리키는 경우 "역사적 예수"로 구분해서 번역했다. 또한 autopsy는 보통 "검증"으로 번역하나, 이 책에서는 "어떤 사건을 직접 보고 체험한 목격자가 들려주는 증언"을 의미한다는 점을 고려하여 "목격 증언"으로 번역했다.

제 1 장

역사적 예수에서
증언이 들려주는 예수로

역사적 예수 탐구와 기독교 신앙

지난 두 세기 동안 학자들은 역사적 예수(historical Jesus)를 탐구해왔다. 역사적 예수 탐구는 근대에 들어와 역사비평의 시각에서 신약성경을 연구하기 시작하면서 전개되었다. 비평적 시각으로 신약성경을 연구할 때 가능한 가장 중요한 과업이 역사적 예수 탐구라고 보는 경우도 종종 있었다. 수많은 학자들이 이 탐구 작업에 몰두했으며, 그 산물로 학술서와 대중서를 통틀어 수백 아니 수천 권의 책이 등장했다. 여러 해에 걸쳐 관심과 활동이 왕성하게 일어났다가 쇠했다. 많은 이들은 이런 탐구가 잘못이고 무익하며 이미 끝난 것이라고 선언했다. 또 다른 이들은 선배들을 혹평하면서, 새로운 방법과 접근법에 기대어 선배들이 실패했던 지점에서 자신들은 성공하리라고 장담했다. 역사적 예수 탐구가 거쳐온 여러 단계는 서양의 종교사는 물론이요 문화사가 걸어온 전 시대를 반영해왔다. 역사적 예수 탐구를 긍정하든 부정하든, 아니면 이것과 적절히 거리를 두든, 이 탐구를 대하는 태도에 따라 모든 신학 학파가 나뉘었다.

21세기 초에 들어선 지금, 역사적 예수 탐구는 전례 없이 왕성하게 이루어지고 있으며, 특히 북미에서 그러하나. 그 신례를 찾을 수 없는 신약학계의 방대한 저술 활동과, 미국 대중매체의 특성도 이런 왕성한 탐구에 한몫하고 있다. 그러나 상대적으로 더 세속적인 유럽 대륙 및 브리튼 제도(British isles)와 비교할 때, 미국 문화에서는 여전히 예수라는 인물이 정점에 있는 상징으로서 지극히 중요한 의미를 가진다.[1] 이런 사실 때문에 기

1) S. Prothero, *American Jesus: How the Son of God Became a National Icon* (New

독교 신앙이 말하는 예수를 믿는 진짜 신자는 물론이요 반쪽짜리 신자, 이전에 신자였던 자, 신자인 체하는 자에게는—신학자나 영적 지도자에게보다 더—역사가가 예수라는 역사 속 실체를 재구성하려고 부단히 노력하는 것이 흥미로운 문제가 되는 것 같다. 소위 "역사적 예수"—역사가가 다른 영역의 역사를 재구성하는 것처럼 재구성할 수 있는 예수—는 기독교의 중심에 자리한 예수와 같은 인물인가? 이 문제는 학자들과 그들이 쓴 책을 읽는 이들을 똑같이 흥분시키고 혼란에 빠뜨리고 있다.

역사적 예수 탐구가 시작될 때부터 사람들은 예수라는 역사 속 인물을 소위 순수한 역사적 방법, 곧 신앙 및 교리의 관심사와는 무관한 방법으로 재구성하려고 시도했지만, 이런 시도는 모두 기독교 신앙과 신학에 큰 문제를 야기했다. 결국 문제는 "역사적 예수"의 뜻이다. 이 말은 적어도 세 가지 뜻을 가진 아주 모호한 문구다. "역사적 예수"는 실제로 이 땅에 살고 존재했던 예수를 뜻하는 말일 수 있다. 이런 의미의 "역사적 예수"는 기독교 신앙이 말하는 예수, 곧 지금도 살아계시고 하늘로 높이 올림을 받아 거기서 다스리시며 장차 역사에 마침표를 찍으실 예수와 구별된다. 이 역사적 예수는 그리스도인이 알고 예배하는 예수가 아니라, 이 땅에 살았던 예수를 높이 올림을 받으신 예수—역사적 예수라는 문구가 전혀 문제 되지 않는 예수—와 구별해주는 용어로서 의미를 가질 뿐이다.

하지만 역사 속에 존재했던 예수의 완전한 실체에 다가가는 것은 당연히 불가능하다. 요한복음 마지막 구절이 말하듯이, 예수에 대해 체험하고 관찰한 모든 일을 기록한 책을 보관하려면 이 세상 전체로도 모자랄 것이기 때문이다. 역사의 다른 부분과 마찬가지로, 1세기 팔레스타인에 살았던 예수는 오직 남아 있는 증거를 통해서만 알 수 있다. 그렇다면 우리는 "역사적 예수"가 과거에 존재했던 예수의 모든 것을 뜻하는 말이 아니라, 그의 역사 속 실체에 다가가 밝혀낼 수 있는 한도 내에서 찾은 예수를 뜻

York: Farrar, Straus and Giroux, 2003).

한다고 볼 수 있다. 그러나 여기서 우리는 방법론상 중대한 문제에 부닥친다. 기독교 신앙의 시각에서 보면, 이런 예수 곧 과거에 이 땅에서 사셨고 우리가 알 수 있는 예수는 정경인 복음서가 말하는 예수, 곧 마태와 마가와 누가와 요한이 상세히 설명하고 묘사하는 예수이기 때문이다. 물론 예수에 대한 이 네 기록이 서로 다르다는 사실 때문에 여러 난점이 있긴 하지만, 그래도 여러 세기에 걸쳐 교회가 믿어온 예수가 이 복음서에서 발견되는 예수라는 점만은 의심할 수 없다. 이는 기독교 신앙이 복음서 본문을 신뢰했다는 뜻이다. 기독교 신앙은 우리가 복음서에서 진짜 예수를 만난다고 믿었다. 따라서 기독교 신앙과 신학이 복음서를 철저히 불신하는 태도를 갖고도 작동할 수 있다고 보기는 힘들다.

그러나 역사가들은 복음서 본문을 신뢰하지 않으며, 이 본문이 진짜 예수를 숨기고 있지는 않은지 의심한다. 곧 복음서는 초기 기독교 신앙이라는 안경을 통해 걸러낸 역사 속 예수를 전해주며, 이 본문 중 많은 부분이 초기 교회 안에 있었던 다양한 그룹의 필요와 관심사가 구성해낸 예수를 말하기 때문이라는 것이다. 역사가들의 이런 의심은 모든 것을 바꿔놓는다. 그리하여 "역사적 예수"라는 문구는 이제 복음서가 말하는 예수가 아니라, 복음서 배후에 감춰져 있다고 추정되는 진짜 예수, 역사가가 복음서를 냉철하고 객관적으로(역사가들은 자신들이 객관적이라고 주장한다) 검증하여 재구성해야 하는 예수를 의미하게 되었다. 우리는 역사가들의 이런 의심이 단지 복음서를 역사적 증거(historical evidence)로 다루지 않는 정도에 그치지 않음을 알아야 한다. 이 의심에는 방법론적 회의주의, 곧 증거가 가진 모든 측면을 검증해보아야 한다는 입장이 내포되어 있다. 이 입장을 적용하면 역사가들이 확립한 것 역시 믿을 수 없는 것이 되고 만다. 그 이유는 복음서가 역사가들이 확립한 것을 믿을 수 없다고 일러주기 때문이 아니라, 바로 역사가 각자가 다른 역사가가 확립해놓은 것을 믿을 수 없다고 증명하기 때문이다. 역사가들의 이런 작업은 필연적으로 역사 속 예수 한 분이 아니라 수많은 역사적 예수를 만들어내는 결과를 가져왔다. 현재

학자들이 제시하는 역사적 예수에는 도미닉 크로산(J. Dominic Crossan)이 제시하는 예수, 마커스 보그(Marcus Borg)가 제시하는 예수, 톰 라이트(N. T. Wright)가 제시하는 예수, 데일 앨리슨(Dale Allison)이 제시하는 예수, 게르트 타이센(Gerd Theissen)이 제시하는 예수 등이 있다.[2] 그중에는 복음서의 역사적 가치가 지극히 작다고 판단하는 역사가가 일부 있는가 하면, 그 가치가 지극히 크다고 판단하는 역사가도 있다. 그러나 어느 경우에나 결과는 역사가가 재구성한 예수, 감추어진 복음서의 배후로 되돌아가서 복

---

2) J. D. Crossan, *The Historical Jesus: The Life of a Mediterranean Jewish Peasant* (Edinburgh: Clark, 1991); M. J. Borg, *Jesus: A New Vision* (2nd edition; San Francisco: HarperSanFrancisco, 1991); N. T. Wright, *Jesus and the Victory of God* (London: SPCK, 1996); D. C. Allison, *Jesus of Nazareth: Millenarian Prophet* (Minneapolis: Fortress, 1998); G. Theissen and A. Merz, *The Historical Jesus: A Comprehensive Guide* (tr. J. Bowden; London: SCM, 1998). 앞의 책들은 역사적 예수 탐구의 다양한 현재 흐름을 대표하는 사례로서 선택했다. 그 외에 근래에 나온 주목할 만한 책으로는 J. P. Meier, *A Marginal Jew: Rethinking the Historical Jesus*, 3 vols. (New York: Doubleday, 1991-2001); E. P. Sanders, *The Historical Figure of Jesus* (London: Allen Lane[Penguin], 1993); S. McKnight, *A New Vision for Israel: The Teachings of Jesus in National Context* (Grand Rapids: Eerdmans, 1999); M. Bockmuehl, *This Jesus: Martyr, Lord, Messiah* (Edinburgh: Clark, 1994); B. Chilton, *Rabbi Jesus: An Intimate Biography* (New York: Doubleday, 2000); R. W. Funk, *A Credible Jesus: Fragments of a Vision* (Santa Rosa: Polebridge, 2002); J. D. G. Dunn, *Jesus Remembered* (Grand Rapids: Eerdmans, 2003) 『예수와 기독교의 기원 상·하』, 새물결플러스 역간; E. Schüssler Fiorenza, *Jesus and the Politics of Interpretation* (New York: Continuum, 2000); G. Vermes, *The Authentic Gospel of Jesus* (London: Penguin, 2004). 역사적 예수 탐구에 대한 개관으로는 J. H. Charlesworth and W. P. Weaver, eds., *Images of Jesus Today* (Valley Forge: Trinity, 1994); M. J. Borg, *Jesus in Contemporary Scholarship* (Valley Forge: Trinity, 1994); D. Marguerat, E. Norelli, and J.-M. Poffet, eds., *Jésus de Nazareth. Nouvelles Approches d'une Énigme* (Geneva: Labor et Fides, 1998); B. Witherington, *The Jesus Quest: The Third Search for the Jew of Nazareth* (2nd edition; Downers Grove: InterVarsity, 1997); J. Schröter and R. Brucker, eds., *Der historische Jesus. Tendenzen und Perspektiven der gegenwärtigen Forschung* (BZNW 114; Berlin: de Gruyter, 2002).

음서가 구성한 예수와 다른 대안을 제시하고자 시도한 결실로 얻은 예수라는 인물이다.

여기에는 아주 심각한 문제가 존재한다. 하지만 대중매체가 역사적 예수 문제에 대해 조장하는 순진한 역사실증주의는 이런 문제를 얼버무려 버린다. 그러나 대중매체가 제시하는 내용이 늘 결백하지는 않다. 모든 역사—역사가들이 기록하는 모든 것, 곧 모든 역사 기록(historiography)—는 사실과 해석이 뗄 수 없이 결합된 것이요, 경험적으로 관찰할 수 있고 직관적으로 구성할 수 있는 의미다. 물론 복음서 안에도 이런 결합이 확실하게 존재한다. 바로 이 결합이야말로 각 복음서의 예수 이야기에 존재하는 의미를 모두 제쳐놓을 수 있다면 발견할지도 모를 예수를 탐구하게 만드는 동기가 된다. 물론 회의적 시각으로 복음서를 연구하다 보면, 개연성은 지극히 높지만 중요성은 거의 없는 하찮은 사실들의 빈약한 덩어리만 얻을지도 모른다. 예수가 십자가에 못 박히셨다는 것은 확실할 수 있다. 그러나 이 사실 자체만 놓고 보면, 예수 시대에 다른 수천 명도 십자가에 못 박혔다는 사실보다 더 큰 중요성을 갖지는 않는다. 하지만 모든 학자가 제시하는 역사적 예수는 단순히 사실의 집합체가 아니라 중요한 의미를 지닌 인물이다. 왜 그런가? 이 모험적 작업이 정말로 복음서 기자들과 초기 기독교가 제시한 예수에 대한 해석 배후에 자리한 예수로 되돌아가려는 것이라면, 이 다른 해석은 어디에서 유래하는가? 이 다른 해석은 복음서를 해체함은 물론이요, 더 나아가 실제로 존재했던 예수의 초상(肖像)으로서 복음서가 제시하는 예수와 경쟁할 수 있는 예수를 재구성해서 얻은 결과다. 우리는 역사 속 예수를 탐구한 결과로 얻은 예수가 지극히 작은데도, 이를 각 복음서가 제시하는 예수에 못지않은 구성체라고 착각하지 말아야 한다. 역사를 연구하는 작업은 본질상 늘 둘과 둘을 더하여 다섯을—혹은 열둘이나 열일곱을—만들어낸다.

역사적 예수 탐구는 모든 단계에서 복음서 배후에 자리한 역사 속 예수를 재구성하려고 시도했다. 그러나 우리는 이런 모험적 작업이 과연 복음서를 대신하여 1세기 팔레스타인에 살았던 사람, 곧 예수의 실체에 다가가는 길이 될 수 있을지 기독교 신앙과 신학의 시각에서 물어야 한다. 예수와 복음서를 역사적 시각에서 연구하는 것이 부당하다거나, 이런 연구가 우리의 예수 이해를 도와주지 못하리라고 말할 수는 없다. 라이트가 지적하듯이, 그렇게 말하는 것은 현대판 가현설(docetism)이 될 것이다.[3] 이는 역사 연구를 통해 어느 정도 다가갈 수 있는 역사 속에서 예수가 실제로 사셨음을 부인하는 것과 마찬가지다. 우리는 역사 연구가 몇 가지 중요한 점에서 우리의 예수 이해와 연관성을 지닐 수 있음을 의심해서는 안 된다. 문제는 복음서의 예수와 다른 예수를 재구성한다면, 다시 말해 비록 구체적 방법은 달라도 결국 역사비평적 방법들을 사용하여 복음서 기자들의 작업을 완전히 다시 해보려고 시도한다면, 이런 시도가 과거부터 기독교 신앙과 신학이 복음서 안에 존재한다고 믿어왔던 예수의 실체에 접근할 다른 길을 과연 제공할 수 있겠는가 하는 점이다. 복음서와 비교할 때, 기독교 신앙과 신학의 시각에서 보면 역사적 예수 탐구가 재구성한 예수는 모두 환원주의(reductionism)가 만들어낸 지극히 단순한 실재일 수밖에 없다.

결국 여기에 역사적 예수 탐구를 바라보는 기독교 신학의 딜레마가 있다. 기독교 신앙이 역사를 위해 가장 활발하게 투자하는 이 시점에서, 역사와 신학이 갈라서야만 하는가? 우리는 한편으로는 썩 내키지 않아도 복음서를 그리스도인들이 믿어온 예수에 다가갈 수 있는 길로 받아들이면서, 다른 한편으로는 역사가들이 역사비평의 여러 방법을 동원하여 진실로 확증할 수 있는 것만을 근거로 삼아 역사 속 예수를 구성하도록 내버려두어야 하는가? 나는 더 나은 전진로(前進路)가 있다고 생각한다. 그 길은 신학과 역사가 역사 속 예수 안에서 갈라서지 않고 오히려 만날 수 있는 길이다. 이 책에서 나는 신학과 역사가 역사 속 예수 안에서 만날 수 있

3) N. T. Wright, *The Challenge of Jesus* (London: SPCK, 2000), 3-10.

음을 보여줄 몇 가지 증거와 방법을 처음으로 펼쳐 보이려 한다. 그 핵심 개념은 바로 증언이다.

핵심 개념 소개: 목격자 증언

나는 복음서가 증언이라는 인식을 회복해야 한다고 제안한다. 이는 복음서가 역사**라기보다** 증언이라는 뜻이 아니다. 복음서가 증언이라는 말은, 복음서 같은 종류의 역사 기록은 증언이라는 뜻이다. 인간의 발화 중 한 형태인 증언의 확고한 특징은 듣는 이의 신뢰를 요구한다는 점이다. 이는 증언을 무비판적으로 신뢰해야 한다는 뜻이 아니라, 추가적인 증거가 없어도 증언이 진실임을 확증할 수 있을 때에만 그 증언을 믿을 만한 것으로 다루어서는 안 된다는 뜻이다. 어떤 증인을 신뢰하거나 신뢰하지 않는 데는 타당한 이유가 있을 수 있다. 그러나 엄밀히 말하면 그런 이유 자체가 **신뢰하거나 신뢰하지 않는** 근거가 된다. 증언을 신뢰하는 것이 이성적 비판 자세를 배제하고 합리성도 없는 신앙 행위라고 치부할 수는 없다. 반대로 이 신뢰는 진실한 증언에 응답하는, 이성적으로 적절한 방식이다. 우리가 증언으로 이해하는 복음서는 예수라는 역사 속 실체에 다가가는 방법으로서 아주 적절하다. 현대의 역사비평 철학과 방법의 발전 양상을 들여다보면, 다음과 같은 강력한 경향이 존재함을 알 수 있다. 곧 증언을 신뢰하는 것을, 역사가가 독립적으로 증명할 수 있는 진리에 혼자 힘으로 다가가는 길을 가로막는 장애물로 여기는 경향이다. 하지만 모두가 간과하고 있는 사실이 있다. 바로 다른 모든 지식과 마찬가지로, 역사도 증언에 의존한다는 사실이다. 몇몇 역사적 사건의 경우에 특히 이것이 명백하게 나타난다. 이 책 마지막 장(제18장)에서 우리는 이런 사실을 선명하게 보여주는 현대의 사례인 유대인 대학살을 살펴볼 것이다. 유대인 대학살을 살펴볼 때 역사적 관점에서 당시 일어난 사건들에 제대로 다가가려면 증언이 꼭 필요하다. 우리는 역사적 차원에서 보자면 증언이 역사의 실체에 다가가게 해주는, 독특하고 유일무이한 가치를 지닌 수단임을 인정해야 한다.

나는 증언이 역사 기록의 차원에서 복음서를 역사로 읽을 수 있게 하는 훌륭한 개념일 뿐 아니라, 복음서를 예수라는 역사 속 실체에 올바르게 다가갈 수 있는 수단으로 이해하게 해주는 신학적 모델을 제공한다고 주장하고 싶다. 신학적으로 보자면, 바로 이 증언 개념을 통해서 우리는 복음서를 예수의 역사(history of Jesus) 안에 나타난 하나님의 계시를 인식하는 데 필요한 본문으로 읽을 수 있다. 복음서를 증언으로 이해하면, 우리는 예수의 역사가 지닌 이런 신학적 의미가 객관적 사실에 대해 자의적으로 부과된 내용이 아니라, 증인들이 관찰 가능한 사건과 지각 가능한 의미가 분리될 수 없이 결합해 있는 역사를 인식했던 방법이라는 것을 알 수 있다. 우리가 복음서를 적절한 역사 탐구 방법과 신학 탐구 방법으로 읽게 해주는 개념이 바로 이 증언이다. 바로 이 증언 개념이 역사와 신학이 만나는 지점인 것이다.

이런 논제를 전개하려면 우리는 예수의 역사의 목격자들과, 그들과 복음 전승의 관계 및 그들과 복음서 자체의 관계에 새롭게 주목해야 한다. 이 책 전체에서 나는 복음서 본문이 현대 학자들이 생각하는 것보다 훨씬 더, 목격자들이 그들의 이야기를 말하거나 전승을 전달한 형식에 가깝다는 주장을 펼쳐나가려 한다. 바로 이런 점 때문에 복음서는 증언의 성격을 가진다. 복음서는 목격자들이 남긴 증언을 수록했다. 물론 편집과 해석을 거쳤지만 그 실제 내용은 목격자 자신이 말한 것을 충실하게 반영하고 있다. 이는 복음서 저자가 많든 적든 목격자와 직접적 접촉을 유지했기 때문이다. 내가 보기에, 익명 전승이 기나긴 전달 과정을 거치며 목격자와 접촉을 잃어버리는 일은 일어나지 않았다. 나는 복음서 중 요한복음의 경우는 목격자가 직접 기록했다는 점에서 아주 이채롭다고 결론 내릴 것이다.

목격자와 복음서 본문 사이의 관계가 가지는 이런 직접성 때문에, 이제 복음 전승이 전달된 방법을 설명하려면, 20세기 초에 신약학자들이 양식비평의 이름으로 물려받았던 것과는 완전히 다른 모습으로 묘사해야 한다. 현재 대다수 학자의 경우, 양식비평 방법은 역사적 예수에 대한 접근법에서 더 이상 중심을 차지하지 않는다. 그럼에도 이 양식비평의 유산은 막대한 영향을 끼친 것이 사실이다. 그 유산이란 바로 예수 및 예수의 행위와 말씀에 대한 전승들이 초기 그리스도인 공동체 안에서 오랜 구전(口傳) 과정을 거쳐 전달되었으며, 이런 과정의 후기 단계에 이르러서야 복음서 저자에게 도달했다는 가설이다. 이런 양식비평학자들의 가설에 대한 대안으로, 학자들은 구전이 일어나는—또는 초기 그리스도인 공동체 안에서 일어났다고 추측할 수 있는—방법에 대해 서로 다른 다양한 모델을 논의해왔다. 이런 다양한 모델에 대해서는 나중에 논의할 것이다(제10장을 보라). 그러나 예수의 역사를 눈으로 본 목격자가 애초에 그들의 이야기를 전한 형식이나 예수의 가르침을 되풀이했던 형식이 무엇이든 간에, 이제는 그들의 증언과 복음서 기록 사이에 익명 전승의 기나긴 전달 과정이 있었다는 가설이 견고하게 자리를 잡고 말았다. 곧 복음서는 목격자 증언을 시간이 꽤 흐른 후에 수록해놓은 것이라는 입장이다. 여기에 대해 일부 학자는 구전 과정의 보수성을 강조하려 한다. 이런 입장은 전달자가 목격자 전승을 매우 성실하게 보존했다는 점을 내세운다. 반면에 다른 학자들은 공동체의 창조성을 강조하려 한다. 이 진영은 초기 공동체가 전승을 그들의 필요와 목적에 맞게 고치고 새롭게 만들어낸 내용을 첨가하여, 물려받은 전승을 빈번히 확대했다고 주장한다. 물론 전승의 전달은 보수적일 수도 있고 창조적일 수도 있다. 하지만 이것과 상관없이, 익명 전승의 견해에서는 전승의 기원이 되었던 목격자가 일단 그 전승을 전달하고 나면, 이들과 전승 사이에는 딱히 의미 있는 관련이 없는 것처럼 보인다.

위의 견해에 반대하여 일군의 학자들이 아주 단순하면서도 분명한 입장을 제시했지만, 이런 반대가 진지하게 받아들여진 경우는 거의 없었다. 1933년에 빈센트 테일러(Vincent Taylor)가 주장한 반대 견해는 기억해둘 만하다. 그는 주로 독일 양식비평의 방법을 영어권 신약학계에 소개하려

애썼던 학자다. 테일러는 후에 자주 인용될, 다음과 같은 유명한 말을 남겼다. “만일 양식비평가들이 옳다면, 제자들은 그리스도가 부활하신 직후 살아서 하늘로 올라간 것이 틀림없다.”[4] 계속해서 테일러는 복음서 내러티브의 사건에 참여한 많은 목격자가 “영원한 휴식에 들어가지 않았다”라고 지적했다. “그 이유는 적어도 한 세대 동안은 이 목격자들이 팔레스타인의 신생 공동체들을 이리저리 옮겨 다녔으며, 정보를 찾던 이들이 설교와 사귐을 통해 이 목격자들이 들려주는 회상을 활용했기 때문이다.”[5] 더 근래에 마르틴 헹엘(Martin Hengel)은 양식비평의 접근법에 맞서 “예수 전승과 특별한 전승 전달자들 사이에, 더 정확히 말해 예수 전승과 이 전승 전달자들의 기억 및 전도자들의 설교 사이에 역사적으로 인간적 연결 고리가 존재했음을 부인할 수 없다”라고 주장했다. 헹엘은 그런데도 양식비평이 “스스로를 순수히 집합적이라고 간주한 공동체들 안에서 예수 전승이 완전히 익명으로 ‘돌아다녔다’”라는 주장을 내세우며, 헹엘 자신이 주장한 사실을 철저히 무시했다고 썼다.[6] 내가 이 책을 쓴 의도 중 하나는, 복음서가 기록되기까지 예수 전승이 전달되었던 기간 내내 “예수 전승과 특별한 전승 전달자들 사이의 인간적 연결 고리”가 “그 존재를 부인할 수 없을 정도로 역사적으로 확실하다”는 것을 증명하는 것이다. 만약 그것이 여의치 않다면, 적어도 역사적으로 이런 연결 고리가 존재했을 개연성이 아주 높음을 증명할 증거를 제시하고 싶다.

복음서는 이 책이 상세히 이야기하는 사건들에 관한 기억이 생생히 살아 있는 동안에 기록되었다. 마가복음은 많은 목격자가 살아 있는 동안에 기록된 반면에, 정경의 다른 세 복음서는 살아 있는 목격자가 드물어졌

---

4) V. Taylor, *The Formation of the Gospel Tradition* (2nd edition; London: Macmillan, 1935), 41.

5) Taylor, *Formation*, 42.

6) M. Hengel, *The Four Gospels and the One Gospel of Jesus Christ* (tr. J. Bowden; London: SCM, 2000), 143.

을 때, 즉 시간상 목격자들의 증언을 글로 기록하지 않으면 그들과 더불어 그들의 증언도 사라질 위기에 빠진 순간에 기록되었다. 이것은 복음서가 이른 시기에 기록되었다고 보는 견해를 따르지 않고, 대체로 받아들여지는 견해를 따라 저작 연대를 잡으면 반드시 인정할 수밖에 없는 중요한 사실이다. 양식비평은 예수 전승이 공동체 안에서 익명으로 전달되었다는 모델을 제시할 뿐 아니라, 복음서가 이야기하는 사건들이 일어난 때와 복음서를 기록한 때 사이에 실제로 가능한 것보다 훨씬 더 긴 기간이 존재했을 것이라는 검증되지 않은 인상을 학자들에게 심어주었다. 이런 인상은 오늘날까지 이어지는 양식비평의 영향 중 하나다. 우리는 전승이 공동체들 속에서 여러 세대 동안 전해 내려왔다고 보는 여러 모델을 가지고 작업하는 데 익숙해 있었다. 우리는 전승이 복음서 저자에게 도달할 때까지 많은 사람의 생각과 입을 거쳐 전달되었다고 추측한다. 그러나 실제로 문제 되는 기간(예수 전승의 첫 발생 때부터 그 전승이 구전으로 복음서 저자에게 전달되기까지의 기간)은 비교적 긴 한 생애에 해당하는 기간이다.

종종 양식비평은 복음서 배후에 있을 만한 구전 모델로 민간 전승(folklore)을 제시하고 이것에 대해 연구하는데, 비르예르 에르핫손(Birger Gerhardsson)은 양식비평이 끼친 이런 영향을 다음과 같이 강조한다.

> 민간 전승—여러 세기에 걸쳐 다양한 지역으로 넓게 퍼져간 이야깃거리—과 유사한 것들이 부지불식간에 학자들을 유혹하여, 그들로 하여금 초기 기독교 전승 형성에서 연대와 지리의 차원을 실재보다 더 크게 보도록 만들었다. 여기서 필요한 것은 더 냉철한 자세로 역사에 접근하는 자세다. 신약 시대에는 교회가 결코 우리가 상상하는 것만큼 넓게 퍼져 있지도 않았고 그 숫자가 많지도 않았다.[7]

---

7) B. Gerhardsson, *The Reliability of the Gospel Tradition* (Peabody: Hendrickson, 2001), 40. (원본은 1977년 스웨덴 룬드의 Verbum-Håkan Ohlssons 출판사에서 나온

이 책에서 논증하겠지만, 만일 "역사 속" 예수와 복음서 사이에 실제로 상당한 기간이 존재했던 이유가 공동체에서 익명으로 이루어진 전승 전달 때문이 아니라, 목격자들 곧 숨질 때까지 자신들이 전한 전승의 권위 있는 출처로 남아 있었던 사람들이 계속 현존하며 증언했기 때문이라면, 구전에 대해 사람들이 통상 생각해온 것들은 전혀 타당하지 않다. 복음 전승은 익명으로 회자되었다기보다 이 전승을 전한 목격자의 이름으로 회자되는 경우가 대부분이었다. 목격자가 살아 있는 동안에 그리스도인들은 계속해서 이 목격자가 들려준 이야기에 관심을 가졌으며 그 내용을 알고 있었다. 따라서 우리가 전승이 복음서 저자에게 도달한 방법을 추측할 때는 구전이 아니라 목격자의 증언이 주된 모델이 되어야 한다.

사무엘 뷔쉬코그와 목격자들

근래에, 초기 기독교 운동 내부의 복음 전승 전달에 관한 우리의 이해 속에 다시금 목격자들을 각인시키는 중대한 공헌을 한 사람으로 스웨덴 학자인 사무엘 뷔쉬코그(Samuel Byrskog)를 꼽을 수 있다. 2000년에 출간된 뷔쉬코그의 『역사로서 이야기-이야기로서 역사』(*Story as History-History as Story*)에는 "고대 구술 역사의 맥락에서 살펴본 복음 전승"(*The Gospel Tradition in the Context of Ancient Oral History*)이라는 부제가 붙어 있어 이 책의 취지를 선명히 밝히고 있다.[8] 뷔쉬코그는 그리스-로마 역사가들의 작업과 최근에 등장한 "구술 역사"(oral history) 분야를 비교하면서, 두 경우에 목격자이자 정보 제공자의 역할이 매우 비슷함을 발견했다. 고대 역

---

*Evangeliernas förhistoria*다. 원제를 번역하면 "복음서 기록 이전의 역사" 정도가 된다-역주.)

8) WUNT 123; Tübingen: Mohr, 2000; reprinted Leiden: Brill, 2002.

사가인 투키디데스, 폴리비우스, 요세푸스, 타키투스 등은 역사적 사건들이 생생한 기억 속에 존재하고 있을 때만 참된 역사가 기록될 수 있다고 확신했다. 또한 이들이 참고 자료로서 귀중하게 여긴 것은, 해당 사건에 개입하여 참여한 자가 이 사건을 직접 체험한 것을 보고한 내용이었다. 역사가가 사건에 직접 참여하는 것이—크세노폰, 투키디데스, 요세푸스가 그런 예다—가장 바람직했지만, 역사가 자신이 그가 묘사하는 모든 사건이나 장소에 다 있을 수 없기에, 그는 생생한 목격담을 들려주고 질문도 받을 수 있는 목격자에게 의존해야 했다. "목격 증언(autopsy)은 과거로 되돌아가는 데 필수불가결한 수단이었다."[9]

물론 모든 역사가가 이런 이상에 맞추어 살지는 않았다. 대다수 역사가는 역사적 사건에 관한 자신의 지식과 다른 목격자들의 보고를 보충하기 위해 구전과 글로 기록된 자료를 받아들였다. 그러나 투키디데스와 폴리비우스가 세운 기준들은 역사를 기록할 때 따라야 할 가장 훌륭한 행동 관습이었다. 다른 역사가들도 이런 관습을 따르기를 열망했으며, 적어도 빈말이나마 자신들도 그러길 원한다고 말했다. 훌륭한 역사가는 문자 자료에 의존하는 이들을 혹독하게 비판했다. 일부 역사가는 실제로 자신에게는 없는 1차 지식을 갖고 있는 것처럼 행세했는데,[10] 이는 역사 기록에 목격자 증언이 필요함을 누구나 인정했다는 반증이었다.

뷔쉬코그가 강조하는 내용 중에는 아주 중요한 점이 하나 있다. 그리스-로마 역사가들이 생각했던 가장 바람직한 목격자는 냉담한 구경꾼이 아니라, 역사적 사건에 참여하여 거기에 가장 가까이 있었던 자들이요, 그 사건을 직접 체험한 덕분에 자신이 목격한 사건의 의미를 이해하고 해석할 수 있었던 사람이라는 것이다. 역사가는 "사건에 사회적으로 개입한 목격자, 아니 더 좋은 표현으로는 사건에 적극 참여한 목격자를 선호했

9) Byrskog, *Story*, 64.
10) Byrskog, *Story*, 214-20.

다."[11] "연루(involvement)가 그들이 역사의 진실이라고 인식한 것을 올바로 이해하지 못하게 막는 장애물은 아니었다. 오히려 연루는 실제로 일어났던 일을 올바로 이해하는 데 없어서는 안 될 수단이었다."[12]

그리스-로마의 역사가들은 사실과 의미, 경험적 보고와 개입적 해석이 서로 뒤엉켜 있는 것을 전혀 문제 삼지 않았다. 목격자는 "관찰자인 동시에 해석자"[13]였다. 목격자가 들려준 자세한 이야기는 역사가의 기록에 불가결한 부분이 되었다. 이런 점에서 고대 역사가들의 접근법은 현대의 구술 역사와 아주 가까운 유사성을 갖는다. 현대의 구술 역사는 한편으로는 가감 없는 분명한 사실이 역사를 만들지 않는다는 것과, 목격자의 체험과 기억이라는 주관적 측면이 바로 역사가가 버려서는 안 될 증거라는 것을 인정한다. 다른 한편으로는 "역사적 사건에 개입한 사람이 아무 관심 없는 구경꾼보다 더 낫다"[14]라고도 인정한다. 물론 그리스-로마 역사가의 저술에 수용된 목격자가 증인뿐 아니라 해석자 역할도 했다고 해서, 이런 역할이 역사가 자신의 해석 작업과 양립할 수 없는 것은 아니다. 역사가의 해석 작업에는 취사선택은 물론이요 전체 내러티브의 틀을 짜서 일관된 이야기로 만들어내는 작업도 들어 있었다. 예를 들어 폴리비우스가 옹호했던 가장 훌륭한 역사가의 행동 관습을 보면, 역사가는 해석된 이야기를 들려준다. 그러나 "사실에 입각한 과거 역사만이" "역사가가 해석해서 들려주는 이야기의 일부가 될"[15] 수 있었다.

뷔쉬코그는 고대 역사 기록에서 목격자 증언이 중요한 역할을 했음을 논증한 뒤, 복음 전승과 복음서 자체가 형성될 때에도 예수의 역사와 관련하여 목격자와 정보 제공자의 자격을 동시에 갖춘 사람들이 고대 역사 기

11) Byrskog, *Story*, 167.
12) Byrskog, *Story*, 154.
13) Byrskog, *Story*, 149.
14) Byrskog, *Story*, 28, 165-66.
15) Byrskog, *Story*, 264.

록의 목격자와 비슷한 역할을 했음이 틀림없다고 주장한다. 뷔쉬코그는 이런 목격자가 누구인지 밝혀내고 그들이 들려주었을 증언의 자취를 복음서에서 찾아내려고 시도하면서, 역사가와 정보 제공자처럼 이 목격자도 역사적 사실에 참여한 자로서 단지 사실을 기억하는 데 그치지 않고, 사실을 체험하고 기억하는 과정에서 그것을 자연스럽게 해석했으리라고 강조했다. "따라서 복음서 내러티브는 역사와 이야기, 목격자가 구술한 역사와 복음서 저자가 해석하고 내러티브를 만들어낸 과정의 종합이다."[16] 뷔쉬코그의 설명에 따르면, 목격자는 공동체 안에서 이루어진 기나긴 전승 전달 및 형성 과정의 뒤편으로 사라지지 않고, 여전히 공동체에서 영향력을 지닌 존재로 남아 있게 된다. 목격자는 자신의 이야기를 들려주었으며, 누군가가 조언을 구하면 그것을 줄 수 있었다. 또한 그가 구술한 자세한 이야기들은 복음서 본문의 형태에서 결코 멀리 떨어져 있지 않았다.

뷔쉬코그의 저작과 이 책에서 복음서를 목격자 증언을 수록한 것으로 이해하고자 하는 공통의 관심사 사이에는 분명히 연관성이 있다. 뷔쉬코그는 증언—사건에 개입한 참여자의 이야기—이 고대 역사 기록에 전혀 들어맞지 않는 것이 아니라 오히려 역사 기록에 불가결하다는 점을 보여주었다. 고대 역사 기록에서는 구술 증언을 문자 기록보다 선호했으며, 멀찌감치 떨어져 있는 구경꾼보다 사건에 참여한 자에게서만 얻을 수 있는 내부자 시각을 제공하는 증인을 더 좋아했다. 이는 현대의 많은 역사 기록이 품고 있는 본능과 상반된다. 현대 역사 기록자의 눈에는 고대 역사 기록이 취한 태도가 객관성을 타협하고, 속에 다른 마음을 품은 자들이 가진 주관적 시각과 해석이 역사가를 좌지우지하도록 내버려두는 것처럼 보이기 때문이다. 그러나 고대 역사 기록의 관습이 중요시하던 요소들 중 여기서 밝혀두어야 할 점이 있다. 그것은 고대 역사가가 역사적 사실을 직접 체험한 내부자의 증언이야말로 진실에 접근하는 길로서 다른 방법으로는

16) Byrskog, *Story*, 304-5.

얻을 수 없는 수단임을 알고 있었다는 점이다. 역사가는 비록 비판을 하지 않는 것은 아니지만, 그래도 증언을 들려주는 목격자이자 정보 제공자를 신뢰하려 했다. 목격자이자 정보 제공자인 사람이야말로 사건의 진실에 다가갈 수 있는 유일무이한 길을 제공했기 때문이다. 이런 점에서 우리는 복음서가 전형적인 현대 역사 기록보다 오히려 고대 역사 기록의 방법과 목표에 훨씬 더 가까움을 알 수 있다. 그렇기는 해도 중요한 것은 뷔쉬코그가 근래에 이루어진 구술 역사의 발전에 관심을 기울인다는 점이다. 이 구술 역사는 구술 정보 제공자로부터 개별적 사실을 증명할 증거를 조사하는 데 그치지 않고, 이 정보 제공자의 시각과 체험을 소중히 여긴다.[17]

뷔쉬코그의 저작은 복음서를 연구하는 모든 학자가 인정할 수밖에 없는 커다란 공헌을 했다. 이미 일부에서는 뷔쉬코그를 비판하는 목소리도 나왔다. 비판자들은 뷔쉬코그가 복음서와 고대 그리스-로마의 역사 기록 관습인 구술 역사 습관 사이의 유사성을 실증한다기보다 추정할 뿐이라고 주장했다.[18] 또 다른 논평자들은 뷔쉬코그가 목격자가 누구인지 밝히거나 전승 속에서 어떤 것이 목격자 증언인지 밝혀낼 판단 기준을 제공하지 않는다고 실망한다.[19] 이것은 중요한 논평이다. 적어도 이런 논평은 뷔쉬코그의 저작이 인상 깊기는 하지만, 완성된 주장으로 자리매김하기는 아직 이르며 검증과 발전이 더 필요함을 보여준다. 다음의 장들에서는 뷔쉬코그의 작업을 더 검증하고 발전시켜가는 작업을 시도할 것이다.

---

17) Byrskog, *Story*, 26-33; 특히 P. Thompson, *The Voice of the Past: Oral History* (2nd edition; Oxford: Oxford University Press, 1988)를 보라.

18) C. R. Matthews, *JBL* 121 (2002), 175-77의 논평; 참고. P. M. Head, "The Role of Eyewitnesses in the Formation of the Gospel Tradition," *TynB* 52 (2001), 294. 헤드는 뷔쉬코그가 고대 역사 기록과 고대 전기의 차이점을 더 진지하게 고려해야 했다고 생각한다.

19) W. Carter, *CBQ* 63 (2001), 545-46의 논평.

제 2 장

목격자들에 대한 파피아스의 보고

파피아스와 그가 쓴 책

파피아스(Papias)[1]는 히에라폴리스(Hierapolis) 주교였다. 히에라폴리스는 로마의 아시아(오늘날 터키 지역) 속주에 있던 리쿠스(Lycus) 계곡에 자리한 성읍으로 라오디게아와 골로새에서 멀지 않았다. 2세기가 시작될 무렵, 파피아스는 그의 주저로서 다섯 권으로 이루어진 「주의 로기아 상해」(*Exposition of the Logia*[2] *of the Lord*)를 완성했다. 그러나 애석하게도 이 책은 현재 남아 있지 않다. 이 책은 초기 기독교를 연구하는 역사가들이 사라진 도서관이나 이집트 사막에서 다시 발견하기를 가장 원하는 책 중 하나다. 이 책이 다시 발견된다면, 복음서의 기원에 대해 씨름하는 많은 문제가 풀릴지도 모른다. 실제로 이 책 중 우리에게 남겨진 것은 후대 저술가들의 글 속에 인용된 단편들로서 그 숫자는 24개가 채 안 된다.[3] 그것들 중 가장 유명하며 복음서를 연구하는 입장에서 볼 때 가장 흥미로운 것이 가이사랴의 유세비우스(Eusebius)가 보존해놓은 단편들이다. 유세비

---

1) 파피아스에 관한 학술서 중 간략하면서도 훌륭한 설명을 보려면 W. R. Schoedel, "Papias," in *ABD* 5.140-42을 보라.

2) 로기아(*logia*)라는 그리스어의 의미에 대해서는 논란이 있으므로 나는 이 말을 번역하지 않고 놔두었다. 이 말은 대강 "예수의 말씀과 행위들을 상세히 설명해놓은 것"이라는 의미인 것 같다. 제9장의 논의를 보라.

3) 이 단편들을 영어로 번역해 모아놓은 글이 J. B. Lightfoot, J. R. Harmer, and M. W. Holmes, *The Apostolic Fathers* (Leicester: Apollos, 1990), 307-29에 실려 있다. 이보다 조금 더 불완전한 모음이 W. R. Schoedel, *The Apostolic Fathers*, vol. 5: *Polycarp, Martyrdom of Polycarp, Fragments of Papias* (Camden: Nelson, 1967), 89-127에 실려 있다.

우스는 파피아스가 어리석다고 생각했다["아주 무지한 사람", 「교회사」(*Historia Ecclesiastica*) 3.39.13[4]]. 이는 파피아스가 그리스도가 재림하시면 이 땅에 낙원이 이루어지리라고 기대했던 천년왕국 신봉자였기 때문이기도 하지만, 십중팔구는 유세비우스 자신이 신약성경 기록의 기원에 대한 파피아스의 견해 일부에 동의하지 않았기 때문일 것이다. 하지만 우리는 이렇게 편견에 사로잡혀 파피아스를 바라보는 태도를 받아들일 이유가 없다. 파피아스는 복음서의 기원에 얽힌 몇 가지 흥미로운 사실을 알 수 있는 유리한 위치에 있었던 것 같다. 그러나 파피아스가 이런 문제들에 대해 말한 것으로 유세비우스가 파피아스의 저서 프롤로그로부터 꼼꼼하게 발췌해서 인용한 내용들은, 지난 수십 년 동안 복음서에 대해 학계에서 대세를 이루어 온 견해와 잘 들어맞지 않는다. 한때는 파피아스가 쓴 이런 내용들을 놓고 충분한 논의와 토론이 벌어지기도 했지만, 요 근래에는 그의 글을 무시하는 경우가 더 잦다.

간단히 말해 파피아스는 그리스도인으로서 세 번째 세대에 속한다. 말하자면 그는 첫 번째 세대인 사도 세대 그리스도인들과 사귐을 가졌던 세대였다. 실제로 파피아스는 복음 전도자인 빌립의 딸들과 친분이 있었다. 이 빌립은 사도행전 6장에 나오는 일곱 일꾼 중 한 사람인 바로 그 빌립이다(그러나 후대 저술가들은 이 빌립과 열두 제자 중 하나인 빌립을 동일인으로 여겼다). 복음 전도자 빌립은 생애 말년을 히에라폴리스에서 보냈으며, 예언자로 알려져 있는 빌립의 두 딸(행 21:8-9)도 혼인하지 않은 채 여생을 같은 도시에서 보냈다.[5] 어쩌면 파피아스는 어린 시절부터 빌립을 알았을 수도 있

---

4) 이 문구는 파피아스가 자신을 낮추어 겸손을 보이려고 쓴 말인 것 같다; 참고. Schoedel, *Polycarp*, 104.

5) 셋째 딸은 에베소에서 죽었는데 혼인을 했으리라고 추정한다. 이 정보는 에베소의 폴리크라테스가 190년경에 쓴 글에서 얻었으며, 이 글은 유세비우스, 「교회사」 5.24.2에 인용되어 있다. 폴리크라테스는 두 빌립을 동일인으로 여기면서, 히에라폴리스에서 숨지고 예언자인 딸들을 두었던 빌립을 열두 제자 중 하나로 일컫는다; 참고. R. Bauckham, "Papias and Polycrates on the Origin of the Fourth Gospel," *JTS* 44 (1993), 30-31.

다. 어쨌든 파피아스가 사도들에 관한 이야기를 알게 된 것은 바로 빌립의 딸들이 전한 이야기 덕분이었다(유세비우스, 「교회사」 3.39.9).

우리는 파피아스가 정확히 언제 자기 책을 저술했는지(더 정확히 말해 언제 저술을 마쳤는지) 알지 못한다. 통상적으로 추측되는 저작 연대인 130년 무렵은 거의 신뢰할 수 없는 다음과 같은 증거에 근거하고 있다. 곧 5세기 초의 저술가인 시데의 필립포스(Philip of Side)에 따르면, 파피아스는 예수가 죽은 자들 가운데서 일으키신 사람들이 하드리아누스 치세 때(117-138년)까지 생존했다고 말했다고 한다.[6] 하지만 이 말은 십중팔구 신뢰할 수 없다.[7] 그 이유는 유세비우스가 이 말을 한 사람이 2세기의 또 다른 그리스도인 저술가인 콰드라투스(Quadratus)라고 밝히기 때문이요(「교회사」 4.3.2-3), 시데의 필립포스가 한 말도 이런 사정을 잘못 기억하여 나온 말에 불과할 수 있기 때문이다. [윌리엄 쇼들(William Schoedel)은 시데의 필립포스를 "얼치기요 신뢰할 수 없는"[8] 사람이라고 평한다.] 그런가 하면 유세비우스는 연대순으로 서술한 내러티브에서 파피아스를 소개하고 그를 로마의 클레멘스 및 안디옥의 이그나티우스와 연계하면서(「교회사」 3.36.1-2), 파피아스가 트라야누스 치세기(98-117년)에 활동했으며 추측컨대 그 활동 시기는 이그나티우스의 순교(107년) 이전이었을 것이라고 암시하고 있다. 유세비우스는 파피아스를 믿을 수 없는 사람으로 만들려 했다. 그렇다면 파피아스의 저작

몬타누스주의 저술가였던 프로클루스 역시 빌립과 그의 딸들이 히에라폴리스에 정착했다는 전승을 알고 있었다. 그러나 프로클루스는 행 21:8-9과 같이 빌립의 딸이 넷이라고 말하면서, 이 넷이 모두 히에라폴리스에서 죽었다고 주장한다(유세비우스, 「교회사」 3.31.4).

6) J. Kürzinger, *Papias von Hierapolis und die Evangelien des Neuen Testaments* (Regensburg: Pustet, 1983), 116-17의 fragment 16=Lightfoot, Harmer, and Holmes, *The Apostolic Fathers*, 317-18의 fragment 5.

7) Hengel, *Die johanneische Frage, Ein Lösungsversuch* (Tübingen: Mohr, 1993), 77은 이 말을 신뢰할 수 있다고 보고, 파피아스의 저작이 120년에서 135년 사이에 이루어졌다고 추정한다.

8) Schoedel, *Polycarp*, 120.

연대를 더 늦은 시기로 기록하는 것이 자신의 목적에 부합했을 텐데도, 유세비우스는 그렇게 하지 않았다. 이런 이유로 대략이나마 파피아스의 저작 연대를 정할 경우 유세비우스의 언급을 신뢰할 수 있는 것이다.[1] 아울러 우리는 파피아스가 베드로전서와 요한1서를 인용했다는 사실(「교회사」 3.39.17)을 알 뿐 아니라, 그가 요한계시록은 물론이요[9] 일부 다른 학자들과 내[10]가 주장한 것처럼 요한복음도 알았을 개연성이 높으며(제9장을 보라), 누가복음도 알았을 가능성이 높다는 것도 안다.[11] 따라서 파피아스의 저작 시기를 1세기 말 이전으로 잡을 수는 없지만, 그래도 이 연대는 빠르면 1세기에서 2세기로 넘어가는 때였을 수 있다. 몇몇 학자는 파피아스의 저작 시기가 110년 무렵이나 그보다 훨씬 더 빠르다고 주장했다.[12]

우리의 목적을 놓고 볼 때 중요한 것은 파피아스의 실제 저작 연대가 아니라, 그가 과거 삶에 대해 쓰면서 자신이 예수의 말씀과 행위에 대한 구술 보고들을 수집했다고 말한다는 사실이다. 앞으로 설명하겠지만 파피아스가 말하는 과거 시기는 80년 무렵임이 틀림없다. 마태복음과 마가복음, 요한복음도 모두 이 시기에 기록되었을 가능성이 높다. 여기에 대

---

9) Lightfoot, Harmer, and Holmes, *The Apostolic Fathers*, 320-21의 단편 10과 11을 보라.

10) Bauckham, "Papias and Polycrates," 44-63.

11) 가이사랴의 안드레의 아르메니아어판에 들어 있는 파피아스의 단편(J. Kürzinger, *Papias von Hierapolis und die Evangelien des Neuen Testaments*, 128-33의 fragment 23=Lightfoot, Harmer, and Holmes, *The Apostolic Fathers*, 326-27의 fragment 24)은 눅 10:18을 인용한다.

12) V. Bartlet, "Papias's 'Exposition': Its Date and Contents," in H. G. Wood, ed., *Amicitiae Corolla* (J. R. Harris FS; London: University of London Press, 1933), 16-17, 20-22; Schoedel, *Polycarp*, 51-52; U. H. J. Körtner, *Papias von Hierapolis* (FRLANT 133; Göttingen, 1983), 89-94, 167-72, 225-26. R. H. Gundry, *Matthew: A Commentary on His Handbook for a Mixed Church under Persecution* (2nd edition; Grand Rapids: Eerdmans, 1994), 610-11; *Mark: A Commentary on His Apology for the Cross* (Grand Rapids: Eerdmans, 1993), 1027-29은 101년에서 108년 사이에 저술되었다고 주장한다.

한 파피아스의 증거는 지금까지 그 진가를 충분히 인정받지 못하고 있다. 이는 파피아스가 그의 작품을 쓴 시기(혹은 저술을 마친 시기)와, 그가 자신의 글에서 회상하는 시기(곧 예수의 말씀과 행위에 관한 구술 보고들을 모은 시기) 사이에 차이가 있음을 진지하게 고려하는 학자가 거의 없었기 때문이다. 심지어 마가복음에 대한 파피아스의 언급을 진지하게 받아들인 뷔쉬코그조차도[13] 파피아스의 이 글에 대해서는 거의 주목하지 않았다.[14]

우리는 파피아스가 자신의 글에서 이야기하는 시기뿐 아니라, 그가 히에라폴리스에 있었다는 지리적 연관성에도 주목해야 한다. 버논 바틀릿(Vernon Bartlet)은 이렇게 설명한다.

> 파피아스가 지역의 목회자 수장인 "주교"가 되었던 히에라폴리스는 두 대로가 만나는 곳에 있었다. 한 대로는 동서로 이어져 있었는데, 대로 양쪽에는 시리아 안디옥과 "아시아"에서 으뜸가는 도시인 에베소가 있었다. 다른 한 대로는 동남쪽에 있는 밤빌리아의 앗달리아에서 서북쪽의 서머나로 뻗어 있었다. 이런 히에라폴리스에 있었던 파피아스는 자기 생애 이전은 물론이요 자기가 살아 있는 동안에도 복음서의 원래 고향인 곳에서, 그리고 (유대인 디아스포라의 큰 중심지였던) 아시아에 정착한 팔레스타인 출신의 (그리스도인) 지도자들로부터 직접 유래한 전승들을 모을 수 있는 거의 유일무이한 위치에 있었다.[15]

13) S. Byrskog, *Story as History–History as Story* (WUNT 123; Tübingen: Mohr, 2000; reprinted Leiden: Brill, 2002), 272-92.

14) Byrskog, *Story*, 244-45.

15) Bartlet, "Papias's 'Exposition,'" 17.

목격자들에 대한 파피아스의 보고

파피아스가 예수의 말씀과 행위에 관한 구술 보고들을 수집했다는 내용은 「주의 로기아 상해」 프롤로그에 나온다. 파피아스의 저술은 누가복음처럼 이름을 밝힌 특정 인물에게 헌정한 책이지만, 그의 이름은 오늘날 남아 있지 않다. 파피아스는 프롤로그에서 이 사람에게 직접 다음과 같은 헌정사를 바쳤다.

> 나는 또 내가 과거에 그 장로들에게서 꼼꼼히 배우고 잘 받아 적어놓은 모든 것을 주저 없이 그대를 위해 잘 정돈된 형태로 옮겨놓을 터인즉, 그 모든 것이 진실임은 내가 보증합니다.[16] 이는 대다수 사람들과 달리 내가 말이 많은 사람들이 아니라 진리를 가르치는 사람들을 즐거워했기 때문입니다. 또 내가 다른 사람이 명한 그릇된 계명들을 생각나게 하는 사람들을 즐거워하지 않고, 도리어 주께서 신자들에게 주신 계명, 곧 진리 자체에서 나온 계명들을 기억하는 사람들을 즐거워했기 때문입니다. 또 나는 장로들을 모시며 그들의 말을 경청했던 사람을(*parēkolouthēkōs tis*)[17] 우연히 만나게 되면, 그 장로

16) 이 첫 문장은 Kürzinger, *Papias*, 77-82의 내용을 따라 번역했다. 퀴르칭어가 제시하는 이 문장의 독일어 본문은 이렇다: "Ich will die Mühe nicht scheuen, dir auch alles, was ich ehedem von den Alten(Presbytern) gut in Erfahrung gebracht und gut aufgezeichnet habe, in den Ausführungen geordnet darzustellen, wobei ich mich für deren Wahrheit verbürge"(77-78)(=나는 내가 이전에 장로들로부터 잘 들어 배우고 기록해놓은 모든 것도 정리하여 그대에게 제시하는 수고를 마다하지 않겠으며, 그 진실성은 내가 보증합니다).

17) 보통 이 말을 "…을 따랐던 사람"으로 번역하나 이런 번역문은 특히 현대 영어에서는 오해를 낳을 수 있다. 그리스어 동사 *parakoloutheō*는 "…뒤를 따르다"보다는 "…을 가까이 모시다, 경청하다"라는 뜻이다. 더욱이 그리스어 명사 *parēkolouthēkōs*를 영어 명사인 follower로 번역하는 것은 그가 더 이상 그 장로들과 스승-제자 관계에 있지 않고 오직 장로들이 가르치는 자리에 있었음을 의미할 뿐이다(또한 여러 번 그런 자리에 참여했을 수도 있다). Schoedel, *Polycarp*, 99은 이 말을 다음과 같이 거칠지만 올바르게 번역한다: "실제로 그 장로들을 모시며 그 말을 경청했던 어떤 사람"(someone…who

들이 했던 말을 물어보았습니다. [곧] 안드레나 베드로가 말했다고(*eipen*) 혹은 빌립, 혹은 도마나 야고보, 혹은 요한이나 마태나 주의 다른 제자들이 말했다고 [장로들이 일러주었다는 것들을] 물어보았고, 역시 주의 제자들인 아리스티온(Aristion)과 장로 요한이 말하고 있다는(*legousin*) 것들도 무엇이든 물어보았습니다. 이는 책에서 얻는 정보가 살아서 남아 있는 음성에서 얻는 정보만큼 내게 유익하지는 않으리라고 생각했기 때문입니다(유세비우스, 「교회사」 3.39.3-4).[18]

이 글을 올바로 이해하려면 먼저 우리는 파피아스가 이야기하는 사람들을 다음과 같은 네 부류로 구분해야 한다.[19] 곧 네 부류란 (1) "장로들을 모시며 그들의 말을 경청했던" 사람들, 곧 장로들이 가르칠 때 그 자리에 있었던 사람들, (2) 장로들 자신, (3) 안드레, 베드로, 빌립, 도마, 야고보, 요한, 마태 그리고 다른 사람들로 이루어진 주의 제자들, (4) 역시 "주의 제자들"로 불렸던 아리스티온과 장로 요한이다.

먼저 우리는 (1) 부류인 "장로들을 모시며 그들의 말을 경청했던" 사람들을 그 장로들이 속한 세대를 뒤따른 또 다른 세대로 이해해서는 안 된다. 일부 학자들은 여기서 파피아스가 세 세대(곧 예수의 제자들 세대, 장로들 세대, 장로들의 제자들 세대)를 언급하며,[20] 결국은 그가 자신을 세 번째 세대에 포함시키고 있다고 주장했다. 이 장로들의 제자들이 장로들을 "모시며 경청했다"(종종 오해의 소지가 있는 "…을 따랐던 사람이었다"로 번역하기도 함)는 것은

---

had actually attended the elders).

18) 첫 문장과, *parēkolouthēkōs tis*를 "모시며 경청했던 사람"으로 번역한 것과 별개로, 이 번역문은 Lightfoot, Harmer, and Holmes, *The Apostolic Fathers*, 314에서 가져왔다. [ ] 속의 말은 내가 덧붙였다.

19) Schoedel, *Polycarp*, 98-100은 여기서 제시한 해석과 반대되는 해석들을 간략하지만 훌륭하게 논평하면서 앞의 해석을 지지한다.

20) 예를 들어 C. E. Hill, *The Johannine Corpus in the Early Church* (Oxford: Oxford University Press, 2004), 384.

파피아스가 이 글을 쓰고 있던 때에 장로들이 이미 숨을 거뒀다는 뜻이 아니다. 이 말은 단지 장로의 제자들이 히에라폴리스로 오기 전에 그 장로들 발치에 앉아서 그들이 전하는 가르침을 경청했다는 뜻이다. 얼마 전에 장로들의 가르침을 듣고 와서 파피아스에게 이를 전해줄 수 있었던 이들(곧 장로들의 제자들)에게 파피아스 자신이 이런 말을 할 때만 해도, 장로들 자신은 여전히 살아서 가르치고 있었다.

일부 학자들은 (2) 부류인 장로들과 (3) 부류인 주의 제자들을 동일인으로 이해했으며,[21] 유세비우스 자신도 분명히 그렇게 이해했다(「교회사」 3.39.7). 그러나 이렇게 이해할 경우에는 파피아스가 왜 이 그룹을 그냥 "주의 제자들"이라 지칭하지 않고 이들을 가리키기 위해 "장로들"이라는 말을 그토록 힘주어 사용하는지 그 이유를 알기가 힘들다. 파피아스가 쓴 이 헌정사 본문을 읽을 때는, 내가 방금 제시한 번역문 속에 대괄호로 덧붙인 말의 의미대로 읽는 것이 훨씬 더 만족스럽다.[22] 이 장로들은 파피아스가 이 글에서 언급하는 시기에 아시아의 여러 도시에 있었던 원로 그리스도인 교사들이다. 또한 파피아스의 작품을 잘 알고 있었으며, "그 장로들"이 전한 전승들로서 파피아스의 글로부터 나왔음이 분명한 전승들을 수차례 인용했던 이레나이우스[「이단 반박」(*Adversus Haereses*) 2.22.5; 4.28.1; 5.5.1; 5.30.1; 5.36.1, 2; 6.33.3]도 "이 장로들"을 같은 의미로 이해했다.[23] 파피아스는 히에

---

21) 예를 들어 B. Orchard and H. Riley, *The Order of the Synoptics: Why There Synoptic Gospels?* (Macon: Mercer University Press, 1987), 176이 이런 견해를 보이고 있다.

22) 이런 점에서 J. Chapman, *John the Presbyter and the Fourth Gospel* [Oxford: Clarendon, 1911], 9-27에 제시된, 파피아스의 언급에 대한 해석은 설득력이 있다. 이 해석을 받아들이는 학자로는 Körtner, *Papias*, 114-22(그러나 쾨르트너는 장로들이 순회 교사였다고 보는데 이 견해는 훨씬 더 의문스럽다); B. Reicke, *The Roots of the Synoptic Gospels* (Philadelphia: Fortress, 1986), 155; Hengel, *Die johanneische Frage*, 79이 있다.

23) Chapman, *John the Presbyter*, 13-16.

라폴리스에서 살았던 터라 보통 때는 아시아 지역의 장로들이 하는 이야기를 직접 들을 기회를 갖지 못했다. 그러나 파피아스는 그 장로들의 제자들 중 누구라도 히에라폴리스를 방문하기만 하면 당시 장로들이 무슨 말을 하고 있는지 그에게 물어보았다. 파피아스는 특히 장로들이 주의 제자인 안드레와 베드로와 다른 제자들에게 들었던 전승을 듣고 싶어했는데, 이는 당연한 일이었다. 파피아스의 말이 모호해 보이는 것은, 사실 그가 관심을 가졌을 장로들의 말 역시 안드레와 베드로와 주의 다른 제자들로부터 나온 전승들을 전달한다는 것을 파피아스 자신도 당연하게 받아들이기 때문이다.

(2) 부류와 (3) 부류의 관계를 놓고 논란이 있을 수 있듯이, 해석자들은 (4) 부류를 놓고도 골치를 앓았다. 파피아스는 그가 이름을 밝혀놓은 이 두 제자를 (3) 부류와 같이 "주의 제자들"이라 부르면서도 (3)에서 말한 주의 제자들과 구별했다. 왜 그랬을까? 많은 학자가 인정하듯이, 파피아스가 구별한 (3)과 (4) 두 부류의 중요한 차이점은 각각 부정과거 동사인 *eipen*("말했다")과 현재 시제 동사인 *legousin*("말하고 있다")을 사용한 점이다. 파피아스가 이런 말을 할 당시, (3) 부류의 사람들은 이미 숨을 거둔 뒤였다. 따라서 파피아스가 이 (3) 부류의 말을 전해 들을 수 있었던 통로는 장로들의 보고뿐이었다. 반면에 아리스티온과 장로 요한은—히에라폴리스가 아닌 다른 곳에서—여전히 가르치고 있었다. 이런 이유로 파피아스는 이들이 (여전히) 하고 있던 말을 그들의 제자들로부터 전해 듣고 알 수 있었다. 아리스티온과 장로 요한도 과거 예수의 제자들이었으며, 파피아스가 이런 말을 할 당시에는 로마의 아시아 속주에서 이름난 그리스도인 교사들이었다. 파피아스는 (4) 부류의 두 사람 중 두 번째 사람을 "장로 요한"으로 지칭하여 그가 (3) 부류에 포함시킨 요한과 구별한다.[24] 두 요한은 모두 "주의 제자들"이나, 오직 "장로 요한"만이 이 시기 교회들에 이름

24) 요한에게 붙인 이 칭호의 중요성을 살펴보려면 제16장을 보라.

이 널리 알려진 교사였다.[25)]

많은 학자는 아리스티온과 장로 요한이 예수와 동고동락하던 친밀한 제자였음을 믿을 수 없었다. 대개 그 이유는 학자들이 파피아스가 "그 장로들"이 숨진 뒤에 일어난 일을 이야기한다고 이해하여 그가 이야기하는 시대가 예수의 동시대인들이 살았던 때보다 훨씬 더 후대라고 추정하거나, 파피아스가 그의 글에서 다루는 때와 그가 그 글을 쓴 시기를 충분히 구별하지 않았기 때문이다. 파피아스가 언급하는 때에 예수의 제자들은 대부분 세상을 떠났고 오직 두 사람만이 아직도 살아남아 아시아에서 저명한 그리스도인 교사로 활약하고 있었다. 우리가 이 사실을 깨닫기만 한다면, 파피아스가 그의 글에서 다루는 때가 1세기 말이 틀림없음을 알게 될 것이다. 이 말이 틀릴 가능성은 추호도 없다. 파피아스의 글에서 다루어지는 때에 파피아스 자신은 분명히 청년이었다. 파피아스 자신은 예수의 제자들 바로 다음 세대 사람이었다. 그렇지만 젊은 시절을 예수와 함께 보낸 이들 중 가장 늦게까지 생존한 이들이 살아 있을 당시, 파피아스는 이미 어른이었고 다 자란 청년이었다. 설령 우리가 사람들이 자주 주장하는 것처럼 파피아스가 집필을 마친 때를 130년으로 본다 할지라도(나는 이 연대가 너무 늦다고 본다), 예수의 제자로서 가장 늦게까지 살아남은 제자들과 파피아스가 같은 시대에 살았을 상황이 존재했을 개연성은 여전히 높다. 말하자면 대단히 연로한 아리스티온과 장로 요한이 생존해 있던 90년에 파피아스는 스무 살 청년이었을 수 있다. 그랬다면 파피아스가 마침내 자기 책을 다 쓴 때는 그가 예순 살인 130년이었을 것이며, 우리는 그 책을 파피아스가 평생에 걸쳐 쓴 책으로 이해할 수 있을 것이다. (파피아스와 동시대인으로 서머나 주교였던 폴리카르포스는 이르면 그의 나이 66살 때인 156년경 또는

25) Chapman, *John the Presbyter*에는 파피아스의 글에 등장하는 두 요한을 동일인으로 보는 입장이 가장 훌륭하게 제시되어 있다. 그러나 파피아스가 동일인인 요한을 (3) 부류와 (4) 부류에 모두 포함시켰으리라고 믿기는 힘들다.

아무리 늦게 잡아도 167년 무렵에 순교했다.[26] 90년에 폴리카르포스는 17살에서 20살이었을 것이다.[27]) 또한 파피아스는 이미 히에라폴리스에 정착한 복음 전도자 빌립의 딸들(참고. 행 21:9)과 직접 접촉을 가졌던 것 같다.[28] 90년에 파피아스의 나이가 20살이었다면, 그가 빌립의 딸들과 직접 접촉을 가졌다는 사실도 온전히 믿을 수 있다. 하지만 앞서 말한 것처럼, 파피아스가 저술을 마무리한 연대를 130년으로 늦춰 잡는 주장이 제시하는 증거는 의심스럽다. 이런 이유로 파피아스는 이르면 50년에 태어났을 가능성도 충분히 있다.[29]

주의 제자인 아리스티온과 장로 요한은 파피아스의 글이 다루는 시기에 생존해 있었으며, 지리적으로 보아도 파피아스와 제법 가까운 곳에 살았기 때문에(십중팔구 두 사람은 각각 서머나[30]와 에베소에서 살았을 것임) 큰길을 이용하면 쉽게 왕래할 수 있었다. 덕분에 파피아스는 한 명의 전달자만 있으면—두 제자 중 누구라도 히에라폴리스를 방문하는 사람이 그들의 말

---

26) 이 연대들을 살펴보려면 Lightfoot, Harmer, and Holmes, *The Apostolic Fathers*, 131-32을 보라.

27) 따라서 이레나이우스가 "요한"이라고 부르는 이가 장로 요한임을 인정한다면, 그가 폴리카르포스에 대해 기록한 다음의 글도 완전히 신뢰할 수 있다: "그가 요한 및 주를 뵈었던 다른 사람들과 나눈 대화를 어떻게 말하곤 했는지, 그가 그들이 한 말을 기억을 더듬어 어떻게 이야기하곤 했는지, 그리고 그가 주와 주가 능력 있게 행하신 일들 그리고 주의 가르침과 관련해 그들로부터 전해 들은 것들이 무엇이었는지"[유세비우스, 「교회사」 5.20.6; R. M. Grant, *Second-Century Christianity* (London: SPCK, 1946), 116에서 가져온 번역]. 제17장도 보라.

28) 유세비우스, 「교회사」 3.39.9. 유세비우스는 자신의 선배들처럼 이 빌립과, 열두 제자 중 하나요 파피아스가 언급했던 사도 빌립을 동일인으로 혼동했다. 사도 빌립이 히에라폴리스에 살았다면, 파피아스는 굳이 히에라폴리스를 방문하는 사람들에게 그 빌립이 무슨 말을 했는지 물어볼 필요가 없었을 것이다.

29) 참고. Bartlet, "Papias's Exposition," 17: "60년 이후는 아니다. 어쩌면 그보다 훨씬 더 빨랐을 수도 있다."

30) 아리스티온은 「사도법령집」(*Apostolic Constitutions*, 7.46)에서 서머나의 초대 주교로 간주된 아리스톤과 동일인임이 분명하다. 이렇게 아리스티온과 서머나를 연계하는 것의 역사적 가치를 살펴보려면 B. H. Streeter, *The Primitive Church* (London: Macmillan, 1929), 92-97을 보라.

을 전해주기만 하면—두 사람의 말을 모을 수 있었다. 따라서 파피아스가 그들이 전한 전승들을 소중히 여기고 자신의 책에서 자주 그것들을 인용한 것은 놀랍지 않다(유세비우스, 「교회사」 3.39.7). 파피아스의 언급 중 주의 다른 제자들의 말은 파피아스까지 이르는 전승 사슬에서 적어도 한 개의 연결 고리는 더 거쳤다. 유세비우스는 파피아스가 아리스티온과 장로 요한의 말을 직접 들었다고 이해했다(「교회사」 3.39.7). 이레나이우스도 파피아스와 요한의 관계를 놓고 같은 말을 한다(「이단 반박」 5.33.4; 「교회사」 3.39.1에도 이런 내용이 있음). 유세비우스는 파피아스의 책 프롤로그로부터 인용한 말만 기록했지만, 훗날 파피아스는 자신이 직접 찾아가서 그들의 말을 들을 수 있었다는 언급을 더했으리라는 상상도 가능하다. (하지만 파피아스가 직접 그들의 말을 들었다면, 그가 자신이 활용한 전승들의 출처를 설명해놓은 프롤로그에서 이것을 이야기하지 않았을 리가 없다.) 그렇지만 유세비우스와 이레나이우스 모두, 유세비우스가 파피아스의 책 프롤로그에서 발췌·인용한 대목의 첫 문장("내가 과거에 장로들에게서 꼼꼼히 배운 모든 것")이 파피아스가 직접 아리스티온과 장로 요한을 만나 가르침을 들었다는 의미라고 추측했을 가능성도 있다. 사실상 이 문장은 파피아스가 두 장로로부터 배운 방법이, 자신이 책 속에서 계속해서 설명하는 방식—즉 그가 두 장로의 제자들을 만나 조사하는 방식—을 통해서였다는 뜻일 가능성이 더 높다.[31] 그럴 경우 우리는 파피아스가 살았을 당시 아리스티온과 장로 요한도 여전히 생존해 있었지만, 파피아스가 이들을 찾아가 직접 말을 들을 처지는 아니었으며,[32] 다

31) 이런 설명이 Chapman, *John the Presbyter*, 30-31보다 더 그럴듯해 보인다. 채프먼은 파피아스가 먼저 주된 자료 출처를 제시하고(파피아스는 장로들로부터 직접 듣고 알았음) 이어 2차 자료 출처를 제시한다고(파피아스는 장로들의 제자들이 히에라폴리스를 방문할 때 그 제자들에게 물어보았음) 본다.

32) Chapman, *John the Presbyter*, 31: "그들이 특별히 먼 곳에 살지 않았다면, 파피아스가 고생을 해서라도 그들을 직접 만나지 않은 연유를 설명할 수가 없다. 요한은 에베소에 살았고 아리스티온은 서머나에 살았던 것 같다. 이 두 도시는 히에라폴리스와 중요 도로로 연결되어 있는 큰 도시였다." 그러나 우리로서는 파피아스가 어떤 특별한 상황

만 자신의 메시지를 전할 목적으로 히에라폴리스를 방문하는 사람들에게 의존했다고 추정해야 한다. 이런 관계를 가정하면 파피아스가 자신의 책에서 다른 곳에 살던 주의 제자인 두 장로가 전해준 전승에 높은 가치를 부여한 이유를 충분히 설명할 수 있다.

앞에서 말했듯이, 파피아스가 자신의 글에서 다루는 때는 그가 글을 쓰는 때보다 앞선 때다. 파피아스가 예수의 제자들로부터 흘러나온 구전을 모은 때는 책을 쓰는 때보다 과거였다. 파피아스가 이렇게 구전들을 수집할 당시 예수의 제자들은 대부분 숨을 거두었지만, 제자 중 적어도 두 사람 곧 아리스티온과 장로 요한은 여전히 살아 있었다.[33] 이때는 필시 80년부터 90년에 이르는 기간이거나 이 기간에 가까운 때였을 것이다. 대다수 학자는 이때에 마태복음[34]과 누가복음이 기록되었고, 이보다 조금 뒤에 요한복음이 기록되었다고 본다. 따라서 파피아스가 이 글에서 말하는 내용도 복음서가 기록될 때에 사람들이 목격자와 복음 전승 사이의 관계를 어떻게 이해했는지 보여주는 증거로서, 누가가 목격자들을 언급한 것(눅 1:2)과 같은 선상에 놓을 수 있다.

파피아스가 이 글에서 제시하는 주장들은 변증적인 과장된 말로 여길 이유가 전혀 없다. 이 주장들은 놀라울 만큼 점잖기 때문이다. 파피아스는 자신이 예수의 열두 제자에 속한 사람들의 전승에 대해서는 기껏해야 간접 경로를 통해서만 접근할 수 있었다고 주장한다. 그런가 하면 앞서 보았

때문에 그들을 직접 찾지 못했는지 알 수가 없다. 어쩌면 파피아스가 생존한 장로들로부터 전승을 모을 수 있었던 기간이 그리 길지 않았을 수도 있다.

33) Reicke, *The Roots*, 154-55은 주를 직접 뵈었던 두 제자가 이때 여전히 살아 있었음을 인정하지 않는다. 이런 이유로 그는 파피아스가 100년경부터 계속 전승을 수집하고 있었다고 결론짓는다.

34) 마태복음에 관한 파피아스의 언급이 마가복음 언급과 마찬가지로 "그 장로"(필시 장로 요한일 것임)에게서 나왔다면, 파피아스는 전승을 모을 당시 마태복음을 알고 있었을(또는 알게 되었을) 것이다. 그러나 유세비우스의 글에서는 마태복음에 관한 파피아스의 언급이 그 장로에게서 나온 것인지 여부를 명확히 알 수 없다.

듯이 그가 주장한 것은, 자신이 직접 아리스티온과 장로 요한으로부터 가르침을 들었다는 것이 아니라, 다만 장로들의 가르침을 들었던 사람들로부터 이 장로들이 살아 있는 동안에 같은 가르침을 전해 들었다는 말이었을 것이다. 따라서 우리는 파피아스가 말하는 내용이 가장 중요하게 암시하는 것, 곧 예수의 말씀과 행위를 전하는 구전들이 이름이 밝혀진 특정한 목격자들과 단단히 결합해 있었음을 믿을 수 있다. 이것은 복음서가 기록될 무렵에는 복음 전승의 기원을 이루는 목격자의 목격담이 이미 오랫동안 익명으로 집단에서 집단으로 전해 내려왔으리라고 보는 양식비평의 오랜 가설과 완전히 반대된다. 우리는 양식비평의 이런 가설이 옳지 않음을 누가복음 1:2에서 알 수 있으며, 파피아스의 글을 통해 훨씬 더 분명하게 깨달을 수 있다. 파피아스는 안드레나 베드로 또는 이름이 알려진 다른 제자가 말했던 내용이나, 아리스티온과 장로 요한이 여전히 말하고 있던 내용을 소상히 듣고 싶어했다.[35] 그러므로 우리는 아리스티온이나 장로 요한과 같이 늦게까지 살아남았던 제자들도 생전에 가르침을 베풀면서 계속해서 자신이 목격한 일을 구술로 증언했으며, 따라서 그 다른 제자들도 숨질 때까지 초기 기독교 역사에서 구전을 전한 원조(첫 제공자)이자 이런 전승의 권위 있고 살아 있는 출처로서 존재했으리라고 추론할 수 있다. 구전은 그들과 분리되어 전달되지 않고 계속해서 그들과 단단히 결합해 있었다. 이런 이유로 파피아스 같은 사람은 원조들 중 누군가가 말한 내용을 소상히 듣고 싶어했던 것이다.

파피아스가 특별히 열거하는 일곱 제자의 이름에 너무 큰 비중을 둘 필요는 없다. 파피아스도 다른 유대교 저술가나 초기 그리스도인 저술가들처럼 이 일곱을 완전함을 가리키는 숫자로 사용한 것이 틀림없다. 그렇

35) 이 점은 B. Gerhardsson, *Memory and Manuscript: Oral Tradition and Written Transmission in Rabbinic Judaism and Early Christianity* (ASNU 22; Uppsala: Almqvist and Wiksells, 1961), 206-7이 강조하는 바다.

게 본다면 일곱 제자를 열거한 명단은 모든 제자를 대표하는 명단일 수 있다(참고. 요 21:2의 일곱 제자). 학자들이 자주 언급하듯이, 이 명단의 열거 순서는 놀라울 정도로 요한복음과 같으며, 요한복음 1:40-44과 21:2의 순서를 반영한다. 파피아스는 요한의 이 명단에서 특히 요한이 열거한 제자 나다나엘을 빼버렸다. 그 이유는 필시 파피아스가, 요한은 열거하지 않은 제자이지만 파피아스 자신에게는 복음서 전승들을 전해준 출처로서 중요 인물이었던 마태를 대신 넣고 싶어했기 때문일 것이다.[36] 이처럼 파피아스는 「주의 로기아 상해」의 프롤로그를 쓸 때는 분명히 요한복음에 의존했지만, 자신의 글에서 다루는 때(즉 그가 두 장로의 전승들을 모으던 때-역주)에는 요한복음에 의존할 생각을 하지 않았다. 파피아스의 글 전체에는 요한의 독특한 풍취가 어느 정도 풍긴다. "사도들"보다 "제자들"이라는 말을 사용한 것은 요한복음(요한복음은 특수한 의미를 지닌 "사도"라는 말을 한 번도 사용하지 않는다)을 상기시킨다. 하지만 이것은 예수의 말씀과 행위를 듣고 본 목격자의 증언을, 파피아스 시대에 아시아 지역에서 바울에게 사용했던 "사도"라는 말에는 필요치 않았던 방법으로 강조하고자 한 것일 수도 있다. 파피아스의 글 중 두 번째 문장이 "진리"를 언급하고 예수 자신을 "진리"로 분명하게 언급한 것도(참고. 요 14:6) 요한의 말을 반향하지만, 도리어 요한의 사상이 짙게 나타나는 곳은 마지막 문구인 "살아서 남아 있는 음성"(직역하면 "살아 있고 그리고 남아 있는 음성": *zōēs phōnēs kai menousēs*)이다. 지금 파피아스는 주가 사랑하신 그 제자가 얼마나 오래 "머물러" 있을지 혹은 "남아"(*menein*; 고전 15:6도 참고하라) 있을지에 내해 이야기한 요한복음의 마지막 논의를 상기시키는 것일까?

36) 파피아스가 마태와 나다나엘을 동일시하고(이 두 이름은 의미가 비슷함) 요 21:2에서 이름이 밝혀지지 않은 두 제자를 아리스티온과 장로 요한으로 이해했다고 가정하면, 파피아스가 제시한 명단에서 요한의 색채는 훨씬 더 강해질 것이다; 참고. Hengel, *Die johanneische Frage*, 80-83.

"살아서 남아 있는 음성"

파피아스는 "내게는 책에서 얻는 정보가 살아서 남아 있는 음성에게서 얻은 정보만큼 유익하리라"는 것을 부인한다. 사람들은 이 말을 자주 언급하고 또 많이 오해해왔다. 많은 사람들이 이 말을 파피아스가 대체로 책보다는 구전을 선호했다는 뜻으로 받아들였다. 그렇게 파피아스가 책은 싫어하고 구어(口語)만 좋아했다는 편견을 갖다 보면, 정작 그가 자신이 수집한 복음 전승을 글로 기록한 사실은 물론이요, 훗날 이런 전승들과 관련된 책을 썼으면서도 정작 구어는 지극히 조금만 사용했다는 사실이 자기모순이 되어버릴 것이다. 또한 우리는 파피아스가 책을 집필할 때쯤 글로 기록된 복음서, 그중에서 적어도 마가복음과 마태복음을 알고 있었으며, 그가 이 두 복음서에 몇 가지 부족한 점이 있음을 알았지만 이런 점들을 결코 비판하지 않았음도 알고 있다(제9장을 보라).

파피아스가 글로 기록된 자료보다 "살아 있는 음성"을 선호했음을 이해하려면, 먼저 우리는 이 "살아 있는 음성"이라는 말이 고대의 공통개념(topos) 또는 고대인들이 통상적으로 쓰던 말이었음을 깨달아야 한다. 러브데이 알렉산더(Loveday Alexander)는 의학 저술가인 갈레누스(Galen)가 자신의 저작 중 하나에 붙인 프롤로그에도 매우 유사한 평행 문구가 있다고 지적했다. 이 프롤로그에서 갈레누스는 "대다수 장인들 사이에 유행하는 말"을 하나 인용하는데, 그 말에는 "책에서 정보를 모으는 것은 살아 있는 음성에게서 배우는 것과 같지 않을 뿐더러 비교조차 할 수 없는 일"이라는 취지가 담겨 있었다.[37] 여기에 나온 "살아 있는 음성에게서"(*para*

---

37) Galen, *De comp. med. sec. loc.* 6 pref. (Kühn XII. 894.1-4). 이는 L. A. Alexander, "The Living Voice: Scepticism towards the Written Word in Early Christian and in Graeco-Roman Texts," in D. J. A. Clines, S. E. Fowl, S. E. Forter, eds., *The Bible in Three Dimensions* (JSOTSup 87; Sheffield: Sheffield Academic, 1990), 224-25에 인용되어 있다; L. A. Alexander, *The Preface to Luke's Gospel* (SNTSMS 78;

zōēs phōnēs)라는 문구는 파피아스가 사용한 바로 그 문구다. 물론 파피아스는 여기에 "그리고 남아 있는"(*kai menousēs*)을 덧붙인다. 우리에게 알려진 다른 두 자료도 항간에서 흔히 하는 말(속담)로 "살아 있는 음성"(라틴어로 *viva vox*)이 기록된 글보다 더 낫다는 주장을 언급한다[퀸틸리아누스, 「수사학」(*Institutio oratoria*) 2.2.8; 플리니우스, 「서한집」(*Epistulae*) 2.3].[38] 따라서 파피아스는 확실히 어떤 속담을 암시하는 것 같다. 갈레누스의 글처럼 과학과 기술을 다룬 논문의 경우에 이런 속담은, 책을 보고 배우기보다 개업한 장인에게 말로 가르침을 받아 기능을 배우는 쪽을 더 좋아하는 마음을 표현하는데, 이는 누구라도 쉽게 이해할 수 있는 심정이다.[39] 이 문구는 수공업 전통에서 생겨나기는 했지만, 분명히 그 전통에만 국한되지는 않았다. 세네카(Seneca)는 이것을 철학에 적용했는데, 이때 이 말은 가르침이 훨씬 더 큰 효과를 거두려면 글을 통해 배우기보다 스승을 인격적으로 체험해야 한다는 의미였다. "너는 어떤 논문을 읽을 때보다 살아 있는 음성을 듣고 누군가와 매일 삶을 함께할 때 더 많은 것을 얻을 것이다"(「서한집」 6.5).[40] 이 모든 경우를 보면, 문자 기록보다 더 바람직한 것은 긴 사슬처럼 이어져온 구전이 아니라 한 스승을 인격적으로 직접 체험하는 것이다. 퀸틸리아누스(「수사학」 2.2.8)와 플리니우스(「서한집」 2.3)는 수사학을 논하면서 이 살아 있는 음성이라는 문구를 사용하여, 연사의 구술이 가진 의사 전달(소통) 능력을 선호한다고 밝혔다. 연사의 구술은 문자 텍스트로는 적절히 전달되지 않는 내용도 전할 수 있는 소통 능력을 가졌기 때문이었다.[41]

알렉산더는 이런 개념을 다룬 자신의 연구를 다음과 같이 요약한다.

Cambridge: Cambridge University Press, 1993), 83. (본문의 번역은 알렉산더가 이 책에서 제시한 것임.)

38) Alexander, "The Living Voice," 227.

39) Alexander, *The Preface*, 83.

40) Alexander, "The Living Voice," 232.

41) Alexander, "The Living Voice," 226-27; Byrskog, *Story*, 106-7.

우리는 "살아 있는 음성"이 보편적 중요성을 가진 말로서 널리 통용되었음을 보았다. 그러나 동시에 이 말이 세 가지 문화 영역에서는 더 특수하게 적용되었음도 확인할 수 있다. 수사학에서 이 말은 생생한 실연(performance)이 중심이 되어야 함을 주장한다. 장인들 사이에서 이 말은, 모두가 공감하듯이, 생생한 시범이 없으면 실제 현장에 필요한 기능을 배우기가 힘들다는 것을 표현한다. 그리고 학교에서 이 말은 보통 교범(教範)과 교과서를 공부하는 것(또는 만들어내는 것)보다 사람이 사람을 직접 말로 가르치는 데 주안점을 두어야 함을 상기시키는 역할을 한다.[42)]

이 모든 경우에 항간의 속담이 가리키는 것은 말하는 사람을 직접 체험하는 것이지, 여러 세대를 거치며 사슬처럼 이어지는 전승 전달자들을 통해 이루어지는 전승 전달이 아니다. 여기서 말하는 사람이 교사이든 연사이든 상관없다. 학교라는 정황에서는 이 속담을 가끔 구전과 연계했던 것 같다.[43)] 그러나 학교 상황에서도 이 속담의 "살아 있는 음성"은 구전을 가리키는 것이 아니라, 교사에게 직접 가르침을 받을 때 그 교사가 실제로 말하는 음성을 가리킨다. 따라서 해리 갬블(Harry Gamble)이 지적하듯이, 파피아스가 이 속담을 사용한 것은 "그가 존중했던 것은 구전 자체가 아니라 그가 직접 얻은 정보다. 파피아스는 직접 정보를 얻을 수 있는 한 그렇게 했고 또 그렇게 하기를 선호했다"[44)]라는 것을 의미한다.

알렉산더가 언급하는 것은 역사 기록이 아니다. 현재 남아 있는 역사가들의 저작을 보면 살아 있는 음성 자체를 언급하는 말은 나오지 않는 것 같다. 하지만 이 문구를 언급하는 속담과 같은 의미의 속담이 있는데, 갈레누스도 이를 인용하여 "책을 보고 항해하는 사람을 닮기보다 선장 옆

42) Alexander, "The Living Voice," 242.

43) Alexander, "The Living Voice," 232-33.

44) H. Y. Gamble, *Books and Readers in the Early Church* (New Haven: Yale University Press, 1995), 30-31.

에 서 있는 목격자(*autoptēs*)가 되는 쪽이 더 낫다"[45]라고 말한다. 갈레누스는 살아 있는 음성을 언급하는 속담처럼, 이 속담도 책보다는 교사에게 기능을 직접 배우는 것이 나음을 이야기할 때 적용한다. 그뿐 아니라 역사가 폴리비우스도 (갈레누스보다 300년이나 앞선 글에서) 역사 기록을 의술(醫術)에 비유하면서 이 속담을 인용한다(12.15d.6). 이 인용 내용은 폴리비우스가 문자 자료에 철저히 의존했던 역사가 티마이오스(Timaeus)의 작품을 혹독하게 비판하는 대목 중에 나온다. 폴리비우스 역시 *autoptēs*라는 말을 선호했다는 점은 주목할 만하다.[46] 알렉산더는, 방금 제시한 그의 갈레누스 인용문에서 볼 수 있듯이, 이 목격자라는 말이 의학 문헌의 한 특징임을 보여주었다.[47] 대체로 역사가들은 이 말을 널리 사용하지 않는다. 그러나 폴리비우스는 고대 역사 기록 방법의 중심 개념, 즉 역사가 자신이나 적어도 그에게 정보를 제공한 자가 주된 사항을 직접 체험해야 한다는 원칙을 지시하기 위해 이 문구를 사용한다. 계속해서 폴리비우스는 티마이오스를 공격하면서, 다른 분야처럼 역사 탐구에도 세 가지 방법이 있다고 쓴다. 그 셋 중 첫째는 눈으로 보는 것이요, 둘째는 귀로 듣는 것이다. 눈으로 본다는 것은 역사가가 자신이 기록하는 장소나 사건을 직접 체험함을 가리키는데, 이는 고대 역사가들이 상찬하던 방법이요, 투키디데스 및 다른 역사가들처럼 폴리비우스도 가장 중요하게 여겼던 방법이다. 귀로 듣는 두 가지 형태 중 하나는 회고록(memoirs, 그리스어로 *hypomnēmata*)을 읽는 것이다(고대 세계에서는 심지어 독자가 기록된 글을 읽을 때에도 이 글을 "듣는다"라고 말했다[48]). 이것은 티마이오스가 역사 연구 방법으로 유일하게 사용했던 것인데, 폴

45) Galen, *Temp. med.* 6 pref. (Kühn XI. 796-97). 이 글은 Galen, *De libr. propr.* 5 (Kühn XIX. 33)에도 인용되어 있다. Alexander, "The Living Voice," 228도 이 둘을 인용해서 번역했다; 참고. Alexander, *The Preface*, 83.

46) 폴리비우스가 어떻게 썼는지 살펴보려면 Alexander, *The Preface*, 35-36을 보라.

47) Alexander, *The Preface*, 121-22.

48) 참고. B. Gerhardsson, *The Reliability of the Gospel Tradition* (Peabody: Hendrickson, 2001), 113-14.

리비우스는 이 방법의 중요성을 세 방법 중 세 번째로 평가했다. 폴리비우스가 더 중요시한 방법은 귀로 듣는 형태 중 다른 한 가지, 곧 살아 있는 증인을 조사하는 것(*anakriseis*)이다(12.27.3).

뷔쉬코그가 우리에게 상기시켰고 또 앞장에서도 언급했듯이, 고대 역사가들은 살아 있는 기억이 존재할 때에만 시대사를 제대로 연구하고 상술할 수 있다고 생각하여, 역사가가 자신이 기록하는 사건에 직접 참여하는 것에 가장 큰 가치를 부여하면서도[뷔쉬코그는 이를 목격 증언(autopsy)이라고 부름], 역사가가 직접 만나 조사할 수 있는 산 증인의 회상에 그 다음 가는 가치를 부여했다(뷔쉬코그는 이를 간접 목격 증언이라고 부름).[49] 살아 있는 증인의 회상에는 목격자 증언을 들었던 사람들의 말을 다시 역사가가 얻어낸 것까지 포함될 때도 가끔 있었다. 그렇다 해도 역사가가 중시했던 원리는 목격자와 직접 접촉하는 것이었기 때문에, 이런 간접 자료의 활용을 책보다 구전을 널리 선호한 것으로 이해할 수는 없다. 물론 역사가들의 이런 생각이 그들 자신의 책 집필을 가로막지는 않았다. 무엇보다 그들의 목적은 책으로 남겨놓지 않으면 활용할 수 없을 기억들에 영원성을 부여하는 것, 투키디데스의 유명한 말처럼 "모든 시대가 소유할 수 있는 것"(1.22.4)을 제공하는 것이었기 때문이다.[50]

이 역사 기록이라는 맥락이야말로 파피아스가 살아 있는 음성을 언급하는 속담을 사용한 사례와 가장 잘 들어맞는다. 이미 보았듯이 이 속담이 다양한 맥락에서 사용되기는 했지만, 가장 뛰어난 역사가는 문자 기록보다 목격자 증언을 선호한다는, 누구나 쉽게 알 수 있는 사실에 적용되는 것도 용이했을 것이다. 이는 이 속담이 장인인 수공업자나 철학자에게 직접 배우던 관습에 들어맞는다는 것을 보여준다. 역사 기록의 배경에 비추

---

49) Byrskog, *Story*, 48-65; Alexander, *The Preface*, 33-34도 참고하라.

50) 이 문구는 루키아누스, 「역사 기록 방법론」 42에 인용되어 있다. 헤로도토스도 자신이 책을 쓴 것이 "시간이 흐르면서 과거 일들(에 관한 기억)이 사람들 사이에서 지워지는 것을 막기 위해서"(1.1)라고 말했다. 참고. Byrskog, *Story*, 122-23.

어볼 때, 파피아스가 책보다 더 바람직하다고 생각한 것은 구전 자체가 아니라, 역사적 사건에 직접 참여한 자들—파피아스의 경우에는 "주의 제자들"—이 살아 있는 동안에 그들을 만나는 작업이었다. 파피아스는 역사가들이 만든 역사 탐구 모델을 따라 자신의 작업을 묘사하면서, 자신이 역사를 기록할 때 "가장 훌륭한 관습"을 따랐다고 호소한다(그러나 실제로 많은 역사가들은 자신이 이론적으로 천명한 것보다 훨씬 더 많이 문자 자료를 사용했다).[51] 일부 학자들이 생각하는 것처럼, 파피아스가 자신이 수집한 전승을 기록한 일은 결코 모순된 행위가 아니다. 바로 이런 기록이 역사가들이 하는 일이었다. 비록 유세비우스는 편견에 사로잡혀 파피아스가 어리석다고 비웃었지만, 어쨌든 파피아스는 좋은 교육을 받았기에[52] 당연히 폴리비우스를 읽었을 것이다. 폴리비우스가 제시한 엄격한 역사 기록 원리는, 투키디데스가 제시한 원리처럼, 후대 역사가들이 반드시 실천해야 하는 이상(理想)이었다. 알렉산더는 요세푸스가 폴리비우스를 내세워 자신이 유대 전쟁[2]에 참여한 자요 이를 목격한 자로서 유대 전쟁사를 기록할 자격을 가졌음을 역설했다고 주장한다.[53]

파피아스는 자신이 훌륭한 역사가가 따라야 할 방법대로 탐구를 했다고 주장한다. 파피아스가 장로들의 말을 조사한 자신의 행위를 지시하기 위해 그리스어 동사 *anakrinein*을 사용한 것도, 그가 이런 식으로 작업을 행했음을 나타내는 것 같다. 장로들이 한 말을 조사하고 그의 증언을 듣는 일은 장로들의 제자들이 히에라폴리스를 방문했을 때 파피아스가

51) [D. Aune, "Prolegomena to the Study of Oral Traditions in the Hellenistic World," in H. Wansbrough, ed., *Jesus and the Oral Gospel Tradition* (JSNTSup 64; Sheffield: Sheffield Academic, 1991), 81도 파피아스가 "자신을 역사가로 생각했다"라고 본다; 참고. D. Aune, *The New Testament in Its Literary Environment* (Philadelphia: Westminster, 1988), 67.

52) 파피아스의 수사학적 지식을 다룬 글을 보려면 Kürzinger, *Papias*, 43-67을 보라.

53) Alexander, *The Preface*, 38-39. 여기서 알렉산더는 폴리비우스 3.4.13과 요세푸스, 「아피온 반박」 1.55을 인용한다.

했던 일이었다["나는 그 장로들이 했던 말을 물어보았습니다(*anakrinon*)"]. 이 동사와 이 동사의 동족명사인 *anakrisis*는 로마 법정에서 재판장과 재판 당사자들이 벌이는 조사 작업을 가리키기 위해 빈번히 사용했다. 그러나 앞에서 우리는 폴리비우스가 이 명사를, 역사가가 목격자를 조사하고 그의 증언을 듣는 일을 가리키기 위해 사용한다고(12.27.3) 지적했다. 또 다른 지면에서 폴리비우스는 티마이오스를 비판하면서, *anakriseis*를 역사에서 가장 중요한 부분이라고 일컫는다(12.4c.3). 폴리비우스가 계속해서 이야기하는 내용을 보면, 그가 여기서도 목격자들(즉 사건이나 장소를 직접 본 사람들)을 조사하고 듣는 행위를 염두에 두고 있음을 알 수 있다.

> 많은 사건들이 동시에 서로 다른 곳에서 일어난다. 한 사람이 동시에 여러 곳에 있을 수 없으며, 한 사람이 자기 눈으로 세상 모든 곳에서 일어나는 일을 보거나 다양한 곳의 독특한 광경들을 모두 본다는 것도 불가능하다. 이런 이유로 역사가가 할 수 있는 유일한 일은 가능한 한 많은 사람을 조사하고, 믿을 만한 사람을 믿으며, 그가 얻은 보고들을 올바로 분별하는 비평가가 되는 것이다(12.4c.4-5).

anakrinein 동사는 사모사타의 루키아누스(Lucian of Samosata)가 역사 서술을 다룬 자신의 책에서 제시한 권고에서도 나타나는데, 그 맥락은 비슷하다.

> 사실들 자체를 놓고 보면, (역사가는) 그 사실들을 제멋대로 끌어 모아 꿰맞출 것이 아니라, 오로지 많이 수고하고 공을 들여 조사한 뒤에(*peri tōn autōn anakrinanta*) 조합해야 한다. 그는 목격자가 되기를 선호해야 하지만(*paronta kai ephrōnta*), 그럴 수 없다면 더 공평한 이야기를 들은 사람들이 하는 말에 귀를 기울여야 한다[「역사 기록 방법론」(*Quomodo historia Conscribenda sit*) 47].

파피아스가 일부러 역사 기록 관습의 용어를 사용하고 있다는 추측은, 지금 우리가 살펴보고 있는 그의 프롤로그 첫 문장에 의해서도 지지된다. 지금까지 이 첫 문장은 대체로 다음과 같이 번역해왔다.

> 나는 내가 그 장로들에게서 꼼꼼히 배우고 기억해둔(*emnēmoneusa*) 모든 것을 내 해석들과 함께(*synkatataxai tais hermēneiais*) 그대를 위하여 기록해두기를 주저하지 않을 터이요, 그것들이 진실임을 보증합니다.[54]

루피누스(Rufinus)가 유세비우스의 그리스어 본문을 라틴어로 이런 식으로 옮겼다는 사실은 이 번역문에 힘을 실어준다. 그러나 요제프 퀴르칭어(Josef Kürzinger)는 이와 상당히 다르지만 아주 매력 있는 번역을 제시했다.[55] 나는 퀴르칭어가 제안한 번역문과 위에서 제시했던 번역을 결합하여 파피아스의 첫 문장을 이렇게 번역해보았다.

> 나는 또 내가 과거에 그 장로들에게서 꼼꼼히 배우고 잘 받아 적어놓은(*emnēmoneusa*) 모든 것을 그대를 위해 잘 정돈된 형태로(*synkatataxai tais hermēneiais*) 옮겨놓기를 주저하지 않을 터인즉, 그 모든 것이 진실임은 내가 보증합니다.

이 해석에 따르면, 파피아스는 루키아누스가 역사적 저술 기록 방법을 다룬 그의 책에서 서술한 것(우리가 방금 전에 인용했던 루키아누스의 글 바로 다음에 나온다)과 똑같이 역사서를 생산하는 단계를 묘사하고 있다.

---

54) 이 번역은 Lightfoot, Harmer, and Holmes, *The Apostolic Fathers*, 314에서 가져온 것이다.

55) Kürzinger, *Papias*, 77-82.

> 역사가가 사실들을 모두 혹은 대부분 모았으면, 우선 그것들로 아직은 미려함이나 계속성을 갖추지 못한 글 모음일지라도 비망록(*hypomnēma*)을 만들게 하라. 그런 다음 이 비망록을 질서 있게 정리한 뒤(*epitheis tēn taxin*), 그것에 미려함을 부여하고 매력이 넘치는 표현과 비유와 리듬을 더하여 그것을 더 멋지게 만들게 하라(「역사 기록 방법론」 48).

이 해석에서 파피아스가 쓴 *mnēmoneuein* 동사는 기억이 아니라 기록 곧 비망록(*hypomnēmata*)을 만듦을 가리킨다. 이런 비망록은 고대 역사가들의 습관을 이야기하는 글에 자주 언급된다.[56] 이 메모 모음으로부터 투박한 초고가 만들어졌으며, 역사가는 이 초고를 다시 멋들어진 솜씨로 누구나 받아들일 수 있는 문학작품으로 다듬어야 했다. 내가 제시하는 해석에 따르면, 저술 작업에서 후반부를 이루는 이 단계가 바로 파피아스가 말하는 *synkatatataxai*[또는 *syntaxai*, 이것이 쿼르칭어가 선호하는 다른 독법임] *tais hermēneiais*(보통 "내 해석들과 함께 모아 적어두었다"로 번역)의 뜻이다.[57] 파피아스의 말을 이렇게 이해할 수 있는 이유는 많다. 파피아스는 그가 보고하는 내용이 진실임을 보증하는데, 이것 역시 역사가가 따르던 관습의 일부였다(참고. 루키아누스, 「역사 기록 방법론」 39-40, 42).

따라서 우리는 파피아스의 프롤로그를, 그도 역사가들이 따르던 가장 훌륭한 관습을 따랐다고 주장하는 글로 볼 수 있다. 즉 파피아스는 꼼꼼하게 조사하고 목격자 증언을 모았으며, 이 증언을 일련의 메모로 기록한 뒤 마침내 이 기록을 공교한 솜씨로 정리하여 문학작품으로 만들어냈다.

---

56) G. Avenarius, *Lukians Schrift zur Geschichtsschreibung* (Meisenheim am Glan: Hain, 1956), 85-104; C. B. R. Pelling, "Plutarch's Method of Work in the Roman Lives," *JHS* 99 (1979), 94-95.

57) 루키아누스, 「역사 기록 방법론」 24, 43(참고. 34)]은 *hermēneia*를 통상적인 의미대로 "글로 하는 표현"(literary expression)으로 사용하지만, 파피아스의 글에서 이 단어의 복수형은 루키아누스가 구사한 용례와 완전히 일치하지는 않는다. 파피아스가 쓴 이 말은 분명히 글로 표현한 사례들을 가리킨다.

따라서 파피아스가 한 다리나 두 다리 건너 얻은 목격자 증언에 큰 가치를 부여한 것도 역사가가 선호하던 방법이었다. 당시 역사가에게는 직접 목격 증언을 활용할 수 없으면(즉 자신이 사건 현장에 있지 않았으면), 많든 적든 간에 간접 목격 증언이 필수적이었다.

우리의 목적에 비추어볼 때 가장 중요한 것은, 파피아스가 "살아서 남아 있는 음성"을 이야기할 때, 많은 학자들이 추정하는 것과 달리 구전에 대한 은유로서 "음성"을 언급하지 않았다는 점이다. 도리어 이 "음성"은 문자 그대로 정보 제공자—예수의 말씀과 행위를 직접 보고 기억하는, 살아 있는 사람—의 음성을 말한다. 실제로 파피아스가 당대의 역사 기록 관습을 자세히 언급한다는 주장을 받아들이지 않는다 할지라도, 앞에서 말한 "음성"의 의미는 그가 말하려는 의미임이 틀림없다. 이미 보았듯이 "살아 있는 음성"을 책보다 우위에 두는 속담의 의미는, 구전을 책보다 우위에 둔다는 뜻이 아니라, 교사나 정보 제공자나 연사(演士)의 직접 체험을 문자 자료보다 우위에 둔다는 의미다.[58] 그러나 파피아스는 독특하게도 항간에서 자주 쓰이던 "살아 있는 음성"이라는 문구를 "살아서 남아 있는 음성"으로 확장한다.[59] 이런 확장을 통해 그는 이 문구를 자신의 정황, 곧 예수를 알았던 이들의 회상을 얻고자 했지만, 시간의 흐름과 함께 그런 사람들이 살아 있는 경우가 거의 없게 된 상황에 더 적절하게 들어맞도록 만들고 있다.

간략한 파피아스 전기를 썼던 히에로니무스는 파피아스 프롤로그의 이 문장을 라틴어로 번역했다. 이 번역을 보면 히에로니무스도 이 "살아

58) 내가 볼 때 이는 알렉산더가 인용한 모든 사례는 물론, 좀 다른 언어를 쓰기는 하지만 플라톤이 *Phaedo* 276a6-10에서 문헌보다 구술 자료를 선호한다고 밝힌 유명한 사례에서도 그런 것 같다.

59) 파피아스가 하나님 말씀을 *logou zōntos theou kai menontos*(살아 있고 영원한 하나님 말씀)로 묘사하는 벧전 1:23을 기억하여 이 말을 썼을 수 있지만, 그렇다 해도 지금 그는 이 문구를 다른 취지로 바꿔 쓰고 있다. 파피아스는 목격자들의 음성을, 본질상 신성한 성질을 갖고 있어서 영원히 존재하는 하나님 말씀(참고. 벧전 1:25)과 같은 의미로는 받아들이지 않는다.

있는 음성"을 같은 방식으로 이해했음을 알 수 있는데, 이는 주목할 만하다. 히에로니무스의 번역은 다음과 같다.

> 내게는 읽어야 할 책들이 심지어 오늘날까지도 그 책들을 쓴 저자들의 입술에서 울려 퍼지는 살아 있는 음성만큼(*viva vox et usque hodie in suis auctoribus personans*) 유익하지는 않기 때문이다(히에로니무스, 「명사전」 18).

여기서 히에로니무스는 파피아스의 말을, 파피아스 자신이 문자로 된 복음서 기록보다 목격자들의 구술을 선호한다는 의미로 받아들이는 것 같다.

"살아서 남아 있는 음성"을 포함하여 파피아스의 글의 마지막 문장 전체는 바로 그 앞에 있는 말, 곧 "주의 제자들인 아리스티온과 장로 요한이 말하고 있는 것"을 가리킨다고 보는 것이 가장 적절하다. 이 살아 있는 증인들의 말은 파피아스에게 아주 귀중했다. 파피아스가 모은 것은 이제는 세상을 떠난 제자들의 말을 장로들이 보고한 것이었다. 그러나 이 제자들이 아무리 훌륭했다 해도 살아 있는 증인과 직접 접촉한 경우와 비교하면 멀리 떨어져 있었다. 이런 이유로 이 숨진 제자들이 전한 전승은 생존해 있는 증인들의 증언에 대한 보고보다 그 가치가 덜했다. 따라서 히에라폴리스를 방문한 이들을 조사해서 쓴 파피아스의 글은 이제는 죽은 제자들을 열거하기는 하지만, 그래도 이 글은 파피아스가 얻은 가장 귀중한 정보를 말하는 부분에서 정점에 이른다. 이 가장 귀중한 정보는 오직 두 제자로부터 나왔다. 두 제자는 여전히 살아 있었고, 파피아스를 찾은 방문자들이 그들의 발치에 앉아 그들의 말을 듣고 파피아스에게 알려줄 것들을 많이 챙길 수 있을 정도로 지리상 아주 가까운 곳에 있었다. 하지만 이름이 밝혀진 일곱 제자의 일곱이라는 숫자가 상징이듯이, 파피아스가 둘이라는 숫자의 상징성을 상기시킨다고 볼 수도 있다. 둘은 효력이 있는 증언을 확보하는 데 필요한 증인의 숫자이기 때문이다. 따라서 비록 둘뿐이어도 아리스티온과 장로 요한의 증언은 충분히 효력을 갖는다.

그러므로 파피아스가 "살아서 남아 있는 음성"(*zōēs phōnēs kai menousēs*)에서 *menein*을 사용한 것은, 바울이 주를 뵈었던 오백여 명의 사람들 중 "대다수가 지금까지 살아 있고(*menousin heōs arti*) 일부는 죽었다"(고전 15:6)라고 기록한 것과, 이미 제시했듯이 요한복음 말미에서 예수가 사랑하신 그 제자에 대해 하신 말씀인 "내가 올 때까지 내가 그를 머물게 하길(*menein*) 원할지라도"(요 21:22, 23)와 비교할 수 있다. 이 본문들은 주를 뵈었던 자들이 살아남아 있다고 언급한다. 이미 다른 지면에서 주장했으며[60] 제16장에서 다시 주장하겠지만, 만일 파피아스가 장로 요한을 주가 사랑하신 그 제자이자 네 번째 복음서의 저자로 여겼다면, 파피아스의 문구가 요한복음 21:22, 23과 유사한 것은 특히 적절하며, 실제로 그가 이 요한복음 본문을 암시할 개연성도 매우 높아 보인다. 그러나 우리가 지금 제시하는 논증은 이런 가능성에는 전혀 의존하지 않는다.

거듭 말하지만, 우리는 파피아스의 말이 함축한 핵심 의미에 주목해야 한다. 즉 그는 복음 전승이 이날(즉 파피아스가 전승들을 수집한 날-역주)에 이르도록 애초에 전승의 기원이 되었던 목격자들과 계속해서 생생히 결합되어 있었다고 본다. 본질상 구전이 목격자들과 아무 상관이 없다면, 이 목격자들이 생존해 있는가의 여부는 문제가 되지 않는다. 파피아스는 구전의 가치가, 생존해서 자신의 증언을 반복해서 들려줄 수 있는 증인으로부터 이 구전이 나왔느냐에 따라 좌우되는 것을 당연하게 생각한다.[61] 하지만 이제는 이런 증인들이 거의 없다. 이런 이유로 지금은 숨을 거둔 목격자들의 말을 한 다리 건너 전해주는 보고가 귀중한 가치를 가진다. 그러나 파피아스의 말을 전체적으로 살펴보면, 그는 목격자들이 직접 들려주는

60) Bauckham, "Papias and Polycrates."

61) 참고. Byrskog, *Story*, 252: "시간이 흐르면서 고대 저자가 관심을 가졌던 사건에서 자신이 멀어짐을 느끼자마자, 그 출처를 설명할 필요성이 다급해졌다."

증언에서 멀어지면 멀어질수록 구전의 가치도 떨어진다고 암시한다. 사실상 파피아스의 글에 나타난 시기, 곧 그가 전승을 모았던 때는 전승을 수집할 가치가 있었던 마지막 때였다. 바로 그때에 파피아스가 전승을 모으고 그것들을 기록하여 마침내 책으로 펴낸 것도 이런 이유 때문이었다. 이때가 마태복음, 누가복음, 요한복음이 기록되던 시기였다는 점 역시 결코 우연이 아니다.

파피아스가 모은 전승들 중에, 현존하는 그의 작품을 통해 우리에게 전해지는 것은 극소수다. 유세비우스에 따르면, 파피아스는 분명히 아리스티온과 장로 요한이 전한 복음 전승을 많이 기록했다. 지금 남아 있는 파피아스의 기록 중에는 정경의 복음서와 평행하는 전승이 없는 경우도 간혹 있다(유세비우스, 「교회사」 3.39.7, 12, 14). 그러나 파피아스가 기록한 전승 대부분은 현재의 복음서에서 발견되는 이야기와 말을 각색한 것이며, 파피아스 역시 자기 책을 쓸 무렵에 네 복음서 중 적어도 마태복음, 마가복음, 요한복음을 알았으리라고 추정하는 것은 타당하다. [필시 파피아스의 책은 복음 전승을 모은 것과 이 모은 전승을 설명한 주석으로 이루어졌을 것이다. 따라서 그의 책은 익히 알려진 고대 장르인 권위 있는 본문(이런 본문은 기록을 목적으로 구술된 가르침인 경우가 잦았음)에 속하며, 여기에는 학생들이 본문을 완전히 이해하는 데 필요하다고 간주되는 주석이 함께 붙어 있었다. 파피아스의 책에는 자신이 직접 주석을 단 경우는 거의 없고(적어도 현존하는 것 중에는 거의 없음), 오히려 그가 존경했던 장로들이 제시한 주석을 단 경우가 더 많다.]

파피아스의 프롤로그 중 이 대목과 누가복음의 프롤로그를 서로 비교해보는 것이 유익할 것 같다. 누가복음이 기록된 시기는 분명히 파피아스가 자신의 책에서 묘사하는 전승 수집에 몰두해 있던 무렵이었을 것이다. 누가와 목격자들의 관계를 살펴보면, 누가는 파피아스가 "그 장로들"(십중팔구 이 말은 아시아에 국한됨)이라 부르는 이들과 같은 위치에 있다. 곧 누가도 전승을 목격자들로부터 직접 받았기 때문이다. 이 점에 대해 마르틴 헹엘은 다음과 같이 설명한다.

"그들이 우리에게 전달해준 그대로"(눅 1:2)라는 강조문이 보여주듯이, 예수와 예수에 관한 "문헌 자료"로서 가장 이른 시기에 나온 자료들(누가 자신이 저자인 누가복음도 포함된다) 사이에는 오로지 예수의 행위를 처음부터 직접 지켜보았던 목격자들만이 존재한다.…누가는 두 번째 세대 끝에 자리한 저자였다.[62]

파피아스가 "주의 제자들"이라고 불렀던 목격자들을 누가는 "처음부터 목격자들(*autoptai*)이요 말씀을 섬기는 일꾼이었던 자들"[63]이라고 부르는데, 이는 특히 의미심장하다. 분명히 이들은 단일 그룹이지 별개의 두 그룹이 아니다.[64] 그들은 예수의 사역 동안 줄곧 그와 동고동락하던 제자들이자(참고. 행 1:21) 초기 교회에서 이름난 교사들이었다. 그중에는 열두 제자도 있었지만(참고. 행 6:4) 필시 다른 이들도 들어 있었다. 누가복음과 사도행전이 예수가 열두 제자 외에도 많은 제자를 거느리셨다고(눅 6:17; 8:1-3; 10:1-20; 19:37; 23:27; 24:9, 33; 행 1:15, 21-23) 명시적으로 밝히기 때문이다. 따라서 누가에게 정보를 제공한 사람 중에는 이런 제자들도 있었으리라는 가능성을 진지하게 받아들여야 한다. 이 정보 제공자들이—열두 제자든 다른 제자들이든—목격자인 동시에 초기 기독교 운동의 이름난 지도자였다는 사실은, 그들이 단순히 전승을 전한 후 보이지 않는 곳으로 물러나 있는 데 그치지 않고, 오랜 세월 동안 예수의 행위와 말씀을 전하는 전승의 출처이자 보증인으로 사람들에게 알려진 인물로서 남아 있었음을 보여준다. 이는 우리가 파피아스로부터 알게 된 내용과 일치한다. 파피아스처럼 누가도, 베드로나 글로바나 요안나나 야고보가 말했거나 말하던 내용을 조사하고 배우려 했다.

---

62) M. Hengel, *The Four Gospels and the One Gospel of Jesus Christ* (London: SCM, 2000), 141-42.

63) 이 문구는 제6장에서 더 상세하게 다룰 것이다.

64) Alexander, *The Preface*, 119; Reicke, *The Roots*, 51은 견해를 달리한다.

구술 전승 또는 구술 역사?

지금까지 연구된 파피아스의 글은 통상적으로, 초기 그리스도인들이 문자로 기록된 복음 전승보다 구술 전승(구전, oral tradition)을 선호했으며, 이런 현상은 글로 기록된 복음서가 널리 사용된 뒤까지도 계속되었다는 점을 보여주었다. 그러나 파피아스의 글을 연구한 결과에 비추어볼 때, 우리는 그의 말이 문자로 기록된 복음서가 널리 퍼진 뒤에도 구전 선호 현상이 계속되었음을 말하지 않는다는 사실을 강조할 수밖에 없다. 파피아스가 언급하는 때는 십중팔구 마태복음, 누가복음, 요한복음을 활용할 수 있기 전이었을 것이다. 파피아스 자신이 구전을 통해 얻은 복음 전승을 모아 글로 기록했다 해서 모순이 될 수는 없다. 파피아스가 구술 자료를 선호했던 때는 다만 그가 자료들을 모으던 시기에 불과했다. 그는 이 자료들을 기록했는데, 왜냐하면 살아 있는 목격자가 더 이상 존재하지 않게 되면 구술을 통해 전해진 전승의 가치가 급격히 떨어질 것이기 때문이었다.

둘째로 우리는 이 맥락에서 "구전"을 언급하는 것이 오히려 오해를 일으키지는 않는지 물어야 한다. 얀 반시나(Jan Vansina)는 구전을 역사 자료로 다룬 권위 있는 연구서에서, 구전과 구술 역사(oral history)를 선명하고 예리하게 구별한다. 그는 구전에 대해 이렇게 말한다. "역사가가 볼 때 구전의 정말 독특한 점은, 그것이 당대를 뛰어넘어 더 오랜 세월 동안 구어를 통해 전달된다는 점이다."[65] 반시나는 다음과 같이 강조한다. "구술 자료가 모두 구전은 아니다. 구전에서는 구어를 통한 전달이 적어도 한 세대를 넘어 이루어져야 한다. 따라서 구술 역사에 쓸 자료들은 구전에 포함되지 않는다."[66] 그가 이렇게 구전과 구술 역사를 예리하게 구별한 이유는,

---

65) J. Vansina, *Oral Tradition as History* (Madison: University of Wisconsin Press, 1985), 29.
66) Vansina, *Oral Tradition*, 28.

역사가가 양자를 사뭇 다르게 다루기 때문이다.

> 구술 역사가들이 사용하는 자료는 같은 시대에 벌어진 사건과 상황들, 즉 정보 제공자들이 살아 있는 동안에 일어난 사건과 상황들에 관한 회상이나 전문(傳聞; 어떤 이가 하는 말을 들은 이로부터 전해 들은 말-역주)이나 목격담이다. 이것은 구전과 다르다. 구전은 더 이상 같은 시대에 속하지 않기 때문이다. 구전은 정보 제공자들이 살던 시기를 뛰어넘어 입에서 입으로 전해진다. 구전이 처한 상황과 구술 역사가 처한 상황은 자료 수집과 수집한 자료의 분석 측면에서 아주 상이한 형태를 띤다. 대개 구술 역사가들은 근래나 최근에 일어난 사건에 참여한 사람들을 인터뷰하는데, 이런 사건들은 그것과 연루된 공동체들의 역사의식이 여전히 유동 상태에 있을 때는 종종 극적 성질을 띤다.[67]

이미 보았듯이, 사건의 참여자들과 직접 접촉하는 것도 고대 역사가들이 가장 좋은 여건에서 자신의 작업을 수행하는 방법이었다. 분명히 파피아스는 가장 훌륭한 역사 기록 관습을 따르기를 열망했다. 이런 이유로 참여자를 직접 인터뷰할 수 없다면, 다음으로 가장 중요한 것은 아직 살아 있어 여전히 증언하고 있는 참여자의 목격 증언을 근래에 청취한 사람들이 제시하는 보고였다. 파피아스의 글이 이야기하는 시대에 복음서를 쓰고 있던 저자들은, 반시나가 구술 역사라고 규정한 것을 실천하는 측면에서 본다면, 분명히 파피아스보다 우월한 위치에 있었을 것이다.

파피아스는 예수 전승이 자신에게 이른 경로를 두 가지로 정의한다. 이 두 경로를 구별해주는 것은 전승들의 독특한 출처인 목격자가 누구인

---

67) Vansina, *Oral Tradition*, 12; 참고. Ø. Andersen, "Oral Tradition," in H. Wansbrough, ed., *Jesus and the Oral Gospel Tradition* (JSNTSup 64; Sheffield: Sheffield Academic, 1991), 26-27: 헤니지(D. P. Henige)가 "구전"과 "구술 증언"을 구별한 것처럼 안데르센도 이 구별을 언급한다. 하지만 안데르센은 용어 구별을 선호하지는 않는다.

가이며, 따라서 목격자로부터 파피아스에 이르기까지 몇 단계를 거쳐 전승이 전달되었는가도 구별 기준이 된다.

예수의 특정한(이름이 밝혀진) 제자들 (지금은 세상을 떠났음)	아리스티온과 장로 요한 (생존해 있음)
(중간 단계들?)	
장로들(생존해 있음)	
그 장로들의 제자들	그 장로들의 제자들
파피아스	파피아스

위의 두 표 중 둘째 표는 구술 역사가 어떤 경우인지 분명하게 보여준다. 여기서 강조하고 싶은 내용은 이 전달 단계들이 지리적 개념이 아니라 시간적 개념이라는 점이다. 예수의 두 제자 곧 아리스티온과 장로 요한이 증언을 들려줄 때부터 파피아스가 이 증언을 받아들일 때까지 걸렸던 시간—즉 두 제자의 증언을 경청했던 이들이 서머나나 에베소에서 약 200킬로미터를 여행하여 히에라폴리스에 도착하기까지 걸렸던 시간—은 지극히 짧았다. 적절치 않은 구술 전승 모델을 마음에 두고 파피아스의 글을 읽는 학자들은 이 점을 놓치곤 한다.

그러나 지금 파피아스는 구술 역사가 더 이상 불가능해진 때를 이야기하고 있다. 그가 접근했던 두 명의 생존 증인은 매우 연로했다. 예수의 제자 중 이들보다 유명했던 이들은 이미 세상을 떠났다. 따라서 첫째 표가 보여주는 전달 과정을 거쳐 파피아스에게 도달한 전승들은 구전이 되었다. 첫 정보 제공자들이 이미 숨을 거둔 뒤에 이 전승들이 전달되었기 때문이다. 이 첫째 경우에 얼마나 많은 전달 단계가 중간에 있었는지는 확실하게 알 수 없다. 그러나 우리는 파피아스가 가장 훌륭한 역사 기록 관습을 따르길 열망했기 때문에, 두 장로가 이름이 밝혀진 예수의 제자들로부터 직접 받은 전승을 특히 소중히 여겼으리라고 추정할 수 있다. 두 장로는 아시아 교회의 지도자였고 여행로에 자리한 주요 도시에 살고 있었다. 예수의 제자들도 두 장로가 살던 도시를 지나가며 가르쳤을 가능성이 있다. 한 세기 뒤에 에베소 주교 폴리크라테스(Polycrates)는 예순다섯 살 때, 자신이 과거에 "세계 도처에서 온 형제들과 대화를 나눴다"라고 주장했다(유세비우스, 「교회사」 5.24.7). 이렇게 할 수 있었던 주된 이유는 아마도 그가 에베소라는 전략적 요충지에 살았기 때문일 것이다. 그러나 대체로 초기 기독교 지도자들이 여기저기 옮겨 다녔음을 고려할 때,[68] 우리는 장로 중에도 여행을 한 이들이 일부 있었으리라고 추정할 수 있다. 사데 주교이자 폴리크라테스와 동시대인인 멜리토(Melito)도 예루살렘을 방문했는데, 70년 이전에 로마의 아시아 속주에 살았던 유대인 기독교 지도자들이 예루살렘으로 순례 여행을 가서 예루살렘 교회에 남아 있던 예수의 제자들을 만났을 가능성은 훨씬 더 높다. 실제로 이렇게 사람과 사람이 만났을 가능성이 대단히 높은데도, 학자들은 복음 전승 전달을 논의하면서 이런 가능성을 거의 언급하지 않는다. 이는 구전 전달이 개인적 만남보다는 집단 차원에서 이루어졌다고 보는 모델이 학계에서 지배적인 데다가, 많은 단계에 걸쳐 전승 전달이 이루어지면서 1세기 말의 전승 형태와 첫 기원의 형태 사이에 현격한 차이가 생겼다는 추정이 있기 때문이다. 그러나 이런 구전 모델은 지도자 한 사람 한 사람이 가진 중요성을 무시한다(반면에 파피아스는 개인의 중요성을 당연하게 받아들인다). 이 지도자들은 이리저리 옮겨 다닐 때가 많았다. 이들은 수십 년 동안 기독교 지도자로 활동했으며, 이들 중

68) R. Bauckham, "For Whom Were Gospels Written?" in R. Bauckham, ed., *The Gospels for All Christians: Rethinking the Gospel Audiences* (Grand Rapids: Eerdmans, 1998), 33-38.

에서도 예수의 사역을 직접 본 목격자들은 특별한 위치에 있었다.

분명히 파피아스는 첫째 표는 물론이고 둘째 표의 경우에도 한 그리스도인 공동체가 전승을 집단 차원에서 소유한다고 믿지 않았으며, 이 전승이 전달될 때 익명으로 집단에서 집단으로 전해진다고 생각하지도 않았다. 두 장로는 이름난 지도자였다. 파피아스는 예수의 제자들이라는 이유로 자신이 그 이름을 밝힌 아리스티온과 장로 요한 외에도 다른 제자들의 이름도 잘 알고 있었을 것이다. 또한 로마의 아시아 속주에 사는 모든 그리스도인들도 다른 제자들의 이름을 알았을 것이다. 그뿐 아니라 파피아스는 그 제자들의 제자들, 곧 그에게 정보를 직접 제공한 자들로서 히에라폴리스를 통과하면서 그와 사적으로 안면을 트게 된 사람들의 이름도 밝히려면 밝힐 수 있었다. 만일 이 전승이 단지 장로들이 속했던 교회들이 집단적으로 가졌던 기억의 일부라면, 파피아스는 안드레나 베드로나 도마가 이전에 말했던 내용을 **그 장로들이 전한 것**을 귀중히 여기지 않았을 것이다. 파피아스는 그 장로들로부터 받은 전승이 개인적이고 사적인 만남을 통해 그 권위를 인정받기를 기대했을 것이다.

대체로 구전은 다음과 같이 집단성을 띤다.

> 구전 덩어리는 그 분량이 한 사람이 기억하는 것보다 더 많다. 정보는 기억, 즉 단순히 한 사람으로부터 나와 다른 사람에게 전달되는 것이 아니기 때문이다. 실연(performance)은 한 시청자가 아니라 청중을 상대로 한다. 또한 다른 이야깃거리가 다 그렇듯이, 역사와 관련된 이야깃거리도 이리저리 돌아다닌다. 따라서 실제 관습을 보면 구전 덩어리도 문화가 규정되는 것과 같은 방식으로, 공동체나 사회에 알려진 내용이 된다.[69]

---

69) Vansina, *Oral Tradition*, 149.

이런 의미에서 볼 때, 초기 기독교 공동체들 안에는 분명히 집단 전승이 있었다. 그러나 공동체 차원에서 전승을 반복해서 이야기함으로써 만들어진 집단 기억이 존재한다고 해서, 이것이 전승을 실연할 능력을 갖춘 특별한 개인의 역할을 배제한다는 의미는 아니다. 공동체 전승에서 개인의 역할은 사회의 변화와 함께 다양하게 나타난다.[70] 우리는 제10-12장에서 복음 전승 전달과 관련된 이런 일반적인 문제들을 다룰 것이다. 여기서는 집단 기억이 예수 전승의 정보를 제공하고 이를 보증한, 이름이 알려진 개별적 개인을 **배제하거나 대신했다**는 가설에 이의를 제기하는 것만으로 그쳐야겠다.

파피아스가 집단 기억 자체를 끄집어내는 일에 관심이 없었음은 분명하다. 파피아스는 자신의 교회 공동체 안에서 복음 전승이 꾸준히 이야기될 당시에는 이를 기록할 생각을 하지 않았다. 심지어 파피아스는 히에라폴리스에서도 빌립의 딸들과 직접 접촉하는 쪽에 중점을 두었다. 파피아스가 복음 전승을 수집하고 기록하려는 자로서 문제 삼은 것은, 여전히 자기 주위에 일부라도 목격자들이 있느냐, 또한 이름이 알려진 정보 제공자라는 간편하고 증명 가능한 통로를 통해 목격자들에게 접근할 길이 있느냐 하는 것이었다. 파피아스의 글이 언급하는 시기에, 정경의 복음서를 기록하던 자들도 파피아스와 유사한 방식으로 작업했으리라고 추정하는 것은 자연스럽다. 실제로 누가복음의 서문은 이를 확인해준다. 복음서 저자들은 복음서에 수록할 전승을 글로 **기록하려는** 목적을 이루고자 목격자를 찾아가거나, 목격자와 인간적 연결 고리를 직접 가지고 있는 가장 신뢰할 만한 출처를 찾아갔을 것이다. 집단 전승 자체는 그들이 선호하는 출처가 아니었음이 분명하다.[71]

---

70) Vansina, *Oral Tradition*, 34-39.

71) J. D. G. Dunn, "On History, Memory and Eyewitnesses: In Response to Bengt Holmberg and Samuel Byrskog," *JSNT* 26 (2004), 483-84은 뷔쉬코그가 복음서에 구술 역사 모델을 적용한 것을 비판하며 이렇게 말했다: "나는 베드로와 막달라 마리

전승이 이름이 알려진 한 개인에게서 다른 개인에게 전달되었다고 보는 모델—복음서를 연구하는 대다수 학자가 전승이 순수하게 공동체적으로 전달되었다고 생각하는 것과는 명확히 다른 생각임—은 사실 2세기 말에 그리스도인 저술가들이 사용하던 모델이다. 공교롭게도 우리가 가진 것 중 가장 좋은 증거는 파피아스가 살고 일했던 지역인 로마의 아시아 속주로부터 나왔다. 2세기가 끝날 무렵 이 지역에서 생애 초기를 보냈던 이레나이우스는, 파피아스와 동시대인이요 서머나 주교였던 폴리카르포스 및 폴리카르포스가 복음 전승을 전달한 일을 다음과 같이 정답게 (동시에 어떤 목적을 품고) 회상했다.

아 같은 이들이 예수의 선교에 얽힌 많은 기억을 저장해놓았다가, 누가나 마태 같은 저자가 '구술 역사' 조사 작업을 행하게 되면서 비로소 이 기억을 떠올리게 되었다는 말을 결코 믿지 않는다. 베드로와 막달라 마리아 같은 이들은 이미 그런 기억을 교회가 받은 살아 있는 전승 속에 입력했으며, 이는 전승의 형태와 모습을 만들어내는 데 주요하게 기여했다. 물론 누가나 마태 같은 이가 조사를 하면서 다른 기억들도 수면 위로 떠올랐을 것이다. 그러나 이런 기억은 이미 여러 공동체(교회)가 알고 있고 매주 그 안에서 실연되었던 것을 보충하는 정도에 그쳤을 것이다. 나는 파피아스와 이레나이우스의 경우도 마찬가지였으리라고 추정한다"[이는 던이 *Jesus Remembered* (Grand Rapids: Eerdmans, 2003), 198-99 주 138에서 강조한 내용을 확장한 것이다]. 여기서 던은 말 그대로 복음서가 주로 공동체 전승의 산물이라고 추정한다. 그러나 눅 1:2은 이 문제를 결코 그렇게 말하지 않는다. 만일 목격자이자 전승의 보증인인 이들에게 접근하는 것이 여전히 가능했다면, 복음서 저자들은 이런 출처에 의존하는 쪽을 선호하지 않았을까? 내가 제2장에서 강조하는 것은, 복음서 저자가 파피아스 같은 사람이었다면 직접 접촉할 수 있는 목격자를 선호했으리라는 것이다. 물론 파피아스는 조사를 하면서 아직 명확하게 말하지 않은 기억이 목격자들에게 "불현듯 떠오를 것"이라고는 생각하지 않는다. 아리스티온과 장로 요한의 경우만 봐도, 이미 수십 년 동안 증언을 해왔으며 가르치는 자리에서도 꾸준히 증언을 들려주고 있었다. 그러나 이런 이유로 이것과 구술 역사가 확연히 다르다고 볼 필요는 없다. 구술 역사에서는 중요한 사건들을 강렬하게 기억하고 있던 정보 제공자들이 자신의 이야기를 반복해서 친구와 이웃과 방문자들에게 전했으며, 이런 과정 후에 이미 다듬어진 형태의 내용을 구전 역사가에게 전했을 것이다.

이는 내가 분명히 요새 일어난 사건보다 그때 일어난 사건을 더 잘 생각해내기 때문입니다(이는 우리가 어릴 때 배우는 것이 자라나는 지성과 보조를 맞추어 그 지성의 일부가 되기 때문입니다). 따라서 나는 그 복된 폴리카르포스가 강연할 때 늘 앉아 있곤 했던 바로 그곳, 그가 나가고 들어오던 일, 그의 삶이 가진 특성, 그 몸의 생김새, 그가 많은 사람들에게 말하곤 했던 담화들, 그가 자신이 요한[나는 이 사람이 파피아스가 말하는 장로 요한이라고 본다[72]]과 그리고 주를 뵈었던 다른 이들과 나누었던 대화들에 관하여 어떻게 말하곤 했는지, 그가 기억을 떠올려 그들이(곧 요한과 주를 뵈었던 다른 이들이-역주) 한 말을 어떻게 전했는지 말할 수 있습니다. 그가 그들로부터 들은 것은 주와 주가 행하신 능한 일들과 주의 가르침에 관한 것이었습니다. 폴리카르포스는, 그것들을 로고스이신 그분의 삶을 직접 본 목격자들(*autoptōn*)로부터 들으면, 이를 성경을 따라 선포하곤 했습니다[이레나이우스, 「플로리누스에게 보내는 서한」(*Letter to Florinus*); 유세비우스, 「교회사」 5.20.5-6].[73]

학자들은 이 글에 이레나이우스가 이단인 플로리누스를 논박하는 역할이 들어 있다는 이유로, 이 회상을 믿지 않는 경향을 보여왔다. 그러나 이레나이우스는 플로리누스 자신도 폴리카르포스를 따른 무리 중 한 사람이었음을 기억한다고 주장한다. 이런 이유로 만일 이레나이우스의 회상 뒤에 실제적인 진실이 존재하지 않는다면, 그의 회상은 플로리누스를 직접 겨냥한 논박으로서 말이 되지 않을 것이다. 하지만 여기서 우리의 관심을 끄는 것은 이것이 아니라, 이레나이우스가 분명하게 이야기하는 모델, 곧 복음 전승이 목격자들로부터 전달되었다고 말하는 모델이다. 사실 이 모델은 2세기 영지주의 교사들도 공유하고 있었다. 이들은 자신의 가르침이 예수가 그들에게만 은밀히 주신 것이며, 이 가르침은 이름이 밝혀진 예

---

72) 제17장을 보라.

73) Grant, *Second-Century Christianity*, 115-16에 제시된 번역이다.

수의 제자들로부터 역시 이름이 밝혀진 중개자들을 통해 구술로 그들에게 전달되었다고 주장했다. [예를 들어 바실리데스(Basilides)는 자신이 베드로의 제자요 베드로의 말의 해석자인 글라우키아스(Glaucias)에게 배웠다고 주장했다.][74]

많은 학자들은 파피아스가 2세기에 사용된 이 복음 전승 전달 모델을 가지고 작업한다는 사실 때문에 그가 내세운 주장들을 의심한다. 그러나 이 모델이 기독교 역사 초기에만 적합할 이유는 없지 않은가? 2세기 저술가들이 이 모델을 오해했다고 추정할 이유가 전혀 없다. 20세기에 복음서를 연구하는 학자들은 전승 전달이 익명으로 집단에서 집단으로 이루어졌다고 보아, 인간적 연결 고리를 통해 개인적으로 전달된다고 보는 이 모델을 포기했다. 학자들이 이렇게 포기한 이유는, 양식비평가들이 익명적·집단적 전승 전달을 복음서에 적용하면서, 복음서가 제시하는 증거들을 이 모델을 뒷받침하는 방향으로 읽어냈기 때문이다. 제10장에서 우리는 양식비평의 방법론과 발견을 다시 다룰 것이다. 여기서는 복음서 자체로 돌아가는 일이 더 급박하다. 우리가 파피아스의 글에서 끄집어낸 결론들은 정녕 복음서에도 적용할 수 있는가? 복음 전승이 이름이 밝혀진 특정 목격자들의 전승으로 알려져 있었다면, 복음서 자체가 이 전승에 목격자들의 이름을 붙이지 않은 이유가 무엇인가라는 질문이 가능하다. 어쩌면 복음서는 복음 전승에 목격자들의 이름을 붙여놓았을지도 모른다. 그렇다면 우리는 더 꼼꼼하게, 신선한 의문을 품고 복음서에서 목격자의 이름을 찾아볼 필요가 있다. 다음에 이어질 장들에서는 이런 접근법을 시도해볼 것이다.

지금까지 우리는 구술 전승과 구술 역사를 구별해왔는데, 이런 구별에 대해 마지막으로 한 가지 짚고 넘어가고 싶다. "전승"이라는 용어만 놓고 본다면, 이런 용어 구별은 구전과 구술 역사를 연구하는 사람들이 양자의 의미를 분명히 구별할 목적으로 마련했다고 할 수 있다. 구전이라는 말은

---

74) 제12장을 보라.

고대에 사용된 "전승"(*paradosis*)과 일치하지 않는다. 여기서는 유대 역사가인 요세푸스가 남긴 두 글이 도움이 된다.[75] 요세푸스는 「유대 전쟁사」(*Jewish War*)를 서술하면서 당대의 역사적 사건에 직접 참여한 사람이나, 다른 직접 참여자로부터 직접 정보를 얻은 사람이 역사를 기록해야 한다는 고대 역사 기록의 이상을 따르려고 노력했다. 요세푸스가 한 일은 구술 역사이지, 우리가 지금까지 논의했던 의미의 구전(곧 집단 기억으로서 세대에서 다음 세대로 전해 내려온 것)이 아니다. 요세푸스는 자신이 역사를 정확히 서술할 자격을 갖추었다고 말하면서, 자기가 로마에 대한 유대인의 저항에 폭넓게 참여한 일을 언급한 뒤에, 포로로 잡힌 채 예루살렘 포위 기간 내내 로마 장군들 옆에서 시중을 들었다고 이야기한다. 이미 이때에 그는 당시 상황을 기록하고 있었다.

> 나는 이미 로마군 진영 안에서 내 눈이 지켜보는 가운데 벌어지던 모든 일을 기록하고 있었으며, 오직 나만이 도망자들이 내놓는 정보를 이해할 수 있는 위치에 있었습니다. 그런 다음 로마가 내게 부여한 여가 시간에는, 내가 이미 준비해놓은 모든 자료를 활용하여…마침내 나는 그 사건들을 전개하는 내 내러티브를 기록하는 데 전념했습니다(*epoiēsamēn tōn praxeōn tēn paradosin*). 따라서 나는 그 이야기가 진실임을 확신하기에, 다른 모든 사람에 앞서 그 전쟁의 총사령관인 베스파시아누스와 티투스를 감히 내 증인들로 내세웠습니다[「아피온 반박」(*Contra Apionem*) 1.49-50, 헨리 새커리(H. St. J. Thackeray)의 번역].

이어서 요세푸스는 자기 책의 증정본을 받은 사람들이 그 책이 진실함을 확인해주었다고 강조한다. 여기서 우리의 흥미를 끄는 대목은, 요세푸스가 자신의 기록을 "전승"이라고 부른다는 점이다. 롭 판(Loeb edition)[(3)]에서

75) 이 두 글의 중요성은 R. O. P. Taylor, *The Groundwork of the Gospels* (Oxford: Blackwell, 1946), 68이 지적하고 있다.

새커리가 "나는 그 사건들을 전개하는 내 내러티브를 기록하는 데 전념했습니다"라고 번역한 부분은, 문자적으로 옮기면 "나는 그 행위들에 관한 전승을 [글로] 기록해두었습니다"가 될 것이다. 여기서 "전승"(*paradosis*)은 많은 중개자를 거쳐 전달되었다는 의미를 전혀 담고 있지 않다. 오히려 이 말은 요세푸스가 과거의 사건에 직접 참여한 자로서 들려주는 증언을 가리킨다. 과거에 일어난 이 일들은 요세푸스의 책을 증정받은 사람들의 기억 속에도 잘 저장되어 있었다.

앞의 인용문과 유사한 글에서 요세푸스는, 자신을 비방하는 사람들에 맞서 그가 기록한 역사가 정확하다고 변호하면서 *paradosis*라는 단어를 다시 사용한다.

> 내가 비록 그 진실한 이야기를 그대로 보존했다는 것을 알았지만(*tetērēkoti tēn tēs alētheias paradosin*), 그래도 나는 그 사건들이 시야에서 사라지지 않았을 때 그 책들을 황제들에게 증정했습니다. 나는 정확하게 증언을 얻길 기대했고 또 실망하지 않았습니다[요세푸스, 「요세푸스의 생애」(*Life*) 361, 헨리 새커리의 번역].

여기서 핵심이 되는 문구를 문자적으로 옮기면 "나는 진실한 전승을 지켰습니다"가 된다. 여기서 "지키다", "그대로 보존하다", "보호하다"라는 뜻의 동사 *tēreō*는 *paradosis*와 함께 전승과 관련하여 통상적으로 쓰이던 말로서 전승을 정확히 보존한다는 의미다(참고. 고전 11:2; 살후 2:15도 같은 뜻을 가진 동사를 사용함[76]). 그러나 여기서 이 동사는 여러 단계에 걸쳐 전달자들이 전승을 보존했다는 뜻이 아니라, 단지 요세푸스가 구술 역사(우리가 사용하던 말대로) 작업을 행하면서 모았던 1차 기억—자신과 다른 사람들의 기억—을 성실하게 글로 옮겼다는 뜻이다.

---

76) 제11장을 보라.

따라서 신약성경이 전승에 대해 통상적으로 사용하는 단어를 쓸 경우, 우리는 구전이 본질상 집단에서 집단으로 그리고 세대에서 세대로 전달된다고 여기는 선입견의 영향에 맞서야 한다. 예를 들어 "처음에 받은 것을 너희에게 전하였을" 때(고전 15:3), 바울도 요세푸스처럼 자신의 서술을 다른 많은 목격자가 확인해주었다는 말을 할 수 있었지만("오백여 형제자매에게…그중에 많은 수가 여전히 살아 있으나 어떤 사람들은 죽었다": 고전 15:6), 그렇게 하지 않고 자신을 목격자들(특히 베드로: 참고. 갈 1:18)과 고린도 사람들 사이에 있는 유일한 중개자로 제시했다. 그가 말하는 사건들이 접근 가능한 증인들의 살아 있는 기억 속에 선명히 남아 있었기 때문이다. 아울러 요세푸스의 글에서 배우는 것이지만, 전승이 반드시 어떤 사건에 관한 설명이 구술로 전해진 경우만을 가리킨다고 볼 필요는 없다. 전승은 회상을 담은 기록을 가리킬 수도 있다. 따라서 누가가 누가복음 서문에서 "처음부터 목격자들이자 말씀을 섬기는 자들인 사람들이 우리에게 [그 사건들에 관한 전승을] 전해주었다(*paredosan*)"(눅 1:2)라고 주장할 때, 그가 말하는 전승은 목격자들이 글로 적은 설명이거나 그런 설명까지 포함하는 말일 수 있다. 신약성경과 관련 문헌의 용례가 보여주듯이, 전승이라는 말은 세대를 넘어 다음 세대로 넘어가는 먼 거리를 요구하지도 않으며, 글로 된 기록은 배제한 채 오직 구술로 전해지는 것만을 가리키지도 않는다.

역자 주

1. 파피아스의 저작 연대가 늦을수록 그의 기록은 목격자 증언을 담고 있을 가능성이 적어진다. 그렇다면 파피아스의 기록은 신뢰성을 갖기가 힘들 것이다. 유세비우스가 자기 뜻대로 파피아스의 신뢰성을 떨어뜨리려 했다면 차라리 파피아스의 저작 연대를 훨씬 후대라고 밝혔을 것이다. 그런데 유세비우스는 도리어 파피아스가 사도들의 목격담을 들을 수 있던 시대에 살았으며 그들의 목격담을 기록으로 옮겨놓았다고 말한다. 이런 점을 생각하면, 오히려 유세비우스의 기록은 신뢰할 만하며 그의 기록을 기준으로 파피아스의 저작 연대를 정할 수 있다는 것이 저자의 말이다.

2. 기원후 66년부터 70(73)년까지 유대인들이 로마에 맞서 싸운 독립 전쟁을 말한다. 티투스가 이끄는 로마군이 예루살렘을 함락함으로써 막을 내린 이 전쟁에서 유대인들은 엄청난 희생을 치렀으며(요세푸스는 100만이 넘는 유대인이 죽었다고 말한다) 고국을 떠나 사방으로 흩어져야 했다. 로마는 이 전쟁을 계기로 유대 지역을 직할 속주로 바꾸고 유대인들의 종교 자치권마저 인정하지 않는 등 더 가혹한 식민 통치를 폈다.

3. 하버드 대학교 출판부가 펴내고 있는 고대 그리스어 및 라틴어 문헌 시리즈다. 독일계 유대인으로 미국으로 귀화한 은행가 제임스 롭(James Loeb, 1867-1933)이 내놓은 기금을 기반으로 1912년에 첫 출판물을 내놓았다.

제 3 장

복음 전승에 나타난 이름

복음서에 나타난 이름

복음서에는 지금까지 한 번도 만족스럽게 설명된 적이 없는 현상이 하나 있다. 바로 이름과 관련된 현상이다. 복음서에는 이름이 밝혀지지 않은 사람도 많지만, 이름이 밝혀진 사람도 있다. 이제 나는 이렇게 복음서가 이름을 밝혀놓은 인물들 중 많은 사람이 그들의 이름이 붙은 전승의 원천이었을 뿐 아니라, 이 전승의 권위 있는 보증인으로서 이야기를 계속 전한 목격자였으리라는 가능성을 제시하려고 한다. 몇몇 경우에는 복음서 저자들도 그들을 알았을 것이다.

제3장 끝에 있는 표 1-4는 네 복음서가 이름을 밝힌 인물과 이름을 밝히지 않은 인물들을 서로 비교한 숫자와 그들의 신원을 보여준다. [구약의 인물과 사람이 아닌 인격체, 예수의 두 계보(마 1:1-17; 눅 3:23-38)에 나오는 인물들, 누가가 누가복음을 헌정한 데오빌로는 제외했다. 익명인 그룹—"어떤 바리새인들", "어떤 서기관들", "대제사장들", "경비병들", "요한의 제자들" 등—을 가리키는 말도 많지만, 이 그룹들도 제외했다.] 이름을 밝힌 인물과 밝히지 않은 인물의 숫자는 모든 복음서가 대동소이하다.

특정 범주의 사람들은 대개 하나나 또 다른 그룹에 속해 있음을 쉽게 알 수 있다. 공인(公人), 곧 예수 이야기와 상관없이 이미 알려진 사람들은 보통 이름이 나와 있다(세례 요한, 헤롯, 헤로디아, 가야바, 빌라도가 이런 공인이며, 아마도 바라바도 공인이었을 것임). 예수가 병을 고치고 귀신을 쫓아내신 이야기에 등장하는 은혜를 입은 자들은 보통 이름이 없다. 예수를 한 차례 만났지만 제자가 되지 않은 사람들도 이름이 나와 있지 않다. 이름이 없는 자들 중 일부는 그 내러티브에서 중요하지 않기 때문에, 으레 그 이름이 나오지 않으리라고 예상할 만한 사람들이다.[1] 열두 제자를 비롯한 예수의 제자들은 보통 그 이름이 나온다. 이런 식의 범주는 쉽게 이해할 수 있다. 예수의 제자들 이름은 전승 속에 담겨 기억되었으며 공인들도 이름을 달고 전승 속에 등장했으리라고 추정할 수 있다. 반면에 예수께 병 고침을 받았거나 그분을 한 차례 만났던 사람들의 이름은 심지어 그 이야기를 처음 전한 이들조차 몰랐을 것이며, 그 이름을 기억해야 할 합당한 이유도 제시되지 않는 듯하다.

이런 점에서 앞의 원칙의 예외에 대해 특히 주목해야 한다. 마태와 요한은 대제사장 가야바의 이름을 밝히는데, 마가와 누가는 그 이름을 밝히지 않았다.[2] 제자들(명확하지 않은 그룹에 속한 이들은 제외)은 보통 이름을 밝히지만, 가끔 제자들이라도 그렇지 않을 때가 있다. 엠마오로 가던 두 제자 중 한 사람은 이름을 밝히는데(글로바) 왜 다른 한 사람은 밝히지 않았을까?(눅 24:18) 예수가 병을 고치고 죽은 자들을 되살리는 기적을 행하실 때 그 혜택을 입은 자들의 이름은 대개 나와 있다. 그런데 마가와 누가는 야이로(그의 딸이 되살림을 받음)라는 이름을 밝혀놓았고(막 5:21-43; 눅 8:40-56), 마가는 바디매오, 요한은 나사로라는 이름을 밝혔다(막 10:46-52; 요 11:1-44). 한 차례 예수를 만난 사람들은 보통 이름이 나와 있지 않다. 그런데 왜 누가복음 7장은 예수를 식사에 초대하여 대접했던 바리새인의 이름을 밝혀놓았을까?(시몬, 7:40) 구레네 시몬은 왜 이름이 나올까?(마 27:32; 막 15:21; 눅 23:26) 그뿐 아니라 한 복음서에는 이름이 나오지 않는 사람이 다른 복음서

---

1) 예를 들어 눅 12:13; 13:23; 14:15에 나오는 사람들이 그러하다. 누가는 군중이나 그룹의 익명인이 질문과 촌평을 한다고 서술하는 경향이 있는 반면에, 마태와 마가는 이런 자들을 포괄적으로 "그들"로 부르는 경향이 있다. 이는 누가복음에 있는 익명인의 숫자를 매우 어색하게 증가시킨다.

2) 마가가 대제사장 가야바의 이름을 밝히지 않은 것은 뜻밖이다. 이 점에 대해서는 제8장에서 논의할 것이다. 눅 3:2은 "안나스와 가야바가 대제사장으로 있을 때"라고 말하면서도 22:50, 54에서는 누가복음을 읽는 독자들에게 이 대제사장이 누구인가 하는 의문을 남긴다.

에는 이름이 나오는 경우도 있다. 예를 들어 오직 요한만이 예수께 기름을 부은 여자가 베다니의 마리아임을 알려주며(요 12:3), 대제사장의 종의 귀를 자른 사람이 베드로요 그 종 이름이 말고라는 것을 밝힌다(요 18:10).

몇 가지 문제를 각각 따로 논의해볼 필요가 있겠다. 우리는 제5장에서는 열두 제자를 논의할 것이며 제8장에서는 복음서, 그중에서도 특히 마가복음에서 뜻밖에도 이름이 밝혀지지 않아 설명이 필요한 사례를 살펴볼 것이다. 현재 제3장에서는 열두 제자와 공인의 경우가 아닌데도 복음 전승 안에 이름이 밝혀진 경우에 초점을 맞추겠다. 이제 우리는 주로 표 5에 제시한 데이터와 관련된 이름에 대해 논의할 것이다.

과거에는 표 5가 묘사하는 현상들을, 복음서 내러티브 안에 많거나 적게 존재하는 세부 묘사들의 의미를 더 넓게 연구할 경우에만 논의해왔다. 예를 들어 루돌프 불트만(Rudolf Bultmann)은 세부 묘사가 늘어난다는 것을 구전의 법칙으로 간주했다. 불트만은 다른 세부 묘사와 마찬가지로, 앞에서 열거한 대다수의 이름을 포함해서 많은 이름들이 나중에 전승에 덧붙여졌다고 이해했다. 이런 이름들은 인물에게 부여된 "소설적 관심"(novelistic interest), 즉 각 인물에게 이름을 부여하는 등 다양한 방식으로 인물을 개별적으로 다루었음을 알려주는 예다.[3] 하지만 이런 견해를 일관적으로 적용하다 보니, 개별 사례에서는 다소 억지 주장을 펼칠 수밖에 없었다. 예를 들어 불트만은 마태와 누가가 바디매오의 이름이 빠져 있는 마가복음 10:46 본문을 알았다고 주장할 수밖에 없었지만, 사실은 사본들에 이런 본문을 지지하는 증거가 전혀 없다.[4] 또한 불트만은 야이로의 이름을

3) R. Bultmann, *The History of the Synoptic Tradition* (tr. J. Marsh; revised edition; Oxford: Blackwell, 1972), 68, 215, 241, 283, 310, 345, 393; R. Bultmann, "The New Approach to the Synoptic Problem," in idem, *Existence and Faith* (tr. S. M. Ogden; London: Hodder and Stoughton, 1961), 42; M. Dibelius, *From Tradition to Gospel* (tr. B. L. Woolf; London: Nicholson and Watson, 1934), 50-53도 참고하라.

4) Bultmann, *The History*, 213; Dibelius, *From Tradition*, 51-53에서 바디매오를 더 충실하게 다룬 내용도 참고하라.

마가복음 5:22에 원래 들어 있던 이름이 아니라, 누가복음 8:41에서 유래하여 나중에 이 마가복음 본문에 덧붙여진 것으로 간주해야 했다.[5] 이 경우에 마가복음 5:22에서 "야이로라 하는"을 생략한 본문을 지지하는 사본들이 일부 있다[D와 고(古) 라틴어 사본 다섯 개].[6] 그러나 요 근래 학자들은 이 말을 처음부터 있던 말로 다루는 것이 타당하다고 봐야 할 근거를 찾아냈다.[7] 한 걸음 더 나아가 조지프 피츠마이어(Joseph Fitzmyer)는 불트만의 주장이 "터무니없다"라고 말한다.[8]

헨리 캐드베리(Henry Cadbury)도 동일한 확신을 가지고 반대 취지의 주장을 펼치면서, (구술적 내러티브 전달에서) "장소와 사람과 시간은, 그것들이 사건의 핵심과 관련이 없는 이상, 사라지는 경향을 띤다"[9]라고 말했다. 또한 (특히 복음서의 기적 이야기에서도) "사람과 장소의 이름조차도 반복해서 이야기된 뒤에는 사라진다"[10]라고도 했다. 그러나 캐드베리도 소설적 관심 때문에 뒤늦게 이름을 덧붙인 증거가 있음을 인정한다(예를 들어 외경 복음서). 이는 "이름을 제거하는 쪽으로 나아간 흐름에 맞서서 뒤늦게 반대 흐름, 즉 단순해진 내용에 진짜 같은 고유한 이름을 부여하는 흐름이 전개

---

5) Bultmann, *The History*, 215.

6) "야이로라 하는"이라는 부분이 빠진 본문을 받아들이는 이로는 V. Taylor, *The Gospel According to St. Mark* (second edition; London: Macmillan, 1966), 287; D. E. Nineham, *The Gospel of Mark* (Pelican Gospel Commentary; revised edition: London: Black, 1968), 160이 있다.

7) R. Pesch, "Jaïrus (Mk 5,22/Lk 8,41)," *BZ* 14 (1970), 252-56; B. M. Metzger, *A Textual Commentary on the Greek New Testament* (Stuttgart: United Bible Societies, 1971), 85-86.

8) J. A. Fitzmyer, *The Gospel According to Luke* (I-IX) (AB 28A; New York: Doubleday, 1981), 744.

9) H. J. Cadbury, *The Making of Luke-Acts* (London: Macmillan, 1927), 34.

10) Cadbury, *The Making*, 94. 이 결론도 캐드베리의 구술 전달 실험에서 얻은 결과를 토대로 빈센트 테일러(Vincent Taylor)에게 제시했던 것이다. 그 결과 중 하나는 "사람 이름과 장소 이름은 사라지는 경향이 있다"였다; V. Taylor, *The Formation of the Gospel Tradition* (London: Macmillan, 1933), 208.

되었다"[11]라는 뜻이다. 에드 샌더스(Ed P. Sanders)는 책의 한 장을 할애하여 "전승이 가졌을 수 있는 경향인 세부 묘사 증가"(Increasing Detail as a Possible Tendency of the Tradition)를 다루면서 공관복음 본문과 정경 밖의 평행 본문을 비교하여, 이런 경향이 정말 존재했는가에 대한 증거를 평가하려고 시도했다.[12] 샌더스는 표 5에서 묘사한 현상들을 별개의 증거 범주로 분리하지 않았는데, 이는 우리 목적에 비추어볼 때 애석한 일이다. 따라서 그가 내린 결론은 어떤 인물의 이름이 한 복음서에 나왔다가 다른 복음서에는 나오지 않는 사례와 전혀 관련이 없다.

표 5 덕분에 우리는 앞에서 제시한 문제(어떤 인물의 이름이 한 복음서에는 나오고 다른 복음서에는 나오지 않는 현상)에 대해 다음과 같은 관찰 결과를 내놓을 수 있다. 우선 마가복음이 가장 먼저 기록되었다고 가정해보자(즉 마태복음, 마가복음, 누가복음에서 서로 긴밀히 평행을 이루는 내용이 마가복음에 의존한다고 가정해 보자). 그렇다면 마태와 누가는 둘 다 마가복음의 내용을 받아들인 셈인데, 마태와 누가가 모두 마가복음이 기록한 이름을 유지하는 경우는 네 사례뿐이다(구레네 시몬, 아리마대 요셉, 막달라 마리아, 야고보와 요세의 어머니 마리아[13]). 한 사례에서는 마가가 기록한 이름을 누가는 그대로 유지하지만 마태는 바꾼다(레위를 마태로 바꿈[14]; 눅 5:27이하와 마 9:9이하). 또 한 사례에서는 마가가 기록한 이름을 누가는 유지한 반면에 마태는 생략한다(야이로; 눅 8:40-56). 또 네 사례에서는 마태와 누가가 모두 마가가 밝힌 이름을 생략해버린다(바디매오, 알렉산더, 루포,[15] 살로메; 막 10:46; 15:21; 15:40). 마가가 이름을 밝히지

---

11) Cadbury, *The Making*, 59.

12) E. P. Sanders, *The Tendencies of the Synoptic Tradition* (SNTSMS 9; Cambridge: Cambridge University Press, 1969), 3장.

13) 그러나 누가는 마리아의 아들 중 한 사람의 이름인 요세를 생략했다(막 15:40; 눅 24:10).

14) 그러나 누가는 레위의 아버지 이름인 알패오를 생략했다(막 2:14; 눅 5:27).

15) 나는 마가가 단지 시몬을 다른 시몬과 구별해 그가 누구인지 밝힐 목적으로 알렉산더와 루포의 이름을 기록한 것은 아니라고 추정해왔다. 이런 목적이라면 "구레네"(마태와 누가도 이를 그대로 유지함)라는 단어만으로 충분할 것이다. 어떤 의미에서 이 아들

않은 인물인데 마태와 누가가 새로 이름을 부여한 경우는 전혀 없다. 마가가 익명으로 남겨놓은 두 제자(막 14:13)[16)]가 베드로와 요한임을 누가가 밝혀놓은 경우(눅 22:8)가 한 번 있기는 하다(표 5의 데이터가 밝히지 않은 경우임). 그러나 마가가 이름을 밝히지 않은 자들과 이미 마가를 통해 알려진 인물로서 이름이 밝혀진 자들을 동일시하는 이런 현상을, 마가가 익명으로 남겨놓은 인물들에게 그의 책에서는 전혀 발견되지 않은 새 이름을 부여한 것이라고 여겨서는 안 된다. 따라서 불트만도 받아들이듯이, 마가복음이 가장 먼저 기록되었다고 인정한다면, 세 공관복음서에서 공통적인 내용이 이름을 제거하는 쪽으로 나아가는 흐름을 확실하게 보여준다는 것은 곧 불트만의 주장을 반박한다.[(1)]

Q 자료(마가는 기록하지 않았으나 마태와 누가가 공통으로 기록한 내용)는 아무런 이름도 제시하지 않지만, 이는 놀라운 일이 아니다. Q 자료는 거의 전부가 예수의 말씀으로 이루어져 있기 때문이다. 특별히 마태만이 기록한 내용 역시 예수의 아버지 요셉 외에는 어떤 이름도 새로 제시하지 않는다. 예수의 아버지 요셉의 이름은 누가복음과 요한복음에서도 마태복음과 상관없이 독립적으로 제시된다.[17)] 이와 달리, 누가가 특별히 기록한 내용은 그가 마가복음으로부터 가져온 인물 외에도 11명에게 이름을 부여하고 있다(이 11명 중 둘—마르다와 마르다의 여동생인 마리아—은 요한복음에도 등장함). 이런 증거는 이름을 제거해가는 흐름과 모순되지 않는다. 누가가 이 이름들을 전승에 덧붙였다고 생각할 이유가 전혀 없기 때문이다.

들은 이름을 밝혀야 할 이유가 있다. 그러나 알패오(막 2:14; 누가는 생략함)와 요세(막 15:40, 47; 누가는 생략함)에게는 분명히 그런 이유가 없다.

16) 여기서 마태는 마가복음의 말을 요약하면서 예수가 뽑으신 두 제자는 이야기하지 않고 다만 제자들을 뭉뚱그려 이야기한다(마 26:17-19).

17) 이름이 밝혀진 인물들이라는 범주를, 이 인물들과의 관계 때문에 정체를 알 수 있는 인물까지 확대한다면, 여기에는 세베대의 아들들의 어머니(마 20:20; 27:56)가 포함된다. 이 경우, 시몬 베드로의 장모(세 공관복음서가 모두 이야기함; 막 1:29-31; 마 8:14-17; 눅 4:38-41)와 말고의 친척(요 18:26)도 포함된다.

마지막으로 요한은 공관복음에는 전혀 등장하지 않는 네 인물의 이름을 밝히면서(나다나엘, 니고데모, 나사로, 글로바의 마리아[2]), 다른 복음서에서는 익명으로 등장하는 한 인물에게도 대제사장의 종인 말고라는 이름을 부여한다. 설령 요한이 말고의 귀를 자른 사람으로 공관복음에는 이름이 나와 있지 않은 인물이 베드로임을 밝히고 있고, 예수께 기름을 부은 여자로 다른 복음서에는 이름이 나와 있지 않지만 누가도 알았던 그 인물이 베다니의 마리아라는 것을 밝힌다는 점까지 감안한다 하더라도, 이것이 앞선 단계의 전승에서 익명의 인물에게 이름을 지어주려는 소설적 관심의 경향에 대한 강력한 증거가 되지는 않는다. 결국 요한복음에는 여전히 이름이 밝혀지지 않은 많은 인물이 존재한다. 그렇다면 요한복음은 왜 말고의 경우에는 이름 없는 인물에게 이름을 부여하는 소설적 관심의 영향을 받으면서도, 말고보다 훨씬 유명한 인물인 사마리아 여인이나 중풍에 걸린 남자나 날 때부터 맹인인 남자의 경우에는 그런 영향을 받지 않았을까?

정경 밖의 복음서나 전승들에는 이름이 없는 인물에게 나중에 이름을 붙이는 경향이 있었음을 보여주는 증거가 좀 더 많이 들어 있다. 물론 여기서도 이른 시기에 나온 본문들에는 그런 증거가 확연히 희소하다. 「베드로복음」(*Gospel of Peter*)은 예수가 묻히신 무덤을 경비할 책임을 맡았고(참고. 마 27:65) 십자가 곁에 있었던 백부장(마 27:54; 막 15:39; 눅 23:47)과 동일인임이 분명한 인물의 이름이 페트로니우스(8:31)라고 밝힌다. 200년 무렵에 기록된 보드머(Bodmer) XVII 파피루스(P75)에 포함된 누가복음 본문은 부자와 거지 나사로 비유에 나온 부사에게 네베스라는 이름을 부여한다. 이렇게 이름을 부여한 것은 분명히 그 비유가 또 다른 인물(곧 나사로)의 이름을 밝혔기 때문일 것이다. 오리게네스[「켈수스 반박」(*Contra Celsum*) 2.62]는 누가복음 24장에서 익명으로 남은 글로바의 동행자에게 시몬이라는 이름을 부여했는데, 이는 이 제자의 이름을 밝히려는 많은 시도 중 첫 번째 시도였다.[18]

---

18) 필시 그런 것 같다. 하지만 오리게네스가 말하는 시몬이 다른 경로를 통해 알려졌던 시

그러나 4세기 이전에는 이것들이 복음서가 익명으로 남겨놓은 인물에게 이름을 만들어 붙였던 유일한 사례인 것 같다. 중세에 「나사렛복음」(*Gospel of the Nazarenes*) 중 두 증언은 혈루증을 앓던 여자(마 9:20; 막 5:25; 눅 8:43)의 이름이 마리오사라고 말하는가 하면, 두 글 중 하나는 마른 손을 가진 남자(마 12:10; 막 3:1; 눅 6:6)가 말쿠스(말고)라고 한다.[19] 그러나 이런 이름들이 앞서 몇 세기 동안 나사렛 사람들이 사용했던 이 「나사렛복음」에서 유래했다는 주장은 거의 신빙성이 없다.[20] 다른 사례들을 보려면, 우리는 「클레멘스 설교집」(*Clementine Homilies*; 4세기), 「빌라도행전」(*Acts of Pilate*; 5 또는 6세기), 「바돌로매복음」(*Gospel of Bartholomew*; 5 또는 6세기)과 더 뒤에 나온 다른 문헌은 물론, 6세기와 그 이후에 기록된 복음서 사본으로서 고(古) 라틴어로 기록된 것까지 살펴봐야 한다.[21] 정경 복음서가 이름을 밝히지

몬이라면, 이는 현재 우리 논의의 흐름을 보여주는 사례에 해당하지 않을 것이다. 어쩌면 오리게네스는 글로바를 예수의 아저씨인 글로바와 동일인으로 보고, 글로바와 동행한 사람을 예루살렘의 2대 주교였던 헤게시푸스(Hegesippus)를 통해 알려진 글로바의 아들 시므온/시몬과 동일인으로 보았을지도 모른다. 어쩌면 이 견해가 옳을 수도 있다.

19) W. Schneemelcher and R. McL. Wilson, *New Testament Apocrypha*, vol. 1 (revised edition; Louisville: Westminster John Knox, 1991), 163, 참고. 160. 여기를 보면, 이 복음서가 실제로 인용하고 히에로니무스가 보존한 글은 이 사람을 석공이라고 부르지만(중세 본문도 그러함), 그에게 이름을 부여하지는 않는다.

20) Sanders, *The Tendencies*, 132은 세 현자에게 붙인 이름이 「히브리복음」(*Gospel of Hebrews*)을 인용한 말에서 나왔다고 주장하는데 이는 정확하지 않다. 샌더스가 세둘리우스 스코투스(Sedulius Scotus)를 인용한 본문이 명확히 밝혀주듯이(301쪽), 세둘리우스는 자신이 인용한 복음서에서 이런 이름을 발견하지 못했다. 그러나 그는 "일부 사람들에 따르면" 이 지극히 지혜로운 세 사람이 이런 이름을 가졌다는 말을 덧붙인다. 6세기 이전에는 이 점성술사들의 이름을 증언하는 글이 없었다[B. M. Metzger, "Names for the Nameless in the New Testament," in P. Granfield and J. A. Jungmann, eds., *Kyriakon* (J. Quasten FS; Münster: Aschendorff, 1970), vol. 1, 80, 82].

21) Sanders, *The Tendencies*, 131-32; Bultmann, *The History*, 241, 310; W. Bauer, *Das Leben Jesu im Zeitalter der neutestamentlichen Apokryphen* (Tübingen: Mohr, 1909), 516-18; Metzger, "Names," 79-99. A. Barr, "The Factor of Testimony in the Gospels," *ExpT* 49 (1937-38), 401-8은 실제 이름을 기억하고 사용한 초기 단계, 몇몇 이름을 생략한 중간 단계, 가짜 이름을 지어내 붙인 후기 단계, 이렇게 세 단계를 구별

않은 인물에게 이름을 지어 붙이는 관습은 4세기부터 점차적으로 성행했던 것 같다. 그러나 그 이전에 나온 것으로 우리에게 알려져 있는 사례가 희소하다는 점은 주목할 만하다.[22]

성경의 내러티브들을 다시 이야기하거나 평석(評釋)할 때에 성경이 이름을 밝히지 않은 인물에게 이름을 붙이는 것은 유대인 사이에 널리 퍼져 있던 관습이었다. 예를 들어 필론의 이름을 딴 위서(僞書)로서 1세기에 팔레스타인 유대인 사이에서 이루어진 "성경 내러티브 재기록" 사례 중 하나인 「성경 고대사」(*Biblical Antiquities*)를 보면 가인의 아내(창 4:17), 시스라의 어머니(삿 5:28), 입다의 딸(삿 11:29-40), 삼손의 어머니(삿 13-16장), 엔돌의 신접한 여자(삼상 28:3-25) 같은 인물에게 이름을 붙이고 있다.[23] 따라서 그리스도인들이 일찍부터 내려온 복음서 내러티브들에 똑같은 일을 행했다고 해서 새삼 놀라운 일은 아니었을 것이다. 그러나 증거는 이런 일이 일어나지 않았음을 보여준다.[24] 공관복음서 배후와 그 안에 존재하는 복음 전승이 전달되는 동안 그런 일이 일어났다고 가정할 근거는 분명히 존재하지 않는다.

우리는 표 5의 이름 중 대다수가 원래 그 이름이 발견되는 복음 전승 안에 들어 있었다고 결론 내릴 수밖에 없다. 마태와 누가가 마가복음을 편집할 때 이름을 생략하는 경향을 보인다는 점을 보아, 이미 마가복음도 다른 이름들을 생략했거나 혹은 마태나 누가도 자신만의 특별한 전승에서 이름들을 빼버렸으리라고 유추할 수도 있겠지만, 여기서 제시한 증거만

하는데 이 견해는 대략 옳은 것 같다.

22) 이것과 이름을 가진 새 인물을 만들어내는 것은 구별해야 한다. 옥시링쿠스 파피루스(*Pap. Oxy.*) 840이 그런 예인데, 여기에는 레위라는 바리새인 대제사장이 등장한다. 또한 「도마 유아복음」(*Infancy Gospel of Thomas*)은 예수의 학교 스승이 자카이우스(삭개오)이고, 예수의 놀이 친구 중 하나가 제논이라고 말한다.

23) 「성경 고대사」 2:1-2; 31:8; 40:1; 42:1; 64:3.

24) 예를 들어 「사도서신」 5은 손이 마른 남자와 혈루증 앓던 여자의 이름을 밝히지 않는다. 「야고보원복음」 21:1-4도 현자들의 이름을 밝히지 않는다.

보고 현재의 복음서에는 남아 있지 않은 이름들이 애초에는 일부 전승 안에 있었다고 단정하는 것은 불가능하다. 우리가 정말 설명해야 하는 문제는, 복음서에 어떤 인물의 이름이 나와 있는데 같은 범주의 다른 인물의 이름은 나와 있지 않은 경우다. 그뿐 아니라, 마태와 누가가 마가복음을 편집한 대목에서 볼 수 있는 이름 생략의 경향도 설명해야 할 필요가 있다.

지금까지 어느 누구도 표 5가 묘사하는 현상을 전체적으로 만족스럽게 설명하지 못했다. 하지만 표 5의 모든 인물이 초기 기독교 운동에 가담했으며 적어도 이 전승의 최초 출처가 되었던 무리 속에서 잘 알려져 있던 인물이라고 설명한다면, 예수의 아버지 요셉과, 누가복음의 예수 탄생 내러티브와 유아기 내러티브에 등장하는 이름들을 제외하고는 나머지 모든 이름을 설명할 수 있을 것이다. 몇몇 이름은 종종 이런 식으로 설명했다. 바디매오,[25] 구레네 시몬과 그의 아들들,[26] 아리마대 요셉[27]이 그런 예인데, 야이

25) J. F. Williams, *Other Followers of Jesus: Minor Characters as Major Figures in Mark's Gospel* (JSNTSup 102; Sheffield: Sheffield Academic, 1994), 153 주 2의 언급을 보라; 또한 Dibelius, *From Tradition*, 53; J. P. Meier, *A Marginal Jew*, vol. 2 (New York: Doubleday, 1994)를 보라. G. Theissen, *The Gospels in Context: Social and Political History in the Synoptic Tradition* (tr. L. M. Maloney: Minneapolis: Fortress, 1991)]은 바디매오가 "병 고침을 받은 사람 중 더 좁은 의미의 '제자'(예수를 따르는 사람)가 된 유일한 사람이라고 그 기적 이야기가 우리에게 일러주는 인물"이라는 의미심장한 관찰 결과를 제시한다. 형식을 놓고 보면, 마가복음의 바디매오 이야기(막 10:46-52)는 예수가 병을 고치신 기적 이야기 못지않게 그분이 제자를 부르시는 이야기와 흡사하다. 아니 어쩌면 치유 이야기보다 제자를 부르시는 이야기와 더 많이 닮은 것 같다: H. D. Betz, "The Early Christian Miracle Story: Some Observations on the Form Critical Problem," *Semeia* 11 (1978), 74-75; P. J. Achtemeier, "'And He followed Him': Miracles and Discipleship in Mark 10:46-52," *Semeia* 11 (1978), 115-45.

26) Theissen, *The Gospels*, 176-77; R. E. Brown, *The Death of the Messiah*, vol. 2 (New York: Doubleday, 1994), 913-16; S. Légasse, *The Trial of Jesus* (tr. J. Bowden; London: SCM, 1997), 80-81; R. T. France, *The Gospel of Mark* (NIGTC; Grand Rapids: Eerdmans, 2002), 641을 보라.

27) Brown, *The Death*, 1223-24을 보라.

로를 같은 방식으로 설명하지 않은 점은 놀랍다.[28] 막달라 마리아, 마르다와 마리아 자매 같은 다른 몇몇 사람도 그런 인물일 것이라고 널리 추정되어왔다(그러나 논증은 많이 제시되지 않음). 앞과 같은 설명을 이런 사례에 조금씩 사용하기보다는, 아예 이 설명이 문제시되는 이름 전부나 대다수를 해명하는 광범위한 가설을 제공한다는 주장으로 대체하는 것도 가능하다. 우리는 예수의 네 형제(마 13:55; 막 6:3)가 초기 기독교 운동을 이끈 유명한 지도자였음(고전 9:5; 갈 1:19)을 알고 있다. 또한 누가는 사도행전 1:14에서 열두 제자 및 예수의 형제들과 함께 있던 몇몇 여자를 묘사하는데, 이는 필시 그가 누가복음 24:10에서 이름을 밝힌 여자들이 예루살렘 교회의 첫 지체 중 일부였음을 독자들이 추측할 수 있게 하려는 목적인 것 같다. 복음서가 이름을 밝힌 다른 사람들이 예루살렘 교회의 지체가 되었거나, 유대나 갈릴리의 다른 초기 공동체의 지체가 되었다고 추측하는 데에는 아무런 어려움이 없다.

실제로 바로 이들이야말로 초창기 그리스도인 그룹을 형성했다고 예상할 만한 부류의 사람들이다. 예수가 병을 고쳐주셨던 사람들(바디매오, 눅 8:2-3의 사람들, 어쩌면 말고[29]도 여기에 들어갈 것임), 예수의 순회 사역(itinerant ministry)에 동참했던 자들(열두 제자보다 더 큰 무리였으며, 여기에는 이름이 밝혀진 여성 제자들, 레위, 나다나엘, 글로바도 있었음), 예수의 친척 중 몇몇(예수의 모친과

---

28) 야이로의 이름이 등장한다는 사실을 이 사건의 역사성을 가리키는 단서로 받아들이는 학자들이, 더 나아가 야이로를 초기 기독교 운동에서 유명한 인물로 인정하지 않음은 이상한 일이다[복음서의 기적 이야기에서 병을 고쳐달라거나 귀신을 쫓아달라고 간청하는 사람의 이름으로 유일하게 등장하는 바디매오의 이름은 논외로 함: Meier, *A Marginal Jew*, vol. 2, 629-30, 784-85; G. H. Twelftree, *Jesus: The Miracle Worker* (Downers Grove: InterVarsity, 1999), 305-6]. 그러나 이것이야말로 기적 이야기의 다른 인물들의 이름과 달리, 그의 이름이 보존된 이유를 가장 명확하게 설명해준다. R. H. Gundry, *Mark: A Commentary on His Apology for the Cross* (Grand Rapids: Eerdmans, 1993), 267도 이 내용을 인정한다.

29) 말고와 관련해서 다른 가설을 보려면 제8장을 보라.

형제들, 예수의 아저씨인 글로바와 아주머니인 마리아), 예루살렘과 주변 성읍에 거주하던 자들로 예수 운동을 지지했던 몇몇(니고데모, 아리마대 요셉, 나병환자 시몬, 나사로, 마르다, 마리아)이 바로 그들이다. 이들 중 많은 이가 예루살렘이나(여리고를 포함한) 예루살렘 근교를 활동 무대로 삼았다는 것은 놀랍다. 또한 방금 언급한 여섯 사람뿐 아니라 바디매오, 말고, 구레네 시몬과 그의 아들들, 삭개오, (예수가 부활하신 뒤에는) 예수의 형제인 야고보도 그랬을 것이며, 그분의 다른 친척들도 십중팔구 그랬을 것이다. 따라서 그들은 그들 이름이 등장하는 이야기를 처음으로 들었던 예루살렘 교회가 다 아는 사람들이었을 것이다.

마태와 누가는 현재 마가복음에서 발견되는 이름 일부를 생략하는 경향을 보인다. 이런 경향은 마태와 누가가 자기 복음서를 기록할 무렵, 즉 그들이 마가복음의 내러티브를 요약하는 일에 몰두하고 있을 때, 이 이름들이 누구인지 알 수 없을 정도로 아득한 인물이 되어 있어서, 그 이름들을 그대로 유지하기를 원하는 것조차 불가능했으리라는 말로 설명될 것 같다. 동시에 어떤 사건을 기억할 때 사람들이 가장 기억하지 못하는 요소가 이름이라는 점도 주목할 만하다.[30] 따라서 이름을 생략하는 현상을 발견해도 놀랄 필요가 없다. 이와는 반대로, 복음 전승에 이름이 나타나는 현상이 실제 기억에서 나왔다면, 당연히 우리는 그 이름을 기억해야 할 이유가 있었으리라고 예상해야 한다. 그 이름들이 초기 기독교 운동 내부에서 알려진 자들의 것이라고 가정한다면, 적어도 일부나마 그 이름을 기억해야 했던 이유를 설명할 수 있다. 그러나 여기에는 우리가 고려해야 할 더 깊은 차원이 있음이 틀림없다.

만일 이 이름들이 기독교 공동체에 잘 알려진 사람들의 것이라면, 이들 중 많은 수가 자신이 등장하거나 자신의 이름이 붙어 있는 이야기를

30) G. Cohen, *Memory in the Real World* (Hove and London: Erlbaum, 1989), 100-108.

처음으로 들려주고 계속해서 전한 목격자였을 가능성도 매우 높아진다. 그 좋은 예가 글로바다(눅 24:18). 이 이야기 자체만 놓고 보면 굳이 그의 이름이 나올 필요가 없으며[31] 그와 동행한 사람도 익명으로 남아 있다.[32] 글로바가 이 전승의 출처였음을 암시하는 것 외에는, 그의 이름을 밝힌 적절한 이유가 달리 없는 것 같다. 이 글로바는 요한복음 19:25에서 십자가 곁에 있던 여인들 중 한 사람으로 등장하는 마리아[33]의 남편인 글로바와 같은 인물일 가능성이 아주 높다.[34] 글로바는 그리스어 이름인 클레오파스(Cleopas)의 셈어 형태로서, 셈어 이름치고는 매우 드문 형태다. 이렇게 드문 이름이기 때문에, 우리는 이 글로바가 예수의 아버지인 요셉의 형제이자 시몬의 아버지로서 그의 사촌인 야고보 뒤를 이어 예루살렘 교회의 지도자가 된 인물이라고 헤게시푸스가 말했던 바로 그라고 확신할 수 있다(유세비우스, 「교회사」 3.11; 4.22.4). 분명히 글로바는 예수의 친족 중 하나였으며, 팔레스타인의 유대 기독교 운동에서 두드러진 역할을 했다.[35] 누가복음의 이야기는 원래 글로바 자신이 부활하신 예수를 만났던 일에 대한 이야기였던 것 같다. 이 이야기는 필시 예루살렘 교회가 알고 있던 많은 전승 중 하나였으며, 누가는 이 전승을 자기 작품 속에 집어넣었던 것이다.

---

31) 이 이야기는 눅 7:36-50과 비교된다. 처음에는 익명으로 등장하는 인물이 내러티브의 진행과 함께 나중에는 그 이름이 나오기 때문이다. 이것은 누가복음의 내러티브 기술인 것 같다.

32) 이 동행자와 이 이야기의 목격자가 누구인지를 알아보려면 C. P. Tiede, *The Emmaus Mystery* (New York: Continuum, 2005), 93-98을 보라.

33) 요한이 이 여자에게 붙인 호칭, "글로바의 마리아"는 마리아가 글로바의 아내나 딸이었거나 더 나아가 모친이었음을 뜻한다(제3장의 역자 주 2을 보라-역주). 아마도 마리아는 글로바의 아내였을 것이다. 그러나 더 중요한 사실은 이렇게 모호한 호칭의 밑바탕에는 마리아가 잘 알려진 사람이라는 전제가 깔려 있다는 것이다. 요한은 독자들이 마리아와 글로바가 어떤 관계인지 알리라고 예상했을 것이다.

34) R. Bauckham, *Gospel Women: Studies of the Named Women in the Gospels* (Grand Rapids: Eerdmans, 2002), 6장: "Mary of Clopas"를 보라.

35) R. Bauckham, *Jude and the Relatives of Jesus in the Early Church* (Edinburgh: Clark, 1990)를 보라.

다른 세 가지 사례, 곧 십자가와 예수가 묻히신 무덤 옆에 있던 여자들, 구레네 시몬과 그의 아들들, 그리고 예수가 행하신 치유 기적으로 나음을 입은 자들이 특히 도움이 된다. 다른 지면에서 나는 이 셋 중 첫 사례를 상세히 다루었다.[36] 하지만 내가 지금 제시할 주장과 관련해 이 첫 사례가 매우 중요하기 때문에, 여기서 몇 가지 중요한 점을 다시 짚고 넘어가야겠다.

십자가와 무덤 옆에 있던 여자들

공관복음서에서 여자들이 목격자로서 행하는 역할은 아주 중요하다. 그녀들은 예수의 죽음을 지켜봤고 그분의 시신이 무덤에 묻히는 것을 보았다. 무덤이 비었음을 발견한 이들도 이 여자들이었다. 그녀들 중 일부는 세 사건이 일어난 현장 전부에 있었다. 이는 바로 그녀들이 예수가 무덤에 묻힐 때 숨을 거두신 상태였으며, 예수가 묻히셨던 바로 그 무덤이 나중에는 비어 있었음을 증언할 수 있었다는 사실을 뜻한다. 세 공관복음서 모두에서 이 여자들은 거듭해서 "보다"라는 동사의 주어로 나타난다. 우선 그녀들은 예수가 숨지실 때 일어난 사건들을 "보았다"(마 27:55; 막 15:40; 눅 23:49). 그녀들은 예수가 무덤에 묻히시는 것을 "보았으며"(막 15:47; 눅 23:55), 이어 한 주의 첫날에도 그 무덤을 "보러" 갔다(마 28:1). 그녀들은 돌이 굴려져 있음을 "보았고"(막 16:4), 오른쪽에 한 젊은 남자가 앉아 있음을 "보았다"(막 16:5). 천사들은 그녀들에게 예수가 묻히셨던 곳이 비어 있음을 "보라"고 권했다(마 28:6; 막 16:6). 복음서가 이 여자들이 목격자로서 행한 역할에 호소한다는 사실을 이렇게 선명하게 보여주는 경우는 다시 없을 것이다.[37]

---

36) Bauckham, *Gospel Women*, 8장: "The Women and the Resurrection: The Credibility of Their Stories."

37) 참고. B. Gerhardsson, "Mark and the Female Witnesses," in H. Behrens, D. Loding, and M. T. Roth, eds., *Dumu-E2-Dub-Ba-A* (A. W. Sjöberg FS;

시각(視覺)을 가장 중시한 것(이 점을 이야기할 때 헤라클레이토스의 유명한 말, "눈은 귀보다 더 확실한 증인이다"[38]가 자주 인용된다)은 고대 그리스 인식 이론의 특징이었다.[39] 이 점은 역사가들이 목격 증언을 강조한 것과 일치한다. 사무엘 뷔쉬코그는 "그들이 시각을 통해 과거와 연결되어 있었다"라고 주장한다.[40] 물론 이는 목격자의 회상과 증언에서 시각을 제외한 다른 감각을 배제했다는 의미는 아니다. 그러나 시각을 가장 중시했다는 것은 실제로 사건 현장에 있었음을 중시했다는 뜻이며, 이는 단순히 사건의 내막을 전해 듣는 것과 완전히 다른 이야기다. 십자가 곁과 무덤에 있었던 여자들이 중요한 이유는 주로 그녀들이 본 일 때문이지만, 그녀들이 천사(들)의 메시지를 들었기 때문이기도 하다.

이 여자들은 이름이 밝혀지지 않은 그룹이 아니다. 모든 복음서는 그녀들 중 일부의 이름을 밝히면서, 다른 사람들도 그 자리에 있었다고 말하거나 암시한다(마 27:55; 28:1, 5; 막 15:41, 47; 16:6; 눅 24:10; 요 20:2). 그러나 지금까지 우리는 이렇게 밝혀진 이름이 가지는 의미와, 이름 목록에서 일어난 변화의 의미를 제대로 파악하지 못했다. 뷔쉬코그는 복음서가 특정한 이름을 밝힌 이유가 "아마도 여성 목격자였던 그녀들이 처음부터 다소 의심을 받았기 때문이리라"고 추정한다.[41] 그러나 실제로 그녀들의 이름을 밝힌다고 해서 이들의 신빙성에 제기되었던 의심이 얼마나 가라앉을지는 의문이다. 이렇게 이름을 밝히는 것은, 그녀들이 유일한 증인인 사건들이 예수 이야기 전체에서 대단히 중요하다는 사실을 반영한 결과일 가능성이 더 높다. 이구동성으로 공관복음서는 남성 제자 중에는 예수가 묻히시

Occasional Papers of the Samuel Noah Kramer Fund 11; Philadelphia: The University Museum, 1989), 219-20, 222-23; S. Byrskog, *Story as History-History as Story* (WUNT 123: Tübingen: Mohr, 2000; reprinted Leiden: Brill, 2002), 75-78.

38) Byrskog, *Story*, 52-53.

39) Byrskog, *Story*, 65.

40) Byrskog, *Story*, 64.

41) Byrskog, *Story*, 77.

는 장면이나 빈 무덤을 본 사람이 없다고 말하기 때문이다.

이 여자들 이름이 각 복음서에서 동일하게 나타나지는 않으나, 막달라 마리아는 모든 복음서에서 나타나며, 야고보의 어머니인 마리아는 세 공관복음서에 나타난다.

	십자가	장사(葬事)	빈 무덤
마가복음	막달라 마리아 작은 야고보와 요세의 어머니 마리아 살로메	막달라 마리아 요세의 (어머니) 마리아	막달라 마리아 야고보의 (어머니) 마리아 살로메
마태복음	막달라 마리아 야고보와 요세의 (어머니) 마리아 세베대의 아들들의 어머니	막달라 마리아 다른 마리아	막달라 마리아 다른 마리아
누가복음			막달라 마리아 요안나 야고보의 (어머니) 마리아

이 명단들 사이에 존재하는 상이점은 우리가 통상 인식하는 것보다 훨씬 더 흥미롭고 중요하다. 이 기사들에서는 둘이나 세 증인을 반드시 세우라는 토라의 요구(신 19:15)가 어떤 역할을 한다. 비르예르 에르핫손이 올바로 지적하듯이, 이 법률 규정은 법정을 뛰어넘어 일상의 상황에서 증거를 확실히 해둘 필요가 있는 경우들에까지 영향을 미쳤다.[42] 따라서 세 공

42) Gerhardsson, "Mark," 218.

관복음서가 예수의 수난-부활 내러티브의 각 사건을 이야기하면서 그녀들을 증인으로 내세울 때, 둘이나 세 여자의 이름을 밝힌다는 점은 분명히 주목할 만하다. 그러나 이 명단의 특정한 이름들이 변화하는 양상은, 토라가 둘이나 세 증인을 요구했다는 말로는 설명되지 않는다.

학자들은 이 명단들 사이에 존재하는 상이점을 근거로, 이 여자들을 사건의 목격자로 진지하게 받아들이지 않는 입장을 자주 취해왔다. 그러나 사실은 그 반대 입장이 옳다. 즉 이 상이점은 복음서가 치밀하게 주의를 기울여 이 여자들을 증인으로 내세운다는 점을 실증하는 증거로 이해하는 것이 적절하다. 마가복음은 십자가 곁에 있던 세 여자의 이름을 밝히면서, 바로 그녀들이 예수의 무덤을 찾아갔던 이들이라고 말한다. 그러나 예수를 장사하는 장면을 본 여자는 이 셋 가운데 둘뿐이다.[43] 이는 사람들에게 알려진 세 여자의 증언에서 두 마리아는 예수를 장사하는 장면

---

43) 마가복음의 여성 명단들 속에 나타나는 여러 변화를, 서로 다른 자료를 사용한 결과로 추정하며 설명하려는 시도들은 설득력 없고 불필요하다[E. L. Bode, *The First Easter Morning: The Gospel Accounts of the Women's Visit to the Tomb of Jesus* (AnB 45; Rome: Biblical Institute, 1970), 20-22에서 그런 사례가 인용됨]. 한 이론에 따르면, 마가는 각각 다른 자료에서 서로 다른 두 여자 곧 "요세의 마리아"(막 15:40)와 "야고보의 마리아"(막 16:1)를 발견했으나, 이 둘을 동일인으로 여기고 두 자료를 막 15:40에서 조화시켜 그녀를 "작은 야고보와 요세의 어머니 마리아"로 불렀다고 한다. 하지만 마가가 처음에는 이 마리아가 누구인지 밝힐 때 그녀의 두 아들을 언급하고 둘 중 하나는 별명으로 언급함으로써 독자들이 그녀가 누구인지 쉽게 알도록 했으나, 그 다음 15:47과 16:1에서는 그녀가 누구인지 알릴 부담을 느끼지 않고 더 간결하게, 서로 다른 두 방식으로 그것을 밝혔다고 보는 편이 더 쉽다. 마찬가지로 마태도, 처음에는 이 여자를 "야고보와 요세의 어머니 마리아"라고 소개했다가(마 27:56), 그 다음에는 "다른 마리아"라고 불렀을 수 있다(마 27:61; 28:1). 세 공관복음서가 모두 이 마리아의 아들들을 말함으로써 그녀가 누구인지 밝힌다고 해서 이것이 Theissen, *The Gospels*, 178의 주장처럼, 그 아들들이 어머니보다 더 유명했음을 암시한다고 볼 필요는 없다. 이 마리아가 아무리 잘 알려져 있었다고 해도 그녀와 막달라 마리아를 포함한 다른 마리아를 구별해야 했다. 이 마리아가 누구인지 밝힐 때 그 남편이 아니라 아들들을 지칭하는 방법을 썼다는 것은, 아들들 역시 기독교 운동 내부에서 유명했음을 암시하지, 아들들이 어머니보다 유명했음을 암시하지는 않는다.

을 본 증인으로 알려져 있었지만, 살로메는 그렇지 않았다고 설명할 수밖에 없다. 이와 비슷한 주도면밀함은 마태복음에 훨씬 더 인상적으로 나타난다. 마태에게 살로메가 잘 알려진 증인이 아니었음은 확실하다. 이런 이유로 마태는 살로메를 명단에서 빼버린다.[44] 대신에 그는 십자가 옆에 있던 여자 중에 세베대의 아들들의 어머니를 집어넣는다(마 27:56). 이 여자는 이미 마태의 내러티브에 등장한 적이 있으며(마 20:20), 오직 마태복음에만 등장한다. 하지만 마태는 예수를 장사하는 장면이나 빈 무덤을 묘사하는 장면에서는 두 마리아만 이야기하고 세베대의 아들들의 어머니는 덧붙이지 않는다. 이는 분명히 이 여자가 두 사건의 목격자로 알려져 있지 않았기 때문이다.[45] 마태는 마음만 먹으면 세베대의 아들들의 어머니를 빈 무덤을 목격한 사람들 수에 쉽게 채워넣을 수 있었다. 그러나 마태는 그렇게 하지 않고 대신에 주도면밀하게 그가 사건의 증인으로 잘 알고 있었던 두 여자만을 내세우는 것으로 만족한다. 누가는 여자들이 무덤을 찾아간 일을 기록한 기사 말미에 가서야 그녀들의 이름을 밝힌다.[46] 이때 누가는 없어서는 안 될 인물인 막달라 마리아 외에, 이미 그의 복음서에 등장했었고 유일하게 이 복음서에만 등장하는 요안나를 열거하고(눅 24:10) 더불어 야고보의 어머니 마리아를 언급한다. 야고보의 어머니 마리아의 이름은, 누가가 빈 무덤을 설명하는 마가의 내러티브에서 유일하게 빌려온 이름일 수 있다. 누가도 마태처럼 마가가 언급한 살로메를 생략한다. 하지만 누가가 앞서 자기 복음서에서 밝혔던 예수를 따른 여자들 명단(8:2-3: 막달라 마

---

44) 살로메가 누구인지 살펴보려면 Bauckham, *Gospel Women*, 7장: "The Two Salomes and the Secret Gospel of Mark"를 보라.

45) 세베대의 아들들의 어머니를 마가복음의 살로메와 동일인으로 보는 것이 통설이지만, 마태가 세베대의 아들들의 어머니를 빈 무덤을 발견한 무리 속에 넣지 않은 것은 이런 통설을 부정하는 확실한 증거다.

46) 이런 이유로 막달라 마리아와 요안나의 이름을 밝힌 것이 8:2-3과 함께 인클루지오(*inclusio*) 기능을 할 수 있다. 이런 구조는 이 여자들이 예수의 갈릴리 사역 초기부터 부활 때까지 예수 및 그의 이야기와 함께했음을 독자들에게 상기시킨다.

리아, 요안나, 수산나)을 그대로 다시 옮겨놓는 것만은 아니다. 누가는 막달라 마리아와 요안나가 빈 무덤을 본 증인임을 알았지만, 수산나도 증인인지는 분명히 알지 못했다. 다른 어떤 주장도 복음서 저자들이 제시하는 여자들 명단 사이의 상이점을 설명하지 못했지만, 이런 식으로 저자들이 기독교 운동 태동기에 일어났던 이 중요한 사건들을 본 증인으로 자신이 잘 알고 있던 여자들의 이름을 신중하고 정확하게 밝히고 있다고 보는 내 제안을 따른다면 설명이 가능하다.

이 여자들이 잘 알려져 있던 이유는 그녀들이 일찍이 자기 이야기를 전했기 때문이기도 하지만, 살아 있는 동안 접근 가능하고 권위를 가진 전승의 출처로 남아 있었기 때문이라고 추정하는 것이 자연스럽다. 각 복음서 저자가 그녀들을 잘 알았던 것은, 저자들이 전승을 수집한 무리들과 이 여자들 각자가 살아 있는 동안에 활동했던 무리들 때문이었을 수 있다. 여자들이 무덤을 찾아간 사건을 서술한 복음서 내러티브들 사이에 존재하는 상이점은, 오히려 각각의 여자들이 이 이야기를 전한 경로가 서로 다른 데서 직접 연유한 결과인 것 같다. 공관복음서 저자들이 이 사건을 기록할 무렵만 해도 이 여자들 모두가 아득한 인물이 되어버린 것은 아니었다. 마태와 누가가 살로메를 생략했다는 것은, 복음서 저자들이 이미 아득하게 되어버린 여자들의 이름은 유지하지 않았음을 보여준다. 각 복음서 저자가 이름을 밝힌 여자들은, 그녀들이 전한 이야기와 마찬가지로, 복음서 저자의 기억 속에서는 그렇지 않다 하더라도, 저자에게 정보를 제공한 자들의 기억 속에서는 여전히 생생하게 남아 있었다.

구레네 시몬과 그의 아들들

여기서 살필 두 번째 사례는 첫 번째 사례에 비추어보면 이해하기가 더 쉽다. 이 경우에, 복음서 사이에서는 다음과 같은 변화를 볼 수 있다. 즉 마가복음은 시몬이라는 이름뿐 아니라 그의 두 아들 이름이 알렉산더와 루포라는 것도 밝힌다(15:21). 반면에 마태복음과(27:32) 누가복음은(23:26) 이 두 아들을 생략한다. 마르틴 디벨리우스(Martin Dibelius)는 마가복음이 구레네 시몬을 한 증인의 이름으로서 밝혀놓았다고 주장했지만,[47] 뷔쉬코그는 이런 주장을 "순전히 추측에 불과하다"며 재빨리 내쳐버린다.[48] 그러나 조심스럽게 살펴보면, 디벨리우스의 주장을 지지하는 입장에는 더 짚고 넘어가야 할 것이 있다. 첫째, 마가복음을 읽으면서 마가가 얻은 정보의 출처가 어디인지 궁금해했던 독자들은, 그의 내러티브 중 대다수가 열두 제자의 무리에서 유래했으리라고 쉽게 추측할 것이다. 이 열두 제자는 마가복음 15:40에서 여자들이 등장하기 전까지 마가가 예수의 제자들로 거의 유일하게 언급하는 자들이요, 14:50에서 베드로를 제외한 모든 이가 마가의 내러티브에서 사라지고 결국 다시는 등장하지 않는 일이 벌어지기 전까지 대다수 사건에 참여한 자들이다. 그런가 하면 (나중에 다시 보겠지만) 독자들은 열두 제자 중 특히 베드로가 마가의 내러티브 배후에 자리하고 있다고 생각해왔던 것 같다. 그러나 베드로가 14:72 이후에는 사라지기는 하지만, 우리는 이미 마가가 이 여자들을 베드로와 열두 제자는 사라지고 없는 자리에서 중요한 사건들을 본 목격자로서 꼼꼼하게 묘사하는 것을 알고 있다. 독자들은 15:40에 가서 여자들에 관한 이야기를 듣게 되는데, 그 이전인 15:21에 그럴듯한 목격자가 또 하나 나타난다. 바로 그가 구레네 시몬이다.

둘째, 마가가 시몬을 묘사하는 방식—"알렉산더와 루포의 아버지인 구레네 시몬"—은 설명이 필요하다. 이 사례는 아들들의 정체가 그 어머니를 구별시켜주는 사례인 작은 야고보와 요세의 어머니 마리아의 경우(막 15:40)와 평행을 이루지 않는다. 왜냐하면 시몬은 (비록 그것이 아주 흔한 이름이

---

47) Dibelius, *From Tradition*, 182-83.

48) Byrskog, *Story*, 66.

기는 하지만) 이미 마가가 그의 고향인 구레네를 언급함으로써 충분히 구별시켜놓았기 때문이다. 마태와 누가는 이 구레네 시몬의 아들들 이름을 생략함으로써, 그들도 같은 사실을 인식하고 있었음을 보여준다. 마가가 단순히 독자들이 이 아들들을 알았다는 이유만으로 이들의 이름을 밝혀놓았다고 보는 것 역시 설득력이 없다. 마가는 이름을 무턱대고 밝히는 사람이 아니다. 마가가 알렉산더와 루포를 언급하는 것을 보면 분명히 그는 독자 중 다수가, 직접 친분을 통해서든 소문을 통해서든, 이 아들들을 알고 있었으리라고 예상했을 것이다. 모든 주석가도 이 점에 대해서는 동의하고 있다. 하지만 이것 자체만 가지고는 마가가 알렉산더와 루포의 이름을 밝힌 이유를 설명할 수 없다. 마가가 이 이름들을 밝힌 이유는, 그가 지금 시몬의 증언에 의존하고 있지만, 이 증언이 시몬 자신의 직접 설명이 아니라 그의 아들들을 통해 기독교 운동 내부에 알려진 증언이라고 보는 것밖에는 다른 합당한 이유가 없는 것 같다. 어쩌면 시몬 자신은 그 아들들과 마찬가지로 이 운동에 참여하지 않았을 수도 있다. 또는 시몬은 일찍 세상을 떠났으나 그의 아들들은 유명한 인물로 남아 있으면서[49] 아버지가 예수의 십자가 사건을 목격했던 이야기를 전했을지도 모른다. 마태와 누가가 알렉산더와 루포의 이름을 생략한 것은, 그들이 복음서를 기록할 때는 이 아들들이 더 이상 유명하지 않았기 때문이라고 설명하면 충분할 것이다.

---

49) 루포(Rufus)가 롬 16:13의 루포와 동일인이라는 주장이 자주 있었다. 바울이 루포의 어머니를 잘 안 것으로 보아 로마서에 나오는 루포는 지중해 동쪽 지역에서 로마로 옮겨간 것이 분명하다는 사실이 이런 주장을 뒷받침한다. 예루살렘 교회와 로마 교회 사이에는 긴밀한 접촉이 있었다. 원래 예루살렘 교회 지체였던 몇 사람—안드로니고와 유니아(롬 16:7), 베드로와 실루아노와 마가(벧전 5:12-13)—이 로마에 머물렀다는 사실이 그런 접촉을 증명한다. 만일 마가복음이 로마에서 기록되었다면, 이 점 역시 마가가 언급한 루포와 바울이 말하는 루포가 동일인이라는 주장에 힘을 실어줄 수 있다. 반면에 루포는 유대인이 널리 사용하던 이름이었으며, 유대인은 이 이름을 유대 이름인 르우벤(Reuben)의 라틴어 표기로 사용했다. 그렇다면 마가가 말하는 루포와 바울이 말하는 루포가 동일인이라는 것은 다만 가능성에 그칠 수도 있다.

병 고침을 받은 자들

우리가 살펴볼 세 번째 사례는 예수가 병을 고쳐주신 자들이다. 오직 세 복음서의 치유나 축귀나 소생 이야기만이 예수께 이런 은혜를 입은 자들의 이름을(예수가 그 딸을 살려주신 야이로까지 포함해서 "은혜를 입은 자"의 범위를 넉넉히 잡을 경우) 야이로와 바디매오와 나사로라고 밝히고 있다. 또한 치유 이야기 자체는 전혀 남아 있지 않지만, 누가복음 8:2-3에 이름이 나와 있는 세 여인 곧 막달라 마리아, 요안나, 수산나는 "악한 영들과 질병으로부터 고침을 받은" 자 중 일부이며, 특히 막달라 마리아는 일곱 귀신이 나간 여자라고 언급된다.[50] 예수께 병 고침을 받고 이름이 알려진 사람을 한 사람 더 들자면 나병환자 시몬이다. 시몬은 자기 집에 손님을 초대할 수 있었다. 이를 볼 때 그는 나병에서 치유되었음이 분명하며, 아마도 예수가 그 병을 고쳐주셨을 가능성이 있다.[51] 복음서는 예수가 이들의 병을 고쳐주셨다고 말하지만 병을 고치시는 이야기 자체는 나오지 않을 뿐 아니라, 이들을 언급하는 것도 다른 이유 때문이다. 어쨌든 이들은 복음서의 병 고침 이야기에 등장하는 이름이 희소하다는 사실을 돋보이게 한다. 예수가 병을 고쳐주신 이들의 이름이 복음서의 기적 이야기라는 장르에 속하지 않음은 명약관화하다.[52] 따라서 복음서에 등장하는 이런 이름들은 확실한 설명이 필요하다.

우리는 야이로와 바디매오를 보면서, 마가는 이름을 밝혔으나 마가 이후의 공관복음서 저자 중 한 사람 또는 두 사람 다 그 이름을 생략해버린

---

50) Meier, *A Marginal Jew*, vol. 2, 657-59은 막달라 마리아에 관한 이 전승의 역사성을 옹호하는 주장을 펼친다.

51) 예를 들어 C. A. Evans, *Mark 8:27-16:20* (WBC 34B; Nashville: Nelson, 2001), 359이 이런 주장을 제기한다.

52) G. Theissen, *Miracle Stories of the Early Christian Tradition* (tr. F. McDonagh; Edinburgh: Clark, 1983), 47-80은 기적 이야기들의 모티프를 자세히 연구하지만, 이 연구조차도 기적 이야기들에 이름이 나타난 경우를 언급하지 않는다.

현상을 또 다시 만나게 된다(누가는 야이로의 이름을 밝힌다). 마가가 이 이름을 밝힌 이유는 아마도 이 인물이 초기 기독교 운동 속에서 잘 알려져 있었기 때문일 것이다. 반면에 마태와 누가 중 하나나 둘이 그 이름을 생략한 이유는, 아마도 이들이 복음서를 기록하던 곳에서는 이 인물이 잘 알려져 있지 않았기 때문일 것이다. 여기서 유세비우스는 2세기 초에 활동한 기독교 변증가 콰드라투스(Quadratus)의 글에서 가져온 다음과 같은 흥미로운 증거를 제시한다.

> 우리 구주가 하신 일들은 늘 현존했다. 그것들은 진실이었기 때문이다. 병 고침을 받은 자들, 죽은 자들 가운데서 일으킴을 받은 자들은 병 고침을 받거나 일으킴을 받는 장면에서 등장할 뿐 아니라, 구주가 이 땅에서 사실 때는 물론이요 그분이 떠나시고 상당한 시간이 흐른 뒤에도 늘 현존했으며, 그들 가운데 일부는 심지어 우리 자신의 시대까지도 살아남았다(유세비우스, 「교회사」 4.3.2).

콰드라투스는 자기 작품을 하드리아누스 황제에게 보냈다. 따라서 그가 이 작품을 쓴 때는 기원후 117년이나 그 이후였다. 그러나 그가 말하는 "우리 자신의 시대"는 아마도 그가 작품을 쓰던 때가 아니라 그보다 앞선 때를 의미하는 것 같다. 분명히 콰드라투스는 파피아스와 동시대인이었다. 예수가 고쳐주신 사람들 중 일부가 생존해 있다는 콰드라투스의 말이 신빙성 있다고 간주되었을 이 시대는 1세기 끝자락에 해당했으며, 파피아스가 전승을 수집하고 그 전승 중 일부가 여전히 살아 있던 예수의 두 제자에게서 나온 시기였을 것이다. 이 시점은 마태와 누가가 복음서를 쓰던 때이기도 하다. 그러나 콰드라투스의 언급 중 가장 중요한 부분은, 예수가 병을 고쳐주신 사람 중 일부가 자신이 살던 시대까지 생존했다고 명확하게 주장하는 부분이 아니다. 그보다 더 중요한 것은 콰드라투스가 예수가 고치고 부활시켰던 이들이 살아 있는 동안, 그 기간이 아무리 길더라도 줄

곧 목격자 역할을 했다는 것을 아주 분명하게 피력한다는 점이다. 이런 측면에서 콰드라투스가 병 고침을 받은 자들을 바라보는 시각은 파피아스가 예수의 제자들을 바라보는 시각과 어느 정도 흡사하다. 즉 그들은 복음 전승을 처음으로 전한 이들이자, 초기 기독교 운동에서 이런 전달 과정에 계속 참여한 자들이었기 때문이다. 파피아스의 견해는 그 시초가 그가 전승을 수집하던 때까지 거슬러 올라감이 분명하다. 마찬가지로 콰드라투스가 앞에서 피력한 견해도 그가 이 글을 쓰던 시기가 아니라, 그의 생애에서 그보다 앞선 시기, 곧 예수의 기적들로 은혜를 입은 자들이 여전히 살아서 이를 전한 시기에 생성된 것이 틀림없다. 이런 점에서 파피아스와 콰드라투스의 견해는 마태와 누가와 요한이 복음서를 만들어내던 시기에 통용되던 생각이었다.

심지어 마가복음에서도 병 고침 이야기에 등장하는 이름은 아주 적다. 물론 마가도 예수께 병 고침을 받은 사람 중 몇몇 이름을 생략했을 수 있다. 하지만 고침을 받은 이들의 이름이 적게 나타난다는 것은, 예수가 병을 고치신 자들 중 계속해서 목격자 역할을 한 이들이 콰드라투스의 생각보다 훨씬 더 적었음을 암시한다. 그러나 콰드라투스의 견해는 정경의 네 복음서에 고침을 받은 사람들의 이름이 이렇게 적게 등장하는 이유를 설득력 있게 설명해준다. 마가는 독자들이 바디매오를 일종의 살아 있는 기적으로, 다시 말해 예루살렘과 유대 지역 교회에 잘 알려진 인물로서 그가 만난 모든 사람에게 예수의 병 고침을 전하는 자로 알아주기를 기대했던 것 같다. 그러나 바디매오는 그가 죽은 뒤에, 또한 예루살렘이 함락됨으로써 팔레스타인 바깥의 그리스도인들이 팔레스타인의 유대계 그리스도인들을 볼 수 없게 된 뒤에는, 더 이상 널리 알려진 인물이 아니었던 듯하다. 마태와 누가가 그의 이름을 생략한 것도 바로 그런 이유 때문이었을 것이다.

목격자의 회상에 담긴 생생한 세부 묘사?

우리는 목격자가 이야기를 들려줄 때, 꼭 필요하지는 않아도 내용을 눈으로 보거나 귀로 듣는 것처럼 생생하게 떠올리게 해주는 세부 묘사를 담으리라고 기대할 수 있다. 물론 이런 세부 묘사가 있다고 해서 반드시 그것이 목격자 증언임을 증명하는 것은 아니다. 때로는 마가가 제시하는 내러티브의 생생한 세부 묘사가, 목격자(대개 베드로) 증언을 나타내는 표지로 지나치게 간주된 것도 사실이다. 상상력이 넘치고 기교가 능숙한 스토리텔러는 이야기에 생생한 세부 묘사를 덧붙일 줄 안다. 마가의 내러티브가 지닌 이런 특징은 마가 자신의 뛰어난 예술 감각을 증명하는 증거일 수도 있다. 또한 목격자 증언에 생생한 세부 묘사가 꼭 들어가야 하는 것도 아니다. 마가의 생동감 있는 묘사가 그의 출처인 목격자에게서 나왔든 아니든, 우리는 누가나 마태가 마가의 내러티브를 간략히 줄일 목적으로 세부 묘사를 생략했음을 관찰할 수 있다. 이는 목격자의 생생한 세부 묘사에서 이 증언을 저자가 문자로 기록한 책에 집어넣을 때까지 불과 한 단계만 거쳤을 뿐인데도, 이런 묘사가 쉽게 사라질 수 있음을 보여준다. 따라서 세부 묘사는 목격자 증언을 다루는 논증에서는—지지하는 증거로든 반대하는 증거로든—증명력을 가지지 않는다. (이 주제는 제13장에서 심리학적 연구와 관련해서 더 깊이 다룰 것이다.)

그러나 이름이 밝혀진 사람들로부터 나왔다고 주장되는 이야기 중 일부가 가장 생생하게 묘사된 이야기라는 사실은 매우 흥미롭다. 이런 점은 예수가 야이로의 딸을 살려주신 일(막 5:22-24, 35-43), 바디매오의 병을 고쳐주신 일(막 10:46-52), 삭개오 이야기(눅 19:1-10), 글로바와 그와 동행한 사람 이야기(눅 24:13-35)에 해당된다. 이 네 이야기 중 마지막 셋은 분명히 이야기 중에 이름이 밝혀진 인물의 시각에서 묘사되었다. 이야기의 세부 묘사가 이야기를 전한 사람의 상상의 산물이 아니라 실제 사건으로부터 왔다면, 이런 세부 사항을 상기할 수 있는 사람은 각각 바디매오와 삭개오와 글로바(또는 이름이 나오지 않은 그의 동행자)뿐이다. 예수가 야이로의 딸을 살려주신 일을 회상한 것이 실제로 이 이야기의 기초라면, 이 회상은 베드로나 야고보, 요한이나 그 딸의 어머니의 회상일 수도 있지만, 어쨌든 이 일을 떠올린 사람은 야이로로 보는 것이 설득력 있다.

표 1: 마가복음에서 이름이 밝혀지지 않은 사람과 밝혀진 사람

	이름이 밝혀지지 않은 사람(34)	이름이 밝혀진 사람의 친척(5+)	이름이 밝혀진 사람(33)
1:4			세례 요한
1:9			예수
1:16			시몬(베드로)
			안드레
1:19			야고보
			요한
1:20			세베대
1:23	귀신 들린 사람		
1:30		베드로의 장모	
1:40	나병환자		
2:3	중풍 걸린 사람과 네 친구		
2:14			알패오의 아들 레위
3:1	손 마른 사람		
3:18			빌립
			바돌로매
			마태
			도마
			알패오의 아들 야고보
			다대오
			가나나인 시몬
3:19			가룟 유다
5:2	귀신 들린 사람		
5:22			야이로
5:23		야이로의 딸	
5:25	혈루증을 앓는 여자		
6:3			마리아, 야고보, 요세
			유다, 시몬
		예수의 누이들	
6:14			헤롯
6:17			헤로디아
			빌립(헤롯 집안)

	이름이 밝혀지지 않은 사람	이름이 밝혀진 사람의 친척	이름이 밝혀진 사람
6:22		헤로디아의 딸	
7:25	수로보니게 여자와 그 딸		
7:32	농아		
8:22	맹인		
9:17	남자와 간질을 앓는 아들		
10:17	부자		
10:46			바디매오
11:1	두 제자		
12:38	서기관		
12:42	가난한 과부		
14:3	예수께 기름을 부은 여자		
14:13	두 제자		
14:14	그 집 주인		
	물동이를 가진 사람		
14:47	칼을 뺀 사람		
	대제사장의 종		
14:51	벌거벗고 도망친 청년		
14:54	대제사장		
14:66	여종 아이		
15:1			빌라도
15:7			바라바
15:21			구레네 시몬
			알렉산더와 루포의 아버지
15:27	두 강도		
15:39	백부장		
15:40			막달라 마리아
			야고보와 요세의 어머니 마리아
			살로메
15:43			아리마대 요셉

표 2: 누가복음에서 이름이 밝혀지지 않은 사람과 밝혀진 사람

	이름이 밝혀지지 않은 사람(54)	이름이 밝혀진 사람의 친척(5+)	이름이 밝혀진 사람 (44)
1:5			헤롯(대왕)
			사가랴
			엘리사벳
1:27			요셉
			마리아
1:63			요한(세례자)
2:1			아구스도
2:2			구레뇨
2:21			예수
2:25			시므온
2:36			바누엘의 딸 안나
3:1			디베료
			본디오 빌라도
			헤롯(안티파스)
			빌립(헤롯 집안)
			루사니아
			안나스
3:2			가야바
3:19			헤로디아
		헤롯의 동생	
4:33	귀신 들린 사람		
4:38			시몬(베드로)
		시몬의 장모	
5:10			야고보
			요한
5:12	나병환자		
5:18	중풍 걸린 사람		
5:27			레위
6:6	손 마른 사람		
6:14			안드레
			빌립

	이름이 밝혀지지 않은 사람	이름이 밝혀진 사람의 친척	이름이 밝혀진 사람
6:14			바돌로매
6:15			마태
			도마
			알패오의 아들 야고보
			열심당원 시몬
			가룟 유다
7:2	백부장		
	백부장의 종		
7:12	과부와 아들		
7:37	예수께 기름을 부은 여자		
7:40			바리새인 시몬
8:2			막달라 마리아
8:3			구사의 아내 요안나
			수산나
8:19		예수의 형제들	
8:27	귀신 들린 사람		
8:41			야이로
8:42		야이로의 딸	
8:43	혈루증을 앓는 여자		
9:38	남자와 간질을 앓는 아들		
9:57	제자가 되려 한 사람		
9:59	제자가 되려 한 사람		
9:61	제자가 되려 한 사람		
10:25	율법교사		
10:38			마르다
10:39			그의 여동생 마리아
11:14	말 못 하는 사람		
11:27	무리 중의 여자		
11:37	바리새인		
11:45	율법교사		
12:13	무리 중의 어떤 사람		
13:11	꼬부라진 여자		
13:14	회당장		
13:23	어떤 사람		

	이름이 밝혀지지 않은 사람	**이름이 밝혀진 사람**
14:1	한 바리새인 지도자	
14:15	손님 중 한 명	
17:12	나병환자 열 명	
18:18	부유한 관리	
18:35	맹인	
19:2		삭개오
19:29	두 제자	
21:2	가난한 과부	
22:10	물동이를 가진 사람	
22:11	집주인	
22:50	칼로 친 사람	
22:50	대제사장의 종	
22:54	대제사장[53]	
22:56	여종 아이	
22:58	다른 사람	
22:59	다른 사람	
23:18		바라바
23:26		구레네 시몬
23:32	두 죄인	
23:47	백부장	
23:50		아리마대 요셉
24:10		야고보의 어머니 마리아
24:18		글로바
	그의 동행자	

53) 나는 대제사장을 포함시켰다. 눅 3:2에서 안나스와 가야바라는 양쪽의 이름이 밝혀지기는 하지만 22:50, 54에 언급된 대제사장이 둘 중 누구인지 분명하지 않기 때문이다.

표 3: 마태복음에서 이름이 밝혀지지 않은 사람과 밝혀진 사람

	이름이 밝혀지지 않은 사람(36)	이름이 밝혀진 사람의 친척(6+)	이름이 밝혀진 사람 (33)
1:16			요셉
			마리아
			예수
2:3			헤롯(대왕)
2:22			아켈라오
3:1			세례 요한
4:18			시몬(베드로)
			안드레
4:21			야고보
			요한
			세베대
8:2	나병환자		
8:5	백부장		
	백부장의 종		
8:14		베드로의 장모	
8:19	서기관		
8:21	제자		
8:28	귀신 들린 두 사람		
9:2	중풍 걸린 사람		
9:9			마태
9:18	회당장		
	그의 딸		
9:20	혈루증을 앓는 여자		
9:27	두 맹인		
9:32	귀신 들려 말 못하는 사람		
10:3			빌립
			바돌로매
			도마
			알패오의 아들 야고보
			다대오
			가나나인 시몬

	이름이 밝혀지지 않은 사람	이름이 밝혀진 사람의 친척	이름이 밝혀진 사람
10:3			가룟 유다
12:10	손 마른 사람		
12:22	귀신 들려 눈멀고 말 못하는 사람		
13:55			야고보, 요셉, 시몬, 유다
13:56		예수의 누이들	
14:1			헤롯(안티파스)
14:3			헤로디아
			빌립(헤롯 집안)
14:6		헤로디아의 딸	
15:22	가나안 여자와 딸		
17:15	남자와 간질을 앓는 아들		
19:16	부자 청년		
20:20		세베대의 아들들의 어머니	
20:30	두 맹인		
21:1	두 제자		
26:3			가야바
26:6			나병환자 시몬
26:7	예수께 기름을 부은 여자		
26:18	집주인		
26:51	칼을 뺀 사람		
	대제사장의 종		
26:60	두 거짓 증인		
26:69	여종 아이		
26:71	또 다른 여종 아이		
27:2			빌라도
27:16			바라바
27:19		빌라도의 아내	
27:32			구레네 시몬
27:38	두 강도		
27:54	백부장		
27:56			막달라 마리아
			야고보와 요세의 어머니 마리아

표 4: 요한복음에서 이름이 밝혀지지 않은 사람과 밝혀진 사람

	이름이 밝혀지지 않은 사람(15)	이름이 밝혀진 사람의 친척(6+)	이름이 밝혀진 사람(20)
1:15			요한(세례자)
1:40			안드레
	한 제자[54)]		
1:42			요한의 아들 시몬 (베드로)
1:43			빌립
1:45			나다나엘
2:3		예수의 어머니	
2:8	연회장		
2:12		예수의 형제들	
3:1			니고데모
4:7	사마리아 여자		
4:46	왕의 신하		
	그의 아들		
5:5	중풍 걸린 사람		
6:9	음식을 가진 아이		
6:71			가룟 시몬의 아들 유다
9:1	맹인		
9:18	그의 부모		
11:1			나사로
			마리아
			마르다
11:16			도마
11:49			가야바
14:22			유다(가룟인 아닌)
18:10			말고
18:13			안나스
18:15	또 다른 제자		

54) 나는 이 제자를 예수가 사랑하시는 제자(13:23 등; 제6장을 보라)와 동일인으로 본다. 따라서 예수가 사랑하시는 제자를 따로 열거하지 않았다.

	이름이 밝혀지지 않은 사람	이름이 밝혀진 사람의 친척	이름이 밝혀진 사람
18:16	문 지키는 여자		
18:26		말고의 친척	
18:28			빌라도
18:40			바라바
19:18	예수와 함께 십자가에 못 박힌 두 사람		
19:23	네 군인		
19:25			글로바의 마리아 막달라 마리아
19:38			아리마대 요셉
21:2		세베대의 아들들	

표 5: 네 복음서에 밝혀진 이름

예수, 구약의 인물, 인간 외의 존재, 예수의 계보 둘에 실린 이름, 공인(公人), 열두 제자는 제외했다.

마가복음의 이름	마가복음	마태복음	누가복음	요한복음
알패오의 아들 레위	2:14	[9:9 마태]	5:27	
야이로	5:22	[9:18 이름이 없음]	8:41	
마리아(예수의 어머니)	6:3	13:55	참고. 1:27 등	
야고보	6:3	13:55		
요세	6:3	13:55(요셉)		
유다	6:3	13:55		
시몬	6:3	13:55		
디매오의 아들 바디매오	10:46 10:46	[20:30 두 사람은 이름이 없음]	[18:35 이름이 없음]	
나병환자 시몬	14:3	26:6	(참고. 7:40, 43, 44)[55]	
구레네 시몬	15:21	27:32	23:26	
알렉산더	15:21			
루포	15:21			
아리마대 요셉	15:43	27:57	23:50	19:38
막달라 마리아	15:40, 47; 16:1	27:56, 61; 28:1	8:2; 24:10	19:25 등
야고보와 요세의 어머니 마리아	15:40, 47; 16:1 15:40, 47	27:56, 61; 28:1 27:56 27:56(요셉)	24:10 24:10	
살로메	15:40; 16:1			

마태복음의 추가적 이름				
요셉 (예수의 아버지)		1:18 등	1:27 등	6:42

55) 누가복음의 기름 부음 이야기는 마가복음이 아니라 다른 자료에서 가져왔다. 따라서 누가가 말하는 (바리새인) 시몬과 마가가 말하는 나병환자 시몬을 동일인으로 다루지 않는 것이 가장 좋을 듯하다.

누가복음의 추가적 이름	마가복음	마태복음	누가복음	요한복음
사가랴			1:5 등	
엘리사벳			1:5 등	
시므온			2:25	
바누엘의 딸 안나			2:36	
바리새인 시몬	(참고. 14:3)	(참고. 26:6)	7:40, 43, 44[56]	
구사의 아내 요안나			8:3	
수산나			8:3	
마르다			10:38, 40-41	11:1 등
마리아			10:39, 42	11:1 등
삭개오			19:2, 5, 8	
글로바			24:18	(참고. 19:25)[57]

요한복음의 이름[58]				
나다나엘				1:45 등
니고데모				3:1 등
요셉		1:18 등	1:27 등	6:42
나사로				11:1 등
마리아			10:39, 42	11:1 등
마르다			10:38, 40-41	11:1 등
말고	[14:47 이름이 없음]	[26:51 이름이 없음]	[22:50 이름이 없음]	18:10
막달라 마리아	15:40, 47; 16:1	27:56, 61; 28:1	8:2; 24:10	19:25 등
글로바의 마리아				19:25
아리마대 요셉	15:43	27:57	23:50	19:38

56) 앞의 각주 55을 보라.

57) 글로바(Clopas, 요 19:25)와 글로바(Cleopas, 눅 24:18)가 동일인일 개연성이 높다는 점에 대해서는 Bauckham, *Gospel Women*, 206-10을 보라.

58) 여기서 나는 요한이 공관복음서 중 어느 것을 알았는가라는 문제를 판단하고 싶지 않다. 따라서 위의 명단은 다른 복음서가 제시한 이름에 요한이 추가한 이름들로 한정하지 않았다.

역자 주 ———————————

1. 앞에서 보았듯이 불트만은 후대에 이름들을 추가하여 전승을 더 상세히 묘사했다고 주장한다. 그러나 보컴은 마가복음에 기록된 이름들도 마태복음과 누가복음에서는 오히려 생략되었다고 주장한다.

2. 요 2:45; 3:1; 11:1; 19:25을 보라. 글로바의 마리아 같은 경우, 개역개정은 "글로바의 아내 마리아"로 번역했지만, NA 27은 그냥 *Maria hē tou Klōpa*로 적어놓았으며 불가타도 *Maria Cleopae*로 번역했다.

제 4 장

팔레스타인 유대인의 이름

복음서 연구를 위한 새 자원

제4장에서 우리는 복음 전승의 목격자들에 대한 탐구에서 잠시 물러나, 이 탐구의 시작 단계에서 유익한 정보를 줄 수 있는 주제로 시선을 돌릴 것이다. 그 주제는 바로 예수와 초기 교회의 팔레스타인 지역 유대인들의 이름에 대한 연구다.

이름은 고대 역사가들이 귀중히 여긴 자원이지만, 고대 역사가와 비교해서 신약학자들은 거의 활용하지 않은 자원이기도 하다. 이름은 우리가 가진 문헌 자료뿐 아니라 무덤의 명문(銘文) 같은 금석문 자료와 법률 문서 같은 파피루스 속에 풍부히 보존되어 있다. 덕분에 우리는 많은 고대인의 이름을 알지만, 자주 우리의 지식은 그들이 언제 어디서 살았는가 정도에서 그친다. 팔레스타인 유대인의 이름의 경우가 특히 그러하다. 우리는 이런 증거 덕분에, 어떤 이름이 가장 많이 사용되었는지, 혹은 이름들이 어떤 식으로 결합되었는지 알 수 있다. 또한 이런 정보는 복음서처럼 우리가 가진 문헌 자료에서 이름이 밝혀진 이들을 설명하는 데 빛을 던져줄 수 있다.

하지만 우리가 이런 자원을 충실히 활용하려면 정보를 저장한 데이터베이스가 필요하다. 2002년에 이스라엘 출신 학자인 탈 일란(Tal Ilan)은, 신약학자들에게 아주 귀중한 이런 데이터베이스를 모아 『고대 후기 유대인 이름 사전』(*Lexicon of Jewish Names in Late Antiquity: Part I: Palestine 330 BCE-200 CE*)을 출간했다.[1] 일란은 이 사전을 "인명집(onomasticon)이자 역

1) TSAJ 91; Tübingen: Mohr, 2002.

사 인물 연구서"로 규정한다. "이 책이 인명집인 이유는, 팔레스타인 유대인들이 (기원전 330년부터 기원후 200년 사이) 사용한 이름으로 기록에 나와 있는 것을 모두 모았기 때문이다. 또한 이 책이 역사 인물 연구서인 이유는 이것이 이름뿐 아니라 그 이름을 가졌던 사람들까지 모아놓았기 때문이다. 이런 점에서 이 사전은 현대의 전화번호부 같은 성격을 지닌다."[2] 일란의 사전은 연대기적으로 그리스 세력이 팔레스타인을 정복한 때부터 미쉬나 시대까지 망라한다. 그러다 보니 이 사전이 제시하는 자료에는 요세푸스의 작품, 신약성경, 유대 광야와 마사다에서 나온 글, 예루살렘 납골함의 명문, 초창기(탄나임 시대)[(1)] 랍비 자료가 들어 있다. 복음서를 연구하기 위해 오백 년이나 되는 시간을 다루는 것은 너무 광범위하게 보일 수도 있다. 그러나 신약학자에게는 이런 점이 단점으로 보일 수 있지만, 문제의 시기 동안 이름 짓기 관습이 상당히 일관되게 유지된 것처럼 보인다는 사실, 그리고 이 데이터 중 대부분이 실제로 기원후 1세기에서 2세기 초(135년에 이르는 기간)에 나왔다는 중요한 사실을 고려하면 보완이 가능하다. 왜냐하면 기원후 1세기에서 2세기 초라는 비교적 짧은 기간에 나온 데이터가 나머지 전체 기간에서 나온 자료보다 훨씬 더 풍부하기 때문이다.

일란의 사전이 오백 년 동안 살았던 팔레스타인 유대인 삼천 명의 이름을 알려준다는 사실에 대해 많은 독자들이 놀랄지도 모른다. 대다수 경우에 우리는 이 사람들에 대해 적어도 조금은 알고 있다. 하지만 우리가 아는 것은 이들과 이름이 밝혀진 다른 사람들의 관계 정도다. 분명히 이런 자료는 유대인들이 살았던 팔레스타인의 역사와, 기독교 발생기의 역사를 알 수 있는 자원을 풍부하게 제공해준다. 이런 정보를 광범위하고 체계적인 사전 형태로 활용하게 된 덕분에 이제는 이런 자원을 훨씬 더 많이 그리고 정확하게 사용할 수 있게 되었다.

---

2) Ilan, *Lexicon*, 1.

이름 숫자 계산

우선 나는 제4장 말미에 제시한 표 6-9의 이름과 관련된 통계를 일란의 자료로부터 어떻게 산출했는지를 설명할 것이다. 내가 일란의 저술에 크게 의존한 것은 사실이지만, 통계를 산출할 때 내가 사용한 기준은 몇 가지 측면에서 일란의 것과는 다르다. 앞으로 하게 될 설명은 전문적 영역에 속한다. 하지만 일란의 저술을 제4장에서 내가 제시하는 논증과 연결하여 사용할 독자들에게는 이 설명이 필요할 것이다.

일란의 사전은 모든 이름을 "성경에 나오는 이름-남성"이나 "라틴어식 이름-여성" 같은 범주로 분류한다.[2] 이 사전은 자료가 증언하는 모든 이름(예를 들어 그 시기에 속하는 사람 중 어떤 사람의 이름)을 이 범주에 집어넣고, 각각의 사람을 이름 아래에 기입했다. 하지만 이렇게 기입한 사람 중 일부는 통계상 의미가 없다. 즉 일란은 목록에 기입된 사람 숫자와 관련된 통계를 뽑아낼 때, 기입한 사람 중 일부를 헤아리지 않았다. 이렇게 통계에 포함되지 않은 자들은 기입 항목 E에 설명해놓았다. 이 항목에 기입된 이들은 가공인물이거나, 유대인이 아니거나, 팔레스타인에서 태어나지 않았거나, 사마리아인이거나, 또는 자신의 옛 이름을 그대로 유지한 개종자이거나, 혹은 그 이름이 별명이거나 가명(家名)이거나 부명(副名; 동명이인을 구별하기 위해 이름 옆에 덧붙여 쓴 이름-역주)일 수 있다. 이 이름이 별명이거나 가명이거나 부명인 경우 그는 또 다른 이름을 가지는데, 이 다른 이름이 알려져 있는 경우, 그를 문제의 다른 이름 아래 열거했다. 이 이름들을 통계에서 제외함으로써 어떤 사람을 중복 계산하는 일을 확실히 방지했다.

일란은 항목 E에 설명과 함께 집어넣은 사람들을 통계상 의미 없다고 무시하면서, 자신의 목록에 서로 다른 831개 이름(남성 이름 721개, 여성 이름 110개)을 가진 2826명의 사람(남성이 2509명, 여성이 317명)이 들어 있다고 계산한다.[3]

---

3) Ilan, *Lexicon*, 55(표 4).

하지만 이 숫자는 심각한 오해를 불러일으킨다. 사람 숫자(2826)를 계산할 때는 오로지 통계상 유효한 기입자(記入者)만 계산한 반면에, 이름 숫자(831)를 계산할 때는 통계에서 제외된 사람들의 이름까지 포함하여 목록의 숫자를 합산했기 때문이다. 2826명의 사람들이 831개 이름을 가졌다는 것도 진실이 아니다. 이 2826명의 이름은 831개보다 상당히 적은 수였다.

표 6-9까지의 자료를 합산할 때 나는 일란의 데이터를 사용했지만, 통계상 유효하다고 내가 다룬 것 중 한 가지 측면은 일란의 견해와 다르다. 나는 한 개인이 두 개의 이름을 가지고(대개 하나는 셈어 이름이고, 다른 하나는 그리스어거나 라틴어 이름) 각 이름이 [임시변통으로 만든 별명이나 가명이 아니라][4] 진짜 이름인 경우에는 부명을 제외하지 않았다. 그 결과, 내 통계에서는 신약성경의 인물인 마가 요한을 히브리어 이름인 요한(요하난)과 라틴어 이름인 마가(마르쿠스)를 가졌다고 보아 두 번 계산한 반면에, 일란의 통계에서는 같은 인물을 오직 한 번만 계산한다. 일란의 경우에는 마가 요한을 "마르쿠스"라는 이름 아래 기입했지만 이 이름이 일종의 성(姓) 역할만 하기 때문이다. 이는 곧 일란은 사람 수를 계산했지만, 나는 어떤 이름이 나타난 숫자를 계산했음을 의미한다. 현재의 우리 목적을 고려하면, 내 계산법이 더 쓸모가 있다. 내 계산법은 각 이름이 대중 속에서 얼마나 빈번히 등장했는지까지 측정하기 때문이다. 만일 마르쿠스라는 이름이 팔레스타인 유대인 사이에서 얼마나 널리 퍼져 있었는지 알고 싶다면, 이 이름을 가졌다고 알려진 사람들이 얼마나 많은지 알아야 한다. 이때 이들이 또 다른 이름을 가졌다 해도 그것은 상관없다.

나는 일란이 자료의 이름을 통계에서 제외할 때 제시한 다른 이유들은 받아들였지만, 특정한 사례에서는 때때로 일란과 다른 판단을 내리기도

---

4) 별명과 부명을 구별하기가 늘 쉽지는 않다. 나는 이름 역할을 한 것으로 보이는 별명을 통계에 포함시켰다. 그러나 일란은 단수이면서 설명할 수 없는 이름은 모두 별명으로 다루는 경향이 있다(*Lexicon*, 46).

한다. 나는 일란이 가공인물이라고 간주한 이들 중 몇몇이 역사 속에 실존했다고 생각하며, 일란이 역사 속 실존 인물로 간주하는 이들 중 몇몇은 가공인물이라고 판단한다. 어떤 사람이 팔레스타인에 살고 있었어도 그가 디아스포라에서 태어났는지 (따라서 팔레스타인 유대인의 이름 짓기 관습을 증명할 증거가 되지 못할지) 여부를 밝혀내기는 쉽지 않다. 따라서 나는, 예를 들어 사도행전 6:5의 일곱 일꾼 이름을 모두 내 계산에 넣지 않았다. 이 일곱 사람은 (확실하지는 않지만) 모두 디아스포라에서 태어났을 가능성이 있기 때문이다. 그러나 일란은 이 일곱을 통계에 포함시킨다. 내가 특정한 사례에서 일란과 판단을 달리하는 점들은 표 6과 표 7의 각주들을 통해 지적했지만, 모든 경우를 다 지적하지는 않았다.

앞에서 우리는 일란이 사람 숫자를 계산할 때는 통계상 무의미한 기입자들을 제외한 반면에, 이름 숫자를 계산할 때는 이 기입자들을 포함시켰음을 지적했다. 따라서 일란은 가장 널리 사용되었던 남성 이름 20개와 여성 이름 열 개를 각각 두 표로 제시할 때[5] 통계상 무의미한 기입자들을 무시하지 않는다. 이런 이유로 일란이 제시하는 통계 숫자는, 예를 들어 4세기 기독교 외경 문헌에 나타난 이름이나 기원후 1세기에 속한다고 주장되는 인물에게 나중에 붙인 이름까지 포함한다. 없는 것을 있었던 것처럼 지어낸 이런 사례들은 일란이 다루는 시대(기원전 330년부터 기원후 200년)에 이름들이 얼마나 빈번히 사용되었는지를 계산할 때 집어넣지 말아야 한다. 내가 제시한 표 6과 표 7은 일란의 목록에서 내가 보기에 통계상 유효하다고 판단되는 기입자만을 대상으로, 빈번히 사용된 이름 순위를 매겨놓은 것이다. 이 표들에서 나는 부명과 관련된 문제를 제외하고는 일란이 제시한 기준을 그대로 사용했다.[6] 가장 빈번히 사용된 남성 이름 여섯 개를

5) Ilan, *Lexicon*, 56-57.

6) R. Hachlili, "Hebrew Names, Personal Names, Family Names and Nicknames of Jews in the Second Temple Period," in J. W. van Henten and A. Brenner, eds., *Families and Family Relations as Represented in Early Judaisms and Early*

가진 사람 수를 기입한 아래의 표를 보면, 나와 일란 사이의 차이점이 어느 정도인지 알 수 있다.

보컴		일란	
시몬	243	시몬	257
요셉	218	요셉	231
엘르아살	166	유다	179
유다	164	엘르아살	177
요하난	122	요하난	128
여호수아	99	여호수아	103

내가 이끌어낸 합계는 다음과 같다. 521개 이름이 2953회 등장하는데, 남성 이름이 447개로 2625회 등장하며, 여성 이름이 74개로 328회 등장한다.

이런 설명을 제시했으므로, 이제 우리는 빈도수를 기준으로 이름에 순위를 매긴 표 6과 표 7의 데이터를 관찰한 몇 가지 결과를 이야기할 준비가 된 셈이다.

Christianities (STAR 2; Leiden: Deo, 2000), 113-15에는 가장 빈번히 사용된 남성 이름과 여성 이름의 순위가 표로 제시되어 있다. 이 표들은 일란의 것보다 더 좁은 데이터를 근거로 만들어졌다. 하크릴리의 표에서 가장 빈번히 사용된 남성 이름 여섯 개는 다음과 같다.

시므온/시몬	167
요하난	118
요셉	112
유다	96
엘르아살	85
여호수아	60

이름의 빈도수 비교

우리는 당대의 유대인 사이에서 빈번히 사용된 이름도 소수 있었지만, 빈도수가 희박한 이름이 대부분이었음을 쉽게 알 수 있다. 합계가 큰 이름이 작은 이름보다 통계상 더 중요한 의미가 있음은 물론이다. 우리는 시몬(243회 등장)과 요셉(218회)이 가장 빈번히 사용된 남성 이름이었음은 충분히 확신할 수 있지만, 세베대(5회)보다 힐렐(11회)이라는 이름이 더 자주 사용되었다고는 확신할 수 없다. 가장 빈번히 사용된 이름들끼리 빈도수를 비교 평가한 결과들의 정확성은 데이터를 구성하는 식별 가능한 자료들—신약성경, 요세푸스, 납골함, 유대 광야에서 나온 문헌들—에서 제시된 이름 각각의 등장 횟수 합계의 세부 내역을 관찰해보면 확인할 수 있다(이 숫자는 표 6과 표 7의 마지막 네 개 열에 제시됨). [앞의 네 자료는 각각 문학작품, 금석문, 기록물로 종류가 다르기 때문에 서로 보완된다.] 예를 들어 이 네 자료를 모두 살펴보면 시몬과 요셉이 남성 이름 중 가장 빈번히 사용된 두 이름임을 알 수 있으며, 네 자료 중 셋에서는 요셉보다 시몬이 더 빈번히 사용되었음을 알 수 있다. 마찬가지로 네 자료 전체에서 여성 이름 중 가장 빈번히 사용된 이름은 마리아와 살로메이며, 살로메보다 마리아가 빈도수가 더 높은 이름임을 알 수 있다. 실제로 네 자료를 놓고 각 자료마다 그 첫머리에 등장하는 아홉 이름이 차지하는 비율을 산출해보면, 네 자료를 통틀어 이 이름들의 등장 횟수의 비율과 놀라울 만치 비슷하다.[3] 일부 예외[예를 들어 신약성경에서 엘르아살(나사로)이라는 이름이 단 한 번 등장함]가 있지만 이는 놀랍지 않다. 이 네 자료가 각각 제시하는 숫자들이 상당히 작기 때문이다. 그러나 이런 사실들은, 각 이름의 등장 횟수 합계로 제시되는 이름의 빈도수 비교가 상당히 정확하다는 우리 확신에 분명히 힘을 실어줄 것이다.

다음에 제시하는 숫자로부터 우리는, 각각의 이름의 빈도수에 대한 몇몇 지표를 얻을 수 있다.

남성 중 15.6퍼센트는 가장 빈번하게 사용된 남성 이름 둘, 곧 시몬과 요셉 중 하나를 자기 이름으로 가졌다.

남성 중 41.5퍼센트는 가장 빈번하게 사용된 남성 이름 아홉 중 하나를 자기 이름으로 가졌다.

남성 중 7.9퍼센트는 제시된 자료에서 단 한 번만 증언된 이름을 자기 이름으로 가졌다.

여성 중 28.6퍼센트는 가장 빈번하게 사용된 여성 이름 둘, 곧 마리아와 살로메 중 하나를 자기 이름으로 가졌다.

여성 중 49.7퍼센트는 가장 빈번하게 사용된 여성 이름 아홉 중 하나를 자기 이름으로 가졌다.

여성 중 9.6퍼센트는 제시된 자료에서 단 한 번만 증언된 이름을 자기 이름으로 가졌다.

우리는 이 전체 숫자를 복음서와 사도행전의 사례에서 산출되는 다음과 같은 숫자와 비교해볼 수 있다(물론 복음서와 사도행전이 제시하는 숫자도 방금 제시한 전체 숫자에 포함됨).

남성 중 18.2퍼센트는 가장 빈번하게 사용된 남성 이름 둘, 곧 시몬과 요셉 중 하나를 자기 이름으로 가졌다.

남성 중 40.3퍼센트는 가장 빈번하게 사용된 남성 이름 아홉 중 하나를 자기 이름으로 가졌다.

남성 중 3.9퍼센트는 제시된 자료 중 단 한 번만 증언된 이름을 자기 이름으로 가졌다.[7)]

여성 중 38.9퍼센트는 가장 빈번하게 사용된 여성 이름 둘, 곧 마리아와 살로메 중 하나를 자기 이름으로 가졌다.

---

7) 이들은 아가보, 바디매오/디매오, 가야바다.

여성 중 61.1퍼센트는 가장 빈번하게 사용된 여성 이름 아홉 중 하나를 자기 이름으로 가졌다.

여성 중 2.5퍼센트는 제시된 자료 중 단 한 번만 증언된 이름을 자기 이름으로 가졌다.[8)]

이처럼 신약성경에 나오는 남성에 대한 백분율 수치와, 사람 전체에 대한 백분율 수치 사이에는 아주 가까운 상관관계가 있다. 여성에 대한 백분율 수치는 전체 인구에 대한 수치와 거의 일치하지 않지만, 이는 그리 놀랍지 않다. 신약성경은 물론이요 자료 전부를 보아도, 여성 이름에 대해 통계를 산출할 때 사용한 근거가 남성 이름의 경우보다 매우 적기 때문이다.

전체 사람 수에서 그리스어 이름을 가진 사람이 차지하는 비율 역시 흥미로운데,[9)] 이것은 훨씬 더 어려운 문제다. 셈어 이름과 그리스어 이름을 함께 가지고 있던 유대인이, 우리가 지금 자료에서 밝혀낼 수 있는 것보다 더 많았을 개연성이 높기 때문이다. 통상적으로는, 두 이름 중 하나만이 개별 상황에서 사용되었을 것이다. 따라서 현재 우리가 가진 자료에서는 한 개의 이름만이 나타나는 사례가 대부분일 것이다. (예를 들어 현 자료에서 야손이라 불리는 유대인 12명은 유사한 소리가 나는 히브리어 이름인 여호수아나 요셉 중 하나를 이름으로 가지고 있었을 가능성이 높다. 또한 알렉산더라는 이름을 가진 유대인 24명 중 일부는 이 이름에 상응한다고 간주되는 히브리어 이름인 베냐민으로 불렸을 수도 있다.) 그뿐 아니라 남성 이름 중 가장 흔한 이름인 시몬/시므온도 히브리어로 표시하면 시므온, 그리스어로 표시하면 시몬으로 동일했기 때문에, 실제로 시몬은 히브리어 이름을 그리스어로 기록한 경우로 간주했다. 만약 우리가 이 이름을 셈어 이름으로 다룬다면, (내 통계를 사용할 경우) 전

---

8) 이들은 드루실라와 로데(행 12:13)다.

9) 일란이 이름들의 언어에 관해 낸 통계를 보려면 Ilan, *Lexicon*, 55을 보라.

체 남성 중 그리스어 이름이 등장하는 비율은 12.3퍼센트다. 신약성경에 등장하는 팔레스타인 유대인 중 그리스어 남성 이름이 등장하는 비율은 22퍼센트다. 전체 여성 중 그리스어 여성 이름의 비율은 18.1퍼센트인 반면에, 신약성경에서 그리스어 여성 이름의 비율은 16.7퍼센트다. 이 경우에는 일치율이 남성 이름보다 여성 이름이 더 높다. 가장 빈번하게 사용된 이름 중 그리스어 이름이 전혀 없다는 것(가장 빈번하게 사용된 남성 이름 15개, 여성 이름 여섯 개 중 그리스어 이름은 하나도 없음)과, 제법 빈번하게 사용된 이름 중 그리스어 이름이 극소수라는 사실로 보아, 그리스어 이름이 등장한 사례에 대한 통계는 우리가 제시했던 다른 통계보다 신뢰성이 덜하다고 보아야 한다.

우리는 디아스포라 유대인의 이름에 나타나는 패턴이 팔레스타인 유대인의 패턴과는 전혀 다르다는 것에 주목해야 한다. 우리에게는 일련의 사전에 제시된 팔레스타인 유대인의 이름과 비교할 수 있는 디아스포라 유대인 이름의 데이터가 없다. 하지만 디아스포라 유대인과 팔레스타인 유대인의 경우에 이름 짓기 관습이 아주 달랐다는 사실은 우리가 가진 증거에서도 분명하게 드러난다.[10] 예를 들어 그리스-로마령 이집트에서 나온 유대 명문(銘文)에서 가장 흔하게 나타나는 이름은 엘르아살/나사로(11회), 사바타이우스(Sabbataius)와 변형들(10회), 요셉(6회), 도시테우스(Dositheus; 5회), 파푸스(Pappus)와 변형들(5회), 프톨레마이우스(4회; 공동번역에는 "프톨레매오"-역주), 사무엘(4회)이다.[11] 이것이 팔레스타인 유대인의 데이터와 어느 정도 차이가 있는가는 다음과 같은 비교에서 드러난다.

---

10) M. Williams, "Palestinian Jewish Personal Names in Acts," in R. Bauckham, ed., *The Book of Acts in Its Palestinian Setting* (Grand Rapids: Eerdmans, 1995), 106-8.

11) W. Horbury and D. Noy, *Jewish Inscriptions of Greco-Roman Egypt* (Cambridge: Cambridge University Press, 1992)가 제시하는 데이터다. 일란의 데이터가 산출한 숫자들과 달리, 이 데이터에는 문학 자료나 파피루스는 들어 있지 않다.

이름	이집트	팔레스타인		신약성경	
	수	순위	수	순위	수
엘르아살	11	1	166	3	1
사바타이우스	10	2	5	68 =	2(바사바)
요셉	6	3	218	2	6
도시테우스	5	4 =	27	16	0
파푸스	5	4 =	8	39 =	0
프톨레마이우스	4	6 =	7	50 =	1(바돌로매)
사무엘	4	6 =	20	23	0

이처럼 복음서와 사도행전에 나타난 팔레스타인 유대인의 이름은 이 시기 팔레스타인 유대인 전체에 나타난 이름과 매우 비슷하지만, 팔레스타인 유대인의 이름과 디아스포라 유대인의 이름은 전혀 유사하지 않다. 이런 점을 볼 때, 복음서의 이름들이 뒤늦게 전승에 갖다 붙인 이름일 가능성은 아주 낮아진다. 팔레스타인 바깥에서는 적합한 이름을 선택하기 어려웠을 것이다. 팔레스타인 안에서라 해도, 이런저런 전승에 무작위로 갖다 붙인 이름이 전체 인구에서 실제의 이름 패턴과 들어맞는다면, 그것은 매우 놀라운 일이 될 것이다. 복음 전승에 처음부터 있지 않았고 나중에 갖다 붙였다고 자주 의심되는 남성 이름 중 몇 가지만 놓고 봐도, 팔레스타인 안에서 신택했다면 빈번히 사용된 이름인 요셉이나 유다, 요나단이나 맛다디아(눅 3:25)를 붙이지, 삭개오나 야이로, 나다나엘이나 말고나 글로바나 니고데모처럼 잘 쓰지 않는 이름을 붙이지는 않았을 것이다.

일부 이름은 왜 그렇게 빈번하게 사용되었을까?

빈번하게 사용된 이름들은 왜 그렇게 인기가 있었을까? 이 질문이 이 책에서 우리가 논의하는 점들에 꼭 필요하지는 않다. 그러나 우리는 이 질문을 간략하나마 주의 깊게 살펴보아야 한다. 놀라운 사실은, 가장 빈번히 사용된 남성 이름 아홉 중 여섯이 하스몬 가(家)[4]의 남자들, 곧 맛다디아와 그의 다섯 아들(요한, 시몬, 유다, 엘르아살, 요나단; 공동번역 마카베오1서 2:1-5-역주)의 이름이라는 점이다. 그런가 하면 여성 이름 중 가장 빈번히 사용된 세 가지인 마리아(마리암), 살로메, 쉴람지온(Shelamzion, 살로메의 더 오래된 형태)도 하스몬 시대 지배 가문의 구성원의 이름이었다. 하스몬 가는 기원전 2세기에 독립을 쟁취하고 이룬 국가의 마지막 유대인 통치자였다. 따라서 이들의 이름이 로마 통치 시대에 들어와서도 대중에게 인기를 얻고 빈번히 사용된 것은 틀림없이 애국심 때문이었을 것이다.[12] 하지만 시몬이라는 이름이 비교 대상이 없을 정도로 빈번히 사용된 이유 중 하나가, 히브리어 이름인 시므온과 그리스어 이름인 시몬이 거의 같다는 사실 때문이었음은 상당히 역설적이라고 할 수 있다. 이 이름들은 자신의 셈어 이름과 유사한 소리를 가진 그리스어나 라틴어 이름을 따로 가졌던 이 시기 유대인의 관습을 완벽하게 보여주는 사례다. 시므온과 시몬의 경우 두 이름은 거의 정확히 일치했을 뿐 아니라, 실제로 시므온의 그리스어 표기가 시몬이라고 간주되었다.[13]

하스몬 가 사람들의 이름이 빈번히 사용된 것은 같은 이름을 가진 성

---

12) Williams, "Palestinian Jewish Personal Names," 106-7; Ilan, *Lexicon*, 6-9, 56.

13) N. G. Cohen, "Jewish Names as Cultural Indicators in Antiquity," *JSJ* 7 (1967), 112-17. 한 납골함 명문[L. Y. Rahmani, *A Catalogue of Jewish Ossuaries in the Collections of the State of Israel* (Jerusalem: Israel Antiquities Authority/Israel Academy of Sciences and Humanities, 1994), 651번]은 같은 이름을 Simon과 Shim'ôn으로 밝혀놓았다. 둘 다 히브리어이지만, 후자는 히브리어 이름이요 전자는 그리스어 이름을 히브리어로 음역한 것이다.

경 인물들을 상기시킬 목적은 아니었던 것 같다(이런 목적은 디아스포라 지역에서 더 큰 위력을 가졌을 것임). 물론 이 시기 팔레스타인 유대인들이 성경의 이름을 많이 쓴 것은 사실이지만 말이다. 하스몬 가 사람들의 이름은 모두 성경 인물의 이름이며, 그중 둘은 족장의 이름이다(시므온, 유다).[14] 그러나 이런 이름이 빈번히 사용되었던 이유는 바로 하스몬 가 사람들이 이 이름을 썼기 때문이다.[15] 몇 가지 예외가 있을 수 있다. 야곱(야고보)이 가장 인

---

14) 일란의 데이터에서 이스라엘 열두 지파의 이름은 다음과 같이 나타난다.

지파	등장 횟수	순위 [빈도수]
시므온	243	1
유대	164	4
레위	25	17 =
므낫세	13	26
르우벤	8	39 =
베냐민	5	68 =
에브라임	2	순위가 매겨져 있지 않음
잇사갈	0	
스불론	0	
단	0	
아셀	0	
갓	0	
납달리	0	

이 숫자들은 지파 이름이라는 이유로 사람들이 이 이름들을 사용한 것이 아니라는 사실을 선명히 보여준다.

15) 따라서 J. P. Meier, *A Marginal Jew*, vol. 1 (New York: Doubleday, 1991), 206과 vol. 3 (New York: Doubleday, 2001), 616이 "예수 가족의 이름 모두, 즉 이스라엘이라는 이름을 받은 족장 야곱(=야고보), 이스라엘의 열두 아들(과 지파; 유다와 요셉과 시므온이 여기에 들어감), 모세의 누이 미리암, 마지막으로 모세의 후계자이며 이스라엘을 하나님이 약속하신 땅으로 이끈 지도자 여호수아/예수가 이스라엘 역사 초기를 상기시킨다"고 생각한 것은 실수이다[S. McKnight, *A New Vision for Israel* (Grand Rapids: Eerdmans, 1999), 2, 주 3도 참고하라]. 이것은 확실히 야곱과 여호수아의 이름에만 해당되는데, 예수의 가족이 이 두 이름을 사용한 것은 이스라엘의 기원과 땅의 정복 사건을 마카비 가문의 봉기와 보다 선명하게 연결시키기 위함이었을 것이다. 그

기 있는 남성 이름 중 11번째였다는 사실이 그런 예다.[16] 그러나 놀라운 것은 요셉이 남성 이름 중 두 번째로 빈번하게 사용되었으며 그 빈도수도 시몬에 버금간다는 점과, 여호수아(예수)가 여섯째로 빈번하게 사용되었다는 사실이다. 일란은 마카베오1서에 나오는 하스몬 가의 다섯 형제 외에 요셉이라는 여섯째 형제가 있었으며, 그 이름이 마카베오2서 8:22에서 언급된다고 주장했다.[17] 그러나 대다수 학자는 이 구절에 나오는 요셉을 요한(마카베오1서 2:2은 맛다디아의 아들로 요한을 가장 먼저 언급함-역주)을 잘못 적은 것으로 여겼다.[18] 일란의 주장은 매력 있는 제안이다. 이 주장이 맞는다면 당시 가장 인기 있던 남성 이름 다섯이 모두 하스몬 가 형제들의 이름이 될 것이다. 그러나 일란은 여호수아와 하나니아라는 이름의 빈도수가 하스몬 가 사람들이 사용한 두 이름인 요나단과 맛다디아를 추월하여 여섯째와 일곱째를 차지한 연유가 무엇인지 설명하지 않는다.

여호수아의 이름이 이렇게 빈번히 사용된 것은, 구약성경에 나오는 저 유명한 여호수아가 유대 땅을 정복했듯이, 로마 통치에서 벗어나 유대 땅을 재정복하고 싶은 소망에서 우러난 애국심 때문이었다고 설명하는 것이 가장 적절하다. 그러나 이 이름이 하나님 이름을 포함하고 있으며 하나님 이름과 함께 시작되었다는 사실(이는 Joshua의 완전한 형태인 Yehoshua에서 가장 뚜렷히 확인됨) 때문에 인기가 더 올라갔을 수 있다. 요셉의 이름

러나 이 가족이 이런 이름들을 사용한 이유는 단순히 이것들이 대중에게 인기 있었기 때문일 수도 있지 않을까?

16) 일란의 목록이 열거한 등장 사례들은 야곱이라는 이름에 대한 Williams, "Palestinian Jewish Personal Names," 107(팔레스타인에서는 "거의 사용하지 않았다")과 R. Hachlili, "Hebrew Names," 85("거의 사용하지 않았다")의 언급이 그 이름이 인기 있는 이름이었음을 부인한다는 점에서 실수를 저질렀음을 보여준다. 그러나 아브라함과 이삭의 이름이 사용되지 않았다는 하크릴리의 말은 옳다.

17) Ilan, *Lexicon*, 7.

18) 하지만 J. A. Goldstein, *II Maccabees* (AB41A; New York: Doubleday, 1984), 299-300, 334-35은 일란의 주장을 지지한다. 또한 골드스타인은 마카베오2서 8:23의 엘르아살의 변형이 에스라임을 고려하여 그가 하스몬 가의 일곱 번째 형제라고 본다.

은 실제로 하나님 이름을 포함하지 않았지만, 이 시대에는 자주 여호셉(Yehosef)이라고 표기되어 하나님 이름을 포함한 이름으로 만들어버렸다. 또한 유다(Yehudah)도 십중팔구, YHWH를 포함하는 이름으로 간주되었을 것이다.[19] 이것들은 하나님 이름을 포함한 유일한 족장 이름이었으며, 이런 점 덕분에 더욱 대중 속에서 빈번히 사용되었을 것이다. 더욱이 요한(Yehohanan, Yohanan)과 요나단(Yehonatan, Yonatan)은 정말로 하나님 이름을 포함하고 있었다. 따라서 당시 사람들은 가장 빈번히 사용된 여덟 개 이름 중 다섯—요셉(빈도수 둘째), 유다(넷째), 요한(다섯째), 여호수아(여섯째), 요나단(여덟째)—이 하나님 이름으로 시작된다고 이해했을 가능성이 높다. 심지어 11번째 순위를 차지한 이름인 야곱과 13번째인 이스마엘도 둘 다 히브리어 글자 요드(Y)로 시작한다는 점 때문에 이런 인기를 누렸던 것 같다.[20]

몇몇 이름이 빈번히 사용되었던 이유는 무엇보다 그 이름이 가진 의미 때문이었음이 틀림없다. 가장 빈번하게 사용된 이름 중 서로 연관성을 가지고 그룹을 이룬 이름들이 있다. 다섯 번째 순위를 차지한 요한, 일곱 번째인 하나니아, 그리고 하나니아를 줄인 형태로 12번째인 하난이 바로 그것이다. 요한(Yehohanan)은 하스몬 가 사람들의 이름 중 하나인 동시에 하나니아와 똑같은 의미를 갖는다. 요한과 하나니아는 모두 "YHWH가 은혜를 베푸셨다"라는 뜻이며, 단지 하나님을 가리키는 요소인 히브리어 "요드, 헤"(YH)가 첫머리에 오느냐 마지막에 오느냐 하는 차이만 있다. 하난("그가 은혜를 베푸셨다")도 같은 뜻이지만, 하나님을 뚜렷하게 언급하지 않는 점이 다르다. 이런 이름들은 사적인 의미를 가졌으며, 부모가 아이에게 이런 이름을 지어줄 때 하나님이 그 부모에게 베푸신 은혜를 표현했을 것이

---

19) b. Sota 10b과 36b을 보라. 여기서는 유다와 요셉을 모두 YHWH와 관련지어 설명한다.
20) y. Ta'anith 65d에서는 이스라엘이라는 이름이 히브리어 요드(Y)라는 글자로 시작한다는 사실을 들어 YHWH와 연계한다.

다. 동시에 이 이름들은 민족적 의미를 많이 내포하며, 하나님이 당신의 백성에게 은총을 베푸사 이방인 압제자로부터 이 백성을 구원하고 당신의 약속대로 이스라엘을 회복시켜주시길 바라는 열망의 표현인 듯하다. 이런 의미를 가진 이름들(하나니아, 하나니엘, 한나)이 토빗서에 두드러지게 나타난다는 사실은 주목할 만하다. 토빗서에서 이 이름들은 하나님이 은혜 가운데 이스라엘 포로들을 되돌아오게 해주시길 바라는 이 책의 열망을 상징한다.[21]

빈도수에서 13번째인 이스마엘(Ishmael, "하나님이 들으셨다")[22]도 비슷하게 사적인 의미를 가졌거나("하나님이 아기를 바라는 우리 기도를 들어주셨다") 민족적 의미를 많이 가졌던 것 같다. 그러나 빈도수 순위에서 열 번째인 므나헴("위로하는 자")의 경우에는 이 이름을 메시아나 종말론적 의미로 이해했다고 결론 내릴 수밖에 없다. "위로하다"라는 동사는 이스라엘을 회복시켜주시길 바라는 소망과 밀접하게 연결되는데, 특히 이사야 40장은 이 단어를 첫 두 낱말로서 되풀이하고 이어지는 예언들(사 49:13; 51:3, 12; 52:9; 61:2; 66:13; 참고. 렘 31:13; 슥 1:17)도 이 말을 반복함으로써 이 동사와 소망을 밀접히 연결시킨다. 따라서 므나헴이 빈번히 사용되었던 것도 하스몬 가와 여호수아의 이름처럼, 하나님이 개입하셔서 당신 백성을 이방인의 지배에서 구해주시길 바라는 유대인의 소망이 나타난 결과였을 가능성이 높다. 이 시기에 므나헴이라고 불리는 이들 중 가장 유명한 인물이[23] 갈릴리 사람 유다의 아들로서 자신을 메시아로 주장했다는 사실은 우연이 아니다. 그는 유대인 봉기(기원후 66-73년, 로마에 맞서 전개되었던 유대인들의 독립

---

21) Bauckham, *Gospel Women* (Grand Rapids: Eerdmans, 2002), 97.

22) 이는 구약의 유명 인물의 이름이, 이 시기에는 그 인물을 상기시키는 힘을 가지지 못했음을 보여주는 분명한 사례다. 이 시기에 자기 자녀에게 이스마엘이라는 이름을 붙인 유대인들은 아브라함의 아들이요 아랍 민족의 조상인 이스마엘을 생각하지 않았음이 분명하다.

23) Ilan, *Lexicon*, 185의 목록에서는 므나헴이 1위다.

전쟁-역주) 초기인 66년에 왕처럼 행세하며 암살자 부대(army of Sicarii)[5]와 함께 예루살렘으로 행진해 들어갔다(요세푸스, 「유대 전쟁사」 2.433-34). 므나헴이라는 이름이 그와 그를 따른 이들에게 그가 메시아라는 생각을 불어넣지 않았을까?[24]

따라서 하스몬 가 사람들의 이름뿐 아니라 가장 빈번히 사용된 다른 몇몇 이름이 이렇게 인기 있었던 이유는 분명히, 그 이름들이 하나님이 유대 민족을 구하고 회복해주시길 바라는 민족적·종교적 열망과 결합되어 있었기 때문이다. 그렇다고 이런 이름을 자기 자녀에게 골라준 부모가 모두 앞과 같은 연관성을 마음에 두었다는 뜻은 아니다. 일단 어떤 이유로 이름이 빈번히 사용되면, 단지 그 이름이 빈번히 사용된다는 이유 때문에 그것은 인기를 누렸다. 더욱이 같은 이름을 한 세대에서 다음 세대로 물려주며 되풀이하는 것이 가문의 전통이었으며, 권세 있는 가문에서는 특히 그러했다. 그러나 이것은 부차적 요인이다. 이런 요인 때문에, 소수에 불과한 이름들이 실제로 대중에게 남다른 인기를 누렸던 분명하고도 일반적인 이유들이 무의미해지지는 않는다.

앞에서 보았듯이, 이름의 빈도수와 그 이름을 가진 성경 인물들 사이에는 아무런 관계가 없는 경우가 대부분이었다. 빈번히 사용되던 이름은 대부분 성경에서 나왔지만, 그 이름을 가졌던 성경 인물들과 상관없이 인기를 누렸다. 오직 야곱과 여호수아만이 예외 사례로 보인다. 그러나 성경에 등장하는 유명한 이름으로서 이 시기 팔레스타인 유대인들이 전혀 사용하시 않은 몇몇 이름 중에 모세,[25] 나윗, 엘리야[26]가 들어 있다는 점도 주목할 만하다. 이 명백한 기피 현상 역시 종말론적 소망과 관련되어 있음이 틀림없다. 이 종말론적 소망에서는 새로운 신정을 이끌 마지막 때의 세

24) 후대 랍비 전승(b. Sanhedrin 98b)은 메시아가 히스기야(이는 분명히 히스기야 왕을 가리킴)의 아들 므나헴으로 불리리라는 입장을 견지했다.

25) Ilan, *Lexicon*, 190은 한 사례를 제시하지만 그 독법에는 의문이 든다.

26) Ilan, *Lexicon*, 63이 제시하는 유일한 사례는 사마리아인이다.

인물이 요구되었는데, 그 셋은 왕인 메시아(다윗의 아들), 마지막 때의 대제사장(돌아온 엘리야), 그리고 모세 같은 예언자였다. 당시 사람들은 이런 이름을 자기 자녀에게 사용하는 것이, 이 자녀가 실제로 사람들이 고대하던 마지막 때의 구원자가 되기를 바라는 주제넘은 처사라고 생각했던 것 같다. 따라서 이 이름들을 사용하지 않았다는 것 자체가 당시 사람들이 메시아를 열망했음을 보여주는 일종의 반증인 셈이다.

시몬과 시몬(동명이인)을 어떻게 구별했는가?

팔레스타인 유대인 인구 중 약 절반을 지칭하는 이름이 12개 정도에 불과했다는 것은 한 가지 중대한 의미를 지니고 있었다. 이는 어떤 사람의 이름 하나만으로는 그들 각각을 충분히 구별할 수 없었음을 뜻한다. 아주 흔한 이름을 가진 동명이인을 놓고 둘을 구별하려면, 그들의 이웃이 누구이고 때로는 그들의 가족까지 알아보아야 하는 등 다른 방법이 필요했다. 이렇게 동명이인을 구별하는 방법은 상당히 다양했는데, 이 방법들은 팔레스타인 유대인의 명칭에서 두드러지게 나타나는 특징이다. 반면에 디아스포라 유대인의 명칭에서는 이 방법들이 거의 나타나지 않는다.[27)]

실제로 동명이인을 구별하는 방법은 복음서와 사도행전에 나오는 사례만으로도 모두 설명된다. 아래에서 나는 이런 예들을 제시할 것이다. 그러나 열두 제자는 특별한 사례이기 때문에 여기서 언급하지 않고 제5장에서 따로 다루기로 한다.

(1) **한 이름의 변형들**. 많은 이름이 다른 형태들을 갖는데, 이런 변형체들은 자주 동명이인을 구별할 목적으로 사용되었다. 예를 들어 예수의 형

---

27) 디아스포라에서는 아버지 이름을 딴 경우가 흔했고(고대 세계 전체에서도 마찬가지), 동일인이 서로 다른 언어로 두 이름을 사용하는 경우도 흔했다.

제인 요셉(마 13:55)은 분명히 축약형인 요세(*Iōsēs*; 막 6:3)로 알려져 있었는데(개역개정은 두 구절을 다 "요셉"으로 번역하나, NA27은 막 6:3에서 "요세"로 기록함-역주), 이 축약형은 집안에서 그와 그의 아버지 요셉을 구별하려고 사용되었다. 이는 아버지를 제임스(James)라 부르면 아들은 그 축약형인 짐(Jim)으로 불러 구별하는 현대 가정과 똑같다. 한 이름의 축약형으로 알려진 다른 사람들도, 처음에는 같은 이름을 가진 가까운 친척과 그를 구별하고자 축약형으로 불렀을 가능성이 있다. 삭개오(Zacchaeus; 눅 19:2, 곧 Zachariah의 단축형인 Zakkai)도 처음에는 사가랴라 불렀던 그의 아버지나 아저씨나 할아버지와 구별할 목적 때문이었을 수 있다.[28]

(2) **아버지 이름을 덧붙이기**. 누군가를 구별할 때 사용하던 흔하고 간편한 방법은, 그의 이름에 아버지 이름을 덧붙여 "Y의 아들(아람어 *bar*나 히브리어 *ben*) X" 형태로 부르는 것이었다. 이런 예는 풍부하다. 신약성경에도 알패오의 아들 레위(막 2:14), 사가랴의 아들 요한(눅 3:2), 요셉의 아들 예수(요 1:45) 같은 예가 있다. 아버지 이름은 여자에게도 사용했지만,[29] 그 빈도는 남자보다 덜했다. 혼인한 여자는 아버지의 딸이 아니라 그 남편의 아내로 부를 때가 잦았기 때문이다.

(3) **아버지 이름을 대신 쓰기**. 아버지 이름이 개인의 이름을 대신할 수도 있었는데 이는 흔한 현상이었다.[30] 예를 들어 마사다(Masada)에서 나온 도편들(ostraca)에는 바르 시몬(Bar Simon), 바르 힐카이(Bar Hilqai), 바르 예슈아(Bar Yeshua'), 바르 케사(Bar Qesa'), 바르 하눈(Bar Hanun), 바르 하르샤(Bar Harsha'), 바르 브나야(Bar Benaiah), 바르 하기이(Bar Haggai), 바르 할리프타(Bar Halafta'), 바르 야손(Bar Jason), 바르 핀히(Bar Pinhi), 바르 레비(Bar

---

28) 납골함 명문에서 동일인 이름을 완전한 이름과 축약형으로 기록한 사례를 보려면 Rahmani, *A Catalogue*, 9, 42, 270, 370, 468번을 보라.

29) Rahmani, *A Catalogue*, 342번이 그런 예다.

30) 다른 사례와 함께, 아들의 이름은 없이 아버지 이름만 사용한 현상에 대한 논의를 보려면 J. Naveh, "Nameless People," *IEJ* 40 (1990), 108-23을 보라.

Levi) 같은 이름들이 발견된다.[31] 여기서 많은 이름이 매우 특이하다는 사실은 주목할 만하다. 이런 경우에 특히 그 사람의 이름이 흔하다면(또한 정황상 그에게 알려진 형제가 없다면), 오히려 그의 이름보다는 아버지의 이름이 개인을 구별해주는 것으로 더 유용했을 것이다.

복음서에서 이런 현상은 바라바(Barabbas)와 바디매오(Bartimaeus) 사례에서 나타난다. 마가는 후자를 "디매오의 아들 바디매오"라고 부름으로써(막 10:46), "바디매오"의 뜻을 그리스인 독자들에게 설명한다. 바디매오를 "디매오의 아들 바디매오"(=Bar Timaeus bar Timaeus!)로 부르지는 않았을 것이다. 디매오(Timaeus)는 그리스어 이름이지만, 이 경우에만 팔레스타인 유대인의 이름으로 등장한다.[32] 이 바디매오라는 이름이 진짜임을 의심하거나 바디매오를 진짜 부칭(아버지의 이름을 딴 이름, patronymic)이라기보다 별명쯤으로 여길 이유는 없다. 그리스어 이름인데 팔레스타인 유대인이 쓴 이름으로 단 한 번 등장하는 사례가 많이 있기 때문이다. 이 경우에 부칭만으로도 디매오의 아들이 누구인지 충분히 밝힐 수 있는 것은 바로 이 디매오라는 이름이 드물었기 때문이다.

바라바와 바디매오의 사례는 일란이 말하는 "신약성경의 음역에서 독특한 현상"이 무엇인지 보여준다. 이 경우에 아람어 *bar*(아무개의 아들)는 이름에 꼭 있어야 할 부분을 이룬다.[33] 이런 현상을 보여주는 다른 예로 바돌로매(Bartholomew), 바예수(Bar-jesus; 행 13:6), 바요나(Bar-jonah; 마 16:17), 바나바(Barnabas), 바사바(Barsabbas; 행 1:23)가 있다. 이런 형태는 부칭(진짜

---

31) Y. Yadin and J. Naveh, eds., *Masada I: Tha Aramaic and Hebrew Ostraca and Jar Inscriptions from Masada* (Jerusalem: Israel Exploration Society/Hebrew University of Jerusalem, 1989), 23-56은 415, 420, 421, 422, 425, 480, 481, 482, 483, 502, 577이라는 번호를 매겨놓았다. Rahmani, *A Catalogue*가 납골함에서 나온 유일한 사례로 제시한 것이 571: Bar Nahum이다.

32) 이 이름은 유대인이 살았던 디아스포라 지역에서 나온 명문에서도 찾아볼 수가 없다.

33) Ilan, *Lexicon*, 18이 지적하듯이, 이런 현상은 아람어를 그리스어로 음역한 다른 몇몇 사례—유세비우스, 에피파니우스, 카시우스 디오의 글—에서도 발견된다.

부칭이든, Barnabas와 Barsabbas처럼 별명이든)이 이름 역할을 함과 동시에, 그의 고유한 이름을 쓰지 않고 부칭만으로 그를 특정하게 구별할 수 있을 때에 사용된 것 같다. 이 경우에 해당되지 않는 다른 사례에서는 아람어 *bar*를 번역해놓았다. 이 형태는 복음서와 사도행전의 이름과 팔레스타인 유대인들이 사용한 이름이 가까운 관계임을 보여주는 놀라운 사례다.

(4) **남편이나 아들 이름을 덧붙이기**. 혼인한 여자나 과부는 그 남편[34]이나 자녀[35]가 누구인지 말함으로써 정체를 밝힐 수 있었다. 신약성경 그리스어 본문에는 축약형으로 된 "글로바의 마리아"(요 19:25; *Maria hē tou Klōpa*)와 "야고보의 마리아"(눅 24:10; *Maria hē Iakōbou*)가 있는데, 이런 형태는 그들을 아는 사람에게만 이 표현이 의미하는 관계를 알려줄 수 있었다(전자에서 마리아는 글로바의 아내이고 후자에서 마리아는 야고보의 어머니일 가능성이 높음). 복음서가 여자의 남편과 아들들을 함께 밝혀 그녀가 누구인지 알려주는 경우는 오직 한 인물뿐이다(세베대의 아들들의 어머니; 마 20:20; 27:56). 이와 유사하게, 그들이 잠든 납골함에도 이름이 나타나 있지 않은 여자들이 있다.[36]

(5) **별명을 덧붙이기**. 별명은 종류가 많았다. 예를 들어 별명은 신체의 특징이나 약점을 가리킬 수도 있고, 애정을 표현할 수도 있었다. 이름과 함께 쓴 별명으로 복음서의 사례로는 "작은(*tou mikrou*) 야고보"(막 15:40), "나병환자 시몬"(마 26:6; 막 14:3), "세례 요한"이 있다. "작은 야고보"(James the less)는 다른 이와 비교하는 의미로서 그가 다른 야고보보다 "더 못하거나" "더 어린" 사람임을 나타낸다고 이해해왔고, 많은 역본도 이런 그릇된 해석을 따랐다. 실제로는 이 별명은 단순히 그가 키가 작음을 뜻할 개연성이 크다. 같은 시대 사례로 이 별명과 평행을 이루는 경우가 납골함의 한

---

34) 예를 들어 Rahmani, *A Catalogue*, 559번.
35) 예를 들어 Rahmani, *A Catalogue*, 822, 868번.
36) 예를 들어 Rahmani, *A Catalogue*, 150번: "시므온과 (그의) 아내."

명문에서 발견된다. 이 명문에는 살로나 카타나(*Salōna katana*)라는 그리스어가 나오는데, 여기서 첫 단어 살로나는 흔한 여성 이름인 살로메의 변형이며, 둘째 단어 카타나는 "작다"를 뜻하는 히브리어를 그리스어로 음역한 것이다.[37] 또 다른 납골함 명문에도 히브리어로 "작은 가이오(가이우스)"라는 말이 있는데, 여기서 "작다"에 해당하는 말은 "난장이"를 뜻하는 그리스어 *nanos*의 한 변형일 것이다.[38] 나중에 나타난 사례 중에는 벳 셰아림(Bet She'arim)에서 나온 "작은[그리스어로 *ho mikkos*(*sic*)] 요세"와 "작은(그리스어로 *hē mikra*) 돔니카"가 있다.[39] ("작은"이라는 별명은 로빈 후드에 나오는 리틀 존처럼 특히 큰 사람에게 붙였을 수도 있다.)

"나병환자 시몬"(막 14:3)은 추측컨대 피부병을 앓았으나 아마도 예수가 그 병을 고쳐주셨던 것 같다. 만일 시몬이 마가복음의 이야기가 일어난 그때에도 나병환자[40]였다면, 그가 사람들을 자기 집에 초대하여 대접할 수 없었을 것이다. "나병환자"는 유용한 별명이어서 시몬에게 붙었을 수도 있지만, 어쩌면 말 그대로 그가 나병환자였기 때문이 아니라 그 병을 앓은 적이 없는데도 그의 어떤 점이 나병환자와 비슷했기 때문에 사용되었을 수도 있다. 우리는 요세푸스의 조상 중 두 사람의 별명, 곧 "말더듬이 시몬"과 "곱사등이 맛디아"[역시 맛디아라 불린 그의 아버지와 그를 구별하려는 목적도 일부 있었음; 「요세푸스의 생애」 3.4]를 비교해볼 수 있다.

---

37) Rahmani, *A Catalogue*, 552번; 참고. Ilan, *Lexicon*, 443. 이 여자는 분명히 어린이가 아니라 어른이었다.

38) Rahmani, *A Catalogue*, 421번; 참고. Ilan, *Lexicon*, 300.

39) M. Schwabe and B. Lifshitz, *Beth Shearim*, vol. 2: *The Greek Inscriptions* (Jerusalem: Massada, 1978), 28, 198번. 비슷한 예를 보려면 Hachlili, "Hebrew Names," 104을 보라.

40) 보통 leprosy로 번역하는 히브리어와 그리스어 단어(*ṣāra'at*, *lepra*)는 현대에 "나병"이라 일컫는 병(한센 병)이 아니라, 여러 가지 심각한 피부병을 가리킨다. 어쩌면 이 피부병 중에는 신약성경이 말하는 진짜 나병도 포함되어 있었을 것이다.

별명은 부칭처럼 보일 수도 있다.[41] 사도행전에 나오는 두 사람은 바사바라는 이름을 하나 더 가지고 있다. "바사바라 불리는 요셉이니 그는 또 유스도로 알려져 있는 자요"(1:23)와 "바사바라 불린 유다"(15:22)가 그 두 사례다. 이 바사바는 사바라는 이름을 가진 아버지[42]를 가리키는 진짜 부칭일 수도 있고, "노인의 아들"이라는 뜻으로(아람어로 *Sabba*는 "늙은") 이 아들이 아버지가 노년에 얻은 자식이라 붙여진 별명일 수도 있고, 혹은 안식일에 태어난 사람에게 붙인 별명인 "안식일의 아들"[43]을 의미할 수도 있다. 별명임이 더 확실한 이름은 바나바다. 이 이름을 사도들이 구브로(키프로스)에서 온 요셉에게 붙여주었기 때문이다(행 4:36). 그러나 이 이름이 어디서 유래했는가는 논란의 여지가 있다.[44]

(6) **별명을 대신 쓰기**. 부칭처럼 별명도 그 사람의 이름을 쓰지 않고 별명만 쓸 수 있었다. 요셉 바나바는 보통 바나바라고 불렸다. 이는 시몬 베드로를 예수가 그에게 붙이신 아람어 별명인 게바나 그리스어 별명인 베드로로 부를 수 있는 것과 마찬가지였다.

(7) **태어난 곳이나 사는 곳을 덧붙이기**. 복음서의 예로는 나사렛 사람(=나사렛 출신) 예수, 갈릴리 사람 예수(마 26:69), 막달라 사람(=막달라 출신) 마리아, 구레네 사람(=구레네 출신) 시몬, 아리마대 출신 요셉, 갈릴리 가나 사람 나다나엘(요 21:2)이 있다. 물론 이런 식으로 사람을 구별할 수 있는 것은 그가 자신이 태어나거나 사는 곳이 아니라 다른 곳에 있을 때뿐이었다.

---

41) *ben*이나 *bar*가 붙어 있는 별명들을 살펴보려면 특히 Naveh, "Nameless People"을 보라.

42) Ilan, *Lexicon*, 395-96; 그러나 이 여섯 사례 중 사바가 진짜 이름인 경우가 어떤 것인가는 사실상 분명치 않다.

43) 디아스포라 유대인은 안식일을 언급한 이름들(Sabbatius와 변형들)을 아주 널리 사용했다. 디아스포라 지역에서는 안식일 준수가 유대인과 이방인을 구별하는 가장 두드러진 표지였다.

44) C. K. Barrett, *A Critical and Exegetical Commentary on the Acts of the Apostles*, vol. 1 (ICC; Edinburgh: Clark, 1994), 258-59.

이런 이유로 요한복음 21:2에서는 나다나엘이 "갈릴리 가나에서 온" 사람이라고 불리지만, 요한복음 1:45에서는 그렇게 불리지 않았다. 아리마대 사람 요셉은 분명히 라마다임이라는 고을 근처에 토지를 갖고 있었지만 주로 예루살렘에서 살았다. 이런 이유로 예루살렘에서는 자연스럽게 그를 라마다임 사람 요셉이라고 불렀다. 이런 식의 호칭은 흔했다. 납골함과 도편에서 나온 사례로는 구레네 사람 필론, 구레네 사람 힐렐,[45] 프톨레마이스 사람(Cyrenaica의 Ptolemais 출신) 사라,[46] 알렉산드리아 사람 니가노르,[47] 바벨론 사람 시몬,[48] 갈릴리 사람 살로메,[49] 에좁 사람(Bet Ezob 출신) 여호에셀(Yehoʻezer)[50]이 있다. 요세푸스가 전하는 가장 유명한 예가 유대인 봉기의 지도자 갈릴리 사람 유다다(「유대 고대사」 18.23 등). 갈릴리 사람 유다라는 이 호칭은 갈릴리 밖에서 그를 부르던 호칭임이 분명하다. 갈릴리 안에서 그는 "골란 사람" 유다나 "골란 출신인 사람" 유다로 알려져 있었을 것이다(참고. 「유대 고대사」 18.4).

(8) **태어난 곳이나 사는 곳으로 대신하기**. 누군가를 순전히 그가 태어난 곳으로 지칭하는 경우도 흔하지는 않지만 몇몇 사례가 있다. 한 납골함 명문에는 아람어로 "하나니아의 딸이요 소호 사람(곧 소호 출신)의 어머니인

---

45) 일란은 이 두 사례에 나타난 그리스어 이름 *Kyrēnaios*의 라틴어 이름이 Quirinius라고 생각하지만 그렇게 보아야 하는 이유를 찾기 힘들다. 구레네 시몬을 언급하는 막 15:21과 구레네에서 온 사람들을 언급하는 행 6:9; 11:20에서 정확히 평행을 이루는 말은 *Kyrēnaios*다. 필론과 힐렐은 구레네 시몬처럼 예루살렘에 와 살게 된 디아스포라 출신 유대인임이 틀림없다.

46) Rahmani, *A Catalogue*, 99번. 시몬의 딸인 사라와 시몬의 아들인 구레네 사람 알렉산더의 납골함이 기드론 계곡에 있는 같은 무덤에서 발견되었는데, 실제로 이 둘은 구레네 시몬 집안 사람이었을 수 있다[J. P. Kane, "The Ossuary Inscriptions of Jerusalem," *JSS* 23 (1978), 278-79].

47) Kane, "The Ossuary Inscriptions," 279.

48) Ilan, *Lexicon*, 221, 98번.

49) Yadin and J. Naveh, eds., *Masada I*, 22, 404번.

50) Rahmani, *A Catalogue*, 797, 803번. 다른 예들을 보려면 Hachlili, "Hebrew Names," 98-99; Ilan, *Lexicon*, 34을 보라.

임마"라고 기록되어 있다.[51] 자기 제자들을 광야로 인도했던 한 민중의 예언자는 단순히 "애굽인"으로만 알려져 있었던 것 같다(행 21:38; 요세푸스, 「유대 고대사」 20.171-72).

(9) **가문 이름**. 우리가 아는 한, 사회에서 중요한 위치에 있는 몇몇 가문만이 이름을 갖고 있었다. 이런 가명(家名)은 그 가문 가족 중 두 사람 이상이 지녔던 별명 형태를 띨 수도 있었고, 한 사람의 직계 부모보다는 오히려 가문의 조상을 가리키는 부칭이 분명한 이름 형태를 띨 수도 있었다.[52] 이런 조상의 이름은 그 자체가 원래 별명이었을 수도 있다. 여리고의 한 가문은 기골이 장대하다 해서 골리앗이라는 별명을 얻었는데, 나중에 이것이 가명이 되었다.[53] 복음서에서 볼 수 있는 가명의 사례가 대제사장 가야바다. 우리는 요세푸스(「유대 고대사」 18.35)와 십중팔구 그의 것인 납골함에서 나온 글을 통해 그의 이름이 당시 아주 흔했던 요셉이었음을 알게 되었다. 그의 납골함 명문은 그를 요셉 바르가야바(Yehosef bar Qayyafa 또는 Qafa)로 부른다.[54] 신약성경의 언어는 사람들이 그의 가명만 듣고도—심지어 바가야바가 아니라 그냥 가야바라는 말만 듣고도—그가 누구인지 알 수 있었음을 보여준다. 가야바는 원래 한 조상에게 붙어 있던 별명이었음이 틀림없다(가야바는 아람어로 "삶은 고기에서 나온 젤리 모양으로 굳은 앙금"을

51) Rahmani, *A Catalogue*, 257번.

52) Ilan, *Lexicon*, 46; Hachlili, "Hebrew Names," 92-95.

53) Ilan, *Lexicon*, 84; Hachlili, "Hebrew Names," 94, 103.

54) 이 사람과 대제사장 가야바를 동일시하는 견해는 지금까지 널리 인정되어왔다. 하지만 이 견해에 대해 제기된 의문점을 보려면 W. Horbury, "The 'Caiaphas' Ossuaries and Joseph Caiaphas," *PEQ* 126 (1994), 32-48을 보라. 이런 반대 견해를 논의하고 여기에 대답한 글을 보려면 H. K. Bond, *Caiaphas: Friend of Rome and Judge of Jesus?* (Louisville: Westminster John Knox, 2004), 1-8을 보라. 그러나 본드는 이 납골함 주인이 누구인지 알아내기는 불가능하다고 생각한다. J. C. VanderKam, *From Joshua to Caiaphas: High Priests after the Exile* (Minneapolis: Fortress, 2004), 435-36도 같은 입장을 취한다.

뜻함).[55]

(10) **두 언어로 두 이름을 사용함**. 팔레스타인 유대인이 셈어 이름과 그리스어 이름을(혹은 훨씬 더 드물지만 셈어 이름과 라틴어 이름을) 함께 가지는 일은 드물지 않았다. 두 이름을 함께 사용하면, 아주 흔한 이름을 가진 사람을 구별하는 문제를 해결할 수 있었다. 바바다 문서(Babatha archive)[6]의 법률 기록에서 두드러지게 나타나는 두 살로메는 살로메 그랍테(Salome Grapte)와 살로메 코마이세(Salome Komaise)로 불린다. 반면에 시몬 바르 코크바(Simon Bar Kokhba)의 시종은 시몬 도시테우스(Simon Dositheus)라 불린다. 그러나 정황이 달라지면 두 이름을 바꿔가며 사용했을 수도 있다. 실라는 예루살렘 교회에서는 실라로 알려져 있었지만(행 15:22), 디아스포라 지역을 여행할 때는 바울 서신에서 일컫는 대로 실루아노(실바누스, Silvanus)라는 라틴어 이름을 사용했다. 바사바라 하는 요셉도 이미 이 별명 또는 부칭을 사용하여 다른 요셉과 자신을 구별했지만, 유스도(Justus)라는 라틴어 이름도 사용했는데, 두 이름을 동시에 쓰지 않고 번갈아 사용했을 것이다. 이 두 사례는 셈어 이름과 셈어가 아닌 이름이 비슷한 소리가 나기 때문에 두 이름을 골라 쓴 경우다(실라-실루아노, 요셉-유스도). 안드레(그리스어로 안드레아스)처럼 아주 특이하고 데이터베이스에도 단 세 명만 나타나는 그리스어 이름을 가진 유대인의 경우는, 아주 흔한 셈어 이름도 가졌지만 실생활과 관련된 여러 이유 때문에 보통 때는 더 희귀한 그리스어 이름으로 자신을 알리는 쪽을 택했으리라고 추측할 수 있다. 사실 팔레스타인 유대인들이 사용한 그리스어 이름과 라틴어 이름은 대부분 팔레스타인 유대인들의 용례에서는 아주 드물다.

(11) **직업**. 어떤 사람의 직업이 별명 형태로 바뀌어 그를 구별하는 이름으로 사용될 수 있었다. 누군가의 직업이 그가 잠든 납골함에 기록된 경우에는 이 직업이 그가 살아 있는 동안에 별명으로 사용되었는지, 혹

55) Ilan, *Lexicon*, 408.

은 단지 그를 기리는 기록으로 납골함에 적힌 것인지 밝혀내기가 쉽지 않다. 그러나 "서기관 하나니아의 아들 요셉"이나 "제사장 시므온의 딸 쉘람지온"[56] 같은 사례에서는 직업을 나타내는 말이 그 아버지와 동명이인인 사람들을 구별하는 역할을 하는 것이 분명하다. 마사다의 도편 중 일부도 "약제사의 아들인 유다"나 "빵 굽는 이의 아들" 또는 "건축자의 아들"("브나야의 아들"일 수도 있음)이라고 함으로써, 아버지 이름은 밝히지 않은 채 그의 직업만을 사용하여 아들이 누구인지 밝힌다.[57] 신약성경의 사례로는 무두장이 시몬이 있는데(행 9:43; 10:6), 이 시몬 역시 모든 유대인 이름을 통틀어 가장 흔한 이름이어서 그런지, 여기서는 같은 이름을 가진 손님을 "베드로라 하는 시몬"(10:5-6, 32)이라 불러 둘을 구별한다.

결론

인명학(onomastics)은 복음 전승의 기원을 살펴보는 데 중요한 자원이다. 제4장의 증거는 복음서에 나오는 다양한 인명의 빈도수를 비교한 결과와, 이 시대 팔레스타인 유대인들이 남긴 자료의 개인 이름 3,000개를 수록한 데이터베이스 안에서 이름의 빈도수를 비교한 결과가 일치한다는 것을 보여준다. 이런 일치는 전승에 이름을 덧붙임으로써 일어난 결과일 가능성이 아주 낮다. 심지어 팔레스타인 유대 기독교 안에서도 그럴 가능성은 희박하다. 또한 이런 일치가 팔레스타인 유대 지역 밖에서 전승에 이름을 덧붙임으로써 생긴 결과일 가능성도 없다. 디아스포라 유대인들이 이름을 사용한 패턴은 팔레스타인 유대인의 그것과 아주 달랐기 때문이다. 복음서에 나타나는 동명이인의 구별 방법 역시, 팔레스타인 유대인들이

56) Hachlili, "Hebrew Names," 100.
57) 이 예들과 또 다른 예들은 Hachlili, "Hebrew Names," 102에 있다.

빈번히 사용된 똑같은 이름을 가진 사람들을 구별할 때 사용한 방법들과 거의 일치한다. 다시 말해 신약성경 데이터의 이런 특징들을, 팔레스타인 유대 기독교 내부에서나 밖에서 이렇게 이름을 지어내 갖다 붙인 결과라고 설명할 수는 없다. 모든 증거는 복음서가 제시하는 사람 이름이 대부분 진짜라는 사실을 알려준다. 이는 내가 제3장에서 제시한 주장, 곧 이 많은 이름이 이들이 등장하는 개별적 이야기의 출처인 목격자들을 가리킨다는 주장이 설득력 있다는 것을 뒷받침한다.

표 6: 기원전 330-기원후 200년 동안 팔레스타인 유대인이 가장 빈번히 사용한 남성 이름 99개[58)]

순위	신약성경에 나온 이름	일란이 쓴 이름 형태	유효 합계	복음서와 사도행전에 나온 횟수 합계	요세푸스의 저술에 나온 횟수 합계	납골함에 나온 횟수 합계	유대 광야 문헌에 나온 횟수 합계
1	시몬/시므온	시몬	243	8[59)]	29	59	72
2	요셉/요세	요셉	218	6	21	45	78
3	나사로	엘르아살	166	1[60)]	20	29	52
4	유다	유다	164	5[61)]	14	44	35
5	요한	요하난	122	5[62)]	13	25	40
6	예수	여호수아	99[63)]	2[64)]	14	22	38
7	아나니아	하나니아	82	2[65)]	10	18	13

58) 이 통계들은 일란(*Lexicon*)이 제시한 데이터에서 모은 것이다.

59) 점성술사 시몬(사마리아인)과 구레네 시몬(디아스포라에서 태어난 사람)은 이 숫자에 넣지 않았다.

60) 이 사람은 요 11-12장에 나오는 나사로다. 비유에 등장하는 나사로(눅 16:20)는 지어낸 인물이 분명하므로 제외했다.

61) 일란은 눅 6:16의 유다와 요 14:22의 유다를 다른 사람으로 본다. 그러나 나는 이들을 동일인으로 계산했다. 일란처럼 나도 행 9:11의 유다를 팔레스타인 사람이 아니라 수리아 사람으로 여겨 제외했다.

62) 이 숫자에는 행 4:6의 요한과, 요 1:42과 21:15에 나오는 시몬 베드로의 아버지 요한이 포함되어 있다. 일란은 후자를 열거하지 않고, 베드로의 아버지를 마 16:17에 나타난 이름을 따라 요나 항목에만 포함시킨다.

63) 일란과 달리 나는 4Q551의 예슈아(Jeshua)가 가공인물일 것이라고 생각한다.

64) 일란처럼 나도 엘루마 바예수(Elymas Bar-Jesus; 행 13:6-8)의 아버지를 포함시킨다. 사도행전 내러티브에서 엘루마 바예수는 구브로에서 등장한다. 그러나 그의 부칭이 아람어 형태를 가진 것으로 보아 확실치는 않지만 그는 팔레스타인에서 왔을 가능성이 높다. 일란은 엘루마의 이름을 목록에 넣지 않는다. 이로 보아 일란은 아들이 아닌 아들의 아버지를 팔레스타인에서 태어난 사람으로 여기는 것 같다.

65) 나는 행 9:10의 아나니아를 팔레스타인이 아니라 시리아 사람이라고 추측하여 제외했다. 일란은 아나니아의 경우에는 자신이 설정한 범주 E에서 방금 내가 말한 점을 언급하지 않으면서, 행 9:11의 유다의 경우에는 언급한다. 이는 아나니아는 그리스도인이었으나(따라서 팔레스타인에서 다메섹으로 왔을 수 있음) 유다는 그리스도인이 아니었기

8	요나단	요나단	71[66]	(1)[67]	14[68]	14	21
9	마태/맛디아	맛다디아	62	2	12	17	15
10	마나엔	므나헴	42	1	2	4	23
11	야고보	야곱	40	5[69]	4	5	10
12	안나스	하난	35	1	5[70]	6	12
13		이스마엘	30[71]		3	8	9
14=		사울	29[72]		2	9	9
14=		호니	29		6	5	8
16		도시테우스	27		3	6	4
17=	스가랴/삭개오	사가랴	25	2	4	5	4
17=	레위	레위	25	1	4[73]	5	6
19=		요에제르	24		3	14	1
19=	알렉산더	알렉산더	24	2	14	4	3
21=		히스기야	21		4	6	5
21=	바라바	아바	21	1	1	5	
23		사무엘	20		3	2	8
24=		비느아스	14		3	2	1
24=	헤롯	헤롯	14	3	11		

때문일 수 있다. 내가 보기에 아나니아가 원래 다메섹 사람임을 의심할 이유는 충분히 없는 것 같다.

66) 일란과 달리 나는 4Q551의 요나단이 가공인물일 것이라고 생각한다.

67) 일란의 목록에는 행 4:6에 있는 변형이 포함되지 않았다.

68) 일란의 목록에도 슬라브어판 「유대 전쟁사」 1.364에서만 등장하는 요나단이란 인물이 포함되어 있다.

69) 나는 마태의 계보에서 예수의 할아버지로 되어 있는 야곱(마 1:15-16)을 제외하지만, 일란은 그를 목록에 넣었다. 이 이름은 일란이 두 복음서의 예수 계보 중 어느 한쪽에만 나온 이름 중 유일하게 자기 목록에 포함시킨 이름이다. 두 계보의 특수한 문제점들을 고려할 때, 모든 이름을 제외하는 편이 가장 좋은 것 같다. 나는 마태의 계보보다 누가의 계보가 예수 집안의 조상에 관한 전승을 보존하고 있을 가능성이 더 높다고 본다.

70) 일란의 목록에는 슬라브어판 「유대 전쟁사」 1.364에만 등장하는 아나누스(Ananus)도 포함되어 있다.

71) 일란과 달리 나는 4Q551의 이스마엘이 가공인물일 것이라고 생각한다.

72) 다소 출신 사울은 디아스포라 태생이라 제외했다.

73) 일란의 목록에는 슬라브어판 「유대 전쟁사」 1.364에만 등장하는 레위라는 사람도 포함되어 있다.

26		므낫세	13[74]		2	1	6
27=		안티파트루스	12		11		
27=		야손	12		5	2	
29=		아캅	11		2	2	
29=		트히나	11			5	2
29=		히르카누스	11		5	1	
32=		압살롬	10		4	1	2
32=		브나야	10		1	1	1
34=		이사야	9		1	1	
34=		도로테우스	9		3	3	
34=	드다	테오도루스	9	1	3	2	3
34=	가말리엘	가말리엘	9	1	3	1	
34=		아리스토불루스	9		8		
39=	야이로	야이르	8	1	4		
39=	다대오	다대오	8	1	3	3	
39=		헬키아	8		4	1	
39=		토비아	8		1	1	
39=		나단	8			2	
39=		아자리아	8		1	4	
39=		르우벤	8			2	1
39=		파푸스	8		1	3	
39=		할라프타	8			1	
39=		라바	8			1	5
39=	아그립바	아그립바	8	1	6		
50=		힐렐	7				3
50=		이삭	7			3	1
50=		야킴	7		2	1	1
50=	나다나엘	나다나엘	7	1	1	3	1
50=		에우톨무스	7			1	1
50=		테오도투스	7		2	3	
50=	바돌로매	프톨레마이우스	7	1	2	1	
50=	말고	말카	7	1	2		4
50=		엘리샤	7			1	2

74) 나손(행 21:16)은 구브로 사람이라 제외했다. 일란도 그를 목록에서 전혀 열거하지 않는다.

50=		구리아	7		3[75]		
50=		아히	7			3	1
61=		느헤미야	6			2	
61=		스마야	6				2
61=		트리폰	6		1	2	
61=	빌립	빌립	6	2[76]	4		
61=		메이르	6		2	2	1
61=	알패오	할파이	6	2[77]	1		
61=	유스도	유스도	6	1[78]	3		
68=		바비	5				1
68=		베냐민	5				1
68=		하가이	5			3	1
68=		샤모아	5				3
68=		아리스톤	5		1		2
68=	글로바	글로바	5[79]	1		1	2
68=		느호니아	5				
68=	실라	셰일라	5	1	3		
68=		파사엘	5		3	2	
68=	마가	마르쿠스	5	1[80]		1	
68=	세베대	제베디아	5	1			1
68=	바사바	사바	5	2		3	1
80=	요나	요나	4	1[81]		2	

75) 나는 요세푸스가 구리온(Gurion)이라는 이름을 가진 세 동명이인을 언급하고 있다고 보지만, 일란은 요세푸스가 두 사람만을 언급한다고 믿는다. R. Bauckham, "Nicodemus and the Gurion Family," *JTS* 46 (1996), 1-37을 보라.

76) 일곱 일꾼(행 6:5) 중 하나인 빌립은 디아스포라 지역에서 태어났을 것이기에 포함하지 않았다.

77) 일란은 레위의 아버지 알패오(막 2:14)와 야고보의 아버지 알패오(막 3:18)를 동일인으로 여긴다. 이 견해가 옳을 수도 있지만, 두 사람이 동일인이 아닐 가능성이 더 크다.

78) 행 1:23을 보면 이 이름은 요셉 바사바가 가져다 쓴 라틴어 이름이다.

79) 일란은 눅 24:18의 글로바, 요 19:25의 글로바, 유세비우스의 「교회사」 3.11의 글로바를 각각 다른 사람이라고 여기지만 나는 이 셋을 동일인으로 본다.

80) 이 사람이 마가 요한이다. 그는 히브리어 이름인 요한 외에 라틴어 이름인 마르쿠스(Marcus)를 사용했다.

81) 마 16:17은 그가 시몬 베드로의 아버지라고 말하지만, 요 1:42은 그의 이름이 요한이라

80=		이트라	4			3	1
80=		나훔	4			1	
80=		에스라	4			2	
80=		샤비	4			2	1
80=		쉘라미아	4		1		1
80=	아켈라오	아켈라오	4	1	3		
80=		에로스	4	4			
80=		제논	4				1
80=	니고데모	니고데모	4[82]	1	3		
80=		소시바더	4			3	
80=		가이오	4			2	1
80=		아디[83]	4				1
80=		마리온	4			1	1
80=		안티고누스	4		2		
80=		율리오	4		2		
80=	베드로	베드로	4	1			1
80=		바룩	4	1			1
80=		하라샤	4				1
80=		므술람	4		2		1

단 3회 나타나는 이름: 34
단 2회 나타나는 이름: 80
단 1회 나타나는 이름: 234[84]

이름 수 합계: 447
등장 횟수 합계: 2625

고 말한다.

82) 나는 이 자료들이 이 이름을 가진 네 명의 개인을 언급하고 있으며, 이들이 모두 권세 있는 집안 식구였다고 본다. Bauckham, "Nicodemus and the Gurion Family"를 보라.

83) 나는 이 이름이 아다이아(Adaiah)의 축약형인 아다이(Addai)라고 본다. 기독교 전승은 에데사의 사도(때로는 다대오와 혼동되는 인물)를 아다이로 알고 있었다[아다이를 처음으로 언급하는 부분은 Nag Hammadi *First Apocalypse of James* (CG, V) 36:16]. 나는 (일란과 달리) 그가 역사상 실존 인물이며 처음부터 예루살렘 교회의 지체였으리라고 본다.

84) 자주 나는 일란과 견해를 같이하여 별명일 것이라고 판단되는 이름들은 포함하지 않았다.

표 7: 기원전 330-기원후 200년 동안 팔레스타인 유대인이 가장 빈번히 사용한 여성 이름 31개[85)]

순위	신약성경에 나온 이름	일란이 쓴 이름 형태	유효 합계	복음서와 사도행전에 나온 횟수 합계	요세푸스의 저술에 나온 횟수 합계	납골함에 나온 횟수 합계	유대 광야 문헌에 나온 횟수 합계
1	마리아	마리암	70	6	7	42	9
2	살로메	살로메	58	1	3	41	8
3		쉘람지온	24		1	19	3
4	마르다	마르다	20	1		17	
5=	요안나	요하난	12	1		7	3
5=	삽비라	쉬프라	12	1		9	1
7	버니게	버니게	8	1	3	1	
8=		임마	7			6	
8=		마라[86)]	7			5	
10=		구브로 (키프로스)	6		6		
10=		사라	6			3	1
10=		알렉산드라	6		5	1	
13=	안나	한나	4	1		2	
13=	헤로디아	헤로디아	4	1	1		
13=		율리아	4			3	1
16=			3			3	
16=		레아	3			2	
16=		리브가	3				
16=		구리아 (키리아)	3			3	
16=	수산나	수산나	3	1	2		
21=	엘리사벳	엘리셰바	2	1	1		

85) 이 통계들은 일란(*Lexicon*)이 제시한 데이터에서 모은 것이다.
86) 이 이름은 마르다의 축약형인 것 같다. 한 납골함에서는 같은 여자를 마르다와 마라로 부른다(Ilan, 4번).

21=		안티고나	2			2	
21=		데마르키아	2			2	
21=		헬레네	2			1	1
21=		에로타리온	2			2	
21=		헤라스	2			2	
21=		이데	2			2	
21=		클레오파트라	2		1	1	
21=		베루티아	2			2	
21=	다비다	다비다	2	1			
21=	도르가	도르가	2	1	1		

단 1회 등장하는 이름: 43

이름 수 합계: 74
등장 횟수 합계: 328

남성과 여성 이름 합계: 521
남성과 여성 등장 횟수 합계: 2953

표 8: 복음서와 사도행전에 나온 팔레스타인 유대인 남성 이름 목록

신약성경에 나온 이름	복음서와 사도행전에 나온 횟수 합계	목록 전체에서 순위(표 6)
애니아	1	순위에 없음(모두 3명)
아가보	1	순위에 없음(모두 1명)
아그립바	1	39 =
알렉산더	2	19 =
알패오	2	61 =
아나니아	2	7
안드레	1	순위에 없음(모두 3명)
안나스	1	12
아켈라오	1	80 =
바라바	1	22 =
바사바	2	68 =
바돌로매	1	50 =
바디매오	1	순위에 없음(모두 1명)
가야바	1	순위에 없음(모두 1명)
글로바	1	68 =
가말리엘	1	34 =
헤롯	3	24 =
야이로	1	39 =
야고보	5	11
예수	2	6
요한	5	5
요나	1	68 =
요나단	(1)	8
요셉/요세	6	2
유다	5	4
유스도	1	61 =
나사로	1	3
레위	1	17 =
말고	1	50 =
마나엔	1	10
마가	1	68 =

마태/맛디아	2	9
나다나엘	1	50 =
니고데모	1	80 =
베드로	1	80 =
빌립	2	61 =
루포	1	순위에 없음(모두 2명)
실라	1	68 =
시몬/시므온	8	1
다대오	1	39 =
드다	1	34 =
도마	1	순위에 없음(모두 2명)
디매오	1	순위에 없음(모두 1명)
세베대	1	68 =
스가랴/삭개오	2	17 =

표 9: 복음서와 사도행전에 나온 팔레스타인 유대인 여성 이름 목록

신약성경에 나온 이름	복음서와 사도행전에 나온 횟수 합계	목록 전체에서 순위(표 7)
안나	1	13 =
버니게	1	7
드루실라	1	순위에 없음(모두 1명)
엘리사벳	1	21 =
헤로디아	1	13 =
요안나	1	5 =
마르다	1	4
마리아	6	1
로데	1	순위에 없음(모두 1명)
살로메	1	2
삽비라	1	5 =
수산나	1	16 =
다비다	1	21 =

역자 주

1. 탄나임 시대는 랍비들이 고대로부터 내려오는 전승을 암송을 통해 후대로 물려주었던 시대다. 대략 기원후 70년부터 200년에 이르는 기간이며, 이 시대에 모세오경 주석서도 기록되었다고 한다. 탄나임은 "암송하는 사람들"이라는 뜻이다.

2. 모든 이름을 "성경에 나오는 이름-남성", "성경에 나오는 이름-여성", "그리스어 이름-남성", "그리스어 이름-여성", "라틴어 이름-남성", "라틴어 이름-여성", "페르시아어 이름-남성", "페르시아어 이름-여성"으로 분류해놓았다.

3. 예를 들어 표 6을 기준으로 할 때, 네 자료에서 처음 등장하는 아홉 이름 중 시몬, 요셉, 엘르아살(나사로)의 등장 횟수가 아홉 이름 전체의 등장 횟수에서 차지하는 비율을 계산하면, 복음서에서 각각 25퍼센트(8/32), 18.8퍼센트(6/32), 3퍼센트(1/32), 요세푸스의 저술에서 19.7퍼센트(29/147), 14.3퍼센트(21/147), 13.6퍼센트(20/147), 납골함에서 21.6퍼센트(59/273), 16.5퍼센트(45/273), 10.6퍼센트(29/273), 유대 광야에서 19.8퍼센트(72/364), 21.4퍼센트(78/364), 14.3퍼센트(52/364)다. 또한 앞의 네 자료에서 각각 요셉/시몬, 엘르아살/시몬의 비율을 계산해보면, 복음서에서 75퍼센트(6/8), 12.5퍼센트(1/8), 요세푸스의 저술에서 72퍼센트(21/29), 69퍼센트(20/29), 납골함에서 76퍼센트(45/59), 49퍼센트(29/59), 유대 광야에서 108퍼센트(78/72), 72퍼센트(52/72)가 된다. 전체 유효숫자를 기준으로 살펴보면, 시몬은 아홉 이름의 등장 횟수 중 19.6퍼센트(243/1237), 요셉은 17.6퍼센트(218/1237), 엘르아살은 14.3퍼센트(166/1273)를 차지하며, 요셉/시몬과 엘르아살/시몬의 비율은 각각 89퍼센트(218/243)와 68.3퍼센트(166/243)다.

4. 안티오코스 에피파네스가 저지른 유대교 탄압에 맞서, 유대교 신앙과 전통을 순수하게 보존하려 했던 마카비 집안의 후예들로서 기원전 140년대 중반부터 약 한 세기 동안 독립 왕조를 이루고 유대를 다스렸다.

5. *sicarii*는 라틴어로 "암살자, 자객"을 뜻하는 *sicarius*의 복수형이다. 단검(*sica*)을 들고 몰래 접근하여 사람을 암살하는 자를 가리키는데, 유대인 봉기 때는 특히 로마를 몰아내고 유대 독립을 쟁취하려 했던 열심당원 중에서도 특히 강경파들이 이런 암살 부대로 활동했다.

6. 바바다 문서는 오늘날 요르단 지역의 마오자(Maoza) 계곡에 살았던 "바바다"라는 유대 여인의 신상 기록을 모아놓은 것이다. 사해 주변의 한 동굴에서 발견되었는데, 그리스어, 아람어, 나바테아어로 기록된 35개 서류로 이루어져 있다. 이 문서에는 기원후 93년부터 바르 코크바 전쟁이 일어난 132년까지 벌어진 일들이 기록되어 있다.

제 5 장

열두 제자

열두 제자의 중요성

이 책의 주된 요지는, 복음 전승이 처음 태동하여 복음서로 기록될 때까지, 그 전승이 이름이 밝혀져 있고 사람들에게 알려진 목격자들과 결합해 있었다는 것이다. 그 목격자들은 예수가 당신 입으로 말씀하신 가르침을 직접 듣고 이를 열심히 기억했으며, 예수의 사역과 죽음과 부활 사건을 목격하고서 이 사건과 관련된 이야기의 구조를 만들고 그것을 전했던 사람들이었다. 이들은 약간의 시간만 지나면 자신들을 전혀 언급하지 않고도 스스로 진행되어갈 구전 과정을 시작하도록 시동을 건 것 이상의 일을 했다. 목격자들은 그들이 살아 있는 동안 전승의 출처로 남아 있었다. 그들이 목격한 사건의 중심에 있던 인물인지 혹은 변두리에 자리한 인물인지에 따라 달라지겠지만, 그럼에도 계속해서 이들은 자신이 전한 이야기를 권위를 가지고 보증했다.

20세기 초에 복음서 연구에서 일어난 양식비평 운동의 결과로, 이름이 밝혀진 개인들이 예수의 말씀과 행위를 담은 전승을 전달하는 과정에서 한 역할은 평범한 신약학자들의 인식 속에서 거의 사라져버렸다.[1] 복음서를 연구하는 학자들이 편집비평이나 문학비평 혹은 사회과학적 비평으로 옮겨갔음에도 이런 현상은 회복되지 않았다. 여기에 대해 비르예르 에르핫손은 다음과 같이 썼다.

1) 양식비평에 대해서는 제10장을 보라.

양식비평가들은 고대 교회가 복음서 배후에 있는 구체적 사람들에 대해 제공하는 많은 정보를 고려하지 않았으며, 심지어 신약성경이 개인들을 언급하는 부분도 염두에 두지 않았다. 창조하는 공동체라는 개념을 고수하면, 구체적 전승 전달자들에 대한 질문은 흥미 없는 것이 되어버린다. 이렇게 전승 연구에 나타난 비개인화(depersonalization) 현상은 바로 지금까지도 전염 효과를 미치고 있다. 본문을 만들어내거나 다시 만들어낸 사람 혹은 그것을 전달했던 사람이 누구인가를 묻는 대신에 경솔하게 "교회가 만들어낸 것들"(Gemeindebildungen)[2]과 "공동체 안에서 회자되었던" 전승을 이야기하는 일이 지금도 계속 일어나고 있다.[3]

에르핫손은 이 이름이 밝혀진 사람들, 전승을 형성하고 전달하는 역할을 감당했던 구체적 인물들을 우리에게 다시 인식시키려 하면서도, 정작 자신은 열두 제자에게만 초점을 맞추었다. 에르핫손도 올바로 추측했듯이, 열두 제자는 교회사 초기 몇 년 동안 예루살렘에서 "권위 있는 집단"[4]을 형성했다. 나중에 보겠지만, 나는 이렇게 열두 제자에게만 초점을 맞추고 다른 목격자들은 배제한 채 이 열둘이 전승을 통제하는 권위를 가지고 중요한 위치에 있었다는 점만 강조하는 것은 지나치다고 생각한다.[5] 분명히 다른 목격자들도 존재하고 있었다. 따라서 우리는 특정한 전승을 형성하고 전달했던 열두 제자 중 각 사람을 전체 차원에서는 물론 개인적 차

2) 이 독일어 표현은 "공동체가 만든 것"(community-product)이나 "공동체가 형성한 것"(community formulation)으로 번역할 때가 더 많다.

3) B. Gerhardsson, *The Reliability of the Gospel Tradition* (Peabody: Hendrickson, 2001), 74.

4) Gerhardsson, *The Reliability*, 73; B. Gerhardsson, *Memory and Manuscript* (ASNU 22; Uppsala: Almqvist and Wiksells, 1961), 329-30.

5) 하지만 에르핫손도 누가복음의 서문에 제시된 "목격자들" 중 "으뜸은 열두 제자이나 이들만이 목격자인 것은 아니다"라고 인정한다: B. Gerhardsson, *The Gospel Tradition* [CB(NT) 15; Malmö: Gleerup, 1986], 29.

원에서도 고려해야 한다. 우리가 제2장에서 살펴보았던 파피아스의 보고도 이 점을 암시한다. 하지만 이렇게 열 두 제자에 대한 강조를 수정한다고 해서, 이들이 "권위 있는 집단"으로서 가지는 중요성을 완전히 무시한다는 의미는 아니다. 만일 열두 제자가 복음서의 주장대로 예수의 사역 기간 내내 그분과 친밀히 동행했다면, 그리고 대다수 학자들이 동의하듯이 그들이 예루살렘 모(母)교회와 그 교회의 첫 대외 선교를 이끈 지도자였다면, 우리는 그들이 예수 전승을 전한 권위 있는 전달자며 이 전승을 형성하는 데서도 어떤 공식적 지위를 가졌으리라고 추측할 수밖에 없다.

일부 학자들은 예수가 하나님 백성인 이스라엘을 새롭게 하고 회복시키는 사명을 행하실 때 몸소 열두 제자를 세워 특별한 자리를 맡기셨다는 것을 의심했다(이 학자들의 대표자가 루돌프 불트만이었다). 이들은 열두 제자라는 개념이 나중에 가서야 생겨났다고 믿었다.[6] 하지만 근래에는 대다수 학자가 열두 제자 개념을 받아들인다. 왜냐하면 특히 이 개념이 예수를 철저히 유대인으로 보는 관점에서 그를 이해하려는 흐름[7]과 아주 잘 들어맞기 때문이다. 근래에 존 마이어(John Meier)는 열두 제자가 예수 자신이 만드신 그룹으로 역사상 실존했음을 폭넓고 철저하게 변호했다.[8] 여기서 그

---

6) 열두 제자의 출발점을 예수까지 거슬러 올라가지 않고 설명하려는 최근의 시도들을 보려면 H. O. Guenther, *The Footprints of Jesus' Twelve in Early Christian Traditions* (American University Studies 7/7; New York: Lang, 1985)를 보라.

7) R. P. Meye, *Jesus and the Twelve: Discipleship and Redaction in Mark's Gospel* (Grand Rapids: Eerdmans, 1968), 8장; B. F. Meyer, *The Aims of Jesus* (London: SCM, 1979), 153-54; M. Hengel, *The Charismatic Leader and His Followers* (tr. J. C. G. Grieg; Edinburgh: Clark, 1981), 68; E. P. Sanders, *Jesus and Judaism* (London: SCM, 1985), 98-106; R. A. Horsely, *Jesus and the Spiral of Violence* (Minneapolis: Fortress, 1993), 199-208; N. T. Wright, *Jesus and the Victory of God* (London: SPCK, 1996), 299-300; G. Theissen and A. Merz, *The Historical Jesus* (tr. J. Bowden; London: SCM, 1998), 216-17; M. Casey, *Aramaic Sources of Mark's Gospel* (SNTSMS 102; Cambridge: Cambridge University Press, 1998), 194-96; J. D. G. Dunn, *Jesus Remembered* (Grand Rapids: Eerdmans, 2003), 507-11이 그런 예다.

8) J. P. Meier, *A Marginal Jew*, vol. 3 (New York: Doubleday, 2001), 128-47: 여기에

의 주장을 되풀이할 필요는 없을 것이다. 열두 제자 그룹의 중요성은 열두 지파로 구성된 이스라엘을 세우려는 이상과, 메시아 시대가 오면 열두 지파가 모두 회복되리라고 기대했던 유대인들의 소망과 연결되어 있음이 틀림없다. 예수가 임명하신 열두 제자가 문자 그대로 각각의 지파에 속한 것은 아니었을 것이다(열두 제자 중에는 형제도 두 쌍 있었음). 그렇다 해도 이 열두 제자는 상징적으로 광야에서 이스라엘 열두 지파를 이끈 열두 우두머리(민 1:4-16)에 해당했던 것 같다.[9] 유대인들은 광야에서 시작된 이스라엘을 메시아 시대에 회복될 이스라엘의 원형으로 받아들였다. 예수가 열두 제자를 임명하신 일은, 메시아 시대에 이루어질 이스라엘의 회복의 핵심이 이미 당신의 사역에서 시작되었다는 주장을 상징했다.[10] 몇몇 학자가 주장하듯이, 열두 제자를 임명한 일은, 하나님이 예수의 사역을 통해 무슨 일을 행하실지 알려준 예언적 표지였다.[11]

이렇게 열두 제자의 지위와 새로워진 하나님 백성이 연결되어 있다는 사실은, 왜 제자들이 초기 교회에서 권위 있는 지위에 있었는지 그 이유를 설명해준다. 우리 논지에 비추어볼 때 또 하나 반드시 주목해야 할 것은, 열두 제자가 스승인 예수의 제자들이었다는 점이다. 열두 제자는 스승 예수가 처음에는 "자기와 함께" 있게 하고(막 3:14), 뒤이어 이들이 가르침을 받고 자신과 동고동락하는 중에 배움을 얻어 자신의 사역을 이어갈 사명을 감당하게 하려고 임명하신 이들이었다. 열두 제자만이 예수와 함께 여행한 것은 아니었지만(예를 들어 예수와 함께 여행한 이들 중에는 여자들도 있었음; 눅 8:1-3), 분명히 열두 제자는 지속적으로 그분 곁에 있었던 동반자들이었

는 그가 앞서 쓴 논문["The Circle of the Twelve: Did It Exist during Jesus' Public Ministry?" *JBL* 116 (1997), 635-72]이 들어 있다.

9) W. Horbury, "The Twelve and the Phylarchs," *NTS* 32 (1986), 503-27.

10) S. M. Bryan, *Jesus and Israel's Traditions of Judgement and Restoration* (SNTSMS 117; Cambridge: Cambridge University Press, 2002), 123-24.

11) 예를 들어 Hengel, *The Charismatic Leader*, 60; Meier, *A Marginal Jew*, vol. 3, 148-54.

다. 따라서 우리는 초기 기독교 공동체 안에서 열두 제자가 예수의 말씀을 권위를 가지고 전달했을 뿐 아니라, 그분의 역사적 사건들을 직접 본 권위 있는 목격자 역할도 했으리라고 쉽게 짐작할 수 있다. 초기 공동체 안에 예수 전승의 실체를 형성하고 이 전승에 권위를 부여하는 역할을 한 그룹이 있었다면, 열두 제자가 그 그룹이었을 가능성이 높다는 사실은 누구라도 알 수 있다.

열두 제자를 기록한 명단

열두 제자가 공식적 목격자 집단을 구성했다는 가설을 확인해주는 증거는 세 공관복음서 모두에 등장하는 열두 제자 명단에서 발견할 수 있다(요한복음에는 이 명단이 없다. 하지만 이 사실에도 고유한 의미가 있다는 점을 우리는 나중에 살펴볼 것이다). 마태복음 10:2-4, 마가복음 3:16-19, 누가복음 6:13-16이 바로 그 세 명단이다. 네 번째 명단은 사도행전 1:13에 있다. 열두 제자가 이 복음서들, 그중에서도 특히 마태복음과 마가복음의 내러티브에서 중요한 역할을 하는 것은 사실이지만, 이 명단들은 단순히 이야기의 주요 등장인물들을 소개하는 것으로도 볼 수 있다. 이 명단들의 목적이 예수의 사역 동안 그룹을 이루어 그분을 따른 열두 제자의 구성원이 누구인지 기록하는 것이라는 사실은, 제자들 중 가룟 유다가 들어 있다는 점을 통해 알 수 있다. 동시에 모든 명단의 맨 끝에 가룟 유다를 기록하면서 그가 예수를 관원에게 넘긴 자라는 설명이 붙어 있다는 사실은, 이 명단에 예수의 죽음 이후 열두 제자를 보는 관점이 들어 있음을 보여준다. 따라서 이 명단들은 예수의 사역 동안과 사역 이후에 이 그룹이 연속성을 가지며, 또한 초기 기독교 공동체 안에서도 연속성을 가졌음을 보여주려는 목적으로 만들어졌다. 데이비스(W. D. Davies)와 앨리슨(D. C. Allison)은 마태복음 첫머리에 나오는 계보와 10장에 있는 열두 제자 명단을 대조하면서 이렇게 썼다.

> 이전의 역사를 요약하는 계보와 달리, 제자 명단은 이후의 역사를 알려준다. 마태복음 1:2-17의 계보는 이스라엘에 존재하던 아브라함의 자손들 안에서 전개된 예수 이전의 역사를 보여주는 반면에, 10장의 제자 명단은 베드로를 머리로 하는 교회 안에서 펼쳐진 예수 이후의 역사를 보여준다.[12)]

명단들이 단순히 복음서 내러티브에 나온 인물들을 소개할 뿐이라면, 마가복음과 누가복음에서는 제자들 중 적어도 일곱 명이, 마태복음에서는 여섯 명이 다시 언급되지 않거나 개인 자격으로 등장한다는 사실은 주목할 만하다. 제2장에서 우리는 왜 복음서에 제자들을 포함해서 많은 사람이 익명으로 등장하면서도, 동시에 이름이 밝혀진 인물들도 등장하는가라는 질문을 제기해보았다. 여기에 대해 우리는 특정 전승이 그 전승 안에 이름이 등장하는 사람들과 결합해 있으며, 그들을 그 이야기를 전한 목격자로 이해한다는 것을 논증함으로써 이 질문에 대답했다. 그러나 이런 방식의 설명으로는 열두 제자 중 오직 제자 명단에만 이름이 나와 있는 사람들을 정확히 설명할 수 없다. 하지만 세 공관복음서는 열두 제자를, 세 복음서의 핵심 전승 모음을 형성하고 이 모음에 권위를 부여한 공식적 목격자 집단으로서 열거했을 가능성이 크다. 공관복음서가 제자들 이름을 밝힌 것은 이들을 특정 전승을 뒷받침할 권위로 활용하려는 것이 아니라, 이들이 예수 이야기의 전체 형성과 그 내용 중 많은 부분에 책임이 있기 때문이다. 제8장에서 다시 보겠지만, 대다수 학자들은 마가의 수난 내러티브 중 많은 부분이 열두 제자의 손에서 나온 전승들의 시퀀스(sequence) 형태를 띠고 있다는 견해를 지지한다. 복음서가 제시하는 명단들의 표면

---

12) W. D. Davies and D. C. Allison, *A Critical and Exegetical Commentary on the Gospel according to Saint Matthew*, vol. 2 (Edinburgh: Clark, 1991), 150.

만 보면 열두 제자는 특정한 전승을 전한 이들로 보이지 않으며, 개인이 아니라 그룹으로만 보인다. 그렇다 해도 이 그룹은 복음 전승 전달에서 아주 중요했다. 따라서 공관복음서 저자들은 이들 대부분을 익명으로 남겨두는 데 만족하지 않고, 열두 구성원의 명단을 예수의 사역 동안 형성된 그룹으로 조심스럽게 보존했다. 누가복음의 경우 열두 제자 명단은, 누가가 자기 복음서 서문에서 출처로 언급하는 "목격자들과 말씀을 섬기는 일꾼들"(눅 1:2)의 중요한 그룹이 어떤 그룹인지 이름을 통해 밝히는 역할을 한다.[13] 마태복음과 마가복음에서는 이 점이 누가복음처럼 분명하게 드러나지는 않지만, 이를 암시하는 것만은 확실하다.

열두 제자 명단들 사이의 차이점

이 명단들이 열두 제자의 이름을 조심스럽게 보존하고 있다는 것은 사실인가? 많은 학자들은 사실이 아니라고 생각했다. 그들은 이 명단들 사이의 차이점이, 복음서가 기록되던 무렵에는 사람들이 열두 제자의 구성원을 정확히 기억하지 못했음을 가리키는 증거라고 지적했다. 만일 이 주장이 참이라면, 열두 제자가 처음뿐 아니라 그들이 살아 있는 동안에도 줄곧 복음 전승의 권위 있는 보증인이었다는 주장은 불리한 입장에 놓이게 된다.

191쪽에 나오는 표 10은 이 명단들을 동일한 관점에서 볼 수 있도록 제시하고 있다. 먼저 우리는 명단들 사이의 차이점이 크지 않다는 데 주목해야 한다. 각 명단에는 제자들 이름이 네 이름씩 세 그룹으로 묶여 있으

13) F. Bovon, *Luke 1* (Hermeneia; Minneapolis: Fortress, 2002), 211. 열두 제자가 증인으로 사역을 시작하는 사도행전 첫머리에서(행 1:13) 누가가 다시 열두 제자를 열거한다는 사실이 가지는 중요성에도 주목하라.

며(다른 명단들과 달리 사도행전의 명단에는 가룟 유다가 없다), 각 그룹에 처음 등장하는 이름은 모든 명단이 똑같다. 즉 항상 시몬 베드로가 첫 그룹 첫머리에 나오며, 두 번째 그룹은 야고보, 세 번째 그룹은 알패오의 아들 야고보가 첫머리에 나온다. 그룹별로, 첫머리 다음에 등장하는 세 이름의 순서는 네 명단이 모두 다르지만, 가룟 유다가 등장하는 세 명단에서는 늘 유다가 끝자리를 차지한다. 두 번째와 세 번째 그룹에서 순서가 바뀌는 것은 구전 과정에서 사람들이나 복음서 기자들이 기억하는 내용이 달랐기 때문이라고 설명할 수 있다. 이 명단들을 보면, 제자 명단은 세 그룹으로 이루어진 것으로 기억되었으며, 각 그룹의 처음에 나오는 이름은 고정되었지만 다른 세 이름은 순서가 바뀔 수 있었음을 알 수 있다. 아울러 가룟 유다가 예수의 사역 동안에도 그랬던 것처럼, 열두 제자 명단에서 늘 마지막 자리에 온다는 것도 쉽게 알 수 있다.

첫 그룹의 네 이름을 보면, 두 쌍의 형제(베드로와 그의 형제 안드레, 야고보와 그의 형제 요한)를 기록한 마태복음과 누가복음의 순서가 표준적이며, 마가복음과 사도행전에서 순서가 달라진 것은 편집상 이유 때문이다. 마가는 예수가 별명을 붙여주신 세 제자, 즉 베드로라는 별명이 주어진 시몬과, 보아너게(Boanerges, "천둥의 아들들")[14]라는 별명이 주어진 세베대의 아들들을 첫머리에 놓고 싶어했다. 마가복음의 다른 곳(5:37; 9:2; 14:33)을 보면, 이 세 사람이 속한 그룹은 열두 제자 중에서도 중추 집단을 형성한다. 마가가 예수가 별명을 붙여주신 일을 이야기하는 두 평행 구절(막 3:16과 3:17)은 문법상 매우 어색하게 제자 명단의 구조 속에 들어와 있다. 이는 마가가 자신이 알고 있던 열두 제자 명단에 덧붙인 말이며, 그 첫 번째 평행문은(막 3:16) 시몬의 별명에 대한 마태의 간단한 언급(마 10:2; "베드로라 하

14) 이 용어의 문제점을 다룬 최근의 글을 보려면 M. Casey, *Aramaic Sources of Mark's Gospel* (SNTSMS 102; Cambridge: Cambridge University Press), 197-98; R. T. France, *The Gospel of Mark* (NIGTC; Grand Rapids: Eerdmans, 2002), 161-62을 보라.

는 시몬"-역주)을 대체하고 있다. 마가가 자기 복음서에서 이 지점까지는 시몬 베드로라고 부르다가, 이곳부터는 베드로라고 부른다는 점에 주목해야 한다. 마가는 마태의 명단에서처럼 시몬이 베드로라는 별명을 가졌다는 간단한 언급을, 마가 자신의 이야기 속 이 지점에서 예수가 시몬에게 그 별명을 붙이셨다는 말로 대체하기를 원했던 것 같다. 사도행전의 명단에서 첫 그룹의 네 이름 순서에 변동이 있다는 것은, 베드로와 요한이 사도행전 전반부에서 열두 제자를 이끄는 제자들로 등장하기(행 3:1-4:31; 8:14-25) 때문이라고 쉽게 설명할 수 있다. 사도행전에는 야고보의 순교가 기록되어 있으나(12:2), 안드레는 전혀 나오지 않는다. 따라서 마가는 자신의 복음서에서 요한과 야고보와 안드레의 세 이름이 얼마나 두드러진가를 기준으로 순서를 바꾼 반면에, 사도행전은 이 이름들이 사도행전에서 얼마나 두드러진가를 기준으로 한 것 같다.

이 명단들 사이에 존재하는 또 한 가지 차이점은 마태가 행한 편집의 결과로 이해해야 할 듯하다. 마태만이 유일하게 그의 명단에서 제자 마태를 "세리"라고 부른다(10:3). 마태를 이렇게 부른 것은 분명히 이 명단과 예수가 마태를 제자로 부르신 일을 이야기하는 마태복음 9:9 사이의 연관성을 독자들에게 상기시키기 위해서다. 마태복음 9:9에서는 예수가 부르신 세리를 마태라고 부르지만, 마가와 누가의 이야기에서는 레위라고 부른다(마태와 레위가 동일인인가는 나중에 살펴보겠다. 그러나 분명한 것은 마가복음이나 누가복음의 독자 중에는 마태와 레위가 동일인이라고 생각할 이유를 가진 이가 없었으리라는 점이다).

지금까지 우리는 공관복음서와 사도행전이 제시하는 열두 제자의 명단에서, 두 개 이상의 전승을 따라 이 명단이 전달되었다고 생각해야 할 차이점을 전혀 발견하지 못했다. 그러나 어쩌면 남은 한 가지 차이점 때문에 앞과 같은 생각을 해야 할지도 모르겠다. 네 이름을 묶은 마지막 그룹을 보면, 마가와 마태는 다대오를 제자로 기록한 반면에, 누가복음과 사도행전은 야고보의 (아들) 유다를 제자로 기록했다. 이것은 열두 제자의 구성원을 기록한 명단들에서 볼 수 있는 유일하게 명백한 차이점이다.[15] 자주 이 차이점은 열두 제자 명단이 신뢰할 만한 것이 아니라는 증거로 간주되었다. 예를 들어 조지프 피츠마이어(Joseph Fitzmyer)는 이 차이점이 "누가와 마태가 복음서를 기록할 무렵에는 초기 교회가 열두 제자 이름을 정확히 보존하고 있지 않았으며, 열두 제자 그룹이 처음에는 중요했지만 점차로 그 중요성을 잃어, 나중에는 심지어 그 구성원을 사람들이 기억하지 못할 정도에 이르렀음"을 보여준다고 주장한다.[16] 하지만 열두 이름 중 유일하게 한 개의 이름이 바뀌었다 해서 모든 것을 부정하는 것은 좀 지나친 결론 같다. 그러나 이런 주장은, 복음 전승이 열두 제자 이름을 기억한 것이 무엇보다 이들이 전승의 핵심을 직접 본 공식적 목격자요 이 핵심의 보증인이기 때문이라는 우리의 주장에 심각한 도전장을 던진다. 만일 이런 이유 때문에 제자들 이름이 특별하게 기억되었다면, 우리는 당연히 이 이름들이 모두 정확히 기억되었으리라고 기대할 수밖에 없다.

다대오와 야고보의 아들 유다라는 차이가 생긴 연유를 설명할 수 있는 길은 두 가지가 있다. 하나는 다대오가 원래 열두 제자 중 하나였으나 예수의 사역 동안 어떤 이유로 떨어져나가고 그 자리를 야고보의 아들 유다가 대신했다는 설명이다.[17] 하지만 예수가 돌아가시기 전에 이미 다른 사람으로 바뀐 열두 제자 중 한 사람이, 마가복음의 표준 명단에 들어갔을 리가 없다. 이런 제자를 표준 명단에 넣었다면, 가룟 유다의 사례와 비교해도 균형이 맞지 않는다. 유다는 마가의 이야기에서 없어서는 안 될 인물이요, 마가의 명단도 유다가 저지른 잘못을 분명하게 말하기 때문이다.

15) 몇몇 사본이 막 3:18과 마 10:3에서 다대오 대신으로, 또는 이 이름에 덧붙여 레배오(Lebbaeus)나 라배오(Labbaeus)라는 이름을 기록했지만, 여기서 이를 논의할 필요는 없다.

16) J. A. Fitzmyer, *The Gospel according to Luke I-IX* (AB 28; New York: Doubleday, 1981), 620.

17) Meier, *A Marginal Jew*, vol. 3, 131; Casey, *Aramaic Sources*, 195-96.

또 다른 가능성은 다대오와 야고보의 아들 유다가 동일인일 가능성이다. 존 마이어는 이런 가능성을 두고 "조화(harmonisation)를 꾀한 티가 난다"라고 비판하지만,[18] 그래도 이것을 무시해서는 안 된다. 조화를 꾀하는 것이 늘 부당하지는 않다. 또한 이 경우에는 동일인이 두 개의 이름을 가졌을 가능성도 있는데, 이 시기 팔레스타인 유대인의 이름에 대해 우리가 알고 있는 내용도 이런 가능성을 뒷받침한다. 다대오라는 이름(그리스어로 *Thaddaios*)은 그리스어 이름(Theodosios, Theodotos 또는 Theodoros였을 것임)이 처음에는 셈어 축약형인 타다이(*Taddai*)[19]로 바뀌었다가 다시 타다이오스[20]라는 그리스어 이름으로 바뀐 사례다. 우리가 지금 보는 다대오 외에 이 시기에 살았던 다른 일곱 사람 역시 이 이름을 셈어 축약형으로 가졌다고 알려져 있다.[21] 테오도시오스, 테오도토스, 테오도로스라는 그리스어 이름이 모두 유대인에게 인기 있었던 이유는, 이 이름들이 하나님을 가리키는 말을

18) Meier, *A Marginal Jew*, vol. 3, 131.

19) 이런 형태는 랍비 문헌에서도 발견되는데, 지금 살펴보는 시대에 살았던 한 개인에 대한 언급도 이 문헌 안에 있다: Tal Ilan, *Lexicon of Jewish Names in Late Antiquity* (Tübingen: Mohr, 2000), 283, 3번. 한 납골함에도 이 이름이 히브리어(*Tadda*)와 그리스어[(*Thad*)*da*]로 기록되어 있다: Ilan, *Lexicon*, 283, 6번.

20) 이 형태는 한 납골함에서 발견되며(Rahmani 114번: *Thadaiou*) 유대 광야에서 나온 두 파피루스에 실린 세 사람의 이름이기도 하다: Ilan, *Lexicon*, 283, 7-10번. 한 납골함에는 다른 그리스어 이름 형태가 히브리어로 기록되어 있다: *Taddiōn*: Ilan, *Lexicon*, 283, 5번. 예전에는 다대오/타다이가 "가슴"을 뜻하는 아람어 *tad*(=히브리어 *shad*)에서 왔다고 주장되었으나 이는 잘못이다[G. Dalman, *The Words of Jesus* (tr. D. M. Kay; Edinburgh: Clark, 1902), 50; E. Nestle, "Thaddaeus," in J. Hastings, ed., *A Dictionary of the Bible*, vol. 4 (Edinburgh: Clark, 1902), 741이 이미 이 주장을 거부했다. 그러나 R. Harris, *The Twelve Apostle* (Cambridge: Heffer, 1927), 28-29; W. D. Davies and D. C. Allison, *A Critical and Exegetical Commentary on the Gospel according to Saint Matthew*, vol. 2 (ICC; Edinburgh: Clark, 1991), 156, 주 52을 참고하라]. M. J. Wilkins, "Disciples," in J. B. Green and S. McKnight, eds., *Dictionary of Jesus and the Gospels* (Downers Grove: InterVarsity, 1992), 181도 "다대오는 별명이거나 장소 이름이다"라고 말하는 잘못을 범하고 있다.

21) Ilan, *Lexicon*, 283, 3, 5-10번.

담고 있었기 때문이다(즉 하나님을 가리키는 그리스어 *theos*가 들어 있으며, 이런 점에서 *El*이나 YHWH를 포함해서 많은 히브리어 이름과 유사함).[22] 제4장에서 이미 논의했듯이, 팔레스타인 유대인들은 때때로—혹은 자주—셈어 이름과 그리스어 이름을 동시에 가지고 있었다. 예를 들어 납골함 명문에서는 여후단(Yehudan, 유다)과 이아손(Yason, 야손),[23] 마라(Mara, 아람어 이름인 마르다[24]의 축약형임이 분명함)와 알렉사스(Alexas),[25] 유다와 시몬,[26] 소라(Sorra, Sara)와 아리스토불라(Aristobula)[27]라고 불린 개인들과, 아마도 나다나엘과 테오도토스(이 둘은 그 의미가 같음)라고 불린 개인[28]이 발견된다. 동일인이 유다[여후다(*Yehudah*)]와 다대오[타다이(*Taddai*)]로 불렸을 가능성이 전혀 없는 것은 아니다. 당대인들은 이 두 이름이 같은 소리가 난다고 여겼을 수 있다.[29] 요셉(혹은 예수)과 유스도(Justus), 르우벤과 루포(Rufus), 예수와 야손, 사울(히브리어로 *Sha'ul*)과 바울(라틴어로 *Paulus*)이 같은 소리가 난다고 간주했던 것처럼 말이다.[30]

열두 제자 중 하나인 유다와, 열두 제자 중 또 다른 인물로 같은 이름을 가진 가룟 유다는 어떤 식으로라도 구별할 필요가 있었음이 분명하

22) Ilan, *Lexicon*, 10-11을 보라.

23) Rahmani 477번(둘 다 히브리어로 기록됨).

24) 참고. Ilan, *Lexicon*, 423, 주 1.

25) Rahmani 868번. 여기서 알렉사스는 어느 정도 대중에게 인기 있었던 여성 이름 알렉산드라의 아람어식 축약형이다.

26) Rahmani 868번(둘 다 그리스어로 기록됨). 시몬은 히브리어 이름인 시므온과 같은 이름으로 사용될 때가 많았지만, 그래도 엄연히 그리스어 이름이다.

27) Rahmani 95번(둘 다 그리스어로 기록됨).

28) Rahmani 789, 796번; 참고. Ilan, *Lexicon*, 200 주 10.

29) 같은 소리가 나는 히브리어 이름과 그리스어 이름을 더 알아보려면 요세푸스, 「유대 고대사」 12.239, 385을 참고하라.

30) R. Bauckham, "Paul and Other Jews with Latin Names," in A. Christophersen, C. Claussen, J. Frey, and B. Longenecker, eds., *Paul, Luke and the Graeco-Roman World: Essays in Honour of Alexander J. M. Wedderburn* (JSNTSup 217; Sheffield: Sheffield Academic, 2002), 207-10.

다. 요한복음 14:22은 전자인 유다를 조금 어색하게 "가룟인 아닌 유다"라고 부르지만, 실제로 이런 명칭을 쓸 수는 없었을 것이다. 유다와 가룟 유다를 구별하려고 할 때, 유다에게 부친명을 붙여 야고보의 아들 유다(*Yehudah bar Ya'aqov*)라고 하거나, 아니면 다른 방법으로 그의 그리스어 이름인 다대오(타다이)를 써서 신원을 알렸을 수 있다. 이 두 방법은 바꿔가며 사용되었는데, 마가 및 마태가 보존한 열두 제자 명단 형태와 누가 및 사도행전이 보존한 형태는 서로 다른 방법을 채택한 것 같다. 예레미아스(J. Jeremias)의 주장대로, 가룟 유다가 실족한 뒤에는 열두 제자 중에 여전히 남아 있었던 유다를 다대오라 부르는 쪽을 선호했을 것이다.[31] 누가는 야고보의 아들 유다라고 기록했는데, 아마도 이는 열두 제자를 기록한 공식 명단에서 사용한 명칭이었고, 실제로 더 널리 알려진 이름은 다대오였을 것이다.[32]

열두 제자의 이름과 이들에게 붙인 형용어구

따라서 다대오와 야고보의 아들 유다 사이에 변형이 있다는 사실이, 세 공관복음서 모두 열두 제자 명단을 주의 깊게 보존하고 기록했다는 가정에 장애물이 되지는 않는다. 제자 명단이 어떤 형태를 지녔든, 이 명단이 가

31) J. Jeremias, *New Testament Theology* (tr. J. Bowden; London: SCM, 1971), 232-33.

32) 후대에 다대오를 에데사가 복음을 받아들인 일과 연계한 것은(유세비우스, 「교회사」 1.13; 2.1.6-8) 이 이름과 아다이(Addai)를 혼동한 데서 비롯된 결과다. 그러나 b. Sanhedrin 43a에서 랍비가 제시하는 예수의 다섯 제자 명단을 보면, 다대오도 예수의 제자 중 하나로 기억되었음이 분명하다. 이 명단에는 토다(Todah)라는 이름이 등장한다. 타다이가 토다로 바뀐 것은, 시 100:1과 50:23에서 인용된 말 속에 들어 있는 토다로 성경을 이용한 언어유희를 구사했기 때문일 가능성이 아주 높다; R. Bauckham, "Nicodemus and the Gurion Family," *JTS* 46 (1996), 34-37.

진 또 한 가지 놀라운 특징이 그 점을 확인해줄 것이다. 그 특징이란, 제자들 이름에 붙어 있거나 누군가의 이름 대신으로 사용되었던 모든 형용어구(부칭, 별명, 다른 형태의 부명)가 열두 제자 중 한 사람과 또 다른 사람을 구별할 목적으로 만들어졌다는 점이다.

먼저 지적해야 할 사실은, 짐작하겠지만 제자들 이름 중 많은 경우가 아주 흔한 이름이었다는 점이다.[33] 시몬(유대인 남성 이름 중 가장 흔하며 243회 등장), 유다(네 번째로 흔하며 164회 등장), 요한(다섯 번째로 흔하며 122회 등장), 마태(아홉 번째로 흔하며 62회 등장),[34] 야고보(11번째로 흔하며 40회 등장)가 바로 그런 경우다. 다른 제자들의 이름은 방금 말한 경우보다는 훨씬 덜 흔했는데, 다대오(빈도수로 39위이며 8회 등장), 빌립(61위이며 7회 등장), 안드레(3회 등장),[35] 도마(2회 등장)가 그런 경우다. 바돌로매는 부칭을 사용한 유일한 경우다. 하지만 그의 아버지 이름인 프톨레마이오스(Ptolemaios) 자체는 빈도수에서 50위를 차지했으며 7회 등장한다. 이렇게 아주 흔한 이름과 제법 흔한 이름과 드문 이름과 거의 유일한 이름이 뒤섞여 있지만, 이는 우리가 팔레스타인 유대인 인명에서 알게 된 내용에 비추어볼 때 전혀 놀랍지 않다. 이 인명들을 보면 아주 흔한 이름은 소수이며 아주 희귀한 이름이 다수이기 때문이다.

하지만 제자 명단에서 열두 제자 이름에 붙은 형용어구는 아주 흔한 이름과 그 동명이인인 많은 일반인 및 열두 제자 외의 다른 제자들을 구별할 목적으로 사용된 것이 아니다. 그럴 목적이었다면, 열두 제자에 속한 사람은 늘 "열둘 중의 하나"라는 말로 구별할 수 있었을 것이다(참고. 막

33) 여기서 요약한 데이터를 살펴보려면 표 6을 보라.

34) 하지만 맛다디아의 많은 형태 중 복음서에 나오는 마태(Μαθθαῖος)의 축약형인 마타이(Mattai)는 아주 흔한 형태가 아니다. 이 형태는 단 7회만 등장한다: Ilan, *Lexicon*, 191-93, 16번(복음서의 *Maththaios*), 32번, 40번, 43번(*Mattai*), 45번(*Mathaiō*), 52번(*Maththaios*), 53번(*Maththaiou*).

35) 그나마 이 세 등장 사례 중 한 번은 여성 이름일 수 있다: Ilan, *Lexicon*, 262-63, 주 3.

14:10; 요 20:24).[36] 이런 형용어구는 열두 제자 구성원끼리 서로를 더 명확히 구별할 목적으로 만들어진 것 같다. 따라서 이 형용어구는 열두 제자 그룹 자체에서 나온 것이 확실하다. 즉 열두 제자 중 시몬이라는 이름을 가진 두 사람과 야고보라는 이름을 가진 두 사람, 유다라는 이름을 가진 두 사람(누가의 명단에는 두 명의 유다가 나옴)도 서로 구별해야 했다. 앞으로 보겠지만, 금방 눈에 띄지는 않아도 이런 사례들이 또 있었을 수도 있다.

제4장에서 나는 팔레스타인 유대인들이 동명이인을 구별하던 다양한 방법을 열거하고 설명했다. 주목할 점은 열두 제자 명단에서도 이런 방법들이 대부분 발견된다는 것이다. 아래에서 나는 제4장에서 붙인 대로 이 방법들에 번호를 붙였다.

(2) **아버지 이름을 덧붙이기**. 이 방법은 동명이인을 구별하는 방법 중 가장 흔하고 쉬웠다. 열두 제자 명단에서 이 방법은 세베대의 아들 야고보, 알패오의 아들 야고보, 야고보의 아들 유다처럼 세 번 등장한다.

(3) **아버지 이름을 대신 쓰기**. 이미 보았듯이, 아버지 이름만으로 이름을 대신하는 경우도 흔히 있었다. 열두 제자 명단을 모두 살펴보면, 이렇게 아버지 이름으로 대신한 경우는 바돌로매(*Bartholomaios*)가 유일하다. 성경에 나오는 달매(*Talmai*; 삼하 3:3; 13:37; 대상 3:2)와 헬레니즘 시대에 이집트를 통치한 자들의 왕명이기 때문에 인기 있었던 그리스어 이름 프톨레마이오스는 같은 이름으로 간주되었던 것 같다. 또한 바돌로매는 아람어 이름인 바르 톨마이(*Bar Tolami*)로 알려져 있었을 것이다.[37] 이 부칭은 이름 역할을 했다. 이런 이유로 복음서는 다른 사례와 마찬가지로 열두 제자 명단에서 아람어 *bar*를 번역하지 않고 이름의 일부로서 음역했다. 바디매오, 바라바, 바요나(마 16:17), 바예수(행 13:6), 바나바, 바사바의 경우와 같이

36) 행 21:8이 "일곱 (집사) 중 하나인 전도자 빌립"이라고 밝힌다는 점에 주목하라. 이는 이 빌립과 열두 제자 중 하나인 빌립을 구별하려는 목적 때문이었을 것이다.

37) Ilan, *Lexicon*, 304-5에 있는 이 이름의 여러 형태들을 보라.

말이다.

이런 종류의 부칭은 가명(家名)으로 사용되었으며, 이 경우 그것은 친부 개인이 아니라 그 이름의 기원이 된 조상을 가리켰다. 부칭을 사용하는 것이 적절한 때는 오직 이것이 이름 옆에 붙어 일종의 성(姓)으로 등장하는 경우뿐이었다. 따라서 바돌로매라는 부칭은 십중팔구 그의 아버지를 가리킬 것이다. 예수의 제자가 되기 전에 바돌로매는 오직 부칭만으로 알려졌던 것 같다. 그러나 열두 제자 중 다른 구성원이나(시몬, 유다, 야고보, 어쩌면 요한도) 예수는 바돌로매 자신의 이름을 함께 사용했을 수도 있다. 따라서 열두 제자 집단에서는 그의 부칭인 바돌로매가 그를 같은 집단 안에 있는 다른 이들과 구별하는 수단이 되었다.

늘 그렇지는 않지만 부칭만을 사용하는 경우에 종종 그렇듯이, 바돌로매의 아버지의 이름은 그리 흔하지 않다(빈도수에서 50위이며 7회 등장). 따라서 부칭이 이름을 대신하는 일이 흔했으리라고 짐작할 수 있다. 이런 측면에서 바돌로매가 요한복음에는 등장하지만 공관복음에는 등장하지 않는 나다나엘(요 1:45-48; 21:2)과 동일인일 가능성은 거의 없다. 나다나엘도 톨마이/프톨레마이오스(빈도수는 50위이며 7회 등장)만큼이나 흔한 이름은 아니었다.

(5) **별명을 덧붙이기**. 이름에 별명을 덧붙이는 관습은 항간에 널리 퍼져 있었으며, 이것은 열두 제자 중에서도 관찰된다. 시몬 베드로와 가나나인/셀롯인 시몬이 그런 경우다. 베드로의 경우에는 예수가 별명을 붙여 주셨다(아람어로 *Kepha'* 인데 제자 명단들은 이를 그리스어 *Petros*로 번역함).[38] 그 이전에는 그를 부칭인 요한의 아들(요 1:42) 또는 바요나(Bar-Jonah; 마 16:17)를 써서 구별한 것이 분명하다. 시몬 베드로의 아버지 이름에서 보이는 이

---

38) J. A. Fitzmyer, "Aramaic *Kepha'* and Peter's Name in the New Testament," in Fitzmyer, *To Advance the Gospel* (New York: Crossroad, 1981), 112-24; M. Bockmuehl, "Simon Peter's Names in Jewish Sources," *JJS* 55(2004), 58-80을 보라.

명백한 불일치는 엄밀히 말해 열두 제자 명단에 대한 논의와는 아무 관계가 없지만, 필요하면 금방 설명할 수 있다. 마태복음 16:17에서 예수는 베드로를 그리스어인 바르요나(*Bariōna*)로 부르신다. 이것은 아람어 이름인 바르 요하나(*Bar Yôḥana'*)를 그리스어로 표현한 것이다. 바르 요하나에서 *Yôḥana'*는 요나(*Yônāh*)가 아니라 요한(*Yĕhôḥānān*)의 아람어 형태다.[39] 아마도 열두 제자 외에 다른 사람들은 계속해서 베드로를 "요한의 아들"로 불렀겠지만, 예수의 제자 집단에서는 (나중에 초기 교회 안에서도) 그를 별명인 베드로로 불렀을 것이다.

가나나인/셀롯인 시몬의 경우에, 마가와 마태의 열두 제자 명단은 아람어(*qan'ānā'*)를 그리스어(*ho Kananaios*)로 음역했다. 반면에 누가는 이를 "셀롯인"(*ho zēlōtēs*)으로 번역해놓았다. (이런 차이점은 다대오와 야고보의 아들 유다의 차이점과 함께, 누가가 마가복음의 제자 명단의 전승과 다른 전승을 따랐다는 견해를 증명한다. 하지만 대체로 셈어를 즐겨 사용하지 않았던 누가가[40] 이 아람어를 그리스어 *ho zēlōtēs*로 번역했을 수도 있다.) 우리가 가진 자료를 보면, 셀롯인들(열심당)이라는 이름의 특수한 정파는 기원후 66년에 유대인 봉기가 일어난 뒤까지도 나타나지 않는다. 따라서 여기서 시몬에게 적용된 이 말은 당시에는 "율법에 열심을 내는 사람"(참고. 행 21:20; 22:3, 9)이라는 더 넓은 의미로 통용되었

---

39) Ilan, *Lexicon*, 143은 베드로의 아버지 외에 요나라 불렸던 세 사람, 즉 히브리어로 *Yônāh*라고 기록된 사람(2번과 4번)과 그리스어로 *Iōna*라고 기록된 사람(3번)을 열거한다. 따라서 마 16:17의 *Bariōna*는 아람어 이름인 *bar Yônāh*를 가리킬 가능성이 아주 높다. 그러나 요 1:42에 비추어볼 때, *Bariōna*는 *bar Yôḥana'*를 가리킬 가능성이 더 높다. 여기서 *Yôḥana'*는 히브리어 이름 *Yôḥānān*(요한)의 아람어 형태다. 이 아람어 이름 형태는 122회 등장하는 요한(요하난) 중에서 4회 볼 수 있다: Ilan, *Lexicon*, 135-37, 44, 89, 90, 91번. Bockmuehl, "Simon Peter's Names," 66-67은 히브리어 이름인 *Yônāh*가 *Yôḥānān*의 축약형으로 사용되었다고 보는 완전히 다른 주장에 대해 반대한다. 나는 마 16:17에서는 아람어 이름 *Yôḥana'*를 그리스어 이름인 *Iona*로 음역했지만, 요 1:42에서는 그것이 히브리어 이름인 *Yôḥānān*의 한 형태임을 올바로 고려하여 후자의 통상적 그리스어 음역인 *Iōannēs*(요한)를 사용했다고 주장한다.

40) Meier, *A Marginal Jew*, vol. 3, 132.

을 것이다. 따라서 이 말에는 이렇게 열심을 내는 사람이 극악한 토라 위반 행위를 벌하고자 종종 폭행도 불사한다는 의미도 담겨 있었으리라고 보는 것이 통설이다. 하지만 이런 폭력은 로마인이 아니라 동포인 유대인을 겨냥했을 것이다.[41] 어쩌면 우리는 시몬이 예수의 제자가 되기 전에 이미 이 별명을 갖고 있었다고 추정해야 할지도 모른다. 마이어는 다음과 같이 지적한다. "초기의 랍비 유대교에서 개인의 이름에 '셀롯인'이 붙어 등장하는 사례는 유일하게 마카베오4서 18:22에 나온다. 이 구절에서는 비느하스(아론의 손자)를 '셀롯인 비느하스'(*ton zēlōtēn Phinees*)라 부른다."[42] 어쩌면 시몬도 그 별명이 "새 비느하스"라 불리는 지경까지 갔을지도 모른다. 하지만 비느하스가 이 시기 유대인들이 보기에 정말 원조 "셀롯인"이었다 할지라도, 마카베오4서 18:12의 "셀롯인"은 엄밀히 말해 별명보다는 묘사일 것이다. 이전에는 별 주목을 받지 못했지만 또 하나 유사한 사례가 있는데, 이는 마사다에서 나온 돌 항아리에 새겨진 소유자 이름이다. 여기에는 두 단어가 새겨져 있는데(*yhwsp qny*) 이는 "셀롯인(*qannay*) 요셉"이나 "은세공인"(*qēnay*)으로 번역한다.[43]

(6) **별명을 대신 쓰기**. 부친명처럼 별명도 이름을 대신할 수 있었다. 열두 제자 명단에서는 도마가 이런 사례일 것이다. 도마는 아람어로 "쌍둥이"(*tĕ'ômā'*)를 의미한다. 요한도 그의 이름으로 디두모(*Didymos*), 즉 "쌍둥이"를 가리키는 그리스어를 제시한다(11:16; 20:24; 21:2). 디두모는 분명히

---

41) Meier, *A Marginal Jew*, vol. 3, 205-8에 잘 요약·설명되어 있다.

42) Meier, *A Marginal Jew*, vol. 3, 206.

43) Y. Yadin and J. Naveh, eds., *Masada I: The Aramaic and Hebrew Ostraca and Jar Inscriptions from Masada* (Jerusalem: Israel Exploration Society/Hebrew University of Jerusalem, 1989), 41, 474번; 참고. R. Hachlili, "Hebrew Names, Personal Names, Family Names and Nicknames of Jews in the Second Temple Period," in J. W. van Henten and A. Brenner, eds., *Families and Family Relations as Represented in Early Judaisms and Early Christianities* (STAR 2; Leiden: Deo, 2000), 101.

이름으로 사용되었지만, 도마는 팔레스타인 유대인이 이름으로 사용한 증거가 없다. 현재 우리는 2세기 초에 살았던 토마(*Tōmah*)라는 아람어 이름을 가진 팔레스타인 유대인에 대해 알고 있지만, 신약성경에 나온 도마라는 이름에 대한 논의는 아직 이런 지식을 따라잡지 못하고 있다.[44)] 토마는 "단순함", "마늘", "옷의 술" 중에서 한 의미를 지닐 수 있지만 이런 의미를 가지고 이름으로 사용되었을 가능성은 희박하다. 오히려 토마는 "쌍둥이"를 의미할 가능성이 훨씬 더 높다. 하지만 이 경우는 물론이요 복음서의 도마의 경우도, 이 말은 이름이 아니라 별명이었음이 분명하다. 우연히도 이들은 각각 쌍둥이였다. 이런 특징 때문에 이 도마는 그들을 동명이인들과 적절히 구별해주는 별명이 되었다. 복음서의 도마 같은 경우, 그가 자신보다 더 유명한 누군가(예를 들어 예수)와 쌍둥이가 아니라면 이 별명이 아무 의미가 없다고 생각하여, 도마와 쌍둥이인 자가 누구일지 상상하는 일은 무의미하다. 도마와 쌍둥이인 인물은 예수 운동과 아무 상관이 없었을지도 모른다. 도마는 다만 쌍둥이라는 이유만으로도 이 별명을 얻기에 충분했으며, 어쩌면 예수의 제자가 되기 전부터 이 별명을 얻었을 수도 있다.

도마가 별명이며 이 제자가 다른 이름도 가졌으리라는 사실은 시리아 동부 기독교 전승에서 확인된다. 이 전승에서는 도마가 유다 도마로 알려져 있었다. 쿠레토니아 시리아어 역본[(1)]에 포함된 요한복음 14:22은 그를 "유다 도마"라고 부르며, 「도마행전」(*Acts of Thomas*)은 "디두모 유다 도마"라고 부른다. 이 전승이 도마의 진짜 이름을 보존하고 있을지도 모른다. 실제로 그의 이름이 유다였다면, 열두 제자 그룹 안에 유다라는 이름을 가진 이가 둘 더 있기 때문에 이 집단에서는 유다 대신 도마라는 별명이 사용되었으리라는 것을 알 수 있다. 물론 도마는 독특한 형용어구를 가진 열두 제자 중 한 사람(시몬이나 야고보나 어쩌면 요한)이나 바돌로매와 또 다른 이름을 함께 썼을 수도 있다. 결국 도마는 원래 이름이 예수였을 수도 있

44) Ilan, *Lexicon*, 416, 3번: *Tômah* (Papyrus Yadin 10, 15).

다. 예수는 흔한 이름이었기 때문에(여섯 번째로 흔한 이름으로 99회 등장), 열두 제자 중 하나가 이 이름을 가졌다 해도 놀랄 일은 아니다.

(7) **태어난 곳이나 사는 곳을 덧붙이기**와 (9) **가문 이름**. 여기서 우리는 가룟 유다의 사례를 살펴봐야 한다. 다른 추측도 많지만, 이 유다의 또 다른 이름(부명)을 가장 잘 설명할 수 있는 단서는 *îsh qeriyyôt*, 곧 "가룟 사람"이라는 히브리어다. 이 말은 어떤 장소를 가리킨다고 이해된다("성읍"을 뜻하는 히브리어 *qiryāh*의 복수형인 Kerioth라는 고을이나 예루살렘).[45] 랍비 문헌에는 이 인물의 고향을 지시하는, 부명으로 사용된 이 히브리어 표현과 평행하는 표현이 있다.[46] 요한은 유다를 "가룟 시몬의 아들 유다"라고 표현한다(요 6:71; 13:2, 26). 이 표현 방식을 진지하게 고려할 때, 유일하게 설득력 있는 설명은 "가룟"이 태어난 곳을 가리킨다는 주장이다. 분명히 "가룟 사람"이라는 부명은 시몬에게서 그의 아들 유다로 전해졌으며, 따라서 이 이름은 가문의 고향을 가리키는 말이자 가문 이름이었음이 틀림없다. 아버지에게서 아들로 전해진 이런 별칭(sobriquet)은 그들이 더 이상 그 출생지에 살지 않지만, 여전히 그곳에서 왔다는 말로 신원을 밝힐 경우에만 의미가 있었을 것이다. (만일 유다 한 사람만이 그곳 출신이었다면, 유다는 고향을 떠나 예수와 함께 여행을 시작했을 때 이런 별칭을 얻었을 수 있다. 하지만 이 경우에는 이 문구가 아람어가 아니라 히브리어였으리라고 생각해서는 안 된다. 그러나 그의 아버지도 가룟이라는 이름으로 알려져 있었기 때문에 필시 그 집안은 "Kerioth"을 떠나 다른 곳에 정착해 살

---

45) 다양한 제안을 설명한 최근의 글을 보려면 R. E. Brown, *The Death of the Messiah*, vol. 2 (New York: Doubleday, 1994), 1413-16; W. Klassen, *Judas: Betrayer or Friend of Jesus?* (London: SCM, 1996), 32-34; Meier, *A Marginal Jew*, vol. 3, 208-11을 보라.

46) Dalman, *The Words*, 51-52. Brown, *The Death*, 1414은 이 랍비 문헌의 사례들을 단순히 연대를 이유로 무관하다고 무시하는 실수를 저지른다. 아울러 요세푸스(「유대 고대사」 18.4)가 언급하는 *Ioudas Gaulanitēs anēr*에도 주목하라. 이 말은 *Yehûdah îsh ha-gôlan*(골란 사람 여후다)으로 번역하는 편이 좋다(Hachlili, "Hebrew Names," 99).

았을 것이다.) 신원을 밝히는 부명으로서의 출생지와 평행하는 표현들이 납골함과 다른 제2성전기 자료들에서 많이 발견되었다. 이 문구들은 모두 개인이나 집단이 다른 장소로 옮겨가기 전에 살던 원래 출신지를 가리키는 것 같다.[47] 한 가지 사례를 보면, 여리고에서 나온 납골함과 주술에 쓰인 사발(incantation bowl)에는 어떤 집안의 삼 대가 기록되어 있는데, 이들이 모두 "예루살렘 출신"이라고 되어 있다.[48] 따라서 유다 집안은 갈릴리에 정착했던 가문인지도 모른다. 많은 사람이 생각하듯이[49] 출생지에 대한 언급이 꼭 그가 개인적으로 갈릴리 밖 사람이었다는 의미는 아니다. 히브리어로 된 가문 이름을 썼다는 것은 그 집안이 사회에서 중요했음을 나타내는 징표일 수 있지만, 이 경우에는 꼭 그렇다고 확신할 수 없다.

(10) **두 언어로 된 두 이름을 사용함**. 열두 제자 명단에는 두 이름(셈어 이름과 그리스어 이름 또는 라틴어 이름)을 함께 사용한 사례가 없다. 그러나 나는 마태와 마가의 명단에 있는 다대오가, 누가가 제시하는 이름인 야고보의 아들 유다의 그리스어 이름임을 논증했다. 누가는 유다라는 인물에 부칭을 덧붙임으로써 이 유다와 가룟 유다를 구별한다. 그러나 마태와 마가는 유다의 그리스어 이름을 사용하여 둘을 구별한다. 열두 제자 명단들에는 (시몬 외에도) 빌립과 안드레라는 그리스어 이름이 둘 더 있다. 이들 역시 흔한 셈어 이름을 가지고 있었고, 이런 이유로 평상시에는 더 독특한 그리스어 이름으로 불렸을 것이다. 빌립은 흔한 이름이 아니었으며(빈도수 61위이며 6회 등장), 안드레는 아주 드문 이름이었다(단 3회 등장).

(11) **직업**. 오직 마태복음의 명단에만 마태의 이름에 "세리"(*ho telōnēs*)

47) Hachlili, "Hebrew Names," 98-99.

48) Hachlili, "Hebrew Names," 98; Ilan, *Lexicon*, 177(20번), 205(Pelatyah), 222(129번).

49) 예를 들어 Davies and Allison, *A Critical and Exegetical Commentary*, vol. 2, 157 주 59: "유다가 게리옷 출신이 아니라면 그는 열두 제자 중 유일하게 갈릴리 출신이 아니었을 것이다." 그러나 우리는 다른 모든 제자가 갈릴리 출신인지는 알 수가 없다. 우리에게는 바돌로매, 다대오/야고보의 아들 유다 혹은 셀롯인 시몬이 어디 출신인지 알려주는 정보가 전혀 없다.

라는 형용어구가 붙어 있다. 이미 언급했듯이, 이것은 마태복음 9:9과 연계할 목적으로 편집 과정에서 덧붙여졌을 개연성이 아주 높다. 그러나 복음서 저자가 보통 마태 이름에 붙던 형용어구가 "세리"임을 알았다고 추정한다 해도, 방금 말한 내용과 모순되지는 않는다. 만일 그렇다면 "세리"는 엄밀히 말해 마태의 직업을 가리킨다기보다, 그가 한때 세리였다는 사실에서 유래한 별명이었을 것이다. 물론 예수의 사역 동안에는 열두 제자 사이에서 두 마태를 구별할 필요가 없었을 것이다. 그러나 가룟 유다를 대신하여 맛디아를 뽑게 되자(행 1:23-26), 열두 제자 중에는 비록 구분이 가능하긴 해도 맛다디아의 축약형 이름을 가진 이가 둘이 되었다. 맛디아라는 형태[그리스어로 *Maththias*(행 1:23) 혹은 더 흔한 것은 *Matthias*나 *Mathias*이며, 아람어/히브리어 형태는 보통 *Mattiya'*나 *Mattiyah*][50]는 이 이름 형태 중 가장 흔했으나(32명 등장), 마태(*Mattaios*, *Mattai*)는 그보다 더 희귀했다(이 이름의 형태들은 모두 통산하면 62회 등장하지만, 이 형태만 놓고 보면 7회 등장). 이렇게 이 이름이 서로 다른 형태를 가졌기 때문에 마태와 맛디아는 충분히 구별할 수 있었다. 하지만 혹시 있을 수 있는 혼란을 막고자 가끔은 직업에서 나온 별명인 "세리"를 썼던 것 같다. 제자 명단들의 형용사구 연구에서 이끌어 낼 수 있는 결론은, 이 명단들이 이름뿐 아니라 열두 제자가 무리 안에서 서로 구별할 목적으로 사용한 형용어구까지 정확히 보존했다는 것이다.[51] 이 명단들은 열두 제자 구성원이 누구인지 대충 제시하지 않는다. 반대로

---

50) Ilan, *Lexicon*, 191-93, 3, 6, 7, 8, 9, 10, 11, 13, 14, 15번(그리스어로 *Matthias*), 17번(*Mathathias*, 행 1:23), 18번(*Matthias*), 19, 20, 21, 22, 23번(아람어로 *Mattiya'*), 24, 26, 27번(히브리어로 *Mattiyah*), 28번(그리스어로 *Mathiou*), 30, 31, 33, 35, 36번(히브리어로 *Mattiyah*), 39, 47번(그리스어로 *Mathiou*), 49, 55번(히브리어로 *Mattiyah*), 62번(그리스어로 *Mathia*), 63번(히브리어로 *Mattiyah*).

51) m. Sheqalim 5:1에 제시된 성전 관원의 명단은 본인 이름만 쓴 경우, 부칭을 함께 쓴 경우, 부칭만 쓴 경우, 별명만 쓴 경우를 섞어놓았다는 점에서 좀 비슷하다: J. Naveh, "Nameless People," *IEJ* 40 (1990), 109-11을 보라. 나베는 유사한 명단들과 비교한 결과를 토대로 이것이 특정한 세대의 성전 관원의 명단이라고 주장한다.

그들이 처한 정황과 초기 예루살렘 교회 안에서 그들이 알려졌던 방법을 정확히 보존하는 데 세심한 주의를 기울이고 있다. 이런 현상은, 열두 제자가 복음 전승의 핵심을 직접 본 목격자이며 보증인이라는 가설을 받아들이지 않는다면 설명되기 어렵다. 제자 중 많은 이가 사람들에게 이미 잊혀졌다는 주장은 진실이 아니다. 열두 제자는 모두 공식적 목격자 그룹의 핵심으로서 사람들이 기억하던 인물들이었다.

마태와 레위에 관한 소고

나는 다대오와 야고보의 아들 유다를 동일인으로 보는 것이 이름과 관련된 많은 증거에 비추어볼 때 타당하고 조화로운 해석임을 논증했다. 그러나 마태와 알패오의 아들 레위를 동일인으로 보는 견해[52]—평행 본문인 마태복음 9:9(마태를 언급)과 마가복음 2:14(레위를 언급)에 비추어 두 복음서를 조화롭게 해석하는 전통적 입장—는 우리가 활용할 수 있는 이름과 관련된 증거에서 추출된 똑같은 근거들에 비추어볼 때 설득력이 없다고 판단된다.

마가는 2:14에서 예수가 알패오의 아들 레위를 제자로 부르셨다고 말하고(눅 5:27도 이를 따라 같은 이야기를 하지만 그를 그냥 레위라고 부름), 그가 제시한 열두 제자 명단에서는 더 설명을 붙이지 않은 채 그냥 마태를 제자로 열거한다. 분명히 마가 자신은 이 두 사람을 동일인으로 여기지 않는다. 마가가 열두 제자 명단에 포함시킨 다른 세부 사항을 고려할 때, 만일 그가 마태와 레위를 동일인으로 알았다면 분명히 이를 지적했을 것이다.[53]

---

52) 예를 들어 D. A. Hagner, *Matthew 1–13* (WBC 33A; Dallas: Word, 1993), 237–38은 여전히 이런 입장을 취하고 있다.

53) E. Best, *Following Jesus: Discipleship in the Gospel of Mark* (JSNTSup 4; Sheffield: Sheffield Academic, 1981), 176-77이 이 점을 강조하고 있다.

하지만 이것으로 모든 문제가 종결되었다고 할 수는 없다. 마가가 레위를 다룬 이야기와 열두 제자 명단을 서로 다른 자료에서 가져오는 바람에 레위와 마태가 동일인임을 몰랐을 수도 있기 때문이다.

하지만 두 번째로, 만일 마태와 레위가 동일인이라면, 이 사례는 팔레스타인 유대인으로서 흔한 셈어 이름을 동시에 두 개나 가졌던, 유례를 찾기 힘든 독특한 현상이 될 것이다(마태는 아홉째로 빈도수가 높으며 62회 등장하고, 레위는 17번째로 25회 등장). 이것은 한 개인이 셈어 이름과 그리스어 이름 혹은 라틴어 이름을 함께 가진 경우는 물론이요, 셈어 이름과 함께 별명이나 가명을 사용한 경우와도 완전히 다르다.[54)]

이 시기 팔레스타인 유대인들을 살펴보면, 한 사람이 셈어 이름을 두 개 가진 경우로서 유일하게 비교해볼 수 있는 사례는 다음과 같다. (1) 마사다에서 나온 한 도편에는 시몬(히브리어로 *Sîmô*라고 기록됨)[55)]에 브나야라는 이름이 덧붙어 있다.[56)] (2) 바바다 문서에 포함된 한 법률 기록에는 요셉에 자붓[Zaboud, 그리스어로 *Zaboudo*(*u*)]이라는 이름이 덧붙어 있다.[57)] (3) 에피파니우스의 글[「이단 논박」(*Panarion*) 42][(2)]에는 유다라 불리는 한 유대교 종파 지도자에게 아단(Addan) 또는 아난(Annan)이라는 이름이 덧붙어 있다.[58)] (4) 미쉬나의 관원 명단에 등장하는 한 성전 관원(Sheqalim 5:1) 브다

54) 따라서 Davies and Allison, *A Critical and Exegetical Commentary*, vol. 2, 98, 주 85과 R. H. Gundry, *Matthew: A Commentary on His Handbook for a Mixed Church under Persecution* (second edition; Grand Rapids: Eerdmans, 1994), 166이 인용한 유사 사례들은 무관한 경우다. W. L. Lane, *The Gospel of Mark* (NICNT; Grand Rapids: Eerdmans, 1974), 100-101, 주 29은 명문에서 추출한 나바테아인들의 세 가지 사례를 제시한다. 하지만 이것은 논할 필요도 없이 유대인들의 관습을 뒷받침하는 증거가 되지 못한다.

55) 이 형태가 히브리어 이름 시므온이 아니라 그리스어 이름 시몬을 히브리어로 옮긴 것임에 주목하라.

56) Ilan, *Lexicon*, 226(시몬 250), 81(브나야 11).

57) Ilan, *Lexicon*, 155(요셉 167), 89[제베다(Zebediah) 3].

58) Ilan, *Lexicon*, 113(유다 26), 360[아디(Adi) 2].

야(Petahiah)는 모르드개로도 불린다. (5) 신명기 시프레(Sifre Deuteronomy) 240은 엘르아살 벤 디나이(Eleazar ben Dinai)와 페리샤(Perisha)의 아들 테히나(Tehina)가 동일인이라고 밝힌다.[59] 이 사례에서 우리는 한 사람을 제외하고, 이들이 모두 흔한 셈어 이름 하나(시몬이나 요셉이나 유다나 엘르아살)와 그리 흔하지 않은 이름 하나(셋째 경우에 아단보다 아난을 선호하지 않는다면)를 가졌음을 볼 수 있다. 이런 현상이 정말이라면, 흔하지 않은 두 번째 이름이 흔한 이름을 쓰는 동명이인과 그를 구별하는 데 도움을 주었으리라고 예상할 수 있다. 이런 점 때문에 앞의 다섯 사례는 한 사람이 두 개의 흔한 이름인 마태와 레위를 가진 사례와 비교될 수 없다.

하지만 방금 제시한 다섯 사례 중 어느 것이 유효한지는 분명하지 않다. (3)과 (5)는 믿을 수 없는 후대 자료에서 나왔다. (4)의 출처인 미쉬나의 성전 관원 명단은 신뢰할 수 있는 자료지만, 브다야가 모르드개로도 불렸다는 정보는 덧붙여졌으며, 이 말 자체는 (아주 드문) 이름인 브다야가 별명이었음을 설명한다. 이 사례는 그리 깊이 신뢰할 수 없는 경우다. (2)를 보면, 자붓은 분명히 셈어 이름으로 성경에도 등장하지만(스 8:8), 다른 셈족 사람들에게도 널리 알려졌으며 팔미라(Palmyra), 나바테아(Nabatea), 이두메아(Idumea), 이집트에서도 발견되는 이름이다. 이 경우에는 바바다의 첫 남편의 조부가 가진 부명으로서 유대인이 아니라 나바테아인의 이름으로 보는 편이 합당하지만, 다른 유대인이 그리스어나 라틴어 이름을 부

59) Ilan, *Lexicon*, 237(테히나 1), 65(엘르아살 7). 납골함에 마르다(Martha)와 마라(Mara)라는 두 이름으로 기록된 어떤 여성은(Ilan, *Lexicon*, 422-23) 이 현상에 해당하는 사례가 아니다. 마라는 마르다의 축약형이 분명하기 때문이다. 이와 비슷하게, 납골함에 마리암네(Mariamne)와 마라(Mara)라는 이름으로 기록된 여성의 경우에도 [Rahmani, *A Catalogue*, 701번; 그러나 일란은 이 마라의 사례를 목록에 포함시키지 않았다; 참고. *Lexicon*, 244(마리암 52), 422-23] 마라는 마리암네의 축약형일 수 있다. Rahmani, 31번과 552번의 경우 두 이름이 한 여자의 이름일 수도 있지만, 서로 다른 두 여자를 가리킬 개연성이 더 높다. Rahmani, 14번은 나중에 랍비 문헌에 나타나는 두세 가지 사례를 언급한다(b. Pesiqta 113b-114a; b. Gittin 34b).

명으로 채택한 것과 같은 방식으로 나바테아에 살던 유대인이 이 이름을 쓴 것일 수도 있다. 마지막으로 (1)의 *bny'*는 브나야라는 이름이 아니라 시몬이 "건축자"의 직업을 가졌던 까닭에 얻은 별명일 수 있다.[60] 그것이 아니라면, 브나야가 다윗이 거느렸던 유명한 장군 이름이었다는 이유로(삼하 23:20-23) 붙인 별명일 수도 있다.

이런 증거를 토대로 우리는 제자 중 한 사람이 마태와 알패오의 아들 레위라는 이름을 함께 가졌을 가능성은 아주 낮다고 결론 내릴 수밖에 없다.[61] 그렇다면 마가복음이 마태복음보다 먼저 기록되었다고 추정할 때, 마태복음 저자는 왜 자신이 마가복음에서 가져온 이야기 속의 이름을 바꾸었을까? 이 이름을 제쳐놓고 보면, 마가와 마태가 들려주는 두 이야기는 아주 간단하며 구사하는 언어도 사실상 동일하다. 데이비스와 앨리슨은 앞에서 제시된 설명을 편리한 목록으로 만들어놓았다(방금 우리가 배제한 한 경우만 제외하고).[62] 마태복음 저자가 예수의 제자를 열둘로 한정했기 때문에 이 제자를 열둘 중 하나로 만들어야 했다거나,[63] 이 마태라는 이

---

60) Yadin and Naveh, eds., *Masada I*, 57도 이런 입장이다.

61) C. E. Hill, "The Identity of John's Nathanael," *JSNT* 67 (1997), 45-61의 주장 즉 나다나엘(요 1:45)과 열두 제자 명단에 등장하는 알패오의 아들 야고보가 동일인이라는 주장에도 똑같은 논증이 적용된다. 힐이 팔레스타인 유대인 한 사람이 히브리어 이름 두 개를 동시에 가졌을 수도 있음을 보여주기 위해 제시한 사례들은(57) 이 경우와 비교될 수 없다. 유다 마카비(Judas Maccabeus)의 경우는, 이중 이름인 유다 도마(시리아 기독교 전승이 열두 제자 중 하나인 도마의 이름으로 제시한 이름)의 경우처럼, 부명인 마카비가 별명이다. 반면에 요셉 가야바의 경우는 부명이 가명이며, 이 가명은 원래 별명이었을 것이다. 이것들은 한 유대인이 보통 때 히브리어 이름 두 개를 사용한 사례가 아니며, 나다나엘과 야고보라는 이름도 그런 이름이 아닐 것이다. 실제로 2세기 중엽부터 나다나엘과 열두 제자 중 한 사람을 동일인으로 보려는 시도들이 있었다[힐은 「사도서신」이 나다나엘과 알패오의 아들 야고보를 동일인으로 본다고 주장한다]. 그러나 요한복음에 나오는 나다나엘을 열두 제자 중 하나로 보아야 할 이유가 전혀 없다.

62) Davies and Allison, *A Critical and Exegetical Commentary*, vol. 2, 98-99.

63) R. Pesch, "Levi-Matthäus (Mc 2_{14}/Mt $9_9 10_3$). Ein Beitrag zur Lösung eines alten Problems," *ZNW* 59 (1968), 347-51; Meier, *A Marginal Jew*, vol. 3, 165, 주 3.

름이 이어지는 구절에서 두 번 등장하는 *mathētēs*("제자")와 13절의 동사 *mathete*("배우다")와 일부 일치하여 제자도라는 테마를 강조하기 때문에 저자가 이 이름을 골랐다는 주장[64]이 있지만, 두 견해 모두 설득력이 없다. 두 견해는 마태라는 이름이 등장한다는 사실과, 이 복음서가 "마태에 따른"(according to Matthew) 것이라는 사실 사이의 연관성을 해명하지 못하기 때문이다.

마태복음이 마가가 "알패오의 아들 레위"라 기록한 인물을 "마태"로 바꾸고 열두 제자 명단에 포함된 이 "마태"에 "세리"를 덧붙인 것은 어떤 식으로든 이 복음서 제목(마태복음)과 관련된다. 이 복음서 제목도 다른 복음서의 경우와 같이 복음서 사본들이 처음으로 회람될 당시 이미 붙어 있었을 개연성이 높다.[65] 사도 마태를 언급하는 앞의 두 부분 때문에 이 복음서가 후대에 가서 마태가 쓴 복음서라는 제목을 갖게 되었을 가능성은 거의 없다. 킬패트릭(G. D. Kilpatrick)도 다음과 같이 썼다. "심지어 마태복음 9:9과 10:3에서 변경이 일어난 뒤에도 마태는 베드로보다 훨씬 덜 중요한 인물이다. 만일 이 책 내용을 보고 사도 이름을 하나 찾아내야 했다면, 사람들은 당연히 베드로를 골랐을 것이다. 이런 일이 벌어지지 않았다는 사실은, 마태복음이라는 제목이 이 책의 제작 후에 마태복음 9:9과 10:3을 보고 만들어졌을 가능성이 전혀 없음을 알려준다."[66]

마태복음 9:9에서 마태의 이름이 등장하는 이유는 이 복음서 저자가 마태가 세리였음은 알았지만, 그와 관련된 이 복음서 안에서 마태가 제자로 부르심 받은 이야기를 서술하고 싶었음에도 그 이야기를 알지 못해 결

---

64) M. Kiley, "Why 'Matthew' in Matt 9,9-13?" *Bib* 65 (1984), 347-51.

65) M. Hengel, *Studies in the Gospel of Mark* (tr. J. Bowden; London: SCM, 1985), 3장; Idem, *The Four Gospels and the One Gospel of Jesus Christ* (tr. J. Bowden; London: SCM, 2000), 48-56. 제12장도 보라.

66) G. D. Kilpatrick, *The Origins of the Gospel according to St. Matthew* (Oxford: Oxford University Press, 1946), 138.

국 마가복음의 이야기를 갖다 쓰면서 레위를 마태로 바꿔놓았다고 설명하는 것이 가장 설득력 있다. 결국은 이 이야기가 아주 간결하고 보편성을 띠었기 때문에, 예수가 제자로 부르신 어떤 세리에게도 들어맞는다고 생각했을 수 있다. 마태복음 본문을 보면, 이런 설명에 힘을 실어주는 한 가지 특징이 있다. 마가복음에서는 예수가 레위를 부르신 이야기에 이어 그분이 세리들과 식사하시는 장면이 나온다(막 2:15-17). 마가는 이 장면을 "그의 집"에서 일어난 일이라고 말하는데, 일부 학자들은 그의 집이 예수의 집을 가리킨다고 이해하지만, 이는 레위의 집을 가리킨다고 보는 것이 적절하다. 마태복음에서는 같은 식사 본문이 예수가 마태를 제자로 부르신 사건을 이야기하는 내러티브 뒤에 나온다. 그러나 마태는 이 장면이 그냥 "집"에서 일어났다고 말한다[마 9:10; 개역개정과 공동번역은 마태의 집에서 일어났다고 함-역주]. 결국 마태복음 저자는 예수가 레위를 제자로 부르신 사건을 다룬 마가의 이야기를 받아들여 레위 대신 마태를 부르신 일로 만들어놓았지만, 이어지는 장면의 무대를 마태의 집이라고 밝힘으로써 마가복음의 이야기를 계속 갖다 쓰지는 않았다. 마태복음 저자는 필요한 만큼만 마가복음 이야기를 가져다가 마태라는 인물에 맞추어 고친 것이다.

마태복음 9:9의 마태를 이렇게 설명하는 것이 옳다면, 이 설명은 한 가지 중요한 사실을 암시한다. 즉 마태복음 저자는 이 복음서와 사도 마태를 결합시키려 했지만, 이 마태복음 저자가 사도 마태는 아니었다는 것이다. 마태복음 저자가 사도 마태라면, 레위가 제자로 부름 받은 일을 기록한 마가복음의 이야기를 가져다 쓸 필요 없이 자신이 부름 받은 일을 서술할 수 있었을 것이다.

표 10: 열두 제자의 이름

마태복음	마가복음	누가복음	사도행전
처음은 베드로라 불린 시몬	또 그가 시몬에게 베드로라는 이름을 더하셨다	베드로라고도 하는 시몬	베드로
그의 형제인 안드레	세베대의 아들 야고보	그의 형제 안드레	요한
세베대의 아들 야고보	야고보의 형제 요한, 그가 그들에게 보아너게, 곧 우레의 아들이라는 이름을 더하셨다	야고보	야고보
그의 형제인 요한	안드레	요한	안드레
빌립	빌립	빌립	빌립
바돌로매	바돌로매	바돌로매	도마
도마	마태	마태	바돌로매
세리인 마태	도마	도마	마태
알패오의 아들 야고보	알패오의 아들 야고보	알패오의 (아들) 야고보	알패오의 (아들) 야고보
다대오	다대오	셀롯인이라는 시몬	셀롯인 시몬
가나나인 시몬	가나나인 시몬	야고보의 (아들) 유다	야고보의 (아들) 유다
예수를 배반한 가룟 유다	예수를 배반한 가룟 유다	배반자가 된 가룟 유다	

역자 주

1. 쿠레토니아 시리아어 복음서 역본(Curetonian Syriac Gospels)은 2세기부터 5세기에 나온 시리아어 표준 역본인 페쉬타보다 앞서 나온 시리아어 역본으로서, 네 복음서를 고대 시리아어로 기록했다. 마태복음, 마가복음, 요한복음, 누가복음의 순서로 되어 있다. 이 역본이 아람어 원문을 번역했으며 그리스어 본문과는 다르다고 보는 학자들도 있지만, 처음부터 그리스어 본문을 번역한 것이라고 보는 학자들도 있다.

2. 에피파니우스 자신이 이단이라고 생각했던 그리스 철학 사상, 유대교 종파 사상 등을 80개 추려 논박한 비판서다. 에피파니우스는 오리게네스도 그리스 철학을 추종하는 인물로 여겨 이단으로 공격했다.

제6장

"처음부터" 지켜본 목격자들

“처음부터”

복음서가 목격자 증언을 생생히 구현한다면, 목격자 중 일부는 예수의 특별한 에피소드나 그분의 말씀뿐 아니라 예수 이야기의 전체를 증언할 수 있었음이 분명하다. 넓게 보면, 네 복음서의 이야기는 그 범위가 같다. 즉 세례 요한에서 시작하여 예수가 부활 후 나타나신 장면으로 끝난다. [요한복음 프롤로그처럼, 마태와 누가의 예수 유아기 내러티브는 전통적으로 이야기되는 형태와 같다. 그런가 하면 마가복음은 예수가 부활 후 나타나신 장면을 전혀 말하지 않고, 그렇게 나타나시리라고 내다보는 말로 끝맺는다(마가복음이 개역개정처럼 16:20에서 끝나지 않고 16:8에서 끝난다고 볼 경우--역주).]

예수 이야기의 범위가 이러함을 인정하는 중요한 언급이 사도행전 1장에 나온다. 이 언급은 열두 제자 중 가룟 유다의 자리를 메울 후임자를 뽑는 대목에 들어 있다. 베드로는 이 빈자리를 메울 후보가 다음과 같은 사람이어야 한다고 말한다.

> 요한이 세례를 베푼[1] 때부터 시작하여(*arxamenos*) 주 예수가 우리를 떠나 올림을 받으신 그날까지, 주 예수가 우리 가운데에서 들어오고 나가실 때[2] 언제나 우리(즉 열두 제자 중 가룟 유다를 제외하고 남은 11명)와 함께 있던 사람으로 이들 가운데 하나가 우리와 함께 예수가 부활하신 것을 증언하는 사람이

1) 이는 요한이 예수께 세례를 베푼 일만 특정적으로 말하는 것이 아니라, 더 폭넓게 요한이 세례를 베풀던 사역을 의미할 수 있다.

2) “들어오고 나가다”라는 표현은 유대인의 글이나 70인역에서 볼 수 있는 독특한 표현으로[예를 들어 시 121(120):8] “출입”의 뜻을 가진다.

(*martyra*) 되어야 하리라(행 1:21-22).

사도행전 1장이 장차 열두 제자의 역할로 제시한 일, 즉 예수를 증언하는 일(1:8)에는 이런 자격이 필요했다. 여기서는 증인의 개념을 특히 부활과 연결시켰지만("이들 가운데 하나가 우리와 함께 예수가 부활하신 것을 증언하는 사람이 되어야 하리라"), 예수를 처음부터 안 것도 열두 제자의 역할을 감당하는데 필요했다. 유다를 대신할 사람을 뽑는 이 이야기에서 이 빈자리를 채울 사람으로 두 제자가 후보로 제시되었다는 사실은 주목할 만하다(1:23). 이는 분명히 같은 자격을 갖춘 제자가 열두 제자에 그치지 않고 더 많이 있었다는 의미다. 그러나 누가가 초기 교회를 묘사한 내용을 보면, 열두 제자가 특별히 권위 있는 역할을 맡고 있었음은 확실하다.

사도행전의 뒷장에서 누가는 베드로가 복음 이야기를 집약하여 설교하는 모습을 묘사하는데, 그의 설교 요지도 똑같은 범위(요한이 세례를 베푼 일부터 부활하신 예수가 제자들에게 나타나신 일까지)를 가지며 특히 예수가 부활 뒤 나타나신 일과 증인이 되라고 요구하신 일을 연결시킨다.

> (하나님이) 이스라엘 백성에게 말씀을 주사 예수 그리스도가 화평을 선포하셨음을 너희가 아노니 그는 만유의 주이시라. 그 말씀이 요한이 선포한 세례 이후에 갈릴리에서 시작하여(*arxamenos*) 유대 전체에 퍼졌나니 하나님이 나사렛 예수에게 성령과 능력을 부으시고 그가 두루 다니시며 선을 행하시고 마귀에게 눌린 모든 사람들을 고치셨으니 이는 하나님이 그와 함께하심이라. 우리는 그가 유대와 예루살렘에서 행하신 모든 일을 증언하는 자들이라. 그들이 그(예수)를 나무에 달아 죽였으나 하나님이 셋째 날에 그를 일으키사 나타나게 하셨으니 모든 백성에게 나타내시지 않고 다만 하나님이 증인으로 택하시고 그가 죽은 자들 가운데서 일어나신 후 그와 더불어 먹고 마신 우리에게만 나타내셨느니라. 그가 우리더러 사람들에게 설교하고 그가 하나님이 살아 있는 자들과 죽은 자들을 재판할 유일한 재판관으로 세우신 분이심을 증언하라

고 명령하셨느니라(행 10:36-42).

중요한 사실은 "시작하여"(*arxamenos*)가 다시 등장한다는 것인데, 여기서 이 말은 예수가 선포하신 말씀을 가리킨다. 이 말씀 선포는 요한이 선포한 세례 이후에 갈릴리에서 시작되었다(10:37). 누가는 다른 곳에서도 같은 동사(*archein*)를 사용하여 예수가 갈릴리에서 사역을 시작하신 것에 관심을 집중시킨다(눅 3:23; 23:5; 행 1:1).

이렇게 제자들이 복음서 이야기의 시작부터 끝까지 직접 참여했기 때문에 이 이야기를 전할 수 있는 특별한 자격을 갖추었다고 생각하는 것은 누가만의 견해가 아니다. 요한복음에도 누가의 생각과 놀랍도록 일치하는 부분이 나오는데, 지금까지 학자들은 이 부분에 별로 큰 관심을 기울이지 않았다.[3] 예수는 마지막 만찬 이후 고별 담화에서 제자들에게 이렇게 말씀하신다(여기서 제자들은 열두 제자로 한정되지 않음).

> 내가 아버지로부터 너희에게 보낼 변호자 곧 아버지에게서 나오는 진리의 영이 오시면 그가 나를 증언하실 것이다. 너희도 처음부터(*ap' archēs*) 나와 함께 있었으니 증언하리라(요 15:26-27).

법정 은유는 요한복음에서 독특하게 볼 수 있는 특징이다. 재판의 모티프는 이 복음서 전체를 관통하고 있다. 하지만 이 특별한 용례는 누가의 글에서도 똑같이 발견된다. 누가와 요한은 동일하게, 예수의 사역 "처음부터" 그분과 함께했던 것이 그분의 증인이 될 자격이라고 말한다. (일반적인 추측과는 달리, 요한복음에서 "증인"은 그리스도를 믿는 보편적 신자가 아니라 "처음부터" 예수와 함께했던 제자들이 맡은 특별한 임무를 의미한다. 여기에 대해서는 제15장에서 더

3) R. Riesner, *Jesus als Lehrer* (WUNT 2/7; Tübingen: Mohr Siebeck, 1981), 486은 이 부분에 관심을 집중한다.

자세히 논의할 것이다.) 요한복음 15:27에서도 예수의 사역 시작이 이 복음서에서 형상화된 방식으로 언급된다고 할 수 있다. 예수가 갈릴리 가나에서 이적을 행하신 뒤, 요한은 이를 두고 다음과 같이 말한다.

> 예수가 갈릴리 가나에서 당신이 행하신 표적들 가운데 처음인 이것을[문자 그대로 옮기면 "표적들의 처음을(*archēn*)"] 행하시고 그의 영광을 나타내시니 그의 제자들이 그를 믿으니라(요 2:11).

이렇게 누가와 요한이 공유하던 생각은 두 저자뿐 아니라 더 폭넓게 초기 기독교 내부에도 퍼져 있었을 가능성이 높다. 분명히 초기 기독교 운동은 요한이 세례를 베풀던 처음부터 예수가 부활 뒤 나타나신 때까지, 그분의 사역을 직접 본 목격자인 제자들의 증언에 특별한 중요성을 부여했다. 이런 직접적 목격은 열두 제자 중 하나가 되는 데 필수적인 자격이었다. 하지만 열두 제자 말고도 이런 자격을 갖춘 제자는 더 있었으며, 이런 이유로 이들의 증언도 특별한 가치를 인정받았을 것이다. 이제 우리는 이런 자격을 최대한 만족시킨 제자들의 증언이라는 표지가 복음서 자체에 있는지 살펴보아야 한다. 부분적이지만 이 문제에 가장 쉽게 답할 수 있는 사례는 누가복음에서 발견할 수 있다.

누가복음 머리말

누가복음은 복음서 중에서 유일하게 저자가 자기 작품을 헌정한 사람에게 쓴 머리말을 가지고 있다.

> 많은 사람들이 우리 가운데서 이루어진 사건들을 처음부터 목격자들이요 말씀을 섬기는 일꾼들인 자들이 우리에게 전해준 그대로(*kathōs paredosan*

hēmin hoi ap' archēs autoptai kai hupēretai genomenoi tou legou) 순서를 따라 서술하는 일을 시작하여, 나도 모든 일을 아주 처음부터(*anōthen*) 꼼꼼히 살펴본(*parēkolouthēkoti*)[4] 뒤에 데오빌로 각하 당신에게 순서대로 써 보내기로 결심하였으니, 이는 당신이 가르침을 받은 일들에 관한 진실을 알게 하려 함입니다(눅 1:1-4).

오랫동안 학자들은 이 머리말을 폭넓은 관점에서 집중적으로 논의해 왔다. 하지만 여기서 우리 논의는 누가복음 전승의 출처인 목격자들과, 누가와 이 목격자들의 관계에 국한될 것이다.

먼저 주목해야 할 점은 2절에서 "목격자들"을 의미하는 그리스어(*autoptai*)가 법률적 의미를 가지지 않는다는 것이다. 이런 측면에서 "목격자들"을 법정 용어에서 비롯된 은유라고 추정하는 것은 오해라고 할 수 있다. *autoptai*는 단순히 사건을 직접 본 사람을 가리킨다(러브데이 알렉산더는 "몸소 체험한 사람, 사실을 직접 안 사람"이라고 번역함[5]). 그러나 "처음부터 목격자들인 사람들"의 개념은 분명히 사도행전 1:21-22 및 요한복음 15:27과 같으며 "처음부터"(*ap' archēs*)라는 문구도 누가와 요한이 공통으로 사용한다. 더욱이 누가복음 머리말에 이 문구가 등장한 덕분에 우리는 이 글이 역사 기록적 배경을 가졌음을 인식할 수 있다. 이 점은 앞으로 더 논의할 것이다.

대다수 학자는 누가복음의 머리말 전체가 그리스의 역사 기록 전통에 속하며, 이런 이유로 첫 독자들은 이를 일종의 역사서로 인식했으리라는 견해를 취해왔다. 그러나 러브데이 알렉산더는 이 견해에 대해 중요한 이의를 제기했다. 그녀는 고대 그리스 문헌의 머리말을 철저히 조사한 결과

4) 이 동사의 뜻은 아래에서 논의할 것이다.

5) L. Alexander, *The Preface to Luke's Gospel* (SNTSMS 78; Cambridge: Cambridge University Press, 1993), 120.

를 토대로, 누가복음 머리말의 형식과 수사가 역사서보다는 기술이나 학술[6] 논문(예를 들어 의학, 수학, 공학, 수사학 이론을 다룬 논문)과 더 유사하다고 주장했다. (알렉산더는 내용의 측면에서는 누가복음-사도행전을 역사 기록으로 분류해야 함을 부인하지 않으면서도, 누가복음과 사도행전의 서문 자체가 이 책이 역사서임을 지시하지는 않는다고 본다.[7]) 이런 주장에 대해 다른 학자들은, 알렉산더가 제시한 증거와 논증이 누가복음의 사회적-문학적 수준과 맥락을 드러내준다고 인정했다. 하지만 그녀의 논증이 누가복음과 그리스 역사 기록의 용어 및 개념 사이의 유사성을 부정하도록 만들지는 못한다고 생각했다.[8]

데이비드 오니(David Aune)는 "현재 극히 일부만 남아 있는 그리스 역사 작품 대부분은, 누가가 꿈도 꿀 수 없는 사회적 지위에 있던 저자들이 그가 결코 흉내 낼 수 없는 뛰어난 문체로 쓴 것"[9]이라고 정확하게 지적했다. 오니는 누가의 머리말이 극소량 현존하는 헬레니즘 시대의 가장 탁월한 역사 기록보다는 "지금은 사라져버린 수백 가지 평범한 역사서"의 머

6) 알렉산더는 *The Preface*에서는 "scientific"이라는 용어를 썼다가 "Formal Elements and Genre: Which Greco-Roman Prologues Most Closely Parallel the Lukan Prologues?" in D. P. Moessner, ed., *Jesus and the Heritage of Israel* (Harrisburg: Trinity, 1999), 9-26에서는 "scientific"을 "technical"로 바꾸었다. 분명히 후자가 문제가 된 문헌의 주제 범위를 더 잘 전달하는 것 같다. V. K. Robbins, "The Claims of the Prologues and Greco-Roman Rhetoric: The Prefaces to Luke and Acts in Light of Greco-Roman Rhetorical Strategies," in Moessner, ed., *Jesus*, 66은 "전문가 지향적인 글"(profession-oriented writings)이라는 표현을 쓰자고 제안한다.

7) L. C. A. Alexander, "The Preface to Acts and the Historians," in B. Witherington III, ed., *History, Literature and Society in the Book of Acts* (Cambridge: Cambridge University Press, 1996), 100-101; idem, "Formal Elements," 23.

8) 특히 D. D. Schmidt, "Rhetorical Influences and Genre: Luke's Preface and the Rhetoric of Hellenistic Historiography," in Moessner, ed., *Jesus*, 27-60을 보라.

9) D. E. Aune, "Luke 1:1-4: Historical or Scientific Prooimion?" in A. Christopherson, C. Claussen, J. Frey, and B. Longenecker eds., *Paul, Luke and the Graeco-Roman World: Essays in Honour of Alexander J. M. Wedderburn* (JSNTSup 217; Sheffield: Sheffield Academic, 2002), 142.

리말과 더 유사하다는 증거를 제시한다.[10] 아울러 그는 "역사서의 머리말(*prooimia*)과 기술이나 학술 논문의 머리말을 구별하는 것이 실상 잘못된 이분법이라는 주장이 점점 더 설득력을 가지기 시작했다"라고 평한다.[11] 대릴 쉬미트(Daryl Schmidt)는 헬레니즘 시대의 역사 기록의 수사법을 다시 검토하고 나서 "이 시대의 역사 기록 관습은 광범위한 내러티브 기록에 영감을 주었으며, 그 기록의 사실성과 문체에는 다양한 등급이 있었다"라고 지적한다. 그러면서 누가의 머리말이 헬레니즘 역사 기록의 수사법적 관습에서 받은 영향을 선명히 보여준다고 결론짓는다. 이런 점 때문에 누가는 "역사" 내러티브를 서술한 저자이지만 그렇다고 반드시 "역사가"인 것은 아니다. 누가복음-사도행전은 상당히 넓은 스펙트럼을 지닌 "헬레니즘 시대의 역사 기록"에 속한다고 보는 것이 적절하다.[12]

현재 우리의 목적에 비추어볼 때, 가장 중요한 것은 "처음부터 목격자들(인 자들)"(*ap' archēs autoptai*)이라는 문구가 역사 기록에서 가지는 의미다. 알렉산더는 *autoptēs*(목격자)가 역사 기록에서만 사용된 용어가 아님을 확실히 보여주었다. 반면에 현존하는 역사물을 쓴 역사가 중에서는 오직 폴리비우스(3.4.3)와 요세푸스(『아피온 반박』 1.55)만이 역사서의 서문이나 방법론적 논의에서, 이야기되는 사건의 관찰에 대해 이 단어를 사용하고 있다.[13] 이런 이유로 알렉산더는 "역사가들을 찾아갈 필요가 전혀 없다"라고 하면서, 기술이나 학술적 전통 속에 있는 머리말이 누가의 머리

---

10) Aune, "Luke 1:1-4," 148. Alexander, "Formal Elements," 23도 같은 의견으로 다음과 같이 말한다: "기껏해야 이런 독자(즉 학식 있는 고대 독자)는, 루키아누스가 파르티아 전쟁에서 한 군의관이 기록한 '군인의 일기'를 대한 것처럼, 누가의 저술도 진짜 역사가가 연마하고 세공해야 할 원료쯤으로 치부했을지 모른다." 여기서 언급한 루키아누스의 사례는 「역사 기록 방법론」 16을 참조했다.

11) Aune, "Luke 1:1-4," 148.

12) Schmidt, "Rhetorical Influences," 59.

13) Alexander, *The Preface*, 34-41, 80-82, 120-22.

말에서 관찰되는 용례와 더 유사한 사례를 제공한다고 주장한다.[14] 그러나 이런 주장은 누가의 머리말과 역사 기록의 유사 사례를 분리해서 보아야 한다는 알렉산더의 전체 논지 안에서만 설득력을 가진다. 오히려 누가의 서문 전체를 다른 시각에서 본다면, 폴리비우스와 요세푸스가 누가의 용례와 가장 선명하게 연관된 유사 사례가 될 것이다. 사무엘 뷔쉬코그는 *autoptein* 단어군의 용법을 편협하게 바라보는 알렉산더의 시각을 비판하면서, 고대 역사 기록에서는 폴리비우스와 요세푸스가 이 단어를 통해 설명한 개념이 이 단어 자체보다 훨씬 더 광범위하게 통용되었으리라고 강조한다.[15] 더욱이 알렉산더의 생각처럼[16] 폴리비우스가 *autoptēs*를 사용한 것을 요세푸스가 모방했다면, 다른 역사가들도 모방할 수 있었을 것이다. 폴리비우스는 헬레니즘 시대의 역사 기록에서 가장 뛰어난 원칙을 정의하고 그 모범을 보여준 인물로 칭송받았다. 따라서 역사가가 되기를 열망하던 후대 저술가들은, 실제의 역사 기록에서 폴리비우스에 필적한 수준에 이르렀는지의 여부와는 상관없이, 폴리비우스가 구사한 용어를 자연스럽게 모방했을 것이다. 어쨌든 당대인들이 누가의 머리말의 *autoptai*를 역사 기록과 관련된 전문용어로 인식했는지의 여부를 떠나서, 누가복음-사도행전 안에서 이 말이 의미하는 전체 맥락에 비추어볼 때, 그것이 누가복음의 사건들을 직접 목격한 이들이라는 역사 기록의 의미를 가지고 있음은 확실하다.

"처음부터"(*ap' archēs*)라는 문구가 앞과 같은 역사 기록적 개념군에 속한다는 사실도 흥미롭다. 현재까지의 연구가 주장해왔듯이, 이 문구는 헬레니즘 문화에서 옛 사람의 권위나 구전의 출처인 권위 있는 고대 자료를 가리키는 것이 아니라,[17] 역사 기록자인 저자가 자신이 쓴 역사의 시작부

14) Alexander, *The Preface*, 122-23, 124-25.

15) S. Byrskog, *Story as History-History as Story* (Tübingen: Mohr, 2000), 48-49.

16) Alexander, *The Preface*, 38-39.

17) Alexander, *The Preface*, 120; idem, "Formal Elements," 20-21이 이런 입장이다.

터 사건들이 전개되는 내내 목격자들이 현장에 있었다고 주장할 때 쓰는 말이다.

누가복음과 같은 시대에 나온 한 역사 기록물은 머리말에서 이 문구를 상당히 일반적인 의미로 사용하고 있다. 비블로스의 필론(Philo of Byblos)은 이렇게 썼다. "진정 방대한 학식과 호기심을 가졌던 산쿠니아톤은 모든 사람에게 처음부터(*ex archēs*) 일어난 일들에 관하여 배우고자 했으며, 타아우토스(Taautos; 이집트 신화에서 지혜와 글쓰기의 신 Thoth에 해당하는 페니키아 신-역주)의 작품들을 꼼꼼하게 찾았다."[18] 하지만 누가의 경우와 유사한 것은 데이비드 오니가 제시하는 사례다. 이 사례는 플루타르쿠스(Plutarch)의 저술에 붙은 머리말이며 기록자는 익명이다. 이 글은 저 유명한 기원전 6세기의 일곱 현인 심포지엄[(1)]에 참석했던 한 사람이 썼다는 말이 있다. 그렇다면 이것은 기록자가 자신의 작품을 헌정하는 이에게 사건을 설명하는 글인 것 같다. 하지만 이 설명 내용은 허구이며, 머리말도 내용이 사실인 것처럼 꾸미려고 작성되었다. 그렇다 해도 이 머리말이 우리 논지를 뒷받침할 증거로서 가지는 가치는 줄어들지 않는다. 플루타르쿠스가 자기 시대에 알려져 있던 역사 기록의 관습을 따라 이 글을 썼다는 것이 틀림없기 때문이다. 오니는 누가의 머리말은 물론이요 기술적 논문의 머리말과 유사한 경우들까지 나열하여 지적하고 있다.[19] 그는 이것들을 근거로 대중에게 널리 알려진 역사물의 머리말이, 당연히 현존하는 탁월한 역사적 저술보다는 기술적 논문의 머리말과 더 유사하리라고 주장한다.[20] 이 위서(僞書) 머리말에서 현재 우리의 논의와 관련되는 부분은 글의 마지막 문장이다. 저자는 작품을 헌정한 대상에게, 자기가 다룬 사건을 설명한 다른 글들은 신뢰할 수 없다고 말하고 있다. 왜냐하면 다른 글들을 쓴

18) Schmidt, "Rhetorical Influences," 52, 주 91에서 인용했다.
19) Aune, "Luke 1:1-4," 145-47.
20) Aune, "Luke 1:1-4," 148.

이들이 자기와는 달리 사건 현장에 없었기 때문이다. 저자는 이렇게 글을 맺고 있다. "제겐 이제 한가한 시간이 많고 제 늙은 나이는 제가 이야기를 들려주는 것을 늦출 수 있을 만큼 미덥지 못한 데다 당신도 듣기를 열망하시니, 모든 일을 처음부터 상세히 설명해보겠습니다(*ap' archēs hapanta diēgēsomai*)."[21] 여기서 "처음부터"라는 문구는, 저자가 사건에 대해 간접적으로 전해 듣고 왜곡될 가능성이 있는 부분적 설명을 제공하는 데 그치지 않고, 사건의 목격자로서 전체적인 설명을 할 수 있음을 보증하고 있다.

이것은 기능상 요세푸스가 자신의 유대 전쟁사와, 사건을 간접적으로 전해 듣기만 한 다른 저자들의 전쟁사를 대조하면서, 자신이야말로 현장에 있었기 때문에 자신의 저술이 진정한 역사라고 한 것과 같은 주장이다. "그와 반대로 나는 모든 사건 현장에 직접 있었기 때문에 진실한 전말을 광범위하면서도 세세하게 기록했습니다"(「아피온 반박」 1:47). 요세푸스로부터 그의 작품 사본을 받은 아그립바 왕은 모든 일을 "처음부터"(*archēthen*) 독자들에게 알려준 그를 칭송하는 편지를 썼다(「요세푸스의 생애」 366).[22]

고대인들은 역사가가 이야기를 전할 때 적절한 결론만큼이나 적절한 시작점을 선택하는 것이 중요하다고 여겼다. 폴리비우스는 「역사」(*Histories*)의 머리말에서 자신이 선택한 출발점을 정확히 언급하면서, 자기가 이곳을 시작점(*archēn*)으로 택한 것이 정당하다고 주장한다(1.3.1-5; 1.5.1; 1.12.5). 같은 이유 때문에, 할리카르나소스의 디오니시오스(Dionysius of Halicarnassus)는 기원전 1세기에 쓴 글에서 투키디데스를 이렇게 비판했다.

---

21) Plutarch, *Septem sapientium convivium*, Aune, "Luke 1:1-4," 145에서 인용했다.

22) 목격자가 이런 요건을 갖추어야 함을 설파한 다른 글을 보려면, 폴리비우스가 스키피오 아프리카누스에 대해 신뢰할 만한 정보를 얻을 수 있는 출처로 가이우스 라일리우스(Gaius Laelius)를 꼽으면서 "그(라일리우스)가 젊은 시절부터 죽을 때까지 스키피오가 한 모든 말과 행동에 함께했기" 때문이라고 말한 부분을 보라(폴리비우스 10.3.2).

일부 비평가들 역시 그가 서술한 역사 순서를 비판하며, 그가 출발점을(*archēn*) 올바로 택하지도 못했고 역사 서술을 매듭지어야 할 곳도 적절히 택하지 못했다고 불평한다. 그들은 한 작품이 더 앞서 어떤 일도 없었으리라고 상상할 수 있는 곳에서 시작하고, 더 이상 필요한 것이 없다고 느끼는 곳에서 마치는 것이 훌륭한 배열에서 적잖이 중요한 측면이라고 말한다.[23)]

흥미로운 것은 폴리비우스가 평상시대로 자신의 내러티브에 가장 잘 어울리는 출발점을 골랐으면서도, 그가 서술할 역사의 몇 가지 측면을 충분히 설명할 수 있도록 출발점에 앞서 몇 가지 사건을 미리 이야기하기로 결심했다는 것이다.

결국 이 작품을 쓰게 된 계기이자 동기는 로마인들이 군대(armed force)와 함께 이탈리아에서 처음으로 건너온 일이었습니다. 나는 이 사건을 작품 전체에 가장 잘 어울리는 출발점(*archēn*)이라 여깁니다. 따라서 나는 그것을 내 진지한 출발점으로 삼았습니다만, 동시에 내가 일반적 원인들을 서술한 말에 혹시라도 모호한 구석이 있을까 싶어 좀 더 뒤로 돌아갔습니다. 나는 이렇게 출발점 이전의 역사를 따라가 보는 것이, 로마인들의 현재 패권을 적절히 개관해 보고 싶은 사람들에게 필요하다고 봅니다(1.12.5-7).[24)]

앞의 내용은 "처음부터" 목격자였던 사람들의 설명에 근거한 누가의 내러티브가 세례 요한의 사역부터 적절히 시작하면서도, 동시에 예수의 탄생과 유년 시절에 관한 역사적 머리말도 가지고 있다는 사실과 비교된

23) Dionysius of Halicarnassus, *De Veterum Censura* 11. 이는 D. Moessner, "The Appeal and Power of Poetics (Luke 1:1-4): Luke's Superior Credentials (παρηκολουθηκότι), Narrative Sequence(καθεξῆς), and Firmness of Understanding(ἡ ἀσφάλεια) for the Reader," in Moessner, ed., *Jesus*, 111에 인용되어 있다.
24) Moessner, "The Appeal," 120에 인용되어 있다.

다. 최근에 한 학자가 주장한 것처럼,[25] 누가가 말하는 "처음"이 누가복음 1-2장의 사건들이요, "목격자들"에는 이런 이전 단계의 이야기에 등장하는 인물도 포함된다는 견해는 설득력이 없다. 오히려 누가는 예수의 역사를 서술하면서, 당대인들이 널리 동의하고 목격자들의 구술 증언이 보존한 출발점을 지키지만, 동시에 주된 이야기에 적절한 배경과 정황을 제공할 사건들에 대한 설명도 앞에 덧붙였다고 할 수 있다.

요세푸스도 「유대 전쟁사」에서 누가와 유사한 노선을 택했다. 머리말에서 저자는 자신이 당대의 사건들의 배경을 기술함으로써 자기 민족의 초기 역사를 상술할 필요가 없었다고 해명한다. 왜냐하면 이런 작업은 유대인의 구약성경이 이미 충분히 해놓았기 때문이다. 요세푸스는 이 기록이 멈춘 지점부터 유대 민족의 역사를 계속 적어나가야 했다. 그리하여 그는 자기 생애 이전의 사건들을 요약하면서도 이것들을 완전하게 서술하는 작업은 유보한 채, 유대 전쟁의 직접적 원인이 된 사건들과 전쟁 자체를 충실히 다루는 데 치중했다. 우리가 주목해야 할 점은, 요세푸스가 자기 생애 이전의 사건과 전쟁의 직접 원인 및 전쟁 자체를 구별하면서, 이런 구별이 정당한 근거로서 전쟁이야말로 자신의 역사서의 진짜 주제이며, 전쟁의 사건들이 자신이 직접 참여한 사건들이라는 점을 내세웠다는 것이다.

> 따라서 나는 이 사건들(유대 고대사)을 다룬 역사가들과 우리 예언자들(성경을 쓴 사람들)이 끝맺은 곳에서 내 작품을 시작하겠습니다(*archēn*). 나는 그 뒤에 전개된 역사 중 내가 살아 있는 동안에 겪은 전쟁의 사건들을 내가 할 수 있는 한 아주 상세하게 정성을 들여 서술하겠습니다. 내 생애 이전에 일어난 사건

25) K. A. Kuhn, "Beginning the Witness: The αὐτόπται καὶ ὑπηρέται of Luke's Infancy Narrative," *NTS* 49 (2003), 237-55. 쿤은 누가가 이 인물들(어른과 목동들을 포함)로부터 어떻게 전승을 입수했는지에 대해서는 전혀 언급하지 않는다.

들은 간략히 요약하는 것으로 만족하겠습니다(「유대 전쟁사」 1.18).

예수의 생애와 죽음과 부활 사건을 직접 본 주된 목격자들이 "처음부터" 예수와 함께 있던 자라야 한다는 개념—이 개념은 적어도 누가와 요한이 공유하고 있었으며, 따라서 그 뿌리는 초기 기독교 전승까지 거슬러 올라갈 가능성이 있음—은, 추측컨대 역사 기록적이기보다는 상식적인 생각이었을 것이다. 하지만 누가는 이 개념이 역사를 서술할 때는 적절한 출발점을 골라야 한다는 역사 기록 원리와 일치하는 동시에, "목격 증언" 즉 사건을 직접 체험한 이들의 증언이 중요하다는 점과도 일치함을 인정했다. 누가의 저술의 자료가 된 주요 목격자들은 사건들을 "처음부터" 빠짐없이 망라하여 설명할 자격을 갖추고 있었다.

누가의 전체 문구인 "처음부터 목격자들이요 말씀을 섬기는 일꾼들인 자들"(1:2)은 두 그룹이 아니라 한 그룹의 사람들을 가리킴이 분명하다.[26] 물론 이 문구를 처음에는 목격자였던 사람들이 나중에는 말씀을 섬기는 일꾼이 되었다는 식으로 번역할 수도 있지만[27] 여기서는 굳이 그렇게 할 필요가 없다. 어쨌든 "처음부터"가 "목격자들"만을 수식하는 것은 분명하다. 따라서 이 목격자들이 얼마 뒤에는 말씀을 섬기는 일도 하게 되었다고 추정할 수밖에 없다. 이 문구 전체는 사도행전 1:21-22과 상당히 정확하게 일치한다. 이 사도행전 본문은 제자들을 가리켜 그들이 예수의 사역을 처음부터 끝까지 본 목격자이기 때문에, 말씀을 섬기는 일꾼(행 6:4에서 누가가 열두 제자의 사역에 대해 쓴 말과 유사함)이 되어 그분에 대한 이야기를 포

26) Alexander, *The Preface*, 119; J. A. Fitzmyer, *The Gospel according to Luke I-IX* (AB28; New York: Doubleday, 1981), 294. 문법적으로는 이렇게 생각하는 것이 당연하지만 Kuhn, "Beginning the Witness," 239, 주 8은 여기에 대해 한 가지 주의할 점을 제시하고 있다.

27) R. J. Dillon, *From Eye-Witnesses to Ministers of the Word* (AnBib 82; Rome: Biblical Institute Press, 1978), 270-72, 특히 주 114에 이런 주장이 나온다(이 책의 제목에도 같은 취지가 담겨 있음).

함해 복음의 메시지를 들려줄 자격을 갖추었다고 말한다. 크리스토퍼 에번스(Christopher Evans)는 목격자들과 말씀을 섬기는 일꾼들을 연결시키는 것이 "이상한 조합"이라고 보면서,[28] 이를 설명하는 본문으로 사도행전 1:21-22을 제시한다. 이 목격자들의 경우에 그들이 본 내용은 역사가에게 전달되었을 뿐만 아니라, 자신들이 전달한 기독교 메시지에서도 필수적인 부분을 형성했다. 누가의 머리말에 나온 목격자들이 열두 제자에 한정되지는 않겠지만(이 점은 나중에 다시 다루겠음), 그들 중에 일차적으로 열두 제자가 포함된다는 것만은 분명하다.

누가의 머리말에 대한 논의를 마치기 전에 우리는 "모든 일을 아주 처음부터(*anōthen*) 꼼꼼히 살펴본(*parēkolouthēkoti*) 뒤에"(1:3)라고 번역된 또 다른 문구를 간략히 살펴보아야 한다. 여기서 *parēkolouthēkoti*의 의미를 두고는 수많은 논의가 있었다.[29] 최근에 데이비드 모스너(David Moessner)는 여기서 (또는 이 구절과 유사한 사례로서 종종 인용되는 요세푸스, 「아피온 반박」 1:53에서) 이 동사가 "조사하다"의 뜻이 아니며, 이런 뜻임이 달리 증명되지도 않았다고 주장하면서, 오히려 이 단어가 "마음으로 따르다"라는 뜻임을 철저하고 설득력 있게 논증했다.[30] 즉 누가는 여기서 자신이 목격자들이 전한 모든 내용을 완전히 이해했다고 말하고 있는 것이다. 누가가 "정보에 밝았다는 것"(모스너의 문구)은 목격자들의 설명을 토대로 역사를 서술할 수 있는 자격, 또한 앞선 역사 저술가들보다 훨씬 더 만족스럽게 일할 수 있는 자격이 되었던 것이다.

---

28) C. F. Evans, *Saint Luke* (Philadelphia: Trinity, 1990), 126.

29) 특히 Alexander, *The Preface*, 128-30을 보라.

30) Moessner, "The Appeal," 84-123. 나는 모스너가 나중에 추가적으로 내놓은 결론에 완전히 동의할 수는 없다. 모스너의 이전 논문인 "'Eyewitnesses,' 'Informed Contemporaries,' and 'Unknowing Inquirers': Josephus' Criteria for Authentic Historiography and the Meaning of ΠΑΡΑΚΟΛΟΥΘΕΩ," *NovT* 38 (1996), 105-22에는 요세푸스의 증거에 대한 상세한 논의가 소개되어 있다.

*anōthen*이라는 말은 단순히 "꼼꼼히"라는 뜻일 수도 있지만,[31] 여기서는 분명히 시간과 관련지어 "뒤로 거슬러 올라가"이자 "처음부터"(*ap' archēs*)와 유사한 표현으로 사용되었다. 누가 자신이 이 두 문구를 다른 곳에서 거의 유사한 말로 사용하고 있다(행 26:4-5).[32] 사도행전 26:4-5은 물론이고 누가복음 1:2-3에서도 같은 말을 서로 다른 두 문구로 표현한 것은 문체상의 이유 때문이다. 머리말에서 누가는, 목격자의 증언 범위가 모든 것을 포괄하여 누가복음의 이야기 전체를 아우르듯이("처음부터"), 이 증언에 대한 누가의 철저하고 전체적인 이해도 모든 것을 포괄한다고 강조한다. 누가는 이 이야기를 "처음부터" 들려줄 수 있었다. 그는 "처음부터" 지켜본 목격자들이 전한 전승을 훤히 알고 있었기 때문이다. "처음부터" 지켜본 목격자의 증언이라는 원칙은 초기 기독교가 예수 전승을 전달하고 이해할 때 현저한 중요성을 가지고 있었던 것 같다.

마가복음에서 목격자 증언의 인클루지오

앞에서 우리는 복음서의 이야기 전체에 처음부터 끝까지 참여함으로써 이 이야기를 모두 들려줄 자격을 갖춘 목격자란 개념이 얼마나 중요한지를 알게 되었다. 이제 우리는 복음서가 하나의 문학적 장치를 선택하여 목격자들의 이런 자격을 지시하고 있음을 인식할 수 있는 지점에 오게 되었다. 이 문학적 장치는 이제까지 현대 학자들이 알아차리지 못하던 것이었다. 먼저 우리는 마가복음에서 이런 장치를 발견할 것이다.

마가복음에서 이름이 밝혀진 첫 제자는 예수의 사역 시작 뒤 곧바로 등장하는 베드로다(아니 시몬이라고 부르는 편이 낫겠다. 마가는 3:16에서 예수가 베

31) Alexander, *The Preface*, 130.

32) Alexander, *The Preface*, 130에서 아일리아누스(Aelianus)를 언급한 부분도 참고하라.

드로로 이름을 바꿔주신 일을 이야기할 때까지 줄곧 그를 시몬이라 부르기 때문이다).

> 예수가 갈릴리 해변을 따라 지나가시다가 시몬과 시몬의[33] 형제인 안드레가 바다에 그물을 던지는 것을 보셨으니 이는 그들이 어부이기 때문이라. 그리고 예수가 그들에게 "나를 따르라. 그러면 내가 너희를 사람을 낚는 어부로 만들리라"라고 말씀하셨다. 그러자 그들이 즉시 그들의 그물을 버려두고 그(예수)를 따르니라(막 1:16-18).

여기서는 특히 시몬의 이름에 강조점이 놓인다.[34] 바로 다음 구절에서 마가가 "세베대의 아들 야고보와 그의 형제인 요한"이라고 말하는 것처럼(1:19), 여기서도 "시몬과 그의 형제인 안드레"라고 쓸 수도 있었다.[35] 실제로 마가가 다른 곳에서 "야고보와 야고보의 형제 요한"(5:37; 참고. 3:17)이라고 말하는 것을 보면, 처음 등장하는 형제의 이름을 되풀이하는 것이 마가의 문체적 특징인 것 같다. 마가가 늘 이런 습관을 따른 것은 아니지만, 마가복음 1:16에서는 이런 관습이 시몬에게 특별히 우월한 지위를 부여하는 데 도움을 준다.

마가의 내러티브에서는 남성 제자 모두가 겟세마네에서 예수를 버리고 떠나며, 베드로도 계속해서 예수를 부인한다. 따라서 마가복음에는 열두 제자 중에 예수가 빌라도에게 넘겨지신 다음에 일어난 사건들을 목격한 이가 전혀 없다. 하지만 베드로의 이름은 마가복음 끝 부분, 곧 빈 무덤

33) NRSV은 "그의"라고 번역했다. 그리스어 본문이 "시몬의"라고 한 것을 고려하면 이것이 더 나은 번역이다(개역개정도 "시몬의 형제 안드레"라 하지 않고 "그 형제 안드레"로 번역함-역주).

34) 극소수 주석만이 이 점을 언급하는데, 그중 하나가 R. A. Guelich, *Mark 1-8:26* (WBC 34A; Dallas: Word, 1989), 50이다: "시몬을 반복해서 언급하는 것은, 마가복음에서 그가 다른 사람과 비교해서 가지는 크기를 의미할 가능성이 아주 높다."

35) 마태복음에 있는 평행 본문에 주목하라: "베드로라 하는 시몬과 그의 형제 안드레"(4:18).

에 있던 여자들이 "제자들과 베드로에게 가서 예수가 너희보다 앞서 갈릴리로 가고 계시니 거기서 너희가 그분을 뵈리라"(16:7)라는 말을 전하는 대목에서 다시 등장한다. 놀랍게도 베드로(결국 그도 제자 중 한 명에 불과함)를 특정하게 언급한다는 것은[36] 부활하신 예수가 베드로에게만 따로 나타나실 것을 선명하게 일러준다. 바울(고전 15:5)과 누가(눅 24:34)도 예수가 베드로에게 나타나신 일을 언급한다. 이를 보면 이 이야기가 일찍부터 전승들 속에 자리 잡은 것이 확실하다. 하지만 이 사건의 줄거리를 설명하는 곳이 하나도 없는 것이 이상하다. 마가가 자기 복음서의 마지막 구절 바로 앞에서(보컴은 마가복음이 16:8에서 끝난다고 본다-역주) 이를 언급한다는 사실은, 자신의 내러티브가 끝에 이르렀음을 알려주는 차원을 넘어, 베드로를 이야기의 처음에서처럼 끝에서도 가장 두드러지는 위치에 놓으려는 의도를 보여준다. 이렇게 베드로를 이야기의 처음과 끝 지점에서 언급하면서, 이 두 이야기는 이야기 전체를 에워싸는 일종의 인클루지오(*inclusio*, 수미상관 구조)를 형성한다. 이는 베드로가 목격자이며 그의 증언이 모든 것을 포괄한다는 것을 알려준다.[37] 또한 이것은 베드로가 마가복음 전승의 출처라고 주장하여 많은 논란을 일으킨 파피아스의 증언(제9장에서 다룰 것임)을 놀랍게 확증해준다.

만일 이 인클루지오를 베드로가 마가복음의 배후에 있는 주된 목격자 출처임을 알리려고 사용했다면, 이는 그의 이름이 마가복음에서 현저히 빈번하게 등장한다는 증거(표 11에서 발견됨)와 일치하는 셈이다.[38] 시몬

---

36) 참고. M. Hengel, *The Four Gospels and the One Gospel of Jesus Christ* (tr. J. Bowden; London: SCM, 2000), 82: "'…과 베드로'라는 말은 내러티브를 무너뜨리며 철저히 사족이다. 베드로도 '제자들' 중 하나다."

37) M. Hengel, *Studies in the Gospel of Mark* (tr. J. Bowden; London: SCM, 1985), 61; idem, *The Four Gospels*, 82.

38) 내 계산법은 R. Feldmeier, "The Portrayal of Peter in the Synoptic Gospels," in Hengel, *Studies in the Gospel of Mark*, 59에서 공관복음을 대상으로 계산한 것과 조금 다르다.

이라는 이름은 시몬 베드로를 언급하는 이름으로 7회 등장하며[39] 베드로는 19회 등장한다.[40] 복음서 길이에 비추어볼 때, 이런 빈도수는 마가복음이 다른 복음서보다 상당히 높다. 마가복음보다 훨씬 더 긴 마태복음에서도 시몬은 (시몬 베드로를 가리키는 이름으로) 5회 등장하며 베드로는 24회 등장한다. 누가복음에서는 시몬이 12회 등장하며 베드로는 18회 등장한다. 요한복음에서는 시몬이 22회 등장하고 베드로는 34회 등장하지만, 다른 복음서보다 아주 높은 이 수치 배후에는 요한복음이 다른 복음서보다 "시몬 베드로"라는 조합을 훨씬 더 자주 사용한다는 사실이 숨어 있다(요한복음은 "시몬 베드로"를 17회 사용하나, 마가복음은 이 이중 이름을 전혀 쓰지 않으며, 마태복음은 1회, 누가복음도 1회만 쓴다). 그러나 이런 요소를 고려하고 시몬 베드로라는 이중 이름을 단 한 번만 계산한다 할지라도, 요한복음이 다른 복음서와 비교하여 가장 빈도수가 높다(395개 단어마다 1회씩 등장). 반면에 마가복음은 2위이며(432개 단어마다 1회씩 등장), 마태복음(654개 단어마다 1회씩 등장)과 누가복음(670개 단어마다 1회씩 등장)은 거의 비슷한 빈도수로 3위와 4위를 차지한다. 마태복음이 베드로에게 특별한 관심을 표명하기 때문에(참고. 마 14:28-29; 16:17-18), 마가복음이 마태복음보다 베드로라는 이름을 더 자주 언급한다는 점은 매우 주목할 만하다. 더욱이 베드로는 1:16부터 14:72까지 이어지는 내러티브 대부분에서 그 존재를 드러내는데(유일한 예외는 6:14-29; 10:35-40; 14:1-2, 10-11, 55-65), 이는 마가복음이 베드로를 주된 목격자요 목격 증언의 출처로 내세운다는 우리 논지를 고려할 때 상당히 중요하다. 조엘 마커스(Joel Marcus)는 "만일 파피아스만 없다면, 두 번째 복음서(마가복음)가 특히 베드로를 부각시킨다는 것을 사람들이 결코 의심하지 않을 것"

39) 숫자 7은 유대인에게 완전을 상징하기 때문에 일부러 골랐을 것이다.

40) Hengel, *Studies*, 155, 주 72도 베드로에 대한 언급이 "마가복음의 핵심 지점에서—처음에는 *peripateia*[2]에서, 또한 수난 내러티브의 시작에서—더 빈번히 등장한다"라고 주장한다. 나는 이것이 아주 중요하다고는 확신하지 않는다. 특히 막 14장에서는 베드로에 대한 언급이 대부분 베드로가 예수를 부인하는 것과 연관되기 때문이다.

이라고 주장하지만[41] 이는 옳지 않다.

마가의 이야기 시작과 끝에서 베드로를 언급하는 부분이 인클루지오를 형성하며 이 구조가 의도적임을 강하게 확증해주는 증거는 누가복음이다. 누가는 마가복음과 다른 자료들을 사용하면서, 마가가 베드로를 언급한 이 두 부분의 위치를 그대로 보존하지 않았다. 누가복음에서는 베드로가 제자로 부르심을 받은 이야기가, 그가 이미 내러티브 안에 등장한(4:38) 이후에 나타난다(5:1-11). 그렇지만 누가는 베드로가 자기 복음서에서 개인적으로 이름이 밝혀진 첫 제자임을 확실히 해둔다. 더욱이 누가는, 마가가 자기 이야기에서 시몬이 처음 등장할 때 이 이름을 되풀이해 강조한 것과 비견되는 똑같은 장치를 고안해낸다. "예수가 회당을 떠나신 뒤에 시몬의 집에 들어가시니라. 이때 시몬의 장모가 중한 열병을 앓고 있었는지라"(눅 4:38).[42] 또한 마가처럼 누가도 자신의 이야기 끝 부분에서 빈 무덤에 있던 천사들의 말을 언급할 때 베드로의 이름을 밝히지 않는다(눅 24:6-7). 누가의 내러티브는 예수가 부활하여 사람들에게 나타나심을 다룬 이야기로 계속 이어진다. 이런 이유로 설령 빈 무덤 장면에서 베드로의 이름이 나타나기는 하지만, 누가복음은 베드로를 그 이름이 등장하는 마지막 제자로 만들려 하지 않는다. 대신에 누가는 예수가 부활하신 뒤에 베드로에게 나타나신 일을 회고적으로 언급한다. 두 제자가 엠마오에서 예루살렘으로 돌아오자, 다른 제자들이 이 둘에게 이렇게 말한다. "정말로 주께서 살아나셨고 그가 시몬에게 나타나셨다!"(24:34) 이 언급 때문에 시몬은 예수와 모세를 제외하고 누가복음에서 마지막으로 등장하는 이름이 되었다. 이처럼 누가는 마가가 베드로를 언급하는 목격자 증언을 인클루지오로 제시한 것을 모방함으로써, 누가 자신의 복음서도 그가 마가복음

41) J. Marcus, *Mark 1-8* (AB 27; New York: Dubleday, 1999), 24.

42) 여기서 시몬의 이름이 등장하는 두 사례가 서로 유사한 것은, 누가가 마가복음의 본문을 요약했기 때문이다: "그들은 회당을 떠나자마자 야고보 및 요한과 함께 시몬과 안드레의 집으로 들어갔다. 이때 시몬의 장모가 열병으로 침상에 누워 있었다"(막 1:29-30).

에서 인식한 베드로의 증언에 일정 부분 의존하고 있음을 인정하고 있다.

요한복음에서 목격자 증언의 인클루지오

나는 요한복음 저자가 마가복음을 알았으며 자기 복음서의 독자들 중에도 이 복음서를 아는 이가 많으리라고 예상했다고 보지만,[43] 그렇다고 요한이 마가복음을 자료로 사용했다고 주장하는 것은 아니다. 마가는 예수의 사역의 시작과 끝에서 베드로를 언급하는데, 이런 언급에 상응하는 것을 네 번째 복음서(요한복음)에서도 볼 수 있다는 사실은 흥미롭다. 요한복음에서 예수의 첫 제자는 세례 요한의 제자로 등장했던 두 사람이지만(1:35), 이 둘은 이름이 나오지 않다가 나중에 가서 둘 중 하나가 안드레라고 밝혀진다(1:40). 그러나 안드레와 함께 있던 다른 한 사람은, 우리 예상과도 다르고 또 예수가 첫 제자들을 부르신 일을 다룬 마가의 이야기와도 다르게, 그의 형제 베드로가 아니다. 먼저 제자로 부름 받은 안드레가 뒤이어 그의 형제를 데려와서 예수께 소개하기 때문이다(1:41-42). 마가복음을 아는 독자들에게는, 요한이 마가복음에서 으뜸 자리에 있던 베드로를 밀어내고 그 자리에 베드로의 형제 안드레와, 첫 두 제자 중 안드레 외에 다른 한 명, 즉 익명으로 남아 이야기에서 소리 없이 떨어져나간 듯이 보이는 사람을 앉혀놓은 듯 보일 것이다. 이 이름 없는 제자는 요한이 다른 곳에서 "예수가 사랑하신 그 제자"라고 부르는 사람일 것이라고 자주 간주되었다.[44] 복음서는 그 제자의 이름을 전혀 밝히지 않는다. 더욱이 그

---

43) R. Bauckham, "John for Readers of Mark," in R. Bauckham, ed., *The Gospels for All Christians: Rethinking the Gospel Audiences* (Grand Rapids: Eerdmans, 1997), 147-71.

44) 여기에 대한 최근의 논의로는 R. Tansmuth, *The Disciple with Many Faces: Martin Hengel's and James H. Charlesworth's Theories Concerning the Beloved*

제자가 여기서 예수를 처음 만났기 때문에 그를 "예수가 사랑하신 그 제자"라고 묘사할 수는 없었을 것이다. 그러나 나는 대다수 학자들이 간파하지 못했지만, 요한복음 1장의 이 익명의 제자가 예수가 사랑하신 그 제자임을 밝힐 수 있는 확실한 논증이 있다고 본다. 네 번째 복음서는 그 제자를, 그분을 증언하기에 더할 나위 없이 적합한 증인으로 그려낸다. 요한복음은 바로 그가 한 증언을 담고 있다(21:24). 그러나 그 제자가 이런 증인이 되려면, 그는 복음서 자체가 예수를 증언할 자의 자격으로 제시하는 것("너희도 처음부터 나와 함께 있었으니 증언해야 하리라"; 15:27)을 갖추어야 한다. 실제로 이 제자는 앞의 원칙을 따라 바로 첫 부분에서 등장하는데, 이는 겸손한 등장이라고 볼 수 있다. 이 첫 부분의 내러티브에서 그의 정체성이 밝혀지기는커녕, 다른 이들이 알아차리지도 못할 정도로 그는 조용히 등장하기 때문이다. 그러나 이 제자가 절대적으로 우월한 지위에 있던 베드로를 밀어냈다는 점에서, 그의 등장은 겸손과는 거리가 멀다고 볼 수도 있다.

아울러 요한복음은 예수의 첫 두 제자 중 한 사람과 예수가 사랑하신 그 제자 사이에서, 이름이 밝혀지지 않은 그 제자가 누구인지 알려줄 때 독특하고 교묘한 방법을 사용한다. 요한복음 내러티브는 예수를 "따른" 첫 두 제자 이야기를 하면서(1:37) "예수가 뒤돌아서 그들이 따르는 것을 보시고"(1:38)라고 말한다. 요한복음은 이 내러티브의 끝 부분에서 예수가 사랑하신 그 제자가 마지막으로 등장하는 모습을 이렇게 일러준다. "베드로가 뒤돌아서 예수가 사랑하신 그 제자가 따르는 것을 보고"(21:20). 두 본문에서 예수를 "따름"은 문자적으로 예수 뒤를 따라 걸어가는 것인 동시에 제자도라는 상징적 의미도 가지고 있다. 그러나 요한복음의 이 내러티브 마지막 부분은 예수가 사랑하신 그 제자가 예수를 "따르는" 데 그치지

Disciple (University of Helsinki Ph.D. thesis, 2004), 194-97이 있다. 같은 책 215쪽도 참고하라.

않고 "남아 머물렀다"고 이야기한다. 첫 두 제자의 경우에 그들이 예수께 처음 한 말은 "랍비여, 당신은 어디서 머무십니까(*menein*)?"였다(1:38). 예수는 답하시며 "와서 보라"고 그들을 부르신다. 이 내러티브는 이렇게 계속된다. "그러므로 그들이 가서 예수가 계신(*menei*) 곳을 보고 그들도 그날 예수와 함께 머물렀다(*emeinan*)"(1:39). 요한복음의 내러티브 마지막 부분을 보면, 베드로가 예수가 사랑하신 그 제자를 두고 "주여 그는 어찌 되겠습니까?"라고 여쭈자, 예수는 이렇게 대답하신다. "내가 올 때까지 그를 머물게 하는 것이 내 뜻이라 할지라도 그것이 너와 무슨 상관이 있느냐?"(21:22). 예수의 이 말씀은 마지막 구절에서도 이 복음서에서 등장하는 그분의 마지막 말씀으로 되풀이된다. (이 논의에 대해 더 상세히 알고 싶다면 제15장을 보라.)

예수가 사랑하신 그 제자가 13:23에서 다시 나타난 뒤, 요한복음의 마지막 장들에서는 베드로와 그 제자가 일종의 라이벌 관계로 등장한다. 예수가 묻히신 무덤이 비었다는 말을 듣고 두 제자가 경쟁하듯 무덤으로 달려가는 장면이 바로 그런 예다. 예수가 사랑하신 그 제자가 경쟁에서 이겨 가장 먼저 도착하지만 무덤 안으로 들어가지는 않는다. 가장 먼저 무덤 안으로 들어간 이는 베드로다. 하지만 거기서 본 일의 의미를 알아차린 이는 또 예수가 사랑하신 그 제자였다. 베드로가 아니라 그 제자가 "보고 믿었다"(요 20:3-8). 나는 이 경쟁 관계가 베드로를 깎아내리려고 고안된 드잡이 경쟁이라고 보지 않는다. 오히려 이것은 친밀한 경쟁 관계로, 예수가 사랑하신 그 제자를 그분을 증언할 특별한 자격을 갖춘 이로 묘사하려는 목적을 가진다.[45] 우리는 요한복음 21장(요한복음의 불가결한 핵심으로, 제14장에서 다시 논의할 것임)에서 베드로는 양들을 치는 우두머리 목자로서 예

---

45) R. Bauckham, "The Beloved Disciple as Ideal Author," *JSNT* 49 (1993), 21-44; 이 글은 S. E. Porter and C. A. Evans, eds., *The Johannine Writings* (Biblical Seminar 32; Sheffield: Sheffield Academic, 1995), 46-68에 다시 실려 있다. 제15장도 보라.

수를 위해 생명을 바치겠지만, 예수가 사랑하신 그 제자는 이상적 증인으로서 특히 명민한 증인이라는 또 다른 역할을 맡았음을 알 수 있다. 바로 이것이 마가복음이 열두 제자 중 우두머리로서 가장 유명하며 모든 그리스도인의 존경을 받는 베드로의 증언을 담은 책으로 알려져 있던 때에, 요한복음이 하고 있는 주장의 내용이다. 요한복음은 베드로가 예수에 관한 마지막 말이나 가장 분별 있는 말을 한 적이 없다고 암시한다. 베드로와 비교하면 예수가 사랑하신 그 제자는 전체 교회에 그리 잘 알려져 있지 않지만, 그래도 나름대로 자신이 할 증언을 가지고 있었다. 이런 이유로 그는 요한복음의 서두에서 베드로보다 앞서 은밀하게 등장할 뿐 아니라, 끝 부분에서도 베드로와 함께 등장한다. 아울러 그 제자는 요한복음에서 예수의 마지막 말씀의 소재이기도 하다. 일부 사람들은 예수의 이 마지막 말씀을 잘못 이해했으며(21:23), 실제로 그 제자는 예수가 재림하실 때까지 남아 있을 수 없었다. 그렇다 해도 그는 베드로보다는 더 오래 살았던 것 같다. 베드로가 세상을 떠난 뒤에도 남아서 자신이 할 증언을 하는 것이 그 제자의 역할이었기 때문이다. 처음에는 조용히 등장했던 그 제자는 요한복음 마지막 부분에서는 "이런 일들을 증언하고 기록한 제자"로 등장한다(21:24). (이 제자가 요한복음을 썼는가 하는 문제는 제14-16장에서 다시 다룰 것이다.)

이처럼 요한복음은 예수가 사랑하신 그 제자의 증언에 특권을 부여하려고 목격자 증언을 제시할 때 인클루지오를 사용한다. 하지만 마가복음에 사용된 베드로의 인클루지오를 무시해버리지 않고, 오히려 예수가 사랑하신 그 제자가 중심인 인클루지오 안에 베드로가 중심인 인클루지오를 집어넣는다. 요한복음 1장에서, 안드레와 함께 있던 그 이름 없는 제자는 베드로가 나오기 직전에 등장한다. 베드로의 중요성은 뒤이어 예수가 그에게 게바라는 이름을 주셨다는 말로 강조된다(1:41-42). 요한복음 21장에서, 예수가 베드로와 대화를 나누시며 당신이 베드로를 양들을 칠 우두머리 목자로 만드시고 베드로는 예수와 그분의 양들을 위해 목숨을 내놓으리라는 것을 예언하신(21:15-19) 직후에, 그분은 사랑하는 그 제자에게 말씀하신다(21:22-23). 게바라는 이름을 붙여주심(마 16:18-19처럼 이 이름이 예수가 떠나신 뒤에 베드로가 맡을 역할을 암시함을 생각할 때)과 그에게 우두머리 목자의 역할을 주심은 베드로가 중심인 인클루지오의 중요성과 상응하며, 그럼으로써 그 중요성이 더욱 강조된다. 예수가 사랑하신 그 제자가 중심을 차지하는 인클루지오의 양 끝과, 베드로가 중심을 차지하는 인클루지오의 양 끝이 비슷하다는 사실은, 요한복음의 독특한 기여가 베드로의 증언이 아니라 예수가 사랑하신 그 제자의 증언에서 유래한다는 사실을 가리킨다. 동시에 이는 마가복음에도 등장하는 베드로의 증언이 중요함을 인정하는 것이요, 요한복음 내러티브가 일정 부분 마가복음 내러티브와 평행을 이루면서도 상당 부분 다르다는 점을 인정하는 것이다. (요한복음에서 인클루지오가 하는 역할은 제15장에서 더 자세히 살필 것이다.)

여자들이 등장하는 누가복음의 인클루지오

누가의 예수 이야기가 가진 독특한 특징은 그가 열두 제자보다 훨씬 더 범위가 넓은 순회 제자 그룹을 강조한다는 점이다(눅 6:17; 8:13; 10:1-20; 19:37; 23:49; 24:9, 33; 행 1:15, 21-23). 이 순회 제자들 중 많은 이는 예수와 함께 갈릴리를 여행했고, 그분이 영광스럽게 예루살렘에 입성하실 때와 십자가에 달리셨을 때, 부활해서 사람들 앞에 나타나셨을 때 예루살렘에 있었다. 이와 달리, 누가복음은 마가로부터 유래하지 않는 내용에서는 열두 제자를 거의 언급하지 않는다(8:1; 24:9, 10, 33에서만 언급함). 누가가 사도행전 초반의 장들에서 열두 제자의 역할을 강조한다는 점을 고려할 때, 이 점은 매우 주목할 만하다. 누가복음이 열두 제자를 제외한 제자들 중 남성 제자로서 유일하게 이름을 밝힌 사람은 글로바다(글로바는 예수의 삼촌임이 분명함). 물론 이미 보았듯이, 사도행전에는 누가가 이름을 밝힌 다른 제자들도 등장한다. 맛디아와 요셉 바사바(1:23)가 그런 예이며, 아볼로(18:24-25)와 나손(21:16)도 같은 예일 수 있다.[46] 그러나 더 놀라운 것은 누가가 열두 제자 외에 다른 제자들을 언급하면서, 독특하게도 예수의 갈릴리 사역 초기의 시점에서 이름을 밝히지 않은 많은 여성 제자와 함께 이름을 밝힌 세 여성 제자를 소개한다는 점이다(눅 8:2-3). 마가는 예수가 십자가에 달리신 장면을 지켜본 여자들이 갈릴리 시절부터 예수를 따랐다고 알려주면서도(막 15:40), 수난 내러티브의 이 지점에 이를 때까지 그녀들을 전혀 언급하지 않는다. 마태도 그의 복음서에만 독특하게 나타나는 인물인 세베대의 아들들의 어머니(마 20:20)를 포함해서, 여자들이 갈릴리에서 예루살렘까지 예수를 따랐다고만 말한다(마 27:55-56).

이처럼 누가는 복음서에서 유일하게 예수의 갈릴리 사역을 설명하는 곳에서 여자들을 언급하며, 이 여성 제자들 중 두 사람은 오직 누가복음에서만 그 이름이 밝혀진다(8:3; 요안나와 수산나). 그러나 누가가 말하는 예수의 갈릴리 사역에서 여자들이 차지하는 위치를 이야기할 때 또 한 가지 중요시할 점이 있다. 누가가 여자들이 예수의 빈 무덤을 찾아간 일을 설명한 내용을 보면, 거기서 두 천사는 그녀들에게 이렇게 말한다. "예수가 아직 갈릴리에 계실 때에 너희에게 어떻게 말씀하셨는지 기억할지니, 곧 인자가 죄인들에게 넘겨져 십자가에 못 박혔다가 셋째 날에 다시 일어나리라 하셨느니라"(24:6-7). 이 말을 보면 예수가 갈릴리에서 제자들에게 사적으로 가르침을 베푸실 때, 여자들이 그 청중 안에 있었다고 여겼음을 알 수 있다(참고. 9:18, 43).[47]

---

46) 행 21:16은 일찍부터 예수의 제자가 된 구브로의 나손을 이야기한다. *archaios*는 그가 열두 제자 및 다른 제자들처럼 예수가 사역을 시작하신 이후 계속 제자였음을 의미할 수도 있지만, 그가 예루살렘 교회를 세운 지체들 중 하나며(참고. 행 11:15; 15:7) 예수를 곁에서 따른 제자는 아니었음을 의미할 수도 있다. 그가 구브로 태생이었다는 것으로 보아(구브로 출신으로 예루살렘에 정착했을 가능성이 높음) 전자일 가능성은 떨어지지만, 그렇다고 전혀 불가능한 것은 아니다.

47) 눅 24:6의 이런 의미를 처음으로 탐구한 글로는 C. Ricci, *Mary Magdalene and*

누가가 여성 제자들을 그의 예수 이야기의 구성 성분으로 만든 방식에는 또 다른 중요한 특징이 존재한다. 먼저 누가는 8:2-3에서 여자들을 언급하면서, 그중 세 사람의 이름을 밝힌다(막달라 마리아, 요안나, 수산나). 마태와 마가와 요한과는 달리, 누가는 그녀들이 십자가 옆에 선 모습을 언급할 때는 그 이름들을 밝히지 않는다(23:49). 대신에 누가는 그녀들의 이름에 대한 정보를 공개하지 않고 유보하다가, 그녀들이 빈 무덤을 찾아간 이야기를 마칠 무렵에야 공개한다. "이때 이 일을 사도들에게 알린 이는 막달라 마리아와 야고보의 어머니 마리아 그리고 그들과 함께 있었던 다른 여자들이라"(24:10). 여기서도 다시 세 여자의 이름이 밝혀지는데, 이번에는 수산나 대신 야고보의 어머니인 마리아가 등장한다. 몇몇 여자 이름을 밝힌 이 두 본문은 여자들과 열두 제자를 나란히 놓음으로써(8:1-3과 24:10), 예수의 사역 중 초창기를 제외한 모든 부분을 포괄하는 일종의 문학적 인클루지오를 형성한다. 누가가 기록한 기사에 등장하는 여자들은, 세례 요한의 사역 시작 무렵부터 예수를 따랐고 그분에 대해 증언했던 남성 제자들과 같은 자격을 갖추지는 못했을 수 있지만, 그래도 그들에 버금가는 역할을 한다. 누가는 마가를 따라 시몬 베드로가 자기 복음서에서 개인적으로 이름이 밝혀진 첫 제자이자 마지막 제자임을 확실히 함으로써(4:38; 24:34), 마가복음에 있는 베드로의 증언을 누가 자신의 작품에 편입시켰음을 인정한다. 그러나 누가는 베드로가 중심인 인클루지오 안에 또 다른 인클루지오, 즉 여자들이 중심인 인클루지오를 배치했다. 여자들이 중심이 되는 인클루지오는 베드로의 인클루지오보다는 덜 포괄적이다. 하지만 누가가 이 인클루지오 거의 끝 부분에서(24:6), 여자들이 인클루지오의 시작(8:2-3)부터 자신의 내러티브 내내 예수의 가르침을 받은 제자였음을 독자

Many Others (tr. P. Burns; Minneapolis: Fortress, 1994), 182-87이 있다; M.-L. Rigato, "'Remember…Then They Remembered': Luke 24:6-8," in A.-J. Levine, ed., A *Feminist Companion to Luke* (Sheffield: Sheffield Academic, 2002), 269-80도 참고하라.

들에게 상기시킨다는 사실에는 중요한 의미가 있다. 이는 누가가 자신이 받은 특별한 전승 중 일부를 그녀들 중 한 명(요안나일 가능성이 가장 높음)이나 둘 이상으로부터 입수했음을 분명히 암시한다.[48]

따라서 네 복음서 중 셋은, 복음서란 예수에 관한 모든 이야기이기에 처음부터 끝까지—세례 요한의 사역 시작부터 예수가 부활 후 나타나신 일까지—이 이야기에 참여한 증인들의 증언을 담고 있어야 한다는 개념을 매우 진지하게 반영하고 있었다. 이 세 복음서는 자신의 이야기의 출처가 된 주된 목격자를 알리고자 인클루지오라는 문학적 장치를 사용해서 목격자 증언을 담아놓았다. 물론 그렇다고 이 복음서들이 다른 목격자들의 증언은 활용하지 않았다는 뜻은 아니다. 나중에 우리는 이 복음서들이 다른 목격자들로부터 받아들인 내용에 대해서도 살펴볼 것이다.

마태복음은 처음부터 끝까지 지켜본 목격자의 증언을 기록 자료로 활용한다는 원리를 암시하지 않는 듯하다. 마태복음이 어떤 방식으로 마태와 결합해 있었는가는 수수께끼다. 그러나 마태복음은 마가복음이 베드로에게 부여하는 역할이나 요한복음이 예수가 사랑하신 그 제자에게 부여하는 역할을 마태에게 맡기는 것 같지는 않다. 분명히 마태는 그의 이름으로 불리는 복음서 말미에 자리해 있다. 그도 예수가 자신을 나타내 보이고 마지막 말씀을 당부하신 11명 제자 중에 들어 있다(28:16-17). 그러나 마태복음은 그를 (막 16:7이 베드로만 구별하는 것과 달리) 다른 열 제자와 구별하지 않았다. 더욱이 마태는 산상설교를 포함해서 이미 많은 사건이 일어난 마태복음 9장에 이를 때까지 제자로 불리지도 않는다. 다른 복음서와 달리, 대체로 마태복음은 특정 목격자의 권위를 주장하는 데 관심이 없는 것 같

48) 나는 이런 제안을 R. Bauckham, *Gospel Women: Studies of the Named Women in the Gospels* (Grand Rapids: Eerdmans, 2002), 186-94에서 더 충실히 전개했다. 이것과 흥미로운 연관성을 가진 글로는 C. Schersten LaHurd, "Re-Viewing Luke 15 with Arab Christian Women," in Levine, ed., *A Feminist Companion to Luke*, 246-68이 있다.

다. [이 점은 표 5의 한 가지 특징과 일치하는 것 같다. 마태는 이미 마가복음에서 등장한 사람들에게 (예수의 아버지인 요셉과 몇몇 "공적" 인물만 제외하고) 이름을 전혀 덧붙이지 않으며, 마가복음에 나온 이름 중 몇 개는 실제로 생략해버린다.]

루키아누스의 「알렉산드로스」에서 목격자 증언의 인클루지오

내가 목격자 증언의 인클루지오라고 부른 문학적 장치는 마가가 고안해내고 누가와 요한이 마가로부터 빌려다 썼던 것 같다. 그러나 마가 역시 이 장치를 복음서와 유사한 장르인, 대중에게 인기 있던 전기물의 관습에서 빌려왔을 수 있다. 분명히 1세기와 2세기에는 이런 작품들이 많았지만, 불행히도 지금은 극소수의 저술만 남아 있다. 거의 동시대인을 다루는 전기 중에서는 주요 목격자에게 크게 의존한 작품만이 목격자 증언의 인클루지오를 사용할 수 있었는데, 이런 작품은 당대의 전기물 중에서도 매우 드물었다. 어쨌든 목격자 증언의 인클루지오가 발견되는 전기로 그리스어로 기록된 작품은 적어도 두 가지가 있다. 둘 다 복음서보다 상당히 뒤에 집필되었지만, 종교적으로 중요한 의미가 있는 인물을 다룬 전기라는 점에서 복음서와 유사하다(하지만 복음서가 다룬 인물과 이 전기들이 다룬 인물은 완전히 딴판임).

이런 작품 중 첫째는 사모사타의 루키아누스가 아보노테이쿠스의 알렉산드로스(Alexander of Abonoteichus)에 대해 쓴 저술로서, 루키아누스 자신은 이 작품을 「알렉산드로스 혹은 거짓 예언자」(*Alexandros ē Pseudomantis*)라고 부른다. 루키아누스(115년에서 125년 사이에 출생)는 풍자 작가로서 생애 대부분을 풍자적 대화를 전문으로 다루는 순회 연사(演士)로 살았다. 「알렉산드로스」는 루키아누스의 많은 작품 중 마지막 저술로, 180년 이후 어느 시기, 아마도 알렉산드로스가 죽은 뒤(175년 이전에 죽었음) 10년 정도 지나 집필되었을 것이다. 이 작품은 루키아누스가 악당으로 간주한 인물을 다루고 있으며, 저자는 알렉산드로스가 엉터리 사기꾼이

자 수많은 악을 저지른 자임을 천하에 드러내려 했다. 분명히 이 책은 한 후원자가 의뢰하여 쓴 것이다. 그 후원자는 켈수스(Celsus)라는 에피쿠로스 철학자였는데, 루키아누스는 이 작품을 그에게 바치고 헌정사도 써놓았다. 그러나 루키아누스는 자신의 문학적 재능을 "예의를 아는 사람들이 그 이야기를 읽어줄 만한 자격을 가지기는커녕, 오히려 커다란 원형극장에서 잡다한 군중이 지켜보는 가운데 여우와 원숭이에게 갈기갈기 찢겨 죽임을 당해도 시원찮을 인간"을 다루는 데 쓰는 것이 정당함을 설명해야 할 필요를 느낀다(§2).[49] 루키아누스는 아리아누스가 쓴 강도 틸로로부스(Tillorobus)의 생애를 선례가 되는 문학작품으로 인용하면서, 틸로로부스와 비교할 때 알렉산드로스는 "훨씬 더 악독한 강도"로서 "로마 제국 전체를 그가 저지른 강도 행위로 도배한" 인간이라고 말한다(§2). 루키아누스가 이런 의도를 갖고 있었기 때문에, 그가 주인공 알렉산드로스에 대해 좋은 소리는 한 마디도 없이 단지 사람을 위압하는 그의 외모와 그가 악용한 재주들만 이야기하는 것은 전혀 놀랍지 않다.

알렉산드로스는 고향인 흑해 연안 파플라고니아(Paphlagonia; 현재 터키 북쪽-역주) 아보노테이쿠스(Abonoteichus)에 뱀 모양의 신으로서 그가 아스클레피오스(Asclepios; 그리스 신화에서 의학과 치료를 담당한 신-역주)의 현신(現身)이라고 이해한 글리콘을 숭배하고 그 신탁을 받드는 곳을 세웠다. 알렉산드로스는 신비한 일을 행하고 이 사이비 종파를 널리 선전했을 뿐 아니라, 스스로 글리콘의 예언자로 행세했는데, 사람들이 물으러온 질문에 신탁을 통해 내답을 선달할 때는 특히 더 그러했다(이는 헬레니즘 세계에 확고히 자리 잡고 있던 신탁들과 유사함). 이 신탁의 명성은 로마 세계 전역에 급속도로 퍼져나갔고, 알렉산드로스는 영향력 있는 인물이 되어 심지어 로마 황궁과

49) 루키아누스의 「알렉산드로스」에서 인용한 글은 모두 A. M. Harmon in the Loeb Classical Library: *Lucian*, vol. 6 (Cambridge: Harvard University Press, 1925), 173-253의 번역문이다.

원로원 귀족 사이에서도 열렬한 추종자가 생겨날 정도였다. 아보노테이쿠스는 날로 번성하는 새 종교의 중심지가 되었다. 루키아누스처럼 합리적 기질을 가진 사람들은 자신들이야말로 이런 사이비 종파의 정체를 꿰뚫어볼 수 있으며, 이 종파가 사람들의 신뢰를 이용하여 이들을 등쳐먹는 사기임을 밝힐 의무가 있다고 생각했다.

베리 볼드윈(Barry Baldwin)이 평하듯이, "루키아누스는 독설을 지어내는 일 외에는 달리 좋아하는 것이 없었다."[50] 그러나 알렉산드로스를 비판하는 전기라고 부를 만한 이 책에는 독설보다 훨씬 더 많은 것이 들어 있다. 루키아누스는 주인공을 칭송하는 전기물, 즉 알렉산드로스 같은 종교인을 찬미하면서 그와 그의 종교가 진짜임을 증명할 목적으로 그의 출생과 행한 기적과 신탁의 말들을 다루는 전기물을 얼마간 패러디한 것 같다. 루키아누스는 의도적으로 알렉산드로스의 삶을 회의적 시각으로 패러디했지만, 이 주인공의 삶을 루키아누스와 다른 시각으로 서술하면서 대중에게 인기 있었던 작품이 분명히 하나 혹은 더 많이 있었을 것이다.[51] 형태를 놓고 보면, 「알렉산드로스」는 마가복음과 아주 달라 보이지 않을 수 있지만, 루키아누스의 패러디는 높은 문학적 수준에서 나온 더 복잡한 창작물이라 할 수 있다.

루키아누스는 알렉산드로스가 저열한 동기를 갖고 있음을 밝히고, 표면적으로 초자연적 특징을 지닌 그 종파의 예배와 신탁도 모두 교묘한 속임수임을 폭로하는 데 집중한다. 예를 들어 알렉산드로스가 신이라 주장한 글리콘도 길들인 뱀으로서[알렉산드로스가 뱀 길들이기로 유명한 펠라(Pella)에서 가져온 것] 사람이 만든 머리를 뒤집어쓰고 말하는 것처럼 보이게 하는 정교한 장치에 불과했다. 봉인한 두루마리에 질문을 적어 글리콘이라는

---

50) B. Baldwin, *Studies in Lucian* (Toronto: Hakkert, 1973), 104.

51) 이는 D. L. Tiede, *The Charismatic Figure as Miracle Worker* (SBLDS 1; Missoula: Scholars, 1973), 63-64에 제시된 주장이다.

이 신에게 제시하면 그 봉인이 뜯어지지 않은 채로 돌아왔지만, 알렉산드로스는 봉인을 뜯고도 마치 열어보지 않은 것처럼 원래대로 돌려놓는 방법들을 알고 있었다. 이런 식으로 루키아누스는 전기 주인공을 칭송하는 대중 전기물의 소재인 이적과 마법 이야기들을 상세히 설명하는 동시에, 이것들의 정체를 철저히 폭로한다. 아울러 루키아누스는 알렉산드로스의 동기가 사악하다고 해석하면서, 그를 탐욕을 부리고 간음을 저지르며 소년과 성관계를 갖고 살인(미수)을 저지르는 등 허다한 죄를 저지른 자로 고발한다.

알렉산드로스가 역사상 실존했으며 아보노테이쿠스의 글리콘 숭배가 이런 본질을 지니고 있었다는 사실은 확실히 증명되었다.[52] 루키아누스의 세부 설명이 얼마나 정확한지에 대해서는 논란이 있지만,[53] 그가 말한 내용 중 많은 부분은 당대의 사회적·종교적 정황과 일치하며 충분히 적절하다.[54] 루키아누스가 알렉산드로스의 생애 초기에 대해 악담한 부분은 악의적인 허구일 수 있다. 또한 저자 자신이 사이비 종파의 예배와 신탁에서 일어나는 모든 현상을 이성적으로 설명한 부분도 사실인지 확인하기 힘들다. 추측컨대 루키아누스는 그 현상들을 대부분 가상(假想)해서 썼을 것이다. 그가 고발한 알렉산드로스의 속임수 중 몇 가지는 다른 고대 저술가들도 폭로했던 것들이다. 루키아누스는 알렉산드로스의 동기와 악행들을 고발하지만, 우리는 자기 주인공을 저주하기로 단단히 마음먹은 이 전기 작가를 깊이 신뢰할 수가 없다. 그러나 이런 측면들을 제외하면, 루키아누스가 알렉산드로스의 삶에 대해 기록한 내용 대부분은 역사적으로 신뢰

52) F. Cumont, *Alexandre d'Abonotichos. Un Episode de l'Histoire du Paganisme au IIème siècle de notre ère* (Brussels: Hayez, 1887)에는 이미 많은 증거가 제시되어 있다.

53) 예를 들어 C. Robinson, *Lucian and His Influence in Europe* (London: Duckworth, 1979), 59-60은 이 작품 중 많은 부분이 허구라고 생각한다.

54) 특히 C. P. Jones, *Culture and Society in Lucian* (Cambridge: Harvard University Press, 1986), 12장을 보라.

할 수 없다고 판단할 이유가 없다. 이 사건들에 대한 기억이 생생히 살아 있는 동안에 기록되었다 하더라도, 그 내용이 온통 허구라면 오히려 그의 목적에 도움이 되지 않았을 것이다.

루키아누스는 자신이 직접 목격한 것이 이야기 중 매우 작은 부분이라고 말한다. 그러나 그의 이야기를 보면 이 작은 부분이 전체의 절정에 해당함을 알 수 있다. 165년경에 루키아누스가 아보노테이쿠스를 방문했을 때 그는 알렉산드로스로부터 융숭한 대접을 받는다. 그러나 이후 그는 알렉산드로스의 사주를 받아 그의 목숨을 노린 공격을 간신히 벗어나 배를 타고 빠져나온다. 그렇다면 루키아누스는 알렉산드로스에 관한 나머지 정보를 어떤 출처를 통해 얻었을까? 예상컨대 그도 자신의 기록을 독자들이 진지하게 받아들일 수 있게 어떤 식으로든 출처를 밝혔을 것이다. 물론 루키아누스는 그 종파의 본거지를 찾은 방문객들로부터 많은 정보를 전해 들었을 것이다. 또한 알렉산드로스의 신탁 중에는 사람들에게 널리 알려진 것도 일부 있었다(예를 들어 §36에서 인용한 신탁. 루키아누스는 여기에 대해 "역병을 막을 부적이라며 문 입구 위에 붙여놓은 것을 모든 곳에서 볼 수 있었다"라고 말함). 한 지면에서 루키아누스는 글리콘 신과 "티우스 사람" 사케르도스가 나눈 대화를 언급하면서, 자신이 이 대화를 사케르도스의 집에 있던 금도금을 한 명문에서 읽었다고 주장한다(§43).

그러나 루키아누스의 기사 중 많은 부분의 출처로 유력한 후보는 로마 귀족 루틸리아누스다. 푸블리우스 뭄미우스 시세나 루틸리아누스(Publius Mummius Sisenna Rutilianus)는 유명한 역사적 인물로 146년에 집정관이었다.[55] 그는 열렬한 알렉산드로스 추종자였으며 영향력 있는 알렉산드로스교 선전자였다(§§30-31). 또한 그는 나이 60살에 알렉산드로스의 신탁에 순종하여 [알렉산드로스와 달의 여신 셀레네(Selene) 사이에서 태어났다는 말이 있던] 그

---

55) Jones, *Culture*, 141; M. Caster, *Étude sur Alexandre ou Le Faux Prophète de Lucien* (Paris: Société d'Édition "Les Belles Lettres," 1938), 52-58도 보라.

의 딸과 혼인하기도 했다(§35). 루키아누스는 자신이 루틸리아누스를 사적으로 알았으며 그 혼인을 하지 말라고 충고했다고 주장하는데(§54), 그의 말은 의심할 여지가 없어 보인다.[56] 루키아누스는 루틸리아누스가 죽은 직후에 자기 작품을 썼는데(참고. §35), 일부러 루틸리아누스가 죽을 때까지 기다렸던 것 같다. 이는 루키아누스가 루틸리아누스와 아는 사이임을 허위로 주장하려고 했다기보다(이 주장이 진실이 아니라면 루틸리아누스의 가족 중 다른 이들이 허위를 밝혔을 수 있음), 루틸리아누스가 죽은 뒤에 작품을 써야 그를 솔직하게 평가할 수 있었기 때문이었다. 즉 저자는 루틸리아누스를 미신적 종교에 미쳐 정신이 나간 멍청이로 생각하는 자신의 생각을 밝힐 수 있었으며, 당대의 권세자였던 루틸리아누스에게 당할 결과를 두려워할 필요 없이 알렉산드로스가 사기꾼임을 폭로할 수 있었다.[57]

루키아누스는 알렉산드로스가 스스로를 피타고라스(Pythagoras)와 비교하는 내용을 담아 루틸리아누스에게 보낸 서신을 읽어보았다고 주장한다(§4; 알렉산드로스가 만든 사이비 종파가 신피타고라스적[3] 요소들을 포함했다는 점에 비추어볼 때 루키아누스의 이런 주장은 매우 그럴듯함). 아울러 루키아누스는 알렉산드로스가 루틸리아누스의 신상 문제에 답변조로 건넨 세 가지 신탁을 인용한다((§§33-35). 249쪽에 나오는 표 12는 루키아누스의 책 전체에 루틸리아누스의 이름이 언급된다는 사실을 보여준다. 여기에는 알렉산드로스 자신을 제외하면, 다른 어떤 인물보다 루틸리아누스를 언급하는 부분이 훨씬 더 많다. 마가복음에는 베드로를 중심으로 한 인클루지오가 있다. 마찬가지로 루키아누스의 이야기에서는 알렉산드로스를 제외하면 루틸리아누스가 첫 번째와 마지막에 등장하는 인물이다. 저자가 루틸리아누스의

56) Robinson, *Lucian*, 60은 이 말을 의심한다. 그러나 Jones, *Culture*, 145은 이 말이 로마 귀족 중에 루키아누스의 친구들이 있었음을 알려주는 다른 증거와 일치한다는 사실을 발견했다.

57) J. Schwartz, *Biographie de Lucien de Samosate* (Collection Latomus 83; Brussels: Latomus, 1965), 21.

이름을 처음으로 언급할 때 쓴 방법은 특히 주목할 만하다. 실제로 루틸리아누스는 책 중간에 알렉산드로스의 명성이 로마까지 이르렀음이 언급되고 나서야(§30) 그 모습을 드러낸다. 그러나 루키아누스는 알렉산드로스의 타고난 재주에 대한 이야기를 들려주기 전에 알렉산드로스가 루틸리아누스에게 보낸 서신을 인용함으로써, 이 루틸리아누스를 알렉산드로스를 제외하면 자기 책에 처음으로 이름이 언급되는 인물이 되도록 만든다(§4). 또한 저자가 루틸리아누스를 마지막으로 언급하는 부분을 보면, 알렉산드로스의 무시무시한 죽음을 이야기한 후(§59) 그에 관한 모든 이야기를 다음과 같이 끝맺는다.

> 분명히 알렉산드로스가 죽은 뒤에도 그의 이력에 걸맞은 장례식 게임(funeral games),[4] 즉 이 사이비 종파의 본거지를 차지하려는 다툼이 일어났을 것이다. 알렉산드로스와 한패인 공모자와 사기꾼들 중 우두머리가 이 일을 루틸리아누스에게 알리고 그들 중 누가 우선권을 받아야 하는지, 누가 본거지를 물려받아야 하는지, 누가 제사장과 예언자가 착용하는 머리띠를 써야 하는지 결정해달라고 요구했다. 파이투스(Paetus)도 그런 자들 중 하나로 직업은 의사요 현자였지만, 실제 그의 행동거지는 그것과 전혀 어울리지 않았다. 그러나 판결권자인 루틸리아누스는 어느 누구에게도 머리띠를 씌우지 않고 그들을 모두 내쫓았으며, 예언자 자리를 자신이 세상을 떠난 뒤에 결정할 문제로 유보해두었다(§60).

실제로 루키아누스가 알렉산드로스의 딸과 혼인하지 말라고 충고할 정도로 루틸리아누스와 가까운 사이였는가는 중요하지 않다. 어쨌든 루키아누스는 자신의 내러티브 안에서 루틸리아누스에게 이런 위치를 부여함으로써, 그가 자신에게 자료를 제공한 주된 목격자임을 암시하기 때문이다. 이렇게 함으로써 루키아누스는 어떤 문학적 관습을 활용하는 것 같다. 저자가 루틸리아누스를 묘사한 내용을 보면, 그를 매우 믿을 만한 증인으로 그리지 않기 때문이다. 저자는 루틸리아누스를 미신에 빠진 사람으로 묘사한 다음, 알렉산드로스가 루틸리아누스에 대해 가진 첫 인상을 이렇게 이야기한다.

> 그 신탁에 대해 들었을 때, 루틸리아누스는 금방이라도 자신에게 맡겨진 공직을 내던지고 아보노테이쿠스로 날아갈 것처럼 굴었다. 어쨌든 그는 사자(使者)들을 한 무리나 연이어 보냈다. 그가 보낸 자들은 말 그대로 까막눈에다 주인 비위나 맞추고 쉬이 속아 넘어가는 자들인지라, 돌아왔을 때 자기들이 본 것뿐 아니라 들은 것도 마치 본 것처럼 이야기하고, 없는 것도 덤으로 집어넣어 주인(루틸리아누스)의 환심을 샀다. 결국 그들은 이 가련한 늙은이를 부채질하여 완전히 돌아버리게 만들었다. 유력한 친구들을 많이 갖고 있었던 루틸리아누스는 이리저리 다니며 사자들에게서 들은 것을 이야기함은 물론, 자신이 하는 설명에 훨씬 더 많은 것을 덧붙였다(§§30-31).

주인공을 예찬하는 전기물을 패러디하여 루키아누스가 쓴 이 「알렉산드로스」는 루틸리아누스의 증언을 주된 출처인 목격자 증언으로 삼았을 가능성이 있다. 동시에 루키아누스는 역설적이게도, 자신의 기록의 기초가 되는 루틸리아누스의 증언이 신뢰할 수 없음을 폭로하고 있을 가능성도 있다. 의심이 많은 역사가이기 때문인지 루키아누스는, 다른 사람을 쉽게 믿어버리는 이 루틸리아누스라는 정보 제공자의 이야기를 받아들이지 않은 채, 오로지 그가 바보임을 폭로할 목적으로만 그의 말을 인용한다.

패러디 작품에서 이 패러디의 대상이 되는 작품의 여러 측면을 추론하는 일은 다소 위험스럽다. 하지만 알렉산드로스의 추종자들 중 가장 유명한 인물인 루틸리아누스가 루키아누스의 내러티브 안에 등장하는 방식과, 예수의 제자 중 가장 유명한 인물인 베드로가 마가복음에 등장하는 방식이 유사하다는 사실은, 카리스마적 인물이나 예언자의 생애처럼 대중에게 널리 알려진 인물의 생애를 다루는 장르가 어떤 문학적 관습—목격자 증언의 인클루지오—을 가질 가능성이 있음을 보여준다. 따라서 마가는 현재는 남아 있지 않은 대중적 작품에서 루키아누스가 패러디한 관습을 빌려왔을 것이다. 만일 이 관습이 널리 알려진 것이었다면, 누가와 요한이 마가가 이것을 활용했음을 인식하고 그들 자신도 마가를 따라 같은 관습을 활용했다는 추정이 더 수긍이 간다.

포르피리우스의 「플로티누스의 생애」에서 목격자 증언의 인클루지오

이런 문학적 관습을 보여주는 두 번째 사례는 신플라톤주의 철학자인 포르피리우스가 자신의 스승이자 신플라톤주의의 창시자인 플로티누스(204-270년)에 대해 쓴 전기다. 이 저술은 현존하는 전기 중 가장 이른 시기의 것으로, 크세노폰이 소크라테스를 회고하며 쓴 「회상」(*Memorabilia*)을 모방하여 쓴 책이다. 이 책이 저술된 것은 4세기 초로, 플로티누스가 죽은 지 30년쯤 되었을 때였다.[58] (이 기간은 예수의 죽음과 마가복음 사이에 존재하는 시간 간격과 비슷하다.) 포르피리우스는 이 전기를 자신이 편집한 플로티누스 전집[정식 명칭은 「플로티누스의 생애와 그의 책들의 순서에 관하여」(*On the Life of Plotinus and the Order of His Books*)]의 서론으로 계획했다. 이것은 포르피리우스가 특별히 플로티누스의 작품의 출처와 저술 당시의 시대 상황(특히 §§3-6을 보라), 그리고 스승의 저술 편집을 맡은 제자로서 자신의 역할에 관심을 가졌던 이유를 설명해준다. 리처드 밸런태시스(Richard Valantasis)는

58) 원문은 P. Henry and H.-R. Schwyzer, eds., *Plotini Opera*, vol. 1 (Museum Lessianum Series Philosophica 33; Paris: Desclée de Brouwer/Brussels: L'Édition Universelle, 1951), 1-46에 있으며, 영역본은 Plotinus, *The Enneads* (tr. S. MacKenna; third ed. revised by R. S. Page; London: Faber, 1962), 1-20과 M. J. Edwards, *Neoplatonic Saints: The Lives of Plotinus and Proclus by Their Students* (Translated Texts for Historians 35; Liverpool: Liverpool University Press, 2001)에 있다. 내가 인용한 본문은 에드워즈의 번역에서 가져왔다.

포르피리우스의 전기가 플로티누스의 스승 역할의 방식에 대해 불가해한 수수께끼를 담고 있다고 주장했다. 따라서 포르피리우스는 자신이 해석하고 편집한 스승의 저술들이[59] 독자가 찾고 있는 진정한 영적 지침서임을 일러주고자 했다는 것이다.[60]

플로티누스는 생애 후반부에 로마에 거주하면서 현존하는 그의 모든 작품을 저술했다. 이때 그는 학교를 하나 세웠는데, 이 학교는 분명히 플로티누스 자신이 알렉산드리아에서 스승으로 섬긴 암모니우스 사카스(Ammonius Saccas)의 학교를 모방한 것이었다. 플로티누스 주위에는 가까운 친구와 제자들[61]로 이루어진 그룹이 있었다. 이들은 플로티누스와 함께하면서 스승의 집에서나 스승이 자신의 사상을 설명하던 "강연회"에서 그를 섬겼다. 포르피리우스는 이들 중 15명의 이름을 밝히는데, 12명은 남자[62]이고 세 명은 여자[63]였다. 이름이 밝혀진 남성들은 에트루리아 사람인 아멜리우스 겐틸리아누스(Amelius Gentilianus), 스키토폴리스 출신 의사인 파울리누스, 알렉산드리아 출신 의사인 유스토키우스, 시인이자 비평가인 조티쿠스, 의사이자 정치인인 아랍 사람 제투스(자이드; 플로티누스는 여름휴가를 캄파니아의 제투스 소유 별장지에서 보냈고 거기서 죽었다), 정치인인 카스

---

59) 포르피리우스의 편집 작업에 대해서는 D. J. O'Meara, *Plotinus: An Introduction to the Enneads* (Oxford: Clarendon, 1993), 8-10을 보라.

60) R. Valantasis, *Spiritual Guides of the Third Century: A Semiotic Study of the Guide-Disciple Relationship in Christianity, Neoplatonism, Hermetism, and Gnosticism* (HDR 27; Minneapolis: Fortress, 1991), 3장.

61) 이들과 「플로티누스의 생애」에 언급된 모든 인물을 보려면 L. Brisson, M.-O. Goulet-Cazé, R. Goulet, and D. O'Brien, *Porphyre: La Vie de Plotin*, vol. 1 (Paris: Vrin, 1982), 55-114의 인물 연구를 보라.

62) 그러나 마르켈루스(Marcellus)와 오론티우스(Orontius)를 한 사람이 가진 두 이름으로 이해한다면, 남자는 11명뿐이다.

63) L. Brisson, "Notices sur les Noms Propres," in Brisson, Goulet-Cazé, Goulet, and O'Brien, *Porphyre*, 56의 표를 보라.

트리키우스 피르무스, 로마 원로원 의원인 마르켈루스와 오론티우스[64]와 사비닐루스, 원로원 의원이었으나 정치인 생활을 그만두고 철학자로 살아간 로가티아누스, 알렉산드리아 출신 수사학자요 금융인인 세라피온, 그리고 마지막으로 두로 출신 철학자인 포르피리우스 자신이었다(§7). 이 12명 중 아멜리우스와 포리피리우스만이 "직업" 철학자로서 평생을 철학에 바쳤다. 세 여성 제자는 플로티누스가 살았던 집의 소유주인 게미나, 똑같이 게미나라 불렸던 게미나의 딸, 그리고 신플라톤주의 철학자인 이암블리쿠스의 며느리인 암피클레아였다. 이 세 여자는 모두 "철학에 열렬히 헌신했다"(§9). 이 제자 명단 두 가지는 복음서를 상기시킨다. 복음서도 열두 제자를 열거하는 동시에 여성 제자 세 사람의 이름을 예로 드는 경향을 강하게 보여주기 때문이다(마 26:56; 막 15:40; 16:1; 눅 8:2-3; 24:10; 요 19:25). 둘 사이에 존재하는 이런 유사점이 우연인지 아니면 포르피리우스가 의도적으로 만들어낸 것인지 간략히 살펴보겠다.

대부분의 경우 포르피리우스는 제자들이 플로티누스의 학교 구성원으로 얼마나 오래 있었는지를 알려주지 않는다. 포르피리우스는 파울리누스, 조티쿠스, 그리고 제투스가 플로티누스보다 앞서 죽었으며(따라서 그가 전기를 쓸 때에는 이들의 목격 자료를 활용할 수 없었을 것), 유스토키우스는 플로티누스가 삶을 마칠 무렵이 되어서야 함께하기 시작했다고 말한다(§7). 하지만 아멜리우스의 경우는 다르다. 포르피리우스는 심지어 아멜리우스[65]를 가장 먼저 앞세운 제자 명단을 제시하기 이전에도, 아멜리우스가 플로티누스와 함께 24년을 보냈으며, 스승이 로마에 당도한 지 2년이 채 되지 않은 245년부터 제자 무리에 합류했다고 설명한다(§3). 틀림없이 아멜리우

64) 에드워즈는 그의 번역문에서(*Neoplatonic Saints*, 15) 마르켈루스와 오론티우스를 다른 두 사람으로 여긴다. 그러나 브리송은 오론티우스(Orontius 또는 Orrontius)를 마르켈루스의 가명으로 다룬다(Brisson, "Notices sur les Noms Propres," *in Porphyre*, 56, 102).

65) 아멜리우스에 대해서는 Brisson, "Notices," 65-69을 보라.

스는 스승이 죽기 한 해 전인 269년까지 그의 곁에 머물렀을 것이다.[66] 이를 통해 포르피리우스는 아멜리우스가 목격자가 될 훌륭한 자격을 갖추었으며, 그의 증언이 플로티누스가 자기 학교에서 교사로 보낸 세월을 거의 포괄하고 있음을 분명히 밝힌다. 포르피리우스의 글에는 플로티누스의 다른 제자들 중 아멜리우스에 필적할 만한 사람이 있음을 암시하는 대목이 전혀 없다.

확실히 포르피리우스는 아멜리우스와 자신을 플로티누스의 제자 중 가장 유명하고 탁월한 두 제자로 여겼으며 실제로도 그러했다. 포르피리우스가 자기 이름을 12명 남성 제자 명단 마지막에 기록한 것은 겸손 때문이라기보다[67] 자신을 강조하려는 목적 때문이었을 것이다. 포르피리우스는 자신의 전기에서 겸손한 모습을 전혀 보이지 않는다. 이처럼 자신을 강조하려 했기 때문에 포르피리우스는 플로티누스가 바로 자신에게 편집을 요청했다는 말로 이 제자 명단을 끝냈다. 포르피리우스는 자신이 스승의 모든 제자 중 가장 중요한 제자라고 생각했다. 그러나 그는 제자 명단의 첫자리를 차지할 만한 인물인 아멜리우스를 몰아내고 자신이 그 자리를 차지하지는 않는다. 그는 아멜리우스가 으뜸가는 제자라는 사실을 다음과 같은 다른 설명을 통해 드러낸다. 즉 플로티노스는 아멜리우스에게 재담꾼 아메리우스[5]라는 별명을 주었고, 아멜리우스 자신은 파울리누스에게 그의 별명을 주었으며, 카스트리키우스 피르무스는 플로티누스뿐 아니라 아멜리우스도 성실한 벗으로 존경했다(아멜리우스는 포르피리우스에게도 가까운 벗이었음; §7)는 것이다. 글 속에 담긴 자기 스승의 가르침을 변호하는

---

66) Edwards, *Neoplatonic Saints*, 7, 주 47.

67) 포르피리우스가 플로티누스의 열두 제자 집단 안에서 가장 적은 시간을 보낸 인물이 아니라고 가정할 경우에 그렇다는 의미다. 만일 그가 스승과 함께 보낸 시간이 가장 짧은 인물이 맞다면, 이런 사실을 분명하게 지적하지 않은 것은 이해가 간다. 물론 포르피리우스는 플로티누스가 제자들을 가르친 26년 중 자신이 스승에게 배운 기간은 불과 5-6년이라고 고백했다.

데 가장 부지런했던 인물도 바로 아멜리우스였다(§18). 때때로 포르피리우스는 자신과 아멜리우스를 함께 묶어 "아멜리우스와 나"(§5) 또는 "우리"(§§10, 16)라고 표현하는데, 이는 두 사람이 스승과 가장 가까운 제자이자 스승과 더불어 가장 영향력 있는 위치에 있었음을 시사한다(§§5, 18). 그러나 이 모든 주장에도 불구하고 플로티누스가 로마에서 보낸 26년(244-270) 중, 포르피리우스가 스승과 함께했다고 주장할 수 있는 기간은 5-6년뿐이다(262/3-268/9년). 그가 플로티누스의 제자 그룹에 합류했을 때, 스승은 쉰아홉 살이었고 아멜리우스는 이미 18년을 제자 무리 속에서 보냈을 때였다(§§4-5).

「플로티누스의 생애」는 목격자 출처를 알리는 데 관심을 나타내면서, 이 자료들이 플로티누스가 살았던 시대의 정보를 담고 있었음을 꼼꼼하게 일러준다. 이 책은 플로티누스가 마다하는데도 아멜리우스가 누군가를 시켜 겨우겨우 스승의 초상화를 그리게 한 이야기로 시작된다(§1). 나중에 우리는 매우 놀라운 이 시작 부분을 다시 다룰 것이다. 계속해서 포르피리우스는 플로티누스가 마지막으로 앓은 병과 그의 죽음을 이야기하면서, 영혼이 몸에서 벗어날 것을 준비함이 삶의 목적이라고 본 플라톤의 견해를 따라 이야기를 풀어간다. 플로티누스가 숨질 당시, 이미 고인이 된 제자 제투스의 소유였던 캄파니아의 별장지에는 의사인 유스타티우스만이 함께 있었다. 포르피리우스는 그때 자신은 시칠리아 릴리바이움(Lilybaeum)에 머물고 있었고(자신이 플로티누스 곁에 없었음을 §11에서 설명함), 아멜리우스는 시리아 아파메아(Apamea)에, 카스트리키우스는 로마에 있었다고 분명히 말한다(이는 당시 플로티누스의 남성 제자 12명 중 남아 있는 자가 오직 이 셋과 유스토키우스뿐이라는 뜻일까?). 플로티누스의 마지막 말과 그의 죽음을 기록한 포르피리우스의 글을 믿을 수 있으려면, 이 말을 듣고 그 죽음을 본 자가 목격자의 권위를 갖고 있음을 설명해야 했다. 이런 이유로 포르피리우스는 이 짧은 내러티브에서 세 번이나 그가 가진 정보가 유스토키우스로부터 나왔다고 이야기한다. 하지만 유스토키우스가 믿을 수 있는 정보 제공자인 것은 이 내러티브에 국한될 뿐이다. 그가 플로티누스의 제자 무리에 합류한 지 얼마 되지 않아 스승이 죽었기 때문이다(§7).

계속해서 포르피리우스는 플로티누스의 생애 초기와, 스승이 알렉산드리아에서 암모니우스와 함께한 시절을 기록하면서, 서두에 이 기록이 스승이 "대화를 통해 우리(추측컨대 포르피리우스를 포함해서 한 그룹을 형성한 플로티누스의 제자들)에게 말해준" 내용에서 나왔다고 언급한다(§3).[68] 하지만 그는 플로티누스의 알렉산드리아 시절을 이야기할 때는 자신이 활용한 정보가 아멜리우스로부터 나왔다고 말하면서, 이 기회를 빌려 플로티누스가 알렉산드리아를 떠나 로마에 정착한 지 2년이 채 되지 않았을 때 아멜리우스가 스승의 제자가 되었으며 이후 24년 동안 그와 함께했다는 설명을 덧붙인다(§3). 이 설명은 포르피리우스 자신이 보증할 수 있는 정보 외에는, 이 지점부터 계속해서 아멜리우스가 그가 활용하는 자료의 목격자 출처임을 일러준다. 이렇게 한 번 아멜리우스가 자신의 자료 출처임을 밝힌 뒤 포르피리우스는 여기에 대해 다시는 분명한 언급을 하지 않는다. 왜냐하면 그럴 필요가 없었기 때문이다. 이렇게 자료 출처를 처음 언급한 이후에 이 문제는 분명해졌을 것이다. 포르피리우스는 플로티누스와 관련된 기억들을 끌어다 쓰는데(특히 §§3, 11, 13, 15, 18), 이런 내용 중 저자 자신이 스승과 직접 접촉한 데서 유래한 기억과, 그가 아멜리우스로부터 전해 들은 내용을 구별하기가 늘 가능하지는 않다. 그러나 아멜리우스로부터 전해 들었다는 것을 쉽게 알 수 있는 부분은 많다(특히 §§1, 3, 8, 9, 10, 11, 12, 14을 보라).[69]

---

68) 참고. §23 서두의 "우리"는 추측컨대 한 그룹의 제자들 전체를 가리키는 것 같다. 하지만 어쩌면 포르피리우스와 아멜리우스만을 가리킬 수도 있다.

69) P. Cox Miller, *Biography in Late Antiquity* (Berkeley: University of California Press, 1983), 65은 포르피리우스가 플로티누스 학교의 강연 내용을 서술한 것 중 일부가 아멜리우스의 "필기 모음"에서 나왔다고 주장한다. 콕스 밀러에 따르면, 아멜리우스는 이 "세미나 필기 노트들"(*scholia*)을 만들었다가 훗날 이를 완벽히 정리해서 "몇 백 권이나 되는 책으로 만든 뒤" 입양한 아들에게 "주었다"(§3)라고 한다. 하지만 아멜리우

포르피리우스가 아멜리우스에게 의존했다는 것은 그가 목격자 증언의 인클루지오를 사용하는 점만 보아도 알 수 있다. 아멜리우스는 소개하는 말도 없이, 「플로티누스의 생애」 세 번째 문장에 이미 등장한다. 이 전기에서 아멜리우스는 제자들 중 처음으로 등장하는 동시에, 포르피리우스를 빼면 마지막으로 이름이 나오는 인물이기도 하다. 실제로 플로티누스와 포르피리우스를 제외하면, 이 작품에서 이름이 등장하는 첫 인물이자 마지막 인물이 바로 아멜리우스다. 표 13에서 볼 수 있듯이, 아멜리우스가 등장하는 패턴은 마가복음에서 베드로가 등장하는 패턴[70]과 루키아누스의 책에서 루틸리아누스가 등장하는 패턴과 아주 비슷하다. (공관복음에서 베드로가 열두 제자 중 첫머리를 차지하듯이, 아멜리우스도 열두 제자 명단에서 첫머리를 차지함을 주목하라.) 아멜리우스의 이름은 38회 등장하는데, 이 횟수는 플로티누스를 제외하고 어떤 경우보다 많으며, 25회 등장하는 포르피리우스보다도 빈번하다.[71] 아멜리우스는 플로티누스와 포르피리우스를 제외한 그 누구보다, 저자의 이야기에서 두드러진 위치를 차지한다. 그뿐 아니라

스가 필기한 노트들은 철학 토론을 요약한 기록임이 분명하며(포르피리우스가 플로티누스의 작품들을 편집할 때 이를 활용했을 개연성이 큼), 포르피리우스가 스승의 생애를 이야기할 때 설명한 내용은 제공하지 않았을 것이다. 세미나에서 논의된 내용을 어느 정도 상세히 보여주는 곳은 §§13-15뿐이다. 그중 §14은 아멜리우스가 저술한 작품에 의존했을 수 있지만, 이것 역시 포르피리우스 자신의 관찰을 토대로 한 듯하다. 반면에 §13과 §15은 포르피리우스가 토론에 기여한 내용을 주제로 삼고 있다. §3은 분명히 아멜리우스가 포르피리우스와 구술로 소통한 일을 언급하는데, 포르피리우스가 「플로티누스의 생애」를 저술하면서 아멜리우스에게 가장 큰 신세를 졌다는 말은 바로 이것을 가리킨다고 생각하는 것이 자연스럽다. §17에서 포르피리우스는, 아멜리우스가 플로티누스의 작품을 옹호한 논문 중 하나를 길고 명시적으로 인용하고 있다. 이 논문은 아멜리우스가 포르피리우스에게 전해준 것이다.

70) 마가복음과의 차이점이라면, 포르피리우스가 자주 자신이 기록한 내러티브에 등장한다는 점과, 포르피리우스의 작품에는 익명인 인물이 거의 없지만 마가복음에는 많다는 점을 들 수 있다.

71) Edwards, *Neoplatonic Saints*, xxxvii은 "「플로티누스의 생애」에서 포르피리우스의 이름보다 더 자주 등장하는 이름은 없다"라고 하는데 이는 잘못된 견해다.

아멜리우스가 이 이야기 전체를 감싸 안는 모습도 매우 선명하게 나타나는데, 이야기의 마지막 부분 역시 그와 동시대인(플로티누스와 포르피리우스는 제외)의 이름을 다 언급하고 난 뒤에도 여덟 번이나 아멜리우스의 이름을 들먹인다. 루키아누스의 책에 나오는 루틸리아누스처럼, 아멜리우스도 전기의 주인공이 죽은 뒤 내러티브 안에 마지막으로 모습을 드러낸다. 포르피리우스는 아멜리우스가 아폴론에게 플로티누스의 영혼이 어디로 갔는지 물으며 신탁을 구했다고 말하면서, 그의 이름을 밝히고 있다(§22). [아폴론이 준 신탁, 뒤이어 포르피리우스가 이 신탁을 정성스럽게 해석한 내용(§§22-23)이 「플로티누스의 생애」의 마지막 항목이며 그 뒤에 추기가 이어진다(§§24-26). 포르피리우스는 이 추기에서 자신이 편집한 플로티누스의 「엔네아데스」(*Enneads*)[6]를 어떤 식으로 배열했는지를 설명한다.]

이처럼 목격자 증언의 인클루지오는 아멜리우스가 목격자 출처로서, 그의 증언이 실제로 플로티누스의 이력 전체를 포괄한다는 사실을 지시한다. 아울러 우리는 이 인클루지오가, 아멜리우스가 목격자 출처로서 가지는 중요성과 관련해서 이 책의 나머지 부분에서 수집되는 모든 증거와 일치한다는 것을 쉽게 알 수 있다.

포르피리우스는 자신의 저술에서 아멜리우스에게 으뜸가는 위치를 부여한다. 하지만 우리는 그의 경쟁의식도 간파할 수 있다. 포르피리우스는 자신이 스승의 진정한 후계자가 되려는 경쟁에 몰두하고 있음을 깨달았던 것 같다. 유스토키우스는 포르피리우스보다 먼저 플로티누스의 작품을 편집하여 출간했던 듯하나.[72] 포르피리우스는 분명히 이 일을 마음에 두고서, 의사 유스토키우스가 "오직 플로티누스 학교에 전념함으로써 참된 철학자가 가져야 할 인품을" 얻었다고 칭송하면서도, 동시에 유스토키우스가 스승의 지인이 되는 것만을 인생의 목표로 삼았다고 슬며시 귀띔한다(§7). 그러나 아멜리우스는 철학자로 이미 인정을 받은 데다 무려 24년의

72) Brisson, "Notices," 81.

세월을 플로티누스의 제자로 있었기 때문에, 포르피리우스에게는 그가 유스토키우스보다 더 버거운 경쟁자였다. 마크 에드워즈는 "통상적으로 플로티누스의 대변인으로 간주되던 인물이" 포르피리우스가 아니라 아멜리우스였다고 말한다.[73] 이런 이유로 포르피리우스는 아멜리우스에게 첫째 자리를 내어줄 수밖에 없었지만, 두 가지 보완 전략을 구사함으로써 균형을 잡는다. 즉 포르피리우스는 플로티누스의 제자로서 자신의 중요성을 강조하고 선전하는 동시에 아멜리우스를 깎아내리려고 애쓴다.

「플로티누스의 생애」에서 포르피리우스가 자신의 역할을 강조하는 모습은 자신을 언급하는 방식에서 드러난다. 그는 자기 이야기를 쓸 때면 1인칭을 사용한다. 그러나 독자나 청중이 그가 누구인지 확실히 알 수 있도록 자기 이름과 "나"라는 대명사(*egō*)를 결합해서 "나 포르피리우스"를 19회나 사용한다. 이는 자기를 과시하려는 의도를 보여준다. 작품 곳곳에는 이런 의도를 더 분명히 드러내는 방법들이 있다. 포르피리우스는 자신이 한 세미나에서 시를 한 수 읽자 플로티누스가 이렇게 말했다고 기록했다. "네가 시인이요, 철학자요, 신성한 진리를 가르치는 교사임을 네 스스로 증명해 보였구나"(§15). 심지어 포르피리우스는 자신이 일자(the One)와 하나가 되는 신비한 체험을 했다고 주장하면서, 자기와 플로티누스가 함께하는 동안 스승은 같은 체험을 네 번이나 했다고 말한다(§23).

특히 포르피리우스는 플로티누스의 저술들과 관련해 자신의 역할을 강조하고 선전한다. 플로티누스는 포르피리우스를 만나기 전에 이미 책을 21권이나 집필했는데, 포르피리우스는 자신이 그 책의 사본들을 받은 극소수 중 하나라고 말한다(§4).[74] 스승은 포르피리우스가 제자 무리에 속해 있는 동안 책 24권을 더 썼다. 이 책들은 세미나에서 이루어진 토론을 기록

---

73) Edwards, *Neoplatonic Saints*, xxxvi.

74) 이 말의 뜻에 대해서는 Edwards, *Neoplatonic Saints*, 8, 주 54을 보라. 여기서 에드워즈는 "그(포르피리우스)의 자기 과시는 전형적 특징이다"라는 언급으로 끝맺는다.

한 것이었는데, 포르피리우스와 아멜리우스가 이 내용을 기록할 것을 스승에게 간청했다고 한다(§5). 플로티누스는 포르피리우스가 시칠리아로 옮겨간 뒤 그의 생애 마지막 시기에 책 9권을 더 썼다. 9권 중 첫 다섯 권은 포르피리우스에게 보냈으나, 마지막 네 권은 보내지 않았다. 포르피리우스는 자신이 스승을 알기 전에 스승이 쓴 작품은 완숙하지 않으며, 자신이 시칠리아로 떠난 뒤 스승이 생애 마지막에 쓴 작품은 나빠진 건강으로 천재성이 갉아먹힌 상태에서 나왔다고 논평한다. 포르피리우스는 자신이 플로티누스와 함께할 때 나온 24권만이 "완숙한 경지에 이른 천재성을 보여준다"라고 쓴다!(§6) 바로 이때에 스승은 자기 저술을 장래에 편집하도록 맡겼으며(§7), 포르피리우스가 스승에게 수업 내용을 기록하도록 조른 때도 바로 이때였다(§18). 이때 플로티누스는 이전에 아멜리우스가 자신더러 책을 쓰라고 조를 때 이를 수락했던 일을 잊어버리고(§5), 반대로 자신이 아멜리우스에게 책을 쓰도록 용기를 북돋아주었다고 주장한다(§18).

포르피리우스의 「플로티누스의 생애」는 이렇게 시작한다.

> 우리 시대에 살았던 철학자 플로티누스는 몸을 입고 존재하는 것을 부끄러워하는 사람처럼 보였다. 그렇게 느꼈기 때문인지, 그는 자기 민족이나 자기 부모나 자기가 태어난 나라를 놓고 이야기하는 것을 견디지 못했다. 그는 화가와 조각가들도 용납하지 않았다. 그 정도가 지나쳐, 그는 아멜리우스가 그의 초상을 그리게 해달라고 간청했을 때도 이렇게 말했다. "자연이 내게 입혀준 형상을 지닌 것으로 충분하지 않은가?" 아멜리우스는 그가 자신의 형상을 마치 전시할 가치가 있는 작품인 것처럼 더 오래 지속될 형태로 만들어 남기는 데 동의하리라고 생각했을까? 결국 그는 자기 초상화를 그리는 것을 허락하지 않았고 자기 초상을 그리도록 앉아 있는 것도 거부했다. 그러나 아멜리우스에게는 가르테리우스라는 친구가 있었는데, 그는 당시 살아 있던 화가 중 가장 뛰어났다. 아멜리우스는 이 친구를 모임에 참석케 했다. 사실 이 모임은 누구라도 들어올 수 있게 개방되어 있었다. 아멜리우스는 이 친구를 모임에

> 여러 번 참석케 하여 그가 자신이 본 인상을 생생히 간직하는 데 익숙해지도록 만들었다. 그 후 카르테리우스는 기억 속에 보존한 인물을 스케치했다. 그리고 아멜리우스는 그가 그 인물 윤곽을 실재와 더 닮은 모습으로 그려내도록 도와주었다. 카르테리우스는 플로티누스를 알지 못했지만, 그를 아주 충실하게 그린 초상화를 만들어낼 재주를 갖고 있었다(§1).[75)]

이 이야기는 아멜리우스를 부각시키고 있는 것이 분명하지만, 정확히 말해 그의 명예를 지켜주는 글은 아니다. 에드워즈는 아멜리우스의 역할을 "바보이자 우상 숭배자처럼 초상화 하나 때문에 그 스승의 생김새를 몰래 훔쳐내려고 시도하는 사람"이라고 정의한다.[76)] 포르피리우스는 이 사건을 서두에 쓴 자신의 글, 즉 플로티누스가 "몸을 입고 존재하는 것을 부끄러워하는 사람처럼 보였으며" 이런 이유 때문에 보통 전기의 서론에 나오는 그의 출생이나 배경을 전혀 이야기하지 않았다는 내용의 사례로 활용한다. 그러나 에드워즈는 이 초상화 이야기가 한 가지 기능을 더 가지고 있다고 주장한다. 즉 아멜리우스가 플로티누스의 뜻을 거슬러 겨우 그려낸 초상화보다, 포르피리우스가 쓴 플로티누스 전기가 스승의 초상을 더 참되게 그려내리라는 것을 암시하는 기능도 한다는 것이다. 에드워즈는 뒤에 가서 이 이야기가, 아멜리우스가 스승의 세미나에 관해 기록했으나 인정받지 못한 일과, 포르피리우스가 스승으로부터 위임받아 그의 저술들을 편집한 일 사이의 대조를 교묘하게 암시한다고도 말한다(§§3, 7).[77)]

---

75) Edwards, *Neoplatonic Saints*, 1-2에서 가져온 번역문이다.

76) Edwards, *Neoplatonic Saints*, xxxvi. P. Cox Miller, *Biography*, 108-11은 매우 다른 해석을 제시하면서, 포르피리우스가 초상화가 존재하게 된 것을 "분명히 기뻐했다"라고 말한다(108쪽).

77) M. J. Edwards, "A Portrait of Plotinus," *Classical Quarterly* 43 (1993), 480-90, 특히 489-90. 에드워즈와 달리 나는, §§19-20에서 포르피리우스가 아멜리우스가 플로티누스의 저작을 필사했다는 언급을 비판할 목적에서 했다고 생각하지 않는다. 실제로 포르피리우스는 아멜리우스에 대한 롱기누스의 비판에 맞서 아멜리우스를 변호한다.

이 책 서두에 나온 초상화 이야기가 암시적으로 아멜리우스를 깎아내린다면, §20 뒷부분과 §21 앞부분에 아멜리우스에 대해 마지막으로 언급하는 대목은 이 책 중에서 유일하게 드러내놓고 그를 나쁘게 말하는 대목이다. 여기서 포르피리우스는 롱기누스(Longinus)가 아멜리우스의 철학 저술을 비판한 글을 인용하고 인정하면서, 롱기누스가 보기에는 포르피리우스 자신이 쓴 작품에는 그런 비판을 받을 구석이 없다고 주장한다. "롱기누스는 내(포르피리우스)가 모든 면에서 아멜리우스처럼 철학과 상관없는 산만한 글들을 늘어놓지 않고, 내 글을 쓸 때는 플로티누스와 똑같은 목표를 추구했음을 완벽하게 알고 있었다"(§21). [이런 언급 후에 포르피리우스는 아멜리우스에 대해 단 한 번 더 이야기한다. 이때 아멜리우스는 스승의 죽음 이후 아폴론에게 스승에 대해 신탁을 구하는 사람으로 등장한다(§21).] 여기서 포르피리우스는 플로티누스가 자신의 저술을 편집해달라고 직접 맡긴 제자가 바로 자신이며, 자신이 쓴 철학 저술을 봐도 스승의 참된 후계자는 바로 자기라고 주장한다. 이를 보면, 포르피리우스는 아멜리우스가 스승의 삶과 관련해 외적 사건들의 목격자 출처로서 중요한 존재임을 합당하게 인정한다. 하지만 동시에 그는 아멜리우스가 스승을 참되게 이해하지 못한 반면에, 자신은 심지어 스승처럼 일자와 하나 되는 체험을 할 정도로 스승의 철학의 참된 계승자라는 것을 암시하는 듯하다.

이런 모습은 요한복음에서 베드로와 예수가 사랑하신 그 제자의 역할을 은근히 상기시킨다. 예수가 사랑하신 그 제자와 포르피리우스는 그들 자신을, 통상적으로 으뜸이요 목격자로 간주되던 세사인 베드로와 아멜리우스보다 스승을 더 잘 이해한 자로 제시하고 있다. 동시에 이들은 자신들이 스승이 세상을 떠난 뒤에도 스승의 유산을 대변하라는 사명을 받았다고 주장한다. 예수가 사랑하신 그 제자는 예수를 직접 본 증인으로서 결국 그가 본 것을 기록했고, 포르피리우스는 플로티누스의 글을 편집했다. 요한복음에서는 베드로의 목격자 증언의 인클루지오가 또 다른 인클루지오, 곧 예수가 사랑하신 그 제자의 목격자 증언의 인클루지오 속에 포함되어 있다. 마찬가지로 포르피리우스도 「플로티누스의 생애」에서 아멜리우스가 처음으로 등장하기 직전과 마지막으로 등장한 직후에 자기 자신을 언급함으로써 아멜리우스의 증언의 인클루지오를 에워싸고 있다. 포르피리우스가 마지막으로 "나 포르피리우스"라는 말을 쓴 곳은 §23인데, 여기서 그는 자신이 플로티누스처럼 일자와 하나 되는 체험을 했다고 말한다. §22에서 아멜리우스를 마지막으로 언급한 뒤, 포르피리우스가 자기 이름을 유일하게 등장시킨 곳이 바로 여기다. 이곳은 아폴론으로부터 아멜리우스가 받은 신탁을 포르피리우스가 해석하는 부분이다. 이 신탁을 받은 이는 아멜리우스지만, 그것을 제대로 이해한 이는 바로 포르피리우스였다! 하지만 우리는 포르피리우스가 아멜리우스의 이름보다 먼저 자신의 이름을 언급한 것을 보면서, 그의 이름이 먼저 나온 것은 서두에 작품의 제목과 함께 저자를 밝힌 것이라고 추정할 수도 있다. 이 추정이 옳을 수도 있지만, 이것을 당연하게 받아들일 수는 없다. 두루마리 책(scroll) 서두에 책 제목을 적어 넣는 습관은 상당히 후대에 발전된 습관이었기 때문이다.[78]

마크 에드워즈는 「플로티누스의 생애」가 "일종의 이교도 복음서가 되고자 의도했던 책이다. 이 책이 제시하는 주인공 안에도, 네 번째 복음서 저자가 말하는 그리스도처럼, 신(神)이 산다"라고 주장했다.[79] 다시 말해 포르피리우스는 「플로티누스의 생애」와 거의 같은 시기에 「그리스도인들을 반박함」(*Against the Christians*)이라는 15권짜리 책을 썼는데 여기서 작심하고 플로티누스를, 육신을 입고 오셨다는 그리스도인들의 신을 대신할 이교도의 신으로 묘사했다. 포르피리우스가 말하는 플로티누스는 단지

---

78) J. P. Small, *Wax Tablets of the Mind: Cognitive Studies of Memory and Literacy in Classical Antiquity* (New York: Routledge, 1997), 34.

79) Edwards, *Neoplatonic Saints*, xxxv. 더 상세한 논의로는 M. J. Edwards, "Birth, Death, and Divinity in Porphyry's Life of Plotinus," in T. Häag and P. Rousseau, eds., *Greek Biography and Panegyric in Late Anitiquity* (Berkeley: University of California Press, 2000), 52-71을 보라.

신 같은 철학자에 그치지 않고, 요한이 묘사하는 그리스도처럼 육신을 입고 사람들 사이를 이리저리 유랑하는 신이다.[80] 포르피리우스는 당시에 점점 더 종교 철학의 강력한 경쟁자로 떠오르고 있던 기독교에 진지하게 맞섰다(사실 이런 종교 철학을 플라톤주의로부터 창안한 이는 플로티누스라기보다 포르피리우스다). 같은 시대에 나온 또 다른 작품으로 소시아누스 히에로클레스(Sossianus Hierocles)의 저작은 예수 그리스도를 다룬 작품을 티아나의 아폴로니우스(Apollonius of Tyana)의 작품과 대조하고 힐난하면서, 기독교 신학자요 역사가인 가이사랴의 유세비우스가 제시한 답변을 인용했다.[81] 실제로 포르피리우스와 같이 플로티누스의 제자였던 아멜리우스는 요한복음 프롤로그를 열심히 이야기하면서, 이 글을 명백히 신플라톤주의적 관점에서 해석했다[유세비우스, 「복음 입문」(*Praeparatio Evangelica*) 11.19.1; 아우구스티누스, 「신국론」(*Civitas Dei*) 10.29]. 포르피리우스는 복음서에 동의하지는 않았겠지만, 그래도 그는 복음서를 잘 알고 있었던 것이 분명하다. 그가 글을 쓴 시대는 "지성인의 삶을 변증용이나 논박용 무기로 여기던 풍토가 더 이상 유행하지 않던" 때였다.[82]

따라서 우리가 「플로티누스의 생애」와 복음서 사이에 존재한다고 지적한 유사점들은 포르피리우스가 의도적으로 만들어냈을 가능성이 아주 높다.[83] 그가 목격자 증언의 인클루지오를 사용한 것도 복음서를 모델로

---

80) Edwards, "Birth," 52-53은 P. Cox Miller, *Biography*, 52의 주장을 문제 삼는다. 콕스 밀러는 「플로티누스의 생애」를, 철학자를 신적인 존재로 다루는 전기물 종류로 분류한다(신의 아들로 묘사하는 다른 경우도 있지만).

81) Edwards, *Neoplatonic Saints*, xxxvi.

82) Edwards, *Neoplatonic Saints*, xxxvi. 반면에 G. Clark, "Philosophic Lives and the Philosophic Life: Porphyry and Iamblichus," in Hägg and Rousseau, eds., *Greek Biography*, 42-43은 포르피리우스에게 기독교가 중요했다는 점에 회의를 표시한다.

83) 「플로티누스의 생애」의 첫 문장("우리 시대에 살았던 철학자 플로티누스는 몸을 입고 존재하는 것을 부끄러워하는 사람처럼 보였다")과 요 1:14("말씀이 육신이 되어 우리 가운데 거하셨다") 사이에 존재하는 의미심장한 유사점에도 주목하라. 이 두 문장은 전기물의 시작에서 통상적으로 언급되는 출생과 배경에 관한 사실들을 대신한다.

삼았을까? 확실히 알 수는 없지만, 만일 그가 복음서를 모델로 삼아 이런 구조를 사용했다면, 우리 논지에 비추어볼 때 포르피리우스가 복음서의 이런 특징을 인식했다는 것은 중요한 의미가 있다. 어쨌든 그가 전기물에 사용되던 이런 문학적 장치를 익히 알고 있었다면, 복음서를 모델로 삼아 이 구조를 사용했을 가능성이 큰 것 같다.

결론

종종 학자들은 복음서 저자들이 그들이 활용한 전승의 출처인 목격자의 이름을 밝히지 않는다는 이유로, 이 저자들이 목격자 증언을 그리 중요시하지 않았을 것이라고 추측했다. 이 책의 앞부분에서 우리는 일부 복음서 이야기에 특정한 사람 이름들이 등장하는 것은, 전승 속에서 이 특별한 이야기와 결합해 있던 목격자들을 지시한다고 논증했다. 아울러 우리는 세 공관복음서 모두에 꼼꼼하게 보존된 열두 제자 명단이 공식 목격자 집단을 이룬 구성원들의 이름을 밝히는 기능을 한다고도 논증했다. 이 공식 목격자 집단은 공관복음서 내용 중 많은 부분의 근원이 된 복음 전승의 주된 덩어리를 형성하고 널리 퍼뜨렸다.

제6장에서 우리는 마가복음과 누가복음과 요한복음이, 사건 현장에 처음부터 끝까지 있었기에 그 이야기 전체는 물론 특정한 핵심 사건의 진실성을 보증할 수 있는 사람을 가장 권위 있는 목격자로 여기는 역사 기록 원리를 사용한다는 것을 보여주었다. 이 원리는 열두 제자는 물론, 예수의 사역 동안 많은 시간을 그분과 함께했던 열둘 외의 제자들도 특별한 의미를 가진다는 점을 부각시킨다. 이런 점과 일맥상통하게, 세 복음서는 목격자 증언의 인클루지오라는 문학적 장치를 사용한다. 이런 장치의 사용은 후에 루키아누스와 포르피리우스가 그리스어로 쓴 두 전기에서도 나타난다. 이 전기들도 같은 장치를 사용했기 때문에, 세 복음서가 사용

한 목격자 증언의 인클루지오를 밝혀내는 일이 더 큰 중요성을 가지게 되었던 것 같다. 앞의 두 저술은 복음서보다 후대에 나왔지만, 그리스-로마 시대의 전기물 전통에 속한 문학적 관습을 선명히 증언한다. 그리스-로마 시대의 전기 중 복음서와 동시대의 저술은 거의 남아 있지 않다. 그러나 복음서 밖에 존재하는 이 유사 사례들에 아무리 많은 중요성을 부여한다 할지라도, 복음서 저자들이 의도적으로 사용한 문학적 관습을 증명하는 데는 복음서 내에 있는 데이터가 제격이다. 목격자 증언의 인클루지오를 확증할 때 특히 중요한 점은, 누가와 요한이 마가가 이 장치를 활용한 것을 인식하고 이를 자신들의 내러티브와 이야기의 취지에 맞게 고쳐 활용한 것이 분명해 보인다는 것이다.

마가는 이 장치를 활용함으로써 베드로를 가장 포괄적인 목격자 출처로서 부각시켰다. 누가와 요한은 둘 다 베드로와 관련하여 이 장치를 사용함으로써 베드로의 증언이 갖는 중요성을 인정한다. 누가의 경우에 이는 곧 자신의 내러티브와 많은 특별한 내용에 전체 구조를 제공해준 틀로서 마가복음—누가는 마가복음이 주로 베드로의 증언을 담고 있다고 보았다—을 활용했다고 인정하는 것이다. 누가의 머리말은 누가 자신이 "처음부터" 목격자였던 사람들에게 직접 다가가 증언을 들었다고 주장한다. 이 목격자 중에는 베드로를 포함시킬 수 있다. 누가는 마가복음을 실제로 베드로의 증언으로 받아들이기 때문이다. 분명히 누가는 예수의 여성 제자들도 중요한 목격 자료 제공자로 여겼을 것이다. 이는 여자들이 처음과 끝에 등장하는 인클루지오가 암시하는데, 이 구조는 베드로를 중심으로 한 인클루지오보다 덜 포괄적이지만 (갈릴리 사역부터 빈 무덤에 이르기까지) 아주 넓은 범위를 아우르고 있다. 요한도 베드로를 중심으로 한 인클루지오를 사용하지만 그의 용례는 좀 더 미묘하다. 요한은 자신의 내러티브를 베드로가 중심인 인클루지오보다 더 넓게, 하지만 아주 조금만 더 넓게 만듦으로써 베드로가 중심인 인클루지오를 능가하는, 예수가 사랑하신 그 제자의 인클루지오를 만들어낸다. 이를 통해 요한은 마가복음에 있는 베드로의 증언이 독자가 예수를 알도록 하는 데 특별히 중요함을 인정하면서도, 자신의 복음서만이 피력하는 주장에서는 요한복음의 예수가 사랑하신 그 제자의 증언이 몇몇 부분에서 베드로의 증언보다 더 우월한 역할을 한다고 대담하게 설파한다.

결국 복음서를 연구하는 대다수 학자가 만족하고 받아들이는 첫 인상과 달리, 각 복음서는 나름대로 고유한 문학적 방법을 사용하여 자신에게 자료를 제공한 목격자 출처를 알려준다. 만일 누군가가 이렇게 목격자를 알리는 방법이 왜 우리 눈에는 선명하게 들어오지 않느냐고 묻는다면, 다음과 같이 대답할 수 있을 것이다. 즉 이런 작품을 읽거나 들었을 대다수 고대 독자나 청중은 20세기와 21세기를 사는 학자들과 달리, 여기에 당연히 목격자가 제공한 자료가 들어 있으리라고 예상했을 것이며, 목격자를 중시했던 독자나 청중은 실제로 복음서가 목격자가 누구인지 알려주는 내용을 기민하게 간파했으리라고 말이다.

표 11: 마가복음에서 이름이 밝혀진 사람

(예수와 공인과 구약에 나오는 사람은 제외)

	베드로	세베대의 아들들	열두 제자 중 다른 이	다른 이
1:15	시몬(2)		안드레	
1:19		세베대의 아들 야고보, 요한		
1:20				세베대
1:29	시몬	야고보, 요한	안드레	
1:30	시몬			
1:36	시몬			
2:14				알패오의 아들 레위
3:16-19	시몬/베드로	세베대의 아들 야고보와 야고보의 형제 요한	아홉 제자가 나온 명단	
5:22				야이로
5:37	베드로	야고보와 야고보의 형제인 요한		
6:3				마리아, 야고보, 요세, 유다, 시몬
8:29	베드로			
8:32	베드로			
8:33	베드로			
9:2	베드로	야고보, 요한		
9:5	베드로			
9:38		요한		
10:28	베드로			
10:35		세베대의 아들들인 야고보와 요한		
10:41		야고보, 요한		
10:46				디매오의 아들 바디매오
11:21	베드로			

	베드로	세베대의 아들들	열두 제자 중 다른 이	다른 이
13:3	베드로	야고보, 요한	안드레	
14:3				나병환자 시몬
14:10			가룟 유다	
14:29	베드로			
14:33	베드로	야고보, 요한		
14:37	시몬/베드로			
14:43				(가룟) 유다
14:54	베드로			
14:66	베드로			
14:67	베드로			
14:70	베드로			
14:72	베드로			
15:21				알렉산더와 루포의 아버지인 구레네 시몬
15:40				막달라 마리아
				작은 야고보와 요세의 어머니 마리아
				살로메
15:43				아리마대 요셉
15:45				(아리마대 요셉)
15:46				(아리마대 요셉)
15:47				막달라 마리아
				요세의 어머니 마리아
16:1				막달라 마리아
				야고보의 어머니 마리아
				살로메
16:7	베드로			

표 12: 루키아누스의 「알렉산드로스」에서 이름이 밝혀진 사람

(루키아누스, 그가 책을 헌정한 켈수스, 알렉산더, 역사적·신화적 인물, 알렉산드로스가 지어낸 사람은 제외)

	루틸리아누스	다른 이	이야기에 언급되지만 여기에 참여하지 않는 당대인
4	루틸리아누스		
6		코코나스	
9		코코나스	
10		코코나스	
25		레피두스	
27		세베리아누스	
			오스로에스
30	루틸리아누스		
33	루틸리아누스		
	루틸리아누스		
34	루틸리아누스		
35	루틸리아누스		
39	루틸리아누스	루틸리아	
43		사케르도스	
		사케르도스	
		사케르도스	
		레피두스	
		레피두스	
45		데모스트라투스	
48	루틸리아누스		
			마르쿠스 황제
54	루틸리아누스		
	루틸리아누스		
55	루틸리아누스		
56		크세노폰	
57			유파투르 왕
			티모크라테스
		아비투스	
	루틸리아누스		

	루틸리아누스	**다른 이**	**이야기에 언급되지만 여기에 참여하지 않는 당대인**
60	루틸리아누스		
		파이투스	
	루틸리아누스		

표 13: 포르피리우스의 「플로티누스의 생애」에서 이름이 밝혀진 사람

(플로티누스, 역사적·신화적 인물, 연대를 표시하기 위해 이름을 밝힌 황제는 제외)

	아멜리우스	**포르피리우스**	**다른 이**
1	아멜리우스		
	아멜리우스		
			카르테라우스
	아멜리우스		
			카르테라우스
2			유스토키우스*
			제토스
			제토스
			카르테라우스
			카르테라우스
			유스토키우스*
			유스토키우스
			유스토키우스*
		나 포르피리우스	
	아멜리우스		
			카르테라우스
			유스토키우스
3			암모니우스(삭카스)
			암모니우스(삭카스)
			고르디아누스 황제(III)
			암모니우스(삭카스)
			고르디아누스 황제(III)
			헤레니우스
			오리게네스
			암모니우스(삭카스)
			암모니우스(삭카스)
			헤레니우스
			오리게네스
			헤레니우스
			암모니우스(삭카스)
	아멜리우스*		

	아멜리우스	**포르피리우스**	**다른 이**
3	아멜리우스		뤼시마쿠스
			호스틸리아누스 헤쉬키우스
4		나 포르피리우스	
			안토니우스
	아멜리우스		
		나 포르피리우스	
		나 포르피리우스	
		포르피리우스	
5		포르피리우스	
	아멜리우스		
		나 포르피리우스	
7	아멜리우스		
			파울리누스
	아멜리우스		
			유스토키우스
			조티쿠스
			파울리누스
			제토스
			테오도시우스
			암모니우스(삭카스)
			카스트리키우스 피르무스
	아멜리우스		
		나 포르피리우스	
			마르켈루스
			오론티우스
			사비닐루스
			로가티아누스
			세라피온
		나 포르피리우스	

*는 바로 이 지점에서 포르피리우스가 자신의 정보 출처가 이 사람임을 명시적으로 밝힌다는 것을 나타낸다.

	아멜리우스	포르피리우스	다른 이	이야기에 언급되지만 여기에 참여하지 않는 당대인
9			게미나(I)	
			게미나(II)	
			암피클레아	
			아리스톤	
			포타몬	
10			올림피우스	
			암모니우스	
			올림피우스	
			올림피우스	
	아멜리우스			
11			키오네	
			폴레몬	
		나 포르피리우스		
			프로부스	
12			갈리에누스 황제(III)	
			살로니나	
13		나 포르피리우스		
			타우마시우스	
		포르피리우스		
		포르피리우스		
14			암모니우스(삭카스)	
			롱기누스	
			롱기누스	
			오리게네스	
			오리게네스	
15		포르피리우스		
			디오파네스	
		나 포르피리우스		
			디오파네스	
			유불루스	
		나 포르피리우스		
16				아델피우스
				아퀼리누스

	아멜리우스	포르피리우스	다른 이	이야기에 언급되지만 여기에 참여하지 않는 당대인
16	아멜리우스			
		나 포르피리우스		
17	아멜리우스			
			트리폰	
	아멜리우스			
		나 포르피리우스		
			롱기누스	
			클레오다무스	
		나 포르피리우스		
			클레오다무스	
	아멜리우스			
	아멜리우스			
18		나 포르피리우스		
	아멜리우스			
	아멜리우스			
	아멜리우스			
		포르피리우스		
	아멜리우스			
		나 포르피리우스		
	아멜리우스			
19			롱기누스	
	아멜리우스			
	아멜리우스			
20	아멜리우스			
	아멜리우스			
			롱기누스	
	아멜리우스			
	겐틸리아누스 아멜리우스			
			마르켈루스	
				유클리데스
				데모크리투스
				프로클리누스

	아멜리우스	포르피리우스	다른 이	이야기에 언급되지만 여기에 참여하지 않는 당대인
20	겐틸리아누스 아멜리우스			
				테미스토클레스
				포이비온
		안니우스		
				메디우스
				헬리오도루스
			암모니우스	
			오리게네스	
				테오도투스
			유불루스	
			오리게네스	
			유불루스	
				헤르미누스
				리시마쿠스
				아테나이우스
				무소니우스
				암모니우스(소요학파)
				프톨레마이우스
				암모니우스(소요학파)
				유클리데스
				데모크리투스
				프로클리누스
				안니우스
				메디우스
				포이비온
				헬리오도루스
	겐틸리아누스 아멜리우스			
	아멜리우스			
	겐틸리아누스 (아멜리우스)			
	아멜리우스			

	아멜리우스	포르피리우스	다른 이	이야기에 언급되지만 여기에 참여하지 않는 당대인
20	아멜리우스			
21	아멜리우스			
	아멜리우스			
		나 포르피리우스		
21	아멜리우스			
		나 포르피리우스		
22	아멜리우스			
23		나 포르피리우스		

역자 주

1. 일곱 현인은 고대 그리스 전승이 아테네를 개혁했던 정치가 솔론(기원전 640-559)을 포함해서 일곱 사람에게 붙인 칭호다. 이들 일곱 사람은 모두 철학자, 정치가, 법률가였다.

2. *peripateia*는 전환점을 뜻한다. 문학작품에서 줄거리 전개가 완전히 뒤집어지면서 이전과 다른 국면으로 접어드는 지점을 *peripateia*라고 한다. 마가복음에서는 8:27-38이 여기에 해당하는데, 특히 8:29에서는 베드로가 예수를 가리켜 "그리스도"(메시아)라고 고백하는 장면이 나온다.

3. 원래 피타고라스주의는 모든 형이상학 개념을 수학 개념으로 이해하려 했으며, 영혼 윤회설을 주창하면서 우주가 신비로운 조화를 이룬다고 주장했다. 1세기와 2세기에 이런 사상을 되살리려는 움직임이 일어났는데, 바로 이것이 신피타고라스주의다. 처음에 이 사상을 주창한 인물은 키케로의 친구였던 니기디우스 피굴루스(Nigidius Figulus)라고 하나, 가장 중요한 신피타고라스주의 사상가는 아폴로니우스(Apollonius)다.

4. 실제로 1981년에 메리 르노(Mary Renault)는 알렉산드로스 대왕(기원전 356-323년)이 죽은 뒤에 그 제국을 누가 물려받을 것인가를 놓고 싸움이 일어나 제국이 분열된 일을 묘사한 소설을 발표했다. 이 소설 제목이 바로 『장례식 게임』이다.

5. 「플로티누스의 생애」를 보면, 아멜리우스는 자기 이름을 아멜리우스(Amelius)보다 아메리우스(Amerius)로 바꾸어 부르기를 좋아했다고 한다. "무관심"을 뜻하는 그리스어 *ameleia*에서 유래한 아멜리우스보다 "통일"을 뜻하는 *amereia*에서 유래한 아메리우스를 선호했기 때문이라고 한다.

6. 포르피리우스는 스승인 플로티누스가 쓴 논문 54편을 아홉 편씩 여섯 부로 묶어 「엔네아데스」라는 제목으로 펴냈다. 그가 스승의 논문을 아홉 편씩 묶은 것은 아마도 9라는 숫자가 고대 그리스 사상에서 완전성을 의미했기 때문이 아닐까 하는 추측이 있다.

제 7 장

마가복음에서 베드로의 시각

앞에서 우리는 복음서 중 마가복음이 베드로를 가장 빈번히 언급하며, 베드로가 이 책의 원천인 주된 목격자임을 나타내고자 목격자 증언의 인클루지오를 사용한다는 사실을 살펴보았다. 그렇다면 이제 우리는 한 걸음 더 나아가, 마가복음 자체가 제시하는 내부 증거를 토대로 마가복음과 베드로를 긴밀하게 연결시키는 특징들을 찾아낼 수 있을까? 마가복음이 그 이야기를 베드로의 시각에서 들려준다는 말은 무엇을 의미할까? 베드로가 마가복음의 내러티브 안에서 독특한 중요성을 가진다는 말인가, 아니면 단순히 그가 예수의 제자들 전체를 대표한다는 말인가? 파피아스가 제시한 증거를 어느 정도 신뢰했던 과거의 일부 학자들은 마가복음이 베드로의 설교에서 유래했다고 주장하면서, 이 복음서의 몇몇 부분에서 베드로만의 특징을 구체적으로 찾아내려고 애썼다.[1] 그러나 최근 학계의 흐름은 파피아스의 주장을 대부분 배척하면서, 마가복음이 베드로가 전한 전승을 기초로 삼고 있다는 표지를 전혀 보여주지 않는다고 주장한다.[2] 대다수 학술 문헌을 보면, 학자들이 마가복음과 베드로 사이에 어떤 연관성이 있다는 시각을 철저히 반박했다는 인상을 받기가 쉬울 것이다. 마가복

---

1) 예를 들어 V. Taylor, *The Gospel according to St. Mark* (London: Macmillan, 1952), 82. 바로 이것이 테일러의 저술에서 두드러지는 점이다. 그는 양식비평의 논의를 충분히 참작하면서도 그것을 비판한다.

2) R. E. Brown and J. P. Meier, *Antioch and Rome* (London: Chapman, 1983), 195-96. 이런 철저한 부인이 학계의 대표 견해다. 하지만 P. Perkins, *Peter: Apostle for the Whole Church* (second edition; Edinburgh: Clark, 2000), 53은 다음과 같이 완곡하게 말하고 있다: "오늘날 학자들은 마가복음이 사도 베드로의 기억을 기초로 삼지 않았음을 인정한다."

음이 베드로와 연관되어 있다는 표지를 보여주지 않는다는 견해는, 마가복음의 기원에 대한 파피아스의 정보가 신뢰할 만하지 않다는 견해와 늘 함께 간다. 이런 이유로 마가복음을 바라보는 누군가의 시각이 파피아스를 신뢰하는 쪽으로 기울 때만, 마가복음에서 베드로만의 특징을 찾아낼 수 있다는 인상을 받기가 또한 쉽다. 우리는 마가복음에 대한 파피아스의 견해를 제9장에서 새롭게 살펴보겠다. 여기서는 순전히 마가복음 내부에서 추출한 증거를 토대로 논증을 제시할 것이다. 마가복음은 베드로의 목격자 증언의 인클루지오를 사용한다. 이를 볼 때, 이미 우리는 베드로와 이 복음서 사이에 특별한 연관성이 있음을 일러주는 표지들을 인식할 가능성을 열어놓을 수밖에 없다. 제7장에서 제시되는 증거는 당연히 이런 연관성을 다시 진지하게 고려해야 한다는 점을 시사한다.

복수-단수 내러티브 장치

커스버트 터너(Cuthbert Turner)는 1925년에 발표했으나 별로 주목받지 못한 한 논문에서, 마가복음의 내러티브 구성이 가지는 독특한 특징은 이 복음서가 열두 제자 중 한 사람의 시각에서 이야기를 들려준다는 것인데, 이는 마가가 베드로가 전한 이야기를 거의 그대로 재생산하기 때문이라고 주장했다.[3] 20세기 중반에 복음서를 연구하던 영국의 주요 학자들은 터너의 증거에 깊은 인상을 받았다. 토머스 맨슨(Thomas Manson)은 터너의 주장을 받아

---

3) C. H. Turner, "Marcan Usage: Notes Critical and Exegetical, on the Second Gospel V. The Movements of Jesus and His Disciples and the Crowd," *JTS* 26 (1925), 225-40; idem, *Catholic and Apostolic: Collected Papers* (ed. H. N. Bate; Milwaukee: Morehouse, 1931), 183-84도 참고하라. 터너의 논문은 그가 쓴 열한 개의 "Notes on Marcan Usage," in J. K. Elliott, *The Language and the Style of the Gospel of Mark* (NovTSup 71; Leiden: Brill, 1993) 중 나머지와 함께 재출간되었다. 나는 처음에 나온 원논문을 참조했다.

들이면서도, 그가 제시한 증거는 마가복음에서 베드로로부터 나온 자료와 그렇지 않은 자료를 구별하는 데 사용되어야 한다고 주장했다.[4] 또한 빈센트 테일러는 일부 비판을 제시하면서도 "이런 용례들이 마가가 마태나 누가보다 원증언(primitive testimony)에 더 가까이 있음을 암시한다고 주장하는 것은 합당하다"라고 생각했다.[5] 터너가 제시한 증거를 이후의 학자들이 논의했는지는 알 수 없지만,[6] 확실히 그의 논의는 다시 살펴볼 가치가 있다.

터너는 마가복음이 주어를 분명히 나타내지 않은 채[7] 예수와 그의 제자들의 이동을 묘사할 목적으로 복수형 동사를 사용한 뒤, 곧바로 예수만을 가리키는 단수형 동사나 대명사를 사용한 21개 본문에 주목할 것을 요구했다. 우리는 이 내러티브 패턴을 "복수에서 단수로 옮겨가는 내러티브 장치"(plural-to-singular narrative device; "복수-단수 내러티브 장치"로 줄임)라고 부르겠다. 나는 표 14에 터너가 제시한 목록을 다시 실으면서 그중 두 가지를 바꿔놓았다. 즉 나는 터너가 간과한 사례 하나를 추가했으며(막 9:9), 본문이 복수 동사를 사용했다는 증거가 취약한 사례 하나를 뺐다(11:11). "복수-단수 내러티브 장치"를 증명해주는 사례로 다음과 같은 몇 가지 본문을 들 수 있다.

그들이 바다 건너편 거라사인 지방으로 가니라.
그때 그가 배에서 나오셨으니…(5:1-2).

---

4) T. W. Manson, *Studies in the Gospels and Epistles* (ed. M. Black; Manchester: Manchester University Press, 1962), 40-43.

5) Taylor, *The Gospel according to St. Mark*, 48.

6) S. Byrskog, *Story as History-History as Story* (WUNT 123; Tübingen: Mohr, 2000; reprinted Leiden: Brill, 2002), 289, 주 181은 맨슨이 터너의 주장을 토대로 제시한 견해를 간단히 언급하고 있다.

7) 터너는 이를 "비인칭 복수"라고 불렀는데 이 표현에는 오해의 소지가 있다. 그가 말하려고 하는 것은 마가가 주어를 표현해놓지 않았다는 것이다. 하지만 마가는 (막연한 "사람들"이 아니라) 특정인을 명확히 지시하는 주어를 암시한다.

그들이 벳새다에 이르니라.
몇몇 사람들이 맹인 하나를 그에게 데려오니…(8:22).

이튿날 그들이 베다니에서 나왔을 때에
그가 시장하신지라(11:12).

그들이 겟세마네라는 곳으로 가니라.
그가 그의 제자들에게 말씀하시되…(14:32).

이 21개 본문에 나오는 복수형 동사 중 셋을 제외한 모든 동사가 이동을 나타내는 동사다(14:18, 22, 26a의 동사는 예외).[8] 이처럼 이 내러티브 패턴은 대부분 예수와 제자들이 이곳에서 저곳으로 옮겨간다는 사실을 나타낼 목적으로 사용되었다. 이 패턴은 예수와, 예수의 가장 가까운 제자로 그분과 함께 여행한 이들로 이루어진 순회 그룹(itinerant group)을 지시한다. 나중에 우리는 이 그룹에 대해 더 정확히 이야기해볼 것이다.

마가의 내러티브의 이런 특징은, 마태와 누가가 이 패턴이 등장하는 평행 본문에서 구사한 용법과 비교해보면 훨씬 선명하게 드러난다(표 14를 보라). 마가복음 본문과 평행하는 본문이 전혀 없거나, 마태와 누가가 복수형 동사를 가진 특정 구절을 빼버린 경우가 몇 군데 있다. 평행 본문이 있는 경우 중, 마태가 마가가 쓴 복수형을 그대로 유지한 사례는 아홉 군데이며, 누가는 두 군데에서만 복수형을 그대로 유지한다. 마태는 마가가 복수형을 쓴 사례 중 여섯 곳에서 예수만을 가리키는 단수형 동사를 사용하며, 마찬가지로 누가도 여섯 곳에서 단수형 동사를 사용한다(마태복음의 사례들과 모두 같지는 않음). 이처럼 마태와 누가는, 마가가 예수와 제자들을 모두 아우르는 복수형을 사용한 곳에서도 단수형 동사를 선호하는 경향을

8) 14개 사례에서는 동사가 *erchesthai*거나 이 동사의 복합어 형태다.

분명히 드러낸다. 더욱 놀라운 것은 마가복음의 여러 이문(variant)에서도 같은 경향이 나타난다는 점이다. 마가복음에서 이런 내러티브 특징이 나타나는 21개 사례 중 무려 11곳이 (다소의 차이가 있으나 이것을 뒷받침하는) 이문을 가지고 있다. (이 모든 경우에 터너뿐만 아니라 출간된 그리스어 신약성경도 복수형 동사를 쓴 본문이 원문에 더 가깝다고 본다. 이것이 더 어려운 독법이요, 이런 본문들 전체에서 나타나는 마가의 문체와 일치하기 때문이다.[9]) 사본 필사자들은 공관복음서 본문을 조화시키려는 경향을 가지고 있었다. 이런 이유로 우리는 필사자들이 마가복음 본문을 마태복음 및 누가복음 본문과 일치시키는 바람에 이런 이문들이 나왔다고 추정할 수 있다. 하지만 표 14는 이런 설명이 옳지 않음을 보여준다. 이런 사례 중 다섯은 마태복음이나 누가복음에 평행 본문이 없기 때문이다(막 8:22; 9:33; 11:15, 19-21, 27). 필사자들은 마태와 누가가 단수형을 선호한 이유와 같은 이유에서 영향을 받았음이 틀림없다. 터너는 언급하지 않았지만, 이 점을 증명하는 더 많은 증거가 마태복음과 누가복음의 이문들에서 발견된다. 마태가 마가의 복수형을 그대로 유지하는 세 경우와, 누가가 그렇게 한 두 경우에, 복수형 대신 단수형을 제시하는 이문들이 있다. 터너가 간과한 채 간파하지 못했던 또 한 가지 증거는, 누가가 마가복음에는 평행 본문이 존재하지 않는 본문들에서 두 차례나 복수-단수 내러티브 장치를 사용한다는 점이다. (덕분에 누가복음이 이런 장치를 사용한 사례가 모두 네 곳이 되었다.) 이런 경우들 중 한 곳에는 단수형 동사를 사용한 이문이 존재한다. 이렇게 마가복음에는 없지만 누가복음에만 존재하는 본문에서도 이런 내러티브적 특징이 나타난다는 것이 흥미롭기는

---

9) 주석가들이 심각한 의견 차이를 보이는 사례가 막 1:29이다. 이 구절에서는 복수형이 매우 어색한 문장을 만들어내기 때문에 일부 주석가들은 단수형을 선호한다. 하지만 바로 이런 이유 때문에 복수형이 더 어려운 독법이며, 단수형을 쓴 이문들도 필사자들이 더 쉬운 의미를 만들어내려고 복수형을 단수형으로 고친 것일 수 있다. B. M. Metzger, *A Textual Commentary on the Greek New Testament* (Stuttgart: United Bible Society, 1975), 75은 이것이 UBS(세계성서공회) 위원회의 다수 의견이었다고 보고한다.

하지만, 누가복음의 이 몇몇 사례 때문에 복수-단수 내러티브 장치가 마가복음에 월등하게 많이 나타난다는 전체 구도가 바뀌지는 않는다.

우리가 유의할 점은 몇몇 경우에서 볼 수 있는 마가복음과 다른 두 공관복음서의 차이점이, 단지 마태와 누가가 마가의 내러티브를 습관적으로 축약하는 경향 때문에 생겨났다는 것이다. 그러나 이것만으로는 모든 사례를 설명할 수도, 이문에서 볼 수 있는 현상을 설명할 수도 없다.

터너는 다음과 같은 견해를 피력했다.

> 자연스럽고 명백한 설명은, 우리 앞에 목격자이자 동반자의 관점에서 이야기를 전해주는 사람, 스승 예수와 같은 그룹에 있었던 사도이자 제자인 인물의 체험이 존재한다는 것이다.…마태와 누가는 사건들에서 떨어져 선 채, 그들의 내러티브를 그 중심인물에 집중시키는 그리스도인 역사가다.[10]

터너는 마가가 사용한 3인칭 복수형이 1인칭 복수형으로부터 바뀐 것이며, 이 1인칭 복수형은 "자신이 이야기하는 사건들에 그 자신도 출연하기 때문에 복수형을 자연스럽게 받아들였던" 목격자가 사용한 것이었다고 생각했다.[11] 이런 본문들에 나오는 "그들"을 "우리"로 바꾸면 이 본문들은 더 자연스럽게 읽을 수 있다. 이렇게 바꾸면 복수형과 단수형 사이의 차이에 더하여 1인칭과 3인칭 사이의 구별도 나타나기 때문이다. 터너는 마가가 그리스어로 어색하게 표현한 한 본문에서 본문 밑바탕에 깔린 "우리"를 재현해보면 본문의 의미가 더 잘 통한다고 주장했다. 이 본문이 바로 마가복음 1:29인데, 여기서 "그들"에 포함되는 사람은 예수, 시몬, 안드레, 야고보, 요한보다 더 많을 수가 없다. 이때까지 등장한 제자는 이 넷뿐이기 때문이다(참고. 막 1:21).

---

10) Turner, "Marcan Usage," 225.
11) Turner, "Marcan Usage," 226.

특히 1:29인 "그들이 회당을 떠나 야고보 및 요한과 함께 시몬 및 안드레의 집으로 들어가니라"에서, 마가가 사용한 3인칭 복수형이 베드로를 1인칭으로 한 1인칭 복수형을 대변한다는 가설을 받아들일 경우, 그대로 두면 매우 어색한 이 문구는 아주 쉽고 잘 들어맞는 문구로 바뀌어 다음과 같은 본문이 된다. "우리는 회당을 떠나 우리와 같은 제자인 야고보 및 요한과 함께 우리 집으로 들어갔다. 내 장모가 열병으로 누워 있었는데, 그가 내 장모를 두고 말씀하시되…."[12]

우리는 터너의 주장을 평가하기 전에 우선 마가의 본문에 나오는 "그들"이 누구인지 더 정확하게 밝혀야 한다. 이 "그들"이 마가의 문맥 속에서 선명히 드러날 때도 가끔 있지만(예를 들어 막 11:11-12), 때로는 "그들"이 누구인지 추측해야 한다. 하지만 이 말이 언제나 예수와 더불어 그의 제자 중 일부를 가리키는 것만은 분명하다. 몇몇 경우에는 그 제자들 이름이 밝혀진다. 베드로와 안드레, 야고보와 요한이라고 밝힐 때도 있고(1:21, 29), 베드로와 야고보와 요한이라고 밝힐 때도 있는데(5:38; 9:9, 14-15), 마가복음에서는 이들이 열두 제자 중에서도 또 다른 무리를 이룬, 예수와 가장 가까웠던 이들로 제시된다(14:33도 참고하라). 또 다른 경우로 예수의 예루살렘 입성 때 따라온 제자들의 사례에서, 이들은 열두 제자임이 분명하게 드러난다(11:12, 15, 19-21, 27; 14:18, 22, 26-27, 32). 나머지 경우에 이 문제는, 마가가 언급하는 예수의 제자들에는 열두 제자 외에 다른 제자들이 얼마나 포함되는가라는 일반적 문제와 부딪힌다. 마가가 열두 제자 외에 다른 제자들을 확실하게 언급하는 사례가 몇 개 있지만(2:14-15; 4:10; 10:32; 15:40-41),[13] 나는 마가가 은연중에 열두 제자에게만 초점을 맞춘 채 다른 제자들

12) Turner, "Marcan Usage," 226.

13) 내가 보기에 R. P. Meye, *Jesus and the Twelve: Discipleship and Revelation in Mark* (Grand Rapids: Eerdmans, 1968), 6장의 논의, 즉 마가가 열두 제자 외에 다른 제자들은 결코 언급하지 않는다는 취지의 논의는 해당 본문들을 설득력 없이 해석할

은 도외시하는 경향이 있다고 보고 싶다.[14] 아울러 나는 마가가 복수-단수 내러티브 장치를 사용한 나머지 모든 사례에서도, 누구인지 밝혀지지 않은 "그들"이 열두 제자보다 더 큰 제자 그룹이라기보다 예수와 열두 제자일 것이라고 생각한다.

다음과 같은 본문은 이런 점을 이해하는 데 도움을 준다.

> 그들이 예루살렘으로 올라가고 있었는데(They were on the road, going up to Jerusalem), 예수가 그들 앞에 걸어가셨다. 그들은 놀라고, 따르는 자들은 두려워했다(they were amazed, and those who followed were afraid). 그가 다시 열두 제자를 데리시고 그에게 일어날 일을 그들에게 말씀하시기 시작하셨다(10:32).

여기서는 "놀란" 이들인 "그들"과 "따르는 자들"을 구별해야 한다. 이 그룹들 중 첫째 그룹이, 처음에 나온 "그들" 곧 "가고 있던" 이들에 내포된 제자들과 동일하다는 사실은 명백하다. 마가는 열두 제자 외에 예수를 따랐던 이들과 다른 이들을 결코 구별하지 않는다. 따라서 첫 번째 복수형 동사의 주어는 열두 제자는 물론 예수도 포함되는 것으로 보고, 두 번째 복수형 동사의 주어는 예수와 대비하는 의미로 쓴 열두 제자라고 보는 것이 최선이다. 예루살렘으로 올라가시는 예수와 동행하던 제자들 중 열두 제자를 제외한 나머지 제자들이 "두려워했던" 이들이다.[15] 마가는 이 그룹을 소개하고, 열두 제자가 예수가 데리고 사적으로 가르치신 그룹임을 밝

때나 가능하다.

14) 따라서 나는 대체로(앞의 각주 13에 제시된 논평의 범위 안에서만) Meye, *Jesus and the Twelve*의 일반적 논지에 동의한다.

15) C. E. B. Cranfield, *The Gospel according to St. Mark* (CGTC; Cambridge: Cambridge University Press, 1959), 335의 논의는 다른 주석가들이 제시한 하나 이상의 해석에 반대하고 있다.

혀야 했다. 또한 이 본문에서 흥미로운 점은 마가복음의 이런 본문들이 늘 그렇듯이, 마가가 처음에는 예수와 열두 제자를 한 그룹으로 제시했다가, 뒤이어 예수만 다른 이들보다 앞서 가신다고 표현함으로써 열두 제자와 예수를 구별해서 표현한다는 것이다. 물론 여기에는 특별한 이유가 있다. 지금 마가는 예수가 당신과 당신 제자들에게 가장 위험한 곳인 예루살렘에 가기로 결심하신 일을 설명하는데, 이런 결심은 제자들을 당혹케 한다. 이렇게 "어딘가로 가고 있는" 예수와 열두 제자를 구별하여 묘사한 것은 이와 대비되는 사실, 곧 마가복음이 예수와 열두 제자를 같은 복수형 동사로 함께 묶음으로써 이 그룹을 위계 구조가 아니라 동반자 관계로 표상하는 특징을 가진다는 사실을 대조를 통해 강조한다. "어딘가로 가고 있을 때"는 주님이라는 예수의 위치가 분명하게 드러나지 않는다. 그러나 그들이 도착했을 때 일어나는 일들은 늘 예수를 내러티브의 초점으로 구별하여 부각시키는 역할을 한다.

마가복음에서 예수가 이곳에서 저곳으로 옮겨가심을 묘사한 모든 본문에서 복수-단수 내러티브 장치가 나타나는 것은 아니다. 우리는 이런 다른 본문들을 크게 두 범주로 나누어볼 수 있다. 한 범주에서는 제자들(또는 특정 제자들)이 예수와 동행한다고 언급되지만, 복수-단수 내러티브 장치를 사용한다면 함께 묶일 수 있는 일반적인 방식 안에는 포함되지 않는다.[16] 또 다른 범주에서는 오직 예수만이 이동하시는 것으로 표현된다.[17] 복수-단수 내러티브 장치를 쓴 사례가 21개인데 반하여, 이 장치를 사용하지 않는 앞의 두 범주에는 각각 12개 가량의 사례가 있다. 첫째 범주(예수와 제자들이 분명히 언급됨)에서는 거의 모든 사례에서, 왜 마가가 복수-단수 내러티브 장치보다 이런 스타일을 선호했는지 이유를 설명할 수 있다. (예를 들어 3:7에서 마가는 제자들과 군중을 구별하고 싶어하면서도, 제자들과 군

16) 막 2:23; 3:7, 13; 6:1; 7:17; 8:27; 9:2; 11:11, 19; 13:1; 14:17, 33.

17) 막 1:39; 2:1, 13-14; 3:1, 19b; 4:1; 5:21; 6:6b; 7:24, 31; 10:1, 17.

중이 예수와 함께 있다는 점을 지시하고 싶어한다.) 이런 설명은 (오직 예수만을 언급하는) 둘째 범주의 몇몇 사례에는 들어맞지만, 대부분 사례에 들어맞는 것은 아니다. 마태와 누가도 예수가 이곳에서 저곳으로 이동하심을 묘사할 때 대부분 이 두 범주를 사용한다.

따라서 복수-단수 내러티브 장치는 예수가 새로운 장소에 도착하셨음을 묘사하는 마가만의 독특한 방법이지만, 마가가 이 방법만을 사용하는 것은 아니다. 이런 내러티브 장치의 사용은 분명히 다른 두 공관복음서 저자와 복음서 필사자들에게 자연스러워 보이지 않았다. 몇몇 경우에는 이런 내러티브 장치가 그저 내러티브적 습관으로 보인다. 하지만 많은 경우, 이 내러티브 장치의 사용은 마가복음의 독자들로 하여금 예수 주위에 모여 있는 제자 그룹 안으로 들어가, 그분과 함께 그곳에 도착한 제자들의 시점에서 다음에 벌어지는 사건(보통 예수가 행하시는 일)을 지켜보도록 하는 효과를 낳는다. 터너는 이런 내러티브적 특징을 제자 그룹이나 그 그룹 내부자의 "관점"을 채용한 것으로 보았는데, 이는 옳은 견해다. 만일 우리가 이런 관점을 모든 본문에 관철하려 한다면, 이 관점은 제자들 중 내부 그룹—곧 베드로와 야고보와 요한—의 구성원 중 한 사람의 관점이 될 것이다. 몇몇 경우에는 복수형 동사의 주어로 이해될 수 있는 사람이 그들과 예수뿐이기 때문이다. 마가가 복수-단수 내러티브 장치를 사용한 것은, 군중이 더 중요한 역할을 하는 마태복음 및 누가복음과 비교할 때, 마가복음이 독특하게도 제자들의 복음, 더 정확히 말해 열두 제자의 복음이라는 특징을 가진다는 증거(이 증거 중 일부는 터너가 제시한 것)와 일치한다. 예를 들어 터너는 마가가 제자들이나 열두 제자를 일반인들과 구별하여 한 그룹으로 제시하는 데 특히 관심을 쏟음을 보여준다.[18] 앞에서 살핀 본문들에 나타나는 관점은 열두 제자 중에서도 내부 그룹을 형성한 셋 중 한 사람의 시각이라고 이해되는데, 이것 역시 마가복음이 베드로를 이름을

18) Turner, "Marcan Usage," 227, 234-35.

밝히며 언급하는 경우들과 일치한다. 이미 제6장에서 지적했듯이, 베드로는 마가복음이 이름을 밝히는 첫 제자이자 마지막 제자로서, 예수의 사역을 처음부터 끝까지 포괄한다. 그런가 하면 베드로는 마가복음이 가장 자주 이름을 언급하는 제자이자, 다른 복음서보다 마가복음이 더 빈번하게 언급하는 제자이기도 하다.

또한 마가가 복수–단수 내러티브 장치를 처음으로 사용한 경우가, 예수가 제자 그룹과 함께 어디로 가심을 이야기하는 첫 사례와 마지막 사례(1:21; 14:32)임을 관찰하는 것도 의미가 있다. 마가는 복수–단수 내러티브 장치를 모든 지점이 아니라 군데군데 산발적으로 사용한다. 바로 이런 이유로 마가는, 이 장치가 독자들에게 마가복음의 예수 사역 이야기 전체를 들여다보는 유일한 시각은 아닐지라도 현저히 우월한 시각을 제공하도록 이를 신중하게 사용하는 것 같다. 결국 이 인클루지오 디자인은 베드로의 인클루지오와 긴밀한 평행 관계를 이룬다. 베드로를 처음 (한꺼번에 두 번이나) 언급하는 부분(1:16)에 이어 바로, 복수–단수 내러티브 장치가 처음으로 사용된 구절(1:21)이 등장한다. 또한 뒤이어 베드로를 언급하는 한 쌍의 구절은 복수–단수 내러티브 장치가 두 번째로 등장하는 경우와 우연히 일치한다(1:29–30). 이 장치가 마지막으로 사용된 사례는 열두 제자가 예수와 함께 등장하는 마지막 사례이지만(14:32), 이후에도 얼마 동안 베드로를 언급하는 구절들이 줄기차게 이어진다(14:33, 37, 54, 66, 67, 70, 72). 베드로가 예수를 부인하는 이야기는(14:66–72), 열두 제자의 관점을 베드로 한 사람의 관점으로 좁혀놓은 것으로 이해된다.

표 15 덕분에 우리는, 마가복음에서 복수–단수 내러티브 장치가 처음과 마지막으로 사용된 사례들을 전후하여, 특히 베드로를 강조한다는 사실을 한눈에 알 수 있다. 베드로를 중심으로 한 인클루지오는 복수–단수 내러티브 장치의 처음과 마지막 사용 사례가 만들어내는 인클루지오보다 더 넓은 범위를 포괄한다. 하지만 베드로의 인클루지오의 두 끝 부분과, 복수–단수 내러티브 장치의 인클루지오의 두 끝 부분은 긴밀히 연결되어

있다. 동시에 복수-단수 내러티브 장치를 사용한 부분들과 베드로를 언급하는 부분들은 내러티브 중간 지점 주위에 몰려 있다(8:22-9:33). 마가복음의 구성이 가지는 이 두 가지 특징이 서로 긴밀히 연결되어 있다는 사실은 많은 것을 암시한다. 복수-단수 내러티브 장치가 제공하는 관점이 단순히 예수의 제자들 내부의 관점이 아니라, 더 정확히 말해 예수와 가장 가까웠던 제자들의 내부 집단의 관점이라면, 이 관점과 마가가 베드로를 언급한 부분들 사이의 상관관계는 쉽게 설명된다.

오래전에 터너는 "관점"[point of view 또는 "초점화"(focalization)] 개념이 내러티브에 대한 문학비평적 분석에 널리 사용되었다고 쓴 적이 있다. 하지만 훨씬 더 오래전에 복음서 연구자들은 마가복음을 내러티브로 연구하면서 이런 서사학(narratology)적 용어를 이미 사용했다.[19] 이들은 마가복음에 "전지한" 내레이터가 있음을 정확히 지적했다. 이 전지적 내레이터는 마가복음의 이야기 전체를 포괄하는 우월하고 이상적인 시각을 제공하고, 이야기 안에 등장하는 인물들도 간파하지 못하는 정보를 전해주며(예를 들어 5:3-5), 등장인물의 마음과 감정에 다가가 그것을 읽어내고(예를 들어 1:41; 2:6-8; 3:5), 우리로 하여금 한 장면을 두 곳 이상의 공간적 시점(視點)에서 들여다보도록 만든다. 하지만 이처럼 서로 다른 종류의 관점이 다양하게 존재할 수 있는 가능성이 있다 해도, 아주 정확히 말하자면 내적 초점화(internal focalization)라 불리는 것이 이루어지는 중요한 장소가 있다. 이 내적 초점화 덕분에 독자들은 이야기 속 장면을 등장인물의 시점에서, 즉 인물의 공간적 시점은 물론 (독자의 선택에 따라) 심리적 시점을 통해서도 들여다볼 수 있다. [외적(external) 초점화는 이야기 밖에 있는 내레이터와 시각을 공유하는 것이다.] 내적 초점화는 외면적 방법으로만 묘사된 인물의 시각

19) N. R. Petersen, "'Point of View' in Mark's Narrative," *Semeia* 1 (1978), 97-121; J. Dewey, "Point of View and the Disciples in Mark," *SBL* Seminar Paper (1982), 97-106; S. H. Smith, *A Lion with Wings: A Narrative-Critical Approach to Mark's Gospel* (Sheffield: Sheffield Academic, 1996), 5장.

에서 유래할 수 있는데, 이 경우 초점화는 공간적이고 시각적이거나 청각적이다. 또는 내적 초점화는 내면적 방법으로만 묘사된 인물의 시각에서 나올 수도 있는데, 이 경우 장면은 등장인물의 생각과 감정을 통해 묘사된다.[20] 내러티브를 적절히 분석하려면, 전체를 포괄하는 "전지한" 내레이터의 역할에 이런 범주들을 추가해야 한다. 등장인물의 시각을 말로 묘사하고, 이런 내적 초점화를 한 인물에서 다른 인물로 옮길 수 있는 존재는 바로 전체를 포괄하는 내레이터다.[21] 마가복음의 복수-단수 내러티브 장치는 내적 초점화에 해당하는 기준을 충족시킨다(터너는 이미 이 내적 초점화를 활용했음). 즉 초점화 하는 인물을 언급할 때 3인칭 대신 1인칭을 사용하여 본문을 다시 쓸 수 있는 것이다.[22]

마가복음의 관점을 연구하는 학자들은 복수-단수 내러티브 장치가 마가복음의 독특한 특징임에도 불구하고 이 점을 놓쳐버렸다.[23] 복수-단수 내러티브 장치도 내적 초점화의 한 형태다. 앞서 논증한 대로, 이 장치는 독자들로 하여금 후속 사건들을 예수와 함께 사건 현장에 도착한 제자들의 시각으로 볼 수 있게 해주기 때문이다. 몇몇 사례를 보면, 이 시각은 곧 또 다른 시각으로 바뀌지만(예를 들어 11:15-18), 적어도 복수-단수 내러티브

---

20) S. Rimmon-Kenan, *Narrative Fiction: Contemporary Poetic* (New York: Routledge, 1989), 74-76을 보라. M. Bal, *Narratology: Introduction to the Theory of Narrative* (second edition; Toronto: University of Toronto Press, 1997), 142-44은 림몬-케넌이 "내적 초점화"라고 부르는 것에만 "초점화"를 사용한다[발은 이 용어보다 주네드(G. Genette)가 사용한 "시각"을 선호한다]. 이 분야에는 용어상의 차이점이 많기 때문에, 독자는 특정 이론가가 어떤 의미로 특정 용어를 사용하는지 정확히 알아둘 필요가 있다. 동시에 서로 다른 "관점"을 유형별로 분류하는 견해도 다양하고 복잡하다.

21) W. Martin, *Recent Theories of Narrative* (Ithaca: Cornell University Press, 1986), 146.

22) Rimmon-Kenan, *Narrative Fiction*, 75.

23) Dewey, "Point of View," 101은 "마가의 내러티브는 거의 초점화 되지 않으며, 전지하고 무소부재한 내레이터에 의해 직접적으로 제시된다"라고 말한 뒤 몇몇 예외를 언급한다. 그러나 이 내러티브 장치를 언급하지는 않는다.

장치로 시작되는 본문 안에서는 이 시각이 유지된다. 반면에 이 내러티브 장치를 사용하지 않는 다른 사례에서는 단일 내러티브 안에서도 내적 초점화가 한 번 또는 여러 번 바뀐다(예를 들어 2:2-12; 3:1-6, 20-34; 5:21-43; 6:1-6a, 47-52; 9:14-29). 이런 초점화의 변동은 많은 유형의 내러티브에서 흔하게 일어나고 나름의 효과를 가지는데, 이런 변동 자체가 내러티브 구성이 빈약하다는 표지는 아니다.[24] 그러나 마가가 복수-단수 내러티브 장치로 시작되는 본문에서 통상적으로 내적 초점화를 바꾸지 않는다는 사실은, 그가 이 내러티브적 특성을 신중하게 사용하고 있으며, 이 장치가 가진 내적 초점화의 기능을 의식한다는 것을 보여주는 또 다른 증거다.

복수-단수 내러티브 장치로 시작되는 본문 대부분에서, 제자들의 시각이 독자에게 제공되는 방법은 오직 외면적 방법을 통해서다. 독자나 청자들은 말 그대로 제자들과 함께 현장에 도착해서 제자들 어깨 너머로 사건을 지켜보고, 거기서 펼쳐지는 모든 장면을 제자들의 각도에서 보고 듣는다. 독자/청자들이 제자들 마음속으로 들어가 그들의 생각과 느낌까지 공유하는 경우는 단지 몇몇 사례뿐이다(9:34; 10:32, 34; 14:19). 실제로 마가는 제자들의 내면적 시각을 그리 자주 묘사하지 않는다(4:41; 6:49, 51-52; 8:16; 9:6, 10, 32; 10:26, 41). 우리는 복수-단수 내러티브 장치로 시작되는 본문들에서 복수형 동사 거의 전부가 이동을 나타낸다는 점을 기억해야 한다. 이 내러티브 장치는 무엇보다 독자들을 어떤 공간적 지점으로 데려간 다음, 거기서 예수가 어떤 일을 행하시는 장면을 보여주는 장치다.

마가의 내러티브 전략에서는 복수-단수 내러티브 장치가 매우 신중하고도 계산된 방식으로 전개된다. 터너가 논증하듯이, 이 장치는 단순히 베드로가 자기 이야기를 구술한 방식의 잔재가 아니다. 그렇다면 이 장치는 구술적 배경과 연결해서 설명해야 하지 않을까? 마가가 이것을 문학적 장치로 사용한다는 것이 마가의 내러티브 안에서 이 장치의 위치를 미흡하

24) Martin, *Recent Theories*, 143-46.

게 설명하는 것일까? 이 장치에 대해서는 두 가지 유념할 점이 있다. 첫째, 이 내러티브 장치가 복음서에서 드물게 나타나고 마가복음을 제외하면 누가복음에서 단 두 번 사용되며, 다른 공관복음서 저자들은 물론이고 필사자들도 이 장치를 부적절하게 느낀 경우가 많았다는 점이다. 이는 특이한 사실이며 따라서 여기에는 적절한 설명이 필요하다. 둘째, 이 내러티브 장치가 목격자 증언의 인클루지오와 나란히 작동하면서 예수의 사역 전체를 포괄하는 나름의 고유한 인클루지오를 형성할 뿐 아니라, 베드로를 언급하는 부분들이 보여주는 패턴과 밀접하게 연관된다는 점을 유념해야 한다. 베드로의 인클루지오는 마가가 베드로를 주된 목격자 출처로 지시하는 문학적 수단이지만, 복수-단수 내러티브 장치는 마가복음 내러티브에서 베드로 및 그와 가장 가까운 이들의 시각을 지배적인 시각(내적 초점화)으로 만들어준다. 이 내러티브 장치 덕분에 독자들은 베드로의 증언이 생생히 재현하고 있는 사건들을 **목격자** 시각으로 바라볼 수 있다. 물론 전지한 내레이터는 시각을 빈번히 바꿀 수 있는 자유를 가지는데, 이는 내레이터가 마가복음의 독자들에게 베드로의 시각만을 제공하는 것이 아님을 의미한다. 그러나 마가복음에는 독자들이 베드로와 마가복음 내러티브 사이에 특별한 관계가 있음을 인식할 만큼 베드로를 언급하는 부분이 빈번히 나타나듯이, 베드로의 시각이 주된 내적 초점화 형태가 되기에 충분할 만큼 그의 시각을 빈번히 재확인해주는 부분들이 존재한다.

복수-단수 내러티브 장치가 마가복음에서 하는 문학적 기능을 이렇게 이해하면, 사실상 이 장치는 마가가 그의 내러티브 속에서 베드로가 자기 이야기들을 자연스럽게 들려줄 때 사용했던 1인칭 시점—"우리"라는 시각—을 의식적으로 재생산하는 방식이 된다.

마가복음에서 베드로의 역할

복수-단수 내러티브 장치의 기능에 대해 결론 내린 후, 이를 토대로 우리는 이제 마가복음에 등장하는 베드로라는 인물 자체를 더 자세히 살펴보아야 한다. 앞에서 우리는 마가복음에서 베드로의 이름이 빈번히 등장할 뿐 아니라, 베드로를 언급하는 부분들과 복수-단수 내러티브 장치(많든 적든 제자 그룹이 가졌던 관점을 독자들에게 제공하는 장치)가 연관되는 것 같다는 점을 언급했다. 이 두 가지 특징은 다발을 이루어, 마가복음 내러티브의 동일한 부분들 주위에 함께 나타난다. 하지만 복수-단수 내러티브 장치로 시작되는 본문 중 오직 네 본문에만 베드로가 등장하며(1:29-31; 11:19-25; 14:26-31, 32-42), 다른 여덟 본문에는 베드로가 등장하지만 내러티브 장치는 사용되지 않는다(1:16-20, 35-39; 5:35-37; 8:27-30, 31-33; 9:2-8; 10:23-31; 14:[54], 66-72).[25] 다시 말하지만, 이 두 가지 특징이 함께 나타나는 본문들이 시퀀스의 처음과 끝에 등장한다는 사실은 중요한 의미를 가지는 것 같다. 즉 1:29-31은 복수-단수 내러티브 장치로 시작되는 두 번째 본문이며 14:32-42은 마지막 본문이다. 이런 식으로 두 특징은 시퀀스의 처음과 끝에서 서로 긴밀히 연결되어 있다. 그렇다면 이 내러티브 장치가 없이 베드로가 등장하는 본문들은 어떻게 이해해야 하는가? 이렇게 베드로가 한 개인으로 등장해서 말하고 행동하는 대목도 우리에게 사건들에 대한 베드로의 시각을 제공해주는가?

보통 마가복음을 다룬 연구서들은 베드로가 개인 자격이 아니라 제자 그룹의 대표로서 등장한다고 말한다. 이 제자 그룹이 열두 제자의 큰 그룹인가, 아니면 셋이나 넷(베드로, 야고보, 요한, 때로는 안드레)으로 이루어진 내부 그룹인가는 문제가 되지 않는다. 이 견해에 반대하여 티모시 위어다

25) 16:1-8에서는 베드로의 이름은 나오지만 베드로 자신은 등장하지 않는다.

(Timothy Wiarda)는 상당히 설득력 있는 논증을 제시하면서,[26] 베드로가 "대표"라는 개념이 매우 다른 두 가지 의미로 사용되고 있다고 지적했다. 한 가지 의미에서, 베드로는 마가복음의 내러티브 세계 안에서 의도적으로 다른 제자들의 대변인으로 행동한다. 또 다른 의미에서 마가복음의 독자나 청자에 대해 베드로는 제자 그룹의 대표자이며, 이는 그가 이 그룹의 특성들을 공유하거나 대표한다는 뜻이다.[27]

후자의 의미에서 베드로는 마가복음 저자가 제자의 전형으로 이름을 밝히기로 선택한 이들 중 한 명일 뿐이다. 14:37-38에서 예수는 베드로와 야고보와 요한이 겟세마네에서 잠든 모습을 보시고 먼저 특별히 베드로에게 말씀을 건네신다("시몬아, 네가 잠들었느냐? 네가 한 시간도 깨어 있을 수 없었느냐?"). 그러나 이어 세 제자 모두에게 복수형을 사용해서 말씀하신다("시험에 들지 않게 늘 깨어 기도하라").[1] 베드로가 이 세 제자의 전형이라는 것은 분명하다.[28] 그때 왜 예수가 유독 베드로를 지목하셨는지를 묻는다면, 베드로가 당신을 부인하리라는 예수의 예언과 관련이 있기 때문이라고 말할 수 있다(14:30). 베드로가 예수를 저버리지 않겠다고 열렬히 다짐한 일(14:31)을 상기할 때, 그가 제자들의 전형임에도 겟세마네 동산에서 잠이 든 일은 특히 두드러져 보인다. 또한 이 일은 뒤에 베드로가 다른 제자들보다 더 거세게 예수를 부인한 이야기(14:54, 66-72)로 가는 길을 열어놓는다.[29] 베드로가 제자 그룹의 전형 역할을 하는 또 다른 사례는 11:21인 것

---

26) T. Wiarda, "Peter as Peter in the Gospel of Mark," *NTS* 45 (1999), 19-37. 이후 단락에서 나는 특히 위어다가 쓴 이 논문의 도움을 받았다. 물론 나는 이 문제들을 다른 방식으로 구조화했으며, 그의 모든 주장에 동의하지는 않는다.

27) T. Wiarda, "Peter," 20-21.

28) 마태의 버전을 보면 예수가 몸소 베드로에게 말씀하시기는 하지만, 이 말씀은 2인칭 복수형 즉 제자들 전체를 향하고 있다(26:40-41). 같은 시점에서 누가는 베드로에 대한 언급을 모두 빼버렸다(22:46).

29) Wiarda, "Peter," 31-32; R. E. Brown, *The Death of the Messiah*, vol. 1(New York: Doubleday, 1994), 194-95.

같다. 여기서는 베드로가 의도적으로 다른 제자들의 대변인 역할을 한다고 생각할 이유가 없으며, 그의 말은 꼭 그가 아니더라도 제자 중 누군가가 말했을 법한 내용이다.[30] 이런 이유로 예수도 제자들 모두를 상대로 대답하신다(11:21-25). 1:36-37에서도 복수형 동사의 주어는 "시몬 및 그와 함께 있는 이들"(아마도 야고보와 요한과 안드레)이다. 여기서 베드로가 그룹 전체의 전형인 것은 분명하지만, 특별히 베드로(시몬)의 이름을 언급한 것은 그가 이 그룹을 주도한다는 점을 암시하는 것 같다.[31]

9:5-6에서 베드로는 어리석은 제안을 하는데, 이런 제안을 한 이유는 "그들이 몹시 두려워하여 (그도) 무슨 말을 해야 할지 몰랐다"(9:6)라고 설명된다. 여기서 베드로는 야고보와 요한처럼 두려워한다. 추측컨대 그도 다른 제자들처럼 그들이 본 것이 무슨 의미인지를 깨닫지 못했을 것이다. 이런 의미에서 베드로는 전형이다. 그리고 이런 사실은 세 제자 모두에게 하늘에서 들려온 음성으로 확인된다(9:7). 하지만 베드로가 한 제안은 분명히 자신이 생각한 것이다. 그는 다른 제자들의 대변인으로서 그들의 생각을 말한 것이 아니라, 개인 자격으로 말한다. 이 경우에 그의 역할은 제자의 전형을 넘어서지만, 그래도 대변인의 범주에 속하지는 않는다.[32]

베드로가 제자 그룹의 대변인으로 이야기하는 사례는 8:29에 나타난다.[33] 여기서 예수는 모든 제자를 상대로 질문하시지만("그러면 너희는 나를 누구라 하느냐?"), 예수가 메시아시라는 고백을 담아 대답한 이는 바로 베드로다. 여기서 베드로가 모든 제자들의 생각을 어느 정도까지 대변했는지는 알아내기 힘들다. 그의 역할은 대변인보다는 "의견 선도자"(opinion

---

30) 마태의 버전에서는 모든 제자가 묻는 질문으로 바뀌어 있다(21:20). 누가복음에는 이 본문과 평행 본문이 없다.

31) 참고. Wiarda, "Peter," 27-28.

32) 참고. Wiarda, "Peter," 30. 여기에 반대하는 견해로는 예를 들어 R. T. France, *The Gospel of Mark* (NIGTC; Grand Rapids: Eerdmans, 2002), 354이 있다.

33) 예를 들어 France, *The Gospel of Mark*, 329.

leader)인 것 같다.[34)] 28절에서는 두루뭉실하게 제자들이 말한다고 한 뒤, 29절에서는 특별히 베드로를 지시하여 그가 그 고백을 했다고 하는데 여기에는 설명이 필요하다. 예수가 메시아이심을 통찰한 것은 베드로 자신의 통찰일 수 있다. 일단 베드로가 이 말을 한 뒤, 예수는 암시적으로 그 말이 진실임을 인정하시고 다른 제자들도 이제는 이 통찰을 공유하게 되리라고 생각하신다. 어쨌든 베드로의 말은 메시아이심에 대한 예수와 제자들의 계속되는 대화 속에서 고유한 자리를 차지한다(8:30-31). 뒤이어 베드로가 예수를 붙잡고 옆으로 나가서 예수를 반박한다(32절). 여기서 우리는 장면이 예수와 베드로의 사적인 대화로 바뀌었다고 생각할 수 있다. 하지만 마가는 예수가 베드로에게 하신 대답을 이렇게 묘사한다. "(예수가) 뒤로 돌아 제자들을 보시고 베드로를 꾸짖으시되." 틀림없이 이 말에는 예수가 다른 제자들도 베드로에게 하는 꾸짖음을 들어야 마땅하다고 생각하신다는 의미가 들어 있다. 이런 점에서 베드로의 태도는 제자들을 대표하는 전형임이 분명하다. 하지만 베드로만이 무모하게 예수를 반박하는 생각을 표현했으며, 그가 예수를 옆으로 데리고 나간 것도 제자 그룹 앞에서 스승을 곤란하게 만들지 않으려는 생각 때문이었을 것이다. 그러나 베드로가 다른 이들을 대표해서 말하고 있다고 생각할 이유는 전혀 없다. 다시 말하지만, 베드로의 역할은 제자들의 전형이라는 역할을 넘어서지만, 그렇다고 대변인의 역할로 규정되어서는 안 된다. 29절처럼 베드로라는 개인이 강하게 드러나는 경우에는 더욱 그러하다.

우리는 유사한 사례를 14:27-31에서 볼 수 있다. 예수는 열두 제자 모두가 당신을 버리리라고 예언하신다. 이에 베드로는 반발하면서 "모든 사람이 당신을 저버린다 해도 저는 그러지 않겠습니다"(29절)라고 말한다. 이를 통해 그는 자신을 제자 그룹 중 예외적 인물로 내세운다. 예수가 베드

34) Wiarda, "Peter," 28, 34. C. A. Evans, *Mark 8:27-16:20* (WBC 34B; Nashville: Nelson, 2001), 45은 베드로가 단순히 "선도하는 역할"을 한다고 말한다.

로도 당신을 버릴 것이라고 예언하시자, 베드로는 다시 반발하면서 "제가 당신과 함께 죽는다 해도 저는 당신을 부인하지 않겠습니다"라고 말한다. 그러자 다른 이들도 이에 동조한다. "그들이 모두 같은 말을 하니라"(14:31). 여기서는 제자의 전형인 베드로와 개인 베드로 사이에 미묘한 상호작용이 있다. 8:29에서처럼 여기서도 위어다의 "의견 형성자"(opinion former)[35]라는 용어는 합당한 것 같다. 개인으로서 베드로는 예수께 온전히 충성하겠다고 맹세하면서, 다른 이들은 그러지 못해도 자신만은 충성을 끝까지 지키겠다는 결심을 피력한다. 그러자 다른 사람들도 베드로의 뒤를 따른다.

베드로가 제자 그룹의 대변인으로 행동한 분명한 사례는 단 한 번 나온다. 10:28에서 그는 1인칭 복수형을 사용해 말하면서 모든 제자를 대변한다. 여기서는 우리도 위어다의 결론처럼, 베드로가 매우 드물게 대변인 역할을 한다고 볼 수밖에 없다.[36] 위어다는 마가복음의 많은 본문에서 제자들이 대변인을 내세울 수 있었지만 실제로는 그러지 않고, 제자들이 집단으로 말하는("그들이 말했다") 경우가 많다고 지적한다. 아울러 요한이 대변인 역할을 하는 사례도 하나 있다.[37] 베드로가 자주 하는 역할은 제자의 전형이다. 예수가 베드로를 순수한 한 개인으로 보시고 말씀하는 경우는 단 한 번인데(베드로의 부인을 예언하신 14:30), 이런 사실도 베드로가 어느 정도 전형 역할을 한다는 점을 뒷받침한다. 예수는 베드로를 불러 제자로 삼으실 때조차, 베드로와 함께 그의 형제인 안드레에게도 말씀하신다(1:17). 베드로를 특별히 지목하신 다른 사례들을 보아도, 역시 예수는 베드로의 어깨 너머로 제자 그룹에 속한 나머지 사람들까지 대화 상대방에 포함시키신다(8:33; 14:37). 게다가 베드로가 예수께 말씀을 드렸는데, 이 말을 들

35) Wiarda, "Peter," 34.

36) Wiarda, "Peter," 34. 마태는 베드로를 제자들의 대변인으로 좀 더 많이 활용하고 있다: 15:15; 18:21.

37) Wiarda, "Peter," 26-27.

으신 예수가 베드로를 지목하지 않고 제자들 전부를 상대로 대답하신 사례들도 있다(8:30; 11:22). 우리는 베드로가 전형의 역할이든지 리더의 역할이든지, 언제나 다른 제자들과 나란히 함께한다고 말할 수 있다. 마가복음이 심지어 베드로가 예수를 부인하는 이야기를 하기 전에도 다른 어떤 제자보다 베드로를 한 개인으로서 더 많이 부각시킴에도 불구하고, 베드로라는 개인은 늘 제자 그룹의 맥락에서 등장한다.

이것은 중요한 결론인데, 왜냐하면 이 결론은 마가복음에서 발견되는 복수-단수 내러티브 장치의 기능과 긴밀히 연결되기 때문이다. 이 내러티브 장치는 독자들로 하여금 제자 집단의 시각으로, 더 정확히는 제자 집단 중에서도 내부 집단인 베드로와 야고보와 요한의 시각으로 사건들을 볼 수 있게 하는 기능을 한다. 이런 시각을 베드로의 시각으로 이해한다면, 우리는 이 시각을 베드로의 "우리" 시각["we" perspective; "나" 시각("I" perspective)과 구별됨]이라고 부를 수 있을 것이다. 이는 이 시각이 베드로가 제자 집단의 한 사람으로서 가졌던 시각임을 강조한다. 이런 점은 베드로의 이름이 등장할 때마다 그가 늘 중요한 다른 인물들과 함께할 뿐 아니라, 베드로라는 개인으로서 등장할 때도 역시 그룹의 일원이라는 맥락에서 나온다는 것과 일맥상통한다. 베드로가 다른 사람들과 구별되는 때도 늘 그는 그들과 동일시되고 있다. 다른 이들이 그러지 않을 때, 베드로는 앞장을 서고 말을 하며 다른 사람들보다 더 강하게 충성을 맹세한다. 하지만 그가 예수와 맺은 관계는 제자 그룹과 무관한 한 개인으로서의 관계가 결코 아니다.

이런 식으로 한 개인으로서의 베드로의 행동은 서사학적 관점에서 보면 독자나 청자의 초점을 집중시키는 또 다른 수단이 된다. 이 초점화는 복수-단수 내러티브 장치의 효과와 연결되어 있지만 그것보다 더 구체적이다. 복수-단수 내러티브 장치는 독자나 청자에게, 제자의 수의 많고 적음과 상관없이, 제자 그룹 내부의 눈으로 사건을 바라볼 수 있는 시각을 제공한다. 이 시각을 제공받은 독자나 청자는 예수와 그의 제자들로 이루어진 그룹과 함께 여행하고 그들과 함께 어떤 현장에 도착한 다음, 거기서 예수가 하시는 일을 제자들의 시각으로 관찰한다. 어떤 장면에서 베드로가 이름이 밝혀진 개인으로 행동하면, 독자나 청자는 사건들에 대한 베드로의 시각을 제공받는다. 즉 독자나 청자는 단순히 제자 그룹 내부의 눈이 아니라, 다른 사람들과 구별되는 한 제자의 눈으로 사건들을 지켜본다. 그들은 베드로의 관점에서 예수와 다른 제자들을 바라본다. 바로 이런 일이 8:27-33과 14:27-31(예수가 베드로에게 개인 대 개인으로 말씀하는 두 경우), 9:5-6(베드로의 내면적 동기가 분명히 폭로됨)은 물론, 베드로가 예수를 부인하는 이야기에서 가장 효과적으로 일어난다. 특히 베드로의 부인 이야기는, 독자나 청자가 베드로와 함께 다른 제자들로부터 멀찌감치 떨어져 있는 상황 속으로 들어가는 유일한 경우다(14:54, 66-72).

지금까지 우리는 베드로가 제자의 전형 역할을 하고 드물게는 대변인 역할도 하지만, 동시에 전형을 뛰어넘는 한 개인으로 자주 등장한다는 점을 살펴보았다. 이런 전형성과 개별성의 조화에 초점을 맞춘다면, 마가복음에서 베드로가 행하는 독특한 내러티브적 역할이 더 분명히 밝혀질 것이다. 마가복음은 남성 제자(특히 열두 제자)를 묘사할 때 두 가지 대주제, 즉 이해-몰이해-오해의 주제와 충성-배신의 주제를 중심으로 삼는다.[38] 이 두 경우에 제자들은 여러 가능성 사이를 오락가락한다. 하지만 각 경우를 보면 음극(곧 오해와 배신)이 우위를 차지하는 경향이 있으며, 결과적으로 제자들은 대체로 실족하기 쉽고 잘못을 범한다고 묘사된다. 제자들은 예수가 당하실 고난과 죽음이 필요하다는 것을 이해하지 못하는데, 이는 그분의 수난이 시작되었을 때 그들이 신실함을 지키지 못하는 결과로 이어진다. (여기서 마가는 남성 제자들과 여성 제자들을 대조한다. 남성 제자가 모두 예수를 저버렸을 때 여성 제자들만이 신실함을 지킨다. 하지만 그녀들이 남자들보다 예수가 메시아로서 당하실 운명을 더 잘 이해했다고 일러주는 대목은 전혀 없다.)

---

38) Smith, *A Lion*, 64.

이 두 가지 대주제를 살펴볼 때 대체로 베드로는 제자의 전형일 뿐 아니라, 좋은 의미든 나쁜 의미든 이 대주제들을 선명히 전달하는 역할도 한다. 베드로가 이 주제들을 전달하는 강도는 다른 제자들의 경우를 훨씬 뛰어넘는다. 이런 점은 베드로가 등장하는 두 개의 주요 내러티브 시퀀스에서 분명하게 드러난다.

두 시퀀스 중 첫 번째(8:27-9:13)의 주제는 이해-오해다. 예수가 메시아이심을 처음으로 이해한 이도 베드로요(8:29; 마가복음 내러티브의 전환점), 이것의 의미를 오해하여 예수를 반박하다가 그분께 "사탄" 소리를 들은 이도 베드로다(8:32-33). 이런 경우를 놓고 베드로와 다른 제자들의 관계를 정확히 해석해보면, 베드로는 이해와 오해의 양 측면에서 다른 제자들을 월등히 능가한다. 이어 9:5-6을 보면, 두려워하고 오해하는 것은 베드로나 야고보나 요한이나 비슷하지만, 황당할 정도로 어이없는 제안을 하는 사람은 실제로 베드로다.

두 번째 시퀀스는 마지막 만찬부터 베드로가 예수를 부인하는 사건까지인데, 여기서 주제는 충성-배신이다. 예수는 모든 제자가 당신을 버릴 것이며 베드로도 당신을 부인하리라고 예언하신다. 이때 베드로는 예수를 향한 자기의 충성이 다른 이들보다 더 크며(14:29), 자신은 예수를 부인하지 않고 그분과 함께 죽을 각오가 되어 있다고 주장한다(31절). 이미 베드로는 겟세마네에서 실패하기 시작한다. 하지만 이때는 실패의 정도가 다른 이들보다 더하지도 덜하지도 않았다(37-38절). 그러나 나머지 제자들이 예수를 버리고 떠나자(50절), 실제로 베드로는 그들을 능가하는 충성을 보인다. 비록 조심스럽게 멀리서 따라가기는 했지만 그는 예수 뒤를 좇아 대제사장의 집까지 간다(54절). 그러나 다른 이를 능가하던 그의 충성이 다음에 이르러서는 다른 이를 능가하는 배신과 결합하고 만다. 실제로 자신이 예수와 관련이 없다고 부인한 이는 베드로뿐이기 때문이다(66-72절). 베드로가 예수를 이해하지 못한 것이 극단으로 치달아 그분을 반박하는 형태로 나타났듯이(8:32), 그가 위험에 빠진 예수 옆을 지키지 못한 것이 극단으로 치달아 그분을 부인하는 형태로 나타난 것이다. (14:71은 베드로가 예수를 저주했다는 의미인 것 같다. 이 점은 본질상 베드로의 배신이 극단까지 갔음을 강조한다.[39]) 따라서 베드로가 예수를 부인한 이야기는, 베드로가 늘 다른 제자들과 함께 보조를 맞추고 있다는 원칙의 예외가 될 수 없다. 베드로는 그의 실패와 부족함에서도 다른 제자들의 전형이다. 하지만 그 실패의 강도는 다른 제자들을 능가한다.[40]

우리는 열두 제자는 물론이고 특히 베드로가 예수에 대한 오해나 배신으로부터 회복되지 못했으리라고 추측할 수도 있다. 하지만 무덤에 있던 천사가 메시지를 전하면서 "그의 제자들과 베드로"를 언급한 사실은(16:7) 그들이 다시 예수와 하나가 되리라는 것, 즉 그들이 예수의 참된 정체성을 깨닫고 그들의 배신을 용서받으리라는 것을 일러준다.[41] 이런 일은 모든 제자에게도 필요하지만, 그 누구보다도 베드로에게 특히 불가결하다. 불필요한 중복처럼 보이는데도 굳이 "그의 제자들"과 함께 베드로를 특별히 언급한 것도 이런 이유 때문이다. 마가복음 본문을 놓고 봐도 베드로는 제자들 중 처음이자 마지막으로 등장하는 인물이다(1:16; 16:7). 그뿐 아니라 예수의 정체성을 이해하고 그분께 충성하는 면에서 으뜸가지만, 동시에 가장 뻔뻔하고 비참한 실패를 저지른 인물이기도 하다. 이렇게 내러티브 안에서 베드로의 주된 역할을 서술한 기사들을 보면서 우리는, 그의 역할이 마가복음의 두 가지 주요 관심사(즉 예수의 정체성과 선교의 본질, 그리고 제자도의 본질)에 필수 불가결한 부분임을 알 수 있다. (물론 이 두 관심사는 서로 긴밀히 연결되어 있다.)

---

39) France, *The Gospel of Mark*, 622; R. E. Brown, *The Death of the Messiah*, vol. 1 (New York: Doubleday, 1994), 604-5.

40) 이 결론은 E. Best, *Mark: The Gospel as Story* (Edinburgh: Clark, 1983), 28의 결론과 거의 정반대다: "베드로의 실패에 대한 정보가 베드로 자신으로부터 나왔다면, 마가는 우리의 시선을 베드로로부터 다른 제자들 쪽으로 돌려놓은 셈이다."

41) Best, *Mark*, 47-48.

이런 발견과, 베드로를 언급한 패턴이 목격자 증언의 인클루지오를 형성하는 방식(제6장을 보라)을 연관해보면, 우리는 마가가 복음서의 두 가지 주요 관심사와 관련해서 그의 주된 목격자 출처를 어떻게 배치했는지를 알 수 있다. 복수-단수 내러티브 장치에서처럼, 우리는 마가복음에서 베드로의 역할이 단순히 베드로가 자신의 이야기를 들려준 방식을 반영한 것이 아님을 인식해야 한다. 베드로의 역할은 마가복음의 전체 메시지 속에 하나로 통합되어 있다. 동시에 베드로의 역할은, 저자 마가가 가지는 주된 관심사가 능숙한 내러티브 구성을 통제할 때 사용된 방식과도 통합되어 있다. 그렇다고 베드로가 마가복음의 주된 목격자 출처이며, 마가복음에서 베드로의 우월성이 그가 이런 목격자임을 반영한다는 주장에 반론을 제기하는 것은 아니다. 단지 앞의 주장은 마가가 자신에게 있는 자료를 온전히 자기 뜻대로 활용할 수 있었던 저자라는 의미다.

마태복음 16:13-19, 누가복음 22:31-32, 요한복음 21:4-19과는 대조적으로, 마가가 예수의 부활 후 초기 그리스도인의 공동체 안에서 베드로가 담당했던 두드러진 역할을 다루지 않는다는 점은 매우 주목할 만하다. 우리는 앞의 세 본문뿐 아니라, 예수가 베드로와 다른 세 어부를 제자로 부르시는 기사에서도 마가와 누가가 차이를 보인다는 점에 주목해야 한다. 마가복음에서 예수는 "내가 너희를 사람을 낚는 어부가 되게 하리라"(1:17)라고 약속하시는데, 필시 이는 그들이 장차 당신의 부활 후 선교사 역할을 하리라는 것을 내다보는 약속이다. 예수는 이 약속을 베드로와 안드레에게 말씀하신다. 그리고 분명히 이 약속은 야고보와 요한에게도 반복되었으리라고 이해할 수 있다(1:20). 그러나 누가복음은 예수가 제자들을 부르신 사건과 미래 선교의 성공을 상징하는 고기잡이 기적을 연결하면서, 이 내러티브의 초점을 주로 베드로에게 맞추고(5:4-10), 예수의 약속도 베드로 개인에게 주신 것으로 이야기한다(5:10). 누가는 이미 이 본문에서 베드로가 장차 그리스도인 공동체의 사명에서 두드러진 역할을 할 자로 부르심을 받았다고 묘사한다.

마가복음이 베드로와 관련하여 이 주제를 다루지 않은 것은[42] 아마도 이 짧은 복음서가 고도로 초점을 맞추고 있는 목적(즉 예수가 참 메시아이심과 이 사실이 요구하는 제자도가 어떤 종류인지 실증해 보이는 것) 때문이라고 이해하는 것이 가장 옳다. 마가복음에서 예수의 제자 공동체 내부의 리더십 문제는 소소한 것에 불과하다. 이 리더십 문제는, 자신이 메시아로서 보여주신 모범을 따라 섬기고 고난 받아야 함을 말하는 예수의 말 속에서만 등장한다(9:33-35; 10:35-45). 이 주제를 다루면서 마가는 베드로보다 주로 야고보와 요한에게 초점을 맞추는데(10:35-45), 이는 마가복음이 베드로가 아닌 이름이 밝혀진 다른 남성 제자에게 초점을 맞추고 있는 가장 중요한 사례다(참고. 1:19-20; 2:14-15; 9:38-41). 우리는 이 모티프가 마가가 알고 있던 전승들 속에서는 필시 베드로보다 야고보 및 요한과 결합해 있었으리라고 결론지을 수밖에 없다. 마가가 기독교 운동 내부에서 베드로가 차지했던 두드러진 위치를 일체 언급하지 않는 것은 다음과 같은 중요한 지점을 암시한다. 즉 베드로가 마가복음에서 두드러진 위치를 차지하는 것은, 그가 훗날 그리스도인 공동체 및 이 공동체가 수행할 선교에서 감당한 역할 때문이 아니라는 사실이다.

그렇다면 마가복음에서 베드로의 중요한 위치는 무엇 때문이라고 설명할 수 있을까? 우리는 그 이유를 마가복음 내러티브가 독자나 청자에게 제공하는 관점이 대부분 베드로의 "우리" 시각(즉 복수-단수 내러티브 장치)이나 "나" 시각(즉 이야기 내에서 베드로가 한 개인으로 행동할 때)이기 때문이라고 설명할 수 있다. 요컨대 이런 특징들 때문에 마가복음은 예수 이야기를 바라보는 베드로의 시각을 다른 복음서보다 훨씬 더 많이 제공하는 복음서가 되었다. 이 설명에는 다음과 같은 두 가지 측면이 존재한다. 먼저는 마가가 받은 전승들의 출처와 관련된 측면이 있고, 다음으로는 마가가 복음서의 전체 구조에서 자신의 주된 관심사를 효과적으로 드러내기 위해 이

42) 막 3:16은 예수가 시몬에게 베드로라는 이름을 주셨다고 말하지만, 이 이름에 대한 설명은 하지 않는다.

전승들을 형상화했던 방법과 관련된 측면이 있다.

마가가 활용한 자료들과 관련해서 이 증거는 다음과 같은 가설을 뒷받침한다. 즉 그 가설이란, 마가의 주된 자료가 열두 제자에 의해 예루살렘에서 처음으로 형태를 갖춘 전승의 집합체였지만 마가는 이 집합체를 베드로가 이야기해준 형태대로 알았으리라는 것이다. 우리는 이 베드로판(版) 전승들만의 독특한 특징을 가려낼 수 있으리라고 기대할 수는 없다. 열두 제자가 전승을 들려줄 당시에 베드로는 이미 전승 속에서 두드러진 위치에 있었기 때문이다. 그러나 우리는 여기서, 베드로의 설교가 마가복음보다 선행하여 존재했다는 가설에 반대해서 제기되었던 다음과 같은 반문을 다시 살펴보아야 한다. 그렇다면 왜 우리는 마가복음에 나타난 베드로의 개인적 회상의 방식에서 더 많은 것을 찾지 않는가? 베드로는 마가복음에서 두드러진 인물임에도 늘 다른 제자와 함께하지 결코 예수와 단 둘이 등장하지 않는다. 예수가 개인 대 개인으로 그에게 말하는 경우도 희소하다. 이런 사실은 베드로가 자신이 등장하는 본문의 자료 출처라는 주장과 어긋나지 않는가? 이 반문에 대해 부분적으로라도 대답하려면, 마가가 베드로에게 들었던 그의 개인적 회상이 어떤 종류였는지를 질문해야 한다. 여기서 우리는 마치 자서전에서처럼 느긋하게 이런저런 이야기를 늘어놓는 연로한 사도를 상상해서는 안 된다. 지금 베드로는 복음을 설교하고 신자들을 가르친다는 자신의 사명을 완수하고, 평생 동안 사도로서 전해온 전승들을 다시 이야기하고 있다. 이 전승들의 형식 안에서 베드로는 쉽게 가르치고 전달할 목적에 부합하도록 자기 자신과 열두 제자의 기억을 요약하고 있는 것이다.

더욱이 우리는 마가 자신의 구성의 역할을 무시해서는 안 된다. 정경에 없는 전승은 말할 것도 없고 정경의 다른 복음서들이 증언하는 광범위한 예수 전승에 비추어 판단하건대, 마가는 자료를 엄밀히 선별해서 아주 짧은 자신의 복음서를 쓴 것이 분명하다. 예를 들어 마가는 예수를 교사로서 강조하지만 정작 그가 자기 복음서 안에 포함시킨 예수의 말씀은 놀라울 만큼 희소한다. 그렇다고 해서 마가가 자기 복음서에 포함시킨 것 외에 예수의 말씀에 대한 전승을 전혀 몰랐다고 생각할 수는 없다. 우리는 베드로가 들려준 흥미로운 기억들 중, 마가가 어떤 명확한 관심사에 강하게 초점을 맞춘 나머지, 자신의 내러티브에 담지 않고 제외한 기억들이 무엇인지 알 수 없다.

마가복음에서 베드로의 성격 구축

앞에서 우리는 마가의 내러티브에서 베드로가 차지하는 역할을 규정한 바 있다. 그렇다면 베드로라는 인물의 성격은 어떠한가? 학자들 사이에서는 베드로를 단순히 전체 제자의 대표로 다루려는 경향과 평행하게, 다음과 같은 주장도 나타난다. 즉 베드로는 마가가 지표 그룹(character group)인 제자들이나 열두 제자에게 부여한 성격 구축(characterization)을 공유한다는 주장이 그것이다. 예를 들어 클리프턴 블랙(Clifton Black)은 다음과 같이 썼다. "베드로는 호감이 가는 특성과 그렇지 않은 특성을 뒤섞어 가지고 있는데, 이는 오직 그에게만 국한되지 않고 열두 제자가 두루 가진 장점과 단점을 그대로 드러낸다."[43] 앞에서 우리는 베드로가 마가복음에서 단순히 열두 제자의 전형에 그치지 않고 한 개인으로서 등장하되, 다만 제자 그룹의 한 구성원이라는 점을 살펴보았다. 이런 점을 살펴보면서 우리는 티모시 위어다의 주장을 따른 바 있다. 하지만 위어다는 베드로가 마가복음의 내러티브 안에서 (바디매오나 빌라도처럼) 개인적 역할을 가질 뿐 아니라, 개인적으로도 성격이 구축된다고 주장한다.[44]

---

43) C. C. Black, *Mark: Images of an Apostolic Interpreter* (second edition; Minneapolis: Fortress, 2001), 205.

44) 위어다 자신은 역할과 성격 구축을 이렇게 구별하지 않는다. 그는 내러티브에서 이 두 가지를 결합하는 개념인 개별성(individuality)을 가지고 작업하는 듯하다.

위어다는 자신의 이런 주장이, 고대 지중해 사회를 개인이 아니라 그룹 중심의 사회로 본 사회과학이나, 고대문학의 인물 제시가 개인의 독특한 성격 특징이 아니라 집단이나 유형별로 이루어진다고 본 문학계의 주장과 결코 상충하지 않는다고 했는데 이는 옳은 견해다.[45] 사회과학적 견해와 관련해서, 헬레니즘 세계가 실제로 사회과학자들이 묘사하는 전형적 "지중해인"의 모습보다 개인의 개념을 더 강하게 인정했는가 하는 문제는 일단 제쳐두겠다.[46] 하지만 전형적 "지중해인"의 모습을 인정하려면, 말 그대로 당대의 개인들이 자신을 그룹과 연결된 존재로, "양자 관계"(dyadic) 아니 더 나아가 "다자 관계"를 맺고(polyadic)[47] "사회에 깊이 뿌리박은" 존재로[48] 이해했다는 점을 논증해야 한다. 앞에서 우리는 베드로가 마가복

45) Wierda, "Peter," 22-25.

46) G. W. Burnett, *Paul and the Salvation of the Individual* (Biblical Interpretation Series 57; Leiden: Brill, 2001), 1부; F. W. Burnett, "Characterization and Reader Construction of Characters in the Gospels," *Semeia* 63 (1993), 11-12(그리스-로마의 초상화에서 얻은 증거). 또한 Louise Lawrence, *An Ethnography of the Gospel of Matthew: A Critical Assessment of the Use of the Honour and Shame Model in New Testament Studies* (WUNT 2/165; Tübingen: Mohr, 2003), 7장은 사회과학서들을 탄탄한 기반으로 삼아, 브루스 말리나(Bruce Malina)와 그를 추종하는 학파가 개인주의 및 집단주의와 관련해 지중해적 인류학을 활용한 것에 대한 중요한 비판을 제시한다. 로렌스는 다음과 같이 결론짓는다: "인류학은 심지어 집단주의가 주축이 된 문화 안에서도 개인주의의 자취가 가진 중요성을 증언한다. 그리스-로마와 유대의 목소리 증언은 개인주의의 자취와 집단주의의 자취 모두를 증언하고 있다.…마태복음이 묘사한 세계의 사람들은 분명히 집단적 그룹의 정체성 및 그들과 타인들의 관계에 관심을 가졌을 것이다. 하지만 이런 초점이 개인주의적 자기 이해의 중요성을 부인하지는 않는다"(258-59).

47) polyadic이라는 용어는 Lawrence, *An Ethnography*, 249에서 사용되었다. 로렌스는 이 단어를 "dyadic"보다 선호한다.

48) B. J. Malina, *The Social World of Jesus and the Gospels* (New York: Routledge, 1996), 37-44. D. McCracken, "Character in the Boundary: Bakhtin's Interdividuality in Biblical Narratives," *Semeia* 63 (1993), 29-42도 문학적 관점에서 다음과 같이 주장하고 있음에 주목하라: "개인적 차원으로 인식되는 인물은 성경의 인물로 적합하지 않다. 성경의 인물은 반드시 타인들과 본질적 관계 속에 있어야 하며, 바흐

음에서 예수의 제자 그룹과 결코 무관하지 않은 개인으로 등장한다는 점을 논증했다. 분명히 이것은 베드로도, 마가가 제자들 일반이 가졌다고 이야기하는 몇몇 공통적 특징(충성과 배신, 통찰력 있음과 우둔함)을 공유한다는 의미다.[49] 그러나 그렇다고 제자 그룹 안에서 특히 베드로를 한 개인으로 구별하는 특징들을 배제한다는 뜻은 아니다.[50]

하지만 고대 문학이 단순히 인물 유형만을 묘사하는 경향을 가졌다는 점을 생각하면, 베드로의 개별성을 과장해서 말하기는 쉽지 않다. 분명히 고대 문학에는 우리 현대인이 생각하는 특이하고 복잡한 심리를 지닌 인물 개념이 없었다. 이런 차이점은 고대 문학에서 인물이 내면 심리의 성찰보다는 행동을 통해 구축되었다는 사실과 어느 정도 관련이 있다.[51] 크리스토퍼 펠링(Christopher Pelling)은 그리스 연극을 다룬 글에서 이렇게 썼다.

> 극작가들은 그들의 인물 속에서 자연스럽게 그룹을 이루는 특질들을 결합시키고, 역설적이거나 독특한 조합들은 제시하지 않는다. 이런 의미에서 이 조합들은 현대 작품에서 우리에게 익숙한 것과 매우 거리가 멀다. 그러나 이 조합 자체 때문에 인물들이 "유형들"로 바뀌는 것은 아니다. 「오이디푸스 왕」에서 볼 수 있는 오이디푸스의 활달한 지성은 그가 가진 다른 특질들과 완벽하고 자연스럽게 그룹을 이룬다. 호메로스의 과장된 윤리를 고수하는 아이아스(호메로스의 「일리아스」의 등장인물-역주)의 특질이나, 자기 여동생에게 모질게

친(Bakhtin)이 묘사한 상호-개인성(*inter*dividuality)을 가져야 한다"(29).

49) Wierda, "Peter," 32-33.

50) 또한 베드로가 예수를 부인할 때 보여준 것처럼 철저히 자기 이익만 챙기는 행위를 배제하지도 않는다: 참고. Malina, *The Social World*, 38: "자기 이익만 챙기는 개인주의적 행위를 언급하지만, 이런 행위를 경멸하고 다양한 방식으로 제재한다."

51) 참고. R. A. Burridge, *What Are the Gospels?* (SNTSMS 70; Cambridge: Cambridge University Press, 1992), 121; S. Halliwell, "Traditional Greek Conceptions of Character," in C. B. R. Pelling, ed., *Characterization and Individuality in Greek Literature* (Oxford: Clarendon, 1990), 56-59; Burnett, "Characterization," 11, 15-16.

구는 안티고네(「오이디푸스 왕」의 등장인물-역주)의 성품도 매한가지다. 이런 특질들은 "소포클레스의 극에 등장하는 영웅" 한 사람에게만 귀속되지 않는다. 그러나 각 경우에 새 특질은 오랜 특질과 아주 쉽게 결합한다. 그렇다면 이것은 특이한 성격 뒤섞기(character-mix)가 아니라, 다른 사람이나 드라마의 인물 속에서도 반복적으로 일어날 수 있는 것이다. 그럼에도 우리는 각 경우에 다른 이와 구별되고 새로운 인물이라고 파악되고 인식되는 개인을 만난다.[52]

고대 문학의 인물 서술에서는 하나의 본문 안에서도 유형에서 개인에 이르는 스펙트럼이 작동할 수 있었기 때문에 "심지어 유형이 되는 인물조차도 유형과 개별성 사이를 왔다 갔다" 할 수 있음을 인식하는 것이 중요하다.[53] 여기에 대해 프레드 버넷(Fred Burnett)은 다음과 같이 쓴다.

적어도 어떤 성경 본문이든 연속체(contiuum)로 보는 견지에서 성격 구축을 이해하는 것이 현명할 것 같다. 즉 이것은 복음서 같은 내러티브에서는 초점이 전형으로서의 성격 구축보다 오히려 성격 구축의 정도에 맞추어져야 한다는 의미일 것이다.[54]

그렇다면 마가복음에서 베드로가 어느 정도 제자들의 전형일 뿐 아니라, (예수를 제외하고는) 가장 충실하게 성격이 구축된 개인이라고 보는 주장은 설득력 있다.[55]

---

52) C. B. R. Pelling, "Conclusion," in Pelling, ed., *Characterization*, 254-55; Burnett, "Characterization," 12-13도 참고하라.

53) Burnett, "Characterization," 15. 버넷 자신은 이런 이해를 마태복음에서 베드로라는 인물에게 적용한다(20).

54) Burnett, "Characterization," 15; 18-19도 참고하라.

55) Lawrence, *An Ethnography*, 246-48의 논증에도 주목하라. 로렌스는 마태가 마 16:13-26에서 베드로를 한 개인으로 선명하게 묘사한다고 주장한다: "(마태는) 베드로를 개인으로, 다른 제자들과 구별되는 여러 특징을 지닌 한 인물로 부각시킨다." 이는 특

마가가 베드로의 성격을 구축할 때 곧장 그의 성격을 묘사하지 않고 말과 행동을 통해 구성해나가는 것은 놀랍지 않다. 베드로는 앞장서는 사람이요(1:36?) 자신감이 넘치는 사람이다. 그는 다른 사람들이 말하지 않을 때 나서서 말하고(8:29, 32; 10:28), 통찰력을 보여주기도 하며(8:29), 때로는 지나치게 충동적으로 행동한다(8:32; 9:5-6). 심지어 방금 본 경우들에서 베드로는 예수를 오해할 때도 그 선한 속내와 스승을 염려하는 마음을 드러낸다. 베드로는 열정과 확신에 차서 예수께 충성할 때에 아무도 자기 충성심을 따라올 자가 없다고 생각한다(14:29-31). 그는 예수를 향한 충성심을 표현할 때 다른 사람들보다 더 큰 용기를 보여주지만(14:50, 54), 그의 동기를 들여다보면 충성심과 두려움이 갈등을 빚고 있다. 그는 두려운 나머지 자기만 생각하다가 예수를 부인했다. 이를 통해 그는 예수와 경미하게 분리된 상태로부터 그분을 철저하게 부인하는 상태로 추락해버린다(14:68-71). 그러나 그런 중에도 예수를 향한 그의 충성과 사랑이 다시 주도권을 잡게 되고, 그는 뜨거운 통회를 통해 이런 충성과 사랑을 표현한다(14:72).[56] 헛된 자기 확신이 무너져 내리자, 베드로가 자기를 알아차리는 순간이 찾아온다. 여기서 이 순간은 베드로가 **고정된** 성격이 아니라, 삶이 바뀌는 체험을 통해 자기를 새롭게 인식하는 인물임을 보여준다는 점에서 중요한 의미를 가진다.

일부 학자들은 마가가 베드로를 묘사하면서 부정적인 면들을 부각시

히 마가복음에는 평행 본문이 없는 마 16:17-19을 지시하지만, 개인주의와 집단주의 문화를 다룬 사회과학 문헌에 능통한 학자라면 다른 복음서가 묘사한 베드로의 모습에서도 베드로 개인의 독특한 특징들을 인식해낼 수 있음을 보여준다. 이 논증은 적어도 베드로라는 개인의 성격 묘사가 마가복음에도 등장할 수 있는 가능성을 열어놓는다.

56) 72절에 존재하는 민감한 번역 문제에 대해서는 Brown, *The Death of the Messiah*, vol. 2, 609-10을 보라. 베드로가 울었다는 사실에는 의심할 여지가 없다. 여기서 앞에 나온 동사(*epibalōn*)의 의미를 확실하게 규정하는 것은 불가능하다. 하지만 이 말이 베드로의 크나큰 슬픔을 강조하는 기능을 하는 것만은 틀림없다.

킨 부분을 베드로를 반박하는 내용으로 해석했다.[57] 마가가 제자들 전부(혹은 열두 제자)를 묘사한 내용을 반박으로 이해한 것과 같이 말이다.[58] 이것이 잘못된 해석임을 알아보려면, 마가가 독자나 청중이 베드로에게 공감하는 심정을 잃지 않게 하려고 얼마나 애쓰는지 살펴보면 된다. 마가복음 저자는 그의 내러티브 안에서 베드로의 부정적 면모들을 너그럽게 넘기지 않는다. 독자와 청중은 베드로가 자신의 행위 때문에 예수께 꾸지람을 들은 두 사례(8:33; 14:37-38)는 물론이요, 그가 예수를 부인하고 저주한 일(14:66-72)에 대해 비난하리라고 예상된다. 잇달아 일어난 이 사건들은 본질상 독자나 청중이 베드로에게 등을 돌리고, 나아가 점점 더 베드로를 그들로부터 소외시키는 효과를 발휘하는 것 같다.[59] 하지만 토머스 부머샤인(Thomas Boomershine)이 주장하듯이, 마가는 이런 효과를 미연에 방지하기 위해, 독자나 청자가 베드로에게 공감하는 심정을 유지할 만한 조치를 취한다. 베드로는 예수의 메시아이심의 의미를 오해했고(8:32), 이 오해에 대해 예수가 보이신 반응도 심각했다(8:33). 그러나 이런 일들이 있기 전에 예수가 메시아이심을 베드로가 깨닫고 있었다는 말이 먼저 등장

57) T. V. Smith, *Petrine Controversies in Early Christianity* (WUNT 2/15; Tübingen: Mohr, 1985), 187-90은 이 견해를 취했던 이전 학자들을 논의하면서 다음과 같이 결론짓는다: "베드로에 반대하는 입장을 베드로에 반대하는 논박으로 보는 것도 가능하다"(190).

58) 예를 들어 T. J. Weeden, "The Heresy That Necessitated Mark's Gospel," *ZNW* 59 (1968), 145-58; idem, *Mark: Traditions in Conflict* (Philadelphia: Fortress, 1971); W. Kelber, *Mark's Story of Jesus* (Philadelphia: Fortress, 1979); idem, *The Oral and the Written Gospel: The Hermeneutics of Speaking and Writing in the Synoptic Tradition, Mark, Paul and Q* (Philadelphia: Fortress, 1983). 이 견해에 대한 비판을 보려면 E. Best, "The Role of the Disciples in Mark," *NTS* 23 (1976-77), 377-401; R. C. Tannehill, "The Disciples in Mark: The Function of a Narrative Role," *JR* 57 (1957), 386-405; T. E. Boomershine, "Peter's Denial as Polemic or Confession: The Implications of Media Criticism for Biblical Hermeneutics," *Semeia* 39 (1987), 47-68.

59) 참고. Smith, *A Lion*, 67.

한다(8:29). 이런 이유로 독자나 청자는 베드로가 비록 성급하고 어리석어도 그를 지각이 있는 사람으로 보려 한다. 더욱이 마가는 베드로가 이 심각한 잘못을 저지른 뒤 곧바로, 독자나 청자들이 변화산 내러티브에서 다시 한 번 베드로에게 공감하는 심정을 가지도록 이끌어간다. 예수와 하늘에서 그분을 찾아온 이들이 머물 초막을 짓자는 베드로의 제안은 황당하기만 하다. 그러나 마가는 즉각 이런 설명을 덧붙인다. "그는 무슨 말을 해야 할지 몰랐으니 이는 그들이 몹시 두려워했기 때문이라"(9:6). 이렇게 베드로의 생각과 느낌을 살짝 밝혀주는 것은 "누구라도 이런 상황에서 느꼈을 법한 느낌을 그대로 드러내어 베드로와 같은 심정을 가져달라고 호소하는 것이다."[60]

마가복음 저자는 베드로와 다른 이들이 겟세마네에서 잠이 들어 예수를 실망시켰을 때에도 유사한 방식으로 공감을 유도한다. 첫째, 예수 자신이 "영혼은 원하나 육신이 약하도다"(14:38)라고 설명하신다. 이는 베드로와 다른 제자들이 그 속은 선하다는 것을 암시한다. 둘째, 저자 자신이 이런 말을 덧붙인다. "그들의 눈이 아주 무거웠고 그(예수)에게 무슨 말을 해야 할지 몰랐더라"(14:40). 부머샤인은 이 설명 중 첫째 부분이 제자들이 유월절 만찬 때 포도주를 상당히 많이 마셨다는 것을 상기시키는 말인 듯하다고 주장하면서, 계속해서 이렇게 쓴다.

> 그들이 할 말조차 찾을 수 없었다고 내면을 묘사한 것은 그들의 부끄러운 모습을 자세하게 표현한다. 애초부터 사랑하는 친구에게 도움을 줄 수 없는 상황이라 해도, 그 친구가 가장 도움이 필요한 때에 그를 실망시킨다면 무슨 말을 할 수 있겠는가? 내러티브에 붙은 이 설명들은 그들의 처지와 감정을 내부자 시각에서 보여준다. 이 설명은 제자들이 잠이 든 것이 잘못이었다는 점만 일러준다. 하지만 이 설명이 내러티브 안에서 하는 역할 덕분에 청자는 그들

60) Boomershine, "Peter's Denial," 57.

이 깨어 있을 수 없었음을 이해하고 공감하게 된다. 따라서 이 에피소드는 그들과 공감하며 동일한 심정을 가져달라고 호소하며, 그들을 따돌리거나 안 좋게 보고 소외시키는 것을 미리 방지한다.[61]

베드로가 예수를 부인한 이야기는 독자나 청자들로부터 베드로를 소외시키는 과정의 절정이 될 수도 있다. 이 이야기는 부머샤인이 "마가의 전체 내러티브 중에서 가장 폭넓고 통절한 내부적 시선"[62]이라고 부르는 것으로 끝을 맺는다. 독자나 청자들은 베드로의 고뇌에 찬 회상과 비통을 공유하게 된다. 또한 그들은 자신을 허물 많고 비참한 실패자로 여기는 베드로의 자기 인식이 가지는 변혁적 성격의 가능성을 인식한다.

이처럼 충실하면서도 미묘한 뉘앙스를 살린 베드로의 성격 구축은 독자나 청자로 하여금 베드로와 공감하고 그와 자신을 동일시하게 하는 효과를 가질 뿐 아니라,[63] 더 나아가 초점화나 베드로의 시각에서 보는 일을 촉진시킨다. 앞에서 우리는 이것이, 베드로가 다른 제자들과 구별되는 개인으로서 등장하는 것의 기능이라고 살펴본 바 있다.

베드로의 성격 구축에는 다음과 같은 주목할 점이 있다. 바로 정경의 네 복음서 모두에 베드로의 성격이 이런 식으로 일관되게 묘사된다는 것이다. 마가복음과 평행을 이루지 않는 다른 복음서의 베드로 관련 내용도 그의 성격이 가지는 특징을 똑같이 배치하고 있다. 즉 성급하고 불같은 성정, 자신감, 내면의 생각을 그대로 말해버리는 성격, 예수께 과도히 몰두하는 자세(마 14:28-33; 눅 5:8; 22:33; 요 6:68-69; 13:6-10; 20:2-10; 21:7, 15-19)가 바로 그런 특성이다. 이는 다양한 전승이 각자 보존해놓은 역사 속 베드로의 모습의 영향이라고 설명해야 할까? 아니면 마가의 베드로 묘사가 다른

61) Boomershine, "Peter's Denial," 58.
62) Boomershine, "Peter's Denial," 58.
63) Wierda, "Peter," 36.

복음서 저자들에게 영향을 미쳤기 때문이라고 설명해야 할까? 또는 초기 기독교 운동이 베드로라는 인물에 대해 가졌던 모종의 고정관념이 모든 전승에 영향을 끼쳤다고 설명할 수 있을까? 아직까지 신약학자들은 이 문제를 다루지 않았다. 이는 주목할 만한 가치가 있는 문제이지만 여기서는 자세히 다룰 수가 없다.

마가가 베드로를 어리석게 자신을 신뢰하고 예수를 오해하며 그분을 실망시킨 제자로 부정적으로 묘사한 것이, 베드로 자신의 자기 묘사로부터 유래했다고 보는 것이 타당한가라는 문제는 오랫동안 논쟁거리가 되어왔다.[64] 우선 초기 교회에서는 베드로 자신 외에 어느 누구도 마가복음의 내러티브처럼, 이 존경받는 사도의 약점과 실패를 숨김없이 강조하는 일을 감히 하지 않았으리라는 추측이 가능하다.[65] 반면에 핌 퍼킨스(Pheme Perkins)는 "마가가 베드로와 결합해놓은 부정적 요소들은 베드로의 증언에 의존하는 복음서에서라면 발견되지 않을 것이다"라고 주장한다.[66] 조엘 마커스는 이 점을 더 강조하면서, 베드로가 초기 교회에서 벌어진 몇몇 신랄한 논쟁에 연루되었기 때문에 "자신을 부정적 시각에서 묘사한 이야기를 전달하여 그의 입지를 약하게 만들 만한 여유를 갖지는 못했으리라"고 주장한다.[67]

여기에 대해서는 다음과 같은 세 가지 논평을 들어볼 수 있다. 첫째, 학자들은 베드로를 논쟁거리인 인물로 묘사하려고 많이 시도했지만, 이런 시도를 지지하는 증거가 없다는 것이다.[68] 갈라디아서 2:11-14에는 바울

---

64) 예를 들어 Black, *Mark*, 204-5.

65) 예를 들어 W. Schadewaldt, in M. Hengel, *Studies in the Gospel of Mark* (tr. J. Bowden; London: SCM, 1985), 104-6; Brown, *The Death of the Messiah*, vol. 2, 615; C. Blomberg, *Jesus and the Gospels* (Leicester: Inter-Varsity, 1997), 124.

66) Perkins, *Peter*, 53.

67) J. Marcus, *Mark 1-8* (AB 27; New York: Doubleday, 1999), 24.

68) "논쟁거리인 인물"이란 일부에서는 반대를, 다른 일부에서는 지지를 받는 인물을 의미하며, 내가 제시한 증거는 기원후 1세기의 것이다. Smith, *Petrine Controversies*는 영

이 베드로가 원칙에 어긋난 행동을 한다고 생각했던 한 사건이 나타난다. 하지만 이곳 외에서 바울은 늘 베드로에 대해 존경을 표시했다. 고린도전서 1:12은 베드로를 둘러싼 논쟁에 대해 우리에게 아무것도 말해주지 않는다. 다만 고린도 교회 안에 사회적 특권을 잡으려고 다투던 파당들 중 하나가 그들 생각에 가장 명망 있는 사도였던 이를 그들의 후견인으로 내세웠다는 말만 있다. 베드로는 초기 기독교 운동 안에 존재하던 모든 다양한 경향을 통틀어 모두에게 존경받던 인물인 것 같다. 둘째, 베드로가 예수를 부인한 이야기가 역사적으로 근거가 있다면,[69] 그 근거는 필시 베드로 자신일 것이다. 베드로는 이 이야기를 처음으로 들려주었으며, 그것이 수난 이야기의 일부가 될 수 있도록 권위를 부여했다.[70] 셋째, 베드로의 부인이라는 마가의 이 내러티브는 네 복음서 모두에서 발견되며, 이런 사례는 아주 드물다. 따라서 이 이야기가 그저 베드로를 믿지 못하게 하거나 그를 모욕할 목적으로 이해되었다고 할 수는 없다.

학자들은 베드로 자신이 이 부인 이야기를 들려주었다는 견해가 타당한가 하는 문제로 토론을 벌이면서, 여기에 담긴 베드로의 부정적 성격에만 초점을 맞추고, 그의 체험이 사도 자신을 변화시켜 장차 제자의 길을 걸어가는 데 불가결한 자각을 만들어냈다는 점은 간과했다. 마가복음의 독자나 청자들은 베드로의 실패 후에 회복이 뒤따랐음을 알았을 것이다. 마가

지주의 문헌을 포함해 3세기까지의 기독교 문헌에 나타난 베드로를 연구한 후 다음과 같이 결론지었다. 즉 통상적으로 논쟁은 베드로를 지지하는 그룹과 그에게 반대하는 그룹 사이에서 벌어진 것이 아니라, 베드로를 지지하는 그룹들 사이에서 벌어졌다는 것이다(212). 스미스가 베드로에 반대하는 입장을 분명하게 발견한 곳은 몇몇 영지주의 문헌, 특히 「마리아복음」(*Gospel of Mary*)과 「도마복음」이었다.

69) Brown, *The Death of the Messiah*, vol. 2, 614-21은 역사성을 지지하는 입장과 반대하는 입장에서 벌어진 논쟁을 모두 살핀 후, 유용한 결과를 제시하고 있다. 역사성을 지지하는 견해에 대해서는 J. P. Meier, *A Marginal Jew*, vol. 3: *Companions and Competitors* (New York: Doubleday, 2001), 242-44도 보라.

70) Brown, *The Death of the Messiah*, vol. 2, 615은 "다른 사람들이 예수 부인 이야기를 알고 전해주었을 수 있다"라고 주장하는데, 이것은 설득력이 없다.

복음 16:7도 독자에게 이 점을 알아달라고 호소한다. 이런 이유로 독자나 청자는 베드로의 처절한 통회(14:72)를 부정적인 쪽이 아니라, 그의 그릇된 자기 신뢰를 파괴하고 십자가에 못 박혔다가 부활하신 예수를 더욱 올바로 믿는 길을 열어준 쪽으로 이해했을 것이다. 이런 측면에서 우리는 부머샤인이 이 이야기를 베드로의 "신앙고백"으로 묘사한 것에 동의할 수 있다. 베드로의 통회는 마가복음 8:29의 신앙고백으로 시작된 변화의 여정에서 한 걸음 더 나아간 단계다. 베드로는 제자로서 실패하고 난 뒤에야 비로소 메시아가 십자가의 길을 가셔야 함을 이해할 수 있었다. 그가 예수를 부인한 이야기를 더 넓은 맥락에서 보면, 이것은 몇몇 지점에서 바울이 예수 그리스도의 사도로 부르심을 받기 전 교회를 핍박한 일을 고백한 것(갈 1:13; 고전 15:9; 참고. 딤전 1:12-14)과 비교된다. 바울의 고백은 그가 부르심을 받은 사연이라는 더 큰 내러티브의 일부로서 하나님이 베푸신 은혜를 증언하는 기능을 했다(고전 15:9-10). 이런 의미에서 베드로가 자신의 실패를 고백하는 이야기를 들려주면서, 어쩌면 이것과 상응하는 그의 회복 이야기도 함께 들려주었으리라고 상상하는 일은 그리 어렵지 않다(참고. 요 21:15-19).

결론

마가복음은 목격자 증언의 인클루지오를 사용함으로써 베드로가 이 복음서의 주된 목격자 출처임을 주장한다. 그뿐 아니라 이 이야기는 주로 베드로의 시각에서 말해진다(베드로의 시각만 나오는 것은 아니지만). 마가는 이런 베드로의 시각을 신중하고 섬세하고 의도적인 방식으로 구성하고 있다. 마가복음은 베드로의 가르침을 단순히 베껴 적은 것이 아니다. 또한 베드로의 시각도 베드로가 자신의 이야기를 들려준 방법이 우연히 살아남은 결과가 아니다. 베드로의 시각은 그가 구술했을 이야기들의 특징과 일치하지만, 마가는 이런 시각이 일정한 형태를 가지고 전달되도록 자기 복음서를 신중하게 설계했다. 몇몇 문학적 특징들이 결합하여 독자/청자들에게 베드로의 "관점"을 제공하는데(내적 초점화), 이런 관점은 보통 공간 및 시각이나 청각과 관련되기도 하고, 때로는 심리적 요소와 관련되기도 한다. 마가복음을 연구한 학자들은 오랫동안, 이렇게 마가가 베드로의 시각을 문학적 차원에서 구성했다는 점을 간파하지 못했다. 마가는 베드로의 시각을 섬세하게 구성했을 뿐 아니라, 이 시각을 마가 자신의 전체 관심사 및 목표와 통합함으로써 주로 예수의 정체성과 제자도의 본질에 초점이 맞추어지도록 만들었다. 이렇게 마가는 복음서의 많은 부분에서 그의 주된 목격자 출처의 시각을 진지하게 보존하면서도, 자신이 베드로에게(또한 다른 몇몇 사람에게) 받은 전승들을 활용하여 자신만의 복음서를 창조해낸 진정한 저자라고 할 수 있다.

이 시각은 제자들 중 한 명인 베드로의 시각이다. 여기서 제자들이란 세 명으로 이루어진 열두 제자 내부의 그룹일 수도 있고, 더 넓게 열두 제자일 수도 있다. 이 시각은 다른 이들과 관계없이 베드로가 예수와 연결된 한 개인으로서 가진 "나" 시각이 아니라, 제자 그룹의 구성원으로서 가진 "우리" 시각이다. (베드로가 예수를 부인한 이야기에서만 "우리" 시각이 "나" 시각으로 축소되어 나타나는데, 심지어 여기서도 베드로는 예수의 제자 중 한 사람으로서 자신이 수행하는 내러티브 역할 밖으로 나가지 않는다.) 따라서 현대의 독자들은 마가복음이 목격자로서의 베드로의 증언에 충실히 근거했다면 예수에 대한 "내밀하고 사적인" 회상이 있으리라고 기대할지 모르지만, 여기에는 그런 것이 전혀 없다. 이런 기대는 적절하지 않다. 마가복음의 배후에 자리하는 것은 베드로의 **가르침**이지, 그의 자서전적 회상이 아니기 때문이다. 마가복음은 베드로가 구원의 복음을 전할 사명을 맡은 사도로서 그와 열두 제자가 공식적 형식을 갖추어 선포했던 목격 전승들의 집합체를 전달한 방식을 반영하고 있다. 베드로가 예수를 부인한 이야기조차 베드로로부터 나왔을 것이 틀림없지만, 그 이야기도 분명히 베드로만 알고 있는 것이 아닌 전승 집합체의 일부였을 것이다. 분명히 베드로는 다른 이들과 공유한 전승을 자신의 시각으로 고치고 바꾸고 확장하고 설명했지만, 그렇다고 전승을 자서전으로 바꾸어놓지는 않았다. 순수하게 베드로 개인이 가진 예수에 대한 사적인 회상은—설령 베드로가 사적인 대화에서 그런 회상을 들려주었다 할지라도—그가 사도로서 대중에게 공적으로 선포하고 마가복음의 기초가 되었던 가르침 속에는 들어가지 않았을 것이다.

마가복음에서 베드로는 늘 다른 제자들과 나란히 함께 있다. 그러나 그가 제자의 전형이나 대표로서만 등장하는 것은 아니다. 내러티브에서 베드로의 역할을 보면, 그는 다른 제자들의 전형인 동시에 이 전형을 뛰어넘는 인물이다. 베드로는 타인과 구별되는 한 개인으로서, 그리고 예수를 제외하면 마가가 가장 충실하게 성격을 구축해놓은 인물로 등장하지만, 그때도 언제나 다른 이들과의 공통점 안에서 나타난다. 이런 종류의 개별성이 베드로 자신이 마가복음의 이야기들을 들려주면서 전달한 종류의 것이라고 보는 견해는 매우 타당하다. 베드로가 자기 자신의 이야기—즉 **예수의 제자**로서 가지는 이야기—를 가진 한 개인으로 뚜렷하게 등장하는 사건들의 시퀀스는, 마지막 만찬에서 단호하게 충성을 맹세한 일부터 예수를 부인한 뒤 심히 괴로워하는 상태까지 이어진다. 여기서 베드로는 충성과 실패의 측면 모두에서 다른 제자들을 능가한다. 베드로 개인의 이 이야기는—이것이 베드로에 반대하는 파당이 제시한 혹독한 비판이든, 베드로가 스스로를 깎아내린 것이든—단순히 사도를 낮추는 것이 아니라 실제로 그에게 사도로서 임무를 담당할 능력을 부여한다. 이 이야기는 실패와 자기 인식과 회복을 통해 한 개인이 변모하는 이야기요(마가의 내러티브에서 회복은 자세히 이야기되지 않고 넌지시 암시됨), 마가복음의 모든 제자가 체험해야 할 십자가의 의미와 만나는 것이 무엇인지를 보여주는 극적 사례다. 이런 점에서도 베드로가 자신에 대해 들려준 이야기와 마가가 들려준 이야기의 중요한 부분은 모두 신뢰할 수 있다.

표 14: 공관복음에서 복수-단수 내러티브 장치

마가복음	이문	마태복음	누가복음
1:21*		평행 본문 없음	단수
1:29-30*	단수	단수	단수
5:1-2	단수	단수	복수(이문은 단수)
5:38**	단수	단수	단수
6:53-54		복수	평행 본문 없음
8:22	단수	평행 본문 없음	평행 본문 없음
9:9**		복수**	평행 본문 없음
9:14-15**	단수	복수**(이문은 단수)	복수**(이문은 단수)
9:30		복수	평행 본문 없음
9:33	단수	평행 본문 없음	평행 본문 없음
10:32		단수	평행 본문 없음
10:46		복수(이문은 단수)	단수
11:1	단수	복수(이문은 단수)	단수
11:12	단수	단수	평행 본문 없음
11:15	단수	평행 본문 없음	평행 본문 없음
11:19-21	단수(19절)	평행 본문 없음	평행 본문 없음
11:27	단수	평행 본문 없음	평행 본문 없음
14:18		복수	평행 본문 없음
14:22		복수	평행 본문 없음
14:26-27		복수	평행 본문 없음
14:32		단수	단수
누가복음			
9:56-57			
10:38	단수		

일러두기: 2, 3, 4열은 1열의 본문에서 복수형으로 나타나는 동사를 나타낸다.

* 이 경우 복수형은 예수, 시몬, 안드레, 야고보, 요한을 가리킨다.

** 이 경우 복수형은 예수, 베드로, 야고보, 요한을 가리킨다.

표 15: 마가복음에서 복수-단수로 내러티브 장치와 베드로에 대한 언급

복수에서 단수로 옮겨간 본문	베드로
	1:16(2회)
1:21*	
1:29-30*	1:29-30(2회)
	1:36
	3:16
5:1-2	
	5:37
5:38**	
6:53-54	
8:22	
	8:29
	8:32-33(2회)
	9:2
	9:5
9:9**	
9:14-15**	
9:30	
9:33	
	10:28
10:32	
10:46	
11:1	
11:12	
11:15	
11:19-21	11:21
11:27	
13:3	
14:18	
14:22	
14:26-27	
	14:29
14:32	
	14:33

복수에서 단수로 옮겨간 본문	베드로
	14:37(2회)
	14:54
	14:66
	14:67
	14:70
	14:72
	16:7

* 이 경우 복수형은 예수, 시몬, 안드레, 야고보, 요한을 가리킨다.
** 이 경우 복수형은 예수, 베드로, 야고보, 요한을 가리킨다.

역자 주 ———————————

1. 마가복음 14:38에는 2인칭 복수형 그리스어 동사가 3개 등장하는데, "늘 깨어 있다"를 뜻하는 *grēgoreō*의 현재 능동태 명령형인 *grēgoreite*, "기도하다"를 뜻하는 *proseuchomai*의 현재 중간태 명령형인 *proseuchesthe*, "…에 빠지다"를 뜻하는 *erchomai*의 부정과거 능동태 가정법 형태인 *elthēte*가 바로 그것이다.

제 8 장

마가복음의 수난 내러티브에 나타난 익명인

많은 학자는 마가의 수난 내러티브가 예수의 죽음까지의 사건과 그 죽음 이후의 사건들을 연결하여 이미 하나의 이야기로 들려주었던 마가 이전의 초기 자료[1]를 근거로 삼고 있다고 추정한다. 이 수난 내러티브 중 많은 내용이 어떤 식으로든 전승에서 나왔으며 단순히 마가의 창작이 아니라고 생각한다면, 앞과 같은 가설은 필연적이다. 마가복음에서 수난 내러티브를 제외한 나머지 부분은, 독립된 이야기로 쉽게 인식될 수 있는 단일 단위—이야기나 말씀—로 구성된 곳이 많다. 반면에 수난 내러티브의 많은 사건들은 통일된 이야기를 형성하는 사건들의 시퀀스 속에 자리하고 있다고 전제해야 한다. 마가는 이런 자료의 일부를 배열하여 이야기들 간의 연결 고리를 만들어냈을 것이다. 그러나 이런 작업에서 마가가, 문자로 된 것이든 구술로 된 것이든, 이미 존재하던 사건들의 시퀀스를 자기 뜻대로 다룰 수 없었다고 추정하기는 어렵다.

학자들은 마가 이전에 존재했던 수난 내러티브의 범위와 기원에 대해 큰 견해차를 보이고 있다. 이 수난 내러티브는 예수의 예루살렘 입성으로 시작된다고 보는 것이 타당하겠지만(막 11:1-11), 일부 학자들은 이것이 예루살렘 입성보다 훨씬 앞서 시작된다고 추정하는가 하면, 또 다른 이들은 마가의 내러티브에서는 더 나중에 시작된다고 보기도 한다. 어쨌든 마가의 내러티브에 있는 모든 내용이 마가 이전 자료에 들어 있었다고 볼 수

1) M. L. Soards, "Appendix Ⅸ: The Question of a PreMarcan Passion Narrative," in R. E. Brown, *The Death of the Messiah*, vol. 2 (New York: Doubleday, 1994), 1492-1524의 개관을 보라.

는 없다(예를 들어 나는 막 12-13장이 이 자료에 들어 있지 않았으리라고 생각한다). 내 책의 목적은 자료들을 구별하거나, 자료와 편집을 구별하는 것이 아니다. 이런 구별 시도는 사변적인 경우가 많다. 이 책에서 우리는 마가복음 11장과 14-16장이 마가 이전의 수난 내러티브에 어느 정도 의존했으리라는 견해가 옳다는 선에서 만족하고, 이 마가 이전 내러티브의 범위와 내용을 정확히 밝히려는 시도는 하지 않을 것이다.

최근에 마가 이전의 수난 내러티브 연구에 공헌한 논문 중 하나가 게르트 타이센의 "주요 내러티브 단위(수난 이야기)와 기원후 40-50년의 예루살렘 공동체"[A Major Narrative Unit (the Passion Story) and the Jerusalem Community in the Years 40-50 C. E.][2]다. 타이센은 마가의 수난 내러티브의 다양한 특징들이 기원후 40-50년의 10년 혹은 10년 전후 기간 동안 예루살렘 교회의 상황을 반영한다고 주장한다. 이 특징 중 몇몇은 수난 내러티브 안에 이름이 나오는 인물들과 이름이 나오지 않은 익명인들과 관련되어 있다. 여기서 우리는 익명인들에 관한 타이센의 논증에 초점을 맞추어 볼 것이다.

이 책에서 나는 익명인의 존재가 복음서에서는 평범한 현상이며, 진짜 문제는 왜 어떤 인물이 익명으로 등장하는가가 아니라, 왜 누구는 이름이 밝혀져 있는가라는 것을 주장해왔다. 동시에 나는 마가복음에서 수난 내러티브 이전에는 예수와 열두 제자 외에 이름이 밝혀진 인물이 드물지만, 15장과 16장에는 이름이 밝혀진 인물이 훨씬 더 빈번히 등장한다고 지적했다. 15장과 16장에서 이들이 중요한 의미를 가지는 것은, 베드로와 열두 제자가 빠진 내러티브에서 이들이 목격자 출처의 역할을 하기 때문인 것 같다. 이런 주장을 따른다면, 수난 내러티브에 등장하는 익명인들에 대한 연구는 불필요한 작업처럼 보일 수 있다. 하지만 마가복음 14장에 등장하

2) G. Theissen, *The Gospels in Context* (tr. L. M. Maloney; Minneapolis: Fortress, 1991), 4장.

는 익명인의 경우는, 복음서의 다른 부분에서 등장하는 익명인들과는 달리, 조금 이상하다. 따라서 여기에 대해 더 자세히 살펴볼 필요가 있다.

타이센의 견해: 보호를 위한 익명성

먼저 타이센의 논증부터 살펴보자.[3] 자주 주석가들이 지적했듯이, 타이센도 예수가 겟세마네에서 붙잡히신 일을 기록한 마가의 기사(14:43-52)에서 이름이 나오지 않는 두 사람—대제사장의 종의 귀를 자른 사람과 벌거벗은 채 도망간 청년—이 각각 예수의 제자인지 아닌지 밝히기가 어렵다고 말한다.[4] 대제사장의 종의 귀를 자른 사람이 예수를 붙잡으러 온 무리 중 하나며, 그가 자신이 속한 무리의 일원을 실수로 다치게 했을 가능성은 거의 없다. 이런 사건을 기록하는 것은 무의미했을 것이다. 그러나 "가까이 있던 사람들 중 하나"는, 마가가 자기 내러티브에서 마지막 만찬부터 겟세마네까지 예수와 함께했다고 기록한 열두 제자 중 하나를 지시하는 말치고는 매우 이상하다. 다른 곳에서 마가는 십자가에 달린 예수를 지켜보며 서 있던 이들을 가리키기 위해 비슷한 문구—"곁에 서 있던 사람들 중 어떤 이들"(*tines tōn parestēkotōn*; 15:35)—를 사용한다(14:69-70도 참고하라). 겟세마네 내러티브를 읽으면서, 우리는 예수의 제자가 아닌 누군가가 우연히 그 시간에 거기에 있었다고 상상할 수 있을까? 예수의 제자도 아닌 사람이 무슨 이유로 칼로 대제사장의 종을 다치게 했을까? 여기서 마가가 열두 제자 외에 다른 누군가를 언급한다고 보기는 힘들다. 그렇지만 마가의

---

3) Theissen, *The Gospels*, 184-89.

4) R. E. Brown, *The Death of the Messiah*, vol. 1 (New York: Doubleday, 1994), 266-68에는 다양한 견해가 충실히 설명되어 있다. 브라운은 그가 제자도, 예수를 붙잡으러 온 무리 중 하나도 아니며 "두 그룹 중 어디에도 속하지 않은 구경꾼"이라고 생각한다 (266).

이 언급은 특히 모호해 보인다.

이 사람에 대한 마가의 표현이 이상하다는 점은, 마태와 누가가 이 인물이 누구인지 밝힌다는 사실만 보아도 알 수 있다. 마태는 "예수와 함께한 사람들 중 하나"(*heis tōn meta Iēsou*; 마 26:51), 누가는 "그들 중 하나"(*heis tis ex autōn*; 눅 22:50), 곧 "주위에 있던 사람들"(*hoi peri auton*; 22:49) 중 하나라고 말한다. 이 문구들은 확실히 예수의 제자들을 의미한다.

마태와 누가는 마가의 기사에서 이름이 밝혀지지 않은 두 번째 사람, 곧 벌거벗은 채로 도망간 청년을 생략해버렸다. 그가 "(예수를) 따라갔다"는 사실은 그가 열두 제자 중 하나는 아니지만 제자였다는 뜻일까, 아니면 단순히 호기심 많은 외부인이라는 뜻일까? 그는 나머지 "모든 사람"이 도망쳤을 때도 계속 예수를 따라갔는가?(막 14:50) 아니면 비록 마가는 겟세마네까지 예수와 함께한 이들이 열두 제자라고 언급했지만, 이와 상관없이 이 청년을 모든 제자가 도망친 일을 절실히 보여주는 사례로 제시하는가? 동시에 이 청년 이야기는 다른 많은 질문을 불러일으킨다. 학자들은 이런 의문들을 폭넓게 논의해왔지만, 여기서 우리가 이 모든 것을 다 다룰 필요는 없다. 타이센은 자신의 논증에서 익명인 이 인물이 내러티브 안에 있다는 것 자체가 수수께끼일 뿐 아니라, 그와 예수의 관계도 모호하게 남아 있다고 강조한다.

타이센은 겟세마네에서 두 익명인이 등장하는 이유를 설명하면서, 이들의 이름이 나오지 않는 이유뿐 아니라, 이들이 예수의 제자임을 명쾌하게 밝힐 수 없는 이유도 설명한다.

> 내가 보기에 이 내러티브가 둘의 이름을 밝히지 않은 이유는 짐작하기 어렵지 않다. 둘은 모두 "경찰"(예루살렘 성전을 경비하고 성전 질서를 유지하던 레위인 경비병-역주)과 충돌을 빚은 이들이다. 자기 칼로 누군가의 귀를 잘라버린 사람은 결코 경미한 해를 입힌 것이 아니다. 그 공격이 조금만 빗나갔어도 상대의

머리나 목에 부상을 입혔을 수 있다.[5] 칼을 사용한 이런 공격은 자칫 사람을 죽이는 결과를 가져올 수 있는 폭력이다. 이름이 나오지 않는 청년도 저항했다. 다툼을 벌이다가 그의 옷이 찢어졌고 결국 그는 벌거벗은 채 도망쳐야 했다. 그 결과, 두 사람 모두 위험한 처지에 빠졌다. 대제사장의 종이 살아 있는 한, 그리고 칼에 잘린 상처가 만인이 볼 수 있게 남아 있는 한, 이 둘의 이름을 밝히는 것은 적절치 않았을 것이다. 나아가 이 두 사람이 초기 기독교 운동에 참여했음을 밝히는 것도 현명하지 않았을 것이다. 그들 이름을 밝히지 않은 것은 그들을 보호하려 했기 때문이다. 그들과 예수가 친한 사이임을 모호하게 이야기한 것도 만일을 대비하는 신중한 전략이다. 이 일을 말하는 사람과 듣는 이들은 이 두 사람에 관해 더 많은 것을 알고 있었다.[6]

이런 논증으로부터 타이센은 마가 이전의 수난 내러티브에 대해 다음과 같은 결론을 이끌어낸다.

그들을 보호하고자 이름을 밝히지 않았다는 우리 가설이 옳다면, 수난 전승의 위치는 틀림이 없을 것이다. 예루살렘에서만이라도 그들이 저지른 행동으로 말미암아 위험에 빠진 예수 추종자들을 익명의 보호막으로 가려야 할 이유가 있었다. 그 시기 역시 정확하게 집어낼 수 있다. 수난 기사를 구성하는 부분들은 목격자들 및 그들과 동시대인들이 살던 시기, 다시 말해 30-60년 사이에

5) 마가의 내러티브를 보면, 그가 원래는 치명상을 입히려 의도했으나 공격이 빗나가 한쪽 귀만 자르는 정도로 그쳤던 것 같다.

6) Theissen, *The Gospels*, 186-87. 칼을 가진 사람에 대해 이런 주장을 전개한 이는 타이센이 처음은 아니다. 예를 들어, 타이센보다 앞서 H. B, Swete, *The Gospel According to St. Mark* (third edition; London: Macmillan, 1909), 352은 이렇게 말한다: "복음 전승이 형성 중이던 예루살렘 교회 초기에, 부상을 입힌 자의 이름은 물론, 그와 그리스도인 집단이 연관된다는 사실조차 밝히지 않은 것은 신중한 판단에 따른 이유들(참고. 요 18:26) 때문인 것 같다."

틀림없이 저술되었을 것이다.[7]

이 결론을 지지하는 다른 논증들도 있지만, 여기서 이것들을 다 언급할 수는 없다. 다만 한 가지 논증이 주목할 만한데, 왜냐하면 이 논증이 특정인의 이름을 밝히지 않는 또 다른 사례와 관련되기 때문이다.[8] 마가는 빌라도의 이름을 언급하며(15:1) 분명히 독자들이 빌라도가 로마 총독임을 알리라고 예상한다. 그러나 마가는 대제사장 가야바의 이름을 밝히지 않고 그를 그냥 "대제사장"으로 언급한다(14:53). 다른 복음서 저자들은 가야바의 이름을 밝힌다(마 26:57; 눅 3:2; 요 18:13-14, 24). 물론 누가는 가야바의 이름을 수난 내러티브 자체에서는 밝히지 않는다(22:54). 이런 이유로 누가복음의 독자들은 고발당한 예수를 재판한 재판장이 안나스인지 가야바인지 아는 데 어려움을 겪었을 수도 있다.

가야바는 안나스의 사위였다. 권세 있는 가문이었던 안나스 집안의 다른 몇몇 구성원도 이후 수십 년 동안 대제사장을 지냈다. 이들은 기원후 42년까지 대제사장직을 거의 계속 유지했으며, 이후에도 이 집안은 권세를 유지했다. 주로 이 대제사장 집안이 예수를 따른 예루살렘의 그리스도인 공동체를 핍박하여 그분에 반대하는 행동을 이어나갔던 것 같다.[9] 안나스의 아들 아나누스 2세는 예수의 형제요 예루살렘 교회 지도자인 야고보를 62년에 처형한 책임자였다. 권세를 가졌던 안나스 집안이 그리스도인들을 대적했기 때문에, 이 시기 예루살렘에서 형성된 기독교 전승들은 기지를 발휘하여 예수의 죽음을 다룬 기사에서 가야바의 이름을 명시적으로 언급하지 않았을 것이다. 반면에 빌라도는 확실히 다른 사례였다. 그는 37년에 추문에 휘말려 공직을 잃었다. 평소에 저질렀던 다른 권력 남용

---

7) Theissen, *The Gospels*, 188-89.

8) Theissen, *The Gospels*, 171-74.

9) J. C. VanderKam, *From Joshua to Caiaphas: High Priests after the Exile* (Minneapolis: Fortress, 2004), 478.

의 사례처럼, 빌라도는 예수를 죽음에 이르게 한 일에서도 명백히 책임이 있다는 비난을 피할 수가 없었다.[10]

익명인 예수 지지자들

제8장 나머지 부분에서는 보호를 목적으로 익명을 사용했다는 타이센의 제안을 더 살펴보고, 마가의 수난 내러티브 안에 바로 이런 이유로 이름을 밝히지 않은 중요한 인물이 적어도 한 사람 더 있음을 주장할 것이다.

하지만 이 인물을 살펴보기 전에 우리는 다음과 같은 사실에 주목하고 싶다. 즉 마가의 수난 내러티브가 기이한 두 개의 이야기를 통해, 위험이 감도는 분위기와 보호를 위한 비밀 유지의 측면을 상기시킨다는 것이다. 이 두 이야기 각각에서 예수는 두 제자를 보내 어떤 임무를 수행하게 하신다. 하나는 예수가 예루살렘으로 들어가실 때 타고 가실 나귀 새끼를 데려오는 일(막 11:1-7)이고, 다른 하나는 유월절 만찬을 준비하는 일(14:12-16)이다. 이 이야기에서 예수는 기적적인 예지의 능력을 보이시는 것인가, 아니면 사전에 당신이 이 일들을 준비해놓으신 것인가? 두 경우 모두에 같은 대답을 해야 할 정도로 이 이야기들은 유사하다. 두 번째 이야기에서 예수가 미리 문제의 집주인과 유월절 만찬을 행할 객실에 대해 약조했다고 가정하지 않는다면, 이 이야기는 말이 되지 않는다. 첫 번째 이야기도 왕에게는 필요한 물건을 요구할 수 있는 권리가 있다는 의미로 읽는 것이 적절할 수 있지만, "거기 있던 구경꾼들"(14:47의 문구처럼 모호한 문구)이 단지 예수가 두 제자더러 가서 하라고 하신 말씀의 힘에 눌려 생소한 두 외지인에게 나귀 새끼를 데려가도록 허락했다는 것에는 여전히 설명이 필요하다. 예수가 제자들에게 나귀를 빌릴 때 하라고 시키신 말은 틀림없이 이

10) Theissen, *The Gospels*, 173-74.

제자들이 나귀 새끼를 빌려올 임무를 맡은 이임을 확인할 수 있도록 미리 약속한 "암호"였을 것이다. 하지만 예수는 이 약속을 나귀 새끼의 주인과 하셨으리라고 보아야 한다. 그렇다면 어떻게 "거기 있던 구경꾼들"이 암호를 알았을까? 예수는 왜 두 제자에게 누군가의 이름(예를 들어 도시테우스의 아들 시몬)을 일러주고 그의 집으로 가서 나귀 새끼를 빌려오라고 말씀하지 않았을까? 이름을 밝혔는가 밝히지 않았는가를 떠나서, 마가가 나귀 새끼의 주인을 전혀 언급하지 않는 것은 분명히 이상한 일이다.

다시 말하지만, 우리는 마태와 누가가 이 일을 다룬 내용만 관찰해보아도 마가의 이야기가 이상하다는 사실을 확인할 수 있다. 마태는 마가의 내러티브를 과감하게 줄여 예수의 말씀을 개작하고, 제자들이 예수의 명령을 어떻게 행했는지 그 경위를 자세히 기록하지 않는다(마 21:3, 6). 반면에 누가는 마가의 내러티브를 조금만 줄이고, 마가가 "거기 있던 구경꾼들 중 어떤 이들"로 기록한 부분을 "그 주인들"(곧 나귀 새끼 소유자들)로 바꾸었다(눅 19:33). 우리 예상으로는 마가가 바로 이런 말을 했으리라고 보며, 누가의 이 본문은 단지 마가가 기록한 문구가 기이하다는 점만 부각시킬 뿐이다.

예수의 예루살렘 입성을 묘사한 마가의 기사(11:7-10)는 다른 복음서보다 예수의 메시아이심을 분명하게 드러내지 않는다. 마가는 스가랴 9:9을 인용하지 않는다(마태와 요한은 인용함). 또한 마가복음 버전에서는 메시아적 의미가 있는 군중의 환호에서도, 예수를 메시아적 왕 및 다윗의 아들과 명시적으로 동일시하지 않는다. 하지만 마가가 이 사건을 예수가 공적으로 자신의 메시아적 역할을 선언한 일로 본다는 것에는 의심의 여지가 없다. 바로 이 사건을 계기로 성전 당국자들은 예수를 위험한 골칫거리로 제거해야 할 인물로 보게 되었고, 예수는 "유대인의 왕"이라 주장했다는 이유로 죽임을 당하게 되었다. 이 나귀 새끼의 주인은 예수가 이 나귀를 타실 수 있게 사전 약속을 한 것이 틀림없다. 이런 이유로 나귀 주인도 정치적 반역에 가담한 공범으로 간주되었을 수 있다. 마가의 이야기를 보면 예수가 이런 위험을 감지하고, 주인이 위험에 직접 말려들지 않는 방법으로 나귀를 빌리도록 약속했던 것 같다. 마가의 내러티브는 기이하게도 주인에 대해 언급하기를 피하는데, 이는 이 시점 이후로 예수가 주의를 기울이고 속임수도 써야 하는 위험 구역에 들어섰음을 독자에게 암시한다.

두 번째 이야기도 기이하다. 물동이를 든 남자는 분명히 사전에 정한 신호임이 틀림없다(설령 제자들이 이 남자와 만날 것을 예수가 섭리를 통해 미리 아셨다 하더라도). 보통은 여자들이 물동이를 가지고 다니기 때문이다. 그렇다면 예수는 왜 제자들이 유월절 만찬을 행할 집을 발견할 수 있도록 이런 과정을 치밀하게 준비하셨을까? 분명히 예수는 당신과 당신 제자들이 특정한 집에서 유월절 만찬을 먹는다는 것을 비밀로 하길 원하신다. 독자들은 간과했겠지만, 마가가 이 무렵에 예수를 체포하려는 음모가 있었음을 일러주기 때문이다. 그렇다면 왜 예수는 두 제자에게 유월절 만찬을 행할 집 주인 이름을 알려주고, 다른 이에게 물어볼 필요 없이 바로 그의 집을 찾아가게 하심으로써 집의 소재를 비밀에 부칠 수 있는 방안을 강구하시지 않았을까? 마태가 축약한 기사는 예수의 말씀을 이렇게 기록하고 있다. “성안으로 들어가 어떤 남자에게 가서 그에게 ‘선생님이…라 말씀하신다’고 하라”(마 26:18). “어떤 남자”(*ton deina*)보다 더 나은 번역은 “이런저런 사람”일 것이다. 예수는 이름을 일러주셨으나 마태는 우리에게 이름을 일러주지 않는데, 왜냐하면 마태도 그 이름을 몰랐기 때문인 것 같다. 그러므로 마태복음에서 예수는 예상 가능한 방식으로 행동하고 계신다. 그러면 왜 마가복음에서 이 약속들은 더 우회적이고 은밀한가? 이는 예수는 이미 유다가 자신을 대제사장에게 넘기리라는 것을 아시지만, 열두 제자 중 다른 이들은 모르기 때문일 것이다. 예수가 유월절 식사를 할 곳을 유다에게 숨기시려면 열두 제자에게도 그곳을 숨기셔야 했다. 이런 계책 때문에 심지어 예수가 만찬을 행할 방을 준비하라고 보내신 두 제자조차 도착할 때까지 그곳이 어디인지 몰랐다. 다시 한 번 마가의 내러티브는 위험이 감도는 분위기와 그 때문에 비밀을 지켜야 할 필요가 있음을 상기시킨다. 아니 이제는 그럴 필요성이 더 커졌다. 예수를 죽이려는 음모가 세워지고 유다가 그분을 붙잡을 수 있는 길을 터놓았기 때문이었다. 물론 예수는 이미 당신이 붙잡히실 것을 내다보신다. 그러나 그분은 제자들과 함께 유월절 만찬을 드시기까지는 이 일이 벌어지지 않기를 원하신다. 이런 이유로 만찬 장소는 매우 조심스럽게 비밀에 부쳐졌다.

그렇다고 내가, 이 두 이야기에서 암시되는 예수의 신중하고 조심스러운 고려들이 없었다면, 마가가 당연히 나귀 주인이나 유월절 만찬 장소의 집주인 이름을 이야기했으리라고 주장하는 것은 아니다. 다른 곳에서의 마가의 방침을 따른다면, 마가는 주인들이 초기 그리스도인 공동체의 지체인 경우에만 이름을 밝혔을 것이고, 마가복음의 독자들은 이들의 이름을 알았다고 볼 수 있다. 이 두 인물은 예수와 밀접한 관련을 가졌다는 점에서 초기 기독교 운동에 참여한 이요 예루살렘 교회의 지체였던 것 같다. 그러나 우리는 이 둘의 이름이 특별히 잘 알려져 있었다고는 확신할 수 없다. 또한 이야기 속에서 이들의 역할도 전승의 목격자 출처로 볼 만한 수준은 아니다. 따라서 타이센의 가설에 따르면, 마가가 겟세마네에 있던 두 사람의 이름을 밝히지 않은 것은 보호의 목적 때문이지만, 마가의 내러티브가—예루살렘 교회에서 이 내러티브가 형성될 당시—나귀 주인과 유월절 만찬이 열린 집주인을 보호할 목적으로 그들의 이름을 밝히지 않았다는 견해는 어디까지나 가능성일 뿐이다. 그렇기는 해도 이 두 이야기는 예수가 예루살렘에서 보내신 마지막 며칠 동안, 예수 자신과 가까운 이들에게 닥친 위험 때문에 비밀 유지와 계책이 필요했다는 사실을 상기시킨다. 당시 예수와 가까웠으며 체포당하고 사형 선고를 받을 만한 사건의 가담자로 간주된 이들 중 일부는, 그 후에도 예루살렘과 그 주변의 초기 그리스도인 공동체에 몸담으면서, 계속해서 위험한 처지에 있었던 것이 분명하다.

이런 위험한 처지에 있던 사람 중 하나가 예수께 기름을 부은 여자다(막 14:3-9). 겟세마네에 있던 이름 없는 두 사람처럼, 이 여자도 특정해서 묘사되지 않는다. 그녀의 이름도 나와 있지 않으며 그녀가 누구인지에 대한 귀띔도 없다. 3절에서 마가의 소개는 갑작스럽고 딱히 설명도 없다. "한 여자가 왔다." 마가는 그녀가 이 집 식구인지(나병환자 시몬의 친척인가?) 손님인지 아니면 (눅 7:37의 여자처럼) 그 집에 온 동네 사람인지 설명하지 않으며, 그녀와 예수의 관계 및 그녀가 이곳에 온 동기도 밝히지 않는다. 이를 복음서 저자가 그녀의 행동에 대한 예수의 해석에 초점을 맞추기 때문이라고 설명할 수도 있다. 하지만 바로 이런 점 때문에 마가가 그녀의 이름을 밝히지 않은 이 사례는 기이하게 보이며, 마가복음에서 발견되는 수많은 다른 익명인 사례들과 비교해도 전혀 유사하지 않다. 복음서를 설교하는 세상 어디서나 그녀가 한 일을 이야기하고 그녀를 기억하리라는 말씀이 나오지만, 정작 그녀의 이름은 나오지 않는다. 이것은 "이 말씀의 요점과 다소 긴장 관계에 있는"[11] 정도를 넘어서는 문제다. 주석가들은 줄기차게 이 문제를 논의해왔으나 만족할 만한 해결책을 내놓지 못하고 있다.

벤 위더링턴(Ben Witherington)은 장르와 관련지어 이 문제를 설명한다. 즉 이 이야기는 전기 장르에서 볼 수 있는 일화(*chreia*)로서, 전기의 주인공인 예수께 온전히 초점을 맞추고 있다는 것이다. 따라서 "이런 전기에서 중요한 것은 이 여자가 누구인가가 아니라, 집중적 조명을 받고 있는 예수를 위해 그녀가 한 일이" 무엇인가다.[12] 그러나 이 설명이 완전히 설득력 있지는 않다. 인물에게 초점을 맞춘 일화들(*chreiai*)에서 전기 주인공을 제

---

11) C. A. Evans, *Mark 8:27-16:20* (WBC 34B; Nashville: Nelson, 2001), 362.

12) B. Witherington III, *The Gospel of Mark: A Socio-Rhetorical Commentary* (Grand Rapids: Eerdmans, 2001), 366.

외한 다른 인물들의 이름이 전혀 등장하지 않는다는 것은 말이 되지 않기 때문이다.[13] 더 중요한 것은 예수가 단순히 그녀의 행동이 기억되리라고 말씀하지 않고, 사람들이 그녀의 행동을 이야기하면서 "이 여자를 기억하리라"라고 말씀하신다는 점이다. 그녀의 행위와 그녀의 정체가 분리되어 기억되지 않으리라는 것이다.[14]

마가의 본문에 나타나는 이 특이한 사례(마태도 이를 재현함)를 해결할 방법은 타이센이 제시한 "보호를 위한 익명성"(protective anonymity) 개념이다. 이 전승이 초기 예루살렘 교회에서 형태를 갖출 때, 이 여자도 메시아적 왕이라고 스스로 주장하여 정치적 반역자로 몰린 예수께 가담했다고 간주된다면 위험한 처지에 빠졌을 것이다. 어쩌면 그녀는 대제사장의 종을 공격했던 남자보다 훨씬 더 위험한 상황에 처했을지도 모른다. 메시아이신 예수께 기름을 부은 인물이 바로 이 여자였기 때문이다.

많은 학자들은 이 여자가 예수께 기름을 부은 일을 메시아 용어(기름 부음 받은 자)에 함축된 기름 부음으로 간주하면서, 이를 왕에게 기름을 붓는 구약성경의 사례들과 유사하다고 보았다.[15] 그녀는 예수를 왕이신 메시아로 인정한, 아니 아예 그분을 메시아로 규정한 셈이다. 에번스는 이 기름 부음이 "메시아적 의미로 인식되었을 개연성이 아주 높다"라고 말했는데, 이는 옳은 견해다. 에번스는 그녀의 "행동이 자연스럽게 즉석에서 이루어

---

13) 예를 들어 루키아누스의 「데모낙스」에서는 이런 일이 자주 벌어진다.

14) 참고. R. T. France, *The Gospel of Mark* (NIGTC; Grand Rapids: Eerdmans, 2002), 555: "추측컨대 기억해야 할 것은 이 행위와 이 행위의 상징적 의미이지, 그 행위 주체의 정체가 아니다. 하지만 흥미롭게도 이 경우에는 마지막 문구가 사람을 지시한다."

15) 최근에 Evans, *Mark 8:27-16:20*, 359은 이런 견해를 주장하는 다른 학자들을 참조하고 있다. 또한 E. K. Broadhead, *Prophet, Son, Messiah: Narrative Form and Function in Mark 14-16* (JSNTSup 97; Sheffield: Sheffield Academic, 1994), 37, 주 2도 보라. 구약성경에서 왕에게 기름 붓는 이야기를 보려면 삼상 10:1; 16:1, 13; 왕상 1:39; 19:15-16; 왕하 9:3, 6; 시 89:20을 보라.

졌으며 공식적 의미로 해석되지는 않았으리라"[16]라고 하지만, 나는 이런 판단에 대해 에번스가 근거를 제시하지 않았다고 생각한다. 이 본문에서는 왜 그녀가 다른 이들과 협력해서 이 일을 계획하지 않았는지 이유를 알 수 없다. 다른 이들도 예수가 메시아적 역할을 놓고 번민하며 주저하시는 모습을 보았기 때문에, 이들도 예수를 깜짝 놀라게 함으로써 그분이 이 역할을 받아들이도록 용기를 불어넣는 것이 최선이라고 생각했을지도 모른다. 어쨌든 우리 논지에 비추어볼 때, 이 여자의 동기보다 더 중요한 것은 다음과 같은 사실이다. 즉 긴장감이 고조되고 있던 당시 예루살렘의 분위기 속에서, 또한 예수가 과연 다윗의 자손인 메시아인가라는 의문이 퍼져가고 있을 때에, 다른 사람들도 그녀의 행위에서 메시아적 의미를 쉽게 읽어내었으리라는 것이다. 분명히 메시아가 한 여자로부터 기름 부음을 받으신다는 것은 매우 놀라운 일이었다. 하지만 어쩌면 그녀는, 하나님이 부어주신 영감으로 기름 부을 자를 알아보고 그를 세웠던 사무엘처럼(참고. 삼상 16:1-13), 예언자 역할을 하는 이로 간주되었을 수도 있다.[17]

그녀의 행동이 역사적 맥락 속에서 메시아적 함의를 가지고 있다고 보았던 학자들 모두가, 마가의 내러티브에 이런 의미가 담겨 있다고 생각한 것은 아니다.[18] 또한 마가가 이 기름 부음에서 메시아적 함의를 포착한

---

16) Evans, *Mark 8:27-16:20*, 360.

17) E. Schüssler Fiorenza, *In Memory of Her: A Feminist Theological Reconstruction of Christian Origins* (New York: Crossroad, 1985), xiii-xiv; R. A. Horsley, *Hearing the Whole Story: The Politics of Plot in Mark's Gospel* (Louisville: Westminster John Knox, 2001), 217-218. 쉬슬러 피오렌자가 참조 사항들을 보강하여 다시 내놓은 글을 보려면 E. Schüssler Fiorenza, "Re-Visioning Christian Origins: In Memory of Her Revisited," in K. J. O'Mahony, ed., *Christian Origins: Worship, Belief and Society* (JSNTSup 241; Sheffield: Sheffield Academic, 2003), 240-42을 보라.

18) 예를 들어 J. K. Elliott, "The Anointing of Jesus," *ExpT* 85 (1973-74), 105-107; E. Schüssler Fiorenza, *Jesus: Miriam's Child, Sophia's Prophet* (London: SCM Press, 1994), 95.

다고 본 학자들 모두가, 이 사건이 애초부터 이런 의미를 염두에 두고 있으며 이 사건의 목격자들도 이런 의미를 인식했으리라고 믿는 것도 아니다.[19] 학자들이 이 기름 부음이 역사적 맥락이나 마가의 이야기 속에서 메시아적 함의를 담고 있었음을 부인하는 이유는 다음과 같다. (1) 연회장에서 머리에 기름을 붓는 행위는 결코 왕에게만 국한되지 않으며[20] 도리어 잔치 때 널리 행해지던 관습이었다. (2) 마가의 본문에서는 메시아적 함의가 선명하게 드러나지 않는다.[21] (3) 마가의 내러티브는 "이 여자의 행위를, 예수를 메시아로 세우는 것보다 그분의 죽음과 장례와 관련해서 해석한다."[22] (1)의 지적은 타당하다. 이 지적은 메시아적 함의가 이 이야기 자체에서 자명하게 드러나지 않으며, 이야기 밖의 더 넓은 문맥에 의존한다는 것을 의미한다. 마가의 내러티브에서 향유를 허비하는 데 반대한 이들은, 추측컨대 이 기름 부음이 메시아적 함의를 가졌음을 깨닫지 못했던 것 같다. (2)에 대해서는 예수가 나귀 새끼를 타고 예루살렘으로 들어가는 장면을 기록한 마가의 내러티브를 참조하면 답을 찾을 수 있다. 이미 언급했듯이, 예수의 예루살렘 입성을 다룬 마가의 내러티브는 메시아적 함의를 암시하기만 한다. 하지만 이 의미가 내러티브에 포함되어 있음은 의심할 수 없다. 기름 부음의 이야기도 비슷하다. (3)은 잘못된 대안을 제시하고 있다. 이 이야기의 사건에서 예수는 기름 부음에 포함된 메시아적 함의를

19) 예를 들어 C. E. B. Cranfield, *The Gospel According to Saint Mark* (CGTC; second edition; Cambridge: Cambridge University Press, 1963), 415: "그녀가 자신이 메시아에게 기름을 부었다고 생각했을 가능성은 없지만, 마가는 분명히 독자들에게 그녀의 행위가 메시아적 함의를 가진다는 점을 인식시키려 했다."

20) K. E. Corley, "The Anointing of Jesus in the Synoptic Tradition: An Argument for Authenticity," *JSHJ* 1 (2003), 66-67; France, *The Gospel*, 552.

21) 추측컨대 바로 이런 점 때문에 많은 주석가가 그 가능성조차 언급하지 않는 것 같다. E. Y. L. Ng, *Reconstructing Christian Origins? The Feminist Theology of Elisabeth Schüssler Fiorenza: An Evaluation* (Paternoster Biblical and Theological Monographs; Carlisle: Paternoster, 2002), 146-47도 참고하라.

22) France, *The Gospel*, 552.

인식하면서도, 자신의 메시아적 소명에는 고난과 죽음이 동반된다는 자신의 이해대로 이를 해석하신다. 마가복음의 독자들은 예수가 나귀 새끼를 타고 예루살렘에 입성하는 것이 흔히 예상하듯 메시아적 승리를 상징하는 것이 아니라, 그분의 죽음으로 나아가는 여행임을 알게 된다. 마찬가지로 예수는 메시아적 함의를 담은 그녀의 기름 부음을 당신의 장사를 가리키는 사건으로 고쳐 해석하는데, 이는 독특하게도 마가가(물론 마가만은 아님) 메시아이심과 십자가를 연계하는 것과 일맥상통한다.

지금까지 학자들은 마가가 기름 부음의 기사를, 예수를 죽이려는 유대 관원들의 음모 기사(14:1-2)와 유다가 대제사장을 찾아가 예수를 넘겨주는 기사(14:10-11) 사이에 배치한 의미를 제대로 이해하지 못했다. 이것은 마가가 독특하게 구사하는 "샌드위치" 구성이다. 유사한 사례를 들자면, 예수가 성전에서 시위하신 사건(11:15-19)을 말라버린 무화과나무 이야기의 두 부분(11:12-14과 20-25절) 사이에 배치한 경우를 들 수 있다. "샌드위치" 구조는 바깥쪽 두 부분의 이야기와, 중간에 있는 이야기 사이에 긴밀한 의미의 연관성이 있음을 암시한다. 에번스는 이 연관성을 다음과 같이 설명한다. "마가복음 저자는 한편으로는 이름 없는 한 여인의 헌신과 믿음을 묘사하고, 다른 한편으로는 이름 있는 인물이요 '열두 제자 중 하나인 가룟 유다'의 신실치 않음과 배신을 묘사함으로써 양자를 생생히 대조한다."[23] 그러나 여기에는 더 분명한 연관성이 존재하는데, 이 연관성이야말로 예수를 해치려는 음모의 이야기 두 부분 사이에 기름 부음의 이야기가 끼어 있는 구조를 올바로 인식하도록 해준다. 우리는 가룟 유다가 이 기름 부음 사건을 대제사장들에게 고자질했으며, 대제사장들은 이를 예수와 제자들이 메시아 봉기를 계획하고 있다는 중대한 증거로 받아들였으리라는 점을 이해해야 한다. 또한 우리는 어쩌면 이 사건이—예수가 자신의 메시아 역할을 죽어야 하는 소명으로 받아들인다는 것을 확인해주셨다는 점

23) Evans, *Mark 8:27-16:20*, 364.

에서—유다의 배신을 가져온 원인은 아닌가라는 질문을 해야 한다. 따라서 이 기름 부음은 대제사장들이 예수를 제거할 조치를 신속히 취하도록 만드는 동시에 유다의 제안대로 그분을 해치도록 만든 또 다른 원인이 되었다.

물론 기름 부음과 대제사장들 및 유다의 행동이 이런 식으로 연관된다는 점은 이 이야기에 선명히 나타나지 않는다. 그러나 그렇다고 연관성 자체를 부인하는 것은 타당하지 않다. 마찬가지로 말라버린 무화과나무 이야기와 성전 시위 사건 사이에도 분명한 연관성은 없다. 하지만 대다수 주석가들은 무화과나무 이야기가 마가의 "샌드위치" 구성이라는 방법을 통해, 예수가 성전을 향해 보이신 태도 및 거기서 하신 행동을 설명하는 기능을 한다고 생각한다. 그러나 왜 유대 관원들이 예수를 위험인물로 여겨 신속하게 대응해야겠다고 생각했는지, 또한 어떻게 예수가 스스로 메시아라 주장했다는 혐의를 집어내어 로마의 통치에 정치적 도전장을 던졌다는 죄목으로 그분을 빌라도에게 고발한다는 생각을 했는지에 대해서는 마가의 수난 내러티브에 대한 기존의 연구를 참조해야 한다. 마가의 내러티브를 보면 다음과 같은 세 사건이 제사장들이 행동하도록 동기를 부여했음을 알 수 있다. 즉 예수의 예루살렘 입성, 예수가 성전에서 시위하신 일, 그리고 한 여인이 그분께 기름 부은 일이 그것이다. 이 세 경우 모두에서 메시아적 함의는 매우 억제되어 있다. 마가복음 저자는 사건들에 포함된 메시아적 측면을 밝혔다가는 예수를 죽음으로 몰고 간 혐의, 즉 예수가 스스로 메시아요 "유대인의 왕"이라 주장했으며 봉기를 계획했음을 증명하는 증거로 활용될 수 있음을 염려하여 이를 밝히는 데 신중을 기하는 것 같다.

마가복음을 처음 듣거나 읽은 이들은 세 사건이 모두 메시아적 함의를 가지고 있음을 분명히 알았을 것이다. 하지만 마가는 이 의미를 강조하기보다, 최초의 독자나 청중이 스스로 깨달을 수 있도록 하는 전략을 구사하는데, 이는 내러티브에 등장하는 특정 인물들에 대해 "보호를 위한 익명성" 전략을 쓰는 것과 놀랍게 일치한다. 초기 그리스도인 공동체가 활동하던 시기에 예루살렘에 있던 이들이 위험에 빠진 것은, 이들이 예수가 붙잡히시기 전에 소위 선동 행위에 가담했기 때문인 것 같다. 더욱이 그리스도인 공동체 전체가 선동 행위의 죄목으로 처형당한 인물에게 충성한다고 해서 위태로운 상황에 있었을 수도 있다. 우리는 마가 이전의 수난 내러티브가 특정한 개인의 이름을 밝히지 않음으로써 그들을 보호한 것처럼, 이 내러티브도 대제사장들이 예수를 위험한 선동자로 다룰 때 내세운 증거 사건들이 메시아적 함의를 가지고 있음을 뚜렷이 밝히지 않음으로써 그리스도인 공동체를 보호했다고 이해할 수 있다. 처음에 이 내러티브를 들었던 예루살렘 교회 지체들은 여기에 나오는 익명인들이 누구인지 알았을 것이다. 또한 굳이 설명하지 않아도 이 사건들에 메시아적 함의가 포함되어 있음을 이해했을 것이다.

이렇게 마가복음 11장과 14장의 내러티브에 편만한 위험스럽고도 조심스러운 분위기는 예수와 제자들에게 이 역사적 사건들이 어떤 성격을 가지는지, 또한 이 사건들을 처음으로 전해들은 초기 예루살렘 교회의 예수 추종자들이 어떤 정황에 처해 있었는지를 형상화한다. 초기 예루살렘 교회가 처해 있었던 위험한 상황은, 예수 자신도 붙잡히시기 전에 경험했던 바로 그 위험이었다. 따라서 이 내러티브에서 볼 수 있는 신중한 행동은 마가가 이 내러티브를 구성할 때 사용한 신중한 방식과도 일맥상통한다. 이런 전제는 예루살렘 교회 안에서 형성된 수난 내러티브에도 해당되며, 따라서 마가가 이 내러티브를 썼을 때에도 이것이 이야기되는 방식 안에 있는 전통적 특징으로서 유지되었다.

마가복음의 익명인들이 요한복음에서는 이름이 밝혀짐

이제 우리는 왜 마가복음에서는 익명으로 나온 인물들이 요한복음에서는 이름이 밝혀져 있는지를 설명할 것이다. 문제의 인물들은 다음과 같다.

기름을 부은 여자	마르다의 여동생인 마리아(요 12:3)
칼을 쓴 사람	시몬 베드로(요 18:10)
대제사장의 종	말고(요 18:10)

우리는 이런 사례를, 후대로 갈수록 전승에 이름이 추가되는 경향이 있다는 주장에 대한 실증으로 여겨서는 안 된다. 제3장에서 보았듯이, 4세기 전에 이런 경향이 있었다는 증거는 거의 없다. 더욱이 이런 설명은 수난 내러티브에서 이 특별한 사례들이 가지는 특이점들을 무시한다. 이미 보았듯이, 마가가 이들의 이름을 밝히지 않은 데는 타당한 이유가 있는 것 같다. 우리는 마가가 예수께 기름을 부은 여자와 칼을 휘두른 남자의 이름을 밝히지 않았을 뿐 아니라, 이들의 정체까지 모호하게 처리하여 이들과 예수 및 예수의 제자들 간의 관계를 매우 불명확하게 남겨놓았음을 관찰했다. 반면에 요한이 이 인물들의 이름을 밝힌 데에는 분명한 목적이 있다. 먼저 겟세마네 이야기를 살펴보자. 요한이 칼을 휘두른 남자를 베드로라고 밝힌 것은 분명히 요한의 인물 묘사의 한 측면으로 설명된다.[24] 이런 행동은 성질 급한 베드로의 성격과 딱 들어맞는다. 베드로는 예수께 헌신하여 기꺼이 목숨을 내놓으려 하면서도 그분의 소명과 뜻을 심각하게 오해하는데, 요한은 이런 베드로의 모습을 특히 13:36-38에서 묘사하고 있다. 겟세마네에서 칼을 휘두른 남자를 베드로라고 밝힌 것은 요한이 영감

---

24) 제7장에서 언급했듯이, 베드로의 성격에 대한 요한의 묘사는 마가의 묘사와 매우 유사하다.

을 토대로 추측한 것일 수 있다. 그러나 저자가 대제사장의 종을 말고라고 밝힌 것은 이해하기가 더 어렵다.

네 복음서가 모두 이 인물을 "대제사장의 그 종"(the servant of the high priest)으로 부른다는 점은 주목할 만하다(마 26:51; 막 14:47; 눅 22:50; 요 18:10). 대제사장은 하나뿐 아니라 훨씬 더 많은 종이나 하인을 거느렸을 것이다. 또한 요한복음 18:26은 이런 둘 이상의 종들이 예수를 잡으러 겟세마네에 왔다고 말한다. 이런 이유로 주석가들은 "그"라는 정관사의 의미가 무엇인지 설명해야 할 압박을 심하게 받아왔다. 어쩌면 이 정관사는 대제사장의 그 종이 예수를 붙잡으러 온 관원들의 책임자임을 의미할 수도 있다. 즉 그는 무리에서 가장 중요한 인물이었다. 하지만 초기 예루살렘 교회는 이런 이유뿐 아니라 그 종에게 여전히 남아 있는 상처 때문에, 다시 말해 베드로가 저질렀으나 아직까지도 그가 가해자임이 드러나지 않은 미해결 범죄 때문에 그 종의 이름을 기억하고 있었을 가능성도 있다. 말고는 대제사장의 측근 중 영향력 있는 인물로 예수의 제자들에게 사적인 원한을 품고 있었다.

요한복음에서는 독특하게도, 베드로가 예수를 세 번째로 부인한 기사에서 그 종을 언급한다. 요한복음의 겟세마네 기사를 볼 때, 베드로는 자신이 예수의 제자인 것은 물론, 대제사장의 종을 공격한 것이 발각될까 두려워함을 알 수 있다. 여기서 요한이 칼을 휘두른 사람을 베드로라고 밝힌 점과, 예수를 부인한 베드로의 비참한 실패 사이에는 일종의 연관성이 존재한다. 이런 연관성은 역사적으로 설득력 있다. 물론 이 연관성을 탁월한 스토리텔러인 요한의 독창적 기술이라고 볼 수도 있겠지만 말이다. 그러나 우리의 논의에 비추어볼 때 요한복음만이 두 사건, 즉 베드로가 칼을 휘두른 사건과 예수를 부인한 사건을 연계했다는 이유로 이 두 사건이 역사적으로 무관하다고 주장하는 것은 불가능하다. 마가 이전의 수난 내러티브(이 지점에서는 마가는 물론, 다른 공관복음서 저자들도 마가를 통해 이 수난 내러티브에 의존함)에서는 두 사건이 연계되지 않았으며, 대제사장의 종의 귀를 자른 사람이 베드로라고 밝혀지지 않았을 수도 있다. 베드로의 부인의 동기가 된 두려움이 얼마나 컸는가는, 결국 베드로라는 인물의 정체가 드러나지 않으면 설명되지 않는다. 다시 말해 요한은 칼을 휘두른 이가 베드로라고 밝힘으로써, 베드로가 비참하게 실패한 이유를 더 충실히 설명할 수 있었다.

물론 요한은 내러티브에서 베드로의 이름을 숨겨 그를 보호해야 할 필요가 사라진 뒤(즉 그가 죽은 후) 자기 복음서를 썼다. 마태나 누가와 달리, 요한은 독립된 경로를 통해 초기 예루살렘 전승들에 접근할 수 있었는데, 이 전승들에서는 대제사장의 종을 공격한 이가 누구인지 암암리에 알려져 있었다. 요한은 그 종의 이름이 말고임을 밝혔는데(18:10; 하지만 18:26에서는 밝히지 않음), 이것도 베드로가 자신의 행동으로 인해 처한 위험을 부각시켰을 것이다. 베드로가 공격한 남자의 정체도 널리 알려져 있었다.

마가가 예수께 기름 부은 여자의 이름을 밝히지 않은 이유와, 요한이 초기 예루살렘 교회의 전승에 독립된 경로로 접근할 수 있었음을 고려할 때, 우리는 왜 요한이 마가복음에서 익명으로 나타나는 이 여인을 마르다의 자매며 나사로의 누이인 마리아라고 밝혔는지 쉽게 이해할 수 있다. 그러나 우리가 요한이 이 여인의 이름을 올바로 밝혔다고 인정한다면, 더 흥미로운 결과가 나온다. 요한의 수난 내러티브에는 예수께 기름 부은 여자만큼이나, 아니 그녀보다 훨씬 더 "보호를 위한 익명성"이 필요한 인물이 하나 있다. 바로 그가 이 여인의 오라비인 나사로다. 요한복음은 "대제사장들이 예수와 마찬가지로 나사로도 죽일 계획을 세웠다"(12:10)라고 명시적으로 보고한다. 예루살렘 교회의 초기 활동 시기에는 나사로의 이름을 밝히지 않고 그의 이야기를 하는 것만으로는 나사로를 보호할 수 없었을 것이다. 이 지역에서는 나사로 이야기가 아주 유명했기 때문에, 이름을 밝히지 않고 이야기만 전해도 그것이 나사로 이야기라는 것을 쉽게 알 수 있었기 때문이다. 나사로의 경우에는 "보호를 위한 익명성"이 효과를 가지려면, 공적으로 그 이야기를 할 때 이 인물을 완전히 제거하는 형태를 취해야 했다.

요한복음의 나사로 이야기의 역사성을 완강히 부인하는 견해—또는 이 이야기에 역사적 근거가 있음조차 부인하는 견해—는 이 이야기가 공관복음서에 나타나지 않는다는 사실을 근거로 삼고 있다. 물론 예수의 기적 이야기 중에도 복음 전승을 기록한 책들 중 어느 하나에만 포함되고 다른 책에는 빠져 있는 것들이 있다. 예를 들어 누가복음에는 나사로 이야기와 가장 유사한 나인 성 과부의 아들을 살린 이야기 같은 것이 기록되어 있지만, 마가복음에서는 찾아볼 수 없다. 우리는 모든 예수 전승 모음에서 똑같은 이야기를 발견할 수 있으리라고 기대할 수 없다. 또한 오직 한 복음서에만 등장한다고 해서 그 이야기의 역사성을 부인하는 주장도 타당하지 않다. 이 모든 것을 고려한다 해도 나사로 이야기는 특별한 사례다. 이 이야기는, 신학적 차원뿐 아니라 요한이 예수의 죽음까지 이어지는 일련의 사건을 설명한 내용에 비추어보아도 핵심적으로 중요하기 때문이다. 요한복음은 예수가 나사로를 살리신 일과 이 일이 백성에게 미친 영향 때문에 유대 관원들이 그분을 죽여야겠다는 결정을 내렸다고 말한다 (11:45-53). 바로 이런 이유 때문에 예수는 죽음을 맞으시기 일주일 전, 베다니에 도착하실 때 이미 생명을 잃을 위험한 처지에 계셨다. 예수가 나사로를 살리신 사건이 주목할 만한 사건이자 그분의 죽음을 가져온 핵심 사건이라면, 마가복음에 이 사건이 없는 것은—추측컨대 마가 이전의 수난 내러티브에도 없었을 것이다—확실히 수수께끼다. 그러나 나사로의 경우, 초기 예루살렘 교회가 공적으로 수난 내러티브를 이야기할 때 아예 그를 내러티브에서 빼버려야만 "보호를 위한 익명성"이 제대로 실현되었음을 인식하면, 이런 난점은 사라진다.

수난 내러티브에서 마가와 요한의 차이점 중, 요한이 정치적 혐의가 짙은 사건들에 독립적으로 접근하는 경로를 가지고 있었다는 주장을 뒷받침하는 근거가 하나 더 있다. 요한은 마리아가 예수께 기름 부은 때를 고난 주간의 시작 시점(요 12:1-8), 곧 예루살렘 입성(요 12:12-19) 전이라고 말한다. 반면에 이미 본 것처럼, 마가는 같은 사건이 유대 관원들이 음모를 꾸민 때, 곧 유월절 이틀 전(막 14:1)과 유다가 그들을 찾아간 때(14:10-11) 사이라고 이야기한다. 마가가 이렇게 사건을 배열한 이유는 그가 기름 부음과 이 특별한 정황을 연계하려 했기 때문이지, 전승 자체가 이 사건을 유월절 이틀 전에 벌어졌다고 일러주기 때문이 아니다. 기름 부음 사건 자체가 정확히 언제 일어났는지를 문제 삼는다면, 역사적으로 요한이 제시하는 시기가 매우 설득력 있다.[25] 예수는 메시아로서 베다니에서 기름 부음을 받으셨고, 그 다음날 메시아로서 예루살렘으로 들어가셨다. 물론 요한은 이 사건을 기록하면서 마리아가 예수의 머리가 아닌 발에 기름을 부었다고 서술하여, 이 일의 메시아적 함의를 마가보다 희석시켜놓았다(12:3). 그러면서도 요한은 이 사건을 예수의 예루살렘 입성과 직접 연결함으로써 이 사건의 메시아적 의미를 보존하고 있다.

다시 살피기: 벌거벗은 청년

마지막으로 우리는 마가의 겟세마네 기사에 나오는 다른 한 명의 익명인을 살펴볼 것이다. 다른 복음서는 벌거벗은 채 도망친 이 청년을 언급조차 하지 않는다. 그러나 이 청년에 대해서는 논의해야 할 흥미로운 점이 하나 있다. 만일 이 에피소드가 사실이고 창작되어 수난 내러티브 속에 첨가된 것이 아니라면, 이 이야기는 오로지 청년의 직접 증언으로부터 나왔을 것이다. (다른 제자들은 이 사건을 보았을 리가 없다. 또한 이 기사가 예수를 잡으러 온 무리에서 나왔을 리도 없다.) 이 이야기는 사건에 연루된 인물이 목격자로서 증언하는 사례다. 마가는 특별히 수난 내러티브에서는 이런 목격자들의 이름을 밝혀놓았다. 이미 언급했듯이, 바로 이것이 마가복음의 많은 등장인물들이 익명임에도 불구하고, 일부 인물은 이름이 밝혀져 있는 주된 이유다.

---

25) Elliott, "The Anointing," 107도 이 점을 인식하고 있다.

그러나 이 청년은 앞의 규칙을 증명하는 예외라고 할 수 있다. 그는 목격자로서 "보호를 위한 이름 감추기"가 필요한 인물이기에, 마가 이전의 수난 내러티브에서는 이름이 밝혀지지 않았다. 그러나 이 이야기를 듣는 이들은 이 청년이 누구인지 잘 알았을 것이다. 그렇다면 마가는(혹은 이런 문제가 있는데도 초기 수난 내러티브는) 왜 이 사건을 이야기했을까?

이 사건의 수수께끼 같은 본질은 학자들의 흥미를 불러일으켰고, 다양한 사변적 해석들을 야기하는 자극제가 되었다. 이런 해석들은 상징적 해석부터, 사건 배후의 요소들을 사실에 가깝게 재구성하면서 청년의 정체성을 밝히려는 해석에 이르기까지 그 폭이 매우 넓었다.[26] 이 이야기가 순전히 풍유적·상징적 이유에서 구성되었다고 보는 것은, 마가의 수난 내러티브의 나머지 부분과 어울리지 않을 뿐더러, 이 사건의 내러티브와 앞서 예수가 겟세마네에서 붙잡힌 기사 사이의 연관성을 무시하고 있다.[27] 이 이야기는 예수와 함께하던 다른 모든 이들이 "그분을 버리고 도망친"(14:50) 사실과 분명히 관련되며, 다른 제자들이 다 떠난 상황에서도 이 청년만이 혼자 남아 있었다는 의미를 담고 있는 것 같다. 성전 경비병들은 청년을 쫓아내려 했으나, 그는 계속해서 예수를 따라가려고 했다. 하지만 예수를 잡으려는 이들이 자신도 잡으려 하자, 그도 도망하고 말았다.

하워드 잭슨(Howard Jackson)은 그리스 문헌으로부터, 누군가가 옷을 버리고 벌거벗은 채로 도망가는 모티프를 담은 유사 본문들을 수집했는데, 이는 매우 유용하다. 그는 앞과 같은 일이 쉽사리 벌어질 수 있었다고 지적한다.

26) Brown, *The Death of the Messiah*, vol. 1, 294-302은 학자들의 해석을 폭넓게 검토한 후 유익한 결과를 제시하고 있다.

27) 상징적 해석에 반대하는 견해에 대해서는 Brown, *The Death of the Messiah*, vol. 1, 302-3도 보라.

이 본문에 등장하는 청년은 *sindōn*을 입고 있었을 가능성이 아주 높은데, 이런 고대의 겉옷과 망토는 말 그대로 소매가 없는 사각형의 천이었다. 통상적으로 사람들은 이런 옷을 몸에 두르거나 걸치면서 고정하는 띠나 핀 같은 장치를 사용하지 않았다. 이러다 보니 일상상황에서도 몸을 움직이기만 하면 옷이 벗겨지기 일쑤였다. 급박한 상황에서 과격하게 행동하면, 특히 팔과 다리를 갑자기 쓰는 동작을 하기라도 하면, 실제로 이런 옷은 떨어져나가듯 벗겨질 수밖에 없었다.[28]

이처럼 고대 세계의 삶에서는 이 청년에게 일어난 일이 특별하지 않았다. 그런 점에서 이 이야기를 공들여 상징으로 설명할 필요가 없다.

마가에게서 유래했든 역사적으로 정확한 초기 전승에서 유래했든(나는 후자일 가능성이 크다고 본다), 이런 일은 일상생활에서 공통으로 경험하는 것이었기에, 마가는 청년이 옷을 흘리고 벌거벗은 채 도망한 일을 내러티브에 충분히 포함시킬 수 있었다. 이 모티프는 처절한 공포와 수치스러운 알몸으로 비겁하게 도망치는 모습을 생생히 묘사한다. 이런 살아 있는 묘사는 이 체포 기사를 포괄하면서, 막판에 몰려 맨몸뚱이로라도 벗어나려는 심정, "각자가 알아서 자기 살길을 찾아야 하는" 분위기를 실감 나게 강조해준다. 이 모티프를 사용해서 마가는 예수가 버림받는 이 사건에, 호소력 넘치는 강력한 시각적 이미지로 된 절정을 제공한다.[29]

---

28) H. M. Jackson, "Why the Youth Shed His Cloak and Fled Naked: The Meaning and Purpose of Mark 14:51-52," *JBL* 116(1997), 280. 그러나 클립이나 버클 같은 것으로 옷을 고정시켰다는 B. Saunderson, "Gethsemane: The Missing Witness," *Bib* 70 (1989), 230의 주장에도 주목하라.

29) Jackson, "Why the Youth," 285-86.

따라서 마가가 이 청년의 사건을 포함시킨 것은 이미 50절에서 만들어진 장면을 더 부각시키려는 목적 때문인 것 같다. 하지만 청년에게 발생한 사건이 보통 일어날 수 있는 일이었다는 점에서, 마가는 겟세마네에 그가 있었음을 강조할 목적으로 이 역사적 사건을 보고했을 수도 있다. 현대에 와서는 그를 마가복음 저자라고 흔히 이해되는 마가 요한으로 보는 견해가 큰 인기를 얻었다. 테오도르 찬(Theodor Zahn)이 말했듯이, "마가는 자기 작품 한 귀퉁이에 자신을 조그맣게 그려놓았다."[30] [이 장면은 그림 그리듯 묘사했다는 표현으로는 부족하다. 마가의 묘사에는 유럽 화가들의 관습과 유사한 점이 있다. 존 페인터(John Painter)는 더 현대적 색채를 띤 다음과 같은 유비를 제시한다. "이는 마치 알프레드 히치콕이 자기 영화 속에 카메오로 등장했다가 순식간에 사라지는 것과 같다."[31] 이런 비교가 암시하는 것은 있지만, 그렇다고 고대 문학의 문학적 관습에서 발견되는 증거를 대신할 수는 없다. 하지만 이런 증거는 제시되기 힘든 것 같다.]

이 청년이 마가복음 저자라는 주장은, 빈번히 이 주장과 결합되는 정교한 시나리오들—즉 그의 차림새로 짐작하건대 그가 잠을 자다가 허겁지겁 옷을 챙겨 입고 나왔다고 결론짓는—과 분리해야 한다.[32] 당시에는 튜닉과 겉옷이라는 두 벌 옷을 입는 것이 통상적이었다. 하지만 한 벌만 입었다고 볼썽사납거나 부적절하지는 않았다. 마가는 청년이 겉옷만을 입고 있었다고 지적한다(분명히 겉옷으로 자기 몸을 점잖게 감싸고 있었을 것임). 이렇게 한 벌만 입었기 때문에, 그는 옷이 벗겨지자 당황하고 부끄러워한다(물론 겉옷 안에 고의는 입었을 것임).[33] 따라서 그의 옷이, 청년이 마지막 만찬 때부

30) V. Taylor, *The Gospel according to St. Mark* (London: Macmillan, 1952), 562에서 인용했다.

31) J. Painter, *Mark's Gospel: Worlds in Conflict* (NT Readings; New York: Routledge, 1997), 193. 페인터 자신은 그 청년이 마가라고 생각하지 않는다.

32) 참고. Brown, *The Death of the Messiah*, vol. 1, 299.

33) 일부 학자들은 이 청년이 겉옷과 튜닉을 다 입었지만 도망칠 때는 오직 튜닉만 입고 있었다고 주장하는데, 이 주장은 설득력이 없다. 이렇게 튜닉만 입은 상태를 "벌거벗다"(*gymnos*)라는 말로 묘사할 수 있는지의 여부는 차치하고, 이 사건을 언급할 가치가

터 겟세마네까지 예수 및 그의 제자들과 동행했다거나, 또는 당시 감람산 비탈에서 야영하던 순례자들[1]처럼 그도 다른 목적 때문에 우연히 거기에 있었다고 가정하는 데 장애가 되지는 않는다.[34] 전자의 견해가 더 가능성이 높은 것 같다. 이 청년이 단순히 호기심 때문에 거기에 있었다면, 다른 이들이 다 도망친 뒤에도 예수와 예수를 붙잡으러 온 자들을 계속 따라갔을 리가 없기 때문이다. 더군다나 예수를 붙잡으러 온 무리는 이 청년도 붙잡으려 했는데, 이는 그를 예수 무리 중 하나로 간주했다는 의미다. 그를 다른 제자들과 함께 겟세마네까지 동행한 예수 지지자 중 한 사람으로 보지 않을 이유는 딱히 없다. 물론 마가는 열두 제자에게만 관심을 기울이고 다른 제자들은 가끔씩만 언급한다. 하지만 이런 이유만으로 마지막 만찬에 열두 제자만 있었다고 상상할 필요는 없다.

만일 이 청년의 이름이 나오지 않는 것이 타이센의 주장처럼 "보호를 위한 익명성"의 사례라면, 그가 마가 요한의 이름 없는 분신이라고 가정하는 것도 불필요한 중복인 것 같다. 더욱이 앞에서 보았던 대로, 근래 학자들의 생각보다 훨씬 더 신뢰할 수 있는 인물인 파피아스는 마가가 예수의 말씀을 직접 들은 자도 아니고 그분의 제자도 아니었다고 주장한다(유세비우스, 「교회사」 3.39.15). 또 다른 학자는 이 청년이 나사로라고 주장했다. 실제로 이 주장은 우리가 "보호를 위한 익명성"에 대해 제시한 논증과 잘 맞아떨어진다.[35] 나사로가 수배중이었다는 사실은, 예수를 잡으러 온 무리가 이 청년도 붙잡으려 한 이유와 마가가 청년의 이름을 밝히지 않은 이유를 모두 설명해준다. 한 걸음 더 나아가 마이클 해런(Michael Haren)은 청년의 아마포 옷이 나사로를 싼 수의였으며, 그가 이 옷을 입고 다니는 바람에 부활의 기적을 증명하는 산 증거로서 예루살렘에 다 알려졌으리라고 주

있는 것이 바로 이 문제 때문인데, 그가 튜닉을 입었다면 부끄러워할 이유가 없을 것이다.

34) Saunderson, "Gethsemane," 232은 후자를 주장한다.

35) M. J. Haren, "The Naked Young Man: A Historian's Hypothesis on Mark 14,51-52," *Bib* 84 (2003), 525-31.

장하는데[36] 이는 불필요한 억측이다(이미 보았듯이 그의 옷차림은 특별한 설명이 필요 없이 평범했음). 이런 주장은 나사로가 목숨을 잃을까봐 두려워했다는 견해와도 일치하지 않는다. 하지만 이 청년을 나사로와 동일인으로 보는 견해 자체는 옳을 수 있다. 어쩌면 마가 이전의 수난 내러티브는 목격자들을 보호할 목적으로 그 이름을 밝힐 수 없어 결국 나사로가 진짜 유명해지게 된 이야기를 들려줄 수 없었지만, 그를 겟세마네에서라도 익명으로 잠깐 등장시켜 그가 중요한 인물임을 인정했던 것 같다. 하지만 불행히도 이런 사례는 본질상 확실하다고 할 수 없다.[37]

바바라 손더슨(Barbara Saunderson)은 이 청년이 자신이 도망친 이야기뿐 아니라, 겟세마네 사건들에 대한 마가의 선행하는 내러티브에도 자료를 제공한 목격자라고 주장했다. 마가복음 14:43-50의 경우에는 열두 제자나 특히 베드로 외에 다른 자료 출처가 필요하지 않다. 그러나 예수의 겟세마네 기도를 다룬 마가의 기사(14:32-42)는 다른 문제다. 이 기사를 훑어보면 여기에는 한 가지 문제점이 있다. 예수는 특별대우를 받은 세 제자를 제외한 다른 이들에게는 당신의 말소리가 미치지 않는 곳으로 가신 것 같다. 그뿐 아니라 세 제자도 잠이 들어 예수의 기도 소리를 들을 수 없었다. 예수가 기도하시다가 제자들에게 오셔서 깨어 있으라고 당부하는 일이 세 번 반복되었지만, 그때마다 제자들은 금세 다시 잠들어 스승의 기도의 취지를 파악하지 못했다. 결국 마가가 보고하고 있는 것도 이것이 전부였다. 이런 점을 지적한다면, 이 기사의 문제점도 어느 정도 해결될 수 있다. 그러나 바바라 손더슨은 벌거벗은 채 도망한 청년이 "사라진 목격자"[38]

---

36) Haren, "The Naked Young Man," 530-31.

37) J. A. Grassi, *The Secret Identity of the Beloved Disciple* (New York: Paulist, 1992), 111은 이 청년이 요한복음에 나온 예수가 사랑하신 그 제자라고 주장한다. 여기에는 달리 더할 것이 없다.

38) Saunderson, "Gethsemane." E. Lohmeyer, *Das Evangelium des Markus* (Göttingen: Vandenhoeck und Ruprecht, 1963), 324은 이 청년이 예수의 체포 장면을 본 목격자에 포함된다고 암시했다.

이며, 베드로와 야고보와 요한이 깊이 잠든 동안 이 청년은 예수의 기도 소리를 들었다고 주장했다. 이 책에서 우리는 복음서에 담긴 특정한 전승들의 목격자 출처는 대개 이름이 밝혀지지만, 이 청년의 사례는 특수할 수 있음을 논증했다. "보호를 위한 익명성"의 필요성은 목격자의 이름을 밝히는 관습보다 더 강했던 것 같다. 손더슨의 주장도 옳을 수 있지만 그것을 확신하기는 불가능하다.

역자 주

1. 이때가 유월절 무렵이었기 때문에 유대 땅은 물론이요 디아스포라 지역에서도 유대인들이 명절을 쇠려고 예루살렘으로 몰려들었을 것이다. 그러나 예루살렘은 숙박 시설이 부족했기 때문에 많은 순례자가 예루살렘 근교로 흩어지거나 심지어 노숙을 하기도 했다. 자세한 내용은 『예수 시대의 예루살렘』(한국신학연구소 역간), 86-90쪽을 보라.

제 9 장

마가복음과 마태복음에 대한 파피아스의 보고

제2장에서 우리는 교회사가 유세비우스가 히에라폴리스의 파피아스의 「주의 로기아[1] 상해」 프롤로그로부터 발췌한 글을 논의했다. 거기서 우리가 발견한 것은, 복음 전승과 목격자 사이의 연관성에 대해 파피아스가 말한 내용을 진지하게 받아들일 충분한 이유가 있다는 것이었다. 그 글에서 파피아스는 주로 구술적 정보에만 관심을 보였지만, 프롤로그[2] 끝 부분을 보면 문자로 기록된 복음서 중 자신이 알던 것에 대해서도 논의한다. 유세비우스는 교리의 측면에서 파피아스를 신뢰할 수 있는지 하는 데서는 입장 표명을 유보하지만, 파피아스가 복음서의 기원에 대해 말한 부분은 중시하면서 특히 그가 마가복음과 마태복음에 대해 언급한 두 대목을 인용한다. 파피아스는 "그 장로"가 마가복음에 관한 이 언급을 들려주었다고 말한다. 그는 예수의 제자들 중 가장 장수한 자요, 제2장에서 논의한 본문에서 파피아스가 이미 언급한 그 장로 요한일 것이다. 파피아스가 마태복음에 대한 언급도 장로 요한으로부터 유래했다고 말했는지는 확실하지 않지만, 유세비우스가 그 대목을 소개하는 방식을 보면 출처는 장로 요한이 맞는 것 같다.[3]

다음의 글들은 마가복음과 마태복음의 기원에 대한 파피아스의 언급

---

1) 여기서 그리스어 로기아(*logia*)의 의미를 놓고 논쟁이 있기 때문에 나는 이 단어를 번역하지 않고 그대로 두었다. 아마도 이 단어는 대충 "예수가 말씀하고 행하셨던 것들을 상세히 설명한 것"이라는 의미다. 아래에 나오는 논의를 보라.

2) 유세비우스는 이 발췌문이 파피아스의 프롤로그로부터 나왔다고 명시적으로 밝히지는 않는다. 하지만 파피아스의 저술에서 프롤로그는 이 발췌문에 어울리는 자리인 것 같다.

3) R. H. Gundry, *Mark: A Commentary on His Apology for the Cross* (Grand Rapids: Eerdmans, 1993), 1031.

인데, 여기에는 유세비우스의 소개가 붙어 있다.

> 이제 우리는 위에서 인용한 그(파피아스)의 말에 이 복음서를 쓴 마가에 관한 전승을 덧붙여야 한다.
>
> 그 장로는 이렇게 말하곤 했습니다. 베드로의 번역자(*hermēneutēs*)였던 마가는 주가 말씀하셨거나 행하셨던 것들에 대해 그(베드로?)가—비록 정돈된 형태는 아니었어도(*ou mentoi taxei*)—기억해낸 많은 것들을 능력껏 정확하게 기록했습니다. 이는 그(마가)가 주께 직접 듣지 않았고 주와 함께하지도[4] 않았으나, 내가 말했듯이, 나중에 베드로에게 (듣고 그와 함께했기 때문입니다.) 베드로는 그의 가르침들을 일화(*chreiai*) 형태로 제시하곤 했지만, 주의 로기아(*logia*)를 질서 있게 배열한 것을(*syntaxin*) 제시하려는 뜻은 갖고 있지 않았습니다. 결국 마가는 그(베드로?)가 기억을 되살려 이야기한 그대로 몇몇 개별적 사항을 기록했으며, 이때 아무런 잘못도 범하지 않았습니다. 이는 그가 들었던 것을 생략하거나 어떤 것을 왜곡하는 데는 관심을 갖지 않았기 때문입니다.
>
> 따라서 이것은 마가에 관한 파피아스의 설명이다. 그러나 마태에 대해서는 다음과 같은 말이 있었다.
>
> 그리하여 마태는 그 로기아를 질서 있게 배열하여(*synetaxato*) 히브리어로(*hebraidi dialectō*) 적었으나, 각 사람이 능력껏 최선을 다해 그것들을 해석했습니다(유세비우스, 「교회사」 3.39.14-16).

4) 통상적으로 이 단어는 "따랐다"(followed)로 번역되지만 현대 영어에서는 이렇게 번역하면 오해가 생길 수 있다. 동사 *parakoloutheō*의 의미는 "…뒤를 따르다"보다는 "…와 친밀히 동행하다"이다.

마가복음에 대한 파피아스의 이 언급에는, 베드로의 가르침이 이 복음서 배후에 자리해 있다는 주장이 처음으로 분명히 등장한다. 이런 이유로 과거 백 년이 넘는 세월 동안 복음서를 연구한 근대의 학자들은 이 내용을 꼼꼼히 조사하고 논의해왔다. 지금도 일부 학자들은 이 내용을 마가복음의 기원에 관한 중요 증거로서 진지하게 다루지만,[5] 20세기에는 이것이 역사적 가치가 없다고 여기는 것이 통설이었다. 물론 마가복음 저자를 마가라는 어떤 인물로 보는 것이 정확할 수도 있다. 그러나 앞의 통설에 따르면, 이 인물이 신약성경(사도행전과 서신서)이 말하는 마가 요한이라고 생각할 이유는 없다. 이 라틴어 이름(*Marcus*)은 라틴어는 물론이요 그리스어(*Markos*)에서도 흔하게 사용했기 때문이다. 우리는 유세비우스의 글을 통해 파피아스가 베드로전서를 인용했음을 알고 있다(「교회사」 3.39.17). 이는 베드로와 신약성경의 마가라는 인물이 서로 밀접한 관계임을 증명하는 증거인 것 같다. 학자들은 파피아스가 마가라는 알려지지 않은 저자가 쓴 복음서에 사도적 권위를 부여하기를 바란 나머지, 베드로전서 5:13을 사용해서 이 마가가 베드로의 절친한 동역자임을 밝힘으로써 자신이 강조하는 마가복음과 베드로 사이의 연관성을 만들어냈다고 주장한다.[6]

하지만 마가복음에 대한 파피아스의 언급을 다시 살펴보아야 할 중요

---

5) 예를 들어 M. Hengel, *Studies in the Gospel of Mark* (tr. J. Bowden; London: SCM, 1985), 47-53; Gundry, *Mark*, 1026-45; S. Byrskog, *Story as History-History as Story* (WUNT 123, Tubingen. Mohr, 2000, reprinted Leiden. Brill, 2002), 272-92, B. Witherington, *The Gospel of Mark: A Socio-Rhetorical Commentary* (Grand Rapids: Eerdmans, 2001), 22-26.

6) 예를 들어 K. Niederwimmer, "Johannes Markus und die Frage nach dem Verfasser des zweiten Evangeliums," *ZNW* 58 (1967), 186; J. Marcus, *Mark 1-8* (AB 27; New York: Doubleday, 1999), 21-24; C. M. Tuckett, "Mark," in J. Barton and J. Muddiman, eds., *The Oxford Bible Commentary* (Oxford: Oxford University Press, 2001), 886; 참고. C. C. Black, *Mark: Images of an Apostolic Interpreter* [Minneapolis: Fortress, 2001(원본은 1994년에 University of South Carolina Press에서 출간됨)], 89.

한 이유가 있다. 첫째, 제6장에서 우리는 마가복음이 목격자 증언의 인클루지오라는 문학적 장치를 활용하여 베드로가 이 책의 목격자 출처임을 알려주며, 누가복음과 요한복음의 저자들도 같은 점을 이해하고 있었음을 논증했다. 바로 이것이야말로 파피아스가 제시하는 증거를 다시 보아야 할 가장 중요한 이유일 것이다. 둘째, 우리는 제7장에서 마가복음이 베드로의 시각을 빈번히 채택해서 사건들을 바라본다는 또 다른 내적 증거를 제시한 바 있다. 셋째, 우리는 유세비우스가 파피아스의 저술에서 발췌한 글을 제2장에서 살펴보고, 여기에 제시된 파피아스의 정보가 믿을 만하며 여러 복음서의 증거와 일치한다는 점을 발견했다.

마지막으로 파피아스는 마가복음의 기원에 관한 자신의 견해가 자기 생각이 아니라 "그 장로가 늘 말했던 것"이라고 주장한다. 만일 그 장로가 장로 요한, 즉 파피아스의 글을 통해 예수와 친밀했던 제자로 알려져 있던 인물을 가리킨다면(그럴 가능성이 아주 높다), 파피아스가 마가복음에 대해 이런 말을 한 때는 기원후 100년 이후가 아니었을 것이다. 파피아스가 장로 요한의 말을 정확히 보고했다면, 이는 상당히 이른 시기에 나온 증거요, 마가복음이 베드로의 구술과 어떻게 관련되는지 잘 아는 위치에 있던 사람에게서 나온 증거다. 우리는 파피아스가 그 장로의 말을 문자 그대로(*verbatim*) 인용한다고 생각할 수는 없다. 요컨대 파피아스는 그 장로가 다른 특정한 경우가 아니라 이 주제에 대해 "말하곤 했던" 것을 보고한다. 일부 학자들은 마가복음에 대한 파피아스의 언급에는 그 장로로부터 인용한 부분이 아주 많다고 보면서, 나머지 부분만을 파피아스가 붙인 설명으로 간주했다. 하지만 파피아스의 이 언급을 이런 식으로 나누기는 어렵다.[7] 오히려 파피아스는 자신이 기억하는 장로의 말을 자기 언어로 패러프레이즈 했을 가능성이 크다. 파피아스가 자신의 설명 중 얼마만큼을 장

---

7) J. Kürzinger, *Papias von Hierapolis und die Evangelien des Neuen Testaments* (Regensburg: Pustet, 1983), 45.

로의 말이라고 했는지는 가려내기가 불가능하다. 하지만 우리는 파피아스가 왜곡하는 것이 아니라면, 장로가 마가복음이 베드로의 가르침을 반영한 방식에 대해 무엇인가를 말하고 있다고 가정해야 한다. 그럴 경우, 베드로전서 5:13은 마가복음 저자가 베드로와 연관된다는 주장의 근거가 될 수 없다. 파피아스는 오히려 이 구절을 장로의 말을 확증하는 보강 증거로 인용했던 것 같다. 단지 파피아스가 마가복음이 베드로의 가르침에서 유래했다는 자신의 새로운 생각을 뒷받침할 목적으로, 그 장로의 말을 꾸며냈다고 추정하는 것은 불필요한 회의론이다. 클리프턴 블랙은, 이런 생각이 파피아스가 베드로전서 5:13에 근거해서 지어낸 억측이라면 "왜 그는 이 전승이 존경받는 사도이자 베드로전서의 저자로 추정되는 베드로 자신에게서 직접 왔다고 하지 않고, 장로 요한처럼 어중간한 중간 단계 인물로부터 왔다고 말했는지" 질문하고 있다.[8] 파피아스가 베드로와 마가복음의 연관성을 장로 요한으로부터 듣고 알았다는 점에 의문을 제기하려면 더 타당한 이유가 있어야 한다.

베드로의 번역자인 마가

마가복음의 기원에 대한 파피아스의 언급이 정확히 어떤 의미인가에 대해서는 몇 가지 논쟁이 있었다. 첫 번째로 밝힐 문제는 마가가 "베드로의 번역자"라는 수상이 무슨 의미인가 하는 것이다. 그리스어 명사 *hermēneutēs*는 동사 *hermēneuō*와 관련되는데, 파피아스는 나중에 마태복음에 대해 말할 때 이 동사를 사용한다("각 사람이 그것들을 해석했습니다"). 이 두 단어는 해석을 의미하지만 이 해석은 (1) 한 언어에서 다른 언어로 옮기는 번역의 의미일 수도 있고, (2) 설명이나 해설의 의미일 수도 있다. 파피

8) Black, *Mark*, 87-88.

아스의 말(그 장로께 들은 것을 보고한 말)은 마가가 베드로의 번역자였다는 뜻일까, 아니면 베드로의 가르침이 무슨 뜻인지 설명하는 해설자였다는 뜻일까? 많은 학자들은 후자의 가능성을 지지했다. 그러나 마가복음에 대한 파피아스의 계속되는 언급을 보면 후자가 맞는 것 같지는 않다. 파피아스의 말 전체를 보면, 마가가 자신의 복음서에서 베드로에게 들은 말을 정확히 재생했음을 강조하려는 의도가 드러난다. 파피아스는 마가복음의 심각한 결점이 될 수도 있는 측면—즉 이 책에 "질서 있는 배열"을 볼 수 없는 점—을 이런 식으로 변호하고 있는 것이다. 마가는 베드로가 기억을 떠올리며 말한 것을 가감 없이 기록하려고 했다. 이런 강조는 마가를 베드로가 말한 것을 해석할 자유를 가졌던 이로 인정하기보다는 베드로의 "번역자"로 부르는 편과 더 자연스럽게 어울린다.

베드로에게 번역자가 필요했을까? 많은 학자는 베드로도 분명히 그리스어를 말할 수 있었으므로 번역자가 필요하지 않았으리라고 생각한다. 베드로는 생애 초기를 이방인이 다수인 벳새다에서 보냈다. 마커스 복뮬(Markus Bockmuehl)은 이런 점을 고려하여 "베드로가 유대인이 소수이고 두 언어를 사용하는 상황에서 성장했을 가능성이 아주 크다"라고 말한다.[9] 더욱이 베드로는 복음을 전도하는 동안 자신의 그리스어 실력을 향상시켰을 것이다. 그렇다고 베드로가 마가 요한처럼 자기의 말을 더 세련되고 자연스러운 그리스어로 전달해줄 번역자의 도움을 원하지 않았으리라는 의미는 아니다. 마가 요한은 디아스포라 유대인 가정에서 태어나 예루살렘에서 교육을 받은 듯하다.[10] 이런 이유로 그는 충분히 유능한 번역

---

9) M. Bockmuehl, "Simon Peter and Bethsaida," in B. Chilton and C. Evans, eds., *The Missions of James, Peter, and Paul* (NovTSup 115; Leiden: Brill, 2004), 82. 반면에 요 12:21-22이 베드로보다 역시 벳새다 출신인 빌립과 베드로의 형제 안드레를 그리스어에 능통한 제자들로 간주한다는 점은 주목할 만하다. 어쩌면 베드로는 그리스어에 그리 능통하지 않았을 수도 있다.

10) 여기서 나는 이 복음서의 저자 마가가 사도행전의 마가 요한(행 12:12, 25)이요, 바울 서신의 마가(골 4:10)와 동일인이라고 추정한다. 앞에서 보았듯이, 마가복음과 베드로

자 역할을 할 수 있었을 것이다. 만일 파피아스가 묘사하는 상황이 로마에서 일어났다면, 마가가 베드로의 말을 라틴어로 통역했다는 추측도 할 수 있겠지만, 이런 가능성은 떨어진다. 그리스어는 로마에서도 널리 사용되었으며 2세기 내내 로마의 그리스도인 공동체가 사용하는 언어였기 때문이다. 만일 마가가 베드로의 아람어를 그리스어로 통역했다면, 이는 베드로가 그리스어 사용 지역에서 설교할 때 마가가 그리스어로 통역했다는 의미일 수 있지만, 도리어 마가가 베드로의 말을 글로 기록하고자 번역했다는 의미일 수도 있다. 후자가 파피아스가 말하려는 의미일 가능성이 높다. 베드로는 직접 말로 가르칠 때는 다소 거친 자신의 그리스어에 만족했겠지만, 이를 문자로 기록할 경우는 자신의 모국어인 아람어로 말하고 마가를 시켜 이를 더 정확한 그리스어로 번역하는 편을 선호했을 것이다. 여기서 우리는 유대인 역사가 요세푸스조차 자신이 그리스어를 유창하게 구사했음에도, 문학작품에 사용되는 훌륭한 그리스어로 기록할 때는 비서들을 두어 일을 돕게 했다(「아피온 반박」 1.50)는 사실을 기억해야 한다. 마가가 구사하는 그리스어는 문학적 관점에서 볼 때 그리 탁월한 그리스어는 아니었다. 그러나 마가의 언어 실력은 가르침을 기록하는 번역자 역할을 하는 데에는 베드로 자신의 것보다 훌륭했을 것이다.

만약 이것이 이 상황에 대한 파피아스의 이해라면, 이 이해는 학자들이 파피아스의 글에서 받아온 인상과 다소 다르다. 이 경우 우리는 마가가 구술 전달에서는 베드로의 통역자로 활동하다가, 나중에는(베드로의 죽

사이의 연관성을 부인하는 학자들은, 사도행전의 마가 요한과 바울 서신의 마가를 동일인으로 보는 주장에 의문을 제기해왔다. 게다가 Black, *Mark*는 신약에 나타나는 마가가 과연 단 한 명인지에 대해 의문을 표명한다: "이런 묘사들이 모두 단 한 사람을 지시한다는 주장에는 충분한 증거가 없다"(67). 이 견해와는 달리, 마가가 라틴어와 그리스어 이름에서 아주 흔한 이름이었다는 사실은, 초기 그리스도인 서술가들이 "마가"라 불리는 사람을 자세한 설명 없이 언급해도(골 4:10; 몬 24절; 딤후 4:11; 벧전 5:13) 그가 누구인지 사람들이 알 수 있으리라고 예상했다는 점으로 미루어 보아, 초기 기독교 운동 내부에서 지도자로 유명한 마가는 단 한 사람이었음을 암시한다.

음 이후) 자기 스스로 베드로의 말을 능력껏 기억해내어 그것을 글로 기록했다고 생각해서는 안 된다(마가가 베드로의 말을 자신의 언어로 설명할 자유를 가졌든 못 가졌든). 파피아스는 베드로와 마가가 함께 앉아 예수의 말씀과 행위의 전승들을 베드로가 구술하는 대로 마가가 기록하는 모습을 상상했을 수도 있다.[11] 마가는 베드로가 말하는 대로 번역하고 기록했으리라는 것이다.[12] (이 말이 옳다면 파피아스는 다음과 같은 말을 하고 있다. 즉 베드로가 예수에 관해 자신이 아는 전승을 이야기하면 마가가 이를 그리스어로 번역하여 기록한 경우가 많았으며, 그런 점에서 기록 내용을 질서 있게 모아 마가복음의 형태를 갖춘 이는 결국 베드로가 아니라 마가라는 것이다.)

좀 더 깊이 있는 연구에 들어가기 전에 우리는, 마가가 베드로의 *hermēneutēs*였다는 파피아스의 주장을 다르게 이해하는 세 번째 견해를 살펴보아야 한다. 앞서 보았듯이, *hermēneutēs*는 무엇을 설명하고 해설하는 사람이라는 의미에서 번역자나 해석자를 뜻할 수 있다. 그러나 요제프 퀴르칭어는 이 단어가 앞의 경우에 중개자나 보고자를 의미하며, 마가가 단순히 베드로의 가르침을 그대로 전하는 자임을 뜻한다고 주장했다. 이를 지지하는 증거로서 그는 수사학적 전문용어인 동사 *hermēneuō*의 활용을 제시한다.[13] 유세비우스의 저술에 발췌된 파피아스의 글 속에서, 파피아스 자신이 고대 문학비평이나 수사학의 용어를 사용했음을 실증한 것은 퀴르칭어의 공헌이라고 할 수 있다. 제2장에서 우리는 퀴르칭어의

---

11) Gundry, *Mark*, 1036은 파피아스를 이런 식으로 이해하는 것 같다.

12) 이렇게 이해하려면, 부정과거 분사인 *genomenos*를 주동사인 *egrapsen*보다 앞서 한 행동이 아니라 이 주동사와 동시에 행해진 행동을 지시한다고 보아야 한다: 이렇게 보면, "베드로의 해석자가 되어"가 아니라 "베드로의 해석자로서 그의 능력껏"으로 번역된다. 문법적으로 보면 둘 다 가능한 번역이다. Kürzinger, *Papias*, 47; Gundry, *Mark*, 1035-36을 보라.

13) Kürzinger, *Papias*, 45-46. 퀴르칭어의 견해를 따르는 학자로는 예를 들어 B. Orchard in B. Orchard and H. Riley, *The Order of the Synoptics: Why Three Synoptic Gospels?* (Macon: Mercer University Press, 1987), 188-89이 있다.

주장을 따라 파피아스의 단편을 번역하고 이해했다. 우리는 퀴르칭어의 이런 통찰이, 마가복음에 대한 파피아스의 언급 뒷부분에서도 선명히 드러남을 보게 될 것이다. 하지만 현재의 논지에서는 퀴르칭어의 주장을 받아들이기가 어렵다. 마가복음에 대한 파피아스의 언급의 요지—마가는 베드로의 말을 그대로 재생했다—만을 놓고 보면, 퀴르칭어의 주장은 그 요지와 일치한다. 이런 측면에서 퀴르칭어의 주장도 "번역자"만큼이나 파피아스의 의도를 잘 살리고 있다. 더욱이 문학작품의 구성을 논의하는 자리에서는 동사 *hermēneuō*를 "전달하다"나 "표현하다"의 의미로 사용하지만, 형용사 *hermēneutikos*와 명사 *hermēneia*도 비슷한 의미로 사용한다는 언급도 옳다(예를 들어 루키아누스, 「역사 기록 방법론」 24, 34, 43을 보라). 그러나 이런 경우 이 단어들은 "누군가의 생각이 말로 바뀌기까지 그의 내면에서 일어나는 움직임을 가리키지",[14] 누군가의 말을 다른 사람이 보고하는 것을 가리키지 않는다. 더욱 중요한 것은 명사 *hermēneutēs*를 타인의 가르침을 전달하는 자라는 의미로 사용한 증거가 전혀 없다는 점이다. 이 문맥에서는 "번역자"의 뜻으로 보는 것이 통설이요 더 자연스러워 보인다.

파피아스는 마가가 "들었던 것을 생략하거나 왜곡하는 데는 관심이 없었다"라고 주장하는데, 이것 역시 마가의 역할을 베드로의 단순한 번역자라고 보는 견해와 일치한다. 이 표현은 저자가 자신이 어떤 것도 생략하거나 덧붙이지 않았다고 주장할 때 통상적으로 사용된다.[15] 특히 이것은 역사 기록의 상투어였다. 이 문구는 가장 신뢰할 만한 목격자 증언의 특성(예를 들어 루키아누스, 「역사 기록 방법론」 47), 자료에 대한 역사가의 충실성[할리카르나소스의 디오니시오스, 「고대 비평에 관하여」(*De Veterum Censura*) 5], 또는 역

---

14) W. R. Schoedel, *The Apostolic Fathers*, vol. 5: Polycarp, *Martyrdom of Polycarp*, *Fragments of Papias* (Camden: Nelson, 1967), 107.

15) W. C. van Unnik, "De la règle Μήτε προσθεῖναι μήτε αφελεῖν dans l'histoire du canon," *Vigiliae Chritianae* 3 (1949), 1-36은 이 문구가 포함된 많은 사례들을 수집해 논의하면서도, 역사 기록에서 이 문구가 사용된 경우는 무시한다.

사가가 전개 과정 속의 모든 중요한 사건을 기록하면서도 불필요한 것은 덧붙이지 않도록 주의를 기울인다는 사실(디오니시우스, 「고대 비평에 관하여」 8)을 의미했다. 하지만 여기서 중요한 것은 이 문구가 번역자의 작업을 묘사할 수도 있었다는 점이다.

예를 들어 필론은 오경의 그리스어 역본(70인역)의 번역자들을 설명하면서 그들이 "무엇을 더하거나 생략하거나 바꾸지 않고 원래 형식과 형태를 유지하는 데" 심혈을 기울였다고 말한다[필론, 「모세의 생애에 관하여」(*De Vita Mosis*) 2.34].[16] 코르넬리우스 네포스(Cornelius Nepos)라는 필명을 사용한 라틴 저술가는 다음과 같이 주장한다.

> 아테네에서 많은 일로 분주한 동안, 나는 다레스 프리기우스(Dares Phrygius)가 자기 손으로 직접 쓴 역사를 발견했다. 나는 그것을 심히 사랑하여 한 줄 한 줄 번역했다. 나는 그 역사가 변경되어 내 자신이 쓴 책으로 보이는 일이 벌어지지 않으려면 아무것도 추가하거나 생략하지 말아야 한다고 생각했다.[17]

앞의 인용문의 저자는, 번역자가 원자료를 그대로 재생했다는 확신을 독자들에게 주고 싶어한다. 만일 번역자가 자신의 임무를 벗어나면, 사건과 독자들 사이에 왜곡을 가져올 수도 있는 하나의 층을 끼워넣을 수도 있다.

바로 이것이 파피아스의 관심사다. 마가의 접근법은 칭찬받을 만한데, 왜냐하면 독자로 하여금 베드로가 구술한 가르침을 직접 만나게 해주기

---

16) 「아리스테아스의 서신」(311)과 요세푸스(「유대 고대사」 12.109)는 이 말을, 원문이 널리 알려진 뒤에도 그것을 그대로 보존해야 할 의무와 관련지어 사용한다.

17) 라틴어 원문을 번역한 이 글은 S. J. D. Cohen, *Josephus in Galilee and Rome* (Leiden: Brill, 1979), 28에서 인용했다. 코헨은 두 번째 문장의 의미에 대해 판 위니크와 견해를 달리한다(28, 주 15).

때문이다. 마가는 단순한 번역 이상의 일을 하면서도, 독자가 베드로의 목격자 증언이라는 주된 자료를 만나도록 만들며, 베드로의 이야기와 독자들을 분리시키는 2차 자료를 지어내지 않는다. 파피아스는 "아무것도 생략하거나 덧붙이지 않았다"라는 상투어를 바꾸어, 마가가 아무것도 생략하거나 **왜곡하지 않았다**고 말한다. 하지만 이것이 마가가 베드로의 가르침에 무언가를 덧붙였을 가능성을 인정한다는 의미는 결코 아니다. 파피아스는 표준적 표현들을 바꾸어 쓰기를 좋아했다. 제2장에서 이미 다룬 "살아 있는 음성"이 그런 예인데, 파피아스는 이를 독특하게 바꾸어 "살아서 남아 있는 음성"이라고 표현한다. 그러나 이런 변형은 단순히 문체상의 문제가 아니다. 이 경우에 파피아스는 문구를 바꿈으로써 강조점을 더 분명히 드러낸다. 번역자가 자신의 자료에 무엇을 덧붙인다면, 그는 그 자료를 왜곡하는 셈이라는 것이다. 파피아스는 마가가 베드로가 아닌 다른 자료 출처로부터 추가로 전승을 끌어왔다고 생각하는 것이 아니라, 만일 마가가 번역자의 임무를 벗어나 베드로의 전승에 마가 자신의 말을 덧붙인다면, 이는 곧 그가 전승을 왜곡하는 것이라고 생각하는 것이다.

번역자들이 늘 번역에만 몰두한 것은 아니었다. 예를 들어 요세푸스는 자신의 「유대 고대사」를 가리켜 히브리 구약성경을 가감 없이 번역한 것이라고 주장했다(「유대 고대사」 1.5, 17; 4.196). 이런 경우는 매우 주목할 만하지만 예외 사례는 아니다.[18] 아래 인용문의 사례는 앞에서 인용한 네포스의 글과 특히 비교된다.

> 그러나 내가 각 사건을 옛적의 책에서 발견한 대로 내 작품 속에 기록했다 하여 나를 비난할 이는 아무도 없습니다. 나는 「역사」의 첫 부분부터 다른 사람들이 내 내러티브 속에서 부족한 점을 찾아내거나 비판하는 일이 벌어지지 않게 대비했습니다. 또 나는 다만 히브리인들의 책들을 그리스어로 번역하고,

18) Cohen, *Josephus*, 27.

내 자신이 만들어낸 것을 그 책들의 내러티브에 덧붙이거나 원래의 것을 생략함 없이 그 내용을 그대로 보고할 것을 약속한다고 말했습니다(「유대 고대사」 10.218; 참고. 1.17; 6.196; 14.1; 20.260-63).[19]

엄밀히 말해 이것은 진실이 아니다. 구약성경과 비교할 때 요세푸스는 빈번히 에피소드에 무엇을 덧붙이거나 생략하며 온갖 세밀한 변화를 준다. 방금 인용한 본문을 보면, 요세푸스는 역사 기록과 관련된 상투어를 앵무새처럼 반복할 뿐, 이를 진지하게 받아들이지 않는 것 같다.[20] 파피아스가 마가를 *hermēneutēs*로 규정하듯이, 요세푸스도 "번역자"가 어느 정도는 자신의 말로 원문을 풀어쓸 수 있음을 인정하는 동사들을 사용한다(여기서는 *metaphrazō*를, 1.5에서는 *methermēneuō*를 사용함). 어쩌면 파피아스도 마가가 이런 작은 자유를 누렸음을 인정하는 것 같다. 하지만 요세푸스처럼 파피아스도 "번역자"가 자료의 실제적 내용은 전혀 바꾸지 않는다고 주장한다. 또한 요세푸스와 달리, 파피아스는 이런 주장을 진지하게 받아들인 듯하다.

왜 파피아스가 앞의 주장을 진지하게 받아들였는지는 제2장에서 다룬 그의 단편을 기억해보면 알 수 있다. 이 단편에서 파피아스는 자신이 구술 복음 전승을 수집할 때 쏟은 신중함을 언급하면서, 다음과 같이 이 수집에 정당성을 부여한다. "나는 책에서 얻는 정보가, 살아서 남아 있는 음성에서 얻는 정보만큼 내게 유익하지는 않으리라고 생각했습니다"(유세비우스, 「교회사」 3.39.4). 앞에서 우리는 이 말이 파피아스가 문자 자료보다 구술

---

19) 이 본문 및 관련 본문들에 대해서는 S. Inowlocki, "'Neither Adding Nor Omitting Anything': Josephus' Promise not to Modify the Scriptures in Greek and Latin Context," *JJS* 56 (2005), 48-65을 보라.

20) Inowlocki, "Neither Adding"은 요세푸스의 주장이 원문 내용을 성실히 전달하면서도 정황에 맞게 고치는 것을 번역으로 보았던 고대의 번역관에 비추어 정당하다고 논증한다. 하지만 이런 번역관조차 요세푸스의 기록 습관 전체를 묘사하는 데 확장해서 적용될 수 있는 것은 아니다.

자료를 선호했다는 뜻은 아니라고 주장했다. 오히려 이 말은 그가 훌륭한 역사 기록의 관습을 따라 가능한 한 목격자의 직접 보고에 가까운 자료를 선호했다는 의미다. 파피아스가 선호한 것은 "살아서 **남아 있는** 음성", 곧 살아 있는 목격자로부터 나온 구술 자료였다. 파피아스는 목격자들의 직접적 구술 증언을 한 다리나 두 다리 건너 입수했다. 그렇지만 그는 이런 증언을 문자로 기록된 증언보다 선호했다. 왜냐하면 문자 자료는 왜곡되거나 심지어 위조될 수도(목격자 이름을 도용함) 있었기 때문이다.[21] 목격자들이 살아 있는 동안에는 이들과 이들의 전승을 전한 중간 전달자들을 만나서 질문할 수도 있었지만, 파피아스가 그의 프롤로그를 쓸 때처럼 그들이 모두 세상을 뜬 뒤에는 구술 증언을 선호하는 것이 더 이상 의미가 없었다. 이런 이유로 파피아스는 프롤로그에서, 문자로 기록된 복음서가 목격자의 구술을 어느 정도 대체할 수 있는지에 대해 다루어야 했다. 마가복음의 경우 마가 자신은 목격자가 아니었지만, 그는 베드로의 증언을 그대로 재생했다. 파피아스는 마가가 번역자로서 주도면밀하고 정확하게 베드로의 증언을 재생했다고 묘사한다. 마가처럼 목격자 증언을 그대로 재생한 경우, 마가복음은 "번역자들", 심지어 목격자 증언을 보고한다고 주장하던 이들조차 저지르던 왜곡에서 자유로울 것이기 때문이다. 실제로 마가복음에는 목격자가 기록한 본문이 없다. 그러나 파피아스의 주장처럼, 모든 목격자가 숨진 뒤에도 그들이 살던 시대에 접근할 수 있는 자료라는 점에서 마가복음은 훌륭한 역사 자료인 것 같다.

---

21) A. D. Baum, "Papias, der Vorzug der Viva Vox und die Evangelienschriften," *NTS* 44 (1998), 146.

베드로가 기억한 모든 것

앞에서 나는 파피아스가 마가를 베드로의 번역자라고 불렀으며, 이때 "번역자"는 베드로가 구술한 가르침을 마가가 통역했다는 의미가 아니라, 마가와 베드로가 베드로 자신의 말을 문자로 기록하는 과정에서 마가가 그 말을 번역했다는 의미라고 주장했다. 이 견해가 옳은지를 가늠할 수 있는 근거 중 하나는 파피아스의 글에서 다른 두 구절이 가지는 의미다. 앞에서 제시한 번역문에 따르면, 마가는 "그가 기억해낸(*emnēmoneusen*) 많은 것들을 능력껏 정확하게 기록했다." 또한 마가는 "그가 기억을 되살려 이야기한(*apemnēmoneusen*) 그대로 몇몇 개별적 사항들을 기록했다." 또한 앞의 번역문에서 나는 기억을 언급하는 이 두 동사—"기억해냈다"와 "기억을 되살려 이야기했다"—의 주어가 베드로일 것이라고 주장했다. 그러나 여기에는 논쟁의 소지가 있다. 많은 학자들은 여기서 기억하는 사람이 마가라고 생각했다. 하지만 문법적으로만 보면 주어는 베드로도 마가도 될 수 있다. 이 두 문구는 긴밀히 평행하기 때문에, 두 문구의 주어는 같다고 보아야 한다. 첫 번째 문구에서는 문장의 어순으로 볼 때 주어를 베드로로 보는 쪽이 낫다. 그러나 중요한 것은, 만일 이 문장의 주어가 베드로가 아니라면, 이 문장이 파피아스의 의도—즉 마가가 기록한 것은 바로 베드로의 가르침이라는 사실—를 전혀 전달하지 못하게 된다는 것이다. 더욱이 이미 언급했듯이, 파피아스가 이 본문 전체에서 강조하는 것은 마가가 베드로의 말을 그대로 기록했다는 사실이다. 파피아스가 이런 강조점을 더 잘 전달하려면, 마가가 베드로의 말을 듣고 기억했다가 자신의 기억을 기록했다고 말하기보다는, 마가가 베드로의 기억을 기록했다고 말하는 쪽이 훨씬 낫다.[22] 이 본문의 마지막 문장처럼, 마가가 한 일은 **자신이 들은**

22) "기억"의 테마를 구전과 관련해서 살핀 글을 보려면 J. D. G. Dunn, *Jesus Remembered* (Grand Rapids: Eerdmans, 2003), 278-80; S. Byrskog, "A New Perspective on the

모든 것을 기록하는 것이었다. 이 본문을 모두 읽어보면, 베드로와 마가는 서로 보완하는 역할을 했다. 즉 베드로는 **기억하고** 마가는 **듣고 기록했다**. 나아가 우리는 파피아스가 기억과 관련해서 다른 두 동사를 사용한다는 점에 주목해야 한다. 즉 그는 첫 번째 경우에는 동사 *mnēmoneuō*를 쓰고, 두 번째 경우에는 더 드물게 사용되는 동사 형태인 접두사 *apo*가 붙은 *apomnēmoneuō*를 썼다. 물론 두 동사를 서로 바꿔 쓰는 것도 가능하며, 두 동사 모두 마가가 복음서를 기록할 때 자기가 들은 것을 떠올린 일을 지시할 수 있다. 하지만 두 번째 동사는 "기억을 되살려 이야기하다"나 "기억을 되살려 기록하다"라는 뜻으로 보는 것이 더 적절하다. 만일 마가가 "그(마가)가 기억을 되살려 이야기한 그대로 몇몇 개별적 사항들을 기록했다"라고 말하거나, 마가가 "그(마가)가 기억을 되살려 기록한 그대로 몇몇 개별적 사항들을 기록했다"라고 한다면[23] 말이 되지 않는다. 그러나 마가가 "그(베드로)가 기억을 되살려 이야기한 그대로 몇몇 개별적 사항들을 기록했다"라고 한다면 말이 된다.[24]

이 경우 기록을 의미하는 두 동사(*egrapsen*, *grapsas*)와 기억을 의미하는 두 동사(*emnēmoneusen*, *apemnēmoneusen*)가 부정과거 형태를 가지는 것은, 베드로가 자신의 기억을 떠올려 이야기하면 마가가 이를 듣고 번역하여 기록하는 구체적 경우를 암시한다. 이 부정과거형들은 미완료형인 *epoieito*[베드로는 "그의 가르침들을 일화(*chreiai*)의 형태로 **제시하곤 했습니다**"]와 대비되는데, 이 미완료형은 베드로의 가르침이 가진 습관적 형태를 보여준다. 베드로가 이런 식으로 예수의 말씀과 행위를 가르치곤 했기 때문에, 마가가 그의 말을 기록할 때에도 베드로는 자연스럽게 같은 방식으로 이

Jesus Tradition: Reflections on James D. G. Dunn's *Jesus Remembered*," *JSNT* 26 (2004), 463-67을 보라.

23) Kürzinger, *Papias*, 48-49은 *mnēmoneuō*와 *apomnēmoneuō*를 모두 "글로 기록하다"의 의미로 본다.

24) Gundry, *Mark*, 1036에 이런 주장이 나온다.

야기했을 것이다.

파피아스가 동사 *apomnēmoneuō*를 "기억을 되살려 이야기하다"라는 뜻으로 사용하면서 이 동사의 주어로 베드로를 암시한다고 보는 견해가 옳다면, 이런 용어 선택과 관련해서 한 가지 더 설명할 것이 있다. 이 *apomnēmoneuō*에서 유래한 명사가 "회고록"나 "회상"을 뜻하는 명사 *apomnēmoneumata*다. 이 명사는 문학작품의 제목으로 사용되었는데, 가장 유명한 사례가 크세노폰이 소크라테스를 회고하며 쓴 「회상록」[25]이라고 할 수 있다. 보통 이런 책은 어떤 목격자가 유명한 인물을 회고하는 작품인데, 유명한 철학자를 대상으로 하는 경우가 많았다.[26] 크세노폰이 그의 작품 본론에 붙인 서언은 인용할 만한 가치가 있다. "나는 소크라테스가 그의 말과 행동으로 함께한 사람들에게 얼마나 유익을 끼쳤는지 보여주려 합니다. 이렇게 하기 위해 나는 그의 말과 행동 가운데 내가 기억하는(*diamnēmoneusō*) 많은 것들을 이야기하겠습니다"[「회상록」(*Memorabilia*) 1.3.1]. 이것과 매우 유사한 표현이, 파피아스가 "주가 말씀하셨거나 행하셨던 것들과 관련하여 그(베드로)가 기억해낸 많은 것들"이라고 한 부분에 들어 있다(단어보다는 말의 취지가 유사함). 분명히 이것은 크세노폰의 직접 회상이 아니라, 이런 종류의 기록에서 흔히 볼 수 있는 상투적 표현이다. 하지만 두 문구의 유사성은, 파피아스도 *apomnēmoneuō*를 사용함으로써 베드로의 기억을 담은 마가의 기록을 베드로의 예수 회상록(*apomnēmoneumata*)으로 보았을 가능성이 있음을 보여준다.[27] 그렇다

---

25) 통상적으로 사용되는 라틴어 제목 *Memorabilia*는 1569년에야 만들어졌다.

26) A. Momigliano, *The Development of Greek Biography* (Cambridge: Harvard University Press, 1993), 52-54; M. C. Moeser, *The Anecdote in Mark, the Classical World and the Rabbis* (JSNTSup 227; Sheffield: Sheffield Academic, 2002), 64-65; N. Hyldahl, "Hegesippus Hypomnemata," *ST* 14 (1960), 77-83; L. Abramowski, "The 'Memoirs of the Apostle' in Justin," in P. Stuhlmacher, ed., *The Gospel and the Gospels* (Grand Rapids: Eerdmans, 1991), 326-28.

27) R. M. Grant, *The Earliest Lives of Jesus* (New York: Harper, 1961), 18; V.

면 이는 파피아스가 문학과 수사학의 전문용어 또는 준(準)전문용어를 사용하는 또 다른 사례가 될 것이다.

파피아스가 베드로를 주어로 삼아 *apomnēmoneuō*를 사용한 것과 가장 확실하게 일치하는 사례는 순교자 유스티누스(Justin Martyr)가 (2세기 중엽에 쓴 책에서) 마가복음을 베드로의 회상록(*apomnēmoneumata*)이라고 언급한 경우다[「대화」(*Dialogue*) 106.3].[28] 이 사례는 유스티누스가 이 용어를 활용해서 특정 복음서를 특정 목격자의 회상으로 묘사하는 유일한 경우다. 그러나 그는 복음서 전체를 가리켜서는 사도들의 회상록이라고 자주 언급한다[「변증서 1」(*1 Apologia*) 66.3; 67.3; 「대화」 107-17에서는 13회 사용됨]. 이런 묘사는 상당히 파격적이다. "누구의" 회상록이라고 할 때는 보통 "누구" 자리에 그 책을 쓴 저자의 이름이 아니라 회상록의 대상이 되는 인물의 이름을 넣기 때문이다(예를 들어 크세노폰도 *apomnēmoneumata* of Socrates라고 썼지, *apomnēmoneumata* of Xenophon이라고 하지 않았다). 그러나 이런 용법 변화는 충분히 이해할 만하다. 이처럼 유스티누스는 복음서를 사도인 목격자들의 "회상록"으로 생각했으며, 마가복음의 경우는 베드로의 회상록이라고 간주했다. 유스티누스가 이런 표현을 파피아스의 글에서 가져왔을 가능성은 거의 없다. 파피아스의 글에 *apomnēmoneuō*가 사용된 것은 아주 우연이기 때문에 그가 이 표현을 처음으로 만들어냈다고 볼 수는 없다.[29] 파피아스의 글은 이미 당대인들이 *apomnēmoneumata*를 사용해서 마가복음이 베드로의 예수 "회상록"임을 표현했다는 증거일 가능성이 더 크다. 유스티누스가 복음서를 사도들의 회상록으로 묘사한 것은 그가 크세노폰

K. Robbins, *Jesus the Teacher: A Socio-Rhetorical Interpretation of Mark* (Minneapolis: Fortress, 1992), 66.

28) 유스티누스가 마가복음을 언급하는 현존 본문과 증거의 진정성에 대해서는 G. N. Stanton, *Jesus and Gospel* (Cambridge: Cambridge University Press, 2004), 101; Abramowski, "The 'Memoirs,'" 334-35을 보라.

29) C. E. Hill, *The Johannine Corpus in the Early Church* (Oxford: Oxford University Press, 2004), 339-40은 유스티누스가 파피아스에게 의존한다고 주장한다.

의 소크라테스 회상록을 중요하게 생각했기 때문이라는 주장이 있었다.[30] 그러나 유스티누스가 크세노폰의 이 작품을 한 번 언급하고[「변증서 2」(*2 Apologia*) 11.2-3] 소크라테스를 심히 존경한 것은 분명하지만, 실제로 그가 *apomnēmoneumata*를 사용해서 언급한 것은 크세노폰이 쓴 회상록이 아니었다. 유스티누스가 복음서를 이런 식으로 묘사하는 것을 선호하게 된 데에는 크세노폰의 회상록이 부분적으로 영향을 미쳤을 수도 있다. 그러나 파피아스가 베드로를 주어로 삼아 동사 *apomnēmoneuō*를 사용한 사례가 암시하듯이 이런 용어 사용은 이미 확립된 용법이었으며, 이것이 유스티누스의 용어 선택을 결정한 요인이었을 가능성이 더 높다.

유스티누스는 "그의 사도들 및 그들과 함께한 사람들을 통해 구성된(*syntetachthai*)" 회상록을 한 차례 언급한다(「대화」 103.8; 참고. 마가가 베드로와 "함께했다"는 파피아스의 암시적 언급). 이 말은 누가복음의 프롤로그(눅 1:1, 3)를 반향하고 있는 것 같다. 유스티누스는 사도들이 복음서(마태복음과 요한복음?)의 일부를 구성하고, 나머지 복음서(마가복음과 누가복음?)는 사도들을 추종했던 이들이 구성했다고 여겼을까? 또는 마가복음도 마태복음처럼 한 사도(베드로)가 구성했다고 보았을까?[31] 아니면 이 복음서는 한 사도(베드로)와 이 사도의 추종자(마가)가 구성했다고 보았을까? 아마도 유스티누스는 파피아스와 견해를 같이하여, 마가복음이 베드로의 회상으로 이루어져 있지만, 실제로 이 책을 기록한 이는 마가라고 보았을 가능성이 높다. 왜냐하면 마가복음은 마가만을 저자로 밝히는 제목을 달고 있었던 것 같기 때문이다.[32] 그러나 유스티누스가 동사 *syntetachthai*를 사용한 점을 고려하면, 그는 마가복음에 정돈된 배열(*syntaxis*)이 없다고 본 파피아스와 견해를 달리했다(여기에 대해서는 곧 살펴보겠음).

---

30) Abramowski, "The 'Memoirs,'" 328.

31) 참고. Stanton, *Jesus*, 100-101.

32) Hengel, *Studies*, III장.

베드로의 일화들

제9장 서두에서 살폈던 마가복음에 대한 파피아스의 언급을 보면, 베드로가 "그의 가르침들을 일화(*chreiai*) 형태로 제시하곤 했지만, 주의 로기아(*logia*)를 질서 있게 배열한 것을(*syntaxin*) 제시하려는 뜻은 갖고 있지 않았습니다"라고 말한다. 이 번역문에서는 다음과 같은 두 가지 점을 논의할 필요가 있다. 파피아스는 마태복음과 관련된 자신의 언급과 자신이 쓴 책 제목(『주의 로기아 상해』)은 물론, 여기서도 *logia*를 사용한다. 이렇게 파피아스가 *logia*를 사용한 사례는 논란의 대상이 되어왔다. 그러나 마가복음에 대한 파피아스의 언급의 문맥은 *logia*가 "주의 말씀"[33]이나 "주가 주신 예언의 말들",[34] "주에 관한 예언의 말들"이 아니라 대략 "주의 말씀과 행위에 대한 짧은 보고들"이라는 의미임을 강하게 암시하고 있다. 이렇게 보아야 하는 이유는 "주의 *logia*"가 분명히 그 앞 문구인 "주가 말씀하셨거나 행하셨던 것들"과 평행을 이루기 때문이다.[35] 베드로가 정돈하지 않았던 내용은 베드로가 기억해내고 마가가 기록했던 내용과 동일한 것이 틀림없다.

더욱 중요한 지점은 이 번역문의 두 번째 부분이다. 앞에서 "일화 형태로"(*pros tas chreias*)라고 번역한 문구는 보통 "필요에 따라"로 번역되곤 했다. 학자들은 여기서 파피아스가 베드로가 "필요에 따라 그의 가르침을 고쳤다"[36]거나 "(듣는 이들의) 요구에 맞춰 그의 가르침을 고치곤 했다"[37]라

33) 이런 주장을 가장 충실하게 기술한 글로는 A. D. Baum, "Papias als Kommentator evangelischer Aussprüche Jesu," *NovT* 38 (1996), 257-76.

34) A. Stewart-Sykes, *From Prophecy to Preaching: A Search for the Origins of the Christian Homily* (Vigiliae Christianae Supplements 59; Leiden: Brill, 2001), 206-8.

35) U. H. J. Körtner, *Papias von Hierapolis* (Göttingen: Vandenhoeck & Ruprecht, 1983), 151-67; Kürzinger, *Papias*, 50-51.

36) J. B. Lightfoot, J. R. Harmer, and M. W. Holmes, *The Apostolic Fathers* (Leicester: Apollos, 1990), 316.

37) Hengel, *Studies*, 50.

고 말하고 있다고 이해했다. 이 문구를 이런 식으로 읽게 되면, 파피아스의 언급이 양식비평으로 알려진 복음서 연구 방법과 놀랍게 일치한다고 생각할 수 있다.[38] 양식비평은 복음 전승이 교회라는 삶의 정황들 속에서(Sitze im Leben) 구술을 통해 전달되었고, 이런 삶의 정황의 요구에 맞추어 사용되고 형식화되었으며 심지어 창조되었다고 주장했다. 하지만 양식비평가들은 마가복음의 기원에 대한 파피아스의 설명이 가치 없다고 확신한 나머지 이런 일치를 간파하지 못했다.

현재 대다수 학자들은 *pros tas chreias*를 "필요에 따라"로 번역하길 포기했다. 대신에 파피아스가 여기서 *chreia*를, 베드로가 예수에 관한 가르침을 전달할 때 사용한 형식을 지시하는 수사학의 전문용어로 활용한다는 견해를 지지한다. 이런 주장은 1946년에 로버트 테일러(R. O. P. Taylor)가 처음으로 제시했다. 그는 *chreia*가 기초 교육 지침서인 고대 수사학 교범이 정의하고 묘사한 수사학 형식이었다고 지적했다. 테일러는 아일리우스 테온(Aelius Theon)이 제시한 정의를 다음과 같이 인용했다. "*chreia*는 특정인이 말하거나 행한 일을 간결하게 핵심만을 집어 설명하는 것이다"[테온, 「연설 준비 연습」(*Progymnasmata*), 3.2-3]. 또한 테일러는 "이런 정의가 마가복음의 많은 부분, 마가복음에서 분리할 수 있는 작은 이야기들과 정확히 일치한다. 이 작은 이야기들은 실제로 공관복음서들의 특징이다"라고 말했다.[39] 로버트 그랜트(Robert Grant)도 테일러의 이런 해석을 받아들였다.[40] 후에 퀴르칭어는 테일러를 참조하지는 않았으나, 파피아스의 문구를 테일러와 동일하게 해석했다.[41] 더 나아가 퀴르칭어는 유세비우스가 인용한 파피아스의 단편들이 전체적으로 수사학 용어를 사용한다고 주장하면서, 이 주장의 일부로서 앞의 해석을 제시했다. 그런 후로

38) T. F. Glasson, "The Place of the Anecdote," *JTS* 32 (1981), 150.
39) R. O. P. Taylor, *The Groundwork of the Gospels* (Oxford: Balckwell, 1946), 76.
40) Grant, *The Earliest Lives*, 17-18.
41) Kürzinger, *Papias*, 51-56(이 자료는 1977년에 처음 출간됨).

는 이런 해석이 폭넓게 받아들여지게 되었다.[42]

파피아스가 다른 곳에서 수사학 용어를 사용한 사례들을 보면 *pros tas chreias*를 앞과 같이 해석하는 것이 옳은 듯하다. 특히 파피아스가 마가복음을 베드로가 예수에 관해 말한 *chreia*들의 모음으로 여겼다는 점과, 마가복음 내러티브가 짧은 단위로 구성되어 있다는 점이 일치한다는 사실을 볼 때 이 해석의 개연성은 더욱 커진다. 파피아스가 마가복음을 *chreia*들의 모음으로 본 견해가 옳은가 하는 문제는 나중에 다시 살펴볼 것이다. 여기서는 이 *chreia*가 매우 광범위한 유형을 포괄한다는 점만 지적해둘 필요가 있다. 테온의 사례들을 근거로 할 때, *chreia*는 행위만을 포함한 짧은 내러티브, 말(saying)만을 포함한 짧은 내러티브, 행동과 말을 함께 포함한 혼합 유형으로 분류될 수 있다.[43] 영어에서는 anecdote(일화)가 *chreia*와 가장 일치하는 듯하다. 일화도 특정 인물에 관한 짧은 이야기로서 특별한 행동이나 말, 또는 행동과 말 모두에 초점을 맞추기 때문이다. 하지만 우리는 테온이 말뿐 아니라 출처를 밝히는 말, 즉 "누가 말했다"와 같은 부분이 들어 있는 짧은 문학적 단위도 *chreia*로 간주했다는 점에 주목해야 한다.[44] 이런 정의의 정확성[45]은, *apophthegma*와 *apomnēmoneuma*처럼 *chreia*의 용례와 겹쳐서 서로 바꿔 쓸 수 있는

---

42) 예를 들어 Orchard in Orchard and Riley, *The Order*, 188, 190; C. Bryan, *A Preface to Mark* (New York: Oxford University Press, 1993), 126-27; Byrskog, *Story*, 272; Gundry, *Mark*, 1037; Witherington, *The Gospel of Mark*, 22. 키르칭어의 견해에 대해 의문을 제기하는 학자로는 W. D. Davies and D. C. Allison, *The Gospel according to Saint Matthew*, vol. 1 (ICC; Edinburgh: Clark, 1988), 16이다. 반면에 블랙의 견해는 분명치 않아 보인다[M. Black, "The Use of Rhetorical Terminology in Papias on Mark and Matthew," *JSNT* 37 (1989), 34-36, 38].

43) Moeser, *The Anecdote*, 70-72. 테온이 *chreia*의 유형들을 더 정교하게 분류한 작업을 보려면 Moeser, *The Anecdote*, 77-78을 보라.

44) Moeser, *The Anecdote*, 70에 제시된 첫 번째 사례를 보라.

45) 테온과 다른 저술가들이 *chreia*를 더 자세히 정의한 것을 보려면 Moeser, *The Anecdote*, 75-76을 보라.

다른 용어들의 용례에 의해 오히려 희미해진다.[46] 예를 들어 당대인들은 *apomnēmoneuma*를 *chreia*보다 더 긴 단위, *chreia*보다 더 넓은 범위를 포괄하는 일반 용어로 간주했던 것 같다. 후자의 경우에는 *chreia*를 *apomnēmoneuma*의 한 유형으로 보면서 그 간결함을 다른 유형과 구별되는 특징으로 보았던 것 같다.[47] *chreia*는 원래 짧았다. 그런데도 수사학자들은 제자들에게 *chreia*를 줄이거나 늘려보라고 가르쳤다.[48] 마가복음의 내러티브를 구성하는 단위 중에는 너무 길어서 엄밀히 말해 *chreia*로 규정할 수 없는 것들이 많다. 하지만 파피아스가 *chreia*를 폭넓은 범위를 포괄하는 일반 용어로 사용하여 마가복음이 *chreia*들로 이루어져 있다고 생각했다고 해도 충분히 받아들여질 만큼, 이 단어에는 유연성이 있다.

베드로가 예수의 행위와 말씀을 *chreia*라는 형태로 이야기했다고 보는 것은 믿을 만한가? 그리스 교육에서는 학생들이 첫 단계를 포함해 모든 단계에서 *chreia*를 만났다. 첫 단계 교육에서는 읽기와 쓰기를 가르칠 때 *chreia*가 사용되었다.[49] 하지만 파피아스는 베드로에게 그의 아람어를 훌륭한 그리스어로 번역해줄 마가가 필요하다고 생각했음이 분명하다. 이런 점에서 파피아스는 베드로가 초보적인 수준이나마 그리스어 교육을 받았다고는 생각하지 않은 것 같다. 하지만 우리는 테온 같은 문법학자들이 제시한 정의와 분류들이 규범적인 동시에 서술적이기도 하다는 점을 유념해야 한다. 본질적으로 문법학자들은 아주 다양한 종류의 일화, 즉 교육

46) Moeser, *The Anecdote*, 64-68.

47) Moeser, *The Anecdote*, 65-66.

48) Moeser, *The Anecdote*, 80; V. K. Robbins, "Chreia and Pronouncement Story in Synoptic Studies," in B. L. Mack and V. K. Robbins, eds., *Patterns of Persuasion in the Gospels* (Sonoma: Polebridge, 1989), 17-18.

49) R. F. Hock, "The Chreia in Primary and Secondary Education," in J. M. Asgeirsson and N. van Deusen, eds., *Alexander's Revenge: Hellenistic Culture through the Centuries* (Reykjavik: University of Iceland Press, 2002), 11-35.

받은 사람과 그렇지 못한 사람이 구사했던 일화들을 서술하고 있다. 구술 문화가 주류인 사회에서는, 모든 사람이 짧은 내러티브를 이야기하거나 다른 이의 말을 보고하는 다양한 형식에 익숙했다. 실제로 누군가가 짧은 일화를 이야기하면서, 테온이 정의하고 분류한 다양한 유형 중 하나에 속하지 않는 형식으로 말하기는 어려웠을 것이다. 교육은 통상적으로 사용되는 일화의 형식들에 대해 스스로 더 많이 성찰하도록 만들고, 설득이나 논쟁에서 이런 일화를 효과적으로 사용하는 방식을 가르쳤을 것이다.[50]

그리스 교육은 타인을 설득하려는 논증 수사학에서 이런 일화를 사용하는 방법을 가르쳤다. 테온은 *chreia*와 관련해서 학생들이 해야 할 여덟 가지 연습을 정하고 있다. 그중에는 *chreia*를 암기하는 것과 문법 연습, 타인을 설득할 목적으로 연설에서 *chreia*를 사용하는 것과 관련해서, 이것을 논평하고 확증하고 반박하는 연습이 포함되어 있다.[51] 베드로는 예수의 말씀과 행위를 짧은 일화 형태로 이야기하기 위해 이런 수사학 훈련까지 받을 필요는 없었을 것이다. 베드로가 설교에서 일화를 사용했다고 암시하는 파피아스의 언급이 옳다 해도, 솔직히 우리는 그가 일화를 어떻게 사용했는지 알 수 없다. 양식비평가들은 복음 전승이 그 전승의 메시지가 적용된 설교의 정황 속에서 기능을 발휘했다고 추정한다. 그러나 우리가 아는 것이라고는 베드로가 전승을 말했다는 것뿐이다. 마가복음을 보면, 전승의 맥락은 내러티브이지 연설이 아닌 것은 확실하다. 마가복음은 설득을 목적으로 삼지만, 여기서 설득은 내러티브로만 이루어진다. 이런 설득은 연설로 하는 설득과 완전히 다르다. 따라서 나는 문법학자가 규정

---

50) 참고. W. Shiner, *Proclaiming the Gospel: First-Century Performance of Mark* (Harrisburg: Trinity, 2003), 6: "교범에서 발견되는 수사학 기술들은 수사학 학교에 다니지 않고도 배울 수 있었다. 실제로 아우구스티누스는 규칙들을 배우기보다 글을 읽고 달변가들의 말을 들음으로써 유창한 말솜씨를 배우는 쪽이 더 쉽다고 했다"[아우구스티누스, 「기독교 교리에 관하여」(*De Doctrina Christiana*) 4.3.4-5에서 인용함].

51) Moeser, *The Anecdote*, 79-87.

한 *chreia* 활용 연습을 복음서의 *chreia*를 분석하는 데 사용하는 것이 잘못이라고 생각한다.[52] 베드로가 예수의 말씀과 행위를 구술하면서 다양한 *chreia*의 기본 형태를 마가복음에 부여했으리라고 생각하지 못할 이유는 전혀 없다.

질서가 없는 마가복음

파피아스에 따르면, 베드로는 예수에 관한 그의 *chreia*를 낱알처럼 두서없이 이야기했다고 한다. 베드로는 이 *chreia*를 질서 있게 배열(*syntaxis*)해서 편집하지 않았다. 이런 이유로 마가는 추측컨대 베드로와 몇 차례 만나면서 이 *chreia*를 정확히 번역하기는 했지만 질서(*taxis*) 있게 기록하지는 못했을 것이다. 마가는 말 그대로 번역자였기 때문에, 자신이 기록한 내용을 멋지게 배열해서 거기에 무엇을 덧붙이는 일은 하지 않았다. 파피아스는 마가가 이렇게 한 것이 온전히 옳다고 생각한다. 마가의 작품의 가치는, 바로 이것이 베드로가 자신의 가르침을 구술한 그대로 재생했다는 데 있기 때문이다. 그러나 파피아스는 마가복음을 역사 기록으로 볼 경우 이런 질서 없음이 심각한 결점이 되리라는 견해도 분명히 피력한다. 파피아스가 마가복음에 대해 했던 말과, 그가 자신의 작품에 대해 프롤로그에서 했던 말을 비교해보자.

> 나는 또 내가 과거에 그 장로들에게서 꼼꼼히 배우고 잘 받아 적어놓은(*emnēmoneusa*) 모든 것을 그대를 위해 잘 정돈된 형태로(*synkatataxai tais hermē-*

52) Mack and Robbins, *Patterns of Persuasion*은 견해를 달리한다. 이 학자들은 *chreia*를 논증 목적으로 정교하게 다듬는 기술을 중시한다. 하지만 Witherington, *The Gospel of Mark*, 15은 나처럼 반대 의견을 개진한다.

neiais) 옮겨놓기를 주저하지 않을 터인즉, 그 모든 것이 진실임은 내가 보증합니다(유세비우스, 「교회사」 3.39.3).

제2장에서 보았듯이, 여기서 파피아스는 자신의 작품이 훌륭한 역사 기록 관습을 따랐다고 언급한다. 훌륭한 역사 기록은 크게 두 가지 특성 즉 진실성과 공교한 구성이라는 특성을 가지는데, 파피아스는 자기 저술이 이 모든 조건을 갖추었다고 주장한다. 먼저 파피아스는 목격자 증언을 직접 들은 이들로부터 구술 보고들을 수집했다. 또한 이 구술 보고들을 기록할 때는 자신이 들은 대로 조심스럽게 기록했다. 그런 뒤 파피아스는 다음 작업 단계에서 이 보고를 질서 있는 형태로 편집했다. 앞의 본문과 마가복음에 대한 파피아스의 언급을 비교해보면, 파피아스는 마가가 이런 과정 중 첫 단계를 충실히 이행했다고 보고 있음이 틀림없다. 마가는 베드로가 이야기한 모든 내용을 성실하게 기록했다. 하지만 마가가 한 일은 이것이 전부였다. 결국 마가복음은 *chreia*를 두서없이 모아놓은 것이 되어버렸다. 파피아스는 이 복음서를 실제 역사가 아니라, 역사가가 책을 쓸 때 참조하는 메모에 가까운 것으로 본다.

앞에서 살핀 파피아스의 다른 용례도 마찬가지지만, *taxis*(질서, 순서)와 *syntaxis*(배열)는 수사학 용어다. 만일 마가가 진짜 역사가처럼 작업했다면, 그는 자신이 기록한 내용에 질서를 부여할 수 있었을까? 마가복음은 *chreia*들의 모음이라는 점에서 그리스-로마의 전기물 중 유별난 사례는 아니다. 파피아스는 마가복음이 *chreia*들의 질서 없는 배열이라고 생각했지만, 그리스-로마의 전기물 중에도 이런 예가 몇 개 있다. 루키아누스가 견유학파 철학자인 데모낙스의 "생애"(*bios*)에 대해 서술한 「데모낙스」(*Demonax*)가 바로 그런 예다. 이 작품의 처음과 끝 부분은 연대기적 틀을 형성하여, 그 속으로 작품의 나머지 부분이 들어갈 수 있도록 만들어졌다. (파피아스조차도 마가복음이 동일한 연대기적 구조를 어느 정도 갖추었음을 인정했다.) 하지만 이런 구조를 제외하고 저자는 데모낙스에 관해 두서없이 배열된 *chreia*들과 더 긴 몇몇 일화의 모음을 제시할 뿐이다.[53] 루키아누스는 페레그리누스(Peregrinus) 전기와 아보노테이쿠스의 알렉산드로스 전기를 쓸 때는 앞의 방식이 아니라, 광범위하게 연대기적으로 이야기를 이어가는 내러티브를 사용했다. 이런 이유로 루키아누스가 「데모낙스」에서는 일부러 주인공인 견유학자에게 어울리는 무질서한 수사적 스타일을 채택했다는 주장이 호응을 얻기도 했다.[54] 마가복음에 대한 파피아스의 설명과 평행하는 「데모낙스」의 또 다른 특징도 주목할 만하다. 루키아누스는 「데모낙스」 끝 부분에 상투어처럼 사용되던 다음과 같은 변명을 기록하고 있다. "이것들은 내가 기억을 되살려 이야기할(*apemnēmoneusa*) 수 있었던 많은 것 중 아주 적은 것들입니다"(「데모낙스」 67). 파피아스는 마가복음이 짧다는 데 주목한다. 마가복음의 내용은 서로 단절된 일화들이며, 이런 일화들마저 소수에 불과하다. "마가는 베드로가 기억을 되살려 이야기한 그대로 몇몇 개별적 사항들을 기록했습니다(*enia grapsas hōs apemnēmoneusen*)."[55] 이는 은연중에 마가복음과 다른 더 충실한 복음서들을 대조해서 한 말임이 틀림없다. 하지만 파피아스는 마가가 모아놓은 내용이 불완전하다고 해서 그를 비판하지는 않는다. 마가가 베드로에게 "들은 것은 어떤 것도 생략하지 않았기" 때문이다. 다시 말해 이는 다른 시각에서는 결점으로 보일 수도 있지만, 마가가 베드로의 가르침을 원래 형태인 *chreia*대로 번역하고 기록했다는 사실은 이 결점에 정당성을 부여한다. (파피아스의 관점에서 마가복음의 불완전성은 질서 없음 외에 다른 결점이 아니며, 적절한

---

53) 「데모낙스」에 포함된 일화들의 형태와 기능에 대한 연구를 보려면 Moeser, *The Anecdote*, 89-105을 보라.

54) B. B. Branham, "Authorizing Humor: Lucian's Demonax and Cynic Rhetoric," *Semeia* 64 (1993), 33-48.

55) 이 문구에 대해서는 T. Y. Mullins, "Papias on Mark's Gospel," *Vigiliae Christianae* 30 (1976), 189-92을 보라. 여기서 파피아스가 *enia*를 활용한 사례와 함께, 루키아누스, 「데모낙스」 12을 참고하라(*chreia*들의 모음을 소개함): "나는 방향이 잘 잡혀 있고 위트가 넘치는 그의 말(*enia*) 중 몇 가지를 인용하고 싶습니다."

문학적 질서의 결핍이었을 것이다.[56])

루키아누스 자신도 「데모낙스」에 진실성이 없기 때문이 아니라 질서(*taxis*)가 빠져 있다는 이유로 이 책을 역사서로 분류하지 않았을 것이다. 역사 서술에 대한 루키아누스의 권고를 읽어보면, 역사가가 자신의 자료에 호감이 가도록 공교하게 질서를 부여하는 것이야말로, 마지막 단계에서 반드시 해야 하는 작업이다(「역사 기록 방법론」 48, 51). 루키아누스는 마가복음처럼 단절된 일화들을 그냥 모아놓은 경우나, 자신의 「데모낙스」처럼 해체된 구성에 강하게 반대한다.

> 역사서의 몸통 전체는 긴 내러티브다. 따라서 역사서는 내러티브에 합당한 장점들을 잘 갖추어 도드라진 부분이나 움푹 패인 부분이 없이, 고르고 유연하고 일관되게 진행되어야 한다. 그런 다음에는 내가 말했던 대로, 어법을 통해서 그리고 자료들을 잘 엮음으로써 명료성이 투명하게 드러나 완성되도록 해야 한다. 그(역사가)는 모든 것을 명확하고 온전하게 만들어야 할 것이다. 그래서 첫 번째 주제를 다룬 뒤에는 이 첫 주제와 결합해서 사슬처럼 연결되어 있는 두 번째 주제를 도입하여, 주제 사이가 단절되는 일이나 해체된 내러티브들이 중복되는 것을 피해야 한다. 아니, 첫 번째 주제와 두 번째 주제는 단순히 이웃하고 있는 데 그치지 않고 공통 내용과 겹치는 부분이 있어야 한다(「역사 기록 방법론」 55).[57])

56) Schoedel, *Polycarp*, 106에는 퀸틸리아누스의 「연설 요강」(*Institutio Oratoria*) 7, 서문 3이 인용되어 있다. 여기서 퀸틸리아누스는 수사학자라면 자신의 말이 "질서"가 없을 경우 "많은 것을 반복하고 많은 것을 생략하리라"고 역설한다.

57) 역사 기록과 관련해 *taxis*를 언급한 부분에 대해서는 요세푸스, 「유대 고대사」 1.17; 4.197 (*taxai*); 「유대 전쟁사」 1.15; 루키아누스, 「역사 기록 방법론」 6.48; 할리카르나소스의 디오니시오스, 「고대 비평가들에 관하여」 9; 「폼페이우스에게 보내는 서신」(*Epistula ad Pompeium*) 3 (*taxai*)을 보라.

여기서 루키아누스가 상상하는 질서는 분명히 연대기적 질서가 아니라 주제적 질서다. 다른 이들은 역사를 연대기적 시퀀스(chronological sequence)로 배열하는 것이 가장 좋다고 여겼다. 할리카르나소스의 디오니시오스는 투키디데스를 비판한 논문에서 이런 생각을 다음과 같이 표현했다. "역사는 사건들을 단절 없이 시퀀스로 제시해야 한다"(「고대 비평가들에 관하여」 9).

독자들이 역사서에서 기대하는 것과 전기(*bioi*)에서 기대하는 것이 동일하지는 않다. 이 둘은 서로 구별되는 장르였다. 그러나 일부 전기들은 다른 것들보다 역사 기록의 관습이 추구하던 이상에 훨씬 더 가까운 면모를 보여주었다.[58] 또한 이 전기들은 배열 원리가 연대기적인가 주제적인가에 따라, 아니면 양자를 균형 있게 다루느냐에 따라 다양했다.[59] 대다수 전기는 적어도 조금은 연대기적 틀을 가지고 있었다(첫 부분의 출생과 생애 초기, 끝부분의 죽음).[60] [실제로 버리지(R. A. Burridge)는 크세노폰의 「회상」이 소크라테스와 관련된 일화들을 주제적으로 꼼꼼하게 묶어놓긴 했지만, 연대기적 틀에서 서술하지 않았기

58) 전기와 역사 기록을 구별할 때, 플루타르코스의 「알렉산드로스」 1.2의 구별 방법을 지나치게 중시해서 사용하기도 했다. A. Wardman, *Plutarch's Lives* (London: Elek, 1974)는 이 본문과 이 본문의 함축적 의미에 대한 논의를 다음과 같이 끝맺고 있다: "이처럼 플루타르코스가 「알렉산드로스」 1에서 하는 말은 얼핏 우리더러 이를 전기로 믿게 하지만, 그의 전기 형태는 그보다는 역사 기록에 가깝다"(10). 또한 워드먼은 이렇게 논평한다: "따라서 전기 작가 플루타르코스는, 그의 이론적인 말(「알렉산드로스」 1.2)이 보여주는 그대로, 역사가로부터 멀리 떨어져 있지 않다"(154). R. A. Burridge, *What Are the Gospels?* (SNTSMS 70; Cambridge: Cambridge University Press, 1992), 63-65도 참고하라.

59) Bryan, *A Preface*, 39-40. 1901년에 프리드리히 레오(Friedrich Leo)는 고대의 전기들을 플루타르코스 식 전기(주로 연대기적 기술)와 수에토니우스 식 전기(주로 주제적 기술)로 분류하여 큰 영향을 끼쳤으나, 이 분류는 지나치게 단순하여 모든 전기에 적용할 수가 없다; 참고. A. Dihle, "The Gospels and Greek Biography," in Stuhlmacher, ed., *The Gospels*, 373-74.

60) Burridge, *What*, 139-41, 169-71.

때문에 진정한 전기가 아니라고 말한다.[61]] 그뿐 아니라 전기는 일화들을 시퀀스로 제시하거나 자료를 이음매 없이 하나의 내러티브로 엮었다는 점에서 역사서와 달랐다. "저자가 정교하면 정교할수록, 작품을 구성하는 특정 이야기들과 전승 단위들 사이의 연결 부위도 잘 눈에 띄지 않았다."[62]

몇몇 학자가 올바로 지적했듯이, 마가복음에 대한 파피아스의 언급에서 *taxis*와 *syntaxis*는 연대기적 시퀀스가 아니라 문학적 구성에서 자료를 질서 있게 배열한 것을 가리킨다.[63] 이 두 개념의 반대말은 비연대기적 배열이 아니라 일관성 없는 자료 배열이다. 그렇다고 파피아스(나 장로 요한)가 복음서 같은 작품에 적합한 질서는 연대기적인 것이라고 생각했을 가능성이 없지는 않다. 파피아스의 견해는 가장 훌륭한 역사 기록의 관습에 관심을 가지던 이로부터 나온 듯하다. 또한 파피아스는 자신이 예수의 말씀과 행위에 관한 작품을 구성할 때 따랐다고 고백한 관습이 바로 이런 관습이었기 때문에, 예수 전기(*bios*)도 역사 기록을 닮은 종류라고 충분히 예상했을 것이다. 동시에 파피아스가 역사 자료는 연대기적 시퀀스로 배열되는 것이 가장 좋다는 할리카르나소스의 디오니시오스의 견해에 동의했을 가능성도 충분히 있다. 연대기적 배열은 파피아스의 동시대인이었던 플루타르코스가 장편 「영웅전」(*Parallel Lives*)에서 즐겨 쓴 형식이요, 로마 역사가 타키투스가 98년에 쓴 전기 「아그리콜라」(*Agricola*)에서도 나타나는 형태다.

파피아스가 마가복음에는 *taxis*가 없다고 말할 때, 그가 연대기적 질서를 염두에 두지 않는다는 사실은 이 결핍을 설명하는 방식에서 선명히 드러난다. "이는 그(마가)가 주께 직접 듣지 않았고 주와 함께하지도 않았으나, 나중에 베드로에게 (듣고 그와 함께했기 때문입니다)." 마가가 베드로의 정돈되지 않은 자료에 질서를 부여할 수 없었던 이유는, 마가 자신이 예수

61) Burridge, *What*, 140.

62) Bryan, *A Preface*, 48; 참고. Burridge, *What*, 141-42.

63) F. H. Colson, "Τάξει in Papias (The Gospels and the Rhetorical Schools)," *JTS* 14 (1912), 62-69; Kürzinger, *Papias*, 49.

의 역사를 직접 본 목격자가 아니었기 때문이다. 예수 전승들을 연대기적이 아니라 주제적으로 배열하는 작업은, 목격자 아닌 사람도 충분히 할 수 있다.[64] 그러나 마가가 베드로의 *chreia*에 연대기적 질서를 부여할 수 있으려면, 마가 자신이 목격자라야 했다.[65]

결국 파피아스는 마가복음의 개별적 *chreia*들에 미학적 배열의 모습(*taxis*, *syntaxis*), 즉 이런 *chreia*들을 연속적인 내러티브로 묶으려는 시도(바로 이것이 *syntaxis*가 암시하는 뜻인 것 같다)가 부족하다고 생각했다. 파피아스가 목격자인 복음서 저자에게 기대했던 아름다운 배열은 연대기적 시퀀스였을 것이다. 분명히 그는 마가복음이 베드로의 증언을 그대로 재생했기에 상당한 가치를 가진다고 보았다. 또한 파피아스는 마가가 자기 역할을 베드로의 가르침을 가능한 한 정확하게 번역하는 것으로 국한했다고 해서 그를 비판해서는 안 된다고 생각했다. 마가가 자신의 자료에 질서를 부여하려고 시도하지 않은 것은 옳았다. 마가 자신은 목격자가 아니었으므로 이 작업을 만족스럽게 해낼 수 없었을 것이다.

마가복음에 대한 앞과 같은 평가가 정확한가라는 문제는 뒤에서 다시 다룰 것이다. 먼저 우리는 파피아스가 마가복음의 비교 대상인 다른 복음서들을 어떻게 평가했는지를 살펴볼 것이다.

마가복음, 마태복음, 요한복음

유세비우스는 마가복음에 대한 파피아스의 언급을 인용한 부분들 사이에 자신의 말을 덧붙인 후에, 계속해서 마태복음에 대한 (파피아스)의 언급을 인용한다. 이 인용문은 마가복음에 관한 말보다 훨씬 짧다.

64) Kürzinger, *Papias*, 49-50이 이를 설명하는 방식은 설득력이 없다.
65) A. Wright, "Τάξει in Papias," *JTS* 14 (1913), 298-300; Hengel, *Studies*, 154, 주 67.

그리하여 마태는 그 로기아를 질서 있게 배열하여(*synetaxatō*) 히브리어로(*hebraidi dialectō*) 적었으나, 각 사람이(*hekastos*) 능력껏 최선을 다해 그것들을 해석했습니다(*hērmēneusen*)(유세비우스, 「교회사」 3.39.16).

파피아스가 장로 요한의 말을 보고하는 이 문장이 유세비우스가 재생한 그대로 마가복음에 대한 내용 뒤에 바로 이어지는 것인지, 아니면 유세비우스가 중간의 내용을 생략했는지는 알 수 없으나, 후자의 가능성이 더 높은 것 같다. 마태복음에 대한 이 문장 첫머리에 "그리하여"(*oun*)는 생략된 말을 전제하는 것 같기 때문이다. 물론 로버트 건드리처럼, 파피아스의 견해를 다음과 같이 볼 수도 있다. 즉 마태가 자신의 로기아 모음에 질서를 부여한 이유는 바로 마가복음에 질서가 없었기 때문이라는 것이다. 파피아스의 견해를 이렇게 본다면,[66] "그리하여" 앞에 어떤 말이 생략되었다고 볼 필요가 없다. 정말로 파피아스가 그렇게 생각했다면, 이 문장은 복음서의 기원에 대한 모든 설명 중에서 마가복음이 마태복음을 앞선다고 증언하는 최초의 글이 될 것이다. 그러나 가능성이 더 높은 추측은, 유세비우스가 일부 내용을 생략했다는 것이다. 아마도 여기서 생략된 내용은, 마태가 마가와는 달리 예수의 친밀한 제자였다는 내용일 것이다. 유세비우스는 이것이 명백한 사실이라고 생각해서, 새삼스레 이를 다시 쓸 필요가 없다고 여긴 것 같다. 또는 유세비우스가 자신이 동의하지 않는 내용을 생략했을 수도 있다. 유세비우스는 복음서의 기원과 복음서들 간의 차이에 대해 나름의 견해를 가지고 있었으며(특히 「교회사」 3.24.5-16을 보라), 파피아스의 언급 중 자기 견해와 일치하지 않는 부분을 은폐했을 가능성이 있다.

퀴르칭어는 파피아스의 문장을 다음과 같이 새롭게 해석하여 제시했다. 그는 *hebraidi dialectō*가 "히브리어로"가 아니라 (*dialectos*를 수사학의

---

66) R. H. Gundry, *Matthew: A Commentary on His Handbook for a Mixed Church under Persecution* (second edition; Grand Rapids: Eerdmans, 1994), 614.

전문용어로 이해하여) "셈어 식의 구성 스타일로"의 의미라고 주장한다. 퀴르칭어는 "각 사람"(*hekastos*)이 마가와 마태를 가리킨다고 본다. 또한 그는 동사 *hermeneuō*를—마가와 관련해서 *hermeneutēs*를 해석한 것과 동일하게—"전해주다"나 "전달하다"라는 의미로 받아들인다[67] 결국 퀴르칭어가 내놓은 해석은 다음과 같다. "이제 마태는 그 로기아를 히브리어 스타일의 문학 양식으로 만들었다. 그들 각자는(곧 마가와 마태는) 그 로기아를 각자가 자기 위치에서 할 수 있는 만큼 전달했다."[68] 이 해석을 볼 때 파피아스가 언급하는 대상은, 마태가 히브리어나 아람어로 썼다가 나중에 그리스어로 번역한 작품이 아니라, 애초에 그리스어로 작성되었으나 다만 유대 문학의 독특한 문체를 가진 그리스어 마태복음이다. 이 문장의 후반부는 마태가 히브리어로 쓴 작품을 번역하거나 해석함에 대해 말하고 있지 않다. 후반부는 마태복음과 마가복음이 각각 할 수 있는 만큼 로기아를 전달하고 있다고 말함으로써 이 두 복음서에 대한 모든 논의를 요약하고 있다. 즉 마가복음에서 베드로의 가르침의 형식에는 문학적 배열이 없으며, 마태복음은 셈어 스타일의 문학적 배열을 가지고 있다는 것이다.

하지만 퀴르칭어의 이런 주장은 파피아스에 대한 그의 신선한 해석 중 가장 설득력이 떨어지는 것으로 드러났다.[69] *hebraidi dialectō*와 *hērmēneusen*이 같은 문장 안에 등장한다는 사실은, 파피아스가 말하는 내용이

67) Kürzinger, *Papias*, 9-24.

68) "Matthäus nun hat in hebräischem Stil die Worte (über den Herrn) in literarische Form gebracht. Es stellte sie ein jeder so dar, wie er dazu in der Lage war"(Kürzinger, *Papias*, 103).

69) 참고. Schoedel, *Polycarp*, 110; Black, "The Use," 33-34; Black, *Mark*, 91; Davies and Allison, *Matthew*, 16; D. A. Hagner, *Matthew 1-13* (WBC 33A; Dallas: Word, 1993), xliv-xlv. 그러나 Gundry, *Matthew*, 619-20; Byrskog, *Story*, 293은 퀴르칭어의 견해를 일부 받아들이고 있다. 건드리는 이 문장의 *men…de* 구조를 보아 *hekastos*가 마가와 마태가 아니라, 마태복음을 해석하는 각 사람을 지시한다고 보아야 한다고 지적한다(Gundry, *Matthew*, 619).

문체와 전달이 아니라 한 언어에서 다른 언어로의 번역이라는 점을 강하게 암시한다.

마가복음에 대한 파피아스의 언급을 우리 주장대로 번역한 것과, 마태복음에 대한 그의 언급을 전통적 입장에서 해석한 것이 옳다는 사실은, 복음서 각각에 대한 파피아스의 언급 내용 사이의 평행과 대조를 통해서도 입증된다.

마가복음	마태복음
목격자인 베드로가	목격자인 마태가
예수에 관한 로기아(*chreia*)를 이야기했다.	예수에 관한 로기아를 기록했다.
구술하여	글로
아람어로	아람어/히브리어로
그러나 문학적 질서는 없었다.	문학적 질서를 갖춰
목격자가 아닌 마가가	목격자가 아닌 각 사람이
베드로의 가르침을 번역하고	마태가 기록한 로기아를 번역했다.
그 가르침을 글로 기록했다.	
정확하게 그리고 아무것도 생략하지 않고	그들이 할 수 있는 한

각 경우에는 두 단계가 있는데, 한 단계는 목격자의 행위이고, 다른 단계는 목격자가 아닌 한 사람 혹은 그 이상의 행위를 의미한다. 마가복음의 경우, 베드로는 아람어로 말했고 마가는 이를 그리스어로 번역하여 기록했다. 마태복음의 경우, 마태 자신이 아람어나 히브리어로 기록했고 (*hebraidi dialectō*는 아람어일 수도 히브리어일 수도 있음) 다른 이들이 이를 그리스어로 번역했다. 마가복음에는 "질서가 없다." 왜냐하면 베드로가 질서를 부여하지 않았으며, 마가도 목격자가 아니었기에 내용에 "질서"를 부여할 수 없었기 때문이다. 반면에 마태는 목격자였기에 예수에 관한 로기아를 애초에 자기의 복음서 속에 질서 있게 배열할 수 있었다. 하지만 마

태의 저술을 그리스어로 번역한 일은 이런 질서를 망가뜨렸다. 따라서 파피아스는 각 복음서의 두 측면, 즉 목격자 증언이라는 기원과 "질서"의 문제에 대해 철저한 관심을 가졌다. 파피아스는 마가복음과 마태복음의 경우에 목격자로부터 유래한 복음서가 왜 적절한 "질서"를 갖추지 못했는지 그 이유를 설명하고자 한다.

파피아스가 마태의 원작을 그리스어로 번역한 판이 둘 이상 있었다고 생각한 것은 확실하다. 파피아스는 마태의 이름이 들어 있으며 정경의 마태복음과 연관된 그리스어 복음서들[「나사렛복음」(*Gospel of the Nazarenes*)과 「에비온복음」(*Gospel of the Ebionites*)[70]]에 관해 무언가를 알고 있었다. 이 그리스어 복음서들은 팔레스타인과 시리아 지역에서 유대계 그리스도인들이 사용하던 것이었다. 또한 파피아스는 이 책들이 고향 히에라폴리스의 교회에서 사용하던 마태복음과 큰 차이가 있다는 것도 알았다. 그는 자신이 알고 사용하던 마태복음을 포함해서 여러 판본들을 언급함으로써, 그 중 어느 것도 히브리어나 아람어로 된 마태복음의 원본의 "질서"(*syntaxis*)를 정확히 보존하지 않았다고 추정할 수 있음을 보여준다. 유세비우스가 인용한 문장 다음 부분에서 파피아스는, 목격자 마태 자신이 원본에 부여했던 질서가 번역본에서 훼손되었음을 더 분명히 천명했을 가능성이 높다. 마가는 성실하게 베드로의 말을 번역하고 기록했다. 반면에 마태복음의 번역자들은 마태 사도가 기록한 원문을 크게 바꿔놓았다. (유세비우스는 파피아스의 이런 견해에 동의하지 않았을 것이다. 이런 이유로 그는 파피아스의 언급을 더 철저히 검증했을 것이다.)

물론 이런 견해는 "번역된" 작품이 단지 번역에 그칠 필요는 없다는 것을 전제한다. 파피아스는 마태복음의 번역자들이 원문을 많이 편집했다

---

70) 그러나 「에비온복음」은 파피아스의 저술보다 더 뒤에 나왔을 수 있다; 참고. R. Bauckham, "The Origin of the Ebionites," in P. J. Tomson and D. Lambers-Petry, eds., *The Image of the Judaeo-Christians in Ancient Jewish and Christian Literature* (WUNT 158; Tübingen: Mohr, 2003), 162-81.

는 주장을 제시하면서 특이한 이야기를 하고 있는 것이 아니다. "유연한 번역 개념"은 고대 세계에서 널리 통용되고 있었다.[71] 자주 번역자들은 원작을 재배치하고 다른 자료에서 가져온 내용을 덧붙임으로써 작품을 더 낫게 만드는 데 제약을 느끼지 않았다. 앞에서 우리는 요세푸스가 자신의 「유대 고대사」에 대해 구약성경을—가감 없이—번역한 것이라고 주장함을 보았다(「유대 고대사」 1.5, 17; 4.196; 10.218).[72] 하지만 실제로 요세푸스는 성경의 내러티브를 광범위하게 다시 쓰고 재배열했으며, 여러 곳을 생략하거나 중요한 내용을 첨가하고 있다.[73] 파피아스도 마태복음의 번역자들이 요세푸스와 비슷한 작업을 함으로써, 마태가 원본에 부여한 "질서"를 망가뜨렸다고 얼마든지 상상할 수 있었다. 하지만 우리는 파피아스의 언급에서 보이는 견해와, 마태가 히브리어나 아람어로 기록한 로기아를 가상 복음서인 Q 자료와 동일시하는 시도는 구별해야 한다.[74] Q가 거의 예수의 말씀으로 이루어지다 보니, 마태가 기록한 로기아와 Q 자료를 동일시한 결과, 사람들은 파피아스가 말하는 주의 로기아도 예수가 하신 말씀을 뜻한다고 생각하게 되었다. 하지만 우리는 파피아스가 마가복음을 논의하면서 예수의 말씀과 행위를 담은 짧은 기사들을 지칭하는 용어를 사용하고 있음을 보았다.[75] 파피아스는 자신이 알던 그리스어 마태복음(추측컨대 정경에 포함된 마태복음이었을 것)을 보고 이 책의 많은 부분을 구성하는 블록이 짧

---

71) G. Kennedy, "Classical and Christian Source Criticism," in W. O. Walker, ed., *The Relationships among the Gospels: An Interdisciplinary Dialogue* (San Antonio: Trinity University Press, 1978), 144. Inowlocki, "Neither Adding"은 요세푸스는 물론이고 포르피리우스, 아리스토불루스, 키케로, 플라톤, 헤르메스 총서(*Corpus Hermeticum*) 16권으로부터 추출한 증거를 제시한다.

72) 참고. Cohen, *Josephus*, 24-33.

73) Cohen, *Josephus*, 35-42.

74) 예를 들어 Davies and Allison, *Matthew*, 17은 여전히 같은 입장을 유지한다.

75) Kürzinger, *Papias*, 24-26; B. Reicke, *The Roots of the Synoptic Gospels* (Philadelphia: Fortress, 1986), 157-58도 보라.

은 단위(*chreia*들)와 같은 종류임을 쉽게 알아차렸을 것이다. 또한 그는 이런 동일성이 본질적으로 번역자-편집자 때문이라고 생각하지 않았을 것이다. 파피아스가 번역자-편집자들을 비판한 이유는, 그들이 마태의 원래 *chreia*들의 구성을 망쳤기 때문이다.

몇몇 학자는 파피아스가 마가복음과 마태복음을 비교하면서 마가복음의 단점을 더 부각시킨다고 생각해왔다.[76] 파피아스가 문학적 질서의 측면에서 자신이 알던 그리스어 마태복음이 마가복음보다 좀 더 낫다고 생각한 것은 분명하다. 통상적으로 전기는 주인공의 출생으로 시작된다고 예상되는데, 마태복음도 예수 탄생 기사로 시작될 뿐 아니라 그분의 가르침 중 많은 부분을 긴 담화로 모아놓았기 때문이다. 그러나 앞서 주장한 것처럼 파피아스가 마가복음에는 없다고 생각한 문학적 질서가 주로 연대기적 질서라면, 마태복음도 마가복음보다 많이 나아 보이지는 않았을 것이다. 마태복음도 짧은 내러티브들을 제시할 때 대부분 마가복음과 같은 순서를 따라가기 때문이다. 마태복음의 번역자들이 원작의 질서를 망쳤다는 말이 가진 함축적 의미를 진지하게 고려한다면, 파피아스가 마가복음과 마태복음에는 질서가 없으나 다른 복음 곧 요한복음에는 질서가 있음을 비교한다고 생각하는 편이 훨씬 타당하다.[77]

파피아스가 요한복음을 알고 있었다는 사실에는 의심의 여지가 없다.[78] 제2장에서 우리는 파피아스가 제시하는 예수의 일곱 제자 명단(유세비우스, 「교회사」 3.39.4)이 요한의 명단이며, 이들 중 여섯은 요한복음에서 등장하는 순서(요 1:40-44, 21:2: 안드레, 베드로, 빌립, 도마, 야고보, 요한)대로 제시되

76) 예를 들어 R. Pesch, *Das Markusevangelium*, vol. 1 (HTKNT, third edition, Freiburg: Herder, 1980), 5-6; Gundry, *Matthew*, 619.

77) J. B. Lightfoot, *Essays on the Work Entitled Supernatural Religion* (London: Macmillan, 1889), 165; Wright, "Τάξει in Papias," 300; Hengel, *Studies*, 48.

78) Körtner, *Papias*, 197도 이를 부인한다.

었음을 보았다.[79] 요한의 시퀀스로부터는 오직 나다나엘만이 빠져 있다. 이는 분명히 파피아스가 제자의 숫자를 상징적인 7에 맞추어 유지하면서, 요한이 열거하지 않은 마태를 복음서 저자라는 그의 중요성에 비추어 명단에 포함시키고 싶어했기 때문이다. 게다가 우리는 이레나이우스(「이단 반박」 5.36.1-2)가 요한복음 14:2 인용문을 포함한 부분, 즉 그가 파피아스로부터 가져온 부분이 "장로들"로부터 유래한다고 말했음을 지적할 수 있다.[80] (동시에 아르메니아어 기록 중에 파피아스에 대한 언급이 하나 있는데, 이는 파피아스가 요 19:39에 단 주석에 의존하는 것 같다.[81] 그러나 이 증거의 신빙성은 완전히 보장할 수 없다.) 내가 믿는 것처럼, 파피아스가 요한복음 저자를 세베대의 아들 야고보가 아니라 그가 장로 요한이라 부르는 예수의 제자로 생각했다면, 유세비우스는 요한복음에 대한 파피아스의 언급을 거론하지 않으려는 이유를 분명히 가지고 있었던 셈이다.[82] 그러나 유세비우스도 복음서의 연대기적 순서에 대해 자신의 견해를 가지고 있었으며, 이 순서의 측면에서는 복음서들 사이에 아무런 불일치도 없다고 주장했다(「교회사」 3.24.5-16).[83] 유세비우스가 파피아스의 글을 인용할 때 관심을 가진 부분은 복음서의 기원이 사도들이라는 점에 있었지, 각 복음서가 질서가 있느냐 없느냐에 대한 파피아스의 견해가 아니었다. 하지만 정작 파피아스 자신이 관심을 기울인 대상은 그가 논하는 복음서들이 사도들에게 기원을 두고 있음을 논증하는 것이 아니라, 오히려 사도들로부터 유래했다는 공통점을 지닌 복음서들이 어찌하여 "질서"의 측면에서는 그토록 많은 차이를 갖게 되었는지를

79) M. Hengel, *The Johannine Question* (tr. J. Bowden; London: SCM, 1989), 17-21.

80) J. B. Lightfoot, *Biblical Essays* (London: Macmillan, 1893), 67-68; idem, *Essays*, 194-202.

81) Kürzinger, *Papias*, 132-35의 단편 24=Lightfoot, Harmer, and Holmes, *The Apostolic Fathers*, 327의 단편 25.

82) 제16장을 보라.

83) R. Bauckham, "Papias and Polycrates on the Origin of the Fourth Gospel," *JTS* 44 (1993), 52-53. 유세비우스가 제시한 이 본문은 제16장 추기에서 다룰 것이다.

설명하는 것이었다.

파피아스가 마태복음과 마가복음 모두가 목격자로부터 유래한 작품이 가질 법한 질서를 가지지 않는다고 생각한 것은 오직 한 가지 이유 때문이다. 즉 파피아스가 목격자로부터 유래한다고 알고 있던 또 다른 복음서가 연대기적 시퀀스에서 마가복음 및 마태복음과 중대한 차이를 보였기 때문이요, 이 다른 복음서의 "질서"가 파피아스가 선호하던 질서였기 때문이다. 우리는 복음서들 간의 차이점에 관한 후기 교부들의 논의를 통해, 고대 독자들이 요한복음과 공관복음 사이의 시퀀스 측면에서의 확연한 차이와 비교하면, 공관복음서들 간의 차이점은 별로 크게 문제 삼지 않았음을 알고 있다. 요한복음과 공관복음 사이의 시퀀스의 차이는 특히 복음서 초반에 기술된 사건들의 경우에 두드러진다[오리게네스, 「요한복음 주석」 10.2, 6, 14-15; 에피파니우스, 「이단 논박」 51.4.5-10; 17.11-18.1; 18.6; 21.15-16; 22.1-2; 28.6; 30.14;[84)] 참고. 「무라토리 정경 목록」 16-26행; 테르툴리아누스, 「마르키온 논박」 4.2.2]. 타티아누스의 「디아테사론」(*Diatessaron*)은 정경의 네 복음서가 제시한 내러티브들을 엮어 하나의 내러티브로 만든 것인데, 타티아누스가 이를 만든 동기 역시 서로 평행하는 복음서의 페리코프(pericope; 몇 개 구절로 이루어진 짧은 본문으로 그 자체가 한 이야기 단위를 이룸-역주)들 간의 차이점 때문이라기보다, 각 복음서가 질서의 측면에서 보이는 불일치 때문이었다. 타티아누스는 요한복음의 질서를 일관되게 선호하지는 않았다. 그러나 그는 요한복음이 명확하게 연대기적 언급을 할 때에는 그것의 권위를 인정하는 경향을 가진다.[85)]

---

84) 이 본문에서 에피파니우스는 요한 문헌 전체를 배척하는 자들[에피파니우스는 이들을 *Alogoi*(=*Logos*가 없는 이들)라 부름]이 요한복음을 비판한 내용을 보고하고 있다. 통상적으로 *Alogoi*는 로마의 가이우스와 연결되어 있지만, 여기에 대한 문제는 지금도 논쟁 중이다. 최근의 논의로는 C. E. Hill, *The Johannine Corpus in the Early Church* (Oxford: Oxford University Press, 2004), 4장을 보라.

85) Grant, *Earliest Lives*, 23-26.

물론 파피아스는 자신이 구술 자료로부터 모은 주의 로기아를 질서 있게 정리했다(*synkatataxai*; 유세비우스, 「교회사」 3.39.3)라고 주장했다.[86] 그러나 파피아스는 마가복음에 대한 언급에서, 오직 목격자만이 그가 복음서에서 기대하는 질서를 제공할 수 있는 신뢰할 만한 출처임을 명확히 한다. 이런 이유로 파피아스는 목격자 출처로부터 질서를 끌어오지 않는 이상, 자기의 저술에 올바른 질서를 제공할 수 없으리라고 생각했을 것이다. 불행히도 우리는 파피아스의 저술이 수집된 복음 전승을 주제적으로 질서 있게 배열했는지, 아니면 파피아스가 요한복음을 통해 안 연대기적 구조에 따라 배열했는지를 알지 못한다. 하지만 파피아스는 자기가 쓴 내용을 정돈할 때, 가능한 두 가지 방법 중 하나를 골랐을 가능성이 매우 높다.

요한복음은 어떤 공관복음서보다 더 정확한 연대기적 구조를 제시하기 때문에, 저자가 꼼꼼하게 밝힌 예수의 사역 시기 중 특정한 사건이 일어난 때에 관해서는 심각한 의문을 남기지 않는다. 더욱이 요한복음에는 공관복음의 특징인 단절 구조, 즉 짧은 단편들이 함께 배열되었지만 아주 느슨하게 결합된 구조는 거의 없다. 요한복음의 내러티브와 담화들은 대체로 더 길며 서로 더 긴밀히 연결되어 있을 때가 많다. 파피아스가 보기에는 요한복음이 마가복음과 마태복음보다 훌륭한 역사 기록에 더 가까웠을 것이다. 요한복음은 사건들을 연대기적 시퀀스로 배열했을 뿐 아니라, 가장 훌륭한 역사 기록의 이상인 단절 없이 이어지는 내러티브의 형태와도 더 비슷하다(루키아누스, 「역사 기록 방법론」 55).

요컨대 우리는 파피아스가 마가복음과 마태복음에서 발견되는 질서 없음과 요한복음의 질서를 대조하고 있음을 알 수 있다.[87] 파피아스는 마가복음과 마태복음과 요한복음이 모두 목격자 증언으로부터 유래했다

86) 이 본문에 대한 이런 해석을 보려면 Kürzinger, *Papias*, 77-82을 보라. 제2장도 보라.
87) Bauckham, "Papias," 53-56은, 무라토리 정경 목록이 파피아스를 근거로 삼아 복음서 저자인 요한이 "주의 기적들을 목격하고 들은 자이며 이 기적들을 질서 있게 기록한 자"라고 주장한다는 점을 논증했다. 제16장도 보라.

는 점을 당연시한다. 그러나 요한복음은 실제로 목격자에 의해 저술되었지만, 마가복음과 마태복음(파피아스가 활용할 수 있었던 형태)은 목격자의 직접 보고로부터 한 단계를 거쳐 전달된 것이었다. 마가복음의 경우에는 베드로가 구술한 증언을 마가가 번역하고 기록했다. 이런 이유로 마가복음에는 질서, 즉 문학적 배열이 없다. 훌륭한 역사 기록의 관습에 관심을 가졌던 파피아스는, 한 복음서가 질서가 잡히려면 연대기적으로 기록되어야 한다고 생각했다. 그러나 그는 마가를 비판하기는커녕 칭송할 수밖에 없었다. 마가가 베드로의 증언을 기록하는 일에만 충실하고, 자신의 기록에 질서를 부여하는 일을 자제했다는 이유 때문이었다. 원래 마가 자신은 목격자가 아니었으므로 그는 질서를 부여하고 싶어도 그렇게 할 수 없었다. 결국 파피아스는 마가복음이 불완전한 역사물이라고 본다. 마가는 역사가의 첫 번째 임무, 즉 목격자의 자료를 기록하는 작업은 완성했지만 그 내용을 질서 있게 정리함으로써 작품을 완성하지는 못했다.[88] 파피아스는 이런 한계를 고려하여 마가복음의 가치를 인정했다. 마가복음이 베드로가 전달한 *chreia*를 정확히 그대로 기록했기 때문이다. 마태복음의 경우도 파피아스가 알던 그리스어판을 기준으로 요한복음과 비교해보면 질서가 없기는 마찬가지지만, 여기서는 원인이 다르다. 목격자인 마태가 히브리어나 아람어로 기록한 원본에는 저자가 부여할 수 있었던 질서가 있었음이 확실하다. 하지만 파피아스는 마태복음을 그리스어로 번역한 이들이 상당한 자유를 행사함으로써 이런 질서를 망가뜨렸다고 생각했다. 이처럼 마가복음과 마태복음에 대한 파피아스의 평가는, 그가 저자가 직접 썼

---

88) Kennedy, "Classical and Christian Source Criticism," 148은 파피아스가 마가복음 자체의 구성이 아니라, 복음서의 구성 전에 마가가 채택한 메모에 대해 논의하고 있다고 주장한다. 하지만 이런 주장으로는, 파피아스가 구성의 사전 단계는 강조하여 묘사하면서도, 그와 독자들이 알았던 마가복음은 전혀 언급하지 않는 이유를 이해하기가 어렵다. 따라서 파피아스가 복음서 자체를 바로 이런 메모들의 수집이라는 사전 단계로 여겼다고 보는 편이 더 타당하다.

으며 사건들을 연대기적으로 배열한 요한복음의 가치를 가장 높이 평가했다는 사실을 알 때 가장 잘 이해된다. 파피아스가 마가복음과 마태복음에 질서가 없다고 평가한 것은, 그가 이 복음서들을 요한복음과 비교했기 때문이다. 그러나 그는 마가복음과 마태복음을 버리려 하지 않았다. 파피아스는 여기에 질서가 없는 이유를 설명하면서도, 목격자 증언에 근접해 있다는 이유로 이것들의 가치를 높이 평가했다.

이제 우리는 아래의 표, 즉 파피아스가 마가복음과 마태복음 간의 평행과 대조를 관찰한 내용에 요한복음과의 은근한 비교까지 포함시켜 다음과 같이 확장할 수 있다.

요한복음	마가복음	마태복음
목격자인 요한이	목격자인 베드로가	목격자인 마태가
예수에 관한 로기아를 기록했다.	예수에 관한 로기아(*chreia*)를 이야기했다.	예수에 관한 로기아를 기록했다.
글로	구술하여	글로
그리스어로	아람어로	아람어/히브리어로
문학적 질서를 갖춰	그러나 문학적 질서는 없었다.	문학적 질서를 갖춰
	목격자가 아닌 마가가 베드로의 가르침을 번역하고 그 가르침을 글로 기록했다.	목격자가 아닌 각 사람이 마태가 기록한 로기아를 번역했다.
	정확하게 그리고 아무것도 생략하지 않고	그들이 할 수 있는 한

파피아스가 몰두한 일은 마가복음과 마태복음에 질서가 없다고 주장하는 비판자들을 논박하면서 두 복음서를 변호하는 작업, 또는 요한복음과 두 복음서를 비교하며 험담하는 자들을 논박하고 요한복음을 변호하

는 작업이 아니었을까? 두 해석 중 어느 편도 가능하다. 그러나 반드시 비판자들의 존재를 가정해야만 파피아스의 말을 이해할 수 있는 것은 아니다. 파피아스는 다만 자신이 관찰한 그대로 복음서들 간의 차이점을 설명해야 했을 뿐이다. 그는 복음서들 간의 차이점이 진지한 독자들에게는 문제가 되리라고 생각해서(우리가 살핀 증거에 따르면, 2세기에 가서는 이런 차이가 정말 문제가 됨) 이런 불안 요소들을 진정시키려 했던 것 같은데, 이런 생각에는 일리가 있었다. 하지만 파피아스가 그가 답해야 한다고 느꼈던 비판자들의 특정 비판을 염두에 둘 필요는 없었다.

파피아스는 자신이 (적어도) 마가복음과 (아마도) 마태복음의 경우에 "그 장로"의 견해를 제시하고 있다고 주장하는데, 이런 사실은 어떻게 받아들여야 할까? 앞에서 우리는 파피아스가 그 장로의 견해를 정확한 인용으로서가 아니라 요지만 제시하려 했다고 지적했다. 따라서 우리는 예를 들어 수사학 용어의 활용처럼 논의 내용 중 일부는, 파피아스가 자신이 들은 그 장로의 견해를 가공했으리라고 쉽게 추정할 수 있다. 그러나 그 장로가 직접 이 요지를 들려주었을 가능성도 충분하다. 그 장로를 예수와 친밀했던 제자인 장로 요한과 동일시하는 것이 옳다면, 이 장로는 기원후 90년이 한참 지난 뒤에는 이런 취지의 가르침을 줄 수 없었을 것이다. 요한복음이 처음 "출간된" 뒤에는 이 복음서와 마가복음 및 마태복음 사이에 존재하는 확연한 차이점들을 이런 말을 통해 부분적으로라도 설명할 필요가 있었을 것이다. 마가복음과 마태복음은 이미 베드로와 마태라는 목격자 증언에 탄탄하게 근거를 두고 있다고 알려져 있었기 때문이다. 그 장로는 이런 목격자들의 주장을 부인하지 않으면서도, 오직 요한복음만이 목격자로부터 유래하여 신뢰할 만한 연대기적 시퀀스를 제시한다고 설명함으로써 요한복음에 포함된 목격자의 주장을 옹호한다. 내가 믿는 대로[89] 장로 요한이 정말 요한복음 저자였다면, 그는 바로 이런 식으로 자신의 복음서와 다

89) Bauckham, "Papias," 24-69. 제16장과 제17장도 보라.

른 복음서들 간의 차이점을 설명했을 것이다. 제15장에서 우리는 요한복음 자체의 전략을 관찰할 것인데, 이 작업의 목적은 요한복음 저자의 주장을 확증하기 위해서다. 즉 요한복음 저자는 자기 책의 목격자 증언이 추가적일 뿐 아니라, 마가복음에 구현된 더 유명한 베드로의 목격자 증언보다 우월하다고 보고 있다.

정말 마가복음에는 "질서가 없는가"?

마가복음에 대한 파피아스의 언급이 어떤 연유에서 나왔는지를 이해한 후, 비로소 우리는 그의 언급이 마가복음에서 관찰되는 내용과 일치하는지를 질문할 수 있다. 정말 마가복음은 두서없이 개별적으로 기록된 *chreia*들만으로 이루어져 있는가?

전체적으로 마가복음이 단절된 내러티브들로 구성되어 있으며, 자주 이 단편들이 "그리고"(*kai*)나 그 비슷한 말로 연결되어 있음은 분명하다. 하지만 이 단편들이 무작위로 연결된 것이 아님도 확실하다. 예를 들어 마가복음에는 주제적으로 묶인 모음들이 있다(2:1-3:6과 11:27-12:40의 논쟁 이야기; 4장의 비유들). 마가복음의 전체적인 연대기적 구조는 세례 요한의 사역에서 예수의 사역으로 이행하다가(1:4-15), 예수의 죽음과 장사와 빈 무덤 사건으로 이어진다. 또한 하나의 사건이 다른 사건으로 이어지는 플롯의 진전을 이루는 요소들도 있다. 2:1-3:6의 논쟁 이야기는 결국 예수를 죽이려는 바리새인들의 음모(3:6)로 이어지며, 야고보와 요한의 요구(10:35-40)는 제자들 사이의 다툼과 지도자는 섬기는 자가 되어야 한다는 예수의 가르침(10:41-45)으로 이어진다. 수난 내러티브에는 인과적이거나 연대기적 이유 때문에 미기의 시퀀스에 들이갈 수밖에 없는 에피소드들도 많다. 이 내러티브 안에는 선참조와 후참조(references back and forth)가 여러 번 나오는데, 초반부 2:20의 예수의 죽음에 대한 예언이나, 수난에 관한 세 번의 예언이 그런 예다. 마가는 자주 시간과 장소를 활용해서 자신의 내러티브를 구조화하고 에피소드들을 연결한다(예를 들어 시간: 1:32, 35; 2:1; 4:35; 6:47; 9:2; 11:12, 20; 14:1, 12, 17; 15:1, 25, 33, 42; 16:1; 장소: 1:14, 16, 21, 39; 2:1, 13; 3:7; 4:1; 5:1; 6:1, 32, 45, 53; 7:24, 31; 8:10, 22, 27; 9:30, 33; 10:1, 32, 46; 11:1, 12, 15, 27; 13:1; 14:3, 32; 15:22; 16:7). 인클루지오를 사용한 곳도 있다. 예를 들어 예수가 소경을 고쳐주신 두 본문인 8:22-26과 10:46-52 사이에는 일치점이 있으며, 이 두 본문을 양끝으로 형성된 단락에는 기적이 거의 없고 고난의 주제만이 전개된다. 마가복음에는 유명한 "샌드위치" 기법, 즉 하나의 에피소드를 구성하는 두 부분 사이에 다른 에피소드를 삽입하는 기법이 사용됨으로써(예를 들어 5:21-43; 11:12-25) 교차대구(chiasm)나 동심(concentric) 구조가 형성되기도 한다. 이런 구조들은 최근의 학자들로 하여금 마가복음에서 고도로 정교화 된 배열을 발견하고, 전체(완결된 내러티브)는 부분(개별적 페리코프)들의 총합 이상이라고 결론 내리도록 만든 많은 특징 중 더 두드러진 특징일 뿐이다.[90]

베드로가 이야기한 *chreia*를 마가는 정확히 기록하기만 했다는 파피아스의 주장은 잘못이다.[91] 하지만 우리는 파피아스가 마가복음을 역사 기록물에 대한 자신의 이상에 비추어 바라보았다는 점을 유념해야 한다. 그의 시각을 이루는 다음 두 측면은 서로 연결되어 있다. 첫째, 우리는 마가복음을 그리스-로마의 전기라는 문학적 스펙트럼 속에서 살펴보아야 한다. 이런 전기물은 대부분, 문자 자료든 구술 자료든 특정 자료

---

90) 마가복음을, 플롯을 가진 전체의 메타내러티브 안에 작고 다양한 내러티브가 포함된 형태로 보는 견해에 대해서는 C. Breytenbach, *The Gospel of Mark as an Episodic Narrative: Reflections on the "Composition" of the Second Gospel=Scriptura*, special issue 4 (1989), 1-26을 보라.

91) 따라서 나는 B. Orchard, "Mark and the Fusion of Traditions," in F. van Segbroeck, C. M. Tuckett, G. van Belle, and J. Verheyden, eds., *The Four Gospels 1992: Festschrift Frans Neirynck*, vol. 2 (Leuven: Leuven University Press/Peeters, 1992), 779-800과 견해를 달리한다. 오차드는 마가복음이 베드로의 공개 강연을 그대로 속기하여 문자로 기록한 것이라고 생각한다.

에 의존하며, 마가복음의 페리코프들처럼 전승 단편들에 의존한다. 그러나 이런 작품들이 자료를 동원하여 단일한 내러티브를 만들어낼 때 발휘한 문학적 세련성에서는 상당한 차이가 나타난다. 크리스토퍼 브라이언(Christopher Bryan)은 이런 점을 지적하고, 마가복음을 이 문학적 스펙트럼 안에 위치시킨다.

> 저자가 치밀하면 치밀할수록, 작품을 구성하는 특정 자료와 전승 단편들을 연결하는 이음매는 잘 눈에 띄지 않는다. 타키투스와 플루타르코스가 쓴 내러티브들은 늘 전체적으로 도도하고 우아하게 흘러간다. 이와 달리, 「세쿤두스의 생애」[92]에서는 네 부분(이 작품을 구성하는 네 개의 단절된 단편인 짧은 이야기, 수난, 신랄한 비판, 대화)이 그냥 나란히 자리해 있어서 각 부분을 쉽게 식별할 수 있다. 그러나 루키아누스 같은 치밀한 저자도 작품 구조를 아주 단순하게 짜는 쪽을 택할 수 있었다. 「데모낙스」도 원래 일화들을 특별한 질서 없이 전기의 구조 속에 죽 엮어놓은 것이다.
>
> 마가가 자료들을 활용한 솜씨를 보면서, 나는 그가 플루타르코스 및 타키투스라는 한쪽과, 「데모낙스」 및 「세쿤두스의 생애」 라는 다른 한쪽 사이 어디쯤에 자리해 있다고 생각한다.…마가는 그의 자료들을 결합해서 플루타르코스나 타키투스의 작품에서 발견되는 장점처럼, 이야기가 단절 없이 이어지는 통일체를 만들지는 않았다. 하지만 마가는 이런 측면에서 볼 때 「세쿤두스의 생애」의 저자보다는 더 많은 노력을 기울인다.[93]

여기서 우리는 파피아스가 예수의 생애를 다룬 전기에 대해 당대의 역사 기록이 갖추어야 하는 가장 높은 수준을 기대한다는 점을 유념해

---

92) 「철학자 세쿤두스의 생애」(*Life of Secundus the Philosopher*, 2세기 후반)를 늣한다. B. E. Perry, *Secundus the Silent Philosopher* (Philological Monographs 22; New York: American Philological Association, 1964)를 보라.

93) Bryan, *A Preface*, 48-49; 참고. Burridge, *What*, 172-73, 201.

야 한다. 따라서 문학적 특징으로 볼 때 파피아스는, 서로 아주 다르지만 본질적으로 구조가 부재하는 작품이라는 점에서 동일한 「세쿤두스의 생애」와 루키아누스의 「데모낙스」보다는, 플루타르코스의 「영웅전」에 가까운 미덕을 추구한다. 파피아스는 마가복음을 읽으면서 이 복음서의 독특한 구조가 지닌 여러 요소보다, 이 책이 구조도 거의 없이 일화들만 모아 놓은 「세쿤두스의 생애」와 「데모낙스」와 유사하다는 점에 충격을 받았을 가능성이 크다. 이런 전기들의 스펙트럼을 두루 살핀 브라이언은 "마가의 내러티브에는 어떤 변명이나 설명도 필요하지 않음이 확실하다"라고 말할 수 있었지만,[94] 파피아스는 이 복음서에 말 그대로 변명과 설명이 필요하다고 보았다. 마가복음에 대한 언급에서 파피아스가, 마가는 베드로가 이야기한 단절된 단편들을 기록하기만 했다고 쓴 것도 이런 변명과 설명의 한 예다. 파피아스는 역사 기록이 문학작품으로서 가져야 할 가장 높은 기준에 비추어 마가복음을 평가한다. 동시에 같은 기준을 근거로 마가복음과 요한복음을 비교하면서, 마가복음을 더 낮게 평가한다. 그가 보기에, 요한복음은 플루타르코스의 작품처럼 문체 면에서 능숙한 솜씨를 보여주지는 않지만, 그래도 마가복음보다는 훨씬 더 정확하게 연대기적으로 기록되었으며, 연속적이고 통일적인 내러티브도 마가복음보다 더 분명하게 나타난다.[95]

둘째, 그럼에도 우리는 마가가 내러티브를 구조화할 때 사용한 방법들이 대부분 구술적 구성의 특징임에 주목해야 한다. 특히 이 점은 조애너 듀이(Joanna Dewey)의 일련의 논문에서 선명하게 증명되었다.[96] 듀이는 자

94) Bryan, *A Preface*, 40.

95) Burridge, *What*, 227: "네 번째 복음서(요한복음)는 공관복음서보다 연속성을 지닌 통일체이기는 하지만, 그 내러티브에도 가끔씩 단절이나 이음매가 등장한다."

96) J. Dewey, "Oral Methods of Structuring Narrative in Mark," *Int* 53 (1989), 32-44; eadem, "Mark as Interwoven Tapestry: Forecasts and Echoes for a Listening Audience," *CBQ* 53 (1991), 221-36; eadem, "The Gospel of Mark as Oral/Aural Event: Implications for Interpretation," in E. Struthers Malbon and E. V.

신의 논지를 다음과 같이 요약하면서, 이 요약된 논지와 파피아스의 언급에 대한 해석을 연결시킨다. 파피아스의 언급에 대한 그녀의 해석은 우리가 주장한 내용과도 정확히 일치한다.

> 마가복음은 구술 문학과 잘 어울린다. 마가복음은 구술로 들려주기에 적당한 길이를 가지고 있다. 스토리텔러는 단순히 시연되는 마가복음을 듣는 것만으로도 그것을 터득할 수 있었을 것이다. 나와 다른 학자들이 주장했듯이, 이 복음서의 구성은 구술 기법으로 이루어져 있다. 요컨대 마가복음의 이야기는 쉽게 시각화되고 금세 기억되는 해프닝들로 구성되어 있다. 이 복음서는 병렬적으로 연결된 짧은 에피소드들로 이루어져 있다("그리고"나 이와 유사한 말로 사건들을 나란히 늘어놓았을 뿐, 한 사건이 다른 사건에 종속되지 않는다). 내러티브들은 점점 더해지면서 집합체를 이루어간다(짧은 내러티브들은 축적될 뿐, 하나의 선을 그리며 정점으로 치닫는 플롯을 만들어내지는 않는다). 가르침들은 주제적으로 구별되는 담화를 이루지 않고 짧은 내러티브들 속에 깊이 내장되어 있는데, 이는 구술 문화가 가르침을 기억하는 방법이다. 마가복음의 이야기에 "질서가 없다"라고 말할 때 파피아스가 염두에 둔 것은 문자 그대로 연대기적이고 주제적인 질서의 결핍이었다고 나는 주장하고 싶다.…**마가복음의 이야기는 적절한 수사적 형식이 아니라 구술 순서를 따르고 있다**.
>
> 마가복음은 문체뿐 아니라 플롯도 구술적 구성의 특징을 가진다. 마가복음의 구조는 하나의 선형을 그리며 정점으로 치닫는 플롯을 형성하지 않는다.

McKnight, eds., *The New Literary Criticism and the New Testament* (JSNTSup 109; Sheffield: Sheffield Academic, 1994), 145-63; eadem, "The Survival of Mark's Gospel: A Good Story?" *JBL* 123 (2004), 495-507. Bryan, *A Preface*, 2부도 참고하라. Witherington, *Mark*, 15-16은 마가의 수사법이 성격상 구술적이라는 점에는 동의하면서도, 마가복음이 구술적 실연을 위해 쓴 것임은 부정한다. 위더링턴은 막 13:14를 근거로 삼고 있는데, 그는 이 구절이 마가복음을 개인적으로 읽는 자에 대해 언급한다고 본다. 이 구절이 마가복음의 독자를 말하느냐, 아니면 다니엘서의 독자를 말하느냐는 논란의 여지가 있다.

예수를 죽이려는 음모는 마가복음 3:6에 처음으로 소개된다. 하지만 이 음모는 마가복음 11장에 이르기까지 거론되지도 진전되지도 않는다. 실제로 이것은 마가복음 14장에 가서야 실행되기 시작한다. 마가복음의 구조는 선형적 플롯 진행이라기보다 반복적 패턴, 세 개의 평행적 에피소드 시리즈, 동심 구조, 교차대구 구조로 이루어진다. 이런 구조들은 구술 문학의 특징으로서, 실연자(performer)와 청중이 내용을 기억하고 전달하는 데 도움을 주었다. 구술 문학에 대한 우리의 지식에 비추어볼 때, 마가복음을 구술 형식으로 구성해 전달하는 것이 불가능했을 이유는 전혀 없다.[97]

듀이의 지적처럼, 이것만으로는 마가복음이 구술 과정을 통해 구성되었는지, 혹은 문자로 기록하는 과정에서 능숙한 구술 스토리텔러의 기법들이 사용되었는지를 밝혀내기는 불가능하다. 듀이는 마가복음을 "글로 기록하면서 다듬었을" 개연성이 크다고 생각한다. 이렇게 볼 때 본문 안에 몇몇 요소가 구조적으로 멀리 분리되어 있는 이유를 설명할 수 있다.[98] 그러나 마가복음은, 저자에 의해 구술적으로 구성되었는가의 여부와 관계없이, 기존의 구술 내러티브에 크게 의존했을 것이다. 따라서 문자로 기록된 마가복음은 구술 내러티브를 글로 "실연한" 것이다. 아니면 마가는 내러티브를 문자로 기록하면서 구술 기법들을 활용했을 수도 있다. 왜냐하면 저자는 후대 사람들이 자신의 본문을 구술로 실연할 수 있도록 기록했기 때문이다. 어느 경우든, 마가복음이 구술 실연을 위해 구성되었다는 점과, 이 복음서가 채택한 구술 기법이 내용을 말로 들려주고 귀로 받아들이는 데 도움을 주었으리라는 점은 분명하다.[99]

---

97) Dewey, "The Survival," 499(보컴 강조).

98) Dewey, "Oral Methods," 43-44; eadem, "The Survival," 499-500, 주 19.

99) 마가복음을 구술로 실연하는 것에 대해서는 Shiner, *Proclaiming*; D. F. Smith, *Can We Hear What They Heard? The Effect of Orality upon a Markan Reading-Event* (Ph.D. thesis, University of Durham, 2002)도 보라.

파피아스가 왜 마가복음에 "질서"가 없다고 판단하게 되었는가라는 우리의 관심사와 관련해서, 파피아스가 자신의 문학적 편견 때문에 내러티브를 구조화하는 구술적 방법을 "질서"로 인정하지 않았으리라는 것은 중대한 시사점을 던진다. 마가가 자기 역할을 베드로의 개별적 *chreia*를 정확히 보고하는 것으로 한정하지 않았다는 증거가 있음에도, 파피아스는 앞과 같은 편견으로 인해 이런 증거를 쉽게 간과했을 것이다. 마가는 자기 나름의 방식으로 단절된 단편들을 통일적인 내러티브로 만들어냈지만, 이런 방법은 파피아스가 추구하던 것이 아니었다.

따라서 우리는 파피아스가 얼마나 쉽게 마가복음에서의 질서 없음을 과장할 수 있었을지 이해할 수 있게 된다. 그러나 이런 과장도 파피아스의 논지에는 훌륭한 기여를 했다. 그는 요한복음의 "질서"를 칭찬하면서도 마가복음을 깎아내리지 않는 방식으로 요한복음과 마가복음의 차이점을 설명하는 데 몰두했다. 파피아스가 마가복음의 구조적 특성을 인식했더라면, 그는 이 특성이 베드로로부터 유래한다고 여겨 베드로와 요한 사이에 심각한 불일치가 있다고 인정하거나, 아니면 목격자가 아니기 때문에 정확한 질서를 구축할 자격이 없는 마가가 임의적으로 베드로의 이야기를 구성했다고 그를 비난했을 것이다. 파피아스가 요한복음과 마가복음 사이의 차이점을 해결하기 위해 제시한 방안은 손쉬운 것이었다. 왜냐하면 파피아스의 해결책은 역사가의 임무에 관한 그의 견해, 즉 유세비우스의 발췌문에서 모을 수 있는 견해와 정확히 일치하기 때문이다. 우선 파피아스는 역사가에게 가장 훌륭한 사료란 구술 사료로서 목격자 증언으로부터 멀지 않아야 한다고 주장했다. 그는 이런 자료를 수집하는 것이 역사가의 첫 번째 임무라고 보았다. 마가가 자신의 할 일을 이런 임무로 제한한 것은 옳았다. 마가에게는 이런 임무를 넘어설 수 있는 신뢰할 만한 자료가 없었기 때문이다. 따라서 마가복음은 베드로의 증언을 정확히 보존했다는 점에서 큰 가치가 있지만, 여기에는 질서가 존재하지 않는다. 파피아스는 질서를 찾으려면 요한복음을 참고해야 한다고 생각했다. 요한복음은 완결된 역사 기록물에게 요구되는 기준들을 전부 갖춘 저술이었다. 요한 자신이 목격자였으므로, 저자는 내용을 타당한 연대기적 순서로 배열할 수 있었다. 또한 요한은 내용을 연속성을 가진 문학적 통일체로 만듦으로써 가장 훌륭한 역사 기록 관습에 부합하는 방법을 따랐다. 이 통일체는 연대기적인 면에서나 지리적인 면에서 정확했으며, 플롯 전개로 정점에 이르는 형태를 가지고 있었다.

파피아스가 장로 요한의 말을 기록하는 데 그치지 않고 장로가 말하던 요지를 자신의 말로 적어놓았다면, 여기에 포함된 문학비평적 요소는 당연히 파피아스의 것으로 볼 수 있다. 그 장로는 요한복음과 마가복음 사이의 질서의 차이를 설명하면서, 요한복음은 연대기적으로 정확한 순서로 되어 있지만, 마가복음은 베드로의 설교만을 토대로 했기에 정확한 연대기로 배열할 수 없는 것들이 많았다고 말했을지도 모른다. 두 복음서의 차이의 이유만을 놓고 보면 이런 설명만으로도 충분하다. 그러나 마가가 내러티브를 구조화하면서 구술 문학의 기법들을 정교하게 사용한 것은 어떻게 설명해야 하는가? 우리는 마가가 저술 전에 얼마나 내러티브를 구조화했는지 알 수 없다. 이 내러티브 중 일부—수난 내러티브—만큼은 마가가 기록 전에 구조화했다고 보는 것이 통설이다. 이 책 앞부분에서 우리가 제시한 논증도 이런 개연성을 인정하고 있다. 우리는 마가복음의 수난 내러티브의 질서가 베드로로부터 유래한다고 충분히 말할 수 있다. 이미 제시한 대로, 이 내러티브는 열두 제자의 명확한 목격자 증언 중 베드로 개인의 증언이기 때문이다. 베드로가 마가복음의 질서와 구조 중 다른 요소들에도 영향을 끼쳤는지 밝혀내기는 불가능한 것 같다. 하지만 이런 불확실성도 베드로의 구술 증언이 마가복음 본문에서 멀리 떨어진 곳이 아니라 바로 배후에 자리하고 있다는 그 장로의 전체 주장을 받아들이는 데는 장애가 되지 않는다. 물론 일부 학자들이 이런 주장을 불신하는 다른 이유들도 존재한다. 하지만 반대 이유들을 살펴보기 전에 먼저 이 주장을 확증하는 다른 외적 증거를 보도록 하겠다.

베드로의 복음서인 마가복음

앞에서 우리는 순교자 유스티누스가 마가복음을 베드로의 "회상"(*apomnēmoneumata*)으로 묘사했음을(「대화」 106.3) 언급하면서, 이런 묘사와 파피아스의 말, 즉 마가가 "(베드로가) 기억을 되살려 이야기한(*apemnēmoneusen*) 그대로 몇몇 개별적 사항들을 기록했다"라고 말한 내용이 서로 연관된다는 점을 지적했다. 유스티누스는 복음서 전체를 "사도들의 회상"으로 불렀으며, 마가복음의 기원에 대한 파피아스의 언급에서만 동사 *apomnēmoneuō*를 특별히 부각시킨 것이 아니었다. 따라서 유스티누스가 파피아스의 글을 토대로 마가복음을 이런 식으로 묘사했을 가능성은 거의 없다. 오히려 파피아스가 마가복음에 대한 글을 쓸 당시 이미 사람들은 마가복음을 종종 베드로의 회상이라 부르고 있었으며, 그가 동사 *apomnēmoneuō*를 사용한 것도 이런 용례를 반영한 결과일 가능성이 더 높다.

후대에 무라토리 정경 목록(*Muratorian Canon*)이나[100)] 이레나이우스, 알렉산드리아의 클레멘스, 테르툴리아누스, 그리고 소위 마르키온 반대자가 쓴 마가복음 프롤로그(Anti-Marcionite Prologue to Mark)[(1)]는 마가복음을 베드로의 설교를 기록한 것이라고 언급하는데, 이는 파피아스의 글에 의존했을 것이며 그의 글보다 더 널리 퍼져 있던 전승에 대한 독립적 증언을 제공하지는 않는다. 그러나 이런 독립적 증언을 제시하는 것과 같은 흥미로운 사례가 둘 있다. 꼭 독립적 증언이라고 확신할 수는 없지만, 이 두 사례는 충분히 논의할 가치가 있다. 이 두 사례를 이런 연결성 속에서 논의한 적은 한 번도 없기 때문이다.

100) 마가복음에 대한 무라토리 정경 목록의 언급 중 마지막 부분만이 남아 있다: "그런데도 그는 거기 있으면서 그것을 기록했다"(*quibus tamen interfuit et ita posuit*). 이 말은 마가가 목격자가 아니었으므로 예수의 역사적 사건들의 현장에는 없었지만, 베드로의 설교 현장에는 있었으며 그 설교를 기록했다는 의미임이 틀림없다.

두 사례 중 하나는 「도마복음」(*Gospel of Thomas*)의 말씀(Saying) 13이다.

예수가 당신 제자들에게 말씀하셨다. "비교해보아라. 그리고 내가 어떤 사람 같은지 말해보아라."

시몬 베드로가 예수께 말했다. "당신은 의로운 사자(使者) 같습니다."

마태가 예수께 말했다. "당신은 지혜로운 철학자 같습니다."

도마가 예수께 말했다. "주여, 제 입은 당신이 어떤 사람 같은지 도저히 말할 수가 없습니다."

예수가 도마에게 말씀하셨다. "나는 네 주가 아니다. 너는 내가 판 솟아오르는 샘물을 마시고서 취했기 때문이다."

그리고 예수는 도마를 데리고 옆으로 가시더니 그에게 세 가지를 말씀해 주셨다.

도마가 그의 동료들에게 돌아오자, 그들이 그에게 물었다. "예수께서 네게 뭐라고 말씀하시더냐?"

도마가 그들에게 말했다. "만일 내가 예수께서 내게 일러주신 말씀 가운데 하나라도 발설하면, 너희는 돌을 들어 내게 던지리라. 그러면 그 돌에서 불이 나와 너희를 사르리라."[101]

이 본문은 베드로 및 마태가 예수를 규정한 내용과 도마가 예수의 본질은 말로 표현할 수 없다고 인정한 것을 선명히 대조하면서, 베드로와 마태를 통찰력 없고 오해하는 인물로 간주한다. 그렇다면 왜 하필 이렇게 통찰력 없고 오해하는 역할을 베드로와 마태에게 맡겼을까? 베드로는 「도마복음」이 스스로를 구별하고 싶어하는 "정통" 그리스도인들 사이에서는 아

101) 이 번역문은 W. D. Stroker, *Extracanonical Sayings of Jesus* (SBL Resources for Biblical Study 18; Atlanta: Scholars, 1989), 26-27에서 가져왔다. 이 번역문에는 "throw"가 "thrown"으로 잘못 나와 있어서 이를 바로잡았다.

무도 범접할 수 없는 우월한 위치와 권위를 가진 사도였다. 이런 사실을 생각하면, 「도마복음」이 베드로를 등장시킨 이유는 쉽게 설명된다. 그렇다면 마태를 등장시킨 이유는 무엇인가? 복음서 중 하나를 쓴 저자인 마태는 열두 제자 중 가장 정체를 알기 어려운 인물이다. 앞에서 인용한 「도마복음」 본문은 마태복음이 이미 존재했으며 그 저자가 마태임을 전제하고 있음이 틀림없다. 이 본문은 예수를 보는 마태의 견해를 인용함으로써 일부러 마태복음을 깎아내리고, 도마의 말을 동원하여 「도마복음」이 더 우월하다고 변호한다. 이런 점은 마태가 예수를 "지혜로운 철학자 같다"라고 묘사한 것이 마태복음을 지시하기에 적합하다는 사실을 확증한다. 윤리에 대한 예수의 가르침이 탁월하다고 말하는 복음서는 마태복음뿐이다. 고대 세계에서 윤리는 철학자의 영역이었다. 또한 마태가 말하는 예수와 같은 윤리 교사는 분명히 "지혜로운 철학자"로 표현되었을 것이다. 하지만 「도마복음」은 윤리에 극히 미미한 관심만 보일 뿐이다.

만일 앞의 본문의 마태가 마태복음을 대변한다면, 베드로는 마가복음을 대변할 가능성이 아주 높다. 예수를 "의로운 사자와 같다"라고 표현한 베드로의 말은 추측컨대 마가복음에 실린 베드로의 고백(8:29; "당신은 메시아이십니다")을 의도적으로 바꿔놓은 듯하다. 이렇게 「도마복음」이 베드로의 말을 바꾼 것은 애초에 이 책이 구약성경이나 유대인의 메시아 대망에 전혀 관심이 없었기 때문이다. "의로운 사자"는 단순히 초자연적 인물인 마가복음의 예수를 반향할 뿐이다. 아니면 이 말은 마가복음의 서두에서 인용되는 성경 말씀["보라 내가 너보다 앞서 내 사자(*angelos*)를 보내노라"; 막 1:2]을 오해한 것일 수도 있다. 「도마복음」의 말씀 13을 쓴 이는 마가복음의 말씀을 세례 요한이 아니라 예수를 가리키는 것으로 잘못 읽었던 것 같다.

대다수 학자가 「도마복음」 말씀 13에서 마가복음과 마태복음에 대한 언급일 개연성이 높은 부분을 간파하지 못한 것은,[102] 부분적으로 「도

102) 「도마복음」 말씀 13이 마가복음과 마태복음에 대한 언급일 수 있다는 점을 간파한

마복음」을 정경 복음서에 의존하지 않는 독립된 책으로 확신했기 때문이다. 여기서 우리는 이런 종류의 논의를 시작하지는 않을 것이다. 다만 「도마복음」에 실린 예수의 말씀이 어느 자료에 근거했든지에 상관없이, 말씀 13이 "정통" 복음서인 마가복음과 마태복음에 반대해 「도마복음」을 정당화할 목적으로 집필된 글모음처럼 보인다는 점을 지적하고 싶다. 말씀 13은 이 책의 마지막 편집자가 마가복음과 마태복음을 알고 있었음을 실증한다. 유감스럽게도 학자들은 현재 형태의 「도마복음」이 (또한 현재 형태보다 앞서 있었다고 가정되는 형태의 「도마복음」이) 언제 기록되었느냐에 대해 일치를 보지 못하고 있다. 따라서 말씀 13이 집필된 시기도 알기가 어렵다. 많은 학자는 「도마복음」이 파피아스의 글과 같은 시기거나 또는 앞서 기록되었다고 생각한다. 그럴 경우 말씀 13은 파피아스의 글과 별개로 마가복음과 베드로 사이의 긴밀한 연관성을 증명하는 증거가 될 수 있다. 그러나 도마복음을 바라보는 현재 학계의 입장 때문에 이런 가능성을 제기하는 것은 큰 논란의 소지를 남긴다.

파피아스의 글과 별개로, 마가복음을 베드로의 설교 기록이라고 언급하는 두 번째 사례는 좀 더 간접적이다. 기원후 200년경에 집필된 알렉산드리아의 클레멘스의 「논문집」(*Stromateis* 7.106.4)에 따르면, 이집트의 영지주의 교사인 바실리데스는 자신이 "베드로의 해석자(*hermēneus*)" 글라우키아스에게서 가르침을 받았다고 주장한다. 이 주장은 파피아스가 마가를 "베드로의 해석자(*hermēneutēs*)"라고 묘사한 것과 유사하며, 이런 유사성은 절대 우연이 아니다. 각 경우에 "해석자"로 번역된 단어가 다르기는 하지

것은 A. F. Walls, "The References to Apostles in the Gospel of Thomas," *NTS* 7 (1960-61), 269이다. T. V. Smith, *Petrine Controversies in Early Christianity* (WUNT 2/15; Tübingen: Mohr, 1985), 115-16; T. A. Wayment, "Christian Teachers in Matthew and Thomas: The Possibility of Becoming a 'Master,'" *JECS* 12 (2004), 289-311은 「도마복음」이 마태와 베드로를 언급함으로써 마태복음, 특히 마 16:16-19에 제시된 베드로라는 인물을 지시하려 의도한다고 본다.

만(*hermēneus*, *hermēneutēs*), 이 두 단어는 긴밀한 연관성을 가진 동의어다.

클레멘스는 바실리데스의 저술들을 알고 있었고 그것을 인용했다. 이런 이유로 우리는 자신이 글라우키아스의 제자였다는 바실리데스의 주장이 바실리데스 자신으로부터 나왔다고 확신할 수 있다. 클레멘스는 바실리데스의 활동 시기에 대해 그가 하드리아누스 황제(재위 117-138년)와 안토니누스 피우스 황제(재위 138-161년) 치세 동안 활동했다고 두루뭉술하게 말한다. 하지만 클레멘스의 분명한 관심사는 바실리데스가 베드로의 제자에게 가르침을 받을 수 없었음을 증명하는 것이었는데, 이는 곧 클레멘스가 바실리데스의 활동 시기를 넓게 잡는 오류를 범했다는 의미일 수 있다. 유세비우스의 「연대기」(*Chronikon*)는 바실리데스에 대해 132-133년이라는 정확한 연대를 제시하지만, 우리는 이 연대가 어떤 특정 사건을 가리키는지 알 수 없다.[103] 바실리데스가 스스로 베드로의 해석자인 글라우키아스의 제자였다고 주장하던 때는, 파피아스가 저술 활동을 하던 시기거나 어쩌면 좀 더 나중 무렵이었던 것 같다.

파피아스가 복음서에 관한 글을 쓴 계기가 영지주의에 반대한 변증 때문이라고 주장하는 학자들은,[104] 마가를 베드로의 해석자로 묘사하는 파피아스의 글에서 바실리데스에 대한 논박을 발견하곤 한다. 즉 파피아스의 이 묘사는 바실리데스가 베드로의 해석자인 글라우키아스를 언급하며 자신의 가르침에 권위를 부여하는 것에 대한 논박이라는 것이다. 그러나 파피아스가 영지주의에 대한 변증에 관심이 있었다는 견해를 확증하는 언급이 거의 없기 때문에 학자들 대부분은 이런 주장을 포기했다.[105] 바실리데스의 주장

103) A. Harnack, *Die Chronologie der altchristlichen Litteratur bis Eusebius*, vol. 1 (Leipzig: Hinrichs, 1897), 290-91.

104) 예를 들어 Niederwimmer, "Johannes Markus," 186; W. Bauer, *Orthodoxy and Heresy in Earliest Christianity*, ed. R. A. Kraft and G. Krodel (Philadelphia: Fortress, 1971), 184-89.

105) 참고. Schoedel, *Polycarp*, 100-101, 112; Byrskog, *Story*, 273.

은 마가를 베드로의 해석자로 묘사한 표현을 흉내 냈을 가능성이 더 높다. 바실리데스는 마가복음이 베드로의 가르침을 전달한다는 주장과 평행하는 표현을 함으로써, 베드로의 비밀스런 구술 전승을 물려받았다는 자신의 주장에 권위를 부여하려 했다. 바실리데스는 마가복음이 베드로의 가르침을 전달한다는 주장을 파피아스의 글을 직접 읽고 알았거나[106] 아니면 파피아스의 영향 아래 간접 경로를 통해 알았을 수 있다. 그러나 연대를 고려할 때, 그가 이 주장을 파피아스와 상관없이 마가복음에 관한 전승으로서 알았을 가능성이 더 높다. 마가 및 마가복음과, 바실리데스가 철학 학교를 열었던 알렉산드리아 사이에 특별한 연관성이 있었다는 점도 이런 가능성을 뒷받침한다. 알렉산드리아의 클레멘스도 이런 연관성에 대해 알았다(유세비우스, 「교회사」 2.16.1[107]). 이집트에서는 일찍부터 마가복음 저자가 마가임을 이야기하면서 그를 "베드로의 해석자"로 알고 있었을 가능성이 아주 높다. 따라서 「도마복음」의 증언처럼 이 경우도, 파피아스와는 별도로 베드로와 마가복음의 연관성을 증명하는 또 다른 증거인지 확신할 수는 없지만, 여러 시사점을 고려할 때 그럴 가능성이 아주 높다.

베드로의 복음?

쿠르트 니더비머(Kurt Niederwimmer)는 강한 영향력을 미친 자신의 논문에서,[108] 마가복음에 대한 파피아스의 언급에는 역사적 신빙성이 없다고 주장하며 다음과 같은 세 가지 논지를 제시했다. 첫째, 마가복음은 갈릴리

106) 바로 이것이 M. Hengel, *The Four Gospels and the One Gospel of Jesus Christ* (tr. J. Bowden; London: SCM, 2000), 58의 견해다.

107) 위서(僞書)가 아니라면, 모튼 스미스(Morton Smith)가 펴낸 「테오도루스에게 보내는 편지」(*Letter to Theodore*)도 같은 언급을 한다.

108) Niederwimmer, "Johannes Markus."

지리를 모호하게 언급할 뿐 아니라 심지어 잘못 이야기하기도 하는데, 이는 신약성경의 마가 요한이 이 복음서 저자라고 할 때 그가 유대계 팔레스타인 출신이라는 점과 부합하지 않는다.[109] 둘째, 유대인의 예법에 대한 마가복음의 언급(막 7:1-5)을 보면 저자가 유대인의 관습을 모른다는 사실이 드러나는데, 이는 저자가 이방인이라는 증거다.[110] 이 두 논지는 마가복음 저자를 예루살렘 출신인 마가 요한으로 보는 견해와 맞지 않는다(원리적으로는 이 두 논지와, 알려진 것이 없는 마가라는 인물이 베드로의 해석자로 활동했다는 견해가 서로 조화될 수도 있다). 셋째 논지는 베드로가 마가복음 내용의 출처라는 견해에 반대한다. 니더비머는 이 견해가 마가복음의 전승들이 오랜 세월에 걸친 복잡한 전승사의 산물임을 보여준 양식비평과 편집비평의 발견과 부합하지 않음을 발견했다.[111]

첫째와 둘째 논지에 대해서는 다른 학자들이 적절한 대답을 제시했다[112][여기에는 조엘 마커스(Joel Marcus)도 포함된다. 마커스는 마가복음에 대한 파피아스의 언급이 역사적 신빙성이 없다고 본다]. 따라서 여기서는 이런 논박을 되풀이하지 않겠다. 하지만 우리는 반대 방향을 가리키는 증거를 언급할 수 있다. 마가복음 저자는 이중 언어 사용자로서 그리스어와 아람어에 능통했던 것 같다. 이는 그가 팔레스타인 출신임을 암시하는데, 예루살렘의 유대인이었을 가능성이 가장 높다. 마르틴 헹엘은 마가복음이 아람어를 많이 보존하고 있음을 지적하면서 다음과 같이 썼다. "나는 그리스어로 기록된 작품 중, 이렇게 좁은 지면에 이토록 많은 아람어와 히브리어 단어와 관용어가 발견되는 작품을 또 알지 못한다."[113] 최근에는 모리스 캐시(Maurice

---

109) Niederwimmer, "Johannes Markus," 178-83.

110) Niederwimmer, "Johannes Markus," 183-85.

111) Niederwimmer, "Johannes Markus," 185.

112) 지리: Hengel, *Studies*, 46, 148, 주 51; idem, *Between Jesus and Paul* (tr. J. Bowden; London: SCM, 1983), 193 주 19; Marcus, *Mark 1-8*, 21. 유대인의 예법: Hengel, *Studies*, 148-49, 주 52; Marcus, *Mark 1-8*, 19-20.

113) Hengel, *Studies*, 46.

Casey)가 적어도 마가복음의 실체를 이루는 부분만큼은 아람어에서 번역된 것이라고 주장했다.[114)]

니더비머가 제시한 세 번째 논지는 복음 전승의 본질, 초창기 교회 내부에서 이루어진 복음 전승 전달, 전승과 목격자의 관계라는 모든 쟁점에 대한 논의를 활짝 열어놓았다. 이어지는 장들에서는 여기에 대해 논의할 것이다.

---

114) M. Casey, *Aramaic Sources of Mark's Gospel* (SNTSMS 102; Cambridge: Cambridge University Press, 1998).

역자 주

1. 마가를 마가복음 저자요 베드로의 가르침을 해석한 자로 제시한 초기 기독교 문헌이다. 저작 시기는 160년부터 180년 사이로 보기도 하고, 4세기 후반으로 보기도 하지만 확실하지 않다.

제 10 장

구전 모델

이 책의 논지—복음서들이 예수의 말씀과 행위에 관한 목격자 보고와 가깝게 일치한다—는 최근의 거의 모든 신약학자의 주장과 어긋난다. 몇 번 지적했듯이 학계의 대세는, 목격자 증언과 복음서 저자들에게 도달한 예수 전승 사이에는 오랜 세월에 걸쳐 교회 내에서 이루어진 구술 전승(구전)이 있었다는 견해다. 분명히 이 구전 과정의 출발점에는 목격자들이 있었다. 그러나 전승은 복음서 저자가 직접 이것을 편집하는 과정을 거칠 때까지, 수없이 반복해서 이야기되고 형태를 바꾸며 내용이 확장되는 과정을 거쳤다는 것이다.

학자들은 이 예수 전승이 보수적인지 창조적인지에 대해 큰 견해차를 보인다. 즉 그들은 복음서의 내용이 예수의 실제 말씀과 행위를 충실히 보존하고 있는가라는 문제에 대해 일치점을 보지 못하고 있다. 초기 교회에서 이루어진 예수 전승의 전달을 이런 시각으로 보게 되면, 복음서의 예수와 관련된 기사의 신빙성을 의심하는 역사적 회의주의에 이를 수밖에 없다는 주장은 오해를 낳을 소지가 있다. 많은 학자는 전승을 전한 공동체들이 이를 그대로 보존하는 데 주의를 기울였다고 추정한다. 다시 말해 전승을 개작하고 해석하지 않았으며, 전해 받은 형태를 충실히 유지하는 것이 공동체들의 통상적 모습이었다는 것이다. 제10장 뒷부분에서 다시 보겠지만, 구술 전달은 전승을 충실하게 보존할 수 있다. 예수와 복음서의 저술 사이에 흐른 세월보다 훨씬 더 긴 시간 동안에도 그러하다. 또한 우리는 초기 그리스도인들의 예수 전승의 전달이 매우 보수적 과정이었다고 보는 학자들을 지지하는 이유도 살필 것이다. 하지만 예수 전승이 일차적으로 그 전승을 전달한 그리스도인 공동체들에 대해 증언한다는 견해를 지지하는 학자들은, 이 예수 전승이 예수보다 그리스도인 공동체에 대한 정보를 제공한다고 결론 내린다. 이들에 따르면 기독교회는 전승을 개작했을 뿐 아니라, 설교나 가르침에 사용할 수 있도록 이를 창조하는 경우도 많았다. 전승의 전달 과정은 고도로 창조적인 과정이었다. 따라서 복음서는 예수의 역사를 관찰하기에 신뢰할 수 없는 자료다. 왜냐하면 사람의 기억이 오류를 범할 수 있기 때문이기도 하지만, 더 중요한 이유는 그리스도인 공동체들이 과거의 전승을 보존하는 데는 관심이 없이, 전혀 다른 목적 곧 현재에도 살아계신 주 예수를 증언하려는 목적에 맞추어 예수 전승을 형성하는 데에만 몰두했기 때문이다.

제10장과 제11장의 주된 목적은 목격자들을 복음 전승의 원출처(original sources)이자, 예수 때부터 복음서 기록 때까지 증언의 진실성에 대한 접근 가능한 출처이며 권위 있는 보증인으로 묘사하는 작업이 어떤 함축을 가지는지를 보이는 것이다. 이런 목적 때문에 우리는 초기 교회 안에서 이루어진 예수 전승 전달의 핵심과 관련된 논의를 피해갈 수 없다. 이 책의 연구가 신뢰를 얻으려면, 우리가 목격자들에게 부여한 역할을 더 넓은 맥락에서 살펴보면서, 광범위한 쟁점을 다루는 현재 학계의 논의와 건설적으로 소통할 수 있어야 한다. 이 논의를 적절한 범위 안에서 이어가려면 목격자라는 쟁점에만 초점을 맞추어야겠지만, 목격자에 대한 우리의 견해를 증명하고 반대 의견과 우리 의견 사이에 어떤 중대한 차이점이 있는지를 부각시키려면 논의의 범위를 더 확대해야 한다. 하지만 우리는 연구의 범위를 공관복음으로 제한할 것이다. 대다수 학자들이 요한복음은 특수한 사례라는 데에 동의하기 때문이다(비록 이 특수함은 이해되고 있지만). 요한복음의 경우는 전승 전달을 둘러싼 쟁점이 공관복음과 다르다. 요한복음은 제14-16장에서 자세히 다룰 것이다.

제10장에서 우리는 초기 교회의 복음 전승 전달 과정을 이해할 때 사용되는 세 가지 주요 모델을 논의할 것이다. 이 세 모델은 각각 루돌프 불트만, 비르예르 에르핫손, 케네스 베일리(Kenneth Bailey)와 연관된다.

양식비평

초기 교회의 예수 전승 전달을 이해하는 주류 학설은 약 85년 전에 등장한 복음서 연구 방법론에 그 기원을 두고 있다. 통상적으로 이 방법론은 양식비평(form criticism)—독일어 Formgeschichte(양식사)를 번역한 말이나 아주 적절한 번역은 아니다—으로 알려져 있다.[1] 기이한 사실은 초기 양식비평가들의 거의 모든 주장이 설득력 있는 논박에 무릎을 꿇었는데도, 이들이 최초로 제시한 구전 과정의 전체 모습은 여전히 신약학자 대다수의 사고방식을 지배하고 있다는 점이다.

복음서를 대상으로 한 양식비평은 다음과 같은 독일 학자 세 명의 저술을 통해 시작되고 발전되었다. 그 저술이란 칼 루트비히 쉬미트(Karl Ludwig Schmidt)의 『예수 역사의 틀』(*Der Rahmen der Geschichte Jesu*, 1919),[2] 마르틴 디벨리우스의 『복음서 양식사』(*Die Formgeschichte des Evangeliums*, 1919),[3] 루돌프 불트만의 『공관복음 전승사』(*Die Geschichte der synoptischen*

---

1) 양식비평에 대한 유익한 설명으로는 B. S. Easton, *The Gospel before the Gospels* (London: Allen and Unwin, 1928), 2장; S. H. Travis, "Form Criticism," in I. H. Marshall, ed., *New Testament Interpretation* (Grand Rapids: Eerdmans, 1977), 153-64; V. K. Robbins, "Form Criticism: New Testament," *ABD* 2.841-843을 보라. R. Bultmann, "The New Approach to the Synoptic Problem," in idem, *Existence and Faith* (tr. S. M. Ogden; London: Hodder and Stoughton, 1961)도 보라(이 논문은 1926년에 독일에서 처음 출간됨). 양식비평의 선례들과, 구약학자 헤르만 궁켈이 신약의 양식비평가들에게 끼친 영향에 대해서는 M. J. Buss, *Biblical Form Criticism in Its Context* (JSOTSup 274; Sheffield: Sheffield Academic, 1999), 12장을 보라.

2) K. L. Schmidt, *Der Rahmen der Geschichte Jesu* (Berlin: Trowizsch, 1919). 이 책은 영어로 번역된 적이 없다. 이 책의 내용을 영어로 가장 충실히 설명하는 동시에 강력하게 비판한 책으로는 D. R. Hall, *The Gospel Framework: Fiction or Fact?* (Carlisle: Paternoster, 1998)가 있다. 쉬미트의 후속작은 영어로 다음과 같이 번역되었다: *The Place of the Gospels in the General History of Literature* (tr. B. R. McCane; Columbia: University of South Carolina Press, 2002).

3) M. Dibelius, *From Tradition to Gospel* (tr. B. L. Woolf; London: Nicholson and Watson, 1934). 독일어 원본은 1919년에 처음 출간된 *Die Formgeschichte des*

Tradition, 1921)인데 이 책들은 엄청난 영향력을 끼쳤다.[4] 대개 쉬미트는 선구자에 포함되는데, 왜냐하면 그의 주장이 모든 접근법의 기초가 되었기 때문이다. 쉬미트는 마가복음이 짧은 단위들—예수에 관한 이야기나 예수의 말씀—로 구성되어 있음을 부각시키면서, 이 단위들을 연결하는 전체 틀이 대체로 나중에 마가복음 저자에 의해 만들어졌다고 주장했다. 이런 단위(페리코프)들은 마가복음 이전에는 각각 구별된 전승으로 존재했으며 구술적으로 전달되었다. 그러다가 마가가 처음으로 이것들을 문자로 기록하여 진주들을 하나로 잇는 "줄"을 제공했다. 따라서 이 틀은 대부분 인위적이며, 마가복음에서 페리코프들의 순서도 주제나 역사와 무관한 요소들을 고려해서 결정되었다. 결국 양식비평의 출발점은, 마가복음도 다른 공관복음서처럼 개별적인 구전으로 존재했을 단위들로 나누어짐을 인정하는 것이었다. 마가복음은 이미 존재하던 구술 전승들을 결합한 일종의 구술 문학으로 볼 수 있다. 이런 통찰은 먼저 구술로 이루어졌을 마가복음 전승들의 전달 과정을 진지하게 연구하는 길을 열어놓았으며, 양식비평가들은 바로 이 영역을 탐구하기 시작했다.

내가 보기에, 양식비평의 가장 중요한 통찰은 공관복음서의 개별적 단위들이 기록 전에 이것들이 가졌던 구술 양식들(oral forms)과 비슷하다는 것, 그리고 이 단위들이 구전 과정에서는 반드시 현재의 모습대로 연결되지 않았다는 것이다. 이 통찰의 내용은 지금까지도 논박받지 않고 계속해서 인정받고 있다. 앞에서 우리는 파피아스가 어떻게 마가복음의 이런 특징을 본질적 차원에서 인식하고 있는가를 살펴보았다. 확실히 양식비평가들조차도 예외가 있음을 인정했다. 마가복음의 수난 내러티브가 마가

---

*Evangeliums*지만, 영역판의 대본이 된 원서는 2판 증보판(Tübingen, 1933)이다.

4) R. Bultmann, *The History of the Synoptic Tradition* (tr. J. Marsh; Oxford: Blackwell, 1963; 2판 1968). 독일어 원본은 1921년 *Die Geschichte der synoptischen Tradition* (Göttingen: Vandenhoeck und Ruprecht)이라는 제목으로 출간되었다. 하지만 영역판에는 독일어 원본 2판(1958)에 추가된 부록이 포함되어 있다.

가 그것을 이야기하기 전에 이미 존재했다면, 이는 필시 일종의 연결된 내러티브 형태로 존재했을 것이다(많은 학자들도 제8장의 견해, 즉 이 내러티브가 기원후 40년대 예루살렘 교회로 거슬러 올라간다는 견해를 받아들인다). 동시에 마가복음에는 이 복음서 이전의 전승들을 모은 작은 묶음으로 존재했을 것 같은 부분도 포함되어 있다. 예를 들어 예수가 하신 일련의 짧은 말씀들, 비유들의 묶음, 논쟁 이야기의 묶음이 그런 부분이다.[5] 또한 마가복음의 연대기적·지리적 틀이 역사와 전혀 일치하지 않으며 마가의 창작이라는 쉬미트의 견해는 논박하기 어렵지 않다. 마가복음의 전체 윤곽은 마가가 "케리그마적 요약"(kerygmatic summary)이라는 유형을 받아들여 썼을 가능성도 있다. "케리그마적 요약" 유형은 사도행전에 있는 베드로와 바울의 말에서 발견된다. 내가 보기에 이 유형은 초기 기독교 전승 안에서 복음 전승, 즉 개별적 이야기 및 말씀과 구별되어 존재했다.[6] 마가복음과 베드로의 구술 증언이 긴밀히 연관된다는 내 책의 논지를 받아들인다면, 마가가 베드로로부터 받은 개별적 전승들을 편집할 때, 베드로로부터 들은 예수 사역의 흐름에 대한 개괄적 지식도 함께 배열했다는 주장도 제기될 수 있다. 하지만 마가복음의 배열에는 마가가 실제로 창작한 것도—즉 예수의 생애의 연대기적 시퀀스를 재생하지 않은 부분도—많이 있을 것이다.[7] 분명히 마

5) W. R. Telford, "The Pre-Markan Tradition in Recent Research (1980-1990)," in *The Four Gospels 1992* (F. Neirynck FS; Leuven: Leuven University Press/Peeters, 1992) vol 2, 693-723은 (기간을 한정하기는 하지만) 이 주제를 다룬 학설들을 총망라해서 개관하고 있다.

6) R. Bauckham, "Kerygmatic Summaries in the Speeches of Acts," in B. Witherington, ed., *History, Literature and Society in the Book of Acts* (Cambridge: Cambridge University Press, 1996), 185-217; G. N. Stanton, *Jesus of Nazareth in New Testament Preaching* (SNTSMS 27; Cambridge: Cambridge University Press, 1974)도 참고하라.

7) 내 견해로는 Hall, *The Gospel Framework*에 포함된, 쉬미트에 대한 비판이 이를 가장 잘 증명하는 것 같다. V. Taylor, *The Formation of the Gospel Tradition* (second ed.; London: Macmillan, 1935), 38-41도 참고하라.

가복음의 배열에는 베드로조차도 정확히 연대기적으로 이야기하지 못했을 단위들도 많다. 아마도 마가는 독자/청자들이 쉽게 내용을 이해할 수 있도록 이야기를 배열하는 훌륭한 스토리텔러의 요구를 따랐던 것 같다. 세 공관복음서의 개별적 페리코프들은 그것들이 구술로 전달될 당시의 형태를 대체로 유지했다고 보는 것이 올바른 통찰이다.

하지만 이것은 다만 양식비평의 출발점일 뿐이었다. 이 출발에 힘입은 양식비평가들은 복음서를 구술적 원형에 가까운 민속 문학으로 분류하고, 각 단편의 "양식"(Gattung)에 초점을 맞출 수 있었다. 이들은 다양한 양식들을 다룬 유형론(typology)을 만들어냈는데, 이 양식들을 결정하는 것은 내용도 있지만 그 구성적 특징이라고 추정했다. 우리는 여기서 양식 분류의 세부 내용을 논의하려고 시간을 지체하지는 않을 것이다. 하지만 사례를 하나 제시하는 차원에서, 디벨리우스가 복음서의 내러티브 단위들에서 찾아낸 다섯 가지 양식을 열거해보겠다. 그 다섯 양식이란, 패러다임 [불트만은 패러다임 대신 apophthegm(격언)을 선호했다. 빈센트 테일러는 패러다임으로부터 영어권 학자들의 관용어가 된 pronouncement story(선포 이야기)를 끌어냈다], 설화, 전설, 수난 이야기, 신화다. 전승은 초기 그리스도인 공동체 안에서 이런 형태들을 가지고 있었다. 이 공동체에서 각 양식을 결정한 것은 그 교회의 삶의 정황이었으며, 각 양식은 독특한 기능을 갖고 있었다. 삶의 정황은 설교나 예배나 교리 교육이나 변증처럼, 교회가 자리하고 있는 전형적 상황이다. 양식비평가들은 복음서의 페리코프가 그리스도인 공동체의 삶 속에서 구술 형태로 존재할 때 어떻게 기능했는지를 밝혀냈다고 주장했다.

바로 이런 측면에서 양식비평가들은 복음 전승이 예수의 역사적 삶보다 초기 교회의 삶에 대한 정보를 제공한다고 주장한다. 곧이어 이들은 전승이 교회에서 필요한 기능에 맞게 개작되었을 뿐 아니라, 새로 창작된 경우도 많았다고 추정했다. 하지만 이들보다 더 온건한 학자들, 특히 독일 양식비평을 비판적으로 받아들인 영어권 학자들은[8] 다음과 같이 주장하게 되었다. 즉 전승이 교회의 삶에서 기능하는 방식을 이해하는 작업이, 꼭 그 전승이 이런 맥락으로부터 유래했으며 예수의 삶의 정황으로 되돌아가는 것이 불가능하다는 결론을 동반하는 것은 아니라는 것이다. 하지만 복음 전승을 공동체의 창작으로 이해할 수 있는 가능성을 수긍하는 이들이 생기면서 예수의 말씀의 진정성을 판단할 기준에 관한 온갖 논의가 일어났다. 복음서의 예수의 말씀을 면밀히 조사하여 진정성 없는 말씀을 판단할 기준(즉 이 말씀이 예수로부터 유래했는지를 판단할 기준)들은, 전승을 교회의 삶 속에 놓고 보면 진정성 없는 말씀들이 어디서 유래하는지 설명할 수 있다는 양식비평의 주장으로부터 나왔다.

특히 불트만은 양식비평을 복음 전승의 기원과 전승사를 추적할 도구로 발전시켰다. 불트만은 양식비평을 이렇게 활용하는 일이 많은 요인 때문에 가능하다고 보았다. 이 요인들 중 하나는 복음서에서 발견되는 대다수의 페리코프가 원래의 양식을 순수히 대변하지 않는다는 것이었다. 즉 이 본문들은 대부분 순수한 양식을 가공한 결과이거나, 어떤 양식에도 정확히 일치하지 않는 혼합 유형으로 분류된다. 불트만은 각 전승이 원래는 순수한 양식으로 존재했으리라고 추정했다. 또한 그는 이렇게 순수한 양식에서 벗어난 본문들이, 그 전승이 시초에서부터 복음서 편입 때까지 겪은 역사의 자취라고 추측했다. 게다가 불트만은 모든 양식에 영향을 끼쳤을 전승의 법칙을 확증해보려고 시도했다. 그는 특히 마가복음의 페리코프들이 마태나 누가에 의해 채택되면서 겪은 변화들을 관찰한 후, 이런 법

8) 예를 들어 Easton, *The Gospel*, 3장; Taylor, *The Formation*; R. H. Lightfoot, *The Gospel Message of St. Mark* (Oxford: Clarendon, 1950), 102을 보라. 여기서 라이트푸트는 이렇게 말한다. "분명히 복음서에는 특별한 목적 때문에 내러티브를 바꾸는 경향이 있다. 또한 이런 경향은 양식비평이 나오기 오래전부터 이미 인식되고 있었다. 하지만 이런 경향이 당혹스러울 정도까지, 또는 복음서의 기록 전체의 신빙성을 의심할 정도까지 존재한다고 생각할 이유는 없다."

칙들이 구전의 진행 과정에서 활동했던 사람들이 만들어낸 것이라고 추정했다. 불트만에 따르면, 전승 법칙들은 복음서와 같은 구술 문학의 종류라고 간주되던 민간 설화나 대중에게 널리 알려진 일화, 민요 연구를 통해서도 발견되었다. 우리가 이런 연구를 해보면, 이른 시기의 전승과 후대의 출처를 구분할 수 있으며, 심지어 현재 보존되어 있는 어떤 전승보다도 더 이른 시기의 전승 양식을 재구성할 수도 있음을 알게 된다.

양식비평가들은 복음 전승이 가진 특정한 양식을 밝혀내는 데 도움을 얻고자 헬레니즘 문학과 랍비 문헌의 사례를 사용했다. 그러나 정작 이들의 복음 전승의 이해에 결정적 영향을 미친 것은 민속학자들이 연구한 민속 문학과 복음 전승의 유사성이었다. 양식비평가들은 민속 문학이 익명의 문학이요, 개인이 아니라 공동체가 만들어낸 문학이며, 이름이 밝혀진 개인의 문학이 아니라는 것을 공리(公理)로 여겼다. 불트만도 이런 맥락에서 전승이 공동체의 필요에 따라 자유롭게 만들어지고 수정되었다고 추정했다. 또 이런 공동체는 과거에 관심이 없었고, 그들에게 역사적 가치가 있는 역사 기록을 보존하려고 시도할 이유도 갖고 있지 않다고 보았다.

이런 주장은 양식비평가들이 추정했던 복음 전승과 민간 전승의 유사성을 근거로 삼았을 뿐 아니라 신학적 차원도 가지고 있었다. 초기 공동체 특히 "헬라파" 공동체(팔레스타인 공동체의 반대편에 있던)들이 문제 삼던 예수는, 부활하고 높이 올림을 받으신 주 예수로서 그 공동체와 직접 관련된 분이었다. 이런 공동체들과 동시대에 계신 예수는 그리스도인 예언자들을 통해 공동체에게 말씀하셨다. 예언자들의 이 말은 자주 복음 전승에 편입되었으며, 다시 복음서에서 이 말은 부활 이전에 예수가 하신 말씀으로 기록되었다. 이 공동체들은 부활 이전의 예수와 부활 이후의 예수를 신중히 구분해야 한다는 역사의식을 전혀 가지고 있지 않았다. 초기 그리스도인 공동체 안에서는 이처럼 예수의 과거 역사적 삶과 가르침에 관심을 두지 않는 것이 공리적 역할을 했다. 바로 이런 점이 불트만으로 하여금 전승의 역사적 가치 전반에 회의를 표명하게 만든 중심 요인이 되었다. 추측컨대 초기 그리스도인 공동체들은 같은 이유로 목격자들을 중요시하지 않았으며, 설령 목격자들에게 접근할 수 있다 해도 이들에게 도움을 구하지 않았을 것이다. 목격자들이 어떤 역할을 했다 할지라도 그것은 기독교 운동의 기원인 팔레스타인에 국한되었을 것이며, 현재와 같은 복음 전승이 형태를 갖추고 있었던 헬라파 공동체들과는 무관했을 것이다.

양식비평에 대한 비판

일부 아니 대다수 학자들은 양식비평가들이 제시한 이런 논의의 모든 요소에 의문을 제기하며 받아들이기를 거부했다. 이런 비판들 중 많은 부분은 구전이 구술 중심 사회에서 작동한 방식에 대한 훨씬 더 훌륭하고 충실한 정보에 근거하고 있다.

(1) 불트만은 전승이 발생 당시에는 순수한 양식을 가지고 있었다고 추정하는데, 이런 추정은 심히 의심스럽다. 처음부터 전승이 변형되거나 여러 양식이 뒤섞인 양태로 존재하지 말아야 할 이유가 없기 때문이다.[9] 복음서의 페리코프들 중 양식비평가들이 가정하는 전형과 실제로 일치하는 본문이 거의 없다는 사실은, 양식에 더 섬세히 다가가는 접근법이 필요하다는 것을 시사한다.

(2) 양식과 삶의 정황 사이에는 엄밀한 상관관계가 없다. 똑같은 전승이 정황이 변화와 함께 다른 기능을 하는 경우도 종종 있으며, 같은 정황에서 다양한 양식이 활용될 수도 있다.[10]

---

9) Travis, "Form Criticism," 158-59; R. Blank, *Analyse und Kritik der formgeschichtlichen Arbeiten von Martin Dibelius und Rudolf Bultmann* (Basel: Reinhardt, 1981), 201.

10) G. N. Stanton, "Form Criticism Revisited," in M. Hooker and C. Hickling, eds., *What about the New Testament?* (C. Evans FS; London: SCM, 1975), 23; idem,

(3) 더 일반적으로, 양식비평가들은 "항상성"[homeostasis; 인류학자 잭 구디(Jack Goody)의 용어], 즉 전승과 이 전승이 이를 전달하는 사회에서 가지는 효용이 완벽하게 일치한다는 가설을 과장했다. 얀 반시나는 구전 전체에 대해 다음과 같이 썼다. "일치가 존재하기는 하지만, 내용과 공동체의 현재 관심사 사이에 완벽한 일치는 존재하지 않는다.…다양한 전승 안에 고어들(archaism)이 존재한다는 사실은 항상성이 거짓임을 보여준다."[11] 다시 말해 역사적 정보가 공동체에서 그것과 선명히 일치하는 기능을 찾지 못해도 그 정보는 보존될 수 있다. 이 쟁점에 대한 반시나의 설명은, 초기 그리스도인들이 과거에 얼마나 관심을 가졌는지에 대한 우리의 후속 논의에서 중요한 역할을 할 것이다. 반시나는 다음과 같이 썼다. "항상성 이론은 어떤 사회가 다른 사회보다 역사에 더 많은 가치를 부여하는 이유를 설명하지 못한다."[12] 여기에는 더욱 특수한 문화적 특징들이 작동하게 된다.

(4) 일반적으로 에드 샌더스(E. P. Sanders)의 저작은 복음 전승을 관통해서 일관되게 작용하는 전승 법칙이 전혀 없음을 보여주었다고 간주된다. 샌더스는 필사 전승(manuscript traditions)과 외경 복음서(즉 정경 이후의 전승에 속하며, 이 전승 속에는 매우 확실한 증거가 존재한다)를 연구한 결과를 토대로 "전승들은 서로 반대 방향으로 발전해갔다"라고 결론 내렸다.[13] 물론 초기

Jesus of Nazareth, 18; R. Riesner, *Jesus als Lehrer* (WUNT 2/7; Tübingen: Mohr, 1981), 12-13. J. Vansina, *Oral Tradition as History* [Madison: University of Wisconsin Press, 1985], 101은 구전과 관련해서 대체로 이런 점을 강조한다: 전승들은 "종종 여러 가지 목적과 용도에 기여한다."

11) Vansina, *Oral Tradition*, 121; 참고. S. Byrskog, "A New Perspective on the Jesus Tradition: Reflections on James D. G. Dunn's Jesus Remembered," *JSNT* 26 (2004), 468-69.

12) Vansina, *Oral Tradition*, 122.

13) E. P. Sanders, *The Tendencies of the Synoptic Tradition* (SNTSMS 9; Cambridge: Cambridge University Press, 1969), 272.

전승과 후기 전승을 구별하는 데 사용된 일부 기준들에 비추어보면, 전승은 서로 반대 방향이 아니라 한 방향으로 발전해가는 경향이 제법 뚜렷하게 나타난다.[14] [샌더스는 구술적 발전과 문학적 발전이 아주 유사하리라는 불트만의 가설을 따랐다.]

앞의 네 가지 비판은 양식비평의 기초 위에 세워진 전승사 전체를 멋지게 허물어버린다. 실제로 양식비평은 오직 양식의 문제만 다룰 수 있으며 전승의 기원이나 연대를 결정하는 기능은 하지 못함이 드러났다.[15] 현재 학자들은 이런 비판들을 폭넓게 인정한다. 이런 이유로 이제는 대다수 학자들이, 양식비평이 복음 전승이 목격자로부터 시작해서 복음서 본문에 이르기까지 어떻게 전달되었는지를 설명할 수 없다는 점에 동의하는 것 같다. 하지만 여기에는 짚고 넘어가야 할 점이 더 있다.

(5) 복음 전승과 민간 전승이—전달 과정에서 자유롭게 바뀌고 새롭게 창작된다는 점에서—비슷하다는 가설에는 몇 가지 의문이 제기된다. 예수와 복음서 사이의 시간 간격은 민속학자들이 연구하는 전승의 시간 간격보다 훨씬 더 짧다. 더욱이 민간 전승과 복음 전승은 본질적으로 매우 다르다.[16] 설령 전통 사회에 존재하던 구전과 복음 전승이 비슷하다는 데 의미를 부여할 수 있다 하더라도, 전승의 다양한 유형을 다루는 여러 방법들 사이에는 훨씬 더 세심한 구별이 있어야 한다.

(6) 민속학자들 스스로 민중에 대한 "낭만주의적" 개념, 즉 공동체와 상호작용하는 권위 있는 개인들의 역할을 인식하며 민간 전승의 집단적

14) Sanders, *The Tendencies*, 275; 참고. Riesner, *Jesus*, 14-17.

15) 참고. Easton, *The Gospel*, 81: "양식비평이 역사비평이 등장할 길을 준비했을 수는 있으나, 양식비평이 역사비평은 아니다."

16) E. E. Ellis, "The Synoptic Gospels and History," in B. Chilton and C. A. Evans, eds., *Authenticating the Activities of Jesus* (NT Tools and Studies 28, 2; Leiden: Brill, 1999), 54-55; idem, "New Directions in Form Criticism," in idem, *Prophecy and Hermeneutics in Early Christianity* (WUNT 18; Tübingen: Mohr, 1978), 244.

창조자가 되는 민중 개념을 포기했다.[17]

(7) 양식비평가들은 초기 기독교의 발전을 연구하면서 선입견을 가지고 있었다. 예를 들면 불트만은 팔레스타인 공동체와 헬라파 공동체를 예리하게 구별해야 한다고 강조했다.[18] 전승사는 단순히 복음 전승의 연구에서 유래한 것이 아니라, 학자들이 미리 상정한 패턴을 따라 건설되었다.

(8) 양식비평가들은 복음 전승이 순전히 구술을 통해 전달되었다는 가정을 수십 년간이나 실증하지 못했다. 초기 그리스도인 공동체들이 존재하던 세계는 구술만 있던 세계가 아니었다. 구술이 주류였지만, 그 사회에는 문자로 기록된 본문들이 구술성과 긴밀한 연관을 가지고 자리를 차지하고 있었다.[19] 복음서 자체가 기록되기 전에 문자로 기록된 전승의 형태가 있었을 가능성에 대해서는 제11장에서 간략히 다룰 것이다.

(9) 버논 로빈스(Vernon Robbins),[20] 제임스 던,[21] 워너 켈버(Werner Kelber)[22]는 양식비평가들 중에서도 특히 불트만을, 구술 전달 과정을 이해하는 데 문학적 모델을 사용했다는 이유로 비판했다. 던은 다음과 같이 썼다.

> 이것은 (불트만의) 개념, 즉 예수에 관한 전체 전승이 "일련의 층위들(layers)로 이루어져 있다"라는 개념에서 가장 선명히 드러난다.[23] 불트만은 각 층위가

---

17) Blank, *Analyse*, 200-201.

18) N. T. Wright, *The New Testament and the People of God* (London: SPCK, 1992), 420-21.

19) Ellis, "The Synoptic Gospels," 53; Travis, "Form Criticism," 159.

20) Robbins, "Form Criticism," 842.

21) J. D. G. Dunn, "Altering the Default Setting: Re-Envisaging the Early Transmission of the Jesus Tradition," *NTS* 49 (2003), 144-45; idem, *Jesus Remembered* (Grand Rapids: Eerdmans, 2003), 194-95, 248-49.

22) W. H. Kelber, "The Case of the Gospels: Memory's Desire and the Limits of Historical Criticism," *Oral Tradition* 17 (2002), 64.

23) R. Bultmann, *Jesus and the Word* (New York: Scribner, 1935), 12-13.

다른 층위 위에 놓이거나 건설되는 그런 과정을 상상했다. 불트만이 이런 개념을 과장해서 사용한 이유는, 자신이 후기(헬레니즘의) 층위들을 벗겨내면 초기(팔레스타인의) 층위들을 발견할 수 있다고 확신했기 때문이다. 하지만 이 층위라는 이미지 자체는, 이전 편집 위에 다른 편집의 층위들이 연속적으로 더해지는 문학적 과정에서 가져온 것이다. 그러나 이런 개념화가 전승적 자료를 구술적으로 다시 이야기하는 과정을 설명하기에 적합한 것일까?[24]

던은 "적합하지 않다"라고 대답한다. 구전이 동일해도 그 실연은 매번 다르게 이루어지며, 각 실연은 이전 실연을 토대로 해서 이루어지지 않는다는 점을 고려해야 한다. 구전은 하나의 층위 위에 다른 층위가 쌓이듯 선형적으로 발전하지 않는다. 나중에 우리는 구전이 다양하게 실연되었다는 던의 구술 전승 모델을 살펴볼 것이다. 하지만 지금은 던이 제시한 결론에 주목해야 한다. 그는 불트만이 재구성할 수 있다고 믿었던 전승사 같은 것은 존재하지 않았다고 결론짓는다. "구전의 매우 독특한 특징인 미지의 요인들과 변화들 때문에 전승사—아니 실연-사(performance-history)라고 부르는 편이 나을 것이다—에 도달하는 것은 불가능하다."[25]

이 비판들 중 몇 가지만으로도 양식비평의 전체 구도를 무너뜨리기에 충분하다. 초기 교회 안에서 예수 전승이 불트만의 가정처럼 전달되었으리라는 증거가 전혀 없다.[26] 하지만 많은 학자들이 이 점을 분명히 인정하지 않는다는 점은 주목할 만하다. 물론 일단 한 사람이 이런 점을 인식하고 나면, 현대의 많은 복음서 학자들도 고전적 형태의 양식비평을 무시함

---

24) Dunn, *Jesus Remembered*, 194-95.

25) Dunn, "Altering," 172.

26) Robbins, "Form Criticism," 843. 로빈스는 양식비평에 상당히 공감하는 비판자이기 때문인지, 지금도 유효한 양식비평의 다섯 가지 장점을 열거한다. 그러나 이 다섯 장점 중 어떤 것도 양식비평가들이 사용한 실제의 구술 전승 모델이나 전승사를 추적할 때의 방법을 증명하지는 않는다.

으로써 암묵적으로 이 점을 인정하는 모습을 쉽게 볼 수 있을 것이다. 그러나 오래 명맥을 이어온 양식비평의 유산이 거의 검증되지 않은 **인상**뿐인데도—전승들이 복음서 안에 문자 형태로 자리 잡을 때까지 오랜 기간에 걸쳐 창조적 발전을 이루어갔다는 것이 그 인상의 내용이다—많은 학자들과 이들보다 더 많은 수의 학생들은 이런 인상을 여전히 즐기고 있다. 이런 인상이 새롭게 정당성을 획득하지 않는 한, 이를 고수하는 태도는 옹호될 수 없다. 양식비평가들이 내걸고 있는 논지는 더 이상 말이 되지 않기 때문이다.

스칸디나비아 학자들의 대안

1961년 스웨덴 학자 비르예르 에르핫손(Birger Gerhardsson)은 『기억과 사본』(*Memory and Manuscript*)을 출간했다.[27] 이 책에서 그는 스승인 하랄드 리센펠드(Harald Riesenfeld)의 통찰을 발전시켜 예수 전승의 구술 전달에 관한 양식비평의 이해를 철저히 뒤집는 대안을 제시했다. 에르핫손은 랍비 유대교의 구술 전승을 연구한 중요한 연구서를 발표하면서, 초기 기독교도 동일한 전달 방식과 관습을 채택했음이 틀림없다고 주장했다. 그리하여 이 학자는 양식비평가들과는 달리, 구체적인 역사적 정황 속에서 이루어진 특수한 구전 모델을 제시하고, 이것을 예수 전승에서도 가장 근사(近似)하게 활용될 수 있는 모델로 제시했다. 랍비의 제자들은 스승의 가르침을 암기해야 했으며, 이 가르침을 토씨 하나 틀리지 않고 보존하는 것을

27) B. Gerhardsson, *Memory and Manuscript: Oral Transmission and Written Transmission in Rabbinic Judaism and Early Christianity* (Lund: Gleerup, 1961). 이후에 에르핫손이 같은 주제에 대해 쓴 더 중요한 글들을 모아놓은 책이 영역본인 idem, *The Reliability of the Gospel Tradition* (Peabody: Hendrickson, 2001)이다.

중요시했다. 그들은 학습된 버전이 변형되는 것을 최소화하기 위해 다양한 기억술과 제어 기술을 활용했다. 복음서 곳곳에서도 제자들이 예수의 가르침을 강조하는 모습이 나타나는데, 이는 예수가 제자들이 당신의 가르침을 기억하리라고 기대하셨음을 암시한다. 초기 예루살렘 교회에서는 열두 제자가 랍비들처럼 예수 전승을 형성하고 통제하고 전달하는 역할을 했던 것 같다. 덕분에 예수 전승은 양식비평가의 예상보다 훨씬 더 꼼꼼하고 믿을 만하게 보존되었을 것이다.

에르핫손은 랍비 문헌처럼 예수 전승에서도 일부 발전과 변화가 있었음을 인정한다. 하지만 예수 전승의 인위적 확장과 해석적 변화는 전승을 통제하는 권위를 가진 이들의 일이었으므로 상당히 제한된다. 이는 공동체가 전승을 자유롭게 창작할 수 있었다는 불트만의 견해와 대조를 이룬다. 또한 에르핫손은 성경에 이름이 밝혀진 사도들이 (예수 이후에) 전승을 최초로 전달하고 통제했던 이들이라고 강조했다. 이런 점도 전승이 익명의 집단으로부터 시작되었다는 양식비평가들의 견해와 대조된다. 마지막으로 양식비평가들이 공동체의 다양한 필요와 활용의 맥락에서 전승들이 전달되고 발전했다고 보는 것에 반해, 에르핫손은 전승의 전달과 활용을 구별했는데, 이는 매우 중요한 지점이다. 전승은 그것의 활용과 무관하게, 다른 관습과 기능으로부터 독립된 전달 통로를 통해 전해졌다. 여기에 대해서는 나중에 다시 살펴볼 것이다.

불행히도 에르핫손이 저술을 발표하던 당시는, 신약학자들이 랍비 전승을 기원후 70년 이전의 유대교를 탐구할 증거로 활용하는 것에 함정이 있다는 사실을 인식하던 때였다. 이미 기원후 70년에는, 70년 이전의 바리새주의와 미쉬나가 말하는 랍비들 사이에 연속성이 있다는 견해를 당연하게 받아들일 수 없었다. 게다가 1세기 팔레스타인 유대교는 더 이상 바리새인들의 지배로 이해되지 않고 훨씬 더 다양성을 띤 현상으로 묘사되었다. 그 결과 에르핫손은 랍비 전승과 관련된 관습을 초기 기독교를 이해할 모델로 취함으로써 연대기적 순서를 무시하는 오류를 범했다고 비판받았다.[28] 하지만 이런 비판은 완전히 공정한 것은 아니었다. 물론 에르핫손이 바리새주의와 랍비 유대교 사이의 연속성을 과장했을 수도 있다. 또한 전승과 관련해 초기 기독교가 따른 가장 분명한 모델이 바리새인의 전승 보존 및 전달 모델이라고 너무 쉽게 추정했을 수도 있다. 그렇다 해도 에르핫손이 세운 유비의 가치가 반드시 이런 가설들과 연계되어야 하는 것은 아니다. 랍비 유대교는 신약 시대보다 후대이기는 하지만 명백히 평행 사례가 될 수 있다. 게다가 랍비들이 구술 전달에 사용한 방법은 랍비들만의 것이 아니었다. 실제로 고대 세계에서 이 방법은 교육 방법으로, 심지어 초등교육 수준에서도 폭넓게 사용되었다. 이 점에 대해서는 라이너 리스너가 명쾌하게 설명하고 있다.[29]

연대기적 순서를 무시했다는 비판도 있었지만, 대다수 학자가 에르핫손의 견해를 확신하지 못하는 가장 중요한 이유는 다음과 같다. (1) 말이 정확히 기억되고 전달되었음을 설명하는 에르핫손의 모델은 너무 경직되어, 복음서에서 관찰되는 전승의 변화가 실제로 어느 정도 이루어졌는지를 제대로 설명하지 못한다.[30] (2) 에르핫손은 예루살렘의 사도 집단이 자신이 추정하는 만큼 광범위하게 전승을 통제했다고 주장하지만, 이를 뒷받침하는 증거가 불충분하다.[31] 다시 말해 비판의 요지는, 전승 전달에서의 경직성이나 통제의 정도가 에르핫손의 생각보다 덜했다는 것이다. 우선 언급해야 할 점은, 일부 학자들이 앞의 두 지점에 대해 에르핫손의 견

---

28) 예를 들어 S. Talmon, "Oral Tradition and Written Transmission, or the Heard and the Seen Word in Judaism of the Second Temple Periods," in H. Wansbrough, ed., *Jesus and the Oral Gospel Tradition* (JSNTSup 64; Sheffield: Sheffield University Press, 1991), 132-33; P. Davids, "The Gospels and Jewish Tradition: Twenty Years after Gerhardsson," in R. T. France and D. Wenham, eds., *Gospel Perspectives*, vol. 1 (Sheffield: JSOT, 1980), 76-81.

29) Riesner, *Jesus als Lehrer*, 3장.

30) Dunn, *Jesus Remembered*, 198; Ellis, "The Synoptic Gospels," 56.

31) Davids, "The Gospels," 87-88.

해를 쉽게 과장한다는 것이다. 혹자는 일부 학자들이 양식비평가들과 에르핫손을 완전히 상극으로 제시한 것은 아닌가 하는 의심도 한다. 즉 양식비평가들에게 전승은 철저히 비형식적이고 통제되지 않는 과정을 거치면서 상상 가능한 모든 창조적 발전을 이루어간 반면에, 에르핫손에게 전승은 엄격히 통제된 과정을 거치면서 작은 변화도 없이 보존되었다고 제시하는 것이다. 먼저 첫 번째 점과 관련해서, 에르핫손은 할라카(halakhah) 안에서도 변화가 있었음을 받아들이며,[32] 복음 전승에서도 어느 정도 변화와 발전이 있었음을 인정했다.[33] 두 번째 점과 관련해서, 에르핫손은 나중에 출간된 저서에서 열두 제자가 전승 보존 및 전달에서 지배적 역할을 했다는 입장을 누그러뜨렸다. 여기서 그는 복음 전승에 다른 흐름들도 있었으며 따라서 "오직 한 자료에서 취한 전승들만 가지고 작업한 복음서 저자는 아무도 없었다"라고 인정한다.[34]

한 가지 비판을 더 언급할 수 있다. 이 비판의 요지는, 양식비평가들처럼 에르핫손도 복음서 이전에는 예수 전승이 순전히 구술 형태로 존재했으며 문자로 기록된 전승은 활용될 수 없었다고 추정한다는 것이다.[35]이 점에 대해서는, 에르핫손이 "구전 토라"는 오직 구술만으로 전달되어야 한다는 후대 랍비들의 원칙(b. Gittin 60a에 표현된 원칙: "너는 구술로 전달받은 말씀을 글로 기록해서는 안 된다") 때문에 오해에 빠졌을 수도 있음을 언급해야 한다.[36] 이 원칙은 아모라임 시대(즉 3세기부터)[(1)]에 비로소 만들어졌을 것이다.[37] 따라서 그 발생 시기를 1세기로 거슬러 올라가도록 추정해서는 안

---

32) Gerhardsson, *The Reliability*, 54.

33) Gerhardsson, *The Reliability*, 51-57, 71, 79-81; idem, "The Secret of the Transmission of the Unwritten Jesus Tradition," *NTS* 51 (2005), 15-16.

34) Gerhardsson, *The Reliability*, 50.

35) Davids, "The Gospels," 79; Talmon, "Oral Tradition," 146-48.

36) 참고. Gerhardsson, *Memory*, 201-2.

37) M. S. Jaffee, *Torah in the Mouth: Writing and Oral Tradition in Palestinian Judaism 200 BCE-400 CE* (Oxford: Oxford University Press, 2001), 7장. 재피는

된다. 바리새인들이 "조상들이 물려준 전승들"을 문자로 기록하기를 삼갔다는 증거는 전혀 없다.[38] 쿰란 공동체(탁월한 집필 활동을 펼친 그룹)처럼 예수 시대의 다른 유대교 내부 그룹들이 구술 전달만을 고집했다고 보아야 할 이유도 희박하다.[39] 하지만 에르핫손이 문자 자료의 역할을 철저히 무시했다는 비판도 진실이 아니다. 에르핫손은 랍비들과 문하생들이 개인적으로 공책을 활용했듯이, 초기 그리스도인 집단에서도 복음서 이전에 기억술로서 기록을 활용했으리라고 생각했다. 그는 예수의 말씀이나 예수 이야기를 공책에 모은 작은 묶음들이, 마가복음 같은 더 충실한 묶음을 만들기 위한 방편으로서 준비되었을 수 있다고 보았다.[40]

중도(中道)?

중동에서 30년 넘게 연구를 전개했던 신약학자 케네스 베일리는 1991년, 구전과 복음서에 대한 중요한 논문을 발표했다.[41] 이 논문은 신약학자들이 자주 참조하지 않는 학술지에 발표되는 바람에, 상당한 시간이 흐른 후에야 마땅히 받아야 할 주목을 받게 되었다. 하지만 베일리가 제안한 예수

그리스-로마 문화의 더 광범위한 견해, 곧 책에서 얻은 지식이 책을 체현하고 있는 살아 있는 스승에게서 얻은 지식보다 가치가 덜하다는 견해가 이 원칙에 영향을 주었다고 주장한다.

38) Jaffee, *Torah*, 3장

39) 쿰란에 대해서는 Jaffee, *Torah*, 2장을 보라.

40) Gerhardsson, *Memory*, 202; idem, "Illuminating the Kingdom: Narrative Meshalim in the Synoptic Gospels," in Wansbrough, ed., *Jesus*, 307.

41) K. E. Bailey, "Informal Controlled Oral Tradition and the Synoptic Gospels," *Asia Journal of Theology* 5 (1991), 34-51; 이 논문은 *Themelios* 20 (1995), 4-11에 다시 실렸다. 나는 두 번째 학술지를 참조했다. Idem, "Middle Eastern Oral Tradition and the Synoptic Gospels," *ExpT* 106 (1995), 363-67도 참고하라.

전승 전달의 모델은 현재 톰 라이트[42]와 제임스 던[43]도 채택하고 있다.

베일리의 연구는 베일리 자신이 중동 촌락에서 한 폭넓은 경험과, 근래에 이런 맥락에서 구술 전승이 어떻게 이루어지는가에 대한 세밀한 관찰을 바탕으로 하고 있다. 동시에 이 학자는 자신의 관찰 결과들을 세 가지 구술 전달의 유형, 즉 **비형식적이고 통제되지 않은** 전승(informal uncontrolled tradition), **비형식적이고 통제된** 전승(informal controlled tradition), **형식적이고 통제된** 전승(formal controlled tradition)으로 분류한다. 그중에서 베일리는 첫째 유형을 양식비평가들이 사용했던 모델로 제시하고 있다.

> (불트만은) 예수로부터 유래한 전승이 존재함을 부인하지는 않았지만, 이런 전승이 대부분 희미하게 사라졌다고 주장한다. 그는 공동체가 전승을 보존하거나 통제하는 데에는 관심이 없었다고 느낀다. 게다가 항상 전승은 새로운 공동체 창설자의 창작에 개방되어 있었다. 전승 자료가 한 사람으로부터 다른 사람에게 전해질 때 이 과정에 개입한 스승도 학생도 밝혀지지 않으며, 이런 과정이 이루어졌던 구조도 밝혀지지 않는다. 이런 의미에서 전승 전달은 **비형식적**이다. 모든 것이 유동적이고 유연하며 새로운 형태와 첨가에 개방되어 있다.[44]

이 모델에서는 전승 전달이 통제되지 않고(즉 전승을 바꾸고 발전시키는 정도에 제약이 없다) 비형식적이다(누구인지 밝혀진 책임 있는 개인들이 전승을 보존하고 전달하는 구조가 존재하지 않는다).

흥미롭게도 베일리는 이런 종류의 전승이 현재의 중동 지역에 존재하고 있다고 말한다.

---

42) N. T. Wright, *Jesus and the Victory of God* (London: SPCK, 1996), 133-37.
43) Dunn, *Jesus Remembered*, 205-10.
44) Bailey, "Informal," 5.

> 비형식적이고 통제되지 않은 구전에는 "소문 전달"(rumour transmission)이라는 이름표를 붙일 수 있다. 비극과 잔인한 이야기는 당연히 이 범주에 들어간다. 비극이 일어나거나 사람들 사이에 싸움이 벌어지면, 소문 전달이 삽시간에 이루어진다. 나는 1975년부터 1984년까지 레바논 베이루트에서 이런 구전에 파묻혀 지냈다. 제멋대로 날아든 포탄 하나가 빵을 사려고 빵집 앞에 줄지어 있던 세 사람을 죽인 이야기는, 희생자들과 동포인 분노한 사람들이 이것을 다시 전하자, 순식간에 300명이 잔혹하게 학살당한 사건으로 바뀌어버렸다.[45]

현대의 서구인들이 구전은 믿을 만한 것이 아니라고 추정할 때 상상하는 것이 바로 이런 모습이다. 그러나 우리는 일부 사람들이 전승을 왜곡하려는 동기를 강하게 느끼거나, 전승 전달을 통제할 사회적 메커니즘이 없는 상황에서 이런 전달이 일어난다는 점에 주목해야 한다. 변화를 일으킬 여지가 훨씬 더 적은 상태에서 구전이 어떻게 작동할지 알려면, 구술 중심의 사회가 전승을 충실히 보존하기 위해 활용했던 통제의 종류를 이해하는 것이 첩경이다.

베일리는 랍비 전승에 대한 에르핫손의 설명과, 형식적이고 통제된 전승으로서의 초기 기독교의 예수 전승을 분류했다.

> 형식적이라는 말은 누구인지 분명히 밝혀진 교사와 학생, 그리고 역시 무엇인지 밝혀진 전승 자료의 덩어리로 한 사람으로부터 다른 사람에게로 전달 중인 것이 존재한다는 의미다. 통제된다는 말은 그 자료를 암기하고(그리고/또는 기록하고) 그것이 "전승"임을 확인하여 손상되지 않게 보존한다는 의미다.[46]

---

45) Bailey, "Informal," 5.
46) Bailey, "Informal," 5.

다시 말하지만 이런 종류의 전승은 현재 중동에 실제로 존재한다. "이를 가장 선명히 볼 수 있는 사례가 이슬람 셰이크(sheik; 이슬람교의 족장이나 종교 지도자-역주)들이 쿠란(Qur'an; 이슬람교 경전) 전체를 암송하는 경우와, 동방 정교회에서 다양하고 광범위한 전례 예식서(기도문)를 암송하는 경우다."[47] 쿠란과 이슬람교의 가르침을 담은 작품들을 암송하는 사례[48]는 어쩌면 에르핫손의 설명과 완전히 유사하지는 않을 것이다. 어떤 전통에서는 문자로 기록된 쿠란 텍스트가 "독립된 표현 형식으로 간주되지" 않을 수 있지만, 학술적 문화에서는 구술성과 관련해서 필수 불가결한 위치를 차지한다. 사람들이 암송하는 것은 문자로 기록된 문서요 완성된 텍스트인 쿠란이며, 이 쿠란을 암송할 때는 단어 하나라도 바꾸는 것이 용납되지 않는다. 하지만 쿠란처럼 긴 텍스트를 토씨 하나 틀리지 않고 완벽히 암송하여 보존할 수 있다고 해서, 문자 자료를 활용하지 않았을지는 의문이다. 일상생활에서 중요하게 활용되는 것은 구술적 기억이지만, 문자 텍스트는 기억을 통제하는 수단으로서 존재한다. 이는 비단 랍비 문헌과의 유사성을 뛰어넘어, 개별적 스승과 교수들의 가르침의 환경과, 텍스트 자료의 통제를 받는 전승에 다 적용된다.

베일리는 이런 종류의 가르침과 학습 과정에서의 구술의 중요성에 대해, 더 나아가 이런 구술이 초기 기독교와 같은 다른 환경에서도 폭넓게 적용된 것에 대해 다음과 같은 중요한 언급을 한다. "암송된 전승의 전달은 그것의 의미에 대한 설명과 토론의 기회를 제공하지만, 냉랭하고 죽어있는 책은 그렇지 못했다."[49]

베일리는 이 두 전승의 전달 형태, 즉 양식비평가들과 스칸디나비아 학자들이 각각 채택한 형태에 대해 이렇게 썼다.

---

47) Bailey, "Informal," 5.

48) Bailey, "Informal," 5-6.

49) Bailey, "Informal," 6. 여기서 베일리는 플라톤의 「파이드로스」(*Phaedrus*), 274C-275A의 유명한 본문을 언급한다.

이 두 전승의 전달 형태는 지금도 중동에 존재하고 있다. 첫째 형태(비형식적이고 통제되지 않은 전승)는 인간의 자연적 약점으로부터 유래했다. 둘째 형태(형식적이고 통제된 전승)는 오래전부터 세심하게 발전되어온 방법론으로서, 지금도 그리스도인과 이슬람교 신자들에 의해 존중되고 실천되고 유지된다.[50)]

베일리는 특히 둘째 형태가 예수 전승의 전달에 대한 부분적 유비로서 유용할 수 있다는 가능성을 부인하지 않는다.[51)] 그러나 베일리는 예수 전승 전달을 이해하는 데 더 폭넓게 도움을 주는 것으로 현재 중동의 촌락에서 발견되는 구전 형태를 제시한다. 그는 이 형태를 비형식적이고 통제된 구전으로 분류한다. 여기서 베일리는 자신이 "새 데이터"를 제시한다고 주장한다.[52)] 물론 그가 제시하는 증거는 인류학적 연구 방법을 동원하여 체계적으로 수집한 것이라기보다 "일화적"(anecdotal)[53)]인 것이 사실이다. 구전 과정에 대한 베일리의 기본 논의는 다음과 같다.

전승의 무대는 밤에 마을 사람들이 모여 이야기를 들려주고 시를 암송하는 자리다. 이런 모임은 *haflat samar*라고 불린다. 아랍어로 *samar*는 보존한다는 의미의 히브리어 *shamar*와 동족어다. 공동체는 그 공동체의 전승 저장고를 **보존한다**. 비형식적이라는 말은 정해진 교사도, 누구인지 밝혀진 학생도 없다는 뜻이다. 사람들은 밤을 새워가며 이야기와 시와 다른 전승 자료를 이야기하고 암송한다. 이론적으로는 누구나 여기에 참여할 수 있다. 하지만 실제로는 더 나이가 들었거나 재주가 많은 사람들, 사회적으로 명성 있는 사람들이 암송을 맡는 경향이 있다. 암송자는 무리 중 누가 앉아 있느냐에 따라 바뀌어

---

50) Bailey, "Informal," 6.

51) 참고. Bailey, "Informal," 10: "우리가 제시한 것이 절대 개념은 아니다. 일부 자료의 배후에는 랍비 학교에서 사용했던 교수법이 자리해 있을 가능성이 충분히 있다."

52) Bailey, "Informal," 6.

53) Dunn, *Jesus Remembered*, 206, 209.

갈 것이다.…자주 나는 이런 무리 중에 끼어 앉아, 전통적 구술 문학의 몇 구절이 인용되는 것을 듣는다. 당연히 나는 그 이야기에 대해 모르고, 그래서 이것이 무슨 내용인지 물어본다. 그러면 누군가가 이렇게 대답한다. "그 이야기는 아무개 어르신이 아십니다." 그러면 사회적으로 명성 있고 지식이 있다고 알려진 인물이 당당히 그 이야기를 이어받아 계속 들려준다. 이와 달리 형식적이고 통제된 구전을 암송하는 경우, 교사와 학생은 그들이 누구인지 명확히 밝혀져 있다.[54]

*haflat samar*에는 공식적 스토리텔러가 없고 많은 사람이 전승을 암송하는 데 참여하지만, 암송자의 범위에는 제한이 있다. 이런 역할은 그 마을에서 자라 평생 거기서 전해 내려온 전승을 체득한 믿을 만한 인물에게 맡겨진다.[55]

이 모델에서는 전승을 통제하고 그것을 충실히 보존하도록 보장하는 주체가 **공동체**다. 전승의 유형에 따라 그 보존에는 다소의 유연성이 허락된다. 베일리는 자료의 유형을 속담, 이야기 수수께끼(story riddles), 시(詩), 비유나 이야기, (공동체 역사에서 중요한 인물을 다룬) 역사 이야기로 나눈다. 베일리는 각 경우에 허용되는 유연성의 정도를 자세히 언급하는데, 이 대목은 매우 중요하다. 속담과 시의 경우는 토씨 하나도 틀리지 않게 그대로 되살려야 한다. 암송하는 사람이 한 단어라도 틀리면 청자들은 모두 그 실수를 힘주어 바로잡을 것이다. 또한 암송자가 더듬거릴 경우 듣는 무리가 그를 도울 것이므로, 그들의 "집단 기억"을 활용하게 된다. 이와 달리 비유와 "공동체의 정체성에 중요한 의미가 있는" 인물과 사건들을 다룬 역사 이야기의 경우에는 어느 정도 유연성이 허용된다.[56] 여기에는 유연성

---

54) Bailey, "Informal," 6.
55) Bailey, "Informal," 6.
56) Bailey, "Informal," 7.

과 통제가 공존한다. 예를 들어 베일리는 주요 장면 세 개와 말미에 반전(punch line) 역할을 하는 속담 하나가 들어 있는 이야기를 제시하고 있다. 이런 이야기를 제대로 암송하려면 다음과 같은 요소들이 필요하다.

> 이 이야기에 등장하는 속담(반전)은 토씨 하나 틀리지 않고 그대로 반복되어야 했다. 세 개의 주요 장면도 바꿀 수 없었다. 그러나 마지막 두 장면은 공동체의 거부 메커니즘을 자극하지 않고도 순서를 바꿀 수 있었다. 이야기의 기본 흐름과 결론은 똑같이 유지해야 했다. 이름들도 바꿀 수 없었다. 줄거리를 집약한 반전 부분도 건드릴 수 없는 부분이었다. 하지만 스토리텔러는 이야기의 한 인물이 다른 인물에게 보이는 감정적 반응의 정도를 바꿀 수 있었으며, 자신의 개별적 스타일과 관심사를 이야기 흐름 속에 등장하는 대화에 반영할 수 있었다. 즉 스토리텔러는 그 이야기의 중심 주제를 바꾸지 않는 이상, 나름의 방식대로 이야기를 들려줄 자유를 가지고 있었다.[57]

여기서 중요한 것은 연속성과 유연성의 균형만이 아니다. 동일한 전승 안에 함부로 건드릴 수 없는 요소와 어느 정도 바꿀 수 있는 요소가 공존한다는 사실 역시 중요하다. 즉 이것은 이 이야기를 다른 이야기로 바꿀 수는 없다는 뜻이다. 이야기의 기본 특징들은 고정되어 있다. 이런 측면은 복음서의 이야기들과 분명히 유사성을 가진다. 복음서의 이야기도 버전이 변함에 따라 어느 정도 변화를 일으키지만, 핵심 특징과 구조는 그대로 보존되며, 반전 역시 버전이 바뀌어도 토씨 하나 바뀌지 않는 경우가 빈번하기 때문이다.

베일리가 열거한 다섯 범주 중 제약 없는 유연성을 누린 것, 즉 제약받지 않은 것은 하나도 없다. 이런 제약 없는 유연성은 "그날의 가벼운 뉴스" 같은 자료에나 허용될 수 있었다. 그 자료가 **"공동체의 정체성과 무관**

57) Bailey, "Informal," 7.

하고, 지혜롭거나 가치 있다는 판단을 받지 않았다면" 통제도 없었다. 앞과 같은 자료는 "전승에 포함되지 않고 곧 잊히거나 부지중에 다른 형태로 바뀐다." 초기 그리스도인 공동체들이 예수의 말씀과 행위를 담은 전승을 이런 식으로 다루었으리라고 상상하기는 힘들다.

던은 이 모델이 함축하는 내용을 파악하여(여기에 대해 베일리는 논의를 명확히 발전시키지 않았지만) 양식비평에 대한 자신의 가장 결정적 비판의 확증으로 정리했다. 즉 양식비평가들은 한 "층위"가 이전 층위 위에 자리한다는 구술 전승의 문학적 모델을 가지고 작업했다는 비판이 바로 그것이다.

> 문학적 편집의 패러다임은 철저히 부적합하다는 것이 확인되었다. 구전에서는 한 이야기를 진술하는 것이 결코 이전 진술의 편집이 아니다. 각 진술(each telling)은 같은 주제와 테마로 시작하지만 재진술(retelling)은 다르다. 각 진술은 전승 자체를 실연하지, 그 전승의 첫째나 셋째, 또는 23번째 "판"을 실연하지 않는다. 따라서 우리는 예수 전승의 구술 전달이 재진술의 연속이었으리라고 추측할 수 있다. 여기서 각 재진술은 공동체가 기억하는 사건들과 가르침의 저장고에서 출발하며, 이것들 각각은 서로 연결되어 다른 맥락에서 상이한 패턴들 안에서 공통의 자료를 만들어냈을 것이다.[58]

세 유형론의 문제점

톰 라이트처럼 제임스 던도 베일리의 모델을 초기 교회에서 이루어진 복음 전승 전달을 이해하는 데 가장 적절한 모델로 받아들였다. 던이 베일리의 모델을 받아들이는 주된 이유는 이 모델이 불트만과 에르핫손 사이의 중도를 제시함으로써, 복음서에서 발견되는 안정성과 변화 가능성이라는

58) Dunn, *Jesus Remembered*, 209.

실제 현상을 가장 잘 설명하는 것처럼 보이기 때문이다.[59] 전혀 통제되지 않는 전달 과정이나 철저히 경직된 전달 과정은 모두 복음 전승의 증거를 설명해주지 못한다. 던은 복음서의 사례들을 폭넓게 연구하면서, 복음서의 평행 본문들은 전승의 다양한 실연으로 볼 때 가장 적절히 이해된다는 것을 잘 보여준다. 물론 이 실연의 다양성에는, 베일리가 현대 중동의 촌락에서 작동하고 있음을 보여준 일정한 한계가 존재하고 있다.[60]

하지만 던이 베일리의 형식적이고 통제된 전승 전달 모델을 불트만과 에르핫손 사이의 중도로 받아들이는 데에는 심각한 문제가 있다. 던은 베일리가 제시한 전승의 유연성과 안정성 사이의 균형이 이런 전달 과정의 비형식성의 기능이라고 추정하는 것 같다. 다시 말해 전승 전달의 통제자가 공식적 스토리텔러나 그 비슷한 존재가 아니라 공동체라고 추정하는 것이다. 하지만 여기서 주목해야 할 점은, 다음과 같이 완전히 다른 두 문제를 구별해야 한다는 것이다. 첫째 문제는 "누가 전승 전달을 통제하는가, 공동체인가 아니면 특정 개인인가?"다. 이 질문은 베일리가 사용한 "비형식적"과 "형식적"이라는 말 사이에 어떤 차이가 있는지 묻고 있다. 둘째 문제는 "어떻게 전승 전달이 통제되는가? 다시 말해 전승의 실연에서 유연성이 허용되는 것은 어느 지점에서, 어느 정도까지인가?"다. 안정성과 유연성에 관한 베일리의 설명을 비형식적이고 통제된 전승 전달과 형식적이고 통제된 전승 전달에 적용하지 말아야 할 이유는 없다. 이런 측면에서, 세 유형론은 베일리의 비형식적이고 통제된 전승 전달을 복음 전승과 가장 유사한 모델로 선호하는 학자들에게 다소 잘못된 영향을 미친 것 같다. 랍비 문헌과의 유비가 현재 복음서에서 관찰되는 변화 가능성의 정도를 설명하지 못한다는 것이, 에르핫손에 대해 가장 빈번히 비판되는 내용이기 때문이다. 이런 이유로 전승 전달에 있었다고 추정되는 비유연성은

59) Dunn, "Altering," 155-56.

60) Dunn, *Jesus Remembered*, 210-49.

형식적이고 통제된 전달 모델과 결합되었다. 물론 이런 비유연성은 이 모델이 초래한 결과였다. 실제로 형식적이고 통제된 모델 자체가 이런 비유연성을 낳는 것은 아니다. 세 유형론에서는 두 요소(즉 통제되느냐 통제되지 않느냐, 형식적이냐 비형식적이냐)만을 기준으로 유형을 구별하기 때문이다. 안정성과 유연성의 균형은 제3의 요소다. 베일리가 자신이 관찰한 전승 전달의 특징이라고 묘사한 균형은, 실제로 비형식적이고 통제된 구전 사례뿐 아니라 형식적이고 통제된 사례의 특징도 나타내줄 수 있었다. 그러나 이 세 유형론은 독자들로 하여금 형식적이고 통제된 구전 사례가 전승 전달을 설명할 수 있는 유형이 아니라고 잘못 생각하도록 만들었다.

세 유형론은 초기 교회에서 예수 전승 전달이 어떻게 이루어졌는지 충분하고 정확하게 설명할 수 있을 정도로 세밀하지는 않다. 우리는 다음과 같은 질문을 던져보아야 한다.

(1) 전승 전달이 어떤 식으로든 통제되었을까? (1a) 무슨 이유로 전승 전달이 통제되어야 한다고 생각했을까?
(2) 전승 전달을 통제했다면, 통제 메커니즘들은 무엇이었을까?
(3) 전승의 종류나 전승 안에 있는 요소가 달라지면 유연성을 허용하는 정도도 달라졌을까? (3a) 이렇게 전승의 종류나 요소가 달라지면 **안정성과 유연성의 상대적 균형**도 달라졌을까?
(4) 복음서는 구전과 어떻게 연결되어 있었을까?

질문 (1)에 대한 대답이 "통제되지 않았다"라면, 다른 질문에는 대답할 필요도 없다. 양식비평가들이 옳다면, 바로 이 경우가 될 것이다. 이미 우리는 양식비평의 모델을 무시하는 베일리와 던을 위시해서 현대의 많은 학자들에게 동의할 수밖에 없는 충분한 이유를 발견했다. 하지만 아직 질문 (1a)는 살펴보지 않았음에 유의해야 한다. (1a)는 (1)에 딸린 질문이지만 매우 중요하다. 양식비평가들은 초기 공동체들에게 전승을 신중히 보존하고자 하는 이유가 있었으리라고 생각하지 않았다. 왜냐하면 이 공동체들에게는 역사의식이 없었으며, 그리스도의 현재적 임재와 구별되는, 순수한 과거로서의 그분의 삶과 말씀에는 관심이 없었으리라고 생각했기 때문이다. 양식비평가들의 이런 견해가 옳지 않다면, 우리는 초기 그리스도인들에게 전승의 안정성을 중시할 이유들이 있었음을 확증해야 한다. 우리는 구술 중심 사회가 그들의 선택에 따라 보수적 전승 전달을 확보할 통제 메커니즘을 작동시킬 수 있었음을 알고 있다. 따라서 우리는 초기 그리스도인들의 경우도 이런 메커니즘을 작동시켜 전승의 안정성을 확보했어야 할 이유를 확증해야 한다.

베일리의 모델이 장점을 가졌다고는 해도, 이 모델이 질문 (2)에 대한 답을 주었다고 볼 수는 없다. 베일리는 공동체 전체가 비형식적 통제를 효과적으로 활용해서 전승을 상당히 안정적으로 보존할 수 있음을 보여준다. 그러나 이것이 구술 중심의 사회가 구사하는 유일한 통제의 종류는 아니다. 이런 사회에서는 특정 개인들이 전승을 지키는 책임을 맡는 경우가 많다. 이 책에서 우리의 논지는, 초기 기독교 운동에서는 목격자가 중요했다는 것이었다. 이렇게 목격자가 중요하다는 것은, 예수의 말씀과 행위에 대한 전승이 통제될 때도 목격자들이 중요함을 암시한다. 따라서 통제 메커니즘에 대한 질문은 이 책에서 우리가 특별한 관심을 기울이는 문제들을 해명해줄 핵심 열쇠라고 할 수 있다.

질문 (3)과 (3a)의 측면에서 베일리의 모델은 복음 전승과의 수긍할 만한 유비를 제공한다. 이 책의 논의 범위를 고려할 때, 우리는 복음서에서 발견되는 전승을 상세히 논의하는 작업에 몰두할 수는 없다. 이와 관련해서 중요한 것은 제임스 던의 저술이다. 물론 던도 다양한 형식의 구술 전승에서의 안정성과 변화 가능성 현상이 복음서 연구에서 충분히 활용된다면, 공관복음 전승에 대한 신선한 새로운 조망이 시작되리라는 데에는 동의할 것이다. 또한 이런 식으로 모든 증거를 망라하여 연구하려면, 정경 밖 자료들도 논의 속으로 끌어들여야 한다.

현재 우리의 관심사를 고려할 때 중요한 지점이 하나 있는데, 이는 구전에 대한 던의 논의에 필연적으로 따라오는 결과인 것 같다. 던 자신은 이 점을 명시적으로 언급하지 않지만 말이다. 이미 보았듯이 던은 구전 전승이 문학적 텍스트의 연속적 편집처럼 작용한다고 보는 양식비평의 개념에 반대했다. 대신에 던은, 전승을 실연하는 각각의 경우가 전승 자체를 실연하는 것이지, 바로 직전 전승을 발전시키는 것이 아니라고 주장했다. 전승에는 층위들이 존재하지 않고 다양한 실연만이 있을 뿐이며, 여러 제약이 허용하는 범위에서 각 실연과 실연 사이에 차이가 있을 뿐이다.[61] 이런 논의의 결과를 볼 때, 특정 전승의 변화의 범위가 복음서 전체에서 우리가 발견할 수 있는 범위보다 훨씬 더 컸다고 생각해야 할 이유는 딱히 없다. 어떤 전승의 원형태로 거슬러 올라가, 그 전승의 버전이 아주 다른 형태에서 발전했음을 보여주는 전승의 법칙은 존재하지 않는다. 실연되는 전승에는 상대적인 크기의 안정성과 변화 가능성이 존재하며, 복음서 버전들은 이것을 보여준다. 만약 한 가지 버전만 있다 해도 우리는 이 전승의 실연에서, 복음서가 한 개 이상의 버전을 제공하는 경우에 발견되는 정도의 안정성과 변화 가능성을 가지리라고 합당하게 추정할 수 있다. 그렇다 해도 그 변화 정도가 아주 큰 경우는 없었을 것이다.

이 책에서 우리는 목격자 증언이 복음서 배후의 먼 곳이 아니라 아주 가까운 곳에 위치하고 있다고 주장했는데, 질문 (4)는 우리를 다시 이 주장으로 데려간다. 제11장에서 우리는 질문 (1), (1a), (2)를 논의한 후 질문 (4)를 다시 다룰 것이다. 또한 목격자를 구전 및 문자로 기록된 복음서의 기원으로 이해할 수 있도록 최선을 다할 것이다.

61) Dunn, *Jesus Remembered*, 248-49; idem, "Altering," 153-54도 참고하라. 던은 예수 세미나가 양식비평가들과 같은 실수를 범한다고 적절히 비판한다.

목격자들에 대한 베일리와 던의 견해

베일리의 모델에 대한 우리의 설명은 양식비평가들만큼 목격자의 역할을 철저히 무시하는 것처럼 보일 수 있다. 하지만 이런 인상은 전혀 옳지 않다. *haflat samar*에 대한 베일리의 묘사를 떠올려보길 바란다. 그는 여기에 공식적 스토리텔러가 없으며 공동체 구성원 중 누구라도 암송자가 될 수 있다고 설명한다. 하지만 암송자는 그 촌락에서 태어나 전승을 들으며 자랐다는 자격을 갖추어야 했다. 이 자격이 얼마나 엄격한지에 대해 베일리는 다음과 같은 예를 든다. 즉 어떤 남자는 60대로 연장자이지만 이 촌락에서 27년밖에 살지 않았다는 이유로 암송자가 될 자격이 없다고 판단받았다는 것이다.[62] 베일리는 전승을 암송하는 사람들이 촌락의 어른—나이도 더 많고 타고난 재주도 많으며, 사회에서도 명망 있는—이라고 언급한다. 하지만 베일리는 자신의 살아 있는 기억으로부터 사건을 이야기하는 전승과, 이전 세대로부터 물려받은 전승을 구별하는 데는 관심을 기울이지 않았다. 바로 이런 이유로 여기서는 목격자의 역할이라는 문제가 제기되지 않은 듯하다. 하지만 베일리는 몇 가지 결론을 내놓으면서(이 결론은 공관복음서를 연구한 결과로는 너무 간략하다), 초기 그리스도인 공동체의 공적 집회에서 전승을 암송할 자격을 가진 이는 목격자들이었다고 분명하게 주장하고 있다.

베일리는 누가복음 서문의 "목격자들이요 말씀을 섬기는 자들이었던 이들"(1:2)이라는 구절을 근거로, 예수 전승의 암송자의 자격이 목격자라는 조건일 것이라고 주장한다. 이 주장에 뒤잇는 베일리의 언급에는 오해의 소지가 있는 문장이 있기 때문에, 여기서는 이 부분을 길게 인용하고 설명할 필요가 있겠다.

---

62) Bailey, "Informal," 6.

> 유대-로마 전쟁의 격변 때까지는 비형식적이고 통제된 구전이 팔레스타인 촌락들에서 기능할 수 있었다는 것이 내 주장이다. 새 랍비인 예수 그리스도를 메시아로 받아들인 사람들은 자신이 누구인지 밝히는 자료로서 그분에 대한 데이터를 기록하고 전달했을 것이다. 그러다가 기원후 70년에 이르러 팔레스타인의 정착촌들이 파괴당하고 많은 사람이 흩어졌다. 이처럼 유대-로마 전쟁은 사회학적으로 촌락 구조로서 비형식적이고 통제된 구전이 기능했던 구조를 무너뜨렸던 것 같다. 하지만 기원후 70년에 스무 살 이상이었던 사람은 누구나 그 전승을 암송할 수 있는 유효한 진술자였을 것이다. 초기 교회는 이미 자연스럽게 그들 가운데서 기능하던 방법론을 세련되게 가다듬을 수 있었다. 촌락 공동체에 살면서 예수 이야기를 들었던 모든 이가 예수 전승을 이야기할 권위를 가졌던 것은 아니다. 증인이 되려면 *hupēretēs tou legou*(말씀을 섬기는 자)의 자격, 즉 역사 속 예수를 직접 본 목격자라는 자격을 갖추어야 했다. 따라서 적어도 1세기 말까지는 특별한 권위를 인정받았던 증인들이 전승의 진정성을 공동체에게 확실히 보장하고 있었다.[63]

이 글에서 알 수 있듯이, 다섯째 문장("하지만 기원후 70년에…진술자였을 것이다"라는 문장)은 그 다음의 내용과 완전히 모순된다. 다섯째 문장은 70년에 스무 살 이상이던 사람들을 총칭한다. 하지만 이렇게 젊은 사람들은, 유일하게 예수 전승을 이야기할 자격이 있다고 불리던 자들, 즉 역사 속 예수를 직접 목격한 이들일 수 없었다. (게다가 뒤에 가서 베일리는 바울도 "비형식적이고 통제된 구전을 이야기할" 자격을 갖추지 못했다고 명시적으로 언급한다.) 우리는 이 글에서 무엇인가가 잘못되었다고 추정할 수밖에 없다. 아마도 이 오류는 글을 줄이면서 일어난 결과인 것 같다. 다섯째 문장은 기원후 70년이 아니라 예수가 십자가에서 돌아가실 때 스무 살 이상이었던 이들을 지칭

63) Bailey, "Informal," 10.

한다고 보아야 한다.[64] 다시 말해 베일리는 70년 이전 팔레스타인의 그리스도인 공동체에서 전승을 암송할 자격이 있는 이들은 오직 목격자뿐이었다고 추정하고 있다. 베일리는 이런 사람들이 많았을 것이며, 따라서 예수 전승을 암송하는 장면 역시 마을 어른들의 *haflat samar*와 유사했으리라고 분명히 추측한다.

이것은 이 책 앞부분에서 다루었던 목격자 증언의 한 요소에 대해 적합한 무대를 제공해준다. 앞서 우리는, 복음서 이야기에서 (중요한 의미를 가지지 않음에도) 이름이 밝혀져 있는 인물들이 그 이야기를 처음 전한 이들이었으리라고 주장했다. 이 인물들은 단순히 그 복음 전승의 작은 부분을 직접 목격했을 것이다. 하지만 우리는 베일리가 제공한 무대에서, 야이로가 자기 딸이 되살아난 이야기를 하고 바디매오가 자신이 치유된 이야기를 들려주며, 다른 이들도 그렇게 하는 장면을 상상할 수 있다. 하지만 베일리는 이들 중 숫자는 많지만 "비중은 작은" 목격자들(여기에는 고전 15:6의 오백 명도 포함됨)과, "처음부터" 목격자였던 자들, 즉 예수의 사역과 그 이후의 모든 일을 망라해서 증언할 수 있었던 예수의 제자들을 구분하지 않는다. 게다가 팔레스타인 촌락의 그리스도인 무리에 대한 베일리의 묘사를 보면, 그는 예루살렘 모(母)교회의 특별한 권위를 전혀 고려하지 않고 있다. 예루살렘 모교회가 특수한 권위를 가졌던 이유 중 하나는, "처음부터 목격자들"인 베드로와 열두 제자가 이 교회의 지도자였기 때문이었다. 틀림없이 이런 목격자들은 전승의 권위 있는 보증인으로서 중요한 역할을 했던 것 같다. 하지만 베일리의 모델에서는 이런 역할의 중요성이 평가절하되고 있는 듯하다.

---

64) Dunn, *Jesus Remembered*, 209은 이 말을 오해하고 있다. Wright, *Jesus*, 135도 베일리가 목격자들과 다른 사람들을 구별한 것을 오해한 것 같다. 베일리는 비형식적이고 통제된 구전이 자격을 갖춘 이야기 진술자가 있는 경우에만 작동했다고 주장한다. 이런 주장은 바울이 섬겼던 고린도 공동체의 경우에는 타당하지 않다. 이 공동체에서는 분명히 형식적이고 통제된 전승 전달이 이루어졌다.

베일리는 비형식적이고 통제된 전승이 기능하던 팔레스타인 촌락의 사회학적 기초가 유대-로마 전쟁으로 파괴되면서, 전승이 더 통제받게 되었다고 주장하는 듯하다. 바로 그때에 주요 목격자들이 "특별한 권위를 부여받은 증인"으로서 그들만의 가치를 인정받게 되었다. 이들이 새로운 역할을 맡은 때는 매우 후대의 단계(예수가 십자가에서 돌아가실 당시 가장 나이가 어렸던 이들이 이제는 50대에 들어섰을 때)인 것 같다. 동시에 이들이 처음부터 전승을 통제하는 역할을 했다고 보는 편이 더 타당하다. 베일리의 주장은 목격자들의 역할을 정당하게 평가하려 할 경우 여러 어려움에 부닥친다. 이런 어려움은 공동체 전체가 통제 역할을 하는 전승 전달 모델이 결국 전혀 적절하지 않음을 암시한다.

또한 던도 베일리로부터 채택한 모델 속에 목격자 개념을 적용하려 할 때 어려움을 겪게 된다. 던은 공동체가 전승 전달을 통제했다고 강조한다. 하지만 던은 베일리와 달리, 공동체의 모든 지체—적어도 목격자들만이 아니라 다른 이들도—가 전승을 암송할 수 있었다고 가정한다. 던은 목격자들에 대해 이렇게 썼다.

> 초기의 전승 전달 과정의 특징인 공동체성에 초점을 맞출 때 우리는 권위 있는 개인들, 즉 예수의 사역 동안 그분과 연합했다는 이유로 존경받았던 개인들에게 전통적인 강조점이 주어졌다는 사실을 무시해서는 안 된다.[65]

사무엘 뷔쉬코그는 던이 저술에 대답하면서, 위의 문장에 대해 이렇게 논평했다.

---

65) Dunn, *Jesus Remembered*, 243; "Apostolic Custodians"에 관한 설명(180-81)을 보라.

> 목격자 그룹이 전승의 집단적 기억을 통해 자기 정체성을 어떻게 밝히는가에 대한 던의 묘사에서, 그들[목격자들]의 "계속되는 역할"이 얼마나 명확히 나타나게 되는지는 아직 분명하지 않다.[66]

뷔쉬코그의 이런 논평에 대해 던은 제법 길게 대답했다.[67] 대체적으로 던은 목격자들을 단순히 구전 전달의 출발점만으로 본 양식비평의 견해에 동의하고 있다. 첫 제자들의 기억이 복음서 기자들에게 도달한 주된 이유는 이 제자들이 초기 단계에서 이 기억을 구전에 공급했기 때문이다. 하지만 이런 첫 제자들이 모든 그리스도인 공동체에 계속 존재할 수는 없었을 것이다. 어쨌든 던은 다음과 같이 결론짓는다.

> 결국 나는 구전을 공동체 전승으로 보는 통찰과, (이 전승에 대해 주어진 해석을 제시하고 통제하는 역할을 했던) 개인적 목격자의 중요성에 대한 인식을 통합하는 데 어려움이 없다고 본다.[68]

이 문제는 현재도 진행 중이다. 제11장과 제12장에서 우리는 이 문제를 확장해서 다룰 것이다.

---

66) Byrskog, "A New Perspective," 467.

67) J. D. G. Dunn, "On History, Memory and Eyewitnesses: In Response to Bengt Holmberg and Samuel Byrskog," *JSNT* 26 (2004), 482-85.

68) Dunn, "On History," 484.

역자 주

1. 아모라임은 히브리어로 "말하는 자들"이라는 뜻이다. 이들은 200년부터 500년경까지 이스라엘과 바벨론에서 유대 율법을 논하고 가르치던 유대교 학자들이며, 이들이 활동한 시기가 아모라임 시대다. 이들이 율법을 토론한 내용을 법으로 만든 것이 바로 미쉬나를 주석한 "거모라 혹은 거마라"(Gemora, Gemara)인데, 이는 미쉬나와 함께 탈무드의 일부가 되었다.

제 11 장

예수 전승의 전달

제11장과 제12장에서 우리는, 목격자들이 중요한 역할을 한 형식적이고 통제된 전승(formal controlled tradition)으로서의 예수 전승의 전달 과정의 특징을 개괄할 것이다.

형식적 전달을 증명하는 바울 서신의 증거

우리는 바울 서신에서 초기 기독교 운동이 형식적 전승 전달을 행했다는 분명한 증거를 본다. 여기서 "형식적"이라는 말은, 자격 있는 한 전달자로부터 다른 전달자에게로 전승을 충실하고 확실하게 전하고자 채택한 특별한 관행이 있었다는 의미다.[1] 이 증거는 바울이 어떤 전승을 전하고(고전 11:2, 3의 *paradidōmi*는 히브리어 *māsar*와 상응함) 또 어떤 전승은 받았다고(고전 15:1, 3; 갈 1:9; 골 2:6; 살전 2:13; 4:1; 살후 3:6의 *paralambanō*는 히브리어 *qibbēl*과 상응함) 이야기할 때 사용된 전문용어의 사례에서 발견된다.[2] 이 그리스어 단어들은 헬레니즘 시대의 학교에서 형식적 전승 전달을 지시하기 위해 사용되었기 때문에, 바울 서신을 읽는 이방인들도 이런 의미를 잘 알고 있었을 것이다. 동시에 이 단어들은 그리스어로 된 유대인의 저술에도 등장

1) M. Dibelius, *From Tradition to Gospel* (tr. B. L. Woolf; London: Nicholson and Watson, 1934), 15 16도 이 점을 기의 인정한다.

2) 이런 용어들에 대해서는 M. S. Jaffee, *Torah in the Mouth: Writing and Oral Tradition in Palestinian Judaism 200 BCE-400 CE* (Oxford: Oxford University Press, 2001), 73-75, 80을 보라.

하며(요세푸스, 「유대 고대사」 13.297; 「아피온 반박」 1.60; 막 7:4, 13; 행 6:14), 후대의 랍비 문헌(예를 들어 m. 'Avot 1.1)에서 발견되는 히브리어 단어들과도 상응한다. 바울 역시 전승을 성실하게 유지하거나 지키는 것에 대해 언급하며(고전 11:2; 15:2의 *katechō*; 살후 2:15; 막 7:3, 4, 8의 *krateō*는 유대교 전승과 관련해 사용되며, 히브리어 *'aḥaz*와 상응함), "전승"이라는 용어도 사용한다(고전 11:2; 살후 2:15; 3:6의 *paradosis*; 이 단어는 마 15:2; 막 7:5; 갈 1:14; 「유대 고대사」 13.297에서 유대 전승을 지시함).

바울은 자신이 세운 교회들에게 전한 다양한 종류의 전승을 지시하기 위해 이 단어를 사용한다. 이 다양한 전승에는 복음 이야기와 메시지를 집약한 "케리그마적 요약"(가장 분명한 증거로는 고전 15:1-8), 윤리적 교훈, 공동체와 공동체적 예배의 질서를 세우기 위한 가르침, 예수 전승(가장 분명한 증거로는 고전 11:23-25)이 포함된 것이 분명하다.[3] 바울은 전승을 지시하는 전문용어를, 자신이 바리새인 교사로서 익숙히 알았던 용례로부터 가져다 썼을 것이다. 따라서 이것이 바울만의 특수한 용례가 아니라는 증거가 다른 초기 기독교 문헌에 충분히 나타난다는 사실을 인식하는 것이 중요하다[유 3절; 눅 1:2; 행 16:4; 「디다케」 4:13; 「바나바서신」 19:11]. 이 용어는 매우 중요하다. 전승을 "전한다"는 것은 단순히 그것을 이야기하거나 들려준다는 뜻이 아니며, 전승을 "받는다"는 것은 단순히 그것을 듣는다는 뜻이 아니기 때문이다. 오히려 전승을 전한다는 것은 "**누군가가 무엇을 다른 이에게 넘겨줌으로써 그로 그것을 소유하도록 해준다는 뜻이요**", 전승을 받는다는 것은 "**누군가가 무엇을 다른 이로부터 받음으로써 그것을 소유한다는 뜻**

---

3) 이런 개념들에 대해서는 B. Gerhardsson, *Memory and Manuscript: Oral Transmission and Written Transmission in Rabbinic Judaism and Early Chritianity* (Lund: Gleerup, 1961), 288-306; P. T. O'Brien, *Colossians, Philemon* (WBC 44; Waco: Word, 1982), 105-6; J. D. G. Dunn, *The Epistles to the Colossians and to Philemon* (NIGTC; Grand Rapids: Eerdmans, 1996), 139-141; idem, *The Theology of Paul the Apostle* (Grand Rapids: Eerdmans, 1998), 185-95을 보라.

이다."[4] 이렇게 하기 위해 한 글자도 틀림없이 암기해야 하는 것은 아니다. 하지만 가르치고 배움으로써 전달받은 것을 그대로 유지하는 과정은 필요하다. 더욱이 바울이 생각한 전승에는 이 전승을 가르칠 권위 있는 전달자가 분명히 필요하다. 예를 들어 바울은 자신을 그런 전달자로 여겼다. 전승에 대해 언급하는 한 사례에서 바울은, 일부 전승을 교회에 전하는 자신의 권위가 사도로서의 지위에 있는 것이 아니라, 자신이 이 전승을 자격 있는 권위자로부터 받았다는 사실에 있음을 분명히 한다(고전 15:3). 이처럼 바울은 자신을 전승 전달의 사슬을 구성하는 한 부분으로 여긴다.[5]

바울은 누구로부터 전승을 받았을까? 고린도전서 15:3에서 사도는 자신이 3-7절의 전승(여기에는 부활 후 예수가 나타나신 사례들의 목록이 포함됨)을 받았다고 주장한다.[6] 여기에 대해 일부 학자들은 이 전승의 출처가 예루살렘에 있던 사도들이 아니라 다메섹의 "헬라파" 교회였으리라고 주장했다.[7] 이 주장은 바울이 속했다고 추정되는 "헬라파 유대" 기독교와, 예루살렘 교회가 이끈 팔레스타인 유대 기독교를 구분하는 견해를 유지하기 위해 만들어졌다. 하지만 이런 구분은 고린도전서 15:5, 7에서 바울이 예

---

4) B. Gerhardsson, "Illuminating the Kingdom: Narrative Meshalim in the Synoptic Gospels," in H. Wansbrough, ed., *Jesus and the Oral Gospel Tradition* (JSNTSup 64; Sheffield: Sheffield University Press, 1991), 306.

5) 이는 고전 15:1, 3의 *kai*에 의해서도 암시된다. 이 두 구절에서 이 단어가 들어간 부분은 "그 다음에(in turn) 너희가 받았다", "그 다음에 내가 받았다"라는 뜻이다.

6) 현재 우리의 논의에서는, 이 구절 중 얼마나 많은 부분이 바울이 원래 받은 전승을 구성하는가의 문제를 고민할 필요가 없다. 3-7절 전체가 그 전승을 구성한다는 것을 부인할 이유가 별로 없다. 물론 6절의 주석("그들 중 대다수가 지금도 살아 있으며 일부는 죽었다")과 부활하신 예수가 바울에게 나타나셨다는 8절도 바울이 덧붙인 부분인 것 같다.

7) 예를 들어 J. Héring, *The First Epistle of Saint Paul to the Corinthians* (tr. A. W. Heathcote and P. J. Alcock; London: Epworth, 1962), 158. A. Eriksson, *Traditions as Rhetorical Proof* [CB(NT) 29; Stockholm: Almqvist and Wiksell, 1998], 91에는 "결국 이 전승은 예루살렘에서 유래했으며, 현재의 전승 형태는 그리스어를 사용하던 유대계 그리스도인들로부터 받았다는 공감대가 이루어져 있다"라고 되어 있다. 하지만 이 전승의 그리스어 버전은 바울이 기록한 것이 확실하다.

루살렘의 사도들에게 부여한 역할과 전혀 들어맞지 않는다. 게다가 바울은 파격을 무릅쓰고 자신이 사도임을 주장하면서(9-11절), 바울 자신과 다른 사도들이 방금 언급된 핵심 문제들을 놓고 의견 일치를 보았다고 강조한다(11절). 이렇게 의견 일치가 이루어진 이유는 바울이 문제의 이 전승을 예루살렘에 있던 사도들에게 받았기 때문이다.[8]

갈라디아서에는 바울이 자신의 사도직이 예루살렘에 의존하지 않는 독립된 직무임을 강하게 역설하는 대목이 나온다. 하지만 이런 대목에서도 바울은 자신이 사도로 부르심을 받고 3년이 지난 뒤에 예루살렘을 방문하여 두 주 동안 베드로와 함께했다고 시인하는데(갈 1:18), 이 지점은 매우 주목할 만하다.[9] 베드로와 두 주 동안 대화를 나누었다는 것은(야고보 외에는 다른 사도들과는 전혀 만나지 않았다고 말하기 때문에; 19절[10]) 아주 많은 대화를 나누었다는 뜻이다. 여기에 대해 찰스 도드(C. H. Dodd)는 다음과 같은 인상적인 표현을 했다. "추측컨대 그들은 날씨 이야기나 하며 그 시간을 보내지는 않았을 것이다."[11] 오히려 우리는 바울이 예수 전승을 열두 제자가 명확히 골격을 세운 그대로 철저히 전해 들었으며, 그 전승을 열두 제자를 이끌던 베드로로부터 배웠으리라고 추정할 수밖에 없다. 하지만 이런 추측이, 바울이 복음을 사람들에게서가 아니라 사도로 부름 받았을 때 예수 그리스도의 계시를 통해 받았다는 주장(갈 1:11-12)과 모순되지는 않는다. 바울은 바로 이 계시적 힘을 토대로, 예루살렘의 베드로를 방문하기 전에 이미 사도로서의 완전한 권위를 가지고 복음을 선포했다(15-17절). 하

---

8) 참고. M. Hengel and A. M. Schwemer, *Paul between Damascus and Antioch* (tr. J. Bowden; London: SCM, 1997), 147.

9) 나는 Gerhardsson, *Memory*, 297-98에서 이 방문에 대해 설명한 부분이 대체로 설득력 있다고 본다.

10) 베드로를 제외하면 야고보가 고전 15:3-7에서 이름이 밝혀진 유일한 인물이라는 점에 주목하라.

11) C. H. Dodd, *The Apostolic Preaching and Its Developments* (second edition; London: Hodder and Stoughton, 1944), 16.

지만 바울은 예수의 말씀과 행위의 세부 내용은 알지 못했다. 아마도 그는 나바테아(아라비아; 17절)에서 선교하던 동안에 이 세부 내용을 알아야 할 필요성을 깨달았을지도 모른다.[12)] 제임스 던이 말하듯이 "우리는 바울이 그보다 앞서 새 운동에 몸담았던 이들과 만나면서 내실 있는 '정보 내용'을 얻었으며, 이를 통해 그가 과거에 박해자로서 가졌던 상을 보완하거나 바로잡았다고 인정해야 한다."[13)] 바울의 글에서 예수 전승에 대한 암시는, 오래된 고정관념이 예상하는 것보다 훨씬 더 빈번히 나타난다.[14)]

또 다른 곳에서도 바울은 자신이 전승을 "받았다"라고 말하면서 그 출처를 이렇게 밝히고 있다. "나는 내가 너희에게 전한 것 역시 주께 받았다"(고전 11:23). 이 전승은 마지막 만찬 때 예수가 하신 말씀을 담은 것이었다(23-25절). 계속해서 바울은 고린도 사람들이 주의 만찬을 기념하는 모습을 다루면서 주의 몸과 피를 이야기할 때 이 전승을 근거로 인용한다. 바울의 말은 그가 이 전승을 높이 올림을 받으신 주께 직접 계시를 통해 받았다는 뜻이 아니다(11:26-32). 분명히 바울은 이 전승을 예수 전승의 한 단편으로, 어쩌면 이미 수난 내러티브의 한 부분을 이루는 단편으로 알았을 것이다. 바울은 오직 이 단편만을 명시적으로 길게 인용한다. 바울은 이것을 누가의 버전(눅 22:19-20)[15)]과 유사한 형태로 인용하는데, 이 형태는

---

12) 바울이 나바테아로 가서 처음으로 사도로서 이방인을 상대로 선교 활동을 시작했다는 견해에 대해서는 Hengel and Schwemer, *Paul between Damascus*, 4장; R. Bauckham, "What If Paul Had Travelled East Rather Than West?" *Biblical Interpretation* 8 (2000), 171-84을 보라.

13) J. D. G. Dunn, *The Epistle to the Galatians* (BNTC; London: Black, 1993), 74; N. Taylor, *Paul, Antioch and Jerusalem* (JSNTSup 66; Sheffield: Sheffield Academic, 1992), 80도 참고하라.

14) D. Wenham, *Paul: Follower of Jesus or Founder of Christianity?* (Grand Rapids: Eerdmans, 1995); Dunn, *Theology*, 189 95을 보라.

15) 누가가 더 길게 제시하는 본문이 본문비평과 관련해서 가지는 문제와, 이 본문을 변호하는 입장에 대해서는 J. A. Fitzmyer, *The Gospel according to Luke X-XXIV* (AB 28A; New York: Doubleday, 1985), 1387-91.

누가의 경우에서처럼 마가와 마태(막 14:22-24; 마 26:26-28)와는 대체로 다른 버전이다. 바울의 버전은 언어적으로 누가의 것과 유사하다. 바울과 누가는 글을 쓰면서 한쪽이 다른 한쪽에 의존했을 가능성이 거의 없기 때문에, 바울은 문자 자료나 유사하게 기억된 구술적 텍스트에 의존했을 것인데, 후자의 가능성이 더 높다.[16] 바울-누가의 버전 및 마가-마태의 버전 중 어느 한 쪽 또는 둘 다는 그리스도인들의 성찬 관습에서 영향을 받았던 것 같다.[17] 그러나 두 형태가 실제로 성찬에서 암송되던 전례적 텍스트였을 가능성은 거의 없다.[18] 바울은 전례적 텍스트가 아니라 예루살렘 전승을 인용하고 있다. 이를 통해 바울은 예수에 관한 내러티브 중 첫 번째 증거를 제시하고 있는지도 모른다. 이 증거는 비록 토씨 하나 틀림없이 재생된 것이 아니라 해도, 상당히 정확하게 기억된 내용을 담아 전해졌을 것이다.

이 전승을 "주께" 받았다는 바울의 주장은 고린도전서 7:10-16과 9:14에서 "주"의 특별한 말씀을 언급한 사례들과 비교해야 한다. 고린도전서 7:10-16에서 돋보이는 것은, 바울이 전통적인 예수 말씀 중 예수가 하신

16) M. Casey, *Aramaic Sources of Mark's Gospel* (SNTSMS 102; Cambridge: Cambridge University Press, 1998), 248-49은 바울 자신이 이 문맥의 논지에 맞추어 그 기사를 광범위하게 다시 썼다고 주장한다. 이런 이유로 캐시는, 누가가 고린도전서에 의존한다거나 또는 눅 22:19b-20이 누가복음 원문에는 포함되어 있지 않다고 암시할 수밖에 없었다. 또한 캐시의 주장을 따른다면, 바울이 자신의 서신에서 제시하는 전승의 형태가, 이전에 사도가 고린도 사람들에게 제시했던 형태와 다를 수밖에 없어 고전 11:23a을 오해하도록 만드는 결과를 가져왔다.

17) 이 두 형태 중 하나 또는 둘 모두가 그리스도인의 성찬 관습에서 영향을 받았을 가능성은 통상적 추정보다 낮다. 마가와 마태가 마지막 만찬에서의 말씀을 기록한 이유가 성찬 제정을 이야기하기 위해서가 아니라, 예수의 죽음에 대한 희생 제사적 해석을 제시하기 위해서였다는 점은 거의 인식되지 않고 있다. 따라서 마가와 마태가 예수를 기념하는 성찬의 행위들이 반복되어야 한다는 말씀을, 자신의 논지에 기여하지 않는다는 이유로 생략하지는 않았을 것이다.

18) A. B. McGowan, "'Is There a Liturgical Text in This Gospel?' The Institution Narratives and Their Early Interpretive Communities," *JBL* 118 (1999), 73-87; A. C. Thiselton, *The First Epistle to the Corinthians* (NIGTC; Grand Rapids: Eerdmans, 2000), 868.

말씀으로 알았던 것(10-11절)과 바울 자신의 가르침(12-16절)을 예리하고 선명하게 구별한다는 점이다. 여기서 바울은 자신의 가르침이, 예수의 가르침이 포괄하지 못하는 상황을 위해 제공되었다고 본다. 바울은 자신의 가르침을 단순한 의견이 아니라 사도로서의 권위가 실린 것으로 제시한다. 그러면서도 그는 자신의 가르침과 예수의 말씀을 선명하게 구별한다. 이는 교회들이 마음만 먹으면 예수의 말씀을 새롭게 창작하여 그 말씀이 예수로부터 유래했다고 주장할 수 있었다는 양식비평의 견해를 반박하는 중요한 사실이다. 바울은 고린도전서 7:10-11과 9:10에서 예수의 말씀을 인용한다. 마찬가지로 11:23에서 주의 만찬에 관한 전승의 도입부("내가 주께 받았다")는 이 내러티브의 핵심인 예수의 말씀들의 출처에 초점을 맞추고 있으며, 이 말씀들이 **진정 주로부터 유래했다**고 주장한다. 따라서 지금 바울은 예수 바로 그분에게서 시작해서 중간 전달자들을 거쳐 바울 자신에 이르는 전승 전달의 사슬을 묘사하는 셈이다. 바울은 이 사슬을 통해 받은 전승을, 자신이 처음 고린도 교회를 세울 때 고린도 사람들에게 이미 전했다. 다시 말하지만, 중간 전달자는 당연히 예루살렘 사도들이다. 수난 내러티브를 구성하는 이 부분도 바울이 예루살렘을 방문해서 두 주를 머무는 동안 베드로로부터 배운(여기서 배웠다는 것은 어떤 전승을 습득해서 나중에 그것을 암송할 정도가 되었다는 강한 의미임) 것 중 일부였을 것이다. 바울은 그가 전한 복음 전승이 주 예수 바로 그분으로부터 유래했다는 점에 관심을 기울이고 그것을 확신하고 있다. 이런 측면에서, 바울이 전승에 접근할 때 덜 직접적인 수단에 의존했으리라고는 생각할 수 없다. 바울은 이런 사실에 이목을 집중시키기를 원치 않았을 수도 있다. 왜냐하면 예루살렘 사도들과 그의 관계는 민감한 주제였으며, 실제로 그는 이 사도들에게 의존하고 있었기 때문이다. 바울은 예수 전승을 암송하고 전달하는 자신의 권위가, 주가 직접 세운 사도인 자신에게 속한다고 주장했을 수 있다. 그렇기는 해도 바울의 전승의 진정성은, 그의 전승이 예루살렘 사도들로부터 유래했다는 사실에 근거하고 있었다. 바울은 사도인 자신도 예루살렘 사도들과 똑같이, 그가 회심케 한 이들로부터 물질적 후원을 받을 권리가 있다고 주장한다(고전 9:3-6). 이런 주장이 타당한 이유는 여러 가지이지만 우리가 주목해야 할 점은, 결국 바울이 자신의 주장을 마무리하면서 동원한 근거가 예수가 이 땅에 계실 때 하신 말씀(9:14)이라는 것이다.

지금까지 우리는 바울이 전승을 **누구로부터** 받았는지 살펴보았다. 그렇다면 이제는 바울이 이것을 **누구에게** 전했는지 질문해야 한다. 여기에 대해 언급할 때마다 바울은 자신이 전승을 서신의 수신자인 그리스도인 공동체 전체에게 전했다고 명백하게 밝힌다. 이런 대답은 예를 들어 이미 살폈던 특정한 두 사례(고전 11:23; 15:1-3)에서 타당하다. 사도는 결코 이 전승을 공동체 내부의 특정인들, 즉 이 전승을 권위 있게 보존하고 가르칠 만한 이들에게 전달했다고 말하지 않는다. 언제나 바울은 전승을 지키고 유지하는 작업을 자신의 편지의 수신자 전체의 책임으로 제시한다(고전 11:2; 15:2; 살후 2:15). 따라서 이 전승이 바울이 새로 세운 교회들에게 받아들여진 시점까지의 상황이 어떠했든, 그 이후로는 공동체 전체가 전승을 통제하는 과정을 염두에 두고 있어야 한다. 여기서 우리는 제10장에서 다루었던 베일리의 중동 촌락의 모델을 다시 떠올릴 수 있겠다. 물론 베일리 자신은 이 모델을 팔레스타인의 유대계 그리스도인 공동체에만 적용한다.[19] 이 모델에 따르면 전승을 배우고 성실하게 보존하는 진지한 과정이 존재했는데, 이런 과정을 행한 주체는 대개 공동체였으며, 특별히 권위를 부여받은 개인이 이런 일을 책임지지는 않았다.

하지만 우리는 바울이 섬긴 교회들 안에 교사로 세움 받은 사람들이 있었음을 알고 있다(롬 12:7; 고전 12:28-29; 갈 6:6; 엡 4:11). 이는 초기 기독교 운동의 다른 부분에서도 마찬가지였다(행 13:1; 히 5:12; 약 3:1; 「디다케」 15:1-2). 제임스 던은 베일리의 모델을 받아들이면서도, 이 교사들이 말하자면 그

19) K. E. Bailey, "Informal Controlled Oral Tradition and the Synoptic Gospels," *Themelios* 20 (1995), 10.

지역의 전승을 보관하는 저장고 역할을 했다고 강조한다.[20] 바울의 전승 전달은 공동체 안에서 세움 받은 교사들의 특별한 역할을 무시했을까?

바리새인에 대한 요세푸스의 언급 중에 포함된 다음과 같은 유사한 대목은 많은 것을 시사하고 있다.

> 여기서 나는 바리새인들이 조상들로부터 대대로 계승한(*ek paterōn diadochēs*) 어떤 법령들을 사람들에게(*tō̧ dēmō̧*) 전해준(*paredosan*) 것을 설명하고 싶습니다. 이 법령들은 모세 율법에 기록되어 있지 않습니다. 이런 이유로 사두개파는 이 법령들을 무시하면서, 오직 문자로 기록된 법령들만 깨달으면 되지, 조상들이 전해준 전승에서 나온(*ek paradoseōs tōn paterōn*) 법령들은 지킬 필요가 없다고 단언했습니다(「유대 고대사」 13.297).[21]

스티브 메이슨(Steve Mason)은 요세푸스의 용례들을 살펴본 후, 요세푸스가 "조상들로부터 대대로 계승한"이라는 문구를 바리새인들의 독특한 용례에서 빌려왔다고 주장했다.[22] "계승"(*diadochē*)이라는 말은 보통 헬레니즘 시대의 철학 학파들을 지시하기 위해 사용되었다. "플라톤, 아리스토텔레스, 에피쿠로스, 제논은 모두 그들의 지휘권을 '계승자들'에게 물려주었으며, 이 계승자들은 스승의 원래 철학을 보존하고 강의하는 것을 자신의 의무로 여겼다."[23] 바리새인들에게 전승을 전한 "조상들"은 폭넓은 범위의 사람들이 아니라 사슬처럼 연결된 교사들을 가리키는 것이 틀림없다. 우리는 후내의 「피르케 아보트」(Pirqe 'Avot, 기원선 3-2세기에 편찬된 조상들

---

20) J. D. G. Dunn, *Jesus Remembered* (Grand Rapids: Eerdmans, 2003), 176-77; idem, "On History, Memory and Eyewitnesses: In Response to Bengt Holmberg and Samuel Byrskog," *JSNT* 26 (2004), 482.

21) S. Mason, *Flavius Josephus on the Pharisees* (Leiden: Brill, 1991), 217에 있는 번역이다.

22) Mason, *Flavius Josephus*, 239.

23) Mason, *Flavius Josephus*, 234.

의 잠언 모음으로 대제사장인 의인 시므온의 책이라 함-역주)에 정의되어 있는 계승의 사슬 같은 것을 상상할 수 있다. "모세는 율법을 시내 산에서 받아 그것을 여호수아에게 맡겼고, 여호수아는 장로들에게, 또 장로들은 대제사장들에게 맡겼다. 그리고 대제사장들은 율법을 대회당(Great Synagogue) 사람들에게 맡겼다." 이런 언급에 이어, 율법을 대회당 사람들로부터 힐렐(Hillel)과 샴마이(Shammai)에게 전해준 현자들의 명단(의인 시므온, 소코의 안티고누스 등)이 계속된다(m. 'Avot 1:2-12).

우리의 논지에서 중요한 점은, 요세푸스가 "전달한다"라는 말을 한 교사에서 다른 교사로 전승이 전달되는 경우뿐 아니라, 바리새인이 사람들에게 전승을 전달하는 경우에도 사용한다는 것이다. 바리새인이 전승을 널리 사람들에게 가르쳤다는 사실은, 바리새파 교사들이 이전의 교사들로부터 전승을 물려받아 이를 학생들에게 가르치고, 다시 이 학생들이 전승 전달의 사슬을 구성하게 된다는 사실과 완전히 일치한다. 마찬가지로 바울이 전승을 각 그리스도인 공동체 전체에게 전달하면서 바울 자신이 이 전승을 암시하면 공동체 전체가 이것을 상기하리라고 기대했다는 사실은, 바울도 전승을 공동체 중에 특별히 임명받은 인물들, 즉 공동체 전체의 소유가 된 전승을 보존하고 유지하는 데 필요한 솜씨와 재주를 갖춘 이들에게 전달했을 개연성과 완전히 일치한다. 따라서 우리는 바울의 공동체 안에도 전승을 보존하는 자로서 특별한 권위를 인정받은 보증인의 역할이 있었으며, 덕분에 베일리의 모델보다 훨씬 더 형식적인 전승의 보존과 전달 과정이 가능했으리라고 추측해야 한다. 더 중요한 결과는, 바울의 공동체의 임명받은 자들이 알고 있던 예수 전승이 예수로부터 그들 자신에 이르기까지 불과 두 개의 연결 고리만 거친 전승, 다시 말해 바울과 예루살렘 사도들만을 거친 예수 전승이었다는 사실이다.

이처럼 바울은 초기 기독교 운동 안에 있었던 형식적인 전승 전달의 증거와 함께, **예수의 말씀과 행위를 담은 전승도 형식적 전달을 통해** 이루어졌다는 풍성하고 정확한 증거를 제공한다. 바울 자신도 이런 전승을 형식적 습득 과정을 통해 베드로로부터 배웠다. 그리하여 그는 이 전승을 유사한 방식으로 형식적 과정을 통해 자신이 설립한 공동체 전체에게 전했을 것이 틀림없다. 특히 주목할 점은 바울이 각 공동체에서 교사로 세워진 이들에게도 전승을 전했으리라는 점이다. 마지막으로 우리는 바울이 선교 사역 동안 혼자가 아니라 동역자와 함께 일했다는 사실을 유념해야 한다. 이 동역자들 중 몇 사람은 예루살렘 교회의 명망 있는 지체로서 예를 들어 바나바, 마가, 실루아노(사도행전의 실라) 같은 인물이었다.[24] 이들은 예루살렘 교회의 예수 전승을 철저히 숙지할 기회를 훨씬 더 많이 가졌을 것이다. 또한 이들도 자신이 바울과 함께 설립한 교회들에게 이 전승을 전달할 책임을 감당했던 것 같다. (고린도에서는 이런 일에 참여하지 않았다.) 특히 바나바는 바울이 이런 전승을 풍성히 깨달을 수 있도록 도와주었던 듯하다.

예수의 과거를 기억하기

초기 그리스도인들이 활용한 예수 전승의 통제 수단에 대해 더 자세히 논의하기 전에, 초기 교회가 어떤 이유로 사역 동안의 예수의 말씀과 역사적 사건을 담은 전승을 성실히 보존하고자 했는지를 살피는 것이 유익하겠다. 대체로 구술 중심 사회, 특히 초기 기독교 운동이 발전했던 사회에서는 전승 전달에서 사소한 변화가 일어나더라도 이런 변화에 영향을 받지 않고 전승을 보존할 수단을 가지고 있었음이 틀림없다. 어떤 구술 중심 사회가 특별한 전승에 큰 변화가 일어나지 않도록 애를 쓰는가 하는 것은, 이 사회가 전승을 대하는 태도에 달려 있다.

먼저 중동 촌락의 구전에 대한 베일리의 관찰 결과 중에서 한 가지 특

24) 이 인물들에 대한 사도행전의 증거가 심각히 의심될 만한 이유가 전혀 없다는 것은, 바울의 서신에 의해 충분히 확인된다.

정을 상기해보는 것이 필요하다. 베일리의 관찰에 따르면, 전승의 유형이 달라지면 촌락이 그것을 대하는 태도도 달라지며, 대체로 구술 중심의 사회는 이런 태도를 동일하게 보여준다고 한다.[25] 얀 반시나는 구전을 권위 있게 설명한 한 연구서에서, 여기에는 일반적 규칙이 존재하지 않는다고 주장한다. 한 사회가 전승을 충실히 보존하려고 애쓰는가, 혹은 어느 정도까지 충실히 보존하려고 하는가의 문제는 각 사회에 존재하는 전승의 유형과 관련지어 살펴보아야 한다는 것이다. 또한 전승을 보존하기 위해 채택한 수단과, 이렇게 시도해서 거둔 성공도 조사해야 한다.[26] 이것은 대단히 중요한 원리로서 반드시 이해하고 넘어가야 한다. 왜냐하면 이 원리는, 구술 전승이 이런저런 방식으로 작동한다는 추정을 기반으로 해서 만들어진, 초기 교회의 예수 전승에 대한 많은 주장들을 배제해버리기 때문이다.

반시나는 구술 사회가 설화(tales)와 역사적 기사(historical accounts)를 자주 구별했다고 말하는데, 이 주장 역시 중요하다. 설화는 "픽션(fiction)으로 간주된다."[27]

> 모든 실연은 초연이며 관객도 그렇게 인정한다. 사람들은 이미 아는 설화라도 새롭게 단장된 설화를 듣고 싶어한다. 이것은 오페라 작품을 대하는 관객의 태도와 비슷하다. 오페라 공연에서는 무대와 노래 스타일, 연기와 의상 같은 세부 사항들은 늘 최초의(original) 것이지만, 작품의 악보나 대사는 바꿀 수 없다. 설화를 듣는 사람들도 부분적으로 새로운 말과 표현을 기대한다. 시

25) 랍비 문헌에 대한 설명으로는 P. S. Alexander, "Orality in Pharisaic-Rabbinic Judaism at the Turn of the Eras," in Wansbrough, ed., *Jesus and the Oral Gospel Tradition*, 182을 참고하라: "변화의 정도는 자료 유형에 따라 달라진다. 할라카 전승은 *aggadot*(고전 랍비 문헌에서 탈무드와 미드라쉬에 포함된 비법률적 이야기체 주해 본문-역주)보다 훨씬 더 세심한 주의를 기울여 보존되었다."

26) J. Vansina, *Oral Tradition as History* (Madison: University of Wisconsin Press, 1985), 42.

27) Vansina, *Oral Tradition*, 25.

> 간의 흐름과 함께, 설화는 기사(記事)보다 훨씬 더 많이 그리고 다른 방식으로 변화한다.…설화 중에서는 역사적 설화가 나타난다. 역사적 설화는 기사와는 다르다. 설화는 오락의 목적을 가지며 픽션의 역학에 구속되기 때문이다. 여기에 등장하는 이름과 무대는 마음대로 바뀔 수 있다.[28)]

이런 "역사적 설화"는 허구로 간주되며 반시나가 역사적 "기사"라고 부르는 것과 같지 않다. 역사적 기사는 과거에 대한 진실한 기록으로 간주되며 또 그렇게 취급된다. 이는 역사적 기사가 변하지 않는다는 의미가 아니라, 이런 기사가 공동체의 더 큰 전승의 덩어리에 편입되면 결과적으로 크고 상이한 변화가 일어난다는 의미다. "대체로 역사적 기사들은 더 짧아져 하나의 일화로 바뀌는 경향이 있다.…기사들 그룹의 덩어리 전체는 천천히 그리고 지속적으로 새로운 형태로 바뀌거나 더 간소한 형태로 만들어진다."[29)] 역사적이라고 간주되는 기사들은 설화보다 더 적게 더 천천히 변한다.

> 변화 가능성이 덜 뚜렷이 나타나는 경우도 종종 있다. 플롯, 무대, 등장인물, 심지어 연속되는 에피소드들에서 실체는 변하지 않고 공통성을 유지한다.…이런 측면에서 한 전승이 지속되는 시간(time span)은 중요하다. 만일 이 시간이 짧다면, 우리는 목격자의 이야기가 소문과 뒤섞인 후에 동시대인들이 들려준 메시지에 접근하게 된다. 그 후 메시지가 그 세대 안에서 안정화되면 우리는 더욱 자주 기기에 접근하게 된다.[30)]

---

28) Vansina, *Oral Tradition*, 26.
29) Vansina, *Oral Tradition*, 20-21.
30) Vansina, *Oral Tradition*, 53-54; 참고. 161.

여기서 우리는 (제2장에서 보았듯이) 구전에 대한 반시나의 정의를 기억해야 한다. 반시나는 구전을, 살아 있는 기억이 지속 기간을 넘어 전달된 전승으로 정의했다. 반시나의 표현에 따르면, 목격자들이 생존해 있는 동안에 우리가 다루는 대상은 구전이라기보다 구술 역사(oral history)다. 방금 인용한 글에서 반시나는, 목격자들의 기억이 공동체의 전승 덩어리에 흡수되고, 이 통합으로 인해 기억이 천천히 변화되기 시작할 때 일어나는 일을 묘사하고 있다. 여기서 주목할 점은, 반시나가 전승 전달에서 일어나는 역사적 기사들의 매우 작은 변화를 언급할 때조차도, 예수의 역사적 사건들과 복음서 사이에 실제보다 더 긴 시간 간격이 있다고 추정한다는 것이다. 하지만 우리의 논의에서 볼 때 중요한 점은, 구술 중심의 사회가 역사적 설화와 역사적 기사를 다르게 취급하면서 역사적 기사를 더 성실히 보존하려 한다는 점이다. 역사적 기사의 경우에는 이를 성실히 보존하려는 의도가 존재하지만, 역사적 설화에서는 이런 의도를 찾아볼 수 없다.[31)]

이렇게 설화와 기사를 구분하는 입장은 양식비평 때부터 줄기차게 복음서 연구자들이 제시해온 주장, 즉 초기 그리스도인들이 예수 전승의 전달에서 예수의 역사적 과거와 자신들이 살아가는 현재를 구별하지 않았으며, 이는 **구술 중심 사회와 이 사회의 전승이 이런 구분을 하지 않았기 때문이라는** 취지의 주장을 반박하고 있다.[32)] 앞과 같은 주장은 옳지 않다. 게다가 반시나는, 어떤 사회와 그 사회의 전승 사이에는 완전한 "항상성"(homeostasis)이 존재하기 때문에 전승은 철저히 현재에 맞게 변하지 과

---

31) 랍비 문헌을 다룬 자료인 Alexander, "Orality," 182을 참고하라: "문자 텍스트든 구술 텍스트든 자료의 실체가 변하지 않도록 보존한 것은, 그것을 전달한 수단 자체가 아니라, 전달 과정 이전부터 이것이 절대로 변해서는 안 된다고 명령하는 자료의 본질과 권위에 대한 태도였다." 알렉산더는 구전 텍스트가 문자 텍스트보다 더 많이 변화했다는 주장이 반드시 옳지는 않다고 말한다.

32) 예를 들어 W. Kelber, *The Oral and the Written Gospel* (second edition; Bloomington: Indiana University Press, 1997), 199-209.

거의 실재에 맞춰 변하지 않는다는 인류학자 잭 구디의 견해에 동의하지 않는다.[33] 반시나는 한 사회와 그 사회의 전승 사이에 일치점이 있다는 데에는 동의하면서도, "전승의 내용이 현재 사회의 관심사와 완전히 일치하지는 않는다"라고 주장한다. 여기에 대한 증거가 바로 역사적 전승 안에 살아남은 고어(archaism)다. 고어는 역사적 기사가 그대로 보존되며 현재 정황에 맞추어 수정되지 않음을 보여주는 특징이라 할 수 있다.[34] 항상성 이론의 취약점은 다음과 같다.

> (항상성 이론들은) 일부 사회가 다른 사회보다 역사를 소중히 여기는 이유가 무엇인지를 설명하지 못한다.…항상성을 뛰어넘어 문화가 선택할 수 있는 여러 근본적 방안, 서로 다른 세계관을 고려해야 한다. 오직 현재의 사회적 구조만이 이런 것들을 결정하는 조건이 되지는 않는다.[35]

따라서 진짜 문제는, 구술 중심의 사회가 역사와 현재를 구분하면서 현재의 정황에 맞추어 역사적 전승을 근본적으로 수정하는 일이 일어나지 않도록 전승을 보존하느냐가 아니라, 실제로 초기 그리스도인 공동체가 이런 식으로 전승을 보존했느냐다. 예수 전승 자체가 이런 증거를 보여주느냐 하는 것도 중요하지만 과거, 특히 예수의 역사에 대한 초기 기독교인들의 태도와 함께, 왜 이 과거 역사가 그들에게 중요했는지 하는 이유를 확증하는 작업도 중요하다.

물론 이것은 순전히 옛것이 좋아 과거에 관심을 쏟는 문제가 아니다. 말 그대로 이런 의고(擬古)의 태도는 현대 사회에서조차 드물다(고대 그리스-로마 사회를 포함해서 현대 이전 사회의 학자들 사이에서 전혀 없는 일은 아니지만).

---

33) S. Byrskog, *Story as History-History as Story* (WUNT 123; Tübingen: Mohr, 2000; reprinted Leiden: Brill, 2002), 131-33을 보라.
34) Vansina, *Oral Tradition*, 120-21.
35) Vansina, *Oral Tradition*, 122.

문제는 특정한 사회에서 과거를 진실성 있게 이야기한다고 간주되는 역사적 기사가 유용한가 하는 것이다.[36)]

> 사건에 대한 전승을 보존하는 이유는 그 사건이 중요하거나 의미가 있다고 생각했기 때문이다. 실제로 선택의 과정은 목격자들이나 당대의 보고들과 함께 이미 진행 중이다.[37)]

하지만 이것은 일반론이 제시하는 범위일 뿐이다. 한 사회가 어떤 전승을 선택하여 보존하는가 하는 문제는 일반론적 차원을 넘어 그 사회의 문화적 특수성을 다루는 문제다. 초기 기독교 운동의 경우처럼 정교하고 세련된 문화를 가진 사회, 즉 문자로 기록된 권위 있는 경전과 과거로부터 물려받은 풍부한 전승, 진지한 역사 기록의 전통이라는 사회적 맥락 안에서 형성된 공동체를 다룰 경우에는 더욱 그러하다.[38)] 과거의 역사가 특정한 문화적 정황 안에서 중요한 의미를 가질 때, 사람들은 역사적 기사의

---

36) Vansina, *Oral Tradition*, 114-16은 아프리카 부룬디와 르완다의 구전을 비교 연구하여 통찰력 있는 사례를 제시하고 있다. 부룬디와 르완다는 인접한 나라로 많은 공통점을 가지지만 다음과 같은 차이점도 있다. 즉 부룬디에는 역사적 기사가 없는 반면에, 르완다에는 역사적 전승이 풍부하며 사람들도 이런 전승에 관심을 기울인다. 이런 현상은 "두 나라의 사회-정치적 시스템의 차이", 특히 르완다 정부가 역사적 정당성을 필요로 했다는 사실 때문이라고 설명될 수 있다. 결과적으로 두 나라의 사회는 과거에 대한 관심과 태도에서도 상당한 차이를 보인다. Vansina, *Oral Tradition*, 91-92도 참고하라. 여기서 반시나가 다루는 전승의 성격은 역사의 전달을 의도하지만, 단순히 옛것이 좋다는 식으로 역사 자체만을 전달하려는 의도를 가지지는 않는다.

37) Vansina, *Oral Tradition*, 118; 참고. 91-92. 여기서 반시나는 역사적 기사의 용도에 대해 논의한다.

38) 참고. S. Byrskog, "A New Perspective on the Jesus Tradition: Reflections on James D. G. Dunn's *Jesus Remembered*," *JSNT* 26 (2004), 469-70: "우리는 기원후 1세기의 구술 관습이 문자로 기록된 언어에서 깊은 영향을 받았다는 사실을 진지하게 받아들여야 한다. 문자로 기록된 언어는 과거에 관한 추상적 사색과 성찰의 요소를 만들어냈다."

안정성과 연속성을 지키려는 실제적 의도를 가지고 노력하게 된다.

이미 학자들은 초기 그리스도인들이 과거를 순수한 과거로서 인식했으며 예수의 과거 역사의 기억을 보존하는 데 관심을 기울였음을 실증했다.[39] 여기에 대해서는 다음과 같은 두 저술을 언급할 필요가 있겠다. 첫째 책은 1974년에 출간된 그레이엄 스탠턴(Graham Stanton)의 『신약성경 설교에서 나사렛 예수』(*Jesus of Nazareth in New Testament Preaching*)다.[40] 내 견해로는, 스탠턴은 현재는 문제시되고 있는 양식비평의 많은 주장—특히 초기 선교사들의 설교가 복음 전승의 주된 삶의 정황이었다는 견해—을 너무 쉽게 받아들이고 있다. 이런 한계에도 불구하고 스탠턴은 이 책에서 아주 중요한 증명을 하고 있다. 즉 그는 초기 교회의 복음 설교에 대해 우리에게 알려진 내용 자체가, 예수의 과거 역사가 매우 중요했으며 그 역사에 대한 언급이 교회의 설교의 핵심이었다는 증거가 됨을 논증했다. "초기 공동체들은 예수와 관련된 전승을 보존했다. 이 전승은 예수의 모습을 풍성하고 충실하게 제시하기 때문에, 우리는 초기 교회가 이른 단계에 이미 과거를 되돌아보기 시작했다고 결론 내릴 수밖에 없다."[41]

스탠턴의 책이 교회의 설교를 다룬다면, 두 번째 저술인 유진 렘시오(Eugene Lemcio)의 『복음서에서 예수의 과거』(*The Past of Jesus in the Gospel*)는 복음서를 다루고 있다.[42] 렘시오는 복음서 저자들이 예수의 과거 역사의 시간과 그들 자신의 현재의 시간을 구분했다는 점을 성공적으로 증명

---

39) 예를 들어 C. F. D. Moule, "Jesus in New Testament Kerygma," in idem, *Essays in New Testament Interpretation* (Cambridge: Cambridge University Press, 1982), 37-49(1970년에 처음 출간됨); J. Roloff, *Das Kerygma und der irdische Jesus* (Göttingen: Vandenhoeck & Ruprecht, 1970).

40) G. N. Stanton, *Jesus of Nazareth in New Testament Preaching* (SNTSMS 27; Cambridge: Cambridge University Press, 1974).

41) Stanton, *Jesus of Nazareth*, 170-71.

42) E. E. Lemcio, *The Past of Jesus in the Gospels* (SNTSMS 68; Cambridge: Cambridge University Press, 1991).

하고 있다. 이 두 시간대를 구분하려는 복음서 저자들의 세심한 노력에 대해 저자는 이렇게 설명한다.

> 복음서 저자의 노력은 단순히 과거 시제 동사를 사용해 부활 이전과 부활 이후의 시기를 구분하는 차원을 뛰어넘었다. 오히려 저자들은 기독교 시대에 적합한 용어가 이전에는 나타나지 않았다는 점에 주의를 기울였다. 예수 부활 이전의 신앙에서 독특하게 나타나던 단어는 중간에 사라져버린다. 예수 부활 이전과 이후에 공통적으로 사용된 단어라도, 이것은 각각 다른 뉘앙스를 띤다. 관용어는 그 시대를 따라간다. 또한 이런 용어들은 관습적이거나 우연적인 표현이 아니다. 이것들은 주인공인 예수와 내레이터인 복음서 저자들이 복음과 그리스도, 메시아의 임무와 구원의 본질과 관련해 믿었던 바가 무엇인지를 드러낸다.…복음서 밖에서 "믿음"과 관련해 발견되는 케리그마적 표현들은 복음서의 내러티브 안으로 역투사 되지 않았다.[43]

여기에 대한 간단한 실례가, 부활 이전의 예수가 복음서 내러티브 안에서 자신을 일컬으시는 말과, 초기 그리스도인들이 예수를 일컫는 말이 일치하지 않는다는 사실이다. 예수는 자신을 "인자"(신약에서 오직 예수만이 사용하는 표현이며 유일한 예외는 행 7:56)라고 부르시지 "메시아"(심지어 요한복음에서도 이렇게 부르시지 않음)나 "하나님의 아들"(공관복음에는 이런 사례가 없고, 심지어 요한복음에서도 드묾)로 부르시지 않는다. 복음서의 예수의 말씀에는 초기 그리스도인들의 언어에서는 볼 수 없는 독특한 단어와 관용어가 존재한다. 그뿐 아니라 복음서 저자들이 예수의 부활 전 시기를 배경으로 믿음과 제자도와 구원의 주제를 이야기하는 방식도, 그분의 부활 뒤 정황을 배경으로 할 때와 다르다.

렘시오의 저술은, 복음서의 장르가 전기라는 학자들의 최근 주장과 일

43) Lemcio, *The Past of Jesus*, 1-2.

치한다[더 정확히 말해 복음서는 그리스-로마적 개념으로서의 전기(*bioi*)라는 주장].[44] 복음서가 속한 이 전기 장르는 현대의 전기와는 다르다. 이 그리스-로마적 전기는 과거를 과거로 인식하며 과거와 현재를 구별하려는 의도를 가지고 있었다. 복음서를 전기(*bioi*)로 간주한 고대의 독자들 중 아무도, 복음서의 내러티브 형태가 단순히 부활하고 승천하신 그리스도를 현재 그분의 백성과의 관계 안에서 이야기하는 방법에 불과하다고 생각하지 않았을 것이다. 당시 독자들은 복음서 내러티브가 진짜 과거를 상세히 언급하고 있으며, 과거와 현재를 뒤섞지 않았으리라고 기대했을 것이다.

하지만 복음서 저자들이 역사를 실제적으로 이해하는 이런 "전기적"(biographical) 인식을 예수 전승에 적용했다고 추정할 수는 없을까? 복음서 저자들이 예수 전승을 전기의 내러티브 틀과 통합함으로써, 이 전승을 전승 자체, 특히 구술적 형태의 전승에는 전혀 생소한 역사적 의식의 형태 속에 담아냈다고 추정할 수는 없을까? 예를 들어 헬무트 쾨스터(Helmut Koester)는 다음과 같이 설명했다. 즉 어떤 전승을 전기의 맥락 안으로 통합시키는 것은 "그 전승의 형태와 기능을 근본적으로 바꿔놓을 수 있다.…왜냐하면 이 전승을 공동체의 삶의 정황으로부터 예수의 삶의 맥락 속으로 옮겨놓았기 때문이다."[45] 이런 논지는 구전에 관한 양식비평의 견해를 보존하면서도 양식비평가들이 철저히 거부했던 견해, 즉 복음서 자체가 전기라는 견해를 인정하는 것 같다. 렘시오는 복음서에 대한 자신의 주장을 증명하기 위해 많은 증거들을 나열했다. 하지만 우리로서는 이 증거들이 복음서 이전에 존재하던 구술 형태의 전승에도 적용되어야 함을 지적할 수밖에 없다. 복음서 저자들이 전승을 사용할 때 무슨 일이 일어난 것은 분명하지만, 이 일은 구전 자체를 대하는 태도와 비연속적이지

---

44) 특히 R. A. Burridge, *What Are the Gospels? A Comparison with Graeco-Roman Biography* (SNTSMS 70; Cambridge: Cambridge University Press, 1992)를 보라.
45) H. Koester, "Written Gospels or Oral Tradition?" *JBL* 113 (1994), 296.

않았을 것이다. 전승의 본질은—양식비평가들의 시각을 벗어나 전승을 살피는 한—이 전승이 예수의 진짜 과거 역사를 언급하고 있음을 보여준다. 게르트 타이센과 아네테 메르츠(Annette Merz)의 탁월한 저술인 『역사적 예수』(*Der historische Jesus*)에도 이런 주장이 언급되고 있다는 사실은,[46] 양식비평의 전성기가 지나간 후 복음서 학자들의 주류가 얼마나 멀리 옮겨갔는지를 보여준다.

초기 기독교 운동이 예수의 순전한 과거 역사에 관심을 쏟았던 이유는, 초기 그리스도인들이 예수의 역사가 **종교적으로 유의미하고 적절하다고** 간주했기 때문이다. 그렇다면 왜 그런 것일까? 던은 사회학적 관점에서 이렇게 설명한다. 예수를 지칭하는 용어를 통해 다른 그룹과 구별되던 초기 그리스도인들("나사렛 사람들"과 "그리스도인들")은 "왜 그들이 다른 그룹과 구별되는 독특한 사회적 그룹을 이루었는지에 대한 이유를 타인들뿐만 아니라 자신에게도 설명할 수 있는 창설 스토리를 필요로 했음이 분명하다."[47] 그리스도인들이 예수 전승을 전달하고 복음서를 기록한 것은 바로 자기가 누구인지를 확인하려는 목적 때문이었다. 이런 설명은 다문화적 비교에서는 장점을 가진다.[48] 하지만 적절한 논증에 필요한 문화적 특수성은 설명해주지 못한다. 초기 그리스도인들의 경우 자기 정체성과 구원이 밀접히 연결된 것은 사실이지만, 그래도 이들은 자기 정체성보다 구원에 더 많은 관심을 기울였다. 예수는 그들이 참여한 운동의 창시자보다 더 큰 의미를 가지고 있었다. 즉 예수 그분이 바로 구원의 근원이었다. 게다가 초기 그리스도인들은 이 구원을 철저히 그들의 뿌리인 유대교의 맥락에서 이해했다. 구원은 하나님이 과거에 그분의 백성인 이스라엘에게

---

46) G. Theissen and A. Merz, *The Historical Jesus* (tr. J. Bowden; London: SCM, 1998), 102-4.

47) Dunn, *Jesus Remembered*, 175.

48) 참고. B. A. Misztal, *Theories of Social Remembering* (Philadelphia: Open University, 2003), 132-39.

주신 약속의 성취였다. 또한 구원은 하나님이 당신 백성과 세계를 상대로 전개하는 역사적 새 장(章)—결정적이고 종말론적인 장—이었다. 하나님의 행위에 포함된 철저한 역사 형성의 의미야말로, 예수의 역사적 사건들이 가진 바로 그 의미였다. 따라서 가장 깊은 차원에서 초기 그리스도인들이 실제적 과거인 예수 이야기를 충실히 기억하는 데 관심을 쏟은 이유는 바로 이런 신학적 이유 때문이었다. 그들이 부활하고 승천하신 그리스도와 관계를 맺고 살아가는 현재는 바로 이 과거의 역사에서 유래한 결과였다. 그들의 현재는 과거의 역사를 전제하고 있었으며, 결코 그 과거를 용해시킨 결과가 아니었다.

"고립된" 전승

초기 기독교 운동이 예수 전승을 크게 변화시키지 않고 성실히 보존하려고 활용했던 가장 중요하고도 간단한 방법은, 전승을 다른 무엇의 일부가 아니라 오직 그 전승 자체만을 목적으로 전달한 것이었다. 양식비평가들은 예수 전승이 전달되던 정황이, 교회가 공동체적 차원에서 복음을 설교하고 신자들을 가르치는 자리라고 가정했다(하지만 이들은 증거를 하나도 제시하지 못했다). 양식비평가들은 어떤 삶의 정황에서 전승의 양식이 의도되었는지를 제시했다. 이는 전승이 교회의 용도들, 즉 교회가 기독교적 방식으로 복음을 선포하고 신자들을 가르칠 때 부여한 용도들에 대해 철저히 순응했음을 의미했다. 전승이 지속적으로 발전하고 확장해간 것은 그것이 **활용**의 방법을 통해 전달되었기 때문이다. (실제로 디벨리우스는 예수의 말씀들이 말씀 모음과 활용이라는 **양쪽** 방법으로 전달되는데, 후자가 주된 수단이었으리라고 추정했다.) 반대로 에르핫손은 스승 하랄드 리센펠드를 따라[49] 예수 전승이

49) H. Riesenfeld, "The Gospel Tradition and Its Beginnings," in idem, *The Gospel*

활용과 무관하게 전달되었다고 주장하면서 이를 "고립된 전승"이라고 불렀다.[50] 예수 전승의 주된 삶의 정황은 이런 전달 과정 자체라는 것이었다.

예수 전승이 이런 의미에서 "고립된" 증거를 찾으려면, 우리가 제11장 앞부분에서 언급했던 바울 서신의 본문들을 살펴보아야 한다. 여기서 바울은 형식적 (예수) 전승의 전달 과정을 이야기하고 있다(고전 11:23). 이 단순한 사실 때문에 우리는 전승이 고유한 가치를 가지고 존속했으며, 그 자체로서 전달되었다고 추정할 수밖에 없다. 바울은 이혼과 관련해 인용한 예수의 말씀과 자신이 덧붙인 권면을 선명히 구별하는데(고전 7:10-16), 이는 예수의 말씀 전승과 이 전승을 교훈적 가르침에서 활용한 경우를 구별해서 보존했음을 암시한다. 그렇지 않았다면 바울은 이 경우에, 자신의 가르침을 예수의 말씀을 암시하는 것으로 제시하면서 쉽게 그 가르침을 말씀 전승 속에 통합시켰을 것이다. 게다가 더 중요한 사실은, [신약성경의 다양한 서신과 속사도 교부들(Apostolic Fathers)에서 관찰되는] 초기 그리스도인들의 가르침에는 예수의 말씀이나 행위 자체를 그대로 인용하는 경우가 거의 없다는 사실이다. 물론 예수의 말씀과 행위가 빈번히 언급되는 것은 사실이다. 예수의 말씀으로부터 그 정신과 요점을 가져온 가르침은 자주 제시되지만, 실제로 예수의 말씀을 인용하는 경우는 희소하다. 이런 종류의 교훈이 정말 예수의 말씀을 보존했을 리는 만무하다. 또한 예수의 말씀이 명시적으로 인용된 경우도, 독자들은 이미 알고 있는 내용—이 가르침으로부터가 아니라 예수의 말씀 전승으로부터 안 것—을 상기하는 경우가 많다(예를 들어 고전 11:23; 행 20:35; 「클레멘스1서」 13:1; 46:7-8).

Tradition (Oxford: Blackwell, 1970), 1-29.

50) B. Gerhardsson, *Memory and Manuscript: Oral Transmission and Written Transmission in Rabbinic Judaism and Early Chritianity* (Lund: Gleerup, 1961), 335; idem, *The Reliability of the Gospel Tradition* (Peabody: Hendrickson, 2001), 22-23, 41-65. 이 용어["die Isolierung der Jesustradition"(예수 전승을 따로 떼어 다룸)]는 1926년 키텔(G. Kittel)에 의해 처음으로 사용되었다(Gerhardsson, *The Reliability*, 64에서 인용).

그렇다고 복음서를 통해 우리가 알고 있는 예수 전승이, 이 전승과 연관되었던 초기 기독교 운동의 정황을 전혀 반영하지 않는다는 의미는 아니다. 하지만 예수 전승을 이후의 정황(예수 사역 이후)에 맞추어 개작한 경우는 미미하다. 즉 이런 개작에서는 전승을 근본적으로 다시 형태화하는 작업은 하지 않았다. 실제로 전승에는 초기 그리스도인들이 자신의 필요와 상황에 맞추어 전승을 해석했다는 암시가 전혀 없는 경우가 빈번했다.

복음서 이전에 구전 형태로 존재하던 예수 전승이 다른 유형의 기독교 전승과 별개로 "고립되어" 전달되지 않았다면, 복음서 자체를 설명하기가 힘들 것이다. 복음서 자체도 "고립되어" 있기 때문이다. 초기 기독교 문헌 중 오직 복음서만이 예수에 관한 전승을 전달한다. 동시에 복음서는 오직 예수에 관한 전승만을 전달한다. 다른 교사들 누구도 이런 역할을 수행하지 않는다(특별한 예외가 세례 요한임). 제자들도 예수의 가르침에 자신의 이름을 단 기고문—더하거나 해석하는 글—을 덧붙여 증보하지 않는다.[51] 이는 예수의 전기(*bioi*, 고대 전기)라는 복음서 장르에 비추어볼 때 합당하다. 하지만 구전 형태의 예수 전승이 다른 형태의 초기 기독교 전승과 별도로 독립되어 존재하지 않았다면, 예수 전기도 있을 수 없고 이런 전기의 필요성도 없었을 것이다.[52]

51) Gerhardsson, *The Reliability*, 63.

52) 이런 관찰 결과는 다음과 같은 흥미로운 비교 질문, 즉 "왜 랍비 유대교는 초기 기독교와 달리 랍비들을 다룬 전기를 만들어내지 않았는가?"와 연관된다. J. Neusner, *Why No Gospels in Talmudic Judaism?* (Brown Judaic Studies 135; Atlanta: Scholars, 1988)을 보라.

전승의 통제: 암기

고대 세계의 교육에서는 암기가 폭넓게 사용되었다.[53] 학습은 상당 부분 암기를 의미했다. 이는 책[54]이나 책의 발췌문(참고. 마카베오2서 2:25)의 암기 또는 구술 자료의 암기를 뜻한다.[55] 도미닉 크로산은 이 둘을 확실히 구별해야 한다고 주장한다.[56] 하지만 이런 구분은 비록 구술 중심이라 해도 문자 텍스트를 활용하던 사회에서는 적절하지 않다.[57] 예를 들어 후대 랍비들이 성경 본문과 구전을 모두 암기한 것은 확실하다. 하지만 이들은 구전을 암기하는 경우, 때로는 기억을 돕는 수단으로 공책을 활용하기도 했다(여기에 대해서는 다음 단락에서 더 논의할 것임). 책이 읽기보다는 듣기 위해 존재하며, 책의 내용도 기억에 저장되어 기록은 물론 구전을 통해 전달되던 사회에서는 문자 자료의 암기와 구술 자료의 암기를 너무 명확히 구분할 필요가 없었다.

여기서 파악해야 할 중요한 점은, 자료의 종류가 달라지면 요구되는 암기의 정도도 달라졌을 수 있다는 점이다.

---

53) B. Gerhardsson, *Memory and Manuscript: Oral Transmission and Written Transmission in Rabbinic Judaism and Early Chritianity* (Lund: Gleerup, 1961), 123-26; R. Riesner, *Jesus als Lehrer* (WUNT 2/7; Tübingen: Mohr, 1981), 440-43.

54) 제10장에서 보았듯이, 베일리는 이런 종류의 암기 관습이 중동에 여전히 살아 있다고 주장한다: K. E. Bailey, "Informal Controlled Oral Tradition and the Synoptic Gospels," 5; W. Shiner, *Proclaiming the Gospel: First-Century Performance of Mark* (Harrisburg: Trinity, 2003), 104, 106도 참고하라.

55) Shiner, *Proclaiming*, 106-7.

56) J. D. Crossan, *The Birth of Christianity* (San Francisco: Harpercollins, 1998), 3장.

57) 퀸틸리아누스가 문자 텍스트의 암기와 관련해 제시한 권고를 참고하라. 이 권고를 인용하고 여기에 대한 논의한 글로는 J. P. Small, *Wax Tablets of the Mind: Cognitive Studies of Memory and Literacy in Classical Antiquity* (New York: Routledge, 1997), 117-22.

우리는 (다음과 같이) 구별해야 한다. 웅변가들은 자신의 연설을 토씨 하나 틀림없이 암기했으며[유나피오스(Eunapios), 「소피스트들의 생애」(*Lives of the Sophists*) 2.8], 학생들은 모범 사례들이 포함된 고전 문헌들을 대부분 암기로 습득했다(퀸틸리아누스, 「수사학」 2.7.2-4). 하지만 학교 전승은 그것을 바꾸고 확장함으로써 상당한 변화를 거쳐 전해졌던 것 같다(세네카, 「서한집」 33.4).[58]

헬레니즘 시대의 기초 교육에서는 유명 인물들에 대한 *chreia*와 위대한 교사들이 남긴 말을 암기했다. 동시에 학생들은 *chreia*를 변화시키는 여러 방법—요약과 확장 등—도 배웠다.[59] 왜냐하면 이런 교육이 연설이나 지혜로운 대화에 유용했기 때문이다. 어떤 자료의 암기에서는 단어 하나하나를 정확히 재생하는 것이 목표였지만, 또 다른 자료에서는 덜 정확한 암기가 적합하기도 했다. 어떤 이야기를 다시 할 경우에는, 정확히 재생해야 할 핵심 대목도 있지만, 각각의 단어보다는 플롯이 더 중요하다. 유대교의 맥락에서 성경은 토씨 하나 틀림없이 그대로 암기해야 했을 것이다. 반면에 필론의 「성경 고대사」 같은 문자 내러티브의 경우에는 회당에서의 구술적 실연을 위해 암기되었을 것이며, 이럴 경우 어느 정도 실연에서의 변경이 허용되었을 것이다.[60]

이렇게 모든 암기가 토씨 하나 틀림이 없는 철저한 학습을 의미하지는 않았지만, 전승을 충실히 배우고 전달하려는 진지한 노력의 경우, 암기는 어느 정도 불가결했다. 암기는 신뢰할 수 없이 변덕스러운 미숙한 기억을 내신할 만한 내안이있나. 사주 사람들은 구술 중심의 사회가 원새 우

58) R. Riesner, "Jesus as Preacher and Teacher," in Wansbrough, ed., *Jesus and the Oral Gospel Tradition*, 203.

59) M. C. Moeser, *The Anecdote in Mark, the Classical World and the Rabbis* (JSNTSup 227; Sheffield: Sheffield Academic, 2002), 79-87.

60) 참고. H. G. Snyder, *Teachers and Texts in the Ancient World* (New York: Routledge, 2000), 174-77.

리 사회보다 더 발달된 기억 능력을 가졌으리라고 추측한다.[61] 하지만 이것은 정확한 표현이 아니다. 현재 우리는 삶의 영역 대부분에서 기억에만 의존하는 경우가 별로 없다. 하지만 기억에 많은 부분 의존하는 사회에서 사람들은 기억하는 고생을 감내하며 암기의 기술을 연마했다고 보는 편이 더 타당하다. 기억은 단순한 능력이 아니라 여러 방법을 동원해서 반드시 습득해야 하는 대단히 중요한 기능이었다.[62] 「바룩묵시록」(*Apocalypse of Baruch*)의 한 본문에서 하나님은 이렇게 말씀하신다. "바룩아, 이 말을 듣고 네가 배운 모든 것을 네 마음의 기억 속에 기록하라"(「바룩묵시록」 50:1). 여기서 기억은, 그 소유자가 자신의 기억을 기록하는 책으로 묘사된다(잠언 3:3; 7:3도 마찬가지).[63] 다시 말해 힘써 기억하는 것은 진지하고 숙련된 행위로서 공책에 글을 기록하는 것과 비견된다. 나중에 바룩은 그의 기억의 공책에 기록한 말을 그대로 책으로 옮겼을 것이다. 마찬가지로 이레나이우스는 폴리카르포스로부터 들은 전승을 언급하면서 "그것을 종이가 아니라 내 마음속에 필기했다"라고 말한다(유세비우스, 「교회사」 5.20.7에서 인용).

바울의 가장 긴 예수 전승 이야기는 현재의 논의에 도움을 줄 것이다(우리는 이미 이 사례들, 즉 가장 이른 시기의 사례들을 두 번 이상 언급했음). 고린도전서 11:23-25과 누가복음 22:19-20 사이의 언어적 평행 관계는 두 본문 간의 문학적 관계에 의해서는 적절히 설명되지 않는다. 왜냐하면 바울은 누가복음을 활용할 수 없었으며, 누가 역시 바울 서신을 알지 못했기 때문이다. 두 본문의 언어적 평행 관계는 오직 구전(그리스어로 암기된)이 엄격히 암기되었다고 전제할 때만 비로소 설명된다. 바울은 청중이 이 구전 텍스트를 알고 있으리라고 예상하는 것 같다. 하지만 유념해야 할 점은, 바울

61) 이와 반대되는 견해에 대해서는 Small, *Wax Tablets*, 4을 보라.

62) "기억술"에 대해서는 Byrskog, *Story as History*, 163-64; Small, *Wax Tablets*, 7-9장을 보라.

63) 마찬가지로 기억을 정신 속에 있는 밀랍 판(wax tablet)으로 인식한 경우도 자주 있었다: Byrskog, *Story as History*, 162.

은 공동체 전체가 본문의 대강만 알 뿐이고, 전승을 지킬 자로 세워진 교사들만이 본문의 모든 단어까지 암기하여[64] 정확한 형태를 보존했으리라고 생각했을 가능성이 높다는 것이다.

구술 중심의 사회에서는 평범한 사람들도 기억을 위해 노력하지만, 특히 교사들은 학생이 쉽게 기억하도록 가르침의 내용을 체계적으로 제시하기 위해 애를 쓴다. 공관복음의 전형적 형태에서 예수의 가르침이 기억을 용이하게 하는 특징을 많이 가지고 있다는 점은 자주 지적되어왔다. 대체적으로 경구(aphorism)는 간결하면서도 신랄하고, 내러티브적 비유는 명확하고 단순한 플롯을 가지고 있다. 그리스어 번역의 버전에서조차 예수의 말씀에는 시적 특징, 특히 평행법의 활용이 선명히 나타난다. 많은 학자들이 아람어 원문에는 두운(頭韻), 유운(類韻), 각운(脚韻), 리듬, 언어유희가 풍성히 살아 있었으리라고 추측한다.[65] 이런 형식들은 예수가 가르치는 과정에서, 가르침 자체를 염두에 두고 만들어내신 것이 아니다. 분명히 이 형식들은 정교하게 창작된 것, 예수의 가르침을 간결하게 집약해서 청중으로 하여금 이것을 취하고 기억하고 반추하고 그대로 실행하도록 하기 위해 만들어진 것이었다. 물론 예수의 구술적 가르침이 오직 이런 말씀으로만 이루어졌으리라고 추정할 수는 없다. 틀림없이 예수는 훨씬 더 폭넓게 설교하셨을 것이다. 하지만 동시에 그분은 자신의 가르침을 간결하지만 의미심장한 경구와 비유로 요약·제시함으로써, 청중들이 마음의 공책에 그것을 기록하고 나중에도 자주 기억하도록 하셨을 것이다. [따라서 시간이 흐른 뒤에도 살아남은 것은 기억하기 쉬운 이런 요약이었을 것이다. 또한 공관복음서 저자들도 예수의 광범위한 가르침을 **제시하고** 싶을 때는 대개 이런 말씀 모음을 활용했던 것 같다.]

---

64) T. Holtz, "Paul and Oral Gospel Tradition," in Wansbrough, ed., *Jesus and the Oral Gospel Tradition*, 383처럼 여기서의 전승이 "철저히 고정된 구술 형태를 가졌다"라고 하는 것은 약간 과장이다.

65) Riesner, *Jesus als Lehrer*, 392-404.

이렇게 섬세하게 조직된 경구들 안에 가르침을 요약해서 기억하게 하는 것은 유대교의 지혜 교사들의 지도 스타일이었다. 라이너 리스너가 말하듯이, "예수의 말씀의 형식조차도 그 자체 안에 이 말씀을 기억하라는 명령을 담고 있었다."[66] 예수의 청중들은 이를 금세 깨달았으며, 익히 알고 있었던 기억의 관습을 그분의 말씀에 적용했을 것이다. 하지만 이런 과정을, 현대 문화의 구술적 특징인 미숙한 기억 속에 날아와 박히는 정치인들의 "알량한 소견" 같은 것으로 추정하면, 예수가 사셨던 문화적 맥락과 그분의 말씀의 전승을 오해하는 것이 될 것이다.

워너 켈버는 예수의 말씀이 기억을 용이하게 만드는 특징을 가졌음을 인정하면서도, 기억술(mnemonics)과 암기(memorization)를 예리하게 구분하려고 시도한다.

> 주의 말씀이 기억하기 쉽도록 형태화되어 있어, 청중의 청각적이고 (덧붙여) 시각적인 인식에 음향적으로 효과를 가져온다는 사실은 명백하다. 그러나 우리는 기억술 자체가 당연히 암기를 불러왔으리라고는 가정하지 않는다. 고대와 중세의 수사학적 관습에서는 정보를 기억에 도움이 되는 패턴을 활용해서 표현하는 것이 보통이었다. 통상적으로 기억술은 지식과 정보의 구술적 전달에서 기억을 용이하게 할 목적으로 활용된다. 기억술은 기억 내용을 실연할 때 해석의 창조성을 발휘하게 하고, 구성의 자유를 행사하게 한다. 실제로 기억술은 이런 창조성과 자유 위에서 자라간다. 이와 달리 암기는 끊임없는 반복을 통해 강제적으로 말을 주입하며, 사회적 정황과 살아 있는 청중에게 적응하는 일에는 거의 관심을 쏟지 않는다.[67]

66) Riesner, "Jesus as Preacher and Teacher," 202.

67) W. H. Kelber, "The Case of the Gospels: Memory's Desire and the Limits of Historical Criticism," *Oral Tradition* 17 (2002), 60.

켈버는 전승을 이어갔던 자들이 이 전승을 창조적으로 적용할 수 있었다는 점을 인정하려 한다. 하지만 첫째로 우리가 유념해야 할 점은, 이런 창조적 적용 가능성이 예수 전승을 실연했던 교사들에게는 해당될지 몰라도, 개인적 삶의 묵상에 이 전승을 활용했던 이들에게는 해당될 수 없다는 것이다. 후자에 속한 이들은 예수 전승을 사회적 정황과 살아 있는 청중에게 적용하는 일에는 관심이 없었을 것이다. 그들은 단순히 예수 전승이 실생활에서 가지는 가치 때문에 그것을 기억하고 싶어했다. 둘째로 유의할 것은, 전승의 창조적 개작은 어느 정도의 암기를 전제하고 있다는 사실이다. 셋째로 켈버가 기억술과 암기를 구별하는 내용을 보면, 그가 이 두 개념을 혼동하는 듯하다는 사실도 지적해야 한다. 기억술은 (여기서 켈버가 사용하는 의미에서) 가르침을 기억하도록 교사가 학생에게 제시하는 방법이다. 반면에 암기는 청중이 스스로의 방식으로 가르침을 기억하는 방법이다. 켈버는 청중이 기억하는 방법으로 암기만을 묘사할 뿐, 다른 방법은 전혀 묘사하지 않는다. 모든 구술 문화, 특히 1세기 지중해 문화에서는 기억을 목적으로 반복하는 것이 보통이었다. 넷째로 암기가 토씨 하나 틀림없이 정확했느냐, 아니면 구조나 플롯에 초점을 두었는가 하는 것은 암기되는 자료의 유형에 따라 달라졌다는 것이다.

토씨 하나 틀림없는 정확한 암기는 구전에서 생소한 현상이 아니다. 이런 특별한 형태의 암기는 특수한 자료 유형을 위해 채택되었다. 반시나는 르완다의 쿠바(Kuba) 족의 "슬로건들"이 실연되는 것을 기록한 후 다음과 같이 썼다.

> 이 경우 여러 버전을 비교·분석해보면 짧은 세트의 연설 패턴이 나타나는데 이는 암기로 습득된 것이다. 많은 경우, 이런 패턴은 매우 안정적이며 전승의 메시지를 담고 있다. 또한 이 패턴은 한 개인이 구성한 부분이다.[68]

68) Vansina, *Oral Tradition as History*, 51. Riesner, "Jesus as Preacher and Teacher,"

예수의 가르침의 경우, 간결하면서도 깊은 의미를 함축한 경구는 토씨 하나 틀림없이 그대로 암기되었으리라고 볼 수 있다. 다른 방식으로 경구를 암기했으리라고 상상하기란 불가능하다. 그러나 내러티브적 비유는 내러티브 구조로 암기되면서, 핵심 문구만이 정확하게 암기되었던 것 같다. 지금까지 우리는 예수의 말씀에 대해 논의해왔다. 하지만 암기의 형태가 내용에 따라 달라진다는 원리가 가장 선명하게 나타나는 지점은, 예수의 말씀 전승과 예수에 대한 이야기 전승의 차이에서다. 현재 우리가 가지고 있는 상이한 버전들을 보면, 예수에 대한 내러티브보다 예수의 말씀이 단어 하나까지 정확하게 보존되었을 가능성이 높다. 다시 말해 전승의 실연에서는 예수의 말씀보다 예수에 대한 내러티브를 더 자유롭게 바꿀 수 있었다.

지금까지의 논지를 볼 때, 분명히 예수는 당신의 가르침을 진지하게 받아들인 청자들, 그중에서도 특히 제자들이 이 말씀을 공들여 습득하리라고 기대하셨다. 복음서에는 예수가 말씀을 암기하라고 요구하거나 가르친 내용을 반복했다는 언급은 없지만, 그 반대의 주장도 전혀 없다.[69] 본문의 문화적 정황에서 자명한 일은 일부러 언급할 필요가 없었을 것이다. [하지만 라이너 리스너는 눅 9:44a("이 말을 너희 귀에 담아두라")이 암기를 지시한다는 것을 증명했다.[70]] 진짜 문제는 예수가 제자들이 당신의 가르침을 다른 이들에게 전하리라고 예상하셨는가 하는 것이다. 이 질문에 긍정으로 대답할 경우, 그 증거가 발견되는 곳이 있다. 복음서에서 예수가 사역 동안 제자들을 보내어 당신의 메시지를 전파하게 하셨음을 선명히 언급하는 강력한 전승이 바로 그것이다(마 9:36-10:15; 막 6:7-13; 눅 9:1-6; 10:1-16).[71] 이 전승은,

---

207-8에서 인용한 R. 피니건(R. Finnegan)도 참고하라.

69) 견해를 달리하는 학자로는 M. Hengel, *The Charismatic Leader and His Followers* (tr. J. C. G. Greig; Edinburgh: Clark, 1981), 80; Dunn, *Jesus Remembered*, 198.

70) Riesner, *Jesus als Lehrer*, 444-45.

71) Riesner, *Jesus als Lehrer*, 453-75은 이 주제를 상세히 다루고 있다.

사자(使者)들의 사명이 그들을 보내신 자신의 사명과 같다고 하신 예수의 말씀, 즉 "너희를 영접하는 자는 나를 영접하는 것이다"(마 10:40; 다양한 변형으로는 막 9:37; 눅 10:16; 요 13:20)에 의해 뒷받침된다. 복음서 저자들은 예수의 제자들의 메시지를 간결하게 특징화 하고 있는데, 이를 구성하는 언어는 이들이 예수의 선포를 요약하는 언어(마 10:7; 막 6:12; 눅 9:2; 10:9)와 동일하다. 이렇게 예수와 제자들의 메시지가 동일한 것은, 제자들이 스승이 몸소 자신의 가르침을 집약한 말씀을 그대로 채택했기 때문인 것 같다.[72]

이런 의미에서 권위 있는 전승 전달자인 제자들이 예수의 가르침을 형식적으로 전달하는 작업은 그분의 사역 동안 이미 시작되었다고 할 수 있다. 하지만 예수의 행위에 대한 이야기에는 같은 논의가 적용될 수 없다. 분명히 이런 이야기도 예수의 사역 동안 회자되었을 것이다. 제3장에서 제시했듯이, 몇몇 경우에는 복음서에 이름이 밝혀진 누군가가 이 이야기를 처음으로 전한 사람이었다. 바디매오는 자기 이야기를 의심하지 않고 들어줄 누군가에게 이를 전했을 것이다. 제자들은 이미 예수의 사역 동안 그분이 병을 고치고 귀신을 쫓아낸 이야기를 다른 제자들에게 전했을 것이다. 그러나 이것은 비형식적 전승 전달이었던 것 같다. 예수에 대한 내러티브 전승은 목격자나 열두 제자가 예수의 부활 후 이를 체계적으로 전달하면서 비로소 형식적 전달이 되었다. 여기서 전승이 형식적이라는 것은, 자격이 있다고 인정받는 전달자가 그 전승에 권위를 부여하고 다른 이들에게 이를 전했다는 의미다. 내러티브 전승의 경우에는 좀 더 비형식적인 전승이 계속되었을 수 있다.

제10장에서 보았듯이, 전승이 세심한 암기 관습을 통해 통제되었다는 에르핫손의 설명에 반대하는 주된 논지는, 이런 설명이 현존하는 자료에

72) 이런 주장에 내해서는, 동일한 논지의 신구자이자 영향력 있는 논문인 H. Schürmann, "Die vorösterlichen Anfänge der Logientradition. Versuch eines formgeschichtlichen Zugangs zum Leben Jesu," in H. Ristow and K. Matthiae, eds., *Der historische Jesus und der kerygmatische Christus* (Berlin: Evangelische, 1962), 342-70을 보라.

서 관찰되는 다양한 버전의 예수 전승의 실제적 변형을 설명하지 못한다는 것이다.[73] 전승 전달을 설명하는 견해가 문자 텍스트의 이런 실제적 변형을 설명할 수 있어야 한다는 것은 지극히 정당한 요구다. 어쨌든 여기서 우리가 상기할 점은, 양식비평의 전승 모델이 오류임이 밝혀졌기 때문에, 결국 구전들이 복음서 안에 현존하는 여러 버전의 변형보다 더 큰 범위의 변형을 일으켰으리라고 추정할 이유가 전혀 없다는 것이다. 전승이 현재의 복음서에서 관찰되는 형태로 자리 잡기 전에 광범위한 발전을 거쳤으리라고 추정할 이유는 전혀 없다. 아마도 현존하는 기록(정경의 복음서와 정경 밖의 초기 자료들)에서 목격되는 변화의 정도가 구술적 실연에서의 전승의 변화 정도와 같다—대동소이하다—고 추정하는 것이 합당할 것이다.

이렇게 전제하면, 우리는 전승의 변화 가능성을 다음과 같은 다섯 요인을 통해 설명할 수 있다(물론 여기에는 전달 과정에서 일어나기 마련인 기억의 오류와 단순한 실수도 포함된다). (1) 우리는 예수 자신이 경우에 따라 자신의 말씀을 다양하게 변화시켰으며, 때로는 이런 변형이 전승에 보존되었을 수 있음을 인정해야 한다. (2) 일부의 언어적 변화는 번역으로 인한 변형이다(아람어에서 그리스어로의 번역). (3) 많은 차이점, 특히 내러티브에서의 차이점은 구술적 실연에서 일어나는 정상적 변형이며, 전달되는 자료의 유형에 따라 적합하다고 간주되는 변형의 정도가 달랐을 것이다.[74] 삼중 전승(마태복음, 마가복음, 누가복음의 공통 자료)에 존재하는 많은 차이점은 이런 종류의 변화로 설명할 수 있다. 마태와 누가는 마가의 자료를 사용하면서, 그들 자신이 구전의 실연에서 사용했을 방법으로 그것을 변형시켰을 것이다.[75]

---

73) Dunn, *Jesus Remembered*, 198; 이 점과 관련해 에르핫손이 던에게 대답한 내용도 참고하라: B. Gerhardsson, "The Secret of the Transmission of the Unwritten Jesus Tradition," *NTS* 51 (2005), 15-16.

74) G. Theissen, *The Miracle Stories of the Early Christian Tradition* (tr. F. McDonagh; Edinburgh: Clark, 1981), 195에 주목하라: "변화 가능성과 연속성의 관계는 (복음 전승에 사용된) 장르에 따라 개별적으로 결정되어야 한다."

75) 구체적 사례를 통해 이를 보여준 예로는 Dunn, *Jesus Remembered*, 210-24; idem,

(4) 많은 차이점, 특히 말씀 자료에서의 차이점은 인위적인 해석적 변형이거나 첨가다. 이런 변형 방식을 통해 전달자는 예수의 부활 후 상황의 요구에 따라 전승을 개작하거나 설명하려 했다. 하지만 유념해야 할 점은, 이런 변형들이 철저하게 정확한 암기, 예를 들어 예수가 남기신 경구의 암기 같은 경우와 완벽한 조화를 이루었다는 사실이다. 왜냐하면 이런 변형을 가한 이들은 전승을 깊고 친밀히 알고 있는, 권위를 인정받은 전달자였기 때문이다. 복음서 저자들도 전승에 변형을 가했을 것이다. 이런 변형들은 편집상의 변화로 간주되며, 단순히 문체적이거나 우연적 변형과 구별되어 더 중요하게 다루어진다. (5) 마지막으로 복음서 저자들이 전승을 복음서의 연결된 내러티브로 통합시킬 때 가한 변화들이 있다. (이런 변화는 이전 시기에 말씀이나 내러티브의 작은 묶음을 엮을 때 이루어진 변화와 연장선상에 있는 듯하다.)

(3)과 (4)의 차이를 더 분명히 밝히려면, 전승 실연에서의 변형 개념이 핵심 요소들과 그 외 요소들의 구별에 의존하고 있음을 인식해야 한다. 즉 전승 실연에서 핵심적인 요소들은 안정적이고 변화하지 않으며, 그 외 요소들은 유연하고 변화 가능하다. 대부분의 경우 핵심 요소는 토씨 하나 틀림없이 암기되지만, 다른 요소들은 그렇지 않다. 따라서 항목 (3)은 전승 중 유연한 요소들이 통상적으로 일으킬 수 있는 변화 가능성을 표현하고 있다. 반면에 (4)는 전승의 **핵심 요소**의 변화와 전승의 실제적 내용에 무엇이 추가되는 경우를 설명한다. 물론 이런 주장은 현재의 예수 전승에서 관찰되는 현상들에 비추어 폭넓게 검증되어야 하지만, 이 책에서는 지면 관계상 더 자세한 논의는 하지 않을 것이다.

요컨대 암기는 초기 기독교 운동의 요구대로 예수 전승을 충실하게 보존한 통제 메커니즘이었다. 암기는 전승 내용에 변화를 일으키지 않고 안

"Altering the Default Setting: Re-Envisaging the Early Transmission of the Jesus Tradition," *NTS* 49 (2003), 156-63.

정적인 재생을 중요시하는 정도만큼 이루어졌다. 암기가 전승의 안정성을 (부분적으로) 설명해주는 반면에, 또 다른 요인들은 변화 가능성을 설명해준다. 안정성을 만들어내는 요인들과 변화 가능성의 요인들이 긴장 관계에 있다고 간주해서는 안 된다. 안정성과 변화 가능성은 서로 균형을 이루면서 다양한 예수 전승 유형에 적합하다고 간주되는 고정성과 유연성의 조합을 만들어냈다.

전승의 통제: 기록?

최근에 그레이엄 스탠턴은, 복음서 기록 전에 예수 전승이 구술적으로 전달되었을 뿐 아니라 공책에 기록되는 형태로도 전달된 것은 아닌지 하는 질문을 재개해야 한다고 주장했다.[76] 얼 엘리스(E. Earle Ellis)는 예수 전승을 기록하는 작업과 이렇게 기록된 자료가 예수의 사역 동안 이미 제자들 사이에서 회자되기 시작했다는 주장을 견지하고 있으며,[77] 앨런 밀러드(Alan Millard)도 예수 당시의 팔레스타인에 기록이 널리 존재하고 있었다는 사실을 근거로 엘리스의 주장을 재차 지지하기도 했다.[78]

이 쟁점을 논의하기 위해서는, 초기 기독교 운동을 포함해서 구술 중심의 고대 세계에서는 기록과 구술이 양자택일이 아니라 상호보완 관계

---

76) G. N. Stanton, *Jesus and the Gospel* (Cambridge: Cambridge University Press, 2004), 186.

77) E. E. Ellis, "New Directions in Form Criticism," in idem, *Prophecy and Hermeneutic in Early Christianity* (WUNT 18: Tübingen: Mohr, 1978), 242-47; idem, "The Synoptic Gospels and History," in B. Chilton and C. A. Evans, eds., *Authenticating the Activities of Jesus* (NT Tools and Studies 28, 2; Leiden: Brill, 1999), 53-54; Riesner, *Jesus als Lehrer*, 491-98도 참고하라.

78) A. Millard, *Reading and Writing in the Time of Jesus* (Sheffield: Sheffield Academic, 2000), 특히 7-8장.

에 있었음을 인식해야 한다.[79] 대부분의 경우 기록은 구술 형식의 기억과 가르침을 보완하고 뒷받침하기 위해 존재했다.[80] 하지만 후대 랍비들 사이에서 구술성의 보완으로서의 이 기록은 기억(remembering)보다는 상기(reminding)의 목적으로 한자리를 차지했다. 에르핫손의 설명처럼, 랍비들은 구전 토라가 반드시 구전으로 전달되어야 한다고 고집했다.[81] 근래에 마틴 재피(Martin Jaffee)는 미쉬나 배후의 랍비 전승 안에 구술적 구성과 문자적 구성이 철저히 "상호 침투"해 있다고 주장했다.[82] 우리가 알기로 랍비들은 책보다는 개인적 용도의 공책을 사용했다.[83] 이런 공책은 구전 전달에서 알려진 자료를 기록했으며, 구전을 대치하기 위해서가 아니라 구전을 습득하고 상기하기 위해 사용되었다.

이런 종류의 공책은 고대 세계에서 폭넓게 활용되었다(딤후 4:13에는 바울이 여행할 때 가지고 다닌 양피지 공책이 언급되어 있다).[84] 초기 그리스도인들도 이런 공책을 사용했을 개연성이 높아 보인다. 실제로 당대 팔레스타인의 문자 해독률이 어느 정도인가는 논란거리이며, 아주 낮았을 수 있다.[85] 하

---

79) H. Y. Gamble, *Books and Readers in the Early Church* (New Haven: Yale University Press, 1995), 28-32.

80) 참고. Byrskog, *Story as History*, 116: "기록 자체를 기피하지는 않았다. 그러나 기록은 구술적 소통에서 기억해야 하는 내용을 잊어버리지 않도록 하는 비망록 역할을 주로 했다."

81) Gerhardsson, *Memory*, 157-63; idem, *The Reliability of the Gospel Tradition* (Peabody: Hendrickson, 2001), 12-13.

82) Jaffee, *Torah in the Mouth*, 6장.

83) Gerhardsson, *Memory*, 160-61.

84) 공책의 종류(밀랍 판, 먹판, 양피지와 파피루스 책)와 이것들이 사용된 모습에 대해서는 L. A. Alexander, "Ancient Book Production and the Circulation of the Gospels," in R. Bauckham, ed., *The Gospels for All Christians: Rethinking the Gospel Audiences* (Grand Rapids: Eerdmans, 1998), 73-75, 82-84; Stanton, *Jesus*, 173-78, 187-88을 보라. 고대의 필기 사례를 더 보려면 C. S. Keener, *The Gospel of John: A Commentary*, vol. 1 (Peabody: Hendrickson, 2003), 55-56을 보라.

85) Millard, *Reading*은 문자 해독률이 높았다고 주장한다. 하지만 C. Hezser, *Jewish Literacy in Roman Palestine* (TSAJ 81; Tübingen: Mohr, 2001)은 앞의 견해에 반대

지만 우리가 유념해야 할 점은, 예수의 사역 동안과 초기 예루살렘 교회 시절에 예수를 따랐던 이들이 사회적으로 다양한 계층 출신이었다는 것이다. 이들 중에는 글을 아는 사람도 일부 있었지만 문맹자는 그보다 더 많았을 것이다.[86] 또한 교육받은 엘리트뿐만 아니라 전문적인 서기관과 필사자도 있었을 것이다. 열두 제자 중 세리 마태가 직업 덕분에 글을 알았을 가능성이 가장 높다는 추측은 오래전부터 있었다.[87] 이런 추측은 타당할 수 있으며, 마태가 마태복음의 자료에 대해 했을 역할을 밝히는 난해한 문제를 푸는 실마리가 될 수도 있다.[88] 우리가 자신 있게 말할 수 있는 것은, 이른 시기 어쩌면 예루살렘 교회 때부터 정교한 필사 작업이, 예수와 제자들에 대한 성경의 예언을 집중적으로 강설하는 형태로 존재했다는 사실이다. 이런 필사 작업은 쿰란 공동체가 생산한 박식한 주석과 유사했다. 신약성경 전체에는 이 작업의 영향이 남아 있다.[89] 양식비평가들은 최초의 그리스도인들이 모두 문맹인 농사꾼과 수공업자였으리라고 추정하지만 그렇지 않았다. 분명히 그들 중에는 당대의 주해 기술로 성경을 공부하고 야고보서 같은 수준의 저술을 할 수 있는 자들도 있었다.[90] 또한 문맹인 지도자들은 글을 아는 다른 신자의 도움을 받았을 수도 있다. 게다가 마르틴 헹엘의 주장처럼, 디아스포라 출신으로 그리스어를 사용하는 유대인이 주류를 이룬 예루살렘 공동체에서는 더욱 그러했을 것이다. 바로 이

하면서, 문자 해독률이 10% 이하였으며 어쩌면 3%에 불과했으리라고 추측한다.

86) Riesner, *Jesus*, 497-98.

87) 세리가 글을 읽고 쓸 줄 알 가능성이 높다는 점에 대해서는 Hezser, *Jewish Literacy*, 499-500을 보라.

88) E. J. Goodspeed, *Matthew, Apostle and Evangelist* (Philadelphia: Winston, 1959).

89) R. Bauckham, *Jude and the Relatives of Jesus in the Early Church* (Edinburgh: Clark, 1990), 233-34.

90) 야고보는 자신의 서신을 쓰면서 그리스어 모국어 사용자의 도움을 받았을지도 모른다. 이런 야고보서의 진정성을 논의한 글로는 R. Bauckham, *James: Wisdom of James, Disciple of Jesus the Sage* (New York: Routledge, 1999)를 보라.

예루살렘에서 예수 전승이 최초로 그리스어로 번역되었다.[91)]

이런 정황을 볼 때, 그리스도인 교사들이 개인적 사용을 위해 예수 전승을 공책에 기록한 경우는 분명히 존재했을 것이다. 이런 공책은 암기를 통한 전승 전달에서 전혀 새로운 요소가 아니었다. 공책은 전승을 충실히 보존하려는 전승 전달의 능력을 보강해주었을 것이다. 하지만 이런 공책을 복음서의 원형(즉 proto-Gospels)으로 상상해서는 안 된다. 물론 이런 공책이 마태복음 및 누가복음과 문자 그대로 일치하는 소위 Q 본문 중 일부를 설명해줄 수도 있다.[92)] 대체로 이런 기록은 구술 자료와 비슷하다. 이런 이유로 이 기록과 구술 자료를 구분하는 것은 사실상 불가능하다고 할 수 있다.

현존하는 복음서가 기록되기 전에 이미 기록이 전승 전달을 통제하는 기능을 했는가의 여부와 관계없이, 공책 기록이 예수 전승의 충실한 보존을 확보하는 방편이 되었다는 것은 분명하다. 제12장에서는 이 점에 대해 논의할 것이다.

---

91) M. Hengel, *Between Jesus and Paul* (tr. J. Bowden; London: SCM, 1983), 26.
92) Stanton, *Jesus*, 188.

제12장

익명 전승인가,
목격자 증언인가?

공동체인가, 개인인가?

이 책의 우리 논지에 비추어볼 때, 예수 전승의 개별 저자와 전달자의 역할은 결정적으로 중요하다. 앞에서 우리는 전승이 이름이 밝혀진 목격자들로부터 유래했으며, 이들에 의해 형식화되었다고 주장했다. 전승은 목격자의 이름과 함께 전달되었고, 이들은 살아 있는 보증인으로 남아 있었다. 이런 목격자가 부재하는 지역적 그리스도인 공동체에는, 권위 있는 전승 전달자의 기능을 하는 인정받은 교사들이 있었을 것이다. 이들은 전승을 목격자로부터 직접 받았거나, 아주 적은 수의 (권위 있는) 중간 전달자로부터 전해 받았을 것이다.

앞과 같은 그림은 전승을 집단적 공동체 차원으로 본 양식비평의 모델이나, 제임스 던이 채택해서 발전시킨 베일리의 모델과 다르다. 실제로 던은 목격자들이 예수 전승을 형성하는 데 중요한 역할을 했다고 인정한다. 하지만 그는 예수의 사역 동안 이미 전승이 제자들이 "공유하는 기억"의 문제가 되어 있었다고 강조한다. 던은 다음과 같이 단언한다. "전승 형성은 공동체적(communal) 과정이다. 왜냐하면 자주 전승이 그 공동체를 공동체로서 형성하기 때문이다."[1] 이 지점에서 던의 견해는 전승이 자리한 삶의 정황이라는 사회학적 개념을 강조하는 양식비평의 견해와 전적으로 궤를 같이한다. 공동체적 기능과 연관해서, 예수 전승을 형성하고 구조화하는 주체는 공동체다. 던은 이렇게 주장한다. "전승은 개인적 기억과 구별되어야 한다. 비록 그 전승이 공동체적 기억으로 묘사되고 그것을 기억

---

1) J. D. G. Dunn, *Jesus Remembered* (Grand Rapids: Eerdmans, 2003), 240-41.

하는 그룹에 정체성을 부여하더라도 말이다."[2]

여기서 우리가 간파할 것은, 뒤르켐(Émile Durkheim)이 제시한 "집단적 기억"이라는 사회학적 개념이다[후에 모리스 알박스(Maurice Halbwachs)는 이를 더 발전시켰다].[3] 이 개념은 사회과학과 문화 이론, 구술 역사에 상당한 영향을 끼쳤다. 이 개념의 전통에 속한 일부 이론가들은 개인적 기억 개념을 용해시켜, 집단적 기억이나 사회적 기억 또는 문화적 기억의 개념 속에 통합시켜버렸다. 반면에 다른 이론가들은 개인적 기억과 집단적 기억, 이 두 개념이 밀접히 연관된다고 전제하고 연구를 진행했다.[4] 겉으로 보면 던은 후자에 가까운 입장을 보이며, 초기 제자 그룹의 공유된 기억을 강조한다. 던은 이렇게 썼다.

> 우리는 목격자-전승 전달자들, 사도나 예수 전승의 권위 있는 보유자로 인정받은 이들의 역할이 계속되었음을 잊어서는 안 된다.…바울 이전과 바울 시대 초기부터 있었던 이런 표현들은, 이 인물들에 의해 폭넓은 대외 활동이 전개되었으며…권위 있는 전승의 기초가 확실히 놓아지는 데 전반적 관심이 기울여졌다는 사실을 암시한다. 초기 전승 전달의 공동체적 차원에 초점을 맞추더라도 우리가 무시해서는 안 될 점은, 예수의 사역 동안 그분과 함께한 권위 있는 개별적 인물이 전통적으로 강조되었다는 사실이다.[5]

---

2) Dunn, *Jesus Remembered*, 173 주 1.

3) S. Byrskog, "A New Perspective on the Jesus Tradition: Reflections on James D. G. Dunn's *Jesus Remembered*," *JSNT* 26 (2004), 464도 이런 내용을 지적하고 있다. 알박스의 가장 중요한 저작인 *Les cadres sociaux de la mémoire* (1925)의 주요 부분은 L. A. Coser, in M. Halbwachs, *On Collective Memory* (Chicago: University of Chicago Press, 1992)의 서론에서 영역으로 읽어볼 수 있다.

4) 전체를 간략히 살핀 글로는 A. Green, "Individual Remembering and 'Collective Memory': Theoretical Presuppositions and Contemporary Debates," *Oral History* 32 (2004), 35-43을 보라.

5) Dunn, *Jesus Remembered*, 242-43.

하지만 권위 있는 개인에게 제자리를 찾아주려는 던의 시도는, 구전과 문자로 기록된 복음서의 관계를 묘사하는 그의 방식과 아무런 차이가 없다.

> 공관복음서 저자들이 수십 년은 아니어도 적어도 몇 년 동안 회자되던 전승, 즉 많은 교회에 이미 충분히 알려져 있던 예수 전승을 수집하고 체계화했음은 명백하다. 복음서 저자들이 달리 어디에서 전승을 발견했겠는가? 어느 교사의 집 뒤편의 오래된 상자에서 한 번도 사용되지 못하고 저장되어 있던 전승을 발견했겠는가? 또는 어느 연로한 사도가 잊어버리고 한 번도 실연하지 못한 채 저장하고만 있던 전승을 발견했겠는가? 결코 그렇지 않다![6]

여기서 던은 어떤 사도의 기억이, 복음서 저자가 복음서를 쓰기 위해 그것을 건드리기 전까지 한 번도 "이야기되지 않은 채" 남아 있었다는 부조리한 이미지를 묘사함으로써 목격자와 복음서 사이의 직접적인 관계를 설명하려 했을 수도 있다. 하지만 이것은 분명히 이상한 그림이다. 이는 양식비평을 다른 방식으로 비판하려고 하는 던의 정신이 여전히 양식비평적 개념에 지배되고 있음을 드러낸다. 예를 들어 던은, 베드로의 설교와 마가복음의 관계에 관한 파피아스 전승이 앞과 같은 그림을 전혀 보여주지 않으며, 복음서가 오직 마가의 중개를 통해서만 베드로의 구술적 가르침과 연결된다고 주장했음을 잘 알고 있다. 베드로의 이런 가르침은 그가 교회 건립과 사역에 헌신했던 목격자들 중 가장 활발하게 활동했던 기간 내내 전하던 그대로였다.

일단 목격자들의 증언이 다양한 그리스도인 공동체의 구전—집단적 기억—속에 흡수되어버린 이상, 던이 목격자의 역할을 진지하게 받아들

---

6) Dunn, *Jesus Remembered*, 250.

일 수 없음은 분명하다.[7] 던이 공유하던 주류 주장에 대한 대안이 던이 조롱하는 것처럼 그렇게 타당성이 없는 가설은 아니다. 그 대안이란, 교회에서 전달되던 전승이 원천으로서의 목격자와 신뢰성의 기반으로서의 목격자의 권위를 명시적으로 인정했다는 것이다. 분명히 공관복음의 저자들은 자신들에게 친숙했던 그리스도인 공동체들(각 저자가 반드시 하나의 공동체만 알았던 것은 아님) 안에서 빈번히 회자되던 구전을 알고 있었을 것이다. 하지만 저자들이 목격자들이 자신의 전승을 이야기하는 것을 직접 들었을 가능성이 더 높다. 공관복음서 저자들은, 공동체 중에 목격자가 부재하는 경우, 권위를 인정받은 전달자에 의해 전해진 전승이 권위의 근거로서의 목격자를 지시한다는 것을 알고 있었을 것이다. 저자들이 이렇게 교회에서 전달된 전승을 기록하는 것으로 만족하지 않았음은 분명하다. 이들은 가능하면 전승의 출처에 더 가까이 접근하기를 원했을 것이다. 특히 저자들이 자신의 작업을 역사 기록으로 보았을 뿐 아니라 고대 역사가가 활용한 방법과 기준까지 알았다면 더욱 더 그러했을 것이다. 누가의 경우가 이런 점을 분명히 보여준다.

선험적으로 개연성 있는(of *a priori* probability) 이 주장을 더 실증하려면, 우선 요점을 분명히 해둘 필요가 있다. 이 책이 주장하는 요점은, 던이 베일리로부터 채택한 비형식적이고 통제된 전승 모델에 대해 일정한 선을 긋는 대신, 형식적이고 통제된 전승 모델이라는 특별한 대안을 제시하는 것이다. 이미 우리는 암기가 예수 전승을 통제하는 방법이었으며, 어쩌면 기록도 같은 방법이었으리라고 주장했다. 기록으로 전승을 통제하는 경우도 암기를 통해 확실히 통제하는 경우와 실제적으로 큰 차이가 없었을 것이다. 그렇다면 이런 통제는 실제로 어떻게 작동했을까? 바로 이곳

7) 이는 던이 개인의 역할을 희석시켜버렸다고 하는 뷔쉬코그의 비판에 대한 던의 대답에서도 재차 분명하게 나타난다: Dunn, "On History, Memory and Eyewitnesses: In Response to Bengt Holmberg and Samuel Byrskog," *JSNT* 26 (2004), 482-83.

이 베일리의 비형식적 통제 모델과 우리가 견해를 달리하는 지점이다. 베일리의 모델은 공동체가 원하는 만큼 전승을 충실히 보존한 주체가 공동체 전체였다고 말한다. 암기는 (앞서 설명했듯이, 어느 정도 그리고 몇몇 지점에서) 통제 수단으로 작동할 수 있으며, 보존할 내용이 많은 경우 반드시 작동해야 한다. 하지만 어쨌든 베일리의 모델에서 통제 수단이 충분히 작동할 수 있도록 책임을 지는 주체는 공동체다. 대조적으로 베일리의 유형론에 따르면, 형식적이고 통제된 전승 모델은 제도적[최소한 준(準)제도적] 요소를 통제 과정 속에 도입한다. "누구인지 분명하게 밝혀진 교사와 학생, 그리고 역시 무엇인지 분명히 밝혀진 전승 자료의 덩어리가 존재하며, 이것이 한 사람으로부터 다른 사람에게로 전달된다."[8] 앞에서 우리는, 초기 기독교 운동 안에 예수의 말씀과 역사가 정확히 보존된 "고립된" 전승이 존재했으며 이것이 형식적 전달을 통해 전달되었음을 증명했다. 우선 "누구인지 분명하게 밝혀진" 교사들은 목격자였을 것이다. 또한 이들의 가르침을 받은 "누구인지 분명하게 밝혀진" 학생들은 목격자로부터 전승을 직접 듣고 배웠다는 이유로 전달자로서의 권위를 인정받은 공동체 내부의 교사였을 것이다. 이들은 전승을 **목격자 증언으로서** 전달했으며, 이 전승에는 개별적 목격자의 이름이 붙어 있는 경우가 많았다.

나중에 "집단적 기억"의 문제를 다시 논의하고, 여기서는 다음과 같은 점을 지적하는 것으로 그치겠다. 즉 집단적 기억에 대한 학자들의 언급 속에 일말의 타당성이 포함되어 있을 수 있지만, 그것이 초기 그리스도인들이 예수 전승을 특정 목격자의 증언으로 간주했다는 사실을 인식하는 데 장애가 되지는 않는다는 것이다. 여기서 우리는 논의의 출발점이었던 제2장으로 돌아가 보는 것이 필요하다. 파피아스는 목격자에 대해 다음과 같이 언급했다.

---

8) K. E. Bailey, "Informal Controlled Oral Tradition and the Synoptic Gospels," *Themelios* 20 (1995), 5.

> 나는 또 내가 과거에 장로들에게서 꼼꼼히 배우고 잘 받아 적은 모든 것을 주저 없이 그대를 위해 잘 정돈된 형태로 옮겨놓을 터인즉, 그 모든 것이 진실임은 내가 보증합니다. 이는 대다수 사람들과 달리 내가 말이 많은 사람들이 아니라 진리를 가르치는 사람들을 즐거워했기 때문입니다. 또 내가 다른 사람이 명한 그릇된 계명들을 생각나게 하는 사람들을 즐거워하지 않고, 도리어 주께서 신자들에게 주신 계명, 곧 진리 자체에서 나온 계명들을 기억하는 사람들을 즐거워했기 때문입니다. 또 나는 장로들을 모시며 그들의 말을 경청했던 사람을(*parēkolouthēkōs tis*) 우연히 만나게 되면, 그 장로들이 했던 말을 물어보았습니다-[곧] 안드레나 베드로가 말했다고(*eipen*), 혹은 빌립, 혹은 도마나 야고보, 혹은 요한이나 마태나 주의 다른 제자들이 말했다고 [장로들이 일러주었다는 것들을] 물어보았고, 역시 주의 제자들인 아리스티온(Aristion)과 장로 요한이 말하고 있다는(*legousin*) 것들도 무엇이든 물어보았습니다. 이는 책에서 얻는 정보가 살아서 남아 있는 음성에서 얻는 정보만큼 내게 유익하지는 않으리라고 생각했기 때문입니다(유세비우스, 「교회사」 3.39.3-4).[9)]

이 언급에서 지적해야 할 점은, 파피아스가 익명의 공동체 전승에는 전혀 관심을 보이지 않고, 개인들에 의해 형식화되고 전달된 전승에만 관심을 쏟는다는 사실이다. 여기서 개인들이란 장로들의 제자들(즉 장로들의 가르침을 경청했으며 후에 우연히 히에라폴리스를 거쳐간 이들), 장로들(아시아 교회들의 개별적 교사들. 파피아스도 분명히 그 이름을 알았을 것이다), 그리고 예수의 제자들(열두 제자와 다른 몇몇 제자)을 말한다. 분명히 파피아스는 자신이 속한 히에라폴리스의 그리스도인 공동체에 전달된 예수 전승을 증보했다. 하지만 이 글과 다른 단편들에서 엿보이는 파피아스의 태도를 살펴보면, 그는 자

9) 첫 번째 문장과 *parēkolouthēkōs tis*를 "그들이 하는 말을 경청했던 사람"으로 번역한 부분을 제외하고, 이 번역문은 J. B. Lightfoot, J. R. Harmer, and M. W. Holmes, *The Apostolic Fathers* (Leicester: Apollos, 1990), 314에서 가져왔다. [ ] 부분은 내가 덧붙인 부분이다. 이 글의 번역과 관련된 논의로는 제2장을 보라.

신의 공동체의 전승일지라도 집단적 익명 전승에는 관심을 기울이지 않았던 것 같다. 파피아스는 이 지역에서 이미 형성된 예수 전승을 이름이 밝혀진 목격자들의 증언으로 알고 있었음이 틀림없다. 복음 전도자 빌립과 예언자인 그의 딸들이 히에라폴리스에 정착해 있었다는 사실을 상기하라. 예언자인 빌립의 딸들은 파피아스와 사적인 친분이 있었으며, 파피아스는 이들이 들려준 이야기를 기록했을 것이다. 더 이른 시기에 파피아스의 교회에 있던 예수 전승이 어떤 것이었든, 빌립과 그의 딸들이 히에로폴리스에 도착한 후로, 파피아스의 교회는 목격자들을 직접 아는 이들로부터 전승 전체를 획득할 수 있었다. 따라서 파피아스가 지역적 전승으로부터 알고 있던 전승이, 그가 방문자로부터 수집한 전승보다 이름이 밝혀진 목격자들과 덜 긴밀히 연결되어 있었다고 볼 이유는 전혀 없다. 마지막으로 우리가 상기해야 할 것은, 파피아스가 자신의 글에서 다루고 있는 시대가 마태와 누가와 요한이 복음서를 기록하던 무렵과 유사하다는 점이다. 물론 파피아스 자신이 글을 저술하고 있던 때는 훨씬 후대이지만 말이다. 따라서 우리는 파피아스가 이름이 밝혀진 목격자들로부터 전달된 전승에 관심을 보이는 것을, 복음서 이후에 나타난 변증적 관심으로 볼 수 있다. 파피아스의 이런 태도는 예수 전승에 대한 복음서 저자들의 생각과 일치하는 듯하다.

전승이 이름이 밝혀진 목격자들로부터 다른 개별적 교사들을 통해 전달되었다는 파피아스의 개념은, 이후에 등장하는 교부들도 공유하는 생각이다. 이레나이우스의 「플로리누스에게 보내는 서한」의 한 대목은 매우 흥미롭다(제2장에서도 이 서신의 일부를 인용했음). 이 글에서 이레나이우스는 파피아스처럼 누군가로부터 직접 들은 증언을 제시하고 있기 때문이다. 기원후 190년대에 저술된 아래의 글에서 이레나이우스는 발렌티누스주의 교사인 플로리누스의 견해에 대해 다음과 같이 빈박하고 있다.

플로리누스여, 말할 것도 없이 이런 견해들은 건전한 판단에서 나온 것이 아닙니다. 이런 견해들은 교회와 조화를 이루지 못할 뿐더러 지극히 경건치 않은 가운데 이것을 받아들인 이들과 관련되어 있습니다. 이런 견해들은 일찍이 교회 밖의 이단들조차도 감히 드러내놓고 지지하지 않았던 것입니다. 또한 이런 견해들은 사도들의 제자들이요 우리 앞에 있던 장로들이 그대에게 전해주지 않은 것입니다. 이를 내가 아는 것은 내가 아직 소년이었을 때 그대가 폴리카르포스와 함께 아시아 아래 지방에 있으면서, 황제의 법정에서 재치 있게 행하며 폴리카르포스의 총애를 얻으려고 애쓰는 모습을 보았기 때문입니다. 또한 내가 요새 일어난 사건보다 그때 일어난 사건을 더 잘 기억하기 때문입니다(이는 우리가 어릴 때 배우는 것이 자라나는 지성과 보조를 맞추어 그 지성의 일부가 되기 때문입니다). 따라서 나는 그 복된 폴리카르포스가 강연할 때 늘 앉던 바로 그곳, 그가 나가고 들어오던 일, 그의 삶의 특성, 그 몸의 생김새, 그가 많은 사람들에게 했던 담화들, 그가 자신이 요한과 주를 뵈었던 다른 이들과 나누었던 대화에 관해 어떻게 말했는지, 그가 기억을 떠올려 그들의 말을 어떻게 이야기했는지 말할 수 있습니다. 그가 그들에게 들은 것은 주와 주의 능하신 일들과 주의 가르침에 관한 것이었습니다. 폴리카르포스는 그것들을 로고스이신 그분의 삶을 직접 본 목격자들로부터(*autoptōn*) 들으면, 이를 성경을 따라 선포하곤 했습니다. 나는 그때도 하나님의 자비로 이런 말들을 열심히 경청하면서, 그것들을 파피루스가 아니라 내 마음에 기록하곤 했습니다(유세비우스, 「교회사」 5.20.4-7).[10]

일부 학자들은 소년 시절에 대한 이레나이우스의 기억을 얼마나 신뢰할 수 있는지에 대해 의문을 제기했다. 하지만 나중에 커서 떠올리는 어린 시절 기억들이 더 명확하다는 이레나이우스의 말도 옳다고 할 수 있다[하

10) R. M. Grant, *Second-Century Christianity* (London: SPCK, 1946), 115-16의 번역문이다.

나의 소재에 해당되는 말이겠지만, 세네카도 「논쟁」(*Controversiae*) 서문 3-4에서 비슷한 주장을 한다]. 이레나이우스가 묘사하는 장면들은 실제로 기억할 만한 것이었다. 이레나이우스는 플로리누스가 폴리카르포스의 발치에 앉아 있었던 일을 상기시킴으로써 플로리누스 자신의 기억에 호소한다. 이런 이유로 이레나이우스는 그때 일을 과장할 수 없다. 하지만 더 중요한 지점은, 여기서 이레나이우스가 목격자들로부터 전해지는 전승의 사슬이 어떤 것인지를 명확히 설명하고 있다는 것이다. 다시 말해 전승의 수신자로서의 공동체에 대한 언급은 있지만, 공동체 자체를 전승 전달자로 언급하지는 않는다. 이런 점은 제11장에서 인용한 요세푸스의 글, 즉 바리새인들의 전승 전달에 대한 설명(「유대 고대사」 13.297)과 아주 유사하다. 이 경우에도 전승은 공적인 가르침의 자리에서 사람들에게 전달되었지만, 전승의 영속화는 권위 있는 전달자 개인들의 사슬을 통해 이루어졌다.

한 가지 결론만은 분명하다. 예수 전승의 전달에 대해 우리가 제시한 모델이 현대 서양의 개인주의를 반영했다고 말할 수는 없다는 것이다.[11] 파피아스와 이레나이우스는 현대의 개인주의자가 아니었다! 그들의 설명이 옳은지 그른지를 떠나, 이들은 전승 전달을 묘사하기 위해 고대의 관습적 모델을 사용했다. 이 모델은 요세푸스가 바리새인들에게 적용한 것과 같은 모델이었다. 실제로 기원후 2세기에, 전승이 한 교사로부터 이름이 밝혀진 개별적 제자들을 통해 전달된다는 개념은 널리 퍼져 있었다. 이런 개념을 이레나이우스는 앞에서 인용한 형태뿐 아니라 다른 형태로도 활용하고 있다.[12] 그뿐 아니라 이레나이우스의 적인 영지주의자들도 이름이

11) Dunn, *Jesus Remembered*, 240에 언급된 내용을 참고하라.

12) 매우 유용한 도표를 제시하고 있는 B. Mutschler, "Was weiss Irenäus vom Johannesevangelium? Der historische Kontext des Johannesevangeliums aus der Perspektive seiner Rezeption bei Irenäus von Lyon," in J. Frey and U. Schnelle, eds., *Kontext des Johannesevangeliums* (WUNT 175; Tübingen: Mohr, 2004), 708, 711과 이 책의 표 17(748쪽)을 보라.

밝혀진 개인들의 연결 고리를 통해 사도들의 비밀스런 가르침이 자신들에게 도달했다고 주장했다. 즉 야고보가 예수께 받은 계시를 아다이에게 전했으며, 아다이는 이를 기록해 다른 사람들에게 전달했다는 것이다(「야고보묵시록2서」 36:15-25). 바실리데스의 가르침이 베드로의 친밀한 제자인 글라우키아스로부터 왔다는 말이 있는가 하면, 발렌티누스는 자신이 전한 전승이 바울의 제자인 드다로부터 왔다고 주장했다(알렉산드리아의 클레멘스, 「논문집」 7.106.4). 정통 진영을 보면, 알렉산드리아의 클레멘스는 부활하신 예수가 "지식의 전승을 의인 야고보와 요한과 베드로에게 주셨고, 이들은 이 전승을 다른 사도들에게, 다른 사도들은 다시 70인에게 전했으며, 그 70인 중에는 바나바도 들어 있었다"라고 믿었다(유세비우스, 「교회사」 2.1.4).

물론 이 경우, 주된 관심사는 변증이었다. 문제는 건전한 교리를 담은 신뢰할 만한 전승이 예수로부터 이름이 밝혀진 중간 전달자들을 거쳐 전해졌는가 하는 것이었다. 이름이 밝혀진 이런 중간 전달자들은, 집단 전승에 대한 어떤 주장보다도 설득력 있게 전승의 진정성을 보장한다고 주장할 수 있었다. 변증이라는 관심사는 앞서 인용한 이레나이우스의 「플로리누스에게 보내는 서한」 발췌문에서도 선명히 드러난다. 하지만 이 전승 모델이 정통 그리스도인들과 영지주의자들의 변증적 사용과는 독립적으로, 유용하다는 것에는 논란의 여지가 없다. 앞서 바리새인의 전승에 대한 요세푸스의 설명에서도 보았듯이, 헬레니즘 시대의 여러 철학 학파는 이 모델을 널리 사용했다. 또한 이 모델은 피르케 아보트에서 바리새파 전승자들의 계승 리스트에서도 나타난다. 피르케 아보트에 변증의 목적이 부분적으로 포함되어 있을 수 있지만, 변증이 주된 관심사는 아닌 것 같다.[13] 마지막으로 일부 학자들은 파피아스의 글도 변증적인 관심사와 연관해

13) A. Tropper, "Tractate Avot and Early Christian Succession Lists," in A. H. Becker and A. Y. Reed, eds., *The Ways That Never Parted: Jews and Christians in Late Antiquity and the Early Middle Ages* (Tübingen: Mohr, 2003), 159-88.

서 이해하려고 한다. 하지만 파피아스의 현존하는 단편들 어디에서도 교리 다툼이나 논쟁을 암시하는 부분은 찾을 수 없다. 사슬처럼 연결된 교사들/제자들의 개념은 어떤 전승이 권위 있는 전달자들의 형식적 과정을 통해 전해졌음을 확고하게 표현하고 있다. 무엇보다 바울 서신의 증거를 통해 알려진 바대로 신약 시대의 기독교 운동이 이런 형식적 전승에 관심을 가졌다면, 예수 전승에는 예수의 제자 중 이름이 밝혀진 개인들의 이름이 첨부되었을 것이며, 교사들도 이렇게 이름이 밝혀진 출처들을 보존한 채 전승을 전달했으리라고 보아야 한다.

초기 기독교 문헌 어디에도 공동체를 전승의 출처나 전달자로 지시하는 경우는 없다. 공동체는 오직 전승의 수신자일 뿐이다. 대체로 양식비평가들은 초기 기독교 운동을 익명의 집단성을 띤 이미지로 그려내지만, 우리는 이런 이미지에 반대해서 신약성경에는 이름이 밝혀진 수많은 개인이 나타난다는 사실을 강조해야 한다. 마르틴 헹엘이 말하듯이 "개인들은 초기 공동체를 초과해서 존재하고 있었다. 그 공동체의 집단적 구성에도 불구하고 말이다. 바로 이 개인들이—익명 집단이 아니라—신학적 발전에 중대한 공헌을 했다."[14] 이름이 밝혀진 개인들을 선명하게 부각시키는 신약성경과 비교해서, 초기 기독교를 비개인화 하는 양식비평의 그림은 이상하다고 볼 수 있다. 하지만 이런 양식비평의 견해는 지금도 신약학자들에게 암묵적 영향을 미치고 있다.[15]

특히 흥미로운 것은 현존하는 자료에서 예루살렘 교회의 개별적 지체들의 숫자다. 예루살렘 교회의 지체 중에는 많은 목격자가 포함되어 있었을 것이기 때문이다. 사도행전에 등장하는 인물 중 목격자로 간주되는 이는 베드로(1-15장), 세베대의 아들들인 야고보(12:2)와 요한(3:1-4:31; 8:14-25),

---

14) M. Hengel, *Between Jesus and Paul* (tr. J. Bowden; London: SCM, 1983), 149 주 124.

15) 참고. B. Gerhardsson, *The Reliability of the Gospel Tradition* (Peabody: Hendrickson, 2001), 74.

첫 열두 제자 중 남은 자들(1:13), 맛디아(1:23-26), 주의 형제인 야고보(12:17; 15:13-21; 21:18-25)와 다른 형제들(1:14; 이름은 밝혀지지 않음),[16] 바나바(4:36-37; 9:27; 11:22-26, 30; 12:25-15:39), 바사바라 하는 요셉(1:23), 예수의 어머니 마리아(1:14),[17] 나손(21:16),[18] 실라(15:22-18:5=바울 서신의 실루아노)[19]다. 사도행전에 언급되는 예루살렘 교회의 다른 지체로서 목격자로 알려져 있지 않은 이는 아가보(11:28; 21:10-11), 아나니아와 삽비라(5:1-10), 마가 요한(12:12, 25; 13:5, 13; 15:37-39), 바사바라 하는 유다(15:22-34), 마가 요한의 어머니 마리아(12:12), 스데반(6:5-8:1), 전도자 빌립(6:5-6; 8:4-40; 21:8-9)과 일곱 일꾼 중 나머지 사람들(6:5), 빌립의 딸들(21:9), 로데(12:13-15)다. 물론 이들도 목격자였을 수 있다. 사도행전의 증거를 의심하는 독자들은 바울이 언급하는 예루살렘 교회의 지체들을 유의해서 보아야 한다. 목격자인 인물은 베드로(고전 1:12; 3:22; 9:5; 15:5; 갈 1:18; 2:9, 11-14), 세베대의 아들 요한(갈 2:9), 열두 제자 중 나머지 사람들(고전 15:5), 바나바(고전 9:6; 갈 2:1, 13; 골 4:10), 안드로니고와 유니아(롬 16:7),[20] 실루아노(고후 1:19; 살전 1:1; 살후 1:1)다. 또한 바울이 언급

16) 누가는 다른 형제들 이름을 밝히지 않는다. 그러나 마가(6:3)와 마태(13:55)는 다른 형제들이 요세/요셉, 시몬, 유다라고 밝힌다.

17) 또한 행 1:14이 다른 여자들을 통칭적으로 언급한다는 점에 주목하라. 이 여자들 중 눅 24:10의 세 여자(막달라 마리아, 요안나, 야고보의 어머니 마리아)가 포함되어 있을 가능성은 매우 높다.

18) 나손을 *archaiọ mathētē̢*(행 21:16)라고 묘사한 것은, 틀림없이 그가 "첫 제자 중 한 사람", 즉 예루살렘 교회의 설립자 중 하나로 예수의 친밀한 제자이기도 하다는 의미일 것이다.

19) 바나바와 실라/실루아노가 목격자였다고 추정하는 이유는, 바울이 이들을 사도로 간주함이 분명하기 때문이다(바나바: 고전 9:6; 실루아노: 살전 1:1과 2:7). 바울이 "사도들"이라는 말을 쓴 것은, 부활하신 그리스도가 현현하셨을 때 이들이 사도로 세워졌음을 뜻한다(참고. 고전 9:1; 15:7). 이는 다시, 그들이 예수의 사역 동안 이미 그분의 제자였다는 의미일 수도 있지만 확실하지는 않다.

20) 바울이 두 사람을 "사도"라고 부른 것은, 이들이 예수의 부활 후 현현의 자리에 있었으며 따라서 이들 역시 예루살렘 교회의 지체였을 가능성이 아주 높다는 의미다. 그들이 자신보다 앞서 그리스도인이었다고 하는 바울 자신의 말도 같은 점을 추론하도록 해준다; R. Bauckham, *Gospel Women: Studies of the Named Women in the Gospels*

하는 마가(골 4:10; 몬 24)는 목격자로 알려져 있지 않다.

베일리와 던이 제시한 모델의 약점은 그들이 팔레스타인 유대인 촌락의 초기 예수 전승에 초점을 맞추면서 예루살렘 교회는 무시한다는 사실이다. 예수의 사역 동안에는 분명히 이런 촌락에 그분을 따르던 그룹이 있었다. 하지만 예수의 부활 이후에는 예루살렘 교회가 전체 기독교 운동의 중심이 되었다. 처음에는 열두 제자가 이 교회를 이끌었고, 나중에는 주의 형제인 야고보가 지도자가 되었다. 유대 세계에서 예루살렘이 실제적으로는 물론 상징적인 차원에서도 중심지였음을 고려할 때, 이는 자연스러운 발전이었고 그리스도인 공동체가 품었던 종말론적 자기 이해에도 부합했다. 그리스도인 공동체는 바로 이 예루살렘을 주의 말씀이 땅끝까지 뻗어나갈 출발점이요, 장차 이스라엘과 열방의 구속받은 자들이 돌아올 곳으로 이해했기 때문이다(특히 사 2:2-3). 이 예루살렘 교회가 기독교 운동 전체에 행사하는 권위는 그리스도인들에게 널리 인정받았다.[21] 이런 사실은, 첫 세대 그리스도인 지도자들 중 예루살렘과는 가장 독립적인 지위에 있었던 바울조차 나름의 방식대로 예루살렘의 중심성을 인정했다는 사실에서 선명하게 드러난다(갈 2:1-10; 롬 15:19). 바울이 예루살렘 공동체를 돕기 위해 연보를 모은 것도 이런 점을 인정하는 그만의 방식이었다(참고. 롬 15:25-27).[22] 물론 사도행전 전반부에서 기독교 운동의 초기 역사에 대한 누가의

(Grand Rapids: Eerdmans, 2002), 165-86을 보라. 이 책에서 나는 유니아가 예수의 제자였던 요안나(눅 8:3; 24:10)의 라틴어 이름일 수 있다는 추측도 제시했다.

21) R. Bauckham, "James and the Jerusalem Church," in R. Bauckham, ed., *The Book of Acts in Its Palestinian Setting* (The Book of Acts in Its First Century Setting 4; Grand Rapids: Eerdmans, 1995), 417-27을 보라.

22) 바울이 예루살렘에 부여한 중요성을 보여주는 증거이지만 거의 인식되지 못하는 본문이 고전 14:36이나(이 본문이 바울이 쓴 것이 맞다고 할 때). 여기서 바울은 고린도 사람들에게 조롱하는 투로 "하나님의 말씀이 너희에게서 난 것이냐?"라고 묻는다. 이 말은 사 2:3, "이는 시온에서 가르침이 나오고 야웨의 말씀이 예루살렘에서 나올 것이기 때문이라"를 반향하고 있다. 이 예언대로 예루살렘은 지리적으로 복음의 근원이었다.

묘사에는 도식적인 측면이 있다. 그렇다 해도 누가가 예루살렘에, 다른 지방에서 성장하던 기독교 운동을 감독하는 중심이자 이 운동의 확실한 지도자 역할을 부여한 것을, 누가의 신학적 경향 정도로 무시해서는 안 된다(사도행전을 회의적으로 바라보는 일부 신학자들은 흔히 그렇게 하지만 말이다). 예루살렘이 중심이었다는 사실은 1세기 유대교적 맥락에서 예상되는 내용과 충분히 일치하며, 다른 증거도 그 사실을 확증해준다.

이처럼 예루살렘이 팔레스타인과 디아스포라 지역 전체에서 기독교 운동의 중심지로서의 중요성을 가지고 있었음을 인식할 때, 예루살렘이 예수 전승의 형성과 전달에서 핵심 지역이었다는 점은 명백해진다. 특히 이런 점은 예수의 제자였던 기독교 운동 초기의 그리스도인 지도자 대다수는 물론, 이 운동의 지도부에 속하지 않았던 다른 목격자들도 예루살렘을 근거지로 삼았다는 사실에서 분명히 드러난다.[23] 기독교 운동의 지도부에 속하지 않았던 것 같은 목격자일지라도, 그들이 예수 이야기의 사건에 관해 들려주는 증언은 가치를 인정받았다. 이런 맥락에서 열두 제자가 공식적 목격자 집단으로서 행한 역할은 쉽게 간파된다. 앞에서 우리는 열두 제자의 이런 역할이 사도행전에서 누가에 의해 묘사되었으며 복음서의 열두 제자 명단도 같은 점을 암시함을 살펴보았다(제5-6장을 보라). 아마도 여기서 우리는 신중하게 편집되고 형식화된 예수 전승의 묶음을 가정해야 할 것이다. 이런 묶음에는 열두 제자의 증언은 물론, 다른 중요한 목격자 증언도 공식적 목격자 집단인 열두 제자의 인정을 받아 포함되었을 것이다. 이런 맥락에서 보면, 열두 제자의 지도자인 베드로가 이런 공식적 전승의 강설자로서 했던 특별한 역할과(제6-7장을 보라), 바울이 바로 그 사도 베드로로부터 배운 이유를(갈 1:18-19) 쉽게 설명할 수 있다. 물론 이 전

23) 이 점을 강조한 글로는 T. M. Derico, *On the Selection of Oral-Traditional Data: Methodological Prolegomena for the Construction of a New Model of Early Christian Tradition* (M. Phil. dissertation, University of St. Andrews, 2001), 55-56.

승만이 예루살렘이나 더 넓게는 기독교 운동 전체에서 예수에 대한 목격자 증언의 유일한 통로였다고 생각할 이유는 없다. 그렇다 해도 이 전승은 틀림없이 특별한 지위를 누렸을 것이다.

익명 복음서들?

20세기의 복음서 연구자들 사이에서는 예수 전승이 초기 교회에서 익명으로 유통되었으며, 이런 이유로 이 전승을 수집해 기록한 복음서도 원래 익명이었다는 가설이 팽배해 있었다. 이런 가설은, 공동체에서 익명으로 전달되는 민간 전승 모델을 활용한 양식비평가들에 의해 교조적으로 확산되기에 이르렀다. 이들은 복음서도 민간 문학이기 때문에 민간 전승과 마찬가지로 익명성을 띤다고 생각했다. 그러나 제10장에서 보았듯이, 민간 전승 모델을 이런 식으로 사용한 작업은 신뢰를 얻지 못했다. 민간 전승은 수 세기에 걸쳐 전해진 반면에, 복음 전승은 기록되기까지 걸린 시간이 짧았다는 것도(한 사람의 생애 주기보다도 짧음) 하나의 이유였다. 하지만 우리가 주목해야 할 점은, 전승은 물론 복음서도 원래 익명이었다는 생각이 끈질기게 살아남아 있다는 사실이다. 전승과 복음서를 익명이라고 보는 견해를 거부하는 이유는 다음과 같이 크게 세 가지다.

(1) 누가복음, 요한복음, 마태복음의 세 경우를 보면, 이 복음서의 증거 자체가 원래 복음서가 익명을 의도하지 않았음을 보여준다. 형식적 측면만 보면 네 복음서는 모두 익명이다. 이 저술의 본문에는 저자의 이름이 등장하지 않고 오직 제목에만 등장하기 때문이다(여기에 대해서는 나중에 더 논의할 것임). 그렇다고 복음서 저자들이 이 책들을 익명으로 의도했다는 의미는 아니다. 다른 많은 고대 저술들도 형식적 측면에서 익명인 경우가 많다. 심지어 제목에 저자의 이름이 등장하지 않는 경우도 있다. 예를 들어 *bios*(고대 전기)로서 복음서와 유사한 종류인 루키아누스의 「데모낙스」

를 들 수 있다. 그러나 루키아누스는 철저히 1인칭으로 말하면서 독자들이 자신이 누구인지 알고 있으리라고 예상한다. 아마도 처음에는 이런 저술이 저자의 벗이나 지인 중에서 회자되는 경우가 잦았을 것이다. 벗이나 지인들은 구술적으로 낭독되는 작품을 듣고 저자가 누구인지를 알았을 것이다. 이렇게 저자가 알려지고 나면, 다른 독자들을 위해 필사본을 만들 때 저자 이름도 전달되었을 것이다. 이때에는 저자의 이름이 간단한 제목과 함께 두루마리 바깥쪽이나 두루마리에 붙인 라벨에 기록되었던 것 같다. 따라서 복음서가 원래 익명이었다는 견해를 부정하는 것은, 복음서가 처음부터 저자 없이 제시되었다는 견해를 부정하려는 의도를 가지고 있다.

앞서 제시한 우리의 견해를 가장 분명히 증명하는 사례가 바로 누가복음이다. 누가복음에는 이 저술을 필시 저자의 후원자였을 데오빌로에게 바친다는 헌사가 있기 때문이다(1:3).[24] 책을 헌정받을 이의 이름까지 밝혀 놓은 작품을 익명이라고 할 수는 없다.[25] 누가복음의 원제에는 저자 이름이 등장했던 것 같지만, 어쨌든 이 책을 헌정받은 사람과 첫 독자들은 저자가 누구인지 알았을 것이다. 저자가 이 책을 헌정받는 이에게 선사했을 것이기 때문이다. 물론 이런 사실 자체가 저자의 이름이 누가라고 보장하지는 않는다. 이 책 저자를 누가로 보는 것은 후대의 견해일 수도 있고 잘못일 수도 있다. 그러나 여기서 우리 관심사는 각 복음서의 저자가 누구인

---

24) 참고. L. Alexander, *The Preface to Luke's Gospel: Literary Convention and Social Context in Luke 1.1-4 and Acts 1.1* (SNTSMS 78; Cambridge: Cambridge University Press, 1993), 190-91.

25) 대체적으로 주석가들은 이 점을 간과한다. 이는 주석가들이 저술의 제목을 자신이 주석하고 있는 텍스트의 일부로 여기지 않기 때문인 것 같다. 하지만 F. Bovon, *Luke 1* (Hermeneia; Minneapolis: Fortress, 2002), 18을 주목하라: "익명성의 교회 전승이 있고 이 저술의 제목에 저자의 이름이 언급되었을 수도 있다. 하지만 프롤로그에 저자 이름이 없다는 것은 여전히 내게는 수수께끼다." "익명성의 교회 전승"(the church's tradition of anonymity)은 복음 전승이 익명으로 전달되었다는 양식비평가들의 견해를 가리킴이 분명하다.

지 확증하는 것이 아니다. 우리의 진짜 관심사는, 복음서를 익명 저술, 즉 이름이 확인된 저자가 아니라 공동체로부터 유래한 내용으로 파악하는 견해를 반박하는 것이다.

요한복음의 경우, 21:23은 주가 사랑하신 그 제자—적어도 외형적으로는 저자(21:24)[26)]—가 누구인지 밝혀진 인물임이 드러난다는 점에서 중요한 의미를 가진다. 적어도 몇몇 그리스도인 집단 내부에서는 이 인물에 대한 소문이 회자되었을 것이다. 하지만 요한복음은 이 인물의 이름을 끝까지 밝히지 않는다. 그렇다 해도 이 복음서의 첫 독자들은 그의 이름을 틀림없이 알았을 것이다.

마태복음의 경우는 더 복잡하다. 마태복음에 대해서는 이 책과 관련된 다음과 같은 두 가지 사실을 연계해서 보아야 한다. 하나는 마태라는 인물이 다른 복음서에서는 단지 이름만 등장하지만(마가복음과 누가복음의 열두 제자 명단에서 볼 수 있듯이), 마태복음에서는 더 훌륭한 프로필이 제시된다는 점이다. 마태복음은 열두 제자 명단을 제시하면서 마태에 "세리"라는 말을 덧붙인다(10:3). 또한 예수가 마가와 누가에 의해 레위라고 불리는 세리를 제자로 부르신 이야기에서는 이 세리 이름을 마태라고 밝힌다(9:9). 마태복음이 이처럼 미소하지만 분명한 방식으로 마태라는 등장인물을 강조한다는 사실은, 이 책의 제목이 마태와 결합되어 있다는 사실["마태에 따른"(according to Matthew)]과 연관된다. 이 사실이 반드시 마태복음 저자를 지시한다고 볼 수는 없겠지만, 마태 사도가 이 책의 출처로 간주되는 것만은 확실하다. 나중에 다른 복음서들의 제목도 간략히 살피겠지만, 여기서는 마태라는 제목이 이 복음서의 전달 단계 중 매우 이른 시기의 증거라는 점을 지적해야겠다. 마태복음 9:9과 10:3에 마태가 언급된다는 점 때문에 마태복음과 마태가 결합되었을 가능성은 희박하다. 복음서 독자들이 마태를 저자라고 생각할 만큼 마태가 언급된 이 구절들이 두드러지는 것

26) 21:23과 24절이 모두 이 복음서의 원문에 속한다는 논증에 대해서는 제14장을 보라.

은 아니다. 오히려 마태가 언급된 구절들을 기록하고 저자를 마태로 지목한 인물이 이 복음서 저자 자신일 가능성이 훨씬 더 높다. 그렇다면 복음서 저자를 마태로 지목한 내용은 처음부터 원문에 포함되었을 것이며, 추측건대 제목 속에도 들어 있었을 것이다. 마태 사도가 현재대로의 마태복음을 썼을 가능성은 거의 없다(제5장 말미에 제시된 논증을 보라). 이런 연유로 이 복음서 저자를 마태라고 말하는 것은 마태의 저작권을 언급하는 위경의 주장이거나, 마태 사도가 실제로 이 복음서의 탄생 과정에서 한 역할을 반영할 수는 있어도, 마태 사도가 이 복음서의 최종 저자라는 의미는 아니다. 앞의 어느 경우든지 마태복음은 처음부터 공동체가 익명으로 제시한 저술이 아니었다. (필명의 사용과 익명은 다르다. 위경은 작품에 당연히 저자 이름이 붙는다고 간주했던 문학적 전통을 따라 만들어졌다.)

(2) 또한 우리는 복음서의 전통적 제목이라는 증거를 살펴볼 것이다. 기원후 200년 이후로 계속된 초기의 필사 전통에 따르면 정경의 네 복음서의 제목은 오직 "…에 따른 복음"(*euangelion kata*…)의 형태로 제시되었다. 바티칸 사본과 시내 사본만이 예외인데, 이 사본들은 짧게 "…에 따른"의 형태를 가지고 있다. 마가복음에 대한 논의에서 마르틴 헹엘은 긴 형태의 제목이 더 이른 시기에 나왔으며, 이 제목이 "이 복음서가 마가에서 유래한 전승을 따라 기록되었다"라는 뜻이 아니라 "마가의 설명을 따른 유일무이한 복음서"라는 뜻임을 설득력 있게 논증했다. 저자의 이름을 소유격으로 표시하던 관습을 따르지 않고 특이하게도 "…에 따른"(*kata*…)이라는 형식을 취한 것은 "여기서 복음을 문제의 복음서 저자가 제시하는 특별한 형태를 따라 이야기했다는 사실을 표현"하기 위해서라는 것이다.[27] 따라서 이런 복음서 제목 각각은 논의의 대상이 되는 복음서와 구별되어

---

27) M. Hengel, *Studies in the Gospel of Mark* (tr. J. Bowden; London: SCM, 1985), 65. G. N. Stanton, *Jesus of Nazareth in New Testament Preaching* (SNTSMS 27; Cambridge: Cambridge University Press, 1974), 78도 여기에 동의한다.

야 하는 다른 복음서 기록(반드시 정경의 다른 복음서만을 의미하지는 않음)이 존재한다는 사실을 전제한다.[28] 어떤 그리스도인 공동체가 오직 하나의 복음서 기록만 알았다면, 굳이 이런 식으로 제목을 붙일 필요가 없었을 것이다. 다른 복음서가 교회 안에서 회자된다는 사실을 알고 있던 저자야말로 이런 제목을 자기 저술에 붙일 수 있었을 것이다. (1세기에는 대다수 저자가 자기 책에 제목을 붙였으나, 모든 이가 이런 관습을 따른 것은 아니다.[29])

이 제목들 중 저자로부터 유래한 것이 있느냐의 여부와 상관없이, 어떤 그리스도인 공동체가 서고(書庫)에 둘 이상의 사본을 갖게 되고 예배 모임 때 둘 이상의 복음서를 낭독하게 되자, 당장 이 복음서와 저 복음서를 구분해줄 제목이 필요해졌을 것이다. 우선 서고에 둘 이상의 복음서를 갖추게 되자, 이것들을 서가에 나란히 놔둘 경우 책의 겉만 보고도 구분할 수 있는 방법이 필요했을 것이다. 이런 이유로 두루마리(scroll)를 서가에 수평으로 눕혀놓을 경우에는 저자 이름과 함께 짧은 책 제목을 두루마리 바깥쪽 혹은 파피루스나 양피지에 붙인 인식표에 써놓았을 것이다.[30] 코덱스(codex; 현재의 책처럼 한쪽을 묶어 넘겨가며 보게 한 책-역주)의 경우에는 "이름표를 붙일 수 있는 모든 표면—가장자리, 표지, 책등—에 제목을 붙여놓았다."[31] 결국 이런 점을 보더라도 복음서는 교회에서 처음 회람될 때부터 익

---

28) 현존하는 도마복음의 콥트어 사본은 이런 형태의 제목("도마에 따른 복음")을 작품 말미에 하기(*subscriptio*)로 달아놓았다. 하지만 이것은 필사자가 이미 존재하는 네 복음서의 제목을 본떠 기록한 것인 듯하다. 이 저술의 다음과 같은 원제는 본문의 서두를 이루고 있다: "이는 살아계신 예수가 일러주시고 디두모 유다 도마가 받아쓴 비밀 말씀이다." H. Koester, *Ancient Christian Gospels* (London: SCM, 1990), 20-21도 견해를 같이한다.

29) Hengel, *Studies*, 74; J. P. Small, *Wax Tablets of the Mind: Cognitive Studies of Memory and Literacy in Classical Antiquity* (New York: Routledge, 1997), 33-35.

30) H. Y. Gamble, *Books and Readers in the Early Church* (New Haven: Yale University Press, 1995), 48.

31) Small, *Wax Tablets*, 50.

명이 아니었을 것이다. 이런 복음서의 첫 필사본을 받은 교회는 필사본과 함께 저자에 대한 정보를 구술적 형태로나마 전해 들었을 것이며, 그 뒤로는 책에 이름표를 붙일 때와 이 책을 예배에서 낭독할 때도 저자의 이름을 사용했을 것이다.

헹엘은 복음서들이 매우 이른 시기에 제목을 얻었음이 틀림없다는 전제 아래, 가장 이른 시기의 필사 전통(200년 이후) 때부터 존속해온 제목이 "원래" 제목이라고 주장한다.[32] 복음서들이 다른 이름으로 알려진 증거가 전혀 없다는 사실도 헹엘의 이 주장을 뒷받침한다. 복음서 제목들이 특이한 형태를 취하면서도 그것들이 보편적으로 사용되었다는 점은, 이것들이 이른 시기에 생겨났음을 암시한다. 일단 복음서들이 널리 알려진 뒤에는, 네 복음서의 제목으로 어떤 표준 형태가 보편적으로 사용되기가 더 어려웠을 것이다. 책을 지시하여 "복음"이라는 말을 처음으로 사용한 이가 마르키온이라고 생각했던 헬무트 쾨스터는, 이미 2세기 초에 복음서의 제목으로 "…에 따른 복음"이라는 완전한 형태가 사용되었으리라는 헹엘의 주장을 거부한다. 그렇다고 쾨스터가 저자 이름의 기재가 이른 시기에 이루어졌으리라는 주장까지 부인하는 것은 아니다.[33] 그레이엄 스탠턴은 문자로 기록된 복음서를 지칭하기 위해 "복음"(*euangelion*)이라는 용어를 사용한 다른 초기 사례들을 들어 헹엘의 논지를 지지한다.[34]

처음에 복음서가 교회에서 회람되었을 때 "…에 따른 복음"이라는 제목 형태가 사용되었는지의 여부와 상관없이, 복음서를 마태와 마가와 누가와 요한의 작품으로 표시하는 것은 매우 이른 시기에 시작되었다. 이런 표시가 한 복음서를 다른 복음서와 구별하는 유일한 방법이었기 때문이

---

32) Hengel, *Studies*, 64-84; idem, *The Four Gospels and the One Gospel of Jesus Christ* (tr. J. Bowden; London: SCM, 2000), 116-27도 참고하라.

33) H. Koester, "From the Kerygma-Gospel to Written Gospels," *NTS* 35 (1989), 375-76과 주 6; idem, *Ancient Christian Gospels*, 33-34.

34) Stanton, *Jesus*, 79-80.

다. 현재 우리가 가진 증거를 보면 다른 구별 방법은 발견되지 않는다. 다시 말하지만 저자 기재의 보편성과 이것에 대해 이의를 제기하는 사람이 없었다는 사실은, 복음서가 처음 회람될 때부터 이런 식의 제목 사용이 자리를 잡았음을 암시한다.

(3) 앞에서 언급한 두 논지는 복음서가 교회에서 회람될 때, 저자 이름이 본문에는 포함되지 않더라도 이미 그 책에 붙어 있었다는 사실을 확증해준다. 복음서가 익명인가의 문제에 대해 더 살펴볼 것은 복음서의 내용과 연관된다. 복음서 저자는 자신이 보존한 전승을 이름이 알려진 목격자로부터 유래한 것으로 제시했는가, 아니면 특정 이름이 붙을 수 없는 익명의 공동체 전승으로 제시했는가?[35] 여기서 우리는 제3-8장에서 논의한 증거를 요점만 상기해볼 필요가 있다. (i) 복음서에는 비중이 상당히 작은 인물의 이름도 제시되어 있는데, 이는 이 인물의 이름이 붙은 전승이 항상 그로부터 유래하기 때문이다. (ii) 세 공관복음서가 모두 열두 제자의 명단을 세심하게 보존하고 기록한 이유는, 이들이 공관복음서가 의존하는 전승의 덩어리를 형성한 공식적 목격자 집단으로 알려져 있었기 때문이다. (iii) 세 복음서(마가복음, 누가복음, 요한복음) 각각은 자신의 가장 광범위한 목격자 출처를 지시하기 위해 목격자 증언의 인클루지오(*inclusio*)라는 문학적 장치를 전개한다. 마가는 이 장치를 사용해서 베드로를 지시한다(마가의 전승이 베드로가 이야기하고 증보한 형식으로 열두 제자의 것임을 나타냄). 또한 누가는 베드로를 그의 내러티브에 가장 광범위한 자료를 제공한 목격자로 인정하면서도, 인클루지오 장치를 다시 활용하여 예수의 여성 제자 그룹이 그의 복음서의 중요한 목격자 출처임을 나타낸다. 요한복음은 마가가 사용한 이 장치를 활용해서 예수가 사랑하신 그 제자가 베드로만큼—

35) 고대 역사가들은 그들이 원용한 목격자 출처의 이름을 항상 밝히지는 않았다. 목격자 출처의 이름은 특별한 경우에만 밝혀졌다; S. Byrskog, *Story as History-History as Story* (WUNT 123; Tübingen: Mohr, 2000; reprinted Leiden: Brill, 2002), 149-53.

어떤 의미에서는 베드로보다 더—중요한 목격자임을 주장한다. (제14장에서 우리는, 요한복음이 예수가 사랑하신 그 제자가 주된 목격자 출처이자 저자임을 주장할 때 사용한 다른 방법들도 다룰 것이다.)

이런 논증들이 복음서에 포함된 전승의 출처가 목격자임을 보여주는 것도 중요하지만, 더 핵심적인 것은 복음서 자체가 자신이 자료로 활용한 목격자들을 언급하고 있다는 점이다. 일단 복음서가 자신이 사용한 자료를 이런 식으로 언급한다는 점을 인식하고 나면, 우리는 이 복음서들이 전승을 익명 집단의 이름이 아니라 이 전승을 책임지는 특정한 목격자의 이름으로 전달한다는 것을 볼 수 있게 된다.

전승의 통제: 목격자와 복음서

제11장에서 우리는 전승을 통제하는 수단으로서 암기를 다루었다. 전승을 통제한다는 것은 전승을 충실히 보존하여 변화를 최소한으로 줄인다는 의미다. 그렇다면 보존되는 대상은 누구의 기억일까? 전달 과정에서 목격자의 증언은 각 공동체가 가지고 있던 예수 전승의 이름 없는 덩어리, 즉 이름이 밝혀진 목격자 출처보다는 공동체의 집단적 기억으로부터 유래했다고 간주되는 전승의 덩어리에 흡수되었을까? 이제까지의 우리 논의는 이런 식의 일이 일어나지 않았으리라는 점을 암시한다. 만일 복음서 저자들이 그들이 기록한 전승을 열두 제자의 증언으로, 이름이 밝혀진 다른 제자 그룹의 증언으로, 그리고 이름이 밝혀진 다양한 개별적 제자의 증언으로 알았다면, 전승이 이런 증언을 통해 교회 안에서 구전으로 알려졌으리라고 추정하는 것은 자연스럽다. 이미 제2장에서 보았듯이, 파피아스가 복음서 저자들이 복음서를 기록하던 1세기 후반에 대해 알았던 상황도 이러했던 것 같다. 그리스도인 공동체의 설립에서부터 2세기 초의 단계, 즉 이 공동체가 예수 전승을 구전보다 글로 기록한 복음서를 통해 더 많

이 취득했던 단계에 이르기까지, 공동체는 분명히 이 전승이(구전이든 문자 기록이든) 목격자 출처로부터 유래했다고 알고 있었을 것이다.

이 책 앞장들에서 이미 보았지만, 구술 중심의 공동체는 전승의 성격과 용도에 따라 이 전승을 성실히 보존할 필요가 있을 때 사용하는 다양한 방법을 가지고 있었다. 이런 공동체에서는 전승을 구술적으로 실연하는 경우, 그 정확성을 검사하는 방법들이 존재했다. 얀 반시나는 다음과 같이 썼다.

> 실연자들이 자신의 메시지에 가능한 한 충실해서 기억의 실수나 왜곡을 피하려 하는 곳에서는 전승의 변화가 거의 멈출 수 있다. 몇몇 경우에는 전승 실연의 성실성을 감독하는 통제 장치들이 있어서 실연자를 제재하거나 그에게 상을 베풀었다.…폴리네시아의 종교 의식에서는 암송되는 말이 완벽하지 못하면 제재가 가해졌다. 구경꾼들이 그 실수를 알아차리면 의식은 중단되었다. 뉴질랜드에서는 실연자가 단 한 번만 실수해도 그를 쳐 죽일 수도 있다고 믿었다. 하와이에서도 비슷한 제재가 발견된다.…이런 관습은 확실히 효과가 있었다. 하와이에서는 618행이나 되는 찬가가 기록되었는데, 이 기록은 이웃 섬인 오아후에서 채록된 형태와 동일했다.…때로는 중요한 실연을 점검하기 위해 통제자가 임명되기도 했다. 르완다에서는 우브위루(ubwiiru)라고 불리는, 신비한 제문(祭文)의 통제자들이 그것을 암송할 권한을 부여받은 실연자였다.[36]

초기 기독교 운동에서는 권위 있는 전승 전달자들이 이런 통제자 역할을 수행했겠지만, 이들 중에서도 목격자가 가장 중요한 통제자였으리라고 추정해볼 수 있다. 기회 있을 때마다 상기했던 바지만, 반시나를 위시한 일

---

36) J. Vansina, *Oral Tradition as History* (Madison: University of Wisconsin Press, 1985), 41-42.

군의 학자들은 구전을 논의하면서 전승 전달을 몇 세대에 걸친 과정으로 묘사한다. 하지만 우리로서는, 초기 교회의 경우 목격자가 **생존해 있는 동안** 이들의 증언이 보존되어 복음서로 기록되었다고 본다. 분명히 목격자들은 자신들의 증언을 성실하게 보존하기 위해 이것을 통제했을 것이다.

목격자들의 이런 역할을 지지하는 증거로서 우리는 다음과 같은 점을 주목해야 한다. 즉 초기 기독교 운동이 지리적으로 넓게 퍼져 있었지만 긴밀한 의사소통의 네트워크를 가지고 있었으며, 이런 네트워크를 통해 개별적 공동체가 다른 공동체와 빈번히 접촉하고 많은 지도자가 자주 광범위한 지역을 여행했다는 점이 바로 그것이다. 이 점을 증명하는 상세한 논의는 이미 다른 지면에서 제시한 바 있다.[37] 목격자들과의 직접적이거나 간접적인 접촉은 이례적인 일이 아니었을 것이다.(히브리서에 언급된 공동체는 복음 전승을 목격자들로부터 받았음이 분명하다; 히 2:3-4을 보라.) 여러 지역의 수많은 유대계 그리스도인은 절기를 지키러 예루살렘을 방문하는 관습을 계속 지켰을 것이다. 덕분에 이들은 예루살렘에 체류하는 동안 열두 제자의 전승을 이들 중 한 인물로부터 들을 수 있는 기회를 가졌을 것이다. 베드로나 도마처럼 중요한 목격자는 자기 제자들을 거느렸을 것이다. 이 제자들은(베드로의 경우는 마가가 이런 제자) 스승이 들려주는 예수 전승을 익히 알고 있었다. 이런 이유로 이들은 이리저리 여행하는 동안에 목격자들의 이름을 단 전승이 정확히 전달되었는지 점검하는 동시에, 자신도 이런 전승을 충분히 전달했을 것이다. 바로 이것이 제2장에서 탐구하기 시작했던, 파피아스의 프롤로그 단편이 묘사하는 상황이다.

드디어 우리는, 바울이 고린도전서 15:3-8의 "케리그마적 요약"(복음 역사의 요약)에서 목격자들에 대해 언급한 내용을 살펴보기에 적합한 지점에

---

37) R. Bauckham, "For Whom Were Gospels Written?" in idem, ed., *The Gospels for All Christians* (Grand Rapids: Eerdmans, 1998), 30-44; 앞의 책에 포함된 M. B. Thompson, "The Holy Internet: Communication between Churches in the First Christian Generation," 49-70도 참고하라.

이르렀다. 이 본문은 후대에 가면 많이 발견되는 장르(일련의 짧은 절들 안에 복음의 역사를 요약)의 최초 사례다. 이 본문 증거는 케리그마적 장르에 유연성이 있었음을 보여준다. 즉 이런 요약을 암송할 때는 축적된 항목들을 끌어다 썼는데, 이때 늘 모든 항목을 포함시키지는 않았으며 추가로 다른 항목을 덧붙일 수도 있었다는 의미다.[38] 고린도전서의 이 맥락에 나타난 바울의 목적은, 이 요약이 예수의 죽음으로 시작되고 그분의 부활 후 나타나신 일(길게 부연 설명됨)에 초점을 맞추는 이유를 설명해준다. 바울은 6b절은 물론이고 8절에서도 자신에 대한 언급을 첨가한다. 하지만 바울이 인용하는 전승의 한계(parameters)를 결정하고, 그가 이것을 얼마나 변형시켰는지 확정하려는 시도는 이 장르의 본질에 비추어볼 때 적절하지 않다. 현재의 우리 목적을 고려할 때, 우리는 다음과 같은 점을 아는 것만으로 충분하다. 즉 바울은 이 요약을 자신이 받아(분명히 예루살렘 교회로부터) 고린도의 그리스도인들에게 전한 전승으로 이야기하고 있다는 사실이다.

> 이는 내가 이어 받았던 것을 가장 중요한 것으로서 너희에게 전했기 때문이니
> 곧 그리스도가 성경을 따라 우리 죄들 때문에 죽으셨다는 것과
> 또 그가 장사되셨다는 것과
> 또 그가 성경을 따라 셋째 날에 일으키심을 받았다는 것과
> 또 그가 게바에게 나타나셨다가
> 이어 열두 제자에게 나타나시고
> 이어 한 번에 오백 명이 넘는 형제자매들에게 나타나셨으니
> 그들 가운데 대다수가 여전히 살아 있으나 일부는 죽었도다.
> 이어 그가 야고보에게 나타나셨다가

38) R. Bauckham, "Kerygmatic Summaries in the Speeches of Acts," in B. Witherington, ed., *History, Literature, and Society in the Book of Acts* (Cambridge: Cambridge University Press, 1996), 185-217(고전 15:3-7을 다룬 211-12쪽).

이어 모든 사도에게 나타나셨다.

마지막으로 그가 제 달수도 못 채우고 난 자 같은 내게도 나타나셨다는 것이라(고전 15:3-8).

부활 후 예수가 현현하신 일들을 열거한 목록은 목격자 증언을 요약하기 위해 형식화되었다. 이 요약은 사도행전의 연설 중에 나타나는 케리그마적 요약과 상세하게 일치한다. 이런 연설에서 베드로는 열두 제자가 예수의 부활을 목격한 증인이라고 말한다(행 2:32; 3:15; 10:40-41). 또한 누가의 기록에 등장하는 바울도 자신이 아니라 예수의 친밀한 제자였던 이들이 그분의 부활을 목격한 증인이라고 말한다(행 13:31). 고린도전서 15장에서 바울이 케리그마적 요약을 암송하면서, 예수의 부활 현현을 목도한 이들의 **목격자 증언**을 인용한다는 사실은 의심할 여지가 없다. 이 목격자 중에는 예루살렘 교회에서 가장 유명한 인물들, 즉 베드로(게바), 열두 제자, 예수의 형제인 야고보가 포함되어 있었다. 이 본문은 바울이 열두 제자를 목격자로 언급하는 유일한 경우다. 사도직에 대한 바울의 이해(바울은 사도를 부활하신 그리스도가 복음을 선포하도록 세우신 모든 사람을 지시하는 말로 사용[39])를 보면, 그가 말하는 "모든 사도"는 그 범위가 열두 제자보다 넓다. 바울은 자신이 글을 쓸 당시 이들 대부분이 생존해 있다는 점을 당연시한다. 하지만 예수가 오백 명이 넘는 신자들에게 나타나신 일에 대한 주목할 만한 언급에서는 이들의 생존 사실을 명시적으로 강조한다. "그들 중 대다수가 여전히 살아 있으나 일부는 죽었도다(문자적으로는 '잠들었다')."[40] 이 세부 내용의 명확성—바울이 전승적 형태에 덧붙인 것으로 보임—은 그가 이것을 일종의 증명서로 의도했음을 보여준다. 즉 이 전승의 진정성을 검증

---

39) J. D. G. Dunn, *Jesus and the Spirit* (London: SCM, 1975), 273.

40) 이것이 행 2장에 묘사된 사건(오순절 성령 강림)과 동일한 사건을 이야기한다는 이론에 반대하는 견해를 보려면 Dunn, *Jesus*, 144-46을 보라.

하고자 하는 사람이 있다면, 허다한 목격자들이 아직 살아 있으니 그들을 볼 수도 있고 그들의 말을 직접 들을 수도 있다는 것이다.[41] 이처럼 바울은 목격자들에 대한 **지속적 접근성과 그들의 역할**을 당연시하고 있다. 심지어 그는 이런 접근 가능성과 역할을 열두 제자와 야고보 같은 유명인들은 물론이요 수많은 소소한 목격자들에게까지 확장한다.

복음서가 기록된 이유 중 하나는 목격자들의 생애를 넘어서서 이런 접근 가능성과 기능을 유지하기 위해서다.[42] 최근의 많은 저술가들은 문자로 기록된 복음서가 즉각적으로 예수의 말씀과 이야기를 포함한 구전을 대치했다는 주장에 대해 반대 논의를 펴고 있다. 복음서가 즉각적으로 구술을 대치했다는 견해는 파피아스가 구술 자료를 선호했음을 보여주는 증거에 크게 의존한다. 하지만 이 주장은 구술 자료를 목격자가 생존해 있던 시기의 이야기가 아니라, 파피아스가 글을 쓰던 2세기 초의 이야기로 잘못 받아들이는 오류를 범하고 있다(여기에 대해서는 이미 제2장에서 설명했음). 이런 측면에서 문자로 기록된 복음서가 널리 알려진 후에도 구전이 지속

---

41) A. C. Thiselton, *The First Epistle to the Corinthians* (NIGTC; Grand Rapids: Eerdmans, 2000), 1205. 반대로 A. Eriksson, *Traditions as Rhetorical Proof: Pauline Argumentation in 1 Corinthians* [CB(NT) 29; Stockholm: Almqvist and Wiksell, 1998], 253-54. 여기서 티슬턴은 이 본문이 예수 부활의 사실성에 대한 증거를 제시하는 것과는 무관하다고 주장하면서, 6절에 추가된 바울의 말의 의미를 다음과 같이 받아들이고 있다. 즉 6절의 추가 부분에 따르면 부활과 관련해 고린도 교회가 가졌던 문제는, 신자가 예수와 함께 새 시대로 들어갔으므로 죽지 않으리라는 견해와 맞지 않게, 고린도 교회의 일부 신자가 죽은 것이었다. 하지만 고전 15장의 나머지 부분을 살펴보아도, 고린도 사람들이 부활에 대해 이런 일을 문제 삼았음을 보여주는 증거는 전혀 없다. 오히려 이 문제가 일부 고린도 사람들이 그리스-로마의 전통을 따라 몸의 부활은 믿지 않고 영혼의 부활만을 믿었다는 내용으로 보는 편이 훨씬 타당하다(6절을 이렇게 이해하는 것은 최근 학자들의 견해와도 일치한다).

42) "For Whom Were Gospels Written?"에서 나는, 복음서가 기록된 것이 공간을 뛰어넘어 전달되기 위해서—그리스도인 공동체들에서 두루 회람되기 위해서—라고 강조하면서도, 더 중요한 기능 즉 목격자들의 사후에도 그들의 증언을 영원히 존속시키는 기능은 다루지 못했다.

되었는가의 문제는 재검토가 필요할지도 모른다. 하지만 구전이 즉각적으로 사라지지 않았을 개연성은 여전히 남아 있다. 오히려 복음서는 여전히 구술이 대세인 정황 속에서 자리를 잡기 시작했으며, 구전을 완전히 대체했다기보다 구술과의 관련 안에서 자기 기능을 수행했다고 할 수 있다(문자 텍스트가 구술 중심의 사회에서 일정한 기능을 행하듯).[43] 다시 말해 복음서는 목격자들이 세상을 떠나면서 공백이 된 역할을 점차적으로 계승하게 되었다. 복음서는 구전과 상호작용 하면서 구전에 영향을 주었다. 복음서 중 일부는 새로운 구전 형태로 입에서 입으로 전해졌음이 틀림없다. 하지만 동시에 복음서는 목격자들의 생전에도 그랬던 것처럼, 전승을 보증하고 통제하는 기능을 함으로써 목격자 증언에 대한 충실성을 검증하는 작업을 가능하게 만들었다.

양식비평가들은 복음서를 공동체가 익명으로 형성하고 전달한 구전과 어느 정도 연속성을 가진 민간 전승으로 보았다. 그러나 우리는 복음서가 오히려 목격자 증언과 연속성을 가진다고 주장한다. 우리 견해로는 목격자 증언과의 이런 연속성이 오랜 세월에 걸친 공동체의 전승 전달이 아니라 목격자들에 대한 직접 접근이나, 직접은 아니더라도 한 사람 정도의 중간 전달자를 거친 접촉으로 확보되었다고 본다. 하지만 우리는 다음과 같은 점을 간과해서는 안 된다. 즉 편집비평과 문학비평이 복음서 저자들이 신학적·문학적 방법들을 동원하여 그들이 받은 전승을 많은 부분 형성했음을 강조함으로써, 복음서에 대한 자신들의 견해를 어느 정도 수정했다는 점이다. 편집비평은 종종 극단으로 치닫기도 했다. 또한 이제는 편집

43) 초기 유대교에서 구술 자료와 문자 자료가 서로 보완성을 가졌다는 점에 대해서는 S. Talmon, "Oral Tradition and Written Transmission, or the Heard and the Seen Word in Judaism of the Second Temple Period," in H. Wansbrough, ed., *Jesus and the Oral Gospel Tradition* (JSNTSup 64; Sheffield: Sheffield Academic, 1991), 121-58을 보라. 그리스-로마 세계에서도 대체로 이 둘이 보완적이었다는 사실에 대해서는 P. J. Achtemeier, "*Omne Verbum Sonat*: The New Testament and the Oral Environment of Late Western Antiquity," *JBL* 109 (1990), 3-27을 보라.

비평이 공관복음서에서 발견되는 언어나 내러티브의 사소한 차이들을 너무 과장했다는 점도 알려졌다. 이런 사소한 차이들은 대단한 의미를 함축한 이데올로기적 차이라기보다는, 구전의 전달과 실연에서 통상적으로 발생하는 변형으로 보는 편이 나을 것 같다. 하지만 복음서 저자들을 정교한 기술을 구사하는 존재로 보아야 한다는 통찰은 여전히 옳다. 이들은 자신에게 전해진 전승을 질서 있게 정리하고 틀을 갖추어, 예수와 기독교 신앙에 관한 독특한 이해를 보여주는 내러티브 통일체로 만들어냈다. 여기서 목격자들에 의해 형식화되고 이야기된 전승이 상당히 작은 범위의 변화를 겪었을지는 몰라도 그 범위를 넘어 변형되었을 가능성은 희박하다(네 번째 복음서를 쓴 목격자의 경우는 예외다. 여기에 대해서는 제14-17장에서 살펴볼 것이다). 자신에게 전해진 증언들을 통합하여 예수 전기들(*bioi*)을 만들어내는 것은 바로 복음서 저자들에게 남겨진 몫이었다.

복음서가 목격자 증언을 충실히 보존했다는 측면과, 복음서 저자들이 진정한 저자로서 창조적으로 작업했다는 측면을 동시에 설명하기 위해 우리는 현대의 구술 역사와 유사한 고대 역사 기록의 장르에서 적합한 모델을 채택했다. 여기에 대해 사무엘 뷔쉬코그는 이렇게 설명했다.

> 고대 역사가는 자신이 직접 현장에 있음으로써 또는 다른 목격자들을 찾아 그들에게 질문함으로써 직간접으로 목격 증인의 역할을 했다.…그들은 구술 역사가와 매우 비슷하게 행동하면서, 현장에 있었던 이들로부터 살아 있는 목소리를 듣는 것을 목표로 삼았다. 동시에 이들은 목격자들이 설명한 내용을 자신들이 기록하는 이야기의 핵심으로 삼았다. 목격자들의 설명은, 그 설명이 역사가 자신의 설명인가 아니면 다른 사람들로부터 들은 설명인가를 떠나, 이것의 회고적 성격을 고려하여 청취되고 기록되었다.[44]

44) Byrskog, *Story as History*, 64.

복음서는 목격자 증언과 긴밀한 관계를 가진다. 이런 측면에서 복음서는 고대 역사 기록의 가장 훌륭한 관습과 일치한다. 고대 역사가들은 이런 관계가 이루어지려면 다음과 같은 조건이 충족되어야 한다고 생각했다. 즉 훌륭한 역사는 당대의 역사로서 목격자들이 살아 있는 동안에 기록되어야 한다는 것이다. 따라서 복음서도 베드로가 숨진 때부터 주가 사랑하신 그 제자가 숨을 거둠으로써 목격자들을 더 이상 활용할 수 없어진 때 사이에 기록되었다.

개인적 기억과 집단적 기억

양식비평가들에게 있어 복음 전승을 "기억하는" 주체는 공동체다. 흥미로운 점은, 양식비평가들이 활발히 저술 활동을 펼치던 때가 프랑스 사회학자 모리스 알박스가 "집단적 기억" 개념을 창안했던[45] 무렵이라는 사실이다. 그의 집단적 기억 개념은 양식비평가들이 채용한 구전 전달의 모델과 많은 부분 일치했다. 그러나 양식비평가들은 모리스 알박스의 개념에 영향을 받지도 않았으며, 이 기억 개념에 진지하게 주목하지도 않은 것 같다.[46]

개인적 기억의 사회적 형성, 즉 모든 개인적 기억이 결국 집단적 개념으로 만들어져간다고 강조하는 알박스의 저술은 인류학과 사회학, 문화사

---

45) M. Halbwachs, *Les cadres sociaux de la mémoire* (Paris: Alcan, 1925).

46) 참고. W. H. Kelber, "The Case of the Gospels: Memory's Desire and the Limits of Historical Criticism," *Oral Tradition* 17 (2002), 65: 불트만의 저술들은 "기억에 대한 끈질기고 확장된 사유를 보여주지 않는다. 그가 쓴 학술서에서는 이 기억의 개념이 언급되지 않는다. 이런 공백은 불트만이 구술성과 텍스트로 기록된 복음서를 부적절하게 이해한 것과 연관되는 듯하다.…그는 공동체의 삶 속에 자리한 말이나 이야기의 원형을 확정하는 작업에만 초점을 맞추었지, 연설(speech)의 수사적·실연적 측면이나 기억과의 관계에는 관심을 기울이지 않았다."

와 구술 역사에 깊은 영향을 미쳤다.[47] 그 결과 앞의 분야들은 개인적 기억을 희생시키고 대신 집단적 기억을 강조하는 경향을 보여왔다. 반면에 (제13장에서 보겠지만) 심리학에서 기억의 연구는 개인적 기억에 초점을 맞추며 사회적 차원에는 거의 관심을 기울이지 않았다. 하지만 최근에 두 영역 모두에서 균형을 회복하려는 노력이 경주되고 있다.[48] 인류학자 제임스 펜트리스(James Fentress)와 중세 역사학자 크리스 위컴(Chris Wickham)은 집단적 기억을 주제로 함께 쓴 책 서두에서 이렇게 말하고 있다.

> 이 분야에서 알박스를 따르길 원하는 사람이라면 다음과 같은 중요한 문제에 부닥칠 것이다. 즉 어떻게 하면 인간의 의식적 삶의 집단적 측면을 충분히 인정하면서도, 개인을 집단의 의지에 수동적으로 순종하는 기계로 전락시키지 않는 기억 개념을 만들어낼 수 있는가가 바로 그 문제다.[49]

---

47) 이런 분야들에서 집단적 기억을 다룬 사례에 대해서는 P. Connerton, *How Societies Remember* (Cambridge: Cambridge University Press, 1989); P. Burke, "History as Social Memory," in idem, *Varieties of Cultural History* (Cambridge: Polity, 1997), 43-59; E. Tonkin, *Narrating Our Past: The Social Construction of Oral History* (Cambridge: Cambridge University Press, 1992); D. Mendels, *Memory in Jewish, Pagan and Christian Societies of Graeco-Roman World* [LSTS 48; London: Clark (Continuum), 2004]를 보라.

48) 심리학 분야의 사례에 대해서는 J. Bruner and C. Fleisher Feldman, "Group Narrative as a Context of Autobiography," and W. Hirst and D. Manier, "Remembering as Communication: A Family Recounts Its Past," both in D. C. Rubin, ed., *Remembering Our Past: Studies in Autobiographical Memory* (Cambridge: Cambridge University Press, 1996)를 보라.

49) J. Fentress and C. Wickham, *Social Memory* (Oxford: Blackwell, 1992), ix. 알박스는 물론이고 알박스의 스승인 뒤르켕에 반대하여 자주 제기되는 비판은 다음과 같다. 즉 사회 내에 존재하는 공동체와 공감대, 유대감에 대한 이들의 강조는 결과적으로, 의미 있는 반대 의견이 존재하는 현실과, 다양한 집단적 기억이 갈등 속에서도 공존한다는 사실을 무시하도록 만들었다는 것이다. 이런 비판을 제기한 글로는 Burke, "History as Social Memory," 55-56; B. A. Misztal, *Theories of Social Remembering* (Philadelphia: Open University, 2003), 3장; Green, "Individual Remembering," 40-43. 이 책은 기독교를, 그 모태가 된 사회의 기억과는 완전히 다른 사회적 기억을 가

바바라 미슈탈(Barbara Misztal)도 알박스의 저술에서 발견되는 강한 사회적 결정론의 경향을 비판한다. 그러면서 사회적 결정론은 물론, 사회적 차원을 무시하는 과도한 개인주의를 극복하는 길을 추구한다. 미슈탈은 "상호주관적"(intersubjective) 접근법을 제안한다. 이 접근법에 따르면 기억은 문화적 양식으로부터 구축되고 사회적 정황의 제약을 받는 반면에, 엄연히 개인의 정신적 행위다. 개인은 기억의 능동적 과정에 참여하지만, 늘 개인으로서 세계와 연관을 맺으면서 집단 전승 및 집단의 기대와 상호 영향을 주고받는다.[50] 기억은 "상호주관적으로 구성된다." 또한 "기억하는 주체는 개인일지라도, 기억은 단순한 개인적 행위보다 더 큰 의미를 가진다."[51]

우리의 목적에 비추어볼 때, 여기서는 이런 논의에서 자주 실행되지 않는 몇 가지 구분을 해볼 필요가 있다. 한편으로는 개인적 기억 또는 회상 기억(recollective memory), 즉 기억의 주체가 과거 경험을 회고하여 그것을 "되살리는" 체험을 하는 기억이 있다. 이런 개념의 반대편에는 정보적 기억, 즉 과거를 회상하지 않고도 그 과거에 대한 정보는 상기할 수 있는 기억이 있다. 예를 들어 우리는 (일기를 보거나 다른 사람의 이야기를 듣고) 자신이 40여 년 전에 어느 특별한 친구의 결혼식에 참석했다는 사실은 알면서도 그 결혼식에 대해 전혀 기억하지 못할 수도 있다. 앞의 기억은 정보적 기억이며 자신의 과거 체험을 되살린다는 의미의 회고와는 다르다. 회상 기억은 회상의 대상이 되는 사건을 체험한 사람만이 할 수 있다(물론 자신이 하지 않은 체험을 회상하는 경우처럼 허위의 기억도 있다). 이런 종류의 기억이 타인에게 전달되면, 이제 필연적으로 이 기억은 사적 회상에 그치지 않고 이 일을 체험한 사람에게 일어났던 사건에 대한 정보로 바뀌게 된다.

진 운동으로 연구하고 있는 중요한 저술이다.

50) Misztal, *Theories*, 특히 4장.

51) Misztal, *Theories*, 6.

소위 "집단적 기억"이나 "사회적 기억", "문화적 기억" 중에는 과거에 대한 정보가 공유된 기억이 많다. 예를 들어 어떤 광범위한 사회적 그룹이 과거에 일어난 한 유명한 사건을 "기념하는" 경우를 들 수 있다. 물론 이런 경우에도 문제의 사건은 개인의 살아 있는 기억 속에 여전히 포함되어 있다. 개인은 그 사건에 관한 자신의 고유한 기억을 가지고 그것을 공동으로 기념하는 자리에 참석할 수 있으며, 자신의 체험을 증언함으로써 집단적 기억을 풍성하게 만들 수도 있다. 이처럼 개인의 기억을 타인들이 공유하면, 이 개인적 기억은 집단적 기억의 주된 자료가 된다. 또한 이 개인이 생존하는 동안 자신이 겪은 과거를 능동적으로 기억한다면, 이 기억은 집단적 기억을 풍요롭게 하는 자양분이 될 수도 있다. 부분적이기는 하지만 개인적 기억과 사회적 기억 사이에 존재하는 이런 연관성 때문에, 집단적 기억에 대한 논의의 대부분은 개인적 회상을 이 집단적 기억 속에 흡수시켜 버리는 경향이 있다.[52] 예를 들어 미슈탈은 기억하는 주체가 개인임을 강조하지만, 이것이 곧 개인이 자신만의 회상을 가진다는 뜻은 아니다. 어쨌든 미슈탈은 개인적 회상과, 어떤 출처를 통해서든지 개인이 집단적 과거와 관련해 가질 수 있는 지식을 구분하는 데 관심을 기울이지 않는다. 대체로 미슈탈이 언급하는 기억은, 그 기억을 공유하는 사람들 중 사적 회상을 가진 이가 아무도 없는(즉 과거를 직접 체험한 이가 없는-역자) 그런 과거에 대한 기억이다. 이렇게 되면 이 기억은 실제로 전승과 같아진다.[53] 구술 역사와 구술 전승(구전)을 구분했던 얀 반시나의 논의를 다시 반추해보면(제2장을 보라), 구술 역사가 개인의 사적인 회상에 초점을 맞춘다면, 구전은 여러 세대를 통해 전달된 한 그룹의 집단적 기억을 주로 다룬다고 할 수 있

52) 개인의 사적 회상과 정보적 기억 사이에 현상학적 차이가 있음에도 불구하고, 대체적으로 이 두 개념은 구분되지 않거나 모호한 방식으로 구분된다. 이것 역시 애석한 일이다.

53) Vansina, *Oral Tradition*, 6장에서 "기억된 정보로서의 전승"(Tradition as Information Remembered)을 다룬 내용을 보라.

다. 개인의 기억은 소멸되므로 개인적 회상은 시간적 제약을 받지만, 집단적 기억은 그렇지 않다.

논의를 더 진전시키기 위해 우리는 (1) 개인적 회상이 가지는 사회적 차원, (2) 한 그룹이 공유하는 회상, (3) 집단적 기억이라는 세 범주를 구별할 수 있다. 지나치게 개인성만을 부각하는 기억 개념을 피하려면, 이 세 범주 중 첫 번째가 중요하다. 그러나 첫 번째를 다른 것들과 혼동해서는 안 된다. 개인이 자신의 사적 회상을 기억하는 때조차도 그는 자신이 속한 그룹의 구성원으로서 기억하는 것이다. 지중해 인류학의 범주들을 고대 세계에 적용하는 학자들은 방금 말한 내용이 현대 서양의 개인주의보다는 고대 세계의 정황에 더 들어맞는다고 할 것이다. 하지만 현대 문화와 관련해서조차 미슈탈의 다음과 같은 언급은 타당하다. "개인적 기억은 사회적 맥락 속에서 일어난다. 개인의 기억은 사회적 계기에 의해 자극되고 사회적 목적을 위해 채택되며, 사회적으로 구조화된 규범과 패턴에 의해 지배된다. 따라서 개인적 기억에는 사회적인 것들이 다량 함유되어 있다."[54]

제12장에서 우리는 앞의 언급을 더 발전시켜보겠지만, 여기서는 다음과 같은 점을 유념하는 것으로 충분하다. 즉 개인적 회상이 가지는 사회적 차원이, 체험에 대한 회상의 소유권이 개인에게 있다는 개념과 모순되지 않는다는 점이다. 이런 회상을 이야기할 때는 통상적으로 1인칭 단수형이 사용되며, 굳이 사회적 차원을 표현할 필요가 없다. 이는 결코 기억에만 해당하는 말이 아니다. 개인이 생각할 때는 언제나 자신의 문화 속에 공유되는 자원에 의존하며, 타인들과 소통할 때도 자신이 속한 문화의 기대를 고려하게 된다.

따라서 개인적 기억이 사회적 차원을 가진다 해도, 이 때문에 개인적 회상의 독특성을 용해시켜버릴 필요는 없다. 그뿐 아니라 이런 개인적 회

54) Misztal, *Theories*, 5.

상을 더 집단적인 기억의 형태 속에 흡수시켜버릴 권한이 우리에게 있는 것도 아니다. 하지만 (2)의 범주에 속하는 기억의 형태가 존재한다. 이 기억에서는 같은 체험을 한 그룹의 구성원들이 자신의 체험에 관한 회상을 공유한다. 모든 가족은 저마다 이런 종류의 그룹 기억(group memory)을 가지고 있다. 그룹이 공통으로 소유하는 기억은 개인적 회상이 어느 정도 통합되면서 생겨난다. 하지만 동시에 개인은 개인적 기억도 계속 소유한다. 또한 그룹이 함께 체험한 사건을 바라보는 자신의 고유한 시각은 물론, 그룹의 다른 구성원이 회상하지 않는 사건에 관한 회상도 소유한다.[55]

제임스 던은 이미 예수의 사역 동안 제자들이 당시 일어난 사건들과 관련된 기억을 공유했으리라는 타당한 추측을 내놓으면서, 바로 이런 종류의 그룹 기억을 언급한다.[56] 우리는 두 그룹 이상의 제자들이 앞과 같은 식으로 기억을 공유했으리라고 상상해볼 수 있다. 기억에 대한 이런 비형식적 공유는, 예루살렘 교회의 초기 역사에서 열두 제자에 의한 전승의 공적 형식화보다 먼저 일어났을 것이다. 이런 비형식적 기억의 자료는 열두 제자가 공유하는 기억이었지만, 여기에는 다른 사람들의 증언도 포함되었던 것 같다. 예를 들어 열두 제자는 목격하지 못한 예수의 죽음 및 장사의 사건과 빈 무덤의 발견에 대해 여성 제자들이 상세히 증언하는 것을 들었을 것이다. 이는 기억의 공유에서 기억의 수집으로 한 단계 나아간 것이다. 이때 수집된 모든 기억이 열두 제자의 회상만은 아니었던 것 같다. 따라서 세 번째 범주인 집단적 기억의 방향으로 나아가는 단계가 있었을 것이다. 제자들이 기억을 공유하고 열두 제자가 기억을 수집하고 일정한 틀로 형성하는 작업을 했을지라도, 이런 일 때문에 개별적 제자가 자신의 회상을 상세히 이야기하는 일이 방해받지는 않았던 것 같다.

---

55) 참고. Misztal, *Theories*, 11. Hirst and Manier, "Remembering as Communication," 273은 "[그룹의] 모든 참여자가 받아들인 집단적 기억은 그룹 외부의 개인들이 구성한 기억보다 훨씬 더 풍성한 회상의 대상이 된다"라고 언급하고 있다.

56) Dunn, *Jesus Remembered*, 239-41.

나는 범주 (3)의 "집단적 기억"을 그룹 구성원들이 사적으로 회상하는 사건이 아니라, 사건과 관련해 그룹이 알고 있는 전승을 가리키는 용어로 사용하고자 한다. 예수를 목격한 이들이 살아 있고 다른 이들이 목격자들에게 접근할 수 있었던 때는, 개인적이고 공유된 기억에서 순수히 집단적 기억으로 넘어가던 과도기였을 것이다. 목격자가 아닌 그리스도인으로 이루어진 그룹은 목격자들의 증언을 자기 공동체의 전승으로 삼았다. 이 그룹에게 목격자들의 증언은 개인 또는 하나의 그룹(특히 열두 제자)이 공유하는 기억으로 다가왔다.[57] 앞에서 우리는, 이런 일이 일어났을 때 이 전승이 목격자들, 즉 자신들의 회상을 토대로 전승을 형성한 이들과 지속적으로 연결되어 있었으리라고 가정하는 근거를 살펴보았다. 공동체는 막연하게 출처로 추정되는 익명 전승으로부터 자신의 전승을 전달받은 것이 아니다. 이들은 자신들이 물려받은 전승이, 원래 발원지인 목격자들이 소유했던 내용과 지속적으로 일치한다는 사실을 알고 있었다. 비록 "집단적 기억"이라는 용어를 쓴다 해도 이런 점이 결코 희석되어서는 안 된다.

앞에서 보았듯이, 복음서에는 목격자들의 개인적이고 공유된 기억에 기록 형식이 부여되어 있다. 이 기록 형식에는 이름이 밝혀진 목격자 출처가 복음서에 기록된 내러티브에 통합되었음을 보여주는 표지들이 존재한다. 문자로 기록된 이런 전승은 훗날 예수에 관한 교회의 집단적 기억을 형성하게 된다. 복음서가 신뢰할 만한가의 문제에 대한 격렬한 논쟁의 시기가 지나가고, 바로 이 네 복음서는 예수에 관한 교회의 집단적 기억의 영원한 출처로 자리 잡게 되었다. 이는 이 집단적 기억이 사건의 목격자들의 사적인 회상에 자신의 기원이 있음을 언제나 의식하고 있었다는 의미다. 교회가 예수를 "기억한다"는 것은 예를 들어 베드로가 예수를 기억한

57) 초기 기독교 운동에 가장 폭넓게 퍼져 있으며 가장 특징적인 요소가 갈등이라고 보는 학자들은 제자, 복음서의 저자, 처음 복음을 들었던 청중 그룹이 서로 갈등 관계에 있었으며, 각 그룹이 경쟁적으로 집단적 기억의 소유권을 주장했음을 강조하려고 한다. 하지만 나는 이 맥락에서 갈등을 그리 강조하고 싶지 않다.

다는 것과 같은 의미가 아니었다. 그러나 베드로를 위시한 목격자들의 과거에 대한 기억에 뿌리를 두지 않는다면 이 교회의 기억도 진짜일 수 없다는 의미에서 본다면, 교회도 예수를 기억한다고 할 수 있었다.

앞에서 시도한 우리의 구분은, 사회학자와 역사가들이 집단적 기억에 대해 말하는 내용을 신약 시대의 예수 전승에 무분별하게 적용해서는 안 된다는 경고다. 많은 경우에 집단적 기억은, 개인적 기억의 역할과는 상관없이, 사회가 자신의 집단적 과거를 인식하는 모든 방식을 의미하게 되었다.[58] 또한 사회가 현재에 의미 있고 유용한 방법들을 통해 자신의 집단적 과거를 구성한다는 점도 강하게 강조된다. 사회학자들이 문화사의 영역에서 집단적 기억의 개념을 활용하는 경우를 보면, 개인의 사적 회상을 집단적 기억의 출처로 간주하는 것이 늘 타당하거나 흥미롭지는 않다. 이런 측면을 염두에 둘 때 개인적 기억이 가지는 사회적 차원을 개인적 기억과 집단적 기억의 차이를 무시하는 방편으로 사용하는 경향이 강하게 나타난다.[59] 앞에서 이미 논증했듯이 이런 경향은 옳지 않다. 개인의 사적 회상이 사회적 정황의 영향을 받는 방식과, 사회적 그룹이 공유하며 집단적 과거에 대한 정보로 구성되는 집단적 기억 사이에는 실제적이고 중요한 차이가 있다. 개인적 회상은 집단적 기억을 형성하는 데 도움을 줄 수 있다. 그러나 개인적 회상이 집단적 기억과 동일한 것은 아니다. 특히 초기 기독교와 같은 상황에서 개인적 회상은 개인들이 가진 사적 회상으로서 결정적인 중요성을 가졌을 것이다. 이런 개인들이 그룹과 연결되고 개인들의 기억이 사회적 정황에 속해 있다는 사실이, 개인으로서의 이들의 의미, 이

58) 예를 들어 Burke, "History as Social Memory," 47-49은 사회적 기억을 전달하는 매개체로서 구전, 비망록을 위시한 다른 기록들, 시각적 이미지, 기념식, 기억이 머무는 장소들을 열거한다. Connerton, *How Societies Remember*은 "기념식"과 "육체적인 관행들"에 초점을 맞추고 있다.

59) 이런 경향과, 이 경향이 구술 역사에 미친 역사를 분석한 글로는 A. Green, "Individual Remembering"이 있다. 그린은 추(錘)가 지나치게 집단적 기억 쪽으로 가 있으며 개인적 기억에서는 너무 멀어져 있다고 주장한다.

들의 유일무이한 경험에 대한 사적 회상으로서의 의미, 그룹에 의해 그 가치가 평가되는 사적 회상의 의미를 감소시키지는 않는다.

집단적 기억에 대한 논의가 예수 전승에 대한 우리의 관심사와 연결되는 또 다른 지점이 있다. 개인적 기억을 집단적 기억 속에 흡수시키는 경향 외에, 뒤르켕과 알박스로부터 전해지는 또 다른 유산은 기억을 그룹을 위한 현재적 유용성으로 흡수시키는 경향이다. 이 경향성은 앞에서 설명한 경향성과 밀접히 연결된다. 여기에는 또 다시 양식비평 및 양식비평이 복음서 연구에 남긴 유산과 놀랍게 유사한 모습이 나타난다.[60] 미슈탈은 이런 경향에 집단적 기억에 대한 "현재주의적" 접근법이라는 이름표를 붙인다. 그녀는 이 접근법의 특징이 "현재의 지배 이데올로기에 맞추어 과거를 재형성하는 것"[61]이라고 언급한다. "현재주의적" 접근법에 따르면 기억은 철저히 그룹의 정체성을 위해 봉사한다. 또한 그룹의 정체성을 만들거나 유지하기 위해 설계된 새로운 전승과 의례의 형식 속에서 과거라는 발명품이 고안된다. 이렇게 만들어진 기억을 통제하거나 강요하는 자에게 초점이 맞추어지면, 사회적 기억은 지배 계급의 이익에 봉사하는 이데올로기로 이해된다. 미슈탈은 이 지점에서 기억이 "정치적 환원주의와 기능주의의 포로"가 된다고 판단한다.[62] 사회적 기억을 오직 지배 이데올로기와 동일시하는 것을 피하려면, 미슈탈이 "대중적 기억"(popular memory)이라고 부르는 방법으로 집단적 기억에 접근해볼 필요가 있다. 미셸 푸코

---

60) Kelber, "The Case of the Gospels," 55-86은 알박스의 전통에 속해 있는 기억에 관한 연구 사례들에 정통한 논의다. 여기서 켈버는 전승보다 기억의 개념을 강조하면서, 양식비평이 전승의 원형에 초점을 맞추는 것을 비판한다. 또한 예수 전승과 복음서 안에 존재하는 "기억"이 현재의 필요와 열망에 의해 압도적으로 통제되었다고 주장한다. 이렇게 과거를 현재 속에 흡수시키는 바람에, 켈버의 접근법은 양식비평과 중요한 연속성을 가지게 되었다.

61) Misztal, *Theories*, 56. 특히 E. Hobsbawm and T. Ranger, eds., *The Invention of Tradition* (Cambridge: Cambridge University Press, 1985)에 주목하라.

62) Misztal, *Theories*, 61.

(Michel Foucault)의 대중적 기억과 반대 기억(counter-memory)으로부터 영감을 받은 이 접근법은, 기억이 사회에서 "위에서부터"뿐 아니라 "아래에서부터"(바닥에서부터 위로) 만들어질 수도 있다고 주장한다. 구술 역사가들로 구성된 대중적 기억 그룹(Popular Memory Group)은 푸코가 지배 권력과 이데올로기적 통제에 저항하는 대중적 기억의 힘을 과소평가했다고 비판하면서, 대안적 기억(alternative memories)을 연구하는 데 매진하고 있다.[63)]

마지막으로 미슈탈은 "기억의 역학"(dynamics of memory) 접근법에 대해 논의한다. 이 접근법은 기억을 현재적 유용성에 흡수시키려는 경향에 저항한다는 점에서 중요하다.[64)] 여기서는 사회적 기억을 과거와의 계속되는 타협 과정으로 간주하며, "현재에 활동하면서 자신의 이해관계에 따라 과거를 다시 만들어내는 요인들의 힘에 한계가 있음"을 보여준다. 과거는 순수하게 과거 당대의 구성물은 아니지만 "과거를 수정하여 다시 만들려는 시도에 강하게 저항한다." 과거를 이야기하는 작업은 과거와 현재의 관계를 이해하려는 지속적 시도다. 이 관계는 끊임없이 변화한다. 이런 이유로 사회적 기억은 언제나 발전하고 요동한다. 하지만 이것은 단순히 과거를 발명하는 과정에 그치지 않으며, 과거와 사회적 기억이 끊임없이 상호작용 하는 과정이 된다.[65)] 집단적 기억에 대한 이런 접근법은, 반시나가 구전과 구술 사회의 구전 활용 사이에는 완벽한 일치가 존재한다는 인류학자 잭 구디의 원리를 비판한 것과 정확히 일치한다. 앞에서 우리는, 바로

---

63) Misztal, *Theories*, 61-63. P. F. Esler, *Conflict and Identity in Romans: The Social Setting of Paul's Letter* (Minneapolis: Fortress, 2003), 174-75은 집단적 기억의 개념을 바울 연구에 도입한다. 하지만 알박스를 위시한 다른 학자들과는 대조적으로, 상이한 그룹들이 경쟁적으로 집단적 기억을 소유하고 해석하려 했다는 점에는 관심을 쏟지 않는다.

64) 수록할 만한 예로서 미슈탈은 M. Schudson, *Watergate in American Memory* (New York: Basic Books, 1992); B. Schwartz, *Abraham Lincoln and the Forge of National Identity* (Chicago: University of Chicago Press, 2000)를 인용하고 있다.

65) Misztal, *Theories*, 67-73.

이것이 복음 전승에 대한 양식비평의 접근법에 의문을 제기하는 한 가지 이유임을 언급한 바 있다(제10장을 보라). 반시나는 "부분적으로 일치가 존재하기는 하지만 구전 내용과 공동체의 현재 관심사 사이에 완벽한 일치는 존재하지 않는다"라고 역설하며 "다양한 전승 안에 고어들이 존재한다는 사실은 항상성이 거짓임을 보여준다"라고 주장한다.[66] 다시 말해 사회적 기억이나 구전은 과거와의 관계에 있어 끊임없이 협상을 전개해야 한다. 이 협상에서 과거는 경청되어야 하는 목소리를 낸다. 과거는 마음대로 발명되는 것이 아니다.

초기 기독교에서 목격자들의 역할 중 하나는, 과거의 목소리를 듣기 위해 주의를 기울이고 있는 그리스도인 그룹에게 이 목소리를 또렷한 발성으로 들려주었다는 것이다. 초기 그리스도인 그룹이 이 목소리를 들으려 했던 것은 과거 자체를 위해서가 아니었다. 그들은 자신들의 현재와 과거의 사건들의 관계, 즉 자기 그룹을 규정하는 정체성의 기반이자 세상을 구원하는 하나님의 행위들로 구성된 과거의 결정적 사건들과의 관계를 이해하고 싶어서 이 목소리를 경청했다. 물론 현재의 의미와 과거의 기억 사이의 협상은 목격자들이 형성한 전승 안에서도 일어나고 있었지만, 그 정도는 제한적이었다. 본질적으로 복음 전승은 "고립된" 것이었기 때문이다(제11장을 보라). 폭넓게 보아 목격자들은 기억을 현재적 유용성 속으로 철저히 흡수시키려는 흐름에 대해 일종의 저항을 대변했다. 발전해가는 집단적 기억이나 전승은 이런 저항을 자기 이해의 부분으로 받아들이고 통합시켰다. 예수 전승을 전달받은 주체와 전승의 발원지가 철저히 공동체적이었다면, 양식비평이 가정하는 것처럼 전승의 창작은 용이했을 것이다. 하지만 전승의 진정성을 증명할 때 목격자들은 그 전승이 자신의 기원에 충실함을 언급해야 했다. 개인이 가진 회상 기억은 집단적 기억 속에 흡수되더라도 자신의 정체성을 잃지 않았다. 집단적 기억이 개인의 회상

---

66) Vansina, *Oral Tradition*, 121; Byrskog, "A New Perspective," 468-69도 참고하라.

기억을 전달할 때조차도 이 회상 기억은 정체성을 유지했다. 목격자들의 증언이 복음서 안에 통합되었지만, 이 통합은 도리어 증언의 정체성을 영구히 확보해주었다. 기독교는 예수 이야기와 새로운 환경 사이의 연관성을 지속적으로 발견해갔으며, 이런 발견은 항상 과거와 현재의 협상의 형태를 띠었다. 또한 이런 협상은 네 복음서에 제시되어 있는 예수, 곧 목격자가 증언하는 예수와 연관 지어 자신을 설명해야 했다.

제13장

목격자 기억

우리 모두는 기억이 틀릴 수 있음을 경험적으로 알고 있다. 우리는 기억하는 것보다 더 많은 것을 망각하는 듯하다. 기억은 왜곡된다. 같은 일도 기억하는 사람에 따라 완전히 달라진다. 기억은 우리에게 장난을 친다. 이런 이유로 기억의 정확성을 확신할 때조차도 그것이 틀렸음이 드러나는 경우도 있다. 심지어 우리는 전혀 일어나지 않은 사건을 기억하기도 한다. 그런가 하면, 기억의 불확실성의 이면에는 다음과 같은 긍정적인 측면도 존재한다. 우리는 일상의 수많은 목적을 위해 기억이 충분히 믿을 만하다는 것을 경험적으로 안다. 기억을 신뢰할 수 없다면 인류는 존속할 수 없었을 것이다. 또한 진지하게 생각해보면, 기억이 오랫동안 상당히 정확하게 유지된다는 것도 알 수 있다. 그렇다면 우리는 복음 전승의 신뢰성을 어떻게 평가할 수 있을까? 복음 전승은 목격자들의 기억 속에서 얼마나 오래 보존되었을까? 우리가 이 책에서 제시한 논지대로 복음서의 내용이 원래의 전승, 즉 목격자들이 구조화하고 전달했던 그대로의 전승과 매우 가까운 것이 사실이라면, 우리는 목격자 기억(eyewitness memory)을 신뢰할 수 있을까?

심리학자들은 회상 기억에 대해 족히 한 세기도 넘게 연구해왔다. 목격자 기억의 신빙성에 대한 문제들과 연관된 유용한 데이터와 해석이 많이 존재함에도, 신약학자들은 이런 자원을 거의 활용하지 않았다.[1] 하지

---

1) 예외로는 J. D. Crossan, *The Birth of Christianity* (San Francisco: HarperCollins, 1998), 59-68; R. K. McIver and M. Carroll, "Experiments to Develop Criteria for Determining the Existence of Written Sources, and Their Potential Implications for the Synoptic Problem," *JBL* 121 (2002), 667-87; A. D. Baum, "Der mündliche

만 우리는 제13장에서 처음으로 관련 데이터와 이론에 접근해서 이것을 복음 전승과 체계적으로 연결하려고 시도할 것이다.

예수에 관한 목격자 기억과 관련된 접근법을 준비하면서, 우선 우리는 두 개의 에피소드를 소개할 것이다. 이 사례들은 각각 일상(법정에 제시되는 증거처럼 법률적 맥락은 제외)에서 목격자 증언을 신뢰할 수 없는 경우와 매우 신뢰할 수 있는 경우를 보여준다. 이런 사례를 통해 우리는 여러 가능성과 문제를 확인할 수 있을 것이다.

롯시니가 베토벤을 만났을 때

얀 반시나는 목격자 증언이 신빙성이 없다는 경고로서 다음과 같은 이야기를 제시하고 있다.

> 롯시니가 베토벤을 만났던 일을 회고한 다음과 같은 유명한 이야기는 경솔한 사람에게 경고 역할을 한다. 베토벤이 세상을 뜨고 몇 년이 흐른 뒤 처음으로 소개된 이 이야기에서 롯시니는, 자신이 베토벤을 찾아갔으나 집안으로 들어가는 허락을 받기가 무척 힘들었다고 말했다. 그뿐 아니라 롯시니는 이탈리아어(롯시니가 쓰는 언어)가 서투른 그 거장(베토벤)에게 말을 건네볼 수도 없

Faktor: Teilanalogien zu *Minor Agreements* aus der Oral Poetry-Forschung und der experimentellen Gedächtnis-Psychologie," *Biblica* 85 (2004), 264-72. 대조적으로 인지심리학은 고전학자들에 의해 폭넓게 활용되었다: J. P. Small, *Wax Tablets of the Mind: Cognitive Studies of Memory and Literacy in Classical Antiquity* (New York: Routledge, 1997); G. S. Shrimpton, *History and Memory in Ancient Greece* (McGill-Queen's Studies in the History of Ideas 23; Montreal and Kingston: McGill-Queen's University Press, 1997), 52-60; E. Minchin, *Homer and the Resources of Memory: Some Applications of Cognitive Theory to the Iliad and the Odyssey* (Oxford: Oxford University Press, 2001).

었다고 한다. 이 마지막 부분에 대해서는 의심이 들 수 있다. 적어도 그 출처에 대해서는 그렇다. 결국 롯시니가 생을 마칠 무렵, 이 이야기는 허구임이 드러났다. 이 이야기 속에는 창조의 고통에도 불구하고 롯시니를 맞아들여 위대한 작업을 계속하라고 권면하면서 "세비야의 이발사"(롯시니가 작곡한 오페라)가 그때까지의 작품 중 가장 위대한 희극이라고 칭송하는 고뇌에 찬 거장의 모습이 들어 있다.[2]

이 사례는 목격자가 오랜 세월이 흐른 뒤에 자기 삶을 이야기하면서, 그 기억을 철저히 바꾸어 새로운 이야기를 창작할 수 있음을 증명해준다. 이런 경우 이야기를 바꾸는 동기는 명백하다. 여기서 롯시니는 전혀 믿을 수 없는 증인으로 등장한다. 그렇다면 롯시니는 자신의 이야기를 실제라고 믿었을까? 충분히 그랬을 수 있다.

부패한 낚시꾼 시신의 사례

반면에 오랜 세월이 흐른 뒤에도 사건을 정확히 회상하는 일 역시 가능하다. 약간 특수한 경우지만 아래에 소개되는 사례에서 83세나 된 노인은 70년이 넘은 과거의 사건을 세부까지 기억하고 있다. 이 사례가 특히 흥미로운 이유는, 아주 오래된 일에 대한 기억인데도 불구하고 그 정확성을 검증하는 데 활용될 수 있는 증거가 남아 있었기 때문이다.

1901년 6월, 잉글랜드 노포크의 한 지역 신문에는 다음과 같은 기사가 실렸다.

---

2) J. Vansina, *Oral Tradition as History* (Madison: University of Wisconsin Press, 1985), 9-10.

원터턴의 희한한 비극

모래언덕에서 시신 발견

화요일 늦게, 야머스 북쪽 8마일 지점의 어촌 윈터턴의 모래언덕에서 무시무시한 것이 발견되었다. 한 어부와 그의 개 그리고 야머스에 사는 한 신사가 함께 절벽을 따라 걷고 있을 때였다. 이들은 모래언덕 위 높은 곳에 박힌 기둥에 한 남자의 시신이 매달려 있는 것을 발견했다. 시체는 일부가 모래로 덮여 있었다. 이 시신은 튼튼한 줄에 매달려 있었고 그 줄은 기둥에 단단히 묶여 있었으며, 기둥은 죽은 사람이 자기 손으로 모래 속에 박아 넣은 것이 분명했다. 시신의 형체는 도통 식별할 수가 없었으며 곰팡이로 뒤덮여 있었다. 사람들은 옷차림으로 보아 이 시신이 지슬램이라는 어부라고 믿었다. 그는 약 5주 전에 사라졌는데, 사람들은 그가 익사했거나 배를 타고 바다로 나갔다고 추측했다. 이리하여 그의 신원이 밝혀졌다. 시신이 발견된 장소는 아주 황량하고 인적이 드물어 윈터턴 사람들도 거의 찾지 않는 곳이다. 문제의 개가 주인의 이목을 그곳으로 끌지 않았더라면 그 시신은 십중팔구 발견되지 않았을 것이다.

다음날 이루어진 검시에 대해 신문은 이렇게 보고하고 있다.

첫 번째로 소환된 증인은 고인의 처남인 알버트 로버트 조지였다. 그 역시 어부이며 윈터턴에 살고 있다. 조지에 따르면 고인은 36세였다. 고인은 가끔씩 행동거지가 이상했다고 한다. 하지만 증인은 고인이 자기 행동에 온전히 책임을 질 수 있었는가에 대해서는 답하지 못했다. 증인이 살아 있는 고인을 마지막으로 본 것은 5월 8일 고인의 집 근처였다. 그때 고인은 세 살 난 아들인 스탠리를 안고 "잘 있어"라고 말한 뒤 떠나갔다. 증인은 고인이 배를 타러 나간다고 짐작했다. 증인은 자신을 깜짝 놀라게 할 일이 일어나리라는 것을 전혀 짐작할 수 없었다. 고인의 부인인 수재너 볼턴 지슬램도 알버트 조지와 동일한 증언을 했다. 부인은 죽은 남편이 프루덴셜 회사의 생명보험을 들어놓았다고 말했다. 5월 8일, 고인이 집을 떠나기 전, 고인과 부인 사이에는 아무 다툼도 없었으며, 이때가 부인이 살아 있는 남편을 본 마지막 날이었다. 그런데 남편은 그 전에 군(郡) 법원이 송달한 소환장을 받고 속이 뒤집어져 있었다. 부인은 자기 남편이 가끔씩 자기가 무슨 일을 하는지 알지 못할 때가 있었다고 생각했다. 그러기는 했어도 부인은 남편이 자살하겠다고 위협하는 말을 들은 적도 없었고 심지어 그런 일을 입에 올리는 것도 들은 적이 없었다.

배심원은 "일시적 정신착란에 의한 자살"이라는 평결을 내렸다.

그 후 오랜 세월이 지난 1973년에 다음과 같은 일이 일어났다. 누군가가 한 자원자를 인터뷰하여 사건의 내막을 상세히 설명한 것이다.

답: 그게 그러니까 오래된 얘기지, 1910년 이야기야. 이 여자는 자기 남편이 밖에 나가 배를 타든지 아니면 돈 좀 벌어오는 게 소원이었어. 부부가 말 그대로 무일푼이었거든. 당신도 알겠지만 여자가 다 그렇잖아. 남편 보고 돈 좀 벌어오라고 달달 볶은 거야. 그때는 남편이 부인 말을 들어주고 싶어도 들어줄 수가 없었대. 그러다 어느 날 남편이 해변으로 나갔나 봐. 그게 이 친구를 마지막으로 본 때야—옆모습으로. 사람들이 보니까, 이 친구가 남쪽으로 가더래. 그런데 이 친구가 교묘한 술수를 쓴 거였어. 사람들이 모두 잠자리에 든 걸 알고.…그러니까 사람들이 집에서 저녁을 먹고 잠자리에 든 것을 알고 방향을 돌려 북쪽으로 갔다는군. 사람들이 언덕을 샅샅이 다 뒤졌나 봐.…이 친구가 배를 타러 나갔는지 알아보려고 야머스까지 갔었대. 그런데 아무도 이 친구를 못 찾은 거야. 아무도. 결국 이 친구 찾는 일을 포기했대. 불쌍한 이 친구 마누라도 단념했다지. 문밖출입도 하지 않았대.…그런 일이 일어난 게 5월이었지, 어느 날 저녁에 한 남자가 사라진 일 말이야. 그리고 여섯 주가 흘렀어. 그러니까 6월이었을 거야. 아니 어쩌면 7월 초쯤일지도 모르겠네. 정확히 언제인지 말을 못하겠구먼. 그러니까 늘 그러듯이 한

남자가 해변을 따라 걷고 있었대.…개랑 같이 갔는데, 아마도 개를 마음껏 달리게 해주려고 데려갔나 봐. 그런데 개가 이곳을 떠나려고 하질 않더라는 거야. 개가 언덕 위로 올라갔다는군. 그리고 계속 큰소리로 짖어대고 요란한 소리를 냈다는군. 거기가 윈터턴에서 북쪽으로 상당히 떨어진 곳이지. 그래서 그 사람은 속으로 땅에 뭔가가 있다고 생각했대. 개가 몇 번을 짖어대며 불러댔으니까. 결국 이 사람이 가볼 수밖에 없었나 봐. 그런데 거기에 사라진 그 남자가 있었다는 거야. 그 언덕 높은 언저리에 말뚝에 묶인 채. 근데, 이 친구를 새가 쪼아 먹었나 봐. 처참해서 눈 뜨고 볼 수가 없었대. 물론 시신을 발견한 친구도 개가 다가가지 못하게 쫓았다는군.…그리고 윈터턴의 집으로 돌아와 해안 경비대에 신고했다더군. 금세 온 동네가 난리가 났지. 어떤 사람들은 마누라 때문에 남자가 이런 일을 당했다고 마누라를 욕했대. 사람 모양의 인형을 만들어 옷을 입혀놓고 불을 붙이기도 했어. 그것도 컴컴해질 때까지 기다렸다가 밤 10시나 11시가 되어서야 불을 붙이는 거야. 그런 다음에 그 부부가 살았던 집 둘레를 돌았대. 그러고 보니 그때 그 사람들이 불렀던 노래가 있는데, 기억이 안 나네. 내가 그때 겨우 열 살이었거든. 잊어버렸어.…그나저나 그 불쌍한 여자는…미치지는 않았는데 결국 병원에 입원해야 했나 봐. 거기서 죽었다더군.

문: 이 일이 1910년에 일어났다고 말씀하셨는데, 방금 어르신이 그때 열 살이었다고 말씀하셨지요?

답: 그랬지, 내가 열 살이었지.

문: 그럼 태어나신 해가?

답: 1890년.

문: 그러면 어르신이 열 살이신 해는 1900년인데요.

답: 그런가, 내가 아까 1900년이라고 말하지 않았던가?

문: 1910년이라고 말씀하셨던 것 같은데요.

답: 아, 그랬구나, 1900년일 거야. 19세기에서 막 20세기로 넘어가던 때였으니까. 그 사람에게 그런 일이 있었던 게 6월이었지…5월이었나? 아무튼 정

확한 때는 말을 못하겠소. 하지만 그 사람은 윈터턴 교회 묘지에 묻혔어.[3]

개인의 회상에서 가장 정확성이 떨어지는 요소는 날짜다. 이런 이유로 앞의 증인이 사건이 일어난 달(月)은 정확히 지시하고, 인터뷰 당시 그의 나이를 고려할 때 사건이 일어난 날짜까지는 언급하지 못한다는 점은 매우 주목할 만하다. 물론 이 사람은 사건이 일어난 해를 잘못 알았고 질문을 받고 나서 그 실수를 바로잡았다. 증인의 말은 모두 신문의 보도 내용과 일치한다. 상당히 세세한 사항을 덧붙인 점도 설득력 있다. 물론 이 증인은 이야기를 들려주면서 증언의 일부를 자연스럽게 살짝 다듬었겠지만(예를 들어 "그 사람은 속으로 땅에 뭔가가 있다고 생각했대"), 정확히 그 부분이 어디인지 밝히기는 불가능하다. 특히 흥미로운 것은, 증인의 말과 신문 보도가 일치함에도 불구하고 서로 다른 시각을 제시한다는 사실이다. 재판 기록에서는 고인의 아내와 처남이, 아내가 고인을 죽음으로 몰고 갔다는 암시를 주지 않으려고 애쓰는 모습이 선명히 드러난다. 반면에 증인의 기억 이야기는 이런 암시가 이웃들 간에 퍼져 있었으며, 이것이 부부의 상황으로 보아 얼토당토않은 추측만은 아님을 알게 해준다.

앞의 증인은 이 사건을 아주 잘 기억하고 있었다. 증인이 사건과 직접 관련되지도 않았으며 당시 열 살에 불과한 소년이었지만 말이다. 어쩌면 열 살짜리 소년이 이를 생생히 기억할 수 있었던 것은 이 사건이 너무 특이하고 섬뜩했기 때문인지도 모른다. 하지만 우리로서는 증인은 물론이요, 동네 사람들이 이 기억을 자주 되풀이해 이야기했으리라고 추정할 수 있다. 앞으로 보겠지만, 빈번히 되풀이해 이야기하는 것은 기억을 보존하는 데 중요한 요소다.

---

3) A. Baddeley, *Your Memory: A User's Guide* (London: Prion, 1982), 136-40에서 인용했다.

회상 기억

제13장에서 우리는 윌리엄 브루어(William Brewer)가 회상 기억(recollective memory)이라고 부르는 것에 관심을 기울일 것이다.[4] 문헌에서 이 회상 기억은 "에피소드적 기억", "개인적 기억"(personal memory; individual memory와 의미의 차이가 거의 없고 보컴도 둘을 혼용해서 사용하기 때문에 동일하게 옮김-편집자 주), "자서전적 기억"을 위시해서 다양한 이름으로 불리고 있다. 그러나 브루어는 "자서전적 기억"(autobiographical memory)을 더 넓은 의미를 가진 용어로 다루면서, 이것을 다음과 같이 유용한 네 범주로 구분한다. (1) 회상 기억: 삶에서 일어난 특별한 사건에 대한 개인적 기억(이미지도 포함됨). (2) 총칭적-개인적 기억(generic personal memory): 특별한 경우가 아니라 반복된 일이나 상황에 대한 개인적 기억(이미지도 포함됨). (3) 자서전적 사실: 정신적 이미지나 과거의 체험을 "되살림" 없이 누군가의 과거에 일어났던 사건을 아는 것. (4) 자기 도식(self-schema): 많은 경험을 통해 습득된 자신에 관한 전반적 인식.[5]

복음서의 에피소드적 내러티브 대다수는, 목격자 증언에 근거하는 경우, 첫 번째 범주에 들어갈 것이다. 두 번째 범주에 들어갈 정도로 일반성을 가진 자료도 있다. 그러나 예수의 말씀은, 내러티브의 필수 부분이 되는 말씀을 제외하고는 이런 범주들에 속하지 않는다. 제12장에서 이미 논증했듯이, 예수의 말씀들은 기억된 후에 재생되었을 것이다. 일정 부분 암

---

4) W. F. Brewer, "What Is Recollective Memory?" in D. C. Rubin, ed., *Remembering Our Past: Studies in Autobiographical Memory* (Cambridge: Cambridge University Press, 1996), 19-66. 더 이전에 브루어는 "personal memory"라는 용어를 사용했다: W. F. Brewer, "What Is Autobiographical Memory?" in D. C. Rubin, ed., *Autobiographical Memory* (Cambridge: Cambridge University Press, 1986), 25-49. 여기서 활용된 다른 용어에 대해서는 idem, "What Is Recollective Memory?" 21, 32을 보라.

5) Brewer, "What Is Autobiographical Memory?" 25-32.

기되었다가 회상되는 다른 정보들처럼 말이다. 추측컨대 목격자들조차도 예수가 어떤 말씀을 선포하신 정확한 시기와 장소를 늘 상기하지는 못했을 것이다. 설령 이런 시기와 장소를 떠올렸다 하더라도, 이 기억은 회상하고 전달하는 과정에서 우연히 상기되었을 것이다. 제13장에서 우리는 회상 기억의 심리학에 대해 논의할 것이다. 이 회상 기억은 목격자가 가진 기억이자, 에피소드적 내러티브의 출처가 되는 기억이다.

브루어는 회상 기억의 특징들에 대해 다음과 같이 꼼꼼하게 설명하고 있다.

> 회상 기억은 한 개인의 과거 속에서 일어난 특정 에피소드에 대한 기억이다. 보통 이 기억은 이전 순간의 체험을 "되살리는 것"인 듯하다. 따라서 여기에는 장소, 행동, 사람, 목적물, 사상, 정서에 관한 정보가 들어 있다. 이 기억 속에는 시간에 대한 직접적 표상이 포함되지 않는다. 이런 기억의 형태에서 정보는 정신적 이미지로 표현된다. 시각적 인식과 비교해서 회상 기억의 이미지들은 흐릿하고 불분명하고 윤곽만 나타나며 지속성이 없다. 회상 기억 이미지들의 관점은 원래 시각일 수도 있고 관찰자의 관점일 수도 있다. 이 이미지에는 무관한 세부 내용이 포함되어 있을 수 있다. 또한 회상 기억에는 명제적(이미지가 아닌) 정보(propositional information)도 들어 있는 것 같다. 이 회상 기억은 기억되는 에피소드가 기억의 주체의 과거 안에서 그에 의해 직접 체험되었다는 믿음을 동반한다. 최근 회상 기억은, 이것이 도식에 근거한 강력한 과정의 영향을 받지 않는 한, 매우 믿을 만한 경향을 보여준다. 회상 기억은 그 내용이 정확하다는 확신을 강하게 불러일으키며, 이런 확신은 기억의 객관적 정확성을 자주 예보해줄 수 있다.[6]

6) Brewer, "What Is Recollective Memory?" 60-61. 이 책은 브루어의 이전 논문인 "What Is Autobiographical Memory?" 34-35의 내용을 토대로 저술되었다.

복사 혹은 (재)구성?

심리학자는 물론 철학자가 기억을 연구할 때 이론적으로 중요한 쟁점이 되는 것은, 특정한 회상 기억이 원체험의 복사(copy)인가 아니면 재구성(reconstruction)인가 하는 문제다. 이 문제와 관련해서는 서로 다른 다양한 이론들이 있다. 이렇게 **이론**이 다양하게 갈라지는 이유는, 유용한 경험적 데이터가 중요한 증거가 되지만 이 증거에 대한 해석은 여전히 논쟁 중이기 때문이다. 근래 심리학 문헌에서는 기억을 재구성으로 보는 이론이 대세를 이루었다.[7] 하지만 프레더릭 바틀릿 경(Sir Frederick Bartlett)이 고전적 연구서인 『기억』(*Remembering*)(1932)에서 제시한 실험과 결론을 원용하여,[8] 회상 기억이 재구성의 본질을 가지고 있다고 주장하는 것은[9] 전혀 타당하지 않다. 바틀릿이 실험한 기억의 대상은 글과 이야기와 그림이지, 개인적으로 경험된 사건이 아니었기 때문이다. 반면에 잘못된 기억이라는 현상을 보면, 자기가 경험하지도 않은 일을 진짜 경험한 것처럼 확신을 품고 회상하는 경우가 나타나는데, 이런 현상은 기억을 복사로 이해하는 이론 자체가 적절하지 않음을 암시하는 증거다.

데이비드 리버만(David Lieberman)은 복사 이론을 따라 이렇게 썼다. "기억은 비디오 재생기와 닮았다. 먼저 체험한 내용을 정확하게 녹화한다. 나중에 녹화한 기록이 필요하면 그 기록을 그대로 재생한다."[10] 우리가 간파해야 할 점은, 이런 묘사가 어떤 사건을 정신 속에 기록할 때 일어나는

---

7) Brewer, "What Is Recollective Memory?" 40에 제시된 문헌들.

8) F. C. Bartlett, *Remembering: A Study in Experimental and Social Psychology* (Cambridge: Cambridge University Press, 1932).

9) C. R. Barclay, "Schematization of Autobiographical Memory," in Rubin, ed., *Autobiographical Memory*, 82: "자서전적 기억은 대부분 과거에 일어난 에피소드적 사건의 재구성이다"(Bartlett, 1932).

10) D. A. Lieberman, *Learning and Memory: An Integrative Approach* (Belmont: Wadsworth, 2004), 442.

일에 대한 잘못된 이미지라는 것이다. 어떤 사건을 인식한다는 것은 이미 선택과 해석의 작업이다. 기억에 대한 재구성 이론은 기억을 되살리는 과정 자체를 구성적 과정으로 본다. 즉 기억은 단순히 원체험을 비디오처럼 재생하는 것이 아니라는 것이다. 이런 문제는 기억이 어떻게 저장되는가의 문제와 어느 정도 연관된다. 재구성 이론에 따르면, 회상 기억은 기억의 지식 저장소에 기억 자체로 저장되지 않는다. 오히려 기억을 되살리는 일은 자서전적 지식을 구성하는 상이한 요소들을 창조적으로 결합시키는 작업이다. "기억은 광범위한 지식 저장소에서 샘플을 채취하는 복잡한 재생 시스템과 관련된 구성적 과정이다."[11] 이 견해에 따르면 "기억은 일시적이거나 가변적인 정신적 표상으로서, 진행 중인 특정 에피소드의 맥락 안에서만 존재한다."[12] 이 견해를 뒷받침하는 경험적 증거가 있다. 동일한 체험이 상이한 경우에 회상될 때, 그 세부 내용에는 안정성과 변화 가능성이 동시에 존재한다는 증거가 바로 그것이다.[13]

데이비드 루빈(David Rubin)의 다음과 같은 주장도 주목할 만하다. "회상 기억에 대한 재구성 이론은 이런 기억이 정확하다거나 부정확하다는 의미가 아니다. 오히려 이 이론은 기억이 통째로 암호화되어 저장되었다가 재생되는 것이 아니라, 재생될 때 여러 요소들이 창조적으로 사용된다고 주장한다."[14] 기억이 정확하다고 할 때(물론 많은 경우에 기억은 의심할 여지 없이 정확하다), 재구성 이론은 이 기억이 어떻게 정확할 수 있는지를 설명해준다. 그러나 아무리 정확하다 해도 기억은 본질적으로 선택적이고 해석적인 작업이다. 수많은 심리학 이론에 따르면 기억은 "도식"[schemata; 유사한 개념으로는 "틀"(frames)이나 "각본"(scripts)이 있음], 즉 정신이 데이터를 유

11) M. A. Conway, "Autobiographical Knowledge and Autobiographical Memories," in Rubin, ed., *Remembering Our Past*, 86.
12) Conway, "Autobiographical Knowledge," 76.
13) Conway, "Autobiographical Knowledge," 80-81.
14) D. C. Rubin, "Introduction," in idem, ed., *Remembering Our Past*, 4.

용한 방식으로 조직할 수 있도록 하는 패턴과 함께 작용한다.[15] 이 도식에는 일반적 개념들(통상적으로 사리에 맞는 일은 무엇인가, 또 늘 일어나는 일은 무엇인가?), 인식한 내용을 조직하여 이야기를 만들어내는 내러티브 패턴, 정체성과 성격에 대한 전반적 자기 인식을 포함하는 "자기 도식"(self-schema)이 포함될 수 있다.[16] (자주 심리학자들은 이런 문제들을 다루면서 매우 개인주의적 관점을 드러낸다. 말이 나온 김에 언급하자면, "자기 도식"이 반드시 고립된 자아를 표상할 필요는 없으며, 타인들과의 필연적 관계 속에서 자아를 묘사할 수도 있다.) 도식 특히 자기 도식은 시간에 따라 변하기 때문에, 정신이 사용하는 조직 원리들은 기억의 방식에 따라 변형을 일으킬 수 있다. 게다가 기억을 떠올려 소통시키려는 목적은(기억은 항상 소통이기 때문에) 기억의 구성에 강력한 영향을 미친다.

기억은 자유롭게 구성되지 않는다. 기억의 과정에는 분명히 제약이 있다. 같은 기억을 다른 상황에서 떠올려도, 떠올려진 기억이 상당한 정확성과 안정성을 유지하는 것은 바로 이런 제약 때문이다. 또한 기억에 대한 재구성 이론은 매우 부정확한 기억이 어떻게 만들어지는지를 설명한다. 누군가가 어떤 체험을 충분히 재생할 수 있을 만큼 세부 내용을 정확히 떠올리지 못한다 해도, 사람의 정신은 그 틈새를 지식 저장소에서 가져온 다른 것으로 채워 넣을 수 있다. 이를 보여주는 좋은 사례가 아래에 인용되어 있다. 아래의 사례에서 한 여인은, 자신이 다섯 살 때인 1905년에 일어난 러시아 혁명[(1)]에 관한 기억을 어느 날 문득 떠올리게 되었다고 쓰고 있다.

---

15) Barclay, "Schematization," 82-83. 역사 연구에서 도식 개념을 사용한 사례를 보려면 P. Burke, *Varieties of Cultural History* (Cambridge: Polity, 1997), 39-41, 95-97, 176-78을 보라.

16) Barclay, "Schematization," 87은 마커스(H. Markus)의 정의를 원용하고 있다: "자기 도식은 과거 경험으로부터 도출된, 자아에 관한 인지적 일반화다. 이 자기 도식은 개인의 사회적 경험 안에 내포된 자기 지시적 정보 과정을 조직하고 인도한다."

> 나는 창밖을 내다보고 있었다. 그때, 겁에 질린 채 각자 다른 길로 달음질쳐 내빼고 있는 두 여자가 내 눈에 들어왔다. 그들은 모두 단발머리에 모자도 머릿수건도 쓰고 있지 않았다. "혁명파다." 바로 뒤에서 어머니가 말씀하셨다. 나는 어머니 쪽으로 고개를 돌렸다. 순간 나는 깜짝 놀랐다. 내가 있던 그 방이, 내가 열세 살 때 우리 식구가 이사 갔던 집의 거실이라는 것을 깨달았기 때문이다!

계속해서 이 여인은 앞에서 말한 그 집이 자신의 가족이 1905년에 살았던 집과 아주 비슷했다고 설명한다.[17] 그녀의 정신은 정확에 가까우면서도 정확하지 않은 총칭적-개인적 기억(즉 그녀가 과거에 살던 집에 관한)으로부터 이 에피소드적 기억을 위해 정보를 공급함으로써, 그녀로 하여금 그릇된 기억을 하게 했다. 크레이그 바클리(Craig Barclay)는 이 사례를 인용하면서 다음과 같이 말한다.

> 이런 식으로 많은 자서전적 기억은 도식적 특성을 획득한다. 즉 사람은 그가 인식하거나 이해한 특징들 속에 있는 유사점들을 통해 과거를 재구성한다. 그는 정보를 추가하거나 제거함으로써 특정한 때에 자신과 다른 사람들이 다 믿을 수 있는 일관적 이야기를 만들어낸다.[18]

재구성적 과정에서 오류가 일어나는 또 다른 경로는, 기억의 대상이 되는 사건에 대한 잘못된 정보를 얻는 경우다. 무의식중에 우리는 이런 그릇된 정보를 받아들여 기억의 일부로 삼을 수 있다.[19] 극단적인 경우에는

17) Barclay, "Schematization," 85에서 재인용. 바클레이는 E. Salaman, *A Collection of Moments: A Study of Involuntary Memories* (London: Longman, 1970), 32으로부터 인용했다.

18) Barclay, "Schematization," 86.

19) Lieberman, *Learning*, 445.

전혀 일어난 적이 없는 사건이 자기에게 있었다고 주장하다가, 실제로 일어난 일로 믿어버릴 수도 있다. 다음에 인용된 사례는 크리스라는 열네 살짜리 소년과 관련된 실험이다.

> 실험자는 크리스의 형을 시켜서 크리스가 자신이 다섯 살 때 쇼핑몰에서 길을 잃어버린 일을 기억하느냐고 물어보도록 했다. 처음에 크리스는 그 사건을 기억하지 못했다. 정확히 말하자면 그는 그런 일이 없었다는 반응을 보였다. 하지만 형이 그날 사건에 대한 세부 사항을 이야기해주자, 크리스는 점차적으로 기억을 떠올리기 시작했다. 약 2주 뒤, 크리스는 그 일을 분명하고 생생하게 기억해서 들려주게 되었다.[20]

이런 식의 잘못된 기억은 어린 시절과 관련된 기억에서 자주 일어나는 것 같다.[21] 아래에 인용된 마크 트웨인(Mark Twain)의 이야기도 그런 사례 중 하나다.

> 나는 동생 헨리가 생후 1주 때 집 밖에서 불 속으로 걸어 들어간 일을 기억하고는 했다. 내가 이런 일을 기억한다는 것은 놀랄 만하다. 하지만 이보다 훨씬 더 놀라운 일은, 내가 그 일을 기억한다는 착각을 30년 동안이나 붙들고 있었다는 것이다. 물론 헨리가 불 속으로 들어간 일 따위는 전혀 일어난 적이 없었다. 태어난 지 한 주만에 걸었다는 게 말이 되는가.[22]

추측컨대 이 사례에서처럼 어린아이의 기억은 자신의 상상에 좌우되기 쉬운 것 같다. 또한 다른 사람들이 보고하는 사건을 자신의 눈앞에 벌

---

20) Lieberman, *Learning*, 446.
21) Brewer, "What Is Autobiographical Memory?" 43-44의 참고 문헌.
22) Barclay, "Schematization," 82에서 인용.

어지는 듯이 떠올리기도 쉬운 듯하다.

어른의 경우에 대해서는 다음과 같은 바클리의 실험 결과가 있다. 이 실험에서 실험 대상자들은 2년 반 동안 몇 번에 걸쳐, 일상에서 경험하는 사건에 대해 자신들이 쓴 보고서를 제공받았다. 그런데 이 보고서는 "대비 자료"(foils), 즉 실험 대상자들과 일상을 공유하는 타인들이 같은 사건에 대해 작성한 다른 버전의 보고서와 함께 제시되었다. 이 실험에서 얻어진 매우 복잡한 데이터를 분석한 결과, 대상자들은 타인들이 작성한 대비 자료를 그들 자신의 체험으로 착각하고, 이 대비 자료가 제시하는 내용을 자신의 진짜 체험과 매우 유사한 사건이라고 믿는 경향을 보였다.[23] 이런 결과는 기억의 재구성이 과거에 일어났던 것처럼 여겨지는 어떤 사건에 대한 관념을 통해 작동한다는 점을 암시한다. 반면에 이 결과의 또 다른 함축은, 비일상적 사건에 대한 기억이 오류를 일으킬 가능성이 아주 낮다는 것이다. 잊기 어려운 충격적 사건은 우리의 기억에 단단히 달라붙는다. 반면에 일상적인 일에 대한 기억은 우리를 속이기 쉽다.

브루어는 회상 기억이 부분적으로 재구성인 동시에 복사의 요소도 가지고 있다는 논지를 전개한다. 브루어의 판단에 따르면, 전체적으로 보아 재구성 이론을 지지하는 증거가 매우 크다고는 할 수 없지만(그뿐 아니라 그가 제시하는 증거 중 일부는 무효다), 복사 이론을 지지하는 증거보다는 크다고 할 수 있다. 하지만 회상 기억을 순전히 재구성으로 보는 견해를 고수하면, 회상 기억에서 종종 발견되는 현상, 즉 기억의 대상과 전혀 관련 없는 세부 사항이 기억되는 현상을 설명하기가 어렵다. 브루어는 다음과 같은

---

23) Barclay, "Schematization," 91-95. 이 글로부터 가져온 실험과 실험 결과에 대한 내 설명은 상당히 단순화되어 있다. 하지만 바클리의 설명만으로는, 실험 참가자들이 대비 자료를 자신들의 기억으로 여기면서 실제로 그 사건을 "되살리는" 체험을 했다는 것인지(즉 분자적으로 회상 기억을 했다는 것인지), 아니면 단순히 자신들이 보고된 사건을 체험했을 가능성도 있다고 판단했다는 것인지 분명하지 않다. 이 실험에서 얻어진 데이터의 가치에 대한 의심에 대해서는 Brewer, "What Is Autobiographical Memory?" 44도 보라.

가설을 제시한다. "당연히, 최근(며칠이나 몇 주 안)에 발생한 일에 대한 개인적 기억은 그 개인의 원체험의 정확한 복사다." 하지만 그런 후에는 재구성이 일어날 수 있다. "시간이 흐르거나 또는 도식에 근거한 과정의 강한 영향 안에서, 원체험은 재구성되어 새로운 비현실적 기억을 만들어낼 수 있다. 이런 비현실적 기억은 다른 개인적 기억의 현상적 특징들(예를 들어 강한 시각적 이미지, 강한 신념 가치)을 대부분 유지한다."[24)]

브루어는 단기 회상의 정확성을 보여주는 다음과 같은 실험을 언급하고 있다(동시에 브루어는 앞에서 소개한 바클리의 실험의 가치에 대해서도 몇 가지 의문을 제기한다).

> 실험 참가자들은 몇 주 동안 어느 때 울릴지 모르는 알람 장치를 달고 다녔다. 갑자기 알람이 울리면, 참가자들은 그때 일어났던 사건(예를 들어 행동, 생각)과 그 사건을 묘사하는 다른 정보(예를 들어 장소, 시간)를 기록했다. 이후 몇 달 동안 여러 차례에 걸쳐, 이들에게 기억의 단서를 제공하고 전에 기록한 사건을 떠올리게 하는 단서 회상 실험(cued-recall test)이 실시되었다. 이 회상의 질(質)을 분석해본 결과, 여기에는 많은 오류(약 50%)가 있음이 드러났다. 하지만 이런 오류는 거의 복구 오류였다(실험 대상자들은 질문에 대해 엉뚱한 사건을 떠올리는 것으로 드러났다). 실험 참가자들이 진짜 재구성 오류를 범한 경우는 1.5퍼센트에 불과했다. 이런 진짜 오류의 경우, 참가자들은 원래 사건은 기억했으나, 그 사건과 관련해 자신이 기록했던 정보와 충돌하는 내용의 정보를 떠올렸다. 이로써 나는, 일상적 사건에 대한 재구성적 기억의 오류 비율이 상대적으로 낮다는 것이, 내가 초기에 주장했던 부분적 재구성 이론과 상당 부분 일치한다는 사실을 논증하게 되었다.[25)]

---

24) Brewer, "What Is Autobiographical Memory?" 41-44.
25) Brewer, "What Is Recollective Memory?" 41.

또한 브루어는 소위 "플래쉬" 기억("flashbulb" memories; 케네디 암살과 같은 충격적 사건을 처음 들었던 그 순간에 관해 생생하고 세세한 기억을 가지는 현상)에 관한 데이터도, 회상 기억이 부분적으로 재구성적이라는 자신의 견해와 일치하지, 같은 데이터를 근거로 회상 기억을 더 철저히 재구성적으로 바라보는 다른 학자들의 견해와는 별로 일치하지 않는다고 주장한다.[26]

따라서 회상 기억이 재구성적 요소도 가지지만, 특히 단기 회상에서 복사의 요소가 얼마나 중요한지에 대해서는 아직도 격렬히 논쟁 중이라고 결론짓는 것이 안전할 것 같다. 하지만 재구성이 그 자체로 부정확성을 야기하는 것은 아니다. 기억은, 비록 선택적이라 할지라도, 매우 정확할 수 있다. (이런 이유로 "구성"보다는 "재구성"이라는 용어가 선호된다. 예를 들어 에피소드적 기억의 틈새를 메우기 위해 총칭적-개인적 기억을 사용하는 것도 충분히 정당화될 수 있다.) 하지만 재구성은 부정확성을 야기할 수 있다(가끔은 완전히 잘못된 기억을 낳을 수 있다). 기억의 재구성에는(원래의 인식과 마찬가지로) 항상 해석의 요소가 작용하며, 이 요소는 회상의 맥락에서 유의미한 설명을 요구한다. 그러나 반복해서 말하지만, 이런 해석은 단순한 재생의 차원을 넘어섬에도 불구하고 반드시 기억을 왜곡하는 것은 아니다. 재구성된 기억은 사진보다는 그림과 유사하다고 생각할 수 있다.[27]

복사와 재구성 이론에 대한 일반적 논의로부터는, 재구성적 기억의 정확성에 대한 더 깊이 있는 결론을 끌어내기가 어렵다. 더 깊이 있는 결론을 도출하려면 회상 기억의 유형과 특징을 논의해야 한다. 특정한 회상 기억의 측면들이나 이런 회상 기억이 생기되는 방식으로서, 다른 기억들보다 더 큰 정확성의 개연성을 보여주는 것들이 있는가?

26) Brewer, "What Is Recollective Memory?" 41-42.
27) Brewer, "What Is Recollective Memory?" 29에 제시된 이미지.

회상 기억의 신빙성

이제 우리는 회상 기억에 대한 심리학자들의 연구로부터 도출되는 더 특수한 결론을 논의할 단계에 왔다. 사람들은 어떤 종류의 사건을 가장 잘 기억하는가? 가장 신뢰할 만한 기억은 어떤 종류의 기억인가? 아마도 다음과 같은 요인들이 중요할 것이다.

(1) **유일무이하거나 이례적인 사건.** 일반적으로 우리가 "기억할 만하다"라고 간주하는 사건은 유일무이하거나 이례적이다. 이런 사건이 더 잘 기억되리라는 통념은,[28] 빈도가 높은(즉 되풀이되는) 사건보다 "빈도가 낮은 사건이 더 잘 기억된다는 것을 일관되게 발견한" 연구들에 의해 증명된다.[29] 이런 발견은 "사건이 되풀이되면, 반복되는 개인적 기억은 사라지는 대신 총칭적-개인적 기억이 발전한다"라는 가설과 연결된다.[30] 심리학자들은 예상치 못한 사건일수록 더 잘 기억된다는 사실을 발견했는데, 이런 발견 역시 방금 설명한 기준과 밀접히 관련된다.[31]

(2) **두드러지거나 중대한 사건.** "기억할 만한" 사건을 이야기할 때 보통 떠오르는 생각은, 그 사건이 우리에게 중요하다는 것이다. 이런 점도 여러 연구에 의해 증명된다.[32] 쉽게 망각되는 일은 우리에게 중요하지 않

---

28) 참고. G. Cohen, *Memory in the Real World* (Hillsdale: Erlbaum, 1989), 118: "일상적 언어에서 종종 우리는 어떤 경험에 대해 '결코 잊을 수 없다'라는 말을 사용한다. 또한 우리는 기억될 수밖에 없는 사건이 어떤 종류인지에 대해 상당히 정확한 직관을 가지고 있다."

29) Brewer, "What Is Recollective Memory?" 50, 57.

30) Brewer, "What Is Autobiographical Memory?" 45; 참고. idem, "What Is Recollective Memory?" 51.

31) Brewer, "What Is Autobiographical Memory?" 44.

32) Brewer, "What Is Recollective Memory?" 50; A. Baddeley, *Human Memory: Theory and Practice* (revised edition; Hove: Psychology, 1997), 218-219. 구술 역사가들도 이 점을 잘 인식하고 있다: S. Byrskog, *Story as History-History as Story* (WUNT 123; Tübingen: Mohr, 2000; reprinted Leiden: Brill, 2002), 28["사건에 연

은 일이다(물론 우리에게는 중요하지 않지만, 다른 사람들에게는 중요할 수 있다).

(3) **감정적으로 개입되는 사건.** (좋은 감정이든 나쁜 감정이든) 감정을 깊이 자극하는 사건이 더 잘 기억된다는 연구 결과가 있지만 이는 그리 확실하지 않다. 감정적인 개입이 이루어지는 사건도 유일무이하거나 중요한 사건인 경우가 많다. 따라서 감정이 독립 변수인지는 분명하지 않다.[33] 감정이 기억에 미치는 효과에 대한 증거는 실제로 매우 복잡하다. 다음에 인용하는 최근의 두 연구 결과는 이런 복잡성을 잘 보여준다.

> 우리의 결론은, 감정적 사건 자체와 중심적인 세부 정보와 관련해서(이 정보는 감정적 반응을 일으킨다), 실제 삶의 상황 안에서 일어나는 감정적인 사건이 오래 기억에 남는다는 것이다. 감정을 자극하는 사건에 대한 세부 정보와 그 상황적 정보는, 시간과 무관한 중립적인 정보와 비교해서 망각될 가능성이 더 낮은 듯하다. 하지만 불쾌한 감정적 사건과 연관된 정보, 즉 사건 전후에 대한 정보 또는 감정적 시나리오 안에 있는 주변적 정보에 대한 기억은 덜 정확히 유지되는 듯하다.…감정적 사건의 중심 정보에 대한 기억은 상당히 정확하지만, 감정 자체에 대한 정보(예를 들어 우리가 감정을 경험하는 강도와 빈도)는 매우 부정확한 것 같다.[34]

대체로 감정은 기억에 긍정적인 효과를 미쳐 기억의 선명성과 정확성, 완전성과 내구성을 증진시키는 듯하다. 하지만 감정이 늘 긍정적 효과만 미치는 것은 아니다. 많은 경우, 감정적인 사건은 강한 시각적 자극을 포함하고 있다. 이런 점을 전제할 때, 감정은 이런 시각적 자극에 초점을 맞추도록 만들면서 사

루된 자들은 무관심한 구경꾼보다 더 잘 기억한다"(Paul Thompson의 요약)], 165-66을 보라.

33) Brewer, "What Is Recollective Memory?" 50.

34) S.-A. Christianson and M. A. Safer, "Emotional Events and Emotions in Autobiographical Memories," in Rubin, ed., *Remembering Our Past*, 238.

건 주변부에 대한 기억에는 손상을 입히는 것 같다. 사건에 부여된 감정은, 너무 적은 정보에 근거하는 기억의 재구성을 촉진하며, 이는 다시 재구성의 오류를 가져올 수 있다. 또한 극히 강렬한 긴장은 기억을 저해할 수 있다. 아마도 이런 긴장이 기억의 공고화에 요구되는 생물학적 과정을 방해하기 때문인 것 같다.[35)]

(4) **생생한 이미지.** 회상 기억은 보통 시각적 이미지에 의해 규정된다. 한 실험에 대한 보고서에서 브루어는 다음과 같이 썼다. "회상 기억의 대부분은 시각적 이미지에 대한 언급을 불러일으킨다. 정확한 회상은 정확하지 않은 회상보다 더 강한 이미지를 보여주는 경향이 있다."[36)]

(5) **무관한 세부 사항.** 앞서 말했듯이, 브루어는 회상 기억이 이 기억과 무관한 세부 사항을 포함할 때가 자주 있다고 주장했다. 이런 언급은 회상 기억 속에 복사의 요소가 존재함을 주장하는 것이기도 하다. 이런 연관되지 않은 세부 사항은 특히 플래쉬 기억과 결합되어 있다. 또한 플래쉬 기억만이 아니라 다른 회상 기억에서도 발견된다.[37)] 하지만 브루어는 "회상 기억 속에 기억과 무관한 세부 사항이 등장한다는 사실과, 기억의 정확성이 관련된다는 가설을 직접 증명하는 데이터는 발견하기 힘들다"라고 말한다.[38)]

---

35) D. Reisberg and F. Heuer, "Memory for Emotional Events," in D. Reisberg and P. Hertel, eds., *Memory and Emotion* (Oxford: Oxford University Press, 2004), 35. B. A. Misztal, *Theories of Social Remembering* (Philadelphia: Open University, 2003), 80-81도 보라.

36) Brewer, "What Is Recollective Memory?" 35-36, 참고. 43. 생생한 기억에 대해서는 M. A. Conway and D. A. Bekerian, "Characteristic of Vivid Memories," in M. M. Gruneberg, P. E. Morris, and R. N. Sykes, eds., *Practical Aspects of Memory*, vol. 1: *Memory in Everyday Life* (Chichester: Wiley, 1988), 519-24도 보라.

37) Brewer, "What Is Recollective Memory?" 37.

38) Brewer, "What Is Recollective Memory?" 44.

(6) **관점.** 관점과 연관해서 회상 기억은 다음과 같은 두 가지 형태를 띤다. 하나는 "원관점(原觀點) 기억"(field memories)이다. 원관점 기억에서는, 기억 이미지가 원래 체험된 관점을 통해 과거의 장면을 그대로 제시한다. 다른 하나는 "관찰자 기억"(observer memories)이다. 이 기억에서는, 기억 이미지가 원래 광경을 외부 관찰자가 체험했을 법한 모습대로 제시한다. 어떤 데이터에 따르면, 옛날 일보다 최근 일을 기억하는 경우 "원관점" 기억일 가능성이 더 높다고 한다.[39] 하지만 기억의 관점이 원관점에서 관찰자 관점으로 바뀔 수 있다는 주장도 옳은 것 같다.[40] "원관점 기억"이 "관찰자 기억"보다 더 정확하다고 생각할 이유는 없는 듯하다.

(7) **날짜.** 회상 기억이 "대다수 사건에서 절대적 시간의 정보를 배제한다"는 것을 보여주는 많은 증거가 있다. 전형적인 회상에는 장소, 행동, 사람, 감정, 생각에 대한 정보가 포함된다. 또한 하루 중 어느 시간인가에 대한 정보는 포함될 수 있는 반면에, 날짜는 아주 드물게 포함된다. 문제가 되는 기억이 어느 날짜에 일어났는지 밝히려 할 경우, 보통 사람들은 그 기억과 연관된 다른 정보로부터 이 날짜를 추론한다.[41]

(8) **핵심과 세부 사항.** 일부 학자들 특히 장기 회상 기억이 부정확할 가능성이 있다고 강조하는 학자들은, 세부 사항은 부정확할 수 있지만 기억의 "핵심"만은 정확하다고 강조한다. 바클리는 회상 기억이 "과거 삶의 사건들의 완전성과 핵심을 유지해준다는 점에서 참"이라고 주장한다.[42]

39) Brewer, "What Is Recollective Memory?" 37; Conway, "Autobiographical Knowledge," 89.

40) Brewer, "What Is Recollective Memory?" 45; Conway, "Autobiographical Knowledge," 89.

41) Brewer, "What Is Recollective Memory?" 52; Cohen, *Memory*, 126-28도 참고하라.

42) Barclay, "Schematization," 82. idem, "Truth and Accuracy in Autobiographical Memory," in Gruneberg, Morris, and Sykes, eds., *Memory in Everyday Life*, 289-93. 여기서 바클리는 자서전적 기억이 부정확하지만 "누군가의 자아의 본질"을 전달한다는 의미에서 "참되다"라는 생각을 전개한다(290).

앨런 배들리(Alan Baddeley)는 연구 결과들이 "적절한 단서가 주어질 경우, 자서전적 사건에 관한 회상의 정도는 아주 높아지고 기억이 왜곡되는 정도는 낮아짐"을[43] 보여준다고 주장하면서 이렇게 썼다.

> 사건의 큰 윤곽에만 초점을 맞출 경우, 과거의 자서전적 기억의 많은 부분은 오류로부터 상당히 자유롭다. 오류가 나타나기 시작하는 지점은, 적절하지 않은 데이터베이스로부터 세부 정보를 찾아내려고 억지로 애를 쓸 때다. 이렇게 할 때 왜곡을 일으키는 다양한 원인이 강하게 작동하게 된다. 이런 왜곡을 일으키는 요인에는 사전 예측 및 잘못된 기억을 유도하는 질문이나 사회적 요인—질문자를 기쁘게 하거나 그에게 잘 보이고 싶다는 욕구—같은 것이 포함된다.[44]

통상적으로 기억의 "핵심"은, 원래 기억을 인식하고 회상하는 주체에게 사건들을 의미 있는 것으로 만들어주는 시퀀스 또는 구조다. 또한 이런 핵심을 형성하는 것이 해석의 행위가 된다. 하지만 이 해석 행위가 반드시 부정확한 것은 아니다.

(9) **빈번한 반복.** 빈번한 회상은 기억의 유지는 물론 그 기억을 정확하게 유지하는 데 중요한 요인이다.[45] 여기에는 표준적 내러티브의 형태로 기억을 구성하는 작업이 포함된다. 이 표준적 내러티브 형태는 일단 형성되고 나면, 회상("되살려낸")보다는 정보의 일부로서 기억된다.[46]

두 연구 결과에 대한 아래의 인용문은, 기억을 결정하는 이런 요인들 중 일부가 어떻게 결합하여 특정 사건에 대한 기억을 촉진하고 보존하는지 설명하고 있다.

---

43) Baddeley, *Human Memory*, 221.
44) Baddeley, *Human Memory*, 222.
45) Baddeley, *Human Memory*, 213.
46) Conway, "Autobiographical Knowledge," 89-90.

루빈과 코진(1984)[47]은 한 그룹의 학생들에게, 그들이 가장 선명하게 기억하는 것이 무엇인지 세 가지를 적고, 그것의 국가적 중요성, 개인적 중요성, 놀람 정도, 선명성, 감동 정도, 얼마나 자주 그 사건을 거론하는지 하는 거론 횟수를 기준으로 등급을 매겨보라고 요구했다. 학생들이 가장 많이 보고한 사건은 부상이나 사고, 스포츠, 이성과의 데이트와 관련된 일이었다. 또한 더 선명히 기억되는 사건이 중요성, 놀람 정도, 감동 정도에서도 더 높은 등급을 받았다. 코헨과 포크너[48]도 기억의 선명성이 감정, 중요성, 반복하는 횟수와 큰 연관성을 가진다고 보고했다. 그들의 연구에 따르면, 이런 요인들의 힘은 기억하는 주체에 따라 달라졌다. 젊은이에게는 감동 정도나 중요성처럼 사건 자체의 특징이 기억의 선명성을 잘 보여주는 지표였지만, 나이 든 사람에게는 반복해서 이야기하는 횟수가 가장 강력한 요인이었다. 다시 말해 그들이 오래전에 일어난 사건도 선명하게 기억하는 이유는 이 사건을 자주 생각하고 이야기했기 때문이었다. 가장 많이 기억하는 사건은 출생과 혼인과 죽음(22.2%), 휴가(11.8%), 하찮은 일(8.2%), 질병이나 부상(8%), 교육(8%), 가족(7.5%), 전쟁(6.1%), 연애(5.1%), 여가나 스포츠(4.9%) 순이었다. 기억의 주체 자신이 주인공인 사건은 주체가 구경꾼에 불과한 사건보다 더 잘 기억되었다. 또한 유일무이한 사건이나 최초로 일어난 사건은 일반적인 사건이나 마지막으로 일어난 사건보다 더 자주 기억되었다.[49]

이 연구는 앞에서 논의한 요인들—유일무이하고 두드러지고 놀랍고 선명하고 자주 반복되는 사건들—이 서로 결합해서 나타나는 경향이 있으며, 이런 이유로 한 요인이 다른 요인과 비교해서 어느 정도의 비중을 가졌는지를 측정하기가 어렵다는 것을 잘 보여준다.

---

47) D. C. Rubin and M. Kozin, "Vivid Memories," *Cognition* 16 (1984), 81-95.
48) G. Cohen and D. Faulkner, "Lifespan Changes in Autobiographical Memories," in Gruneberg, Morris, and Sykes, eds., *Memory in Everyday Life*, 277-82.
49) Cohen, *Memory*, 124-25.

도식화, 내러티브화, 의미

이 단락에서 우리는 모든 회상 기억을 규정하는 해석적 구조화(interpretative structuring)에 대해 더 자세히 살필 것이다(해석적 구조화는 상이한 방식을 통해 다른 모든 기억의 유형들도 규정한다). 사건을 경험하고 인식할 때 우리는 이미 구조화하고 선택하고 질서를 부여하고 일관성과 의미를 찾는다. 이런 작업은 우리가 사건을 회상하고 이야기할 때 더 많이 이루어진다. 심리학자들은 이런 일이 어떻게 작동하는지 이해하기 위해 지식 구조들(knowledge structures), 즉 이미 기억 속에 존재하고 있으며 우리가 새 데이터를 인식하고 회상할 때 그것을 질서 있게 정리하고 해석하는 기능을 하는 구조들을 가정한다. 이런 측면에서 현대 심리학의 선구자인 바틀릿은 "도식"(schema, schemata)이라는 용어를 채택한다. 바틀릿은 "도식"을, 일상 경험에서 얻은 정보를 걸러내는 일종의 여과기인 정신이 형성하는 멘탈 모델(mental model)이라는 의미로 사용하고 있다. 그는 수많은 개인이 다양한 시간 간격이 흐른 뒤에 특정 이야기(예를 들어 "영들의 전쟁")를 어떻게 재생하는지를 관찰한 자신의 유명한 연구서에서, 이야기가 수차례 재생 과정을 거치면 재생자도 알지 못하는 사이에 "합리화"가 일어난다는 사실을 발견했다. 이야기를 되살리는 개인은, 자신이 보기에 사리에 맞지 않거나 당황스러운 특징과 세부 내용을 삭제하거나 개작하며 설명을 덧붙이는 경향을 보였다.[50] 이런 현상에 대해 바틀릿은 개인이 기억의 자료를 멘탈 모델에 따라 정형화 함으로써 유의미한 자료를 만들어낸다고 설명한다. 또한 이런 멘탈 모델을 도식이라고 부르면서, 이 도식이 개인의 기억 속에 존재한다고 주장한다.[51] 후속 연구에서 바틀릿은 이 도식과 연관된 다양한 관련 용어들을 사용하는데, 이 용어 각각은 도식의 특수한 유형을 지시하고

50) Bartlett, *Remembering*, 84-89.

51) Bartlett, *Remembering*, 201.

있다. 예를 들어 각본(scripts)은 사건과 이야기에 적용되는 도식 유형이며, 틀(frames)[52]은 사물과 장소에 관한 지식에 적용되는 도식 유형이다.[53]

사건에 대한 기억의 경우, 우리는 이야기 도식(story schemata)을 깊이 고려해야 한다. 이 도식은 우리의 직접 경험으로부터 유래하지 않는다. 이야기 도식은 이야기를 듣고 읽으면서, 실재든 허구든 상관없이 이야기를 유의미한 것으로 만들기 위해 통상적으로 활용되는 다양한 내러티브 구조를 무의식적으로 습득함으로써 생겨난다.[54] 이런 내러티브 구조 중에는 여러 문화가 공통으로 소유하는 것도 일부 있지만, 특정 문화만 소유하는 구조가 더 많다. 기억과 회상의 행위 안에서 우리는—항목들을 선택하고 연결하고 설명함으로써—끊임없이 경험을 내러티브화 한다. 또한 이렇게 하면서 기억 안에 확고히 자리 잡은 도식으로서 활용 가능한 내러티브 구조들을 채택한다. 바로 이것이 이야기의 방식을 통해 사건들을 이해하는 유일한 길이다. 원래 기억 안에는 의미를 탐구하는 영역(바틀릿은 "의미를 추구하는 노력"이라고 부름)이 내재하고 있다. 하지만 여기에는 바로잡아야 할 두 가지 오해가 있다.

첫째 오해는, 이 의미 추구의 과정을 프로크루스테스(Procrustes)[(2)] 식으로 모든 경험을 미리 인식된 좁은 패턴에 억지로 우겨 넣는 과정으로 생각하는 것이다. 내러티브 패턴은 무한히 미묘하고 융통성이 있다. 게다가 흥미로운 내러티브는 자주, 이것을 듣는 이들이 가지고 있던 도식적 예상을 무너뜨리는 독특하고 놀라운 특징이나 사건을 담고 있다(물론 이런 내러티브는 이것을 이야기하는 사람의 예상부터 먼저 무너뜨린다). 하지만 이런 놀람이

52) Misztal, *Theories of Social Remembering*, 82-83은 고프먼(E. Goffman)을 참조하여 이 용어를 사용하고 있다.

53) 도식 이론 전반에 대해서는 Cohen, *Memory*, 71-72, 207-9을 보라. 여기서 코헨은 도식 이론이 회상 기억에서 자주 발견되는 무관한 세부 사항을 어떻게 다루는가에 대해서도 논의한다.

54) Misztal, *Theories of Social Remembering*, 10.

가능한 것은, 이 내러티브가 예측을 뛰어넘는 측면을 가지고 있다고 해도, 여전히 이것이 익숙한 기존의 내러티브 관습을 따르기 때문이다. 우리는 평범하고 익숙한 맥락 안에서만 특이한 것을 주시하고 그것에 대해 숙고할 수 있다. 이 특이한 것이 평범한 맥락과의 대비 속에서 더 두드러지기 때문이다. 도식이 특이한 사례에 의해 무너지는 일이 한계에 이르면 매우 일관성 없는 기억이 나타난다. 이런 일관성 없는 기억이 존속하는 이유는 그것이 당혹감을 불러일으키며, 우리의 의미 형성 작업에 부합하지 않기 때문이다. 이런 불일치는 기억이 유지되는 동안 그것으로부터 의미를 찾도록 자극한다. 이런 사실은 사람이 의미를 이해함으로써 기억하고, 기억함으로써 의미를 이해할 필요가 있음을 증명한다. 또한 앞의 사실은, 기억되는 내용이 그 기억으로부터 추출되는 의미보다 선행함을 증언한다.

둘째 오해는 첫째 오해와 밀접히 관련된다. 기억과 회상에서 사건을 질서 있게 정리하기 위해 내러티브 도식을 사용하면, 필연적으로 진실을 왜곡하는 일이 벌어진다는 오해가 바로 그것이다. 사건을 구조화하면서 그 사건 내용과 부합하지 않는 구조를 계속 강요한다는 것이다. 그렇다면 도식은 우리로 하여금 진짜 사건에 접근하지 못하도록 방해하는 것일까? 오히려 그 반대라고 할 수 있다. 도식은 접근을 방해하는 것이 아니라 접근하도록 만들어준다. 브루너와 펠드만의 표현처럼, "내러티브 패턴을 따르는 것은 정확한 자서전적 보고나 해석을 '방해하기'보다는, 사건을 이야기하고 이해할 수 있는 틀을 제공한다."[55] 물론 오해를 일으키는 단순화나 왜곡도 종종 일어난다. 하지만 우리는 이런 단순화와 왜곡에 이의를 제기하고 이것을 바로잡는 방법도 충분히 알고 있다. 어떤 사건에 대해서든, 완벽히 확정적인 설명은 불가능하다. 하지만 더 나은 설명과 더 나쁜 설명, 즉 보고 내용에 더 충실한 설명과 덜 충실한 설명은 존재한다. 도식 이

---

55) J. Bruner and C. Fleisher Feldman, "Group Narrative as a Context of Autobiography," in Rubin, ed., *Remembering Our Past*, 291.

론은 기억을 불신하는 일반적 풍조나, 기억을 무화시키는 포스트모더니즘의 인식론적 회의주의를 위한 보증서가 결코 아니다. 더욱이 도식이 사건의 의미를 찾는 과정에서 경험적으로 증명되는 한계를 넘어선다 해도, 이것이 곧 도식이 경험적인 것을 왜곡하거나 거부한다는 뜻은 아니다.

암묵적으로 우리는 개인적 기억의 사회적 맥락을 가동시킨다. 여기서 우리가 관심을 쏟는 지점은 집단적 기억이 아니라(여기에 대해서는 제12장에서 논의했음), 개인적 기억 행위가 필연적으로 가지고 있는 사회적 맥락이다.[56] 허스트와 매니어는 다음과 같이 썼다. "우리는 기억의 행위와 소통의 행위를 떼어놓을 수 없다. 회상은 머릿속 깊이에 있는 저장소가 아니라, 과거를 다른 사람들에게 이야기하고 싶은 전달 욕구로부터 나온다."[57] 하지만 이 문장은 "회상은 머릿속 깊이에 있는 저장소는 물론, 과거를 다른 사람들에게 이야기하고 싶은 전달 욕구로부터도 나온다"라고 바꾸는 편이 나을 것 같다. 기억 저장소로부터 우리의 회상이라는 창작품을 끄집어내는 것은 전달하고자 하는 욕구 또는 필요다. 종종 우리는 무의식적으로 또는 우리 자신의 목적을 위해 기억한다(예를 들어 빈 시간을 때우기 위해). 하지만 다른 사람에게 들려줄 목적으로 기억하는 경우가 더 많다. 다른 사람에게 들려주기 자체가 기억 행위인 경우도 빈번하다. 우리의 기억을 타인에게 성공적으로 전달하려면, 이것을 사회에서 활용되는 각본(도식들 중 하나) 속에 집어넣어야 한다.

우리의 기억을 사회적인 차원에서 형태화하는 작업은 모든 단계에서 일어난다. 경험을 인식하고 저장할 때, 우리는 이미 이 경험을 우리가 소유하고 있는 의미의 구조를 통해 형태화한다. 왜냐하면 우리의 경험은 이미 사회적 맥락에 속해 있기 때문이다. 심지어 사적인 기억에서도 우리는

---

56) 참고. Misztal, *Theories of Social Remembering*, 5-6.

57) W. Hirst and D. Manier, "Remembering as Communication: A Family Recounts Its Past," in Rubin, ed., *Remembering Our Past*, 271.

이것을 우리 자신에게 들려주는 이야기로 만들어낸다. 이때 전개되는 내러티브 구조와 의미 구조는, 현대 서양처럼 극도로 개인주의적인 문화 속에서도 철저히 사적인 것이 아니다. 자신에게 들려주는 은밀한 이야기조차도 그 사회적 맥락의 담화에 참여한다. 우리가 우리 기억을 사적으로 그리고 사회적 맥락에서 더 많이 이야기할수록, 우리의 사회적 맥락 속에 있는 각본과 기대와 목표들은 더 많이 우리의 기억을 해석하는 데 참여한다. 기억을 다룬 심리학 연구서 중 일부는 자기 도식을 강조한 나머지 이와 같은 점을 무시하는 경향이 있다. 반면에 다른 연구서들은 개인의 정체성과 그룹의 정체성이 분리될 수 없음을 인식하면서도, 사회적 측면에 초점을 둔 접근법을 사용하기도 한다.[58)]

사실과 의미, 과거와 현재

기억을 의미 있는 이야기로 형성하는 작업이 지닌 여러 측면 중 두 가지를 더 살펴보아야 한다. 기억이 일어나는 장소는 정보와 의미가 결합하는 곳, 과거와 현재가 상호작용 하는 곳으로 규정된다. 기억을 정보와 의미가 결합하는 장소로 보는 경우에, 존 로빈슨(John Robinson)이 말하는 기억의 1인칭 시각(first-person perspective)은 매우 중요한 개념이다.

> 자서전적 기억에 대한 연구에서는 3인칭 시각으로부터의 기억과 1인칭 시각으로부터의 기억을 살펴볼 필요가 있다.…경험의 일치(실험자와 실험 대상자 사이의 일치 또는 참가자들 사이의 일치)나 기록 정보와의 일치에 대해서는 우선권이 주어지는 것 같다. 경험의 해석적 측면에 대해서는 1인칭 시각이 우선권을

58) 예를 들어 Bruner and Fleisher Feldman, "Group Narrative"와 Hirst and Manier, "Remembering as Communication."

가진다.[59]

다분히 개인주의적 접근법을 활용하는 로빈슨의 연구는, 같은 사건도 개인에 따라 다른 방식으로 경험되고 기억된다는 점은 인정하면서도, 함께 경험하고 기억하는 사람들 사이에서 의미가 공유될 수 있는 가능성은 간과한다.[60] 로빈슨은 "1인칭 시각"을 "나"(I) 시각으로 읽으면서 "우리"(we) 시각이 있을 수 있다는 점에는 주목하지 않는다. 그룹이 함께 경험하고 기억하는 사건들의 경우에는, "나" 시각과 "우리" 시각이 상호작용할 가능성을 고려해야 할지도 모른다. 하지만 1인칭 시각과 3인칭 시각 사이의 구분은 유효하고 중요하다.

1인칭 시각과 3인칭 시각은 참여자 시각과 관찰자 시각으로도 불릴 수 있다. 여기서 우리는 앞서의 논의, 즉 고대의 역사가들이 참여자 시각의 목격자 증언에 특별한 가치를 부여했다는 논의를 상기할 수 있다. 이런 목격자 증언은 "내부자"가 사건에서 느끼는 의미에 접근하는 길을 제공한다. 이런 의미는 사건과 무관한 관찰자는 제공할 수 없다. 또한 우리는 이 참여자 시각이 어떤 사건의 "핵심"에서 어떻게 구현되는지 살펴보았다. 사건의 세부 사항은 부정확할지라도, 그 핵심은 정확히 기억된다. 1인칭(주관적) 시각의 중요성을 증명하고자 하는 로빈슨 같은 심리학자들은, 객관적 사실과 주관적 경험이라는 근대의 단순화된 이분법이 부적합하다는 사실에 대해 다음과 같은 통찰을 제시한다.

> 시각에 초점을 맞추게 되면, 개인적 의미가 탐구의 중심에 위치하게 된다. 정확성과 완전성은 기억을 평가하는 관습적 기준이 되어왔다. 인지적 연구의 영

---

59) J. A. Robinson, "Perspective, Meaning and Remembering," in Rubin, ed., *Remembering Our Past*, 214.

60) 그는 사회적 맥락이 개인이 기억하고 회상하는 방식에 영향을 끼침을 인정한다: "Perspective," 202-3.

역에서는 정확성과 완전성을 판단하는 기준을 보통 3인칭 관점에서 규정한다. 조사자는 실제로 일어난 일이 무엇인지 알며, 제시된 설명이 규준이 되는 어떤 실체로부터 얼마나 벗어나 있는지 정확히 말할 수 있다. 하지만 이런 간극들은 절대적이지도 명확하지도 않다.…3인칭 또는 관찰자 시각은 불가결한 정보를 제공하고, 사회는 특정 목적을 위해 이런 정보에 특권을 부여해야 한다. 하지만 이런 3인칭의 정보가 1인칭 시각의 철저한 분석과 결합될 필요도 있다.…과학의 영역 안에 개인적인 것을 포함시켜야 할 필요가 있음을 인정한다고 해서, 상대주의에 갇히는 것은 아니다. 우리는 1인칭 시각이 (1) 다른 참여자와 관찰자들의 시각, (2) 각 개인의 이미 확립된 경험 방식, (3) 사건들에 대한 그들의 이전 보고와 일치하는지 아닌지로 객관적으로 규정할 수 있다.[61]

로빈슨의 연구는 왜 개인적 기억에서 의미가 시간의 흐름과 함께 변하기도 하고 변하지 않기도 하는지 하는 문제에 초점을 맞춘다. 그는 "기억이 발전하는 역사 안에 그 기초를 두고 있다"라고 관찰한다.[62] 로빈슨은 의미가 변화 또는 안정성을 만들어내는 다음과 같은 네 요인과 관련되어 있다고 분석한다.

잠재적 의미의 다양성: 어떤 사건은 내재적으로 모호하다(예를 들어 누군가의 동기나 의도를 고려할 경우). 이런 경우에는 "3인칭" 관찰자조차도 추론하고 해석해야 하기 때문에, 당연히 사람마다 추론과 해석이 달라진다.

지연된 의미: "사건이 일어나는 당시에 모든 의미가 완전히 해명되지는 않는다." 사건 발생 후에 획득되는 정보나 통찰이 수수께끼 같은 사건을 해명할 수 있다. 또는 처음 한 해석이 옳지만 제한된 것이었으며 사후에 다른 설명이 추가됨으로써 의미가 확장되어야 할 수도 있다.

---

61) Robinson, "Perspective," 200.

62) Robinson, "Perspective," 203.

변화하는 의미: "어떤 경험의 의미는 시간과 함께 변할 수 있다. 새로운 정보나 변화한 시각은 우리로 하여금 자신의 개인사를 구성하는 모든 요소를 재해석하도록 만드는 자극제가 될 수 있다."

협상하는 의미: 앞서도 말했듯이, 기억의 사회적 맥락은 기억되는 사건이 이해되는 방식을 규정한다.[63]

이 개념들을 논의하면서 로빈슨은 극과 극 사이를 교묘히 오고간다. 우선 로빈슨은, 기억의 의미를 찾는 사람이 자신의 경험의 객관적 특징을 가장 잘 설명하는 해석을 찾고 있다고 인정한다. 기억되는 과거 사건의 의미를 찾는다고 해서 그가 과거의 객관성을 포기하는 것은 아니다. 반면에 로빈슨은 변화하는 해석들 역시 진정한 해석으로 볼 수 있다고 역설한다. 이 해석들을 참 또는 거짓의 범주로 묶을 것이 아니라, 개인의 시각 속에 존재하는 차이와 변화를 반영하는 것으로 보아야 한다는 것이다. 따라서 로빈슨은 정확성보다는 진정성의 기준으로 판단해야 한다고 강조한다. 우리는 이런 다양성의 두 극점 모두를 굳게 붙들어야 한다. 사람이 자신의 해석적 기억 행위에서 무엇을 이해하는가를 연구하는 현상학적 차원에서 보면, 사람은 자신이 해석하고 기억하는 내용이 사건 자체와 일치하는가뿐만 아니라, 이 내용이 현재 자신의 신념과 가치 체계와 목표에 부합하는가에도 관심을 기울인다. 바로 이런 이유 때문에, 중요한 사건에 대한 지식이 많아지면, 그것에 대한 철저한 재평가가 일어날 수 있다. 의미는 안정성을 유지하다가도, 새로운 차원들이 추가되기도 하고, 과거 이해가 새로운 통찰로 대치됨으로써 변화하기도 한다. 사건에 대한 해석이 사건 자체와 부합하는 정도는 관점의 요인들이 어떻게 작동하는가에 따라 커지기도 하고 줄어들기도 한다. 바로 이런 이유 때문에 우리는 해석적 범주들보다는 사건 자체에 대해 토론함으로써, 그 사건의 의미에 대해 의견 차이

63) Robinson, "Perspective," 200-203.

를 보이거나 논증할 수 있다.

기억에서는 정보와 의미가 결합하듯, 과거와 현재도 결합한다. 바로 이것이 기억을 규정하는 특징이다. 기억은, 과거가 현재에 영향을 미치고 동시에 현재가 과거를 회상하는 방식에 영향을 끼치는 방식으로 과거와 현재 양쪽과 관계한다. 정보와 의미의 경우처럼, 양극 사이에서 전개되는 이런 변증법을 주시해야 한다. 과거를 회상하는 사람은 실제로 과거를 상기하려고 하지, 과거를 현재의 필요와 목적에 맞추어 창작하려는 것이 아니다. 하지만 동시에 회상은 기억을 현재의 목적 때문에 활용하려는 것이기도 하다. 브리태니커 백과사전의 기억에 대한 항목에서 바틀릿은 다음과 같이 썼다.

> 기억에 대한 탐구가 시작된 이후로 변함없이 중요한 문제가 하나 있다. 사건과 경험을 정확하고 토씨 하나 틀림없이 "저장소에 넣을 때"와 "저장소에서 꺼낼 때"의 긴급한 상황에서, 어떻게 이런 상충하는 요구들을 이해하고 조정하는가의 문제가 바로 그것이다. 이렇게 하기 위해서는, 끊임없이 변화하는 세계가 던지는 도전에 맞설 수 있을 만큼 충분히 유연한 형태를 가져야 한다.[64]

흥미롭게도, 앞에서 인용한 바틀릿의 언급은 폴 리쾨르(Paul Ricoeur)의 말과 매우 유사하다. 리쾨르는 "기억의 인식론적·실재론적 차원이, 기억의 실행(exercise) 개념과 연결된 **실용적** 차원과 어떻게 결합하는가를 보여주는 과업"에 대해 언급한다.[65] 기억의 현상학의 관점에서 리쾨르는, 현재가 과거를 회상하는 방식에 영향을 미침을 깊이 의식하면서도, 기억이 과거에 대한 발언과 진실의 추구를 의도하고 있음을 역설한다. 바로 이것이

---

64) J. A. Robinson, "Autobiographical Memory: A Historical Prologue," in Rubin, ed., *Autobiographical Memory*, 23에 인용된 바틀릿의 글.

65) P. Ricoeur, *Memory, History, Forgetting* (tr. K. Blamey and D. Pellauer; Chicago: University of Chicago Press, 2004), 55.

기억과 상상을 구별하는 변별점이 된다.

> 상상력은 기억 앞에 덫을 숨겨놓았다. 하지만 과거의 "일" 즉 과거에 보고 듣고 경험하고 배운 것의 의미를 찾는 작업에는, 진실을 추구하는 특별한 탐구가 함축되어 있다고 단언할 수 있다. 바로 이런 진실의 추구가 기억을 인지적 문제로 규정한다.[66]

예수를 기억함

앞에서 우리는 복음서의 배후에 있는 목격자 기억과 연관된 심리학의 주장과 발견에 대해 살펴보았다. 이제는 다시 복음서의 내러티브로 돌아와, 기억의 신빙성과 관련해서 앞에서 열거했던 아홉 가지 요인들을 설명해 보겠다.

(1) **유일무이하거나 이례적인 사건.** 복음서 내러티브는 많은 사건들에 대해 유일무이하고 이례적이고 충격적인 특징 때문에 "기억할 만하다"라고 이야기한다. 평범하거나 시시한 사건은 전혀 없다. 병 고침이나 축귀 같은 종류의 사건은 일반적인 관점에서는 이례적인 일이지만, 예수의 사역 동안 자주 되풀이된 것이 분명하다. 이런 치유와 축귀 이야기들은 공통되는 특성을 가지고 있어서, 이것들을 목격한 제자들조차 단일 사건으로 기억할 정도였다. 동시에 제자들은 이런 종류의 사건들에 대해 총칭적-개인적 기억을 가지고 있었으며, 이런 기억은 특수 사례들에 대한 그들의 기억에 영향을 미쳤던 것 같다. 한 내러티브가 다른 내러티브와 구별되는 특징을 가지지 않는 경우도 있는데, 이런 경우는 총칭적-개인적 기억으로부터 구성되었을 가능성이 높다(막 1:23-28; 마 9:27-31). 두 내러티브의 대부분

66) Ricoeur, *Memory*, 55.

에는 주변적일 뿐 아니라 중심적인 특징들이 나타나는데, 이 특징들이 내러티브를 "기억할 만한" 특별 사건으로 만들어준다.

(2) **두드러지거나 중대한 사건.** 두드러지거나 중대하기 때문에 복음서 내러티브가 목격자들에게 기억할 만했음을 보여주는 사례도 쉽게 발견된다. 이런 내러티브는 개인(과 그룹)에게 중대한 의미가 있었으며, 그들의 삶의 경험 중 가장 기억에 남는 사건들 중 하나였을 것이다. 어쩌면 많은 경우, 가장 기억에 남는 사건이었을지도 모른다. 즉 그들의 모든 기억 중에서 가장 두드러지며 이정표 역할을 할 만한 사건이었다는 뜻이다.

(3) **감정적으로 개입되는 사건.** 앞에서도 자주 강조했듯이, 복음서의 목격자들은 사건과 무관한 구경꾼이 아니라 참여자였다. 이들은 사건 속에서 일정한 역할을 하지 않더라도, 역할을 맡은 인물의 행위에 매우 근접해 있으면서 사건으로부터 깊은 영향을 받았다. 이때 목격자들이 느끼는 감정은 매우 드물게만 언급된다(예를 들어 막 9:6; 14:72; 두 경우는 모두 베드로의 감정을 묘사함). 따라서 감정을 자극하는 기억 자체가 정확한가라는 문제는 거의 제기되지 않는다. 감정이 사건 주변부의 세부 사항은 기억하지 못하도록 하지만 중심부는 눈으로 보듯 강렬히 기억하게 만든다는 주장은, 복음서의 내러티브와 상당히 잘 들어맞는다. 어쨌든 복음서의 내러티브에서는 주변적인 세부 사항이 드물게 등장한다.

(4) **생생한 이미지.** 복음서의 대다수 내러티브에는 생생한 시각적 이미지가 거의 나타나지 않는다. 설령 발견된다 해도, 이것은 마가복음에만 나타나는 특징일 뿐이다. 마태복음과 누가복음에서 마가복음과 평행 본문을 이루는 부분에서도 시각적 이미지가 나타나지 않는다는 사실은 매우 의미심장하다(예를 들어 막 2:4;[67] 4:37-38; 6:39-40; 7:33-34; 9:20; 10:32, 50; 11:4).

67) 이 사례에서 마태는 이 남자를 지붕을 통해 달아 내린 사건 전체를 생략해버렸다. 반면에 누가(5:19)는, 마가가 상세히 묘사한 팔레스타인의 특징(가버나움에 있는 집의 진흙 지붕)을 독자들에게 더 익숙할 법한 타일 지붕으로 바꿔놓았다.

이는 마태와 누가가 마가보다 훨씬 더 간결하게 이야기하기 때문이다(대개 마태는 누가보다도 더 간결히 이야기한다). 마태와 누가는 각자의 복음서에 마가가 기록하지 않은 내용도 기록했는데, 이런 내용까지 쓸 공간을 확보하려면 생생한 세부 묘사는 포기해야 했다. 이는 단순히 공간의 문제일 수 있다. 마태와 누가는 마가보다 훨씬 더 광범위하게 예수 전승을 모아 기록하려고 했지만, 이들이 모은 예수 전승을 보통 크기의 파피루스 두루마리 안에 담으려면 공간적 제약이 있었을 것이다(이들의 책이 필사하고 사용하기에 불가능할 만큼 비싸서는 안 되었다). 또한 마태와 누가의 짧은 내러티브들은, 추측컨대 구술적 실연에서 일어날 수 있는 변형의 범위 안에 있었던 것 같다. 따라서 마태와 누가의 기록을 실연할 경우, 생생한 세부 묘사가 더 많이 포함되어 길어질 때도 있지 않았을까 하는 질문이 제기된다.[68] 요한복음의 내러티브는 공관복음에서 보통 발견되는 짧은 본문보다 더 길다. 하지만 요한복음에서도 생생한 세부 묘사는 마가복음보다 드물게 나타난다(예를 들어 9:6; 11:44; 13:5; 18:18; 20:6-7, 12). 대체로 요한의 내러티브는 능숙한 스토리텔러의 면모를 보여주지만, 세밀한 시각적 묘사보다는 대화에 초점을 맞추고 있다. 물론 마가가 세부를 생생하게 묘사한다고 해서, 이를 마가가 목격자 증언에 더 가깝다는 증거로 간주할 수는 없다. 훌륭한 스토리텔러는(마가든 그가 사용한 구술 자료든) 생생한 세부 묘사를 창작할 수 있으며, 필수적이 아닌 세부 사항은 이야기의 실연에서 변형될 가능성이 크기 때문이다.[69]

(5) **무관한 세부 사항.** 복음서 내러티브에는 무관한 세부 사항이 거의 없다. 세부 사항 대부분은 내러티브적이거나 신학적 이유 때문에 중요한

---

68) A. F. Campbell, "The Storyteller's Role: Reported Story and Biblical Text," *CBQ* 64 (2002), 427-41은 구약성경 내러티브에 포함된 "더 작은 이야기 단위들"에 대해 논의하고 있다. 이 내용은 복음서 연구에 많은 시사점을 던진다.

69) 참고. R. T. France, *The Gospel of Mark* (NIGTC; Grand Rapids: Eerdmans, 2002), 17-18.

의미를 가진다. 복음서 연구자들은 모든 세부 사항을 중요한 것으로 설명하고 싶은 뿌리 깊은 욕구를 가지고 있다. 따라서 이들이 제시하는 설명이 시빗거리가 되거나 타당하지 않은 경우에는, 기록된 세부 사항이 해당 사건과 무관하지만 목격자 증언이라는 이유로 보존되었음을 기꺼이 인정할 필요가 있다. 종종 학자들은 마가복음 4:36의 "다른 배들"과 같은 세부 묘사를 더 이른 시기의 이야기 형태의 잔재로 간주하면서, 이전 이야기 형태에서는 이런 잔재가 중요한 의미를 가졌으리라고 생각한다.[70] 하지만 마가가 자신의 내러티브의 목적을 위해 중요하지 않은 세부 사항을 그대로 유지했다고 한다면, 목격자 기억의 버전에서 중요했던 세부 사항은 더 쉽게 유지되었음이 분명하다. 하지만 이런 세부 사항이 없다고 해서 이 이야기가 목격자로부터 유래하지 않았다는 증거는 아니다. 오히려 세부 사항의 부재는 이 이야기가 기억하기 쉽도록 다듬어졌음을 나타낸다. 목격자들이 자신의 이야기를 다른 사람들에게 쉽게 전달되는 통제 가능한 단위로 형식화할 때, 이들은 이야기와 무관한 세부 사항을 잘라냈음이 틀림없다.

(6) **관점.** 앞서 논의했듯이, 사건을 기억하는 사람들은 그 사건을 이야기로 들려줄 때 관점을 쉽게 바꿀 수 있다. 목격자들이 소통과 전달의 목적을 위해 형식화하고, 복음서 저자들이 전체 내러티브의 구성에 맞도록 각색한 복음서의 이야기들에서, 일관된 참여자 관점이 발견되리라고 기대해서는 안 된다. 실제로 복음서의 내러티브에서는 관점이 자주 바뀐다. 제7장에서 우리는 마가복음에서 발견되는 특별한 현상을 살핀 바 있다. 이 현상은 마가복음 저자가 제자들, 더 정확히 말해 베드로의 시각을 나름의

---

70) R. A. Guelich, *Mark 1-8:26* (WBC 34A; Dallas: Word, 1989), 265 (G. Schille를 인용). 그러나 V. Taylor, *The Gospel according to St. Mark* (London: Macmillan, 1952), 274는 이렇게 쓰고 있다: "이야기에 전혀 필요하지 않은 이 세부 사항이야말로 진정한 회상일 수 있다." France, *The Gospel of Mark*, 223도 여기에 동의한다: "이 이야기를 들려주는 사람이 누구든(베드로?) 다른 배들의 갑작스러운 등장에 대해서는, 그날 저녁 문제의 배 외에도 다른 배들이 있었다는 주변 상황을 회상하는 것 말고는 다른 이유를 찾기 어렵다."

방식으로 보존한 방법인 것 같다. 하지만 다른 경우에 같은 현상이 나타나지 않는다고 해서, 이것을 복음서의 내러티브 배후에 목격자 증언이 존재하지 않는다는 증거로 여겨서는 안 된다. 이 점은 강조되어야 한다. 복음서에 언급된 사건에 직접 참여한 목격자들조차도 관찰자 관점으로 이야기할 수 있기 때문이다.

(7) **날짜.** 회상 기억에는 날짜 정보가 거의 포함되지 않는다(사건 발생 시간처럼, 시간을 지시하는 말이 회상에 불가결한 경우는 예외다). 날짜는 체험되는 사건에서 본질적 부분이 아니기 때문이다. 공관복음서의 내러티브를 보면 배경이 되는 지역은 자주 제시된다. 하지만 복음서 저자들조차도 대다수 내러티브가 예수의 사역 중 정확히 어느 시기에 일어났는지를 알지 못한다. 하지만 예수의 사역이 시작되거나 끝나는 대목에서 이야기되는 내러티브들은 예외다. 요한복음이 연대기적 측면에서 다른 복음서들보다 더 정확한 이유가, 사건과 유대 절기의 관계 때문이라는 사실은 중요한 의미가 있다. 이 쟁점은 더 연구해볼 가치가 있다. 하지만 복음서의 연대기적 데이터가 집단적 기억의 현상과 들어맞는다는 점은 비교적 쉽게 알 수 있다. 이런 집단적 기억의 현상에는 특별한 이유가 있는 경우에만 날짜(때)에 대한 내용이 포함되어 있다(이 내용이 다른 기억된 사건들에 대해 절대적인가 상대적인가는 문제 되지 않았다).

(8) **핵심과 세부 사항.** "핵심"과 세부 사항을 구분하는 것은 다소 오해를 일으킬 수 있다. 일부 세부 사항은 기억의 핵심을 인식하고 회상하는 방법이다. 차라리 이야기의 핵심에서 반드시 있어야 할 세부 사항과 그렇지 않은 세부 사항을 구분하는 것이 더 나을지도 모른다. 예수가 오천 명을 먹이신 내러티브를 보면(마 14:13-21; 막 6:32-44; 눅 9:10-17; 요 6:1-15) 분명히 숫자와 관련된 몇몇 세부 사항(떡 다섯 덩이, 물고기 두 마리, 오천 명)은 이야기에 불가결한 부분으로 간주된다. 네 복음서 모두에서 이 이야기는 숫자와 관련된 이런 세부 사항을 강조한다. 이 이야기에서 음식 조금이라든지 허다한 사람들 같은 식으로 대충 얼버무린 경우는 거의 없다. 떡 다섯 덩

이, 물고기 두 마리, 사람 오천 명 같은 세부 사항은 기억에 선명히 남는다. 또한 이런 세부 사항은 목격자들이 이 이야기를 형성하고 전달하며, 이후 복음서 저자들이 같은 이야기를 전달할 때 필수 불가결한 사항이 되었을 것이다. 이 특수한 사례에서 세부 사항은, 예수가 오천 명을 먹이신 이야기와 예수가 떡 일곱 덩이와 몇 마리의 물고기로 사천 명을 먹이신 이야기(마 15:32-39; 막 8:1-10)를 **별개의 이야기**로 만들고 있다. 따라서 우리는 두 이야기를 동일한 한 이야기의 변형이 아니라, 처음 이야기될 때부터 세부 사항을 통해 구별되었던 각각 다른 이야기로 간주해야 한다.[71]

이야기의 핵심은 일관성을 유지하지만 불필요한 세부 사항은 변형을 일으킨다는 사실을 보여주는 좋은 사례가, 베드로가 예수를 세 번 부인한 이야기다. 이 이야기도 네 복음서 모두에 들어 있다(마 26:58, 69-75; 막 14:54, 66-72; 눅 22:54-62; 요 18:15-18, 25-27). 네 복음서가 일관되게 이야기하는 부분은 베드로가 대제사장의 집 뜰에서 다른 사람들과 불 주위에 둘러앉아 있었다는 것, 그가 세 번에 걸쳐 예수의 제자가 아닌가라는 질문을 받았으며 그 첫 질문은 한 여종이 던졌다는 것, 또한 베드로가 예수를 세 번 부인한 뒤에 닭이 울었다는 것이다. 두 번째와 세 번째 질문을 한 사람의 정체와, 이들과 베드로 사이의 대화 내용은 네 복음서 버전에 따라 달라진다. 세 복음서의 저자가 마가의 버전과 다른 내용을 제시한 이유가, 순전히 편집 때문인지 아니면 마가의 버전과 다른 이야기 버전을 받아들였기 때문인지와는 상관없이, 세 복음서 저자가 이 사건에 대한 마가의 버전을 알고 있었을 개연성은 높다. 이런 이유로 세 복음서 저자는 전승의 실연에서 세부 사항에 변형이 일어나더라도 이를 정당한 변화로 여겼을 가능성이 높다. 네 복음서 모두에 보존된 베드로의 예수 부인 이야기의 "핵심"은, 각각의 복음서가 공유하는 의미를 전달한다. 베드로 자신은 같은 이야기를 다양한 상황에서 들려주었겠지만, 그래도 이야기의 핵심만은 일관성을 유지

71) France, *The Gospel of Mark*, 306-7.

했을 것이다. 베드로는 바로 이 핵심만은 정확히 기억하려고 무진 애를 썼을 것이다. 베드로 자신이 세부 사항을 변경시켰는지, 또는 베드로로부터 구전을 전달받은 이들이 나중에 이것을 실연하면서 변경시켰는지는 크게 중요하지 않다. 이 이야기에 추가된 세부 사항 중 일부는 베드로의 정확한 회상일 수 있지만, 이 이야기의 불가결한 부분으로 다루어지지는 않았다.

이런 사례들을 보면서 우리는 다음과 같이 결론 내릴 수 있다. 즉 다른 세부 사항이 정확히 보존되지 않더라도 항상 변함없이 보존되는 목격자 기억의 핵심과, 구전의 실연에서 일어나는 변화와는 관계없이 보존되는 구전의 핵심은 일치할 수 있다는 것이다. 이는 복음 전승 연구에서 가장 중요한 결론이다. 이런 결론은 목격자 기억과 구전 실연의 경우가 실제로 기억에 의존할 수도 있음을 현실적으로 인정하고 있다. 구전이 한 사람으로부터 다른 사람에게 전달되었다고 해서 그 구전의 신빙성이 크게 줄어들지는 않지만, 그래도 신빙성의 감소가 일어날 수 있음은 당연하다.

(9) **빈번한 반복.** 이 측면은 복음서의 목격자 증언이 신뢰할 만한지를 평가할 때 매우 긴요하다. 먼저 우리가 확신할 수 있는 내용은, 예수의 역사적 사건의 목격자들이 사건 직후에 자신의 경험을 최초로 전했으리라는 것이다. 예를 들어 예수의 치유 사역과 축귀 사역 후에는 그 기적의 은덕을 입은 사람들이 친구와 이웃에게 자신의 이야기를 했을 것이다(복음서 자체가 이런 사실을 알려준다). 결국 이런 과정을 통해 예수는 기적을 행하는 자로 팔레스타인 전역에서 명성을 얻었다. 또한 기적의 현장에 있었던 예수의 제자들도 같은 이야기를 다른 제자들에게 전했던 것 같다. 분명히 이런 일은 지속되었을 것이다. 이는 아주 이른 시기부터 목격자들의 이야기가 고정된 형태를 가졌으리라는 점을 알려준다. 예수의 몇몇 중요한 말씀은 정확히 기억되었으며, 그 이야기 줄거리나 구조도 변함없이 고정되었을 것이다. 목격자들의 이야기가 제자 그룹 안에서의 기억의 공유라는 자연스러운 과정을 거쳐, 예수와 가장 가까웠던 자들 사이에서 공유되는 기억의 저장소가 될 때도, 이런 전형적 과정을 거쳤을 것이다. 대체적으로 빈번한 반

복은 목격자의 이야기를, 목격자가 처음 보고하거나 이야기한 대로 보존하는 효과를 가져오는 듯하다. 물론 우리는 훌륭한 이야기를 "더 낫게 만들거나" 과장해서 윤색하려는 인간의 보편적 성향을 배제할 수 없다. 그러나 기억이 크게 손상되고 왜곡되는 일은 피할 수 있다.

예수 역사의 사건들을 기억했던 목격자들은 애초부터 기억할 만한 사건, 자신의 기억에 각인될 만한 이례적 사건, 이를 기념하는 이들에게 특별한 중요성을 가진 사건, 많은 경우 이정표나 삶의 전환점이 되는 사건을 기억했다. 이 목격자 기억은 사건 직후부터 빈번히 반복되면서 더 확고하게 자리 잡았을 것이다. 장면이나 사건의 주변적 측면, 거의 신빙성이 없는 회상 기억의 구성 요소는 기억될 필요가 없었다. 복음서도 이런 요소들은 기록하지 않았다. 이런 세부 사항은 목격자들이 이 이야기를 실연하는 과정에서 변형을 겪을 수 있었다. 반면에 기억의 핵심적 특징, 즉 사건을 목격하고 증언하는 이들을 위해 의미를 구성했던 핵심은 믿을 만하게 보존되었다. 우리는 예수 역사를 목격했던 이들의 기억이, 회상 기억을 연구했던 심리학자들이 확립한 신빙성 평가의 척도에 비추어볼 때, 높은 점수를 받으리라고 결론 내려도 될 듯하다.

도식화, 내러티브화, 의미

앞서 우리는 모든 회상 기억이 다양한 도식을 활용한다는 것을 살펴보았다. 이런 도식들 중 사건에 대한 기억에서는 이야기 도식이나 각본이 가장 중요한 의미를 가진다. 사건을 인식하고 기억 속에 데이터를 기록하는 과정에서 이미(이 과정이 아무리 정확히 일어난다 해도) 이런 이야기 각본이 전개된다. 이야기 각본은 사건을 경험하고 기억하는 데 불가결한 선택과 의미 형성 과정을 돕는다. 분명히 이 각본은 기억을 되살리고 이야기하는 과정에서 작동한다. 바로 이것이 "재구성" 과정의 일부인데, 이 과정이 반드시 사건을 왜곡하거나 날조하는 것은 아니다. 오히려 재구성 과정은 사건을 의미 있게 회상해서 제시하는 일을 가능하게 만드는 방식이다. 또한 우리는 이야기 각본과 다른 도식들의 작동 단계에 사회적 차원이 개입한다는 사실을 보았다. 인간의 사고에서 반드시 필수적이지 않은 구조는 사회적으로 획득되었다. 사적인 회상에서조차 우리는 사회적으로 파생된 도식을 통해 구조화된 이야기를 말한다. 그러나 동시에 회상은 대부분 소통이기도 하다. 만일 자신의 기억을 이야기하는 사람이 성공적으로 소통하고자 한다면, 그는 사회적으로 활용 가능한 도식과 일치하는 형식을 이용해야 한다. 또한 앞에서 우리는, 기존의 도식을 따라 기억을 형성하는 과정이 경직되게 이루어지지 않음을 살펴보았다. 이야기 각본은 무한한 유연성을 가지고 있다. 기억 이야기에서 자주 초점은 기억의 아주 특별한 내용, 놀랍거나 독특한 내용에 두어진다. 이런 이유로 이야기 각본은 이런 특별한 내용을 구조화해서 효과적으로 전달하는 기능을 한다. 게다가 특별한 이야기는 익숙한 도식의 예상을 깨뜨림으로써 제 역할을 하는 경우가 자주 있다. 기존의 이야기 각본이 적절히 설명하지 못하는 사건을 이야기해야 하는 필요든, 사건의 의미를 찾아야 하는 해석적 필요든, 새로운 각본이 요구되는 사회적 정황에서 도식은 개작되어 활용되는 듯하다. 이런 식으로 새로운 도식을 형성하는 작업을 시작하는 이들은 당연히 기억을 회상하고 전달하면서 자신의 경험을 올바로 평가하려고 애쓰는 목격자들이다.

양식비평가들은 이 모든 내용을 무시했다. 양식비평가들은 복음서 내러티브(와 말씀)의 형식에만 강하게 초점을 맞추면서, 이런 형식이 그리스도인 공동체들이 내러티브 내용을 공동체의 필요에 맞추어 발전시키는 과정에서 당연히 진화해갔으리라고 생각했다. 바로 이 지점에서 우리는 양식비평을 지지하는 데니스 나인햄(Dennis Nineham)의 논의에 주목해야 한다. 나인햄은, 복음 전승의 탄생뿐 아니라 그 후의 과정에서도 목격사들이 비중 있게 참여했을 가능성이 없다고 주장하면서, 이런 가능성을 내세운 견해를 반박했다. 1958년과 1960년에 연속적으로 발표된 세 논문[72]에서 나인햄은, 빈센트 테일러의 주장처럼 목격자들이 전승 형성 과정에 참여했다는 주장은 그런 일이 일어났으리라는 예상으로부터 나온 선험적 주장이지만, 목격자들의 참여를 부인하는 주장은 복음서 자체의 증거를 통해 이미 증명된 논증이라고 말했다.[73] 양식비평가들은 복음 전승의 양식이, 공동체가 이 양식을 오랫동안 사용하며 발전시켜온 과정의 산물이라고 설명한 바 있다. 나인햄의 논문들은 적어도 영국 학계에는 지대한 영향을 미쳐, 복음서 연구자들의 시야에서 목격자들을 확실히 지워버린 것 같다.

나인햄의 주장은 다음과 같이 시작된다.

> 양식비평에 따르면, 목격자들은 복음 전승의 형성 단계에서는 중요한 작업을 담당했을지 몰라도, 그것의 **발전** 과정에서는 미미한 역할을 했다. 이 점은 잘 알려져 있으므로 더 자세히 설명할 필요가 없다. 하지만 우리가 지적하고 싶은 점은, 이런 견해가 양식비평의 입장에서 우연적이거나 주변적인 특징이 결코 아니라는 것이다. 이런 견해가 복음서 내부의 증거로부터 나왔다는 것이 양식비평적 접근의 핵심이기 때문이다. 또한 양식비평이 완결된 복음서를 적절히 이해하는 데 필요한 핵심으로 지적하는 여러 특성들은, 목격자가 복음 전승의 초기 단계에서도 직접적으로 강한 영향을 미쳤다는 이론과 전혀 들어맞지 않는다. 공동체가 오랫동안 복음 전승을 사용했음을 암시하는 독립적 단

---

72) D. E. Nineham, "Eye-Witness Testimony and the Gospel Tradition, I," *JTS* 9 (1958), 13-25; "Eye-Witness Testimony and the Gospel Tradition, II," *JTS* 9 (1958), 243-52; "Eye-Witness Testimony and the Gospel Tradition, III," *JTS* 11 (1960), 253-64. 분명히 이 논문들은 나인햄이 마가복음 주석을 집필할 때 중요한 부분을 차지했다. 이 마가복음 주석에서 나인햄은 철저히 양식비평적 접근법을 채택했다: *The Gospel of St. Mark* (revised edition; London: Balck, 1968; 초판은 1963년에 Penguin에서 출판됨).

73) Nineham, "Eye-Witness Testimony and the Gospel Tradition, I," 14-16.

락들의 형식적·전형적 특성, 공동체를 섬기는 일과 무관한 개별적 세부 사항은 존재하지 않는다는 점, 연결적 요약 부분에 나타나는 관습적 특징…이런 점들은 모두 전승의 발전이 비개인적 필요와 공동체의 힘에 의해 통제되었지, 개별적 목격자의 사적 회상에 의해 통제되지 않았음을 보여준다. 실제로 목격자 증언에서 당연히 발견될 법한 특성들은 전혀 없다고 해도 과언이 아니다(목격자 증언에서 발견될 법한 특성이라면 특별한 인물에 대한 지식, 강하게 기억될 만한 사건 같은 것인데, 이런 특성은 교육적으로 유용한 전기적·지리적 내용의 명확성과는 대비된다). 바로 이런 내용이 양식비평이라는 구조물이 서 있는 토대를 이룬다. 양식비평의 기본 신조는, 복음 전승이 양식 개념에 많이 의존한다는 것이다. 이런 양식을 가진 복음 전승은 공동체의 요구와 활용에 따라 복음서 저자들에게 이르렀으며, 목격자들이 직접 개입하거나 전승을 변형시키는 일은 전혀 일어나지 않았다고 할 수 있다.[74]

나인햄은 양식비평의 주장을 훌륭히 설명하고 있다. 그가 설명에서 가장 큰 비중을 두는 지점은, 양식비평의 견해가 복음서 자체의 내부 증거를 통해 이미 증명되었음을 주장하는 부분이다. 이런 이유로 내 책의 주장 역시 복음서 자체의 특징에 의해 제시되는 내부 증거에 기초하고 있음을 지적해두어야겠다(제2-7장을 보라). 이런 증거는, 복음서 자체가 복음서와 목격자 증언의 밀접한 관계를 보여준다는 것을 근거로 해서, 이 책의 논증에서 새롭게 제시된 많은 부분을 설명해준다.

제10-12장에서 우리는, 양식비평의 결론에 대한 나인햄의 설명 중 많은 부분을 다루면서 그것을 논박한 바 있다. 공관복음서의 페리코프 양식이 공동체에서 이루어진 오랜 발전 과정의 산물이라는 주장과, 설교와 가르침을 위해 공동체가 전승을 활용하면서 요구했던 바가 복음 전승의 양식을 결정하고 만들어냈다는 주장은 심히 의문스러운 주장이다. 실제로 복음

74) Nineham, "Eye-Witness Testimony and the Gospel Tradition, I," 13.

서 연구자들 중에는 이런 주장을 포기한 이들이 많다. 이런 학자들은 양식이 특정한 공동체의 기능과 동일시된다는 가설을 더 이상 지지하지 않는다. 또한 각 전승의 발전이 전승의 법칙을 따라서 이루어진다거나, 각 전승이 원래는 변형되거나 혼합된 형태가 아니라 순수한 형태로 존재했으리라는 가정을 따라 추적된다는 가설도 따르지 않는다. 이제 우리에게는 다음과 같은 의문이 남는다. 전승은 복음서 페리코프의 분석에서 식별되는 문학적 양식들을 어떻게 획득한 것일까? 우리가 유념해야 할 점은, 양식비평가들처럼 양식을 선명히 구분하거나 분류하는 작업이 불가능하다는 것이다. 하지만 예를 들어 기적 이야기의 양식이나 구조를 분석하여 이런 이야기들이 공통적으로 가지는 특징들을 밝히고 열거할 수 있다는 주장은 여전히 유효하다.[75]

프랜시스 글래슨(T. Francis Glasson)은 1981에 발표한 논문 "일화가 갖는 위치: 양식비평에 대한 소고"(The Place of the Anecdote: A Note on Form Criticism)[76]에서 양식비평의 주장, 즉 복음서의 이야기들은 서로 다른 양식으로 분류될 수 있으므로 오랜 구전 발전 과정의 산물이며, 이 과정에서 공동체의 필요와 무관한 세부 사항들은 생략되고 이야기 구조는 전형에 맞추어 간소하게 정리되었다는 주장을 통찰력 있게 비판했다. 글래슨은 고대 전기들이 *chreia*를 사용한 사례를 일부 참조하기는 했지만, 이를 제외하면 주로 현대의 관습과 경험을 기반으로 논의를 전개했다. 바로 이런 이유 때문에 그의 논문은 그리 큰 영향을 끼치지 못한 것 같다. 하지만 글래슨은 인간의 모든 발화가 분류 가능한 전형적 양식들을 활용한다는 것을 실제적으로 논증했다[이 주장의 근거로서, 헤르만 궁켈(Hermann Gunkel)과 클

75) 복음서의 기적 이야기를 정의하고 분석하는 데 탁월한 기여를 한 책으로는 G. Theissen, *The Miracle Stories of the Early Christian Tradition* (tr. F. McDonagh; Edinburgh: Clark, 1983).

76) T. F. Glasson, "The Place of the Anecdote: A Note on Form Criticism," *JTS* 32 (181), 142-50.

라우스 코흐(Klaus Koch)의 구약에 대한 양식비평적 연구 결과를 인용한다].

> 인간의 발화를 특정 양식으로 분류하고 식별하지 않으면 그 발화의 사용이 불가능하다는 것이 사실이라면, 복음서 내용이 다양한 양식으로 분류된다는 사실 자체가 복음 전승의 공동체적 전달을 확실히 보여주는 표지가 된다는 주장은 얼마나 오류인가.[77]

글래슨은 복음서의 많은 내러티브가 취하는 "일화" 양식에 초점을 맞추면서(글래슨은 일화를 매우 폭넓게 정의해서 사용함), 이 이야기를 세부 사항을 제거하고 필수적인 특징만을 갖춘 이야기로 "축소"하는 것은 충분히 예상할 만하며, 이런 예상을 할 경우에도 굳이 긴 구전 과정을 가정할 필요가 없다고 주장했다. 글래슨은 예수의 충격적 말씀에 주된 관심을 기울이는 경구나 선언 이야기를 예로 들면서, 이런 "축소"가 오늘날에도 일어나고 있다고 지적한다.

> 오늘날 최초의 "전문증인"(ear-witness)은 자주 이야기를 솎아내어 그 본질만 남긴다. 또한 (아주 중요한 문제인데) 기록자가 기록 공간을 고려하여 이야기를 솎아내는 경우도 있다. 어쨌거나 공동체적 전달이 끼친 영향이나 오랜 기간에 걸쳐 구전이 반복되었다는 점에는 아무런 의문도 존재하지 않는다.[78]

> 글래슨은 다음과 같은 사례를 제시한다.

> 나는 저명한 지휘자 아드리안 불트 경(Sir Adrian Boult)이 보낸 편지 한 장을 가지고 있다. 이 편지에는 불트 경이 직접 경험한 일화로서, 선언 이야기라고

---

77) Glasson, "The Place of the Anecdote," 147.
78) Glasson, "The Place of the Anecdote," 145.

불릴 만한 이야기가 포함되어 있다. 이 일화는 이렇게 시작된다. "한번은 리허설을 하던 중이었습니다. 그런데 목관악기를 맡은 한 친구가 기침을 하는 겁니다. 이 친구는 술고래로 알려져 있었죠…." 여기서 이 이야기 전체를 제시하는 것은 불필요하다. 이 일화는 겨우 네 문장으로 이루어져 있다. 날짜도, 장소도, 문제의 연주자 이름도, 리허설한 곡도, 심지어 문제의 연주자가 연주하는 악기도 언급되지 않는다. 여기서 이런 항목이 전혀 언급되지 않는 이유는, 이런 세부 사항들이 수십 년에 걸친 구전 과정에서 천천히 삭제되었기 때문이 아니라, 이런 것들이 이야기의 요지에 비추어볼 때 하찮기 때문이다.…아드리안 경은 자신이 현장에 있었으며 참여했던 사건을 보고하고 있다.[79)]

일상적 경험으로부터 가져온 글래슨의 이 논증은 중요하다. 왜냐하면 학자들은 복음서의 페리코프를 양식에 따라 분류하는 작업 같은 전문 지식을 다루면서, 일상적 경험과의 접촉을 자주 잃어버리기 때문이다. 하지만 우리는 앞서 연구했던 회상 기억에 관한 심리학의 연구 결과를 활용하여 이런 일상적 경험에 더 중요한 실체를 부여할 수 있다. "양식"에 따라 이야기 구조를 형성하는 일은 목격자가 자기 이야기를 최초로 들려주기 전에도 이미 일어난다. 또한 이런 양식은 목격자가 처음 몇 차례에 걸쳐 개인적 기억을 반복해서 말하는 동안 더 세련되게 다듬어진다. 바로 이것이 **개별적** 목격자가 (사회적 정황 속에서) 이야기를 반복할 때 발생하는 **신속한** 과정이다. 이런 양식을 설명하기 위해 "비개인적인"(impersonal; 나인햄이 쓴 용어) 공동체 전승 전달이 오랜 과정 동안 이루어졌다고 가정할 필요는 전혀 없다. 목격자가 초기에 이야기를 반복할 때, 이미 이 이야기에는 꼭 있어야 하는 특징들과, 있어도 되고 없어도 되는 특징들이 구분되었을 것이다. 이런 세부 사항은 선택적이며, 이야기의 매력을 더해주는 역할을 했다. 목격자가 사건의 의미에 불가결한 이야기의 핵심을 포착하는 작업은,

---

79) Glasson, "The Place of the Anecdote," 145.

이 이야기를 전달하는 과정 전체에서 필요한 일이었던 것 같다. 이 이야기를 목격자가 직접 전달했는지, 혹은 다른 사람들이 반복했는지는 문제가 되지 않았다.

실제로 양식비평가들은 양식이 어디에서 유래했는지의 문제를 전혀 다루지 않았다. 때로는 양식이 공동체에서 이루어진 전승 발전의 과정에서 만들어졌다는 인상을 던지는가 하면, 고대의 고전이나 여러 나라의 민간 전승에서 유사한 사례를 인용하기도 했다. 도식이라는 심리학 개념은, 복음서 내러티브가 문화적 경계를 뛰어넘는 이야기 각본을 어느 정도 사용하는지 철저히 조사할 수 있도록 해준다. 이런 이야기 각본은 사람들이 이야기할 때마다 되풀이되어 나타나며, 이야기하기에서 많든 적든 나타나는 고유한 본질이다. 다른 한편으로, 도식 개념은 복음서 내러티브가 문화적으로 특수성을 가진 이야기 각본과 어느 정도 일치하는가도 철저히 조사할 수 있도록 해준다. 동시에 복음 전승에 전형적인 양식을 부여한 이가 이 전승을 최초로 이야기한 목격자들이었음을 실증하려면, 자기 경험을 상술한 유명한 고대 저자들의 저술의 양식을 연구하는 작업도 필요하다. 양식비평적 패러다임은 지난 수십 년간에 걸쳐 서서히 숨을 거두었다. 이렇게 양식비평적 패러다임이 숨을 거두면서, 복음서 연구자들은 이 책에서 우리가 제시한 맥락을 따라 내러티브 양식들을 연구해볼 자유를 얻게 되었다.

사실과 의미, 과거와 현재

같은 소제목을 단 앞 단락에서 우리는 회상 기억에 두 개의 극, 즉 사건의 객관성과 사건의 의미에 대한 기억자의 통찰이라는 두 극이 있음을 언급했다. 의미를 인식하지 못하면(예를 들어 일어난 일들이 인과적으로 어떻게 연결되는지 이해하지 못하면) 나중에 이야기되는 일관적 기억은 존재할 수 없다. 동시에 경험적으로 볼 때 기억이 **과거**에 대한 회상임을 전제한다면, 사건은 어느 해석이나 들어맞을 정도로 무한한 순응성을 가지지는 않는다. 대체로 회상하는 이는 기억을 사용하여 과거에 일어난 일을 정확히 표현하는 일에 관심을 기울인다. 그러나 모든 회상에는 어느 정도 실제적 과거에 대한 참조가 따르기 마련이다. 따라서 해석은 기억하는 사람과 청중의 가치관과 기대에 부합하는 동시에, 사건 자체에서도 적합한 의미를 찾는 작업이다. 기억에 대한 해석은 여러 이유로 바뀔 수 있다. 따라서 기억 자체도 바뀐다고 할 수 있다. 하지만 이런 과정을 묘사할 때는, 많은 복음서 연구서가 그러듯이, 변화 과정이 시작될 때에는 현재 존재하는 "객관적 사실"이 주어졌다가, 그 후로는 해석 과정을 통해 이 사실로부터 진화하는 과정이 전개된다는 식으로 묘사해서는 안 된다. 해석 과정은 사건이 처음 회상된 뒤에도 오랫동안 목격자의 생각과 말 속에서 계속 이어질 수 있다. 부분적으로 이런 과정은 기억되는 사건에 적합한 해석을 찾는 작업의 의미도 가지고 있다. 정보와 해석은 해석이 바뀌는 한, 지속적으로 서로 관계를 가진다.

복음서 내러티브가 결말을 염두에 두고 기록되었다는 주장, 복음서 내러티브의 주인공인 예수가 공동체의 주님으로 부활하고 높이 올림을 받은 주시라는 주장을 우리는 익숙하게 들어왔다. 이런 주장에는 문제 삼을 것이 없다. 하지만 이렇게 과거를 더 근래의 사건이나 경험에 비추어 해석하는 과정이 목격자들의 구전 전달 과정에서와 복음서의 저작 과정에서 일어났음을 설명하려면, 이 책에서 전개되는 것보다 훨씬 더 상세한 논의가 필요하다. 어쨌든 앞에서 언급했던 존 로빈슨의 이론, 즉 회상 기억에서 안정성이나 변화를 일으키는 네 가지 요인은 이런 논의와 연관된다. 특히 중요한 것은 지연된 의미(deferred meaning) 개념인 것 같다. 이 개념에 따르면 사후의 정보나 회상은 물론, 사후의 통찰도—이미 인식된 의미를 제거하지 않고—의미를 확대할 수 있다. 처음에는 수수께끼 같던 사건도 이런 의미의 발견을 통해 훨씬 더 많이 이해된다.

동일한 방식으로 초기 그리스도인들에게는, 예수의 부활과 높이 들림을 통해 이 예수가 예언자들이 어렴풋이 묘사하고 약속했던 하나님의 경륜 안에 계시는 분임을 깨닫고 이런 깨달음에 비추어 성경을 연구하는 것이, 자신들이 경험한 사건의 지연된 의미를 깨달을 수 있는 중요한 요인이었다. 요한복음은 이런 사실을 선명하게 보여준다.

> 예수가 한 어린 나귀를 발견하시고 그 위에 앉으셨다. 기록되었으니,
>
> > 두려워 말라, 시온의 딸아.
> > 보라, 너의 왕이 나귀 새끼를 타고 오시느니라(슥 9:9).
>
> 그의 제자들은 처음에는 이 일을 깨닫지 못했다. 그러나 예수가 영광을 얻으셨을 때, 비로소 제자들은 이것들이 예수를 두고 기록된 것이요 예수께 이루어진 일이라는 것을 기억했다(요 12:14-16; 2:22; 7:37-39; 20:9도 참고하라).

요한복음에는 제자들이 예수의 부활 후에야 그들의 기억과 연관 지어 성경적 통찰을 언급하는 부분이 있는 것처럼, 그분의 사역 동안 일어났던 사건의 의미가 회고적 관점에서만 이해될 수 있음을 분명히 보여주는 부분들도 있다. 예수는 제자들의 발을 씻기면서 이렇게 말씀하신다. "너희가 지금은 내가 하는 일이 무엇인지 알지 못하나 나중에는 이해하리라"(13:7; 16:25). 이렇게 "지연된 의미"를 지시하는 사례들이 요한복음에 등장한다는 사실은 아이러니다. 보통 사람들은 요한복음이 예수를 이 땅에 계실 때부터 높이 올림을 받아 영광을 얻으신 분으로 바꿔놓았다고 생각하기 때문이다.

요한의 오해 모티프가 특히 예수의 십자가 죽으심에 초점을 맞추는 것은 결코 우연이 아니다(예를 들어 2:19-20; 8:21-28; 12:27-33; 13:26-30). 십자가라는 예수의 삶의 목적이 불가해한 특성을 가졌다는 점은, 공관복음에서

예수의 수난 예언 부분과, 이런 예언에 대한 제자들의 달갑지 않은 반응을 생생히 묘사한 대목에서 나타난다(막 8:31-33; 9:9-10, 31-32). 예수의 수난과 죽음에 관한 기억은 부활의 빛 안에서 볼 때조차 무의미하며, 전승 중에서도 가장 망각하기 어려운 것임이 틀림없다. 이런 기억을 기꺼이 받아들이면서도, 그것을 결코 소멸되지 않는 의미로 가득한 기억으로 만들기 위해서는 성경 해석이 필요했다. 이런 성경 해석을 옷감처럼 짜서 우리 앞에 둔 것이 바로 수난 내러티브다.

몇 가지 점을 고려할 때 공관복음의 많은 내러티브가 후속적 해석의 대상이 거의 되지 않았다는 점은 주목할 만하다. 복음서 저자가 이야기하는 이 내러티브들의 맥락은 개별적 페리코프보다 더 많은 의미를 제공해준다. 예수의 치유와 축귀 이야기들을 언급하면서 게르트 타이센은, 이 이야기들이 하나님 나라의 도래를 가리키는 표지인 종말론적 해석을 전혀 가지고 있지 않다고 지적한다. 이런 종말론적 해석이야말로 예수가 자신의 치유와 축귀 기적에 부여한 의미였지만, 이 의미는 기적 이야기가 아니라 오직 말씀 전승에서만 발견된다는 것이다(마 11:2-6, 20-24; 12:29; 막 3:24-27; 눅 10:18). 타이센은 이런 생각을 다음과 같이 설명한다. 즉 기적 이야기는 "대중적 개작"(popular adaptation)을 거쳤으며, 이런 개작을 통해 예수의 기적이 가진 변별적 특징이 매끄럽게 다듬어졌다는 것이다. 계속해서 타이센은, 예수의 제자 집단 외부의 보통 사람들이 기적 이야기를 형식화하고 전달했다고 가정한다.[80] 하지만 이런 설명이 "대중적 개작"의 주장에 충분히 정당성을 부여할 수 있을지는 의문이다. 틀림없이 예수의 기적 이야기는 제자 집단들(하나가 아니라 여러 집단이다!)로부터 독립해서 사람들 입에 오르내렸다. 그러나 모든 기적 이야기가 외부자 출처로부터 초창기 그리스도인들의 복음 전승 덩어리로 들어갔을 가능성은 거의 없다. 처음부

80) Theissen, *Miracle Stories*, 276-86; G. Theissen and A. Merz, *The Historical Jesus* (tr. J. Bowden; London: SCM, 1998), 301-2.

터 제자들이 기적 이야기를 들려주려 한 것은 분명하다. 또한 복음서의 기적 이야기가 제자들의 언급을 전혀 제시하지 않는다는 주장은 타당하지 않다. 두 종류의 기적 이야기가 있어 한 종류는 종말론적 해석을 담고 있고 다른 한 종류는 담고 있지 않다면, 타이센의 논지가 훨씬 더 설득력을 가질 것이다. 대체적으로 전승에 이런 종말론적 해석이 존재하지 않는다는 사실은, 기적 이야기 자체가 예수가 자신의 치유와 축귀 사건에 부여하셨던 종말론적 해석을 포함하지 않는다고 가정하면 더 쉽게 설명된다. 이런 이야기는 매우 간결하고 기억하기 쉬운 형태로 들려주는 데 치중했으며, 별다른 해석 없이, 몇몇 경우에 기적의 수혜자들이 믿음을 가져야 했으며 기적을 행하시는 예수의 유일무이한 권세를 인식해야 했음을 강조했을 뿐이다.[81] 만약 이런 이야기가 일찍부터 예수 전승의 맥락에서 정상적으로 전해졌다면, 여기에는 따로 고유한 해석을 붙일 필요가 없었을 것이다. 현재의 복음서에서 볼 수 있듯이, 이런 해석은 그 이야기의 문맥이 제시해주었을 것이다. 종종 양식비평가들은 복음서의 이야기가 오직 설교와 "복음의 요체"를 전달하기 위해 고안되었다고 보지만, 우리로서는 이렇게 생각할 수 없다.[82] 이렇게 주장해야 할 타당한 이유가 없기 때문이다.

우리의 논지에서 중요한 결론은 다음과 같다. 즉 예수의 치유와 축귀 이야기는 예수 자신이 이 사건들에 대해 해석하신 것이나, 유사한 해석이 초기 그리스도인 집단 사이에서 회자된 것에 거의 영향을 받지 않았다는 점이다. 이 기적 이야기들 자체는 최초의 보고가 가졌던 보다 간결하면서도 풍성한 의미를 보존하고 있으며, 이것들과 함께 이야기되었던 복음 전승의 맥락에 의해 더 많은 의미를 얻는다.

복음서 내러티브에 나타난 정보와 의미의 결합을 살펴보면서 우리는

---

81) 참고. Theissen, *Miracle Stories*, 276-7.

82) 참고. S. H. Travis, "Form Criticism," in I. H. Marshall, ed., *New Testament Interpretation* (Grand Rapids: Eerdmans, 1977), 162.

과거와 현재의 결합도 다루어보았다. 회상 기억을 이해함에 있어 우리는, 이 기억에 항상 작동하고 있는 과거와 현재의 변증법에 유의해야 한다. 기억은 실제적 과거를 참조하며, 과거에 대한 의도적 참조가 없는, 자기 의식적 활동으로서의 기억은 상상할 수조차 없다. 제12장에서 우리는 순수한 과거로서의 예수의 역사가 초기 그리스도인들에게 크게 중요했다는 증거를 제시한 바 있다. 과거와 현재는 목격자들의 기억 속에서 상호작용을 계속했음이 분명하다. 하지만 여기서 현재를, **공동체**가 전승을 사용하는 용도로 이해해서는 안 된다. 제10-12장에서 논증했듯이, 전승은 그 용도와 상관없이 보존되었다. 물론 각각의 전승은 그리스도인들의 설교와 가르침에서 다양한 용도로 활용되었겠지만 말이다. 양식비평가 대다수는 물론이고 나인햄도, 공동체가 오랜 세월 복음서의 이야기를 활용했던 용도가 그 이야기의 양식을 결정했다고 확신하지만, 이런 주장에 대해서는 튼튼한 증거가 없다. 전승의 양식화에서 전승의 용도보다 훨씬 더 중요했던 것은 새롭고도 신선한 시각, 즉 예수의 십자가와 부활과 이 사건들에 대한 커져가는 이해 이후에 그분의 모든 사역을 되돌아보는 새로운 관점이었다. 하지만 이런 시각조차도 많은 이야기가 전해지는 방식에는 미미한 영향만을 미친 것 같다. 여기에 대해 타이센과 메르츠는 다음과 같이 썼다.

> "예수의 부활 틈새"는 전승을 비역사적이고 구별되지 않는 전체로 변모시키지 않았다. 예수 부활 이전의 회상은 확실히 유지되었다.…예수 부활 이후의 시기에서 과거를 향한 투사는 특히 예수의 인격과 그분의 죽음에 의미를 부여하는 데 초점을 맞추었다. 따라서 부활 이후 시점의 투사는 특수한 점들로 한정되며, 심지어 이런 영역에서도 부활 이전의 "유물"을 실증함으로써 상대화될 수 있다.[83]

---

83) Theissen and Merz, *The Historical Jesus*, 100.

예수 부활 이전과 이후의 전승이 연속성을 가지는 것은 목격자들 덕분에 가능했다. 목격자들은 자신의 이야기를 예수 부활 이후에 가지게 된 새로운 시각으로 바라보았다. 하지만 그들의 기억은 어느 정도 안정적이었으며, 이런 안정성은 더 깊은 해석적 통찰을 통해 그 기억이 바뀔 가능성을 엄격하게 제한했다. 앞선 우리의 논의를 요약해서 반복하자면 다음과 같다. 각 전승의 전형적 양식은 전승을 반복한 지 얼마 되지 않아 상당히 고정된 형식으로 자리 잡았을 것이다. 예수 이야기가 예수 부활 이후의 해석으로부터 받은 영향은 매우 작았다. 이런 현상은 목격자들이 이미 예수의 사역 동안 이 이야기들에 고정적 형태를 부여했을 개연성이 높다는 점을 통해 설명될 수 있다. 예수 이야기는 십자가와 부활이라는 혁명적인 사건을 겪은 후에도 그대로 유지되었던 것 같다. 목격자들은 자신들이 전한 전승의 권위 있는 출처로 여전히 남아 있었다. 과거 자체가 끼친 영향과, 예수의 과거사가 과거 사건으로서 중요한 의미를 가진다는 확신은, 초창기 그리스도인 집단에서 중대한 신학적 발전이 일어나고 나서도 오랜 후까지 목격자들의 기억에 안정성을 부여했다.

법정에 선 목격자 증언

회상 기억을 연구하는 심리학자들은 몇 가지 명백한 이유에서, 법적 절차에서 목격자 증언이 활용되는 것에 많은 관심을 기울였다.[84)] 배심원들은

84) 예를 들어 D. F. Ross, J. D. Read, and M. P. Toglia, eds., *Adult Eyewitness Testimony: Current Trends and Developments* (Cambridge: Cambridge University Press, 1994); W. A. Wagenaar, "Autobiographical Memory in Court," in Rubin, ed., *Remembering Our Past*, 180-96; P. B. Ainsworth, *Psychology, Law and Eyewitness Testimony* (Chichester: Wiley, 1998). 목격자 증언에 관한 심리학적 연구를 통렬히 비판한 철학자의 글로는 C. A. J. Coady, *Testimony: A Philosophical Study* (Oxford: Clarendon, 1992), 15장. 하지만 그가 1984년 이후의 연구서들은 전혀

목격자 증언을 매우 중시하며 이런 증언이 정확하다고 추정하는 경향이 있다. 여기에 대해 심리학자들은 이런 추정이 가능하지 않으며, 목격자 증언도 여러 측면에서 잘못될 수 있음을 지적했다. 또한 이들은 심문 절차, 목격자가 여러 용의자 중 피의자를 골라내는 절차(identification parades) 등 목격자 증언의 타당성 평가를 개선하는 여러 방법을 추천하는 데도 관심을 기울였다.

앞서 말했듯이 법정에서 목격자 증언을 사용할 때 크게 문제가 되는 것은, 회상이 사건의 중요한 특징에 관해서는 늘 정확하지만 주변부의 세부 사항을 떠올릴 때는 신뢰할 수 없는 경우가 잦다는 것이다. 하지만 법정이 필요로 하는 것은 사건의 세부 사항인 경우가 빈번하다. 오래전에 했던 언급에 정확히 어떤 단어가 사용되었는가, 사건이 일어난 일시는 정확히 언제인가, 이전에 단 한 번 만났던 사람의 음성을 식별할 수 있는가, 스쳐 지나며 힐끗 봤던 사람의 얼굴을 식별할 수 있는가 같은 것이 바로 그런 예다. 증인은 사건과 무관한 구경꾼으로서 법정이 필요로 하는 세부 사항을 유심히 보거나 기억해둘 이유가 없는 사람일 수 있다. 또한 두려움의 영향을 받은 피해자가 공포의 초점에만 주목하고 이것만을 생생히 기억한 채, 주변부는 관찰과 회상의 대상에서 제외해버리는 경우도 있다. 심문 기술, 특히 유도 질문은 자신이 그것을 기억한다는 것을 생각하게 될 증인에게 정보를 제공하는 역할을 할 수 있다.

심리학자들은 이런 측면 때문에 몇몇 중요한 지점에서 법정 증언의 정확성에 의문을 제기했다. 하지만 이런 측면과 우리가 관심을 가지는 복음서 내부의 목격자 증언은 아무 상관이 없다. 복음서의 사례들에 등장하는 증인들은 사건과 무관한 구경꾼이 아니라 그 사건에 참여한 자였다. 또한 전달자에게 전해진 이 증인들의 증언도 주변적인 세부 사항이 아니라 회

언급하지 않는다는 사실에 유의해야 한다. 또 다른 비판을 보려면, 간략하지만 예리한 언급을 담은 Ricoeur, *Memory*, 162을 보라.

상되는 사건의 핵심이었다. 증인들은 사건 관계자의 얼굴을 일부러 떠올리거나(현대의 법정 심리에서는 매우 중요한 요소), 쉽게 기억나지 않는 일을 떠올리기 위해 애쓸 필요가 없었다.

앨런 배들리의 다음과 같은 평가는 인용할 만한 가치가 있다.

> 사건의 큰 윤곽에 집중할 경우, 우리의 자서전적 회상 중 많은 부분은 오류에서 상당히 자유롭다. 우리가 적절치 않은 데이터베이스에서 세부 정보를 찾아내려고 억지로 애를 쓰면 오류가 나타나기 시작한다. 이렇게 할 때 왜곡을 일으키는 다양한 원인이 활개를 치게 된다. 사전 예측이나 잘못된 기억을 유도하는 질문 때문에, 그리고 질문자를 기쁘게 해주거나 우리 자신을 잘 보이려는 욕구 같은 사회적 요인 때문에 일어나는 단절도 이런 요인에 포함된다.[85]

복음서 기사의 배후에 존재하는 목격자들은 그들의 기억 속에 두드러지게 남은 내용을 들려주었으며, 일부러 기억을 되살리고 재구성하는 힘든 과정을 거쳐 잘못된 기억을 만들어낼 필요가 없었다.

기억에 관한 일부 심리학 연구서들은 깊이 신뢰할 만하지 않다는 인상을 주기 때문에, 마지막으로 여기서는 질리언 코헨(Gillian Cohen)의 글을 일부 인용하겠다. 이는 기억의 주제 전체에 대한 요약으로서 인용할 만한 가치가 있다.

> 연구는 일상적인 기억 기능에서 발생하는 오류를 강조하는 경향이 있다. 연구 종사자들이 상정하는 것은 오류 경향이 있는 시스템이다. 하지만 이렇게 오류를 강조하는 것은 부분적으로 연구 방법론이 만들어낸 가공품이기도 하다. 통상적으로 실험에서는, 실험 대상이 실수를 저지름으로써 그 오류의 본질과 그것을 야기하는 조건을 시별할 수 있는 수준으로 난이도를 설정하는 것이 더

85) Baddeley, *Human Memory*, 222.

효과적이다.…사람들은 평범한 삶의 상황에서 자연스럽게 일어나는 오류를 너무 크게 생각한다. 충분한 근거를 가지고 주장하건대, 방법론이 기억의 효율성에 대해 다소 왜곡된 견해를 만들어냈던 것이다. 일상생활을 살펴보면, 기억에 성공하는 사례가 보통이고 실패하는 사례는 예외다. 또한 사람들은 아주 먼 과거에 경험한 얼굴이나 음성, 외국어 단어나 어린 시절의 일을 평생 동안 기억하는 데 놀라운 재주를 보인다. 인간의 기억은 아주 오랫동안 지속될 뿐 아니라, 짧은 기간 동안에는 방대한 정보도 그대로 유지된다. 시험 준비가 바로 그런 예다. 그런가 하면 전문적 지식의 경우처럼, 상당히 긴 기간 동안 많은 양의 정보가 획득되고 유지되기도 한다. 기억이 얼마나 용량을 초과해서 저장될 수 있는지를 고려하면, 실제 세계에서의 기억은 탁월하게 효율적이며 탄력적이라는 점이 증명된다.[86)]

86) G. Cohen, *Memory*, 222. 제13장을 정독하고 전문가적인 논평을 해준 것에 대해 맬콤 지브스(Malcolm Jeeves)에게 감사한다.

역자 주

1. 20세기 초 제정이 무너지고 사회주의 체제가 등장할 때까지 러시아는 세 차례 혁명을 겪었는데, 그 첫 번째가 1905년 봉기다. 당시 리일전쟁 상황이 러시아에게 불리하게 돌아가고 황제를 중심으로 한 집권 세력의 부패와 무능이 극에 달했다. 이런 현실에 불만을 품고 있던 러시아 민중은 봉기하여 1905년 1월 상트페테르부르크에 있는 황제의 겨울 궁전으로 몰려가 국가 개혁과 민생고 해결을 요구했으나, 정부는 이를 무력 진압하여 많은 사상자를 냈다.

2. 프로크루스테스는 그리스 신화에 등장하는 악랄한 강도다. 그는 자기 집에 철 침대를 갖추어놓고 지나가는 나그네를 잡아다가 침대에 강제로 묶은 뒤, 침대 길이보다 몸이 긴 사람은 긴 부분만큼 몸을 잘라 죽이고, 짧은 사람은 짧은 만큼 몸을 억지로 늘려 죽였다고 한다.

제14장

목격자 증언인 요한복음

예수가 사랑하신 그 제자가 "이것들을 썼다"

복음서 중 하나는 자신이 목격자들의 이야기를 토대로 삼고 있을 뿐 아니라, 실제로 한 목격자에 의해 기록되었다고 주장한다. 이 부분은 요한복음을 맺는 구절이다.

> 이 사람이 이 일들을 증언하고 이 일들을 기록한 제자요, 우리는 그의 증언이 참인 줄 아노라. 그러나 예수가 행하신 일들이 달리 또 많이 있으니, 그 일들을 모두 기록한다면 이 세상도 그 일들을 기록한 책들을 담아둘 수가 없으리라(21:24-25).

요한복음 내러티브의 핵심에서 익명으로 등장하는 이 제자는 보통 "예수가 사랑하신 그 제자"라고 표현된다. 액면 그대로 받아들인다면 위의 결론은 요한복음을 그 제자가 썼다고 주장하는 듯하다. 근대 이후로는 위의 본문을 이렇게 이해하는 것이 전통이었다. 그러나 최근의 학자들은 이런 주장을 받아들이기를 주저한다. 이 주장을 회피하는 방법 중에서 상당한 인기를 얻은 견해는, 24절이 사실상 예수가 사랑하신 그 제자가 요한복음 저자라고 주장하지는 않는다는 제안이었다. 이 구절에 사용된 언어가 실제로 저자를 지시한다고 볼 필요는 없다는 것이다. 오히려 이 언어는 예수가 사랑하신 그 제자와 요한복음의 관계가 그리 직접적이지 않음을 암시할 수 있다.

이런 주장은 여기서 사용된 그리스어 동사 *graphein*(쓰다, 기록하다)이 "사역"의 의미로 "쓰게 하다, 기록하게 하다"의 뜻일 수 있다는 생각에서 비롯되었다. 그렇다면 이 구절은 그 제자가 "이 일들"을 기록했다는 뜻이 아니라 "이 일들을 기록하게 했다"라는 뜻인 셈이다. 과거에 이 동사를 앞과 같은 의미로 제시한 증거는 존 버나드(J. H. Bernard)가 1928년에 내놓은 주석뿐이다.[1] 이런 생각을 채택한 다른 모든 주석가는, 직접적이든 간접적이든, 버나드가 제시한 증거에 의존하는 듯하다. 버나드는 성경의 증거만을 인용하고 있는데, 이 증거는 본질적으로 다음과 같은 두 범주로 나뉜다.[2] 첫째는 요한복음 자체의 용례에 호소하여 19:19(참고. 21-22절)을 증거로 내세운다. 이 구절은 (그리스어 본문을 문자적으로 번역하면) "빌라도가 패(牌)를 하나 써서 그것을 십자가 위에 붙였다"라고 말하고 있다. 버나드의 생각처럼, 이 구절은 "패에 쓴 칭호(*titulus*)는 빌라도가 책임자로서 정한 것이지만 그가 직접 그것을 나무판에 쓴 것은 아니었다는 의미"라고 가정하는 것이 타당하다. 버나드의 증거 중 둘째 범주는 바울 서신과 관련된다. 바울은 늘 자기 서신을 필사자에게 받아쓰게 했던 듯하다(롬 16:22; 참고. 갈 6:11; 벧전 5:12). 그러면서도 바울은 "내가 쓴다"라고 말할 수 있었다(롬 15:15; 고전 4:14; 5:9; 9:15; 14:37).[3]

이 증거가 증명하는 바는, *graphein*이 저자가 필사자에게 받아쓰도록 하는 행위를 지시할 수 있다는 것이다. 많은 경우 고대의 저술가들은 작품을 기록할 때 직접 펜을 들지 않았다. 기록은 이 일을 잘하도록 훈련받은 이에게 맡기는 것이 더 나았기 때문이다. 하지만 우리가 유념해야 할 점은, 저자가 자기 말을 받아쓰게 한다는 의미로 *graphein*을 쓴 것은 이 동사의 확장된 의미라는 사실이다. 필시 빌라도는 십자가의 패를 자기 손으

1) J. H. Bernard, *A Critical and Exegetical Commentary on the Gospel according to St. John*, vol. 2, ed.. A. H. McNeile (ICC; Edinburgh; Clark, 1928), 713.

2) 또한 그는 70인역 삿 8:14을 언급한다. 이 구절에서는 A 본문이 더 적절한 동사를 사용하여 *apegrapsato*라고 기록했다(A 본문이 아닌 70인역 삿 8:14은 *egrapsen*으로 기록함-역주).

3) 버나드 자신은 고린도전서를 언급하지 않는다. 또한 바울이 고린도전서를 자기 손으로 직접 기록했을 리도 만무하다.

로 직접 쓰지는 않았을 것이다. 반면에 요한의 내러티브는 빌라도가 그 패에 사용할 단어들을 정확히 불러주어 받아쓰게 했다고 밝히고 있다(참고. 19:21-22). 물론 고대의 저술가도 현대 작가들처럼 집필에 타인의 도움을 받았겠지만, 그 도움을 준 사람보다 자신을 못하게 여기지는 않았을 것이다. 바울 서신 같은 저술을 받아썼던 필사자는, 현대의 비서나 저자의 글을 출판하기 위해 준비하는 편집자처럼, 소소한 문법적·문체적 문제에 재량을 행사할 수 있었던 것 같다. 예를 들어 요세푸스가 자신의 그리스어 문체를 개선할 목적으로 비서들을 채용한 일은 널리 알려져 있다. 하지만 이런 경우에도 최종 원고를 읽고 승인하며, 이 원고에 책임을 지는 사람은 저자다. 저자는 단순히 저술을 기록하라고 시키는 데 그치지 않고, 자신의 작품이 기록될 수 있도록 도왔다. 이런 종류의 도움을 표현하기 위해 "쓰다" 동사가 특별히 "사역"의 의미를 가질 필요는 없다.

버나드 이후 많은 학자들은, *graphein*이 받아쓰게 함을 지시한다는 증거를, 요한복음 21:24에 대한 다음과 같은 해석의 보증으로 받아들이게 되었다. 즉 *graphein*이 이런 의미를 가진다는 사실은, 요한복음 21:24이 예수가 사랑하신 그 제자가 이 복음서를 썼으나, 이 제자와 복음서의 관계는 빌라도와 십자가의 패의 관계나 바울과 바울 서신의 관계보다 덜 직접적임을 의미하는 구절로 해석될 수 있는 보증이라는 것이다. 버나드의 주장은 온건하다. "예수가 사랑하신 그 제자가 **이 일들을 기록하게 했다**. 이를 받아쓴 기록자는 이 일들을 형태화했으며, 이후 이것을 자신의 것이 아니라 '요한에 따른 복음'으로 출간했다."[4] "형태화하다"(putting into shape)가 포괄하는 내용이 무엇인지는 정확하지 않지만, 다른 학자들은 이 말을 넓은 범위로 이해했다. 고트로프 쉬렝크(Gottlob Schrenk)는 영향력 있는 저술인 『신약 신학 사전』(*Theological Dictionary of the New Testament*)의 한 기고문에서, *graphein*이 받아쓰게 함을 지시할 수 있음을 보여주는 바울 서

4) Bernard, *A Critical and Exegetical Commentary*, 713.

신의 증거를 처음으로 인용하고 나서 다음과 같이 쓰고 있다.

> 이 반박할 수 없는 사실에 비추어볼 때 요한복음 21:24의 *ho grapsas tauta*("이 일들을 기록한 사람")가, 단순히 예수가 사랑하신 그 제자와 그의 회상이 복음서의 배후에 있으며 이 책을 쓰게 한 계기라는 의미가 아닐까라는 질문을 할 수 있다. 우리가 두 번째 측면(예수가 사랑하신 제자와 그의 회상이 복음서를 쓰게 한 계기라는 점-역주)을 부당하게 약화시키지 않는 한, 방금 말한 견해도 아주 개연성이 높다. 실제로 이 문구가, 요한복음에 포함된 내용에 대한 정신적 책임 외에 다른 내용을 암시한다고 주장하기는 어려운 듯하다.[5)]

앞의 세 문장에서 엿보이는 생각의 진전은 놀랄 만하다. 어쨌든 쉬렝크는 *graphein*이 받아쓰게 함을 지시한다는 "확실한 사실"로부터, *ho grapsas tauta*를 예수가 사랑하신 그 제자가 "요한복음에 포함된 내용에 대한 정신적 책임이 있음"을 넘어서는 의미로 "주장하기는 어렵다"라는 쪽으로 옮겨가기가 가능하다고 본다. *graphein*이 책의 내용에 단순히 "정신적 책임"이 있음을 강조하는 의미로 사용된 사례는 단 한 개도 없다. *graphein*이 저자가 받아쓰게 함을 지시할 수 있음을 보여주는 바울 서신의 증거가 우리가 가진 전부다.

하지만 더 주목할 만한 일은, 이렇게 휘청거리는 결점 가득한 앞의 주장을 학자들이 하나둘씩 무비판적으로 추종하게 되었다는 사실이다. 20세기 후반의 위대한 요한 문헌 연구자 중 한 사람인 레이먼드 브라운(Raymond Brown)은 자신의 요한복음 주석에서 처음으로 몽고메리 히치콕(Montgomery Hitchcock)을 인용한다. 히치콕은 1930년에 발표되었으나 거

---

5) G. Schrenk in G. Kittel, ed., *Theological Dictionary of the New Testament*, vol. 1 (tr. G. W. Bromiley; Grand Rapids: Eerdmans, 1964), 743. 독일어 원서는 1933년에 출간되었다.

의 알려지지 않은 한 논문에서 버나드의 주장을 철저히 반박한 바 있다. 물론 *graphein*이 받아쓰게 하는 저자의 행위를 가리킬 수 있는 가능성을 부인하는 부분은 약간 정도를 넘어선 것처럼도 보인다.[6] 히치콕에 대한 인용에 이어 브라운은, 요한복음 21:24의 *graphein*이 소위 "온건한 사역"을 의미한다는 주장으로 다름 아닌 버나드 자신을 인용한다. 마지막으로 브라운은 "다른 학자들은 '썼다'가 훨씬 더 간접적인 의미에서 저자를 의미할 수 있다고 생각한다"라고 쓰고 난 후, 앞에서 제시한 쉬렝크의 세 문장을 인용한다. 이어 브라운은 자신이 쉬렝크의 해석을 따르고 있다고 말한 다음,[7] 이 쉬렝크의 해석을 자신의 언어로 다음과 같이 표현하고 있다. "요한복음 21:24의 '이 일들을 기록했다'는 단순히 예수가 사랑하신 그 제자가 문자로 기록된 이 복음서 안에 반향되는 증언을 들려주는 자라는 것을 의미할 뿐이다."[8] 브라운은 히치콕이나 버나드의 견해보다 쉬렝크의 견해를 선호하면서도 이를 뒷받침하는 논증이나 증거를 전혀 제시하지 않는다.

여기서 강조하고 싶은 사실은 다음과 같다. 즉 *graphein*이 필사자와 받아쓴 텍스트의 관계보다 더 멀고 간접적인 "저자"와 텍스트의 관계를 지시할 수 있음을 보여주는 증거는 아직까지 발견되지 않았다는 것이다. 하지만 지금까지의 통설은 요한복음 21:24을, 예수가 사랑하신 그 제자의 증언이 전승의 배후에 있으며, 이 전승이 훗날 커다란 창조성을 발휘한 또

---

6) F. R. M. Hitchcock, "The Use of γράφειν," *JTS* 31(1930), 271-75.

7) R. E. Brown, *The Gospel according to John XIII-XXI* (AB 29A; New York: Doubleday, 1966), 1122.

8) Brown, *The Gospel according to John XIII-XXI*, 1127. R. E. Brown, *An Introduction to the Gospel of John* (ed. F. J. Moloney; New York: Doubleday, 2003), 194은 *ho grapsas*를 "원인 제공"을 의미하는 말로 해석하는 것이 "가능하다"고 말한다. 이는 "예수가 사랑하신 그 제자와 그의 회상이 요한복음의 배후에 있어 이 복음서가 기록되도록 했음을 암시하는 것" 같다.

다른 손을 통해 복음서로 만들어졌다는 의미로 생각해왔다.[9] 요한 문헌을 연구했던 이전 학자들이 언어적 증거가 없음에도 불구하고 이런 통설이 믿을 만하다고 생각한 이후로, 다른 학자들도 하나둘씩 이런 과거의 견해가 충분히 그럴 만하다고 여기게 되었다. 분명히 이것은 학자들이, 예수가 사랑하신 그 제자가 요한복음 저자일 개연성은 지극히 희박함을 발견하고, 죽어가는 사람이 지푸라기라도 붙잡듯이, 요한복음 21:24은 그 제자가 요한복음 저자라는 뜻이 아닐 수 있다는 일말의 가능성을 붙들었기 때문이다. 하지만 학자들이 예수가 사랑하신 그 제자가 요한복음을 썼음을 의심할 수밖에 없는 이유가 무엇이든, 이런 이유를 증명하는 언어적 증거는 없다. 따라서 앞의 이유는 요한복음 21:24의 "이 일들을 기록했다"의 **의미**를 결정하는 데 아무런 도움도 주지 못한다. 오직 언어적 용례를 증거로 제시할 수 있어야 그 의미를 결정할 수 있는 것이다.

케빈 밴후저(Kevin Vanhoozer)는 해석학 전문가로서 이 문제에 접근하고 있는데, 여기에 대한 그의 말은 경청할 만하다. 밴후저는 쉬렝크와 브라운 같은 학자들의 견해를 인용한 후 다음과 같이 질문한다.

> 만일 예수가 사랑하신 그 제자가 요한복음의 유일한 출처라 해도, 그 제자가 "이 일들을 기록했다"라거나 심지어 "이 일들을 기록하게 했다"라고 말하는 것은 의미가 있을까? 또한 설령 그 제자가 주된 출처 또는 유일한 출처라 할지라도, 우리가 쉬렝크처럼 그 제자가 요한복음의 내용에 "정신적 책임"이 있다고 말할 수 있을까? 이는 마치 파가니니가, 파가니니의 테마를 활용한 라흐마니노프의 변주곡에 "책임이 있다"라고 하는 것과 비슷하지 않을까? "파가니니

9) 예를 들어 G. R. Beasley-Murray, *John* (WBC 36; Waco: Word, 1987), 415; J. H. Charlesworth, *The Beloved Disciple* (Valley Forge: Trinity, 1995), 24-26; F. J. Moloney, *The Gospel of John* (Sacra Pagina 4; Collegeville: Liturgical, 1998), 561; D. M. Smith, *John* (Abingdon NT Commentaries; Nashville: Abingdon, 1999), 399-400; A. T. Lincoln, *Truth on Trial* (Peabody: Hendrickson, 2000), 153.

주제에 의한 랩소디" 배후에 있는 정신과 영혼은 라흐마니노프의 것임이 분명하다. 파가니니는 이런 "랩소디"를 작곡하지 않았으며 그렇게 할 수도 없었다.

역사비평가들은 저자가 누구인가라는 수수께끼를 푸는 데 골몰한 나머지, 새로운 수수께끼 즉 멀리 떨어져 있는 자료 출처가 어떻게 그것이 전혀 통제할 수 없는 텍스트를 책임질 수 있는가라는 문제를 만들어내고 말았다.…섬세하게 조율되어 있는 이 네 번째 복음서(요한복음)는 치밀한 구조와 아이러니 같은 것들을 통해 작품의 효과를 이루어낸다. 예수가 사랑하신 그 제자가 이 복음서의 증언의 형식에 책임이 없다면, 이 증언의 내용이 어떻게 보존될 수 있었는지 알아내기는 힘들다. 그러나 그 제자가 이 증언의 형식과 내용에 책임이 있다면, 바로 그가 유일한 저자가 아닐까?[10]

지금까지 우리는, 앞서 언급했던 학자들처럼, 요한복음 21:24의 "이 일들"—예수가 사랑하신 그 제자가 증언하고 기록한 일들—이 복음서의 내용이라고 생각해왔다. 몇몇 학자는 이런 견해에 반대하면서 "이 일들"이 요한복음 21장만을 가리키거나, 또는 저자가 요한복음을 집필할 때 사용한 문자 자료를 가리킨다고 주장했다. 이 견해에 따르면, 요한복음 21:24의 "이 일들을 기록했다"라는 문구가 예수가 사랑하신 그 제자가 복음서의 저자임을 주장한다고 가정하지 않고도 이 문구의 자연적 의미를 알 수 있다는 것이다. 하지만 이것은 개연성이 매우 낮은 견해다. 대다수 학자는 24절과 25절이 한 묶음이라는 데 의견을 같이한다. 이 두 구절을 함께 묶어 읽는다면, 이 본문이 21장만을 지시한다고 읽기는 불가능하다. 두 구절은 말 그대로 요한복음 전체의 결론이며, "이 일들"은 요한복음에서 상세히 설명된 예수의 사역임이 분명하다. 동시에 예수가 사랑하신 그 제자가 이 일들을 썼다는 말을, 단순히 그가 요한복음 저자의 저술에서 활용된 자

10) K. J. Vanhoozer, "The Hermeneutics of I-Witness Testimony," in idem, *First Theology* (Downers Grove: InterVarsity, 2002), 261-62.

료를 썼다는 의미로 받아들이는 것도 부적절하다. 나중에 우리는 요한복음 20:30-31과 21:24-25이 신중하게 구성된 두 단계의 결론을 형성한다는 것을 보여줄 것이다. 이런 주장이 가능하려면 20:30-31과 21:24에 모두 들어 있는 "기록했다"가 같은 의미여야 한다. 두 경우에 "기록했다"는 "이 책"을 기록했다는 말이지, 어떤 자료를 기록했다는 말이 아니다.

요한복음 21:24의 의미는 예수가 사랑하신 그 제자가 요한복음을 구성했다는 것이다. 여기서 그 제자가 직접 펜을 들었느냐 아니냐는 중요하지 않다. 이 제자는 저작 과정에서 다양한 도움을 받았을 수 있으며, 그가 쓴 작품도 나중에 다른 누군가에 의해 편집되었을 수 있다. 그럼에도 요한복음 21:24에 따르면, 이 복음서의 내용과 언어에 실제적 책임을 지고 있는 이는 바로 그 제자다. 이 주장이 신뢰할 만하지 않다고 여기고 나름의 이유를 제시하는 학자라면, 방금 한 나의 언급이 옳지 않다고 생각할 것이다. 따라서 요한복음 말미의 이 구절들로부터 왜 이렇게 그릇된 이해가 나왔는가의 이유를 놓고, 근본적으로 다른 두 대안적 설명이 존재하는 셈이다. 하나는, 예수가 사랑하신 그 제자가 복음서 저자라고 잘못 생각한 편집자가 저작의 후반 단계에서 21:24-25을 덧붙였다는 설명이다.[11] 다른 설명은, 요한복음의 실제 저자가 자신의 저술에 허구적으로 예수가 사랑하신 그 제자의 저술이라고 기록했다는 것이다. 이럴 경우 요한복음은 위경이 된다. 위경을 일종의 사기로 이해하든, 공인되는 문학적 장치로 이해하든 상관없이 말이다.

요한복음이 위경일 가능성에 대해서는 제15장에서 다시 다룰 것이다. 여기서 우리가 유념해야 할 점은, 21:24-25이 후대에 덧붙여진 구절이며 따라서 이 구절이 요한복음 저자에 대해 제시하는 증거가 신빙성 없을 수

11) B. Lindars, *The Gospel of John* (New Century Bible; London: Marshall, Morgan and Scott, 1972), 641; idem, *John* (NT Guides; Sheffield: Sheffield Academic, 1990), 22-23이 이렇게 설명하고 있다.

있는 가능성이다. 결국 이 문제는 요한복음의 끝이 원래 어디인가라는 문제와 분리될 수 없다. 현대의 대다수 학자는[12] 요한복음이 원래 20장에서 끝난다고 생각해왔다. 이들이 보기에는 20:30-31이 요한복음 내러티브를 적절히 종결하는 결론이기 때문이다. 이런 견해는 요한복음 21장이 나중에 덧붙여진 일종의 부록이며, 21:24-25은 이 부록의 일부였으리라는 생각에서 비롯되었다. 요한복음이 편집자적 첨가에 의해 분량이 증가했다고 보는 이런 경향 때문에, 많은 학자들은 앞의 두 구절이 21장의 나머지 부분보다 나중에 첨가된 부분이라고 간주했던 것이다. 그런가 하면, 24절이 먼저 추가되고 25절이 나중에 추가되었다고 생각한 학자들도 일부 있었다. 요한복음의 마지막 부분을 연속적으로 추가된 부분들로 해체해버린 이런 이론들에 반대하여, 나는 이 복음서가 원래 현재의 형태대로 끝을 맺도록 설계되었으며, 21:24의 저자에 대한 주장이 빠진 요한복음은 한 번도 존재한 적이 없었다고 주장하고자 한다.

---

12) 예외로는 Bishop Cassian (Serge Besobrasoff), "John xxi," *NTS* 3 (1956-57), 132-36; H. Thyen, "Entwicklungen innerhalb der johanneischen Theologie und Kirche im Spiegel von Joh 21 und der Lieblingsjüngertexte des Evangeliums," in M. de Jonge, ed., *L'Évangile de Jean. Sources, rédaction, théologie* (BETL 44; Gembloux: Duculot/Leuven: Leuven University Press, 1977), 259-99; P. S. Minear, "The Original Functions of John 21," *JBL* 102 (1983), 85-98; D. A. Carson, *The Gospel according to John* (Grand Rapids: Eerdmans, 1991), 665-68; W. S. Vorster, "The Growth and Making of John 21," in F. van Segbroeck, C. M. Tuckett, G. van Belle, and J. Verheyden, eds., *The Four Gospels 1992*, vol. 3 (F. Neirynck Festschrift; Leuven: Leuven University Press/Peeters, 1992), 2207-21; T. L. Brodie, *The Gospel according to John: A Literary and Theological Commentary* (Oxford: Oxford University Press, 1993), 572-82; R. Bauckham, "The 153 Fish and the Unity of the Fourth Gospel," *Neotestamentica* 36 (2002), 77-88; C. S. Keener, *The Gospel of John: A Commentary*, vol. 2 (Peabody: Hendrickson, 2003), 1213, 1219-22; A. J. Köstenberger, *John* (Grand Rapids: Baker, 2004), 583-86. 예외에 속하는 다른 자료로는 B. R. Gaventa, "The Archive of Excess: John 21 and the Problem of Narrative Closure," in R. A. Culpepper and C. C. Black, eds., *Exploring the Gospel of John* (D. M. Smith FS; Louisville: Westminster John Knox, 1996), 249-50, 주 8.

요한복음의 끝 부분

요한복음 결론 부분의 구조는 상당히 일관된다. 즉 섬세하게 설계된 두 단계(20:30-31과 21:24-25)에 의해 프레임이 형성되어 있고 그 가운데 내러티브 에필로그(21:1-23)가 들어 있는 구조다. 이 결론이 두 단계로 이루어진다고 보는 이유 중 하나는, 두 단계가 21장의 내러티브를 요한복음의 주된 내러티브와 분리하는 울타리 역할을 함으로써 이 21장 내러티브가 에필로그임을 알려주기 때문이다. 에필로그는 나중에 덧붙인 부록과 다르다는 점을 유의해야 한다. 의도적으로 주된 내러티브와 분리시키기는 했지만, 에필로그도 충분히 작품의 통일성을 의식한 설계의 한 부분일 수 있다. 요한복음의 경우에는 에필로그가 이 복음서 서두의 프롤로그(1:1-18)와 균형을 이룬다. 프롤로그는 요한복음의 이야기 이전의 역사를 묘사하는 반면에, 에필로그는 요한복음의 이야기 이후에 펼쳐질 역사를 내다본다. 프롤로그는 창조로 거슬러 올라가지만, 에필로그는—물고기 잡이의 기적이 상징하듯—제자들이 감당할 미래의 사명을 미리 보여준다. 동시에 에필로그는 베드로와 예수가 사랑하신 그 제자가 맡을 역할이 다르다는 데 초점을 맞춘다. 에필로그에 투사되는 시간은 예수의 재림을 향해 달려간다. 23절의 마지막 말씀에 포함된 예수의 "내가 올 때까지"[13]는 프롤로그의 첫 말씀인 "태초에"(1:1), 즉 마지막 때의 반대편에 있는 시간의 또 다른 극점과 상응한다.

프롤로그와 에필로그가 상응한다는 사실은 숫자와 관련된 구성에 의해서도 확인된다(요한복음에는 숫자와 관련된 구성이 많다[14]). 프롤로그는 496개의 음절로 이루어져 있다. 496개를 사용한 이유는, 짐작컨대 496이 삼

---

13) 일부 필사본은 22절과 마찬가지로 23절에도 "네게 무슨 상관이냐?"(*ti pros se*)를 덧붙여놓았다. 하지만 이 말은 원문에는 없다. 필사자들은 불완전한 문장을 보완하기 위해 22절에서 이 말을 가져다가 23절 말미에 첨가했을 것이다.

14) 나는 이런 내용에 대해 이 책에서 논증하려 한다.

각수(어떤 물건을 배열하여 삼각형 모양을 만들 때 사용되는 물건의 총수. 1, 3, 6, 10, 15, 21 등이 삼각수이며 496은 31번째 삼각수-역주)[15]이자 완전수[16]며, 그리스어 *monogenēs*("독생자"를 뜻하며 1:14, 18에서 사용됨)가 나타내는 숫자의 합이기 때문인 것 같다[17](그리스어에서 m은 40, o는 70, n은 50, g는 3, e는 5, ē는 8, s는 200을 나타낸다. 따라서 *monogenēs*는 40+70+50+70+3+5+50+8+200이며, 이를 모두 더하면 496이 된다-역주). 이런 고려들이 우리 눈에는 괴이하게 보일 수 있지만, 신약 시대의 사람들은 삼각수와 완전수를 포함해서 특별한 종류의 숫자에 매력을 느꼈다.[18] 또한 이 시대 사람들은 단어가 숫자를 나타낸다는 생각에 친숙했다. 그리스어 알파벳의 글자를 모두 숫자로도 사용했기 때문에 단어가 나타내는 수를 계산하기는 쉬웠다. 그러나 당장 우리의 논지를 볼 때, 496이 중요한 것은 이 숫자가 요한복음 프롤로그와 에필로그를 함께 묶어주기 때문이다. 즉 프롤로그는 496개의 음절을 가진 반면에, 에필로그(프롤로그보다 상당히 긴 본문)에는 496개의 단어가 있다. 프롤로그의 음절 숫자와 에필로그의 단어 숫자가 상응한다는 견해는 매우 적절하다. 프롤로그는 시(詩)처럼 구성되었으므로 음절의 숫자가 중요하다는 생각을 당연히 가질 수 있지만, 에필로그는 내러티브이기 때문이다. 숫자를 염두에 둔 구성을 보여주는 또 다른 증거는, 에필로그의 프레임을 형성하는 결론의 두 단계(20:30-31과 21:24-25)가 각각 43개 단어로 이루어진다는 사실에서도 발견된다.[19] 이는 이 구절들을 함께, 평행을 이루는 구절들로 읽어야 함을 지시

---

15) 496은 31로 이루어진 삼각형, 곧 1부터 31에 이르는 모든 정수를 더한 합과 같다.

16) 다시 말해 완전수는 그 수의 약수 중 자신을 제외한 숫자들을 모두 더한 수와 같다. 496은 완전수 시리즈 중 6과 28에 이어 세 번째 숫자다.

17) M. J. J. Menken, *Numerical Literary Techniques in John: The Fourth Evangelist's Use of Numbers of Words and Syllables* (NovTSup 55; Leiden: Brill, 1985), 21.

18) Menken, *Numerical Literary Techniques*, 27-29; R. Bauckham, *The Climax of Prophecy: Studies on the Book of Revelation* (Edinburgh: Clark, 1993), 390-93.

19) 이를 지적한 글로는 C. Savasta, "Gv 20,30-32 e 21, 24-25: Una Doppia Finale?" *BeO* 43 (2001), 130이다. 20:30에서 "그의"(*autou*)를 생략한 독법을 선호한다면

하는 표지라 할 수 있다.

이제 우리는 요한복음의 결론을 이루는 이 두 단계를 상세히 비교해볼 것이다. 이 두 본문은 다음과 같다.

> 예수는 제자들이 있는 자리에서 이 책에 기록되지 않은 다른 많은 표적들도 행하셨다. 그러나 이것들을 기록함은 너희가 예수가 하나님의 아들 메시아이심을 믿게 하려 함이요 또 그 믿음을 통해 너희가 그의 이름으로 생명을 얻게 하려 함이라(20:30-31).

> 이 사람이 이 일들을 증언하고 기록한 제자요, 우리는 그의 증언이 참인 줄 안다. 그러나 예수가 행하신 일들이 달리 또 많이 있으니, 그 일들을 모두 기록한다면 이 세상도 그 일들을 기록한 책들을 담아둘 수가 없으리라(21:24-25).

결론을 이루는 이 두 단계는 평행을 이루지만 반복은 아니다. 두 본문은 모든 측면에서 서로 평행을 이루는데, 둘째 단계는 첫째 단계에서 한 걸음 더 나아가 문제를 다룬다. 예를 들어 두 본문은 이 책에 기록된 것과 기록되지 않은 것을 이야기한다. 첫째 단계는 요한복음에서 언급된 표적 외에 "예수가 행하신 다른 많은 표적들"로 이 책에 포함되지 않은 것들을 이야기한다.[20] 둘째 단계는 이 책에 포함된 것뿐 아니라 더 폭넓게 "예수가 행하신 다른 많은 **일들**"을 이야기하면서, 그분이 행하신 일을 책으로 모두 기록하면(표준적인 역사 기록의 주제[21]) 이 세상도 그 책들을 다 수용할 수 없으리라는 과장 개념을 전개한다. 여기서 예수가 행하신 일이 "표적들"을 지시한다고 보는 것은 설득력이 떨어진다. 따라서 이 평행 본문들은

20:30-31에는 43개 단어가 있는 셈이다.

20) 이 구절의 "표적"의 의미에 대해서는, 철저한 연구 결과를 포함하고 있는 G. Van Belle, "The Meaning of σημεῖα in Jn 20,30-31," *ETL* 74 (1998), 300-325을 보라.

21) 더 많은 사례를 보려면 Keener, *The Gospel of John*, vol. 2, 1241-42을 보라.

특수하게 표적을 언급하는 것에서부터 폭넓게 행위를 이야기하는 쪽으로 발전해간다고 할 수 있다. 요한복음이 특별히 "표적들"이라는 말을 구사한 용례를 고려할 때, 예수는 표적이 아닌 일들도 많이 행하셨다. 예를 들어 21장에 언급된 기적은 "표적"이 아니다. 이 기적은 표적처럼 예수의 영광을 드러냄으로써 그분을 믿게 하는 역할을 하지 않기 때문이다(2:11; 20:31). 오히려 이 기적은 교회가 앞으로 감당할 사명을 상징한다. 따라서 결론의 첫 단계는 특별히 "표적들"을 다룬 요한복음 내러티브가 끝났다는 것과, 이 "표적들"을 통해 그리스도를 믿게 하려는 요한복음의 주된 목적이 성취되었음을 정확하고 적절한 방식으로 알려준다. 반면에 두 번째 단계는 요한복음 전체가 끝을 맺는다는 것을 역시 정확하고 적절한 방식으로 알려준다.

이제 이 두 단계의 결론이 요한복음의 근거가 되는 증언에 관해 무엇을 말하고 있는지 살펴보자. 섬세하게 구성된 이 두 단계의 결론에는 요한복음이 만들어지는 과정에서 예수가 사랑하신 그 제자가 한 역할이 들어 있다. 첫 단계는 일반적으로 예수의 제자들에 대해 언급하며, 둘째 단계는 한 제자, 곧 예수가 사랑하신 그 제자에 대해 언급한다. 결론의 첫 단계는 "증인"이라는 말을 쓰지 않지만, 예수가 "제자들이 있는 자리에서" 표적들을 행하셨다고 말함으로써 이들이 증인임을 암시한다. 독자는 표적들을 이야기하는 이 복음서 내러티브의 출처가 제자들의 증언일 것이라고 자연스럽게 추정하면서, 예수가 제자들에게 하신 15:27의 말씀("너희도 처음부터 나와 함께 있었으므로 증언하느니라")을 당연히 떠올릴 것이다. 결론의 둘째 단계는 "증언하다"라는 말을 분명히 도입하는 동시에, 예수가 사랑하신 그 제자가 증인임을 밝히고 있다. 이처럼 첫째 단계에서는 일반적으로 제자들을 증인으로 지시했다가, 둘째 단계에서는 초점을 좁혀 특히 예수가 사랑하신 그 제자를 부각한 이유는, 이 두 단계 사이의 평행 관계가 가지는 다음과 같은 요소를 살펴보면 선명히 드러난다. 즉 두 단계가 모두 요한복음 내러티브의 기록에 대해 이야기하고 있지만, 첫 단계는 두 번에 걸쳐 수동태("기록된")를 사용함으로써 저자가 누구인지를 밝히지 않는다. 반면에 둘째 단계는 바로 예수가 사랑하신 그 제자가 이 일들을 기록했다고 밝히고 있다. "이 사람이 이 일들을 증언하고 기록한 제자요"(21:24). 요한복음은 왜 이런 식으로 끝 부분에 이르기까지 저자를 밝히기를 미루었을까? 이 문제는 제15장에서 다루어질 것이다.

결론의 두 단계가 평형 관계를 이루는 또 다른 방식은, 이 단계들이 요한복음 프롤로그와 연결 고리를 가짐으로써 복음서의 첫 부분과 마지막 부분이 인클루지오를 형성하도록 돕는다는 것이다. 각각의 단계가 프롤로그와 가지는 연결 고리는 서로 다르지만, 이 연결 고리들은 서로 밀접한 연관성을 가진다. 결론의 첫 단계에서 목적을 나타내는 부분인 "**너희가** 예수가 하나님의 아들 그리스도(메시아)이심을 **믿게 하려 함이요**"는, 프롤로그에서 세례 요한에 대해 "그가 빛을 증언하는 증인으로 왔으니 이는 모든 사람이 자기를 통해 믿게 하려 함이라"(1:7)를 상기시킨다. 결론의 둘째 단계 역시 세례 요한을 상기시킨다. 예수가 사랑하신 그 제자에 대해 "증언"이라는 말을 사용한 것은, 프롤로그의 1:7-8과 15절에서 요한에 대해 "증언"을 사용한 것과 평행을 이루기 때문이다. 결국 독자들은 결론 덕분에 세례 요한의 증언이 어떻게 "**모든 사람이** 그를 통해 **믿도록 만드는 것**"이 되었는지를 알 수 있다. 세례 요한의 증언은 예수가 사랑하신 그 제자의 증언과 그가 기록한 글 안에 통합되어, 요한복음의 모든 독자에게 지금도 계속해서 말하고 있다. 예수가 사랑하신 그 제자도 마찬가지다. 이처럼 21:24이 예수가 사랑하신 그 제자의 증언을 현재형으로 이야기하는 것과, 1:15이 세례 요한의 증언을 역시 현재형으로 이야기하는 것은 서로 조화롭게 맞물린다.

이어서 우리는 결론의 두 단계가 각각의 문맥과 어떻게 연결되는지 살필 것이다. 첫 단계의 경우는 앞의 내용과 뒤의 내용이 연결되는 모습으로 나타난다. 앞의 내용은 예수가 도마에게 나타나신 이야기다. 이 이야기는 도마의 기독론적 고백, 즉 요한복음에 등장하는 인물의 고백 중 유일하게 완전하고 적절한 고백에서 정점에 이른다. 예수는 이 고백을 들으시고 다음과 같이 말씀하신다. "너는 나를 본 고로 믿느냐? 보지 않고 믿는 자들은 복이 있도다"(20:29). 결론을 구성하는 이 첫 단계는 요한복음 독자들처럼 보지 않은 자들이 어떻게 믿게 되는지 설명함으로써 방금 전에 예수가 하신 말씀(29절)을 뒷받침한다. 보지 않은 자들이 믿게 되는 것은, 본 자들 즉 표적들이 일어나는 현장에 있었던 제자들의 증언이 "이 책에" 기록되고, 다시 이 책이 본 자들과 보지 못한 자들을 이어줌으로써 보지 못한 자가 제자들의 증언을 믿도록 해주기 때문이다. 뒤이어 적절히 등장하는 에필로그(21:1-23)는 교회가 감당할 사명을 상징적으로 미리 보여준다. 이는 제자들이 할 증언이 어떻게 많은 사람을 믿도록 하고 생명을 얻도록 하는지 보여준다.

이 에필로그는 베드로의 역할과 예수가 사랑하신 그 제자의 역할을, 처음에는 기적적인 물고기 잡이 사건을 통해, 이어서는 예수와 베드로의 대화를 통해 비교하고 대조한다. 예수가 사랑하신 그 제자는 "주시다!"(21:7)라는 말을 통해 예수가 누구신지 밝히며 증인의 역할을 할 자로 등장한다. 반면에 그물을 끌어올리는 베드로는(21:11) 선교에서 더 적극적인 역할을 하리라는 것을 보여준다. 이어서 우리는 예수와 베드로의 대화를 통해, 베드로가 양떼를 돌보는 목자 역할을 적극적으로 감당하다가 이 양떼를 위해 죽임 당하리라는 것을 깨닫는다(21:15-19). 반면에 예수가 사랑하신 그 제자의 운명은 베드로와 대조를 이룬다. 그의 운명은 예수가 하신 "내가 올 때까지 그를 머물게 하려 할지라도"(21:22, 23)라는 말씀이 매우 신비롭게 전달해준다. 복음서에 이 말씀이 인용된 것은, 단순히 이것을 지나치게 문자적으로 곡해하는 것을 바로잡으려는(21:23) 평범한 이유 때문만은 아니다. 예수가 사랑하신 그 제자 자신의 복음서인 요한복음은 예상과는 달리, 이 제자도 죽으리라는 용두사미의 게시로 끝나지 않는다. 도리어 예수의 이 말씀에는 요한 문헌에서 독특하게 관찰되는 숨겨진 의미가 부여되어 있다. 이 숨겨진 의미는 다음에 이어지는 결론의 둘째 부분에서 선명히 드러난다(21:24-25). 예수가 사랑하신 그 제자 자신은 예수의 재림 때까지 살아 있지 못할 수도 있다. 하지만 그는 그때까지 예수가 주신 목적을 계속 성취해갈 것이다. 결론의 언급처럼, 그의 역할은 증언이요, 더 나아가 그는 자신의 증언을 기록했으며 그 증언은 여전히 남을 것이기 때문이다.[22] 이처럼 요한복음은 예수가 사랑하신 그 제자가 이 복음서의 저자라는 사실이, 그분의 이 신비로운 말씀의 숨겨진 의미였음을 밝힐 수 있을 때까지 이것을 드러내지 않는다. 결국 이 복음서는 특별한 그 제자가 예수가 맡기신 사명을 완수했다고 설명함으로써, 그가 복음서를 썼다는 말이 정당하다는 것을 증명한다.

결론의 첫 단계가 아니라면 둘째 단계에서 요한복음의 독자들은, 요한복음 이야기의 사건을 증언하는 **한 특정 증인**에 대한 다음과 같은 선행 구절을 상기하게 될 것이다. "이를 본 자가 증언함은 너희도 믿게 하려 함이라. 그의 증언은 참이요 그도 자기가 참을 말하는 줄 아느니라"(19:35). 이런 언급은 요한복음의 결론을 이루는 두 단계를 예상하도록 만든다. "너희도 믿게 하려 함이라"는 언어적으로나 개념적으로 첫 단계를 예상케 한다. 반면에 35절의 이 사람의 증언과 이 증언이 참이라는 부분은 결론의 둘째 부분과 조화된다. 하지만 우리는, 본문의 이 지점에서 신중하게 유보된 내용이 요한복음의 결론에 가서야 드러난다는 것에 유의해야 한다. 여기서는 그 증인이 자신의 증언을 기록했다는 것도, 그가 누구인지도 선명하게 드러나지 않는다. 독자들은 이 증인이 예수가 사랑하신 그 제자임이 틀림없다고 생각하는 이들과, 그 제자일 수 없다고 생각하는 이들로 나누어진다. 그 제자일 것이라고 확신하는 이들은, 몇 구절 앞에서(19:26-27) 십자가 옆에 다른 남성 제자는 아무도 없는데 오직 그 제자만 등장한다는 것을

22) 유사한 견해를 피력한 글로는 D. Tovey, *Narrative Art and Act in the Fourth Gospel* (JSNTSup 151; Sheffield: Sheffield Academic, 1997), 93. 하지만 토비는 이것이 신비로운 말씀에 관한 요한의 독특한 해석이라는 점을 간과한다.

이유로 든다. 반면에 그 제자가 아니라고 주장하는 이들은, 만일 그 제자가 자신의 증언을 기록한 증인이라면 그 점을 더 명확히 밝혔어야 하는데 그렇게 하지 않았다는 점을 이유로 내세운다.[23] 이 복음서의 저자는, 문제의 인물이 예수가 사랑하신 그 제자와 동일인인지의 여부를 의도적으로 모호하게 남겨두었다.[24] 여기에 대한 답은, 19:35의 언어를 분명히 반향하고 있는 21:24에 이르러서야 비로소 명백하게 드러난다. 여기에서야 우리는 요한복음의 배후에 있는 증언이 바로 예수가 사랑하신 그 제자의 증언이며, 그가 그 증언을 기록했음을 깨닫는다.

만약 이런 논증이 설득력이 있다면, 우리는 예수가 사랑하신 그 제자를 요한복음 저자로 밝힌 부분이 후대의 첨가라고 생각할 수 없다. 요한복음은 에필로그와 결론의 두 단계를 통해 마지막 부분에 가서야, 예수가 사랑하신 그 제자가 이 복음서를 만들 때 한 역할이 드러나도록 설계된 책이다. 이렇게 마지막에 배치된 계시는 독자들로 하여금 지금까지의 내용을 반추하면서, 이 내러티브 안에서 예수가 사랑하신 그 제자의 역할이 그를 예수의 특별한 증인이요 복음서 저자로 인정하도록 만들기에 충분하다는 것을 깨닫도록 한다. 어떻게 이런 일이 이루어지며, 왜 요한복음이 예수가 사랑하신 그 제자가 복음서의 저자라는 정보를 신중하게 지연시켰는가의 문제는 제15장에서 다룰 것이다.

---

23) 예를 들어 M. Casey, *Is John's Gospel True?* (London: Routledge, 1996), 159.

24) 참고. J. L. Staley, *The Print's First Kiss: A Rhetorical Investigation of the Implied Reader in the Fourth Gospel* (SBLDS 82; Atlanta: Scholars, 1988), 40: "요한복음의 내러티브 트릭은, 이 책의 마지막 두 문장에 이를 때까지 예상 독자들에게 내레이터의 정체와 이야기에서의 그의 역할을 숨긴다는 것이다."

요한복음 21:24의 "우리"는 누구인가?

예수가 사랑하신 그 제자가 요한복음 저자임을 밝히는 분문에는 다음과 같은 수수께끼가 남아 있다. "이 사람이 이 일들을 증언하고 이 일들을 기록한 제자요, 우리는 그의 증언이 참인 줄 안다"(21:24). 예수가 사랑하신 그 제자의 "증언이 참이라는" 것을 "아는" "우리"는 누구인가? 이 점에 대해서는 크게 네 가지 가능성을 생각해볼 수 있다. 첫째, "우리"는 독자들과 저자(예수가 사랑하신 그 제자)를 모두 포괄하며, 독자들과 저자가 그의 증언이 참임을 안다는 의미일 수 있다. 하지만 그럴 가능성은 희박하다. 처음으로 이 복음서를 읽거나 들은 이들은 이런 사정을 알 만한 상황에 있지 않았기 때문이다. 둘째, 가장 폭넓은 지지를 받는 견해는 다음과 같다. 즉 "우리"를 복음서에 증언을 첨가한 교사나 장로 집단이라고 보면서, 지금 이들이 복음서의 저자를 밝히고 이 책을 추천하고 있다고 이해하는 것이다.[25] 그러나 앞서 주장했듯이, 요한복음의 마지막 구절들(21:24-25)이 원저자가 구성한 요한복음에 처음부터 불가결한 부분으로 포함되어 있었다면, 이런 견해는 타당성이 거의 없다. 게다가 이들이 예수가 사랑하신 그 제자의 증언이 참이라고 확증하는 것이 무슨 가치가 있는지 알기 어렵다. 이들이 자신의 정체를 밝히지 않았기 때문에, 무슨 권위로 이런 말을 하는지 알 수 없기 때문이다.[26]

셋째, "우리"를 예수가 사랑하신 그 제자도 포함되어 있는 지도자나 목격자 집단으로 볼 수 있다.[27] 예수가 사랑하신 그 제자를 3인칭과 1인칭

25) 예를 들어 Brown, *The Gospel according to John XIII-XXI*, 1122-25; M. Hengel, *The Johannine Question* (tr. J. Bowden; London: SCM, 1989), 84.

26) J. Chapman, "'We Know That His Testimony Is True,'" *JTS* 31 (1930), 381.

27) 예를 들어 Smith, *John*, 400; E. C. Hoskyns, *The Fourth Gospel*, ed. F. N. Davey (London: Faber and Faber, 1947), 559-60; Tovey, *Narrative Art*, 95; Keener, *The Gospel of John*, vol. 2, 1240-41. 무라토리 정경 목록에 설명된 요한복음의 기록 경위의 배후에는 이런 해석이 자리하고 있는 것 같다(제16장을 보라).

복수형("우리는 안다")으로 지칭하는 말이 연속적으로 나타나지만, 굳이 이것을 문제 삼을 필요는 없다. 이 내러티브의 앞부분에서 그 제자는 3인칭으로 언급되었다. 당대에는 저자가 자신을 내러티브 안에 등장하는 한 인물로 묘사하는 것이 표준적 관행이었다. 하지만 이 구절에서는 저자가 자신을 3인칭으로 지칭하던 것에서 1인칭으로 옮겨갈 필요가 있었다. 그렇게 해야 저자가 자신이 이야기하는 내러티브로부터 빠져나와 자신이 저자임을 드러낼 수 있기 때문이다.

이 세 번째 견해는 상당히 그럴 듯하다. 특히 24절만 놓고 본다면, 논쟁의 소지가 조금 있을지 몰라도 선호할 만한 최종적 견해라고 할 수 있다. 세 번째 견해에 따르면, 이 본문의 "우리"는 순수한 복수가 아니라 "나"를 의미하는 말이다.[28] 그렇다면 25절에서도 "나" 대신 "우리"를 써야 하지 않느냐는 반대 의견이 나올 수 있다(한국어 번역에서는 "나"라는 1인칭 주어가 드러나지 않음-역주). 하지만 그리스어로 글을 쓴 고대 저술가들은 자신을 이야기하면서 1인칭 복수에서 1인칭 단수로, 또는 1인칭 단수에서 1인칭 복수로 쉽게 옮겨갔다. 여기에 대해서는 흥미로운 사례가 하나 있다(인용할 수 있는 많은 사례 중 하나다). 할리카르나소스의 디오니시오스가 데모스테네스에 관해 쓴 논문이 바로 그것인데(§58), 그 결론에는 다음과 같은 문장들이 등장한다.

> 내가 따분한 사람이 될 위험만 없었다면 나는 내가 말한 것들과 관련된 사례들을 당신에게 제시했을 겁니다. 이는 특히 내가 이야기하는 상대가 바로 당신이기 때문입니다. 내가 친애하는 암마이우스여, 그것이 우리가 데모스테네스의 문체에 관하여 말해야 할 전부입니다. 만일 신이 우리를 지켜주신다면, 우리는 그(데모스테네스)가 주제라는 문제를 다룰 때 보여준 천재성과 관련하

28) 예를 들어 Carson, *The Gospel according to John*, 684. Chapman, "We Know," 379, 385에 따르면, 이것이 그리스 교부들의 견해였다.

여 이 논문보다 훨씬 더 길고 훨씬 더 주목할 만한 설명을 후속 논문에서 당신에게 제시하겠습니다.[29]

롭 판(Loeb edition)의 번역자 스티븐 어셔(Stephen Usher)는 위의 인용문 중 세 번째 문장에 나오는 그리스어 1인칭 복수형을, 영어로 번역하면서 1인칭 단수형으로 바꿔놓았다. 이는 영어에서는 단수를 복수로 바꿔 쓰는 것이 아주 어색한 표현임을 발견했기 때문일 것이다. 이는 우리가 영어를 기준으로 해서 1인칭 단수형과 복수형의 전환의 의미를 판단하는 데 있어 매우 신중해야 함을 강조해준다. 다음 단락에서 우리는, 요한 문헌이 이 특별한 그리스어 용례를 구사하는 또 다른 사례를 살펴볼 것이다.

21:24의 1인칭 복수형이 "나"(1인칭 단수)를 대체한다는 주장은, 이 24절("우리는 그의 증언이 참인 줄 안다")과 요한 문헌의 몇몇 다른 본문이 유사하다는 관찰을 근거로 삼고 있다. 요한 문헌에 포함된 다른 본문들도 모두, "권위 있는 증언의 '우리'"('we' of authoritative testimony)라고 불리는 요한의 관용적 표현에 해당하는 사례로 볼 수 있다.

권위 있는 증언의 "우리"

이 단락에서 우리가 관찰할 내용은, 요한복음 21:24이 요한 문헌(요한복음과 세 개의 요한 서신)의 다른 곳 즉 요한복음 3:11, 요한1서 1:1-5, 4:14, 요한3서 9-10절과 12절에 나타나는 요한의 특별한 관용어를 가져다 쓴다는 사실이다. 요한복음과 세 요한 서신의 저자가 동일인인가 하는 문제는 여전히 논쟁 중이지만, 현재 우리 논의와는 무관하기 때문에 이것을 여기서 해

29) 이 번역문은 Dionysius of Halicarnassus, *The Critical Essays*, vol. 1 (tr. S. Usher; Cambridge: Harvard University Press, 1974), 455에서 가져왔다.

결할 필요는 없다. 어쨌든 이 요한 문헌 전체에서 독특한 언어적 용례가 공유된다는 점은 일반적으로 인정된다. 이 용례들이 저자의 독특한 "개인 언어"(idiolect)인지, 아니면 요한 계열 저자들의 학파가 사용했던 독특한 "사회 언어"(sociolect)인지는 중요하지 않다. 따라서 요한 서신의 평행 본문들은 요한복음의 관련 본문들의 의미를 확증하는 데 적절한 도움을 준다.

문제의 관용어를 우리는 "권위 있는 증언의 '우리'"라고 부를 것이다. 앞에서 열거한 본문들 중 몇몇이 "나"(1인칭 단수)를 대신하는 1인칭 복수(대명사와 동사)를 사용한다는 사실이 밝혀진 시초는 아돌프 폰 하르낙(Adolf von Harnack)이 1923년에 발표한 연구서를 통해서였다.[30] 이는 중요한 연구 결과이지만 지금은 거의 잊혀졌다. 또한 근래에 하워드 잭슨(Howard Jackson)은 하르낙의 저술을 부각시키면서 이 책을 나름의 방식으로 발전시켰다.[31] 하르낙과 잭슨은 "권위"의 "우리" 또는 "증가된 권위의 우리"("we" of "authority" or of "augmented empowerment")를 언급했다.[32] 하지만 요한이 "우리"라는 관용어를 사용한 모든 사례의 중요 요소가 증언이라는 사실을 밝혀낸 것은, 1930년에 발표되었지만 제대로 평가받지 못한 존 채프먼(John Chapman)의 한 논문[33]의 공적이다. "권위 있는 증언의 '우리'"라는 표현이 정당하게 사용될 수 있는 것은 바로 이 증언이라는 공통 요소 때문이다. 나는 앞서 언급한 세 연구 결과로부터 많은 것을 배웠지만, 각각의 결론에 대해 다 동의하지는 않는다. 아래에서 우리는 문제가 된 본문들을 더 상세히 살펴봄으로써, 이 본문들이 "권위 있는 증언의 '우리'"를 공유한다는 것을 적절히 논증할 것이다.

---

30) A. von Harnack, "Das 'Wir' in den Johanneischen Schriften," *SPAW*, Philosophisch-historischen Klasse (1923), 96-113. Hengel, *The Johannine Question*, 28-29, 164-65 주 22은 하르낙의 이런 견해를 따르고 있다.

31) H. M. Jackson, "Ancient Self-Referential Conventions and Their Implications for the Authorship and Integrity of the Gospel of John," *JTS* 50 (1999), 1-34.

32) Jackson, "Ancient Self-Referential Conventions," 12.

33) Chapman, "We Know," 379-87.

우선 고대 그리스어에서 (다른 많은 언어처럼) "우리"라는 말(1인칭 복수 대명사 그리고/또는 1인칭 복수 동사)이 사용될 수 있는 세 가지 기본 방식을 밝혀 두는 것이 유익하겠다.

(1) **결합하는**(associative)[34] "우리"는 저자가 자신과 독자(들)를 "우리" 속에 모두 포함시킬 때 사용된다. "우리"가 "나와 너(너희)"를 뜻하는 경우가 그런 예다.

(2) **분리하는**(dissociative) "우리"는 저자가 자신이 속한 그룹과 독자(들)를 구별할 때 사용된다. "우리"가 "나와 내 동료(들)"를 뜻하는 경우가 그런 예다.

(3) **"나"를 대신하는**(substitute) "우리"는 화자와 다른 사람들을 함께 가리키지 않고 자기를 가리키는 말에 힘을 실어주려고 사용된다. 이 "우리"는 때로 장엄복수(莊嚴複數)나 권위복수(權威複數)라고 불리기도 한다. 이것은 영어에서 저자를 의미하는 "우리"처럼, 더 큰 권위를 덧붙이기 위해 사용되는 것 같다. 이때 "우리"는 청중보다 어떤 의미에서 우월한 위치에 있는 화자에 의해 사용될 수도 있다.[35] 이는 영어에서 왕이 사용하는 "우리"와 비슷한데, 이처럼 영어에서는 대체로 군주에 국한해서 사용되는 특수한 말

---

34) "결합하는"과 "분리하는"이라는 용어는 Jackson, "Ancient Self-Referential Conventions," 12에서 가져왔다. R. E. Brown, *The Epistles of John* (AB 30; New York: Doubleday, 1982), 499에서는 "구별하지 않는"(nondistinctive)과 "구별하는"(distinctive)이라는 용어가 사용되었다.

35) 따라서 요세푸스, 「유대 고대사」 2.68-69도 놀라운 사례다. 여기서 요세푸스는 부끄러움을 당한 파라오의 술 맡은 관원을 이야기하는데, 아마도 요세푸스는 자신이 이 술 맡은 관원보다 더 우월한 지위에 오르리라고 기대하는 것 같다. Hengel, *The Johannine Question*, 30도 4QMMT가 "한 종교적 그룹의 지도자를 가리키기 위해 권위의 '우리'"를 사용한다고 언급한다. 하지만 E. Qimron and J. Strugnell, *Qumran Cave 4. V: Miqṣat Maʿaśe Ha-Torah* (DJD 10; Oxford: Clarendon, 1994), 114은 다음과 같이 설명했다: "이 문서에서 저자를 가리키기 위해 1인칭 단수의 의미를 가진 '우리'가 사용되었다고 생각할 이유는 없다. 이런 용례는 그리스어 문헌과 서간문에서는 빈번히 볼 수 있지만, 초기 히브리어에서는 거의 볼 수 없다. 따라서 법을 반포하는 이런 언어들은 법을 시행하던 공동체의 이름으로 발화되었다고 받아들여져야 한다."

이지만[마거릿 대처(Margaret Thatcher)는 군주가 아닌데도 자신을 가리켜 "우리"를 사용한 것으로 유명하다], 고대 그리스어에서는 영어의 경우보다 더 폭넓게 사용되었다. 다시 말하지만, 복수형은 표현되는 권위를 더 강하게 만들어준다. 여기서 유의할 점은, 이렇게 "나"를 대신하여 "우리"를 사용하는 그리스어 용례에서는 "우리"와 "나"를 번갈아 쓰는 일이 흔했다는 것이다. 제임스 몰튼(James Moulton)은 "후기 그리스어 문헌과 파피루스 서간에서 추출한 사례들"을 다루면서 "정말 그 이유를 알 수 없지만, 이 사례들은 '나'와 '우리'가 이 문서들 안에서 어떤 리듬이나 원인도 없이 서로를 쫓아다닌다는 것을 확실하게 증명해준다"라고 썼다.[36]

요한3서 9-12절. 권위 있는 증언의 "우리"를 조사하는 작업을 요한3서 9-10절과 12절에서부터 시작해보자. 분명히 8절에는 결합하는 "우리"의 사례가 포함되어 있다. 여기서 저자는 이 "우리"("그 장로") 안에 저자 자신과 그의 서신의 수신자 가이오를 포함시킨다(가이오는 참된 그리스도인들로 이루어진 더 큰 그룹에 속해 있다). 그러나 9, 10, 12절에 등장하는 네 개의 1인칭 복수는 결합하는 "우리"의 사례로 볼 수 없다. 일부 학자들은 이 네 복수를 분리하는 "우리"로 간주한다. 이 편지의 저자는 "우리" 속에 자신과 다른 이들(가이오는 포함되지 않음), 다시 말해 저자 자신과 그리스도인 지도자 그룹을 포함시키는 것 같다.[37] 하지만 이 견해의 난점은 9절과 10절의 "우리"가 10절의 "형제들"과 다른 사람으로 보인다는 것이다. 분명히 10절의 "형제들"은 그 장로와 사귐이 있는 순회 선교사인 것 같다. 반면에 12절의 "우리"

36) J. H. Moulton, *A Grammar of New Testament Greek*, vol. 1 (third edition; Edinburgh: Clark, 1908), 86. K. Dick, *Der Schriftstellerische Plural bei Paulus* (1900)에서 재인용.

37) 예를 들어 Brown, *The Epistles*, 717, 724; B. F. Westcott, *The Epistles of St John* (London: Macmillan, 1883), 229-30; I. H. Marshall, *The Epistles of John* (NICNT; Grand Rapids: Eerdmans, 1978), 88 주 2, 93 주 8.

는 역시 12절의 "모든 사람"(개역개정은 "뭇 사람"-역주)과 다른 이들임이 틀림없다. 추측컨대 이 구절의 모든 사람은 그 장로와 가이오도 속해 있는 공동체들의 모든 그리스도인일 것이다(15절의 "친구들"도 참고하라). 이 구절들의 "우리"가 또 다른 그룹을 가리키리라고 가정하는 것은 쓸데없이 문제를 복잡하게 만든다. 일단 그리스어에서 "나"를 대신하는 "우리"가 사용되는 경우, "우리"와 "나"가 번갈아 사용될 수 있다고 예상되는 이상, 9, 10, 12절의 "우리"는 모두 "나"를 대신하는 말로 받아들이는 것이 가장 쉽다.

그렇다고 "우리"가 "나"의 임의적 변형이라는 의미는 아니다. 9절과 10절에서는 1인칭 복수가 당시 도전받고 있던 저자의 권위를 강조하는 기능을 한다고 보는 편이 타당하다.[38] NRSV은 9절에서 그리스어의 의미를 따라 번역하여 "does not acknowledge our authority"(우리 권위를 인정하지 않으니)로 번역했는데, 문자적으로 이 문구는 "우리를 맞아들이지 않으니"에 더 가까울 것이다. NRSV은 9절에서 "인정하다"로 번역한 그리스어 동사(*epidechesthai*, "받다, 수용하다, 맞아들이다")를 10절에서는 "환영하다"(welcome)로 번역하고 있다. 이 동사 자체에는 권위를 인정한다는 의미가 들어 있지 않지만, 바로 이 문맥에서는 앞과 같은 뉘앙스가 자연스럽다(예를 들어 마카베오1서 10:1). 10절에서 "형제들"은 그 장로가 권위를 부여하여 보낸 사자들을 지시하는데, 여기서도 이 형제들을 맞아들이라는 말 안에는 권위를 인정하라는 뉘앙스도 포함되어 있는 듯하다.

그렇다면 12절 하반절인 "우리도 그를 위하여 증언하노니 너는 우리 증언이 참인 줄 안다"에서도 권위의 "우리"가 계속 사용된다고 쉽게 이해할 수 있다. 이런 문체적 특징은 차치하고라도 이 본문은 특히 강조의 어조를 보여준다. "참"이라는 말은 선행하는 본문 속에 언급된 "진리 그 자체"[39]를 가져옴으로써, 가이오도 명백히 알고 있듯이 이 장로의 증언이 진

---

38) Chapman, "We Know," 384; Jackson, "Ancient Self-Referential Conventions," 13.
39) 이 인격화된 "진리"는 하나님이나 예수(참고. 요 14:6)나 성령(참고. 요일 5:6)으로 해

리 그 자체와 관련되어 있다고 주장하는 것이다. 요한 문헌에서 권위의 "우리"를 보여주는 이 사례는 현재 우리의 탐구 작업에서 특히 흥미로운 경우다. 이 "우리"가 증언이 가지는 권위를 강조하기 때문이다. 물론 이 본문만으로 요한이 구사하는 이 특수한 관용어가 권위 있는 증언과 관련되어 있음을 확증할 수는 없다. 이런 관련성을 확증하려면, 이 본문의 사례와 앞으로 인용할 다른 사례들의 관련성을 증명해야 한다. 어쨌든 지금 당장 유의해야 할 점은, 요한3서 12절의 사례와 요한복음 21:24("이 사람이 이 일들을 증언하고 기록한 제자요, 우리는 그의 증언이 참인 줄 안다")[40]이 매우 가깝다는 것이다.

요한1서 1:1-5. 요한1서는 결합하는 "우리"를 상당히 많이 사용한다(1:6-10; 2:1, 3, 5, 18, 19, 25, 28; 3:1, 2, 14, 16, 18, 19-24; 4:7, 9-13, 16, 17, 21; 5:2-4, 9, 11, 14, 15, 18-20). 하지만 요한1서의 프롤로그에 포함된 "우리"는 결합하는 "우리"일 수 없다. 1:1-5의 "우리"는 분명히 수신자인 "너희"와 구별되기 때문이다(1:1, 2, 3, 5). 많은 주석가는 이 구절들의 "우리"가 분리하는 "우리"이며 저자는 더 큰 그룹을 대표해서 말하고 있다고 이해했다. 저자를 예수 역사의 목격자로 생각하는 사람들은, 이 그룹을 전반적인 목격자 그룹이나 사도들로 이해하는 데 별 어려움이 없었을 것이다.[41] 하지만 저자가 목격자라고 믿지 않는 사람들은 이 저자가 목격자들을 알았으며, 그들의 증

석되어왔다. 그러나 하나님의 증언을 "모든 사람"의 증언과 그 장로의 증언 사이에 놓는 것은 이상해 보인다. 따라서 이 문구는 차라리 더 모호하게 이해되는 편이 나을 듯하다: "만일 진리가 말할 수 있다면, 그 진리 역시 데메드리오의 삶이 진리 고유의 기준과 일치했음을 증언했으리라"(Marshall, *The Epistles*, 93).

40) 유사한 문언이나 권위 있는 증언의 "우리"를 사용하지 않은 사례에 대해서는 요 5:32; 19:35을 보라.

41) 예를 들어 Westcott, *The Epistles*, 3; A. E. Brooke, *A Critical and Exegetical Commentary on the Johannine Epistles* (ICC; Edinburgh: Clark, 1912), 2-3; Marshall, *The Epistles*, 106-7.

언을 계속 전달하는 "권위 있는 전승 보유자"[42] 그룹의 대표자였다고 이해하려고 한다.[43] 1-3절에서는 분리하는 "우리"로 읽는 것이 타당하지만, 4절("우리가 이 일들을 쓰고 있다"[44])에서는 이렇게 읽을 경우 심각한 난관에 부딪치게 된다. 만일 저자가 이 서신을 쓸 당시 다른 이들과 연결되어 있었다면(마치 바울과 그의 동역자들이 바울 서신에서 그러하듯이), 결합하는 "우리"의 의미도 가능할 것이다. 하지만 이 본문의 "우리"가 분리하는 "우리"임을 주장하는 학자들의 주장은 다르다. 게다가 요한1서 저자는 자신이 이 서신을 썼음을 말하는 다른 모든 사례에서는(적어도 12곳 이상) 자신을 지시하여 1인칭 단수를 쓴다("내가 쓰고 있다"; 2:1, 7-8, 12-14, 21, 26; 5:13). 1:1-5의 "우리"가 분리하는 "우리"라면, 4절은 "나는 다른 사람들을 대표해서 쓰고 있다"의 뜻이 될 수밖에 없다. 바로 이것이 이 견해를 받아들이는 대다수 주석가의 생각인 것 같다. 하지만 이들은 이런 해석이 초래하는 난점은 보통 언급하지 않는다. 4절을 분리하는 "우리"로 본다면, 이 의미는 1-3절과 4절 사이에서 중대한 변화를 겪는 셈이다. 1-3절은 분리하는 "우리"를 직선적이고 평상적으로 사용하는 경우가 될 수 있다. 이런 경우 이 구절들의 내용은 다른 사람들이나 저자에게 모두 해당된다. 그러나 4절에서는 이 구절의 내용이 다른 사람들에게는 전혀 해당되지 않는다. 이런 이유로 루돌프 쉬나켄부르크(Rudolf Schnackenburg)는 저자가 4절에서 "부당하게 복수형을 그대로 사용하고 있다"라고 인정할 수밖에 없었다.[45]

---

42) J. Painter, *1, 2, and 3 John* (Sacra Pagina 18; Collegeville: Liturgical, 2002), 128; 참고. Brown, *The Epistles*, 160: "예수가 사랑하신 그 제자와 특별한 관계에 있으면서 그 제자의 증언을 보존하려 했던 전승 보유자와 해석자들."

43) 예를 들어 J. Lieu, *The Theology of the Johannine Epistles* (Cambridge: Cambridge University Press, 1991), 23-24; R. Schnackenburg, *The Johannine Epistles* (tr. R. and I. Fuller; New York: Crossroad, 1992), 55; Painter, *1, 2, and 3 John*, 128-31, 135.

44) 이 "우리"가 강조형(동사 뒤에 위치한 *hēmeis*)이라는 점에 유의하라.

45) Schnackenburg, *The Johannine Epistles*, 51.

이 본문의 "우리"가 "나"를 대신한다는 것을 거부하는 견해는, 저자가 다른 곳에서는 자신을 가리켜 1인칭 단수를 사용한다는 점을 지적한다.[46] 앞서 언급한 12개의 사례, 즉 저자가 자신이 이 글을 쓰고 있음을 언급한 경우에서 이런 거부의 의견은 타당하다(2:1, 7-8, 12-14, 21, 26; 5:13). 그러나 이런 거부 의견은 1:1-5에 다른 용례가 존재하는 이유를 제시할 수 없을 때만 타당성을 가진다. 일단 이 본문과 요한 문헌의 다른 본문에서 권위 있는 증언의 "우리" 용례를 발견할 수 있다는 사실을 인정한다면, 그것이 곧 우리가 제시할 수 있는 반증이 되는 것이다. 이 본문에는 증언과 관련된 언어가 가득하다. "증언하다"(2절)뿐 아니라, 듣고 보는 행위를 나타내는 동사들이 반복해서 나타난다. 하지만 저자가 자신을 1인칭으로 나타내는 후속하는 본문 중에서 증언과 관련된 경우는 전혀 없다. 요한1서의 프롤로그는 글쓴이가, 자신이 듣고 본 것을 기초로 독자에게 말하고 있다는 저자로서의 권위를 강조할 목적으로 설계된 것이 분명하다. 요한1서의 장엄하게 형식화된 서론 속에는 1인칭 복수의 사용으로 자기주장에 확대된 권위를 부여하는 기법이 활용되고 있는 것이다.

1-5절의 권위의 "우리"로부터 6-10절의 결합하는 "우리"로 전환되는 것에는 아무런 문제가 없다. 5절에서는 "우리"와 "너희"의 구별이 뚜렷한 반면에, 이어지는 구절들에서는 이런 구별이 이루어지지 않음을 쉽게 알 수 있다. 영어 용례에서 권위의 "우리"와 결합의 "우리" 간의 전환은 빈번하고 자연스럽게 일어난다. 예를 들어 저자가 "우리는…을 보았다"("나와 내 독자인 당신들은…을 보았다"라는 뜻)라고 말한 뒤 곧바로 "우리는 이제…을 설명하겠다"(여기서 "우리"는 "나")라고 해도 당연히 받아들여진다.

요한1서 4:11-16. 내가 보기에 4:14의 "우리"는 권위 있는 증언의 "우리"로 이해되어야 한다.[47] "우리"를 이렇게 해석하는 것은 1:1-5의 "우리"

46) 예를 들어 Brown, *The Epistles*, 158.

47) Chapman, "We Know," 384도 그렇다.

해석에 어느 정도 근거를 두고 있다. 1:1-5에서 분리하는 "우리"를 관찰했던 학자들 중 일부는 4:14에서도 같은 "우리"를 발견한다. 두 본문이 내세우는 주장이 유사하기 때문이다("우리는 보았고 증언하느니라").[48] 하르낙[49]과 잭슨[50]은 1:1-5에서 권위를 주장하는 "우리"("나"를 대신해 사용된 "우리")를 발견했다. 이런 이유로 그들은 4:14에서도 같은 "우리"를 발견할 법한데, 실제로 이들은 4:14의 "우리"를 결합하는 "우리"로 간주하는 대다수 학자의 대열에 동참한다. 즉 4:14에서 저자는 "우리는 아버지가 당신 아들을 세상의 구주로 보내신 것을 보았고 증언하느니라"라는 주장 속에 독자들을 포함시키고 있다.[51]

4:14에서 분리하는 "우리"나 "나"를 대신하는 "우리"보다 결합하는 "우리"를 발견한 학자들이 제시하는 이유는 크게 두 가지다. 첫째, 4:14은 다른 "우리"들로 둘러싸여 있는데, 이 "우리"들 중 13절의 "우리"는 결합하는 "우리"임이 분명하고, 16절의 "우리"는 결합하는 "우리"일 가능성이 아주 높다. 하르낙과 잭슨은 14절의 "우리"가 11-16절에 있는 12개의 "우리" 중 열 번째인데, 처음 아홉 개는 결합하는 "우리"로 간주하는 것이 통설이라고 지적한다.[52] 이 주장은 문맥에 근거하고 있어 분명히 설득력이 있다. 이런 이유로 이 주장에 반대하려면, 14절의 "우리"가 앞 구절들의 "우리"와 다르다는 것을 14절 자체가 강하게 암시해주어야 한다. 하지만 일단

---

48) 예를 들어 Brooke, *A Critical and Exegetical Commentary*, 121-22(그는 분리하는 "우리"도 16절까지 이어진다고 생각한다); Schnackenburg, *The Johannine Epistles*, 219; Painter, *1, 2, and 3 John*, 274-75.

49) Harnack, "Das 'Wir,'" 101-2.

50) Jackson, "Ancient Self-Referential Conventions," 14-15. 하르낙과 잭슨은 모두 1:1-5의 의미를 살펴보지도 않고 4:14의 의미를 결정하는 방법론적 실수를 저지른다. 반면에 독자들은 4:14을 1:1-5에 비추어 읽으려 할 것이다.

51) 예를 들어 Marshall, *The Epistles*, 106, 220; Brown, *The Epistles*, 522-23도 마찬가지다.

52) Harnack, "Das 'Wir,'" 101; Jackson, "Ancient Self-Referential Conventions," 14.

1:1-5의 "우리"가 권위 있는 증언의 "우리"임이 인정되는 이상, 이런 암시는 분명히 존재하는 셈이다. 4:11-16에 있는 "우리" 중 오직 14절의 "우리"만이 증언과 관련된 언어를 사용하고 있다("우리는 보았고 증언하느니라"). 쉬나켄부르크의 지적처럼, 이 부분은 실제적으로 1:2("우리는 그것을 보았고 그것을 증언한다")의 인용이다.[53] (이 두 경우에 "보다"를 나타내는 단어가 다르다. 요한의 용례는 *horan*과 *theasthai*라는 두 동사를 구별 없이 바꿔 쓰는 것 같다. *theasthai*는 1:1과 4:14에서 사용된다. 하지만 두 경우 모두 완료 시제이며, 1:2의 그리스어 본문에는 "그것"에 해당하는 말이 없다.) 또한 요한복음의 본문에서도 같은 문구가 발견된다. 요한복음에서는 이 문구가 다른 사람들이 보지 못한 것을 "본" 사람이 들려주는 유일무이한 증언을 가리킨다. "나(세례 요한) 자신이 보고 이분이 하나님의 아들이심을 증언했다"(1:34); "(피와 물이 예수의 옆구리에서 흘러나온 것을) 본 사람이 증언했다"(19:35); "우리(예수)는 우리가 본 것을 증언하노라"(3:11); "그(예수)가 보고 들은 것을 증언하되"(3:32). 나중에 논증하겠지만, 이 사례들 중 하나에서는(3:11) 권위 있는 증언의 "우리"가 사용된다. 또한 다른 평행 본문들 중 두 본문에서 다른 방법들을 통해 증언의 권위를 보강한다는 점에도 유의할 필요가 있다. 즉 1:34에서는 "내 자신"(*kagō*)이라는 강조형이 사용되었고, 19:35에서는 바로 다음에 단언("그의 증언이 참이요, 그가 자기가 참을 말하는 줄 알고")이 옴으로써 내용을 강조한다. 따라서 요한1서 4:14의 언어는 여기서 사용된 "우리"가 앞 구절들의 "우리"와 구별된다는 것을 강하게 암시한다. 앞에서 우리는—영어에서 저자를 의미하는 "우리"의 사용과 관련해서—결합하는 "우리"와 "나"를 대신하는 "우리"를 번갈아 사용해도 아무 어려움이 없음을 언급했다. 이렇게 둘을 번갈아 쓰는 현상은 1:5과 1:6에서도 일어난다.

요한1서 4:14에서 분리하는 "우리"나 "나"를 대신하는 "우리"가 아니라 결합하는 "우리"가 사용되었다고 주장하는 두 번째 이유는, 이 구절의 내

53) Schnackenburg, *The Johannine Epistles*, 219.

용이 특정한 그룹이나 개인이 아니라 모든 그리스도인에게 (또는 일부 주석가들이 선호하는 표현처럼, 저자가 이끄는 그룹에 속한 "요한의" 그리스도인들에게) 해당하기 때문이다. 여기서 지적되는 내용은, 증언은 육의 눈으로는 "볼" 수 없던 것("아버지가 당신 아들을 세상의 구주로 보내셨다")에 대해서라는 것이다.[54] 나중에 우리는, 요한 문헌에서 목격자들이 자신이 "본" 것을 증언한다는 의미가 무엇인지 다시 살펴볼 것이다. 하지만 우선 요한1서 1:1-3의 언어가 육신의 감각으로 지각된 것을 포함하기 위해, 심지어 이것을 강조하기 위해 구성된 것임은 분명해 보인다(물론 모든 학자가 여기에 동의하지는 않을 것이다). "우리가 들은 것이요, 우리가 우리 눈으로 본 것이요, 우리가 자세히 보았고 우리 손으로 만진 것이라." "우리"가 본 것은 이 땅에 현존하는 사람이 경험적으로 관찰하는 것을 넘어설 수 있다. 하지만 저자가 육신의 감각으로 지각한 일을 더 분명히 언급하는 내력이 무엇인지는 알기 어렵다. 4:14은 1:1-3을 반향한다. 이런 이유로 1:1-3에 포함된 육의 시각이라는 의미도 4:14과 연결되어야 한다. 둘째, 쉬나켄부르크가 주장하듯이[55] 4:14은 1:1-3의 요약이기 때문에 4:14의 "우리가 보았다"의 진정한 목적어는 "증언하다"의 목적절("아버지가 당신 아들을 세상의 구주로 보내셨다")이 아니라, 1:1-3에 암시된 목적어(육신이 되신 아들이 육체로 임하심)일 수 있다. 셋째, 앞에서 언급한 요한복음의 평행 본문들에서 "보다"의 의미는 가변적일 수 있지만(세례 요한의 경우에는 환상이요, 19:35에서는 경험적으로 관찰되는 사건을 육의 눈으로 본다는 의미), "보다"를 "증언하다"와 함께 사용할 경우, 이 단어는 항상 자신만이 본 것을 다른 사람들에게 증언하는 독특한 체험을 지시한다. "보는" 특권을 누린 자들은 이를 다른 사람들에게 증언함으로써 그들로 믿게 만든다. 진정한 그리스도인은 모두 "예수가 하나님의 아들이심을 고

54) 예를 들어 Brown, *The Epistles*, 522; J. L. Houlden, *A Commentary on the Johannine Epistles* (BNTC; London: Black, 1973), 115.

55) Schnackenburg, *The Johannine Epistles*, 219.

백한다"(4:15). 하지만 "**증언할**" 수 있는 사람은 "본" 사람뿐이다(4:14). 여기서의 "증언하다"("그리스도"를 목적어로 둘 때)가 모든 그리스도인의 행위요 "고백하다"와 같은 의미라고 한다면, 이 동사의 사용 사례는 요한 문헌에서 이 경우가 유일무이할 것이다.

따라서 4:14의 증언("아버지가 당신 아들을 세상의 구주로 보내셨다")은 예수의 지상적 현존의 사건 안에서 하나님이 행하신 바를 믿음으로 인식한 결과다. 하지만 이런 증언은 사건의 현장에서 그것을 경험하고 관찰함으로써 거기서 하나님이 행하신 일을 지각할 수 있었던 자만이 할 수 있다. 요한1서는 저자 자신이 보는 특권을 누렸기에 증언할 수 있다는 강력한 선언으로 문을 연다. 이런 맥락에서 보면, 4:14이 요한 문헌에서 권위 있는 증언의 "우리"가 사용된 한 가지 사례임을 쉽게 인식할 수 있다.

요한복음 3:10-13. 요한복음 3:11의 예수의 말씀 속에 나오는 1인칭 복수형은 주석가들을 당혹스럽게 만들었다. 왜냐하면 이 말씀이 처음에는 1인칭 단수형으로 시작되었다가(관용적 표현이기는 하지만; "정녕 진실로 내가 네게 이르노니") 1인칭 복수형을 사용한 뒤, 다시 12절에서는 단수형으로 되돌아가기 때문이다. 또한 우리는 2절에서 니고데모도 1인칭 복수형을 사용해 예수께 말했다는 점에 주목해야 한다("랍비여, 우리는 당신이 하나님에게서 오신 선생인 줄 아나이다"). 이는 니고데모가 자신이 속한 지체 높은 바리새인들을 대표해서 하는 말인 듯하다. 하지만 일부 사람들은 니고데모가 어떤 제자 그룹과 함께 예수를 찾아왔다고 생각한다.[56] 추측컨대 예수가 11절에서 1인칭 단수를 사용했다가 1인칭 복수로 바꾸신 것은, 니고데모가 사용한 1인칭 복수에 대응한 것일 수 있다. 하지만 예수는 11절에서는 1인칭 복수를 사용하시는 반면에, 12절에서는 계속 2인칭 복수형을 사용하신다. 12절에는 니고데모를 복수로 지칭하는 경우가(동사와 대명사를 포함하여) 모두 네

56) F. P. Cotterell, "The Nicodemus Conversation: A Fresh Appraisal," *ExpT* 96 (1984-85), 238.

차례나 된다.

11절의 "우리"를 진짜 복수로 받아들이는 해석들 중에는 여러 다양한 입장이 존재한다. 이 "우리"가 예수와, 예수가 역사적 정황을 예측하여 미리 증인으로 간주하셨을 법한 이들—하나님, 예언자들, 세례 요한, 예수의 제자들[57]—을 포괄한다고 생각하는 해석에서부터, 예수 사역 이후의 상황을 염두에 두는 해석까지 다양하다. 후자에 속하는 해석은 "우리"라는 복수형을, 예수가 제자들이 미래에 그분의 증언을 이어가리라고 예측하셨다는 의미로 보거나[58] 예수가 다만 교회나 요한 공동체만을 대변하신다는 의미로 본다.[59] 11절은 요한복음이 기록될 당시, 두 공동체(요한 계열의 그리스도인들과 회당들) 사이의 다툼을 반영한다고 보는 견해가 통설이었다.[60] 그러나 이런 모든 해석과 달리, 이 11절의 문맥적 의미를 예수만이 하늘에서 내려오신 유일한 분이요(3:13) 오직 그분만이 유일무이하게 하늘에서 보신 것을 말씀하신다고 이해하는 것이 자연스럽다(참고. 5:19-20). 이런 해석을 강력히 뒷받침하는 본문이 바로 3:31-32이다. 이 본문은 예수를 3인칭 단수로 지칭하면서 같은 주장을 전개하고 있다. "하늘에서 오시는 이는 만물 위에 계신다. 그는 당신이 보셨고 들으신 것을 증언하신다." 만일 이 말이 오직 예수만이 하늘에서 본 것을 기초로 증언하실 수 있다는 의미라면, 아

---

57) 예를 들어 E. C. Hoskyns, *The Fourth Gospel*, ed. F. N. Davey (London: Faber, 1947), 215-16.

58) R. Schnackenburg, *The Gospel according to St John*, vol. 1 (tr. K. Smith; London: Burns and Oates, 1968), 276.

59) 예를 들어 G. H. C. Macgregor, *The Gospel of John* (London: Hodder and Stoughton, 1928), 75-76; B. Witherington Ⅲ, *John's Wisdom* (Louisville: Westminster John Knox, 1995), 98.

60) 예를 들어 C. K. Barrett, *The Gospel according to St John* (second edition; London: SPCK, 1978), 211; F. J. Moloney, *Belief in the Word* (Minneapolis: Fortress, 1993), 115-16; Lincoln, *Truth*, 66-71; J. F. McGrath, *John's Apologetic Christology* (SNTSMS 111; Cambridge: Cambridge University Press, 2001), 212; 참고. Tovey, *Narrative Art*, 163.

무리 예수의 제자들이라도 장래에 "**우리는 우리가** 본 것을 증언한다"라고 말하기는 불가능하다. 오직 예수만이 당신이 보셨던 것을 증언하셨기 때문이다.

또한 우리는 3:11의 말씀이 "정녕 진실로 내가 네게 이르노니"라는 문구로 시작된다는 사실의 의미에도 주목해야 한다. 이 말은 문자적으로 번역하면 "진실로 진실로(아멘 아멘) 내가 네게 이르노니"에 더 가깝다. 요한복음에 25회 등장하는 이 문구는, 공관복음에 나오는 "진실로 내가 네게 이르노니"와 같은 말이지만, "진실로 진실로 내가 네게 이르노니"라는 형태는 오직 이 복음서에만 나타난다. "진실로"(아멘)를 반복한 것은 장엄한 선포의 의미를 강조한다. 앤드루 링컨(Andrew Lincoln)은 이를 "선서 문구"(swearing formula)로 규정하면서, 이 문구가 요한복음에서 사법적 재판이라는 더 큰 은유적 복합체 속에 자리하고 있는 예수의 유일무이한 증언의 주제와 관련된다고 본다. 이런 견해는 예수의 증언이 가지는 유일무이한 특성, 즉 자기가 자신의 정당성을 증명하는 성격을 강조한다.[61] 이 문구로 시작되는 말씀을 교회나 요한 공동체의 말로 보는 것은, 이것이 예수의 유일무이한 권위를 천명하는 말로서 가지는 중요성을 심각하게 무시하는 것이다.

그뿐 아니라 3:11이 요한 공동체의 음성이라는 견해를 따를 경우, 1인칭 복수형이 여기서만 나타나는 이유를 이해하기가 힘들다. 왜 1인칭 복수형을 다음 구절에서도 계속 사용하지 않았을까? 12절에서도 1인칭 복수형을 사용했으면 (방금 말한 견해를 따를 경우) 요한 공동체의 대화 상대자인 회당 공동체를 지칭하는 2인칭 복수형과 조화되었을 텐데도, 여기서는 1인칭 복수형이 사용되지 않았다. 또한 12절까지 2인칭 복수형이 계속 사용되다가 다시 1인칭 단수형이 등장한 이유를 설명하는 문제도, 11절에서

61) Lincoln, *Truth*, 30-31.

"예수가 니고데모가 사용한 복수형을 조롱하듯 흉내 내고 계신다"[62]라는 견해를 받아들이는 데 심각한 난관이 된다.

여기에 등장하는 "우리"를 권위 있는 증언의 "우리"로 인식하는 것은, 예수의 증언의 유일무이함을 표현하고 있는 이 문맥을 올바로 평가하는 길이자, 11절에서 1인칭 복수가 오직 여기서만 사용되는 이유를 설명하는 길이다. 여기서 "우리"가 사용된 것은 예수가 바로 당신 자신의 증언에 관해 말씀하시고 있기 때문이다. 요한복음의 예수의 말씀 중, 1인칭 복수가 "나"를 대신해서 사용되었다고 이해되는 본문이 유일하게 하나 더 있다(9:4). 하지만 이 경우 이 1인칭 복수는 결합하는 "우리"로 쉽게 이해된다. 예수는 이 "우리" 안에 당신 자신과 당신의 제자들을 포함시키신다. 이와 달리 요한복음에는 예수가 "증언하다"라는 말을 1인칭 단수로 사용하신 곳이 몇 군데 있다(5:31; 7:7; 8:14, 18; 18:37). 그러나 이 경우들 중 어느 것도 이미 살펴본 3:11처럼, 예수의 증언이 가지는 권위를 장엄하게 선포하지는 않는다. 따라서 요한복음에서 예수는, 요한이 구사하는 문체상 권위 있는 증언의 "우리"가 필요한 곳에서, 오직 한 번만 "나"를 대신하는 "우리"를 사용하신다.

요한복음 21:24-25. 앞에서 다룬 사례들에 비추어볼 때, 이제 21:24이 권위 있는 증언의 "우리"를 사용함을 확실하게 알 수 있다. 다름 아닌 저자 자신이 스스로를 가리켜 처음으로 "이 일들을 증언하는 제자"라고 말한다. 이렇게 그를 3인칭으로 언급한 것은 그가 3인칭 인물로 등장했던 내러티브(21:23까지 이어지는 내러티브)에서 1인칭으로 전환되어야 할 필요가 있기 때문이다. 이제 자신이 저자요 독자들에게 직접 말하고 있음을 드러낸 그는 자신을 지칭하는 말을 3인칭에서 1인칭으로 바꾼다. 그는 1인칭 복수를 사용한다("우리는 안다"). 바로 이것이 요한이 증언의 권위를 장엄하게 선

62) Carson, *The Gospel according to John*, 198-99; R. E. Brown, *The Gospel according to John I-XII* (AB 29; New York: Doubleday, 1966), 132.

포할 때 사용하는 관용어이기 때문이다. 마지막으로 그는 더 이상 장엄한 증언이 문제 되지 않자, 이제는 독자들에게 자신을 1인칭 단수로 자연스럽게 지칭한다("내가 그 일들을 모두 기록한다면 이 세상도 그 일들을 기록한 책들을 담아둘 수가 없으리라 생각한다"). 이렇게 1인칭 복수에서 1인칭 단수로 옮겨가는 것이 우리에게는 어색해 보일 수 있지만, 일단 권위 있는 증언의 "우리"라는 관용어가 인정된 이상, 이런 전환은 얼마든지 이해될 수 있다.

21:24과, 요한복음에서 예수가 사랑하신 그 제자가 뚜렷하게 언급되는 유일한 다른 사례를 비교해보는 것도 흥미롭다. "우리는 그의 증언이 참인 줄 안다"(21:24)와 "그는 자기가 참을 말하는 줄 안다"(19:35)는 정확히 일치하고 있다. 하나는 1인칭을 사용했고 다른 하나는 3인칭을 사용했다. 19:35의 강조형 "그"(*ekeinos*)는 21:24의 1인칭 복수처럼, 증언되는 주장에 "확대된 권위"를 부여하는 기능을 한다.[63] 19:35 역시, 적어도 예수가 사랑하신 그 제자의 증언이 지닌 몇몇 중요한 요소들을 고려할 때, 바로 그 제자 자신만이 그의 증언의 진실성을 증명할 수 있음을 보여준다. 19:35과 21:24을 보면, 그 제자가 자신의 증언의 진실성을 장엄하게 확증하는 것은 바로 그가 할 수 있는 전부임을 알 수 있다. 다른 사람들은 그의 증언이 참임을 증명해줄 수 없다. 다만 그들은 그 증언이 참이라고 믿을 수 있을 뿐이다.

요한복음 1:14-16. 요한복음 1:14은 요한 문헌에서 권위 있는 증언의 "우리"가 사용되었다고 정당하게 인식되는 여섯 번째 사례이자 마지막 사례다. 내가 이 사례를 마지막으로 다루는 것은, 이 본문이 다른 다섯 사례보다 덜 분명하기 때문이다. 다른 사례들과 달리, 이 본문에는 "증언하다"나 "증인"이라는 말이 사용되지 않는다. 물론 다음 절(1:15)에서 세례 요한을 주어로 삼아 "증언하다"라는 동사가 사용되기는 한다. 하지만 앞에서도 보았듯이, 권위 있는 증언의 "우리"는(요일 1:1-2; 4:14; 요 3:11) 물론이요 다른 사례들에서도(요 1:32, 34; 3:32; 19:35) 무언가를 보았다는 주장은 늘 증언의

63) 5:37도 참고하라: "나를 보내신 아버지 자신이(*ekeinos*) 나를 위해 증언하셨다."

주장과 연결되어 나타난다. 심지어 "증언하다"나 "증인"이라는 말이 사용되지 않는 경우에도, "우리가 그의 영광을 보았다"가 증언의 언어라는 것은 매우 분명하게 드러난다.

하지만 우리는 1:14과 16절에 1인칭 복수형이 두 개 더 포함되어 있음을 고려해야 한다. [따라서 요한복음 전체에서, 저자가 등장인물 중 한 사람으로 자기 자신을 구별하면서 1인칭 복수형을 사용한 경우는 단 네 번뿐이다; 1:14(2회), 16; 21:24.] "말씀이 육신이 되어 우리 가운데 사셨다"에 포함된 "우리"는 누구인가? "우리가 다 그의 충만한 데서 받았다"에 포함된 "우리"는 누구인가? 많은 주석가는 이 구절들에 나타나는 세 개의 1인칭 복수를 모두 결합하는 "우리"로 간주하면서, 이 "우리"에 저자와 모든 독자 또는 모든 그리스도인을 포함시킨다. 16절의 "우리" 같은 경우에 이런 견해는 분명히 옳다. 하지만 이 16절의 "우리"는 저자가 의도적으로 14절의 "우리"와 구별해놓은 것 같다. 16절의 "우리"는 단순히 "우리"가 아니라 "우리가 전부"이기 때문이다. 여기서 목격자 증언("우리가 그의 영광을 보았다")과 모든 그리스도인의 경험은 구분된다. 이 그리스도인들이 모두 목격자는 아니지만, 그래도 이들은 모두 예수 그리스도 안에 있는 충만한 데서 은혜를 받았다.

더 문제가 되는 것은 14절의 "우리 가운데"와 "우리가 보았다" 사이의 관계다. 만일 이 둘이 언급하는 "우리"가 동일하다면, 둘 다 예수의 제자들을 가리키는 것이 분명하며, "우리가 보았다"는 권위 있는 증언의 "우리"라기보다 순수한 복수형으로—"나와 다른 목격자들"을 의미하는, 분리하는 "우리"[64]—보아야 할 것이다. 그렇지 않다면, "우리 가운데"는 널리 인류를 지시할 수 있다. 육신이 되신 말씀인 예수는 인간 사이에서 인간으로 삶을 사셨다. 그렇다면 "우리가 그의 영광을 보았다"의 "우리"는 "나", 즉 권위 있는 증언의 "우리"와 같을 수 있다. 나로서는 바로 이것이 참된 의미라고 생각하고 싶다. 요한 문헌이 이런 종류의 관용어를 구사한다는 것을 폭

---

64) 예를 들어 Keener, *The Gospel of John: A Commentary*, vol. 1, 411이 그렇다.

넓게 보여주는 증거가 존재하는 것도 사실이다. 하지만 무엇보다 나처럼 생각할 경우, 요한복음 프롤로그의 이 권위 있는 증언의 "우리"가 21:24의 권위 있는 증언의 "우리"와 조화를 이루면서, 이 두 "우리"가 인클루지오를 형성하기 때문이다. 하지만 처음으로 이 복음서를 읽었던 독자/청자는 이를 분별할 수 없었을 것이다. 설령 독자가 권위 있는 증언의 "우리"라는 관용어를 익히 알았더라도, 이 구절에는 "증인"이라는 말이 없기 때문에 이렇게 파악하기에는 다소 모호했을 것이다. 독자는 요한복음에서 처음으로 목격자 증언을 주장하는 이 말이, 이 책을 쓴 단일 증인을 가리키는지, 아니면 집합적 저자 그룹을 형성하는 제자 그룹(이들 중 한 대표자가 복음서를 썼음)을 가리키는지 알 수가 없었을 것이다. 이런 모호함은 요한복음 결론의 첫 단계(20:30-31)에 구사된 표현 방식과 일치하는 것 같다. 이 첫 단계에서도 암시되는 것은 폭넓게 예수의 제자들 전부가 증인이라는 내용뿐이기 때문이다. 앞서 보았듯이, 결론의 둘째 단계에 가서야 비로소 내러티브에서 한 제자가 주된 증인이자 실제적 저자로서 드러난다. 따라서 요한복음 19:35을 포함해 다른 본문들과 마찬가지로, 1:14도 이 복음서가 저자를 드러내는 방식에 비추어 다시 읽힐 수 있다. 그렇다면 1:14은 복수 증인을 지시한다기보다, 권위 있는 증언의 "우리"가 사용된, 예수가 사랑하신 그 제자의 주장이라고 볼 수 있다. 다시 말하지만, 요한복음이 끝날 때까지 이 저자가 주된 증인이며 실제적 저자라는 사실을 독자들에게 밝히지 않은 이유는 제15장에서 살필 것이다.

예언서에서 권위 있는 증언의 "우리"가 사용된 선례

요한복음에는 권위 있는 증언의 "우리"를 인식함으로써 그 의미가 설명되는 본문이 하나 더 있다. 요한복음 21:24과 1:14에서 이 관용어를 인식하면서 했던 우리의 주장은 더 이상의 증거를 필요로 하지 않으며, 이 단락에서 제시할 논증에 의존하지도 않는다. 하지만 만일 여기서 제시되는 논증이 설득력이 있다면, 요한복음 저자가 이 관용어를 신중히 잘 알고 있었음을 알려주는 보강 증거가 될 것이다.

요한복음 12:38은 요한이 예수의 공생애 사역을 매듭짓는 결론의 일부로서 이사야 53:1의 70인역 그리스어 본문을 인용한다. 여기서 요한은 사람들의 대체적인 반응이 불신앙이었다고 강조한다. 또한 이런 불신앙이 이사야 53:1과 6:10의 예언의 성취라고 본다. 계속해서 요한은 이 이사야서 본문들을 39-40절에서도 인용한다. 이사야 53:1을 인용한 것은 예수의 수난이 시작되기 전에 그분의 공생애 사역을 요약하려는 목적에 아주 적합했다. 이 이사야서 본문이 고난 당하는 하나님의 종에 대한 저 유명한 기사(사 52:13-53:12)의 서두에 등장하기 때문이다. 기독교 초기의 다른 많은 저술가들처럼, 요한도 이 본문을 예수가 당하실 고난과 죽음을 예언한 것으로 이해했다.[65]

그렇다면 요한은 이사야 53:1을 얼마나 정확히 해석한 것일까? 특히 이 본문에 대한 요한의 독해를 따를 경우, 이 구절에서 화자는 누구인가? 주석가들은 요한이 인용한 두 줄이 예수의 공생애 사역을 이루는 두 요소와 잘 들어맞는다는 것을 올바로 지적했다. 즉 첫째 요소는 예수가 하신 말씀("우리의 메시지" 또는 "우리가 들은 것")이고, 둘째 요소는 예수가 행하신 일이나 표적들["주(야웨)의 팔"로 말미암아 이루어진]이다.[66] 하지만 대다수 주석가는 인용문 속의 화자(들)가 누구인지 밝히기를 삼간다. 바울이 이 구

---

65) 참고. R. Bauckham, *God Crucified: Monotheism and Christology in the New Testament* (Grand Rapids: Eerdmans, 1998), 63-68.

66) Bernard, *A Critical and Exegetical Commentary*, 450; Brown, *The Gospel according to John I-XII*, 485; C. K. Barrett, *The Gospel according to St John* (second edition; London: SPCK, 1978), 431; Carson, *The Gospel*, 448; B. G. Schuchard, *Scripture within Scripture: The Interrelationship of Form and Function in the Explicit Old Testament Citations in the Gospel of John* (SBLDS 133; Atlanta: Scholars, 1992), 88-89.

절을 인용한 본문에서는 화자들이 그리스도의 복음을 전하는 설교자들이지만(롬 10:16), 여기 요한복음 본문에서는 화자가 이런 설교가일 수가 없다.[67] 문맥적으로 요한의 복음서 내러티브 안에서, 예수의 말씀을 듣고 그분이 행하신 표적들을 본 사람들이 예수의 메시지를 믿지 않은 것이 분명하기 때문이다. 따라서 비슬리 머리(G. R. Beasley-Murray)는, 비록 주저하는 태도이기는 하지만 다음과 같은 정확한 설명을 제시한다. 즉 이 요한복음의 문맥에서 이사야서의 예언은 마치 예수가 화자이신 것처럼 읽혀야 한다는 것이다. 요한복음에 따르면, 예수가 하신 말씀은 그가 아버지로부터 들으신 것이다(3:34; 7:16; 8:26; 12:49). 이런 이유로 예수는 당신의 말씀을 "우리가 들은 것" 또는 "우리의 보고"(우리가 들려준 것)라고 표현하실 수 있다.[68] 그러나 요한복음이 재차 분명히 밝히듯이, 이 말씀도 예수가 하신 증언이었다(3:11, 32; 5:31; 7:7; 8:14, 18; 18:37). 따라서 3:11처럼 이사야 53:1에서도 권위 있는 증언의 "우리"가 활용되었다고 보는 것은 매우 적절하다. 또한 이 구절을 고난 당하는 종의 말, 즉 하나님께 듣고 전한 자신의 말이 배척당하는 것에 대한 불만의 토로로 받아들인다면, 이 인용문이 위치하고 있는 이사야서의 문맥에서도 권위 있는 증언의 "우리"가 활용되었다고 보는 것은 적절하다. 이 종 역시 하나님의 증인이기 때문이다(사 43:10; 55:4). 요한도 이 점을 잘 알았을 것이다. 제15장에서 보겠지만, 요한복음의 중요 테마인 증인과 이와 관련해 이 복음서가 구사하는 은유들은, 제2이사야서(deutero-Isaiah)[(1)]에 묘사된 우주적 차원에서 이루어지는 진리의 심판에 의존하며, 이 심판에서는 그 종과 이스라엘이 하나님의 증인으로서 증언할 것이기 때문이다. 자기 복음서에서 요한이 이 관용어를 예수에게 사용한 것은(3:11), 그가 이사야 53:1의 고난 당하는 종의 입에서 권위 있는 증언의 "우리"를 발견했기 때문인 것 같다.

---

67) A. T. Hanson, *The Prophetic Gospel* (Edinburgh: Clark, 1991), 166.

68) G. R. Beasley-Murray, *John* (WBC 36; Waco: Word, 1987), 216.

역자 주

1. 아이히호른(J. G. Eichhorn)과 되더라인(J. C. Döderlein)이 이사야서의 통일성을 부정한 후로, 이사야서를 둘이나 세 부분으로 나누어 각각이 다른 편집자에 의해 편집된 책으로 보는 견해가 대세를 이루었다. 둘로 나누는 견해는 첫 번째 이사야서를 1-39장, 제2이사야서를 40-66장으로 보며, 전자는 이사야가, 후자는 익명의 저자가 기록했다고 본다. 두 책은 주제나 문체, 배경이 되는 역사적 사실에서 차이가 나기 때문에 별개의 책이라고 간주된다. 1892년에 둠(B. Duhm)의 『이사야 주석』이 출판된 후로는, 제2이사야서를 40-55장과 56-66장으로 다시 나누는 견해도 등장했다.

제15장

예수가 사랑하신 그 제자의 증언

어떤 종류의 증언인가?

우리는 제14장에서 요한복음 21:24의 예수가 사랑하신 그 제자[1]가 요한복음의 기초가 된 증언을 전한 주된 증인이요 실제적 저자라는 것을 논증했다. 여기서는 앞의 내용과 관련해 요한복음이 사용하는 "증인" 개념을 더 꼼꼼하고 엄격하게 살펴볼 것이다.

이 책에서 우리는 최초의 방향성을, 고대 역사 기록에서의 구술 역사의 역할과, 복음 전승에서의 목격자의 역할을 비교한 사무엘 뷔쉬코그의 저술로부터 가져왔다. 이는 우리가 **목격자들**, 즉 예수와 그분의 역사적 사건을 직접 접촉했던 사람들에게 관심을 쏟았다는 의미다. 우리는 복음서의 본문과 목격자들의 보고 사이에 존재하는 거리가, 지난 수십 년간 복음서를 연구하는 학자들이 생각해왔던 것보다 훨씬 가까움을 보여주려고 노력했다. 우리는 뷔쉬코그의 다음과 같은 주장을 염두에 두었다. 즉 뷔쉬코그는 고대 세계의 역사가들이 무관심한 구경꾼보다 사건에 연루된 참여자의 증거를 선호했는데, 왜냐하면 이런 참여자가 자신이 본 사건의 의미를 이해하고 해석할 수 있는 위치에 있었기 때문이라고 주장했다. 우리가 뷔쉬코그를 따라, 목격자가 "관찰자인 동시에 해석자"[1]였다고 말한 것도 이런 이유 때문이다. 복음서의 경우에도, 목격자인 정보 제공자들은 전승을 전달하고 자신들이 살아 있는 동안 그 전승의 진정성을 적극적으로 보장하는 보증인으로 남아 있었다. 또한 이들은 사실을 기억하고 이야기

1) S. Byrskog, *Story as History-History as Story* (WUNT 123; Tübingen: Mohr 2000; reprinted Leiden: Brill, 2002), 149.

할 뿐 아니라, 체험과 기억의 과정에서 자연스럽게 이 사실을 해석하기도 했을 것이다. 하지만 우리는 목격자들과 복음서의 제작 과정에서 이들이 한 역할을 탐구하면서 다음과 같이 추정하기도 했다. 즉 목격자들—대부분 제자였거나 예수의 사역 동안 그분을 열심히 따르던 이들—은 자신이 이야기한 사건을 실제로 직접 경험했으며, 그들의 기억을 내러티브화 하고 해석하는 과정에서 고대 역사가들이 큰 가치를 부여했던, 신뢰할 만한 정보 제공자로 기능했다는 것이다.

이런 맥락에서 예수가 사랑하신 그 제자의 "증언"을 앞과 같은 의미의 역사 기록으로 이해해야 한다는 것은 매우 분명하다. 더욱이 역사가들이 직접 경험한 사건을 역사 기록의 가장 훌륭한 근거로 여겼음을 기억한다면, 네 번째 복음서(요한복음)가 예수가 사랑하신 그 제자를 이 복음서에 서술된 역사의 주된 증인이요 저자라고 주장하는 것은, 앞서 언급한 역사 기록의 기준과 일치하는 셈이다. 요한복음에는 뷔쉬코그가 "직접 목격 증언"(direct autopsy)이라고 부른 것이 포함되어 있는 것 같다. 예를 들어 예수가 사랑하신 그 제자의 주장은 요세푸스가 자신의 「유대 전쟁사」에 관해 제시하는 주장과 비슷하다. "내가 그 전쟁 역사를 서술할 역사가의 자격을 가진 이유는, 내가 많은 사건들 속에서 활동한 사람(actor)이었고 대다수 사건들을 직접 본 목격자(*autoptēs*)였기 때문입니다. 요컨대 나는 내가 모르는 일은 그것이 무엇이든 말하지도 않았고 하지도 않았습니다"(「아피온 반박」 1.55). (물론 이런 진술이 요세푸스가 서술한 기사가 항상 정확하다고 보장하지는 않는다. 그러나 객관성은 별개의 문제다. 요세푸스에게는 다른 목적이 있었다. 그는 자기 행동에 정당성을 부여하고, 가능한 한 자기를 가장 훌륭한 인물로 부각해야만 했다.)

하지만 정말 이것이 네 번째 복음서에서 예수가 사랑하신 그 제자의 "증언"을 이해하는 데 적합한 기준일까? 논의를 더 진전시키기 전에 witness, testify, testimony 같은 영어 단어에서 생겨날 수 있는 언어적 혼란을 정리해두는 것이 유익하겠다. 신약성경에 사용된 이 단어들은 그리스어에서 *martureō* 단어 그룹을 번역한 것이다. 이 단어 그룹은 대체적으로 법적인 의미를 가지고 있다. 또한 법정 밖의 정황에서 사용될 때도 법적 은유를 구성한다. 이런 측면은 영어 단어인 witness와 testify에도 적용된다. 물론 몇몇 용례에서는 이 단어들의 원래 기원인 법과 상당히 먼 의미로 쓰이기도 한다. 그런데 혼란이 일어나는 것은 "목격자"(eyewitness)라는 단어에서다. 그리스어에서 목격자나 사건을 직접 체험한 이를 가리키는 전문용어는 *autoptēs*다. 이 단어는 방금 인용한 요세푸스의 글과 누가복음 서문에서도 사용되었다. *autoptēs*는 법적 은유가 아니다. 하지만 영어로 이 단어를 번역하면 오직 법적 은유—"목격자"(eyewitness)—가 될 뿐이다. 이는 고대 그리스의 역사 기록 용례에서 목격자의 보고 개념, 즉 뷔쉬코그가 목격 증언이라고 불렀던 개념이 법적 은유로 표현된 적이 거의 없다는 사실을 잘 깨닫지 못하도록 만들 수도 있다.[2] *autoptēs*는 자주 사용되는 단어는 아니다. 하지만 이 개념은 "보다", "현장에 있다", "보고하다"를 의미하는 매우 평범한 다른 언어들을 통해 빈번히 전달되었다. 이처럼 그리스어에서는 "문자적" 목격이라고 불릴 만한 것을 법적 은유로 표현하지 않았으며, 이는 영어에서도 마찬가지다. 중요한 사실은, 신약성경에서 *martyreō* 단어 그룹이 사용된 일 자체가 역사 기록의 용례로부터 유래하지 않았다는 것이다. 앞으로 논의하겠지만, 그렇다고 이런 사실이 *martyreō* 단어 그룹을 역사 기록적 의미로 사용하는 것을 가로막지는 않는다.

따라서 영어 단어 "목격자"(eyewitness)는 우리를 현혹시켜 역사 기록적 개념인 목격자 보고를 상기시킬지 모르지만, 요한복음에서 예수가 사랑하신 그 제자의 "증언"을 지시하는 단어(요 19:35; 21:24: *martyreō*, *martyria*)는 단어 자체만으로는 앞과 같은 개념을 상기시키지 않는다. 하지만 예수가

---

2) 여기에 대한 한 가지 사례가 요세푸스, 「요세푸스의 생애」 360이다: "당신(디베랴의 유스도)은 그것을 20년 전에 기록했는데, 당신에게 정확성을 안겨줄 목격자의 증거를(*marturian*) 얻었을지도 모르겠습니다."

사랑하신 그 제자의 증언의 본질과 이 증언이 요한복음에서 하는 역할을 살펴보면서 우리로서는, 이 증언이 역사 기록적 목격 증언과 **기능적으로** 매우 가깝다고 주장할 수밖에 없다. 바로 여기서 우리는 이런 주장에 이의를 제기하는 매우 중요한 도전에 맞서야 한다. 이런 중요한 도전을 제기한 저술이 최근의 중요한 요한복음 연구서인 앤드루 링컨의 『법정에서 밝혀진 진리: 네 번째 복음서의 재판 모티프』(*Truth on Trial: The Lawsuit Motif in the Fourth Gospel*)[3]와, 뒤이어 출판된 논문 "목격자로서의 예수가 사랑하신 그 제자와 증언으로서의 네 번째 복음서"(The Beloved Disciple as Eyewitness and the Fourth Gospel as Witness)[4]다. 이 논문은 앞의 저술을 광범위하게 인용하기는 하지만, 저자 링컨이 예수가 사랑하신 그 제자의 증언이라는 특별한 문제에 대해 제시한 답변에 초점을 맞추기 때문에 유용하다.

링컨은 진리에 대한 우주적 재판 모티프, 특히 이사야 40-55장에서 유래한 이 모티프가 어떻게 요한복음의 예수 이야기 해석에 대한 폭넓은 은유 틀을 형성하는지를 설득력 있게 보여준다. (이것 자체만으로는 새로운 공헌이 아니다. 그러나 링컨은 요한복음의 재판 모티프를 강조했던 이전 학자들보다 더 철저하게 이런 요한복음 이해를 발전시켰다.) 우주적 재판이라는 전체 틀에서 볼 때, 예수가 사랑하신 그 제자의 증언은 몇몇 범주의 증언 중 하나일 뿐이며, 이 복음서의 모든 은유적 복합체의 일부를 형성할 뿐이다. 그 제자의 증언은 우주적 재판의 틀 안에서 요한복음이 지속적으로 들려주는 진리의 재판 이야기의 일부로 이해되어야 한다. 이런 틀 안에서 증언은 법적 은유가 되며, 예수가 사랑하신 그 제자의 증언도 "문자적 의미의" 목격자 증언과 동일해진다. 링컨은 그 제자의 증언에 원래 의미의 목격(eyewitnessing)이라는 최소 요소가 포함되어 있음을 부인하지 않으면서도, 이 요소를 역사 기

---

3) A. T. Lincoln, *Truth on Trial: The Lawsuit Motif in the Fourth Gospel* (Peabody: Hendrickson, 2000).

4) A. T. Lincoln, "The Beloved Disciple as Eyewitness and the Fourth Gospel as Witness," *JSNT* 85 (2002), 3-26.

록적 위치에 대한 진지한 요구라기보다는, 증언이라는 신학적 주제를 위해 동원된 문학적 장치로 간주한다.

하나님의 재판에서 증인들 중 하나인 예수가 사랑하신 그 제자

링컨은 요한복음을 관통해서 증언 개념이 두드러지게 나타나는 이유로 재판이라는 은유적 복합체를 지적하는데, 이런 견해가 옳다는 것에는 의심의 여지가 없다. 예수가 사랑하신 그 제자의 증언도 분명히 이 광범위한 모티프와 연결되어 있다. 또한 이 모티프의 가장 중요한 출처로 제2이사야서의 예언들을 지적하는 링컨의 견해도 옳지만, 우주적 재판에 대한 요한복음의 이야기 속에 법적 절차와 연관된 실제적 사건이 포함되어 있다는 점 역시 중요하다. 즉 요한복음에는 모세의 "율법"을 내세워 유대교 당국자들이 예수를 상대로 진행했던 사법 절차와, 빌라도가 예수를 상대로 진행했던 사법 절차가 포함되어 있다. 제2이사야서에서 YHWH("야웨")는 열방의 신들과 이 신들의 지지자들을 상대로 소송을 제기하여, 참 하나님이 어떤 분인지를 가려내시려 한다. 그분은 다른 신들의 숭배자들에게 이 신들의 실체와 우월성을 증명해 보이라고 요구하는 동시에, 당신 백성인 이스라엘과 YHWH의 종을 증인으로 불러들이신다. 바로 이런 재판이 요한복음에서는 예수의 역사 안에서 전개되고 있다. 이 재판에서 유일하신 참 하나님은 세상의 주장들을 반박하며 당신이 참 하나님이심을 증명하신다. 이렇게 하시면서 하나님은 예수를 주된 증인으로 부르시고, 예수가 참 증인일 뿐 아니라 육신으로 오셔서 하나님의 참 신성을 그대로 드러냈다고 변호하신다. 요한복음에서 예수는 이사야서의 종이 증인으로서 행한 역할을 행하신다. 또한 요한복음에서 예수의 제자들은 이사야서에서 하나님의 백성인 이스라엘이 증인으로서 행한 역할을 행한다. 세상을 정죄하는 확정 평결은 십자가에서 이루어졌지만, 이 재판은 세상에 맞서는 예수의 제자들의 증언이 계속되는 지금도 진행 중이다.

링컨이 요한복음의 재판 모티프가 기능하는 방식에 대해 정확하고도 적절하게 설명한 것처럼, 이 재판은 물론이고 여기에 등장하는 증인에도 다음과 같은 두 가지 국면이 있다. 첫째 국면은 요한복음 고유의 내러티브 범주를 이루는데, 여기에는 일곱 증인이 있다.(요한복음에 7로 이루어진 또 다른 시리즈가 있음을 생각할 때, 이 7은 우연적 숫자가 아니다. 일곱 증인은 완전한 증인 숫자를 초과하는 과다한 숫자다. 모세 율법이 요구하는 두 증인을 초과하기 때문이다.) 일곱 증인을 등장하는 순서대로 열거해보면 세례 요한(1:7 등), 예수 자신(3:11 등), 사마리아 여자(4:39), 하나님 아버지(5:32), 예수가 행하신 일이나 표적(5:36), 성경(5:39), 예수가 나사로를 살리셨음을 증언하는 군중(12:17)이다. 재판의 둘째 국면, 즉 요한복음 내러티브의 시각에서 미래적 국면에는 오직 두 증인만이 있다. 보혜사 성령(15:26; the Paraclete)과 제자들(15:27)이 그들이다. 이 제자들 중에는 예수가 사랑하신 그 제자도 포함되어 있다(19:35; 21:24). 바로 이것이 예수가 사랑하신 그 제자의 증언이 요한복음의 광범위한 은유적 모티프인 우주적 재판과 잘 들어맞는 이유다.

우주적 재판의 이 두 국면이 시간적 순서로 이어진다는 것은 분명하다. 일곱 증인은 예수의 역사가 펼쳐지던 당대에 그들이 할 증언을 했다. 반면에 제자들과 보혜사는 보혜사 성령이 활동하시는 시기에 증언한다. 하지만 이 두 국면의 관계는 시간적 순서의 관계를 넘어선다. 보혜사와 제자들의 증언은 지금도 계속될 뿐 아니라, 시간을 거슬러 이전에 예수가 하셨던 증언을 분명하게 언급한다. 보혜사와 제자들의 증언은 예수의 역사를 내용으로 한다. 예수가 사랑하신 그 제자의 증언이 하는 특별한 역할 중에는, 다른 제자들의 증언을 문자 형태 즉 복음서의 형태로 옮김으로써 일곱 증인이 계속해서 증언할 수 있게 하는 역할도 들어 있다. 요한복음 프롤로그에 언급된 세례 요한의 증언과, 요한복음 결론에 언급된 예수가 사랑하신 그 제자의 증언 사이에는 멋진 인클루지오가 존재한다. 이 두 언급은 지금도 증언하고 있다고 할 수 있다(두 경우에 "증언하다"는 현재 시제로 기록되어 있다; 1:15; 21:24). 예수가 사랑하신 그 제자가 지금도 증언한다는 말이 참인 이유는, 이제는 문자로 기록된 그의 증언이 계속 증언하면서 예수 재림 때까지 존속하기 때문이다. 세례 요한이 지금도 증언한다는 말이 참인 이유는, 예수가 사랑하신 그 제자가 자신이 기록한 증언의 일부로서 요한의 증언을 보고하고 있기 때문이다. 또한 이 인클루지오는 명백한 사실, 즉 일곱 증인이 지금도 계속 증언하고 있음을 보여준다. 예수가 사랑하신 그 제자가 기록한 증언은 일곱 증인의 증언을 모두 포괄하며, 이들로 하여금 지금도 증언할 수 있도록 해준다. 또한 요한복음이 일곱 증인의 증언을 해석한다는 것도 분명한 사실이다. 요한복음에서 세례 요한이 한 말은, 예수가 사랑하신 그 제자가 과거에 세례 요한의 말을 듣고 그것을 단순히 보고한 것이 아니다. 예수가 사랑하신 그 제자가 기록한 증언은, 이 증언이 어떤 의미에서 일곱 증인의 증언을 동시에 보고하는 것이라면, 이 일곱 증인의 증언을 단지 해석할 수 있을 뿐이다. 그렇지 않다면, 우주적 재판을 이루는 두 국면의 시간적 연속은 금세 붕괴되고, 일곱 증인의 증언은 예수가 사랑하신 그 제자 자신의 증언을 표현하는 양식들로 바뀌어버린다. 따라서 요한복음 자체에서 증언들의 섬세한 배열은 그 제자의 창조성에 일정한 제약을 가하고 있다. 즉 증언들이 서로 충돌하지 않는다면, 그 제자의 창조성이 발휘되었다고 이해될 수 있을 것이다.

이렇게 재판 모티프를 명료하게 밝힘으로써 우리는 다음과 같은 사실을 알 수 있다. 즉 제사들 선만의 증언들의 위치와, 재판이라는 광범위한 은유적 틀 안에 특수하게 포함된 예수의 사랑하신 그 제자의 증언의 위치는, 이 증언들 안에 과거에 대한 보고라는 실제적 요소를 요구한다는 것이다. 예수가 사랑하신 그 제자의 증언의 경우, 증언이라는 은유적 의미가 보고라는 중요 요소를 포함한다고 말하기 위해서는, 요한복음의 재판 은유가 제공하는 의미의 틀 밖으로 나가서는 안 된다. 이런 점에서 예수가 사랑하신 그 제자의 증언에 대한 요한복음의 이해가 목격자 보고라는 역사 기록적 개념을 받아들이고 중요한 측면에서 그것과 일치해서는 안 될 이유가 전혀 없다. 만일 이것이 예수가 사랑하신 그 제자의 증언을, 요한복음이 목격자 용어를 폭넓게 활용하는 사례 안에서 예외로 만든다면, 이런 예외성은 요한복음 전체의 은유 구조의 논리 때문이지, 뭔가 이질적인 것이 이 은유 구조 안으로 침투했기 때문이 아니다.

누가복음-사도행전과의 비교

우선 예수가 사랑하신 그 제자의 경우, 요한복음이 의도적으로 은유적-신학적 의미(우주적 재판 모티프의 일부)와 역사 기록적 의미를 동시에 가진 증언 개념을 사용했다고 보는 것이 타당하다. 이런 견해는 무엇보다 요한복음을 누가복음-사도행전에 나타난 증언 모티프와 비교함으로써 뒷받침된다. 누가복음-사도행전은 증언 모티프를 같은 방식으로 사용함으로써 요한복음의 증언 모티프와 현저하게 유사한 모습을 보여주는데, 이런 점은 지금까지 거의 주목을 받지 못했다.

(a) 요한복음에서 예수의 제자들 전체의 증언에 대해 명시적으로 언급하는 유일한 본문은 다음과 같다. "너희도 (즉 보혜사 성령뿐 아니라 너희도) 처음부터 나와 함께 있었으므로 증언하느니라(*martyreite*)"(15:27). 이곳은 요한복음에서 유일하게 (예수가 사랑하신 그 제자를 제외하고) 제자들에게 "증언"이라는 말을 적용한 경우다. 따라서 여기서는 이 증언과, 목격자가 예수의 역사적 사건의 현장에 있어야 한다는 요구가 밀접히 연관된다는 점이 주목할 만하다. 요한 문헌을 연구하는 학자들은 이런 점과, 누가가 예수를 증언하는 역할을 하는 데 필요한 자격 요건으로 제시한 개념 사이에 밀접한 평행 관계가 있다는 것에 많은 주의를 기울이지 않는다. (이런 평행 관계에 대해서는 이미 제6장에서 상세히 다루었다.) 사도행전에서 가룟 유다를 대신할 자를 뽑을 때 베드로는, 열두 제자 중 빈자리를 채울 사람이 갖추어야

할 요건에 대해 이렇게 말한다. "주 예수가 요한의 세례에서 시작하여 우리에게서 올림을 받으신 날까지 우리 가운데서 출입하실 때에 늘 우리와 함께 있던 사람들 가운데 하나가 우리와 함께 그의 부활을 증언하는 증인(*martyra*)이 되어야 하리라"(행 1:21-22). 누가복음 서문은 같은 생각을 다르게 표현하면서, "처음부터 목격자들(*autoptai*)이요 말씀의 일꾼들인 사람들"(눅 1:2)이 그가 기록한 전승들의 출처라고 주장한다. 필시 이 사람들은 열두 제자보다 더 넓은 그룹이겠지만, 이들 중에는 열두 제자 및 열두 제자와 비슷한 자격을 갖춘 이들이 포함되었을 것이다. 요한복음과 누가복음에 공통적으로 나타나는 문구—"처음부터"(*ap' archēs*)—는 전형적으로 요한의 언어다(참고. 요 6:64; 8:25, 44; 요일 2:7, 13; 3:8, 11; 요이 5절). 하지만 누가복음 서문에서 이 말은 역사 기록적 배경을 가지고 있으며, 역사적 내러티브가 시작하기에 적합한 지점을 지시한다.

(b) 요한복음 15:27을 진지하게 받아들인다면 보혜사 성령의 활동 시기에 예수를 증언하는 역할은, 그분의 사역 동안 그분과 관계를 맺었던 특정한 그룹에 엄격히 한정되는 것이 분명하다. 결코 요한은 "증언"이 후대 기독교 신자들도 행하는 바와 같다고 말하지 않는다. 마찬가지로 누가도 증언이라는 단어를 예수와 친밀했던 제자들에게 거의 국한해서 사용한다. 유일한 예외[5]가 바울의 경우다. 바울은 높이 올림을 받으신 그리스도를 특별히 체험한 일을 기반으로 증인이 되었다. 바울이 예외인 이유는, 요한과 누가가 모두 증인의 요건으로 예수의 역사적 사건을 직접 접촉한 경험을 요구하기 때문이다.[6]

---

5) 행 22:20에도 주목하라. 여기서 바울은 예수를 향해 "당신의 증인 스데반의 피"라고 말한다. 이런 용례는 18절의 바울의 증언에 대한 언급에 영향을 받았을 수도 있고, 스데반의 증언과 죽음에 대한 진짜 사법적 맥락일 수도 있다.

6) A. J. Köstenberger, *The Missions of Jesus and the Disciples according to the Fourth Gospel* (Grand Rapids: Eerdmans, 1998), 150-51은 요한이 이 견해를 취한다고 주장한다. 하지만 이 학자는 요한이 실제로 구사하는 용례를 조사하지 않고 유비를 통한 논증만을 사용해서 이런 주장을 전개하고 있다.

(c) 앞에서 우리는 누가와 요한이 사용하는 *martyreō* 단어 그룹이 역사 기록의 표준적 용어에 속하지 않는다고 말한 바 있다. 따라서 누가는 이 용어를 자기 복음서의 서문에서 사용하지 않는다. 서문에서 누가는 의도적으로 신학적 용어를 피하는 듯하며,[7] 대신에 증인들을 *autoptai*라고 불렀다. 누가도 요한처럼 증언을 지시하는 단어를 제2이사야서에서 가져온 것 같다. 사도행전 1:8의 "땅끝까지"라는 문구가 이런 점을 암시한다(참고. 사 49:6). 누가는 증인인 제자들을 이사야서의 예언에서 하나님의 증인으로 언급된 자들과 동일시한다. 이를 통해 그는 이 증인 제자들을, 이사야서의 예언이 제공하는 신학적 해석 틀인 종말론적 사건들 속에 위치시킨다(이사야서 예언의 신학적 해석 틀은 누가와 요한뿐 아니라 신약의 저자 대다수에 의해 공유됨). 따라서 누가가 의도적으로 목격자 보고라는 역사 기록적 개념과, 이사야서의 신학적 개념인 하나님의 증인을 결합시켰음은 명백하다. 요한은 누가보다 이사야서에서 유래한 재판 은유를 더 많이 활용한다. 그렇지만 제자들을 증인으로 간주하는 누가와 요한 사이에는 밀접한 평행 관계가 있다. 이 평행 관계는 요한도 역사 기록적 증언 개념과 신학적 증언 개념의 일치를 활용한다는 것을 암시한다.[8]

7) 참고. L. Alexander, *The Preface to Luke's Gospel* (SNTSMS 78; Cambridge: Cambridge University Press, 1993), 124: "서문에서 누가는 특히 기독교적 언어를 피하고자 자기 방식을 고집한다."

8) 두 저자의 증언 이해 사이에는 또 한 가지 흥미로운 평행 관계가 있다. 요한복음(15:26-27)과 누가복음-사도행전(눅 24:46-49; 행 1:8)이 모두 성령과 제자들의 증언을 연결한다는 점이 바로 그것이다.

목격자 증언의 인클루지오

여기서 우리는 누가와 요한이 공유하고 있는 "처음부터" 증인이라는 개념과 관련해서, 제6장에서 이미 논의했던 문학적 장치를 상기할 필요가 있다. 제6장에서 우리는 마가복음, 누가복음, 요한복음이 모두 목격자 증언의 인클루지오라는 문학적 기교를 사용한다고 주장했다. 이 인클루지오는 예수의 어떤 제자를, 그분의 사역을 기록한 복음서 기사의 처음과 끝에 언급함으로써, 바로 그 제자가 이 복음서의 주된 기초가 되는 증언의 제공자임을 알려준다. 또한 요한복음의 경우 예수가 사랑하신 그 제자가 마가복음의 주된 목격자였던 베드로를 대신하여 그 자리를 차지했으며, 바로 이 제자가 내러티브에서 베드로보다 조금 앞서 등장하고, 말미에서도 베드로보다 조금 뒤에 등장하여 내러티브의 초점이 되었음도 언급했다. 이런 주장이 타당하다면, 요한복음은 예수가 사랑하신 그 제자의 증언을 역사 기록적 목격자 증언으로 분명히 묘사하고 있는 셈이다.

여기서 우리는 요한복음 1:35-40에서 이 익명의 제자에 대한 인물 묘사와, 21장에서 예수가 사랑하신 그 제자 사이에 존재하는 미묘한 평행 관계를 관찰함으로써 앞의 우리 주장을 강화할 수 있다. 요한복음 1장의 문맥에서는 1:35-40의 익명의 제자가 예수가 사랑하신 그 제자인지를 알 수 없다. 하지만 요한복음의 뒷부분에 가서 앞의 본문을 돌이켜보면, 즉 예수의 증인은 "처음부터" 그분과 함께했던 사람이어야 한다는 15:27에 비추어보는 동시에 문학적 평행 관계의 관점에서 보면, 이 제자의 정체가 밝혀질 수 있다.

이 평행 관계는 1:35과 21:2에서 시작된다. 1:35에서는 익명의 두 제자가 소개된다(처음에는 세례 요한의 제자였다가 나중에 예수의 제자가 되었음). 반면에 21:2에는 이름이 밝혀진 다섯 제자와 이름이 밝혀지지 않은 두 제자로 이루어진 어부들이 나타난다. 여기에 대해 데릭 토비(Derek Tovey)는 다음과 같이 썼다.

요한복음 저자는 이런 식으로 정체를 알기 힘든 익명의 제자를 위한 "공간"을 만들어낸다. 두 경우에서, 처음에는 이름이 밝혀진 두 제자를 언급함으로써 공간을 만들어내고, 나중에는 특별한 한 사람의 제자로 그 공간을 채운다. 하지만 여기에는 미묘한 차이가 있다. 첫 경우에서는, 이름이 밝혀지지 않은 인물들 중에서 안드레가 한자리를 차지한다(1:40). 따라서 이름과 정체가 분명히 밝혀진 인물이 이 자리를 차지하는 셈이다. 이 인물은 시몬 베드로의 형제로 요한복음에 여러 차례 등장한 바 있다(6:8과 12:22에서도 등장). 하지만 21장에서는 어떤 공간은 여전히 비어 있는(1:35-42의 경우와 같음) 반면에, 다른 한 공간은 예수가 사랑하신 그 제자에 의해 채워진다. 21:7에서 발견되는 이 제자는 앞에서 언급한 어부 그룹의 구성원이다. 요한복음 내러티브의 바로 이 지점에 이르러 그의 완전한 실체와 인격성이 비로소 드러나게 되지만, 그의 이름은 여전히 나오지 않는다.[9]

이렇게 유사성과 차이가 공존하는 패턴은, 이 어부 그룹에 이름이 밝혀지지 않은 제자가 둘 있다는 기이한 사실을 설명해준다(이런 패턴을 의식하지 않고 보면 이 기이함은 설명되지 않음). (여전히 정체가 밝혀지지 않은 인물은 안드레일까? 그들이 등장한 1:35-42과 비교해볼 때, 안드레는 이렇게 함으로써 예수가 사랑하신 그 제자와 자리를 바꾼 것일까?)

요한복음 1:35은 이름이 밝혀지지 않은 두 제자를 언급하면서, 이들이 세례 요한으로부터 예수가 하나님의 어린 양이시라는 말을 들은 뒤 예수를 "따랐다"라고 말한다(1:37). 그런 다음 "예수는 돌아서서 그들이 따르는 것을 보셨다"(1:38). 이 말은 21장의 끝 부분과 놀랍게 평행을 이룬다. 이 21장 끝 부분에서는 다음과 같은 구절이 언급됨으로써 예수가 사랑하신 그 제자에게 모든 사람의 관심이 집중된다. "베드로가 돌아서서 예수가

---

9) D. Tovey, *Narrative Art and Act in the Fourth Gospel* (JSNTSup 151; Sheffield: Sheffield Academic, 1997), 124.

사랑하신 그 제자가 따르는 것을 보았다"(21:20). (그리스어 본문에서는 두 경우에 "돌아섰다"와 "보았다"를 지시하는 단어가 다르다.[2] 하지만 이런 차이가 평행 관계를 부정하는 것도 아니며, 21장을 다른 저자가 썼다는 의미도 아니다. 오히려 이 차이는 요한복음이 같은 강조점을 반복하는 경우에도 빈번히 단어를 바꾸어가며 표현하고 있음을 보여주는 전형적 사례다.[10]) 두 본문에서 예수를 "따름"은 실제적으로 따라가는 것(예수 뒤를 좇아 걸어감)이기도 하지만, 제자로서 스승을 따라간다는 제자도의 상징이기도 하다.

이런 평행 관계는 예수가 사랑하신 그 제자가 예수를 "따름"에서 끝나지 않고 그 제자가 "머무름"에까지 확장된다. 첫 두 제자의 경우, 그들이 예수께 처음 한 말은 "랍비여 당신은 어디서 머무십니까(*meneis*)?"(1:38)였다. 예수는 이 말에 대답하시며 그들에게 "와서 보라"고 권하신다. 이 내러티브는 다음과 같이 계속된다. "그리하여 그들이 가서 그가 머무시는(*menei*) 곳을 보았다. 그리고 그들은 그날 그와 함께 머물렀다(*emeinan*)"(1:39). (영역본에서는 여기서 사용된 그리스어 동사 *menein*을 일관되게 번역할 수 없어서 stay와 remain으로 옮겼으나, 모두 *menein* 동사를 번역한 것이다.) 요한복음 내러티브의 끝 부분에서 예수는, 당신이 사랑하신 그 제자에 관해 "그는 어찌 되겠습니까?"라고 묻는 베드로의 질문에 답하시며 이렇게 말씀하신다. "내가 올 때까지 내가 그를 머물게(*menein*) 할지라도, 네게 무슨 상관이냐?"(21:22) 예수의 이 말씀은 다음 구절에서도 반복되어, 요한복음에 등장하는 예수의 마지막 말씀을 형성한다. "내가 올 때까지 그를 머물게(*menein*) 하는 것이 내 뜻이라면"(21:23).[11]

---

10) E. D. Freed, "Variations in the Language and Thought of John," *ZNW* 55 (1964), 167-97.

11) 많은 사본은 22절에서처럼 "네게 무슨 상관이냐?"를 첨가해서 이 문장을 완성했다. 그러나 더 짧은 본문이 더 타당한 듯하다. 필사자들은 23절 문장을 완결되지 못한 상태로 두기를 꺼려하여 22절로부터 가져온 말로 나머지 부분을 채워 넣었던 것 같다. 하지만 요한복음 저자는 이 복음서에서 예수의 마지막 말씀이 "내가 올 때까지 그를 머물게 하는 것이 내 뜻이라면"이 되기를 원했을 수도 있다.

여기서 "머무름"이라는 말이 등장한 두 사례를 연결시키는 것은 좀 억지처럼 보일 수 있다. 그러나 (21:24에서) 예수가 사랑하신 그 제자가 요한복음 내러티브의 배후에 있는 주된 증인임을 파악한다면, 이런 연관성은 훨씬 더 중요한 의미를 가지게 된다. 예수가 사랑하신 그 제자는, 심지어 베드로가 예수를 주시하기도 전에, 그분의 사역의 첫날을 예수와 함께 보냈다(1:40-42). 이는 그가 제자로서 처음부터 예수를 알 기회를 가졌다는 뜻이다. 이런 점은 그 제자가 요한복음을 형성한 증언의 제공자로서 특별한 증인이 될 자격을 갖추었다는 주장을 강화시킨다. 요한복음의 말미에서는 이 제자가 머물 것이라고 언급되는데, 이는 그가 요한복음의 예수 이야기가 끝난 뒤에도 그분을 계속 증언하리라는 것을 알려준다. 베드로가 감당할 운명은 예수와 예수의 사람들을 위해 자기 목숨을 바치는 것이다(21:18-19). 반면에 예수가 사랑하신 그 제자가 감당할 운명은 그분을 계속 증언하는 것이다. 이처럼 예수가 사랑하신 그 제자가 그분을 증언할 자격을 갖추는 일은 이미 베드로가 제자가 되기 전부터 시작되었으며, 그의 증언 활동은 베드로가 제자로서의 과업을 마친 후까지 계속될 것이다. 어떤 의미에서 그 제자의 증언 활동은 예수의 재림 때까지 지속될 것인데, 왜냐하면 그의 증언은 요한복음에 포함되어 있기 때문이다. 이런 측면에서 보면 그의 증언은, 세례 요한이 증언했던 예수의 처음 "오심"(1:29, 30)부터 미래에 있을 예수의 두 번째 "오심"(21:22, 23)까지 이어진다. 이런 식으로 요한복음은 목격자 증언의 인클루지오를 독특하고 창조적으로 활용하고 있다.

요한복음이 목격자 증언의 인클루지오를 이렇게 정교하게 사용한다는 것을 고려할 때 우리는, 요한복음이 예수가 사랑하신 그 제자를 이 책의 역사적 내러티브의 가장 중요한 출처가 된 목격자 보고를 제공한 인물로 제시하고 있다고 결론 내릴 수밖에 없다.

이상적 증인이요 저자인 예수가 사랑하신 그 제자

이제 우리는 예수가 사랑하신 그 제자가 요한복음 내러티브에서 한 역할을 더 상세히 살펴볼 것이다. 그 제자는 상당히 적은 횟수만 등장한다(1:35-40; 13:23-26; 19:25-27, 35; 20:2-10; 21:2, 7, 20-24; 어쩌면 18:15-16). 이 본문들은 모두 그를 3인칭으로 언급하는데, 이는 역사 기록의 훌륭한 관습을 따른 것이다. 고대 역사가들은 자신이 기록하는 내러티브 안에서, 서술되는 사건에 자신이 참여하거나 사건을 관찰하는 것을 표현하면서, 보통 자신을 3인칭으로, 예를 들어 투키디데스, 크세노폰, 폴리비우스, 율리우스 카이사르, 요세푸스와 같이 이름으로 부르곤 했다.[12] 하워드 잭슨은 이런 관습을 "자기 거리두기이자 자기 객관화"(self-distancing and self-objectification)로 설명하면서, 이런 관습이 "내러티브에 객관성과 사심 없는 공평성의 분위기를 제공한다"라고 주장한다.[13] 하지만 나는 이런 설명에 의문이 든다. 이런 관습은 다른 등장인물들과 함께 내러티브에 등장하는 행위자(actor)로서의 저자와, 사건을 내러티브화 하는 필자(writer)로서의 저자를 구별해주는 명확한 방법일 가능성이 더 높다[마이어 스턴버그(Meir Sternberg)는 같은 구별을 "대행인으로서의 능력을 가진 '그'와 제약받는 내레이터로서의 능력을 가진 '나'"라는 다른 용어로 설명했음].[14] 자신이 기록하는 내러티브 안에

---

12) 몇몇 사례를 보려면 C. S. Keener, *The Gospel of John: A Commentary*, vol. 2 (Peabody: Hendrickson, 2003), 918 주 210을 보라.

13) H. M. Jackson, "Ancient Self-Referential Conventions and Their Implications for the Authorship and Integrity of the Gospel of John," *JTS* 50 (1999), 27, 25과 24-30 전체.

14) J. L. Staley, *The Print's First Kiss: A Rhetorical Investigation of the Implied Reader in the Fourth Gospel* (SBLDS 82; Atlanta: Scholars, 1988), 40. M. Sternberg, *Expositional Modes and Temporal Ordering in Fiction* (Baltimore: Johns Hopkins University Press, 1978), 279에서 인용했다. 스턴버그는 여기에 해당하는 주된 사례로 크세노폰을 활용한다.

등장하는 저자는 앞과 같이 두 가지 방식을 통해 내러티브와 연결되어 있다. 이야기되는 사건에서 자신을 1인칭으로 지시하는 저자는, 현재 이야기하고 있는 내레이터인 저자 자신에게 독자들의 관심을 집중시키는 효과를 가질 것이다. 하지만 특별한 경우를 제외하고 이런 방식은 오히려 이야기 자체로부터 관심을 이탈시키는 결과를 가져온다. 반면에 3인칭으로 자기를 지시하는 저자는 내러티브 배후에 숨어 있는 **저자로** 남는다. 여기에 대해 데릭 토비는 이렇게 설명한다. "1세기의 저자에게는 사건을 보고하고 있는 자신과 사건이 일어날 당시의 자신을 구별할 방법이 달리 없었다. 따라서 이 두 개의 '자신'을 명사와 대명사를 사용해서 떼어놓는 방법밖에는 없었을지도 모른다."[15] 요한복음 저자가 사건을 보고하고 있는 자신과 사건 당시의 자신을 구별할 수 있는 다른 방법을 가지고 있었든 아니든, 저자를 3인칭으로 지칭하는 방법은 역사 기록의 확고한 관습이었으며 목표를 확실히 달성하게 하는 수단이었다.

이야기되는 과거 사건에서 행위자로서 등장하는 저자와, 그 사건을 이야기하는 필자로서의 저자 사이에 차이점이 존재하듯이, 고대 역사 기록에서는 이 둘이 연결되는 것도 필수적이었다. 뷔쉬코그가 말하는 "직접 목격 증언"에서, 사건에서의 저자의 역할은 그로 하여금 사건을 믿을 만하게 서술할 자격을 부여했다. 여기서 우리는 다시 요세푸스의 주장을 상기할 수 있다. "내가 그 전쟁사를 서술할 역사가의 자격을 가진 이유는 내가 많은 사건들 속에서 활동한 사람이고 대다수 사건들을 직접 본 목격자였기 때문입니다"(「아피온 반박」 1.55). 만약 요한복음 21:24의 의미가 예수가 사랑하신 그 제자가 앞과 유사한 주장을 한 것이라면, 우리는 그 제자가 내러티브 안에서 한 역할이 그에게 요한복음의 주된 증인이자 저자라는 자격을 부여했다고 생각할 수 있다. 나중에 다시 보겠지만, 바로 이것이 예수가 사랑하신 그 제자가 요한복음 내러티브를 전개시키면서 정작 자신은

---

15) Tovey, *Narrative Art*, 145.

매우 드물게 등장시킨 이유를 가장 만족스럽게 설명해준다.

통상적으로 사람들은 예수가 사랑하신 그 제자가 요한복음에서 이상적 제자로 묘사되고 있다고 생각해왔다.[16] (일부 학자들은 그 제자가 역사적인 실존 인물임을 부인하는 전제 아래 앞의 생각을 받아들였다.[17] 하지만 이런 견해를 따른다면 21:23을, 후대 사람들이 그 제자를 특별하고 유명한 개인으로 오해한 결과로 이해하게 될 것이다.) 만일 이것이 예수가 사랑하신 그 제자가 모범적으로 제자도의 이상을 표상한다는 의미라면, 이런 이해는 잘못된 것이 분명하다. 어쩌면 그 제자도 가끔은 다른 제자들(나다나엘이나 막달라 마리아)처럼 모범의 역할을 했을 수 있다. 그러나 이런 역할은 요한복음이 그 제자에 대해 언급하는 말들을 거의 만족스럽게 설명해주지 못한다. 예수가 사랑하신 그 제자에게 모범의 역할을 부여하고 있다고 보이는 본문들 중 가장 확실시되는 예들을 살펴봐도, 여기서는 그의 예외적 특권을 강조하는 내용만 발견될 뿐이다. 엄밀히 말해 이런 예외적 특권은 제자도의 표상이라고는 볼 수 없다. 13:23-26에서 그 제자는 마지막 만찬에서 예수와 특히 가깝게 바로

---

16) 예를 들어 R. A. Culpepper, *Anatomy of the Fourth Gospel* (Philadelphia: Fortress, 1983), 121("이상적 제자, 제자도의 패러다임"); K. Quast, *Peter and the Beloved Disciple* (JSNTSup 32; Sheffield: Sheffield Academic, 1989), 160("독자들에게 그들과 동일시할 인물로 제시한 상징이자 표상"); R. F. Collins, *These Things Have Been Written* (Louvain Theological and Pastoral Monographs 2; Grand Rapids: Eerdmans, 1990), 42-45("그는 요한 전승의 유일무이한 대표자", "예수의 탁월한 제자", "제자도의 전형"); M. Davies, *Rhetoric and Reference in the Fourth Gospel* (JSNTSup 69; Sheffield: Sheffield Academic, 1992), 341("드라마처럼 묘사된 이상적 제자의 대표자, 독자들에게 제시하는 모범"), 344("이상적 제자이자 이상적인 이방인 제자"); C. M. Conway, *Men and Women in the Fourth Gospel* (SBLDS 167; Atlanta: SBL, 1999), 178("대다수 비평가들은 이 인물을 이상적 제자를 대표하는 인물로 본다"). 예수가 사랑하신 그 제자를 이상적 제자로 보는 견해에 반대하는 주장으로는 K. S. O'Brien, "Written That You May Believe: John 20 and Narrative Rhetoric," *CBQ* 67 (2005), 296-301을 보라.

17) 이런 견해들을 폭넓게 살핀 글로는 J. H. Charlesworth, *The Beloved Disciple* (Valley Forge: Trinity, 1995), 134-38; M. Casey, *Is John's Gospel True?* (London: Routledge, 1996), 159-64도 보라.

그분의 옆자리에 앉는다. 그 자리는 오직 한 사람의 제자만이 차지할 수 있었다. 따라서 그 제자는 예수의 말씀의 의미와 목적에 관해 자세히 묻고 깨우침을 받을 수 있는 유일무이한 위치에 있었다. 20:1-10은 그 제자가 빈 무덤과 수의를 보았기 때문에 예수의 부활을 이해하며 믿게 되었다고 언급하는데, 이는 그와 베드로가 공유하고 있는 목격자 역할과 연결된다. 하지만 이후에 다른 제자들은 같은 역할을 공유하지 못한다. 예수가 사랑하신 그 제자를 이상적 제자로 해석하는 본문들 중 가장 유력시되는 본문은 19:26-27이다. 이 본문에서 그 제자는 십자가 옆에서 예수 곁을 지킬 정도로 신실했던 유일한 남성 제자로 묘사된다. 이 장면은 예수의 죽음과 부활이 구축하는 새로운 관계들을 상징하는 것 같다(참고. 20:17). 그러나 여기서도 예수가 사랑하신 그 제자의 대표성이 그의 유일무이한 특권을 대체하지는 못한다. 중요한 것은 어떤 신실한 제자가 예수의 어머니를 모시는 아들이 되었다는 점이 아니다. 설령 이것이 참이라 하더라도 핵심은 아니다. 정말 중요한 것은 예수가 사랑하신 그 제자만이 유일하게 예수의 어머니를 자기 집으로 모셨다는 것이다.

예수가 사랑하신 그 제자를 이상적 제자로 해석하면서 우리는 항상 그 제자를 베드로와 대조한다. 그리고 베드로를 이상적 제자에 미치지 못하는 인물로 이해한다. 요한복음에 묘사된 베드로의 모습은 같은 복음서에 묘사된 예수가 사랑하신 그 제자의 모습보다 훨씬 더 복잡하고 상세하다. 예수가 사랑하신 그 제자와 베드로의 관계는 그 제자의 역할을 이해하는 데 중요하다. 그 제자와 베드로를 관련짓는 거의 모든 본문에서, 그가 베드로보다 어떤 의미에서 우월한 위치에 있다는 것에는 중요한 의미가 있다(1:35-42; 13:23-26; 20:1-10; 21:7; 만일 이름이 밝혀지지 않은 제자가 예수가 사랑하신 그 제자라면 18:15-16도 여기에 해당함). 그런가 하면 19:26-27과 19:35에서는 베드로의 부재가 예수가 사랑하신 그 제자에게 우월한 위치를 부여해준다.

요한복음에서 21:7에 이르기까지 예수가 사랑하신 그 제자가 베드로보다 우월하게 제시된 데에는 어떤 의미가 있다. 하지만 이 부분의 진짜 의미는, 베드로와 그 제자가 서로 다른 종류의 제자도(적극적이고 행동하는 섬김 vs. 통찰력 있는 증언)를 대표한다는 점을 깨달을 때 비로소 분명히 드러난다. 특히 요한복음 13장부터 21장까지에서 두 제자의 이야기는, 이들이 각기 다른 제자도를 감당할 자격을 어떻게 갖추게 되었는지를 보여준다. 여기서 베드로는 예수를 열심히 따르고 섬긴 제자로 묘사된다(13:6-9, 36-37; 18:10-11, 15). 그는 예수가 자신을 섬기시는 일을 허락하지 않다가 그것을 허락하는 것만이 그분의 진짜 제자가 되는 유일한 길임을 깨닫고 비로소 받아들인다. 뒤이어 그가 보인 열성은 예수가 의도하셨던 것을 훨씬 뛰어넘는다(13:6-9). 베드로는 죽을 위험을 무릅쓰고라도 예수를 따르려 했으며, 그분을 죽음에서 구하고자 자기 목숨도 내놓으려 했다(13:37). 그러나 베드로는 예수가 자기 발을 씻어주셔야 함을 이해하지 못했듯이, 선한 목자이신 그분이 당신 목숨을 베드로 자신을 위해 내주셔야 함을 이해하지 못했다(10:11, 15과 13:37을 참고하라; 이런 이해의 결핍은 18:10-11에서도 비슷하게 나타남). 오직 예수가 죽음을 맞으신 후에야(13:36; "후에는"; 참고. 13:37) 비로소 그도 그분을 따라 죽음으로 나아갈 수 있었다(13:36). 이처럼 베드로의 예수 사랑은 열렬하고 지나치기까지 하며, 무지에서 나온 자신감으로 나타난다. 하지만 이 자신감은 그가 예수를 부인하면서 실패로 끝나고 만다(13:38; 18:15-27). 예수가 베드로를 다시 제자로 회복시키시고, 베드로가 처음으로 제자도의 의미를 진정으로 이해함으로써 마침내 죽기까지 그분을 따르는 제자가 될 수 있었던 것은 바로 그분의 부활 후였다(이때도 베드로의 특징인 적극적 열정이 다시 나타난다: 20:3-6; 21:7-8). 베드로가 예수를 세 번 부인한 일과, 예수가 베드로에게 세 번에 걸쳐 당신을 사랑한다는 다짐을 받아내시는 일은 서로 상응한다(21:15-17; 숯불이 21:9과 18:18을 연결한다는 것에 주목하라). 이제 새로운 베드로는 자기 생명을 자기 양들을 위해 내어주신 선한 목자 예수를 사랑한다. 이 베드로는 예수의 양들을 보살피는 보조 목자 승우두머리로서 그분을 따를 사명을 받을 수 있다(21:19, 22; 참고. 13:36). 이제 그는 예수의 양들을 돌보고 그분을 따라 양들을 위해 자기 목숨을 내놓을 것이다(21:18-19; 참고. 12:33; 18:32). 이런 역할 속에서 베드로는 섬김의 열정을 회복하지만, 원래의 열정에서 자기 의지는 사라지고 대신에 진정한 제자도가 그 자리를 차지한다(21:18).

이처럼 요한복음이 베드로를 묘사할 때 주안점은—이런 주안점은 요한복음 21장을 이 책의 불가결한 부분으로 이해할 경우에만 인식될 수 있다—베드로를 깎아내리는 것이 아니라, 한때 실패했지만 예수의 은혜로 회복되어 교회의 우두머리 목자가 된 인물로 제시하는 것이다. 요한복음은 사건들의 증인으로서 베드로가 하는 역할을 비중 있게 다루지는 않는다(20:6-7). 하지만 예수가 사랑하신 그 제자가 목격자 증언의 인클루지오에서 베드로를 대체한다는 사실 자체도 어쨌든 베드로의 역할을 인정하는 것이라고 보아야 한다. 요한복음이 베드로에게 일차적으로 부여하는 역할은 목자 역할이다. 이 목자의 역할은 예수가 사랑하신 그 제자에게는 결코 주어지지 않는다. 따라서 결국 그 제자는 베드로의 제자로서의 부르심과는 무관하게 된다(21:20-22).

예수가 사랑하신 그 제자가 베드로보다 우월한 부분은 예수를 증언할 통찰력 있는 증인이라는 그의 역할을 감당하기 위해 부여된 몇 가지 측면으로 제한된다. 그 제자의 역할을 이렇게 이해하면, 요한복음에 묘사된 그의 모습을 이상적 제자로 보는 것보다 훨씬 더 적절하게 설명할 수 있다. 요한복음의 묘사는 다음과 같은 네 가지 요소를 가졌다고 분석된다. 첫째, 예수가 사랑하신 그 제자는 그분과 특별한 친분을 가졌다. 이미 1:35-40은 이런 점을 강조한다. 그 제자가 처음 예수를 만났을 때는 아직 그에게 특별한 친분의 표현("예수가 사랑하신 그 제자")을 사용할 수 없었다. 1:35-40에서 중요한 점은, 이 본문이 그 제자와 안드레가 예수를 알 기회를 가졌음을 강조한다는 것이다. 이런 내용은 이후에 예수가 모으시는 제자들의 경우에는 해당하지 않는다. 이어서 예수가 사랑하신 그 제자는 요한복음 내러티브에서 사라졌다가 13장에서 다시 나타난다. 하지만 요한복음 내러티브는 그 제자가 안드레를 제외하고 다른 누구보다 먼저 예수를 알았을 수 있다고 강조한다. 그 제자는 13:23-26에 다시 등장하는데, 여기서 강조되는 것은 그와 예수의 친분이다. 이런 친분 덕분에 그 제자만이 예수께 민감한 질문을 할 수 있었으며, 예수의 답변을 듣고 그분의 모습을 관찰할 수 있었다. 그와 예수의 특별히 친밀한 관계는 19:26-27에도 나타난다. 여기서 예수는 당신 모친을 모시라고 그 제자에게 부탁하신다. 셰프 판 틸보르흐(Sjef van Tilborg)의 논의에 따르면, 이런 본문에서 예수와 그 제자가 묘사되는 방식은 고대의 "제도"("제도와 엇비슷한 실재"), 즉 "선생이 자신의 제자 중 특히 아끼는 한 제자에게 자기 작업의 승계와 관련해서 특별한 역할을 맡기던" 제도와 일치한다.[18] 앞의 언급 중 마지막 요소는, 예수와 그 제자의 특별한 친분이 단순한 특권이 아니라, 예수가 그에게 미래에 행할 특별한 역할을 기대하셨음을 나타내는 표지라는 점에서 중요하다.

요한복음이 예수가 사랑하신 그 제자를 통찰력 있는 증인이 될 자격이 있다고 묘사하는 대목의 두 번째 요소는, 그 제자가 예수 이야기의 핵심 지점에서 현장에 있었다는 점이다. 다시 말하지만, 그 제자가 1:35에서 처음으로 등장한다는 사실에는 통상적으로 예측하는 것보다 더 큰 중요성이 있다. 이 지점에 등장함으로써 그 제자는, 예수에 대한 세례 요한의 말과 예수의 사역의 시작을 증언할 수 있게 되었다. 또한 같은 장면에서 그 제자가, 예수를 가리켜 희생 제물이신 하나님의 어린 양이라고 하는 세례 요한의 말을 듣는 것도 결코 우연이 아니다(1:35; 참고. 29절). 19:35은 예수가 사랑하신 그 제자의 직접 증언을 선명히 강조하고 있다. 여기서 그 제자가 목격자로서 증언하는 것은 1:35-36의 세례 요한의 말이 다 이루어졌다는 것이다. 예수가 사랑하신 그 제자는 피와 물이 흐르고 예수의 뼈가 하나도 꺾이지 않은 것을 보는데, 이는 그분이 참된 유월절 어린 양이심을 보여준다(19:31-37). 그 제자가 십자가 옆에 있었다는 사실은 단순히 그를

---

18) S. van Tilborg, *Imaginative Love in John* (BIS 2; Leiden: Brill, 1993), 246. 상세한 내용으로는 제2장을 참고하라.

제자로서 베드로보다 우월한 위치에 있도록 만드는 데 그치지 않는다. 이 사실은 그 제자를 복음 이야기 전체의 구원사적 핵심, 요한복음의 이야기 전체가 세례 요한의 증언에서부터 계속해서 향하고 있는 핵심 사건을 증언할 유일한 남성 제자로 만들어준다.

18:15-16에 언급된 제자가 예수가 사랑하신 그 제자라면, 이 본문에서도 그 제자는 중요한 사건, 즉 예수가 안나스 앞에서 재판을 받으시고 베드로가 이런 예수를 모른다고 부인하던 사건의 현장에 있었던 인물로 묘사된다. 그 제자가 대제사장의 집 뜰에 들어간 일은 그를 재판보다는 베드로의 부인 사건을 증언하는 증인으로 부각시키는지도 모른다. 그럼에도 그 제자와 대제사장의 관계에 대한 언급은, 그 제자가 정보에 접근할 수 있는 위치에 있었음을 알려주기 위해 의도되었던 것 같다(18:10, 26에 암시된 내용도 참고하라). 이 문맥에서 그 제자의 증인 역할을 고려할 때 중요한 것은, 그와 예수의 친분보다는 그와 대제사장의 친분이다. 이 문맥에서 그 제자를 예수가 사랑하신 그 제자로 소개하지 않은 것도 이런 이유 때문일 수 있다.

예수가 사랑하신 그 제자는 이후에도 요한복음 내러티브의 핵심 지점에서 계속 등장한다. 그가 베드로와 함께 빈 무덤을 보는 장면이 바로 그런 대목이다(20:3-10). 또한 부활하신 예수가 사람들 앞에 나타나시고 마지막으로 말씀하신 대목에서도 그 제자는 다른 여섯 제자와 함께 부활하신 그분을 뵌다. 21장은 이 일을 장차 그 제자가 감당할 세계 선교의 사명을 미리 보여주는 장면으로 해석한다.

셋째, 요한복음 내러티브에서 예수가 사랑하신 그 제자가 등장하는 경우들을 보면 세부 사항에 대한 관찰과 묘사가 두드러진다. 토비가 말하듯이, "예수가 사랑하신 그 제자가 등장하는 모든 지점에서는, 내러티브에 그 제자가 '현장에 있었다는 사실', 즉 이것이 그의 목격자 보고임을 암시하는 세부 사항이 들어 있다."[19] 이런 주장에 반대해서 링컨은 다음과 같

19) Tovey, *Narrative Art*, 140.

이 썼다. "생생한 세부 묘사는 훌륭한 스토리텔링에서 전지적 내레이터의 관점에 해당하는 부분이다. 그런데 요한복음 내러티브에서는 그 제자가 등장하지 않는 부분에서도 이런 세부 사항이 나타난다."[20] 물론 내러티브에 이런 세부 사항이 나타난다는 사실이, 목격자 보고가 실제로 포함되어 있음을 증명하지는 못한다. 하지만 이것이 주장의 초점은 아니다. 진짜 초점은 요한복음이 그 제자를, 그가 현장에 있었던 경우들에서 목격자 보고를 할 자격이 있는 자로 묘사한다는 것이다. 물론 요한복음의 다른 본문에도 세부 사항에 대한 관찰이 들어 있다. 하지만 이런 세부 사항이 매우 일관되게 예수가 사랑하신 그 제자의 등장과 함께 나타난다는 점은 주목할 만하다.

따라서 1:39에는 "굳이 세부 묘사를 할 이유가 없어 보이는데도"[21] "열 시 쯤" 즉 오후 네 시경이라고 시간적 배경을 상세히 밝혀놓고 있다. 13:26에서는 식사 자리에서 예수 옆에 앉아 있던 그 제자가, 예수가 떡 한 조각을 적셔 유다에게 건네주시는 모습을 관찰한다. 18:18(15-16절의 "다른 제자"가 예수가 사랑하신 그 제자라면 관련이 있음)은 마가복음의 평행 본문(14:54)보다 더 생생하게 불에 대해 묘사하고 있다. 19:33-35에 따르면, 예수가 사랑하신 그 제자는 예수의 다리가 꺾이지 아니하고 창에 찔린 그분의 옆구리에서 피와 물이 흘러나오는 모습을 보았다. 베드로는 빈 무덤에서 "예수의 시신을 쌌던 세마포와 그분의 머리 위에 있던 다른 천을 보았다. 그런데 이 다른 천은 세마포와 함께 있지 않고 말린 채 다른 곳에 놓여 있

---

20) Lincoln, "The Beloved Disciple," 5.

21) C. L. Blomberg, *The Historical Reliability of John's Gospel* (Downer's Grove: InterVarsity, 2001), 81. 그러나 R. Schnackenburg, *The Gospel according to St. John*, vol. 1 (tr. K. Smyth; London: Burns and Oates, 1968), 309은 이 세부 묘사가 가지는 의미를 다음과 같이 정확하게 설명한다: "이는 이 대화가 오랜 시간에 걸쳐 이루어졌고 매우 유익했음을 나타낸다. 이 대화는 저녁 내내 이어졌다.…동시에 이것은 제자들에게 그 시각(그들이 예수와 친교를 나누기 시작한 시각)이 중요했음을 암시하기도 한다."

었다"(20:6-7). 베드로와 함께 예수가 사랑하신 그 제자도 같은 광경을 보고 있었다(20:8). 마지막으로 21장은 예수가 아침식사를 준비하시는 모습을 상세히 묘사하고(21:9) 엄청나게 잡은 물고기 숫자를 정확히 기록한다(21:11). 이런 증거는 잘못 활용되어서는 안 된다. 한편으로, 많은 경우 이런 세부 묘사는 중요한 의미를 가지며 요한복음 내러티브에서 명백한 역할을 한다. 하지만 다른 한편으로, 이런 생생하고 자세한 묘사는 능숙한 스토리텔러라면 응당 사용하는 기법이라고 할 수 있다. 요한복음 저자도 예외는 아닐 것이다. 마찬가지로 이런 자세한 묘사는, 요한복음이 그 제자를 사건의 증인으로 묘사한다는 인상을 독자에게 심어주는 데 기여한다.

넷째, 요한복음은 예수가 사랑하신 그 제자를 통찰력 있는 증인, 즉 요한복음 이야기에 나타난 사건들의 의미를 꿰뚫어보는 영적 통찰력을 가진 증인으로 묘사한다. 하지만 그 제자와 예수 사이의 특별한 친분에도 불구하고, 그의 통찰력은 예수의 부활 이전에는 명시적으로 나타나지 않는다. 13:25-30에서 예수가 사랑하신 그 제자는 다른 제자들보다 더 완전하게, 예수가 당신을 배신할 자를 지목하시는 모습을 증언한다. 이를 통해 그 제자는, 예수가 하나님이 자기에게 지우신 운명을 감당해야 할 것으로 알고 이를 기꺼이 받아들이셨음을 보여준다. 즉 그 제자는 예수를 죽음으로 이끈 사건들의 의미를 꿰뚫어볼 통찰력에 필요한 자료를 제공받고 있다. 하지만 이 대목에서 요한복음은, 그 제자가 앞과 같은 자료를 제공받으면서 다른 제자들보다 더 잘 **이해했다**고는 말하지 않는다(13:28). 그 제자가 남보다 나은 이해력을 가지게 된 돌파구는 20:8-9에 이르러서다.[22] 무덤에 간 두 제자에 대한 이 내러티브는 능숙하게 두 제자를 서로 연결시키고 있다. 무덤에 먼저 도착한 사람은 예수가 사랑하신 그 제자였지만,

22) 여기에 대한 유익한 논의로는 B. Byrne, "The Faith of the Beloved Disciple and the Community in John 20," *JSNT* 23 (1985), 83-97. 이 글은 S. E. Porter and C. A. Evans, eds., *The Johannine Writings* (Biblical Seminar 32; Sheffield: Sheffield Academic, 1995), 31-45으로 재출간되었다.

무덤 안에 먼저 들어간 사람은 베드로였다. 베드로는 증거를 목격한 순서에서는 그 제자보다 우월하지만, 그 증거의 의미를 인식한 측면에서는 그 제자가 베드로보다 우월하다. 바로 이 지점이, 그 제자를 이상적 제자로 보는 이들이 늘 오해하는 대목이다. 여기서 요한복음은 그 제자를, 보지 않고도 예수의 부활을 믿는 후대 그리스도인들의 모델로 묘사하지 않는다(20:29). 분명히 본문이 "그가 보고 믿었다"(20:8)라고 말하기 때문이다. 중요한 것은 예수가 사랑하신 그 제자도 후대 그리스도인들로 하여금 보지 않고도 믿도록 하는 데 필요한 목격자 증언을 제공한다는 점에서는 베드로와 차이가 없지만, 그 제자는 자신과 베드로가 함께 본 일의 의미를 이해했다는 점이다. 21:7 역시, 예수의 진리에 대한 영적 인식의 측면에서 예수가 사랑하신 그 제자에게 우월성을 부여하고 있다.

예수가 사랑하신 그 제자에 관한 요한복음의 묘사에 나타나는 이런 네 가지 특징 때문에, 그 제자는 예수 이야기와 그 의미를 증언할 이상적 증인의 자격을 가진다. 요한복음은 그 제자의 이런 자질들을 베드로와 폭넓게 대조하고 있다. 하지만 중요한 점은, 그 제자가 베드로보다 모든 면에서 우월하지는 않다는 것이다. 그 제자는 복음서 저자가 될 자격의 측면에서는 베드로보다 더 나은 면모를 보인다. 그러나 그는 예수의 양들을 칠 보조 목자의 우두머리(Chief undershepherd)가 될 자격에서는 베드로보다 우월하지 않다. 이런 목자가 되는 것은 베드로에게 맞는 제자도의 형태다. 요한복음은 베드로의 경우에는 예수를 향한 그의 사랑을 강조하는 반면에, 예수가 사랑하신 그 제자의 경우에는 예수가 그 제자에게 베푸신 사랑을 강조하는데, 여기에는 유념해둘 만한 중요성이 있다. 예수를 향한 베드로의 사랑을 강조한 것은 제자도의 능동적 역할, 즉 예수의 섬김과 희생에 참여하는 제자도에 적합하며, 이는 그분이 제자들에게 베푼 사랑에 상응한다. 반면에 예수가 그 제자에게 베푸신 사랑을 강조한 것은 더 수용적인 의미의 제자도, 즉 증인 역할을 하는 제자도에 적합하며, 이는 예수가 하나님 아버지의 사랑을 누리신 것에 상응한다(13:23과 1:18이 상응한다는 점을 참고하라). 서로 다르면서도 보완적인 이 두 제자의 역할은, 초기 기독교의 서로 다른 지류들 사이의 관계를 지배하던 것이 경쟁이 아니었음을 보여준다. 요한복음은 교회 전체를 이끄는 베드로의 지도자 역할을 인정하고 있다. 동시에 예수가 사랑하신 그 제자 역시 교회 전체에 중요한 의미를 가지는 역할, 즉 그분의 진리를 증언하는 역할을 맡았다고 주장한다.

마지막으로 유의할 점은, 베드로와 예수가 사랑하신 그 제자의 관계와 관련해서 요한복음이 이 둘을 비교하고 대조하면서도, 묘사의 강조점을 내러티브 안에서 각각이 상대방이나 다른 이들과 가지는 관계에 두지 않는다는 것이다. 요한복음 내러티브 안에서 베드로는 다른 제자들의 "목자"로 나타나지 않는다. 마찬가지로 예수가 사랑하신 그 제자도 다른 이들에 대해 증인으로 활동하지 않는다. 21:7을 제외하면, 그 제자와 베드로의 관계는 그 제자가 예수의 진리를 꿰뚫어보고 자신의 우월한 통찰을 베드로에게 전달하는 중개자 역할을 하는 관계가 아니다. 오히려 요한복음은 그 제자를, 예수 및 예수 이야기를 구성하는 사건들과 긴밀한 연관을 맺고 있는 사람, 따라서 **요한복음의 독자/청자들에게** 증언할 수 있는 사람으로 제시한다. 이 두 제자에 대한 이야기는 예수의 부활 후 두 제자가 서로 다른 방식으로 그분을 따름으로써 어떻게 교회와 자신을 연결했는지를 보여주는 데 강조점을 둔다. 베드로는 요한복음 이야기에서 그의 역할 덕분에 예수의 양들을 보살피는 보조 목자 중 우두머리가 되었지만, 이 일은 요한복음 내러티브 안에서가 아니라 그 이후에 이루어진다. 마찬가지로 예수가 사랑하신 그 제자도 요한복음에서의 그의 역할 덕분에 다른 이들에게 증언하는 증인이 되었지만, 이 일 역시 요한복음 안에서가 아니라 나중에 이루어진다. 가끔 이 두 제자는 요한복음 내러티브 안에서 제자들을 대표하는 역할을 한다. 그렇다 해도 내러티브의 강조점은, 두 제자가 예수와 친밀한 제자였기 때문에 교회에서 수행할 수 있었던 특별한 역할에 두어진다. 예수가 사랑하신 그 제자의 경우 그의 역할은 요한복음 저자로서 증인이 되는 것이었다.

학자들은 예수가 사랑하신 그 제자(the Beloved Disciple)가 자신을 "예수가 사랑하신 그(유일한) 제자"(the disciple Jesus loved)로 부를 만큼 주제넘지는 않았으리라는 주장을 반복하고 있다.[23] 그가 요한복음 저자라면 이와 같은 일은 하지 않았음이 틀림없다고 보기 때문이다. 하지만 이런 주장은 현대적 의미에서의 겸손 개념을 전제로 하고 있다. 어쨌든 여기서 이해해야 할 점은 다음과 같다. 즉 그 제자에게 붙여진 별명은 예수가 많은 사랑하는 제자들 중 유독 그에게 특별한 사랑과 친밀함을 주었다는 의미만은 아니라는 것이다(이런 점은 요 13:1에 분명히 표현되어 있음). 이 별명은 특권과 동시에 책임과 소명을 지시하고 있다. 예수가 사랑하신 그 제자는 그분과 특별히 친밀하게 지내는 특권을 누렸기에 증인이 되어야 했다. 요한복음은 그 제자가 예수 및 예수의 사건에 참여하는 특권을 누렸으며, 그렇기 때문에 증인으로 특별히 부르심을 받았다는 믿음에 근거하여 기록되었다. 예수가 사랑하신 그 제자는 이런 소명을 겸손을 표현할 대상으로 여기지 않았을 것이다. 바울은 자신이 그리스도를 모든 이방인에게 선포하도록 부르심을 받았다고 거침없이 주장했다(예를 들어 롬 1:1-5; 갈 1:15-16). 마찬가지로 요한복음 저자도 망설임 없이 자신을 예수가 사랑하신 제자로 묘사한다. 결국 이것은 그가 이 복음서를 쓸 자격과 권위를 가졌음을 나타내기 때문이다.

더 폭넓은 사회적 맥락에서, 예수가 사랑하신 그 제자가 자신에 대해 한 주장이(만일 그가 요한복음 저자라면) 부적합할 만큼 주제넘은 짓으로 간주되지 않았으리라는 것을 보여주는 또 다른 사례가 존재한다. 제6장에서 논의했던 포르피리우스의 「플로티누스의 생애」가 바로 그런 예다. 거기서 우리는 플로티누스의 제자인 포르피리우스와 아멜리우스의 관계가, 예수가 사랑하신 그 제자와 베드로의 관계를 상기시킨다는 점을 살펴보았다. 포르피리우스는 거침없는 태도로 자신을 크게 과시한다. 이런 그의 모습

23) 예를 들어 Culpepper, *Anatomy*, 45.

은 자신을 플로티누스의 후계자로 주장하려는 목적, 즉 플로티누스가 저술의 편집을 포르피리우스 자신에게 맡김으로써 스승의 유산을 이어갈 제자로 자신을 지목했음을 주장하려는 목적을 보여준다. 포르피리우스의 책이 실제로 요한복음의 영향을 받았는가 하는 것과는 상관없이, 스승(교사나 철학자)이 특별히 사랑하는 제자를 후계자로 지명하고 그 제자는 스승의 가르침을 이어갈 임무를 맡는다는 개념은 고대 세계에 널리 퍼져 있었다.[24] 어떤 의미에서는 자신을 사랑받는 제자로 주장하지 않는다면, 후계자의 역할을 주장하기도 불가능했다.

"예수가 사랑하신 그 제자"라는 표현은 실제적 칭호가 아니라 별명으로 간주되어야 한다. 만일 이 표현이 그 제자를 지칭할 때 널리 사용되는 존칭이었다면 언어적으로 고정된 형태를 가졌을 것이다. 하지만 이 문구에 사용되는 그리스어는 대체적으로 *agapan*이지만(13:23; 19:26; 21:7, 20) 한 번은 *philein*이 사용되고 있다(20:2). 더욱이 이 문구는 칭호로 사용되기에는 너무 번거롭다. 이런 이유로 인해 영어에서는 그 제자를 "the Beloved Disciple"이라고 한다. 이는 요한복음에 실제로 사용된 문구를, 칭호로 쉽게 사용될 정도로 간결하게 줄인 형태다. 요한복음도 이런 영어 칭호와 등가 형태(*ho mathētēs ho agapētos*)를 사용할 수 있었지만 그렇게 하지 않았다. 이런 사실을 통해 하워드 잭슨은 "예수가 사랑하신 그 제자"가 다른 사람들에 의해 사용된 칭호가 아니라, 요한복음 저자가 자신의 내러티브 안에서 특별히 자기를 가리키기 위해 채택한 자기 호칭이라고 올바르게 결론 내리고 있다.[25]

---

24) Van Tilborg, *Imaginative Love in John*, 2장; Keener, *The Gospel of John*, vol. 2, 917.

25) Jackson, "Ancient Self-Referential Conventions," 31.

예수가 사랑하신 그 제자와 다른 제자들

앞서 지적했듯이, 예수가 사랑하신 그 제자는 요한복음에서 매우 드물게 등장하지만, 그가 등장하는 대목은 모두 중요한 의미를 가진다. 독자들은 얼마만큼 그 제자가 자신을 언급하지 않는 사건에서도 현장에 있었다고 추정할 수 있을까? 그가 현장에 있었음이 명시적으로 드러나는 대목들이, 예수의 사역 동안 그가 그분과 함께했던 모든 경우를 다 망라할 수는 없다. 그 제자가 1:35에 처음 등장할 때만 해도 아직 그는 "예수가 사랑하신 그 제자"로 불리지 않았다. 또한 13:23에서 그 제자가 예수와의 최초의 만남 이후로 그분을 두 번째로 뵙는 것이라면, 여기서도 그는 위와 같은 별명으로 불릴 수 없었을 것이다. 이 별명은 그 제자가 상당히 긴 세월 동안 제자 생활을 체험했음을 전제하기 때문이다. 요한복음에서 우리는, 예수가 사랑하신 그 제자가 요한복음 2-12장의 사건들을 직접 증언하면서 목격자로서 자신이 가진 기억을 동원하여 이야기하고 있다고 추측하게 된다. 이것은 중요하지 않은 내용임이 분명하다. 왜냐하면 중요한 내용이라면 요한복음이 이것을 명시적으로 언급했을 것이기 때문이다.

요한복음이 목격자 증언의 인클루지오를 사용한다는 것은, 예수가 사랑하신 그 제자의 증언이 어떤 식으로든 그의 내러티브 전체를 포괄한다는 것을 암시한다. 이런 암시는 21:24에서 그 제자가 "이 일들을 증언한다"라고 주장하는 것에도 나타나는데, 여기서 "이 일들"은 요한복음의 전체 내용을 지시함이 분명하다. 그렇다고 예수가 사랑하신 그 제자가 요한복음의 사건 현장에 늘 있었다고 생각할 필요는 없다. 요한복음을 보면 그는 분명히 예수의 제자 집단에 속해 있었으며, 그렇기 때문에 자신이 목격하지 못한 사건에 대해서도 현장에 있던 사람들로부터 직접적 증언을 쉽게 들을 수 있었을 것이다. 그 제자는 자신이 이야기하는 모든 내러티브가 자신의 직접 목격 증언이라고 주장하지는 않는다. 하지만 그는 이 모든 사건을 충분히 "증언할" 수 있을 만큼 사건들과 긴밀히 연결되어 있었다. 또 다시, 여기에 함축된 의미는 다음과 같은 요세푸스의 주장과 유사하다. "내가 그 전쟁사를 서술할 역사가의 자격을 가진 이유는 내가 많은 사건들 속에서 활동한 사람이었고 대다수 사건들을 직접 본 목격자였기 때문입니다. 요컨대 나는 내가 모르는 일은 그것이 무슨 일이든 말하지도 않았고 하지도 않았습니다"(「아피온 반박」 1.55). 요세푸스가 "대다수 사건들을 직접 본 목격자"였다는 주장은 약간 과장이다. 그러나 그는 자신이 직접 목격했다고 주장하지 않는 몇몇 사건에 관해서도 올바르고 신뢰할 만한 지식을 가지고 있다고 서슴없이 주장한다.

이미 제5장에서 보았지만, 요한복음이 공관복음서와 달리 열두 제자 명단을 포함하지 않는다는 사실은 중요한 의미를 가진다. 요한복음도 열두 제자를 언급하기는 한다(6:67-71). 그러나 누가 이 집단에 속하는지를 명시적으로 언급하지 않고 다만 베드로(6:68), 가룟 유다(6:71), 도마(20:24)를 밝힐 뿐이다. 제5장에서 주장했듯이, 공관복음에서 열두 제자 명단의 기능은 공관복음에 포함된 복음 전승의 주요한 공식적 출처요 보증인인 열두 제자의 권위를 인용하는 것이다. 하지만 요한복음은 공관복음과는 대조적으로, 열두 제자라는 공식적 증인을 그 근거로 주장하려고 하지 않는다.

이는 예수가 사랑하신 그 제자가 열두 제자 중 하나가 아닐 수 있다는 개연성과 일치한다. 그러나 우리는 요한복음에서 이름이 밝혀져서 등장하는 예수의 제자들이, 베드로를 제외하고는 공관복음에서 두드러진 위치를 차지하는 인물이 아니라는 점에도 주목해야 한다. 요한복음에는 세베대의 아들들이 거의 등장하지 않는 반면에(21:2), 남성이고 순회 생활을 하는 제자들로서 안드레(그의 형제와 따로 등장하는데, 공관복음에는 이런 예가 없음; 1:40-42, 44; 6:8-9; 12:22), 빌립(1:43-46; 6:5-7; 12:21-22; 14:8-9), 도마(11:16; 14:5; 20:24-29; 21:2), 나다나엘(예수가 사랑하신 그 제자처럼 열두 제자에 속하지 않음: 1:45-51; 21:2)이 나타난다. 물론 니고데모 및 베다니에 살던 가족인 나사로와 마르다와 마리아도 두드러진 제자들이다. 이런 이름들은 예수가 사랑하신 그 제자가 주요하게 활동했던 집단과, 그가 자신의 직접 목격 증언에 의존할 수 없었던 전승의 출처를 지시하는 것 같다. 이들 중 일부는 열두 제자의 구성원이지만, 이런 사실이 요한복음이 열두 제자의 권위 아래 있던 복음 전승의 핵심적 집합체에 의존하지 않는다는 관찰 결과와 모순되지는 않는다. 열두 제자가 공식적이고 집합적인 증인들이기는 했지만, 이런 이유로 이 열두 제자를 구성하는 개별적 지체가 개인의 자격으로 전승을 전달하고 보증하는 일이 방해받지는 않았기 때문이다. 제2장에서 우리는 이것이 파피아스의 보고, 즉 그가 열두 제자를 포함해서 제자라고 불린 개인들에게 전승을 전달받았다는 보고가 내포하는 내용임을 보았다. 요한복음은 예수가 사랑하신 그 제자의 직접 목격 증언은 물론이고, 제자들 개인으로부터도 공관복음의 전승에 포함되지 않은 특별한 전승을 직접적으로 끌어 모았다. 이런 사실은 요한복음 내러티브와 공관복음 내러티브를 비교할 때 전자가 가지는 독특성을 부분적으로 설명해준다.

목격자가 "보았다"는 의미

제14장에서 우리는 요한복음 1:14("우리가 그의 영광을 보았다")이 권위 있는 증언의 "우리"에 해당한다는 것을 발견했다. 하지만 많은 주석가는 이 14절의 "우리"를, 예수의 삶과 죽음과 부활의 사건을 직접 본 목격자들이 아니라, 모든 그리스도인이나 요한의 공동체에 속한 그리스도인들로 이해한다. 여기서 중요한 것은 제14장에서 논의했던 "우리"의 정체를 밝히는 일뿐 아니라, 이 본문과 다른 수많은 본문에 포함된 "보다"의 의미를 설명하는 일이다. "우리가 그의 영광을 보았다"의 "우리"가 목격자임을 부인하는 학자들은, "그의 영광을 보았다"가 단순히 예수와 접촉한 모든 이가 육신의 눈으로 그분을 보았다는 의미일 수 없다고 정확히 지적했다.[26] 그렇다고 "그

26) 예를 들어 Lincoln, "The Beloved Disciple," 8.

의 영광을 보았다"가 육신의 눈으로 경험적 차원에서 예수를 접촉한 일과 무관하다는 뜻은 아니다. 이 말 앞의 문맥은 "말씀이 육신이 되어 우리 가운데 사셨다"라고 말하고 있다. 여기서 "우리"가 넓은 의미의 인류인가, 아니면 특별히 목격자만을 가리키는가와는 상관없이, 이 본문은 틀림없이 말씀이 육신이 되어 육신을 가진 인류 가운데 임재하셨다고 말한다. 이런 맥락에서 볼 때, "그의 영광을 보았다"는 이런 예수의 **육신적 현존 안에서** 하나님의 영광이 인식되었다는 의미다. 이어지는 16절도 이와 연관되는데, 여기서도 다시 1인칭 복수형이 사용되기 때문이다. "우리가 다(*hēmeis pantēs*) 그의 충만한 데서 받으니 은혜 위에 은혜였다." 제14장에서 보았듯이, 이것은 14절의 "우리"가 모든 그리스도인이 아니라 오히려 그 반대임을 보여준다. "우리가 다"라는 강조어는 다른 주어를 도입하고 있다. 오직 목격자들만이 그의 영광을 보았다. 하지만 모든 그리스도인이 그의 충만한 데서 은혜를 받았다. 1:14에 대한 이런 이해가 의미하는 바는, 요한복음의 기초가 목격자 증언이라는 것이 프롤로그에 이미 나타나 있으며, 육신의 눈을 통한 경험적 차원의 목격과 신학적 차원의 통찰이 분리되지 않는다는 것이다. 이는 예수 그리스도의 육신적 임재에서 하나님의 영광을 본 사람들—또는 한 사람—의 증언으로서, 예수를 믿지 않은 당대의 사람들이나 그 후 시대의 그리스도인들도 할 수 없었던 증언이다.

앤드루 링컨은 자신이 문자적 목격자 또는 보통 목격자라고 부르는 인물의 중요성을 축소하면서 다음과 같은 근거를 내세운다. 즉 "네 번째 복음서의 담화에서 보는 것과 증언하는 것은, 믿는 것과 고백하는 것과 등가물이다."[27] 다시 말해 링컨은 보는 것과 증언하는 것이 육신을 가지신 예수를 경험적 차원에서 접촉하는 것과는 전혀 무관하며, 예수 이야기를 아는 신자라면 원칙적으로 할 수 있는 그 이야기에 대한 해석을 가리킨다고 주장한다. 이렇게 보기 때문에 링컨은 예수가 사랑하신 그 제자가 요한복

27) Lincoln, "The Beloved Disciple," 25; 7-9쪽의 논증도 참고하라.

음의 이야기에 말 그대로 목격자로서 자리하고 있어도, 이를 이 복음서가 제시하는 예수에 대한 증언의 본질에 비추어볼 때 중요하지 않은 일종의 문학적 장치로 여긴다.[28] 그는 요한복음의 증언이 진실이기 위해서 이 복음서에서 나타난 변별적인 일들이 (설령 요한복음이 말하는 대로 실제로 일어났다 하더라도) 반드시 역사적일 필요는 없다고 생각하는 듯하다. 왜냐하면 요한복음의 독특한 기여라 할 수 있는 그 증언은 순전히 해석이요, 보는 것과 증언하는 것이 믿는 것 및 고백하는 것과 같기 때문이다.[29]

"네 번째 복음서의 담화에서 보는 것과 증언하는 것은 믿는 것과 고백하는 것과 등가물이다"라는 견해는 강력하게 반대해야 할 주장이다. 이미 우리는 보혜사 성령의 시대에는 요한복음이 "증언"이라는 용어를 예수와 동고동락했던 친밀한 제자들의 증언에 국한해 사용했음을 보았다. 실제로 요한복음은 증언을 이런 역사적 조건이 따르는 것으로 규정하고 있다. "너희도 처음부터 나와 함께 있었으므로 증언하느니라"(15:27). "보는 것"의 의미가 무엇인지는 더 어려운 문제다. 요한복음은 "보는 것"을 가리키기 위해 다양한 동사를 교차적으로 사용하고 있는데, 이런 요한복음의 용례는 신학적 의미를 함축한 일관된 패턴으로 정의할 수 없는 것처럼 보이기 때문이다. "보다"가 "믿다"의 의미와 아주 가까운 사례가 몇몇 있을 수 있지만, 심지어 12:44-46의 경우에도 두 말은 완전히 같은 의미는 아니다.[30] "보다"는 "믿다"와 구별될 수 있음이 분명하다. 6:36("너희는 나를 보았으나 아직도 나를 믿지 않는다")과 20:29("보지 않고도 믿는 자는 복이 있도다")이 바로 그런 예다. 제14장에서 우리는 20:29의 예수의 말씀이 요한복음의 목적을 천명한 말로서 중요한 의미가 있음을 보았다. 보지 않은 자들이 믿을 수 있는 것은 보고 믿

---

28) Lincoln, "The Beloved Disciple," 18-19.

29) 참고. Lincoln, "The Beloved Disciple," 26: "요한복음 내러티브가 진실이라는 주장은, 이 복음서의 맥락의 중요성이 목격자 증언에 의해 확증된다는 의미가 아니라, 인간 실존을 향한 하나님의 목적을 설명하는 내용이 이 담화에 포함되어 있다는 의미다."

30) 참고. Lincoln, "The Beloved Disciple," 8.

은 자들의 증언 때문이다. 또한 본 자들의 증언을 보지 않은 자들에게 전달해서 이 보지 않은 자들이 믿을 수 있게 해주는 것이 바로 이 복음서다.

육의 눈으로 경험적 차원에서 보는 것과 영적 통찰을 구분하는 것만이 문제는 아니다. 시간과 관련된 문제도 있다. 예수의 육체 안에 나타난 하나님의 영광을 보는 것에는 육의 눈으로 보는 일과 영적 통찰이 따른다. 그뿐 아니라, 이 영광을 보는 일은 예수가 육신을 가지고 이 땅에 사셨던 기간에 한정된다. "우리가 그의 영광을 보았다"는—요한복음이 나중에 예수의 영광을 언급한 말에 비추어볼 때—주로 표적들(예수가 행하신 기적들)과 십자가를 가리킨다. 예수의 영광이 이 사건들 속에 나타났기 때문이다. 계시가 이루어질 때 보는 일도 이루어졌다. 요한복음은 첫 표적에 대해 우리에게 이렇게 말한다. "예수가 표적들 가운데 처음인 이것을 갈릴리 가나에서 행하시고 그의 영광을 나타내셨다. 그러자 그의 제자들이 그를 믿었다"(2:11). 그때 거기에서, 이 복음서가 어떤 일이 일어난 곳으로 지명을 밝혀놓은 그곳에서 영광이 나타났으며 사람들은 그 영광을 보았다. 마르다는 나사로가 무덤에서 걸어 나올 때 하나님의 영광을 보았다(11:40). 요한복음이 경우에 따라 다른 단어를 사용하여 "보는 것"을 나타내기는 하지만, 앞의 사례에서 "보다"는 증언에 속한다. 링컨이 자신의 주장을 뒷받침하기 위해 제시한 일부 사례에서, 보는 것이 육의 눈으로 경험적으로 보는 일이 아니라는 사실은 바로 이 점을 부각시켜준다.[31] 예를 들어 세례 요한은 "'내가 성령이 하늘에서 비둘기처럼 내려오는 것을 보았다'고 증언한다"(1:32; 참고. 34절). 요한과 같은 시대 사람들이 이런 모습을 육의 눈으로 경험하지 못했으면서, 어떻게 환상 체험을 이렇게 생각할 수 있었는지에 대해서는 더 논의가 필요하다. 그러나 어쨌든 이것은 그때 거기에서 일어난 계시 사건을 가리킨다. 지금 요한은 자신에게 계시가 주어질 때 자신이 보았던 것을 증언하고 있다. 물론 이 계시는 육신을 가진 예수와 관련해

31) Lincoln, "The Beloved Disciple," 8-9.

주어졌다. 환상 속에서 요한은 성령이 바로 그분 위에 내려와 머무는 것을 자기 눈으로 볼 수 있었다. 이렇게 보는 것과 증언하는 것이 가지는 경험적인 측면과 시간적 측면이 연결되어 있다는 사실은, 요한복음에 언급된 재판에서 두 개의 시간적 국면을 한 국면으로 축소하지 않고는 경험적인 것을 제거할 수 없다는 점을 강조해준다.

요한은 "보다"라는 말을 증언과 연관해서 사용하고 있다. 이때 이 "보다"는 경험적 측면과 시간적 측면을 가지는데, 이런 점 때문에 이 단어는 역사 기록적 "보다"와 가까워진다. 법적 은유로서의 증언은 그렇지 않지만, "보는 것"을 뜻하는 동사는 역사 기록의 표준 용어에 속하기 때문이다. 역사가들은 목격자 보고나 (또는 목격자 보고보다 훨씬 더) 자신이 목격자로서 관찰하는 것을 선호한다. 이는 헤라클레이토스가 남긴 유명한 말에서도 증명된다.[32] 헤라클레이토스의 말은 다음과 같은 여러 형태로 변형되었다. 투키디데스(1.73.2)와 폴리비우스(12.7.1)는 "눈은 귀보다 더 확실한 증인이다"라는 형태로(여기서 "증인"이라는 말이 등장함), 헤로도토스(1.8)와 루키아누스(「역사 기록 방법론」 29)는 "귀는 눈보다 미덥지 못하다"라는 형태로 인용했다. 루키아누스의 비판의 대상이 되었던 한 역사가는 자신의 기록을 이렇게 시작했다. "귀는 눈보다 미덥지 못하다. 따라서 나는 내가 들은 것이 아니라 내가 본 것을 쓴다." 루키아누스가 그를 비판한 이유는 그가 제시한 원칙 때문이 아니라 그가 그 원칙대로 하지 않았기 때문이었다(「역사 기록 방법론」 29). 바로 이것이 역사 기록의 기본 원리였다. 헤라클레이토스는 시각과 청각이라는 두 감각을 대조하는 것 같지만, 실제로 그가 대조하고 있는 것은 직접 경험(청각을 포함해 다른 감각이 시각을 보완할 수도 있지만 그래도 본질은 시각임)과 단순히 다른 사람들의 보고를 듣는 행위였다.[33] 요한복음은 "우리가 그의 영광을 보았고"(1:14) "이것을 본 그가 증언했다"(19:35)

32) Byrskog, *Story as History*, 49-53.

33) 참고. Byrskog, *Story as History*, 93-99.

또는 "나는 주를 뵈었다"(20:18에서 막달라 마리아의 주장)라고 주장한다. 이때 이 복음서가 말하고 있는 것은 직접 경험이다. 경험적 측면만이 요한복음의 주장이 의미하는 전부는 아니지만, 그렇다고 시각에 우선성을 부여하는 역사 기록의 태도와 요한복음의 태도가 유사하지 않다고 말할 수는 없다. 다시 말하지만, 요한의 증언 이해(제자들의 증언을 대상으로 하는 경우)에는 역사 기록적 측면과 신학적 측면이 분리될 수 없이 결합해 있다.

예수가 사랑하신 그 제자는 왜 주된 증인이자 저자라는 자기 역할을 요한복음의 끝 부분에 가서야 드러냈을까?

이제 우리는 몇 번에 걸쳐 미루어왔던 문제를 본격적으로 논의할 것이다. 먼저 요한복음을 시퀀스의 순서로 읽어가면서 이 복음서가 목격자 증언을 기반으로 한다는 사실이 어떤 방식으로 제기되는지를 추적해보는 것이 도움이 될 것이다. 이미 프롤로그에서 요한복음 저자는 자신이 목격자 중 한 사람이라고 말한다(1:14). 이런 이유로 독자들은 이 요한복음 내러티브가 강력한 목격자 증언으로 시작된다는 사실은 알 수 있지만, 이 내러티브에 등장하는 제자들 중 누구와 연관되는지는 분별하지 못한다. 독자들이 저자가 반드시 요한복음 내러티브에서 1인칭으로 말하리라고 예상하는 것은 아니다. 기록하는 내러티브에서 저자가 자신을 3인칭으로 지칭하여 스스로를 사건에 참여하는 등장인물로 제시하고, 서론과 같이 내러티브가 아닌 부분에서만 1인칭으로 지칭하는 것이 역사 기록의 표준적 관습이었기 때문이다. 네 번째 복음서도 이 관습을 따르고 있다. 처음으로 이 복음서를 읽는 사람들은 1장에 등장하는 이 익명의 제자를 알아차리지 못할 수도 있다. 독자들은 13장부터 줄곧 등장하는 "예수가 사랑하신 그 제자"의 정체에 대해 궁금해할 것이다. 그러다가 15:27에서 목격자들이 처음부터 예수와 함께하던 제자들임을 깨달으면서, 저자도 이 범주에 속하리라고 추측할 것이다. 독자들은 19:35에서 목격자 증언을 명시적으로 언급하는 부분을 발견하지만, 이 증인이 누구인지(복음서가 기록될 당시 여전히 그가 살아 있었던 것으로 보이지만) 또는 그의 증언이 이번 경우 외에 더 있는지 확실히 알지 못한다. 앞에서 우리는, 독자들이 저자에 의해 세심하게 두 단계로 제시된 결론(20:30-31; 21:24-25)에 이르러서야 마침내 예수가 사랑하신 그 제자가 증인이요 저자임을 확실히 알게 된다는 사실을 살펴보았다. 따라서 독자들이 원할 경우에는 뒤에서 앞으로 요한복음을 읽으면서, 이 내러티브 안에서 그 제자가 증인과 저자 역할을 하는 데 적합한 자격을 갖추었음을 보여주는 표지들이 있는지 추적해볼 수 있을 것이다.

요한복음은 매우 조심스럽게 예수가 사랑하신 그 제자가 저자임을 밝히려고 준비하면서도 이것을 책의 끝 부분에 이를 때까지 숨겨둔다. 왜 그렇게 했을까? 예수가 사랑하신 그 제자는 유명한 제자가 아니었던 것 같다. 그렇다고 완전히 알려지지 않은 인물도 아니었다. 그가 아무도 모르는 제자였다면 그가 죽지 않으리라는 소문(21:23)도 생길 수 없기 때문이다. 하지만 그는 유명하지 않았다. 특히 복음 전승에 등장하는 인물로서 잘 알려진 이가 아니었다. 그는 적어도 열둘 중에서 세 권의 공관복음서에는 이름이 잘 보존되어 있는 반면에, 요한복음에서만 유독 이름이 밝혀지지 않은 제자 중 한 명은 아니었다. 그는 다른 복음서의 내러티브에 이름이 나오는 열두 제자 중 저명한 이들에 속하지도 않았다. 요한복음의 독자나 청자들은 그 제자가 복음 전승에 등장하는 것을 들어본 적이 없었을 가능성이 높다. 그 제자는 독자나 청자가 마가복음을 알리라고 추정했을 것이다. 하지만 요한복음의 독자는 마가복음에서 그 제자의 이름을 들어본 적이 없었을 것이다. 또한 다른 복음 전승에서도 그 제자가 등장하는 것을 듣지 못했을 것이다. 따라서 만일 독자들이 마가복음을 베드로의 증언으로 간주했다면(우리도 이것이 합당한 견해라고 생각한다), 그 제자가 자신을 목격자 증언에 기초하여 복음서를 쓸 자격이 있는 사람으로 독자에게 주장하기가 쉽지 않았을 것이다. 예수가 사랑하신 그 제자가 요한복음 1장에서 이름도 밝히지 않은 채 은근슬쩍 등장하는 모습은 마치 이렇게 말하는 것 같다. "저는 여러분이 저에 관해 들어본 적이 없음을 압니다. 저는 여러분이 아는 복음서 내러티브 안에는 없습니다. 그러나 사실은 처음부터, 베드로보다 훨씬 앞서 거기에 있었답니다." 그가 "예수가 사랑하신 그 제자"로서 등장할 때 보이는 이런 익명성도 겸손과 무모함이라는 모순되는 요소들의 결합이다. 그는 대다수 독자나 청자에게 자신이 이름이 알려진 제자가 아님을 인정하고 있다. 하지만 동시에 이름을 대신하는 그의 별명이 그와 예수가 특별히 가까운 사이임을 주장하고 있다. 이런 주장은 결코 지나치지 않다. 그는 단지 몇 번만 나타나지만, 요한복음 내러티브에서 매우 중요한 지점에서만 등장한다. 독자들은 이 수수께끼 같은 인물이 예수와 가까울 뿐 아니라 통찰력 있는 사람임을 점차 알아간다. 특히 그는 다른 제자들이 육의 눈으로 경험적 차원에서 보지 못한 것을 보는 특권을 누린다. 그뿐 아니라 21장의 빈 무덤과, 예수의 부활 현현 사건의 의미를 다른 사람들보다 더 빨리 알아차린다. 마침내 그 제자가 자신을 주된 증인이요 저자로 드러낼 지점에 이르면, 독자나 청자들은 그의 주장을 충분히 신뢰할 만큼 그를 알기에 이른다. 자신이 증인으로서 베드로보다 우월하다고 말하는, 특이할 정도로 무모한 그의 주장도 요한복음서에서 예수의 마지막 말씀에 의해 뒷받침되기에 비로소 가능해진다. 예수의 이 마지막 말씀은 이 말씀의 대상이 되는 그 제자만큼이나 수수께끼다.

정경인가, 위경인가?

우리가 지금까지 미루어온 또 다른 문제는, 예수가 사랑하신 그 제자가 요한복음 저자라는 주장이 과연 맞는가 하는 것이다.[34] 정말 그 제자가 요한

34) 1:14이 예수가 사랑하신 그 제자가 복음서 저자임을 명시적으로 주장하지 않는다고

복음을 썼을까? 아니면 다른 누군가가 썼으면서도 예수가 사랑하신 그 제자가 쓴 것으로 되어 있는 것일까? 만일 다른 누군가가 썼다면, 그는 자기가 저자임을 감출 목적으로 예수가 사랑하신 그 제자라는 인물을 만들어낸 셈이다.[35] 이 문제는 결코 쉽게 대답할 수 있는 질문이 아니다. 지금까지 우리가 제시한 모든 논증은 요한복음이 예수가 사랑하신 그 제자를 주된 증인이요 저자로 **묘사하면서**, 그의 통찰력 있는 이해에 관한 신학적 주장과 목격자로서의 증거와 관련된 역사 기록적 주장을 내놓고 있음을 보여주었다. 이런 묘사가 역사적 사실인가 아니면 픽션인가는 또 다른 문제다. 고대의 역사 기록을 보면, 어느 역사가의 정당한 작품인 것처럼 보이기 위해 목격 증언을 거짓으로 주장하는 일도 분명히 있었다. 일부 사람들이 보기에는 이런 주장이 모든 역사가를 거짓말쟁이로 불신하게 만드는 데 한몫했다. 또한 루키아누스 같은 신중한 역사가와 비평가들도 앞과 같은 일을 비판했다. 이런 신중한 역사가와 비평가들은 훌륭한 역사와, 역사적 진실을 지키는 데 관심을 두기보다 설득이라는 수사적 관행을 우위에 두면서 허구를 만들어내는 경향성을 분리시킴으로써, 역사의 진정성을 지키고 싶어했다.[36] 사무엘 뷔쉬코그는 "목격 증언에 대한 언급이 이제는 역사와 이야기, 실제 현실과 역사의 교차점에 속해 있다"라고 말한다.[37] 이런 맥락에 비추어볼 때 요한복음이 있어야 할 자리는 어디일까?

우리가 내릴 판단은, 당대의 역사 기록 관습에 비추어볼 때 요한복음 내러티브의 내용이 역사적 타당성을 가진다고 간주될 수 있는가의 문제

이해하면서, 요한복음을 위경으로 간주하는 글로는 J. Ashton, *Understanding the Fourth Gospel* (Oxford: Clarendon, 1991), 437-39.

35) T. Thatcher, "The Legend of the Beloved Disciple," in R. T. Fortna and T. Thatcher, eds., *Jesus in Johannine Tradition* (Louisville: Westminster John Knox, 2001), 91-99. 여기서는 네 번째 복음서 내러티브의 저자가 어떻게 예수가 사랑하신 그 제자로 알려졌는지를 설명하기 위해 "전설적 스토리텔러"라는 인류학적 개념을 사용한다.

36) Byrskog, *Story as History*, 119-123.

37) Byrskog, *Story as History*, 214.

에 의해 부분적으로 좌우될 것 같다. 그런데 요한복음에 나타난 저자에 대한 주장의 진정성을 지지하는 강력한 논증이 하나 있다(이 논증에 대해서는 우리 논의의 마지막 단계에 가서 자세히 평가하게 될 것이다). 바로 앞 단락에서 논증했듯이, 만일 요한복음의 예수가 사랑하신 그 제자가 다른 복음 전승에서는 알려져 있지 않은 흐릿한 인물이라면, 또한 그가 자신이 요한복음 이야기의 중요한 증인임을 쉽게 주장할 수 없는 위치에 있기 때문에 차근차근 솜씨 있게 자신을 독자의 의식 속에 각인시키다가 복음서 말미에 이르러서야 저자로서의 자신의 신뢰성을 수립한 인물이라면, 자신의 책에 쓸 가명을 찾기 위해 굳이 이런 인물의 이름을 골라 쓸 이유가 있었을까? 이런 경우 저자는 다른 위경의 저자들처럼, 빌립이나 안드레나 도마처럼 더 유명한 제자를 내세우지 않았을까? 왜 복음서 내러티브의 신뢰성을 이렇게 힘들여서 수립해야 했을까? 게다가 복음서의 권위를 입증하기 위해 보다 명시적이고 설득력 있게 "예수가 승인하셨다"라고 주장하는 대신에, 왜 외형적으로 무의미해 보이는 예수의 말씀과 관련해서 교묘하면서도 모호한 해석만 제시했을까?(21:22-24) 몇 가지 방법만으로도 자기의 증언이 베드로의 증언보다 더 중요함을 대담하게 주장할 수 있는 제자의 입장에서 보면, 요한복음이 예수가 사랑하신 그 제자를 묘사하면서 겸손과 대담함을 조합한 것은 현명한 전략이다. 그러나 어떤 저자가, 자신의 증인 됨을 주장하기 위해 이런 현명한 전략을 구사한 인물을 만들어낸 뒤, 이 인물의 이름을 빌려 썼으리라고 믿기는 힘들다.

역사가로서 목격자

적어도 한 가지 점에서는 요한복음과 그리스-로마 역사 기록 사이의 유사성이 공관복음과 그리스-로마 역사 기록 사이의 유사성보다 더 크다. 공관복음서 저자들의 편집 작업과 요한복음의 역사적 신빙성에 관한 견해와는 별개로 모든 학자들은 요한복음이 예수 이야기를 훨씬 더 철저하고 폭넓게 해석하여 제시한다는 데 의견을 같이한다. 물론 공관복음의 저자들도 자신이 가진 자료들을 결합시켜 통합된 통일체로서의 예수 전기(*bios*)로 만들어낸다. 하지만 공관복음서는 목격자들이 예수의 말씀을 전달했을 때와 유사한 모습으로 여전히 남아 있다. 공관복음서도 목격자들의 이야기와 말씀을 선택하고 조합하고 배열하고 각색해서 모아놓은 것이지만, 자유롭게 창작된 해석적 논평과 첨가는 비교적 적은 분량에 불과하다. 공관복음서 저자들이 자료 활용에서 그 자료의 형식적 특성을 충실히 보존한 정도는 그리스-로마 역사가의 경우보다 훨씬 더 크다. 대체적으로 그리스-로마 역사가들은 자신이 가진 자료를 흡수하여 이음매가 없는 포괄적인 내러티브로 만들어냈는데, 이런 내러티브에는 역사가 자신의 해석이 강하고 발전된 형태로 표현되기 마련이었다.[38] 바로 이런 이유 때문에 파피아스는 마가복음을 완결된 역사 기록적 저술이라기보다 역사가의 비망록으로 보았다. 마가는 목격자들(이 경우에는 베드로)에게 들은 내용을 기록했지만, 이것을 스스로 내러티브로 전개시키지는 못했다. 앞서 보았듯이, 파피아스는 마가의 경우에 이런 점을 인정했다. 마가는 목격자가 아니었으므로 역사를 완전히 전개시키는 데 필요한 자격을 갖추지 못했기 때문이다(제9장을 보라).

파피아스가 특히 염두에 두는 것은 연대기적 순서다. 물론 그가 연대기적 순서에만 집중한 것은 아니었다. 앞서 우리는 파피아스가 요한복음을 신호했음을 밀한 바 있다. 파피아스가 보기에, 요한복음의 목격자로부터 유래한 연대기적 순서가 다른 복음서보다 더 정확했기 때문이다. 하지만 우리는 마가복음(이나 공관복음 전체)과 요한복음 사이의 대조점도 더 폭넓게 적용해볼 수 있다. 공관복음과 비교해서 요한복음에는 더 선택적으로 기록된 사건들, 더 연속적이고 개연성 있는 내러티브, 강하게 일직선으

38) 참고. Byrskog, *Story as History*, 254-65.

로 전개된 플롯, 더 길게 연장된 담화와 논쟁이 나타난다. 요한복음의 이런 독특성 때문에 저자는 예수와 예수 이야기에 대한 자신의 해석을 보다 충실하게 전개할 수 있었다. 요한복음의 이런 특징들은 그리스-로마 역사가들의 저술에서 발견되는 특징과 유사하다. 이런 특징 덕분에 그리스-로마 역사가들도 나름의 고유한 역사 이해를 전개하면서, 단순히 목격자들이 말한 내용을 보고하는 데 그치지 않고 그것을 뛰어넘는 저술을 써낼 수 있었다. 하지만 요한복음의 경우에는 이런 특징이 이 복음서가 제기하는 주장, 즉 요한복음이 철저하게 목격자인 저자 자신의 증언이라는 주장과 연결되어 있다. 이 경우 목격자의 관찰과 참여, 다른 목격자들을 조사하기, 그리고 이렇게 알게 된 내용을 정리하고 내러티브화 해서 통합적이고 수사학적으로 설득력 있는 작품으로 만들어내는 역사 기록의 전 과정은 모두 목격자의 작업이었다. 물론 목격자는 이 과정의 모든 단계에서 자신의 해석을 전개하지만, 마치 이런 해석이 점차적으로 축적되어가는 것처럼 보이는 방식으로 그것을 전개시켰다. 결과적으로 완성된 요한복음에는 높은 수준의 성찰적 해석이 매우 많이 포함되었다. 목격자의 주장은 이런 수준의 해석에 정당성을 부여해준다. 요한복음의 문맥에서 목격자가 직접 들려주는 보고들은 매우 높은 가치를 지닌, 예수에 대한 증언 형태이기 때문이다. 다른 복음서의 경우에는 목격자 증언의 형태가 보존되고 있다는 사실이 중요했다. 이런 복음서들과는 달리, 더 깊은 성찰적 해석이 포함된 요한복음은 인식의 차원을 넘는 목격자 보고를 정교하게 다듬은 이야기 속으로 통합시키지 않는다. 오히려 한 목격자와 다른 이들이 본 것을 그 목격자가 이해한 모습 그대로 보여준다. 요한복음 저자가 목격자의 지위에 있다는 사실은 그의 해석에 권위를 부여한다. 따라서 자주 학자들은 요한복음이 예수의 사건과 말씀들에 관해 공관복음서와 다른 수준 높은 해석을 담고 있기 때문에, 어떤 목격자가 이 책을 썼을 리가 없다고 생각했다. 하지만 실제로는 요한복음이 정경 복음서 중 유일하게 목격자가 저자임을 주장한다는 바로 그 이유 때문에, 이렇게 수준 높은 해석이 설득력을 가지게 된다.

결론

네 복음서 모두에는 증언의 형태로 된 예수 이야기가 존재한다. 이 증언을 한 사람들은 예수의 사건들에 개입했으며, 이 사건들 속에서 자신을 계시하신 하나님께 믿음으로 반응했던 이들이었다. 이 증언에서 사실과 해석, 육의 눈으로 본 것과 영적 통찰은 분리될 수 없이 결합해 있었다. 이 역사가 정말로 하나님의 드러남이었다면, 사건에 참여하지 않은 구경꾼들의 보고는 우리를 역사의 진실로부터 더 멀리 떨어뜨려 놓을 것이다. 요한복음에는 역사 기록적 증언 개념과 신학적 증언 개념이 함께 나타나는데, 이는 요한복음의 주제가 가지는 역사적 독특성과 잘 조화된다. 요한복음의 주된 내용은 역사이므로 역사 기록적 묘사도 필요하다. 동시에 이 복음서는 하나님을 드러내므로 주된 증언은 하나님에 대한 것이어야 한다. 요한복음에서 우리는 한 제자의 특이한 증언을 듣는다. 이 제자와 사건들의 관계, 이 제자와 예수의 관계는 변별적이고 색다르다. 이 복음서에 반영된 시각은 다른 복음서 전승의 출처가 된 집단들 밖에서 유래한다. 또한 이 시각은 예수의 역사적 사건들을 직접 체험하고 그 체험을 통해 깊이 있고 변별적으로 형성된 사람의 시각이기도 하다. 요한복음의 증언은 그 기원과 성찰의 성숙성을 고려할 때 특수하다. 이 증언의 진실성은 이것의 특수성과 분리해서 생각할 수 없다. 모든 증언(심지어 법정 증언)과 마찬가지로 요한복음의 증언에도, 일체의 보강 증거를 넘어서서 오직 증인이 자신의 증언의 진실성을 보장할 수 있는 시점이 존재한다.

역자 주

1. 저자는 영어로 the Beloved disciple이라 썼지만, 그리스어 본문 자체가 분명히 "예수가 사랑하신 그 제자"(예를 들어 요 21:20; *ton mathētēn hon ēgapa ho Iēsous*, "예수가 사랑하신 그 제자를")로 적을 뿐 아니라, 저자도 the Beloved disciple을 요한복음이 실제 사용하는 표현을 "간결하게 줄인" 영어 표현이라고 밝힌다는 점을 고려하여 "예수가 사랑하신 그 제자"로 번역했다.

2. 요한복음 1:38에서는 "돌아서다"를 뜻하는 *strephō*의 부정과거 수동태 분사 남성 주격 단수형인 *strapheis*와 "보다"를 뜻하는 *theaomai*의 부정과거 중간태 분사 남성 주격 단수형인 *theasamenos*를 사용했다. 반면에 요한복음 21:20에서는 "돌아서다"를 뜻하는 말로 그리스어 *epistrephō*의 부정과거 수동태 분사 남성 주격 단수형인 *epistrapheis*를, "보다"라는 말로 동사 *blepō*의 3인칭 단수 현재 능동태 직설법 형태인 *blepei*를 사용했다.

제16장

요한복음에 대한 파피아스의 보고

제14장과 제15장에서 우리는 요한복음 자체가 "예수가 사랑하신 그 제자"라고 불리는 인물을 저자로서 묘사하고 주장하고 있음을 논증했다. 이런 논증 때문에 예수가 사랑하신 그 제자는 열두 제자 중 하나가 아니라 열두 제자보다 덜 알려진 인물, 대체로 복음 전승에서 알려지지 않은 제자, 따라서 예수의 특권적 증인이라는 자신의 역할을 독자나 청자를 향해 주장해야 했던 인물이라는 가정이 등장하게 되었다.

많은 학자는 요한복음의 증거를 토대로 예수가 사랑하신 그 제자가 열두 제자 중 하나가 아니라 예루살렘에 머문 제자로서, 열두 제자나 다른 제자들과는 달리 예수의 순회 사역에 동행하지 않은 인물이라고 주장했다.[1] 물론 이런 견해는 그 제자가 열두 제자 중에서도 가장 눈에 띄는 인

---

1) 예를 들어 F. C. Burkitt, *The Gospel History and Its Transmission* (Edinburgh: Clark, 1911), 247-50; A. E. Garvie, *The Beloved Disciple* (London: Hodder and Stoughton, 1922), 202-4; J. N. Sanders, *The Fourth Gospel in the Early Church* (Cambridge: Cambridge University Press, 1943), 43-45; P. Parker, "John the Son of Zebedee and the Fourth Gospel," *JBL* 81 (1962), 35-43; O. Cullmann, *The Johannine Circle* (tr. J. Bowden; London: SCM, 19760, 63-85; R. E. Brown, *The Community of the Beloved Disciple* (London: Chapman, 1979), 31-34 [브라운은 자신의 주석에서 견해를 바꾸었다: *The Gospel according to John I-XII* (AB 29A; New York: Doubleday, 1966) xcii-xcviii]; R. Schnackenburg, *The Gospel according to St. John*, vol. 3 (tr. K. Smyth; New York: Crossroad, 1982), 375-88 [이 학자 역시 자신의 견해를 바꾸었다: *The Gospel according to St. John*, vol. 1 (tr. K. Smyth; London: Burns and Oates, 1968), 5장]; D. E. H. Whiteley, "Was John Written by a Sadducee?" in W. Haase, ed., *Aufstieg und Niedergang der Römischen Welt* II.25.3 (Berlin: de Gruyter, 1985), 2481-2505; G. R. Beasley-Murray, *John* (WBC 36; Waco: Word, 1987), lxxx-lxxv; M. Hengel, *The Johannine Question* (tr. J.

물인 세베대의 아들 요한이라고 보는 전통적 견해와는 다르다. 어쨌든 근래에도 앞과 같은 전통적 견해를 지지하는 학자들은 상당히 많다.[2)]

여기서는 예수가 사랑하신 그 제자를 열두 제자 중 하나,[3)] 더 자세히 말해 세베대의 아들 요한으로 보는 견해와 이 견해에 대한 반대 주장을

Bowden; London: SCM, 1989), 76-80; idem, *Die Johanneische Frage* (WUNT 67; Tübingen: Mohr, 1993), 210-19; J. W. Pryor, *John: Evangelist of the Covenant People* (London: Darton, Longman and Todd, 1992), 3; J. A. Grassi, *The Secret Identity of the Beloved Disciple* (New York: Paulist, 1992); R. A. Culpepper, *John the Son of Zebedee: The Life of a Legend* (Columbia: University of South Carolina Press, 1994), 84-85; B. Witherington, *John's Wisdom* (Louisville: Westminster John Knox, 1995), 14-15. 예수가 사랑하신 그 제자를 나사로로 보는 학자들도 이런 입장을 취한다. 그 제자를 나사로로 보는 견해에 대해서는 J. H. Charlesworth, *The Beloved Disciple: Whose Witness Validates the Gospel of John?* (Valley Forge: Trinity, 1995), 185-92을 보라.

2) 예를 들어 J. A. T. Robinson, *The Priority of John* (ed. J. F. Coakley; London: SCM, 1985), 93-122; D. A. Carson, *The Gospel according to John* (Grand Rapids: Eerdmans, 1991), 68-81; H. N. Ridderbos, *The Gospel of John: A Theological Commentary* (tr. J. Vriend; Grand Rapids: Eerdmans, 1997), 672-83(그는 세베대의 아들 요한이 의도적으로 자기 정체를 이 복음서에서 감추었다고 생각한다); A. J. Köstenberger, *Encountering John* (Grand Rapids: Baker, 1999), 22-25; C. L. Blomberg, *The Historical Reliability of John's Gospel* (Downers Grove: InterVarsity, 2001), 22-41; C. S. Keener, *The Gospel of John*, vol. 1 (Peabody: Hendrickson, 2003), 82-104; C. G. Kruse, *John* (Tyndale New Testament Commentaries; Grand Rapids: Eerdmans, 2003), 24-30. 더 오래된 저술 중 고전적 주장을 제시하는 책으로는 B. F. Westcott, *The Gospel according to St. John* (London: Murray, 1889), v-xxxiv; E. Abbot, A. P. Peabody, and J. B. Lightfoot, *The Fourth Gospel: Evidences External and Internal of Johannine Authorship* (London: Hodder and Stoughton, 1892); W. Sanday, *The Criticism of the Fourth Gospel* (Oxford: Clarendon, 1905); H. P. V. Nunn, *The Son of Zebedee and the Fourth Gospel* (London: SPCK, 1927)도 보라.

3) 종종 학자들은 예수가 사랑하신 그 제자를 열두 제자 중 하나이지만 세베대의 아들 요한이 아닌 다른 제자라고 생각해왔다. Charlesworth, *The Beloved Disciple*은 예수가 사랑하신 그 제자가 도마라는 견해를 길게 논증하고 있다. 그 제자가 안드레, 빌립, 예수의 형제인 유다(그 역시 열두 제자 중 하나로 간주됨), 심지어 가룟 유다라는 주장도 있었다: Charlesworth, *The Beloved Disciple*, 179-81, 196-97, 170-79을 보라.

자세히 논의하지는 않을 것이다. 하지만 이 책의 관심사를 고려할 때 중요하게 지적해야 할 점이 하나 있다. 바로 여러 복음서에 포함된 전승들의 출처와 관련된 내용이다. 앞에서 우리는 권위 있는 목격자 집단인 열두 제자가 전한 공식적 전승이 특히 마가복음의 배후에 자리하고 있음을 주장한 바 있다. 마가복음은 이런 전승 통일체를 베드로가 이야기했던 형태대로 보여준다. 열두 제자의 전승에서는 열두 제자 중 셋(베드로, 야고보, 요한)이나 넷(안드레가 추가됨)으로 구성된 내부 그룹이 특히 두드러진다. 마태복음과 누가복음에서는 이런 내부 그룹이 마가복음과의 평행 본문 외에는 나타나지 않는다. 또한 베드로는 두드러지게 나타나는 반면에, 세베대의 아들들은 마태복음의 비(非)마가 전승에는 전혀 등장하지 않으며, 누가복음의 비마가 전승에서는 단 한 번 등장한다(9:54-55). 그러나 마가처럼 마태와 누가도 그들의 복음서에 열두 제자 명단을 포함시킴으로써 (마태와 누가가 열두 제자의 전승을 마가복음으로부터 모두 받았는지 일부만 받았는지와는 상관없이) 그들의 복음서가 열두 제자의 전승에 의존한다는 점을 인정한다.

하지만 요한복음에는 열두 제자 명단이 없다. 또한 열두 제자가 요한복음 내러티브에서 하는 역할(6:67-71; 20:24)도 공관복음서와 비교할 때 훨씬 적다. 요한복음에도 마가가 기록한 전승과 일부 평행을 이루는 본문이 있다. 하지만 이런 부분에서도 열두 제자 중 내부 그룹—베드로와 야고보와 요한의 그룹. 때로는 안드레도 포함됨—이 등장하는 본문은 하나도 없다. 대신에 요한복음에는 열두 제자 중 도마(11:16; 14:5; 20:24-29; 21:2), 빌립(1:43-46; 6:5-7; 12:21-22; 14:8-9), 유다(가룟 유다 아닌 유다; 14:22)의 이름이 밝혀져 있는데, 이들은 (두드러지게 등장하는 베드로를 제외하고) 공관복음에서는 열두 제자 명단을 제외하고 언급조차 되지 않는 인물들이다. 안드레는 공관복음에서는 그의 형제 베드로와 세베대의 아들들과 함께 등장하는 반면에, 요한복음에서는 베드로와 관련해서는 단 한 번 등장하며(1:40-42), 오히려 동향 출신인 빌립과 함께 나올 때가 더 많다(6:5-9; 12:21-22; 참고. 1:44). 21:2에는 세베대의 아들들이 언급되는데(개인의 이름은 밝혀지지 않고 세베대의 아들들이라고만 나옴), 여기서 이들은 베드로(공관복음은 베드로가 세베대의 아들들과 함께 일하는 어부라고 일러줌)와 함께 갈릴리 바다에서 고기를 잡는 일을 한다. 대체로 이런 문맥은 세베대의 아들들에게 관심을 쏟지 않는 복음서에서도 이들을 언급할 만한 대목이다. 요한복음은 열두 제자 중 공관복음에서 두드러지게 나타나는 인물을 제외시키고 다른 구성원들을 강조하는가 하면, 공관복음에는 전혀 나타나지 않은 인물들(나다나엘, 니고데모, 나사로, 글로바의 아내 마리아)을 등장시켜 그 이름을 밝힌다. 또한 공관복음서에는 단 한 번만 등장하는 인물(베다니에 살던 마리아와 마르다; 눅 10:38-42)에게 중요한 역할을 맡기기도 한다.

이 모든 내용은 요한복음의 독특한 내러티브들이 예수가 사랑하신 그 제자뿐 아니라 그와 함께 활동했던 특수한 제자 집단으로부터 유래했음을 보여준다. 이 제자 집단에는 열두 제자 중 몇몇 인물, 특히 빌립과 도마가 포함되었던 것 같지만, 마가복음에서 두드러지게 등장하는 내부 그룹(베드로, 야고보, 요한)은 포함되지 않았다. 요한복음의 배후에 있는 이 집단에서 두드러지는 인물들은 또한 열두 제자에 속하지 않는 제자들이다. 이들 중 네 사람(니고데모, 나사로, 마르다, 마리아)이 예루살렘이나 예루살렘 근교에 살았다는 사실은 주목할 만하다. 이 사실은 예수가 사랑하신 그 제자가 예루살렘 주민이었으리라는 추정에 힘을 실어준다. 그 제자를 앞의 특수한 제자 집단에 속한 한 사람(나사로,[4] 도마,[5] 나다나엘[6])으로 보려는 시도도

---

4) Charlesworth, *The Beloved Disciple*, 185-92을 보라.

5) Charlesworth, *The Beloved Disciple*, 4-10장. 찰스워스의 주장을 충실히 설명하는 동시에, 예수가 사랑하신 그 제자를 장로 요한과 동일시하는 헹엘의 주장도 함께 논의한 책으로는 R. Tasmuth, *The Disciple with Many Faces: Martin Hengel's and James H. Charlesworth's Theories Concerning the Beloved Disciple* (dissertation, University of Helsinki, 2004). 찰스워스의 주장에 대한 비판에 대해서는 Blomberg, *The Historical Reliability*, 36-37을 보라.

6) 그 제자를 나다나엘로 보는 최근의 책으로는 D. Catchpole, "The Beloved Disciple and Nathanael," in C. Rowland and C. Fletcher-Louis, eds., *Understanding*,

있었지만 이런 시도는 실패했다. 그 제자를 이 집단에 속한 인물로 보려면, 요한복음에서 그 제자가 익명으로 나타났다가 때로는 이름이 밝혀진 채로 나타난다고 가정해야 하기 때문이다. 요한복음에서 예수가 사랑하신 그 제자가 익명으로 묘사된 것이 어떤 기능을 하든, 그 제자가 일관되게 익명으로 묘사되지 않는다면 그 기능은 무너지고 말 것이다. 그 제자를 세베대의 아들 요한으로 보는 견해에 대해서도 같은 지적을 할 수 있다.[7] 세베대의 아들 요한은 21:2에서 "세베대의 아들들"이 언급될 때 등장하지만, 이 구절의 제자 명단에는 이름이 나오지 않는 두 제자도 분명히 포함되어 있다. 독자나 청자들이 이 지점에 이르러 그 제자가 앞의 그룹 중 한 사람임을 발견한다면(21:7), 지금까지 그가 익명으로 묘사된 점을 고려하여 자연스럽게 그를 21:2의 두 익명의 제자 중 하나로 추정할 것이다. 세베대의 아들 요한이 21:2에서 "세베대의 아들들" 중 하나로 등장한다는 사실은, 이 요한이 예수가 사랑하신 그 제자일 가능성을 사실상 배제한다.

예수가 사랑하신 그 제자가 세베대의 아들 요한이 아니라고 생각하는 학자들 중에는, 그를 우리에게 알려져 있는 역사적 인물과 동일시하지 않고 익명으로 남겨두어야 한다고 믿는 이들이 많다. 제14-15장에서 우리가 제시한 논증의 타당성을 증명하기 위해서는 이런 내용으로 충분할 것이다. 하지만 예수가 사랑하신 그 제자가 누구인가라는 문제는 더 탐구해볼 만한 가치가 있는데, 여기에는 다음과 같은 두 가지 이유가 있다. 하나는 제12장에서 우리가 인정한 내용 때문이다. 제12장에서 우리는 초기 교회에 둘 이상의 복음서가 회람되자, 곧바로 이 책들에 마태·마가·누가·요한이라는 저자 이름이 붙기 시작했다는 마르틴 헹엘의 주장을 받아들인 바 있다.

Studying, Reading: Essays in Honour of John Ashton (JSNTSup 153; Sheffield: Sheffield Academic, 1998), 69-92. 같은 견해를 주장하고 있는 이전의 글로는 Charlesworth, *The Beloved Disciple*, 181-85을 보라.

7) 유사하게, 예수가 사랑하신 그 제자를 도마나 나다나엘과 동일시할 수도 없다. 둘 다 21:2에 이름이 밝혀져 있기 때문이다.

따라서 이 복음서를 요한이라는 제자가 썼다는 말은 틀림없이 아주 초기부터 등장했을 것이다. 동시에 요한복음을 처음으로 읽거나 들은 이들로서 예수가 사랑하신 그 제자가 그분의 재림 때까지 살아 있으리라는 소문(21:23)을 들은 이들 중 일부는 틀림없이 그 제자가 누구인지 알았을 것이다. 이런 점을 고려한다면 요한복음이 이 복음서가 기록된 공동체를 벗어나 회람되기 시작했을 때는 적어도, 그 저자에 대한 구술적 정보와 저자가 요한이 맞다는 말이 함께 회자되었을 가능성이 아주 높다. 하지만 우리가 유의해야 할 점은, 요한복음의 제목이 이 요한이라는 인물에 대해 더 상세한 정보를 전달해주지 않는다는 것이다. 요한은 팔레스타인의 남성 유대인의 이름 중 가장 흔한 이름에 속하며, 실제로 다섯 번째로 흔한 이름이었다(표 6을 보라). 팔레스타인의 유대인 남성 중 5퍼센트가 요한이라고 불렸다. 요한복음의 저자가 세베대의 아들 요한이 아닌 다른 요한이라는 것은 전혀 불가능한 이야기가 아니다.[8)]

그 제자가 누구인가라는 문제를 더 탐구해보아야 할 두 번째 이유는, 이 책의 앞부분에 논의된 파피아스의 언급 때문이다. 우리는 요한복음에 관한 파피아스의 언급이 근래 학자들의 통습보다 훨씬 더 진지하게 받아들여져야 함을 발견한 바 있다. 불행히도, 요한복음 저자에 대한 파피아스의 언급을 확증해줄 직접적 증거는 없다. 하지만 이런 증거는 파피아스의 글을 읽었던 2세기의 저술가들로부터 발견될 수 있을 것이다. 대다수 학자는 요한복음 저자에 관한 2세기의 증거가 만장일치로 세베대의 아들 요한을 요한복음 저자로 간주한다고 주장했다. 그러나 이런 주장에 의문을 제기할 만한 근거들이 존재한다. 제16장에서 우리가 논증할 내용은, 요한복음 저자가 파피아스에 의해 장로 요한이라고 불리는 예수의 제자였으

8) Keener, *The Gospel of John*, vol. 1, 97은 요한의 이름이 팔레스타인 유대인들 사이에서 흔했음을 인정하면서도, "내재적 개연성은 요한이라고 불리는 사도 요한을 지지하는 경향이 없다"라고 말한다. 나는 이 주장이 매우 설득력 있다고 확신하지는 않지만, 어쨌든 이 복음서의 저자나 장로 요한이 세베대의 아들 요한이었다고 주장하지는 않는다.

며,[9] 이 문제를 언급했던 2세기의 저술가들 중 일부도 장로 요한이 세베대의 아들 요한이 아님을 알고 있었다는 것이다. 하지만 시간의 흐름과 함께 이 두 사람은 동일인으로 둔갑해버렸다. 이런 오류는 이전 증거를 이후 증거에 비추어 읽음으로써 초래된 결과였다.

한 번 더 살펴보기-목격자들에 대한 파피아스의 보고

우선 우리는 이 책의 논의가 시작된 지점인 파피아스의 프롤로그로 돌아가 보겠다. 이 프롤로그를 다시 살펴보는 작업은 이번이 마지막이 될 것이

9) 한때 영어권 학자들 사이에서는 요한복음 저자가 장로 요한이라는 견해가 통설이었다. 하지만 이런 견해를 가진 학자들 대부분은 예수가 사랑하신 그 제자가 요한복음 저자였다고 생각하지 않았으며, 장로 요한(세베대의 아들 요한의 제자였으리라고 추정되는 인물)이 복음서를 썼다는 견해와 예수가 사랑하신 그 제자가 세베대의 아들 요한이었다는 견해를 결합했다. 이런 견해를 주장한 학자로는 예를 들어 B. H. Streeter, *The Four Gospels* (London: Macmillan, 1924), 430-81; idem, *The Primitive Church* (London: Macmillan, 1929), 87-97; A. Harnack, *Die Chronologie der altchristlichen Litteratur bis Eusebius*, vol. 1 (Leipzig: Hinrichs, 1897), 659-80. 다른 예를 보려면 Sanday, *The Criticism*, 18-19을 보라. 그런가 하면 제16장의 우리 주장대로, 예수가 사랑하신 그 제자가 요한복음 저자이며 장로 요한이라는 견해를 주장한 학자들은 가끔씩 있었을 뿐이다: H. K. H. Delff, *Die Geschichte des Rabbi Jesus von Nazareth* (Leipzig: Friedrich, 1889); idem, *Das vierte Evangelium. Ein authenticher Bericht über Jesus von Nazareth* (Husum: Delff, 1890) (그러나 델프는 예수가 사랑하신 그 제자가 쓴 부분과 후대의 광범위한 삽입 부분을 구별한다); C. F. Burney, *The Aramaic Origin of the Fourth Gospel* (Oxford: Clarendon, 1922), 133-49; J. Colson, *L'Énigme du Disciple que Jésus Aimait* (Théologie Historique 10; Paris: Beauchesne, 1969); Hengel, *The Johannine Question;* idem, *Die johanneische Frage* (그러나 헹엘은 장로 요한과 세베대의 아들 요한이 예수가 사랑하신 그 제자라는 인물 안에 어느 정도 융합되어 있다고 주장한다); M. L. Rigato, "L''apostolo ed evangelista Giovanni,' 'sacerdoto' levitico," *Rivista Biblica* 38 (1990), 451-83. 헹엘의 주장을 상세히 다룬 글로는 Tasmuth, *The Disciple*이 있으며, 훨씬 더 간결하게 다룬 글로는 Culpepper, *John*, 304-7이 있다.

지만, 여기에는 여전히 더 탐구해볼 점들이 남아 있다.

> 나는 또 내가 과거에 장로들에게서 꼼꼼히 배우고 잘 받아 적은 모든 것을 주저 없이 그대를 위해 잘 정돈된 형태로 옮겨놓을 터인즉, 그 모든 것이 진실임은 내가 보증합니다. 이는 대다수 사람들과 달리 내가 말이 많은 사람들이 아니라 진리를 가르치는 사람들을 즐거워했기 때문입니다. 또 내가 다른 사람이 명한 그릇된 계명들을 생각나게 하는 사람들을 즐거워하지 않고, 도리어 주께서 신자들에게 주신 계명, 곧 진리 자체에서 나온 계명들을 기억하는 사람들을 즐거워했기 때문입니다. 또 나는 장로들을 모시며 그들의 말을 경청했던 사람을(*parēkolouthēkōs tis*) 우연히 만나게 되면, 그 장로들이 했던 말을 물어보았습니다. [곧] 안드레나 베드로가 말했다고(*eipen*), 혹은 빌립, 혹은 도마나 야고보, 혹은 요한이나 마태나 주의 다른 제자들이 말했다고 [장로들이 일러주었다는 것들을] 물어보았고, 역시 주의 제자들인 아리스티온과 장로 요한이 말하고 있다는(*legousin*) 것들도 무엇이든 물어보았습니다. 이는 책에서 얻는 정보가 살아서 남아 있는 음성에서 얻는 정보만큼 내게 유익하지는 않으리라고 생각했기 때문입니다(유세비우스, 「교회사」 3.39.3-4).[10]

우리가 다시 상기할 점은, 파피아스가 이 글이 다루고 있는 시대로부터 상당한 시간이 흐른 뒤에 이것을 썼으리라는 것이다. 이 글을 쓸 당시 파피아스는 요한복음을 알고 있었음이 분명하다. 이 본문 자체도 주의 제자 일곱 사람—안드레, 베드로, 빌립, 도마, 야고보, 요한, 마태—을 열거하고 있는 첫 명단에서, 파피아스가 요한복음을 알았으리라는 증거를 제시한다. 일곱 제자 중 첫 여섯 인물은 요한복음에서 처음으로 등장하는 순서

---

10) 첫 문장과 *parēkolouthēkōs tis*를 "모시며 경청했던 사람"으로 번역한 것과는 별개로, 이 번역문은 Lightfoot, Harmer, and Holmes, *The Apostolic Fathers*, 314에서 가져왔다. [ ]는 내가 첨가한 부분이다.

대로 등장한다(1:40, 41, 43; 11:16; 21:2). 이 놀라운 일치는 우연이 아닐 가능성이 높다. 열두 제자 중 요한복음에는 나오지만 이 명단에는 등장하지 않는 유일한 제자는, 요한복음에서 단 한 번 언급되며 그 정체가 모호한 "유다"다(가룟 유다가 아닌 유다; 14:22). 파피아스는 요한복음에 이름이 언급되지 않는 제자 마태를 자기 명단에 첨가하고 있다.[11] 파피아스가 자기 글을 쓸 때는 마태복음이 널리 알려져 있었기에, 사도 마태가 예수 구전의 분명한 출처였기 때문이다.

요한복음의 여섯 제자가 포함된 파피아스의 제자 명단이 요한복음으로부터 유래했으며 이들의 등장 순서도 이 복음서를 따랐다면(그럴 개연성이 큼), 매우 중요한 결론이 도출된다. 이것은 파피아스가 예수가 사랑하신 그 제자를 세베대의 아들 요한, 즉 그의 명단에서 마태 앞 사람 중 여섯 번째로, 그의 형제 야고보에 이어 등장하는 요한(보통 공관복음에는 두 이름이 이 순서로 등장함)으로 생각하지 않는다는 의미다. "세베대의 아들들"은 요한복음이 마지막으로 소개하는 제자들이기 때문이다(21:2). 물론 예수가 사랑하신 그 제자는 요한복음에서 훨씬 더 빨리 등장한다. 만일 파피아스가 그 제자를 요한복음 1:35-39에서 익명으로 등장하는 제자로 생각했다면, 그는 이 제자를 명단의 첫자리(나 안드레에 이어 둘째 자리)에 놓았을 것이다. 설령 파피아스가 그를 예수가 사랑하신 그 제자로 인식하지 못했다 하더라도, 나중에 그 제자가 13:23에 등장하는 것은 틀림없이 놓치지 않았을 것이다(여기서 그는 처음으로 "예수가 사랑하신 그 제자"라고 불림). 그럴 경우 예수가 사랑하신 그 제자는 파피아스의 명단에서 도마와 야고보 사이에 등장했어야 한다.

---

11) 파피아스가 요한복음의 나다나엘을 마태로 대치했다는 견해, 더 나아가 나다나엘과 마태의 이름의 의미가 비슷하기 때문에 둘을 동일인으로 보았을 수도 있다는 견해가 있다(참고. Hengel, *The Johannine Question*, 19-20). 하지만 파피아스의 명단에서 나다나엘(요 1:45-51)이 빌립과 도마 사이에 등장한다는 사실은 앞의 견해를 일축한다. 파피아스는 일곱 명을 기록한 자신의 명단에 열두 제자에 속한 이들만을 포함시키기를 원해서 나다나엘을 제외한 것이 틀림없다.

파피아스는 예수가 사랑하신 그 제자를 자기 명단에 포함시키지 않았으며, 이 제자를 세베대의 아들과 동일인으로 여기지도 않았던 것 같다.

파피아스의 일곱 제자 명단에 나타난 순서를 다르게 설명하는 견해도 있다. 이 견해 역시 파피아스의 명단이 요한복음에 의존한다는 것을 인정한다. 하지만 파피아스가 제자들을 열거하면서 요한복음의 순서를 그대로 따르기보다, 요한복음 1장의 제자 "명단"과 요한복음 21:2의 제자 명단을 결합하면서,[12] 두 본문의 이름 중 나다나엘을 생략했다고 추정한다.

파피아스	요한복음 1:35-51	요한복음 21:2
	익명의 제자	
안드레	안드레	
베드로	베드로	베드로
빌립	빌립	
	나다나엘	
도마		도마
		나다나엘
야고보		세베대의 아들들
요한		
		익명의 두 제자
마태		

첫 번째 설명과 비교했을 때 두 번째 설명의 실제적 차이점은, 파피아스가 도마를 요한복음 앞부분의 도마의 등장이 아니라 요한복음 21:2의 명단으로부터 가져왔다고 생각하는 점뿐이다. 요한복음 1장에 포함된 것이, 여러 제자가 한 사람씩 등장하는 내러티브가 아니라 명단이라면, 두

---

12) Hengel, *The Johannine Question*, 17-19; Culpepper, *John*, 111-12도 이를 따르고 있다.

번째 설명이 더 설득력 있을 것이다. 이 두 번째 설명을 선호할 경우에는 예수가 사랑하신 그 제자가 누구인가에 대해 굳이 어떤 결론을 도출할 필요가 없다. 하지만 흥미로운 가능성으로, 파피아스가 요한복음 21:2의 두 익명인 제자를 아리스티온과 장로 요한으로 생각했을 수도 있다.[13] 하지만 그럴 경우에도 파피아스가 예수가 사랑하신 그 제자를 누구라고 생각했는가의 문제는 미해결로 남게 된다. 파피아스는 요한복음 21:2의 제자 그룹 중 예수가 사랑하신 그 제자를, 익명의 두 제자 중 하나 또는 세베대의 아들들 중 하나라고 생각했을 수 있다.

제2장에서 우리는 파피아스가 일곱 제자(완전한 증인을 나타내는 일곱)와 이후에 이름이 밝혀진 다른 두 제자(적합한 증인 숫자인 둘)를 중요하게 구분하고 있음에 주목했다. 파피아스가 자기가 살던 도시를 방문한 장로들의 제자들에게 조사한 것은 과거에 일곱 제자가 말했던 내용이 아니라, 당대에 아리스티온과 장로 요한이 말하고 있던 내용이었다. 파피아스가 글을 쓸 당시에 일곱 제자는 이미 세상을 떠난 뒤였다.[14] 그러나 아리스티온과 장로 요한은 여전히 살아 있었다. 파피아스는 일곱 제자와는 시간적으로 분리되어 있었지만, 아리스티온 및 장로 요한과는 공간적으로만 떨어져

---

13) Hengel, *The Johannine Question*, 19.

14) 시데의 필립포스(5세기 저술가)의 주장에 따르면, 파피아스는 자신의 두 번째 책에서 유대인들이 야고보(곧 세베대의 아들)의 형제 요한을 죽였다고 말했다고 한다. 이 내용은 J. Kürzinger, *Papias von Hierapolis und die Evangelien des Neuen Testaments* (Regensburg: Pustet, 1983), 128-29의 단편 16=Lightfoot, Harmer, and Holmes, *The Apostolic Fathers*, 326의 단편 5에 포함되어 있다. [죄인 게오르기오스(George the Sinner)도 같은 정보를 제공하는데, 아마도 시데의 필립포스의 글에 의존하는 것 같다: Kürzinger, 단편 17=Lightfoot, Harmer, and Holmes, 단편 6.] 파피아스와 요한복음의 저자 문제를 논의한 학자들은 자주 이 주장을 다루었다. 이 주장이 사실이냐 아니냐에 대해서는 견해가 갈리지만, 나는 여기서는 이 문제를 더 이상 논의하지 않을 것이다. 근래에 이 주장이 사실이라고 보는 학자로는 Charlesworth, *The Beloved Disciple*, 240-41; Hengel, *The Johannine Question*, 21이 있다. Culpepper, *John*, 171-74에는 보강 증거가 논의되고 있다. 어쨌든 내 견해로는 세베대의 아들은 에베소(파피아스가 정착했던 곳-역주)와 상관이 없다고 본다.

있을 뿐이었다. 일부 학자들은 파피아스가 아리스티온과 장로 요한을 일곱 제자와 같은 의미의 "주의 제자들", 즉 예수와 동고동락한 친밀한 제자이자 그분의 역사를 직접 본 목격자로 간주한다고 인정하기를 주저했다.[15] 그러나 이런 주저는 파피아스가 그의 글에서 묘사하는 때와 그가 글을 쓰던 때가 다르다는 점을 인식하지 못한 데서 비롯된다.[16] 그때에는(많은 학자들이 생각하듯이, 130년경이라면) 예수와 동고동락하던 친밀한 제자들 중 살아남은 자가 없었을 것이다. 하지만 파피아스가 자신의 책에서 다루고 있는 때는 그의 생애 초반이다. 파피아스의 글은 예수의 제자들 중 적어도 두 사람이 당시에 생존해 있었음을 분명히 보여준다. 이를 통해 우리는 파피아스가 자신의 글에서 묘사하는 시대가 기원후 1세기 말임을 알 수 있다. 이때는 예수의 제자들 대부분이 숨을 거두었지만 두 사람, 즉 아리스티온과 장로 요한은 여전히 살아 있던 때였다.

장로 요한-오래 살아남은 예수의 제자

장로 요한이 예수가 사랑하신 그 제자요 요한복음의 저자였을까? 우선 우리는 다음과 같은 두 가지 흥미로운 사실에 주목해야 한다. 요한복음은 예수가 사랑하신 그 제자가 그분의 재림 때까지 살아 있을 것이라는 소문을 보고하면서(21:22-23), 이 소문이 잘못된 이야기요 예수의 말씀을 오해한 결과라고 지적한다. 그 제자가 예수의 제자 대부분보다 더 오래 생존했다고 가정하면, 왜 이런 소문이 났는지는 쉽게 이해된다. 예수의 재림이 그

---

15) 예를 들어 J. E. Carpenter, *The Johannine Writings* (London: Constable, 1927), 215-16; Schnackenburg, *The Gospel according to St. John*, vol. 1, 89-90; Culpepper, John, 111.

16) Brown, *The Gospel according to John I-XII*, xci은 특이하게도 이 점을 완전히 인정하고 있다.

분의 동시대인들이 살아 있는 동안 이루어지리라는 초기 그리스도인들의 기대는, 제자들 대부분이 세상을 뜨고 난 뒤에는 이 특별한 제자에게 집중되었다. 당대의 사람들은 그 제자가 이렇게 오래 생존한 이유가, 자신이 영광 중에 오실 때까지 그가 살아 있어야 한다는 주님의 바람 때문이라고 생각했다. 바로 이런 생각이 회자되었던 시기가 파피아스의 글에 나타난 시대다. 이때는 예수의 제자들 중 유명했던 이들은 이미 숨을 거두었으나, 아리스티온과 장로 요한은 여전히 살아 있던 때였다. 게다가 우리는 이레나이우스의 글에 처음 등장했다가 나중에 교부들 사이에서 통설이 된 다음과 같은 견해에도 주목해야 한다. 즉 요한복음이 네 복음서 중 마지막으로 기록되었으며, 그 저자는 예수의 다른 제자들보다 더 오래 생존했다는 견해가 바로 그것이다(이레나이우스에 따르면, 요한복음 저자는 98년에 시작된 트라야누스 치세 때까지 살았다; 「이단 반박」 3.1.1; 3.3.4).[17] 파피아스의 저술에 정통했던 이레나이우스는, 아마도 파피아스로부터 요한복음이 네 복음서 중 마지막으로 기록된 책임을 알게 되었을 것이다. 만일 이 요한이 장로 요한이라면, 우리는 다시 한 번 인용된 파피아스의 글의 내용과 이 시기가 맞아떨어진다는 것을 확인할 수 있다. 파피아스의 글에 묘사된 시기에, 세베대의 아들 요한은 이미 숨졌으나 장로 요한은 살아 있었다. 추측컨대 장로 요한은 바로 이 시기에 자신의 복음서를 기록했을 것이다.

(제9장에서) 우리는 파피아스가 책의 프롤로그를 쓰면서, 마가복음이 베드로가 살아 있는 동안에 기록되었다고 생각했을 개연성이 높다고 주장했다. 또한 파피아스는 마태복음이 원래 사도 마태에 의해 히브리어나 아람어로 기록되었다고 생각했을 것이다. 따라서 적어도 파피아스가 자신의 프롤로그를 쓰면서 복음서에 관해 품었던 견해들에 비추어보면, 파피아스가 책에서 묘사하고 있는 시기에 베드로와 마태는 이미 세상을 떠났으며,

---

17) 이렇게 오래 생존했다고 보는 입장이 타당한가에 대해서는 Hengel, *The Johannine Question*, 133; Keener, *The Gospel of John*, vol. 1, 102-3을 보라.

마가복음과 마태복음은 기록이 끝난 뒤였다. 하지만 요한복음 저자인 장로 요한은 살아 있었고 그의 복음서도 미완성이었다. (파피아스가 누가복음에 대해서는 어떤 견해를 가졌는지 우리는 전혀 알지 못한다.)

장로 요한과 요한복음을 연결시킬 수 있는 또 한 가지 흥미로운 사실은 이 인물에게 붙은 "장로"라는 칭호다. 여기서 파피아스는 이 칭호를 사용해서 이 요한과 세베대의 아들 요한을 구분한다. 이 칭호는 무슨 의미를 가지고 있는가? 먼저 우리가 주목할 점은, 파피아스가 앞서 인용한 글에서도 "장로들"에 대해 언급한다는 것이다. 파피아스는 이 "장로들"로부터 안드레와 빌립 같은 예수의 제자들이 과거에 했던 말을 전해 듣기를 기대한다. 이 "장로"를 가장 훌륭하게 해석하는 길은, 장로들이 파피아스가 글을 쓰던 당시에 아시아의 도시에서 활동하던 원로 그리스도인 교사였다고 보는 것이다. 파피아스의 저술에 정통했던 이레나이우스는 "장로들"로부터 나왔다는 전승을 몇 차례 인용하는데(「이단 반박」 2.22.5; 4.28.1; 5.5.1; 5.30.1; 5.36.1; 6.33.3), 많은 학자는 이 전승이 파피아스로부터 나왔음이 틀림없다고 생각한다.[18] 이레나이우스는 이 "장로"가 예수의 제자들이 아니라, 이 제자들과 친분이 있었던 아시아 지역의 그리스도인 지도자들 세대를 가리킨다고 이해했다.[19] 하지만 장로 요한과 아리스티온이 예수와 동고동락한 친밀한 제자였다 해도 이 "장로들"의 범주에 포함되었을 수 있다. 이들은 예수의 대다수 제자보다 더 오래 살았으며 그 덕분에 아시아의 "장로들"과 함께 일했기 때문이다. 따라서 파피아스는 장로 요한에게 붙은 "장로" 칭호를 사용해서 그와 세베대의 아들 요한을 구분했을 것이다. 이 두 요한은 모두 예수의 제자였지만, "장로"라고 불린 사람은 오직 장로 요

18) 예를 들어 C. E. Hill, *The Johannine Corpus in the Early Church* (Oxford: Oxford University Press, 2004), 385.

19) J. Chapman, *John the Presbyter and the Fourth Gospel* (Oxford: Clarendon, 1991), 13-16.

한뿐이었다.[20]

하지만 여기서 우리는 다음과 같은 또 다른 사실도 고려해야 한다. 즉 파피아스가 유세비우스에 의해 인용된 또 다른 단편(제9장에서 다룬 글)에서는 단순히 "장로"라고만 부른다는 점이다. 이 장로는 분명히 장로 요한을 뜻할 것이다(유세비우스, 「교회사」 3.39.15). 이는 장로 요한의 경우에는 이 칭호가 매우 독특한 의미를 가지고 있으므로 더 진지하게 이해되어야 함을 나타낸다. 아시아 지역의 장로들 중 단순히 "장로"라고만 불려도 모든 사람이 누구를 가리키는지 분명히 알아차릴 수 있는 인물은 오직 장로 요한밖에 없었을 것이다. 파피아스의 이런 용례는 요한2서와 요한3서의 용례와 놀랍게 일치한다. 요한2서와 요한3서의 저자도 스스로를 그냥 "장로"라고 부른다(요이 1절; 요삼 1절). 이는 매우 주목할 만하다. 서신을 쓴 사람과 수신자(들)를 밝히는 편지의 앞부분에서 이름을 밝히지 않고 이렇게 칭호만 사용한 경우는 매우 찾기 힘들기 때문이다. 신약성경의 다른 모든 서신들을 보아도 앞부분에는 이름이나 이름과 함께 칭호가 나올 법한데, 요한2서와 요한3서는 그렇지 않았다.[21] 파피아스와 요한2서 및 요한3서의 저자가 구사한 이런 독특한 용례는, 파피아스가 말한 장로가 장로 요한이리라는 주장에 힘을 실어준다.[22]

요한2서와 요한3서 저자가 자신을 가리키기 위해 사용한 칭호의 의미는 논쟁거리다.[23] 그를 몇몇 혹은 많은 장로들 중 하나로 제시하는 설명들은 그가 익명이어야 하는 이유를 제대로 설명하지 못한다. 이 "장로"가 오직 한 사람을 분명히 가리킨다는 것을 설명할 수 있어야, 그가 익명인 이유를 설명할 수 있다. 미쉬나에서는 이 장로(*hazāqēn*) 칭호를 세 랍비에게

---

20) 나는 이 견해를 R. Bauckham, "Papias and Polycrates on the Origin of the Fourth Gospel," *JTS* 44 (1993), 60에서 가져왔다.

21) R. E. Brown, *The Epistles of John* (AB 30; London: Chapman, 1983), 647.

22) Hengel, *The Johannine Question*, 28-30.

23) Brown, *The Epistles*, 647-51은 다섯 가지 제안을 설명하고 논의하고 있다.

붙인다. 힐렐(m. 'Arakhin 2:4; m. Shebuoth 10:3), 샴마이(m. 'orlah 2:5; m. Sukkoth 2:8), 가말리엘 1세(m. 'Orlah 2:12 등)가 바로 그들이다. 가말리엘 1세의 경우 이 칭호는 그와 그의 손자인 가말리엘 2세를 구분하는 기능을 한다. 하지만 이런 구분 기능이 힐렐[24]과 샴마이에게는 적용되지 않는다. 힐렐과 샴마이는 이 장로 칭호를 훌륭한 교사로 존경받게 된 만년에 이르러 얻었을 것이다. 하지만 이 두 사람을 그냥 "장로"로 불렀다는 증거는 없다. 이름 없이 그냥 장로로 부른 용례는 파피아스의 글과 요한 서신에서만 독특하게 나타난다. 우리는 파피아스의 글에서 이 장로의 이름이 요한이라는 것을 알고 있다. 또한 요한 서신도 전통적으로 요한의 이름과 결부되어왔다. 이런 이유로 지금 우리가 다루고 있는 사례는 동일한 한 사람에게 나타난 특수한 용례일 가능성이 높다.

장로 요한을 그냥 장로라고 부른 이유는 그를 다른 요한과 구분하기 위해서가 아니라[25](유세비우스, 「교회사」 3.39.4에 제시된 파피아스의 글에서는 장로 칭호가 구분 기능도 한다), 그 장로가 오래 살았기 때문이다. "장로"는 훌륭한 노인에게 존경의 의미로 붙이는 칭호였다. 이 장로 자신도 이 칭호를 자신을 가리키는 말로 사용했다.[26] 이 장로가 요한 서신에서 이 칭호를 사용하는

24) 이 힐렐과, 아주 멀리 떨어져 있는 그의 증손자를 굳이 구별할 필요는 없었다 (Tosephta Mo'ed Qatan 2:15). 랍비인 힐렐 2세는 4세기에 살았다.

25) Hengel, *The Johannine Question*, 28: "아마도 일찍부터 장로 요한에게 이 이름이 붙여진 것은, 이미 세상을 떠났을 수도 있는 세베대의 아들과 그를 구분하기 위해서였을 것이다." 그러나 세베대의 아들이 세상을 떠난 것이 분명해지고 난 뒤에는 두 사람을 구분할 필요가 없었을 것이다. 이런 구분은 유세비우스, 「교회사」 3.39.4에 포함된 파피아스의 언급 같은 특별한 정황에나 필요했을 것이다. 헹엘의 이런 견해는 헹엘 자신이 세베대의 아들과 장로 요한 사이에 연관성이 있다는 가정을 유지하고 싶어하기 때문에 나왔을 수도 있다(*The Johannine Question*, 130-32). 하지만 나로서는 굳이 이런 연관성을 가정할 필요가 없다고 본다.

26) 참고. Sanday, *The Criticism*, 252: "나는 그 사도가 자신을 특히 기억의 보고—저 놀라운 시절과 이어져 있는 마지막이자 가장 강력한 연결 고리—로 간주했으리라고 추측한다. 특별히 이런 생각은 그에게 명예심과 책임감을 안겨주었을 것이다. 나는 그의 제자들이 '훌륭한 분, 존경스러운 분'이라는 의미를 담아 그를 ὁ πρεσβύτερος[그 (유일무이

것은, 그가 목자로서 돌볼 책임을 지고 있던 그리스도인들을 "어린 자녀들"(*tekna*, *teknia*, *paidia*: 요일 2:1, 18, 28; 3:7, 18; 4:4; 5:21; 요삼 4절)[27]이라고 부르던 그의 습관과 일치한다.

내가 믿는 대로 요한복음의 저자와 세 요한 서신의 저자가 동일인이라면, 우리 논증에 비추어볼 때, 장로 요한이 예수가 사랑하신 그 제자요 요한복음의 저자였다고 결론지을 수밖에 없다.[28]

요한복음에 대한 파피아스의 보고

우리는 파피아스가 열두 제자 중 일부를 열거할 때 마가복음이나 마태복음의 열두 제자 명단이 아니라(그는 두 명단 모두를 알고 있었음) 요한복음에 의존하면서, 자신이 제시하는 일곱 제자 중 여섯을 요한복음의 순서대로 열거했음을 살펴보았다. 분명히 여기에는 파피아스의 의도가 있는 듯하다. 그는 공관복음의 열두 제자 명단에 관한 자신의 지식만으로도 (대다수 경우에) 열두 제자와 요한복음에 등장하는 다른 제자들을 충분히 구분할 수 있었다. 그런데도 파피아스는 열두 제자와 다른 제자들을 구분하는 경우에도 요한복음의 명단을 따르는 쪽을 선택했다. 분명히 그는 요한복음을 자신이 아는 다른 복음서보다 높이 평가했다.

하지만 요한복음에 대한 파피아스의 분명한 언급은 전혀 남아 있지 않다. (근래에 찰스 힐은 유세비우스가 「교회사」 3.24.5-13에서 파피아스의 이름을 밝히지

한) 장로]라고 불렀으리라고 생각한다. 그의 제자들은 애정 섞인 경외의 심정으로 그를 올려다보았다."

27) 하지만 이런 용례가, 반드시 이 말을 쓰는 사람이 말을 듣는 대상보다 나이가 더 많음을 암시하지는 않는다: 참고. 요 13:33.

28) 요한복음 저자와 요한1서 저자가 모두 자신이 예수의 역사를 직접 본 목격자였음을 주장한다는 제14장의 논증에 유의하라.

않은 채 요한복음에 대한 그의 언급을 보고한다고 주장했다.[29] 매력 있는 주장이지만, 나는 이 주장이 유지될 수 있을지 의심스럽다. 이 문제는 제16장의 추기에서 다루어보겠다.) 하지만 우리는 제9장에서 유세비우스에 의해 인용된 마가복음과 마태복음에 대한 파피아스의 언급(「교회사」 3.39.14-16)이, 파피아스가 이 두 복음서와 요한복음을 비교하고 있다고 가정할 때 가장 잘 설명될 수 있음을 논증했다. 파피아스는 마가복음과 마태복음이 모두 목격자로부터 유래한 작품이 마땅히 갖추어야 할 질서를 가지지 못했다고 생각했는데, 이는 그가 목격자로부터 나온 또 다른 복음서를 알고 있었기 때문이다. 이 다른 복음서가 제시하는 연대기적 순서는 마가복음 및 마태복음과 매우 달랐으며, 그것의 "질서"(*taxis*)도 파피아스가 선호하던 종류였다. 바로 이 복음서가 요한복음이었다. 당연히 파피아스는 요한복음이 마가복음과 마태복음(과, 그가 누가복음을 알았을 경우 이 책도 포함)보다 훌륭한 역사 기록의 관습과 더 잘 부합한다고 생각했을 것이다. 파피아스가 마가복음과 마태복음에 질서가 없다고 생각한 것은, 요한복음과 두 복음서를 비교해보았기 때문이다. 바로 이런 이유로 파피아스는 마가복음과 마태복음을 무시하지는 않았지만, 이 두 복음서에 질서가 없는 이유를 설명하려고 시도했다. 동시에 마가복음과 마태복음이 목격자 증언과 매우 가깝다는 이유로 이 두 책에 가치를 부여했다. 이런 사실들을 통해 그가 요한복음을 아주 높이 평가했으리라는 추정이 가능하다.

파피아스가 복음서들을 비교한 결과로부터 나온 이런 결론 덕분에 우리는, 파피아스가 프롤로그에서 일곱 제자를 열거한 순서에 대해 다음과 같은 최종 견해를 내놓을 수 있겠다. 앞서 언급했듯이, 파피아스가 열거한 제자들의 순서는 요한복음의 순서다. 첫 세 이름(안드레, 베드로, 빌립)은 요한복음 1장을 따라 예수의 제자가 된 순서대로 열거되었다. 또한 앞서 지

29) C. E. Hill, "What Papias Said about John (and Luke): A 'New' Papian Fragment," *JTS* 49 (1998), 582-629; idem, *The Johannine Corpus*, 385-94.

적했듯이 다른 이름들(요한복음에 나오지 않은 마태를 제외한 나머지 이름들)도 요한복음의 순서를 따라 열거되었다면(도마, 야고보, 요한), 파피아스가 의도적으로 요한복음의 질서(*taxis*)를 채택했다는 점은 더 확실히 증명된다. 물론 마가복음과 마태복음에서는 이 제자들이 처음 등장할 때 요한복음과는 전혀 다른 순서로 등장한다. 마가복음에서는 베드로, 안드레, 야고보, 요한, 빌립, 마태, 도마의 순서로 등장한다. 독자들이 복음서들 사이에서 발견하는 차이점은 대체로 공관복음서와 요한복음서 간의 차이점이며, 특히 각 복음서의 초기 사건의 이야기(여기에는 예수가 첫 제자들을 부르신 사건도 포함됨)에서다.[30] 따라서 파피아스가 프롤로그에서 요한복음의 질서를 따른다는 것은, 그가 의도적으로 요한복음을 선호했음을 증명한다.

마가복음과 마태복음에 대한 파피아스의 언급을 볼 때, 파피아스는 분명히 요한복음의 기원에 관해 어떤 언급을 했을 것이다. 그렇다면 왜 유세비우스는 파피아스의 말을 보고하지 않았을까? 두 가지 이유가 있을 수 있다. 앞서 주장했듯이, 하나는 파피아스가 이 복음서 저자를 장로 요한으로 보았기 때문일 수 있다. 유세비우스 자신은 파피아스가 세베대의 아들 요한과 장로 요한을 구분했음을 강조하며, 이 구분에 주목할 것을 요구한다. 이는 유세비우스가 장로 요한이 요한계시록 저자임을 주장하고 싶어 하기 때문이다(『교회사』 3.39.5-7). 유세비우스는 요한계시록을 사도가 쓴 책이나 정경으로 여기지 않았다. 그는 파피아스의 글에 등장하는 두 요한을 공들여서 구분했다. 이런 이유로 유세비우스가, 파피아스가 세베대의 아들 요한을 요한복음 저자로 여기지 않는다는 사실을 간과했을 리도 없으며 이 사실을 무시했을 리도 없다. 하지만 유세비우스 자신은 이런 견해와는 철저히 다른 판단을 가지고 있었던 것 같다.

또 하나는, 유세비우스가 복음서들 간에 존재하는 질서의 차이와 관련해서 파피아스의 해결책(즉 요한복음이 옳고 다른 복음서들은 신뢰할 수 없다는 견

30) Bauckham, "Papias and Polycrates," 50-51.

해)을 선호하지 않았던 것 같다. 유세비우스 자신은 네 복음서에 나타난 사건들의 시퀀스에 대해, 세 공관복음서 저자들이 세례 요한의 투옥 후에 일어난 예수의 사역만을 기록했다고 이해했다(「교회사」 3.24.5-16에 이런 이해가 자세히 언급됨). 요한이 복음서를 기록한 것은 바로 세 공관복음서 저자들이 남긴 이런 공백을 채우기 위해서였다. 이런 이유로 요한은 세례 요한의 투옥 전에 예수가 행한 사역도 기록한다. 이렇게 보면 문제는 해결된다. 분명히 유세비우스는 어떤 복음서의 질서를 다른 복음서의 질서보다 선호해야 할 필요가 없다고 여기고 있다. 유세비우스는 복음서에 대한 초기 저술가들의 말을 기록하는 데 관심을 쏟는다(「교회사」 3.3.3; 3.24.16). 또한 유세비우스가 참고한 출처에서는 복음서들 간의 연대기적 순서의 차이점이 논의되었지만, 유세비우스 자신은 결코 이런 논의를 인용하거나 언급하지 않는데[31] 여기에는 중요한 의미가 있다.

마가복음에 대한 파피아스의 언급은, 유세비우스에 의해 인용된 부분 중 복음서에 질서가 없음을 인정하는 유일한 대목이다. 베드로의 가르침을 기록할 때 마가가 보여준 정확성에 대해 파피아스가 언급한 내용이 생략해버리기에는 너무나 중요한 부분이었기 때문이다. 하지만 파피아스의 언급을 인용하면서 유세비우스는 이 인용문의 전후 문맥에서 일부만 발췌함으로써, 파피아스의 글에 나타난 질서 문제의 중요성을 희석시켜버렸다. 따라서 우리가 충분히 짐작할 수 있는 내용은, 요한복음에 대한 파피아스의 언급을 인용하면서 유세비우스는, 요한복음이 다른 두 복음서에 비해 질서의 측면에서 우월하다는 파피아스의 강조를 인용하지 않았으리라는 것이다. 마찬가지로 유세비우스는 요한복음 저자가 세베대의 아들인 요한이 아니라는 파피아스의 주장도 일체 인용하지 않았을 것이다.

31) Bauckham, "Papias and Polycrates," 52-53의 세부 사항들.

요한복음에 관한 파피아스의 언급을 지지하는 무라토리 정경 목록의 증거

파피아스가 요한복음의 기원에 관해 무언가를 썼고 그것을 유세비우스가 기록하지 않았다면, 우리는 파피아스가 쓴 내용의 자취가 그를 알았던 다른 저술가들의 글 속에 남아 있으리라고 추측해볼 수 있다. 이런 자취를 찾기 위해서는 무라토리 정경 목록을 검토해보는 일이 유익할 것이다. 무라토리 정경 목록과 파피아스의 관계는 가끔씩 언급되었을 뿐[32] 충분히 연구된 적이 없다.

소위 무라토리 정경 목록은 신약 정경의 목록을 기록한 사례 중 가장 초기의 것으로 알려져 있다. 무라토리 정경 목록은 어떤 책이 예배에 사용하기에 적합한 권위 있는 경전인지에 대해 교회의 공식적인 입장을 밝힌 문서가 아니라 한 개인의 견해들을 담고 있기는 하지만 말이다. 이 정경 목록은 원래 그리스어로 기록되었으나 지금은 조악한 라틴어 번역본만이 남아 있다. 무라토리 정경 목록은 보통 2세기 말에 나왔다고 보지만, 알버트 선드버그(Albert Sundberg)[33]와 제프리 하네만(Geoffrey Hahneman)[34]은 이 책이 4세기에 나왔다고 주장하며 앞의 견해에 이의를 제기했다. 그러나

---

32) J. B. Lightfoot, *Biblical Essays* (London: Macmillan, 1893), 100; idem, *Essays on the Work Entitled Supernatural Religion* (London: Macmillan, 1889), 205-7; F.-M. Braun, *Jean le Théologien et son Évangile dans l'Église Ancienne* (Paris: Gabalda, 1959), 355; A. Ehrhardt, "The Gospels in the Muratorian Canon," in idem, *The Framework of the New Testament Stories* (Manchester: Manchester University Press, 1964), 12-13.

33) A. C. Sundberg, "Canon Muratori: A Fourth-Century List," *HTR* 66 (1973), 1-41.

34) G. M. Hahneman, *The Muratorian Fragment and the Development of Canon* (Oxford: Oxford University Press, 1992); idem, "The Muratorian Fragment and the Origins of the New Testament Canon," in L. M. McDonald and J. A. Sanders, eds., *The Canon Debate* (Peabody: Hendrickson, 2002), 405-15.

논의 결과를 보면,[35] 더 이른 시기에 나온 것으로 판단해야 할 것 같다.

무라토리 정경 목록은 마태복음, 마가복음, 누가복음, 요한복음의 순서로 이 책들에 대한 논평을 담고 있었음이 분명하다. 그러나 현존하는 본문에는 마가복음에 대한 언급에서 마지막 여섯 단어만 남아 있으며, 이어서 누가복음과 요한복음에 대한 논평이 나온다.

> 그가 그곳에 있었으며 그리하여 그는 그것들을 받아 적었다.
>
> 세 번째 복음서는 누가에 따른 복음서다. 의사 누가는, 바울이 그리스도가 승천하신 뒤에 함께 데리고 다녔는데, 글쓰기에 능한 자로서 전해 들은 것을 자신의 이름으로 기록했다. 하지만 그 자신은 주를 친히 뵙지 못했으며, 그 때문에 그가 [사건들을] 확인할 수 있을 때에 [그 사건들을 기록했다]. 그 때문에 그의 이야기는 요한의 출생에서 시작했다.
>
> 네 번째 복음서는 제자들 중 한 사람인 요한의 복음서다. 그는 자신을 독려했던 동료 제자와 주교들에게 이렇게 말했다. "오늘부터 나와 함께 사흘 동안 금식합시다. 우리 각자가 무슨 계시를 받든지, 그 계시를 서로에게 말해줍시다." 바로 그날 밤 사도들 중 한 사람인 안드레에게, 모든 이가 요한이 자신의 이름으로 기록한 것을 공인해야 한다는 계시가 임했다.
>
> 그러므로 몇몇 복음서가 다양한 요소를 가르칠지라도, 신자들의 믿음에는 아무 차이가 없다. 모든 것 안에서 모든 것을—예수의 탄생, 수난, 부활, 제자

35) E. Ferguson, "Canon Muratori: Date and Provenance," *Studia Patristica* 17 (1982), 677-83; idem, "Review of Geoffrey Mark Hahneman, The Muratorian Fragment and the Development of the Canon," *JTS* 44 (1993), 696; F. F. Bruce, "Some Thoughts on the Beginning of the New Testament Canon," *BJRL* 65 (1983), 56-57; B. M. Metzger, *The Canon of the New Testament: Its Origins, Development, and Significance* (Oxford: Clarendon, 1987), 193-94; P. Henne, "La Datation du Canon de Muratori," *RB* 100 (1993), 54-75; W. Horbury, "The Wisdom of Solomon in the Muratorian Fragment," *JTS* 45 (1994), 149-59; C. E. Hill, "The Debate over the Muratorian Fragment and the Development of the Canon," *WTJ* 57 (1995), 437-52; idem, *The Johannine Corpus*, 129-34.

들과 함께하신 삶, 두 번에 걸친 강림, 곧 비천과 모멸 중에 오신 첫 번째 강림(이미 일어난 일)과 영광스러운 왕의 권세로 오실 두 번째 강림(장차 일어날 일)에 관해—선포하신 이가 한 머리인 성령이시기 때문이다.

그렇다면 요한이 자신의 서신들에서 계속해서 한 가지 점을 제시하면서, 자신을 놓고 "우리가 우리 눈으로 보았고 우리 귀로 들었고 우리 손이 만진 것들, 이것들이 우리가 너희에게 쓰는 것이라"라고 말하는 것이 어찌 특이한 일이겠는가?(참고. 요일 1:1, 4) 이처럼 그는 자신이 목격자요 들은 자일 뿐 아니라, 우리 주의 모든 기적을 질서 있게 기록한 자임을 털어놓는다.[36]

우리는 이 단편의 시작 부분이 마가복음에 대한 파피아스의 언급(유세비우스, 「교회사」 3.39.15을 보라)에 의존하고 있음을 쉽게 알 수 있다. 이 시작 부분은 마가가 그가 기록한 사건의 현장에 있었다는 의미일 수가 없다. 이런 내용은 어떤 초기 전승에도 나오지 않는다. 또한 뒤이어 나오는 누가복음에 대한 언급에서 "그 자신은 주를 친히 뵙지 못했으며"(*dominum tamen nec ipse vidit in carne*)는 "그도 뵙지 못했다"로 해석되어야 한다. 다시 말해 누가도 마가처럼 예수의 사역을 직접 본 목격자가 아니었다.[37] 따라서 마가복음에 대한 언급도 (파피아스의 말처럼) 마가가 예수의 제자는 아니었으나 베드로의 설교를 듣고 그 들은 내용을 기록했다는 의미일 것이다. 만일 앞의 인용문의 첫 줄이 마가가 베드로의 말을 그대로 기록했다는 뜻이라면, 이는 파피아스 자신의 설명을 반영하지, 파피아스의 글에 의지해서 이레나이우스(「이단 반박」 3.1.1)와 알렉산드리아의 클레멘스(유세비우스, 「교회사」 6.14.6)가 한 설명을 반영하지는 않는다. 실제로 무라토리 정경 목록 전체는 이레나이우스의 영향을 받았다는 표지를 전혀 보여주지 않는 것으로

36) R. M. Grant, *Second-Century Christianity: A Collection of Fragments* (London: SPCK, 1946), 118에 제시된 번역이다(약간 개작했음).
37) Lightfoot, *Essays on the Work*, 206; Ehrhardt, "The Gospels," 13.

유명하다.

무라토리 정경 목록의 인용문 중 마지막 문장 역시 마가복음에 대한 파피아스의 언급과 비교해보아야 한다. 요한이 직접 목격자이며 "주의 모든 기적을 질서 있게(*per ordinem*) 기록한 자"라는 말은, 마가복음에 대한 파피아스의 언급 즉 마가가 "주의 말씀을 직접 듣지도 주와 동고동락하지도 않았으며 예수의 말씀과 사역을 질서 있게(*taxei*) 기록하지도" 않았다고 강조한 것과 일치한다. 마가와 달리 요한은 목격자였기 때문에 "질서 있게" 기록할 수 있었다. 게다가 무라토리 정경 목록은 주님의 기적들의 순서를 인정하며, 요한복음이 명시적으로 강조하고 있는 연대기적 순서를 염두에 두고 있다(요한복음은 첫 두 "표적"을 순서대로 첫째 표적과 둘째 표적이라고 특정하게 표현하고 있다; 2:11; 4:54). 우리로서는 마태복음에 대해 무라토리 정경 목록이 언급한 내용을 알 수 없다. 하지만 위의 결론에 따르면, 무라토리 정경 목록은 질서를 잣대로 하여 요한복음을 마가복음과 누가복음보다 우월하게 보는 것이 분명하다.

이것은 우리가 요한복음에 대한 파피아스의 주장이라고 결론지었던 내용과 동일하다(제9장을 보라). 무라토리 정경 목록이 파피아스의 글로부터 내용을 빌려오지 않았나 하는 의심은, 요한1서 인용문(요한이 목격자였으므로 "질서 있게" 글을 쓸 수 있었다는 내용)을 통해 증명된다.[38] 이것은 파피아스가 요한1서와 베드로전서로부터 증언들을 인용했다는 유세비우스의 언급(「교회사」 3.39.17)과 연결될 수 있다.[39] 베드로전서로부터의 증언은 베드로전서 5:13의 인용인데, 이 증언은 마가와 베드로의 관계에 관한 파피아스의

---

38) Ehrhardt, "The Gospels," 26-36은 무라토리 정경 목록의 이 부분을 논의하면서, 요한1서 인용문과 고전 2:9을 연결시켜 고전 2:9을 바울이 제시한 구호로 간주함으로써 엉뚱한 길로 빠져버렸다. 고전 2:9의 인용문은 폭넓게 사용되며 바울이 제시한 구호로 간주되지 않았다: M. E. Stone and J. Strugnell, *The Books of Elijah: Parts 1-2* (Missoula: Scholars, 1979), 42-73을 보라.

39) Lightfoot, *Essays on the Work*, 206에 이미 이런 주장이 제시된 바 있다.

언급을 뒷받침하기 위해 제시된 것 같다.[40] 요한복음에 대한 파피아스의 언급을 뒷받침하기 위해 인용한 요한1서 1:1-4도 적절한 평행 관계를 이루고 있다.

따라서 앞의 무라토리 정경 목록 인용문 중 마지막 문단은 파피아스의 글에 크게 의지했을 가능성이 높다. 마지막 문단 바로 앞 문단은 저자가 변증적 측면에서 복음서들 간의 차이점에 대해 가졌던 관심을 보여준다.[41] 이 문단은 요한복음에 대한 언급들 중간에 위치해 있지만, 이 위치는 부적절하지 않다. 저자가 특히 염두에 두고 있는 것이 요한복음과 공관복음의 차이점이기 때문이다. 저자는 요한복음의 기원에 관한 이야기 바로 다음에 이런 관찰을 제시하는데, 왜냐하면 이 이야기가 바로 요한의 동료인 제자들이 어떻게 요한의 기록을 공인했는지 하는 내용이었기 때문이다. 그는 요한의 동료들이 요한의 기록을 공인했다는 것을, 사실상 요한복음이 다른 복음서와 불일치할 수 없다는 의미로 받아들인다. 하지만 여기서 주목해야 할 점은, 저자의 관심사(테르툴리아누스, 「마르키온 논박」 4.2과 공유되는 관심사)가 네 복음서 모두에서 일치되는 예수 이야기의 본질적 지점들(추측건대 여기에는 사건들의 시퀀스도 포함됨)을 강조하는 것이라는 점이다. 저자의 이런 독특한 관심사는 요한복음에 대한 다음 언급(즉 질서의 측면에서 요한복음이 우월하다는 언급)이 만들어내는 지점과는 사뭇 다르다. 이런 모습은 요한복음의 우월성에 관한 그의 언급이 파피아스라는 출처로부터 유래했음을 확증해준다.

무라토리 정경 목록이 요한1서로부터 가져온 인용문과 요한복음과 관련해서 요한1서로부터 이끌어낸 결론이 파피아스의 견해를 많이 따르고 있다면, 이 정경 목록이 요한복음의 기원에 관해 하는 이야기는 더욱 문제

40) Bauckham, "Papias and Polycrates," 46-47.

41) Ehrhardt, "The Gospels," 26은 파피아스가 이 문단에 영향을 미쳤다고 보는 실수를 저질렀다.

가 된다. 우리는 이 이야기가 파피아스의 언급을 윤색한 형태일 수 있다는 점을 염두에 두어야 한다. 마가복음의 기원에 관한 파피아스의 언급은 후에 알렉산드리아의 클레멘스에 의해 정교하게 다듬어졌고, 더 후에는 유세비우스가 같은 작업을 했다(「교회사」 2.15.1-2). 물론 유세비우스는 자신이 파피아스와 클레멘스의 언급을 단순히 반복했을 뿐이라고 주장한다. 어쨌든 이런 정교화 작업은 마가복음의 사도적 권위를 높이려는 변증적 목적에 기여했다. 이와 같은 말은 요한복음의 기원에 관한 무라토리 정경 목록의 언급에 적용해도 옳을 것이다.

우선 우리가 주목할 점은, 요한복음의 기원에 대한 무라토리 정경 목록의 이야기가 파피아스와 관련되며, 이 이야기가 세베대의 아들 요한이 아니라 파피아스가 말한 장로 요한을 요한복음의 저자로 여긴다고 추측하는 데에는 합당한 이유가 있다는 것이다.[42] 이는 무라토리 정경 목록이 구사하고 있는 언어를 통해서도 나타난다. 요한 자신은 "제자들 중 한 사람"(*ex descipulis*)이다. 이 요한을 독려했던 이들이 동료 제자와 주교들"(*condescipulis et episcopis*)이고, 이들 중 하나인 안드레는 "사도들 중 한 사람"(*ex apostolis*)이라고 불린다. 제자들 중 한 사람인 요한과 사도들 중 한 사람인 안드레 사이의 대조는 충격적이다. 우리는 유세비우스에 의해 인용된 파피아스의 프롤로그 중에서(「교회사」 3.39.4) 예수와 동고동락하던 친밀한 제자들을 포괄적으로 가리키기 위해 "주의 제자들"이라는 말이 사용되었음을 상기할 수 있다. 여기서 "주의 제자들"은 (그가 열거한 일곱 제자처럼) 열두 제자에 속할 수도 있고 (아리스티온이나 장로 요한처럼) 다른 제자

---

42) Streeter, *The Fourth Gospel*, 439-40. 여기서 스트리터가, 무라토리 정경 목록이 요한복음의 저자가 장로 요한이라는 자신의 견해를 뒷받침한다는 사실을 간파하지 못한 채 이 정경 목록을 인용할 수 있었다는 사실은 놀랍다. 요한복음 저자를 "요한"이라고 주장하는 2세기의 저술에서 이 요한이 세베대의 아들일 것이라고 무비판적으로 추정하는 태도가, 요한복음 저자를 알려주는 외부 증거에 관한 연구를 얼마나 깊이 지배해왔는지 분명히 보여주는 증거다.

일 수도 있다. 파피아스는 열두 제자의 구성원을 지시하는 말로 "사도들"보다 "제자들"을 선호하는데, 왜냐하면 이들은 모두 예수에게 중요한 의미가 있었던 친밀한 제자였기 때문이다. "사도"라는 말이 반드시 이런 의미를 전달하지는 않는데, 왜냐하면 아시아에서는 물론 파피아스에게도[43] 바울은 "사도"였기 때문이다. 이런 이유로 유세비우스에 의해 인용된 프롤로그에서 파피아스는 열두 제자를 구분하기 위해 "사도"라는 말을 사용하지 않는다. 무라토리 정경 목록의 저자는 요한을 "제자들 중 한 사람", 안드레를 "사도들 중 한 사람"이라고 부름으로써 열두 제자와 열두 제자 아닌 제자들을 구별한다. 안드레의 경우에는 다른 안드레와 구분할 필요가 없었지만, 요한의 경우는 열두 제자에 속한 요한과 속하지 않은 요한을 구별하기 위해 이렇게 호칭해야 했다. 무라토리 정경 목록의 저자가 파피아스가 자신의 프롤로그에서 사용한 구별 범주를 가지고 의도적으로 작업한다는 사실은, 이 저자가 유일하게 사도로 분류한 이가 안드레라는 사실을 고려할 때 더 선명하게 암시된다. 파피아스의 일곱 제자 명단은 안드레를 첫머리에 둔다는 점에서 독특하다고 할 수 있다.

따라서 무라토리 정경 목록의 저자가 분명히 말하려는 내용은, 예수의 제자이지만 열두 제자에는 속하지 않은 요한이 그의 동료 제자들을 만났다는 것이다. 동시에 저자는 그 동료 제자들이 주교이기도 했으리라고 추측한다. 이들 중에는 열두 제자에 속한 제자와 다른 제자들도 있었을 것이다. 그리고 그 자리에 있던 열두 제자 중 으뜸인 안드레에게 계시가 임했다. 이런 설명 자체가 파피아스로부터 유래했다고 추측하는 데 가장 큰 걸림돌이 되는 것은, 이 설명이 요한복음이 기록될 당시 안드레와 다른 많은 예수의 제자들이 여전히 살아 있었다고 전제한다는 점이다. 분명히 파

43) 파피아스는 바울을 그냥 "사도"라고 부른다. Kürzinger, *Papias von Hierapolis und die Evangelien*의 단편 23=Lightfoot, Harmer, and Holmes, *The Apostolic Fathers*, 326의 단편 24을 보라.

피아스는 프롤로그에서, 그가 구전들을 모을 때에 안드레는 물론이고 자신이 접근해서 가르침을 입수할 만한 주의 다른 제자들이 모두 숨을 거두었고, 오직 아리스티온과 장로 요한만이 생존해 있었다고 암시한다. 파피아스가 요한복음이 기록된 시기를 이보다 훨씬 더 이르게 잡았을 가능성은 거의 없다. 파피아스의 저술에 정통했던 이레나이우스(「이단 반박」 3.1.1)와 알렉산드리아의 클레멘스(유세비우스, 「교회사」 6.14.7)도 요한복음이 마지막으로 기록된 복음서였다고 생각했기 때문이다.

무라토리 정경 목록이 파피아스에게 의존하는 부분을 가려내려면, 요한복음의 기원에 대한 이 정경 목록의 이야기 전체가 다른 현존 자료에서는 나타나지 않으며, 이 이야기의 오직 두 요소만이 다른 자료에서 발견된다는 사실에 주목해야 한다. 이 두 요소란 다른 제자들이 하는 역할에서 관찰되는데, 하나는 그들이 요한이 글을 쓰도록 독려했다(*cohortantibus*)는 것이고, 다른 하나는 요한의 기록을 공인했다(*recogniscentibus*)는 것이다. 둘째 측면은 오랫동안 인식되어온 대로[44] 요한복음 21:24("우리는 그의 증언이 참인 줄 안다")의 해석일 가능성이 높다. (제14장에서 우리는 요 21:24에 대한 이런 독해가 부정확하다는 점을 논증했다. 그렇다고 요한복음을 읽던 고대 독자들이 많은 현대 독자들과는 달리, 이 구절을 오해하지 않았으리라는 뜻은 아니다.)

"공인한다"의 두 번째 측면은 이레나이우스의 글에서도 발견된다. 이레나이우스가 제시하는 증거는 중요한데, 왜냐하면 그는 파피아스의 저술을 잘 알고 있었기 때문이다. 「이단 반박」 2.22에서 이레나이우스는 예수가 숨을 거두었을 때 이미 40세가 넘었다고 주장하고 싶어한다. 하지만 그가 이렇게 주장하는 이유 때문에 여기서 우리가 머뭇거릴 필요는 없다. 그는 다음과 같이 썼다.

---

44) B. W. Bacon, *The Gospel of the Hellenists* (New York: Holt, 1933), 36-37.

이는 모든 사람이, 나이 서른은 누군가가 그런 일을 하기에 아직 젊고 이런 청년기는 나이 사십까지 이어진다는 것을 인정하기 때문입니다.[45] 사람은 나이 사십 줄과 오십 줄이 되어서야 비로소 늙어가기 시작합니다. 우리 주가 여전히 가르치고 계셨을 때의 연세가 바로 이 연세입니다. 이는 그 복음서가 증언하고 주의 제자 요한과 함께하던(*symbeblēkotes*) 모든 장로들도 증언하며(*marturousin*) 요한이 [그들에게 똑같은 전승을 전해주었다고 말합니다.] 이는 제자 요한이 트라야누스 때까지 그들과 함께했기 때문입니다. 그들 중 일부는 요한뿐 아니라 다른 사도들도 보았으며, 그들로부터 같은 말을 들었고, 이 보고가 참이라는 것을 증언합니다(*testantur de huiusmodi relatione*)(「이단 반박」 2.22.5).[46]

계속해서 이레나이우스는 요한복음 8:57("네가 아직 오십 세도 못 되었다")이 예수가 나이 사십을 넘으셨음을 암시한다고 설명한다. 그렇지 않다면 유대인들은 "네가 아직 사십 세도 못 되었다"라고 말했을 것이기 때문이다. 위의 인용문에서("그 복음서가 증언하고") 이레나이우스가 지시하는 본문은 요한복음 8:57임이 분명하다. 장로들에 대한 이레나이우스의 추가적 언급은 보통, 그가 예수가 사십이 넘도록 사셨다는 것을 확증하는 어떤 전승을 알고 있었다는 의미로 이해되었다.[47] 이레나이우스가 몇 차례에 걸쳐 "장로들"의 전승을 인용하고, 늘 그렇지는 않지만[48] 가끔은 파피아스의 글에서

45) 이 문장에 해당하는 라틴어 본문은 틀린 곳이 많다: A. Rousseau and L. Doutreleau, *Irénée de Lyon. Contre les Hérésies*, Livre II, vol. 1 (SC 293; Paris: Cerf, 1982), 288의 주를 보라.

46) 나는 라틴어 본문과 일부 보존되어 있는 그리스어 본문으로부터 번역했다(유세비우스, 「교회사」 3.23.3).

47) Lightfoot, *Biblical Essays*, 56-58; idem, *Essays on the Work*, 245-47; J. Chapman, "Papias on the Age of Our Lord," *JTS* 9 (1908), 53-61 (그는 이레나이우스가 파피아스의 말을 오해했다고 생각한다); J. J. Gunther, "Early Identifications of the Author of the Johannine Writings," *JEH* 31 (1980), 408.

48) 그가 전승을 늘 파피아스로부터 인용한다고 보는 견해에 대해서는 Chapman, *John the Presbyter*, 16을 보라.

전승을 인용한다는 것도 사실이다. 그러나 이 경우에는 이레나이우스가 요한복음 21:24("우리는 그의 증언이 참인 줄 아노라")을 언급하고 있다고 설명하는 편이 더 타당한 것 같다. 그는 이 구절의 "우리"를, 아시아에 있던 요한을 알았던 장로들, 이 요한이 자신의 복음서에 기록한 모든 내용이 참이라는 것을 이 24절의 말로 증언했던 장로들로 이해한다. 따라서 이 장로들은 요한복음 기사의 다른 모든 부분과 함께 요한복음 8:57도 참임을 증언하는 셈이다. 이들은 전승을 전한 이가 주의 제자 요한임을 증언하는 동시에, 이들 중 일부는 과거에 다른 사도들을 알고 있었으므로 요한의 기록이 다른 사도들의 내용과 일치한다는 것도 증언할 수 있었다. 이 이중의 증언을 통해 장로들은 요한이 기록한 모든 내용이 진실임을 공인할 수 있었다.

이런 점만 놓고 본다면, 장로들이 요한복음의 진실성을 공인했다는 이레나이우스의 보고는 무라토리 정경 목록의 이야기와 일치한다. 이 둘이 공유하는 이야기는 당연히 파피아스로부터 나왔을 것이다. 하지만 이레나이우스의 보고와 무라토리 정경 목록 사이에는 다음과 같은 중요한 차이점이 존재한다. 첫째, 이레나이우스는 주의 제자 요한과 "다른 사도들"을 나란히 위치시킴으로써, 요한을 사도들에 포함시키는 것 같다. 제17장에서 우리는 이레나이우스가 요한의 정체를 어떻게 제시하는지 살펴볼 것이다. 그렇지만 이레나이우스가 구사하는 언어는 무라토리 정경 목록의 언어와 다르다. 무라토리 정경 목록에서는 요한과 안드레가 각각 "제자들 중 한 사람"과 "사도들 중 한 사람"으로 대조되었기 때문이다. 무라토리 정경 목록에는 요한복음 저자를 장로 요한으로 본 파피아스의 견해가 보존되어 있음이 분명하다. 둘째, 이레나이우스는 요한복음을 공인한 이들이 요한을 알았던 장로들이라고 말한다. 그러나 무라토리 정경 목록은 요한의 "동료 제자와 주교들"이 요한복음의 진실성을 공인했다고 말한다. 이렇게 차이점이 있는 설명도 이 두 저자가 파피아스에게 의존했음을 확인해준다.

파피아스처럼 이레나이우스도 장로들을 아시아 지역에서 활동하던 그리스도인 교사들 세대에 속하며, 사도들을 알았고 그들보다 오래 생존한 이들로 보았다. 앞에서 우리는 수많은 논의의 대상이 되었던 파피아스의 프롤로그 속 단편, 즉 "장로들"과 "주의 제자들"을 언급하고 있는 단편을 같은 방식으로 해석한 바 있다. 그러나 현대의 일부 학자들은 이 단편을 읽으면서 "장로들"을 파피아스가 열거하는 "제자들"(안드레와 베드로와 나머지 사람들)과 동일시했다.[49] 실제로 유세비우스도 파피아스의 글을 같은 방식으로 읽었던 것 같다(『교회사』 3.39.7). 만일 무라토리 정경 목록의 저자도 파피아스의 글을 이런 식으로 읽었다고 추정한다면, 그가 요한복음의 진실성을 공인한 사람들에 대해 이레나이우스와 다른 언급을 하는 이유는 쉽게 알 수 있다. 추측컨대 파피아스는 요한복음이 장로들에 의해 공인되었다고 말했을 것이다. 하지만 무라토리 정경 목록의 저자는 프롤로그 속 단편을 통해 알려진 파피아스의 언급을 잘못 해석하는 바람에, 이 장로들이 파피아스가 뒤이어 이름을 제시하는 다른 제자들(안드레와 베드로와 나머지 사람들)이라고 추정했던 것 같다. 이런 이유로 무라토리 정경 목록의 저자는 이들을 (장로) 요한의 "동료 제자들"이라고 부른다. 그는 이들이 장로들이라 불리는 이유를 자문하면서—또한 베드로가 자신을 장로들 중 하나로 부른 베드로전서 5:1-2을 기억하면서—장로라 불린 것은 그들이 주교이기 때문이라고 추정한다.[50] 이런 이유로 저자는 이들을 요한의 "동료 제자와 주교들"이라고 부르고 있다. 그리고 이들 중 한 사람의 이름을 거론할 필요를 느꼈을 때 파피아스가 이 장로들이라 추정되는 이들을 열거한 명단에서 자연스럽게 첫 번째 이름(안드레)을 선택한다. 반면에 이레나이우

49) 예를 들어 B. Orchard in B. Orchard and H. Riley, *The Order of the Synoptics: Why Three Synoptic Gospels?* (Macon: Mercer University Press, 1987), 176; C. R. Matthews, *Philip: Apostle and Evangelist* (NovTSup 105; Leiden: Brill, 2002), 21-22.

50) 이렇게 요한에게 그의 복음서를 기록하라고 독려한 장로들을 주교들로 보는 해석은 이레나이우스에게 의존한 후대 저술가들의 글에서도 발견된다(Victorinus of Pettau, *Commentary on the Apocalypse* 11:1; 히에로니무스, 「명사전」 9; 요한복음의 제왕적 프롤로그); Bauckham, "Papias and Polycrates," 63-65을 보라.

스는 파피아스의 글을 정확하게 이해했다. 장로들이 요한복음의 진실성을 보증할 수 있었던 이유는 그들 자신이 주의 제자들이었기 때문이 아니라, 그들 중 일부가 요한은 물론이고 주의 다른 제자들을 알았기 때문이었다.

무라토리 정경 목록에서 요한의 동료 제자들이 한 역할의 또 다른 측면은, 그들이 요한으로 하여금 글을 쓰도록 독려했다는 것이다. 이와 평행을 이루는 내용이 알렉산드리아의 클레멘스의 글 속에서 발견된다(그도 파피아스의 저술을 알았던 것 같다). 클레멘스는 요한과 함께하던 동료들(*gnōrimōn*)이 글을 쓰도록 요한을 독려했다고 말한다(유세비우스, 「교회사」 6.14.7).[51] 아마 이 내용도 파피아스의 글로부터 나왔을 것이다. 다른 한편으로 우리가 주목해야 할 사실은, 마가복음의 기원에 대한 언급(유세비우스, 「교회사」 6.14.6)에서 클레멘스가 자신이 파피아스의 글로부터 알아낸 내용에다, 베드로의 설교를 들었던 사람들이 마가를 독려하여 베드로의 말을 기록하게 했다는 정보를 덧붙인다는 점이다.[52] 결국 이것은 어떤 저자가 펜을 들어 글을 쓰게 된 이유를 설명하는 관습적 방식일 수 있으며, 따라서 클레멘스와 무라토리 정경 목록 사이의 유사성도 우연일 수 있다.

우리는 요한복음의 기원에 대한 파피아스의 언급이, 주의 제자인 장로 요한이 이 복음서를 썼다는 내용이라고 결론지을 수 있다. 파피아스는 복음서를 쓰도록 요한을 독려한 이들이 아시아 지역의 그리스도인 지도자적 교사들, 즉 예수의 다른 제자들을 알았던 장로들이라고 말했던 것 같다. 또한 파피아스는 이 장로들이 요한복음의 진실성을 보증했다고 말했을 가능성이 매우 높다(요 21:24). 계속해서 파피아스는 요한1서 1:1-4의 일부를 인용해서, 요한복음 저자인 장로 요한이 복음서에 언급된 역사적 사

---

51) Ehrhardt, "The Gospels," 20의 "'장로들'이 독려했다"라는 번역은 명백히 오류다. 이런 오류는 클레멘스의 언급을 파피아스와 이레나이우스가 말하는 장로들과 실제보다 더 가깝게 보이도록 만들기 때문에 심각하다고 할 수 있다. 요한과 함께하던 제자들은 분명히 장로들이다. 하지만 클레멘스는 그들을 장로라고 부르지 않는다.

52) 이 점은 유세비우스가 더욱 정교하게 다듬어놓고 있다: 「교회사」 2.15.1.

건들을 직접 본 목격자이며 그가 이 사건들을 자신의 복음서에 기록했음을 보여주었다. 따라서 파피아스가 언급한 복음서 저자들 중 오직 이 요한만이 주의 로기아(*logia*)를 질서 있게 기록했다고 할 수 있다.

추기: 「교회사」 3.24.5-13에서 유세비우스가 원용한 자료가 파피아스인가?

찰스 힐은 요한복음에 관한 파피아스의 언급이(누가복음에 대한 언급도 마찬가지) 유세비우스의 「교회사」 3.24.5-13에 보존되어 있다고 주장했다.[53] 유세비우스가 자신의 글에서 자료를 활용했다는 사실은 "…라고 기록되다"(*katechei logos*, 3.24.5), "그 기록은 분명히 참이다"(*kai alēthēs ge ho logos*, 3.24.8), 또는 더 모호하게 "그들은…라고 말한다"(*phasi*, 3.24.7 2회, 11) 같은 표현에서 암시된다. 적어도 3.24.6-7은 하나의 자료로부터 나온 것이 분명하다. 또한 같은 자료가 3.24.11에서도 사용되었을 수 있다. 힐은 유세비우스가 사용한 이 자료가 파피아스라고 주장하고 이를 훌륭하게 증명했다. 하지만 여기서는 지면상 힐이 제시한 논증의 세부를 다 살펴볼 수는 없다. 아래에서는 힐의 논증에서 바로잡아야 할 몇몇 지점을 제시해보겠다.

(1) 힐은 유세비우스가 인용한 자료의 범위를 충분히 꼼꼼하게 규정하지 않는다. 실제로 3.24.8 서두의 "그 기록은 분명히 참이다"는 자료로부터 인용한 첫 대목의 끝을 표시하고 있다. 3.24.8의 나머지 부분은 물론이고 3.24.9-10도 유세비우스 자신의 설명적 논평이다. 그는 자료를 3.24.11에서 다시 인용한다("그들은…라고 말합니다"). 그러나 3.24.11이 끝난 뒤에는 더 이상 이 자료는 사용되지 않는다. 계속해서 유세비우스는 3.24.12-13

53) Hill, "What Papias Said." 힐은 그의 논증을 *The Johannine Corpus*, 386-88에서 간결하게 요약하고 있다.

에서 자신의 논평을 덧붙인다. 이 논평들은 그가 인용하는 자료로부터 몇 개의 어휘를 채택했을 수는 있지만, 자료 자체를 그대로 전달했다고는 할 수 없다.

(2) 자료의 내용이 실제로 무엇인지에 대해서는 더 큰 문제가 있다. 자료를 토대로 하는 것이 분명한 본문에서조차 유세비우스는 그대로 인용하지 않고 풀어쓰고 있다. 유세비우스는 풀어쓰는 것을 상당히 자유롭게 생각했다. 그 좋은 예가 바로 마가복음의 기원에 관한 알렉산드리아의 클레멘스의 언급(이 언급이 포함된 클레멘스의 저술은 지금은 현존하지 않음)을 보고한 부분이다. 유세비우스는 두 번에 걸쳐 이런 작업을 한다.

> 또 다시 클레멘스는 같은 책들[「성구 주석집」(*Hypotyposeis*)]에 첫 장로들로부터 유래한 한 전승을 집어넣었다. 그 전승은 다음과 같다. 즉 그는…베드로가 로마에서 공적으로 말씀을 설교했을 때, 그리고 성령으로 복음을 선포했을 때, 거기 있던 많은 사람들이, 오래 베드로를 따라다녔으며 그의 말을 기억하는 마가에게 들은 것을 기록하라고 권면했다고 말했다. 또한 마가가 이 일을 하여 복음서를 쓰도록 요청한 사람들 중에 그 복음서를 나누어주었다고도 말했다. 또한 그 일을 베드로가 알게 되었을 때, 베드로가 그것을 강하게 금지하지도 않았고 추천하며 권하지도 않았다고 말했다(「교회사」 6.14.6-7).

> 그러나 큰 신앙의 빛이 베드로의 말을 듣는 이들의 마음에 비추었다. 그리하여 그들은 한 번 듣는 것으로 혹은 하나님의 말씀 선포를 담은 가르침이 글로 기록되지 않은 것에 만족하지 아니하고, 도리어 마가가 베드로를 따르는 자임을 알고 그에게 구술적 가르침을 기록의 형태로 남기도록 권면했다(그리하여 그가 쓴 복음서는 지금도 남아 있다). 그들은 마가가 설득당할 때까지 포기하지 않았다. 그리하여 마가에 따른 복음서라 불리는 경(經)이 나오게 된 원인이 되었다. 또한 그들은 자신에게 주어진 성령의 계시로 말미암아 이루어진 일들을 알고 있던 사도(베드로)가 그들의 열심을 기뻐했으며, 그 경을 교회에서 연구

하도록 허락했다고 말한다(*phasi*). 클레멘스는 「성구 주석집」 여섯 번째 책에서 이 이야기를 인용하고 있다(「교회사」 2.15.1-2).[54]

두 인용문 중 첫째 글조차 인용문이라기보다는 간접화법으로 된 보고다. 하지만 두 번째 인용문과 비교해보면, 유세비우스가 풀어쓰면서 얼마나 자유롭게 자료를 개작하고 다듬었는지를 알 수 있다. 따라서 「교회사」 3.24.6-8, 11의 자료를 보고하는 부분에도 유세비우스의 해석적 유추가 많이 포함되어 있을 것이다.

(3) 힐은 유세비우스가 구전보다 문자 자료를 인용한다고 주장한다. 유세비우스가 이런 종류의 문제를 다루면서 구전에 직접 의존했을 가능성은 희박하다. 그러나 유세비우스의 글에서 자주 보이는 "…라고 기록되다"(*katechei logos*, 3.24.5) 같은 문구는 문자 자료를 가리키는 것이 분명하지만,[55] "그들은 말한다"(*phasi*, 3.24.7 2회, 11) 같은 문구도 문자 자료를 가리키는지는 분명하지 않다.[56] 여기에 대한 그럴듯한 설명은, 유세비우스가 사용한 문자 자료 자체가 구전을 보고하고 있다고 보는 것이다. 이렇게 설명하면 유세비우스가 문자 자료를 보고하면서 "그들은 말한다"(*phasi*)라는 문구를 사용한 몇몇 경우도 충분히 설명할 수 있다.[57] 이런 설명은 앞의 인용문, 즉 마가복음의 기원에 관한 클레멘스의 언급을 유세비우스가 보

---

54) 레이크(K. Lake)의 번역으로서 Loeb Classical Library에 포함되어 있다.

55) H. J. Lawlor, *Eusebiana: Essays on the Ecclesiastical History of Eusebius Pamphili, ca. 264-349 A. D. Bishop of Caesarea* (Oxford: Oxford Univeristy Press, 1917, reprinted Amsterdam: Philo, 1973), 21-23.

56) 참고. P. Sellew, "Eusebius and the Gospels," in H. W. Attridge and G. Hata, eds., *Eusebius, Chritianity, and Judaism* (Studia Post-Biblica 42; Leiden: Brill, 1992), 117: "그리스 역사가들은 기록된 자료든 구술 자료든 어떤 자료를 따를 때 동사 φασί를 종종 사용한다.…유세비우스의 대체적 용례를 보면, φασί는 전승을 보고하지만 그것을 뒷받침할 기록된 권위가 분명히 없는 경우에 사용되는 것 같다."

57) 참고. Hill, "What Papias Said," 591 주 25.

고하고 있는 두 인용문 중 첫째 글에 대해서는 분명히 타당하다. 두 인용문 중 첫째 글에서 유세비우스는, 클레멘스가 "첫 장로들로부터 유래한 한 전승"을 전해주었다고 말하는데(6.14.5), 이는 두 번째 보고에 있는 "그들은 말한다"(*phasi*)를 충분히 설명해준다(2.15.2). 만일 유세비우스가 3.24.6-8, 11에서 참고한 자료의 저자가 파피아스라면, 파피아스는 그가 장로들이나 장로 요한으로부터 들은 말을 인용하는 것일 수 있다.

(4) 하지만 이 자료를 파피아스가 남겼다고 보기에는 몇 가지 난점이 있다. 그중 한 가지 난점은 마태에 대한 여기서의 내용(3.24.5-6)과, 마태복음에 대한 파피아스의 언급을 유세비우스가 「교회사」 3.39.16에서 명시적으로 인용한 것["마태는 그 로기아를 질서 있게 배열하여 히브리어로(*hebraidi dialectō*) 적었으나, 각 사람이 능력껏 최선을 다해 그것들을 해석했습니다"][58]을 비교할 때 발견된다. 둘 사이의 유일한 일치점은 마태가 히브리어로 기록했다는 것뿐이며, 강조점은 완전히 다르다. 파피아스가 3.39.16에서 관심을 쏟는 것은 복음서의 질서 문제이지만, 3.24.6에서는 마태가 그의 복음서를 써야 했던 내력을 설명한다. 이 두 글은 아무리 조합해도, 파피아스가 동일 문맥에서 제시한 한 개의 설명으로는 볼 수가 없다. 힐도 휴 로울러(Hugh Lawlor)의 주장, 즉 "3.24.5-6의 마태복음에 관한 정보는 유세비우스가 3.39.16에 몇 줄만 제시한 파피아스의 설명을 대체로 손상하지 않고 그대로 가져온 것이다"라는 주장에 동의하면서 그것을 인용하고 있다.[59] 반대로 유세비우스가 익명으로 남긴 자료에 포함된 마태복음과 요한복음에 관한 설명이 실제로 파피아스로부터 왔다면, 원래 파피아스의 저술에서는 마태복음에 대한 설명이 유세비우스의 인용과 전혀 다른 문맥에서 나타났을 것이 틀림없다. 이것 때문에 이 익명의 자료가 파피아스로부터 유래했다고 보는 것이 불가능하지는 않지만, 그래도 이런 주장은 상당히 매력

58) 이 해석의 정당성을 밝히고 이 단락에 대해 논의한 내용을 보려면 제9장을 보라.
59) Hill, "What Papias Said," 590. Lawlor, *Eusebiana*, 22을 언급하고 있다.

을 잃어버린다.

(5) 힐은 이 대목에서 유세비우스가 참고하는 자료와, 마가복음에 관한 파피아스의 언급이라고 알려진 내용(3.39.15)이 복음서들의 "질서" 문제에 같은 관심을 공유하고 있음을 지적한다. 또한 힐은, 만일 우리가 요한복음에 관한 파피아스의 언급을 놓고 제16장에서 도출했던 추론을 그대로 유지한다면, 앞의 두 글도 요한복음과 다른 복음서 사이에 질서 측면에서 차이가 있음을 똑같이 인정한다고 지적한다.[60] 놀라운 사실은, 힐이 두 경우 모두에 질서의 문제가 있음은 인식하지만, 이 문제를 해결하는 방법은 두 경우가 완전히 다르다는 것은 간파하지 못한다는 점이다. 파피아스는 마가복음에 "질서"가 없음을 인정하면서도 그럴 만한 이유가 있었다며 마가복음을 두둔한다. 복음서들 사이의 질서의 차이를 해결하기 위해 파피아스가 제시하는 방책은, 요한복음은 올바른 연대기적 순서를 따르지만 다른 복음서(적어도 마가복음과 마태복음)는 그렇지 않다고 설명하는 것이다. 반면에 「교회사」 3.24.5-13에는 전혀 다른 해결책이 제시되어 있다. 네 복음서 중 어떤 복음서에 "질서"가 없다고 하는 대신, 네 복음서를 조화시키는 것이다. 여기서는 요한이 예수의 사역을 설명하는 그의 기록 서두에서 공관복음서의 틈새를 메우는 것으로 자기 역할을 한정했다고 설명된다. 공관복음서는 세례 요한의 투옥 후에 일어난 일만을 이야기한다. 반면에 요한복음은 세례 요한의 투옥 전에 일어난 일을 이야기한다. 분명히 유세비우스는 복음서들의 질서 차이로 인해 생기는 모든 문제를 이런 방식으로 해결하는 데 만족한다. 이런 해결책 자체는 분명히 실패다(예수가 오천 명을 먹이신 일을 기록한 요한복음 기사는 공관복음이 말하는 사건과 완전히 다른 사건인가? 이 요한복음 기사를 예수의 사역을 다룬 공관복음 기사들이 시작되기도 전에 일어난 사건으로 보아야 하는가?). 그러나 요한복음 내러티브의 앞부분과 관련해서는 이런 해결책이 상당히 타당하다(네 복음서에서 세례 요한이 투옥된 일을 다양한 방식

60) Hill, "What Papias Said," 597-602.

으로 언급한 부분들을 보면 알 수 있다. 이 사건은 유세비우스도 인용하고 있다). 따라서 유세비우스의 이 해결책은 복음서들 간의 차이점이라는 문제를, 고대 독자들에게 아주 예민하게 느껴지는 방식으로, 즉 복음서들이 다른 방식으로 시작된다는 문제와 관련지어 설명하고 있다.[61]

「교회사」 3.24.5-13에서 유세비우스가 사용하는 자료 자체의 내용이, 복음서의 질서 문제와 관련해서 유세비우스 자신이 인용 자료의 내용이라고 주장하는 바와 일치한다 해도, 이는 힐이 강조하는 것처럼, 그 자료의 출처가 파피아스라는 것을 나타내는 "강력한 증거"는 아니다.[62] 오히려 반대로 이것은 앞과 같은 결론을 내리지 못하도록 만드는 강력한 증거다. 파피아스가 그의 글임이 확실한 단편(3.39.15)에서 마가복음에 대해 말하는 내용과, 그가 요한복음과 관련해서 제시한 견해로부터 추론되는 내용이 전혀 일치하지 않기 때문이다. 유세비우스가 사용한 자료 자체의 내용은, 그 자료로부터 유세비우스가 주장하는 내용보다 훨씬 적었을 가능성이 있다. 그 자료는 3.24.6-7만으로 구성되어 있었을 수 있다. 또한 그 자료는, 요한이 공관복음서가 예수의 사역 초기의 일을 전부 빠뜨렸다고 생각했다고 말하지 않고(유세비우스가 「교회사」 3.24.7에 제시한 본문은 요한이 그렇게 생각한 것처럼 말함), 다만 공관복음서가 이 초기의 일을 언급하지 않는 것은 이 복음서들의 한 가지 미흡한 점이라고 생각했다고 말했을 수 있다. 바로 이것이 파피아스가 말한 내용인 것 같다. 하지만 이 내용을 실증하려면 우리는 그 자료 자체가 무엇이라고 말하는지, 동시에 유세비우스가 그 자료

---

61) Bauckham, "Papias and Polycrates," 50-51; Hill, "What Papias Said," 598-601. 에피파니우스가 "알로기"파(the "Alogi"; 그리스도의 신성을 부정한 2세기의 이단 종파-역주)가 인용했다고 말하는 요한복음과 공관복음의 차이점은, 특히 예수의 사역을 설명하는 기사들이 어떤 방식으로 시작되는가와 관련된다(에피파니우스, 「이단 논박」 51.4.5-10; 51.17.11-18; 51.18.6; 51.21.15-16; Hill, *The Johannine Corpus*, 176에 인용됨). 현재 우리 논의의 목적을 생각할 때, 에피파니우스가 이런 주장의 근원을 "알로기"파로 돌리는 것이 옳은가 그른가의 문제는 중요하지 않다.

62) Hill, "What Papias Said," 601.

를 어떻게 바꿔놓았는지 깊이 생각해보아야 한다. 이 자료를 파피아스로부터 유래한 것으로 보는 데는 이처럼 큰 제약이 따른다. 이런 이유로 앞의 두 인용문은 파피아스의 저술을 재구성하는 데 사용되기에는 거의 가치가 없다고 할 수 있다.

(6) 설령 이 글 전체를 파피아스의 글로 보는 힐의 주장을 전적으로 받아들인다 해도, 요한복음 저자와 관련된 파피아스의 언급에 대해 힐이 내린 결론—힐은 파피아스가 요한복음 저자를 세베대의 아들 요한으로 보았다고 결론짓는다[63]—은 타당하지 않다. 물론 유세비우스 자신은 요한복음 저자가, 파피아스에 의해 장로 요한이라고 불리는 인물이 아니라 세베대의 아들 요한이라고 믿었다. 유세비우스가 사용한 자료가 이 문제에 대해 무엇을 말하든, 유세비우스는 그 자료의 내용을 요한복음 저자에 관한 자신의 견해에 맞게 수정했을 것이다. 그는 목격자들에 관한 파피아스의 단편도 바로 이런 식으로 해석한다(「교회사」 3.39.5-6). 매우 자주 유세비우스는 자신이 사용하는 자료에서, 신약성경 저자들에 관한 자신의 견해와 일치하지 않는 내용을 빼버리든지 아니면 설명하지 않고 지나간다. 필립 셀류(Philip Sellew)가 논평하듯이, "유세비우스는 신앙이 의심스럽다고 여겨지는 저자들이 성경에 관해 제시하는 어떤 역사적 정보도 포함시키지 않으려고 저항하며, 이런 그의 저항은 거의 완전한 성공을 거둔다."[64] 유세비우스가 보기에 파피아스는 매우 의심스러운 권위였던 것이다.

실제로 자신이 활용하는 자료에 관한 유세비우스의 보고에는, 이 자료가 말하는 요한이 파피아스에 의해 장로 요한이라 불리는 주의 제자 요한이라기보다 세베대의 아들 요한임을 나타내는 부분이 거의 포함되어 있지 않다. 요한을 "사도"라고 부르는 곳이 단 한 군데 있는데(3.24.11), 현존하는 자료에서는 파피아스가 이 말을 쓴 경우가 한 번도 없다. 물론 유세비

---

63) Hill, "What Papias Said," 613-14.

64) Sellew, "Eusebius and the Gospels," 112.

우스가 이 글을 세베대의 아들인 사도 요한에 관해 설명하는 더 큰 글 속에 위치시켰기 때문에, 이 글이 말하는 요한은 세베대의 아들 요한을 가리킨다고 읽을 수밖에 없다. 그러나 유세비우스가 왜 자료를 그대로 인용하지 않고 풀어쓰는 쪽을 택했는지에 대해서는 심사숙고해볼 필요가 있다. 만일 그 자료가 파피아스의 글이라면, 유세비우스가 파피아스가 세베대의 아들이 아니라 장로 요한을 두고 이야기한 증거를 제거하는 방법은 오직 파피아스의 글을 풀어쓰는 길밖에 없었을 것이다. 셀류는 유세비우스가 사용한 "그들은 말한다"(*phasi*, 3.24.7 2회, 11)라는 표현에 대해 다음과 같이 썼다.

> 보통 유세비우스는 구술적 전설들을 되풀이할 때 φασί(그들은 말한다)라는 동사로 전승을 인용한다. 하지만 가끔씩 그는 문자의 권위를 인용할 수 없다기보다는, 신학적 이유로 인해 그렇게 하기를 꺼리면서 φασί라는 모호한 권위에 의존하려 한다.[65]

유세비우스가 「교회사」 3.24.5-13에서 사용한 자료가 무엇이든, 그 자료가 요한복음 저자인 요한에 대해 무엇을 말하는지는 밝혀낼 수 없다.

---

65) Sellew, "Eusebius and the Gospels," 117-18.

제17장

요한복음에 대한 폴리크라테스와 이레나이우스의 보고

요한복음에 대한 파피아스의 언급을 재구성할 수 있는가와는 상관없이, 요한복음 저자가 누구인가에 관해 가장 귀중한 증언을 들려주는 교부는 2세기 말 에베소 주교였던 폴리크라테스다. 요한복음을 쓴 요한과 에베소라는 도시가 관련이 있다는 증언은 2세기 말부터 널리 퍼져 있었다. 이런 증언은 이레나이우스가 쓴 글(「이단 반박」 3.1.1; 3.3.4), 외경인 「요한행전」(*Acts of John*), 알렉산드리아의 클레멘스가 쓴 글(유세비우스, 「교회사」 3.23.6)에서 발견된다.[1] 이미 파피아스도 같은 내용을 언급했을 수 있지만, 우리로서는 이를 증명할 수 없다. 어쨌든 요한복음 저자와 에베소가 연관이 있음을 가장 훌륭하게 증명해주는 증거는 에베소 주교인 폴리크라테스다. 그는 늦어도 130년경에[2] 아시아 지역에 오랫동안 거주하던 명망 있는 기독교 지도자 집안에서 태어났다. 따라서 그는 에베소 교회에 전해지는 지역 전승을 잘 알고 있었음이 틀림없다.

폴리크라테스의 저술 중 우리에게 남아 있는 것은, 그가 190-195년경에 로마 주교인 빅토르에게 보낸 서신에서 유세비우스가 발췌·인용한 부분뿐이다. 이 서신은 부활절 날짜를 어떻게 정할 것인가를 놓고 로마 교회와 아시아 교회들 사이에서 오랫동안 지속되어온 논쟁, 즉 14일 논쟁

1) 에베소의 아폴로니우스(Apollonius)의 글(유세비우스, 「교회사」 5.18.14)을 참조하라. 유세비우스의 보고를 볼 때, 그가 에베소와 연관 지은 사람은 요한계시록의 저자 요한인 것 같다. 아폴로니우스는 당대의 다른 저술가들처럼, 이 요한이 요한복음 저자인 것이라고 생각했던 듯하다.

2) 아래에 인용된 서신(190-195년경에 저술됨)에서 폴리크라테스는 자신의 나이가 예순다섯이라고 천명한다.

(Quartodeciman controversy)을 다루고 있다. 아시아 교회들은 부활절을 그리스도인의 유월절로 다루면서, 그날이 무슨 요일이든 상관없이 유대력 니산(Nisan) 월 14일에 부활절을 지켰으며, (다른 곳처럼) 그 14일이 지나 맞이하는 첫 주일에 지키지 않았다. 이 논쟁은 빅토르 주교 때에 특히 치열했는데, 이는 빅토르가 니산 월 14일에 부활절을 지키는 일을 억압했기 때문이다. 이런 이유로 폴리크라테스의 서신은, 니산 월 14일에 부활절을 지키는 아시아 지역의 관습이 지역 전승에서 최고 권위에 의해 지지받고 있음을 변호하려고 했다.

> 따라서 우리로 말하면, 우리는 그날을 함부로 바꾸지 않고 지키면서, 더하지도 않고 빼지도 않습니다. 이는 정녕 아시아에서 위대한 지도자들이 잠들었으나, 주가 나타나실 날, 곧 주가 영광 중에 하늘에서 오셔서 당신의 모든 성도들을 찾으실 날에 다시 일어날 것이기 때문입니다. 즉 열두 사도 가운데 하나인 빌립은 히에라폴리스에서 잠들었고, 처녀로 늙은 그의 두 딸 [역시 잠들었으며], 성령 안에서 살았던 그의 다른 딸도 에베소에서 안식하고 있습니다. 더 나아가 요한[이 있습니다]. 주의 품에 기댄 그는 제사장이었고 대제사장의 머리띠(*to petalon*)[3]를 했으며, 증인(*martys*)[4]이요 교사였습니다. 그는 에베소에서 잠들었습니다. 더 나아가 폴리카르포스 역시 서머나의 주교였고 순교자(*martys*)였습니다. 그리고 트라세아스(Thraseas)는 유메니아(Eumenia) 주교요 순교자며, 에베소에서 잠들었습니다. 그리고 제가 굳이 주교요 순교자(*martys*)며 라오디게아에서 잠든 사가리스(Sagaris)도 언급해야 할까요? 또는

---

3) 로울러와 울턴은(아래의 각주 6을 보라) 여기서 *petalon*을 "제사장 흉배"로 번역하지만, 이는 적절치 않은 번역이다. 아래에 제시된 증거에 비추어볼 때, *petalon*은 오직 대제사장만이 머리에 쓰는 것의 일부로서 금관이나 하나님의 거룩하신 이름이 새겨진 금 머리띠를 가리킨다.

4) 로울러와 울턴은 후속해서 세 번 나오는 *martys*(각각 폴리카르포스, 트라세아스, 사가리스를 가리킴)를 "순교자"로 번역한다. 이 단어는 죽음으로 증언을 지킬 뿐 아니라 "증인"의 오래된 개념을 간직한 자에게 특별한 의미로 사용되었다.

복된 파피리우스(Papyrius), 또는 줄곧 성령 안에서 살다가 사데에서 누워 쉬며 하늘에서 주가 임하시는 날, 곧 그가 죽은 자들 가운데서 일어날 날을 기다리는 환관 멜리토(Melito)도 언급해야 할까요? 이들은 모두 그 복음서를 따라 열넷째 날을 부활절(Pascha)로 지켰습니다만, 결코 거기에서 벗어나지 않고 믿음의 규칙을 따랐습니다. 더욱이 당신을 비롯한 모든 이들 가운데 가장 작은 자인 저 폴리크라테스도 제 친족들이 지키는 전통을 따라 행합니다. 이 친족들 가운데 일부는 제가 제자로서 가르침을 들었던(*parēkolouthēsa*)[5] 이들입니다. 제 친족 중 일곱이 주교였고, 제가 여덟째입니다. 그리고 제 친족들은 늘 사람들[즉 유대인들]이 누룩을 제쳐놓는 날을 지켰습니다. 그러므로 형제들이여, 주 안에서 65년을 지냈고 세계 각지에서 온 형제들과 대화를 나누었으며 성경의 모든 영역을 샅샅이 살펴본 저는 위협들을 무서워하지 않습니다(유세비우스, 「교회사」 5.24.2-7).[6]

위 인용문에 대한 논의들은 이 글의 섬세한 기교를 제대로 파악하지 못했다. 폴리크라테스는 니산 월 14일을 부활절로 지켰던 아시아의 위대한 지도자 일곱 사람을 제시하고 있다. 일곱은 완전함을 나타내는 숫자로서 그들의 증거가 충분함을 암시한다. 계속해서 폴리크라테스는 주교이자 그중 일부는 자신이 스승으로 모셨던 일곱 친족을 언급한다. 이는 불필요한 증인을 추가로 내세우는 것이 아니라, 이 위대한 일곱 지도자가 자기의 친족임을 주장하는 것이다. 겸손 때문이었는지 폴리크라테스는 일곱 사람이 자기 친족이라는 사실을, 이들의 이름을 모두 밝히고 이어 자신을 "당신을 비롯한 모든 이들 가운데 가장 작은 자"라고 소개하고 나서야 비로

---

5) 이 번역이 "또 내가 가까이서 따랐던 사람들 중 일부"라는 로울러와 울턴의 번역보다 *parekolouthesa*의 의미를 더 잘 전달해준다.

6) 이 번역은 H. J. Lawlor and J. E. L. Oulton, *Eusebius Bishop of Caesarea: The Ecclesiastical History and the Martyrs of Palestine*, vol. 1 (London: SPCK, 1927), 169에 제시되어 있다. 내가 몇 군데 번역을 바꾸었다(앞의 주들을 보라).

소 밝힌다. 자신을 여덟 번째로 소개한 것은 과잉이다. 여덟 번째 사람의 증언은 엄밀히 말해 충분함을 넘어 넘치기 때문이다. 이런 식으로 폴리크라테스는 마땅히 지켜야 할 겸손을 지키면서도, 빛나는 친족들의 증언에 자신의 증언을 보탤 수 있었다. 분명히 그는 일곱 지도자 전부를 주교로 간주하고 있다. 하지만 "주교"라는 단어는 "주교요 순교자"라는 말을 붙일 수 있는 사람들(폴리카르포스, 트라세아스, 사가리스)이 포함된 명단에서만 사용한다.[7]

자신이 일곱 지도자 전체와 한 집안임을 내세우는 폴리크라테스의 주장은 결코 부당하지 않다. 이 주장에는 분명히 중요한 의미가 있다. 그가 히에라폴리스에서 죽은 빌립의 두 딸은 처녀로 늙었다고 말하면서도 셋째 딸에게는 이런 말을 하지 않기 때문이다. 이 셋째 딸은 에베소에서 세상을 떠났는데, 이런 이유로 이 딸은 폴리크라테스의 조상 중 한 명이라고 추정될 수 있다. 폴리크라테스가 자신의 친족인 뛰어난 주교 일곱 사람을 제시한 명단은 특별히 이 경우를 위해 만들어진 것이 아니라, 필시 그가 이전에도 자랑스럽게 되풀이한 명단일 것이다. 폴리크라테스는 의도적으로 이 명단의 인물들을 자기 친족으로 제한하는 동시에 그 숫자도 일곱으로 한정하는데, 이는 그가 부활절을 니산 월 14일을 지키는 것이 합당함을 주장하면서 그 근거로 인용할 수 있었던 아시아의 다른 유명한 인물들, 즉 아리스티온이나 파피아스, 히에라폴리스의 클라우디우스 아폴리나리우스[8] 같은 이들을 생략한 이유를 설명해준다.

요한에 대한 문제를 살펴보기 전에 먼저 우리의 관심을 끄는 것은 빌립에 대한 폴리크라테스의 언급이다. 이 문제의 빌립은 복음 전도자 빌립

7) 모든 그리스어 사본에는 "당신들"(*hymōn*)이라는 단어가 나타나지만, 이 말을 생략하는 것은 유세비우스의 시리아어판 「교회사」를 따르려는 시도다.

8) C. E. Hill, *The Johannine Corpus in the Early Church* (Oxford: Oxford University Press, 2004), 297에서 아폴리나리우스가 니산 월 14일을 부활절로 지키는 데 반대했다는 추론은 오류다.

임이 분명하다. 사도행전 21:8-9은 그의 네 딸이 예언했다고 말한다. 폴리크라테스는 그 딸들 중 한 명이 "성령 안에서 살았다"라고 말하는데, 이는 그녀가 예언자였다는 뜻이다. 파피아스는 빌립의 딸들 중 적어도 둘과 친분이 있었다(유세비우스, 「교회사」 3.39.9).[9] 빌립의 딸들에 대한 폴리크라테스의 언급은, 빌립에게 네 딸이 있었으며 이들이 모두 예언자였다는 사도행전의 언급과 큰 차이를 보인다. 이는 폴리크라테스가 빌립의 딸들 이야기를 다룬 지역 전승에 의존했음을 보여준다.[10] 그러나 폴리크라테스는 빌립을 "열두 사도 가운데 하나"라고 부름으로써 열두 제자 중 한 사람인 빌립과 일곱 일꾼 중 하나인 빌립(행 6:5; 8:5-40; 21:8-9)을 혼동했던 것 같다.[11]

---

9) 파피아스가 아는 이 빌립이 열두 제자 중 한 사람인가, 아니면 행 6장의 일곱 일꾼 중 한 사람인가에 대한 논의로는 C. R. Matthews, *Philip: Apostle and Evangelist* (NovTSup 105; Leiden: Brill, 2002), 31-33을 보라.

10) M. Hengel, *Die Johanneische Frage* (WUNT 67; Tübingen: Mohr, 1993), 35. 대조적으로, 몬타누스주의 저술가인 프로클루스는(유세비우스, 「교회사」 3.31.4) 빌립과 그의 딸들을 히에라폴리스와 연결시키는 전승을 알고 있었지만(프로클루스는 이들이 모두 히에라폴리스에 묻혔다고 주장함), 네 딸을 언급하며 이들이 모두 예언자였다고 말한다. 폴리크라테스가 팔레스타인에 머물던 넷째 딸의 존재를 암시하고 있을 수도 있다는 주장에 대해서는 Matthews, *Philip*, 24 주 33을 보라.

11) 바로 이것이 대다수 학자들이 내린 판단이었다[예를 들어 M. Hengel, *The Johannine Question* (tr. J. Bowden; London: SCM, 1989), 7; R. A. Culpepper, *John the Son of Zebedee: The Life of a Legend* (Columbia: University of South Carolina Press), 1994, 128]. Matthews, *Philip*은 빌립이 단 한 명뿐이었으며, 이 빌립이 복음 전도자로 후대 사람들에 의해 열두 제자 명단에 추가되었다고 주장한다. 또한 매튜스는 누가가 열두 제자 명단과 일곱 일꾼 명단에서 각각 빌립의 이름을 발견하고 그들이 서로 다른 사람이라고 착각했다고 생각하지만, 나로서는 확신이 가지 않는다. 여기에는 여러 이유가 있으며, 제5장에서 피력했던 열두 제자 명단에 관한 내 견해도 그 이유 중 하나다. 매튜스는 빌립이 팔레스타인 유대인들 사이에서 흔한 이름이 아니었다고 정확하게 지적한다(16-18). 또한 그는 "팔레스타인 출신의 초창기 그리스도인들 중 가장 두드러진 두 인물이 모두 빌립이라는 이름을 가졌을 가능성은 거의 없다"라고도 말한다(18). 하지만 우리는 다음과 같은 정황에도 유의해야 한다. 즉 열두 제자 중 한 사람인 빌립은 벳새다 출신이었으며(요 1:44) 따라서 그의 이름은 분봉왕 빌립을 따랐던 것 같다. 분봉왕 빌립은 그 지역을 다스리고 벳새다를 도시로 발전시킨 사람이었다. [분봉왕 빌립에 대해서는 N. Kokkinos, *The Herodian Dynasty* (Sheffield: Sheffield Academic,

아니 폴리크라테스가 이 두 사람(우리가 보기에 이들은 두 사람이다)을 의도적으로 동일인으로 여겼다고 하는 편이 더 정확할 것이다. 초기 기독교의 신약성경 주해가들은, 히브리 성경(구약)을 주해했던 유대인들의 관습을 따라[12] 같은 이름을 가진 사람들을 동일인으로 추정하곤 했다.[13] 폴리크라테스가 두 빌립을 동일인으로 여긴 것은 에베소 교회의 주해 전통을 따른 것으로, 신약성경이 나온 뒤에 활동했던 대다수 그리스도인 저술가들이 막달라 마리아와 베다니의 마리아를 동일인으로 여겼던 것과 아주 비슷하다. 결국 폴리크라테스는 히에라폴리스 및 에베소에 있던 복음 전도자 빌립과 그의 딸들에 관한 그 지방의 기억은 물론이고, 이 복음 전도자 빌립과 열두 제자 중 한 사람인 빌립을 동일시한 주해에 의존한 어떤 전승을 언급하고 있는 셈이다. 앞으로 우리는 요한에 대한 폴리크라테스의 언급 역시, 그 지역의 역사적 전승과 주해 전통을 결합한 것임을 보게 될 것이다.

폴리크라테스는 요한에 대해 이렇게 언급한다. "주의 품에 기댄 그는 제사장이고 대제사장의 머리띠(*to petalon*)[14]를 했으며, 증인(*martys*)[15]이요 교사였습니다. 그는 에베소에서 잠들었습니다." 이 서술에 포함된 요소들

1998), 236-40을 보라. 코키노스는 파니아스라는 시민이 분봉왕 빌립을 따라 이름을 지은 일을 언급한다(240)]. 반면에 일곱 일꾼 중 하나인 빌립은 유대계 그리스어 사용자로 예루살렘 주민이었다. 필시 그는 디아스포라 지역에서 태어났을 것이다. 그가 충분히 빌립이라는 이름을 가졌을 수 있는지는 팔레스타인 유대인들이 사용했던 이름을 기준으로 해서는 판단할 수 없다.

12) R. Bauckham, *Gospel Women: Studies of the Named Women in the Gospels* (Grand Rapids: Eerdmans, 2002), 40에 제시된 예들을 보라.

13) J. J. Gunther, "Early Identifications of the Author of the Johannine Writings," *JEH* 31 (1980), 417은 "학식 있는 성직자라면 복음 전도자 빌립이 열두 제자 중 하나가 아님을 알 수 있었으리라"고 주장한다. 하지만 군터는 이 시기의 학식 있는 이들이 전개했던 주해의 특성을 제대로 인식하지 못하고 있다. 매우 박식한 성직자였던 유세비우스조차 두 빌립을 철저히 동일인으로 본다(「교회사」 3.31.2-5).

14) 앞의 각주 3을 보라.

15) 앞의 각주 4을 보라.

중 가장 수수께끼 같고 논란이 되는 것은 요한을 머리띠(*to petalon*)를 한 제사장이라고 표현한 부분이다. 따라서 이 문제는 마지막에 다시 다룰 것이다. "주의 품에 기댄"이라는 표현은 요한복음의 언급(13:25; 21:20)을 사실상 그대로 가져온 것이다. 이 말은 21:20을 암시할 가능성이 아주 높다. 요한복음은 21:24에서 예수가 사랑하신 그 제자를 복음서 저자로 밝히기 전에, 21:20에서 이 제자를 마지막으로 소개하기 때문이다. 이 문구는 예수가 사랑하신 그 제자가 요한복음 저자가 되기에 충분할 만큼 예수와 특별한 친분이 있었음을 보여준다. 폴리크라테스는 이 문구를 이 요한이 복음서 저자임을 밝힐 때뿐 아니라, 이 복음서가 특별한 가치를 지녔음을 암시할 때도 사용한다. 이레나이우스도 바로 이 문구를 사용해서[「이단 반박」 3.1.1(=유세비우스, 「교회사」 5.8.4): "주의 품에 기댄 그 사람"] 이 요한이 복음서 저자임을 밝히는데, 이는 폴리크라테스가 이레나이우스에게 의존했다는 증거라기보다는, 아시아 지역에서 요한복음 저자를 지칭하는 방법을 반영한 결과인 것 같다.[16] 나이가 예순다섯이나 된 에베소 주교가, 에베소에 있었으며 그의 친족들 중 가장 빛나는 인물이었던 요한복음 저자를 어떻게 지칭해야 하는지에 대해 리옹 주교(이레나이우스)에게 물어볼 필요는 없었을 것이다.[17]

---

16) Hengel, *The Johannine Question*, 7.

17) J. N. Sanders, *The Fourth Gospel in the Early Church* (Cambridge: Cambridge University Press, 1943)에서 요한복음에 대한 질문의 논의는 약간 오류에 빠진 듯하다. 왜냐하면 샌더스는 아무런 논증도 없이 폴리크라테스의 증거가 이레나이우스에게 의존하며 독립적 가치가 없다고 무시해버렸기 때문이다. 샌더스는 아시아에서는 폴리크라테스가 이레나이우스의 글을 읽을 때까지 누구도 에베소의 요한을 요한복음 저자로 여기지 않았으며, 에베소의 연로한 주교가 이 완전히 새로운 생각을 순전히 이레나이우스의 권위만 믿고 받아들였다고 보아야 한다고 주장했다. 2세기 말에는 지역 교회 전승이 지역 교회의 자원을 뛰어넘는 중요성을 가지고 있었다. 불행히도 샌더스의 접근법은 요한복음 저자를 알려주는 외부적 증거에 관한 최근의 수많은 조잡한 논의들에 영향을 미쳤다. 폴리크라테스가 제시한 증거가 이레나이우스가 제시한 증거보다 우월하다는 견해에 대해서는 J. Colson, *L'Énigme du Disciple que Jésus Aimait*

요한을 요한복음 저자로 지칭함은 *martys*라는 단어에서도 계속되는 듯하다. 여기서 *martys*를 순교자로 죽은 이를 가리킨다고 보지 않는 이유는, 요한이 "잠들었다"는 말 때문이 아니다.[18] 왜냐하면 폴리크라테스는, 폴리카르포스처럼 순교자로 지목된 트라세아스와 사가리스에게도 똑같은 단어를 사용하기 때문이다. 하지만 트라세아스, 사가리스, 폴리카르포스는 모두 "주교요 순교자"(*episkopos kai martys*)로 부르면서 *martys*를 두 단어 중 둘째 자리에 적절히 놓았지만, 요한은 "제사장이요 *martys*요 교사"라고 부른다. 여기서 *martys*가 요한의 죽음을 가리킨다면, 이 단어는 "제사장"(*hiereus*)과 "교사"(*didaskalos*) 사이에 기이한 방식으로 끼어 있는 셈이다. 종종 학자들은 이 단어가 요한계시록 1:2, 9을 지시한다고 이해하면서, 요한복음 저자와 요한계시록 저자를 동일시하고, 이 요한이 밧모 섬에서 증인으로서 겪은 고초를 가리킨다고 보았다.[19] 그러나 이 말은 그가 요한복음 저자임을 가리킬 가능성이 더 높다. 요한복음 21:24(참고 19:35)이 요한복음을 예수가 사랑하신 그 제자의 증언과 같은 것으로 다루기 때문이다.[20] "증인이요 교사"라는 말은 요한이 요한복음 저자이자 요한 서신 저자임을 각각 나타내는 말일 수 있다.[21]

폴리크라테스가 요한복음 저자를 강조한 것은, 니산 월 14일을 부활절로 지키는 관습을 변호하는 데 요한복음의 권위가 중요하다는 점과 연관되는 것 같다. 히에라폴리스 주교였던 클라우디우스 아폴리나리우스(아마도 파피아스 바로 다음으로 히에라폴리스 주교를 지냈음)는 폴리크라테스보다 몇 년

(Théologie Historique 10; Paris: Beauchesne, 1969), 35을 보라.

18) Gunther, "Early Identifications," 420과 다른 이들이 이렇게 생각한다.

19) 예를 들어 F.-M. Braun, *Jean le Théologien et son Évangile dans l'Église Ancienne* (Paris: Gabalda, 1959), 339. 요한계시록 저자를 규명하는 일은 요한복음 저자의 경우보다 훨씬 더 힘들다. 의도적으로 나는 이 작업을 제쳐두었다.

20) J. H. Bernard, *A Critical and Exegetical Commentary on the Gospel according to St. John*, vol. 2, ed. A. H. McNeile (ICC; Edinburgh: Clark, 1928), li.

21) 「요한행전」 37이 요한을 "교사"(*ho didaskalos*)라 부른 것은 우연인 것 같다.

앞서 쓴 글에서,[22] 니산 월 14일을 부활절로 지키는 것과 요한이 제시한 수난 연대기를 강력하게 결합시켰으며, 마태의 연대기에 근거한 반대 의견에 대해서도 언급하고 있다[「유월절 일시」(*Chronicon Paschale*) 서문].[23] 아폴리나리우스가 복음서들이 일치하지 않는다고 생각한 것은 분명하다. 하지만 그는 이렇게 일치하지 않는 복음서들을 적절히 조화시키는 길이, 요한이 제시한 연대기를 권위 있는 것으로 받아들여 이를 통해 마태의 연대기를 해석하는 것이라고 보았다.[24] 폴리크라테스가 니산 월 14일을 "사람들(즉 유대인들)이 누룩을 제쳐놓는 날"로 불렀던 것은, 그도 아폴리나리우스와 같은 견해를 가졌다는 사실을 암시한다. 이는 폴리크라테스가 그날을 유대인들이 유월절 식사를 하는 날과 동일시한 것이 아니라(해 질 때부터 다음 해 질 때까지를 하루로 계산하는 유대인들의 방식을 따라, 유월절 식사는 니산 월 14일이 시작할 때 이루어졌기 때문), 유월절 식사를 준비하는 날, 즉 해가 지기 전에 누룩을 집에서 제거하는 날과 동일시했다는 뜻이다(참고. 요 19:14). 그렇다면 니산 월 14일을 부활절로 지킨다는 것은, 폴리크라테스의 입장에서 볼 때, 요한의 수난 연대기를 따를 경우 바로 그날 예수가 십자가에 못 박히셨다는 뜻일 수 있다. 따라서 그가 "그 복음서를 따라" 열넷째 날을 지킨다고 할 때 "그 복음서"는 요한복음을 권위 있는 근거로서 지칭한 것이 분명하다. 이는 다른 복음서들에는 "질서"가 없다는 이유로 요한복음의 연대기적 순서를 선호했던 파피아스의 전례를 충실하게 따르고 있다.

요한에 대한 폴리크라테스의 마지막 언급—그가 에베소에서 죽었다—

---

22) Hill, *The Johannine Corpus*, 296-98은 유월절을 다룬 아폴리나리우스의 작품이 160년대에 나왔다고 본다. 가능한 견해이지만, 나는 이 연대가 그가 주장하는 것만큼 확실치는 않다고 생각한다.

23) 아폴리나리우스가 쓴 작품 단편들을 번역해서 편리하게 이용할 수 있도록 모아놓은 책으로는 R. M. Grant, *Second-Century Christianity: A Collection of Fragments* (London: SPCK, 1946), 78-79.

24) R. M. Grant, *The Earliest Lives of Jesus* (New York: Harper, 1961), 30.

은 분명히 지역 전승의 주장이다.[25] 이는 에베소에서는 이 요한복음 저자의 무덤이 알려져 있었다는 뜻이다.[26] 이 말은 요한이 요한복음을 에베소에서 사는 동안에 기록했다는 이레나이우스의 언급(「이단 반박」 3.1.1)과 일치하는데, 이레나이우스의 이 언급도 틀림없이 아시아의 지역 전승에 근거할 것이다. 마르틴 헹엘은 폴리크라테스의 글에 대해 다음과 같이 설명하고 있다. "히에라폴리스에 있는 빌립의 무덤과 에베소에 있는 요한의 무덤은, 로마에 있던 사도들의 두 제왕(베드로 사도와 바울 사도)의 유명한 *tropaia*(무덤 기념비)에 대응했다. 로마의 장로인 가이우스(역시 2세기 말엽의 인물)는 이 *tropaia*를 내세워 몬타누스주의 지도자 프로클루스에게 맞섰다."[27]

지금까지 논의한 정보를 토대로, 폴리크라테스가 생각하는 요한이 분명히 세베대의 아들 요한이 아니라는 주장이 가끔씩 있었다.[28] 이때 사용된 다음과 같은 두 가지 논증은 유익하기는 하지만, 모든 문제를 망라할 만큼 충실하지는 않다. 첫째 논증으로, 폴리크라테스가 빌립은 명시적으로 열두 사도 중 하나로 부르지만 요한은 그렇게 부르지 않는다는 지적이 있다. 하지만 이런 지적에는 다음과 같은 답변이 가능하다. 즉 당시 사람들이 요한복음을 쓴 요한이 열두 사도 중 하나라고 널리 믿었다면, 그 요

---

25) 에베소의 아폴로니우스도 에베소에 요한과 관련된 지역 전승들이 있었다고 증언한다. 아폴로니우스의 글은 필시 폴리크라테스의 글보다 몇 년 뒤에 기록되었을 것이다: 유세비우스, 「교회사」 5.18.14(연대에 대해서는 Hill, *The Johannine Corpus*, 138을 보라).

26) 에베소에 있는 요한의 무덤에 대해서는 Culpepper, *John*, 147-50을 보라.

27) Hengel, *The Johannine Question*, 7. 여기서 그는 유세비우스, 「교회사」 2.25.7을 참조하고 있다.

28) 예를 들어 H. K. H. Delff, *Die Geschichte des Rabbi Jesus von Nazareth* (Leipzig: Friedrich, 1889), 69-72; idem, *Das vierte Evangelium. Ein authentischer Bericht über Jesus von Nazareth* (Husum: Delff, 1890), 2-11; C. F. Burney, *The Aramaic Origin of the Fourth Gospel* (Oxford: Clarendon, 1922), 134; Colson, *L'Énigme*, 35-42; Gunther, "Early Identifications," 420-21; 참고. Hengel, *The Johannine Question*, 7.

한에게 훨씬 더 큰 권위를 부여하는 표현("주의 품에 기댄"; 단순히 열두 제자 중 하나가 아니라 주와 가장 친밀한 제자임을 표현하는 말)을 쓸 때에는 당연히 열두 사도 중 한 사람이라고도 여겼으리라는 것이다. 하지만 이런 대답도 당시 사람들이 요한복음을 쓴 요한이 열두 제자 중 하나라는 생각을 널리 받아들였다는 가정하에서 가능하다.

다른 한편의 논증으로, 폴리크라테스가 이름을 나열하면서 빌립을 첫 자리에 두어 요한보다 앞세웠다는 지적이 있다. 하지만 이런 순서는 단순히 빌립이, 이레나이우스가 트라야누스 치세기(기원후 98-117)에 살았다고 말한 요한보다 일찍 세상을 떠났다는 믿음을 반영한 것일 수 있다.[29] 확신할 수는 없지만, 폴리크라테스가 제시한 나머지 이름들도 세상을 떠난 순서대로 제시된 것 같다. 폴리크라테스가 말하는 요한이 세베대의 아들 요한이 아닌 다른 요한이라는 주장을 뒷받침하는 가장 중요한 논증은, 그가 요한을 묘사한 내용 중 남아 있는 항목(이 요한이 제사장이었다는 것)을 올바로 해석하면 비로소 나타날 것이다.

요한은 유대교 대제사장이었는가?

폴리크라테스는 요한이 "제사장이고 대제사장의 머리띠(*to petalon*)를 했다"라고 말한다. 여기서 우리가 주목할 부분은 "대제사장의 머리띠"로 번역된 단어인 *petalon*이다. 예루살렘 성전에 있던 유대교 대제사장은 공교하게 만든 머리 장식을 썼다. 요세푸스는 이 장식을 매우 섬세하게 묘사하고 있다(「유대 고대사」 3.172-78).[30] 요세푸스의 묘사는 우리가 가진 기록 중 가장 상세하며, 대제사장의 머리 장식을 묘사하거나 언급한 다른 글들

29) Hill, *The Johannine Corpus*, 119.
30) 그는 「유대 전쟁사」 5.235에서 더 간결한 서술을 제시한다.

도 요세푸스의 묘사와 많은 부분 일치한다. 모든 제사장은 마(麻)로 된 평범한 터번을 썼지만, 대제사장은 그 위에 파란 색으로 수를 놓은 터번을 하나 더 썼다. 그리고 이 터번 위에 금관을 썼는데, 금관에는 세 줄이 둘러 있고 금관 꼭대기에는 황금으로 된 "꽃받침"(*kalyx*) 모양이 있었다. 이마를 덮는 금관 부분은 금으로 된 띠(*telamōn*)였는데, 이 띠 위에는 하나님의 거룩한 이름을 나타내는 네 글자(YHWH)가 새겨져 있었다.[31]

요세푸스는 *petalon*이라는 단어(금속판을 의미함)를 사용하지 않는다. 하지만 다른 유대인들과 초기 그리스도인들은 대제사장의 머리 장식을 묘사하는 글에서, *petalon*을 히브리어 *ṣîṣ*(문자적으로 번역하면 "꽃")의 번역어로 사용하고 있다. 이 히브리어가 오경에서 대제사장의 머리 장식과 관련해서 등장할 경우, 이 말의 의미는 다음과 같은 두 가지 전통을 따라 해석되어온 듯하다. 먼저 요세푸스는 *ṣîṣ*를 꽃 모양의 금관 전체를 가리킨다고 받아들인 것 같다. 70인역 출애굽기와 레위기 번역자들도 이 히브리어를 같은 의미로 이해하여 *petalon*을 사용했다[70인역 출 28:30(히브리어 본문은 36절); 36:38(히브리어 본문은 39:30); 레 8:9]. 필론(「모세의 생애에 관하여」 2.114, 참고. 116, 132)과 알렉산드리아의 클레멘스[「테오도토스 발췌 문집」(*Excerpta ex Theodoto*) 27.1; 참고. 「논문집」 5.6.38.6]도 같은 전통을 따르고 있다. 반면에 다른 전통으로, 집회서(Ben Sira) 히브리어 본문에서 *ṣîṣ*는 관이 아니라 거룩한 글자들이 새겨진 금속판으로 이해되었다(45:12; 참고. 40:4). 이런 해석적 전통을 따라 대제사장의 *ṣîṣ*를 이해했던 그리스어 저술가들도, 앞의 전통을 따르는 저술가들과 마찬가지로, 이 말을 그리스어 *petalon*으로 번역했다. 이

31) 관 앞부분에 하나님의 이름을 나타내는 히브리어 문자 네 개가 새겨져 있었다는 요세푸스의 언급은(「유대 고대사」 3.178; 「유대 전쟁사」 5.235) 필론, 「모세의 생애에 관하여」 114-15, 132; 「아리스테아스의 서신」 98; 알렉산드리아의 클레멘스, 「논문집」 5.6.38.6에 의해서도 뒷받침된다. 반면에 출 28:36과 39:30은 "YHWH께 성결"이라는 말이 새겨져 있었다고 한다. J. E. Hodd, "A Note on Two Points in Aaron's Headdress," *JTS* 26 (1925), 74-75은 출애굽기 본문을 후대의 증거에 맞추어 해석해야 한다고 주장한다.

런 이유로 「아리스테아스의 서신」 98과 「레위의 유언」 8:2은 대제사장의 *petalon*을 대제사장의 이마에 있는, 히브리어로 YHWH가 새겨진 금속판을 가리키는 말로 사용한다.[32] 아마도 이것이 그리스어 *petalon*을 더 자연스럽게 사용한 경우일 것이다.

폴리크라테스가 요한의 머리에 있었다고 묘사한 *petalon*이 대제사장이 쓴 금관 전체를 가리키는지, 아니면 이마를 가로지른 금속판으로 그 위에 하나님의 이름을 의미하는 네 개의 히브리어 문자가 새겨진 금관의 일부를 가리키는지는 명확히 확인되지 않는다. 중요한 것은, 이 두 경우가 모두 유일무이하게 대제사장만이 착용했던 머리 장식을 지시한다는 사실이다. 대제사장만이 착용하던 여러 금 옷과 장식 중, 정면에 거룩한 문자들이 새겨진 금관이 가장 중요한 것으로 간주되었다. 「아리스테아스의 서신」을 보면(96-99) 이 금관은 대제사장 엘르아살이 입고 있던, 경외심을 불러일으키는 의류와 장식품을 묘사하는 글의 절정 부분에 등장한다. 마찬가지로 같은 금관은 아론의 의복을 묘사하는 집회서 본문에서도 절정 부분을 이룬다(집회서 45:8-12). 집회서는 거룩한 문자들이 새겨진 이마 장식의 관이 장엄한 모습을 보여준다고 언급하고 있다(45:12). 또한 요세푸스도 대제사장의 의복을 묘사하는 자신의 글을, 관과 그 관에 새겨진 거룩한 문자에 대한 묘사로 끝맺는다(「유대 전쟁사」 5.231-35; 「유대 고대사」 3.159-78). 금으로 새긴 하나님의 이름을 자기 이마에 붙일 수 있는 것은 대제사장만의 특권이었다. 요세푸스도 대제사장이 입는 다른 의류의 세트가 수없이 많지만(그는 솔로몬이 수천 가지를 만들었다고 말한다) "모세가 하나님의 이름을 새겨 넣은 관은 유일무이하며 이날까지 존속해왔다"라고 알려준다(「유대 고대사」 8.93).[33] 원래 아론이 착용하도록 만들어졌다고 믿어지는 진짜 *petalon*

32) 이 난락에 대한 더 상세한 논증으로는 Bauckham, "Papias and Polycrates on the Origin of the Fourth Gospel," *JTS* 44 (1993), 34-36을 보라.

33) 추측컨대 요세푸스는 예루살렘이 함락된 뒤(기원후 70년) 이 관이 성전의 다른 보화들과 함께 로마로 반출되었다고 생각한 것 같다(참고. 「유대 전쟁사」 6.387-91).

은 오직 하나만 있었다.

따라서 *petalon*을 한다는 것은 대제사장으로서 직무를 시작한다는 뜻이었다. b. Qiddushin 66a의 한 랍비 전승에 따르면, 얀나이 왕[알렉산더 얀나이우스(Alexander Jannaeus)][34]은 자신을 대제사장으로 인정하지 않는 바리새인들을 자극하고 싶을 때 *ṣîṣ*를 착용했다고 한다. 따라서 요한이 "*petalon*(대제사장의 머리띠)을 한 제사장이었다"라는 폴리크라테스의 언급은, 어떤 모호함도 없이 정확하게 요한이 예루살렘 성전에서 대제사장으로 일했다는 뜻이다. 이것은 심지어 그가 [단순히] 신약과 요세푸스 문헌에서 광범위한 의미로 사용되던 주요 제사장(*archiereis*) 중 하나라는 의미도 아니다. 그 호칭이 대제사장 가문을 의미하든지 혹은 성전의 고위 관직자를 뜻하든지 간에 말이다. 사실 그리스어에는 유일무이한 우두머리 제사장(*the* chief priest)과 여러 주요 제사장(chief priests)을 선명히 구분하는 말이 없다(대제사장과 주요 제사장들을 구분하는 것은 영역본에서나 가능하다). 그러나 "*petalon*(대제사장의 머리띠)을 한 제사장"이 뜻하는 바는 아주 명확하다. 폴리크라테스의 말은 요한이 예루살렘 성전에서 아론을 계승해서 다름 아닌 대제사장으로 일했다는 뜻이다. 그의 말은 이런 사실을 정확히 유대 식으로 표현한 것이다. 우리는 이 말을, 폴리크라테스가 니산 월 열넷째 날을 "사람들(즉 유대인들)이 누룩을 제쳐놓는" 날로 표현한 것과 비교해볼 수 있다. 이 말은 단순히 출애굽기 12:15에서 가져온 말일 수 없으며, 그 시대 유대인의 관습(무교절 첫날이 시작하기 전에 집에서 누룩을 제거하던 관습)과 이런 관습을 표현하던 전문용어(참고. m. Pesaḥim 1-2)를 반영하고 있다. 유대인을 간단히 "사람들"(*ho laos*)이라고 표현한 것은 디아스포라 유대인의 용례이며, 이런 용례는 소아시아 지역에서 나온 명문(銘文)들을 통해 알 수 있

---

34) 이 이야기와 평행을 이루는 요세푸스, 「유대 고대사」 290-93에서 왕은 요한 히르카누스다. 이런 이유로 많은 학자는 이 전승이 요한 히르카누스와 알렉산더 얀나이우스를 혼동했다고 생각한다. J. C. VanderKam, *From Joshua to Caiaphas: High Priests after the Exile* (Minneapolis: Fortress, 2004), 298-301을 보라.

다.[35] 폴리크라테스는 에베소의 큰 유대인 공동체와 가까이 살았으며, 유대계 기독교 배경이 강한 교회에 속해 있었다. 이런 이유로 그가 유대인의 관습을 진짜 유대인의 표현 방식으로 말할 수 있었다는 점은 놀랍지 않다. 앞서 주장한 것처럼, 폴리크라테스가 자신이 빌립의 딸들 중 한 사람의 후손임을 주장했다면, 이것은 부분적으로 자신의 유대 혈통을 자랑스럽게 여기는 심정을 표현한 것일 수 있다.

어쨌든 이 시대 그리스도인 저술가들이 *petalon*을 착용한 사람을 성전에서 일하던 유대교 대제사장 외에 다른 사람으로 생각했음을 보여주는 증거는 전혀 없다.[36] 요한이 *petalon*을 착용했다는 폴리크라테스의 주장을 은유로 이해하는 학자들도 가끔 있었다.[37] 대제사장이라는 말이 교회에서 권위 있는 위치에 있던 요한의 지위를 나타낸 은유라는 생각은, 소위 폴리크라테스의 글과 평행을 이루는 다음과 같은 두 가지 용례에 의해서 지지된다고 주장된다. 첫째, 「디다케」(*Didache*) 13:3은 그리스도인들에게 그들이 거둔 산물 중 첫 열매를 예언자들에게 주라고 가르친다. "그들

35) E. Schürer, *The History of the Jewish People in the Age of Jesus Christ* (175 B.C.-A.D.135), revised edition ed. G. Vermes, F. Millar, and M. Goodman, vol 3/1 (Edinburgh: Clark, 1986), 89-90; W. Ameling, ed., *Inscriptiones Judaicae Orientis*, vol. 2, Kleinasien (TSAJ 99; Tübingen: Mohr, 2004), 138-39, 193.

36) 다른 초기 기독교 문헌이 제시하는 글 중 때로 다른 방식으로 해석되어온 본문이 셋 있다. 「야고보원복음」 5:1과 에피파니우스가 주의 형제 야고보에 관해 쓴 두 본문(「이단 논박」 29.4; 78.13-14)이 바로 그것이다. 나는 이 본문들을 Bauckham, "Papias and Polycrates," 37-40에서 상세히 다루었다. 여기서 나는 이 본문들이, *petalon*이 오직 대제사장만 착용하던 머리 장식이었다는 원칙의 예외가 아니라는 것을 주장했다. 에피파니우스는 야고보만이 성전 성소에 들어가도록 허락받았다고 한 헤게시푸스의 주장을 해석하면서, 이는 곧 야고보가 대속죄일에 대제사장만 들어갈 수 있는 지성소에 들어가 임무를 수행하도록 허락받았다는 뜻이라고 말했다. 필시 이 전승은 요한에 관한 폴리크라테스의 언급과는 무관할 것이다. 하지만 이 두 언급은 유대인들의 통상적 표현 방식을 따라, 성전에서 대제사장이 임무를 수행하던 모습을 같은 언어("*petalon*을 착용하고")로 표현하고 있다.

37) 예를 들어 Braun, *Jean le Théologien*, 339-40; F. F. Bruce, "St. John at Ephesus," *BJRL* 60 (1978), 343.

은 너희 대제사장들(*archiereis hymōn*)이기 때문이다." 둘째, 히폴리투스[「논박」(*Refutatio*) 1 서문(*proemium*) 6]는 사도들을 계승한 자들이 사도들과 함께 대제사장직(*archierateias*)이 누렸던 것과 똑같은 은혜에 참여한다고 주장한다. 이런 주장은 폴리크라테스가 요한에 관해 한 말을 오해한 결과일 수 있다.[38] 어쨌든 여기서 「디다케」도 히폴리투스의 글도 폴리크라테스의 글과 평행하지 않는다. 대제사장직에 관한 일반개념 때문에 대제사장이라는 말은 가끔은 그리스도인 예언자나 주교를 나타내는 은유(또는 모형이라고 해야 할지 모르겠다)로 사용되었을 수도 있다. 이런 예언자나 주교의 지위가 몇 가지 점에서 유대교 대제사장의 지위를 닮았기 때문이다. 그러나 이런 은유적 용례에서 "*petalon*을 착용했다"라는 정확한 표현을 쓴다는 것은 앞뒤가 맞지 않다. 폴리크라테스의 언급은 요한이 성전에서 대제사장직을 수행했다는 사실을 직설적으로 말하고 있다. 문맥적으로, 이 언급을 문자적인 의미 외에 다른 의미로 이해해야 한다는 지시는 전혀 없다. "*petalon*을 착용했다"라는 말이 요한에 대한 언급의 시퀀스 속에서 자리하는 위치는, 이 말과 요한이 예루살렘에서 보낸 초기 생애를 자연스럽게 연결시킨다. 요한은 예루살렘에서 예수의 제자였으며 거기서 대제사장을 지냈던 것 같다.

이전 학자들이 제시했던 또 다른 해석의 형태도 있다. 이 해석은 앞의 표현을 문자적으로 이해하기를 바라는 폴리크라테스의 의도를 진지하게 받아들이면서, 이 말이 예수가 사랑하신 그 제자나 요한복음 저자가 살았던 역사를 회상한 것이라고 설명한다. 그러면서 그 제자나 저자는 예루살렘의 제사장 가문 사람이거나 어떤 자격을 가지고 성전에서 공무를 수행

---

38) R. Eisler, *The Enigma of the Fourth Gospel* (London: Methuen, 1938), 55은 히폴리투스의 유실된 한 저술에서 발표되지 않은 단편 하나를 인용하는데, 이 글에서 요한은 "에베소의 대제사장"(*archiereus Ephesios*)이라고 불린다. 진본이든 아니든, 이는 분명히 폴리크라테스에게 의존한 표현이다. 만일 진본이라면, 이 단편이 히폴리투스, 「논박 1」 서문 6을 설명해줄 것이다.

하던 사람이었을 수 있다고 주장한다. 이런 해석을 따를 경우 다음과 같은 난점이 따른다. 즉 이런 학자들이 폴리크라테스의 말을 증명하기 위해 가정하는 역사적 근거가 타당성을 가지려면, 요한이 대제사장이었다는 폴리크라테스의 언급의 의미를 축소시켜야 한다는 것이다(즉 대제사장뿐 아니라 일반 제사장도 *petalon*을 착용했다는 의미로 이해해야 함). 존 버나드(J. H. Bernard)는 제2성전기 말에는 유대교의 일반 제사장도 가끔 *petalon*을 착용할 수 있었다고 생각하는데,[39] 이는 모든 증거에 어긋난다. 요한복음 저자—또는 저자가 사용한 전승의 출처가 되는 인물—가 예루살렘의 제사장 집단에 속했음을 보여준다고 간주되는 요한복음의 내부 증거(18:15을 포함)가 어느 정도 설득력 있는지는 모르겠으나,[40] 이런 증거도 폴리크라테스가 왜 요한이 대제사장의 공직을 맡았다는 주목할 만한 결론에 이를 수밖에 없었는지를 설명해주지는 못한다.

가장 대담한 역사적 추리는 로베르트 아이슬러(Robert Eisler)가 내놓은 설명이다.[41] 아이슬러는 델프[42]의 입장을 따라, 요한복음 저자인 요한을 사도행전 4:6에서 대제사장 집안사람 중 하나로 등장하는 요한과 동일시한다. 아이슬러는 델프[43]보다 더 나아가, 이 요한이 실제로 대제사장이었다고 주장하면서, 이 요한과 37년부터 41년까지 대제사장을 지낸 안나스

---

39) Bernard, *A Critical and Exegetical Commentary*, vol. 2, 596; 참고. Colson, *L'Énigme*, 37. 콜송은 모든 증거를 거부하며 이렇게 역설한다. "예수 시대에 이런 용례가 널리 퍼져 있지 않았다고 증명되지는 않았다." 물론 이것은 증명할 방법이 없지만, 그렇다고 같은 용례가 널리 퍼져 있었다고 추정할 이유도 전혀 없다.

40) 예를 들어 Burney, *The Aramaic Origin*, 133-34; Colson, *L'Énigme*, 18-27, 94-97; Hengel, *The Johannine Question*, 109-11, 125-26; M.-L. Rigato, "L''apostolo ed evangelista Giovanni,' 'sacerdoto' levitico," *Rivista Biblica* 38 (1990), 469-81.

41) Eisler, *The Enigma*, 36-45.

42) Delff, *Geschichte*, 95.

43) Delff, *Das vierte Evangelium*, 9-10은 이 요한이 단 한 번 대제사장을 대리했다고 주장한다. Rigato, "L''apostolo,'" 464 주 33에도 이런 가능성이 제시되어 있다. 아래의 각주들을 보라.

의 아들 테오필루스(요세푸스, 「유대 고대사」 18.123)[44]를 동일시한다. 그는 테오필루스가 히브리어 이름인 요하난이나 여호하난(요한)과 거의 같은 의미를 지닌 그리스어 이름으로 사용되었다고 주장한다. 물론 그랬을 가능성이 크다. 하지만 폴리크라테스가 이야기하는 요한을 대제사장인 테오필루스와 동일시하는 결론은, 증명되지 않은 추측을 잇달아 거친 뒤에야 얻을 수 있는 가정일 뿐이다. 이런 결론을 내리려면, 우리는 폴리크라테스만이 대제사장 테오필루스가 예수의 제자였다는 사실을 언급한 기록을 보존했다고 믿어야 한다.

최근에 리가토(M.-L. Rigato)는 폴리크라테스의 언급을 매우 진지하게 받아들이면서, 요한복음 저자인 요한을 사도행전 4:6의 요한과 동일인으로 간주한 바 있다(리가토는 아이슬러의 저술을 알지 못하는 것이 분명하다).[45] 또한 그는 이 요한이 어느 시기에 대제사장 직무를 수행했다고 추정했다.[46] 요세푸스(제2성전기 말의 대제사장에 관해 알 수 있는 주된 자료)는 요한이라는 이름을 가진 대제사장을 언급하지 않는다. 이런 이유로 리가토는 다음과 같은 세 가지 가능성을 생각한다.[47] (1) 대제사장들에 대한 요세푸스의 기록이 불완전해서 우연히 요한을 언급하지 않았을 수 있다[그리스도인이었던 요한의 이름을 기억에서 지워버릴 대상으로 여겨(*damnatio memoriae*) 기록에서 뺐을 수도 있다]. (2) 요한이 요세푸스가 언급한 인물들 중 한 사람이 가졌던 또 다른 이름이었을 수도 있다. (3) 대속죄일에 대제사장이 아프거나 정결법에 비추어 정결하지 못한 경우에, 그 가문에 속한 다른 사람이 직무를 대행하던 관습을 따라 요한이 대제사장 역할을 했을 수 있다.[48] 분명히 앞의 세 견해는 가능성일 뿐이다. 하지만 폴리크라테스만이 예수의 제자요 요한복음

---

44) VanderKam, *From Joshua*, 440-43을 보라.
45) Rigato, "L''apostolo,'" 465-66.
46) Rigato, "L''apostolo,'" 463-65.
47) Rigato, "L''apostolo,'" 464-65 주 33.
48) VanderKam, *From Joshua*, 409-11.

저자인 인물이 대제사장이었거나 대제사장의 직무를 대행했다는 기이한 언급을 보존했다는 사실은 놀랍다. 여기서 우리가 유념해야 할 점은, 대제사장직을 맡은 자가 대속죄일에 정결하지 못해 그 직무를 수행할 수 없었던 경우로, 우리는 맛디아(기원전 5-4세기)의 사례를 알고 있다는 점이다. 요세푸스는 이 사건과 맛디아를 대신해 대제사장직을 수행한 친척의 이름(엘림의 아들 요셉)을 기록해놓고 있다(「유대 고대사」 17.165-67). 또한 랍비 전승도 이 사건을 선례로서 잘 기억하고 있다(Tosephta Yoma 1:4; b. Yoma 12b; y. Yoma 1:1, 38d). 여기에 대해 제임스 반더캄(James VanderKam)은 "대속죄일에 대제사장직을 일시적으로 다른 사람이 대신하는 일은 공적 사건이므로, 전승으로 기억될 만하다고 이해될 수 있다"[49]라고 설명한다.

우리는 사도행전 4:6을 더 자세히 살펴보아야 한다. 이 구절이 말하는 사건은 대제사장 회의 모임이다. 이 모임에서 베드로 사도와 요한 사도는 예수의 부활을 설교하여 사람들을 선동했다는 죄목으로 기소당했다. 우리는 이 "대제사장 집안"이 여전히 권세를 누리던 전 대제사장 안나스(기원후 6-15년까지 대제사장이었음), 안나스의 사위요 현 대제사장인 가야바, 그리고 안나스의 자손으로서 16년부터 62년까지 대제사장직을 수행했던 최소 다섯 명의 대제사장으로 이루어진 집안이었다고 추론할 수 있다. 요한과 알렉산더는 요세푸스가 전혀 언급하지 않는 인물인데, 이들 역시 같은 집안 사람이었을 것이다. 대다수 사본에는 이 요한이 "요한"(*Iōannēs*)으로 되어 있지만, "요나단"(*Iōnathas*)으로 달리 기록한 사본도 있다. 이 인물은 요세푸스가 가야바 이후에 잠시 대제사장을 지냈다고 말한 안나스의 아들을 가리킬 것이다(「유대 고대사」 18.95). 그는 요세푸스가 이후에 일어난 사건들을 서술한 내러티브에서 매우 두드러진 역할을 했다.[50] 요한이라는 이름은 신약성경에서 매우 빈번히 등장하지만, 요나단은 신약성경의 다른 곳

49) VanderKam, *From Joshua*, 411.

50) VanderKam, *From Joshua*, 436-40.

에서는 전혀 등장하지 않는다. 이런 이유로 일부 학자들은 원래 본문에는 "요나단"으로 되어 있었으나, 필사자들이 더 친숙한 이름인 "요한"으로 바꿔놓았으리라고 추정했다.[51] 하지만 더 통상적인 판단은, 식견 있는 필사자들이 달리 알려진 것이 없는 요한을 역사적으로 유명한 인물인 요나단으로 바꿔놓았다고 보는 견해다.[52] 사실상 이제는 이 요한이 누구인지 알아낼 수 있다. 예루살렘에서 안나스의 아들이었던 대제사장 테오필루스의 아들인 여호하난(요한)의 딸 여호하나(요안나)의 납골함이 발견되었기 때문이다.[53]

아이슬러가 내놓은 제안은 가능성도 거의 없고 순전히 추측으로부터 나온 것이다. 이런 이유로 그의 제안은 요한에 대한 폴리크라테스의 언급이 사도행전 4:6에 의해 설명될 수 있음을 간파하지 못하도록 만들어버렸다. 가장 간단한 설명은, 폴리크라테스(또는 그가 따랐던 에베소 교회의 전승)가 예수가 사랑하신 그 제자요 에베소에서 숨을 거둔 요한을 사도행전 4:6의 요한("요한"이 원래 본문인가의 여부를 떠나 이 이름이 필사본에서 매우 흔했기 때문에, 에베소에서와 폴리크라테스에게는 "요한"으로 알려졌으리라고 추정하는 것이 쉽고 편하다)과 동일인으로 간주했다는 것이다. 그러나 폴리크라테스가 자신이 말하는 요한을 사도행전 4:6의 요한이라고 간주한 것은 역사적 정보 때문이 아니라 단순히 성경을 주해한 결과였다.[54] 예수가 사랑하신 그 제자인 요한이 대제사장이었다는 전승은 은유도 역사도 아니요, 다만 주해의 결과였던 것이다.

---

51) 예를 들어 J. Jeremias, *Jerusalem in the Time of Jesus* (tr. F. H. and C. H. Cave; London: SCM, 1969), 197 주 161; VanderKam, *From Joshua*, 438 주 114.

52) 예를 들어 B. M. Metzger, *A Textual Commentary on the Greek New Testament* (Stuttgart: United Bible Societies, 1975), 317-18.

53) D. Barag and D. Flusser, "The Ossuary of Yehoḥanah Granddaughter of the High Priest Theophilus," *IEJ* 36 (1986), 39-44.

54) 폴리크라테스가 사도행전의 앞부분을 잘 알고 있었다는 사실은 그가 서신에서 행 5:9을 인용하는 것으로 증명된다.

앞에서 폴리크라테스가 두 빌립을 동일시한 것과 관련해서 언급했듯이, 초기 기독교의 신약성경 주해가들은 관습적으로 같은 이름을 가진 인물들을 동일인으로 간주했다. 이런 관습의 사례로는 2세기의 「바울행전」(폴리크라테스 시대에 기록됨)이 다메섹에서 바울이 찾아간 집 주인인 유다(행 9:11)와 주의 형제인 유다(막 6:3)를 동일인으로 본 경우나,[55] 「야고보원복음」(*Protevangelium of James*, 23-24장)이 세례 요한의 아버지인 사가랴와 성전에서 죽임 당한 사가랴(마 23:35)를 동일인으로 본 경우가 있다. 동시에 사도 시대 이후 초기 교회에서 유명 인물—에베소의 장로 요한에 비견할 만한 인물—들과 신약성경에서 같은 이름을 가진 인물을 동일인으로 간주했던 사례도 상기해볼 수 있다. 예를 들어 로마의 클레멘스는 빌립보서 4:3의 클레멘스(개역개정에서는 "글레멘드"-역주)와 동일인으로 여겨졌고(유세비우스, 「교회사」 3.4.9), 로마의 리누스(Linus)는 디모데후서 4:21의 리누스(개역개정에서는 "리노"-역주)로(이레나이우스, 「이단 반박」 3.3.3; 유세비우스, 「교회사」 3.4.8), 예언자이자 「목자」(*Shepherd*)의 저자인 헤르마스는 로마서 16:14의 헤르마스(개역개정에서는 "허마"-역주)와 동일인으로 간주되었다(오리게네스, 해당 부분). 마지막 두 사례는 역사적으로 볼 때 어느 정도 타당할 수 있다. 그러나 이런 동일시 현상도 다른 사례와 마찬가지로 주해 과정을 통해 만들어졌다.

예수가 사랑하신 그 제자를 사도행전 4:6의 요한과 동일시하는 것은 요한복음 18:15에 의해 촉진되었던 것 같다. 요한복음 18:15이 예수가 사랑하신 그 제자를 언급하고 있다고 이해한다면, 여기서는 그 제자가 대제사장과 친밀한 사람으로 묘사되고 있는 셈이다. 사도행전 4:6은 요한을 안나스와 가야바에 이어 세 번째로 열거한다. 제2성전기 말에는 유대교 대제사장이 대부분의 경우 직무 기간이 매우 짧았음을 알고 있거나, 요한복

55) 콥트어로 기록된 「바울행전」의 한 대목이다. 번역문을 보려면 E. Hennecke, W. Schneemelcher, and R. McL. Wilson, eds., *New Testament Apocrypha*, vol. 2 (revised edition; Louisville: Westminster/John Knox, 1992), 264을 보라.

음 18:13로 인해 대제사장 자리가 해마다 새로 채워졌다고 오해한 사람이라면, 사도행전 4:6의 요한처럼 대제사장 가문에서도 두드러진 위치에 있던 인물이 틀림없이 일정 기간 대제사장직을 맡았으리라고 쉽게 추정할 것이다. 이 요한과 예수가 사랑하신 그 제자 요한을 동일인으로 간주하는 이유는—앞서 언급한 대로 널리 퍼져 있던 주해 관습 때문이기도 하지만—그들이 상찬하는 요한복음 저자요 같은 고장 사람인 요한을 당시 등장하고 있던 신약 정경의 기록 중 다른 곳에서도 발견하고 싶었던 에베소 교회의 자연스러운 욕구 때문이었을 것이다. 또한 두 요한을 동일시하는 것은 로마의 빅토르에게 보낸 폴리크라테스의 서신이 가진 특별한 목적(즉 요한복음의 수난 연대기에 따라 니산 월 14일을 부활절로 지키는 관습의 정당성을 변호하는 목적)과도 잘 들어맞았다. 제사장직을 실제로 친히 수행했던 사람이 예수의 고난을 지켜본 목격자라면, 시간적으로 그 고난이 유대 절기와 어떤 관계에 있었는가를 올바로 기억하는 것은 당연하다.

폴리크라테스는 그가 보낸 서신에서 자신이 성경을 상당히 잘 안다고 자랑하면서, 자신의 이 훌륭한 친족과 사도행전 4:6의 요한을 동일인으로 제시했을 가능성이 아주 높다. 그러나 폴리크라테스 자신이 이 둘을 동일인으로 만들었는지 아니면 이 둘을 동일인으로 여기는 전승을 물려받았는지에 상관없이, 그가 자기 친족인 그 요한과 사도행전 4:6의 요한을 동일인으로 여겼다는 것은 매우 중요하다. **에베소 교회가 그 고장 사람이요 예수가 사랑하신 그 제자인 요한을 요한복음 외의 신약성경 기록에서 찾았다는 사실은, 그들이 이 요한을 세베대의 아들 요한과 동일인으로 여기지 않았다는 것을 확실히 보여주기 때문이다. 예수가 사랑하신 그 제자 요한을 사도행전 4:6의 요한과 동일시한 이상, 그 요한을 세베대의 아들 요한과 동일인으로 보는 것은 불가능하다.**[56] 세베대의 아들 요한은 바로 이

---

56) 내가 이 점을 강조하는 이유는 "Papias and Polycrates"에 제시된 내 견해를 비판하는 학자들이 이 점은 고려하지 않은 채, 폴리크라테스가 요한복음 저자를 행 4:6의 요한

내러티브에서 안나스와 가야바와 요한과 알렉산더에게 심문받는 두 제자 중 한 사람으로 등장하기 때문이다. 에베소 교회는 그 교회 사람인 요한에 관해 가지고 있던 전승 때문에 그가 세베대의 아들 요한일 수는 없다고 확신했으며, 심지어 2세기 말에도 요한복음 저자인 요한과 세베대의 아들 요한을 동일인으로 여기는 것에 저항할 수밖에 없었다. 그러나 요한복음 저자인 요한과 세베대의 아들 요한을 동일인으로 여기는 견해가 이미 다른 몇몇 장소에서는 거스를 수 없는 대세가 되었으며, 다음 세기에는 통설이 되어버렸다.

요한에 대한 이레나이우스의 보고

앞에서 우리는 2세기 아시아 지역의 기독교 전승 특히 에베소의 전승에서, 요한복음 저자이자 요한복음에서 "예수가 사랑하신 그 제자"라고 불리는 요한이 세베대의 아들 요한과 동일인으로 간주되지 않았다는 점을 논증했다. 오히려 이 요한은 예수의 제자이지만 열두 제자에 속하지 않은 인물, 인생 후반부에는 에베소에서 살아 그 도시의 지역 교회에 널리 알려져 있던 인물, 특히 예수의 제자 중 장수한 인물로서 자신과 같은 시대를 산 이들보다 더 오래 생존했던 제자로 알려져 있었다. 그는 에베소에 묻혔으며 그곳에 있는 그의 무덤도 알려져 있었다. 또한 2세기 말에 에베소 주교였던 폴리크라테스는 이 요한이 자신과 혈연관계에 있다고 주장했다. 우리가 지금까지 살펴본 자료들을 보면, 세베대의 아들 요한은 요한복음 및 에베소와 연관이 없다. 이런 연관은 후대에 가서 에베소의 요한, 곧 파피아스가 말하는 장로 요한을 열두 제자에 속했던 요한과 동일시하면서 비

및 세베대의 아들 요한과 동일시했으리라고 추정하는 것 같기 때문이다. 하지만 폴리크라테스 같은 주해 전문가가 이런 동일시를 했으리라고는 생각할 수 없다.

로소 나타났을 것이다. 이렇게 에베소의 요한과 세베대의 아들 요한을 구분하는 지식은 아시아 지역에 국한되지 않고 무라토리 정경 목록에도 나타난다. 따라서 십중팔구는 로마나 이탈리아에서도 이 두 요한을 구분해야 함을 알았을 것이다. 이곳에서는 대다수 학자가 두 요한을 구분한 문서를 가지고 있었기 때문이다. 이 경우에는 파피아스가 쓴 저술에 의존했으리라고 설명해야 할 것 같다.

리옹의 이레나이우스는 그의 걸작 「이단 반박」 3권 서두에서, 그가 진짜 사도들로부터 나왔다고 여기는 네 복음서의 각 책이 어떻게 사도들에게 기원을 두고 있는지를 간결하게 이야기한다. 이 시점에서 우리는 요한에 관한 이레나이우스의 견해를 더 폭넓게 고찰하기 전에, 아래와 같은 그의 언급을 먼저 살펴보겠다. 왜냐하면 이 언급이 이레나이우스가 쓴 것이 아니라, 그가 로마 교회의 문서 보관소에서 취한 것이라는 주장이 있기 때문이다.[57]

> 그리하여 마태는 히브리인들 가운데서 그들 자신의 언어로 기록한 복음서를 펴냈습니다. 그때 베드로와 바울은 로마에서 설교하며 교회를 세우고 있었습니다. 그들이 떠난 뒤, 베드로의 제자요 해석자(*hermēneutēs*)인 마가도 베드로가 설교한 것을 글로 기록하여 우리에게 전해주었습니다. 바울의 동역자인 누가도 그(바울)가 설교한 복음을 책으로 기록했습니다. 그리고 주의 제자요 주의 품에 기댔던 요한도 직접 그가 에베소에 머무는 동안에 복음서를 펴냈습니다

57) B. Mutschler, "Was weiss Irenäus vom Johannesevangelium? Der historische Kontext der Johannesevangeliums aus der Perspektive seiner Rezeption bei Irenäus von Lyon," in J. Frey and U. Schnelle, eds., *Kontexte des Johannesevangeliums. Das vierte Evangelium in religions- und traditions-geschichtlicher Perspektive* (WUNT 175; Tübingen: Mohr, 2004), 705-6. 이는 C.-J. Thornton, *Der Zeuge des Zeugen, Lukas als Historiker der Paulusreisen* (WUNT 56; Tübingen: Mohr, 1991), 8-67을 따르고 있다. 토른톤은 이 로마 자료가 120년에서 135년 사이에 작성되었다고 본다(62).

(이레나이우스, 「이단 반박」 3.1.1; 그리스어 본문은 유세비우스, 「교회사」 5.8.2-4).[58]

내 견해로는 이 글을 이레나이우스가 직접 썼는지는 분명하지 않다. 마태와 마가를 언급한 내용은 분명히 파피아스에게 의존하고 있다. 이레나이우스는 파피아스의 작품을 알고 있었다(5.33.4). 이레나이우스 자신은 다른 지면에서 누가를 사도들의 "동역자"(*sectator, akolouthos*)라고 부르고 있다(1.23.1; 3.10.1; 참고. 3.14.1). 이레나이우스가 마태를 언급한 내용은 로마 교회의 시각에서 그 틀을 가져온 것으로 보인다. 그러나 이 언급 내용은, 이레나이우스 자신의 교회가 리옹 교회였음을 생각할 때, 그 자신과 모(母)교회인 로마 교회의 연관성을 반영하는 것 같다. 요한을 표현한 두 묘사 중 "주의 제자"는 이레나이우스가 요한을 가리킬 때 늘 쓰는 말이다.[59] 물론 이 말은 로마에서도 사용되었지만 말이다(아래를 보라). 이레나이우스가 다른 곳에서는 요한을 "주의 품에 기댄 사람"으로 부르지 않는다는 것은 사실이다. 그러나 이미 보았듯이, 이레나이우스가 리옹 주교로 있는 동안에 에베소 주교였던 폴리크라테스가 바로 이 묘사를 사용했다(유세비우스, 「교회사」 5.24.3). 이 묘사는 요한복음 13:25을 모방한 표현이지만, 이런 사실이 폴리크라테스와 이레나이우스가 2세기 말에 사용했던 묘사가 정확

58) 내가 의존한 「이단 반박」 본문들은 루소(A. Rousseau)가 편집한 *Sources Chrétiennes* 시리즈에 실려 있다: vols. 100, 153, 211, 264, 294.

59) Mutschler, "Was weiss Irenäus," 705, 707은, 이 문구에 있는 술어 위치의 소유격("주의"; 3.1.1의 형태)이 늘 한 자료로부터 유래하지만, 이레나이우스 자신은 이 소유격 형태를 한정어(attributive) 위치에서 사용한다고 주장한다. 그러나 이 주장은 설득력이 없다. 한정어 형태는 10회에 걸쳐 나타나며, 술어 형태는 8회에 걸쳐 나타난다[1.8.5(2회); 3.1.1; 3.11.1, 3; 4.30.4; 5.33.3; 「빅토르에게 보내는 서신」]. 그리고 그리스어 본문에서는 술어 형태지만 라틴어 본문에서는 한정어 형태를 지닌 사례도 한 번 있는데(2.22.5), 이럴 경우 라틴어 번역문을 문자적으로 완전히 신뢰할 수는 없다. 술어 형태를 가진 여덟 사례 중 오직 네 경우만이, 무첼러가 이레나이우스의 출처라고 본 글들 속에 나타난다(3.1.1; 3.3.4; 5.33.3; 「빅토르에게 보내는 서신」).

히 일치하는 이유를 설명해주지는 못한다.[60] 이 묘사는 요한을 가리키는 표준적 묘사로서, 요한복음이 특별한 가치를 부여하는, 예수와 요한의 남다른 친분을 표현하기 위해 사용되었음이 틀림없다. 이 말은 십중팔구 에베소 교회에서도 표준적 용례였을 것이다. 폴리크라테스와 이레나이우스가 이 묘사를 사용하기 전에 로마가 같은 묘사를 에베소로부터 받아들였을 수도 있지만, 이레나이우스가 이 묘사를 에베소 교회의 용례로 알고 있었다고 추정하는 편이 더 간단한다. 따라서 이레나이우스가 복음서들을 언급하는 이 네 가지 단서를 한 자료에서 가져왔다는 주장에 무게를 싣는 것은 위험하다. 이레나이우스 자신이 그가 아는 파피아스의 글과 다른 자료들을 참조해서 이것들을 직접 썼을 가능성이 높다.

하지만 우리 논증에서 이레나이우스가 가지는 중요성은 이 특별한 본문에 국한되지 않는다. 그는 요한복음 저자인 요한을 자주 언급하고 있다. 이런 이유로 이 언급들이 요한복음 저자이지만 세베대의 아들은 아닌 요한에 대한 아시아 지역의 전승을 반영하는가라는 질문을 해보는 것도 유익하다. 이레나이우스 자신도 아시아 지역, 아마도 서머나 출신일 것이다. 이런 이유로 그가 에베소의 요한에 관해 그 지역 사람들이 아는 내용을 전달해주었으리라고 생각하는 것은 합당하다. 젊은 시절 이레나이우스는 연로한 주교인 서머나의 폴리카르포스 발치에 앉아, 사도 세대 사람들에 관한 폴리카르포스의 수많은 회상과, 그들이 전한 예수 관련 전승을 들었다. 이후 177년이나 178년에 이레나이우스는 프랑스 남부의 리옹으로 옮겨갔으며, 앞서 순교했던 포티누스(Photinus)의 뒤를 이어 리옹 주교가 되었다. 여기서 그는 발렌티누스 계열의 영지주의자들, 그중에서도 특히 지도자격인 유명한 교사 프톨레마이오스와 논쟁을 벌였으며, 180년 무렵에는 다섯 권짜리 걸작 「이단 반박」을 썼다. 이 「이단 반박」에서 이레나이우

60) 반면에 이레나이우스는 「이단 반박」 4.20.11에서 요 21:20을 문자적으로 인용한다. 하지만 이렇게 인용된 말들이 요한과 동일시되지는 않는다.

스는 영지주의자들을 철저히 논박했으며, 당시 부상하고 있던 정통에 대한 고전적 문언을 만들어냈다. 얼마 뒤 그는 기독교를 변증하는 짤막한 저술 「사도들의 설교를 설명함」(*The Demonstration of the Apostolic Preaching*; 아르메니아어판만이 보존되어 있음)을 썼다. 우리는 그가 쓴 서신 중 두 서신의 일부를 가지고 있는데, 하나는 그가 젊은 시절에 서머나에서 알던 영지주의 교사요 한때는 폴리카르포스 문하에서 함께 공부했던 플로리누스에게 쓴 것이요, 다른 하나(195년경에 쓴 서신)는 부활절 날짜를 둘러싼 14일 논쟁(로마 교회와 아시아 교회들 사이의 논쟁)에 관해 로마 주교 빅토르 1세에게 보낸 서신이다.

이레나이우스는 요한복음 저자인 요한에 관해 어떤 내용을 알고 있었을까? 그는 요한을 요한 문헌(요한복음, 요한 서신,[61] 요한계시록) 전체를 쓴 저자로 간주한다. 이 요한은 예수가 사랑하신 그 제자(이레나이우스는 이 표현을 사용하지 않지만)로서 마지막 만찬 때 주의 품에 의지했던 사람이다. 이 요한은 에베소에 사는 동안 요한복음을 썼으며, (98년에 시작되는) 트라야누스 치세기에 숨을 거둘 때까지 에베소에서 계속 살았다. 이레나이우스는 자주 그를 "주의 제자 요한"이라고 부른다(표 16을 보라). 그는 에베소 지역에서 회자되던 요한에 관한 이야기 한 토막, 즉 요한이 이단인 케린투스가 공중 욕장에 있는 것을 보고 그 건물이 무너질까 하여 거기를 빠져나왔다는 이야기를 들려준다(「이단 반박」 3.3.4). 이레나이우스는 요한이 메시아 시대에는 이 땅에 기적처럼 많은 열매가 맺히리라는 예수의 가르침을 주장했다고 인용하고 있다(5.33.4). 그러나 이레나이우스가 진짜 관심을 쏟는 지점은 요한의 복음서와 관련해서다. 이 복음서는 그 저자가 예수와 가까웠다는 점 때문에 더 권위가 있었다. 요한에 대한 이레나이우스의 언급 대부분은 이 요한을 복음서 저자로 말하는 것들이다. 이레나이우스는 저자들 이

61) 이레나이우스가 요한 서신 중 두 서신, 즉 요한1서와 요한2서만 알고 있었음을 볼 수 있다.

름을 언급하지 않은 채 공관복음을 종종 인용하지만, 요한복음을 인용할 경우에는 빈번히 저자 이름을 밝히며 그 저자의 영예로운 별명인 "주의 제자"를 자주 덧붙인다.

이레나이우스는 요한과 관련된 정보를 (요한복음 자체를 제외하고) 어떤 출처에서 가져왔을까? 표 17은 이레나이우스가 자신이 활용한 자료들에 대해 제공하는 정보를 일목요연하게 도표의 형태로 보여준다. 직접적 자료로는 세 가지가 있는 듯한데, 그중 이레나이우스의 관점에서 가장 중요한 출처는 서머나 주교인 폴리카르포스일 것이다.[62] 다음의 인용문은 이미 제12장에서도 제시했지만, 여기서 다시 재고해볼 필요가 있겠다. 이 글에서 이레나이우스는 발렌티누스주의 교사인 플로리누스가 이단의 가르침을 베푼다며 그를 통박한다.

> 플로리누스여, 말할 것도 없이 이런 견해들은 건전한 판단에서 나온 것이 아닙니다. 이런 견해들은 교회와 조화를 이루지 못할 뿐더러 지극히 경건치 않은 가운데 이런 견해들을 받아들인 이들과 관련되어 있습니다. 이런 견해들은 일찍이 교회 밖에 있던 이단들조차도 감히 드러내놓고 지지하지 않았던 것입니다. 또한 이런 견해들은 사도들의 제자들이요 우리 앞에 있던 장로들이 그대에게 전해주지 않은 것입니다. 이는 내가 아직 소년이었을 때 그대가 폴리카르포스와 함께 아시아 아래 지방에 있으면서, 황제의 법정에서 재치 있게 행하며 폴리카르포스의 총애를 얻으려고 애쓰는 모습을 보았기 때문입니다. 이는 내가 요새 일어난 사건들보다 그때 일어난 사건들을 더 잘 기억하기 때문입니다(이는 우리가 어릴 때 배우는 것이 자라나는 지성과 보조를 맞추어 그 지성의 일부가 되기 때문입니다). 따라서 나는 그 복된 폴리카르포스가 강연할 때 늘 앉던 바로 그곳, 그가 나가고 들어오던 일, 그의 삶의 특성, 그 몸의 생김새, 그

62) 폴리카르포스의 저술이 이레나이우스의 출처로서 가지는 중요성에 대해서는 Hill, *The Johannine Corpus*, 351-57을 보라.

가 많은 사람들에게 했던 담화들, 그가 자신이 요한과 주를 뵈었던 다른 이들과 나누었던 대화에 관해 어떻게 말했는지, 그가 기억을 떠올려 그들의 말을 어떻게 이야기했는지 말할 수 있습니다. 그가 그들에게 들은 것은 주와 주의 능하신 일들과 주의 가르침에 관한 것이었습니다. 폴리카르포스는 그것들을 로고스이신 그분의 삶을 직접 본 목격자들로부터(*autoptōn*) 들으면, 이를 성경을 따라 선포하곤 했습니다. 나는 그때도 하나님이 내게 베푸신 자비로 이런 말들을 열심히 경청하면서, 그것들을 파피루스가 아니라 내 마음에 기록하곤 했습니다(유세비우스, 「교회사」 5.20.4-7).[63]

사실상 이레나이우스는 요한에 대한 폴리카르포스의 회상과 관련해 많은 기억을 전달해주지는 않는다. 이레나이우스는 요한과 케린투스가 공중 욕장에서 조우했던 이야기도 "폴리카르포스에게 이 이야기를 들은 사람들"로부터 들었다고 말한다(「이단 반박」 3.3.4). 이 말은 이레나이우스가 폴리카르포스로부터 이 이야기를 직접 들은 것이 아니라, 폴리카르포스로부터 들은 사람을 통해 한 다리 건너 전해 들었다는 뜻으로 이해되어왔다.[64] 물론 그랬을 가능성도 있다. 하지만 이레나이우스가 "폴리카르포스에게 이 이야기를 들은 사람들" 중에 속해 있었을 가능성이 더 크다. 따라서 앞의 이레나이우스의 언급은, 이 이야기가 이레나이우스 자신을 포함해 폴리카르포스의 말을 경청했던 이들 중에 널리 알려져 있었다는 의미일 가능성이 더 크다.[65] 분명히 이 이야기는 오래 기억에 남았을 것이며—추측컨대 웃긴 이야기였으리라—이레나이우스의 기억 속에도 깊이 박혔을 것이다. 그가 이 이야기를 들은 때가 소년 시절이었기 때문이다. 이레나이우스는 로마 주교 빅토르에게 보낸 서신에서, 폴리카르포스가 아니케투스

63) Grant, *Second-Century Christianity*, 115-16에 제시된 번역문이다.

64) Mutschler, "Was weiss Irenäus," 709.

65) 이는 Hill, *The Johannine Corpus*, 354과 동일한 견해다.

시절(155-166년)에 로마를 방문한 일을 회상한다. 그때 폴리카르포스는 니산 월 14일을 부활절로 지키는 관례가, 그가 주의 제자 요한과 함께 지키던 관습이었다고 주장했다. 여기서 이레나이우스가 자신도 현장에 있던 일을 회상하는지는 분명하지 않지만, 이 사건은 분명히 교회들 사이에 널리 알려져 있었다. 우리 목적에 비추어볼 때, 이레나이우스가 폴리카르포스가 전했다고 회상한 정보 중에서 정말 중요한 것은 일반 정보다. 즉 폴리카르포스가 젊은 시절에 요한이라 불린 예수의 제자는 물론이요, 예수를 보았던 이들(아리스티온도 틀림없이 이들 중 하나였을 것)과 돈독한 사귐을 가졌다는 내용이 바로 그것이다. 이와 관련해서 이레나이우스가 실수를 했을 가능성은 거의 없다. 또한 이레나이우스가 폴리카르포스는 물론이요, 다른 자료들을 통해 이 요한이 요한복음 저자임을 알았다고 보는 것이 타당하다.

이레나이우스는 폴리카르포스에 관한 그의 기억들을 중요시했다. 이 기억들이 두 중개자(폴리카르포스와 요한)만을 거쳐 그와 예수를 연결해주었기 때문이다. 이런 일이 가능했던 이유는 오직 하나, 폴리카르포스와 요한이 아주 오래 살았기 때문이다. 이레나이우스는 요한이 트라야누스 치세기(98년에 시작됨)까지 살았다고 전한다. 폴리카르포스도 156년부터 167년 사이에 서머나에서 순교할 당시 86세였다. 요한에 관해 이레나이우스가 가진 정보의 또 다른 출처는 에베소 교회들의 지역 전승이었을 것이다. 이 전승을 이레나이우스는 서머나에서 살 때 알게 되었을 것이다. 마지막으로 이레나이우스는 문자로 기록된 자료도 가지고 있었다. 파피아스가 쓴 저술들이 바로 그것이다. 이레나이우스는 이 저술을 단 한 번 명시적으로 인용한다(5.33.4). 그는 이 저술들을 통해 요한복음 및 그 저자에 관한 파피아스의 언급을 알았던 것이 분명하다. 이레나이우스는 파피아스를 "요한이 하는 말을 들은 자요 폴리카르포스의 동료"라고 부른다(5.33.4). 제2장에서 이미 보았듯이, 파피아스가 요한의 말을 들었다는 것은 필시 이레나이우스의 실수일 것이다. 하지만 이 실수는 지리적 정보가 아니라 연대와 관련된 실수다. 파피아스는 히에라폴리스를 방문한 중개자들을 통해 요한에 관한 지식을 얻었다. 파피아스는 폴리카르포스와 같은 시대 사람이었지만, 폴리카르포스보다 좀 더 나이가 많았을 것이다. 하지만 파피아스는 이레나이우스가 그를 알 정도로 오래 살지는 않았다.

또한 이레나이우스는 장로들에 관해 자주 언급한다. 아시아 지역에서 존경받던 교사 집단이요 폴리카르포스 및 파피아스와 같은 시대에 속했던 장로들은, 요한과 다른 사도들의 제자 혹은 그 지역을 방문하거나 거기에 정착한 예수 제자들의 제자였다.[66] 구전 자료든 문자 자료든, 이레나이우스가 어떤 자료를 통해 그들의 가르침을 알았는지는 분명하지 않다. 그러나 그가 요한에 관한 몇몇 정보의 출처로 이런 자료를 지목한 경우를 보면, 파피아스가 그의 자료 출처였을 가능성이 높다. 요한이 메시아 시대에 관한 예수의 가르침을 전하고 있는 보고도 분명히 그렇게 보인다. 이 글에서 이레나이우스는 먼저 장로들을 인용했다가(「이단 반박」 5.33.3) 계속해서 파피아스를 인용하기 때문이다(5:33.4).[67]

에베소의 요한에 관해 이레나이우스가 우리에게 들려주는 내용은, 이레나이우스가 살던 아시아 지역 교회들이 알고 있던 것이다. 이레나이우스는 요한과 사적으로 친분이 있었던 폴리카르포스를 포함해서 이런 지식이 포함된 그 지역의 자료 둘 이상을 통해 이 요한이 예수가 사랑하신 그 제자였고, 에베소에 살았으며 에베소에서 요한복음을 썼다는 것, 그리고 1세기가 끝날 무렵까지 생존했다는 것을 알았다. 이레나이우스와 거의 같은 시기에 글을 쓴 에베소의 폴리크라테스도 이레나이우스와 무관하게, 방금 열거한 사실들 대부분을 확인해준다. 요한복음 저자에 대해 설명한 이 기록이 대체로 정확하다는 점에 의문을 제기하려면, 매우 훌륭한 근거

66) "요한을 보았던 사람들"(5.30.1)이 장로들을 가리키는지 아니면 더 넓은 집단을 가리키는지는 분명하지 않다.

67) 제16장에서 우리는, 이레나이우스가 2.22.5에서 장로들을 언급한 말이 요 21:24에 대한 자신의 해석이라는 것을 논증했다.

가 필요할 것이다. 지금까지 우리가 견지했던 논지는 예수의 제자요 요한복음 저자인 이 요한이 열두 제자 중 하나인 세베대의 아들 요한이 아니라는 것, 그리고 이런 사실이 폴리크라테스가 로마 주교 빅토르에게 서신을 보낼 당시 에베소에는 이미 알려져 있었다는 것이다. 이레나이우스도 같은 견해를 가지고 있었을까? 통상적으로 학자들은 이레나이우스가 요한복음 저자와 세베대의 아들 요한을 동일시했다고 추정하면서 이런 주장을 해왔다.[68] 그러나 이런 주장도 맹렬한 비판을 받았다.[69] 이것 자체만 보아도 이 견해나 저 견해를 지지하는 포괄적 증거를 발견한다는 것이 얼마나 어려운지 알 수 있다.

요한복음 저자는 세베대의 아들 요한이었는가?

우리가 유념해둘 점은, 앞에서 살폈던 요한에 관한 이레나이우스의 언급 중에는 그 요한이 세베대의 아들 요한이었다고 알려주는 부분이 전혀 없다는 점이다. 이레나이우스의 언급들은 이 요한이 요한복음에 나오는 예수가 사랑하신 그 제자였다는 것 외에는, 그가 에베소에서 살기 전에 어떤

---

68) 예를 들어 J. Chapman, *John the Presbyter and the Fourth Gospel* (Oxford: Clarendon, 1911), 42-43. Mutschler, "Was weiss Irenäus"는 로마 교회 문서 보관소의 자료(무췰러는 3.1.1에서 이레나이우스가 제시한 정보가 여기서 나왔다고 함)와, 폴리크라테스 및 이레나이우스가 요한복음을 언급한 내용 속에 이미 두 요한(에베소의 요한과 세베대의 아들 요한)이 한 사람으로 통합되어 있었다고 생각한다. 하지만 무췰러가 이렇게 주장한 것은 순전히, 에베소의 요한을 예수가 사랑하신 그 제자 및 요한복음 저자와 동일시하려면 이 제자가 세베대의 아들 요한이었음을 전제해야 한다고 생각했기 때문이다(703). 파피아스가 장로 요한(요한복음의 편집자로 추정되는 인물)을 예수와 동고동락한 친밀한 제자로 묘사한다는 점을, 무췰러는 인식하지 못했음이 분명하다.

69) 예를 들어 Burney, *The Aramaic Origin*, 138-42; Gunther, "Early Identifications," 418-19; 참고. Colson, *L'Énigme*, 32-34(콜송은 이레나이우스가 그의 기억 속에서 두 요한을 혼동했다고 생각한다).

삶을 살았는지 전혀 말해주지 않는다. 동시에 이레나이우스는 세베대의 아들 요한도 다섯 차례에 걸쳐 명시적으로 언급하지만, 이것들은 모두 이 요한이 공관복음과 사도행전에서 하는 역할을 보여줄 뿐이다. 복음서에서 세베대의 아들 요한의 역할을 언급하는 두 사례는 모두 이 요한이 베드로 및 야고보와 함께하는 장면을 묘사하면서, 이 셋이 특히 변화산 사건과(「이단 반박」 2.24.4)[70] 예수의 사역 전반에 일어난 모든 사건에서(3.12.15) 열두 제자라는 더 큰 집단 안에 존재하는 내부 그룹을 형성했음을 알려준다. 다른 세 사례도 사도행전 3장[3.12.3(2회)]과 4장(3.12.5)의 내러티브에서 베드로와 함께 등장하는 요한을 언급하고 있다. 이 본문들에는 이 요한이 에베소의 요한, 예수가 사랑하신 그 제자, 그리고 요한복음 저자와 동일인임을 암시하는 부분이 전혀 없다. 여기서 이레나이우스가 자신이 가장 좋아하고 가장 큰 권위를 부여한 복음서 저자이자, 스승 폴리카르포스를 통해 만난(즉 한 단계를 거쳐서 만난) 그 요한을 보았다면 마땅히 요한의 역할을 강조했을 법도 한데, 이런 부분도 전혀 없다. 세베대의 아들 요한은 베드로에게 능동적 역할이 부여된 여러 내러티브에서 세 제자(베드로, 야고보, 요한)로 이루어진 그룹의 마지막 자리를 차지한 사람이자 베드로의 동료로 등장할 뿐이다. 이레나이우스가 단 한 번 "세베대의 아들"이라는 표현을 쓴 경우(1.21.2)에도 같은 지적을 할 수 있다. 물론 이 경우에 이레나이우스는 자신이 반대하는 영지주의자들의 언급을 단순히 인용할 뿐이다. 동시에 우리가 유념해야 할 점은, 이레나이우스가 세베대의 아들 요한을 언급하는 사례들 중 어떤 경우에서도, 그가 요한복음 저자를 가리키는 별명으로 독특하

70) 곧바로 이어지는 언급, 즉 예수가 야이로의 딸을 살려주시는 현장에 있던 사람들에 대한 언급은 문제적이다. 베드로와 야고보는 언급하면서도 요한은 빠뜨리기 때문이다. 여기에 요한을 첨가하는 것(필사본 S의 경우)만으로는 만족스럽지 않다. 이 본문을 보면 예수를 포함해 다섯 사람이 있어야 하기 때문이다(예수, 베드로, 야고보, 예수가 살려내신 딸의 아버지와 어머니). 어쩌면 원문은 예수를 다섯 번째 사람으로 계산하지 않았을 수도 있다. A. Rousseau and L. Doutreleau, *Irénée de Lyons. Contre les Hérésies*, Livre II, vol. 1 (SC 293; Paris: Éditions de Cerf, 1982), 292을 보라.

게 구사하는 "주의 제자"라는 표현을 사용하지 않는다는 점이다.

이레나이우스는 요한이라는 이름으로 그를 언급한 53회 사례 중 19회에서 이 별명을 사용한다(표 16을 보라). 또한 두 경우에는 요한을 지시하는 것이 분명한 문맥에서 그를 그냥 "주의 제자"라고 부른다(3.11.1, 3). [또한 이레나이우스는 요한복음을 논의하는 문맥에서 예수를 단 한 번 "요한의 스승"이라고 칭한다(1.9.2).] 이레나이우스는 "주의 제자"라는 단수형 문구를 요한을 제외하고 다른 누구에게도 사용하지 않는다.[71] 자주 이레나이우스는 예수의 사역의 정황 안에서 그분의 제자들(보통 열두 제자)에 대해 언급하지만, 예수의 부활 후에는 그 제자들을 사도들이라고 부른다. 이레나이우스는 사도행전 4:23(베드로와 요한이 "그들 자신의 사람들에게 갔다")을 풀어쓰면서("그들이 그들의 나머지 동료 사도들과 주의 제자들, 곧 교회로 돌아갔다"[72]로 바꿈; 3.12.5), 사도들이 아닌 예루살렘 교회의 다른 지체들을 가리키기 위해 주의 제자들이라는 말을 단 한 번 사용한다.

"주의 제자"라는 별명이 요한이 어떤 그룹에 속했는지를 나타내기 위해서가 아니라, 그를 유일한 인물로 구별하기 위해 사용되었음은 확실하다. 이 별명은 역사적으로는 예수의 사역 동안 그분과 요한이 가졌던 특별한 친분을 전달하며, 신학적으로는 그의 복음서에서 볼 수 있는 그와 예수의 특별한 친분을 전달해준다.[73] 현대 영어에서 "Beloved Disciple"(사랑받는 제자)처럼 "주의 제자"도 요한복음의 더 장황한 표현인 "주가 사랑하신 그 제자"라는 문구를 축약한 말임이 분명하다.[74] 이레나이우스는 이 "주의

---

71) Mutschler, "Was weiss Irenäus," 698.

72) "교회", "사도들", "주의 제자들"이라는 세 용어는 같은 본문에서 취해졌다. 이것은 "주의 제자들"이 사도들을 제외한 예루살렘 교회 지체들을 가리킨다는 점을 확인해준다. 이레나이우스가 "사도들"과 주의 "제자들"을 구분한 경우는 한 번 더 있는 것 같다. 바로 카르포크라테스파(2세기 전반에 활동한 영지주의 분파-역주)가 예수가 신비 중에 제자와 사도들에게 은밀히 말씀하셨음을 보고하는 경우다(1.25.5).

73) Mutschler, "Was weiss Irenäus," 699.

74) 테르툴리아누스는 "주가 가장 사랑하신 제자요(*dilectissimum Domino*) 주의 품에 기

제자"를 늘 사용하는데, 이는 그가 활용한 자료, 특히 폴리카르포스로부터 가져왔음이 틀림없다.[75] 우리에게 남아 있는 파피아스의 저술 단편들을 살펴보아도, 이 말은 파피아스가 구사한 용례가 아니다. 파피아스는 요한을 비롯해 예수의 모든 제자(열두 제자와 아리스티온 같은 다른 제자들)를 가리키는 말로 "주의 제자들"이라는 복수형을 사용한다. 또한 앞에서 우리는 무라토리 정경 목록이 이런 용례를 따라 요한을 "제자들 중 한 사람"으로 부르는 것 같다는 사실도 살폈다(반면에 안드레는 "사도들 중 한 사람"으로 부름). 파피아스는 자기 시대에 여전히 살아 있던 요한을 구분해서 부르는 별명으로 "장로"라는 말을 사용했다. 이 용례(파피아스만이 이 용어를 씀)가 요한이 세상을 떠난 뒤에는 계속 이어지지 않은 이유는 쉽게 짐작할 수 있다. "장로"라는 용어는 이레나이우스가 "장로들"이라고 부르는 사람들, 곧 요한을 알던 그리스도인 지도자나 그들 자신은 예수의 제자들이 아니었던 사람들과 요한을 구분하는 말도 아니요,[76] 심지어 모든 교회의 보통 "장로들"과 요한을 구분하는 말도 아니다. 반면에 "주의 제자"는 요한을 예수와 동고동락한 친밀한 제자들 무리 속에 포함시키면서도 요한복음 저자와 예수 사이의 독특한 관계를 암시해준다. 에베소 교회와 널리 아시아 지역 교회들이 볼 때, 주의 제자는 그들 자신이 아는 요한, 곧 주의 품에 기댔던 사람이요 에베소에서 요한복음을 쓴 사람이었다. 분명히 이런 용례는 아시아 지역에서만 사용된 것이 아니었다. 유사한 용례가 발렌티누스주의를 가르치는 프톨레마이오스의 글(요한복음 저자에 대한 언급)에서도 발견되기 때문이다(이레나이우스, 「이단 반박」 1.8.5).[77] 프톨레마이오스는 2세기 중반 혹

대곤 했던 요한"이라고 쓰면서[「서문」(*Praescriptio*) 22.5] 이레나이우스, 「이단 반박」 3.1.1의 표현("주의 제자요 주의 품에 기댄 사람인 요한")을 풀어쓴 것 같다.

75) 특히 3.3.4; 5.33.4과 「빅토르에게 보내는 서신」에서 "주의 제자"라는 말의 사용은, 폴리카르포스와 장로들이 이 용어를 썼음을 알리려고 의도되었다.

76) 이레나이우스는 「플로리누스에게 보내는 서한」에서도 같은 말을 이 그룹에 속했던 폴리카르포스를 가리키기 위해 사용한다.

77) 프톨레마이오스는 또 다른 작품 「플로라에게 보내는 서신」에서 요한복음 저자를 이야

은 그보다 조금 뒤에 이탈리아에서 발렌티누스주의 학파를 이끈 지도자였던 것 같다.[78] 그러나 "주의 제자 요한"이라는 말은 아시아에서 유래했으며, 아시아에서 두드러지게 사용되었을 가능성이 높다.

신약성경 저자 중 아시아 지역 교회들과의 사적인 인연 덕분에 이 지역 교회들로부터 특별한 지위를 부여받은 사람이 또 있는데, 그가 바로 바울이다. 이레나이우스는 바울을 매우 자주 언급하고 있다(표 16을 보라). 그냥 "바울"로 지칭할 때도 빈번하지만 가끔은 "사도 바울"로 부르기도 하며(19회, "주의 제자 요한"과 등장 횟수와 똑같다), 그냥 "사도"(the apostle)로 부르는 경우도 종종 있다. 그냥 "사도"로 부르는 경우, 앞에 언급된 내용으로 보아 지시하는 대상이 바울임이 분명한 때도 있지만, 그렇지 않은 경우도 빈번하다. 바울은 그냥 "사도"라고 불려도 누구인지 확실하게 알 수 있었던 유일한 인물이다. 이레나이우스가 사람을 구분할 목적이나 이름에 붙는 영예로운 별명으로 "사도"라는 말을 사용한 다른 사례는 베드로와 마태뿐이다. 그는 베드로를 "사도 베드로"로 세 번, 마태를 "사도 마태"로 단 한 번 지칭한다. 이런 용례들은 모두 요한에게 유일하게 붙였던 별명인 "주의 제자"가 가진 특별한 중요성을 강조해준다.

만일 이레나이우스가 "주의 제자 요한"을 열두 제자 중 한 사람인 세베대의 아들 요한과 동일시했다는 가능성의 실마리를 찾는다면, 그나마 이

기하면서 이 저자를 "그 사도"라고 부른다(에피파니우스, 「이단 논박」 33.3.6).

78) B. Layton, *The Gnostic Scriptures* (London: SCM, 1987), 277-78. 요한의 외경 서신을 인용하는 Pseudo-Cyprian, *De Montibus Sina et Sion* 13["그의(그리스도의) 제자 요한"]; 「요한외경」(*Apocryphon of John*) 1:4["요한, (그의 곧 구주의) 제자"]; Heracleon, *apud* Origen, 「요한복음 주석」(*Commentary on John*) 6:3("그 제자")을 보라. 이 용례가 후대에 살아남은 흥미로운 사례는 외경 「디도의 서신」에서 볼 수 있다. 이 용례는 외경 「요한행전」에 인용된 본문을 소개하면서 "주의 제자 요한"이라고 언급한다(그러나 「요한행전」 자체는 요한을 이런 식으로 언급하지 않는다). Hennecke, Schneemelcher, and Wilson, eds., *New Testament Apocrypha*, vol. 2, 65, 159; E. Junod and J.-D. Kaestli, *Acta Johannes*, vol. 1 (CCSA 1; Turnhout: Brepols, 1983), 140-41을 보라.

런 실마리와 연관이 있을 법한 유일한 증거는 이레나이우스가 요한복음 저자인 요한을 "사도"로 부르거나 "사도들"이라 불린 그룹에 속하는 인물로 부르는 경우다. 그 증거는 다음과 같다.

「이단 반박」 1.9.2, 3: "사도"(요한에게 사용됨).

3.21.3: 네 "사도들"(베드로, 요한, 마태, 바울)이 썼다.

3.5.1: "복음서를 기록한 사도들"(함축적으로 요한을 포함함).

3.11.9: "사도들의 복음서들"(3회 나타나며, 이단인 복음서들과 대조하는 말로 사용된다. 이는 분명히 마태복음과 요한복음을 가리키며, 어쩌면 사도들의 제자들이 기록한 마가복음과 누가복음도 가리킬 수 있다).

2.22.5: "아시아에서 주의 제자 요한과 돈독한 사귐을 가졌던" 장로들…. "그들 중 일부는 요한뿐 아니라 다른 사도들도 보았다."

「빅토르에게 보내는 서신」: 폴리카르포스는 "우리 주의 제자인 요한과, 그가 돈독한 사귐을 가졌던 나머지 사도들과 함께" 부활절을 지켰다.

「이단 반박」 3.3.4, 폴리카르포스가 요한과 케린투스가 공중 욕장에서 우연히 만난 일을 이야기하면서, 이레나이우스가 쓴 맺음말: "그런 것이 사도들과 그들의 제자들이 가졌던 공포였다"(따라서 요한은 "사도들"에 해당하고 폴리카르포스는 "그들의 제자들"에 해당함).

3.3.4: "바울이 세웠고 요한이 트라야누스 때까지 그들 중에 거했던 에베소 교회는 사도들의 전승을 전하는 참된 증인이다."

"사도"라는 말을 쓴 두 사례(1.9.2, 3)는 요한복음 저자를 언급하는 것이 분명한 문맥에서 등장한다. 이 문맥에서 이레나이우스는 요한복음 프롤로그의 해석을 놓고 발렌티누스주의자인 프톨레마이오스와 논쟁을 벌인다. 따라서 이레나이우스가 요한을 언급한 많은 부분 중 오직 여기서만 발견되는 이 용례(요한에게 사용된 "사도")는 프톨레마이오스로부터 빌려온 것일 수 있다.[79] 프톨레마이오스는 「플로라에게 보내는 서신」[(*Letter to Flora*), 「이단 반박」에서 이레나이우스의 논박 대상은 이 저술이 아님]에서 요한복음 프롤로그의 저자를 "사도"라고 부르지만(에피파니우스, 「이단 반박」 33.3.6), 문맥적으로 명백하게 요한을 지시한다는 표지는 없다. 그러나 이레나이우스가 이 "사도"라는 말을 실제로 요한에게 적용할 수 없다고 생각했다면, 이 용어를 빌려오지도 않았을 것이다. 앞에서 인용한 다른 본문들은 이레나이우스가 요한을 "사도들"이라는 일반 범주에 포함시킨다는 것을 보여준다. 그러나 그는 특별히 요한 한 사람만을 지칭할 경우에는 이 "사도"라는 말을 결코 사용하지 않는다(1.9.2, 3은 예외).

하지만 이레나이우스는 열두 제자만을 "사도들"이라고 부르지는 않는다. 이는 그가 바울도 빈번히 "사도"로 부른다는 사실을 보면 분명히 알 수 있다. 또한 이레나이우스가 사도라고 부른 사람은 바울만이 아니다. 그는 바나바도 사도라고 부르는데(3.12.14), 바울 역시 바나바를 사도라고 불렀다(고전 9:1-6). 예수가 열두 제자에 더하여 파송하신 70인도 사도들이다. 이레나이우스는 누가(눅 10:1)를 따라 열두 사도와 "다른 70인들"이라고 말하지만, 이 문맥에서(2.21.1) 자기 대적인 영지주의자들에게 제시하는 논증의 논리를 볼 때 그가 이 70인도 열두 제자와 같은 사도들로 여겼음은 의심할 여지가 없다.

아마도 가장 두드러진 예는 이레나이우스가 심지어 세례 요한을 사도라고 부른 본문일 것이다. 예수가 세례 요한을 "예언자보다 더 큰 자"라고 부르셨던(마 11:9; 눅 7:26) 이유는 다음과 같다.

---

79) 하지만 C. Markschies, "New Research on Ptolemaeus Gnosticus," *ZAC* 4 (2000), 225-54은 「플로라에게 보내는 서신」만이 유일하게 현존하는 프톨레마이오스의 저술이며, 이레나이우스의 「이단 반박」 1.8.5에 인용된 발렌티누스주의적 저술은 프톨레마이오스가 쓴 것이 아니라고 주장한다.

이는 다른 모든 예언자들이 아버지(하나님)의 빛이 오실 것을 선포하고(참고. 요 1:6-7) 그들이 설교하는 그를 뵐 자격을 갖기를 바랐기 때문입니다. 그러나 요한은 다른 이들(예언자들)과 마찬가지로 (그가 오심을) 미리 선포했을 뿐 아니라, 실제로 그가 오셨을 때 그를 뵈었고 그를 지목했으며 많은 사람을 설득하여 그를 믿게 했습니다. 이를 통해 그 자신은 예언자이자 사도의 자리를 얻었습니다(3.11.4).

세례 요한이 예수를 증언하고 많은 사람을 설득하여 예수를 믿게 한 일 때문에 사도가 되었다면, 요한복음 저자인 요한이라는 사람도 열두 제자 중 한 사람인가와 상관없이 사도일 것이 분명하다.

따라서 이레나이우스가 활용한 아시아 지역 자료나 이레나이우스 자신이, 요한복음 저자를 열두 제자 중 한 사람으로 생각했다고 보는 것은 타당하지 않다. 아무런 논증 없이, 예수와 동고동락하던 친밀한 제자 요한이 당연히 세베대의 아들 요한일 수밖에 없다고 추정하는 이들만이 이레나이우스의 글을 이런 식으로 읽을 것이다. 오히려 에베소에 살았으며 이 도시의 지역 전승에서 요한복음 저자로 알려졌던 인물이 세베대의 아들 요한이 아니라는 점을 알고 이레나이우스의 글을 읽어보면, 이레나이우스가 "주의 제자" 요한에 관해 말하는 내용이나 세베대의 아들 요한에 대해 말하는 내용 중 어느 것도 이 두 사람을 동일인으로 간주하지 않음을 알 수 있다.[80]

80) 동시에 이레나이우스가 폴리카르포스가 알았던 요한을 플로리누스와 빅토르에게 언급하면서, 각각 다른 두 가지 방식으로 이야기한다는 것에 유의하라. 플로리누스에게 보낸 서신도 상기시키듯이, 이레나이우스 자신이 폴리카르포스의 가르침과 회상을 들었던 사람이었다. 이런 이유로 그는 폴리카르포스가 "요한 및 주를 뵈었던 사람들"과 돈독한 사귐을 가졌다는 말을 들었을 때, 그 요한이 누구인지 분명히 알아차렸을 것이다. 반면에 이레나이우스는 로마의 빅토르에게 보내는 서신에서는 요한을 "주의 제자 요한"이라고 부른다.

요한복음 저자와 세베대의 아들 요한의 동일시

2세기에 나온 기독교 저술 중 요한복음을 쓴 요한을 세베대의 아들 요한과 명시적으로 동일시하는 책은 단 둘 뿐이다. 둘 다 외경으로 「요한행전」과 「사도서신」(*Epistle of the Apostles*)이 바로 그것이다.

「요한행전」은 "사도 요한"이 에베소와 서머나를 비롯한 소아시아 지역에서 펼친 활동을 이야기하면서 이 요한을 열두 제자 중 하나인 세베대의 아들 요한과 명백히 동일시한다(특히 §§88-91). 통상적으로 이 작품의 주요 부분(즉 §§94-102, 109을 제외한 부분)은 2세기에 기록되었다고 간주된다. 근래의 연구서들은 그 저작 시기를 125년부터 150년 사이,[81] 150년경,[82] 2세기 후반,[83] 또는 3세기 전반[84]으로 제시한다. 이 작품의 저작 장소를 놓고 근래 학자들은 이집트,[85] 소아시아,[86] 그리고 시리아[87]를 주장했다. 「요한행전」의 저자가 에베소, 즉 저자 자신이 요한의 주된 활동 무대로 언급하고 있는 도시에 대해 얼마나 많이 알고 있었는가에 대해서는 수많은 논쟁

81) P. J. Lalleman, *The Act of John: A Two Stage Initiation into Johannine Gnosticism* (Studies on the Apocryphal Acts of the Apostles 4; Leuven: Peeters, 1998), 268-70.

82) C. E. Hill, *The Johannine Corpus in the Early Church* (Oxford: Oxford University Press, 2004), 259.

83) E. Junod and J.-D. Kaestli, *Acta Iohannes*, vol. 2 (CCSA 2; Turnhout: Brepols, 1983), 694-700.

84) K. Schäferdiek in Hennecke, Schneemelcher, and Wilson, eds., *New Testament Apocrypha*, vol. 2, 167.

85) Junod and Kaestli, *Acta Iohannes*, vol. 2, 689-94; J. Bremmer, "Women in the Apocryphal Acts of John," in J. N. Bremmer, ed., *The Apocryphal Acts of John* (Kampen: Kok, 1995), 55-56.

86) Lalleman, *The Act of John*, 255-66. 그는 이집트와 시리아를 저작 장소로 내세우는 주장은 물론이요 소아시아를 저작 장소로 내세우는 자신의 주장을 비판하는 견해들을 상세히 제시한다.

87) Schäferdiek in Hennecke, Schneemelcher, and Wilson, eds., *New Testament Apocrypha*, vol. 2, 166.

이 있었다. 이런 논쟁 중에서 특히 주목할 만한 부분은 피터 랄레만(Pieter Lalleman)의 주장이다. 랄레만은 이 책이 소아시아에서 저술되었으며 저자가 에베소를 상당히 정확하게 알고 있었다고 주장하면서도 "그와 에베소 사이에 사적인 인연이 없었을 수도 있다"[88]라고 생각하며, 「요한행전」이 소아시아의 다른 곳에서 저술되었을 수도 있다고 보았다. 내 판단으로는 이집트를 저작 장소로 보는 주장이 여전히 가장 강한 것 같다.

「사도서신」은 스스로를 열두 제자가 예수의 승천 후 세계 각지의 교회들에게 써 보낸 서신이라고 소개한다. 이 서신이 요한복음 저자를 열두 제자 중 한 사람으로 여긴다는 증거는, 서두(§2)의 다소 파격적인 열두 제자 명단에서 요한을 첫자리에 놓은 점과, 이 책에서 활용된 복음서 자료 중 요한복음이 가장 탁월한 위치를 차지하는 점[89]을 들 수 있다. 「사도서신」에서 요한이 열두 제자 중 으뜸을 차지한 것은, 추측컨대 요한복음이 가장 탁월한 위치에 있기 때문일 것이다. 동시에 이 서신의 열두 제자 명단에는 요한복음에만 두드러지게 나타났던 도마가 두 번째 자리에 있으며, 역시 요한복음에서 독특하게 나타났던 나다나엘이 열두 제자 명단에 포함되어 있다는 점도 주목할 만하다.[90] 이 서신에는 요한과 에베소의 특별한 인연이나 특히 에베소의 요한에 관해 아시아에 널리 퍼져 있던 전승들을 암시하는 대목이 거의 없다. 유일한 예외라면, 케린투스가 (마법사 시몬과 함께) 그리스도를 대적한 두 원수 중 하나로서 세계 각지를 돌아다녔으며 이 케린투스에 맞서 열두 제자가 이 서신을 쓰고 있다는 언급(§§1, 7)이, 요한

88) Lalleman, *The Act of John*, 270.

89) 상세한 내용은 Hill, *The Johannine Corpus*, 367-69을 보라.

90) 참고. C. E. Hill, "The Identity of John's Nathanael," *JSNT* (1997), 50-52. 조금 다르기는 해도 시리아어판 「사도들의 가르침」(*Didascalia Apostolorum*, 12)과 「사도들이 가르친 교회 질서」(*Apostolic Church Order*)에 제시된 열두 제자 명단도 「사도서신」과 비슷하게 요한을 첫자리에 놓고 나다나엘을 포함시킨다. 그러나 「사도들의 가르침」은 둘째 자리에 도마가 아니라 마태를 놓는다. 이는 필시 요한과 마태를 열두 제자 중 복음서 저자로 보았기 때문이다.

과 케린투스가 에베소에서 만난 일에 대한 폴리카르포스의 이야기(이레나이우스, 「이단 반박」 3.3.4)나 요한복음이 케린투스의 가르침에 대항하기 위해 저술되었다는 이레나이우스의 언급(「이단 반박」 3.11.1)과 연결된다는 점이다. 어쨌든 「사도서신」에서 마법사 시몬과 케린투스에 관한 언급은, 단순히 이들이 사도 시대에 활동하던 거짓 교사였으며 이 사실을 서신의 저자도 알고 있었음을 암시하는 것 같다.

최근 학자들은 「사도서신」이 저술된 장소로 이집트를 주장한다.[91] 그러나 찰스 힐은 저작 장소로 소아시아를 주장했던 칼 쉬미트(Carl Schmidt)의 논증[92]을 되살려 이를 보강한 바 있다.[93] 힐의 논증이 전체 논의를 확실히 매듭지었다고 보기는 어렵지만, 그가 제시하는 저작 연대는 가장 설득력 있는 것 같다. 이 저술의 저작 시기에 대해 힐은 120년 직전이나 140년대라고 주장한다(이런 논증은 소아시아를 기록 장소로 여기는 견해에 많이 의존한다). 140년대를 기록 연대로 보는 입장은 §17의 증거, 즉 예수 재림이 120년 뒤에 이루어지리라는 예언의 내용과 더 잘 들어맞는다.[94] 이 120년은 부활하신 예수가 제자들과 대화하시는 동안 예언하신 가상의 시간으로부터 계산된 기간이라고 보는 편이 가장 자연스럽다.

「요한행전」과 「사도서신」의 저작 시기와 장소에 관한 근래의 논의들

91) C. E. Hill, "The Epistula Apostolorum: An Asian Tract from the Time of Polycarp," *JECS* 7 (1999), 6-14은 이집트를 저작 장소로 보는 에어하르트(A. A. T. Ehrhardt), 호른슈(M. Hornschuh), 뮐러(C. D. G. Müller)의 주장을 제시하고 여기에 대해 논의한다.

92) C. Schmidt and I. Wajnberg, *Gespräche Jesu mit seinen Jünger nach der Auferstehung. Ein katholisch-apostolisches Sendschreiben des 2. Jahrhunderts* (TU 43; Leipzig: Hinrichs, 1919), 361-402.

93) Hill, "The Epistula Apostolorum," 9-39. 서머나를 저작 장소로 제시하는 그의 논증은 특히 더 약하다.

94) 에티오피아어판은 예수 재림이 150년 뒤에 이루어질 것이라고 기록했지만, 대다수 학자들은 이 점에서는 콥트어판이 원문에 더 가까울 것이라고 보았다. 120년이 지나도 재림이 이루어지지 않자, 어떤 필사자가 그 기간을 150년으로 늘렸을 것이다.

을 살펴볼 때, 나는 더 이상 과거의 내 주장, 즉 이 두 저술이 요한복음 저자와 세베대의 아들 요한을 동일시하는 현상이 2세기 후반 이집트에서 생겨났으리라는 점을 보여준다는 주장[95]을 확신할 수 없다. 요한복음 저자와 세베대의 아들 요한을 동일시하는 현상은 한 시기와 장소가 아니라 여러 다른 시기와 장소에서 서로 무관하게 생겨났을 가능성이 아주 높다. 이런 현상은 두 요한을 구분했던 에베소 지역과 그 주변 지역의 전승을 잘 알지 못했던 사람이라면 누구나 쉽게 만들어냈을 것이다. 더욱이 "주의 제자 요한"에 관해 에베소에 알려져 있던 내용과, 공관복음 및 사도행전에서 세베대의 아들 요한에 관해 알려져 있던 내용 사이에 양립할 수 없는 요소가 전혀 없었기 때문에, 에베소의 지역 전승을 잘 알던 사람들조차도 두 요한을 구분해야 함을 알아차리지 못했을 수 있다. 어쩌면 다른 사람들이 전부 두 요한을 구분하기를 포기한 2세기 말에도, 폴리크라테스와 이레나이우스가 여전히 두 요한을 구분한다는 사실이 더 이채로울지도 모르겠다. 우리는 폴리크라테스가 두 빌립을 동일시했다는 점을 상기해야 한다(제17장 앞부분에서 폴리크라테스의 서신에 대한 논의에서 보았음). 즉 한 빌립은 일곱 일꾼(행 6장) 중 한 사람으로 두 딸과 함께 히에라폴리스에서 살고 거기서 숨졌던 사람이요, 다른 빌립은 열두 제자 중 한 사람이다. 다시 말해 폴리크라테스는 그 지역에서 살았던 빌립과 열두 제자에 속하는 빌립을 동일시했다. 동시에 우리는 이처럼 같은 이름을 가진 성경 인물들을 서로 동일시하는 현상이 초기 유대교와 기독교의 표준적 주해 관습이었다고 설명한 바 있다. 폴리크라테스 자신이 에베소의 요한과 사도행전 4:6의 대제사장 가문의 요한을 동일시한 것도 바로 이런 이유에서였다. 에베소의 지역 전승은 다만 그들 지역에 살았던 요한이 열두 제자 중 한 사람이 아니라는 점만 알려주었다. 그렇다면 폴리크라테스처럼 다른 이들도 이런 지

95) R. Bauckham, "Papias and Polycrates on the Origin of the Fourth Gospel," *JTS* 44 (1993), 65-66.

역 전승에 구애받지 않고, 에베소와 연관이 있다고 알려진 요한복음 저자(적어도 「요한행전」 저자는 이를 알고 있었음)와 세베대의 아들 요한을 더 분명하게 동일시했다 해도 결코 놀랍지 않다.

2세기에 활동한 다른 기독교 저술가[96] 중 요한복음 저자와 관련해 가장 흥미로운 견해를 내놓은 이는 순교자 유스티누스와 알렉산드리아의 클레멘스다. 유스티누스는 성인기 초반 얼마 동안을 에베소에서 보냈으며(「대화」 1.1), 클레멘스도 필시 파피아스의 작품을 알았던 것 같다.[97] 하지만 불행히도 이들 중 어느 누구도 우리가 원하는 분명한 정보를 제공해주지 않는다. 의심하는 학자들도 일부 있지만, 유스티누스는 요한복음을 알고 있었고 이를 활용했을 가능성이 아주 높다.[98] 또한 제9장에서 보았듯이 그는 복음서를 "사도들의 회상(*apomnēmoneumata*)"이라고 부른다(「변증서」 1 66.3; 67.3; 「대화」 107-17에서 13회). 제9장에서 우리는 유스티누스가 복음서를 "사도들 및 사도들과 함께했던 사람들이 지은" 회상이라고 상술한 내용을 다룬 바 있다(「변증서」 2 11.2-3). 이는 마태복음과 요한복음은 사도들이 썼으며, 마가복음과 누가복음은 사도들의 제자들이 썼다는 의미일 가능성이 높다.[99] 동시에 유스티누스는 "그리스도의 사도들 중 한 사람인 요한"이 요한계시록을 썼다고 명시적으로 말한다(「대화」 81.4). 그는 필시 2세기의 많은 저술가들과 함께, 바로 이 요한이 요한복음과 요한계시록의 저자라는 견해를 공유했을 것이다. 그렇다면 유스티누스가 말하는 "그리스도의 사도들"은 누구였을까? 가끔 유스티누스는 열두 제자를, 복음을 예루살렘에

96) 2세기 저술가들 중 요한복음 저자를 사도라고 부른 또 다른 인물은 발렌티누스주의 교사인 프톨레마이오스(「플로라에게 보내는 서신」; 에피파니우스, 「이단 논박」 33.3.6에 실림)와 테오도토스(알렉산드리아의 클레멘스, 「테오도토스 발췌 문집」 7.3; 35.1; 41.3에 실림)다.

97) 마가복음의 기원에 관한 이 설명(유세비우스, 「교회사」 6.14.6에 실림)은 파피아스에게 의존하는 듯하다.

98) Hill, *The Johannine Corpus*, 316.

99) 참고. Hill, *The Johannine Corpus*, 338-42.

서 세계 각지로 전한 사도들이라고 부른다(「변증서 1」 39.3; 「대화」 42.1). 하지만 "사도들"의 다른 사례들(「변증서 1」 42.4; 50.12; 53.3; 「대화」 110.2; 114.4; 119.6)을 보면 유스티누스가 이 말을 열두 제자에게만 사용했다는 증거도 없고, 이 말을 더 폭넓은 의미로 사용했다는 증거도 없다. 우리로서는 유스티누스가 요한복음 저자인 요한을 열두 제자 중 한 사람으로 생각했는지 밝혀낼 수 없다.

알렉산드리아의 클레멘스는 스스로 "사도 요한과 관련해 기억 속에 보존해둔 참된 전승"이라고 부르는 이야기를 들려준다. 이 이야기는 도미티아누스가 죽은 뒤에 요한이 에베소에 온 일을 묘사하는데, 여기서 클레멘스는 요한이 밧모에서 에베소로 옮겨갔다고 말한다[「어떤 부자가 구원을 얻는가」(*Quis dives salvetur*) 42 = 유세비우스, 「교회사」 3.23.6]. 이처럼 클레멘스는 에베소의 요한과 관련해서 구전이 전하는 요한과 요한계시록 저자를 동일시하면서, 그를 "사도 요한"이라고 부르고 있다. 아마도 그는 이 요한이 요한복음도 썼다고 받아들였을 것이다. 그렇다면 클레멘스는 이 요한이 세베대의 아들 요한이라고 생각했을까? 이번에도 우리는 확실한 것을 알 수 없다. 클레멘스는 심지어 로마의 클레멘스조차도 "사도 클레멘스"라고 불렀다(「논문집」 4.17.105.1). 그러나 그가 로마의 클레멘스를 예수와 동고동락하던 친밀한 제자로 생각하지는 않았을 것이다. 그가 로마의 클레멘스를 사도로 부른 이유는, 아마도 그가 클레멘스의 서신을 바울의 글(바울을 "사도"로 부름), 요한(요한1서의 저자), 히브리서(그는 이 서신을 바울이 썼다고 봄), 지혜서, 구약의 다양한 본문과 함께 권위 있는 경(經)으로 인용하기 때문일 것이다(4.16-18). 같은 이유로 알렉산드리아의 클레멘스는 「바나바서신」(*Epistle of Barnabas*)을 인용하면서 이 서신을 "사도 바나바"가 썼다고 말한다(2.6.31.2; 2.7.35.5). 그러나 이 경우에는 바울이 이미 바나바를 사도로 부른 선례가 있었다(고전 9:1-6). 이 시기에 성경은 "예언자들"(구약)과 "사도들"("신약")로 묘사되었다.[100] 이런 이유로 권위 있는 경으로 간주되는 그리스도인들의 저술은 어떤 의미에서는 사도의 저작으로 보게 되었으며, 그 바람에 적어도 느슨한 의미에서나마 그 저자가 사도라고 불렸을 수 있다. 그러나 바로 이런 이유로 알렉산드리아의 클레멘스 역시 요한복음 저자인 에베소의 요한을 세베대의 아들 요한과 동일인으로 보지 않고도 쉽게 "사도 요한"이라 불렀을 것이다.

성경 저자들에게 "사도"라는 말을 쓰는 관행은, 당시에 부상하고 있던 "정경" 개념과 연결되는 동시에 "사도 전승"(apostolic tradition) 개념과도 밀접하게 연관된다. 정경 개념은 구약성경과 함께 기독교 예배의 성경 낭독에 적합하다고 간주되는 기독교 저술을 포괄하는 개념이다. 한편 사도 전승은 자신들만이 사도들로부터 신비한 전승을 물려받았다는 영지주의적 그룹들의 주장에 맞서 변증되었던 개념이다. 우리는 이레나이우스가 요한복음 저자를 "사도"라고 부르거나 그를 "사도들"로 불리는 그룹에 포함시킨 몇몇 사례에서도 이런 관심사가 작동하고 있음을 볼 수 있다. 이런 몇몇 경우에 이레나이우스는 이 요한을 사도들의 가르침을 기록한 사도들 중에 포함시키거나(「이단 반박」 3.5.1; 3.21.3), 아니면 더 자세히 요한복음의 권위를 강조한다(2.22.5). 그러다가도 다른 사례에서는 후대 사람들이 사도들을 어떻게 계승했는지 집중적으로 거론함으로써, 요한과 돈독한 친분을 가진 덕분에 사도들의 맥을 이어주는 연결 고리 역할을 한 폴리카르포스의 권위를 확실히 부각시키거나(3.3.4; 「빅토르에게 보내는 서신」), 바울이 세웠고 오랫동안 요한과 돈독한 관계를 가져왔다는 점에서 에베소 교회가 사도 전승의 신뢰할 수 있는 증인임을 주장한다(「이단 반박」 3.3.4; 참고. 2.22.5). 이레나이우스는 "사도들의 복음서들"을 영지주의 복음서와 대조시키면

100) 무라토리 정경 목록이 이런 말들을 사용한다. 또한 유스티누스(「변증서 1」 67.3)는 그리스도인들이 예배하러 모였을 때 "사도들의 회상이나 예언자들의 글을 읽는다"라고 말한다.

서(3.11.9), 요한복음을 "사도들의 복음서들"에 포함시킨다. 이 모든 경우에 "사도"라는 말은 그리스도가 몸소 수여하시고 교회들이 널리 인정하던 신뢰할 수 있는 권위를 가리킨다.

이런 요인들은 에베소의 요한을 지시하기 위해 "사도"라는 말이 점점 더 많이 사용된 이유를 설명해준다. 하지만 이레나이우스가 에베소의 지역 전승에 접근할 수 있었음을 몰랐던 이들에게는, 한 복음서 저자를 "사도"보다 "주의 제자"로 부르는 편이 더 적합하다는 생각은 파격이었음이 틀림없다. 마가와 누가를 사도들의 복음서를 쓴 저자로 규정하는 것은 그들이 사도들의 제자였기 때문이다. 그러나 이런 의미에서 본다면 요한이 사도와 관련해서 가지는 권위는 사도로부터 나온 권위가 아니다. 그의 권위는 예수와 동고동락하던 친밀한 제자로서 자기 자신으로부터 나온 권위였다. 일단 에베소의 요한을 "사도"로 부르는 일이 흔하게 되자, 이 요한은 아주 자연스럽게 세베대의 아들 요한과 구분할 수 없게 되어버렸다.

표 16: 이레나이우스의 저술에 이름이 밝혀져 있는 사도

(「이단 반박」, 「사도들의 설교를 설명함」, 「플로리누스에게 보내는 서한」, 「빅토르에게 보내는 서신」에 나오는 이름)

에베소의 요한, 요한 문헌의 저자[101]	등장 횟수[102]
주의 제자 요한	19
요한	34
주의 제자	3
사도	2
"요한계시록의 묵시를 본 자"	1
세베대의 아들 요한(분명한 사례들)	
베드로, 야고보, 요한(복음서들)	2[103]
베드로와 요한(사도행전)	3
바울	
사도 바울	19
바울	96
사도	79[104]
베드로	
사도 베드로	3
베드로	46
시몬/베드로라 하는 시몬	2

---

101) 주된 대상은 요한복음이지만 요한1서를 언급한 경우가 2회(3.16.5, 8), 요한2서를 언급한 경우가 1회(1.16.3), 요한계시록을 언급한 경우가 6회(1.26.3; 4.12.2; 4.17.6; 4.18.6; 4.20.11; 4.21.3) 있다.

102) 이 계산은 내가 한 것이다. B. Reynders, *Lexique Comparé du Texte Grec et des Versions Latine, Arménienne et Syriaque de l'"Adversus Haereses" de Saint Irénée*, 2 vols. (CSCO 141-42, Subsidia 5-6; Louvain: Imprimerie Orientaliste, 1954)와 Sources Chrétiennes판 *Adversus Haereses*에 포함된 색인을 참조했다.

103) "세베대의 아들들"을 언급한 곳도 하나 있다(1.21.2).

104) 나는 이 숫자 속에 "이방인의 사도직을 받은 그"라는 한 사례(4.24.2), "(그 곧 예수의) 사도"라는 한 사례(5.2.2), "복된 사도"라는 한 사례(4.40.4)를 포함시켰다.

가룟 유다	
유다	20
"사도들 중 열두 번째"인 유다	1
"그의 제자들 중 한 사람"인 유다	1
마태	
사도 마태	1
마태	14
바나바	7
빌립[105)]	
빌립(열두 제자 중 한 사람)	2
빌립(일곱 일꾼 중 한 사람)	3
세베대의 아들 야고보	
야고보	3[106)]
맛디아	3
주의 형제 야고보	
야고보	3
도마	1
나다나엘	1

105) 이레나이우스가 두 빌립을 구분했는지 혹은 이 둘을 동일인으로 여겼는지는 알 수 없다.
106) "세베대의 아들들"이라고 언급한 경우도 1회 있다(1.21.2).

표 17: 이레나이우스가 주의 제자 요한을 알게 된 자료[107)]

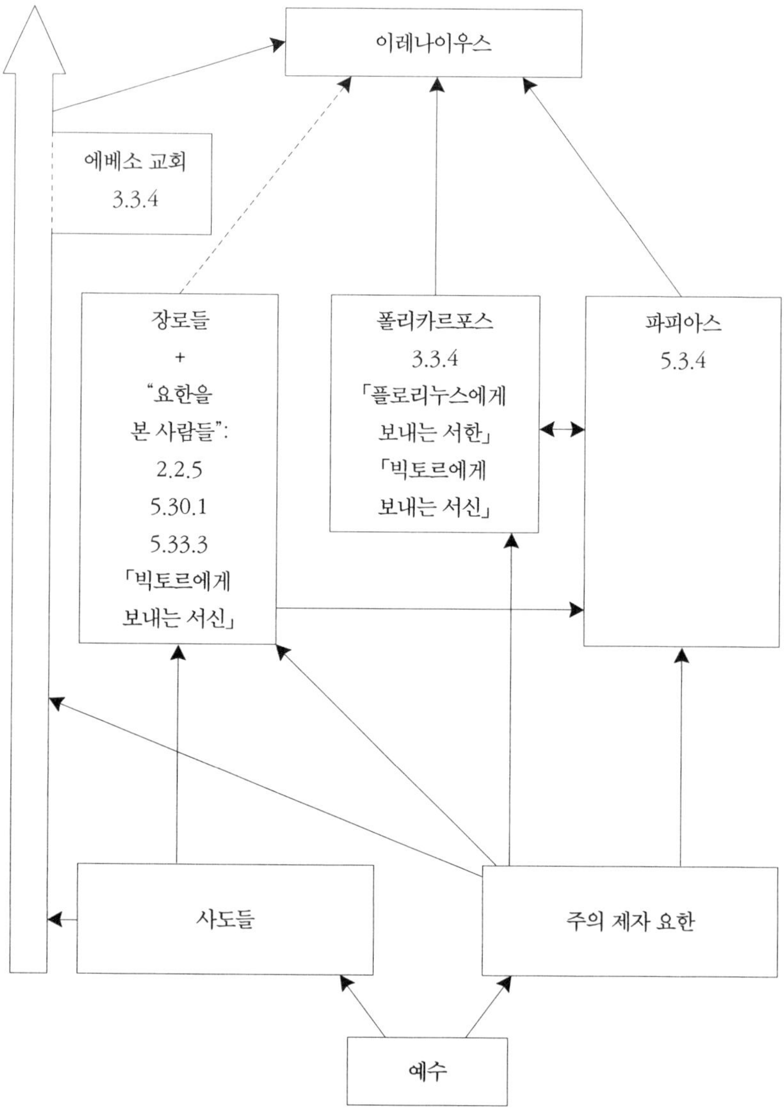

107) 이 표는 Mutschler, "Was weiss Irenäus vom Johannesevangelium?" 708, 711, 715의 내용을 기초로 삼았지만, 약간 바꾼 곳도 있다.

제18장

증언이 들려주는 예수

이 책의 역사적 과업은 이제 끝났다. 우리는 복음서가 우리와 예수의 역사를 직접 본 목격자들을 가깝게 이어준다는 점을 논증했다. 복음서 저자들은 서로 다른 방법을 사용해서 자신들이 쓴 복음서가 목격자 증언에 기초하고 있으며, 이 증언을 통합하고 있음을 제시한다. 저자들이 구사하는 문학적·신학적 전략은 목격자 증언을 대치하려는 것이 아니라, 이 증언에 영구적인 문학적 전달 수단을 제공하려는 것이다. 하나의 경우에서 우리는 목격자 자신이 복음서를 저술했음을 논증했다. 바로 이 복음서, 즉 요한복음이 목격자 증언의 중요성을 가장 광범위하게 성찰한 결과를 통합해놓은 책이라는 점은 주목할 만하다. 목격자 증언과 요한복음 저자가 전개하고 있는 사건들의 신학적 의미 사이에는 어떤 인식론적 균열도 없다. 다른 복음서 저자들은 그들 자신이 목격자가 아니기 때문에 신학적 측면에서는 덜 열심을 내는 경향이 있다. 물론 복음서를 쓴다는 것은 다양한 측면에서 중대한 의미를 가지는 해석적 행위였다(증언을 선택하고 정리하여 배열한 뒤 이를 통일된 내러티브로 만들어내는 것 자체가 해석이었으며, 이런 행위는 복음서를 쓸 때 절대 피할 수 없는 것이었다). 하지만 복음서를 쓰는 해석적 행위는 목격자 증인과의 연속성을 유지하려고 의도되었다. 물론 목격자들도 이미 해석을 했다. 이들이 할 수 있는 일은, 사건들에서 경험적으로 관찰 가능한 요소들과 인식된 의미를 이야기라는 수단을 통해 결합시키는 것이었다. 목격자들은 단순히 회상만 한 것이 아니라, 중요한 의미를 가진 이야기를 들려주고 있었다. 복음서가 묘사하는 예수는 이 목격자들이 묘사하는 예수요, 증언이 들려주는 예수다.

제18장에서 우리는 증언 개념과 이것의 인식론적 위치, 그리고 이 개

념이 역사 기록에서 하는 역할과 신학적 개념으로서 가지는 의미에 대해 더 자세히 살펴볼 것이다. 우리는 증언이 역사적 측면에서는 복음서가 어떤 종류의 역사인지를 이해하는 데 적합한 개념이며, 신학적 측면에서는 복음서를 읽는 그리스도인들이 예수와 예수의 역사에 어떤 방식으로 접근해야 하는가를 이해하는 데 적합한 개념임을 논증할 것이다. 이 증언 개념 덕분에 우리는 소위 역사적 예수와 믿음의 그리스도(믿음의 대상으로서의 그리스도) 사이의 이분법을 극복할 수 있다. 또한 이 개념으로 인해 우리는 복음서가 진짜 예수와 예수의 역사를 알지 못하도록 만드는 방해물이 아니라, 바로 이 진짜 예수와 예수의 역사에 다가갈 수 있게 해주는 수단, 역사가요 신자인 우리가 요구하는 바로 그 수단임을 알게 될 것이다.

증언은 무엇이며 우리는 증언을 신뢰할 수 있는가?

케빈 밴후저(Kevin Vanhoozer)는 증언을 이렇게 정의하고 있다. "증언은 증인이 p라고 말하는 바로 그 행위를 '그 p'라는 증거로서 제시하는 언술 행위(speech act)이며, 증인은 '그 p'를 참되게 말할 수 있는 관련 자격 또는 관련 자격 증명을 가진 사람으로 추정된다."[1] 곧바로 이 증언의 범위를 더 좁혀 다음과 같은 세 가지 용례를 이야기해보자. 하나는 법정에서 증인들이 하는 증언이다. 둘째는 과거가 들려주는 증언이다. 우리는 이 증언을 통해 과거에 무슨 일이 일어났는지를 안다. 또한 역사적 증거로서의 증언

1) K. J. Vanhoozer, "The Hermeneutics of I-Witness Testimony: John 21:20-24 and the Death of the Author," in idem, *First Theology: God, Scripture and Hermeneutics* (Downers Grove: InterVarsity, 2002), 269에 제시된 정의는 C. A. J. Coady, *Testimony* (Oxford: Clarendon, 1992), 42에 제시된 좀 더 정교한 정의를 밴후저가 수정한 것이다. 밴후저는 코디의 정의를 훨씬 더 간결하게 정리하여 *Is There a Meaning in This Text?* (Grand Rapids: Zondervan, 1998), 291에서 이렇게 제시한다: "증언은 증인의 말 자체가 그 말의 진실성을 증명하는 증거가 되는 언술 행위다."

은 역사가가 전문가로서 관심을 기울이는 부분이다. 마지막으로 아주 특별한 경우가 있는데, 이것 역시 밴후저가 "절대적으로 중요한 의미를 지닌 단일 사건의 사실과 의미를 전달하려고 시도하는 장르"라고 정의하고 있다.[2] 이 세 경우는 각각 우리가 처음에 제시했던 일반적 정의의 특별한 사례들임을 쉽게 알 수 있다. 당연히 우리는 "증언"을 일반적 현상보다는 앞과 같은 특수한 경우들 중 하나나 더 많은 경우와 연결하려고 할 수 있다. 이 세 가지 특수한 경우는 우리가 이 책과 특히 제18장에서 가지는 관심사(즉 복음서는 예수의 역사를 들려주는 증언이라는 개념)와 연관된다. 이 세 경우는 각각 이것만의 특징을 가지며, 증언으로서의 복음서가 독특하게 지닌 문제들을 드러낸다. 그러나 우선은 일반적 정의와 이 일반적 정의가 적용되는 평범한 현상부터 살펴보는 것이 유익하겠다. 이런 작업을 위해 우리는 증언을 철학적 차원에서 다루고 있는 코디(C. A. J. Coady)의 기념비적 연구서에 신세를 지려 한다.

"증언"이라는 말을 들으면, 대부분의 사람은 증인이 법정에서 제시하는 증거를 즉각적으로 떠올린다. 우리는 요한복음이 이런 종류의 증언을 은유로 활용하는 것을 많이 보았다.[3] 그러나 코디는 다음과 같이 지적한다.

> 이렇게 법정적 상황만이 증언이 존재할 수 있는 유일한 상황은 아니다. 오히려 법체계가 일상적 현상을 개작하고 엄숙하게 만든다고 할 수 있다. 이런 일상적 현상에 전문적으로 들리는 단어를 적용하는 것이 통상적이지는 않은데도 말이다. 실제로 비형식적(non-formal) 상황에서 "그의 증언은 이리지리하

2) Vanhoozer, "The Hermeneutics," 269. 이 정의를 내리면서 밴후저는 리쾨르의 견해를 따르고 있다. P. Ricoeur, "The Hermeneutics of Testimony," in idem, *Essays on Biblical Interpretation* (ed. L. S. Mudge; London: SPCK, 1981), 119-20을 보라.

3) 신약성경 전체가 이 은유를 어떻게 사용하는지를 살펴보려면 A. A. Trites, *The New Testament Concept of Witness* (SNTSMS 31; Cambridge: Cambridge University Press, 1977)를 보라.

> 다"라고 말하는 일은 흔하지 않다. 대신에 "그의 보고에 따르면"이나 "그가 한 말에 따르면" 또는 간단하게 "그가…라고 말하더군"이라고 말하는 경우가 빈번하다. 또한 어떤 보고를 받고 질문에 답할 때도 확고한 태도로 "나는 그가 한 말이 충분히 훌륭하다고 봅니다"라거나 "아, 그 말은 「타임즈」(*The Times*)에 나와 있더군"이라고 말한다. 그렇다면 이런 경우, 말 그대로 법적 정황이 존재하지 않기 때문에 누군가가 증언을 받아들이는 경우가 아니라고 주장하는 것은 잘못인 것 같다.[4]

따라서 코디는 법적 증언이나 준(準)법적 증언을 뜻하는 "형식적 증언"(formal testimony)을 언급함과 동시에, 더 폭넓게 사용되는 "자연적 증언"(natural testimony)도 함께 언급하고 있다. 자연적 증언에 대해 코디는 다음과 같이 설명한다.

> 논쟁 대상이 되거나 어떤 식으로든 결정이 필요한 주장의 진실성을 입증하는 언술 행위에 참여한 화자가 존재하며, 그 화자의 증언이 문제를 해결하는 상황에서 자연적 증언은 성립한다.[5]

법적 세계에서는 증거에 대한 특수한 법칙이 있을 수 있으며 이런 법칙은 법체계에 따라 다양해진다. 그러나 증언이라는 일반개념은 매우 광범위한 일상 상황 속에서 똑같이 작동하고 있다. 이런 측면에서 우리는 타인이 하는 말을 받아들일 때마다 증언을 받아들이는 셈이다. 이 타인의 말이 일상적인 대화에서 나온 것이든, 어느 영역의 전문가에게 의뢰해서 받은 언급이든, 또는 우리 자신이 어떤 지식이나 연구 분야의 전문가로서 언

---

4) Coady, *Testimony*, 26.
5) Coady, *Testimony*, 38.

은 언급이든 상관없이 말이다.[6] 이렇게 우리는 증언을 받아들이는 일을 하루에도 수백 수천 번씩, 소소한 방식으로 또는 결정적으로 중요한 방식으로 행하고 있다. 우리는 늘 "사실들"에 의존하지만, 실상은 "사실들"을 이야기해주는 타인의 증언을 소유할 수 있을 뿐이다. 여기에 대해 데이비드 흄(David Hume)은 이렇게 말했다.

> 인생에서 사람들(*sic*)의 증언과 목격자와 구경꾼의 보고에서 파생된 것만큼 흔하고 유익하며 심지어 필요한 종류의 사유는 존재하지 않는다.[7]

요컨대 증언은 신뢰를 요구한다. "우리가 증언을 믿을 때 언급된 내용을 믿는 것은, 우리가 증인을 신뢰하기 때문이다."[8] 그렇다면 이런 신뢰가 정당하다는 것을 어떻게 증명할 수 있을까? 증언에 기초한 지식이 어떻게 다른 종류의 지식과 연결될까? 인식론에서 증언은 어떤 위치를 가지는가? 우리가 타인의 말을 통해 받아들인 것을 아는 방식은, 인식이나 기억이나 추론을 통해 습득한 것을 아는 방식과 정녕 똑같은가? 코디는 이렇게 말한다. "(그의 책에서 논증의) 요지는 우리가 타인의 말을 신뢰하는 것이 진지한 인식 행위의 근본이라는 것이다."[9] 코디의 업적은 증언도 인식과 기억과 추론만큼이나 지식의 중요한 기본 형태임을 보여준 것이다. 증언도 "인식론적 세계에서 지각과 같은 우리의 주요한 다른 정보 출처들과 똑같은 지위를"[10] 가진다.

---

6) 수학에서도 그러하다: Coady, *Testimony*, 12.

7) Coady, *Testimony*, 7에 인용된 글.

8) Coady, *Testimony*, 46.

9) Coady, *Testimony*, vii.

10) Coady, *Testimony*, 175의 견해를 에번스도 따르고 있다[C. S. Evans, *The Historical Jesus and the Jesus of Faith* (Oxford: Clarendon, 1996), 334-35]. 내가 알기로 코디의 논지를 비판하는 유일한 글은 R. Foley, *Intellectual Trust in Oneself and Others* (Cambridge: Cambridge University Press, 2001), 4장이다. 폴리는 "인식론적 에고

하지만 증언에 대한 이런 견해는 현대 철학의 인식론의 대세를 힘겹게 거스르는 일이다. 코디가 의미 있는 유일한 선례를 발견할 수 있었던 것은 18세기 스코틀랜드 철학자인 토머스 리드(Thomas Reid)가 주창한 소위 "상식" 철학에서다.[11] 리드는 증언의 교환을 자신이 "정신의 사회적 작용"(social operations of mind)이라고 불렀던 행위 중 하나로 분류했다. 이런 활동에는 명령을 내리고 받는 행위, 약속하는 행위, 질문을 제시하고 이에 답하는 행위가 포함되는데, 이런 활동들은 모두 인격 사이의 상호 교환을

티즘"(epistemic egotism)과 "인식론적 에고이즘"(epistemic egoism)으로 불리는 것을 거부한다는 점에서는 코디와 견해를 같이한다. 하지만 폴리는 코디가 "합리적 성상 파괴가 가능하다는 것, 즉 개인이 동시대인들이 가장 귀중하게 여기는 의견이나 당대의 전통에 깊이 뿌리박은 가정을 거부하면서도 여전히 합리적일 수 있는 가능성"을 충분히 고려하지 않는다고 생각한다(99). 폴리는 우리가 보통 타인들의 증언을 의심 없이 받아들이는 이유가, 의심하는 것이 오히려 우리 자신의 지식을 믿는 이유들과 일관되지 않기 때문이라고 주장한다. 그러나 타인이 우리 자신의 지식과 충돌하는 증언을 제공할 경우, 방금 말한 이유로 인해 우리가 그의 증언을 반박할 이유를 찾는 것은 정당하다. 이 주장에 따르면 우리가 타인의 지적 신빙성을 신뢰하는 것은 우리의 지적 자기 신뢰에서 유래하며, 따라서 우리가 타인의 신빙성에 보여주는 신뢰는 우리 자신의 인식이나 기억과 동일한 지위에 있는 지식의 기본 형태가 아니다. 그렇다면 이런 일관성의 문제가 증언에 대한 우리 태도에서 실제로 작동하는지 어떻게 알 수 있는가? 나는 코디의 설명이, 폴리가 가치 있게 여기는 지적 자율성에 충분한 정당성을 부여했다고 생각한다. 코디의 설명과 관련해서 지적해야 할 점은, 타인의 증언이 타당한 근거가 있다고 믿어지는 나 자신의 견해들과 일치하지 않을 경우에 이 타인의 증언을 의심하는 것은 정당하다는 것이다. 이는 내가 누군가의 증언을 의심하는 것은 그가 신뢰할 수 없는 사람임을 알기 때문이라는 말과 같은 뜻이다. 폴리는 지적 자율성과 타인에 대한 지적 의존성의 관계에 대한 코디의 설명에 거의 동의하는 다음과 같은 말로 논문을 끝맺고 있다: "우리는 지적 존재로서 사회성과 자율성을 동시에 가진다. 자율성은 사회성과 긴장 관계에 있지만, 동시에 자율성은 사회성에 의존한다. 우리는 지식의 측면에서 타인들의 영향을 받으면서도 그들로부터 독립적이다. 바로 이런 이유로 모든 일이 조화롭게 이루어진다. 우리는 대개 타인들로부터 지적 훈련을 받지만, 이런 지적 훈련은 우리 주위의 타인들이 제시하는 견해, 절차, 기준을 평가하고 때로는 철저히 비판할 수 있는 능력을 길러주고 단련시킨다." 맞는 말이다. 하지만 이런 비판이 아무리 철저하다 해도, 우리가 타인들로부터 받아들이는 아주 적은 정보와 의견만큼의 영향력도 우리에게 미치지 못한다는 주장 역시 여전히 타당하다.

11) Coady, *Testimony*, 23, 54-62.

전제한다. 리드는 이런 정신의 사회적 작용과 "정신의 고독한 작용"(solitary operations of mind)을 대조하면서, 마치 기초가 되는 것이 정신의 고독한 작용이요, 사회적 작용은 고독한 작용을 통해 점검되는 경우에만 신뢰할 수 있는 것처럼 간주해서 정신의 사회적 작용을 고독한 작용으로 환원하는 것은 불가능하다고 역설한다.[12] 따라서 리드는 증언이 지식의 사회적 성격(사회성)을 드러낸다고 본다. 타인의 증언을 신뢰하는 일은 말 그대로 우리와 같은 피조물의 근본을 이룬다. 타인의 증언을 신뢰해야 하는 이유를 굳이 다른("고독한") 지식의 수단을 토대로 증명해야 할 필요도 없다. 증언도 다른 수단들만큼이나 근본적이기 때문이다.

지금은 "이 시대의 가장 영향력 있는 인식론자들 중 많은 이들이" 증언에 대한 토머스 리드의 접근법을 공유하고 있다.[13] 하지만 이것은 근래에 전개된 양상이다. 현대에 더 많은 학자들이 리드의 접근법을 받아들이지 않는 가장 중요한 이유는—동시에 이 이유로 인해 증언을 철학 연구의 주제로도 삼지 않고 무시하는 경향이 널리 퍼져 있다—계몽주의가 철학에게 유산으로 물려준 개인주의, 더 자세히 말해 개인이 지식적으로 타인에게 의존하는 측면을 축소하려 드는 개인주의적 성향의 인식론 때문이다.[14] 개인주의적 인식론의 출발점은 개인이 가진 인식이었다(내 지식의 본질은 무엇인가? 나는 어떻게 알게 되는가?). 개인주의적 인식론은 이런 개인의 인식에 상식(우리 지식의 본질은 무엇인가? 우리는 어떻게 알게 되는가?)보다 우선하는 지위를 부여했다.[15] 지식이 개인의 자율적 지식일 때만 정당성을 가진다고 보게 되면 증언은 문젯거리가 되어버린다. 이런 문제에 대응해서 흄에게서 시작된 사유의 전통은 소위 더 근본적 지식의 형태로서, 타인에게 의존할 필요가 없는 지식을 기준으로 증언을 신뢰하는 것이 정당하다고 증

---

12) Coady, *Testimony*, 54-55; Vanhoozer, *Is There a Meaning*, 290을 참고하라.
13) Foley, *Intellectual Trust*, 96에서 몇 사람이 언급된다.
14) Coady, *Testimony*, 1장은 수학적 개연성 이론이 두 번째 이유라고 제시한다.
15) Coady, *Testimony*, 148-50.

명하려 했다. 이는 증인의 신빙성을 점검할 수 있거나 증언이 신뢰할 만하다고 판명됨을 관찰할 수 있는 경우에만 증언을 신뢰해야 한다는 뜻이다.[16] 이렇게 코디는 증언을 다른 지식의 수단으로 환원하려 하는 모든 시도를 반박한다. 증언에 대한 신뢰가 정당하다고 증명해주는, 증언과 사건 사이의 상관관계를 우리 각자가 스스로 충분히 관찰할 수 있다는 것은 순전히 거짓이다.[17] 더욱이 증언이 지식의 기본 형태라는 결론을 피하려는 시도들은 부지불식간에 타인을 신뢰하는 것으로 드러날 뿐이다. 실제로 코디는 증언을 가능하게 해주는 어떤 공공 언어(public language)의 사용 자체가, 그 언어로 행해진 많은 보고의 신뢰성을 전제한다는 점을 보여준다("타인들의 보고를 전반적으로 믿으려는 자세는, 그들의 말을 완전히 이해하는 데 필요한 전제 조건이다").[18] 따라서 "의심이라는 것은 공동체적이고 인식론적인 신뢰의 현상이 정당한가를 철저히 개인적 입장에서 증명하겠다는 생각일 뿐이다."[19]

만일 증언이 인식과 기억과 추론만큼이나 지식의 기본적인 수단이라면, 우리는 우리가 처한 인식론적 상황을 이해할 때 배타적인 개인주의적 관점은 줄이고, 공동체적이거나 상호주관적(inter-subjective) 관점은 더 늘려야 한다. 그러나 이는 마치 개인이 스스로 전혀 생각할 수 없다는 듯이 인식의 자율성을 일체 부인한다는 의미는 아니다. 오히려 타인에 대한 인식론적 신뢰가, 코디가 "튼튼한 인식적 자율성"이라고 부르는 것을 얻고 실행하도록 만드는 기본 틀이라는 뜻이다.

> 자율적인 주체라 해서, 그가 실존의 가장 깊은 차원에서조차 타인에게 의존한다는 것을 부인할 필요는 없다. 마찬가지로 자율적인 사유자(thinker)도 타인

16) Coady, *Testimony*, 22-23.
17) Coady, *Testimony*, 79-83.
18) Coady, *Testimony*, 176.
19) Coady, *Testimony*, 152.

> 의 말을 어느 정도 신뢰한다는 것을 부인할 필요가 없으며, 도리어 이를 나타내 보여야 비판적인 입장도 취할 수 있고 자기 견해의 뚜렷한 독립성도 획득할 수 있다. 자신이 획득한 신념을 통제하고, 자신의 생각이 실제의 인식적 역사와 현재의 지적 환경에 적합하게 반응하도록 하려면, 우리에게는 지적 자율성이 필요하다. 그렇지만 독립적인 사유자는 근본적 원칙에 있어서조차 모든 일을 자기 힘으로 해결해내는 사람이 아니다. 도리어 그는 정보를 제공하는 평범한 자료로부터 얻은 내용을 통제할 수 있는 지성을 행사하는 사람이다. 그 자료의 출처가 개인이냐 공동체냐와는 상관없이 말이다.[20]

따라서 증언을 믿는 행위에는 신뢰라는 기본 태도가 따르기 마련이지만(우리는 매우 빈번히 이렇게 한다), 이 신뢰가 꼭 무비판적인 믿음을 의미하지는 않는다.

> 우리가 증언을 믿을 때 증인의 말을 믿는 것은 우리가 증인을 신뢰하기 때문이다. 이 신뢰의 태도는 매우 중요하지만 그렇다고 맹목은 아니다. 토머스 리드가 말했듯이, 어린이는 들은 말을 완전히 신뢰하는 태도에서 시작해서, 자랄수록 비판적인 태도를 함양해간다. 그렇지만 심지어 어른의 경우도 비판적 태도 자체는 신뢰하는 입장에 근거를 둔다. 이는 마치 기억이 우리를 속인다는 것을 아는 어른의 지식이, 회상의 힘에 대한 더 폭넓은 신뢰에 그 근거를 두는 것과 마찬가지다.
>
> 무분별한 우리의 추정과는 반대로, 비판적 평가의 태도와 신뢰의 태도가 정반대에 있는 것은 아니다. 물론 증인의 말을 신뢰하는 동시에 같은 입으로 비판적 성찰을 하는 것이 불가능한 특수한 경우도 있다. 증언을 받아들일 때 독특하게 일어나는 일은, 그 속에서 청중이 비판 능력을 가진 일종의 학습 메커니즘을 작동시킨다는 것이다. 심지어 너무 쉽게 속을 수 있음이 확실한

20) Coady, *Testimony*, 99-100.

> 경우에도, 타인이 전하는 말을 "의심하지 말아야 할 이유가" 있을 수 있다. 우리는 사기나 혼동이나 실수를 알려주는 표준적인 경고 표지가 존재하지 않음을 알고 있다. 이런 인식은 증인의 자격과 증인의 발언을 둘러싼 상황, 증언을 이루는 부분들의 일관성, 이 증언과 타인들의 증언의 관계에 관해 우리가 가진 지식을 통합해준다.…중요한 것은 신뢰와 비판적 평가 사이의 복잡한 관계다.[21]

따라서 증언은 본질상 신뢰를 요구한다. 증언이 인식과 기억과 추론보다 신뢰가 덜 가는 지식의 수단이라고 생각할 이유는 전혀 없다. 타인들의 증언을 통해 우리에게 공급되는 그들의 인식이, 우리 자신이 가진 인식보다 덜 믿을 만하다고 추정할 이유가 없는 것이다. 타인이 우리에게 말하는 모든 것을 총체적으로 불신하는 것은 인간의 인식론적 상황이 공동체적이고 상호주관적이라는 점을 부인하는 행위다. 신뢰라는 기본 태도는 잘 속아 넘어가는 멍청함이 아니라 인식에 불가결한 미덕이다. 신뢰는 근본적인 것이다. 비판적 평가도 중요하지만, 이것은 부차적 행위로서 가능할 뿐이요 신뢰라는 보다 기본적인 태도를 전제한다. 이런 사정은 원리적으로 볼 때 우리 개인의 인식과 기억과 추론의 경우에도 다르지 않다. 이런 경우에도 우리는 다만 신뢰라는 기본을 가져야 한다. 하지만 개인적 인식과 기억과 추론이 우리를 잘못 인도할 수 있기 때문에 의심스러운 경우에는 비판적 평가가 필요하다. 증언은 대체적으로 의심을 불러일으키지만 우리 자신의 인식과 기억과 추론은 그렇지 않다는 견해는 현대 서양의 이데올로기인 과도한 개인주의가 우리를 유혹해서 갖게 만든 생각일 뿐이다. 물론 다소 다른 의견이 있을 수 있다. 전부는 아니지만 많은 경우에 왜곡된 증언과 허위 증언을 만들어낼 수 있는 광범위하고 수많은 요인이 있다고 생각되기 때문이다. 바로 이런 이유로 예를 들어 법정에서는 증인을

---

21) Coady, *Testimony*, 46-47.

엄격하게 상호신문하고 평가하며, 현대 역사가들은 방법론적으로 과거의 증언을 평가하는 세련된 비평적 도구를 사용하는 것이다. 그렇다 해도 비판적 평가를 하려면 먼저 신뢰를 가져야 한다는 원리가 뒤집어지지는 않는다. 폴 리쾨르가 말하듯이 어느 인간 공동체에나 다음과 같은 "신중한 규칙"(prudential rule)이 필요하다. "첫째, 타인이 한 말을 신뢰하라. 그런 다음에 그 말을 의심할 합당한 이유가 있으면 의심하라."[22]

증언과 역사

이 책에서 나는 사무엘 뷔쉬코그의 견해를 따라 복음서가 몇 가지 점에서는 독특한 역사 기록 형식이기는 하지만, 그럼에도 목격자 증언에 대한 그리스-로마 역사가들의 태도를 폭넓게 공유하고 있다고 주장했다. 그리스-로마의 역사가들은 자신이 설명하는 사건에 대한 직접 체험으로부터 나오는 보고를 가치 있게 여겼다. 역사가들이 최선으로 간주한 것은 역사가 자신이 사건에 참여한 경우였다(직접 목격 증언). 역사가 자신이 사건에 직접 참여하지 못한 경우에(어떤 역사가도 자신이 설명하는 모든 사건 현장에 있을 수 없는데, 사건 현장에 있는 것은 보통 우연이기 때문이다), 그는 자신에게 직접적 지식을 전달해주고 인터뷰할 수 있는 정보 제공자를 찾았다(간접 목격 증언). 바로 이것이 가장 훌륭한 역사 기록의 관습이었으며, 널리 칭송받던 투키디데스와 폴리비우스 같은 역사가가 대변하고 이론화한 관행이었다. 직접 목격 증언이나 간접 목격 증언을 선호해야 한다는 것은 가장 신뢰할 만한 증언을 얻는 데 적합한 일반 규칙이었다. 이렇게 직접 목격 증언이나 간접 목격 증언의 선호는 사슬처럼 이어지는 정보 제공자들을 통한

---

22) P. Ricoeur, *Memory, History, Forgetting* (tr. K. Blamey and D. Pellauer; Chicago: University of Chicago Press, 2004), 165.

전달이 낳을 수 있는 여러 위험을 피했다는 의미인 동시에, 역사가가 법적 행위와 유사한 방식으로 자신의 증인을 상호신문 할 수 있었다는 의미이기도 하다. 역사가는 자신이 가장 필요로 하는 정보를 끌어낼 수 있었으며, 정보 제공자의 신빙성에 대해 어떤 판단을 형성할 수 있었다. 물론 직접 증언이 늘 다른 형태의 증언보다 더 신뢰할 만하지는 않다. 가장 탁월한 역사가조차도 직접 증언에만 의존하지는 않았다. 하지만 이들은 주로 직접 증언에 의존하려고 했다. 이런 이유로 당대의 역사—살아 있는 기억 속에 여전히 남아 있는 역사—만이 역사가가 기록할 유일한 역사라는 견해가 나왔다. 그렇다고 그리스-로마의 역사가들이 자기 시대의 역사만을 인식 가능한 역사로 생각했다는 뜻은 아니다. 그들도 과거의 역사가들, 즉 자기 시대의 살아 있는 기억 속의 사건을 기록했던 옛 역사가들을 신뢰했다. 하지만 대체적으로 그들은 과거 역사에 관한 한, 과거 역사가들이 활용할 수 있었던 방법보다 더 나은 방법을 자신들이 가지고 있다고 생각하지 않았다.

우리는 그리스-로마의 역사가들이 **무비판적으로** 증언을 신뢰했다고 추정해서는 안 된다. 예를 들어 폴리비우스는 역사가의 임무를 "믿을 만한 가치가 있는 것은 믿고, 그에게 도달한 보고를 훌륭하게 비판하는 것"(12.4.5)[23]이라고 설명했다. 훌륭한 역사가들은 정보 제공자들을 평가하고 서로 상충하는 증언을 비교했으며 때로는 서로 다른 두 설명을 제시하면서도, 한 설명이 다른 설명보다 더 신뢰할 만하다고 판단하기도 했다. 물론 증언에 대한 이들의 비판적 평가에는 현대 역사가들이 열망하는 방법론적 엄격성이 없다는 주장도 가능하다. 하지만 유념해야 할 점은, 그리스-로마의 역사가들이 스스로 절제하여 살아 있는 기억 속에 존재하는 사건만을 다루었다는 사실이다. 반면에 현대 역사가들이 활용하는 비평적

---

23) S. Byrskog, *Story as History-History as Story* (WUNT 123; Tübingen: Mohr, 2000; reprinted Leiden: Brill, 2002), 179에서 인용했다.

도구들은 주로 현대보다는 이전의 역사, 때로는 훨씬 더 이전의 역사를 탐구하는 일과 관련해서 발전해왔다. 또한 그리스-로마 역사가들은 직접 증언에 접근한 덕분에 증인을 조사하는 상당한 이점을 누렸다. 이들은 말 그대로 자신의 능력 안에 머묾으로써, 현대의 역사 기록 방법으로 무장한 역사가도 쉽게 넘어설 수 있으리라고 추측할 수 없는 성과들을 이루어냈다.

하지만 우리의 현재 관심사에 비추어볼 때 중요한 질문은, 현대의 역사 기록에서 증인의 역할이 고대 세계에서 배타적으로 중요했던 증인의 역할과 다른가 하는 것이다. 데이비드 나인햄은 "목격자 증언과 복음 전승"(Eyewitness Testimony and the Gospel Tradition) 중 마지막 3부[24]를 통해, 복음 전승의 전달에서 목격자들의 역할을 하찮게 여겼던 영어권 복음서 연구자들을 설득하는 데 상당한 영향력을 행사한 바 있다. 여기서 나인햄은 바로 이 문제, 즉 고대의 역사 기록과 현대의 역사 기록이 증언을 다룰 때 서로 어떤 차이가 있는가라는 문제를 다루었다. 그는 이 차이를 설명하고 나서 다음과 같은 결론을 내렸다.

> 설령 복음서가 목격자 증언만으로 구성되었다 해도, 이 복음서는 여전히 역사가가 던지는 질문을 감수해야 했을 것이다. 역사가가 보기에 복음서는, 기본적으로 [양식비평의 관점에서] 현재 상태만 놓고 보면, 역사가가 자신의 적절하고 엄밀한 기술을 적용해서 비로소 역사의 진리라는 귀금속을 추출해낼 수 있는 원광(原鑛)에 불과했던 것 같다.[25]

현대 역사가가 보기에 목격자 증언의 가치를 평가절하 한 나인햄의 이해는 역사학의 연구 방법을 다룬 고전[26]—아날(Annales) 학파의 창시자 중

24) D. E. Nineham, "Eyewitness Testimony and the Gospel Tradition. III," *JTS* 11 (1960), 253-64.

25) Nineham, "Eyewitness Testimony and the Gospel Tradition. III," 259.

26) 영어판은 M. Bloch, *The Historian's Craft* (tr. P. Putnam: Manchester: Manchester

한 사람인 프랑스의 역사가 마르크 블로크(Marc Bloch)의 책—과 역사 철학을 다룬 저술—콜링우드(R. G. Collingwood)의 『역사의 의미』(*The Idea of History*)[27]—에 의존하고 있다.

고대의 역사 기록 방법과 현대의 역사 기록 방법 사이에는 유효한 구별들이 존재한다. 양자의 차이는 본질적으로 자료 평가의 문제가 아니다. 근대 초기 이후에는 역사 자료를 너무 쉽게 믿어버리는 중세의 풍토에서 벗어나려는 중요한 움직임이 있었으며, 상대적 신빙성을 가진 역사 자료를 체계적으로 검증하는 발전이 지속적으로 이루어졌다. 폴 리쾨르는 로렌조 발라(Lorenzo Valla)가 콘스탄티누스의 기진(寄進) 사건이 사기임을 폭로한 일[(1)]을 "역사비평의 탄생"으로 본다.[28] 그러나 현대의 역사 기록과 강하게 대조되는 것은 그리스-로마의 위대한 역사가들의 역사 기록이 아니라 오히려 로마 후기와 중세 시대의 역사 기록이다. 그리스-로마의 역사가들은 그들이 활용하는 자료를 상당히 엄정하게 평가할 수 있었다. 왜냐하면 그들에게는 (적어도 가장 훌륭한 역사 기록의 관습을 따를 경우) 직접 만나 물어볼 수 있는 목격자들이 있었기 때문이다. 빈번히 강조했듯이, 바로 이런 이유로 그리스-로마의 역사가들은 직접 접근할 수 있는 역사만을 자신이 기록할 역사로 한정했던 것이다. 콜링우드가 "가위와 풀 역사 기록 방법"(scissors-and-paste historical method)이라고 부른 역사학 방법을 발전시킨 촉매제는, 이런 속박에서 벗어나 과거 역사가들의 기록을 수집해 얻을 수 있는 종류의 세계사를 기록하려는 욕구였다. 대체로 이런 과거 역사가들의 신빙성은 의심받지 않았다.[29] 근대에 와서 더 비판적인 태도와 방법들이 발전했으며, 이런 태도와 방법들은 주로 살아 있는 목격자 증언을 통해 접근할 수 없는 역사를 연구할 때 필요하게 되었다.

University Press, 1954)다.

27) R. G. Collingwood, *The Idea of History* (Oxford: Oxford University Press, 1946).

28) Ricoeur, *Memory*, 172.

29) Collingwood, *The Idea of History*, 33, 참고. 257-59.

근대에 들어와 역사 기록에서 이루어진 또 한 가지 발전은 비(非)문헌 자료를 점점 더 많이 사용하게 된 일이다. 고고학이 체계적으로 발전하면서 이런 비문헌 자료를 폭넓게 사용한 것이 바로 그런 예다. 이는 진정한 혁명이라 할 만한 발전을 동반하게 되었다. 즉 과거에 대해 질문하고 대답하면서, 그 자체로 답을 주도록 설계되지 않은 자료를 활용하게 된 것이다. 이것은 사실상 비문헌 자료가 우리에게 말할 수 있는 유일한 방법이다. 그러나 이 방법은 현대 역사가들이 증언, 즉 저자가 독자에게 전달하기 위해 기록한 문헌 자료를 활용할 때 사용되는 지배적 방법이기도 하다. 이런 자료는 그 저자들이 독자가 그런 것까지 생각하리라고 예상하지 못했던 온갖 종류의 주제와 문제까지 다룬 역사 데이터를 뽑아내는 데 사용될 수도 있다. 이런 시각에서 보면, 역사 기록으로 신뢰할 수 없다고 판단되는 텍스트들도 역사적 증거로서 매우 신뢰할 만한 기록만큼 귀중한 가치를 가졌을 수 있다. 예를 들어 복음서 연구자들은, 설령 복음서 저자들이 주로 자기 독자들에게 예수에 관해 이야기하려 했으며 또한 복음서가 예수에 관한 역사적 지식의 자료로서 신뢰할 만하지 않을지라도, 이 복음서가 그리스도인 공동체들에 관해 알려주는 귀중한 증거라고 생각했다(저자들은 이 공동체에 몸담고 있었으며, 이 공동체를 독자로 염두에 두고 있었다). 마음만 먹으면 이보다 논란이 덜한 사례들도 쉽게 모을 수 있을 것이다.

이에 대해 블로크는 "자기도 모르게 증인"이 된 문헌 자료와 비문헌 자료에 관해 다음과 같이 썼다.

> 내러티브 자료…즉 독자에게 무언가를 알려주려는 의도에서 기록된 자료는 학자들에게 지속적으로 도움을 준다. 이런 내러티브 자료의 이점 중에는, 보통 이 자료가 연대기적 틀을 제공해주는 유일한 자료라는 것도 포함된다.…그렇기는 해도 역사학의 발전 과정에서 이 학문이 두 번째 범주의 증거, 곧 자기도 모르게 증인이 된 증거를 점점 더 많이 신뢰하는 쪽으로 가고 있음은 의심

할 여지가 없다.[30]

블로크는 앞과 같은 증거를 과거의 "자취"라고 불렀다. 이 과거의 자취들은 "자기도 모르게" 증인이 됨으로써 증거를 구성한다. 반면에 "의도적" 증인의 경우에는 다음과 같은 설명이 가능하다.

> 스스로 증인이 되려는 열의가 있는 증인의 경우, 이 텍스트가 우리에게 명시적으로 말해주는 내용은 오늘날 역사 연구의 주된 대상이 아니다.…중세 전성기(high Middle Ages, 즉 1000-1300년)에 살았던 성인들에 대한 전기 중 적어도 4분의 3은, 대상이 되는 인물들의 경력에서 발견되는 경건한 인격에 대해 구체적인 정보를 전혀 주지 못한다. 반면에 이런 전기들을 참고해서 그 시대의 독특한 삶의 방식이나 사고방식을 알아낼 경우(전기 저자들이 이런 것들을 보여주려고 의도하지는 않았다), 우리는 이 전기들이 매우 가치 있다는 것을 알게 된다. 우리는 피할 수 없이 과거에 묶여 있다. 하지만 과거의 "자취"[31]를 통해서만 과거를 알아야 하는 영원한 저주를 받았다 하더라도, 과거 자체가 우리에게 말해주기에 합당하다고 생각했던 것보다 훨씬 더 많은 것을 알아내는 데 성공했다는 점에서는 적어도 과거의 굴레에서 벗어난 셈이다. 정확히 말해, 이것은 질료에 대한 정신의 영광스러운 승리다.[32]

역사의 "자취"가 어떤 방식으로 "자기도 모르게" 우리에게 정보를 제공하는지를 언급하는 앞의 인용문은 매우 정확하고 중요하다. 이 책에서 우리는 이런 종류의 역사 연구의 방법을 자주 실천한 바 있다(예를 들어 1세기

---

30) Bloch, *The Historian's Craft*, 61.

31) 나는 블로크의 영역판에서 tracks을 traces로 바꾸었다. 영어 용례에서는 traces가, 프랑스어로 된 원텍스트가 의미하는 역사적 증거를 지시하는 단어로 더욱 통상적이기 때문이다.

32) Bloch, *The Historian's Craft*, 61-62.

팔레스타인 유대인들의 다양한 이름 중 어떤 이름이 얼마만큼 인기가 있었는지를 알려주려던 고대 저자는 아무도 없었다). 사실상 이런 것은 현대의 역사가들에게는 부차적 중요성을 지닐 뿐이다. 하지만 유념해야 할 점은, 현대의 역사 연구 방법 중 어느 것도 우리가 과거에 대한 분명한 증언을 읽음으로써 그 증언이 설명하고 드러내려고 의도한 바를 알아내는 일을 방해하지 않는다는 것이다. 연구 대상을 본문이 의도적으로 알려주는 것으로 삼느냐, 아니면 본문이 자기도 모르게 알려주는 것으로 삼느냐는 우리의 질문이 무엇인가에 달려 있다.

블로크는 과거로부터의 명시적인 증언이 의도적으로 이야기하는 내용에 대한 현대 역사가의 관심을 경시하면서 과거에 대한 모더니즘의 자만심을 드러내고 있는지도 모른다. 중세 학자들은 자신을 거인들의 어깨 위에 서 있는 난장이로, 다시 말해 고대인들에게 의존해야만 비로소 그들보다 더 멀리 내다볼 수 있는 사람으로 생각했다. 반면에 블로크가 말한 대로 현대의 특징적 태도는, 우리가 "과거 자체가 우리에게 말해주기에 합당하다고 생각했던 것보다 훨씬 더 많은 것을" 알 수 있다는 점에서 과거에 대해 승리하고 과거에 대한 의존으로부터 벗어나 자유를 얻은 일을 찬양하는 것이다. 현대의 역사가는 자율적인 사상가다. 그는 전통의 유산을 벗어나 자유를 누리고, 마치 과학자처럼 이전에는 누구도 가지지 못했던 지식을 생산해낸다. 이렇게 "과거"(블로크는 이 "과거"를 기괴한 인간의 모습에 의인화했다)와 대비해서 역사가의 자율성을 찬양하는 모습은 콜링우드의 저술에서는 훨씬 더 의기양양한 승리자의 모습으로 등장한다.

콜링우드는 진정으로 과학적인 역사가를 프랜시스 베이컨(Francis Bacon)이 묘사한 자연과학자에 비유한다. 심지어 콜링우드는 베이컨이 구사한 고문을 동원한 심문(審問) 은유까지 빌려 쓴다. 베이컨은 이 은유를 기소된 사람이나 증인을 고문하던 실제 관행—사람들을 강제하여 "자기도 모르게" 증언하게 만들던 관행—으로부터 가져왔다. 부끄럽게도 베이컨 자신도 법률가이자 정치인으로 있을 때 이런 고문에 참여한 적이 있었다. 아래의 인용문에서 콜링우드는 이렇게 끔찍한 은유를 "기억할 만한 문구"로 간주한다.

> 법률가요 철학자인 프랜시스 베이컨은 그의 기억할 만한 문구 중 하나에서 자연과학자는 "자연을 고문(拷問)해야" 한다고 말했다. 베이컨이 이 말을 통해 의미한 바는, 자연과학자는 자연을 대할 때 그것을 존경하는 마음으로 주의를 기울이는 자세, 자연의 말을 경청하는 자세, 자연이 제공하려는 것만을 기초로 삼아 자신의 이론을 정립하는 자세를 가져서는 안 된다는 의미였다. 대신에 베이컨은 다음과 같은 두 가지를 강조했다. 첫째, 과학자는 주도권을 가지고 자신이 알고 싶은 것이 무엇인지 결정하고 이것을 그의 마음속에서 질문의 형태로 형성해야 한다. 둘째, 과학자는 자연이 대답하도록 강제할 수단을 찾아내고 자연이 입을 열도록 고문할 수단을 고안해내야 한다. 여기서 베이컨은 아주 간결한 경구로 참된 경험과학의 이론을 단번에 제시했다. 동시에 이것은 베이컨도 몰랐지만, 역사적 방법에 대한 참된 이론이기도 했다.[33]

자연에 대한 과학적 접근법을 표현하기 위해 베이컨이 사용하는 법적 고문의 은유는 환경 재앙을 불러온 현대의 자연 지배 프로젝트와, "존경하는 마음으로 자연에 주의를 기울이는 자세"의 결핍만을 상기시킨다.[34] 이런 이유로 우리는 콜링우드가 이 은유를 "과학적" 역사 연구에 재적용하

---

33) Collingwood, *The Idea of History*, 269. Bloch, *The Historian's Craft*, 64은 베이컨을 참조하지 않고도 이렇게 말하고 있다: "말 그대로 증인들의 말만 기록하겠다는 마음을 포기한 순간부터, 심지어 증인들의 의지에 반하더라도 그들을 강압하여 말하게 하겠다고 결심한 순간부터, 상호신문은 이전보다 더 필요한 것이 된다." 왜 "강압"을 사용해야 하는가? 상호신문만 하는 경우에는 강압이 사용되지 않는다. 오직 고문의 도움을 받는 상호신문만이 강압을 쓸 뿐이다.

34) 예를 들어 P. Marshall, *Nature's Web: An Exploration of Ecological Thinking* (London: Simon and Schuster, 1992), 182-86; R. Bauckham, *God and the Crisis of Freedom* (Louisville: Westminster John Knox, 2002), 159-65.

는 것을 받아들일지 주저할 수밖에 없다.

왜 하필이면 강압적으로 정보를 짜내는 폭력적 이미지를 사용해야 하는가? 이런 이미지는 콜링우드가 현대 역사가의 지적 자율성을 어떻게 생각했는지 그 일부를 보여주는 것 같다. 콜링우드는 과거가 스스로 역사가에게 무언가를 "주는" 경우를 부인하는 데 집중하고 있다. 예를 들어 역사가가 자신의 질문에 대한 대답으로 과거 증인의 증언 속에 이미 제공되어 있는 "이미 준비가 완료된" 답을 받아들이는 경우에도 말이다.

> 모든 과학처럼 역사도 자율적이다. 역사가는 이 과학을 탐구하는 과정에서 그에게 떠오른 모든 문제를 풀 올바른 해결책을 어떻게 강구할지 자신의 과학(곧 역사학)에 적합한 방법을 결정할 권리와 의무가 있다. 역사가는 다른 누군가가 자신을 대신해서 결정하도록 만들 의무도, 권리도 가질 수 없다. 만일 다른 누군가가…예를 들어 다른 박식한 역사가나 증인, 현재 탐구 중인 작업을 해낸 사람 또는 그 사람이 신뢰하고 있는 인물이 그에게 이미 완성된 답을 건네준다 할지라도, 그가 할 수 있는 일은 그 답을 거부하는 것뿐이다. 이는 역사가가 자신에게 정보를 준 이가 자신을 속이려 한다고 생각하거나 스스로 속았다고 생각하기 때문이 아니라, 만일 그가 그 답을 받아들인다면 역사가로서 그가 가진 자율성을 포기하는 것이라고 생각하기 때문이다.[35)]

콜링우드는 우리가 일상생활에서 타인의 증언을 "늘 그리고 올바로" 받아들인다는 것을 전적으로 인정한다. 그러면서도 증언을 받아들임으로써 얻는 지식은 결코 역사적 지식일 수 없다고 말한다.

> 이는 역사적 지식일 수가 없는데, 왜냐하면 이는 과학적 지식이 아닐 것이기 때문이다. 이것이 과학적 지식이 아닌 이유는 그 지식이 기초하는 근거에 호

---

35) Collingwood, *The Idea of History*, 256.

소하여 그 정당성을 확인받을 수 없기 때문이다. 이런 근거가 존재하는 즉시로, 이제 그 주장은 더 이상 증언이 아니다. 증거가 증언에 힘을 실어주면, 우리가 증언을 받아들이는 것은 이제 더 이상 증언 자체를 받아들이는 것이 아니다. 그것은 증거에 근거한 무엇, 즉 역사적 지식을 인정하는 것이다.[36)]

콜링우드도 인정하듯이, 계몽주의의 개인주의적 인식론은 일상에서는 실천될 수 없고 다만 엄격한 "과학" 분야에서만 존재할 수 있으며, 학자가 증언에 의존하는 것을 일체 요구하지 않는다. 증언이 학자에게 무엇을 말하든, 학자는 자신이 독립적으로 증언의 진실성을 증명했을 경우에만 그 증언을 믿어야 한다. 따라서 일상생활에서는 증언을 의심할 이유를 발견할 수 없거나 또는 그런 이유를 발견할 때까지는 그 증언을 신뢰할 만한 것으로 간주하지만, 과학적 역사에서는 처음부터 증언을 의심해야 하며 독립적으로 그 증언의 진실성을 증명할 수 있을 때만 그것을 믿을 수 있다.

역사가가 증언으로부터 완전히 독립적이어야 한다는 이런 주장은 유지될 수 없다. 이런 주장에 대한 코디의 반박[37)]을 여기서 굳이 되풀이할 필요는 없을 것이다. 증언은 인간의 지식에 대해서도 폭넓게 근본이 되지만, 역사가가 과거를 아는 지식에서도 그렇다. 그렇다고 역사가가 과거의 증언으로부터 어떤 독립성도 가질 필요가 없다는 뜻은 아니다. 역사가는 증언을 무턱대고 믿지는 않는다. 하지만 일상생활에서처럼, 증언에 의존하는 자세가 기초가 될 경우에만 비로소 독립적으로 생각할 수 있다. 역사가가 다른 증언을 의심할 수 있는 것은 오직 그가 어떤 증언은 받아들이기 때문이다.[38)] 모든 것을 통째로 의심하는 것은 불가능하다.

개인주의적 인식론만을 따라 일상생활을 영위할 수 있는 사람은 아무

---

36) Collingwood, *The Idea of History*, 257.
37) Coady, *Testimony*, 13장.
38) Ricoeur, *Memory*, 180-81.

도 없다. 마찬가지로 증언에 폭넓게 의존하지 않고서 역사를 연구하는 사람도 실제로 아무도 없다. 물론 일부 역사가를 위시해서 어떤 사람들은 역사 기록의 인식론에 대한 콜링우드의 설명이 타당하다고 보았다. 콜링우드의 말이 완전히 그르지는 않았기 때문이다. 하지만 그의 언급은 현대의 역사 연구가 증언의 신빙성을 평가하는 방법을 더욱 비판적으로 발전시키기는 했지만, 그와 동시에 자료가 스스로 대답해주지 않는 질문을 던지고 그 자료가 "자기도 모르게" 증거를 내놓도록 하는 데 크게 의존하게 되었다는 의심할 수 없는 사실을 상당히 과장하고 있다. 콜링우드의 역사 기록 인식론은 역사가에게 자신이 자료에 의존한다는 느낌보다는 자료를 지배한다는 느낌을 줄 수 있다. 어쨌든 분명한 것은 이제 역사 기록에 대한 포스트모던의 시각이, 역사가가 과거로부터 독립성을 유지해야 한다는 이런 과장된 의식에 도전장을 던졌다는 것이다.[39] 다른 분야처럼 계몽주의적 개인주의도 포스트모던의 회의주의에게 자리를 내주었다.

콜링우드의 이론은 철저히 증언의 굴레에서 벗어나려고 시도하지만, 역사가들의 통상적 작업과는 일치하지 않는다. 하지만 그의 이론—또는 그의 이론에 내포된 지나친 개인주의적 인식론—은 역사가로 하여금 과거 사건에 관해 설명하고 정보를 제공하려고 의도하는 자료, 즉 엄격한 의미에서의 증언에 지나치게 회의주의적으로 접근하도록 이끌 수 있다. 특히 복음서 연구 학계에는 신뢰보다 회의주의를 바탕에 깔고 자료에 접근하면서, 역사가가 자료의 진실성을 완전히 독립적으로 증명할 수 있을 때만 그 자료의 주장을 받아들일 것을 요구하는 태도가 널리 퍼져 있다. 이는 한편으로는 콜링우드가 역사가 과학적이려면 필요하다고 생각했던 개인주의적 인식론만을 고집하는 태도와, 다른 한편으로는 복음서 연구자들로 하여금 교리의 영향을 받는 고지식함을 피하도록 만들었던 학계의 독특한 특징이 결합해서 나타난 태도인 것 같다. 이 영역의 학자들 대부분

39) 헤이든 화이트와 키스 젠킨스(Keith Jenkins)의 저술이 그런 예다.

은 다른 역사 영역에서 일한 경험이 거의 없거나 전혀 없다. 따라서 복음서 학계는 자료의 신빙성을 평가하는 자신만의 고유한 관습을 발전시키기가 쉽다. 복음서 학계가 자료의 신빙성을 평가하는 관습이 다른 역사학 분야의 방식과 반드시 일치하지는 않는다. 역사 연구 방법을 복음서 연구 자로부터 배운 소장 학자들은 자료에 접근하는 자신의 태도가 회의적일수록 자신이 사용하는 역사 연구의 방법이 더 엄격해진다고 간주한다. 하지만 역사 연구에서 엄격함이란 역사적 증언을 대하는 태도의 바탕에 회의주의가 깔려 있어야 한다는 뜻이 아니라, 비판적 질문을 통해 그 증언을 검증하면서도 그 바탕에는 신뢰가 깔려 있어야 한다는 뜻임을 거듭 말해두지 않을 수 없다. 증언은 잘못될 수도 있고 속일 수도 있다. 그럴지라도 증언이 항상 잘못이요 거짓이라고 추정해서는 안 된다. 또한 증언이 잘못이요 거짓이라는 것은 각각의 경우마다 입증되어야 한다. 증언은 그것이 신뢰할 수 없음이 증명될 때까지는 신뢰할 만한 것으로 다루어져야 한다. "첫째, 타인이 한 말을 신뢰하라. 그런 다음에 그 말을 의심할 합당한 이유가 있으면 의심하라."[40] 일상에 적용되는 이 일반 규칙은 자료를 대하는 역사가에게도 적용된다.[41] 복음서 연구에서도 복음서가 제시하는 증언의 신빙성을 타당하게 평가하려면 당연히 이런 증언이 가지는 특별한 본질을 이해해야 한다. 바로 이것이 이 책이 기여하고 있는 지점이기도 하다.

---

40) Ricoeur, *Memory*, 165.

41) I. A. Provan, "Knowing and Believing," in C. Bartholomew, C. S. Evans, M. Healy, and M. Rae, eds., *"Behind" the Text: History and Biblical Interpretation* (Scripture and Hermeneutics Series 4; Grand Rapids: Zondervan, 2003), 229-66도 현대의 과학적 역사 연구 방법이 증언 개념을 무시한다고 통박하면서, "우리는 다른 방법이 아니라 주로 증언을 통해 과거를 안다"(230), "우리는 증언과 해석을 경청함으로써 그리고 누구를 믿을지 선택함으로써 '안다'"(231)라는 것을 근거로 삼아 고대 역사가들이 증언에 의존한 것을 옹호한다. 프로반의 논문은 역사적 지식을 위해서는 증언이 불가결하다는 강조를, 구약학과 특히 현재의 이스라엘 연구 작업에 적용한다.

증언과 역사에 대한 리쾨르의 견해

역사 기록을 철학적 시각에서 콜링우드보다 더 적절히 설명한 저술로는 근래에 발표된 폴 리쾨르의 대표작 『기억, 역사, 망각』(*Memory, History, Forgetting*)[42]을 참조할 수 있겠다. 리쾨르가 증언이 역사에서 차지하는 위치를 바라보는 견해는 콜링우드와는 사뭇 다르다.[43] 리쾨르는 역사가의 작업을 다음과 같이 세 "단계"로 구분한다. 물론 이 단계들은 방법론적인 구분이며 연구가 반드시 이 순서대로 이루어지는 것은 아니다.[44] 이 세 단계란 (1) 기록(documentary) 단계, (2) 설명 그리고/또는 이해 단계, (3) 역사가의 표현 단계다. 첫 단계에서 역사가가 작업하는 대상인 기록은, 리쾨르가 블로크를 따라 과거가 현재에 남긴 "자취"라고 부르는 것이다. 이 자취에는 증언과 과거가 남긴 다른 (비문헌적) "형적"(形迹)이 포함된다. 리쾨르는 증언을 "자발적" 증언(후세를 위해 의도적으로 한 증언)과 "비자발적" 증언("자기도 모르게" 증인이 되어 한 증언)으로 나눈다.[45] 이 모든 것은 문서고(文書庫)에 쌓여서, 즉 역사가가 사용할 수 있도록 보존되고 수집되어서 역사 기록이 된다. 역사 연구에서 기록 단계는 역사 기록이 역사적 증거로서 가지는 가치를 평가하고, 이런 기록이 믿을 만하게 증언하고 있는 사실들[46]을 확증하는 과정이다. 이 과정은 역사가가 기록에 대해 질문을 던질 때에 비로소 진행될 수 있다. "기록은 누군가가 그것에 대해 어떤 가설을 증명하라고, 즉 그 가설이 진실임을 밝히라고 요구하지 않으면 입을 열지 않는다."[47] 둘째 단계에는 기록이라는 증거가 확증해준 여러 사실들 사이의 상

42) Ricoeur, *Memory*.

43) 리쾨르는 콜링우드의 저술이 가진 이런 측면을 명시적으로 언급하거나 비판하지 않는다.

44) Ricoeur, *Memory*, 137.

45) Ricoeur, *Memory*, 170-71.

46) 리쾨르는 역사적 "사실"을 사건 자체가 아니라 "그 사건을 표상하는 진술의 내용"으로 규정한다(*Memory*, 178-79).

47) Ricoeur, *Memory*, 177.

호연관성이 포함된다. 이 단계에서는 역사가가 폭넓은 해석학적 질문, 곧 역사적 사건이 "왜" 일어났는가 하는 질문을 던지고 거기에 대답한다. 그가 제시하는 답은 사건의 원인이나 목적을 설명해줄 수 있다. 마지막 단계는 역사의 독자들을 위해 문헌적 텍스트를 구성하는 단계다. 이를 "표상"(representation)이라고 부르는 것은 이 과정이 역사적 사건을 "표현하는" 단계이기 때문이다.[48] 리쾨르의 체계에서는 이 셋째 단계에 증언이 다시 등장하며, 증언의 내용은 역사가가 제시하는 설명 속에 통합된다.[49] 여기에 대해 리쾨르는 상세히 설명하지 않지만, 그가 증언을 역사가가 그것으로부터 독립해야 하는 무엇으로 생각하지 않음은 분명하다.

[특히 헤이든 화이트(Hayden White)와 나눈 대화에서] 리쾨르가 강한 관심을 기울이는 지점은, 역사 연구의 모든 단계에서 과거에 대한 의도적 참조가 일어남을 강조함으로써(이 참조는 증인에 의해서든 역사가 자신에 의해서든 일어난다) 역사와 내러티브를 구별하는 대목이다.[50] 역사 기록에서의 이런 특수한 참조는 작업을 구성하는 세 단계 사이의 상호관계를 고려할 때에만 비로소 가려낼 수 있다. 이 모든 작업의 뿌리에는 기억이 자리해 있다.[51] 기억은 자신을 다른 것과 구별해주는 독특한 특징으로서 과거를 참조한다. 기억은 증언에 포함되어 선포되며, 이 기억이 기록되어 문서고에 저장되면 역사가가 연구할 수 있는 기록이 된다. 따라서 기록은 "문서고에 저장

48) 따라서 역사적 내러티브는 "'표현'에 적합한 진리의 양식"을 가질 수 있다(Ricoeur, *Memory*, 279).

49) Ricoeur, *Memory*, 161.

50) G. J. Laughery, "Ricoeur on History, Fiction, and Biblical Hermeneutics," in Bartholomew, Evans, Healy, and Rae, eds., *"Behind" the Text*, 339-62은 특히 이런 관점에서 역사에 관한 리쾨르의 생각을 소개한다.

51) 참고. Ricoeur, *Memory*, 87: "이 책은 역사의 모태로서의 기억을 위한 항변이라고 할 수 있다. 기억은 현재와 과거 사이의 표상적 관계의 문제 전체에 대한 파수꾼으로 남아 있다는 점에서 역사의 모태라고 할 수 있다."

된 기억"(archived memory)이다.[52] 리쾨르는 증언을 과거의 다른 자취와 구분해주는 것이 바로 증언과 기억의 관계라고 본다. 기억은 탐정물의 특징인 "실마리"(clues)와 같다. 탐정물에서 이런 실마리는 증언을 보강한다는 점에서 귀중한 가치를 가진다.[53] 그러나 리쾨르는 증언을 역사 기록에 반드시 있어야 할 기억의 기록(record of memory)으로 보는 것이 분명하다. 오직 이 증언을 통해서 역사가는 과거에 대한 표상을 사건 자체와 연결시킬 수 있다.

> (역사가가 제공하는) 내러티브 형식과 실제로 일어난 사건을 직접 이어주는 연결 고리를 찾으려는 시도는 무용하다. 이런 연결 고리는 오직 설명을 통해, 그리고 설명이 없으면 기록 단계를 통해 간접적으로 존재할 수 있을 뿐이다. 이는 거꾸로, **증언과 타인의 말에 대한 신뢰**를 지시하고 있다.[54]

리쾨르는 "사실"이 다만 언어적 실재만을 가진다는 포스트모던의 주장에 맞서서, 역사가의 내러티브로부터 그 내러티브의 뿌리가 되는 증언으로 되돌아가야 한다는 일종의 비판적 실재론을 주장한다. 기록적 증거[書證]—역사가는 이 기록 증거를 통해 "사실"을 확증함—의 핵심에는 증언이 자리해 있다. 결국 증언이 우리가 가진 모든 것이다. 역사가에게는 기억의 기록으로서의 증거 문서가 기초가 된다.

> 내가 언급하려 했던 내용은, 우리 기억의 실재성을 보장해주는 것으로 우리의 기억보다 더 나은 것이 없다는 것이었다. 즉 증언과, 과거에 대한 역사가의 표상을 확증해주는 증언에 대한 비판보다 더 나은 것은 없다.[55]

---

52) Ricoeur, *Memory*, 178.

53) Ricoeur, *Memory*, 173-74.

54) Ricoeur, *Memory*, 244(보컴 강조).

55) Ricoeur, *Memory*, 278; 참고. 147.

이 인용문이 분명하게 말하듯이, 리쾨르의 주장은 증언을 무비판적으로 받아들여야 한다는 뜻이 아니다. 하지만 증언은 자신을 신뢰해줄 것을 요구한다. 증인은 "내가 거기에 있었다"라고 말할 뿐 아니라 "나를 믿어주세요"라고도 말한다. 의심받는 증인이 할 수 있는 말은 "나를 믿지 못하겠으면 다른 사람에게 물어보세요"뿐이다.[56] 리쾨르는 앞에서 언급했던 상호주관적 인식론이 증언에 대한 신뢰에 정당성을 부여한다고 강조한다.[57] 하지만 리쾨르는 우리가 대화적 증언이라는 일상 상황으로부터 문서고에 저장된 증언, 곧 "고아처럼" 증언을 한 사람과도 단절되고 그 증언을 들려주는 대상도 표시되지 않는 증언으로 옮겨갈 때 어떤 일이 발생한다고 관찰한다.[58] 이런 상황에서 증언은 역사가가 던지는 비판적 질문의 대상이 된다. 역사가에게는 그 증언의 기원에 달리 접근할 수 있는 길이 없으며, 그 증언과 일치하지 않는 다른 증언이 함께 존재할 수 있기 때문이다. 증언이 저장된 문서고에는 진실한 증언과 거짓 증언이 함께 들어 있다. 따라서 현대의 비판적 역사 연구는 "원칙적으로 자발적인 신뢰와 피론(Pyrrohn, 기원전 365?-275년. 그리스의 회의주의 철학자-역주)식 회의주의 사이를 이어주는 험난한 오솔길을 개척해야 했다."[59] 타인의 말에 대한 신뢰는 일상에서는 자연스럽고 불가결한 일이다. 하지만 역사 기록에서 이 신뢰는 저장된 증언이 불러일으키는 비판적 질문과 변증법적 대립을 이루며 공존해야 한다. 이 지점에서 신뢰에 대한 필요가 너무 쉽게 간과되는 경향이 있다. 왜냐하면 증언이 일상 대화의 맥락이 가지는 직접성(여기서 타인의 말에 대한 신뢰의 차원은 명백하다)으로부터 멀어져서 역사 기록으로 보존된다 하더라도, 이런 증언 역시 신뢰를 요구하기 때문이요, 이런 증언이 복잡하다 해도 비판적 평가가 증언을 대신할 수는 없기 때문이다.

---

56) 증인의 이런 "삼중 선언"은 이 작품에 몇 차례 나타난다: *Memory*, 164-65, 278, 497.

57) Ricoeur, *Memory*, 165.

58) Ricoeur, *Memory*, 169.

59) Ricoeur, *Memory*, 172.

지금까지 우리는 역사적 주장이 가지는 "사실적" 성격과 분리할 수 없이 결합해 있는 역사 기록적 과정의 한 측면, 즉 해석에 대해서는 전혀 언급하지 않았다. 리쾨르는 이 해석이 세 단계 중 어느 한 단계가 아니라 세 단계 모두에서 일어난다고 본다. 심지어 기억을 저장하는 문서고를 형성하는 단계에서도 이 문서고에 들어갈 증언을 선택하는 것 자체가 해석 행위다. 우리는 해석을 거치지 않은 "원사실"(brute facts)을 분리해낼 수 없으며, 이렇게 하기를 기대해서도 안 된다. 해석, 즉 "역사적 지식의 객관적 측면과 연결되어 있는 주관적 측면"[60]은 역사가의 진실 탐구에 불가결한 부분이기 때문이다. "해석은 모든 역사 기록 활동에서 진실을 밝혀내려는 바로 그 행위의 구성 부분이다."[61] 블로크의 입장을 따라, 리쾨르는 역사 기록에는 현재에 비추어 과거를 이해하는 것과 과거에 비추어 현재를 이해하는 것이 모두 포함된다고 본다. 과거와 현재 사이에서 이루어지는 이런 움직임의 핵심에는 과거가 현재에게 남겨준 자취 중 가장 중요한 자취인 증언이 자리하고 있다.[62] 증언을 해석하는 것은 역사가가 역사의 진리를 찾아가는 주된 방법이다.

증언과 증언 수용

다시 말하지만 역사 기록에는 증언에 대한 신뢰가 절대로 필요하다. 이 신뢰는 반드시 맹목적 믿음을 요구하지는 않는다. 역사가가 "비판적 실재론자"로서 증언을 받아들이고 활용할 때는 신뢰와 비판적 검증 사이의 변증법이 존재한다. 그러나 평가는 말 그대로 증언을 신뢰할 수 있는지 없는

60) Ricoeur, *Memory*, 337.
61) Ricoeur, *Memory*, 185.
62) Ricoeur, *Memory*, 170.

지를 평가하는 것이다. 증언이 이야기하는 모든 것이 진실인가 거짓인가를 무엇에도 의존함 없이 독립적으로 증명하는 일은 불가능하다. 이런 일이 가능하다면 더 이상 증언을 신뢰할 필요가 없을 것이다. 증언은, 증언이 과거에 접근하는 유일한 통로인 기억과 마찬가지로 연약하여 부서지기 쉽다. 동시에 증언이 살아 있는 기억보다 이전으로 거슬러 올라가 오직 저장된 기억으로만 존재하는 경우에는, 현재적 증언의 대화적 정황과 단절되어버린다. 하지만 우리 목적을 고려할 때, 역시 우리가 가진 전부는 증언이라고 할 수 있다. 실제로 과거가 현재에 남긴 자취에는 증언 외에 다른 것들도 있다(고고학적 발견이 그런 예다). 이런 다른 자취도 어느 정도 증언을 보강하거나 증언을 믿지 못하게 할 수 있다. 그러나 이것들은 역사를 연구하고 역사를 기록하는 데 충분한 도움을 못 주는 경우가 대부분이다. 이런 자취는 증언을 대신할 수 없다. 요컨대 증언이 우리가 가진 전부다.

하지만 현대의 역사 기록에서는 고대의 역사가들과 같은 방식으로 증언을 활용하는 경우가 거의 없다. 자주 고대의 역사가들은 실제적으로 증언을 자신의 저술에 통합시켜, 목격자들의 이야기를 자신의 메타-이야기(meta-story)의 일부로 만들었다. 반면에 현대의 역사가들은 다음과 같은 이유로 고대 역사가들보다 증언과 멀리 거리를 두고 활동한다. (1) 보통 현대의 역사가들은 살아 있는 목격자와 대화를 나누지 않는다. (2) 대개 현대 역사가들이 증언에 대해 조사하는 질문은 애초에 증언이 대답하려고 했던 질문이 아니다. 그들은 증언에게 "자기도 모르는" 증언을 하라고 요구한다. (3) 이렇게 현대 역사가들의 역사적 설명, 즉 리쾨르가 "표상"이라고 부르는 것은 증언에 근거하기는 하지만, 증언을 그 설명 속에 통합해놓지 않은 경우가 대부분이다. 독자들은 증언의 수용자가 되기보다는, 역사가가 증언을 가지고 작업해놓은 결과를 만난다.

이는 현대 역사가들이 증언을 가지고 어떤 작업을 하든, 증언을 신뢰해야 하거나 아니면 증언을 비판한 결과 증언을 신뢰하지 말아야 하는 결과가 여전히 남는다는 것을 말해준다. 더욱이 현대 역사가에게는 증언을 대상으로 심문하는 방법이 많이 있지만, 그래도 그가 증언이 애초에 독자들에게 들려주려고 했던 말을 이해하고 받아들이든지 아니면 거부하든지 둘 중 하나를 택해야 함은 무시할 수 없다. 이 사실은 증거에 접근하는 다른 방법도 전제한다. 물론 증언이 분명하게 일러주는 내용을 불신한다 해서 그 증언이 "자기도 모르게" 증인이 되는 것까지 막을 필요는 없다.

고대 그리스-로마의 역사가들은 현장 **참여자**의 목격자 증언을 특히 중요시했는데, 이런 목격자 증언의 중요성은 지금도 여전하다. 이해관계에서 한쪽으로 치우친 사건 당사자를 거부하고 이해관계가 없는 중립적 위치로 추정되는 관찰자를 선호하는 모더니스트의 편견은 (성서학뿐만 아니라) 현대의 역사학에서 중요한 역할을 했다. 하지만 아무리 그 중요성을 낮게 평가한다 할지라도, 사건에 연루된 참여자의 시각은 여전히 사건의 생생한 핵심에 접근할 수 있는 유일무이한 통로를 제공해준다. 역사의 독자들은 사건 참여자가 그 사건을 어떻게 체험했는지를 알고 싶어한다. 이런 독자들을 위해 역사가는 폭넓은 맥락과 설명적 논평으로 증언을 구조화함으로써 그 증언에 대한 이해를 증진할 수 있다. 어쨌든 역사가는 증언을 재생산하지는 않더라도 그것을 반복하고 다시 들려주어야 한다. 이런 종류의 증언은 다른 것으로 대체될 수 없다. 이 증언이 우리를 사건 내부로 데려가기 때문이다. 이는 픽션에 버금가는 상상력을 통해 사건을 재구성하는 경우와 유사하다. 하지만 상상력으로 사건을 재구성하는 경우와는 달리, 증언은 증언이 없으면 상상조차 할 수 없었던 아주 생소한 곳으로 우리를 데려가 그것과 대면하도록 만든다. [쇼샤나 펠먼(Shoshana Felman)은 학생들과 함께 다양한 증언 텍스트를 읽어본 자기 체험을 바탕으로 다음과 같이 썼다. "증언 텍스트는 단순히 사실을 보고하는 데 그치지 않고, 여러 상이한 방법으로 우리로 하여금 **낯설음**(strangeness)과 대면하도록 만든다."[63]] 여기에 대해서는 잠시 후에 다시

63) S. Felman, "Education and Crisis, or the Vicissitudes of Teaching," in S. Felman and D. Laub, *Testimony: Crises of Witnessing in Literature, Psychoanalysis, and*

살펴볼 것이다.

사무엘 뷔쉬코그는 그리스-로마 역사가들의 관습에 견줄 만한 현대의 사례로 상당히 근래에 등장한 구술 역사라는 영역을 제시하고 있다.[64] 구술 역사에서는 사건 참여자의 구술 증언이 기록되고 그 자체로 가치 평가된다. 증언이 역사가의 대규모 재구성 작업에 쓸 원재료로 치부되거나, 증인들의 특수한 시각이 무시되는 일이 일어나지 않는 것이다. 뷔쉬코그는 이렇게 말한다.

> 구술 역사 접근법의 근본적 교의는 역사 참여자들이 우리의 과거 이해를 형성할 수 있도록 해주어야 한다는 관념이다. 역사의 "객체"가 "주체"가 된다. 바로 그들이 역사를 창조한다.[65]

이는 구술 역사가가 구술 증언을 재생하는 일만 해야 한다는 뜻이 아니다. 역사가는 자신의 더 넓은 역사적 안목과 증인의 이야기의 특수성이 만나서 대화하도록 해야 한다. 증인의 이야기는 평가(예를 들어 다른 증거와 교차 검증하는 방법으로 평가하는 것처럼)와 해석이 필요하며, 이것들은 다양한 방식으로 결합되어 열매를 맺을 수 있다. 그러나 구술 역사가의 작업은 증인 자신이 말하도록 만들어, 증인이 자신의 경험에서 발견한 사회적 의미가 역사의 일부가 되도록 하는 것을 목표로 삼는다.[66]

사건 참여자의 목격자 증언은 역사가들과 역사가들이 기록한 역사를 읽는 독자들이 보통 하는 경험을 뛰어넘는 사건을 들려준다는 점에서 특별한 역할을 한다. 사건의 예외성이 강하면 강할수록, 상상력만으로 역사를 구성하는 작업은 우리를 더욱더 심각한 오류로 이끌어갈 수 있다. 완전

History (New York: Routledge, 1992), 7.

64) Byrskog, *Story as History*, 1장

65) Byrskog, *Story*, 153; 참고. 27[폴 톰슨(Paul Thompson)을 인용한 부분].

66) Byrskog, *Story*, 30.

히 낯선 사건과 대면하도록 해주는 사건 참여자의 증언이 없으면, 우리는 이런 낯선 사건도 우리 자신의 경험 정도로 치부할 것이다. 그럴 경우, 내부자 증언은 우리를 당혹케 하거나 불신을 야기할 수 있다. 그러나 역사의 진실을 찾아내려는 자세를 견지하는 이상, 우리는 증언이 이런 증언을 제약하려고 하는 우리 자신의 경험이나 예상에 저항할 수 있는 길을 터주어야 한다.

현대 역사에서 이런 예외적 사건[67]의 패러다임이 되는 사례는 나치의 유대인대학살(홀로코스트)이다. 리쾨르는 자울 프리트랜더(Saul Friedländer)의 표현을 빌려,[68] 체험과 표현의 "한계치에 이른" 사건을 이야기하고 있다.[69] [이전에 리쾨르는 "유일무이하게 유일무이한 사건"(uniquely unique event)이라는 표현을 사용했다.[70]] 리쾨르는 홀로코스트에 대한 증언이 "수용의 문제를 일으킨다"라고 말한다.

> 이것은 말 그대로 아주 특이한 한계 체험과 관련되어 있다. 이런 한계 체험은 공유된 이해를 기초로 교육받은 청자의 평범하고 제한된 수용 능력을 만나면서 험난한 통로를 개척해야 한다. 이해는 상황과 감정, 사고와 행동의 차원에서 인간적 유사성이 있다는 인식을 바탕으로 만들어진다. 하지만 홀로코스트 같은 체험은 평균적 인간의 체험과 공통된 영역이 전혀 없는, 인간성을 찾아볼 수 없는 잔혹한 체험이다. 이런 의미에서 이 체험은 한계 체험이라는 문제를 낳는다.[71]

---

67) 역사에서 "예외성" 개념을 다룬 글로는 J. Milbank, *Being Reconciled: Ontology and Pardon* (New York: Routledge, 2003), 84-86을 보라.

68) Ricoeur, *Memory*, 175, 254, 255, 258, 498.

69) S. Friedländer, "Introduction," in idem, ed., *Probing the Limits of Representation: Nazism and the "Final Solution"* (Cambridge: Harvard University Press, 1992), 8

70) P. Ricoeur, *Time and Narrative*, vol. 3 (tr. K. Blamey and D. Pellauer; Chicago: University of Chicago Press, 1988), 188.

71) Ricoeur, *Memory*, 175.

홀로코스트 증언은 역사가가 쉽게 받아들이기 힘들다. 이 증언은 믿을 수가 없으며, 역사가가 설명할 수 있는 통상적 범주를 벗어나기 때문이다. [샬로트 델보(Chalotte Delbo)는 아우슈비츠에 새로 도착한 사람들에 대해 이야기하면서, 홀로코스트 증언을 읽은 사람이면 누구나 수긍할 만한 이런 말을 남겼다. "그들이 예상하는 것은 단지 "최악"이라 할 만한 어떤 것이었지, 도저히 생각조차 할 수 없는 그런 것은 아니었다."[72]] 바로 이런 이유로 그때 일어난 일을 이해하려면, 홀로코스트 생존자들의 증언이 절대적으로 필요하다. 만약 생존자들의 증언이 없다면, 홀로코스트는 그 실상을 상상조차 할 수 없는 사건이다.

복음서에서도 우리는 이 복음서를 믿기만 한다면 "한계치에 이른" 사건과 관련을 맺는다. 복음서와 홀로코스트를 비교하는 것은 위험하다. 두 사건이 역사상 철저히 예외라는 점을 제외하면, 홀로코스트와 예수의 역사 사이에는 공통점이 거의 없다. 우리가 제시하는 논증은 홀로코스트가 가진 특수한 유일성을 무시하려는 것이 아니다. 반대로 홀로코스트의 사례가 역사에서 예외성을 가진 다른 사건들에서의 증언의 역할에 관해 무엇을 가르쳐준다면, 우리는 그것의 유일성을 인정하고 가치 평가해야 한다. 따라서 우리는 홀로코스트가 가진 유일성을 분명히 유념하면서, 그 사건의 생존자들이 들려주는 몇 가지 증언 사례를 살펴보겠다.

홀로코스트 증언

아래에 인용된 증언은 아우슈비츠에서 살아남은 한 사람의 이야기다. 이 증언은 생존자들에 의한 기록이 아니라 그들의 인터뷰를 수록한 수백 개의 비디오테이프 중 하나에서 나왔다. (분명히 이 생존자들의 증언은 구술 역사 연

72) L. L. Langer, *The Age of Atrocity: Death in Modern Literature* (Boston: Beacon, 1978), 202에서 인용.

구에서 가장 주목할 만한 사례다.) 이 증언은 되풀이될 수 없는 구술 기억이요, 쉽게 확보될 수 없는 특별한 증언이다. 아래 증언의 배경은 홀로코스트 희생자들이 늘 겪곤 했던, 발 디딜 틈 없이 빼곡한 객차에 몸을 싣고 이동하는 상황이다. 여기에는 증인인 에디스 P.(Edith P.)가 아우슈비츠에서 얼마 정도 시간을 보내다가 다른 노역장으로 이동하는 모습이 그려져 있다.

어느 날 아침, 우리는 도착했어요. 아니, 생각해보니 아침이나 이른 오후였던 것 같아요. 열차가 한 시간 동안 멈췄죠. 왜 멈췄는지 우리는 몰랐어요. 제 친구가 "일어서 볼 테야?"라고 말했죠. 객차에는 가로 막대가 붙어 있는 조그만 창이 딱 하나 있었습니다. 그 말을 듣고 제가 말했어요. "나는 못 하겠어. 창까지 올라갈 힘이 없어." 그러자 친구가 말했죠. "내가 앉을 테니 내 어깨를 딛고 올라가봐." 저는 그렇게 했습니다. 그리고 밖을 내다봤죠. 그리고…저는…낙원을 봤습니다! 태양은 빛났고 생기가 넘쳤어요. 모든 것이 다 또렷했죠. 거기는 독일의 어느 역이었습니다. 서너 사람이 서 있더군요. 멋지게 차려입은 여자와 아이와 함께 있었어요. 아이는 울고 있었습니다. 거기서는 사람이 사람이었고 짐승이 아니었습니다. 저는 생각했어요. "저곳은 틀림없이 낙원일 거야!" 저는 그때 이미 보통 사람은 어떻게 생겼고 어떻게 행동하고 말하는지, 어떻게 옷을 입는지 잊어버렸어요. 저는 아우슈비츠에서도 태양을 봤습니다. 태양이 뜨는 것을 봤죠. 우리는 모두 새벽 네 시에 일어나야 했거든요. 그러나 그 태양은 결코 아름답지 않았습니다. 저는 태양이 빛나는 것을 본 적이 없어요. 해가 뜨는 것은 그냥 무시무시한 하루가 시작되는 것에 불과했죠. 그리고 저녁이 되면 그걸로 끝이었어요. 그냥 뭔가가 끝나는 거였죠. 그러나 여기에는 **생명**이 있었어요. 그리고 저는 그런 열망을 가지고 있었어요. 여전히 제게 그런 열망이 있음을 직감했죠. 살자, 도망가자, 결코 돌아올 수 없는 곳으로 멀리 도망가자는 그런 열망 말이에요. 그리고 저는 거기 객차에 있는 소녀들에게 말했습니다. "얘들아, 너희는 태양이 얼마나 아름다운지 모를 거야. 나는 아이가 우는 것을 봤어. 그리고 여자가 자기 아이에게 키스하는 것도 봤어. 사랑이란 그런 거겠지?"[73]

가장 완성도 높은 홀로코스트 소설도 아우슈비츠가 풍기는 무시무시한 타자성(otherness)을 전달하는 효과의 측면에서는 이 이야기를 따라가지 못할 것이다. 아우슈비츠에서 사람은 사람이 아니라 짐승이었다. 거기서는 존재한다는 것이 생명이 아니라 죽음이었다. 거기서는 피조물의 아름다움 자체를 경험할 수 없었다. 거기서는 평범한 세계, 우리가 사는 세계가 어떤 모습이었는지에 대한 기억조차 죽어버렸다. 거기서는 자유를 얻을 가능성도 잊혀졌고 사랑을 나눌 가능성도 소멸되어버렸다. 증인 에디스는 인간이 사는 세상을 잠깐 보았다. 하지만 증인에게 인간의 세상은 초현실이고, 이제는 상상조차 할 수 없는 다른 세계의 현시였을 뿐이다. 이는 증인이 살던 세계, 곧 나치가 다스리던 흑암의 왕국이 어떤 곳인지를 적나라하게 보여준다. 어떤 소설가도 그 왕국을 이만큼 적나라하게 보여주지 못했을 것이다. 여느 역사가도 이런 식으로 그 왕국에 접근하지 못했을 것이다. 이것은 오직 증언만이 우리에게 줄 수 있는 진실이다.

이 증언은 샬로트 델보(그녀도 아우슈비츠 생존자다)가 "심층 기억"(deep memory)이라 부르는 것으로부터 나온다. 정말 고통스럽게 에디스는 자신의 기억 속에서 살아가며, 탈출해야겠다는 열망을 의외의 격랑처럼 느끼고 있다. 델보의 말에 따르면, 에디스는 자신을 "다시 **나를**, 정녕 **나를**, 내가 아는 내 과거의 모습 그대로" 본다.[74] 동시에 에디스의 말은, 비록 자신은 깨닫지 못했다 해도, 델보가 "지적 기억, 회상 기억"(intellectual memory,

---

73) L. L. Langer, *Holocaust Testimonies: The Ruins of Memory* (New Haven: Yale University Press, 1991), 54-55에 인용됨. Fortunoff Video Archiv for Holocaust Testimonies, Yale University에서 재인용했다.

74) 심층 기억을 특히 선명히 보여주는 사례로는 Langer, *Holocaust Testimonies*, 17-18을 보라.

reflective memory)이라고 부른 것으로부터 나왔다고 할 수 있다.[75] 그녀의 말은 이런 기억으로부터 나온 것이 틀림없다. 지금 에디스는 자신의 기억 속에서 살아갈 뿐 아니라 그 기억을 전달해주고 있기 때문이다. 에디스는 우리로 하여금 과거에 그녀가 겪었던 비정상적 실상, 그녀는 알았으나 우리는 알 수 없는 세계를 상상할 수 있게 해준다. 에디스는 우리 세계에 속한 언어를 선택해서 자신이 만들어낼 수 있는 관계를 형성한다. 에디스는 개인적 기억 속에서도 살지만 동시에 우리 세계 속에서도 살고 있기 때문이다. 비디오테이프에 녹화된 인터뷰에서 증언한 홀로코스트 생존자 중에는 지금도 이런 기억과 투쟁하는 이들이 많다. 심층 기억은 늘 소통을 파괴하려고 위협한다. 그 실상이 너무도 낯선 것이기에, 생존자들은 언어로는 그것을 표현할 수 없음을 아는 것이다. 하지만 에디스의 이야기는 놀라운 성공을 거두었다. 그녀의 이야기에서 심층 기억은 우리에게 도달하고, 우리는 그 기억이 들려주는 낯선 실상에 충격을 받는다.

에디스의 이야기는 반어법을 사용하고 있다. 이 표현법에는 힘이 있다. 왜냐하면 아우슈비츠가 우리 세계에서는 정상이고 상식인 것들을 완전히 부정해버린 곳이라는 사실을 이 표현법을 통해 알 수 있기 때문이다. 그러나 그녀가 이야기하는 아우슈비츠의 실상에는 억지로 지어낸 부분이 하나도 없다. 바로 이 실상이 내러티브의 정수다. 다시 말하지만 우리가 분명히 인식해야 할 것은, 에디스가 아우슈비츠 이야기를 어떻게 전달할지 심사숙고했는지의 여부를 떠나, 그곳의 실상을 훌륭한 내러티브 형태로 전달했으며 이런 전달이 에디스의 증언에 손상을 입히지 않았다는 점이다. 아이에게 키스하는 여자라는 세부 묘사가 마지막 문장에 가서야 등장한다는 점에 주목하기 바란다. 이 세부 묘사는 결론으로서의 효과, 즉 전체 사건의 의미를 집약하는 동시에 보통 세계에 존재하는 요소(곧 사랑, 이 시점까지 이 이야기가 묘사하는 것을 초월하는 요소)를 첨가함으로써 이 전체

75) Langer, *Holocaust Testimonies*, 6-7에서 인용.

사건의 의미를 더욱 더 완전하게 표현해준다. 내가 에디스에 관해 아는 것은 로렌스 레인저(Lawrence Langer)가 인용한 그녀의 증언 중 이 이야기와 다른 부분뿐이다. 이런 이유로 나는 에디스가 이전에는 결코 털어놓지 못했거나 의식적으로 표현한 적이 없는 기억을, 이 비디오테이프 증언에서 처음으로 이야기하고 있는지 아닌지 확인할 수 없다. 하지만 나로서는 그렇지 않을까 하는 생각이 든다. 분명히 이 이야기는 기억을 더듬으며 혹은 말하면서 다듬어낸 이야기다. 이런 측면에서 이것은 구술 문화에서 자주 들리는 이야기와 비슷하다. 그러면서도 에디스의 이야기는 사건을 직접 겪은 사람의 목소리나 이야기하는 사람의 기억 속에 존재하는 사건의 명백한 직접성을 잃어버리지 않았다.

중요한 것은 이 이야기의 내러티브 기술이 이것의 증언으로서의 진정성을 감소시키지 않는다는 점이다. 생존자들의 비망록에서처럼 이 이야기에는 문학적 윤색이 전혀 없다. 이런 윤색은 능숙하게 사용되지 않으면 오히려 증언의 진실성을 만나지 못하게 하는 방해물이 될 수 있다. 에디스의 이야기에는 내러티브의 표준 모티프도, 문학적 상투어도 없다. 이 이야기의 언어는 직설적이고 솔직하다. 이야기의 장면은 생생하지만, 군더더기 없이 필요한 말만 한다. 우리는 이 화자가 개인적 기억을 떠올리고 있음을 안다("저는 그때 이미 보통 사람은 어떻게 생겼는지…잊어버렸어요"는 청자를 위한 회고적 설명이다). 하지만 시각적·감정적 측면에서 선명하게 그려지는 에디스의 기억은 우리에게 어느 정도 해석을 제공하지만 이야기 방식에 의해 오염되지는 않았다. 우리는 에디스가 기억해내는 것을 현현(epiphany)의 진정한 요소로서 들을 수 있다.

홀로코스트 생존자들의 구술 증언에 대한 연구(내가 에디스의 사례를 가져온 것도 바로 이 연구로부터다)에서 로렌스 레인저는, 문자로 기록된 비망록과 비교해서 생존자들의 구술에는 독특한 가치가 있다고 주장했다. 로렌스의 요지는, 이런 구술 증언에서 우리는 인종 청소의 수용소라는 낯선 세계와, 현재 생존자들이 우리와 함께 살아가는 보통의 세계 사이의 돌이킬 수 없는 충돌을 목격한다는 것이다. 문자로 된 기록은 소통의 전략과 익숙한 문학적 장르와 장치를 사용하며, 다른 문학작품들과의 상호텍스트적 관계를 만들어낸다. 이런 이유로 문자 기록은 아우슈비츠만의 독특성을 희석시키고, 그 세계를 대다수 문학이 묘사하는 보통 세계와 연결함으로써 아우슈비츠의 타자성을 감소시켜버린다.[76] 나는 몇몇 경우에는 레인저가 옳지만, 그의 언급이 모두 다 맞다고는 생각하지 않는다. 이런 이유로 나는 그가 제시한 사례 중 하나를 반박해보려고 한다.

홀로코스트를 회상한 비망록 중 가장 유명한 것이 엘리 비젤(Elie Wiesel)의 첫 번째 작품 『밤』(*Night*)[77]이다. 이 책 이후에도 비젤은 홀로코스트의 진실을 픽션 형태로 파헤친 소설을 많이 써서 성공을 거두었다. 하지만 『밤』은 소설이 아니라 사실을 기록한 비망록이다. 비젤 자신도 강조하듯이, 이 책에서 그는 역사적 진실을 들려주었다. 『밤』에서 비젤은 구술증언에는 보통 나타나지 않는 소설적 특성과 글쓰기 전략을 활용하여 내러티브를 구사하는데, 이는 전혀 놀랍지 않다.[78] 레인저의 지적은 도스토예프스키의 『카라마조프가의 형제들』에서 이반 카라마조프가 한 말을 상기시킨다. 레인저는 "아우슈비츠의 독특성의 일부가 하나의 문학적 선례에 의해 예기치 않게 바뀌고 말았다"라고 탄식한다.[79] 나는 같은 문학적

76) 예를 들어 Langer, *Holocaust Testimonies*, 18-19, 42-46을 보라

77) 최초로 출판된 이디시어판은 *Un Di Velt Hot Geshvign* (『그리고 세계는 침묵했다』; Buenos Aires, Y el Mundo Callaba, Central Farbond Fun Poylishe Yidn in Argentina, 1956)이었다. 다음으로는 프랑스어판 *La Nuit* (Paris: Minuit, 1958)가 출판되었다.

78) 참고. B. Foley, "Fact, Fiction, Fascism: Testimony and Mimesis in Holocaust Narratives," *Comparative Literature* 34 (1982), 341: "비젤의 『밤』이야말로 자서전적 성격의 진술이 가진 직접성과 픽션의 양식 및 윤리적 거리를 가장 훌륭하게 결합한 작품인 것 같다. 왜냐하면 비젤은 그의 내러티브에 소설적 장치를 하나가 아니라 여러 개 연속적으로 설치해놓았기 때문이다. 비젤은 철저하게 사실성에 근거하면서도, 자신의 비망록에 훌륭한 픽션이 가지는 몇 가지 상징적 차원을 입혀놓았다."

79) Langer, *Holocaust Testimonies*, 43.

선례인 이반 카라마조프를 상기시키는 또 한 가지 사례를 들어보고 싶다.

어쩌면 이 본문이야말로 아우슈비츠에서 벌어진 유대인 학살 중 가장 비인간적이고 도저히 믿어지지 않는 장면인지도 모르겠다. 바로 그것은 어린아이들을 산 채로 불태워 죽이는 장면이다. 먼저 나는 이 사건에 대한 다른 글을 인용한 후 이어서 비젤의 기록을 살펴보겠다.

> 다른 가스실은 어른들로 가득했다. 이런 이유로 어린이들은 가스로 죽이지 않고 그냥 산 채로 불태웠다. 거기에는 어린이들이 수천 명이나 있었다. 한 나치 대원이 어린이들에게 일종의 동정을 베풀었다. 그는 한 아이를 데려다가 아이 머리를 돌에 내려쳐 의식을 잃게 한 다음, 불타오르는 나무 더미에 던졌다. 그들이 보통 쓰던 방법은 어린이를 그냥 불타오르는 나무 더미에 집어던지는 것이었다. 그들은 나무를 한 판 깔고 전체에 가솔린을 끼얹었다. 그런 다음 나무를 한 판 더 깔고 그 위에 가솔린을 끼얹고는 그 과정을 다시 한 번 반복했다. 그런 뒤 그들은 거기에 아이들을 집어던졌다. 그러자 모든 것이 불타고 말았다.[80]

아래에 인용된 비젤의 묘사는[81] 『밤』에서도 가장 유명한 대목 중 하나다. 이 장면에서 어린 비젤과 그의 아버지가 아우슈비츠에 도착한다.

---

80) 나는 이 기록을 A. R. Eckardt, "The Recantation of the Covenant?" in A. H. Rosenfeld and I. Greenberg, eds., *Confronting the Holocaust: The Impact of Elie Wiesel* (Bloomington: Indiana University Press, 1978), 163에서 가져왔다. 엑커트는 "이 글이 어빙 그린버그(Irving Greenberg)가 미출간 논문에서 제시한 글을 몇 가지 바꾸어 고친 것이다"(234, 주 7)라고 설명한다.

81) 『밤』을 처음 읽었을 때 나는 이 인용문이 살아 있는 어린이들을 불태우는 장면이 아니라, 시신을 화장하는 장면에 대한 묘사라고 추측했다. 하지만 비젤의 자서전 내용으로 미루어볼 때, 저자가 말하려는 것은 분명히 어린이들을 산 채로 불태우는 장면이다: E. Wiesel, *All Rivers Run to the Sea: Memoirs*, vol. 1, 1928-1969 (New York: HarperCollins, 1996), 77-78.

멀지 않은 곳에 있는 한 구덩이에서 불덩어리가 치솟고 있었다. 거대한 불덩어리였다. 그 불덩어리는 무언가를 태우고 있었다. 트럭 한 대가 구덩이로 가까이 다가가더니 무언가를 쏟아 부었다. 바로 조그만 어린아이들이었다! 그렇다. 나는 그 광경을 내 눈으로 똑똑히 보았다.…그 어린애들이 불덩어리 속에서 사라지는 모습을. (그걸 본 후 나는 잠을 이룰 수 없었다. 당연하지 않은가? 잠이 내 눈에서 달아나버렸다.)…

나는 내 얼굴을 꼬집어보았다. 나는 아직도 살아 있는 것인가? 나는 이 일을 믿을 수가 없었다. 어떻게 저들이 사람을, 그것도 어린아이들을 불태워 죽일 수 있다는 말인가? 이런 일이 있는데도 어떻게 세계가 침묵을 지킬 수 있단 말인가? 그것은 악몽이었다.…

아버지의 음성이 생각에 빠진 나를 깨웠다.

"면목이 없다. 너는 네 엄마와 함께 갔어야 했는데…. 네 또래의 소년들이 자기 엄마와 함께 가는 걸 봤는데…."

아버지의 목소리는 지독히도 슬펐다. 나는 아버지가 그들이 내게 저지를 일을 보고 싶어하지 않으신다는 것을 깨달았다. 아버지는 하나뿐인 당신 아들이 불타 죽는 것을 보시고 싶어하지 않았다.

내 이마에는 식은땀이 가득했다. 나는 아버지께 저들이 내 또래의 사람들을 불태워 죽이다니 믿을 수 없다고, 인류가 결코 그런 일을 용납하지 않을 거라고 말했다.

"인류? 인류는 우리에게 관심이 없다. 오늘은 모든 게 허용되었구나. 무슨 일이나 할 수 있어. 이렇게 아이들을 불태워 죽이는 것조차도….[82]

여기서 비젤의 아버지가 한 말은 도스토예프스키의 소설 속 인물, 이반 카라마조프가 내건 "모든 것이 허용되었다"라는 캐치프레이즈를 반향

---

82) E. Wiesel, *Night; Dawn; The Accident: Three Tales* (London: Robson, 1974), 41-42[S. 로드웨이(S. Rodway)의 번역].

하고 있다.[83] 이반은 일단 인간의 존엄성을 존중하는 종교적 근거가 사라지면 "모든 것이 허용될 것"이라고 생각했다.[84] 알베르 카뮈도 제2차 세계대전 뒤 파리에서 비젤을 알게 되었을 때 쓴 책에서 이렇게 말했다. "실상 이 시대의 허무주의적 역사는 '모든 것이 허용되었다'라는 말과 함께 시작한다."[85] 여기서 비젤이 암시하는 것은 단순히 하나의 문학적 선례가 아니다. 그는 아우슈비츠를 이반 카라마조프가 가정했던 세계, 곧 도덕성이 사라진 허무주의적 세계와 동일시하고 있다.[86] 이것은 어린아이들을 불태워 죽인 사건이 가지는 의미를 환기시키는 하나의 방법이다. 하지만 이 방법이 반드시 홀로코스트의 유일무이성을 훼손하거나 이것을 정상성 속으로 함몰시켜버리지는 않는다. 반대로 비젤의 기록은 내가 앞서 인용했던, 같은 사건을 오싹하게 묘사한 글과는 아주 다르다. 앞의 기록은 매우 상세한 사실을 들려준다. 반면에 비젤의 글은 사실은 적게 설명하지만, 그 사실이 가지는 중요한 의미에 강조점을 둔다. (비젤의 아버지는 실제로 이반 카라마조프의 말을 가져다 썼던 것일까? 나는 그렇지 않을 것이라고 생각한다.) 비젤의 기록은 다른 종류의 증언이다. 그의 증언은 특별한 문학적 방법—상호텍스트적 암시—을 통해 해석적 회상을 통합하고 있지만, 시들어가는 기억을 흐릿하게 만들지는 않는다.[87] 이것 역시 "심층 기억"이다. 비젤이 기억하고 있는

---

83) 나는 이런 암시를 R. Bauckham, *The Theology of Jürgen Moltmann* (Edinburgh: Clark, 1995), 78-79에서 다룬 바 있다.

84) F. Dostoyevsky, *The Brothers Karamazov* (tr. D. Magarshack; Harmondsworth: Penguin, 1982), 77.

85) A. Camus, *The Rebel* (tr. A. Bower; Harmondsworth: Penguin, 1971), 52.

86) 하나님이 무조건 옳다는 가능성을 부인하며 이반 카라마조프가 내세우는 증거가, 부모가 자기 아이를 잔혹하게 학대하는 이야기들로 구성된다는 점에 유의하라. 이런 이야기의 절정은, 한 지주가 사냥꾼과 채찍과 사냥개를 동원하여 여덟 살 먹은 농노 소년을 사냥하게 한 이야기다. 사냥개는 소년의 엄마가 보는 앞에서 소년을 갈기갈기 찢어버렸다: Dostoyevsky, *The Brothers Karamazov*, 284.

87) 참고. Wiesel, *Night*, 43: "결코 나는 그 어린아이들의 조그만 얼굴을 잊지 못할 것이다. 나는 그들의 몸이 침묵하는 푸른 하늘 아래에서 소용돌이치는 연기로 바뀌는 모습

이 심층 기억은 그로 하여금 이해할 수 없는 것을 이해할 것을 끊임없이 시도하도록 유도한다. 에디스의 증언은 물론이요 비젤의 증언도 "심층 기억"을 전달해준다. 이 증언들이 심층 기억을 전달하지 않았다면, 그들의 증언과 우리 사이에는 소통이 없을 것이다. 각 증언은 여러 해가 지나는 동안 그들이 목격한 진실을 왜곡하지 않고 전달해줄 서로 다른 내러티브 방식을 발견했다.

홀로코스트 증언과 복음서의 증언

홀로코스트 생존자들의 증언은 현대의 정황이다. 우리는 이 정황을 통해 사건 참여자들의 진정한 증언이 역사적 사건, 특히 홀로코스트처럼 예외적인 사건을 이해하는 데 불가결함을 인식할 수 있다. 홀로코스트의 사례와 예수의 역사라는 사례 사이에는 엄청난 차이가 있다. 하지만 사건의 예외성과, 그 예외성을 가능한 한도 내에서 전달하는 증언의 역할은 두 사례 모두에서 공통적이라고 할 수 있다. 아래에서 나는 이렇게 두 사례가 예외성의 측면에서 일치한다는 사실이 가진 의미들을 살펴보고, 이를 통해 예수에 대한 복음서 증언의 몇 가지 측면을 부각시켜보겠다.

(1) 홀로코스트와 예수의 역사(복음서가 이해하는 대로의 예수의 역사)는 모두 리쾨르가 말한 "유일무이하게 유일무이한 사건" 개념을 필요로 한다. 물론 각각의 경우에 이 표현을 사용할 수 있는 근거가 완전히 다르다는

을 지켜보고 있었다." 비젤은 같은 사건을 자서전에서 다루면서 다음과 같이 쓰고 있다: "눈물이 없는 나도 눈물을 흘린다. 다시 나는 저 불덩어리를 본다. 그리고 어린아이들도 본다. 다시, 우는 것만으로는 충분치 않다고 자신에게 말해본다.…나는 이 일을 이해하고 싶었지만 그러지 못했다. 아무 생존자나 붙잡고 물어보라. 나와 똑같은 이야기를 할 것이다. 정말 우리는 이해하려고 했다. 왜 이 모든 죽음이 일어나야 했었는지?…거기에 대해서는 한 부분도 이해할 수 없을 것이다"(Wiesel, *All Rivers*, 78-79).

점은 유념해야 한다. 모든 역사적 사건이 가지는 개별적 독특성 때문에 유비 관계를 설정하는 것이 도움이 되지 않지만, 특히 홀로코스트와 복음서의 예수의 역사 사이의 유비는 더 큰 실망을 안겨준다. 이렇게 두 경우가 유비를 이룰 수 없는 것은, 두 사건이 모두 폭로(드러냄)의 성격을 가지면서도 이를 전혀 다른 방식으로 표현하기 때문이다. 홀로코스트는 그 증언을 경청하는 자들에게 현대 세계의 악과 잔학 행위, 인간 상황의 본질에 대해 "우리가 다른 방식으로는 알 수 없는 것"을 폭로하는 반면에,[88] 예수의 역사는 그 증언을 경청하는 자들에게 하나님이 인류를 구원하시기 위해 하신 "결정적인 행동"을 폭로한다. [프리모 레비(Primo Levi)는 "우리의 이야기…그것은 새로운 성경의 이야기가 아닌가?"라고 묻는다.[89]] 예수의 역사는 하나님이 인류를 구원하기 위해 하신 분명한 행동을 폭로하지만, 이 역시 증인의 증언에 귀를 기울이는 사람들에게만 폭로한다.

리쾨르는 "유일무이하게 유일무이한 사건"을 처음 논의하면서, 긍정적 종류와 부정적 종류를 비교하고 대조한 바 있다. 아우슈비츠의 패러다임에서("아우슈비츠에서 희생당한 이들은 우리 기억 속에서 모든 역사적 희생자들을 대표하고 있다"[90]) 다루어지는 것은 공포를 환기하는 사건이다. 공포는 이런 사건을 인식하는 반응이다. 또한 이 공포는 사건의 유일한 독특성의 관점에서가 아니라, 다른 사건들과의 상호 관계를 추적함으로써 사건을 이해하려는 역사가의 시도의 관점에서 그 사건을 우리의 역사의식 속에서 개별화한다.

---

88) 특히 유대교 신학자 에밀 파켄하임(Emil Fackenheim)은 홀로코스트를 계시로 보았다. 그러나 내가 여기서 제시하는 견해는 이스라엘에게 주어진 614번째 계명을 언급하는 파켄하임의 저 유명한 생각과는 전혀 다르다.

89) A. H. Rosenfeld, "The Problematics of Holocaust Literature," in Rosenfeld and Greenberg, eds., *Confronting the Holocaust*, 25에서 인용했다.

90) Ricoeur, *Time*, 187.

공포는 사건들을 비교할 수 없는 것, 비교 불가능할 정도로 독특한 것, 유일무이하게 유일무이한 것으로 만듦으로써 그것들 하나하나를 구별시킨다. 만약 내가 끈질기게 공포와 (공포의 반대말로 인식되는) 칭송을 연결시키고 있다면, 그것은 공포가 우리의 처음 느낌을 생산적이고 창조적으로 보이는 것으로 변화시키기 때문이다. 공포는 칭송으로 전환된다. 이런 의미에서 홀로코스트는 네거티브 계시, 반(反)시내 산(Anti-Sinai) 계시로 간주되었다.[91]

그렇다면 예수의 역사를 하나님의 긍정적 드러냄의 예외적 사건으로 구별시켜주는 것은 무엇인가? 앞에서 리쾨르는 "칭송"(admiration)이라는 말을 썼지만, 우리는 무엇과도 견줄 수 없는 "경이로움"(wonder-fulness)의 현존에 대한 경탄(wonder)과 감사라는 표현을 써야 할 것 같다. 증언이 없다면 홀로코스트는 예외적인 존재가 아닌 그냥 공포로 격하될지 모른다. 그렇게 홀로코스트를 예외적이 아닌 수준으로 만들면 이 공포(이 말은 홀로코스트를 표현하기에는 너무 약하다)는 줄어들 것이다. 마찬가지로 예수의 역사가 신현의 성격을 가졌음을 알리는 복음서 증언을 우리에게서 박탈한다면 경이로움도 사라질 것이다. (복음서가 예수 역사의 "경이로 가득한" 예외성과 십자가의 공포를 어떤 방식으로 연결하는지에 대해서는 여기서 논의하기가 어렵다.) 복음서의 증언 자체로부터 물러나 축소되고 재구성된 "진짜" 역사 속 예수와 같은 것으로 되돌아간다면, 우리는 이런 경이를 잃어버리지 않을까?

(2) 홀로코스트와 예수의 역사가 가진 질적 유일성은 소통의 문제를 만들어낸다.[92] 이미 우리는 홀로코스트의 사례에서 이 점을 살펴본 바 있다. 발생한 사건을 우리가 사는 평범한 세계의 체험 및 이해와 연결하려고 섣불리 시도하다 보면, 이것을 쉽게 이해하도록 전할 수 있을지는 몰라도 사

---

91) Ricoeur, *Time*, 188.

92) M. D. Lagerway, *Reading Auschwitz* (Walnut Creek: AltaMira, 1998), 141-47도 보라.

건의 유일성을 희생시켜 결국 그 폭로의 힘마저 희생시키고 만다. 역사적 예수 탐구는 증인들의 주장을 역사적 유비의 표준에 맞추어 쉽게 믿을 만한 것으로 깎아내린다. 그 바람에 이 연구는 계시를 우리가 알고 있거나 어떤 식으로든 알 수 있는 시시한 일로 축소시켜버린다.

(3) 두 사건에 참여했던 증인들은 사건 내용이 전달하기 어려운데도 이를 전달하고 증언해야 한다는 의무감을 느꼈다.[93] 홀로코스트의 생존자 모두가 증언해야 한다는 의무감을 느끼지는 않았지만 많은 이들, 특히 비망록을 기록한 이들은 이런 의무감을 느꼈다. 실제로 홀로코스트에서 죽은 많은 이가 자신의 증언을 남겼다. 비젤은 "홀로코스트가 그 유일무이성 때문에 글로 기록되는 것을 거부한다"[94]라고 말하면서도, 정작 그 자신은 역설적이게도 홀로코스트의 유일성이 실제로 새로운 문학을 창조해냈다고 생각했다.

> 그리스인들이 비극을, 로마인들이 서신을, 르네상스가 소네트를 만들어냈다면, 우리 세대(홀로코스트를 증언한 유대인들)는 증언이라는 새로운 문학을 만들어냈다. 우리는 모두 증인이었으며 미래를 위해 증언해야 한다고 느꼈다. 이것은 일종의 강박관념, 모든 삶과 꿈과 노동에 스며들어 있는 가장 강력하고 유일한 강박관념이 되었다. 그들은 죽기 전에 단 일 분이라도 이 일을 해야 한다고 생각했다.[95]

---

93) 참고. T. Des Pres, *The Survivors: An Anatomy of Life in the Death Camps* (Oxford: Oxford University Press, 1976), 29-50은 증언이 어떻게 생존을 위한 동기가 될 수 있는지 설명하고 있다.

94) Robert McAfee Brown, *Elie Wiesel: Messenger to All Humanity* (Notre Dame: University of Notre Dame Press, 1983), 24에서 인용했다.

95) E. Wiesel, "The Holocaust as Literary Inspiration," in E. Wiesel, L. S. Dawidowicz, D. Rabinowitz, and R. M. Brown, *Dimensions of the Holocaust: Lectures at Northwestern University* (Evanston: Northwestern University, 1977), 9.

홀로코스트 증인들이 증언이라는 새로운 문학을 만들어냈다는 의미는 예수의 역사를 직접 본 증인들이 복음서를 만들어냈다는 의미와 매우 유사하다. 이들은 증인이 되라는 명령을 부활하신 그리스도의 명령으로 이해했다. 그러나 복음서와 평행을 이루는 사례도 충분한 시사점을 준다. 홀로코스트와 예수의 역사라는 두 사건이 가지는 유일성은 사건을 올바로 알릴 수 있는 수단으로 바로 증언을 요구했다.

(4) 이 두 경우에 사건의 예외성은, 사건 참여자인 증인들의 증언만이 사건의 진실에 접근할 수 있는 유일한 길을 우리에게 제공할 수 있음을 의미한다. 홀로코스트의 경우, 비젤은 다음과 같은 유명한 말을 남겼다. "아우슈비츠의 진실은 재(災) 속에 감추어져 있다. 육체와 정신을 가지고 거기서 살았던 사람들만이 이 진실을 지식으로 바꾸어줄 수 있다."[96] 바로 이것이 아우슈비츠의 생존자들이 거듭해서 강조했던 지점이다.[97] 여기에 대해 역사가 잉어 클렌디넌(Inga Clendinnen)은 이런 강조가 아무도 의문을 제기할 수도 없고 타인과 공유할 수도 없는 특권적 지식에 대한 주장이라고 간주하면서, 전문적 역사가로서 반대 의견을 표시했다. 역사가는 "인간이 남긴 기록 중 어느 부분에 대해서도 출입 금지라고 선언할 수 없다.…역사의 연구, 즉 계속해서 죽은 이들과 대화하는 작업은 과거로부터 오는 모든 목소리를 비판하고 평가하는 일을 기초로 삼는다."[98] 이런 자기 논지를 강조하기 위해 클렌디넌은, 아우슈비츠에서 특수 부대원(Sonderkommando)으로 복무한 경험을 기록하여 망각 속에 묻힐 수도 있었던 귀중한 증서를 남겨준 필립 뮐러(Filip Muller)의 사례를 철저히 평가

---

96) I. Clendinnen, *Reading the Holocaust* (Cambridge: Cambridge University Press, 1999), 20에서 인용했다.

97) 예를 들어 Langer, *Holocaust Testimonies*, 62-63에 제시된 Chaim E.의 비디오테이프 수록 증언을 보라.

98) Clendinnen, *Reading the Holocaust*, 21.

한 바 있다.[99] 그의 평가는 정당하다. 여기에는 역사가가 적용할 수 있는, 다른 증언들과의 일관성 테스트가 있다.[100] 그러나 클렌디넌 자신도 "모든 수용소에서 그랬듯이, 아우슈비츠에서도 정상이 아닌 사건들이 일어났다"라고 인정한다.[101] 이를 보면 클렌디넌은 앞과 같은 평가를 할 때조차 증언이 이야기하는 사건의 예외성을 존중해야 함을 인정하는 셈이다.

복음서를 위시하여 앞의 경우들에서 증언은 신뢰를 요구한다. 증언은 증거의 제시 및 사건에 연루된 내부자인 증인만이 들려줄 수 있는 내용에 대한 논증만으로 구성되는 것이 아니다. 법정 증언을 포함해서 모든 증언은 적절한 방법으로 점검되고 평가될 수 있지만, 그럼에도 증언은 신뢰받아야 한다. 현재 우리 논의의 대상인 유일무이하게 유일무이한 사건의 경우에는 더욱 그러하다. 일부 복음서 비평가들처럼, 복음서를 이루는 모든 페리코프 각각의 역사성을 검증해야 한다고 주장하는 것은 불가결하게 있어야 할 증언을 인정하지 않는 태도다. 이런 주장은 증언으로부터 개별적 사실들을 추출하여 우리 나름대로 더 이상 증언에 의존하지 않는 사건을 재구성할 수 있다고 주장하는 것과 같다. 이런 주장은 사건의 진실에 접근할 수 있는 특권을 거부하는 행위다. 이런 특권을 제공하는 것이 바로 사건 참여자의 증언이기 때문이다. 고대의 역사 기록에서는 이런 증언이 훌륭한 역사 연구의 필수적인 요소로 정당하게 평가되었다. 홀로코스트 역시 우리가 부닥친 사건들이 "한계점에 있을 때" 증언이 불가결할 수 있음을 보여준다.

---

99) Clendinnen, *Reading the Holocaust*, 21-24.

100) R. Kearney, *On Stories* (New York: Routledge, 2002), 68-69은 "어떤 내러티브가 진실한 역사를 들려준다고 간주될 수 있으려면 반드시 갖추어야 할 조건이 있다. 예를 들어 기억의 일관성, 증언들의 일치, 증인의 신빙성, 증언에 의한 참고 증거의 확증, 공적 대중이 진실의 주장을 공유할 것, 내러티브 장르의 적절성, 설명의 유효성, 정의의 주장이 도덕적으로 설득력 있을 것 등이 바로 그런 조건이다"라고 주장한다.

101) Clendinnen, *Reading the Holocaust*, 24.

증언 형식

앞에서 살펴본 두 개의 홀로코스트 증언—에디스와 엘리 비젤의 증언—은 복음서에 관한 이 책의 중심 논지를 올바로 인식하도록 도와준다. 양식비평은 공관복음의 여러 페리코프들이 삶의 정황(Sitz im Leben)에 따른 공동체의 개작과 형성 과정을 통해 만들어졌다고 설득한다. 더 근래에 등장한 문학비평은 복음서 저자들이 자료를 내러티브 형태로 만들면서 사용한 문학적 기술에 대해 재고해보도록 만든다. 이 책에서 나는 복음서 저자들이 자료를 형태화할 때 한 역할을 부인하지 않으면서도, 많은 복음서 페리코프들이 현대 복음서 연구자들이 인정하는 것보다 훨씬 더 목격자들의 원래 이야기 형태에 가깝다는 점을 논증했다.

우리는 에디스의 구술 증언에 구사된 내러티브 기술에 주목하면서도, 이 증언이 문학적 모델이나 내러티브의 표준 모티프, 문학적 윤색에 의존하지 않는다고 주장했다. 이 증언에 사용된 언어는 직설적이고 솔직하다. 묘사된 장면은 생생하지만 군더더기 표현이 전혀 없다. 이런 측면에서 에디스의 증언은 공관복음의 페리코프들과 유사하다. 에디스의 증언처럼, 복음서의 이야기에서도 간결하게 환기하는 장면의 생생함(네 남자가 지붕에 구멍을 내고 중풍에 걸린 친구를 예수께로 달아 내리는 장면; 막 2:3-4)이나 언급된 말의 청각적 효과(고침 받은 맹인들이 "나무처럼 생긴 사람들이 걸어갑니다"라고 말하는 장면; 막 8:24)가 발견된다. 실제로 우리가 증인의 이야기를 들으면서 그의 느낌이 기진 심층 기억이 되돌아오는 것을 듣지 못하는 경우도 자주 있지만, 그 심층 기억을 듣는 경우도 일어날 수 있다(예를 들어 막 9:6; 14:72; 16:8; 눅 24:32). 우리가 유념해야 할 것은, 복음서 이야기가 목격자의 원래 이야기에 가깝다 해도, 실상 공관복음에는 목격자의 이야기를 다른 사람이 다시 들려주는 차이가 존재한다는 점이다. 목격자 증언을 듣고 그것을 다시 이야기한 사람들에게는, 증언에서 목격자의 감정보다는 발생한 사건 자체가 더 중요했다(베드로가 예수를 부인한 이야기는 예외다). 또한 우리는 주관적 상태를 명시적으로 표현하기보다 외적 묘사를 통해 암시하는 내레이션 스타일(예를 들어 창세기에서 발견되는 것과 같은)을 다루고 있다.

나는 에디스의 증언이 기억이나 이야기의 과정에서 다듬어진 것이 틀림없다고 추정했다. 이런 추정을 우리는 복음서 이야기의 사례에서 더 선명히 볼 수 있다. 복음서 이야기들은 기독교의 가장 초창기부터 들려진 것이지, 결코 수십 년 후에야 시작된 것이 아니었다. 자신이 목격한 일을 이야기하는 여느 사람들처럼, 복음서의 증인들도 포함시킬 부분을 선택하고 내러티브를 형태화하면서 자신의 기억으로부터 이야기를 만들어냈다. 또한 그들도 자신들이 부여한 형태를 따라 같은 이야기를 반복해서 들려주었을 것이다. 이렇게 이야기를 전하는 사람은 본능적으로 청중의 반응에 응답함으로써, 그들에게 더 호소력 있고 더 잘 전달되는 이야기를 만들고 이를 통해 더 효과적인 내러티브 형식을 발전시킬 수 있다.[102] 그러나 에디스의 사례는 이야기를 능숙하게 들려주는 것이 증인이 가진 기억의 직접성과 철저히 일치함을 보여준다.

앞에서 언급했던 엘리 비젤의 글은 매우 문학적이다. 표현 형식에서 문학적일 뿐 아니라 도스토예프스키 작품과의 상호텍스트적 암시에서 특히 그러하다. 이런 상호텍스트적 암시는 비젤의 이야기에 분명한 해석 방향을 제공해준다. 비젤의 글에서는 저자가 해석을 이야기 외부에서 설명의 형태로 제시하는 것이 아니라, 이야기 내부에서 아버지의 말을 통해 전달한다. 이를 공관복음과 비교해보려면, 예수가 폭풍을 잠잠케 하신 일에 대한 마가의 이야기(막 4:35-41)를 참조해볼 수 있다. 이 이야기는 직접 기억을 뛰어넘고 있다. 예수가 폭풍을 잠잠하게 하신 일을 하나님이 혼돈의 바다를 복종케 하신 일에 관한 히브리(구약) 성경 본문을 암시함으로써 표

102) 홀로코스트 증언 중 H. Greenspan, *On Listening to Holocaust Survivors* (Westport, 1998), 31: "이야기의 특정 형식들은, 생존자들이 어느 정도 이야기할 수 있는 것과, 타인들이 어느 정도 들어줄 수 있는 것을 전개해나가는 경향을 가진다."

현하기 때문이다(예수가 바람을 "꾸짖으시고" 바다에게 "잠잠하라 고요하라!"고 말씀하셨다). 여기서 암시되는 구약 본문들(시 89:9-10; 104:7; 107:25-29; 욥 26:11-12)은 마가의 이 이야기를 더 큰 상징적 공명(共鳴)의 영역에 위치시키면서, 자연의 파괴력을 제어하는 예수의 권세를 창조주 하나님의 권세와 동일시하고 있다. 예수의 행위가 연상시키는 이런 의미로 인해 제자들은 마가복음의 본문 말미에서 "대체 이 사람이 누구이기에 바람과 바다조차도 그에게 순종하는고"라는 질문을 던진다. 이 질문은, 비젤의 글에서 아버지의 말처럼, 해석적 기능을 한다. 더욱이 비젤의 글에서처럼 이 마가복음 본문도 예수의 기적에 해석을 강제하지 않는다(마가와 동시대인들은 바다 폭풍의 위험성이 유대적 우주론에서 혼돈의 바다가 상징하던 자연의 파괴력을 잘 보여주는 예라고 보았다). 바로 이 지점에서 구체적 체험과 신화적 공명은 자연스럽게 수렴한다. 이처럼 해석은 우리와 이야기의 사실성 사이에서 나타날 수 있는데도 여기에서는 그렇게 나타나지 않는다. 목격자 기억의 진정성은, 그 일을 그대로 기억한 것이라면, 문학적 기교로도 손상당하거나 희석되지 않는다. 심층 기억은 예수가 주무시는 동안에 제자들이 느꼈던 죽음의 공포 속에서, 그리고 폭풍에게도 명령하시는 분을 보며 그들이 느꼈던 훨씬 더 큰 두려움 속에서 여전히 작동하고 있는 것 같다.

평이한 내러티브와, 상호텍스트적 암시와 같은 문학적 장치를 통해 해석을 형상화하고 있는 내러티브 사이를 구별하면, 예수의 십자가 죽음에 대한 내러티브와 예수 부활에 대한 내러티브 사이에 존재하는 한 가지 흥미로운 차이점을 분명히 알 수 있다. 수난 내러티브와 특히 예수의 십자가 죽음 자체가 구약성경, 특히 의인의 고난을 이야기하는 시편 말씀을 인용하거나 암시한다는 사실은 널리 인식되고 동의되어온 부분이다. 예수의 수난을 이스라엘의 체험과 기대 속에 위치시킴으로써 그 수난을 해석하는 데 도움을 주는 상호텍스트적 네트워크가 분명히 존재한다. 그러나 빈 무덤에 대한 묘사와 부활 뒤 예수가 사람들 앞에 나타나신 일을 설명한 이야기는 다른 텍스트를 전혀 암시하지 않는다. 이런 이야기들은 문학적 선례를 따랐다는 표지를 보여주지 않으며, 고대의 많은 이야기를 구성하는 부분인 내러티브의 표준 모티프도 거의 없다. 학자들의 온갖 재간에도 불구하고, 이 이야기들은 그 자체만의 이야기로 남아 있으며 어떤 신학적 해석도 제시하지 않는다. 여기에는 부활과 관련해서 환기되는 유대교의 표준 문구나 이미지도 전혀 없다. 이 이야기들은 우리에게 대단히 독특한 새것(*novum*), 부활이라는 낯선 일을 보여주는 것 같다. 이 새것, 낯선 일이 평범한 이들의 눈을 통해 침투해왔던 것이다. 당황, 의심, 두려움, 기쁨, 인식은 문학적 수단에 의해 매개되는 심층 기억이지만, 이것들은 본문 배후에 완전히 숨겨져 있지는 않다.

역사적·신학적 개념으로서의 증언

이 책의 요지는 증언 개념이 복음서를 역사이자 신학으로서 가장 정당하게 평가하도록 해주는 개념이라는 것이다. 증언은 역사 기록의 한 형식으로서 역사적 실체에 다가가는 유일한 접근로를 제공한다. 이 접근로는 증인과 그 증인이 보고하는 내용의 신빙성에 대한 신뢰가 없이는 얻어질 수 없다. 증언은 환원될 수 없다. 우리는 적어도 증언의 가장 변별적이고 가치 있는 몇몇 주장에서는 그 증언의 배후로 가볼 수 없으며, 그것들에 대해 우리의 자율적 증명을 행할 수도 없다. 우리는 자신이 마치 목격자에게만 유일하게 허락된 자리에 서 있는 듯 행세하면서 증언의 진실을 확증할 수 없다. 목격자 증언은 사건에 개입한 참여자들로부터 나온 내부자 지식을 제공한다. 동시에 목격자 증언은 사건과 관련된 해석도 제공하는데, 이는 증언에는 사실과 의미가 공존하기 때문이다. 또한 증언을 제시하는 증인은 이것을 말하는 데 필요한 의미 있는 확신을 가지고 이 증언을 들려준다. 진정으로 중요한 의미를 가진 사건을 이야기하는 증인은 그 사건의 의미를 이해하려는 지속적인 시도로부터 그렇게 한다. 증언의 해석학을 다룬 초기의 한 논문에서 폴 리쾨르는, 서로 불가분으로 연결되어 있는 증언의 두 측면에 대해 언급한다. 한 측면은 증언의 준(準)경험적 측면으로서, 감각들의 증언이요 목격자가 사실을 보고하는 증언이다. 다른 한 측면은 증언의 내면성으로서, 증인이 자신이 증언하는 내용에 개입하는 측면이다.[103] 이런 의미에서 신실한 증인은 정확할 뿐 아니라, 자기가 증언하는 것의 의미와 그것의 요구에 대해 신실하다. 따라서 지극히 중요한 의미를 가진 사례에서는 목숨을 값지게 바치는 것이 곧 신실한 증인이 되는 것이다. 이런 이유로 원래 그리스어 *martys*는 단순히 "증인"을 의미했지만, 그리스도인들이 사용한 그리스어와 영어에서는 같은 말이 "순교자"를 뜻하게 되었다.[104]

따라서 복음서를 목격자 증언으로 읽는 것은 텍스트의 배후에 존재하는 역사를 재구성하는 행위가 아니다. 이것은 복음서를 있는 그대로 진지하게 받아들이는 것이요, 이 증언의 형식을 통해서만 우리가 알 수 있는 것들의 유일성을 인정하는 것이다. 복음서를 목격자 증언으로 읽는 것은 복음서라는 역사 기록의 형태를 존중하는 것이다. 역사 기록이라는 시각에서 볼 때, 증언을 철저히 의심하는 태도는 일종의 인식론적 자살이다. 자살은 일상에서도 일어나지 말아야 하지만 역사에서도 마찬가지다. 복음서 연구자는, 역사가들이 복음서를 구성하는 모든 이야기나 말씀의 진실성을 독립적으로 증명하는 데 성공할 때까지는 이 책들을 신뢰할 수 없다고 전제하는 회의주의적 패러다임의 손아귀에서 벗어나야 한다. 이런 의심의 태도로 다가서면, 복음서가 역사를 이야기하기 위해 만든 주장들은 모두 역사가에 의해 일일이 증명될 때까지 믿을 수 없는 것이 된다. 이런 접근법은 다름 아닌 역사 연구의 방법으로서 심각한 잘못을 범하고 있다.

---

103) P. Ricoeur, "The Hermeneutics of Testimony," in Ricoeur, *Essays on Biblical Interpretation*, 123-30. 이 논문에서 리쾨르는 증언의 신학적 의미에 접근하면서, "절대적인 것에 대한 증언"에 관해 명시적으로 쓰고 있다.

104) Ricoeur, "The Hermeneutics of Testimony," 219.

이런 방법은 한 역사적 인물로부터 중요한 의미를 다 빼앗아버리고 재미없는 사실만을 최소한도로 모아놓는 오류를 범할 수 있다. 이 경우는 물론이요 역사를 증언하는 다른 많은 사례에서도 역사가가 진실을 증명할 수 있는 것은 하나도 없다. 증언은 신뢰를 요구한다. 그렇다고 역사가가 증언을 비판하지 말고 무조건 믿어야 한다는 뜻은 아니다. 오히려 증언은 증언으로서 평가를 받아야 한다. 문제는 증언을 신뢰할 수 있는가이다. 이런 이유로 증언의 신뢰성을 평가할 때는 증언 내부의 일관성과 일치하는지, 우리가 가진 다른 역사적 관련 증거 및 역사적 맥락과 일치하는지를 검증할 수 있다. 이런 검증의 자리는 증언이 우리에게 "자기도 모르게" 말해주는 것을 들을 수 있는 자리이기도 하다.

동시에 역사적 시각에서 이런 증언을 평가할 때는 그 사건이 철저하게 예외적이라고 말하는 증언의 주장을 진지하게 받아들여야 한다. 이런 주장을 마치 역사학의 게임 규칙에 어긋나는 것처럼 여겨 무시해서는 안 된다. 우리는 역사의 예외성을 인정하지 않는 탐구를 전제하면서, 평범하지 않은 사건을 평범한 사건으로 깎아내리는 성향을 가진 역사 연구 방법론을 조심해야 한다. 역사에서 예외적인 사건은 아무리 다른 각도에서 보아도 예외임이 자명하다. 또한 우리는 예외적 사건의 개념 또는 리쾨르가 말한 "유일무이하게 유일무이한" 사건의 개념을 사용하여 각 사건의 예외성을 축소하는 일도 하지 않도록 조심해야 한다. 이런 사건들은 부정적 의미에서만 범주일 뿐이다. 유일무이한 사건들은 역사 속에서 "보통 일어나는 일"로 축소되는 것을 거부하며, 인간이 보통 경험하지 못하는 사건이기 때문에 역사적 과정의 연속성, 증언의 신뢰성, 이런 사건들을 정말 이해할 수 있는가라는 이해 가능성과 관련해서 특별한 이슈들을 만들어내기 때문이다. 바로 이런 의미에서 홀로코스트는 자신의 "유일무이한 유일무이성"을 손상하지 않으면서도, 다른 사건들(그 증언이 예외성을 보여주는 사건들)에 관해 우리에게 깨우침을 줄 수 있다.

예외적 사건에서는 특히 사건에 연루된 사건 참여자들의 증언이 소중

한 가치가 있다. 사건 참여자들의 증언이야말로 우리가 사건의 내부 진실에 접근할 것으로 기대할 수 있는 유일한 길이다. 현대의 우리 문화에서 사람들의 보통 경험에 비추어볼 때 거의 믿을 수 없는 증언을 신뢰하는 일에는 위험이 따른다. 그러나 진리—역사적 진리이자 신학적 진리—를 추구하는 일은 이런 위험을 요구한다. 보통 증인들이 자신의 증언에 얼마나 성실을 다하는지 알면 의심이 일어날 수 없을 것이다. 더 평범한 사례에서 우리는 이런 성실을, 증인의 말을 진지하게 받아들여야 할 이유로 간주하기 때문이다. 역사 속에서 특수하고 예외적인 사건에 연루되어 그 사건에 성실히 참여한 자들의 증언을 신뢰하는 위험을 감수하는 것은 전혀 비합리적이지 않다.

홀로코스트를 포함해서 몇몇 "유일무이하게 유일무이한" 사건의 경우, 이런 예외성은 오직 직접 증인들과 그들의 증언을 통해서만 알려질 수 있는 것을 폭로(disclosure)한다는 의미로 이해될 수 있다. 복음서 독자들에게 이 폭로의 측면은, 증언을 복음서라는 역사의 적절한 범주로 만들어줄 뿐 아니라 복음서를 이해하는 데 신학적으로 적합한 범주로 만들어준다. 그렇다고 단순한 역사가로서 복음서를 고찰하는 단계로부터 복음서의 메시지를 신자로서 받아들이는 단계로 이동하는 직접적이거나 필수적인 과정이 있다는 뜻은 아니다.[105] 하지만 복음서의 증언에는 역사와 신학이 긴밀하게 연결되어 있다. 믿음으로 복음서에 응답하면 역사와 신학은 틀림없이 함께 나타난다. 또한 복음서 자체의 메시지의 시각에 비추어보아도, 믿음으로 복음서에 응답할 경우에만 역사와 신학이 함께 나타난다고 보는 것이 지극히 온당하다. 증인들이 인식한 대로의 예수의 역사 같은 경우, 사건의 "유일무이한 유일무이성"은 말 그대로 신학적이다. 이런 유일성은

105) 동시에 복음서가 예수를 믿지 않는 당내인들의 시각을 비판하기는 하지만 그래도 이런 시각을 복음서에 통합시켜놓았다는 점에도 유의하라. [이런 측면을 인식하는 데 내게 큰 도움을 준 학자가 콜린 브라운(Colin Brown)이다.] 또한 복음서는 예수를 지극히 큰 논쟁을 불러온 인물로 제시한다.

하나님을 참조할 것을 요구한다. 하나님에 대한 참조 없이는 예수의 역사 이야기를 들려줄 적절한 방법이 없다. 하나님이 예수의 역사 속에서 행하신 일의 유일성이 이 역사를 유일하고 특별한 것으로 만들기 때문이다. 예수에 대한 증언은 하나님을 계시한다는 점에서 유일무이한 폭로다. 사건의 이런 유일성을 이해하고 해석해주는 이가 바로 증인이다. 단순한 역사가와 달리, 증인은 초월적 의미를 증언하고 하나님에 관해 이야기할 수 있다. 즉 증인은 하나님을 예수의 믿음이나 의도나 체험 속에 존재하는 한 요소로서만이 아니라 증언할 수밖에 없는 존재로 보는 것이다.

심층 기억에 살아남아 있는 직접 증언에서 증인은 발생한 사건에서 무엇이 폭로되는 것을 "본다." 즉 증인은 경험한 사건을 하나님에 대한 계시로, 사실과 의미가 공존하는 사건으로 보아야 함을 이해한다. 하지만 기억은 다시 떠올려지고 이해는 성장해간다. 현존하는 복음서 증언 중 가장 깊은 성찰을 보여주는 요한복음의 증언을 보면, 여기서 기억의 직접성은 결코 사라지지 않았다. 오히려 기억을 떠올리고 해석하는 지속적 과정 속에서 그 기억의 가장 완전한 의미를 숙고하고 제시하려고 한다. 요한복음이 선명히 보여주듯이(예를 들어 2:22; 12:16; 14:26) 성찰적 증언은 성찰적 **기억하기**(reflective remembering)다. 따라서 리쾨르의 지적처럼, 이런 증언은 자신의 참된 정체성을 잃지 않는 이상, 그 증언을 계속해서 **이야기해야**(narrating) 한다.[106] 리쾨르도 말했듯이, "역사적 순간이 없으면 "예언적 순간"도 있을 수 없다.[107] 따라서 증언은 오직 신학적으로 역사로서 이해되는 신학만을 승인한다고 말할 수 있다.

---

106) Ricoeur, "The Hermeneutics of Testimony," 133-34: "따라서 역사적 징조를 증언하지 않으면서 절대적인 것을 증언하는 이가 있을 수 없고, 구원 행위를 이야기하지 않으면서 절대적 의미를 고백하는 이가 있을 수 없다."

107) Ricoeur, "The Hermeneutics of Testimony," 133. 다음과 같은 언급도 참조하라: "증언의 신학은 신앙고백의 신학을 지칭하는 다른 이름에 그치지 않는다. 증언의 신학은 내러티브 핵심이 신앙고백과 단단히 결합해서 보존될 때에 비로소 가능하다"(133).

프랜시스 왓슨(Francis Watson)도 리쾨르의 "유일무이하게 유일무이한" 사건 개념을 받아들여,[108] 하나님이 예수 안에서 당신을 계시하신 사건에는 그것 자체의 수용까지 포함되어 있다고 말한다. 하나님의 소통 행위인 계시는 그 계시가 인식과 이해를 불러일으켜야 비로소 목표를 달성한다. 이런 이유로 왓슨은 다음과 같이 말한다. "그리스도이신 예수 사건을 믿음으로 받아들이는 일은 우리가 들은 이야기에 포함된다. 또한 이야기를 전하는 일은 사건과 그 사건의 수용 둘 다를 반영한다. 왜냐하면 사건 자체에는 그 사건에 대한 수용까지 포함되어 있기 때문이다."[109] 앞의 언급은 증언이 복음서를 제대로 인식하는 데 적합한 역사적이고 신학적인 개념이라는 점을 다른 각도에서 바라보고 있다. 한편으로 계시에는 증언이 포함된다고 말할 수 있다. 즉 증언에는 증언 자체의 수용이 포함되어 있으며, 계시는 바로 이런 증언을 포함하는 것이다. 다른 한편으로 증언은 일종의 말하기, 즉 역사적 징조들 안에서 하나님의 자기 계시가 요구하는 말하기라고 할 수 있다.

요컨대 실제로 사셨던 예수를 믿는 기독교 신앙과 신학의 관심사가 그분의 역사 안에서의 하나님 자신의 나타내심을 인식하는 것이라면, 증언은 신학적으로 적절하며, 예수의 역사에 다가가는 데 신학적으로 불가결한 접근로다. 이는 증언이 역사적으로 적절하며, 이 "유일무이하게 유일무이한" 역사적 사건에 다가가는 데 역사적으로 필요한 접근로인 것과 마찬가지다. 바로 이 증언이 들려주는 예수 안에서 역사와 신학이 만난다.

---

108) F. Watson, *Text and Truth: Redefining Biblical Theology* (Grand Rapids: Eerdmans, 1997), 61. James Dunn, *Jesus Remembered* (Grand Rapids: Eerdmans, 2003), 132-33도 보라. 심지어 던은 복음 전승이 예수의 부활 이전에 제자들이 가졌던 믿음도 담고 있다고 주장한다.

109) Watson, *Text and Truth*, 165.

역자 주

1. "콘스탄티누스의 기진(寄進)"은 4세기 로마 황제 콘스탄티누스가 나병에 걸렸으나 교황이 자신을 고쳐준 데 감사하여 로마 제국 서부를 교황에게 바친 사건이다. 교황은 서로마 제국 통치권이 자신에게 있음을 주장하는 근거로 이 기진 문서를 제시했다. 그러나 로렌조 발라는 1439년과 1440년에 이 문서가 콘스탄티누스 시대가 아니라 8세기에 나온 위조문서라고 밝혔다.

고대인 색인

ㄱ

가말리엘 1세 672
가야바 83, 84, 111, 113n.53, 115, 116, 130n.7, 147, 158, 188n.61, 310, 717, 719, 721
가이오(가이우스)
  로마의 372n.84, 708
  요한3서의 591, 593, 671
  작은 144
가이우스 라일리우스 204
가인, 가인의 아내 91
갈레누스 54, 55, 56, 57
갈리에누스 황제(III) 253
게미나 1세와 2세 232, 253
게바 "베드로"를 보라.
고르디아누스 황제(III) 251
구리온 154n.75
구사, 요안나의 남편 112, 119
글라우키아스 76, 389, 478
글로바(클레오파스) 67, 84, 89, 90n.18, 93, 94, 95, 107, 108, 113, 117, 119, 120, 133, 143, 154, 158, 218
글로바(클로파스) 95n.34, 119n.57
글리콘 223, 224, 225, 226

ㄴ

나다나엘 53, 89, 93, 116, 119, 133, 145, 146, 153, 159, 174, 178, 188n.61, 371, 627, 640, 660, 661n.7, 665n.11, 666, 739, 747
나사로
  베다니의 나사로 84, 104, 116, 151, 324, 325, 330, 331, 616, 640, 644, 658n.1
나손 153n.74, 219, 480
  비유에서 나사로 89, 151n.60
네베스 89
누가 66-67, 83, 200, 678, 679, 723, 745
니가노르, 알렉산드리아 사람 146
니고데모 89, 94, 116, 119, 133, 155, 159, 599, 602, 640, 660

ㄷ

다대오 172-176, 179, 183, 185, 191
다레스 프리기우스 344
다윗 139, 140, 188, 312, 317
달매 177

데메트리오 593n.38
데모낙스 359-361, 379, 380, 483
데모스테네스 587
데모스트라투스 249
데모크리투스 254, 255
도마 45, 72, 109, 112, 114, 116, 159, 176, 180, 181, 188n.61, 191, 370, 386, 387, 492, 582, 640, 650, 658n.3, 659, 660, 664-666, 675, 739, 747
도미티아누스 743
돔니카, 작은 144
드다 153, 159, 478
디도 734n.78
디두모 180, 181, 487n.28; "도마"도 보라.
디오파네스 253

ㄹ

레위
다른 레위 93
대제사장 91n.22
알패오의 아들 레위 87n.14, 109, 118, 141, 154n.77, 188, 189, 247
레피두스 249
로가티아누스 232, 252
로데 131n.8, 160, 480
로마의 빅토르 699, 720, 725, 727, 729, 730
롱기누스 240n.77, 241, 253, 254
루틸리아 249
루틸리아누스 226-29, 236, 237, 249
루포
구레네 시몬의 아들 102, 103, 110, 118, 248
로마의 루포 103n.49
루피누스 61
리시마쿠스 252, 255
리누스 719

ㅁ

마가 103, 107, 170-172, 328-334, 341-349, 694-696
마르다 88, 93, 94, 112, 116, 119, 156, 160, 174, 187n.56, 322, 324, 644, 660
마르켈루스 231, 232, 252, 254
마르쿠스(황제) 249
마리아
글로바의 아내 89, 94, 95, 117, 119, 143, 660
마가 요한의 어머니 480
막달라 마리아 74n.71, 93, 98, 100, 101, 104, 110, 112, 115, 117, 118, 119, 220, 248, 480n.17, 627, 646, 704
베다니의 마르다의 누이 85, 87, 88, 89, 93, 94, 112, 116, 119, 322, 324, 325, 326, 640, 660, 704
야고보와 요세의 어머니 87, 98, 99n43, 100, 102, 110, 113, 115, 118, 143, 220, 248, 480n.17
예수의 어머니 109, 111, 114, 116, 118, 247, 480, 628
마리오사 90
마태 23, 45, 53, 74n.71, 84, 85, 87, 88, 91, 92, 94, 99n.43, 100, 103, 105, 106, 107, 109, 112, 114, 118, 152, 159, 170-191, 195, 219-222, 261-264, 268, 275n.28, 276n.30, 278n.36, 289n.55, 308, 312, 313, 316, 324, 336, 365-375, 386, 387, 401, 436, 462, 466, 474, 475, 485, 486, 488, 544n.67, 545, 659, 661, 664, 665, 666, 669, 675, 692, 707, 722, 723, 734, 735, 739n.90, 747
말고 85, 88n.17, 89, 90, 93, 94, 116, 117, 119, 133, 153, 158, 322, 323, 324
맛디아

곱사등이 맛디아 144
대제사장 717
제자 184, 219, 480, 747
메디우스 255
멜리토 71, 701
모르드개 187,
모세 135n.15, 139, 140, 213, 440, 615, 616, 711
무소니우스 255
므나헴 138, 139, 152
미리암 135n.15

ㅂ

바나바 142, 145, 177, 432, 441, 478, 480, 736, 743, 747
바누엘 111, 119
바돌로매 109, 112, 114, 176, 177, 178, 183n.49, 191
바디매오 84, 85, 87, 92n.25, 93, 94, 104, 106, 107, 110, 118, 130n.7, 142, 158, 247, 286, 426, 461
바라바 87, 110, 113, 115, 117, 142, 152, 158, 177
바룩 456
바바다 148, 161, 186, 187
바사바 133, 142, 145, 148, 154, 158, 177, 219, 480
바실리데스 76, 388, 389, 390, 478
바예수 142, 151n.64, 177
바울 294-296, 399, 425, 431-441, 452, 456, 470, 478, 480, 481, 482, 492-495, 570-572, 594, 606, 619, 637, 678, 719, 722, 734-736, 743, 744, 746
발렌티누스 475, 478, 724
베드로 45, 47, 52, 67, 72, 76, 85, 88, 89, 102, 107, 109, 111, 114, 116, 145, 149, 155, 159, 168, 170, 171, 178, 79, 189, 191, 195, 209-218, 220, 221, 227, 229, 236, 241, 245-248, 259-306, 322-324, 331, 336-364, 367, 368, 374, 375, 376, 378, 380, 383, 384, 385-391, 399, 400, 426, 434, 437, 471, 474, 478, 480, 482, 489, 494, 504-505, 546, 548, 549, 578, 583, 618, 621-624, 628-630, 632-637, 648, 659, 660, 664, 666, 679, 687, 688, 690, 717, 722, 731, 734, 746
베드로의 장모 88n.17, 109, 111, 114, 213, 265
베스파시아누스 77
보아너게 170, 191
브나야 186
브다야 187
비느하스 180
빌라도 83, 110, 111, 115, 210, 286, 310, 320, 570, 571, 615
빌라도의 아내 115
빌립
시데의 필립포스 41, 667n.14
빌립의 딸들 40, 41, 49, 73, 475, 480, 702, 703, 704, 713
열두 제자 중 40, 45, 109, 111, 114, 116, 177n36, 183, 191, 340n.9, 370, 374, 640, 650, 658n.3, 659, 660, 664, 666, 670, 674, 675, 700, 708, 709, 741, 747
일곱 일꾼 중 40, 154n.76, 177n36, 480, 703, 704n.11, 741, 747
헤롯의 형제 109, 111, 115, 703n.11, 704n.11

ㅅ

사가랴(스가랴) 111, 119, 141, 152, 719
사가리스 700, 702, 706

사라, 프톨레마이오스 출신 146
사모사타의 루키아누스 60-62, 222-230, 236, 237, 249-250, 343, 359-362, 373, 379, 483, 484, 645
사바 145n.42
사비닐루스 232, 252
사울 "바울"도 보라
사케르도스 226, 249
삭개오 9, 107, 113, 119, 133, 141
산쿠니아톤 203
살로니나 253
살로메
갈릴리 사람 146
그랍테 148
작은 살로메(카타나) 144
제자 살로메 98, 100, 101, 110, 118, 248
코마이세 148
삼손, 삼손의 어머니 91
삽비라 156, 160, 480
샴마이 440, 672
세네카 477
세둘리우스 스코투스 90n.20
세라피온 232, 252
세베대 109, 114, 129, 154, 159
세베대의 아들들 98, 100, 115, 117
세베리아누스 249
세쿤두스 379, 380
셀레네 226
소시아누스 히에로클레스 243
소코의 안티고누스 440
소크라테스 230, 350, 352, 362
솔로몬 711
수산나 101, 104, 112, 119, 156, 160, 219, 220
순교자 유스티누스 351, 352, 385, 742, 743, 744n.100
쉘람지온 134, 156
스데반 480, 619n.5
스키피오 아프리카누스 204n.22
시몬(시므온)
가룟 사람, 가룟 유다의 아버지 116, 182
구레네 시몬 84, 87, 92, 94, 96, 101, 102, 103, 110, 113, 115, 118, 145, 146nn.45,46, 248
구레네 시몬의 아들들 92, 94, 96, 101
글로바의 동료 89
글로바의 아들 90n.18
나병환자 시몬 104, 115, 118, 143, 144
도시테우스 148, 312
도시테우스의 아들 148
마법사 시몬 739, 740
말더듬이 시몬 144
무두장이 시몬 149
바르 코크바 148
바리새인 시몬 112, 114, 119
바빌론 사람 146
베드로 88n.17, 109, 111, 114, 116, 145, 149, 151n.62, 154n.81, 170, 171, 178, 212, 247, 248
브나야 186, 188
쉘람지온의 아버지 149
열심당원(셀롯인)/가나안 사람 시몬 109, 112, 179
의인 시몬 440
제사장 149
실라 148, 154, 159, 441, 480
실바누스(실루아노) 148, 441, 103

ㅇ

아가보 130n.7, 158, 480
아그립바 153, 158, 204
아나누스
다른 아나누스 152n.70

대제사장(2세) 310
아나니아 151, 152n.65, 158, 480
아난 186, 187
아단 186, 187
아델피우스 253
아론 180, 711, 712
아리스토불루스 153, 369n.71
아리스토텔레스 439
아리스톤, 이암블리쿠스의 아들 232
아리스티온 45, 47, 48, 49, 50, 51, 52, 53n.36, 64, 70, 72, 74n.71, 474, 664, 667, 668, 669, 670, 682, 684, 728, 733
아리아누스 223
아멜리우스 겐틸리아누스 231, 254, 255
아볼로 219
아브라함 136n.16, 138n.22, 168
아비투스 249
아스클레피우스
아이아스 288
아일리아누스 209n.32
아일리우스 테온 "테온"을 보라.
아켈라오 114, 155, 158
아퀼리누스 253
아테나이우스 255
아폴로니우스
에베소의 699n.1, 708n.25
티아나의 243
아폴론 237, 241, 242
안나 111, 119, 156, 160
안나스, 대제사장 84n.2, 111, 113n.53, 116, 152, 158, 310, 632, 715, 717, 718, 721
안니우스 255
안드레 42n.11, 45, 47, 52, 72, 109, 111, 114, 116, 148, 158, 170, 171, 176, 183, 191, 210, 214, 217, 247, 248, 265, 274, 276, 278, 283, 299, 301, 340n.9, 370, 474, 622, 630, 640, 650, 658n.3, 659, 664, 665, 666, 670, 674, 675, 678, 682, 683, 684, 686, 687, 733
안드로니쿠스 727
안디옥의 이그나티우스 41
안토니누스 피우스 389
안토니우스 252
안티고네 289
알렉산더
구레네 시몬의 아들 103
아보노테이쿠스의 222, 225, 360
얀나이우스 712
알패오 87, 88n.15, 109, 112, 114, 118, 141, 154, 158, 170, 177, 185, 188, 189, 191, 247
암마이우스 587
암모니우스
삭카스 251, 252, 253
소요학파 255
암피클레아 232, 253
야고보
세베대의 아들 170, 191, 210, 247, 248, 377, 479, 667n.14, 747
알패오의 아들 112, 109, 170, 177, 188n.61
예루살렘의 야고보, 예수의 형제 94, 95, 98, 115, 434, 466n.90, 480, 481, 494, 713n.36, 747
작은 야고보, 마리아의 아들 143, 99n.43, 248
야곱
예수의 할아버지 152n.69
족장 135n.15
야이로 85, 86, 87, 93n.28, 104, 105, 108, 109, 112, 118, 133, 153, 158, 247
야이로의 딸 107, 108, 109, 112, 731n.70
얀나이 "알렉산더 얀나이우스"를 보라
얀나이우스 "알렉산더 얀나이우스"를 보라.

에베소의 폴리크라테스 729
에피쿠로스 223, 439
에피파니우스 142n.33, 192, 372, 694n.61, 713n.36, 734n.77, 736, 742n.96
엘루마 바예수 151n.64
엘르아살 벤 디나이 187
엘리사벳 111, 119, 156, 160
엘리야 139, 140
여호수아 128, 131, 135n.15, 136, 137, 138, 139, 151, 440
여호에젤, 에좁 사람 146
예수, 엘루마 바예수의 아버지 151n.64
예슈아 151n.63
오론티우스 231n.61, 232n.64, 252
오리게네스 89, 90n.18, 251, 253, 255
오이디푸스 288
올림피우스 253
요나, 시몬 베드로의 아버지 151n.62, 154n.81, 178
요나단 134, 152nn.66,68
요세(요셉) 예수의 형제 141, 480n.16
  마리아의 아들 87, 98, 99n.43, 102, 110, 115, 118, 248
요세, 작은 요세 144
요세푸스 33, 59, 77-79, 129, 139, 144, 146-147, 151-157, 201-202, 204, 206, 208, 344-346, 369, 439-440, 477-478, 571, 590n.35, 612-613, 625, 626, 640, 709-712, 716-717
요셉
  바르 가야바 "가야바"를 보라.
  바사바라 하는 요셉 145, 148, 154, 219
  아리마대 사람 87, 92, 94, 110, 113, 117, 118, 119, 145, 146, 248
  엘림의 아들 717
  예수의 아버지 88, 92, 95, 118, 141, 222
  예수의 형제 요셉 "요세"를 보라.
요안나 67, 98, 100, 101, 104, 112, 119, 156, 160, 219-221, 480n.17, 481n.20
  하나냐의 아들 149
  하스몬 가 136
요한
  마가 요한 "마가"를 보라
  세례 요한(사가랴의 아들) 83, 109, 114, 143, 195, 205, 214, 221, 377, 387, 453, 582, 597, 598, 600, 603, 616, 617, 621, 622, 624, 631, 632, 644, 676, 693, 694, 719, 736, 737
  세베대의 아들 98, 100, 115, 117, 143, 170, 177, 191, 210, 219, 247-248, 480, 658-662, 665-667, 670, 672, 675, 682, 695-696, 720-722, 730-731, 737-738, 741-747
  시몬 베드로의 아버지 151n.61, 178, 514n.81
  요한 히르카누스 "히르카누스"를 보라
  장로 요한, 주가 사랑하신 그 제자 45-53, 53, 64-66, 70, 75, 214-218, 241, 335, 338-339, 376, 571-576, 581-586, 610-653, 657-658, 660-673, 675-676, 682, 686-689, 695-696, 705, 706, 718-721, 725, 729, 730-732
  하스몬 가 137
위(僞) 네포스 345
유니아 480, 481n.20,
유다
  가룟 유다 109, 112, 115, 116, 167, 170, 174, 175, 182, 183, 184, 191, 195, 196, 248, 313, 319, 320, 326, 618, 633, 640, 658, 665, 747
  갈릴리 사람 유다 138, 146
  다메섹의 유다 719

도마 181; "도마"도 보라.
마카비 188n.61
바사바라 하는 유다 145, 480
아단/아난 186, 187
야고보의 아들 유다 171, 172, 173, 175, 177, 183, 191
약제사의 아들 유다 149
예수의 형제(유대) 658, 719
유불루스 253, 255
유세비우스 19, 39-42, 45, 46, 49-51n.34, 59, 61, 66, 71, 75, 80, 95, 105, 142n.33, 154n.79, 175n.32, 243, 335-338, 342, 354, 359, 364, 365, 368, 370-383, 389, 390, 456, 474, 476, 478, 664-696, 699, 701-705, 708nn.25,27, 719, 723, 727, 742n.97, 743
유스도
디베랴의 유스도 613n.2
요셉 바사바라고도 하는 유스도 145, 148
유스타티우스 234
유스토키우스 231, 232, 234, 237, 251, 252
유클리데스 254, 255
유파토르 249
율리우스 카이사르 625
이레나이우스 46, 50, 74-75, 385, 475-478, 669-670, 679, 684-688, 705, 708, 721-737, 746-748
이스마엘
다른 이스마엘 152n.72
아브라함의 아들 137, 138
이암블리쿠스 232
임마 147, 156
입다, 입다의 딸 91

ㅈ
자붓 186, 187
제논 91n.22, 155, 439
제투스 231, 232, 234
조티쿠스 231, 232, 252

ㅋ
카르테리우스 239, 240
카스트리키우스 피르무스 231-234, 252
카시우스 디오 142n.33
케린투스 725, 735, 739, 740
켈수스 223, 249
코르넬리우스 네포스 344
코코나스 249
콘스탄티누스 764, 806
콰드라투스 41, 105, 106
퀴리니우스 111
퀸틸리아누스 55, 361n.56, 455
크세노폰 33, 230, 249, 350-352, 362, 625
클라우디우스 아폴리나리우스 702, 706, 707
클레멘스
로마의 41, 719, 743
알렉산드리아의 385, 388-390, 478, 679, 682, 684, 688, 690-692, 699, 710, 742, 743, 744
클레오다무스 254
키오네 253
키케로 257, 369n.71

ㅌ
타아우토스 204
타우마시우스 253
타키투스 33, 379
테르툴리아누스 385
테미스토클레스 255
테오도시오스 173, 252
테오도토스 153, 255, 710, 742n.96
테오필루스(데오빌로) 83, 199, 484, 716

안나스의 아들 715, 718
테온 354-357
테히나 페리샤의 아들 187
토다(도다) 175n.32
투키디데스 33, 57-59, 204, 362, 625, 645, 761
트라세아스 700, 702, 706
트라야누스 685, 709, 725, 728, 735
티마이오스 57, 60
티모크라테스 249
틸로로부스 223

ㅍ

파울리누스 231, 233, 252,
파이투스 228, 250,
파피아스 165, 211, 212, 259, 260, 330, 335, 336-396, 398, 471, 473-479, 490, 492, 495, 641, 651, 662-689, 692-696, 699, 702, 703, 706, 707, 722, 723, 724, 728, 729, 730n.68, 733, 742n.97, 748
페레그리누스 360
페리샤 187
페트로니우스 89
포르피리우스 230-244, 251-256, 369n.71, 637, 638
포이비온 255
포타몬 253
포티누스 724
폴레몬 253
폴리비우스 33, 34, 57-60, 201, 202, 204, 205, 645, 761, 762
폴리카르포스 48, 49, 74, 75, 456, 476, 477, 700, 702, 706, 724-729, 731, 733, 735, 737n.80, 740, 744, 748
프로부스 253
프로클루스 41n.5, 703n.10, 708
프로클리누스 254, 255
프톨레마이오스 724, 733, 735, 736, 742n.96
플라톤 63n.58 234, 439
플로리누스 75, 475-477, 725, 726, 733, 737, 746, 748
플로티누스 230-244, 251, 637, 638
플루타르코스 203, 326n.58, 379, 380
피타고라스 227
필론
구레네 사람 필론 146
비블로스의 필론 203
알렉산드리아의 필론 344

ㅎ

하나니아
임마의 아버지 146
요셉의 아버지 149
하드리아누스 41, 105, 389
하스몬 가 134-139
할리카르나소스의 디오니시오스 204, 343, 344, 361-363, 587
헤게시푸스 90n.17, 95, 713n.36
헤라클레이토스 97, 645
헤레니우스 251
헤로디아 83, 109, 115, 156, 160
헤로디아의 딸 110, 115
헤롯
안티파스 111, 115
대왕 111, 114
헤르마스(허마) 719
헤르미누스 255
헬리오도루스 255
호스틸리아누스 헤쉬키우스 252
히르카누스(요한) 712n.34
히스기야 139n.24, 152
히에로니무스 17, 63, 64, 90n.19, 687n.50

히폴리투스 714
힐렐
(I) 바리새인 440, 672
(II) 672n.24
구레네 사람 146

현대 저자 색인

A

Abbot, E. (애봇) 658n.2
Abramowski, L. (아브라모프스키) 350n.26, 351n.28, 352n.30
Achtemeier, P. J. (악트마이어) 92n.25, 496n.43
Ainsworth, P. B. (에인스워스) 563n.84
Alexander, L. C. A. (알렉산더, 러브데이) 54-57, 58n.49, 59, 63n.58, 67n.64, 199-202, 207n.26, 208n.29, 209n.31, 465n.84, 484n.24, 620n.7
Alexander, P. S. (알렉산더) 442n.25, 444n.31
Allison, D. C. (앨리슨) 24, 167, 168n.12, 173n.20, 183n.49, 186n.54, 188, 355n.42, 366n.69, 369n.74
Ameling, W. (아멜링) 713n.35
Asgeirsson, J. M. (아우스께이손) 356n.49
Ashton, J. (애쉬턴) 649n.34, 661n.6
Attridge, H. W. (애트리지) 691n.56
Aune, D. (오니) 59n.51, 200, 201nn.10,11, 203, 204n.21
Avenarius, G. (아베나리우스) 62n.56

B

Bacon, B. W. (베이컨) 684n.44
Bacon, F. (베이컨) 767, 768
Baddeley, A. (배들리) 517n.3, 528n.32, 532, 565
Bailey, K. E. (베일리) 396, 412-422, 424-427, 438, 440-442, 454n.54, 469, 472, 473, 481
Bal, M. (발) 271n.20
Baldwin, B. (볼드윈) 224
Barag, D. (바락) 718n.53
Barclay, C. R. (바클리) 520n.9, 522nn.15,16, 523, 524n.22, 525, 526, 531
Barr, A. (바) 90n.21
Barrett, C. K. (배럿) 145n.44, 600n.60, 606n.66
Bartholomew, C. (바솔로뮤) 772n.41, 774n.50
Bartlet, V. (바틀릿) 42n.12, 43, 49n.29
Bartlett, F. C. (바틀릿) 520, 534, 542
Barton, J. (바튼) 337n.6
Bate, H. N. (베이트) 260n.3
Bauckham, R. (보컴) 40n.5, 42n.10, 65n.60,

71n.68, 95nn.34,35, 96n.36, 100n.44, 119n.57, 120, 128, 132n.10, 138n.21, 154n.75, 155n.82, 174n.30, 175n.32, 211, 214n.43, 216n.45, 221n.48, 368n.70, 371n.83, 373n.87, 376n.89, 382, 399n.6, 435n.12, 465n.84, 466nn.89,90, 480n.20, 481n.21, 492n.37, 493n.38, 518, 577n.12, 579n.18, 606n.65, 671n.20, 675n.30, 676n.31, 681n.40, 687n.50, 694n.61, 704n.12, 711n.32, 713n.36, 741n.95, 768n.34, 775, 790n.83, 807, 808

Bauer, W. (바우어) 90n.21, 389n.104

Baum, A. D. (바움) 94n.30, 347n.21, 353n.33, 511n.1

Beasley-Murray, G. R. (비슬리-머리) 574n.9, 607, 657n.1

Becker, A. H. (베커) 478n.13

Behrens, H. (베런즈) 96n.37

Bekerian, D. A. (베커리언) 530n.36

Bernard, J. H. (버나드) 570, 571, 573, 606n.66, 706n.20, 715

Best, E. (베스트) 185n.53, 282nn.40,41, 291n.58

Betz, H. D. (베츠) 92n.25

Black, C. C. (블랙) 286, 294n.64, 337n.6, 339, 341n.10, 577n.12

Black, M. (블랙) 261n.4, 355n.42, 366n.69

Blank, R. (블랭크) 403n.9, 406n.17

Bloch, M. (블로크) 763n.26, 764-767, 768n.33, 773, 777

Blomberg, C. L. (블롬버그) 294n.65, 633n.21, 658n.2, 660n.5

Bockmuehl, M. (복뮬) 24n.2, 178n.38, 179n.39, 340

Bode, E. L. (보드) 99n.43

Bond, H. K. (본드) 147n.54

Boomershine, T. (부머샤인) 291-293

Borg, M. (보그) 24

Bovon, F. (보봉) 169n.13, 484n.25

Branham, B. B. (브랜함) 360n.54

Braun, F.-M. (브라운) 677n.32, 706n.19, 713n.37

Bremmer, J. N. (브레머) 738n.85

Brenner, A. (브레너) 127n.6, 180n.43

Brewer, W. F. (브루어) 518, 519, 520n.7, 524n.21, 525-527, 528nn.29,30,31,32, 529n.33, 530, 531nn.39,40,41

Breytenbach, C. (브라이텐바흐) 378n.90

Brisson, L. (브리송) 231nn.61,63, 232nn.64,65, 237n.72

Broadhead, E. K. (브로드헤드) 316n.15

Brodie, T. L. (브루크) 577n.12

Brown, C. (브라운) 803n.105

Brown, R. E. (브라운) 92nn.26,27, 182nn.45,46, 259n.2, 275n.29, 282n.39, 290n.56, 294n.65, 295nn.69,70, 305n.1, 307n.4, 327nn.26,27, 329n.32, 572, 573nn.7,8, 586n.25, 590n.34, 591n.37, 594n.42, 595n.46, 596n.51, 598n.54, 602n.62, 606n.66, 657n.1, 668n.16, 671nn.21,23

Brown, R. M. (브라운) 794nn.94,95

Bruce, F. F. (브루스) 678n.35, 713n.37

Brucker, R. (브루커) 24n.2

Bruner, J. (브루너) 499n.48, 536, 538n.58

Bryan, C. (브라이언) 355n.42, 362n.59, 363n.62, 379, 380, 381n.96

Bryan, S. M. (브라이언) 166n.10

Bultmann, R. (불트만) 85, 86, 88, 90n.21, 397n.1, 398n.4, 403n.9, 406n.23

Burke, P. (버크) 499nn.47,49, 505n.58, 522n.15

Burkitt, F. C. (버킷) 657n.1
Burnett, F. W. (버넷) 287n.46, 288n.51, 289
Burnett, G. W. (버넷) 287n.46
Burney, C. F. (버니) 663n.9, 708n.28, 715n.40, 730n.69
Burridge, R. A. (버리지) 288n.51, 362, 363nn.61,62, 379n.93, 380n.95, 449n.44
Buss, M. J. (버스) 397n.1
Byrne, B. (번) 634n.22
Byrskog, S. (뷔쉬코그) 32-36, 43, 55n.41, 58, 65n.61, 73, 97, 102n.48, 202, 261n.6, 337n.5, 348n.22, 355n.42, 366n.69, 389n.105, 404n.11, 427, 428, 439n.20, 445n.33, 446n.38, 456nn.62,63, 465n.80, 470n.3, 472, 489n.35, 497, 508n.66, 528n.32, 611-613, 626, 645nn.32,33, 649, 651n.38, 761, 762n.23, 780

C

Cadbury, H. J. (캐드베리) 86, 87n.11
Campbell, A. F. (캠벨) 545n.68
Camus, A. (카뮈) 790n.85
Carpenter, J. E. (카펜터) 668n.15
Carroll, M. (캐롤) 511n.1
Carson, D. A. (카슨) 577n.12, 587n.28, 602n.62, 606n.66, 658n.2
Carter, W. (카터) 36n.19
Casey, M. (캐시) 165n.7, 170n.14, 172n.17, 391, 392n.114, 436n.16, 585n.23, 627n.17
Caster, M. (카스테르) 226n.55
Catchpole, D. (캐치폴) 660n.6
Chapman, J. (채프먼) 46nn.22,23, 48n.25, 50nn.31,32, 586n.26, 587n.28, 589, 592n.38, 595n.47, 670n.19, 671n.21, 685nn.47,48, 730n.68
Charlesworth, J. H. (찰스워스) 24n.2, 214n.44, 574n.9, 627n.17, 658nn.1,3, 660nn.4,5, 661n.6, 667n.14
Chilton, B. (칠튼) 24n.2, 340n.9, 405n.16, 464n.77
Christianson, S.-A. (크리스티안슨) 529n.34
Christophersen, A. (크리스토퍼슨) 174n.30
Clark, G. (클라크) 243n.82
Claussen, C. (클로슨) 174n.30, 200n.9
Clendinnen, I. (클렌디넌) 795, 796
Clines, D. J. A. (클라인즈) 54n.37
Coady, C. A. J. (코디) 563n.84, 752n1, 753-756, 757nn.12,14,15, 758, 759n.20, 760n.21, 770
Coakley, J. F. (코클리) 658n.2
Cohen, G. (코헨) 94n.30, 528n.28, 531n.41, 533nn.48,49, 535n.53, 565, 566n.86
Cohen, N. G. (코헨) 134n.13
Cohen, S. J. D. (코헨) 344n.17, 345n.18, 369nn.72,73
Collingwood, R. G. (콜링우드) 764, 767, 768-771, 773
Collins, R. F. (콜린스) 627n.16
Colson, F. H. (콜슨) 363n.63
Colson, J. (콜송) 663n.9, 705n.17, 708n.28, 715nn.39,40, 730n.69
Connerton, P. (코너턴) 499n.47, 505n.58
Conway, C. M. (콘웨이) 627n.16
Conway, M. A. (콘웨이) 521nn.11,12,13, 530n.36, 531nn.39,40, 532n.46
Corley, K. E. (콜리) 318n.20
Coser, L. A. (코저) 470n.3
Cotterell, F. P. (코트렐) 599n.56
Cox, P. (콕스) 235n.69, 240n.76, 243n.80
Cranfield, C. E. B. (크랜필드) 266n.15, 318n.19
Crossan, J. D. (크로산) 24, 454, 511n.1

Cullmann, O. (쿨만) 657n.1
Culpepper, R. A. (컬페퍼) 577n.12, 627n.16, 637n.23, 658n.1, 663n.9, 666n.12, 667n.14, 668n.15, 703n.11
Cumont, F. (퀴몽) 225n.52

D

Dalman, G. (달만) 173n.20, 182n.46
Davey, F. N. (다비) 586n.27, 600n.57
Davids, P. (데이비즈) 410nn.28,31, 411n.35
Davies, M. (데이비스) 627n.16
Davies, W. D. (데이비스) 167, 168, 173n.20, 183n.49, 186n.54, 188n.62, 355n.42, 366n.69, 369n.74
Dawidowicz, L. S. (다비도비츠) 794n.95
De Jonge, M. (더 용어) 577n.12
Delbo, C. (델보) 782, 784
Delff, H. K. H. (델프) 663n.9, 708n.28, 715
Derico, T. M. (데리코) 482n.23
Des Pres, T. (데 프레) 794n.93
Dewey, J. (듀이) 270n.19, 271n.23, 380, 382
Dibelius, M. (디벨리우스) 85n.3, 92n.25, 102, 397, 400, 403n.9, 431n.1, 451
Dick, K. (딕) 591n.36
Dihle, A. (딜레) 362n.59
Dillon, R. J. (딜론) 207n.27
Dodd, C. H. (도드) 434
Dostoyevsky, F. (도스토예프스키) 787, 789, 790nn.84,86, 798
Doutreleau, L. (두트르로) 685n.45, 731n.70
Dunn, J. D. G. (던) 24n.2, 73n.71, 165n.7, 348n.22, 404n.11, 406n.21, 407nn.24,25, 410n.30, 413n.43, 416n.53, 419n.58, 420nn.59,60, 423n.61, 426n.64, 427n.65, 428nn.67,68, 432n.3, 435n.13, 439n.20, 446n.38, 450n.47, 460n.69, 462nn.73,75, 469n.1, 470nn.2,3,5, 471n.6, 472n.7, 477n.11, 494nn.39,40, 503n.56, 805n.108
Durkheim, E. (뒤르켕) 470, 499n.49, 506

E

Easton, B. S. (이스턴) 397n.1, 401n.8, 405n.15
Eckardt, A. R. (엑커트) 788n.80
Edwards, M. J. (에드워즈) 230n.58, 232n.64, 233n.66, 236n.71, 238, 240, 242, 243nn.80,81,82
Ehrhardt, A. (에어하르트) 677n.32, 679n.37, 680n.38, 681n.41, 688n.51
Eisler, R. (아이슬러) 714n.38, 715, 716, 718
Elliott, J. K. (엘리오트) 260n.3, 317n.18, 326n.25
Ellis, E. E. (엘리스) 405n.16, 406n.19, 410n.30, 464
Eriksson, A. (에릭손) 433n.7, 495n.41
Esler, P. F. (에슬러) 507n.63
Evans, C. A. (에번스, C. A.) 104n.51, 216n.45, 277n.34, 315n.11, 316, 317, 319, 405n.16, 464n.77, 634n.22
Evans, C. F. (에번스, C. F.) 208
Evans, C. S. (에번스, C. S.) 744n.10, 755n.10, 772n.41, 774n.50

F

Fackenheim, E. (파켄하임) 792n.88
Faulkner, D. (포크너) 533
Feldmeier, R. (펠트마이어) 211n.38
Felman, S. (펠먼) 779
Fentress, J. (펜트리스) 499
Ferguson, E. (퍼거슨) 678n.35
Finnegan, R. (피니건) 460n.68
Fitzmyer, J. A. (피츠마이어) 86, 172,

178n.38, 207n.26, 435n.15
Fleischer Feldman, C. (플라이셔 펠드만) 499n.48, 536, 538n.58
Fletcher-Louis, C. (플레처 루이스) 660n.6
Flusser, D. (플루서) 718n.53
Foley, B. (폴리) 787n.78
Foley, R. (폴리) 755n.10, 757n.13
Fortna, R. T. (포트나) 649n.35
Foucault, M. (푸코) 506, 507
Fowl, S. E. (파울) 54n.37
France, R. T. (프랜스) 92n.26, 170n.14, 276nn.32,33, 282n.39, 316n.14, 318nn.20,22, 410n.28, 545n.69, 546n.70, 548n.71
Freed, E. D. (프리드) 623n.10
Frey, J. (프라이) 174n.30, 200n.9, 477n.12, 722n.57
Friedländer, S. (프리트랜더) 781
Funk, R. W. (펑크) 24n.2

G

Gamble, H. Y. (갬블) 56, 465n.79, 487n.30
Garvie, A. E. (가비) 657n.1
Gaventa, B. R. (거벤타) 577n.12
Genette, G. (주네트) 271n.20
Gerhardsson, B. (에르핫손) 31, 52n.35, 57n.48, 96n.37, 98, 163, 164, 396, 408-412, 414, 415, 419, 420, 432n.3, 434n.9, 451, 452n.50, 453n.51, 454n.53, 461, 462n.73, 465, 479n.15
Glasson, T. F. (글래슨) 354n.38, 554-556
Goffman, E. (고프먼) 535
Goldstein, J. A. (골드스타인) 136
Goodman, M. (굿맨) 713n.35
Goodspeed, E. J. (굿스피드) 466n.88
Goody, J. (구디) 404, 445, 507
Goulet, R. (굴레) 231nn.61,63
Goulet-Cazé, M.-O. (굴레 카제) 231nn.61,63
Granfield, P. (그랜필드) 90n.20
Grant, R. M. (그랜트) 49n.27, 75n.73, 350n.27, 354, 372n.85, 476n.10, 679n.36, 707nn.23,24, 727n.63
Grassi, J. A. (그라시) 331n.37, 658n.1
Green, A. (그린) 470n.4, 499n.49, 505n.59
Green, J. B. (그린) 173n.20
Greenberg, I. (그린버그) 788n.80, 792n.89
Greenspan, H. (그린스펀) 798n.102
Gruneberg, M. M. (그룬버그) 530n.36, 531n.42, 533n.48
Guelich, R. A. (굴리히) 210n.34, 546n.70
Guenther, H. O. (군터) 165n.6
Gundry, R. H. (건드리) 42n.12, 93n.28, 186n.54, 335n.3, 337n.5, 342n.11, 349n.24, 355n.42, 365, 366n.69, 370n.76
Gunkel, H. (궁켈) 397n.1, 554
Gunther, J. J. (군터) 685n.47, 704n.13, 706n.18, 708n.28, 730n.69

H

Häag, T. (헤이그) 242n.79, 243n.82
Haase, W. (하제) 657n.1
Hachlili, R. (하크릴리) 127n.6, 128n.6, 136n.16, 144n.39, 146n.50, 147nn.52,53, 149n.56, 180n.43, 182n.46, 183nn.47,48
Hagner, D. A. (해그너) 185n.52, 366n.69
Hahneman, G. M. (하네만) 677, 678n.35
Halbwachs, M. (알박스) 470, 498-500, 506, 507n.63
Hall, D. R. (홀) 397n.2, 399n.7
Halliwell, S. (할리웰) 288n.51
Hanson, A. T. (핸슨) 607n.67

Haren, M. J. (해런) 330, 331n.36
Harmer, J. R. (하머) 39n.3, 41n.6, 42nn.9,11, 45n.18, 49n.26, 61n.54, 353n.36, 371n.81, 474n.9, 664n.19, 667n.14, 683n.43
Harnack, A. (폰 하르낙) 389n.103, 589, 596, 663n.9
Harris, R. (해리스) 42n.12, 173n.20
Hastings, J. (헤이스팅스) 173n.20
Hata, G. (헤이타) 691n.50
Head, P. M. (헤드) 36n.18
Healy, M. (힐리) 772n.41, 774n.50
Hengel. M. (헹엘) 30, 41n.7, 46n.22, 53n.36, 67n.62, 165n.7, 166n.11, 189n.65, 211nn.36,37,38, 212n.40, 214n.44, 294n.65, 337n.5, 352n.32, 353n.37, 364n.65, 370n.77, 371n.79, 390n.106, 391, 434n.8, 435n.12, 460n.69, 466, 467n.91, 479, 486, 487n.29, 488, 586n.25, 589n.30, 590n.35, 657n.1, 660n.5, 661, 663n.9, 665n.11, 666n.12, 667nn.13,14, 669n.17, 671n.22, 672n.25, 703nn.10,11 705n.16, 708, 715n.40
Henne, P. (안느) 678n.35
Hennecke, E. (헤네케) 719n.55, 734n.78, 738nn.84,87
Henry, P. (앙리) 230n.58
Héring, J. (에링) 433n.7
Hertel, P. (허텔) 530n.35
Heuer, F. (호이어) 530n.35
Hezser, C. (헤저) 465n.85, 466n.87
Hickling, C. (히클링) 403n.10
Hill, C. E. (힐) 45n.20, 188n.61, 351n.29, 372n.84, 670n.18, 673, 674n.29, 678n.35, 689, 691-695, 702n.8, 707n.22, 708n.25, 709n.29, 726n.62, 727n.65, 738n.82, 739nn.89,90, 740, 742nn.98,99
Hirst, W. (허스트) 499n.48, 503n.55, 537, 538n.58
Hitchcock, F. R. M. (히치콕) 572, 573
Hobsbawm, E. (홉스봄) 506n.61
Hock, R. F. (혹) 356n.49
Holmberg, B. (홀름베리) 73n.71, 428n.67, 439n.20, 472n.7
Holmes, M. W. (홈즈) 39n.3, 41n.6, 42nn.9,11, 45n.18, 49n.26, 61n.54, 353n.36, 371n.81, 474n.9, 664n.10, 667n.14, 683n.43
Holtz, T. (홀츠) 457n.64
Hooker, M. (후커) 403n.10
Horbury, W. (호베리) 132n.11, 147n.54, 166n.9, 678n.35
Hornschuh, M. (호른슈) 740n.91
Horsley, R. A. (호슬리) 317n.17
Hoskyns, E. C. (호스킨스) 586n.27, 600n.57
Houlden, J. L. (홀든) 598n.54
Hume, D. (흄) 755, 757
Hyldahl, N. (힐달) 350n.26

I

Ilan, T. (일란) 123-128, 131n.9, 132, 134n.12, 135n.14, 136, 138n.23, 139nn.25,26, 142, 144nn.37,38, 145n.42, 146nn.45,48,50, 147nn.52,53, 148n.55, 151, 152nn.66,67,68,69,70,71,73, 153n.74, 154nn.75,77,79, 155nn.83,84, 156, 173nn.19,20,21, 174nn,22,24,28, 176nn.34,35, 177n.37, 179n.39, 181n.44, 183n.48, 184n.50, 186nn.56,57,58, 187n.59
Inowlocki, S. (이노우록키) 346nn.19,20, 369n.71

J

Jackson, H. M. (잭슨) 327, 328nn.28,29, 589, 590n.34, 592n.38, 596, 625, 638
Jaffee, M. S. (재피) 411n.37, 412nn.38,39, 431n.2, 465
Jenkins, K. (젠킨스) 771n.39
Jeremias, J. (예레미아스) 175, 718n.51
Jones, C. P. (존스) 225n.54, 226n.55, 227n.56
Jungmann, J. A. (융만) 90n.20
Junod, E. (쥐노) 734n.78, 738nn.83,85

K

Kaestli, J.-D. (캐스틀리) 734n.78, 738nn.83,85
Kane, J. P. (케인) 146nn.46,47
Kearney, R. (커니) 796n.100
Keener, C. S. (키너) 465n.84, 577n.12, 580n.21, 586n.27, 604n.64, 625n.12, 638n.24, 658n.2, 662n.8, 669n.17
Kelber, W. H. (켈버) 291n.58, 406, 444n.32, 458, 459, 498n.46, 506n.60
Kennedy, G. (케네디) 369n.71, 374n.88
Kiley, M. (킬리) 189n.64
Kilpatrick, G. D. (킬패트릭) 189
Kittel, G. (키텔) 452n.50, 572n.5
Klassen, W. (클라센) 182n.45
Koch, K. (코흐) 556
Koester, H. (쾨스터) 449, 487n.28, 488
Kokkinos, N. (코키노스) 703n.11
Körtner, U. H. J. (쾨르트너) 42n.12, 46n.22, 353n.35, 370n.78
Köstenberger, A. J. (쾨스텐버거) 577n.12, 619n.6, 658n.2
Kozin, M. (코진) 533
Kraft, R. A. (크라프트) 389n.104
Krodel, G. (크로델) 389n.104
Kruse, C. G. (크루즈) 658n.2
Kuhn, K. A. (쿤) 206n.25, 207n.26
Kürzinger, J. (퀴르칭어) 41n.6, 42n.11, 44n.16, 59n.52, 61, 62, 338n.7, 342, 343, 349n.23, 353n.35, 354, 355n.42, 363n.63, 364n.64, 365, 366, 369n.75, 371n.81, 373n.86, 667n.14, 683n.43

L

Lagerway, M. D. (레이저웨이) 793n.92
Lake, K. (레이크) 691n.54
Lalleman, P. J. (랄레만) 738nn.81,86, 739
Lambers-Petry, D. (램버스 페트리) 368n.70
Lane, W. L. (레인) 186n.54
Langer, L. L. (레인저) 782n.72, 784nn.73,74, 785n.75, 786, 787, 795n.97
Laub, D. (롭) 779n.63
Laughery, G. J. (래퍼리) 774n.50
Lawlor, H. J. (로울러) 691n.55, 692, 700nn.3,4, 701n.5
Lawrence, L. (로렌스) 287nn.46,47, 289n.55, 786
Layton, B. (레이턴) 734n.78
Légasse, S. (레가스) 92n.26
Lemcio, E. F. (렘시오) 447-449
Leo, F. (레오) 362n.59
Levi, P. (레비) 792
Levine, A.-J. (레빈) 220n.47, 221n.48
Lieberman, D. A. (리버만) 520, 523n.19, 524n.20
Lieu, J. (루) 594n.43
Lifshitz, B. (리프쉬츠) 144n.39
Lightfoot, J. B. (라이트푸트) 39n.3, 41n.6, 42nn.9,11, 45n.18, 49n.26, 61n.54, 353n.36, 370n.77, 371nn.80,81, 474n.9,

658n.2, 664n.10, 667n.14, 677n.32, 679n.37, 680n.39, 683n.43, 685n.47
Lightfoot, R. H. (라이트푸트) 401n.80
Lincoln, A. T. (링컨) 574n.9, 601, 614-616, 632, 633n.20, 641n.26, 642, 643nn.28,29,30, 644
Lindars, B. (린다스) 576n.11
Loding, D. (로딩) 96n.37
Lohmeyer, E. (로마이어) 331n.38
Longenecker, B. (롱네커) 174n.30, 200n.9

M

Macgregor, G. H. C. (맥그리거) 600n.59
Mack, B. L. (맥) 356n.48
Malina, B. (말리나) 287n.46, 288n.50
Manier, D. (매니어) 499n.48, 503n.55, 537, 538n.58
Manson, T. W. (맨슨) 260, 261nn.4,6
Marcus, J. (마커스) 212, 213n.41, 294, 337n.6, 391
Marguerat, D. (마르그라) 24n.2
Markschies, C. (마크쉬스) 736n.79
Markus, H. (마커스) 522n.16
Marshall, I. H. (마샬) 397n.1, 561n.82, 591n.37, 593nn.39,41, 596n.51
Martin, W. (마틴) 271n.21, 272n.24
Mason, S. (메이슨) 439
Matthews, C. R. (매튜스) 36n.18, 687n.49, 703nn.9,10,11
Matthiae, K. (마티애) 461n.72
McCracken, D. (맥크래큰) 287n.48
McDonald, L. M. (맥도널드) 677n.34
McGowan, A. B. (맥고원) 436n.18
McGrath, J. F. (맥그래스) 660n.60
McIver, R. K. (맥키버) 511n.1
McKnight, E. V. (맥나이트) 381n.96
McKnight, S. (맥나이트) 24n.2, 135n.15, 173n.20
McNeile, A. H. (맥닐) 570n.1, 706n.20
Meier, J. P. (마이어) 24n.2, 92n.25, 93n.28, 104n.50, 135n.15, 165, 166n.11, 172n.17, 173, 179n.40, 180, 182n.45, 188n.63, 259n.2, 295n.69
Mendels, D. (멘델스) 499n.47
Menken, M. J. J. (멩큰) 579nn.17,18
Merz, A. (메르츠) 24n.2, 165n7, 450, 560n.80, 562
Metzger, B. M. (메츠거) 86n.7, 90nn.20,21, 263n.9, 678n.35, 718n.52
Meye, R. P. (메이) 165n.7, 265n.13, 266n.14
Meyer, B. F. (마이어) 165n.7
Milbank, J. (밀뱅크) 781n.67
Millar, F. (밀러) 713n.35
Millard, A. (밀러드) 464, 465n.85
Minchin, E. (민친) 512n.1
Minear, P. S. (미니어) 577n.12
Misztal, B. A. (미슈탈) 450n.48, 499n.49, 500-502, 503n.55, 506, 507, 530n.35, 535nn.52,54, 537n.56
Moeser, M. C. (모저) 350n.26, 355nn.43,44,45, 356nn.46,47,48, 357n.51, 360n.53, 455n.59
Moessner, D. P. (모스너) 200nn.6,8, 205nn.23,24, 208
Moloney, F. J. (몰로니) 573n.8, 574n.9, 600n.60
Momigliano, A. (모밀리아노) 350n.26
Morris, P. E. (모리스) 530n.36, 531n.42, 533n.48
Moule, C. F. (물) 447n.39
Moulton, H. (물턴) 591
Muddiman, J. (무디먼) 337n.6

Müller, C. D. G. (뮐러) 740n.91
Mullins, T. Y. (멀린스) 360n.55
Mutschler, B. (무췰러) 477n.12, 722n.57, 723n.59, 727n.64, 730n.68, 732n.71, 748n.107

N

Naveh, J. (나베) 141n.30, 142n.31, 145n.41, 146n.49, 180n.43, 184n.51, 188n.60
Nestle, E. (네슬) 173n.20
Neusner, J. (뉴스너) 453n.52
Ng, E. Y. L. (응) 318n.21
Niederwimmer, K. (니더비머) 337n.6, 389n.104, 390-392
Nineham, D. E. (나인햄) 86n.6, 551-553, 556, 562, 763
Norelli, E. (노렐리) 24n.2
Noy, D. (노이) 132n.11
Nunn, H. P. V. (넌) 658n.2

O

O'Brien, D. (오브라이언) 231nn.61,63
O'Brien, K. S. (오브라이언) 627n.16
O'Brien, P. T. (오브라이언) 432n.3
O'Mahony, K. J. (오매허니) 317n.17
O'Meara, D. J. (오메아라) 231n.59
Orchard, B. (오차드) 46n.21, 342n.13, 355n.42, 378n.91, 687n.49
Oulton, J. E. L. (울턴) 700nn.3,4, 701nn.5,6

P

Painter, J. (페인터) 329, 594nn.42,43, 596n.48
Parker, P. (파커) 657n.1
Peabody, A. P. (피바디) 658n.2
Pelling, C. B. R. (펠링) 62n.56, 288, 289n.52
Perkins, P. (퍼킨스) 259n.2, 294
Perry, B. E. (페리) 379n.92
Pesch, R. (페쉬) 86n.7, 188n.63, 370n.76
Petersen, N. R. (피터슨) 270n.19
Poffet, J.-M. (포페) 24n.2
Porter, S. E. (포터) 216n.45, 634n.22
Prothero, S. (프로테로) 21n.1
Provan, I. A. (프로번) 772n,41
Pryor, J. W. (프라이어) 658n.1

Q

Quast, K. (퀴스트) 627n.16
Qimron, E. (킴론) 590n.35

R

Rabinowitz, D. (라비노비츠) 794n.95
Rae, M. (리) 772n.41
Rahmani, L. Y. (라흐마니) 134n.13, 141nn.28,29, 143nn.34,35,36, 144nn.37,38, 146nn.46,50, 147n.51, 187n.59
Ranger, T. (레인저) 506n.61
Read, J. D. (리드) 563n.84
Reed, A. Y. (리드) 478n.13
Reicke, B. (레익케) 46n.22, 51n.33, 67n.64, 369n.74
Reid, T. (리드) 756
Reisberg, D. (라이스버그) 530n.35
Reynders, B. (렝데르) 746n.102
Ricci, C. (리치) 219n.47
Ricoeur, P. (리쾨르) 542, 543n.60, 564n.84, 753n.2, 761, 764, 770n.38, 772n.40, 773-778, 781, 791-793, 801, 802, 804, 805
Ridderbos, H. N. (리더보스) 658n.2
Riesenfeld, H. (리젠펠드) 451n.49
Riesner, R. (리스너) 197n.3, 404n.10,

405n.14, 410, 454n.53, 455n.58, 457n.65, 458, 459n.68, 460, 464n.77, 466n.86
Rigato, M.-L. (리가토) 220n.47, 663n.9, 715nn.40,43, 716
Riley, H. (라일리) 46n.21, 342n.13, 355n.42, 687n.49
Rimmon-Kenan, S. (림몬-케넌) 271nn.20,21
Ristow, H. (리스토우) 461n.72
Robbins, V. K. (로빈스) 200n.6, 351n.27, 356n.48, 358n.52, 397n.1, 406, 407n.26,
Robinson, C. (로빈슨) 225n.53, 227n.56
Robinson, J. A. (로빈슨) 538, 539-541, 542n.64, 558
Robinson, J. A. T. (로빈슨) 658n.2
Roloff, J. (롤로프) 447n.39
Rosenfeld, A. H. (로젠펠드) 788n.80, 792n.89
Ross, D. F. (로스) 563n.84
Roth, M. T. (로스) 96n.37
Rousseau, A. (루소) 685n.45, 723n.58, 731n.70
Rousseau, P. (루소) 242n.79, 243n.82
Rowland, C. (로우랜드) 660n.6
Rubin, D. C. (루빈) 499n.48, 518n.4, 520n.9, 521, 529n.34, 533, 536n.55, 537n.57, 539n.59, 542n.64, 563n.84

S

Safer, M. A. (세이퍼) 529n.34
Salaman, E. (샐러먼) 523n.17
Sanday, W. (샌디) 658n.2
Sanders, E. P. (샌더스) 24n.2, 87, 90nn.20,21, 165n.7, 404-405
Sanders, J. A. 677n.34
Sanders, J. N. 657n.1, 705n.17
Saunderson, B. (손더슨) 328n.28, 330n.34, 331, 332
Savasta, C. (사바스타) 579n.19
Schadewaldt, W. (샤데발트) 294n.65
Schäferdiek, K. (섀퍼딕) 738nn.84,87
Schersten LaHurd, C. (셰르스텐 라허드) 221n.48
Schille, G. (쉴레) 546n.70
Schmidt, C. (쉬미트) 740
Schmidt, D. D. 200n.8, 201, 203
Schmidt, K. L. 397-399
Schnackenburg, R. (쉬나켄부르크) 594, 596-598, 600n.58, 633n.21, 657n.1, 668n.15
Schneemelcher, W. (쉬네멜허) 90n.19, 719n.55, 734n.78, 738nn.84,87
Schnelle, U. (쉬넬레) 477n.12, 722n.57
Schoedel, W. R. (쇼들) 39nn.1,3, 40n.4, 41, 42n.12, 44n.17, 45n.19, 343n.14, 361n.56, 366n.69, 389n.105
Schrenk, G. (쉬렝크) 571-574
Schröter, J. (쉬뢰터) 24n.2
Schuchard, B. G. (슈차드) 606n.66
Schudson, M. (슈선) 507n.64
Schürer, E. (쉬러) 713n.35
Schürmann, H. (쉬르만) 461n.72
Schüssler Fiorenza, E. (쉬슬러 피오렌자) 24n.2, 317nn.17,18, 318n.21
Schwabe, M. (쉬바베) 144n.39
Schwartz, B. (쉬워츠) 507n.64
Schwartz, J. (쉬바르츠) 227n.57
Schwemer, A. M. (쉬베머) 434n.8, 435n.12
Schwyzer, H.-R. (쉬비처) 230n.58
Sellew, P. (셀류) 691n.56, 695-696
Shiner, W. (샤이너) 357n.50, 382n.99, 454nn.54,55

Shrimpton, G. S. (쉬림턴) 512n.1
Sjöberg, A. W. (쇠베리) 96n.37
Small, J. P. (스몰) 242n.78, 454n.57, 456nn.61,62, 487nn.29,31, 512n.1
Smith, D. F. (스미스) 382n.99
Smith, D. M. 574n.9, 577n.12, 586n.27
Smith, M. 390n.107
Smith, S. H. 270n.19, 280n.38
Smith, T. V. 291nn.57,59, 294n.68, 388n.102,
Snyder, H. G. (스나이더) 455n.59
Soards, M. L. (소즈) 305n.1
Staley, J. L. (스탤리) 585n.24, 625n.14
Stanton, G. N. (스탠턴) 351n.28, 352n.31, 399n.6, 403n.10, 447, 464, 465n.84, 467n.92, 486n.27, 488
Sternberg, M. (스턴버그) 625
Stewaer-Sykes, A. (스튜어 사익스) 353n.34
Stone, M. E. (스톤) 680n.38
Streeter, B. H. (스트리터) 49n.30, 663n.9, 682n.42
Stroker, W. D. (스트로커) 386n.101
Strugnell, J. (스트러그넬) 590n.35, 680n.38
Struthers Malbon, E. (스트러더스 맬번) 380n.96
Stuhlmacher, P. (쉬툴마허) 350n.26, 362n.59
Sundberg, A. C. (선드버그) 677
Swete, H. B. (스위트) 309n.6
Sykes, R. N. (사익스) 530n.36, 531n.42, 533n.48

T

Talmon, S. (탤먼) 410n.28, 411n.35, 496n.43
Tannehill, R. C. (태니힐) 291n.58
Tasmuth, R. (타스무트) 660n.5, 663n.9
Taylor, N. (테일러) 435n.13
Taylor, R. O. 77n.75, 354
Taylor, V. 29, 30, 86nn.6,10, 259n.1, 261, 329n.30, 399n.7, 400, 401n.8, 546n.70, 552
Telford, W. R. (텔포드) 399n.5
Thackeray, H. St, J. (새커리) 77-78
Thatcher, T. (대처) 649n.35
Theissen, G. (타이센) 24, 92nn.25,26, 99n.43, 104n.52, 165n.7, 306-311, 314, 316, 330, 450, 462n.74, 554n.75, 560-562
Thiselton, A. C. (티슬턴) 436n.18, 495n.41
Thompson, M. B. (톰슨) 492n.37
Thompson, P. 36n.17, 529n.32, 780n.65
Thornton, C.-J. (토른톤) 722n.57
Thyen, H. (티엔) 577n.12
Tiede, C. P. (티드) 95n.32
Tiede, D. L. 224n.51
Toglia, M. P. (톨리아) 563n.84
Tomson, P. J. (톰슨) 368n.70
Tonkin, E. (톤킨) 499n.47
Tovey, D. (토비) 584n.22, 586n.27, 600n.60, 621, 622n.9, 626, 632
Travis, S. H. (트래비스) 387n.1, 403n.9, 406n.19, 561n.82
Trites, A. A. (트라이츠) 753n.3
Tropper, A. (트로퍼) 478n.13
Tuckett, C. M. (터킷) 337n.6, 378n.91, 577n.12
Turner, C. H. (터너) 260-261, 263-265, 268, 270-272
Twelftree, G. H. (튜엘프트리) 93n.28

U

Usher, S. (어셔) 588

V

Valantasis, R. (밸런태시스) 230, 231n.60
Van Belle, G. (반 벨) 378n.91, 577n.12, 580n.20
VanderKam, J. C. (반더캄) 147n.54, 310n.9, 712n.34, 716nn.44,48, 717
Van Deusen, N. (판 되센) 356n.49
Van Henten, J. W. (판 헨텐) 127n.6, 180n.43
Vanhoozer, K. J. (밴후저) 574, 575n.10, 752, 753, 757n.12
Van Segbroeck, F. (판 세흐브룩) 378n.91, 577n.12
Vansina, J. (반시나) 68, 69, 72n.69, 73n.70, 404, 442-445, 446nn.36,37, 459, 491, 501, 507, 508, 512
Van Tilborg, S. (판 틸보르흐) 631, 638n.24
Van Unnik (판 위니크) 343n.15, 344n.17
Verheyden, J. (페르헤이던) 378n.91, 577n.12
Vermes, G. (베르메쉬) 24n.2, 713n.35
Von Harnack, A. (폰 하르낙) 589
Vorster, W. S. (포르스터) 577n.12

W

Wagenaar, W. A. (바헤나르) 563n.84
Wajnberg, I. (바인베르크) 740n.92
Walker, W. O. (워커) 369n.71
Walls, A. F. (월스) 388n.102
Wansbrough, H. (원스브로우) 59n.51, 69n.67, 410n.28, 412n.40, 433n.4, 442n.25, 455n.58, 457n.64, 496n.43
Wardman, A. (워드먼) 362n.58
Watson, F. (왓슨) 805
Wayment, T. A. (웨이먼트) 388n.102
Weaver, W. P. (위버) 24n.2
Weeden, T. J. (위든) 291n.58
Wenham, D. (웬함) 410n.28, 435n.14
Westcott, B. F. (웨스트코트) 591n.37, 593n.41, 658n.2
White, H. (화이트) 771n.39, 774
Whiteley, D. E. H. (휘틀리) 657n.1
Wiarda, T. (위어다) 274-278, 286-287
Wickham, C. (위컴) 499
Wiesel, E. (비젤) 787-791, 794-795, 797-799
Wilkins, M. J. (윌킨스) 173n.20
Williams, J. F. (윌리엄스) 92n.25
Williams, M. 132n.10, 134n.12, 136n.16
Wilson, R. McL. (윌슨) 90n.19, 719n.55, 734n.78, 738nn.84,87
Witherington, B. (위더링턴) 24n.2, 200n.7, 315, 337n.5, 355n.42, 358n.52, 381n.96, 399n.6, 493n.38, 600n.59, 658n.1
Wood, H. G. (우드) 42n.12
Wright, A. (라이트) 364n.65, 370n.77
Wright, N. T. (라이트) 24, 26, 165n.7, 406n.18, 413, 419, 426n.64

Y

Yadin, Y. (야딘) 142n.31, 146n.49, 180n.43, 188n.60

Z

Zahn, T. (찬) 329

지명 색인

가나 145, 146, 198, 644
가이사랴 39, 42n.11, 243
갈릴리 93, 100n.46, 145, 146, 183, 196-198, 210, 218, 219, 245, 390, 644, 660
감람산 330
거라사 261
겟세마네 210, 262, 275, 281, 292, 307, 308, 314, 315, 322, 323, 326, 327, 329-331
고린도 79, 295, 426n.64, 435, 436n.16, 437, 441, 481, 493, 495n.41
골란 146, 182n.46
골로새 39
구레네 84, 87, 92, 94, 96, 101-103, 111, 113, 115, 118, 145, 146nn.45,46, 151n.59, 249
구브로 (키프로스) 145, 151n.64, 153n.74, 156, 219n.46
기드론 계곡 146n.46
나바테아 186n.54, 187, 188, 435
나사렛 90, 145, 450
노포크 513
뉴질랜드 491
다메섹 151, 153, 433, 719
두로 232
디아스포라 43, 127, 132, 133, 135, 140n.27, 142n.32, 145n.43, 146n.45, 149, 151n.59, 152n.72, 154n.76, 340, 466, 482, 704n.11, 712
라마다임 146
라오디게아 39, 700
레바논 414
로마 41,103n.49, 223, 228, 231, 232, 234, 235, 341, 372n.84, 690, 699, 708, 711, 719, 720, 722-725, 727, 728, 730, 737, 743
르완다 446, 459, 491
리옹 705, 722-724
리쿠스 계곡 39
릴리바이움 234
마사다 124, 141, 149, 180
막달라 73n.71, 87, 93, 98-101, 104, 110, 112, 115, 117-119, 145, 220, 248, 480n.17, 627, 646, 704
밤빌리아 43
밧모 706, 743
베다니 85, 262, 326, 640, 704
베이루트 414
벳 에좁 146

벳새다 262, 340, 703n.11
부룬디 446n.36
비블로스 203
사데 71, 701
사모사타 60, 222
서머나 43, 48-50, 70, 74, 700, 724-726, 728, 738, 740n.93
소아시아 712, 738, 739, 740
소코 440
스키토폴리스 231
시데 41, 593n.39, 667n.14
시리아 181, 368, 702n.7, 738, 739n.90
시온 481n.22, 559
시칠리아 234, 239
아리마대 87, 92, 94, 110, 113, 117-119, 145, 146, 248
아보노테이쿠스 222-229, 360
아시아 (로마 속주) 39, 43, 46, 47, 48, 57, 66, 71, 72, 474, 476, 670, 671, 683, 686, 688, 699, 700, 701, 702, 705, 708, 721, 722, 724, 725, 726, 729, 733-735, 737, 739
아우슈비츠 782-785, 787, 788, 790, 792, 795, 796
아테네 344
아파메아 234
안디옥 41, 43
알렉산드리아 146, 231, 232, 235, 385, 390, 478, 679, 682, 684, 688, 690, 699, 710, 742-744
앗달리아 43
야머스 514, 515
에데사 155n.83, 175n.32
에베소 40n.5, 43, 49, 50n.32, 70, 71, 667n.14, 699, 700, 702, 704, 705, 707, 708, 713, 714n.38, 718-725, 728-730, 733, 735, 737-746, 748
엠마오 84, 213
여리고 94, 147, 183
예루살렘 71, 77, 90n.18, 93-95, 103n.49, 106, 124, 139, 146, 148, 155n.83, 164, 165, 182, 183, 185, 196, 218, 219, 266, 285, 305, 308-312, 314, 316, 317-321, 323-326, 330, 391, 399, 409, 410, 426, 433n.7, 434, 436, 437, 441, 466, 467, 479-483, 492-494, 503, 657, 660, 704n.11, 709, 711n.33, 712, 714, 715, 718, 732, 742
오아후 419
윈터턴 514, 516, 517
유대 59, 77, 95, 103n.49, 106, 132, 135n.14, 136, 149, 150, 196, 206, 287, 320, 366, 368, 391, 425, 432, 433, 481, 547, 720
유대 광야 124, 129, 151, 156, 173n.20
유메니아 700
이스라엘 123, 135nn.14,15, 137n.20, 138, 165, 166, 168, 196, 450, 481, 607, 615, 772n.41, 792n.88, 799
이집트 39, 133, 203
이탈리아 205, 722, 734
잉글랜드 513
캄파니아 231, 234
케리욧 183n.49
쿰란 412, 466
티아나 243
파니아스 704n.11
파리 790
파플라고니아 223
팔레스타인 22, 26, 43, 95, 106, 122-125, 127, 132, 133, 135, 136n.16, 139, 140, 142, 143, 148-151, 156, 158, 160, 173, 174, 176, 177, 181, 186, 188n.61, 368, 391, 402, 403, 406, 407, 409, 425-427, 433, 438, 464, 465, 481, 482, 544n.67, 549, 662,

703nn.10,11, 767
펠라 224
폴리네시아 491
하와이 491
할리카르나소스 343, 362, 363, 587
히에라폴리스 39, 40, 41n.5, 43, 46, 47, 49-51, 59, 70, 335, 368, 474, 475, 700, 702, 703n.10, 704, 706, 708, 729, 741

성경 색인

구약성경

창세기 798

출애굽기 710, 712
12:15 712
28:30(LXX) 710
28:36(HB) 710n.31
36:38(LXX) 710
39:30(HB) 710n.31

레위기 710
8:9(LXX) 710

민수기
1:4-16 166

신명기
19:15 98

사사기
8:14(LXX) 570n.2

사무엘상
10:1 316n.15
16:1 316n.15
16:1-13 317
16:13 316n.15

사무엘하
3:3 177
13:37 177

열왕기상
1:39 316n.15
19:15-16 316n.15

열왕기하
9:3 316n.15
9:6 316n.15

역대상
3:2 177

에스라
8:8 187

욥기
26:11-12 799

시편 799
89:9-10 799
89:20 316n.15
104:7 799
107:25-29 799
121:8 195n.2

잠언
3:3 456
7:3 456

이사야
2:2-3 481
2:3 481
6:10(LXX) 606
40 138
40-55 614
43:10 607
49:6 620
49:13 138
51:2 138
51:12 138
52:9 138
52:13-53:12 606

53:1(LXX) 606, 607
55:4 607
61:2 138
66:13 138

예레미야
31:13 138

스가랴
1:17 138
9:9 312, 599

외경
토비트 153

지혜서 743

집회서
40:4 710
45:8-12 711
45:12 710

마케베오1서
10:1 592

마카베오2서
2:25 454
8:22 136

마케베오4서
18:12 180

신약성경
마태복음 42, 51, 54, 66, 98, 114-115, 118-119, 167-171, 188-190, 191, 212, 221, 263, 299, 364-377, 387-388, 485-486, 674-678, 692-693
1:2-17 168
1:16 114
1:18 118, 119
2:3 114
2:22 114
3:1 114
4:18 114, 210n.35
4:21 114
8:2 114
8:5 114
8:14 114
8:19 114
8:21 114
8:28 114
9 221
9:2 114
9:9 87, 114, 118, 171, 184, 185, 189, 190, 485
9:9-13 189n.64
9:18 114, 118
9:20 90, 114
9:27 114
9:27-31 543
9:32 114
9:36-10:15 460
10:2-4 167
10:3 114-115, 171, 172n.15, 189, 485
10:7 461
10:40 461
11:2-6 560
11:9 736
11:20-24 560
12:10 90, 114
12:22 115
12:29 560
13:55 93, 115, 118, 141, 480
13:56 115
14:1 115
14:3 115
14:6 115
14:13-21 547
14:28-29 212
14:28-33 293
15:2 432
15:15 278n.36
15:22 115
15:32-39 548
16:13-19 283
16:13-26 289
16:16-19 388
16:17 142, 151, 154, 177-179, 290
16:17-18 212
16:18-19 218
17:15 115
18:21 278n.36
19:16 115
20:20 88n.17, 100, 115, 143, 219
20:30 115, 118
21:1 115
21:3 312
21:6 312

21:20 276n.30
23:35 719
26:3 115
26:6 115, 118, 119, 143, 145
26:7 115
26:17-19 88
26:18 115, 313
26:26-28 436
26:40-41 275
26:51 115, 119, 308, 323
26:56 232
26:57 310
26:58 548
26:60 115
26:69 115, 145
26:69-75 548
26:71 115
27:2 115
27:16 115
27:19 115
27:32 84, 115, 118
27:38 115
27:54 89, 115
27:55 96
27:55-56 219
27:56 88n.17, 99, 115, 118, 119, 143
27:57 118, 119
27:61 99
27:65 89
28:1 96, 97, 99, 118, 119
28:5 97
28:16-17 221

마가복음 30, 43, 54, 87-88, 91-92, 94, 98-100, 102-103, 106, 109-110, 118-119, 167-172, 188, 190, 191, 209-214, 244-245, 247-248, 258-301, 304-332, 334-392, 398-399, 647, 659-660, 674-676, 680, 682, 693-694
1:2 387
1:4 109
1:4-15 377
1:9 109
1:14 378
1:16 109, 210, 269, 282, 300, 378
1:16-18 210
1:16-20 274
1:17 278, 283
1:19 109, 247
1:19-20 284
1:20 109, 247, 283
1:21 264, 265, 269, 299, 300, 378
1:23 109
1:23-28 543
1:29 88, 247, 263n.9, 264, 265
1:29-30 213, 269, 299, 300
1:29-31 88n.15, 274
1:30 109, 247
1:32 378
1:35 378
1:35-39 274
1:36 247, 290, 300

1:36-37 276
1:39 267n.17, 378
1:40 109
2:1 267n.17, 378
2:1-3:6 377
2:2-12 272
2:3 109
2:3-4 797
2:6-8 270
2:13 378
2:13-14 267n.17
2:14 87, 88, 109, 118, 141, 154n.77, 185, 247
2:14-15 265, 284
2:15-17 190
2:23 267n.16
3:1 90, 109, 267n.17
3:1-6 272
3:5 270
3:6 377, 382
3:7 267n.16, 378
3:13 267n.16
3:14 166
3:16 170, 209, 284n.42
3:16-19 167, 247
3:17 170
3:18 109, 154n.77, 172n.15
3:19 109
3:19b 267n.17
3:20-34 272
3:24-27 560
4 377
4:1 267n.17, 378
4:10 265
4:35 378
4:35-41 798

4:36 546
4:41 272
5:1 378
5:1-2 261, 299, 300,
5:2 109
5:3-5 270
5:21 267n.17
5:21-43 84, 272, 378
5:22 86, 109, 118, 247
5:22-24 107
5:23 109
5:25 90, 109
5:35-37 274
5:35-43 107
5:37 170, 210, 247, 300
5:38 265, 299, 300
6:1 267n.16, 378
6:1-6a 272
6:3 93, 109, 118, 141, 247, 480n.16, 719
6:6b 267n.17
6:7-13 460
6:12 461
6:14 109
6:14-29 212
6:17 109
6:22 109
6:32 378
6:32-44 547
6:45 378
6:47 378
6:47-52 272
6:49 272
6:51-52 272
6:53 378
6:53-54 299, 300
7:1-5 391
7:3 432
7:4 432
7:5 432
7:8 432
7:17 267n.16
7:24 267n.17, 378
7:25 110
7:31 267n.17, 378
7:32 110
8:1-10 548
8:10 378
8:16 272
8:22 110, 262, 263, 299, 300, 378
8:22-26 378
8:22-9:33 270
8:24 797
8:27 267n.16, 378
8:27-30 274
8:27-33 280
8:27-9:13 281
8:28 281
8:29 247, 276, 278, 290, 292, 296, 300, 387
8:30 279
8:30-31 274, 277
8:31-33 560
8:32 247, 281, 290, 291
8:32-33 281, 300
8:33 247, 278, 291
9:2 170, 247, 267n.16, 378, 461
9:2-8 274
9:5 247, 300
9:5-6 276, 280, 281, 290
9:6 272, 276, 292, 544, 797
9:7 276
9:9 261, 265, 299, 300
9:9-10 560
9:10 272
9:14-15 265, 299, 300
9:14-29 272
9:17 110
9:30 299, 300, 378
9:31-32 560
9:32 272
9:33 263, 299, 300, 378
9:33-35 284
9:34 272
9:37 461
9:38 112, 247
9:38-41 284
10:1 267n.17, 378
10:17 110, 267n.17
10:23-31 274
10:26 272
10:28 247, 278, 290, 301
10:32 265, 266, 272, 299, 300, 378
10:34 272
10:35 247
10:35-40 212, 377
10:35-45 284
10:41 247, 272
10:41-45 377
10:46 87, 378
10:46-52 107, 378
11 306, 321, 382
11:1 110, 299, 300, 378
11:1-7 311
11:1-11 305

11:7-10 312
11:11 261, 267n.16
11:11-12 265
11:12 262, 265, 299, 300, 378
11:12-14 319
11:12-25 378
11:15 263, 265, 299, 300, 378
11:15-18 271
11:15-19 319
11:19 267n.16
11:19-21 263, 265, 299, 300
11:19-25 274
11:20 378
11:20-25 319
11:21 247, 276,300
11:21-25 276
11:22 279
11:27 263, 265, 378
11:27-12:40 377
12:38 110
12:42 110
13:1 267n.16, 378
13:3 247, 300
13:14 381n.96
14 306, 321, 382
14-16 306
14:1 326, 378
14:1-2 212, 319
14:3 110, 118, 119, 143, 144, 248, 378
14:3-9 315
14:10 177, 248
14:10-11 212, 319, 326
14:12-16 311
14:13 88, 110
14:14 110
14:17 267n.16, 378
14:18 262, 265, 299, 300
14:19 272
14:22 262, 265, 299, 300
14:22-24 436
14:26-27 265, 299, 300
14:26-31 274
14:26a 262
14:27-31 277, 280
14:29 248, 281, 300
14:29-31 290
14:30 275, 278
14:31 275, 278, 281
14:32 262, 265, 269, 299, 300 378
14:32-42 274, 331
14:33 170, 248, 265, 267n.16, 269, 300
14:37 248, 269, 278, 301
14:37-38 275, 281, 291
14:43 248
14:43-50 331
14:43-52 307
14:47 110, 119, 311, 323
14:50 102, 281, 290, 308, 327
14:51 110
14:53 310
14:54 110, 248, 269, 274, 275, 280, 281, 290, 300, 548, 633
14:55-65 212
14:66 110, 248, 269, 301
14:66-72 269, 274, 280, 281, 291, 548
14:67 248, 269, 301
14:68-71 290
14:69-70 307
14:70 248, 269, 301
14:71 272
14:72 102, 212, 248, 269, 290, 296, 301, 544, 797
15-16 306
15:1 110, 310, 378
15:7 110
15:21 84, 87, 102, 110, 118, 146n.45, 248
15:22 378
15:25 378
15:27 110
15:33 267n.16, 378
15:35 307
15:39 89, 110
15:40 87, 88n.15, 96, 99n.43, 102, 110, 118, 119, 143, 219, 232, 248
15:40-41 265
15:41 97
15:42 378
15:43 110, 118, 119, 248
15:45 248
15:46 248
15:47 88n.15, 96, 97, 99n.43, 110, 118, 119, 248
16:1 99n.43, 118, 119, 232, 248, 378
16:4 96
16:5 96, 97

16:6 96
16:7 211, 221, 248, 282, 296, 301, 378
16:8 195, 211, 797

누가복음 42, 44, 51, 66-68, 73, 79, 83, 84nn.1,2, 86, 87, 88, 89, 92, 98, 111-113, 118-119, 168-171, 191, 198-209, 212-213, 218-222, 263-264, 299, 483-485, 618-620, 659, 678-680
1:1 352
1:1-4 199, 200n.9, 201nn.10, 11, 203nn.19,20, 204n.21, 205n.23
1:2 51, 52, 67, 74n.71, 79, 169, 199, 209, 424, 432, 619
1:3 208, 352, 484
1:5 111, 119
1:27 111, 118, 119
1:63 111
2:1 111
2:21 111
2:25 111, 119
2:36 111, 119
3:1 111
3:2 84n.2, 111, 113n.53, 141, 310
3:19 111
3:23 197
4:33 111
4:38 111, 213, 220
5:1-11 213
5:4-10 283
5:8 293
5:10 111, 283
5:12 111
5:18 111
5:19 544
5:27 87, 111, 118, 185
6:6 90, 111
6:13-16 167
6:14 112
6:15 112
6:16 151n.61
6:17 67, 218
7:2 112
7:12 112
7:26 736
7:36-50 95
7:37 112, 315
7:40 84, 112, 118, 119
7:43 118, 119
7:44 118, 119
8:1-3 67, 166, 220
8:2 112, 118, 119,
8:2-3 93, 100, 104, 219, 220, 232
8:3 112, 119, 219, 481n.20
8:19 112
8:27 112
8:41 86, 112, 118
8:42 112
8:43 90, 112
9:1-6 460
9:2 461
9:10-17 547
9:18 219
9:38 112
9:43 219
9:44a 460
9:54-55 659
9:56-57 299
9:57 112
9:59 112
9:61 112
10:1 736
10:1-16 460
10:1-20 67, 218
10:16 461
10:18 42n.11, 560
10:25 112
10:38 112, 119, 299
10:38-42 660
10:39 112
10:40-41 119
10:42 119
11:14 112
11:27 112
11:37 112
11:45 112
12:13 84n.1, 112
13:11 112
13:14 112
13:23 84n.1, 112
14:1 113
14:15 84n.1, 113
16:20 151n.60
17:12 113
18:18 113
18:35 113, 118
19:1-10 107
19:2 113, 119, 141
19:5 119
19:8 119

19:29 113
19:33 312
19:37 67, 218
21:2 113
22:8 88
22:10 113
22:11 113
22:19-20 435, 456
22:19b-20 436n.16
22:31-32 283
22:33 293
22:46 275n.28
22:49 308
22:50 84n.2, 113, 119, 308, 323
22:54 84n.2, 113, 310
22:54-62 548
22:56 113
22:58 113
22:59 113
23:5 197
23:18 113
23:26 84, 102, 113, 118
23:27 67
23:32 113
23:47 89, 113
23:49 96, 218, 220
23:50 113, 118, 119
23:55 96
24 89
24:6 219n.47, 220
24:6-7 213, 219
24:9 67, 218
24:10 87n.13, 93, 97, 100, 113, 119, 143, 218, 220, 232, 480n.17, 481n.20
24:13-35 107
24:18 84, 95, 113, 119, 154n.79
24:32 797
24:33 67, 218, 219
24:34 211, 213, 220
24:46-49 620

요한복음 22, 28, 42, 53, 65, 66, 116, 118, 119, 197-199, 214-218, 322-326, 370-377, 483, 568-607, 611-653, 656-696, 699-747, 753, 804
1 215, 217, 621-624, 666
1:1 578
1:1-18 578
1:6-7 737
1:7 582, 616
1:7-8 582
1:14 243n.83, 579, 603, 604, 605, 641, 642, 645, 646
1:14-16 603, 604
1:15 116, 582, 603, 617
1:16 604
1:18 365,
1:29 631
1:32 644
1:34 644
1:35 214, 622, 631, 639
1:35-39 665
1:35-40 621, 625, 630
1:35-42 622, 628
1:35-51 666
1:40 116, 214, 665
1:40-42 624, 649
1:40-44 53, 370
1:41 665
1:41-42 214, 217
1:42 116
1:43 116, 665
1:43-46 640, 659
1:45-48 178
1:45-51 640
2-12 639
2:3 116
2:8 116
2:11 198, 581, 644, 680
2:12 116
2:19-20 559
2:22 559, 804
3:1 116, 119
3:2 599
3:10-13 599
3:11 588, 597, 599, 601, 602, 603, 607, 616
3:12 599-601
3:31-32 600
3:32 597, 603
3:34 607
4:7 116
4:39 616
4:46 116
4:54 680
5:5 116
5:19-20 600
5:31 602, 607
5:32 593n.40, 616
5:36 616
5:37 603n.63
5:39 616

6:1-15 547
6:5-7 640, 659
6:5-9 659
6:8 622, 640
6:8-9 640
6:9 116
6:36 643
6:42 118, 119
6:64 619
6:67-71 640, 659
6:68 640
6:68-69 293
6:71 116, 182, 640
7:7 602, 607
7:16 607
7:37-39 559
8:14 602, 607
8:18 602, 607
8:21-28 559
8:25 619
8:26 607
8:44 619
8:57 685-686
9:1 116
9:4 602
9:6 545
9:18 116
10:11 629
10:15 629
11-12 151
11:1 116, 119
11:1-44 84
11:16 116, 180, 640, 659, 665
11:40 644
11:44 545
11:45-53 325
11:49 116
12:1-8 325
12:3 85, 322, 326
12:10 324
12:12-19 325
12:14-16 559
12:16 804
12:17 616
12:21-22 340, 640, 659
12:22 622, 640
12:27-33 559
12:33 630
12:38-40 606
12:44-46 643
12:49 619
13-21 629
13:1 637
13:2 182
13:5 480
13:6-9 629
13:6-10 293
13:7 559
13:20 461
13:23 116, 216, 635, 638-639, 665
13:23-26 625, 627, 628, 631
13:25 705, 723
13:25-30 634
13:26 182, 633
13:26-30 559
13:28 634
13:36 629
13:36-37 629
13:36-38 322
13:37 629
13:38 629
14:2 371
14:5 640, 659
14:6 53, 592
14:8-9 640, 659
14:22 116, 151, 175, 181, 659, 665
14:26 804
15:26-27 197, 616, 620
15:27 198, 199, 215, 581, 618, 619, 621, 643, 646
16:25 559
18:10 85, 116, 119, 322, 323, 324, 632
18:10-11 629
18:13 116, 720
18:13-14 310
18:15 116, 629, 715, 719
18:15-16 625, 628, 632
18:15-18 548
18:15-27 629
18:16 117
18:18 545, 629, 633
18:24 310
18:25-27 629
18:26 88, 117, 309, 323, 324
18:28 117
18:32 630,
18:37 602, 607
18:40 117
19:18 117
19:19 570
19:21-22 571
19:23 117

19:25 95, 117, 118, 119, 143, 154, 232, 625
19:25-27 625
19:26 638
19:26-27 584, 628, 631
19:31-37 631
19:33-35 633
19:35 584-85, 593, 597-598, 603, 605, 613, 616, 628, 631, 645, 647, 706
19:38 117, 118, 119
19:39 371
20 577
20:1-10 628
20:2 97, 638
20:2-10 293, 625
20:3-6 629
20:3-8 216
20:3-10 632
20:6-7 545, 630, 634
20:8 634, 635
20:8-9 634
20:9 559
20:17 628
20:18 646
20:20 97
20:24 177, 180, 640, 659
20:24 29 640, 659
20:29 583, 635, 643
20:30-31 576-580, 605, 647
20:31 581
21 216, 217, 575, 577-578, 581, 621-623, 629-630, 632, 634, 648
21:1-23 578, 583
21:2 53, 117, 145, 146, 178, 180, 370, 621, 625, 640, 659, 661, 665-667
21:4-19 283
21:7 293, 583, 622, 625, 628, 635-636, 638, 661,
21:7-8 629
21:9 629, 634
21:11 583, 634
21:15 151
21:15-17 629
21:15-19 218, 293, 296, 583
21:18 630
21:18-19 624, 629
21:19 629
21:20 215, 276n.30, 623, 638, 705, 724n.6
21:20-22 630
21:20-24 625, 752n.1
21:22 65, 216, 583, 623, 624
21:22-23 218, 668
21:22-24 650
21:23 65, 217, 485, 583, 623, 624, 627, 647, 662
21:24 215, 217, 485, 571-577, 582, 585, 586, 588, 593, 602-605, 611, 613, 616, 617, 624, 626, 639, 684, 686, 688, 705, 706, 729n.67
21:24-25 569, 576-580, 584, 586, 602, 647
21:25 587

사도행전 618, 620, 703, 715-720, 731-732, 741, 746
1-15 479
1:1 197
1:8 196, 620
1:13 167, 169n.13, 480
1:14 93, 480
1:15 67, 218
1:21 67
1:21-22 196, 199, 207, 208, 619
1:21-23 67, 218
1:23 142, 145, 154n.78, 184, 196, 219
1:23-26 184, 480
2:32 494
3 731
3:1-4:31 171, 479
3:15 494
4 731
4:6 151n.62, 152n.67, 715-720, 741
4:23 732
4:36 145
4:36-37 480
5:1-10 480
5:9 718n.54
6:1 67, 207
6:5 127, 154n.76, 480, 703
6:5-6 480
6:5-8:1 480
6:9 146n.45
6:14 432
7:56 448
8:4-40 480
8:5-40 703

8:14-25 171, 479
9:10 151n.65
9:11 151n.61, 719
9:27 480
9:43 149
10:5-6 149
10:6 149
10:32 149
10:36-42 197
10:37 197
10:40-41 494
11:15 219n.46
11:20 146n.45
11:22-26 480
11:28 480
11:30 480
12:2 171, 479
12:12 340n.10, 480
12:13-15 480
12:17 480
12:25 340n.10, 480
12:25-15:39 480
13:1 438
13:5 480
13:6 142
13:6-8 151n.64
13:13 480
13:31 494
15:7 219n.46
15:13-21 480
15:22 145, 148
15:22-34 480
15:22-18:5 480
15:37-39 480
16:4 432
18:24-25 219
20:35 452
21:8 177n.36
21:8-9 40, 41n.5, 480, 703
21:9 49, 480
21:10-11 480
21:16 253n.74, 219, 480
21:18-25 480
21:20 179
21:38 147
22:3 179
22:9 179
22:19 179
22:20 619n.5
26:4-5 209

로마서

1:1-5 637
10:16 607
12:7 438
15:15 570
15:19 481
16:7 103n.49
16:13 103n.49
16:14 179
16:22 570

고린도전서

1:12 295, 480
2:9 680n.38
3:22 480
4:14 570
5:9 570
7:10-11 437
7:10-16 436, 452
7:12-16 437
9:1 480n.19
9:1-6 736, 743
9:3-6 438
9:5 93, 480
9:6 480
9:10 437
9:14 436, 438
9:15 570
11:2 78, 431, 432, 438
11:3 432
11:23 435, 437, 438, 452
11:23-25 432, 456
11:23a 436n.16
11:26-32 435
12:28-29 438
14:26 481n.22
14:37 570
15 494
15:1 431, 433n.5
15:1-3 438
15:1-8 432
15:2 432, 438
15:3 79, 433
15:3-7 433, 434n.10, 493n.38
15:3-8 492, 494
15:5 211, 433, 480
15:6 53, 65, 79, 426, 433n.6, 493, 495n.41
15:7 433, 480n.19
15:8 433n.6, 493
15:9 296
15:9-10 296
15:9-11 434
15:11 434

고린도후서
1:19 480

갈라디아서
1:9 431
1:11-12 434
1:13
1:14
1:15-16 637
1:15-17 434
1:17 435
1:18 79, 434, 480
1:18-19 482
91:19 93, 434
2:1 480
2:1-10 481
2:9 480
2:11-14 294, 480
2:13 480
6:6 438
6:11 570

에베소서
4:11 438

빌립보서
4:3 719

골로새서
2:6 431
4:10 340n.10, 480-481

데살로니가전서
1:1 480
2:7 480
2:13 431
4:1 431

데살로니가후서
1:1 480
2:15 78, 432, 438
3:6 431, 432

디모데전서
1:12-14 296

디모데후서
4:11 341
4:21 719

빌레몬서
24 341, 481

히브리서 743
2:3-4 492
5:12 438

야고보서 466
3:1 438

베드로전서 42, 337
1:25 63
5:1-2 687
5:12 570
5:12-13 103
5:13 337, 339, 341, 680

요한1서 42, 593-595, 673, 725, 743, 746
1:1 593, 679
1:1-2 603
1:1-3 593, 598
1:1-4 681, 688
1:1-5 588, 593-597
1:2 593-595
1:4 594, 679
1:5 593-597
1:6 597
1:6-10 593-595
1:34 597
2:1 593-595, 673
2:3 593
2:5 593
2:7 619
2:7-8 594-595
2:12-14 594-595
2:13 619
2:18-19 593
2:21 594-595
2:25 619
2:26 594-595
2:28 593, 673
3:1-2 593
3:7 673
3:8 619
3:11 619
3:14 593
3:16 593
3:18 593, 673
3:19-21 593
4:4 673
4:7 593
4:9-13 593
4:11-16 595-597
4:13 596
4:14 588, 595-599, 603
4:15 599
4:16 593-596

4:16-17 593
4:21 593
5:2-4 593
5:6 592
5:9 593
5:11 593
5:13 594-595
5:14-15 593
5:18-20 593
5:21 673

요한2서 671-673, 725, 746
1 671
5 619

요한3서 591-593, 671-673
1 671
4 673
8 591
9 591
9-10 588-591
9-12 591-592
10 592
12 593
15 592

유다서
3 432

요한계시록 42, 675, 699, 706, 725, 742, 743, 746
1:2 706
1:9 706

고대 문헌 색인

구약 위경

「레위의 유언」
8:2 711

「바룩묵시록」
50:1 456

「아리스테아스의 서신」
96-99 711
98 710, 711
311 344

위(僞) 필론,
「성경 고대사」 91, 455
2:1-2 91
31:8 92
40:1 91
42:1 91
64:3 91

유대 광야의 두루마리
4Q551 151n.63, 152nn.66,71

초기 기독교 문헌(신약성경 제외)

「나사렛복음」 90, 368

「도마복음」 295n.68, 386, 387, 388, 390
13 386

「디다케」
4:13 432
13:3 713
15:1-2 438

「디도의 서신」 734n.78

무라토리 정경 목록 372, 385n.100, 586n.27, 677-688, 722
16-26행 372

「바나바서신」
19.11 432

「바돌로매복음」 90

「바울행전」 719

「베드로복음」 89

「빌라도행전」 90

「사도서신」
1 739
2 739
7 739
17 740

「야고보묵시록1서」 155n.83

「야고보묵시록2서」
36:15-25 478

「야고보원복음」
5:1 713n.36
23-24 719

「에비온복음」 368

옥시링쿠스 파피루스
840 91n.22

요한복음에 붙인 제왕적 프롤로그
687n.50

「요한외경」
1:14 734n.78

「요한행전」 699, 734n.78, 738, 739, 740, 742
37 706n.21
88-81 738
94-102 738
109 738

「클레멘스1서」
13:1 452
46:7-8 452

「클레멘스 설교집」 90

「히브리복음」 90n.20

순교자 유스티누스
「변증서 1」
39.3 743
42.4 743
50.12 743
53.3 743
66.3 351, 742
67.3 351, 742, 744n.100
「변증서 2」
11.2-3 352, 742
「대화」
1.1 742
42.1 743
81.4 742
103.8 352
106.3 351, 385
107-117 351, 742
110.2 743
114.4 743
119.6 743

아우구스티누스
「신국론」
10.29 243

「기독교 교리에 관하여」
4.3.4-5 357n.50

알렉산드리아의 클레멘스
「테오도투스 발췌 문집」
27.1 710

「어떤 부자가 구원을 얻는가?」
42 743

「논문집」
2.6.31.2 743
2.7.35.5 743
4.17.105.1 743
5.6.38.6 710
7.106.4 388, 478

유세비우스, 「교회사」에 수록
2.1.4 478
2.15.1-2 682
3.23.6 699
6.14.6 679, 688, 742
6.14.7 684, 688

에베소의 아폴로니우스
유세비우스, 「교회사」에 수록
5.18.14 699n.1, 708n.25

에피파니우스
「이단 논박」
17.11-18.1 372
18.6 372
21.15-16 372
22.1-2 372
28.6 372
29.4 713n.36
30.14 372
42 186
51.4.5-10 372, 694n.61
51.17.11-18.1 694n.61
51.18.6 694n.61
51.21.15-16 694n.61
78.13-14 713n.36

오리게네스
「켈수스 반박」
2.262 89

「요한복음 주석」
10.2 372
10.6 372
10.14-15 372

위(僞) 키프리아누스
「시내산과 시온에 관하여」
13 734n.78

유세비우스
「연대기」 389

「교회사」
1.13 175n.32
2.1.6-8 175n.32
2.15.1 688n.52
2.15.1-2 682, 691
2.15.2 692
2.16.1 390
3.3.3 676
3.4.8 719
3.4.9 719
3.11 95, 154n.79
3.23.3 685n.46
3.23.6 699, 743
3.24.5 689, 691
3.24.5-6 692
3.24.5-13 673, 689-696
3.24.5-16 365, 371, 676
3.24.6-7 689, 694

3.24.6-8 691, 692
3.24.7 689, 691, 694, 696
3.24.8 689
3.24.9-10 689
3.24.11 691, 689, 695
3.24.12-13 690
3.24.16 676
3.31.2-5 704n.13
3.31.4 41n.5, 703n.10
3.36.1-2 41
3.39.3 359, 373
3.39.3-4 45, 474, 664
3.39.4 346, 370, 672, 682
3.39.5-6 695
3.39.5-7 675
3.39.7 46, 50, 66, 687
3.39.9 41, 49n.28, 703
3.39.12 66
3.39.13 40
3.39.14 66
3.39.14-16 336, 674
3.39.15 330, 671, 679, 693, 694
3.39.16 365, 692
3.39.17 42, 337, 680
4.22.4 95
5.8.2-4 723
5.8.4 705
5.24.7 71
6.14.5 692
6.14.6 679, 688, 742n.97
6.14.6-7 690

「복음 입문」
11.19.1 243

이레나이우스
「이단 반박」
1.8.5 723n.59, 733, 736n.79
1.9.2 732, 735, 736
1.9.3 735, 736
1.21.2 731, 746n.103, 747n.106
1.23.1 723
1.25.5 732n.72
1.26.3 746n.101
2.2.5 748
2.22 684
2.22.5 46, 670, 685, 723n.59, 729n.67, 735, 744
2.24.4 731
3 722
3.1.1 723n.59, 669, 679, 684, 699, 705, 708, 723, 730n.68, 733n.74
3.3.3 676, 719
3.3.4 669, 699, 723n.59, 725, 727, 733n.75, 735, 740, 744, 748
3.5.1 735, 744
3.10.1 723
3.11.1 723n.59, 732, 740
3.11.3 723n.59, 732
3.11.4 737
3.11.9 735, 745
3.12.3 731
3.12.5 731
3.12.14 736
3.12.15 731
3.14.1 723
3.16.5 746n.101
3.16.8 746n.101
3.21.3 744
4.12.2 746n.101
4.17.6 746n.101

4.18.6 746n.101
4.20.11 746n.101
4.21.3 746n.101
4.24.2 746n.104
4.28.1 46, 670
4.30.4 723n.59
4.40.4 746n.104
5.2.2 746n.104
5.3.4 748
5.5.1 46, 670
5.30.1 46, 670, 729n.66, 748
5.33.3 723n.59, 729, 748
5.33.4 50, 723, 725, 728, 733n.75
5.36.1 46, 670
5.36.1-2 371
5.36.2 46
6.33.3 46, 670

「사도들의 설교를 설명함」 725

「플로리누스에게 보내는 서한」 75, 478, 733n.76, 746, 748

「빅토르에게 보내는 서신」 723n.59, 733n.75, 735, 744, 746, 748

유세비우스, 「교회사」에 수록
3.39.1 50
5.20.4-7 476, 727
5.20.6 49n.27
5.20.7 456

콰드라투스
유세비우스, 「교회사」에 수록
4.3.2 105
4.3.2-3 41

클라우디우스 아폴리나리우스
「유월절 일시」에 수록
서문 707

타티아누스
「디아테사론」 372

테르툴리아누스
「마르키온 논박」
4.2 681
4.2.2 372

「이단 반박」
22.5 733n.74

테오도토스
알렉산드리아의 클레멘스, 「테오도토스 발췌 문집」에 수록
7.3 742n.96
35.1 742n.96
41.3 742n.96

파피아스
「주의 로기아 상해」 39, 44, 335

가이사랴의 안드레에 수록(아르메니아 어판) 42n.11

유세비우스, 「교회사」에 수록
3.39.3 4 45, 474, 664
3.39.4 346, 370, 672, 682
3.39.14-16 336, 674
3.39.15 330, 671, 679, 693, 694
3.39.17 42, 337, 680

페타우의 빅토리누스
「요한계시록 주석」
11:1 687n.50

폴리크라테스
유세비우스, 「교회사」에 수록
5.24.2 40n.5
5.24.2-7 701
5.24.3 723

프로클루스
유세비우스, 「교회사」에 수록
3.31.4 703n.10

프톨레마이오스
「플로라에게 보내는 서신」 733n.77, 736, 742n.96
이레나이우스, 「이단 반박」에 수록
1.8.5 723n.59

헤게시푸스
유세비우스, 「교회사」에 수록
3.11 95, 154n.79
4.22.4 95

헤라클레온
오리게네스, 「요한복음 주석」에 수록
6:3 734n.78

히에로니무스
「명사전」
9 687n.50
18 64

히폴리투스
「논박」
1 서문 6 714

고대 그리스와 로마 문헌

갈레누스
「의학 전집」 54n.37
「기질론」 57n.45

노(老) 세네카
「논쟁」
서문 3-4 477

루키아누스
「데모낙스」 316n.13, 359
12 360n.55
67 360
「알렉산드로스」 222, 224, 229
2 223
4 227
30 228
30-31 226, 229
33-35 227
35 227
36 226
43 226
54 227
59 228
60 228
「역사 기록 방법론」
6 361n.57
16 201n.10
24 62n.57, 343
29 645
34 343
39-40 62
42 58n.50, 62
43 62n.57, 343
47 60, 343

48 62, 361
51 361
55 361, 373

소(小) 세네카
「서한집」
33.4 455

아일리우스 테온
「연설 준비 연습」
3.2-3 354

요세푸스
「생애」
3.4 144
360 613
361 78
366 204
「아피온 반박」
1:47 204
1:49-50 77
1:53 208
1:55 59n.53, 201, 612, 626, 640
1.60 532
「유대 고대사」
1.5 345, 369
1.17 361n.57, 345, 346
2.68-69 590n.35
3.159-78 711
3.172-78 709
3.178 710n.31
4.196 345, 369
4.197 361n.57
6.196 346
8.93 711
10.218 346, 369
12.109 344n.16
13.297 432, 439, 477
14.1 346
17.165 717
18.4 146, 182
18.23 146
18.35 147
18.95 717
18.123 716
20.171-72 147
20.260-63 346
「유대 전쟁사」
1.15 361n.57
1.18 207
2.433-34 139
(슬라브어판) 1.364 152nn.68,70
5.231-35 711
5.235 710n.31
6.387-91 711

유나피오스
「소피스트들의 생애」
2.8 455

퀸틸리아누스
「수사학」
2.2.8 55
2.7.2-4 455

크세노폰
「회상」
1.3.1 350

타키투스
「아그리콜라」 363

투키디데스
1.22.4 58
1.73.2 645

포르피리우스
「플로티누스의 생애」 230, 234, 236, 637
1 234, 235, 240
3 232, 235, 240
3-6 230
4 238
4-5 234
5 234, 239
6 239
7 232, 233, 235, 237, 239, 240
8 235
9 232, 235
10 234, 235
11 235
12 235
13 235
13-15 236n.69
14 235
15 235, 238
16 234
17 236n.69
18 234, 235, 239
19-20 240n.77
20 241
21 241
22 237, 242
22-23 237
23 238, 242
24-26 237

폴리비우스
1.3.1-5 204
1.5.1 204
1.12.5 204
1.12.5-7 205
3.4.3 201
3.4.13 59n.53
10.3.2 204n.22
12.4.5 762
12.4c.3 60
12.7.1 645
12.15d.6 57
12.27.3 58, 60

플라톤
「파이돈」
276a6-10 63n.58

플루타르쿠스
「알렉산드로스」
1 362n.58
1.2 362n.58

「영웅전」 363

플리니우스
「서한집」
2.3 55
6.5 55

필론
「모세의 생애」
2.34 344
2.114 710
2.114-15 710n.31
2.116 710
2.132 710

할리카르나소스의 디오니시오스
「고대 비평가들에 관하여」
5 343
9 361n.57, 362
11 205n.23

「데모스테네스에 관하여」
58 587

「폼페이우스에게 보내는 서신」
3 361n.57

헤로도토스
1.1 58n.50
1.8 645

랍비 문헌

「미쉬나」
m. 'Arakhin
2:4 672
m. 'Avot
1.1 432
1.2–12 440
m. 'Orlah
2:5 672
2:12 672
m. Pesahim
1–2 712
m. Shebuoth
10:3 672
m. Sheqalim
5:1 184n.51, 186
m. Sukkoth
2:8 672

「바빌로니아 탈무드」
b. Gittin
34b 187
60a 411
b. Pesiqta
113b–114a 187n.59
b. Qiddushin
66a 712
b. Sanhedrin
43a 175n.32
98b 139n.24

b. Sota
10b 137n.19
36b 137n.19
b. Yoma
12b 717

「신명기 시프레」
240 187

「팔레스타인 탈무드」
y. Ta'anith
65d 137n.20
y. Yoma
1:1 717
1:38d 717

「토세프타」
t. Mo'ed Qatan
2:15 672n.24
t. Yoma
1:4 717

저자가 인용한 인물 소개

A

Abbot, Ezra (애봇, 에즈라, 1819-1884) 미국의 성경신학자로 하버드 대학교 신학대학원 교수를 지냈다.

Aelianus (아일리아누스, 175-235) 로마의 저술가요 수사학자.

Alexander, Loveday (알렉산더, 러브데이) 영국 성공회의 여성 사제·신약학자로 현재 영국 셰필드 대학교에서 가르친다.

Allison, Dale C. (앨리슨, 데일) 미국의 신학자로 프린스턴 신학대학원에서 가르친다. 역사적 예수를 임박한 종말을 고대하던 묵시록적 선지자로 보고, 슈바이처(A. Schweitzer)가 주장했던 철저한 종말론을 지지한다.

Andersen, Øivind (안데르센, 외이빈, 1944-) 노르웨이의 고언어학자로 1997년부터 오슬로 대학교 교수로 있다.

Apollonius of Tyana (티아나의 아폴로니우스, 15?-100?) 그리스어 이름은 아폴로니오스. 소아시아 갑바도기아 티아나 출신의 신피타고라스주의 철학자였다.

Arrianus (아리아누스, 86-160) 그리스어 이름은 아리아노스. 그리스계 로마 역사가요 군인이며 철학자였다.

Aune, David E. (오니, 데이비드) 미국의 신학자로 미국 노트르담 대학교 신학 교수를 지냈다.

B

Bacon, Benjamin Wisnor (베이컨, 벤저민, 1860-1932) 미국의 신학자로 예일 대학교 신학대학원 교수를 지냈다.

Bacon, Francis (베이컨, 프랜시스, 1561-1626) 영국의 정치가·철학자로 경험론을 창시한 인물로 알려져 있다.

Baddeley, Alan David (배들리, 앨런, 1934-) 영국의 심리학자로 요크 대학교 교수다.

Bailey, Kenneth E. (베일리, 케네스) 미국의 신약신학자·조직신학자·목회자.

Bakhtin, Mikhail Mikhailovich (바흐친, 미하일, 1895-1975) 러시아의 철학자·문학비평가·언어학자.

Bal, Mieke (발, 미케) 네덜란드의 문화이론가·비평가로 네덜란드 왕립예술과학아카데미 교수다.

Baldwin, Barry (볼드윈, 베리, 1937-) 영국 출신의 고전학자·소설가·저널리스트로, 주로 오스트레일리아와 캐나다에서 일하고 있다.

Barrett, C. Kingsley (배럿, 킹슬리, 1917-2011) 영국의 저명한 신약신학자로 더럼 대학교 교수를 지냈다.

Bartlet, James Vernon (바틀릿, 버논, 1863-1940) 영국의 신약신학자·초기 기독교 역사가로 옥스퍼드 대학교 맨스필드 칼리지 교수를 지냈다.

Bartlett, Frederick Charles (바틀릿, 프레더릭, 1886-1969) 영국의 심리학자로 케임브리지 대학교 교수를 지냈다.

Basilides (바실리데스) 초기 영지주의 교사로 알렉산드리아에서 2세기 초반에 활동했다.

Beasley-Murray, George Raymond (비슬리-머리, 조지, 1916-2000) 영국 출신의 신약학자로 미국 남침례교 신학대학원 교수를 지냈다.

Bernard, John Henry (버나드, 존, 1860-1927) 아일랜드 성공회 더블린 대주교와 더블린 대학교 부총장을 지낸 신학자·철학자.

Best, Ernest (베스트, 어네스트, 1917-2004) 영국의 신학자로 글래스고우 대학교 교수를 지냈다.

Black, C. Clifton (블랙, 클리프턴) 미국의 성경신학자로 프린스턴 신학대학원 교수다.

Bloch, Marc Léopold Benjamin (블로크, 마르크, 1886-1944) 프랑스의 역사학자. 프랑스 농촌과 중세 경제사 연구에 주력했으며 아날 학파 창시자였다. 레지스탕스로 활동하다 나치 비밀경찰에게 목숨을 잃었다.

Bockmuehl, Markus (복뮬, 마커스) 영국의 신약학자로 옥스퍼드 대학교 교수다.

Boomershine, Thomas (부머샤인, 토머스) 미국의 신약학자로 미국 유나이티드 신학대학원 교수를 지냈다.

Borg, Marcus (보그, 마커스, 1942-) 미국의 성경신학자로 예수 세미나에 참여했으며, 현재 미국 오리건 주립대학교 명예 교수다.

Boult, Adrian Cedric (볼트, 아드리안, 1889-1983) 영국의 저명한 지휘자로, BBC 관현악단을 비롯해 여러 교향악단 지휘자를 역임했다.

Bovon, François (보봉, 프랑수아) 스위스의 신학자. 칼뱅이 세운 제네바 대학교 교수를 지낸 뒤, 1993년부터 하버드 신학대학원 교수를 지냈다.

Brewer, William F. (브루어, 윌리엄) 미국의 심리학자로 일리노이 대학교 교수다.

Brisson, Luc (브리송, 뤽, 1946-) 캐나다 케벡 출신 고전학자. 프랑스 파리10대학에서 박사 학위를 받은 뒤, 프랑스 국립과학연구센터에서 일하면서 플라톤과 플로티노스 전집 번역에 참여했다.

Brooke, Alan England (브루크, 앨런, 1863-1939) 영국의 성경신학자.

Brown, Raymond E. (브라운, 레이먼, 1928-1998) 미국의 로마가톨릭 사제·신학자로 유니온 신학대학원 교수를 지냈다.

Bryan, Christopher (브라이언, 크리스토퍼, 1935-) 영국의 신약학자·성공회 사제.

Bultmann, Rudolf (불트만, 루돌프, 1884-1976) 독일의 저명한 신약신학자로 양식사의 관점에서 신약 해석론을 전개했다.

Burnett, Fred W. (버넷, 프레드, 1944-) 미국의 신약학자로 앤더슨 대학교 교수다.

Burnett, Gary W. (버넷, 게리) 영국의 신약신학자로 벨파스트 바이블 칼리지에서 가르친다.

Burney, Charles Fox (버니, 찰스, 1868-1925) 영국의 신학자로 옥스퍼드 대학교 교수를 지냈다.

Burridge, Richard A. (버리지, 리처드, 1955-) 영국의 신약학자로 런던 킹스 칼리지 교수다.

Byrskog, Samuel (뷔쉬코그, 사무엘, 1957-) 스웨덴의 신약신학자로 스웨덴 룬드 대학교 교수다.

C

Cadbury, Henry Joel (캐드베리, 헨리, 1883-1974) 미국의 신학자·퀘이커 역사가.

Camus, Albert (카뮈, 알베르, 1913-1960) 프랑스 작가로 인간 세계의 부조리를 파헤친 문학 세계로 명성을 얻었다.

Casey, Maurice (캐시, 모리스) 영국의 신약학자로 노팅엄 대학교 명예 교수를 지냈으며 2014년에 세상을 떠났다.

Catchpole, David (캐치폴, 데이비드) 영국의 신약학자로 엑시터 대학교 명예 교수다.

Chapman, John (채프먼, 존, 1865-1933) 영국의 로마가톨릭 사제·신약학자·교부학자다. 공관복음서 중 마태복음이 가장 먼저 기록되었다는 마태복음 우선설을 주창했다.

Charlesworth, James H. (찰스워스, 제임스) 미국 프린스턴 신학대학원 교수로 신약신학과 사해 사본 연구에 주력하고 있다.

Clemens of Alexandria (알렉산드리아의 클레멘스, 150년경-215년경) 원래 이름은 티투스 플라비우스 클레멘스. 알렉산드리아를 중심으로 활약했던 초기 기독교 교리학자로 오리게네스의 스승으로 알려져 있다.

Clendinnen, Inga (클렌디넌, 잉어, 1934-) 오스트레일리아의 역사가·저술가.

Coady, C. A. J. (코디, 토니, 1936-) 오스트레일리아의 철학자로 멜버른 대학교 교수를 지냈다.

Cocceianus, Lucius Casius Dio (코케이아누스, 카시우스 디오, 155?-229?) 로마의 집정관·역사가.

Cohen, Gillian (코헨, 질리언) 영국의 인지심리학자로 옥스퍼드 대학교 등에서 가르쳤다.

Collingwood, Robin George (콜링우드, 로빈, 1889-1943) 영국의 역사가·철학자.

Collins, Raymond Francis (콜린스, 레이먼드, 1935-) 미국의 가톨릭 사제·신학자로 벨기에 루뱅 대학교 교수를 지냈다.

Conway, Colleen M. (콘웨이, 콜린) 미국의 여성 신학자로 미국 세튼 홀 대학교 교수다.

Cotterell, F. Peter (코트렐, 피터) 영국의 신학자로 런던 신학교에서 가르친다.

Cranfield, Charles Ernest Burland (크랜필드, 찰스, 1915-2015) 영국의 저명한 신약학자로 더럼 대학교 명예 교수다.

Crossan, John Dominic (크로산, 존 도미닉, 1934-) 아일랜드계 미국인 종교학자로 한때 가톨릭 사제였다. 로버트 펑크와 함께 비평적 시각으로 역사 속 예수를 탐구하고 신약성경과 외경을 새로 번역한 예수 세미나의 주도자였다.

Cullmann, Oscar (쿨만, 오스카, 1902-1999) 독일의 저명한 신약학자.

Culpepper, R. Alan (컬페퍼, 앨런) 미국의 신학자로 미국 머서 대학교 교수다.

Cumont, Franz-Valéry-Marie (퀴몽, 프란츠-발레리, 1868-1947) 벨기에의 고고학자·고언어학자·역사가였다.

D

Davies, Margaret (데이비스, 마가렛, 1941-) 미국의 여성 신약신학자다.

Davies, William David (데이비스, 윌리엄, 1911-2001) 영국의 회중교회 목사·신학자.

Delff, Heinz Karl Hugo (델프, 후고, 1840-1898) 독일의 철학자·신학자.

Dewey, Arthur J. (듀이, 아서) 미국의 신약학자로 신시내티 하비에르 대학교 신학 교수다.

Dewey, Joanna (듀이, 조애너) 미국의 여성 신약신학자, 매사추세츠 케임브리지의 미국 성공회 신학교 성경신학 명예 교수다.

Dibelius, Martin (디벨리우스, 마르틴, 1883-1947) 독일의 저명한 신약학자. 양식사의 시각으로 신약을 연구했으며 하이델베르크 대학교 교수를 지냈다.

Dionysius of Halicarnassus (할리카르나소스의 디오니시오스, 기원전 60-7) 고대 그리스의 역사가·수사학자.

Dodd, Charles Harold (도드, 찰스, 1884-1973) 영국의 저명한 신약학자. "실현된 종말론"을 주창했으며 사실상 바울을 바라보는 새 관점이 등장할 길을 연 학자로 불린다. 케임브리지 대학교 교수를 지냈다.

Dostoyevsky, Fyodor (도스토예프스키, 표도르, 1821-1881) 러시아의 소설가로 인간 세계의 어두운 면을 통찰한 명작들을 남겼다.

Doutreleau, Louis (두트르로, 루이) 프랑스의 예수회 사제·고대 기독교 문헌 연구자. 리옹에 있는 고대 기독교 자료 연구소에서 일했으며 2005년에 선종했다.

Durkheim, David Emile (뒤르켕, 에밀, 1858-1917) 프랑스의 철학자·사회학자로 사회학의 아버지로 불린다.

E

Edwards, Mark J. (에드워즈, 마크) 영국의 신약학자·교부학자.

Eisler, Robert (아이슬러, 로베르트, 1882-1949) 오스트리아 출신의 유대인 유대교 연구가·성경신학자.

Elliott, James Keith (엘리오트, 제임스) 영국의 신약학자로 리즈 대학교 교수다.

Ellis, Edward Earle (엘리스, 얼, 1926-2010) 미국의 신약학자로 남침례교 신학대학원 교수를 지냈다.

Epiphanius (에피파니우스, 315-403) 초기 교회사에서 자신이 이단이라 생각한 이들에 대항하여 강력한 투쟁을 전개한 인물이다.

Eriksson, Anders (에릭손, 안데쉬) 스웨덴의 언어학자로 스웨덴 룬드 대학교 교수다.

Esler, Philip E. (에슬러, 필립) 영국의 성경 비평학자로 세인트앤드루스 대학교 교수다.

Eusebius (유세비우스, 263년경-339년경) 로마의 교회사가·정경 연구자로 가이사랴 주교를 지냈다.

Evans, Craig Alan (에번스, 크레이그) 미국의 신학자로 현재 캐나다 아카디아 신학대학교 교수다.

Evans, Christopher Francis (에번스, 크리스토퍼) 영국의 신학자로 더럼 대학교와 런던 킹스 칼리지 신약신학 교수를 지냈다.

F

Fackenheim, Emil Ludwig (팍켄하임, 에밀, 1916-2003) 독일 출생의 유대교 철학자·랍비.

Fentress, James (펜트리스, 제임스) 이탈리아에 살면서 주로 시칠리아 지역 인류학 연구에 집중하는 인류학자다.

Fitzmyer, Joseph Augustine (피츠마이어, 조지프, 1920-) 미국의 예수회 사제·신약학자.

Foucault, Michel (푸코, 미셸, 1926-1984) 프랑스의 저명한 철학자. 미국 버클리대 교수를 지냈다. 칸트와 니체로부터 큰 영향을 받았다.

France, Richard Thomas (프랜스, 리처드, 1938-) 영국의 신약학자·성공회 사제.

Friedländer, Saul (프리트랜더, 자울, 1932) 체코에서 태어난 유대인 역사가로 현재는 이스라엘 국적을 갖고 있다. UCLA 교수다.

G

Galen (Galenus, 갈레누스, 129-216) 고대 그리스의 저명한 의학 저술가.

Garvie, Alfred Ernest(가비, 알프레드, 1861-1945) 폴란드에서 태어난 회중교회 목사·신학자로 주로 영국에서 활동했다.

Genette, Gerard (주네트, 제라르, 1930-) 프랑스의 문학이론가로서 구조주의 운동의 주역 중 하나다.

George the Sinner (George the Monk, 죄인 게오르기오스) 9세기에 활동한 비잔틴 역사가. 그리스어 이름은 Georgios Hamartolos.

Gerhardsson, Birger (에르핫손, 비르예르, 1926-) 스웨덴의 신약신학자. 룬드 대학교 명예교수이며 복음서 구전 연구에 공헌했다.

Glasson, Thomas Francis (글래슨, 프랜시스, 1906-1998) 영국의 성경신학자.

Goody, Jack Rankine (구디, 잭, 1919-) 영국의 저명한 사회인류학자로 케임브리지 대학교 교수를 지냈다.

Grant, Robert M. (그랜트, 로버트) 미국의 신약학자·교회사학자로 시카고 대학교 명예 교수였다.

Grassi, Joseph A. (그라시, 조지프) 미국의 신약학자로 산타클라라 대학교 명예 교수다.

Guelich, Robert A. (굴리히, 로버트, 1939-1991) 미국의 신약학자로 풀러 신학대학원 교수를 지냈다.

Gundry, Robert Horton (건드리, 로버트) 미국의 신약학자. 마태복음 1-2장 기사에 역사적 사실이 아닌 내용이 추가되어 있다고 주장하여 미국 복음주의 신학회 내부에 큰 논쟁을 몰고 왔다.

Gunkel, Hermann (궁켈, 헤르만, 1862-1932) 독일의 저명한 구약학자로 양식사 연구와 구전 연구에 큰 업적을 남겼다.

H

Hachlili, Rachel (하크릴리, 라헬) 이스라엘의 고고학자. 예루살렘 히브리 대학교에서 박사 학위를 받고 지금은 이스라엘 하이파 대학교 고고학 교수로 있다.

Hadrianus (하드리아누스, 76-138) 117-138년 동안 재위한 로마 황제.

Hagner, Donald A. (해그너, 도널드) 미국의 신학자로 풀러 신학대학원 명예 교수다.

Halbwachs, Maurice (알박스, 모리스, 1877-1945) 프랑스의 철학자·사회학자로 집단 기억 개념을 발전시켰다.

Hanson, Anthony Tyrrell (핸슨, 앤터니, 1916-1991) 영국의 신약학자. 영국 헐 대학교 교수를 지냈다.

Harnack, Adolf von (하르낙, 아돌프 폰, 1851-1930) 독일의 저명한 교의학자·교회사가로 독일 자유주의 신학의 한 축이었다.

Hengel, Martin (헹엘, 마르틴, 1926-2009) 독일의 신학자. 두 번째 성전 시대 유대교 연구에 진력했으며, 초기 유대교와 기독교 연구의 권위자였다. 튀빙언 대학교 교수를 역임했다.

Henige, David Patrick (헤니지, 데이비드, 1938-) 미국의 역사가·서지학자.

Héring, Jean (에링, 장, 1890-1960) 프랑스의 철학자·신학자로 스트라스부르 대학교 교수를 지냈다.

Hezser, Catherine (헤저, 캐서린) 영국의 유대교 학자. 런던 대학교 동양 및 아프리카 학부 유대학 교수다.

Hitchcock, Alfred Joseph (히치콕, 알프레드, 1899-1980) 영국의 유명한 영화감독으로 스릴러 영화의 거장이었다.

Hitchcock, Francis Ryan Montgomery (히치콕, 몽고메리, 1867-1951) 영국의 성경신학자·교회사가.

Hierocles, Sossianus (히에로클레스, 소시아누스) 로마의 귀족·공직자. 「진리를 사랑하는 자」라는 책을 써서 기독교를 공격했다.

Hieronymus, Eusebius (히에로니무스, 347?-419?) 신학자·번역가로 신구약성경을 라틴어로 번역했다. 이 성경이 바로 불가타다.

Hill, Charles E. (힐, 찰스) 미국의 신약신학자로 리폼드 신학대학원 교수다.

Hobsbawm, Eric John Ernest (홉스봄, 에릭, 1917-) 영국의 저명한 마르크스주의 역사가.

Horsley, Richard A. (호슬리, 리처드) 미국의 신약학자로 미국 매사추세츠 대학교 석좌 교수다.

Hoskyns, Edwyn Clement (호스킨스, 에드윈, 1884-1937) 영국의 잉글랜드 성공회 사제·신학자.

Hume, David (흄, 데이비드, 1711-1776) 스코틀랜드 출신 철학자·역사가. 경험론과 회의주의 철학의 중요한 축을 이룬다.

I

Ilan, Tal (일란, 탈) 이스라엘 출신의 여성 학자로서 현재 베를린 자유대학교 교수다. 유대교 문헌과 초기 기독교 연구에 주력하고 있다.

Inowlocki, Sabrina (이노우록키, 사브리나) 벨기에 브뤼셀 대학교에서 박사 학위를 받고, 초기 기독교 문헌과 고전기 문헌을 주로 연구하고 있다.

J

Jaffee, Martin S. (재피, 마틴) 미국의 종교학자·유대교 연구자로 시애틀 워싱턴 대학교 교수다.

Jenkins, Keith (젠킨스, 키스) 영국의 역사가로 포스트모던 역사 연구의 대표 주자다.

Jeremias, Joachim (예레미아스, 요아힘, 1900-1979) 독일의 저명한 신약학자·고대 근동 연구자.

Josephus (요세푸스, 37-100) 히브리어 이름은 요셉 벤 마팃야후. 유대인 역사가로 「유대 전쟁사」 등을 저술했다.

K

Keener, Craig S. (키너, 크레이그) 미국의 신약학자로 애즈베리 신학대학원 교수다.

Kelber, Werner H. (켈버, 워너) 미국의 신약학자로 라이스 대학교 교수를 지냈다.

Kilpatrick, George Dunbar (킬패트릭, 조지, 1910-1989) 영국의 성공회 사제·신학자로 옥스퍼드 대학교 교수를 지냈다.

Koch, Klaus (코흐, 클라우스, 1926-) 독일의 저명한 구약학자로 함부르크 대학교 명예 교수다.

Koester, Helmut (쾨스터, 헬무트, 1926-) 미국의 신약신학자·교회사학자로 하버드 대학교 명예 교수다.

Körtner, Ulrich Heinz Jurgen (쾨르트너, 울리히, 1957-) 오스트리아의 신학자·의료윤리학자. 파피아스 연구로 박사 학위를 받았으며, 빈 대학교 개신교 신학부 조직신학 교수다.

Köstenberger, Andreas J. (쾨스텐버거, 안드레아스) 미국의 신약신학자로 미국 사우스이스턴 침례교 신학대학원 교수다.

Kruse, Colin G. (크루즈, 콜린) 오스트레일리아의 신약학자로 빅토리아 바이블 칼리지에서 가르친다.

Kürzinger, Joseph (퀴르칭어, 요제프, 1898-1984) 독일의 가톨릭 신약신학자로 성경 및 초기 기독교 문헌 번역에 공헌했다.

L

Lalleman, Pieter (랄레만, 피터) 네덜란드 출신의 신약학자·신약 외경 연구자로 영국의 스퍼전 칼리지 교수다.

Lawlor, Hugh Jackson (로울러, 휴, 1860-1938) 아일랜드의 성공회 성직자·신학자로 더블린 대학교 교수를 지냈다.

Lawrence, Louise (로렌스, 루이즈) 영국의 여성 신약학자로 영국 엑시터 대학교 교수다.

Lemcio, Eugene (렘시오, 유진) 미국의 신약학자로 시애틀 퍼시픽 대학교 교수를 지냈다.

Leo, Friedrich(레오, 프리드리히, 1851-1914) 독일의 저명한 고전학자로 괴팅언 대학교와 스트라스부르 대학교 교수를 지냈다.

Levi, Primo Michele (레비, 프리모 미켈레, 1919-1987) 이탈리아의 유대계 화학자·저술가. 아우슈비츠 생존자로 그때 체험을 기록한 『이것이 사람이라면』이 유명하다.

Lieberman, David A. (리버만, 데이비드) 영국의 심리학자로 스코틀랜드 스털링 대학교 교수다.

Lieu, Judith M. (루, 주디스) 영국의 신학자로 케임브리지 대학교 교수다.

Lightfoot, Joseph Barber (라이트풋트, 조지프, 1828-1889) 영국의 신약학자·더럼 주교. 교부 문헌과 고전 문헌의 연구 결과를 충실히 반영해 과거의 성경 주석과 차원이 다른 주석들을 내놓았다.

Lincoln, Andrew (링컨, 앤드루) 영국의 신학자로 글로스터셔 대학교 인문학부 교수다.

Lindars, Barnabas (린다스, 바나바스, 1922-1991) 영국의 신약학자로 맨체스터 대학교 교수를 지냈다.

Lohmeyer, Ernst (로마이어, 에른스트, 1890-1946) 독일의 신약학자로 2차 세계대전 이후에 구 동독 지역을 점령한 소련군에게 죽임 당했다.

Lucianus (사모사타의 루키아누스, 115/125-180) 그리스어로 작품을 썼던 풍자 작가·수사학자.

M

Macgregor, George Hogarth Carnaby (맥그리거, 조지, 1892-1963) 영국의 신학자로 글래스고우 대학교 교수를 지냈다.

Malina, Bruce J. (말리나, 브루스) 미국의 신약학자로 미국 크레이튼 대학교 신학부 교수다.

Manson, Thomas W. (맨슨, 토머스, 1893-1958) 영국의 저명한 신약학자로 옥스퍼드 대학교와 맨체스터 대학교 교수를 지냈다.

Marcus, Joel (마커스, 조엘) 미국의 신약학자로 듀크 대학교 신학대학원 교수다.

Marshall, Ian Howard (마샬, 하워드, 1934-) 영국의 성경신학자로 코틀랜드 아버딘 대학교 명예 교수다.

Mason, Steve (메이슨, 스티브) 캐나다의 그리스-로마 학자로 영국 애버딘 대학교 교수다.

McCracken, David (맥크래큰, 데이비드) 미국의 신약학자로 워싱턴 대학교 명예 교수다.

McGrath, James F. (맥그래스, 제임스) 미국의 신학자로 인디애나폴리스 버틀러 대학교 교수다.

Meier, John Paul (마이어, 존) 미국의 성경신학자·가톨릭 사제로 미국 노트르담 대학교 신학부 교수다.

Merz, Annette (메르츠, 아네테) 독일 출신의 여성 신약신학자로 네덜란드 위트레흐트 대학교 교수다.

Metzger, Bruce Manning (메츠거, 브루스, 1914-2007) 미국의 저명한 신약학자. 신약 본문 비평의 대가로 프린스턴 신학대학원 교수를 지냈다.

Millard, Alan Ralph (밀러드, 앨런, 1937-) 영국의 히브리어 학자로 리버풀 대학교 명예 교수다.

Miller, Patricia Cox (밀러, 퍼트리샤) 미국의 종교학자로 시라큐스 대학교 교수를 지냈다.

Misztal, Barbara (미슈탈, 바르바라) 폴란드 출신의 여성 사회학자로 영국 레스터 대학교 사회학 교수다.

Moeser, Marion C. (모저, 매리언) 미국의 신약학자로 캘리포니아 버클리 프란체스코 신학교 교수다.

Moessner, David(모스너, 데이비드) 미국의 신학자로 미국 더뷰크(Dubuque) 신학대학원 대학교 신약학 교수다.

Moloney, Francis J. (몰로니, 프랜시스) 오스트레일리아 가톨릭 신학대학 교수.

Moule, Charles Francis Digby (물, 찰스, 1908-2007) 영국의 저명한 신약학자·성공회 사제로 케임브리지 대학교 교수를 지냈다.

Moulton, James Hope (몰튼, 제임스, 1863-1917) 영국의 성경 고전어 학자·신학자로 맨체스터 대학교 등에서 가르쳤다.

N

Niederwimmer, Kurt (니더비머, 쿠르트, 1929-) 오스트리아의 저명한 신약학자로 빈 대학교 명예 교수다.

Nineham, Dennis Eric (나인햄, 데니스, 1921-) 영국의 신학자로 옥스퍼드, 케임브리지, 런던 대학교 교수를 지냈다.

Nunn, Henry Preston Vaughan (넌, 헨리, 1876-1962) 영국의 성직자·신학자.

O

O'Brien, Kelli S. (오브라이언, 켈리) 미국의 신학자로 미국 스크랜튼 대학교 교수다.

Orchard, Bernard (오차드, 버나드, 1910-2006) 영국의 로마가톨릭 베네딕트 수도회 수도사·성경신학자.

Oulton, John Ernest Leonard (울턴, 존, 1886-1957) 영국의 신학자·초기 기독교 문헌 연구자.

P

Paganini, Niccolo (파가니니, 니콜로, 1782-1840) 이탈리아의 유명한 바이올린 연주자·작곡가.

Painter, John (페인터, 존) 영국의 신학자로 영국과 남아프리카에서 가르쳤다.

Pelling, Christopher Brendan Reginald (펠링, 크리스토퍼) 영국의 고전학자. 옥스퍼드 대학교 교수로 그리스 문학과 라틴 문학, 그리스어를 가르친다.

Peregrinus (페레그리누스, 95-165) 소아시아 출신인 견유학파 철학자.

Perkins, Pheme (퍼킨스, 핌, 1945-) 미국의 여성 신학자. 바울 서신과 초기 기독교, 영지주의 문헌을 집중 연구하고 있으며, 보스턴 칼리지 교수다.

Philip of Side (시데의 필립포스, 380년경-431년경) 초기 기독교 교회사가. 유세비우스의 교회사를 많이 인용한 교회사를 집필했다.

Phrygius, Dares (프리기우스, 다레스) 트로이가 파괴되는 모습을 기록한 역사가로 알려져 있다. 호메로스는 프로기우스가 헤파이스토스 신을 섬기는 사제였다고 말한다.

Plutarchus (Plutarchos, 46-120) 그리스의 역사가로 나중에는 로마 시민이 되었다.

Polybius (폴리비우스, 기원전 200-118) 그리스어 이름은 폴뤼비오스. 헬레니즘 시대의 역사가로 「역사」를 저술했다.

Polycrates (폴리크라테스) 기원전 6세기 무렵에 활동한 사모스 섬의 참주(기원전 538-522에 재위함).

Porphyrius (포르피리우스, 234-305) 그리스어 이름은 포르퓌리오스. 그리스의 신플라톤주의 철학자.

Proclus (프로클루스) 그리스어 이름은 프로클로스. 2세기에 살았다고 추정되는 몬타누스파 저술가.

Pryor, John W. (프라이어, 존) 오스트레일리아의 신약학자로 오스트레일리아 신학대학 학장을 지냈다.

Pyrrhon (피론, 기원전 365-275?) 고대 그리스의 회의주의 철학자.

Pythagoras (피타고라스, 기원전 580-500) 고대 그리스의 수학자·철학자.

Q

Quadratus (콰드라투스, ?-129) 기독교 역사에서 최초의 변증가. 사도들의 제자 중 한 사람으로 알려져 있다.

Quast, Kevin (퀴스트, 케빈) 미국의 신학자로 미국 테일러 대학원대학교 교수다.

R

Rachmaninov, Sergei (라흐마니노프, 세르게이, 1873-1943) 러시아에서 태어나 미국으로 망명한 걸출한 피아니스트·작곡가.

Ranger, Terence Osborn (레인저, 테렌스, 1929-) 저명한 아프리카 연구자로 옥스퍼드 대학교 교수를 지냈다.

Reicke, Bo Ivar (레익케, 보 이바르, 1914-1987) 스웨덴 출신의 신약신학자. 웁살라 대학교를 졸업하고 그곳에서 교수 생활을 시작한 뒤, 1953년에 스위스 바젤 대학교로 옮겨 세상을 떠날 때까지 거기서 교수로 일했다.

Reid, Thomas (리드, 토머스, 1710-1796) 스코틀랜드의 철학자로 상식 철학을 창시한 인물로 알려져 있다.

Ricoeur, Paul (리쾨르, 폴, 1913-2005) 프랑스의 철학자. 현상학적 서술과 해석적 서술을 접목하려고 애썼다.

Ridderbos, Herman Nico (리더보스, 헤르만, 1909-2007) 네덜란드의 저명한 신약신학자.

Riesenfeld, Ernst Harald (리센펠드, 하랄드, 1913-2008) 독일에서 태어나 스웨덴에서 활동한 저명한 신약학자. 웁살라 대학교 교수를 지냈다.

Riesner, Rainer (리스너, 라이너, 1950-) 독일의 신학자로 도르트문트 공과대학 개신교 신학 연구소 교수다.

Rimmon-Kenan, Shlomith (림몬-케난, 쉴로밋) 이스라엘의 영문학자·비교문학가로 예루살렘 히브리 대학교 교수다.

Robbins, Vernon K. (로빈스, 버논) 미국의 신약학자로 에머리 대학교 교수다.

Robinson, John A. (로빈슨, 존) 미국의 심리학자로 켄터키 루이빌 대학교 명예 교수다.

Robinson, John Arthur Thomas (로빈슨, 존, 1919-1983) 영국 성공회 울리치 주교며 케임브리지 대학교 교수였다.

Roloff, Jürgen (롤로프, 위르겐, 1930-2004) 독일의 신약학자로 에어랑언 대학교 교수를 지냈다.

Rossini, Gioacchino (롯시니, 지오아키노, 1792-1868) 이탈리아의 유명한 작곡가로 여러 편의 오페라 걸작을 남겼다.

Rousseau, Adelin (루소, 아들랭, 1913-2009) 벨기에의 수도사·고대 기독교 문헌 연구자·고전학자.

Rubin, David C. (루빈, 데이비드) 미국의 심리학자로 듀크 대학교 교수다.

Rufinus, Tyrannius (루피누스, 345년경-410년경) 로마의 사제·학자·번역가. 여러 그리스어 문헌을 라틴어로 번역했다.

S

Sanday, William (샌디, 윌리엄, 1843-1920) 영국의 성경신학자로 옥스퍼드 대학교 교수를 지냈다.

Sanders, Ed Parish (샌더스, 에드, 1937-) 미국의 신학자. 바울을 새롭게 바라보는 새 관점 주창자 중 대표 주자다.

Sanders, Joseph Newbould (샌더스, 조지프, 1913-1961) 영국의 신약학자.

Schmidt, Carl (쉬미트, 칼, 1868-1938) 독일 신약학자·외경 연구자.

Schmidt, Daryl (쉬미트, 대릴, 1944-2006) 미국의 신약학자. 텍사스 크리스천 대학교 신약신학 교수를 지냈으며 예수 세미나 참여자였다.

Schmidt, Karl Ludwig (쉬미트, 칼 루트비히, 1891-1956) 독일의 신약학자로 스위스 바젤 대학교 교수를 지냈다.

Schnackenburg, Rudolf (쉬나켄부르크, 루돌프, 1914-2002) 독일의 가톨릭 사제이자 저명한 신약신학자다.

Schoedel, William R. (쇼들, 윌리엄) 초기 기독교 교부들과 외경 연구에 진력한 신학자. 일리노이 대학교 교수를 지냈다.

Schrenk, Gottlob (쉬렝크, 고트로프, 1879-1965) 독일의 신약신학자로 스위스 취리히 대학교 교수를 지냈다.

Schüssler Fiorenza, Elisabeth (쉬슬러 피오렌자, 1938-) 미국의 신약학자로 하버드 신학대학원 교수다. 여성으로는 최초로 SBL 회장을 지냈다.

Sellew, Philip (셀류, 필립) 미국의 신학자·고전학자로 미네소타 대학교 교수다.

Seneca, Lucius Annaeus (세네카, 기원전 4-기원후 65) 로마의 문장가·철학자. 네로의 스승이었으나 반역 혐의를 뒤집어쓰고 자살을 강요당해 숨을 거두었다.

Staley, Jeffrey Lloyd (스탤리, 제프리) 미국의 신약학자로 시애틀 대학교에서 가르치고 있다.

Stanton, Graham Norton (스탠턴, 그레이엄, 1940-2009) 영국의 신약학자로 케임브리지 대학교 교수를 지냈다.

Streeter, Burnett Hillman (스트리터, 버넷, 1874-1937) 영국의 성경신학자로 옥스퍼드 대학교 교수를 역임했다.

Swete, Henry Barclay (스위트, 헨리, 1835-1917) 영국의 성경학자·주석가. 케임브리지 대학교 명예 교수였다.

T

Tacitus, Publius Cornelius (타키투스, 56-117) 로마의 원로원 의원·역사가. 「연대기」, 「역사」와 같은 작품을 남겼다.

Taylor, Robert Oswald Patrick (테일러, 로버트, 1873-1944) 영국의 신학자.

Taylor, Vincent (테일러, 빈센트, 1887-1968) 영국의 감리교 출신 신약학자. 리즈에 있는 웨슬리 칼리지에서 신약신학 교수와 학장을 지냈다.

Thackeray, Henry St. John (새커리, 헨리, 1869-1930) 영국의 성경신학자. 70인역과 요세푸스, 코이네 그리스어 연구의 권위자였다.

Thatcher, Margaret Hilda (대처, 마가렛 대처, 1925-) 영국의 여성 정치가. 1979년부터 1990년까지 보수당 내각을 이끌며 수상을 지냈다.

Theissen, Gerd (타이센, 게르트, 1943-) 독일의 신약학자로 현재 하이델베르크 대학교 신약신학 교수다.

Theon, Aelius (테온, 아일리우스) 1세기에 살았던 알렉산드리아 출신 소피스트.

Thucydides (투키디데스, 기원전 460-395) 그리스어 이름은 투퀴디데스. 그리스의 역사가로 「펠로폰네소스 전쟁사」를 저술했다.

Tiede, David L. (티드, 데이비드) 미국의 신약학자로 미국 루터 신학교 명예 교수다.

Timaeus (티마이우스, 기원전 356-260) 그리스어 이름은 티마이오스. 고대 그리스의 역사가로 그리스 초기부터 1차 포에니 전쟁 때까지의 역사를 다룬 「역사」를 저술했다.

Tovey, Derek (토비, 데릭) 영국 더럼 대학교에서 박사 학위를 받고, 뉴질랜드 오클랜드 대학교에서 신약신학을 가르친다.

Turner, Cuthbert Hamilton (터너, 커스버트, 1860-1930) 영국의 교회사가·성경신학자로 옥스

퍼드 대학교 교수를 지냈다.

Twain, Mark (트웨인, 마크, 1835-1910) 미국의 저명한 작가. 『톰 소여의 모험』처럼 미국인의 삶을 잘 드러낸 걸작을 남겼다.

U

Usher, Stephen (어셔, 스티븐) 영국의 고전학자로 런던 대학교에서 고전학을 가르쳤다.

V

Valantasis, Richard (밸런태시스, 리처드) 미국 성공회 사제이자 산타페에 있는 묵상 생활 연구소 소장이며 에머리 대학교 교수다.

Valla, Lorenzo (발라, 로렌조, 1407-1457) 이탈리아의 로마가톨릭 사제·인문주의자.

VanderKam, James C. (반더캄, 제임스) 미국의 구약학자로 노트르담 대학교 교수다.

Vanhoozer, Kevin J. (밴후저, 케빈, 1957-) 미국의 조직신학자·기독교 철학자. 2012년 가을 부터 트리니티 신학대학원에서 가르치고 있다.

Vansina, Jan (반시나, 얀, 1929-) 벨기에에서 태어난 역사가·인류학자. 중앙아프리카 연구의 권위자이며 미국 위스콘신-메디슨 대학교 명예 교수다.

van Tilborg, Sjef (판 틸보르흐, 셰프) 네덜란드의 신약학자로 네덜란드 네이메헌 대학교 교수다.

van Unnik, Willem Cornelis (판 위니크, 빌렘, 1910-1978) 네덜란드의 신약학자·고대 언어학자. 네덜란드 레이덴 대학교와 위트레흐트 대학교 교수를 지냈다.

W

Wajnberg, Isaak (바인베르크, 이작, 1878-1943) 폴란드 출신의 신약학자·외경 연구자.

Wardman, Alan (워드먼, 앨런) 영국의 고전학자로 영국 레딩 대학교에서 고전학을 가르쳤다.

Watson, Francis (왓슨, 프랜시스) 영국의 신약학자로 더럼 대학교 교수다.

Westcott, Brooke Foss (웨스트코트, 브루크, 1825-1901) 영국의 성경신학자로 더럼 주교를 지냈다.

White, Hayden (화이트, 헤이든, 1928-) 미국의 역사가로 문학비평의 전통을 따라 역사 연구 작업을 펼쳤다. 캘리포니아 대학교 명예 교수다.

Wiarda, Timothy J. (위어다, 티모시) 미국의 신약학자로 골든게이트 침례교 신학대학원 교수다.

Wickham, Chris (위컴, 크리스) 중세를 연구하는 사학자이며 영국 버밍엄 대학교에서 가르치고 있다.

Wiesel, Elie (비젤, 엘리, 1928-) 루마니아에서 태어났으며 현재는 미국 시민이다. 홀로코스트 생존자로 작가·역사가다. 1986년에 노벨 평화상을 받았다.

Witherington, Ben (위더링턴, 벤) 미국의 신약학자로 미국 켄터키 애즈베리 신학대학원 신약신학 교수다.

Wright, Nicholas Thomas (라이트, N. T., 1948-) 영국의 복음주의 신약학자. 영국 성공회 더럼 주교를 지냈으며, 현재는 스코틀랜드 세인트앤드루스 대학교에서 신약신학과 초기 기독교를 가르친다.

X

Xenophon (크세노폰, 기원전 430-354) 고대 그리스의 철학자·역사가.

Z

Zahn, Theodor (찬, 테오도르, 1838-1933) 독일의 저명한 신약신학자. 에어랑언 대학교 교수를 지냈으며 보수 신학을 견지했다.

역자의 말

지난 1세기 동안 복음서를 연구하는 학자들은 불트만을 비롯한 독일 양식사학파의 영향으로 복음서를 진실과 허구가 뒤섞인 책으로 보아왔습니다. 양식사학파는 처음에는 역사 속에 존재했던 진짜 인간 예수의 삶과 행적 그리고 말씀을 담은 이야기가 있었지만, 이 이야기가 한 공동체에서 다음 세대의 공동체로, 또 다음 세대로 전해지는 동안, 인간 예수를 메시아(그리스도) 예수로 탈바꿈하는 작업이 이루어졌다고 보았습니다. 말하자면 한 인간도 신이 될 수 있다고 믿었던 헬레니즘의 영향을 받아들여 신인 인간으로 각색하는 작업이 이루어졌다고 보았던 것입니다. 이런 이유로 양식사학파는 복음서에는 후대 그리스도인들이 지어낸 예수 모습이 가득하며, 이런 거짓 모습을 벗겨내야 진짜 역사 속 예수를 찾아낼 수 있다고 주장했습니다. 이런 주장이 대세를 이루다 보니 자연히 복음서는 거짓을 많이 담은 책으로 믿을 수 없는 기록이 되고 말았습니다.

그러나 보컴은 이런 양식사학파의 주장과 이 주장을 따르는 통설에 반론을 제기합니다. 그는 예수가 이 땅에서 일하실 때 그분이 행하신 일과 하신 말씀을 직접 보고 들었던 목격자들이 이런 예수의 모습을 자기 이름으로 증언했으며, 이 증언이 고스란히 복음서에 수록되었다고 주장합니다. 특히 그는 예수가 일하실 때부터 복음서 완성 때까지 여러 세대가 걸렸다는 양식사학파의 주장을 부인하고, 한두 세대 만에 복음서 기록이 완성되었으며, 따라서 여기에 담긴 증언도 원래 상태를 거의 잃어버리지 않았다고 주장합니다. 이런 이유로 복음서는 목격자 증언을 그대로 담고 있으며 예수의 역사를 생생히 증언한 책으로 보는 것이 마땅하다는 것입니다. 이를 증명하기 위해 보컴은 역사학과 고고학, 문학, 해석학, 철학, 심리학에 이르기까지 여러 분야에서 방대한 증거를 가져옵니다. 그는 그동안 복음서를 연구하는 학자들이 인간인 역사 속 예수와 신앙이 만들어낸 그리스도를 분리하는 잘못을 저질렀으며 오직 한 예수 그리스도만이 존재할 뿐이라고 단언합니다. 이런 점에서 보컴의 이 책은 고 그레이엄 스탠턴이 추천사에서 말한 대로 "복음서 연구의 기초를 뒤흔듭니다."

처음 번역을 시작할 때 보컴과 메일을 주고받았는데, 그는 이 책이 이미 러시아어와 이탈리아어 그리고 일본어로 번역되었다고 알려주었습니다. 보컴이 보낸 메일에서는 그가 이 책에 열정을 쏟아부었음을 고백하는 마음을 읽을 수 있었습니다. 그만큼 이 책은 보컴이 현대 복음서 연구의 그릇된 시각에 맞설 작정으로 작심하고 연구한 결과를 집약해놓은 역작이라고 말할 수 있겠습니다. 오랫동안 모더니즘이 지배한 신학은 하나님 말씀을 송두리째 파괴하고 흔들어놓았습니다. 그러나 이 책은 이제 비로소 다시금 신학이 교회와 신앙에 봉사하는 길로 나아가고 있음을 보여줍니다. 책 분량만 놓고 보면, 보컴과 절친한 허타도의 『주 예수 그리스도』나 제임스 던의 『예수와 기독교의 기원』보다 적으나, 책이 다루는 내용은 꼼꼼히 주의를 기울여 읽어야 할 정도로 심오한 깊이가 있습니다. 그러나 독자들이 이 책에 헌신하는 만큼 많은 유익을 얻을 수 있으리라고 생각합니다.

힘든 번역 작업이었으나 무사히 마칠 수 있어서 하나님께 감사할 뿐입니다. 끝으로 부족한 사람에게 번역을 맡겨주신 새물결플러스 대표 김요한 목사님과 작업하느라 고생하신 편집부께도 감사드리며 역자의 말을 마칩니다. 부족함이 있을지라도 너그러이 이해하고 바로잡아주시길 바랍니다. 감사합니다.

2015년 3월
역자 박규태 드림

예수와 그 목격자들

목격자들의 증언인 복음서

Copyright © 새물결플러스 2015

1쇄 발행 2015년 4월 14일
5쇄 발행 2023년 3월 10일

지은이 리처드 보컴
옮긴이 박규태
펴낸이 김요한
펴낸곳 새물결플러스

편 집 왕희광 정인철 노재현 이형일 나유영 노동래
디자인 박인미 김은경
마케팅 박성민 이원혁
총 무 김명화 이성순
영 상 최정호 곽상원
아카데미 차상희

홈페이지 www.holywaveplus.com
이메일 hwpbooks@hwpbooks.com
출판등록 2008년 8월 21일 제2008-24호
주 소 (우) 04118 서울시 마포구 마포대로19길 33
전 화 02) 2652-3161
팩 스 02) 2652-3191

ISBN 979-11-86409-06-0 93230

책값은 뒤표지에 있습니다.